KB199587

여러분의 합격을 응원하는
해커스공무원의 특별 혜택

FREE 공무원 헌법 **특강**

해커스공무원(gosi.Hackers.com) 접속 후 로그인 ▶ 상단의 [무료강좌] 클릭하여 이용

 해커스공무원 온라인 단과강의 **20% 할인쿠폰**

325BCFBBC92DE7AM

해커스공무원(gosi.Hackers.com) 접속 후 로그인 ▶ 상단의 [나의 강의실] 클릭 ▶
좌측의 [쿠폰등록] 클릭 ▶ 위 쿠폰번호 입력 후 이용

* 등록 후 7일간 사용 가능(ID당 1회에 한해 등록 가능)

🎫 합격예측 **온라인 모의고사 응시권 + 해설강의 수강권**

8FE9FDE7B97BD4WH

해커스공무원(gosi.Hackers.com) 접속 후 로그인 ▶ 상단의 [나의 강의실] 클릭 ▶
좌측의 [쿠폰등록] 클릭 ▶ 위 쿠폰번호 입력 후 이용

* ID당 1회에 한해 등록 가능

쿠폰 이용 관련 문의 **1588-4055**

단기 합격을 위한
해커스공무원 커리큘럼

입문

탄탄한 기본기와 핵심 개념 완성!

누구나 이해하기 쉬운 개념 설명과 풍부한 예시로 부담없이 쌩기초 다지기

TIP 베이스가 있다면 **기본 단계**부터!

▼

기본+심화

필수 개념 학습으로 이론 완성!

반드시 알아야 할 기본 개념과 문제풀이 전략을 학습하고
심화 개념 학습으로 고득점을 위한 응용력 다지기

▼

**기출+예상
문제풀이**

문제풀이로 집중 학습하고 실력 업그레이드!

기출문제의 유형과 출제 의도를 이해하고 최신 출제 경향을 반영한
예상문제를 풀어보며 본인의 취약영역을 파악 및 보완하기

▼

동형문제풀이

동형모의고사로 실전력 강화!

실제 시험과 같은 형태의 실전모의고사를 풀어보며 실전감각 극대화

▼

최종 마무리

시험 직전 실전 시뮬레이션!

각 과목별 시험에 출제되는 내용들을 최종 점검하며 실전 완성

PASS

* 커리큘럼 및 세부 일정은 상이할 수 있으며,
자세한 사항은 해커스공무원 사이트에서 확인하세요.

**단계별 교재 확인 및
수강신청은 여기서!**

gosi.Hackers.com

해커스공무원

황남기
헌법

기본서 | 1권

황남기

약력

현 | 해커스공무원 헌법/행정법 강의
　　　해커스경찰 헌법 강의

전 | 동국대 법대 겸임교수
　　　외교부 사무관
　　　윌비스 헌법/행정법 대표교수
　　　제27회 외무 고등고시 수석합격
　　　2012년 공무원 승진시험 출제위원
　　　연세대, 성균관대, 한양대, 이화여대, 중앙대, 전남대, 전북대
　　　사법시험 특강

저서

해커스공무원 황남기 헌법 기본서 1권
해커스공무원 황남기 헌법 기본서 2권
해커스공무원 황남기 헌법 단원별 기출문제집
해커스공무원 황남기 헌법 진도별 모의고사 기본권편
해커스공무원 황남기 헌법 진도별 모의고사 통치구조론편
해커스공무원 황남기 헌법족보
해커스공무원 황남기 헌법 최신 판례집
해커스공무원 황남기 헌법 단원별 기출문제집
해커스공무원 황남기 행정법총론 기본서
해커스공무원 황남기 행정법각론 기본서
해커스공무원 황남기 행정법 모의고사 Season 1
해커스공무원 황남기 행정법 모의고사 Season 2
해커스공무원 황남기 행정법총론 최신 판례집
해커스경찰 황남기 경찰헌법 기본서
해커스경찰 황남기 경찰헌법 핵심요약집
해커스경찰 황남기 경찰헌법 Season 1 쟁점별 모의고사
해커스경찰 황남기 경찰헌법 Season 2 진도별 모의고사
해커스경찰 황남기 경찰헌법 Season 3 전범위 모의고사 1차 대비
해커스경찰 황남기 경찰헌법 Season 3 전범위 모의고사 2차 대비
해커스경찰 황남기 경찰헌법 3개년 핵심 + 최신 판례집 2024 상반기
해커스경찰 황남기 경찰헌법 최신 판례집 2023 하반기
황남기 경찰헌법 기출총정리, 멘토링
황남기 행정법총론 기출문제집, 멘토링
황남기 행정법각론 기출문제집, 멘토링

머리말

헌법을 공부하는 이유는 점수를 잘 받기 위해서입니다.
그러면 어떤 조건을 갖추어야 할까요?

첫째, 헌법을 잘 이해하면 됩니다. 그러나 헌법을 잘 이해하는 것은 거의 불가능에 가깝습니다. 사법시험 수험생을 비롯해 수많은 수험생을 봐왔지만 헌법을 잘 이해해서 점수를 잘 받은 수험생은 본 적이 없습니다. 그건 지도 마찬가지입니다. 헌법을 강의하면서도 3년이 지나도록 헌법을 거의 이해하지 못했습니다. 그러면 우리가 할 수 있는 건 무엇일까요? 문제를 풀기 위한 어느 수준의 이해입니다. 문제를 풀려면 이해가 필요한 문제가 있긴 합니다. 역으로 문제를 통해 이해 수준을 결정해야 합니다. 이해 수준을 헌법을 기준으로 하면 학문으로서 헌법 이해를 요구하게 됩니다. 이것은 누구도 도달해 보지 못한 목표가 될 수밖에 없고 결국 수많은 절망과 트라우마로 수험생의 정신을 짓누르게 될 겁니다. 이를 피하려면 문제를 통한 이해 수준 결정하기입니다. 이는 물론 좋은 문제가 많이 있어야 가능할 겁니다.

둘째, 문제를 많이 풀어야 합니다. 점수를 잘 받으려면 문제를 많이 풀어야 합니다. 손자의 "적을 알고 나를 알면 위태롭지 않다"는 말처럼 문제를 많이 풀어야 시험에서 위태롭지 않게 됩니다. 수능이든 어떤 시험이든 마찬가지입니다. 영원한 수험 역사의 진리입니다. 문제는 기출문제와 모의고사가 있습니다. 기출이야 누구나 쉽게 구할 수 있고 기본이 되는 문제이지만 수준이 높은 시험일수록 합격이 결정되지 않습니다. 합격선에 가 있는 수험생들은 모의고사가 결정적 작용을 합니다. 그러나 좋은 모의고사는 구하기 어렵습니다. 고민 없이 대충 만드는 모의고사는 기출에 비해서 오히려 수험에 독이 됩니다. 그동안 좋은 문제에 대한 수요가 없어서 공급도 없었습니다. 경쟁이 치열하지 않았을 때에는 기출문제로 충분했습니다. 그러나 경쟁이 치열해질수록 좋은 무기가 필요합니다. 제가 시간과 노력을 들여 좋은 모의고사를 만드는 이유입니다. 수험생을 시험장에서 위태롭게 만들지 않도록 하려면 어려운 문제에 적응시켜야 합니다.

셋째, 암기입니다. 구슬이 서 말이라도 꿰어야 보물이 됩니다. 기출이나 모의고사 공부한 것을 꿰는 게 암기입니다. 구슬을 꿰지 못하면 가치가 떨어지듯이 공부한 내용을 암기하지 못하면 점수가 떨어집니다. 이해하는 데 많은 시간을 쓰더라도 막상 암기가 덜 된 상태로 시험장에 가면 당황하여 실수할 수밖에 없습니다. 암기하려고 해도 암기가 안 된다느니 암기해도 얼마 지나지 않아 잊어버린다고들 합니다. 그렇기 때문에 암기는 가치가 있습니다. 얻기 힘드니 가치가 있는 겁니다. 당연히 어렵습니다. 그러나 피할 수 없습니다. 경쟁에서 이기려면 힘든 것을 해야 합니다. 밥 먹으면서도 암기하고, 화장실에서도 암기하고, 걸으면서도 암기하고, 책상에서도 암기하고, 지하철에서도 암기하고, 샤워실에서도 암기하고, 침대에서도 자면서 천장을 보면서도 암기해야 합니다.

넷째, 실전 대비 모의고사 훈련입니다. 시간이 부족해서 혹은 너무 긴장해서 망한 점수에 망연자실한 경험은 누구나 한 번쯤 있었을 겁니다. 시험장에서의 점수가 진짜 자기 점수입니다. 시험장은 화룡점정하는 시간입니다. "열심히만 하면 합격하겠지"라는 생각으로 시험장에 갔다간 용을 다 그리고는 용 눈에 점을 찍지 않는 우를 범할 수 있습니다. 시간 재면서 모의고사 보는 훈련을 생활화해야 합니다.

다섯째, 제일 중요한 정신 모으기입니다. 생활과 시간을 합격에 온전히 바쳐야 합니다. "아하 진인사대천명, 쌍팔년도도 아니고 무슨"이라는 반응도 있을 법합니다. 고려 광종 때 과거시험이 도입된 이래 변치 않은 합격생의 덕목은 '생활의 단순화'입니다. 하지만 실천하기가 갈수록 어려워지고 있습니다. 게임, 핸드폰, 술뿐만 아니라 4년마다 찾아오는 수험생들의 최대의 적 '월드컵' 그리고 코로나 19 등 우리의 주의를 끌고 집중력을 떨어뜨리는 요소가 많이 있습니다. 그러나 경쟁이 치열해지고 있는 수험 환경에서 빨리, 좋은 점수로 합격하려면 단순한 합격의 공리에 충실할 수밖에 없습니다. 여러분의 건투를 빕니다.

헌법 교재니 헌법 공부방법에 대해서도 말을 해야겠습니다.

문제 난도는 꾸준히 높아질 수밖에 없습니다. 널뛰기도 있겠지만 추세는 난도 상향입니다. 굳이 이유를 설명하는 것조차도 민망한 일입니다. 저도 시험 끝나고 기출문제를 확인하는 게 두렵습니다. 이 지문은 책에 없고, 이 지문은 있지만 이런 식으로 문제를 출제한 적이 없고, 이를 확인하는 게 괴롭습니다. 그날은 밥도 잘 안 들어가고 술만 잘 들어갑니다.
시험 보는 날이면 어디 숨어 버리고 싶은 심정, 시험날이라는 것을 뻔히 알지만 잊어버리고 싶은 심정을 여러분은 이해하기 힘들 겁니다. 사법시험이 그랬습니다. 그러나 이제는 변호사 시험, 7급 국가직, 소방 간부시험, 최근에 와서는 비상 기획관 시험마저도 그렇게 되어 버렸습니다. 안심할 수 있는 시험은 5급 시험과 법원 서기보 시험뿐입니다.

여러분에게 헌법이 쉽다는 과거의 관념이 있다면 빨리 버리시길 바랍니다.

헌법이 왜 어렵게 되었을까요?

그 밑바닥에는 변별력 확보라는 시험기관의 의도와 출제자의 문제 내는 능력이 있습니다. 경쟁이 치열해지면 변별력으로 합격과 불합격을 나눌 수밖에 없습니다. 변별력을 높이려면 기출에 없는 지문을 출제할 수밖에 없고 시험장에서는 처음 보는 지문이라면 구구단조차도 어렵습니다. 낯선 선지가 20% 정도에 이르면 체감 난도는 급격히 높아집니다. 이 정도면 한 문제에 낯선 선지가 2~3개씩 들어가는 문제가 20문제 중 5개 정도는 되어 소거가 어렵게 되기 때문입니다.

그러면 왜 헌법일까요?

출제자들의 머릿속에서 꺼내서 지문을 만들지 않습니다. 판례, 법령에서 지문을 선별해서 끌어냅니다.

형법이나 민법 대법원 판례야 그 양이 많지 않으나, 헌법재판소 판례는 중요 판례라면 판례 하나가 50페이지를 넘기기 일쑤입니다. 그러니 판례 요지뿐 아니라 판례 전문에서 출제한다면 고를 수 있는 선지는 너무 많습니다. 변별력을 높여야 하는 필연적 이유를 고려하면 판례 전문에서 선지를 찾으면 됩니다. 그래서 최근 경향은 판례 요지를 넘어 판례의 논리적 구조를 물어보는 문제가 많아지고 있습니다. 그러다 보니 시험장에서 자신 있게 답을 찾기 힘듭니다. 어중간하게 기출만으로 해결하려면 시험장에서 정신줄을 놓을 수 있습니다.

헌법은 또한 법령이 폭탄입니다. 헌법 조문도 출제되면 만만치 않고 부속 법령도 다양한 만큼 예측하기 힘들어 변별력을 높이려면 법령을 출제하면 간단합니다. 즉, 변별력을 높이기 위한 헌법 문제 출제는 그리 어렵지 않습니다.
그러면 수험생은 어떻게 준비하고 예측할 수 있을까요? 원론적인 문제로 수험생이 문제를 예측할 수 있을까요? 답은 없습니다. "그러면 너는 가능하냐?"라고 묻는다면 답은 동일합니다. 그러면 "사법시험 시대에는 가능했는가?"라고 묻는다면 "그랬다"가 답입니다. "아니 그때 가능했던 게 지금은 왜 안 되는가?" 그때 가능했던 이유는 아이러니하게도 1997년 외환 위기였습니다. 학원 강사의 수준은 수험생이 결정합니다. 1997년 외환 위기시 일자리가 정말 신기루처럼 사라졌습니다. 그래서 가장 역사적으로 뛰어났던 수험생들이 신림동에 모여들어 그들의 위기감과 올바른 압력으로 강사들을 몰아쳐 예측 가능했습니다. 그러나 지금 수험 시장은 김빠진 맥주처럼 맹숭맹숭합니다. 시장도 축소되었고 열기는 식어 강사를 달리게 할 채찍은 사라졌습니다. 그래서 문제 예측이 더 어렵게 되어 수험생은 시험장에서 멘붕할 위험성이 높아졌습니다.

이런 상황에서 수험생은 무엇을 해야 하고, 무엇을 할 수 있을까요?

기본서 읽기가 과거보다 더 중요해진 것은 사실입니다. 역설적이지만 중요해진 만큼 기본서의 양도 늘어나 기본서 읽기가 어려워지고 있습니다. 기본서를 읽을 때 기출문제와 같이 진행하는 것이 문제 포인트를 잡는 데 확실히 도움을 줍니다. 이해가 다 안 되더라도 반드시 기출문제와 함께 공부해야 합니다. 기출문제 회독을 통해 기본서에 접근한다는 마인드를 가지시길 바랍니다.

변별력의 핵심은 기출에 없는 지문이나 기출을 많이 변형한 지문을 출제하는 것입니다. 이를 대비하는 것은 수험생의 몫은 아닙니다.

그래서 '문제수준은 기출이지만 기출에 없는 문제로 구성된 모의고사' 공부가 매우 중요합니다. 수험가가 무너진 상황이라 전 과목 이런 모의고사가 나오기는 힘듭니다. 헌법이나 행정법도 마찬가지입니다. 부족하겠지만 사법시험의 전통을 되살려 정말 퀄리티 있는 문제를 꾸준히 만들어 제공할 예정입니다. 황남기 진도별 모의고사와 전범위 모의고사로 기출을 보완하는 것이 현재로서는 차악의 선택입니다. 따라서 모의고사 문제 만드는 데 전력을 다 기울일 예정입니다. 모의고사는 반드시 시간을 재서 시험장 상황과 가장 유사한 조건하에서 반복적으로 꾸준히 풀어야 합니다.

판례 공부와 법조항 모두 중요합니다. 그러나 이를 문제를 통해서 공부해야 문제인식이 되어 시험장에서 문제에 적응할 수 있습니다. 좋은 문제를 많이 여러 번 반복해서 풀어보는 것은 수험생이 해야 하고 할 수 있는 가장 확실한 공부법입니다. 물론 문제를 풀고 피드백도 필요합니다. 기본서나 법령집으로 다시 체계화할 필요가 있고 이를 다시 암기해야 합니다.

더불어 공무원 시험 전문 **해커스공무원**(gosi.Hackers.com)에서 학원 강의나 인터넷 동영상 강의를 함께 이용하여 꾸준히 수강한다면 학습효과를 극대화할 수 있습니다.

이제 정해진 일을 담담하고 일관성 있게 행동으로 보여주면 점수로 보답받을 것입니다.

함께 고생합시다.

2025년 2월
황남기

목차

제3편 기본권론

제1편

헌법총론

제1장 / 헌법해석과 개정

제1절 헌법조항에 대한 위헌심사가능성

📖 판례정리

군인 · 군무원 · 경찰공무원에 대한 배상을 배제하는 헌법 제29조 제2항의 위헌심사의 대상 여부 (헌재 1996.6.13. 94헌바20)

1. 헌법조항이 위헌법률심판의 대상이 되는지 여부(소극)

헌법 제111조 제1항 제1호 · 제5호 및 헌법재판소법 제41조 제1항, 제68조 제2항은 위헌심사의 대상이 되는 규범을 '법률'로 명시하고 있으므로 헌법의 개별규정 자체가 위헌심사의 대상이 될 수 없음은 위 각 규정의 문언에 의하여 명백하다.

2. 헌법규범 상호간의 효력상 차등 인정 여부

(1) 헌법규범 간 가치 우열 가능성

헌법 규정은 근본가치를 추상적으로 선언하거나 구체적으로 표현하며, 이념적 · 논리적으로 가치의 우열을 인정할 수 있다.

(2) 헌법규범 간 효력 차등 부정

헌법규범 간 우열은 구체화 과정에서의 차이로, 특정 규정이 다른 규정의 효력을 부인할 정도의 효력 차등은 아니다.

(3) 헌법 개정과 규범 간 상 · 하위 구별 불가능

헌법 제130조 제2항에 따라 헌법은 국민투표로 개정되며, 헌법 내 규범을 상 · 하위로 구별하거나 효력상의 차이를 인정할 근거는 없다.

3. 헌법조항이 헌법소원의 대상이 되는지 여부(소극)

헌법제정권과 헌법개정권의 구별론이나 헌법개정한계론은 그 자체로서의 이론적 타당성 여부와 상관없이 우리 헌법재판소가 헌법의 개별규정에 대하여 위헌심사를 할 수 있다는 논거로 **원용될 수 있는 것이 아니며**, 나아가 헌법은 그 전체로서 주권자인 국민의 결단 내지 국민적 합의의 결과라고 보아야 할 것으로, 헌법의 개별규정을 헌법재판소법 제68조 제1항 소정의 공권력 행사의 결과라고 볼 수도 없다.

제2절 헌법의 해석

헌법해석을 위해서는 무엇보다도 헌법문언이 갖는 언어적·어학적 의미를 명확히 하는 문리적 해석이 우선되어야 하며, 문언의 의미내용이 다의적인 경우에 다른 해석방법이 요청된다.

📖 판례정리

헌법해석의 방법

1. 현행 헌법에서 "구금"을 "구속"으로 바꾼 것은 헌법 제12조가 보장하는 신체의 자유 범위를 구금된 사람뿐 아니라 **구인된 사람**에게까지 확대하기 위한 것이다. 헌법 제12조에서 규정한 "구속"은 신체의 자유 보장의 범위를 확대하여 **사법절차와 행정절차** 모두를 포함하는 포괄적 개념으로 이해된다(헌재 2018.5.31. 2014헌마346).

2. **국가유공자 가족의 가산점제도의 법적 근거:** 국가유공자 가족 수의 증가 등을 고려하여 위 조항을 엄격히 해석하여 국가유공자, 상이군경 그리고 전몰군경 유가족으로 봄이 상당하다. 국가유공자 가족 등으로 보호대상을 확대하는 것은 법률적 차원의 입법정책에 해당하며 헌법적 근거를 갖는 것은 아니다(헌재 2006.2.23. 2004헌마675·981·1022).

3. 우리는 헌법규정 사이의 우열관계, 헌법규정에 대한 위헌성 판단을 인정하지 아니하고 있으므로, 그에 따라 **헌법 제106조 법관의 신분보장 규정**은 헌법 제105조 제4항 법관정년제 규정과 병렬적 관계에 있는 것으로 보아 조화롭게 해석하여야 할 것이다(헌재 2002.10.31. 2001헌마557).

4. **헌법의 기본원리**는 헌법의 이념적 기초인 동시에 헌법을 지배하는 지도원리로서 입법이나 정책결정의 방향을 제시하며 공무원을 비롯한 모든 국민·국가기관이 헌법을 존중하고 수호하도록 하는 지침이 되며, **구체적 기본권을 도출하는 근거로 될 수는 없으나** 기본권의 해석 및 기본권 제한입법의 합헌성 심사에 있어 해석기준의 하나로서 작용한다(헌재 1996.4.25. 92헌바47).

5. 통일정신, **국민주권원리로부터** 국민의 **개별적 기본권성을 도출해내기는 어려우며**, 헌법전문에 기재된 대한민국 임시정부의 법통을 계승하는 부분에 위배된다는 점이 청구인들의 법적지위에 현실적이고 구체적인 영향을 미친다고 볼 수도 없다(헌재 2008.11.27. 2008헌마517).

6. 헌법 제8조 제1항은 정당설립의 자유, 정당조직의 자유, 정당활동의 자유 등을 포괄하는 정당의 자유를 보장하고 있다. 이러한 정당의 자유는 국민이 개인적으로 갖는 기본권일 뿐만 아니라, 단체로서의 정당이 가지는 기본권이기도 하다(헌재 2004.12.16. 2004헌마456).

7. 헌법재판소의 헌법해석은 헌법이 내포하고 있는 특정한 가치를 탐색·확인하고 이를 규범적으로 관철하는 작업인 점에 비추어, 헌법재판소가 행하는 구체적 규범통제의 심사기준은 원칙적으로 헌법재판을 할 당시에 규범적 효력을 가지는 현행헌법이다(헌재 2013.3.21. 2010헌바132).

제3절 합헌적 법률해석(헌법합치적 법률해석)

01 합헌적 법률해석의 의의 ***

1. 개념

어떤 법률의 개념이 다의적이고 그 어의의 테두리 안에서 여러 가지 해석이 가능할 때 헌법을 그 최고 법규로 하는 통일적인 법질서의 형성을 위하여 헌법에 합치되는 해석 즉 합헌적인 해석을 택하여야 하며, 이에 의하여 위헌적인 결과가 될 해석을 배제하면서 합헌적이고 긍정적인 면은 살려야 한다는 것이 헌법의 일반 법리이다(헌재 1990.4.2. 89헌가113).

2. 합헌적 법률해석은 법률해석의 지침이다.

합헌적 법률해석은 헌법해석을 수반하기는 한다. 그러나 헌법해석이 아니라 법률해석의 지침이다.

3. 합헌적 법률해석과 사법소극주의

합헌적 법률해석이란 어떤 법률이 한 가지 해석방법에 의하면 헌법에 위배되는 것처럼 보이더라도 다른 해석방법에 의하면 헌법에 합치되는 것으로 볼 수 있다면 합헌으로 해석하여야 한다는 **사법소극주의적인** 법률해석기술이다.

02 합헌적 법률해석의 이론적 근거

1. 헌법의 최고규범성에서 나오는 법질서의 통일성

어떤 법률의 개념이 다의적이고 그 어의의 테두리 안에서 여러 가지 해석이 가능할 때, 헌법을 최고법규로 하는 통일적인 법질서의 형성을 위하여 헌법에 합치되는 해석, 즉 합헌적인 해석을 택하여야 하며, 이에 의하여 위헌적인 결과가 될 해석은 배제하면서 합헌적이고 긍정적인 면은 살려야 한다는 것이 헌법의 일반법리이다(헌재 1990.4.2. 89헌가113).

2. 민주적 정당성을 갖는 입법권의 존중(권력분립의 정신)

입법부가 제정한 법률의 효력을 유지시켜 최대한 권력분립의 정신과 민주주의적 입법기능을 최대한 존중해야 할 필요가 있다.

3. 법적 안정성의 요청에 의한 규범 유지의 필요성 및 법률의 추정적 효력

법률의 합헌성 추정의 원칙이란 법률이 일단 제정·공포된 이상 법률의 효력은 추정된다는 원칙으로 권력분립의 정신, 입법의 재량권 인정, 합리성의 원칙, 법적 안정성에 근거하고 있다.

4. 국제사회에서의 신의 존중과 국가 간의 긴장 회피 및 신뢰보호

국가 간의 신뢰보호를 위하여 국가 간에 체결된 조약 또는 그 동의법을 합헌적으로 해석할 필요가 있다. 따라서 조약이나 일반적으로 승인된 국제법규도 합헌적 법률해석의 대상이 된다.

03 합헌적 법률해석의 한계

1. 합헌적 법률해석의 한계의 의미

법률에 대한 합헌적 해석은 입법권이 가지는 형성적 재량권을 지나치게 제한하거나 박탈하지 않는 범위 내에서 이루어져야 한다. 따라서 합헌적 법률해석은 문의적 한계, 법목적적 한계 등을 준수해야 한다.

2. 구체적인 합헌적 법률해석의 한계 ★★

(1) **문의적 한계를 벗어난 합헌적 법률해석은 허용되지 않는다.** 법률의 조항은 원칙적으로 가능한 범위 안에서 합헌적으로 해석함이 마땅하나 그 해석은 법의 문구와 목적에 따른 한계가 있다(헌재 1989.7.14. 88헌가5).

  ① **필요적 보호감호**: 필요적 보호감호제도하에서는 법관이 재범의 위험성이 없다고 판단해도 보호감호 요건이 충족된 이상 보호감호를 부과해야 한다. 필요적 보호감호의 법문언상, 법관이 재범의 위험성이 있는 경우에 한해 보호감호를 부과할 수 있다고 해석해서 한정합헌결정을 하는 것은 문의적 한계를 벗어난 법률해석이다(헌재 1989.7.14. 88헌가5 등).

  ② 군인사법 제48조 제4항 후단의 '무죄의 선고를 받은 때'의 의미와 관련하여, 형식상 무죄판결뿐 아니라 공소기각재판을 받았다 하더라도 그와 같은 공소기각의 사유가 없었더라면 무죄가 선고될 현저한 사유가 있는 이른바 내용상 무죄재판의 경우도 이에 포함된다고 확대해석함이 법률의 문의적 한계 내의 합헌적 법률해석에 부합한다(대판 2004.8.20. 2004다22377).

  ③ **양벌규정**: 법은 종업원이 처벌되면 영업주는 고의·과실 유무와 무관하게 처벌한다는 의미로 규정된 것이므로 영업주의 선임·감독상의 과실(기타 영업주의 귀책사유)이 인정되는 경우'라는 요건을 추가하여 해석하는 것은 문언상 가능한 범위를 넘어서는 해석으로서 허용되지 않는다고 보아야 한다(헌재 2007.11.29. 2005헌가10).

(2) **법목적적 한계를 벗어난 합헌적 법률해석은 허용되지 않는다.** 입법자가 의도한 입법목적을 합헌적 법률해석을 통해 변경 또는 왜곡하는 것은 입법권을 침해하는 것이다. 따라서 합헌적 법률해석을 함에 있어 법목적적 한계를 준수하여야 한다.

(3) **헌법수용적 한계를 벗어난 합헌적 법률해석은 허용되지 않는다.** 합헌적 법률해석은 헌법규범의 내용을 지나치게 확대해석하여 헌법규범이 가지는 정상적인 수용한도를 넘어서는 안 된다. 법률의 합헌적 해석이 헌법의 합법률적 해석으로 주객이 전도되어서는 안 된다.

📖 판례정리

법률이 전문개정된 경우 개정 전 법률 부칙의 경과규정은 실효된다 (헌재 2012.5.31. 2009헌바123).

1. 합헌적 법률해석의 한계

   이미 실효된 법률조항을 대상으로 하여 헌법합치적인 법률해석을 할 수는 없는 것이어서, 유효하지 않은 법률조항을 유효한 것으로 해석하는 결과에 이르는 것은 '헌법합치적 법률해석'을 이유로도 정당화될 수 없다 할 것이다.

2. 전부개정된 경우 구법 부칙의 효력 상실

   구법의 부칙조항은 전문개정법 시행 이후에는 전문개정법률의 일반적 효력에 의하여 더 이상 유효하지 않게 된 것으로 보아야 한다.

3. 구법부칙에 근거한 과세처분과 이를 적법하게 본 대법원의 법해석의 문제점

조세법의 영역에서는 과세요건법정주의와 과세요건명확주의를 포함하는 조세법률주의가 적용되므로, 경과규정의 미비로 인한 입법 공백 방지와 형평성 왜곡의 시정은 입법자의 권한과 책임이지 법률을 해석·적용하는 법원이나 과세관청의 몫은 아니다. 따라서 실효된 법률조항을 유효한 것으로 해석하여 과세의 근거로 삼는 것은 국회가 과세 근거를 법률로 제정하도록 하는 헌법상 권력분립원칙과 조세법률주의에 반한다. 결과적으로, 전부개정법 시행 이후 실효된 부칙조항을 유효한 것으로 해석하는 것은 헌법에 위배된다.

---

04 합헌적 법률해석의 관련 논점

1. 합헌적 법률해석의 남용문제 *

정신적 자유는 우월한 자유이므로 합헌적 법률해석으로 법률의 효력을 존속시키는 것이 정신적 자유보장 차원에서 바람직하지는 않다. 따라서 합헌적 법률해석은 정신적 자유규제입법에서는 가급적 자제되어야 하고 경제정책입법에서 주로 허용된다.

2. 대법원의 합헌적 해석이 있는 경우 헌법재판소의 결정유형

심판대상 법률조항에 관한 대법원의 합헌적 해석이 헌법재판소의 견해와 일치할 경우, 헌법재판소는 합헌 결정한 경우도 있고 한정위헌결정한 경우도 있어 **한정위헌결정을 내리는 태도를 견지하고 있지는 않다.**

제4절 헌법의 개정

> **헌법 제128조 【개정제안과 효력】** ① 헌법개정은 국회재적의원 과반수 또는 대통령의 발의로 제안된다.
> ② 대통령의 임기연장 또는 중임변경을 위한 헌법개정은 제안 당시의 대통령에 대하여는 효력이 없다.
> **제129조 【개정안공고기간】** 제안된 헌법개정안은 대통령이 **20일** 이상의 기간 이를 공고하여야 한다.
> **제130조 【개정안의 의결과 확정·공포】** ① 국회는 헌법개정안이 **공고된 날로부터 60일 이내**에 의결하여야 하며, 국회의 의결은 재적의원 3분의 2 이상의 찬성을 얻어야 한다.
> ② 헌법개정안은 국회가 의결한 후 **30일 이내**에 국민투표에 붙여 국회의원선거권자 과반수의 투표와 투표자 과반수의 찬성을 얻어야 한다.
> ③ **헌법개정안이 제2항의 찬성을 얻은 때에는 헌법개정은 확정되며,** 대통령은 **즉시** 이를 공포하여야 한다.
> **부칙 제1조** 이 헌법은 1988년 2월 25일부터 시행한다. 다만, 이 헌법을 시행하기 위하여 필요한 법률의 제정·개정과 이 헌법에 의한 대통령 및 국회의원의 선거 기타 이 헌법시행에 관한 준비는 이 헌법 시행 전에 할 수 있다.
> **제70조** 대통령의 임기는 5년으로 하며, 중임할 수 없다.
> **제72조** 대통령은 필요하다고 인정할 때에는 외교·국방·통일 기타 국가안위에 관한 중요정책을 국민투표에 붙일 수 있다.

헌법개정은 제안, 공고, 국회의결, 국민투표를 거쳐야 하는데 어떤 절차도 생략해서는 안 된다.

01 제안

1. 국민발안

제2차 개정헌법부터 제6차 개정헌법까지는 선거권자 50만 명 이상의 찬성으로 헌법개정안을 발의할 수 있었으나, 현행헌법에서는 국민의 헌법개정안 발의권을 규정하고 있지 않다.

2. 대통령 제안

대통령은 국무회의 심의를 거치고 국무총리와 국무위원의 부서를 받아 헌법개정안을 제출할 수 있다.

3. 국회의원 제안

국회재적의원 과반수의 발의로 제안하도록 하고 있다.

02 헌법 제128조 제2항의 의미

1. 의의

헌법 제128조 제2항은 헌법 제70조를 개정할 수 없다는 개정금지조항이 아니다. 다만, 제안 당시 대통령에 한해 개정된 조문이 적용되지 않는다는 헌법개정효력의 한계조항 또는 적용대상 제한조항이다.

2. 제안 당시 대통령

헌법 제70조가 중임 허용으로 개정되었다 하더라도 제안 당시의 대통령에게는 개정된 조문이 적용되지 않으므로 제안 당시 대통령은 다음 대통령 선거에서 입후보할 수 없다.

3. 연혁

제8차 개정헌법에서 대통령 임기연장을 막기 위해 도입되었다.

03 공고

공고절차는 국민적 합의를 도출하기 위한 것이므로 생략할 수 없다.

04 국회의결

① 국회는 공고된 날을 기준으로 60일 이내에 의결해야 한다.
② 헌법개정안은 기명투표로 표결한다(국회법 제112조 제4항).
③ 공고를 통해 국민에게 알린 바 있으므로 수정의결할 수 없다.
④ 헌법 제130조 제1항의 헌법개정안 의결정족수인 재적의원 3분의 2는 소수자보호정신에 부합된다.

05 국민투표

1. 국민투표로 확정

대통령은 국회에서 가결된 헌법개정안을 가결된 날로부터 30일 이내에 국민투표에 부의해야 한다. 헌법개정은 국민투표로 확정되므로 국민투표를 생략할 수 없다.

2. 국민투표권의 법적 성격

우리 헌법은 선거권(헌법 제24조)과 같은 간접적인 참정권과 함께 직접적인 참정권으로서 국민투표권(헌법 제72조, 제130조)을 규정하고 있으므로 **국민투표권은 헌법상 보장되는 기본권의 하나이다.** 이 사건 법률의 위헌성이 대통령의 의사결정과 관련하여 문제되는 경우라도 헌법소원의 대상이 될 수 있다.

📖 **판례정리**

헌법개정 국민투표

1. 헌법 제72조의 국민투표의 대상은 중요정책이므로 헌법개정은 헌법 제72조의 국민투표가 아니라 헌법 제130조의 국민투표에서 확정된다. **관습헌법을 성문헌법과 동일한 효력을 가진다고 전제하여, 그 법규범은 최소한 헌법 제130조에 의거한 헌법개정의 방법에 의하여만 개정될 수 있다**(헌재 2004.10.21. 2004헌마554).

2. 한미무역협정의 경우, 국회의 동의를 필요로 하는 조약의 하나로서 법률적 효력이 인정되므로, 그에 의하여 성문헌법이 개정될 수는 없으며, 따라서 한미무역협정으로 인하여 청구인의 헌법 제130조 제2항에 따른 헌법개정절차에서의 **국민투표권이 침해될 가능성이 인정되지 아니한다**(헌재 2013.11.28. 2012헌마166).

3. 긴급조치 제1호, 제2호는 국민의 유신헌법 반대운동을 통제하고 정치적 표현의 자유를 과도하게 침해하는 내용이어서 국가긴급권이 갖는 내재적 한계를 일탈한 것으로서, 이 점에서도 **목적의 정당성이나 방법의 적절성을 갖추지 못하였다**(헌재 2013.3.21. 2010헌바132).

06 헌법개정의 확정

국회의원선거권자 과반수 투표와 투표자 과반수의 찬성을 얻으면 헌법개정은 확정된다.

> **국민투표법 제92조【국민투표무효의 소송】** 국민투표의 효력에 관하여 이의가 있는 투표인은 투표인 10만인 이상의 찬성을 얻어 중앙선거관리위원회위원장을 피고로 하여 투표일로부터 20일 이내에 대법원에 제소할 수 있다.

07 공포

① 국민투표에 의해서 헌법개정이 확정되면 대통령은 거부권을 행사할 수 없다.
② 대통령은 국민투표로 헌법개정이 확정되면 즉시 공포해야 한다.

08 발효

헌법개정의 발효시기에는 공포시설과 20일 경과시설이 있다. 전자가 관례이나 현행헌법은 부칙에 직접 발효시기를 규정하고 있다.

☑ 우리 헌정사에 있어 헌법개정절차 ★★★

구분 헌법	제안자			공고 기간	국회의결 정족수	국민 투표	기타
	대통령	국회	국민				
제헌헌법 (1948년)	대통령	국회 재적 1/3	×	30일	재적 2/3	×	
제1차 개정헌법 (1952년)	대통령	민의원 또는 참의원 재적 1/3	×	30일	양원 각각 재적 2/3	×	
제2차 개정헌법 (1954년)	대통령	민의원 또는 참의원 재적 1/3	민의원 선거권자 50만 명	30일	양원 각각 재적 2/3	×	헌법개정금지조항: 민주공화국, 국민주권, 국가안위에 관한 국민투표(제2~4차)
제3·4차 개정헌법 (1960년) 제2공화국 헌법	대통령	민의원 또는 참의원 재적 1/3	민의원 선거권자 50만 명	30일	양원 각각 재적 2/3	×	
제5·6차 개정헌법 (1962·69년) 제3공화국 헌법	×	국회 재적 1/3	국회의원 선거권자 50만 명	30일	재적 2/3	○	
제7차 개정헌법 (1972년) 제4공화국 헌법	대통령 ⬇ 국민 투표	국회 재적 과반수	×	20일	국회의원이 제안한 개정안 ⬇ 국회재적 2/3 ⬇ 통일주체국민회의	○	헌법개정의 이원화
제8차 개정헌법 (1980년) 제5공화국 헌법	대통령	국회 재적 과반수	×	20일	재적 2/3	○	대통령 중임 개정시 효력제한규정
제9차 개정헌법 (1987년) 현행헌법	대통령	국회 재적 과반수	×	20일	재적 2/3	○	대통령 중임 개정시 효력제한규정

1. 국민투표 연혁

헌법개정절차의 국민투표는 제5차 개정헌법에서 최초로, 중요사항국민투표는 제2차 개정헌법에서 최초로 도입되었다.

2. 제1·2차 헌법개정에서 국민투표를 거치지 아니한 것은 헌법위반이 아니었다.

3. 제5차 헌법개정시 국민투표를 거쳤는데 이는 제4차 개정헌법(제2공화국 헌법)에 근거한 것이 아니라 국가재건비상조치법에 근거한 것이었다.

4. 국민발안과 헌법개정의 국민투표가 헌법에 같이 규정된 것은 제5·6차 개정헌법(제3공화국 헌법)이었다.

5. 제7차 개정헌법은 대통령이 헌법개정을 제안한 경우 국민투표를 거치지만, 국회의원이 제안한 경우 통일주체국민회의에서 확정되므로 국민투표가 필수적 절차는 아니었다.

6. 국회의결과 국민투표를 모두 거쳐 개정된 헌법은 제6·9차 개정헌법이다.

7. 여야합의로 개정된 헌법은 제3차와 제9차 개정헌법이다.

제5절 관습헌법의 개정 (헌재 2004.10.21. 2004헌마554)

01 관습헌법 인정 여부

성문헌법국가에서도 관습헌법은 인정되나, 성문헌법을 보충하고 실효성을 증대시키는 범위 내에서 인정된다. 그러나 관습헌법은 성문헌법을 보충할 수 있을 뿐 성문헌법을 개폐할 수는 없다.

📖 판례정리

관습법 인정

성문헌법이라고 하여도 그 속에 모든 헌법사항을 빠짐없이 완전히 규율하는 것은 불가능하고 또한 헌법은 국가의 기본법으로서 간결성과 함축성을 추구하기 때문에 형식적 헌법전에는 기재되지 아니한 사항이라도 이를 불문헌법 내지 관습헌법으로 인정할 소지가 있다(헌재 2004.10.21. 2004헌마554·566).

02 관습헌법 인정의 헌법적 근거

헌법 제1조 제2항은 "대한민국의 주권은 국민에게 있고, 모든 권력은 국민으로부터 나온다."라고 규정한다. 이와 같이 **국민이** 대한민국의 주권자이며, 국민은 최고의 헌법제정권력이기 때문에 성문헌법의 제·개정에 참여할 뿐만 아니라 헌법전에 포함되지 아니한 **헌법사항을 필요에 따라 관습의 형태로 직접 형성할 수 있다.**

03 관습헌법의 성립요건으로서의 기본적 헌법사항

관습헌법이 성립하기 위하여서는 관습이 성립하는 사항이 단지 법률로 정할 사항이 아니라 반드시 헌법에 의하여 규율되어 법률에 대하여 효력상 우위를 가져야 할 만큼 헌법적으로 중요한 기본적 사항이 되어야 한다. 일반적인 헌법사항 중 과연 어디까지가 이러한 기본적이고 핵심적인 헌법사항에 해당하는지 여부는 일반추상적인 기준을 설정하여 재단할 수는 없고, 개별적 문제사항에서 헌법적 원칙성과 중요성 및 헌법원리를 통하여 평가하는 구체적 판단에 의하여 확정하여야 한다.

04 관습헌법의 일반적 성립요건

관습헌법이 성립하기 위하여서는 관습법의 성립에서 요구되는 일반적 성립요건이 충족되어야 한다. ① 기본적 헌법사항에 관하여 어떠한 관행 내지 관례가 존재하고, ② 그 관행은 국민이 그 존재를 인식하고 사라지지 않을 관행이라고 인정할 만큼 충분한 기간 동안 반복 내지 계속되어야 하며(반복·계속성), ③ 관행은 지속성을 가져야 하는 것으로서 그 중간에 반대되는 관행이 이루어져서는 아니 되고(항상성), ④ 관행은 여러 가지 해석이 가능할 정도로 모호한 것이 아닌 명확한 내용을 가진 것이어야 한다(명료성). 또한 ⑤ 이러한 관행이 헌법관습으로서 국민들의 승인 내지 확신 또는 폭넓은 컨센서스를 얻어 국민이 강제력을 가진다고 믿고 있어야 한다(국민적 합의).

05 관습헌법의 폐지와 사멸

관습헌법은 헌법의 일부로서 성문헌법과 동일한 효력을 가지며, 헌법 제130조에 따른 개정 절차를 통해서만 변경될 수 있다. 이는 국회의 재적의원 3분의 2 이상 찬성으로 의결하고, 국민투표에서 과반수의 찬성을 얻어야 한다. 이 경우 관습헌법규범은 헌법전에 그에 상반하는 법규범을 첨가함에 의하여 폐지하게 되는 점에서, 헌법전으로부터 관계되는 헌법조항을 삭제함으로써 폐지되는 성문헌법규범과는 구분된다. 한편, 이러한 형식적인 헌법개정 외에도, 관습헌법은 그것을 지탱하고 있는 국민적 합의성을 상실함에 의하여 법적 효력을 상실할 수 있다. 관습법의 존속요건의 하나인 국민적 합의성이 소멸되면 관습헌법으로서의 법적 효력도 상실하게 된다. **관습헌법의 요건들은 그 성립의 요건일 뿐만 아니라 효력 유지의 요건이다.**

06 관습헌법을 하위법률의 형식으로 의식적으로 개정할 수 있는지 여부(소극)

우리나라와 같은 성문의 경성헌법 체제에서 인정되는 관습헌법사항은 하위규범형식인 법률에 의하여 개정될 수 없다.

07 기본적인 헌법사항을 법률로 규정할 수 있는지 여부

특정의 법률이 반드시 헌법전에서 규율하여야 할 기본적인 헌법사항을 헌법을 대신하여 규율하는 경우에는 그 내용이 상위의 헌법규범에 배치되는지 여부와 관계없이 경성헌법의 체계에 위반하여 헌법위반에 해당하는 것이다. 일반적으로 법률의 위헌이 문제되는 것은 그 내용이 헌법조항이나 헌법원칙에 위배되는 경우일 것이나 이러한 정도를 넘어서서 당해 법률이 반드시 헌법에 의하여 규율되고 개정되어야 할 사항을 단순법률의 형태로 규정하고자 한 경우에는 이는 국민이 주권자로서 헌법의 제·개정에 관하여 가지는 권한을 직접적으로 침해하는 것이 된다

08 관습헌법을 폐지하기 위해서는 헌법개정이 필요한지 여부(적극)

우리나라의 수도가 서울인 것은 우리 헌법상 관습헌법으로 정립된 사항이며 여기에는 아무런 사정의 변화도 없다고 할 것이므로, 이를 폐지하기 위해서는 반드시 헌법개정의 절차에 의하여야 한다.

09 신행정수도법이 헌법 제130조의 국민투표권을 침해 여부

서울이 우리나라 수도인 점은 불문의 관습헌법으로 헌법적 효력을 가지며, 헌법개정 절차를 통해서만 변경될 수 있다. 수도 이전을 내용으로 한 법률을 제정하는 것은 헌법보다 하위의 일반 법률로 헌법개정사항을 변경하려는 시도로, 헌법 제130조의 국민투표권을 침해하였으므로 헌법에 위반된다.

📖 판례정리

신행정수도 후속대책을 위한 연기·공주지역 행정중심복합도시 건설을 위한 특별법 (헌재 2005. 11.24. 2005헌마579) *각하결정

1. 수도의 개념

수도는 입법기관이 위치해 입법기능을 수행하고, 대통령의 활동을 통해 국가적 상징성과 통합기능을 가지며, 행정부 기능이 이루어지는 장소로서 수도적 성격을 갖는다. 다만, 행정부 조직의 분산은 정책적으로 가능하며, 사법권 행사 장소나 경제적 능력 등은 수도로서의 필수 요소에 해당하지 않는다.

2. 행정중심복합도시의 수도 지위 여부

행정중심복합도시는 국가정책에 대한 통제력을 가진 정치·행정의 중추기능을 수행하지 않으므로 수도로서의 지위를 획득하지 않는다. 또한, 수도를 행정중심복합도시로 이전하거나 분할한다고 볼 수 없다.

3. 서울의 수도 지위 해체 여부

행정중심복합도시 건설에도 불구하고 서울은 정치·행정의 중추기능과 국가의 상징기능을 지속적으로 수행하므로 수도로서의 기능이 해체되지 않는다.

4. 권력구조 및 국무총리 지위 변경 여부

행정중심복합도시 건설로 행정부의 기본구조에는 변화가 없으며, 국무총리의 권한과 위상은 소재지와 직접적 연관이 없으므로 변경되지 않는다. 국무총리와 대통령의 소재지에 관한 관습헌법도 인정되지 않는다.

5. 헌법 제130조 국민투표권 침해 여부

행정중심복합도시는 수도로서의 지위를 가지지 않고, 서울의 수도 지위도 해체되지 않으므로 관습헌법 개정 문제가 발생하지 않는다. 따라서 국민투표권 침해 가능성은 없다.

6. 헌법 제72조 국민투표권 침해 여부

헌법 제72조는 중요 정책을 국민투표에 부칠지 여부를 대통령의 재량에 맡기고 있으며, 대통령이 국민투표를 실시하지 않아도 헌법 위반이 아니므로 국민투표 요구권도 인정되지 않는다.

제2장 / 헌법의 보호(수호·보장)

제1절 헌법보호의 총론

01 헌법보호의 의의

헌법의 보호란 헌법이 침해되는 위기에서 헌법 또는 불문헌법을 보장하는 것을 뜻한다.

02 헌법보장(수호)의 방법과 유형

1. 평상시적 헌법수호제도

(1) 사전예방적 헌법수호

　① 헌법의 최고법규성 선언
　② 국가권력분립
　③ **헌법개정의 경성**: 헌법개정에 의해 헌법침해가 발생할 수 있으므로, 헌법을 어려운 절차에 의해 개정하도록 할 필요가 있다.
　④ 공무원의 정치적 중립성
　⑤ 방어적 민주주의 채택

(2) 사후교정적 헌법수호

　① 위헌법률심사제
　② 탄핵제도
　③ 위헌정당의 강제해산제
　④ 각료해임건의 및 의결제

2. 비상시적 헌법수호제도

비상시적 헌법수호제도로는 대통령이 행사하는 국가긴급권이 있고 현행헌법에는 긴급명령, 긴급재정경제처분, 긴급재정경제명령, 계엄권이 규정되어 있다. 저항권도 비상시적 헌법수호수단인데 헌법에 규정된 것은 아니다.

03 헌법보호수단으로서의 국가긴급권

1. 의의

국가긴급권이란 전쟁, 내란, 경제공황 등의 국가비상사태 발생으로 정상적인 헌법보호수단으로 헌법질서를 보호하기 어려울 경우, 국가의 존립과 헌법질서를 유지하기 위해 동원되는 비상적 권한을 뜻한다.

2. 초헌법적 국가긴급권

📖 판례정리

초헌법적 국가긴급권 *위헌결정

특별조치법 제2조는 "국가안전보장에 대한 중대한 위협에 효율적으로 대처하고 사회의 안녕질서를 유지하여 국가를 보위하기 위하여 신속한 사태 대비조치를 취할 필요가 있을 경우 대통령은 국가안전보장회의의 자문과 국무회의의 심의를 거쳐 국가비상사태를 선포할 수 있다."라고 규정하고 있다. 그러나 이러한 국가비상사태 선포권은 헌법 제76조 및 제77조에 한정적으로 규정된 국가긴급권(긴급재정경제처분·명령권, 긴급명령권, 계엄선포권)의 실체적 발동요건 중 어느 하나에도 해당하지 않는 것이므로, 헌법이 예정하지 아니한 '초헌법적인 국가긴급권'의 창설에 해당한다. 그러나 특별조치법 제정 당시의 국내외 상황이 이러한 초헌법적 국가긴급권 창설을 예외적으로 정당화할 수 있을 정도의 극단적 위기상황이 존재하였다고 볼 수 없으므로, 특별조치법상의 대통령의 국가비상사태 선포권은 헌법이 요구하는 국가긴급권의 실체적 발동요건을 갖추지 못한 것이다(헌재 2015.3.26. 2014헌가5).

제2절 저항권

01 저항권의 의의

1. 개념

저항권이란 주권자로서의 국민이 공권력에 의해 침해된 헌법기본질서를 회복하기 위해 취할 수 있는 비상적인 헌법보호수단이자 기본권 보장을 위한 기본권이기도 하다.

2. 타 개념과 비교

(1) 저항권과 시민불복종의 비교 ★

① **개념**: 시민불복종은 양심상 부정의하다고 확신하는 법이나 정책을 개선할 목적으로 법을 위반하여 비폭력적인 방법으로 행하는 공적이고 정치적인 집단적 정치행위이다.

② **발동요건**: 저항권은 헌법의 기본질서와 가치의 위협에 대해서만 행사될 수 있으나, 시민불복종은 개별 법령에 위반된 경우에도 행사될 수 있다.

③ **행사방법**: 저항권은 폭력적 수단도 배제하지 않으나, 시민불복종은 폭력적인 수단은 배제한다.

④ **보충성**: 저항권은 헌법이나 법률에 규정된 일체의 법적 구제수단이 이미 유효한 수단이 될 수 없는 경우에 행사될 수 있다. 그러나 시민불복종은 다른 구제수단이 있는지와 관계없이 행사될 수 있으므로 보충성을 요건으로 하지 않는다.

(2) 저항권과 혁명의 비교

저항권은 국민적 정당성에 기초해 있다는 점에서 혁명과 동일하지만, 혁명의 목적이 새로운 헌법질서의 창출에 있다면, 저항권의 목적은 기존 헌법질서의 수호에 있다. 그러나 소수의 특수집단을 중심으로 헌정체제의 변화를 유발하는 쿠데타는 혁명이나 저항권과 다르게 국민적 정당성을 확보한다고 볼 수 없다.

02 근거

명문으로 저항권을 규정하고 있지 않다. 헌법전문의 '불의에 항거한 4·19민주이념을 계승하고'라고 한 것을 저항권에 관한 근거규정으로 보는 견해가 있다.

📖 판례정리

저항권 인정 여부

1. 저항권이 비록 존재한다고 인정하더라도 그 저항권이 실정법에 근거를 두지 못하고 자연법에만 근거하고 있는 한, 법관은 이를 재판규범으로 원용할 수 없다(대판 1980.5.20. 80도306 – 김재규 사건).

2. 피고인들이 확성장치 사용, 연설회 개최, 불법행령, 서명날인운동, 선거운동기간 전 집회 개최 등의 방법으로 특정 후보자에 대한 **낙선운동을 함으로써** 공직선거및선거부정방지법에 의한 선거운동제한 규정을 위반한 피고인들의 같은 법 위반의 각 행위는 위법한 행위로서 허용될 수 없는 것이고, 피고인들의 위 각 행위가 시민불복종운동으로서 헌법상의 기본권 행사 범위 내에 속하는 정당행위이거나 형법상 사회상규에 위반되지 아니하는 정당행위 또는 긴급피난의 요건을 갖춘 행위로 볼 수는 없다(대판 2004.4.27. 2002도315).

3. 1996.12.26. 날치기 통과된 노동관계조정법 등이 위헌이라는 이유로 저항권의 수단으로서 불법적인 쟁의행위를 하였다고 주장하는 사건에서 헌법재판소는 저항권이 헌법이나 실정법에 규정이 있는지 여부를 가려볼 필요도 없이 제청법원이 주장하는 국회법 소정의 협의 없는 **개의시간의 변경과 회의일시를 통지하지 아니한** 입법과정의 하자는 저항권 행사의 대상이 되지 아니한다. 저항권은 국가권력에 의하여 헌법의 기본원리에 대한 중대한 침해가 행하여지고, 그 침해가 헌법의 존재 자체를 부인하는 것으로서 다른 합법적인 구제수단으로서는 목적을 달성할 수 없을 때에, 국민이 자기의 권리와 자유를 지키기 위하여 실력으로 저항하는 권리이기 때문이다(헌재 1997.9.25. 97헌가4 – 노동조합 및 노동관계조정법 등 위헌심판)라고 하여 헌법보호수단으로서 저항권을 간접적으로 인정하지만, 입법과정의 하자는 저항권 행사의 대상이 아니라고 본다.

03 저항권 행사의 요건과 효과

1. 주체

국민, 법인, 정당 그리고 예외적으로 외국인도 저항권의 주체가 될 수 있으나, 국가기관과 지방자치단체 등 공법인은 될 수 없다.

2. 저항권 행사의 목적

저항권은 민주적 기본질서의 유지와 회복을 위한 것이지, 집권이라는 적극적 목적에 사용할 수 없다. 이는 저항권 행사가 폭력적 수단에 의한 집권을 의도하는 것인지 의심을 낳는다. 저항권이 위헌적 정권을 물러나게 하고 민주적 방법으로 집권하겠다는 취지로 해석될 여지가 있지만, 선거와 저항권에 의한 집권을 병행하여 주장하는 것은 민주적 기본질서가 전반적으로 파괴되지 않은 상황에서도 저항권 행사를 고려한 것으로 보인다(헌재 2014.12.19. 2013헌다1).

3. 저항권 행사요건

저항권은 공권력의 행사자가 민주적 기본질서를 침해하거나 파괴하려는 경우 이를 회복하기 위하여 국민이 공권력에 대하여 폭력·비폭력, 적극적·소극적으로 저항할 수 있다는 국민의 권리이자 헌법수호제도를 의미한다. 하지만 저항권은 공권력의 행사에 대한 '실력적' 저항이어서 그 본질상 질서교란의 위험이 수반되므로, 저항권의 행사에는 개별 헌법조항에 대한 단순한 위반이 아닌 민주적 기본질서라는 전체적 질서에 대한 중대한 침해가 있거나 이를 파괴하려는 시도가 있어야 하고, 이미 유효한 구제수단이 남아 있지 않아야 한다는 **보충성의 요건**이 적용된다. 또한 그 행사는 민주적 기본질서의 유지, 회복이라는 소극적인 목적에 그쳐야 하고 **정치적·사회적·경제적 체제를 개혁하기 위한 수단으로 이용될 수 없다**(헌재 2014.12.19. 2013헌다1).

4. 저항권 행사방법

폭력적 수단은 비례원칙에 따라 평화적 방법에 의하여 달성할 수 없는 예외적 경우에만 허용된다.

제3절 방어적 민주주의(투쟁적 민주주의)

01 방어적 민주주의의 의의

방어적 민주주의란 민주적·법치국가적 헌법질서를 침해하는 적으로부터 민주주의를 방어하기 위한 자기방어적, 자기수호적 민주주의를 뜻한다.

02 방어적 민주주의의 수단

민주적 기본질서를 부정하는 정당을 해산시키고, 기본권을 실효시킴으로써 헌법을 수호할 수 있다.

> **헌법 제8조** ④ 정당의 목적이나 활동이 민주적 기본질서에 위배될 때에는 정부는 헌법재판소에 그 해산을 제소할 수 있고, 정당은 헌법재판소의 심판에 의하여 해산된다.

03 한국헌법과 방어적 민주주의

1. 제3차 개정헌법

1949년 독일기본법은 방어적 민주주의의 수단으로 기본권 실효제도와 위헌정당강제해산제도를 도입하였다.
1949년 독일기본법은 1948년 우리 제헌헌법에는 영향을 미치지 않았고, **1960년 제3차 개정헌법부터** 영향을 미치기 시작하였다. 기본권 실효제도는 도입되지 않았고, 위헌정당해산제도만 제3차 개정헌법에서 처음 도입되었다.

2. 제1공화국에서 진보당 해산

제1공화국 헌법에서는 위헌정당강제해산제도가 없었으므로 진보당은 사법기관의 재판에 의한 위헌정당해산이 아니라 **공보실장의 해산명령**으로 해산되었다.

3. 통합진보당 해산

2014년 헌법재판소는 통합진보당을 위헌정당으로 보아 해산결정한 바 있다.

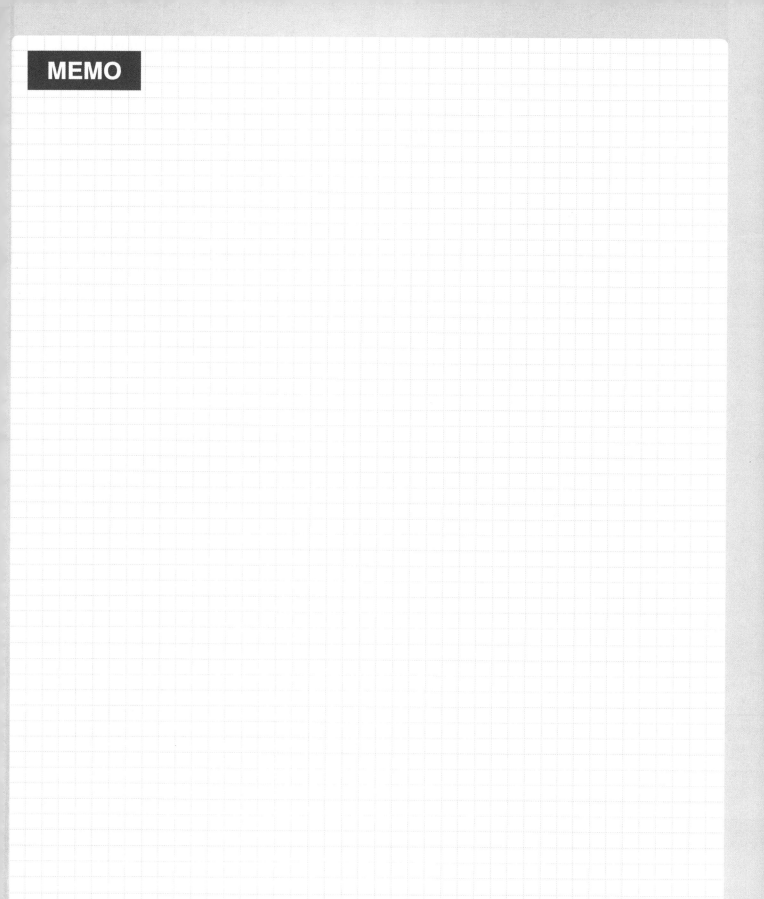

MEMO

제2편

대한민국 헌법총론

제1장 / 대한민국 헌정사

제1절 제헌헌법

01 제정과정

(1) 1948년 5·10총선거로 제헌의회가 선출되고, 제헌의회의 의결로 확정되었다.

(2) 제헌의회에서 1948년 7월 12일 의결했고, 국회의장이 1948년 7월 17일 공포함으로써 효력을 가지게 되었다.

(3) 1948년 제헌헌법은 기본권, 정부형태, 경제조항 등에서 1919년의 독일 바이마르헌법의 영향을 많이 받은 것으로 평가되고 있다. 다만, 1949년의 독일 본기본법의 영향을 받은 것은 아니다.

(4) 제헌의회의 헌법기초위원회는 헌법초안을 작성함에 있어 '유진오안' 등을 기초로 하였다.

02 구성 및 주요 내용

1. 통치구조

(1) 대통령 및 행정부

  ① **대통령**

    ㉠ 대통령과 부통령의 임기는 4년으로 하되, 국회에서 무기명투표로써 각각 선거하며, 재선에 의하여 1차 중임할 수 있다.

    ㉡ 부통령도 국회에 간선되었고, 부통령제도는 제3차 개정헌법에서 폐지되었다.

    ㉢ 대통령은 법률안 제출권과 거부권을 가졌다.

  ② **국무총리제**: 국회의 승인을 얻어 대통령이 임명하였다. 국무총리와 부통령이 같이 헌법에 규정되었고, 국무총리제는 제2차 개정헌법에서 폐지되었다. 제헌헌법은 대통령, 부통령, 국무총리를 모두 두고 있었다.

  ③ **국무원**

    ㉠ **의결기관**: 대통령과 국무총리 기타의 국무위원으로 조직되는 합의체인 국무원으로 하여금 대통령의 권한에 속한 중요 국책을 의결하도록 하였다.

    ㉡ **국무회의 의장**: 대통령

(2) 국회

  ① 단원제였고, 제1차 개정헌법에서 양원제로 개정되었다.

  ② 국정감사는 규정되었으나, 국정조사는 규정이 없었다.

  ③ 국회의원의 임기는 4년이었으나(제33조), 제헌헌법을 제정한 국회는 이 헌법에 의한 국회로서의 권한을 행하며 그 의원의 임기는 국회개회일로부터 2년으로 하였다(제102조).

  ④ 이 헌법을 제정한 국회는 단기 4278년 8월 15일 이전의 악질적인 반민족행위를 처벌하는 특별법을 제정할 수 있도록 하였다(제101조).

(3) 헌법위원회와 탄핵재판소

    ① 헌법위원회가 위헌법률심사권을 행사하였다.

    ② 탄핵심판은 탄핵재판소를 따로 두어 관장하게 하였다.

  ☑ **위헌법률심판 기관**

헌법위원회(1948) ➡ 헌법재판소(1960) ➡ 법원(1962) ➡ 헌법위원회(1972) ➡ 헌법위원회(1980) ➡ 헌법재판소(1987) 순이다.

  ☑ **탄핵심판(탄핵재판) 기관**

탄핵재판소(1948) ➡ 헌법재판소(1960) ➡ 탄핵심판위원회(1962) ➡ 헌법위원회(1972) ➡ 헌법위원회(1980) ➡ 헌법재판소(1987) 순이다.

---

    ③ 헌법위원회

        ㉠ 위원장: 부통령

        ㉡ 위원: 대법관 5인과 국회의원 5인으로 구성되고 법관자격을 요하지 않는다.

(4) 심계원

    국가의 수입·지출의 결산은 매년 심계원에서 검사한다. 감사원은 제5차 개정헌법에서 도입되었다.

2. 기본권조항

(1) 이익분배균점권

    근로자의 이익분배균점권이 규정되었고, 이 규정은 제5차 개정헌법에서 삭제되었다.

(2) 법률유보

    일반적 법률유보조항을 두었고, 자유권에 대한 개별적 법률유보조항을 두었다.

(3) 형사보상청구권

    형사피고인의 구금에 대한 형사보상청구권을 규정하였다. 형사피의자의 구금에 대한 형사보상청구권은 제9차 개정헌법에서 도입된다.

(4) 근로자의 단결, 단체교섭과 단체행동의 자유를 법률의 범위 내에서 보장하도록 하였으며, 노령, 질병 기타 근로능력의 상실로 인하여 생활유지의 능력이 없는 자는 법률의 정하는 바에 의하여 국가의 보호를 받도록 하였다.

3. 제도적 보장

    ① 지방자치에 관한 규정을 두었다.

    ② 정당제도와 위헌정당해산제도는 없었다.

제2절 제1차 헌법개정(1952.7.4. 발췌개헌)

01 과정

(1) 1950년 5월 총선에서 야당이 국회다수의석을 차지하자 이승만은 재집권을 위해 제헌헌법의 대통령간선규정을 직선제로 개정하고자 했다.

(2) 정부개헌안(대통령 직선 + 양원제)과 국회개헌안(의원내각제)은 모두 부결되었으나, 여·야당 개헌안을 절충한 발췌개헌안이 통과(1952.7.4.)되어 발췌개헌이라고 한다.

02 주요 개정내용

(1) 대통령 직선
야당이 다수당이 되어 국회간선으로 당선될 가능성이 희박하자 대통령과 부통령 직선제를 도입하였다.

(2) 국회 구성
양원제 국회를 규정하였으나, 양원이 구성되지는 않았다.

(3) 국무원에 대한 연대적 불신임결의 최초 규정

03 문제점(발췌개헌의 위헌적 요소)

(1) 국회 공고와 독회절차가 생략되었고, 군대가 포위한 상태에서 자유토론과 자유로운 의사결정을 할 수 없었다.

(2) 폭력적인 수단으로 인해 자유로운 의사결정을 저해(기립투표)하였다.

(3) 헌법개정절차에 국민투표가 규정되어 있지 않아 국민투표를 거치지 않았고, 국민투표를 거치지 않았다고 하여 위헌도 아니었다.

제3절 제2차 헌법개정(1954.11.27. 사사오입개헌)

01 과정

이승만정권은 장기집권을 위해 대통령 중임제한규정을 수정한 것인데, 제2차 헌법개정안은 정족수 미달로 당초 부결되었으나 사사오입의 수학적 계산방법을 동원하여 통과시킨 것이었다.

02 주요 개정내용

1. 통치구조
① 초대대통령에 한해 중임까지만 허용하는 중임제한조항의 적용을 배제한다.

② 대통령 궐위시 부통령이 대통령 지위를 승계한다.

③ 국무총리제 폐지

④ 국무원 연대책임제 폐지, 개별적 불신임

2. 국민투표

① 주권제약 또는 영토변경시 국민투표제를 최초로 규정하였다. 다만, 헌법개정 국민투표는 제5차 개정 헌법에서 최초로 규정되었다.

② 국회에서 가결되고, 그 후 3분의 2 이상 투표, 유효투표 3분의 2 이상 찬성으로 국민투표로 확정된다.

3. 헌법개정절차

① **헌법개정 국민발안제**: 민의원 선거권자 50만 명 찬성으로 발의

② **헌법개정 한계 명시**: 민주공화국, 국민주권, 주권제한 및 영토변경의 국민투표 개정금지

4. 원리

자유시장경제질서가 최초로 규정되었다.

03 문제점

부결선언사항을 번복하여, 정족수가 미달이었는데 가결이라 한 것은 위헌이었고, 초대대통령에 한해서 3선 금지조항을 적용하지 않도록 한 것은 평등원칙에 위반되는 것이었다.

제4절 제3차 헌법개정(1960.6.15. 제2공화국)

01 과정

4·19혁명 이후 의회에서 여야 합의로 헌법을 개정하였다.

02 주요 개정내용

1. 기본권

① **일반적 법률유보조항에 기본권의 본질적 내용의 침해금지조항 신설**: 3신설 ➡ 7폐지 ➡ 8부활

② **언론·출판·집회·결사에 대한 허가·검열금지**: 3신설 ➡ 7폐지 ➡ 9부활

③ **자유권의 개별적 법률유보 삭제**

2. 통치구조

① 선거의 공정을 기하기 위하여 헌법기관으로서 중앙선거위원회를 신설하고, 경찰의 중립을 위하여 필요한 기구의 설치를 헌법에 규정하였다. 각급선관위 근거는 제5차 개정헌법에 처음으로 규정되었다.

② 의원내각제를 채택하여 대통령의 지위를 원칙적으로 의례적·형식적 지위에 한정하였다. 대통령은 국회간선

③ 국무원은 의결기관이고 총리가 국무원의장이며 민의원 해산권을 가진다.

④ 사법의 독립과 민주화를 위하여 대법원장과 대법관은 법관의 자격을 가진 선거인단이 선출케 하고, 그 외의 법관은 대법원장이 대법관회의 결의에 따라 임명하도록 한다.

⑤ 헌법재판소를 최초 규정하였고 위헌법률심판권, 헌법에 대한 최종적 해석권한과 권한쟁의심판권을 헌법재판소에 부여하였다. 종래의 헌법위원회 및 탄핵재판소를 폐기하였다.

3. 제도적 보장

① 공무원의 신분과 정치적 중립성 보장(제7조 제2항)

② 지방자치단체의 장을 원칙적으로 직선케 하였다(지방자치단체의 장의 선임방법은 법률로써 정하되 적어도 시, 읍, 면의 장은 그 주민이 직접 이를 선거한다).

③ 정당조항의 신설과 위헌정당해산조항

☑ **위헌정당해산심판 기관**

헌법재판소(1960) ➡ 대법원(1962) ➡ 헌법위원회(1972) ➡ 헌법위원회(1980) ➡ 헌법재판소(1987) 순이다.

제5절 제4차 헌법개정(1960.11.29.)

01 과정

부칙에 형법률소급원칙의 예외를 두어 반민주행위자를 처벌하는 특별법을 제정할 헌법상 근거를 두기 위해 헌법을 개정하였다.

02 주요 개정내용

(1) 1960년의 3·15선거에 관련하여 부정행위를 한 자와 그 부정행위에 항의하는 국민에 대하여 살상 기타의 불법행위를 한 자를 처벌하기 위하여 특별법을 제정할 수 있도록 하였다.

(2) 1960년 4월 26일 이전에 특정지위에 있음을 이용하여 현저한 반민주행위를 한 자의 공민권을 제한하기 위한 특별법을 제정할 수 있도록 하였다.

제6절 제5차 헌법개정(1962.12.17. 제3공화국)

01 과정

민의원 및 참의원에서의 의결을 거치지 않은 채 국가재건비상조치법상의 국민투표만으로 개정하였다는 점에서 모두 위헌적인 요소를 가지고 있다.

02 주요 개정내용

1. 기본권

① 인간의 존엄성 조항 신설
② 양심의 자유와 종교의 자유 분리규정
③ 인간다운 생활을 할 권리
④ 직업의 자유 규정
⑤ 고문금지 및 자백의 증거능력 제한

2. 통치구조

(1) 국회

제헌헌법은 단원제였으나 제1차 개정헌법에서 양원제로 변경되었다가 제5차 개정헌법에서 다시 단원제로 변경하였다.

(2) 정부

① 대통령은 국민에 의해 직선되었고 1차에 한해 중임할 수 있었다. 잔임기간 2년 미만의 궐위시에는 국회에서 후임대통령을 선출하고 잔임기간만 재임하도록 하였다. 부통령은 두지 않았다.
② **심의기관인 국무회의**: 제헌~제4차까지는 의결기관이었다.
③ 심계원과 감찰위원회를 통폐합하여 감사원 신설

(3) 법원

① 대법원장인 법관은 법관추천회의의 제청에 의하여 대통령이 국회의 동의를 얻어 임명하였다. 대법원판사인 법관은 대법원장이 법관추천회의의 동의를 얻어 제청하고 대통령이 임명하였다.
② 헌법재판소를 폐지하고 위헌법률심사권은 대법원에, 탄핵심판권은 탄핵심판위원회에 부여하였다.

3. 헌법개정에 대한 국민투표제 신설

4. 제도적 보장

① **강력한 정당국가적 조항 규정**: 국회의원이 당적을 이탈하거나 변경한 때 또는 소속 정당이 해산된 때 의원직을 상실하도록 하였다. 다만, 합당과 제명으로 소속이 달라지는 경우에는 의원직을 유지하였다. 국회의원과 대통령선거에서 정당추천을 받아야 입후보할 수 있도록 하여 정당국가적 경향을 강하게 수용하였다.
② 국민전체 봉사자로서의 공무원(제7조 제1항)

제7절 제6차 헌법개정(1969.10.21. 3선개헌)

01 과정

1969.8.7. 민주공화당 의원 122명은 대통령의 3기 연임을 위한 개헌안을 제출하고 국회의결과 국민투표를 거쳐 개정되었다.

02 주요 개정내용

(1) 대통령의 연임을 3기로 한정

(2) 대통령의 탄핵소추 발의와 의결정족수 가중

제8절 제7차 헌법개정(1972.12.27. 유신헌법, 제4공화국)

01 과정

(1) 1971년 국가보위에 관한 특별조치법 제정 + 1972.10.17. 국회해산, 정치활동금지

(2) 비상국무회의에서 헌법개정안 마련 ➡ 공고 ➡ 국민투표(1972.11.21.)로 확정 ➡ 12.27. 공포, 시행

02 주요 개정내용

1. 통치구조

(1) 대통령(권한강화)
① **선출과 임기:** 대통령은 통일주체국민회의에서 토론 없이 무기명으로 선출하고 임기는 6년, 대통령 연임제한규정 폐지
② **권한:** 국회해산권과 **국회의원 정수 1/3 추천권**을 가지고, 모든 법관임명권을 가진다.
③ **국민투표부의권:** 대통령은 필요하다고 인정할 때에는 국가의 중요정책을 국민투표에 붙일 수 있다.
④ **긴급조치권:** 국민의 자유와 권리 정지 가능

(2) 통일주체국민회의
① 조국의 평화적 통일을 추진하기 위한 온 국민의 총의에 의한 국민적 조직체로서 통일주체국민회의를 신설하여 이것을 국민의 주권적 수임기관으로 하였다.
② 통일주체국민회의는 국민의 직접선거에 의하여 선출된 대의원으로 구성하고 대의원은 6년의 임기를 가지며, 정당에 가입할 수 없고, 국회의원과 법률이 정하는 공직을 가질 수 없도록 하였다.
③ 통일주체국민회의는 통일정책을 심의결정하고, 대통령을 선출하며, 대통령이 추천한 국회의원 정수 3분의 1에 해당하는 수의 국회의원을 선거하고, 국회에서 의결된 헌법개정안을 최종적으로 확정하는 권한을 가지도록 하였다.

(3) 국회(권한축소)
국정감사권은 폐지하면서 종전에 실시되어 오던 국회의 국정감사권을 삭제하고, 국회회기를 단축하여 정기국회의 회기를 90일, 임시회의 회기를 30일로 하고 정기회·임시회를 합하여 150일을 초과할 수 없게 하였다.

(4) 법원(권한축소)
대통령이 법관임명권을 가졌으며 징계처분으로도 법관을 파면시킬 근거를 규정하였다.

(5) 헌법위원회

위헌법률심사권을 법원에 부여하였던 제3공화국 헌법상의 제도를 폐지하고, 제1공화국에서 채택하였던 헌법위원회제도를 부활시켜 위헌법률심사권과 아울러 탄핵 및 정당의 해산에 관한 심판권도 부여하였다.

2. 기본권 약화

① 구속적부심사제도 폐지
② 군인·군무원 등의 이중배상청구 금지 신설(제29조 제2항)
③ 기본권의 본질적 내용침해금지조항 삭제
④ 기본권 제한사유로 국가안전보장 추가(제37조 제2항)

3. 헌법개정의 이원화

대통령이 제안한 경우 국민투표로 확정되고, 국회가 제안한 경우 통일주체국민회의에서 확정하도록 하였다.

📖 판례정리

유신헌법

유신헌법도 그 시행 당시에는 헌법으로서 규범적 효력을 갖고 있었음을 부정할 수 없다. 그러나 유신헌법에는 권력분립의 원리에 어긋나고 기본권을 과도하게 제한하는 등 제헌헌법으로부터 현행헌법까지 일관하여 유지되고 있는 헌법의 핵심 가치인 '자유민주적 기본질서'를 훼손하는 일부 규정이 포함되어 있었고, 주권자인 국민은 이러한 규정들을 제8차 및 제9차 개헌을 통하여 모두 폐지하였다(헌재 2013.3.21. 2010헌바70).

4. 기타

① 평화통일원칙 최초
② 대통령이나 국회의원의 입후보요건으로 소속 정당의 추천을 필수조건으로 한다는 종래의 헌법규정을 폐기하여 정당국가적 경향을 지양하였다.
③ 지방의회는 조국통일이 이루어질 때까지 구성하지 않음을 명시하였다.

제9절 제8차 헌법개정(1980.10.27. 제5공화국)

01 과정

(1) 1979.10.26. 사태 ➡ 12.12. 쿠데타 ➡ 1980.5.17. 계엄 전국확대 ➡ 국가보위비상대책위원회 설치, 국회활동 정지

(2) 헌법개정심의위원회 개헌안 작성 ➡ 공고 ➡ 국민투표 ➡ 1980.10.27. 공포, 발효

02 주요 개정내용

1. 헌법질서

전통문화의 계승과 발전(제9조), 독과점의 폐단규제, 중소기업의 보호·육성, 국토의 균형 있는 이용, 소비자보호 등 경제질서에 관한 새로운 조항을 대폭 신설하여 산업의 발전과 부의 균배에 기여하도록 하였다.

2. 기본권

(1) 신설

① 행복추구권(제10조)
② 연좌제 금지(제13조 제3항)
③ 사생활 비밀과 자유의 불가침(제17조)
④ 환경권(제35조)
⑤ 적정임금조항(제32조)
⑥ 무죄추정의 원칙(제27조 제5항)
⑦ 국가의 사회보장·사회복지증진 노력의무, 중소기업의 사업활동 보호·육성, 소비자보호운동의 보장 등

(2) 재외국민은 국가의 보호를 받는다. ➡ 재외국민보호조항 신설

cf 제9차 개정헌법: 국가는 재외국민을 보호할 의무를 진다. ➡ 국가의 재외국민보호의무 신설

(3) 기본권 부활(구속적부심사제)

제헌헌법 ➡ 7폐지 ➡ 8부활

3. 통치구조

(1) 국회

국정조사권 신설, 정당에 대한 국고보조금 지급(제8조 제3항)

(2) 대통령

① 대통령선거는 간선제를 채택하되 대통령선거시마다 국민에 의하여 새로이 선거인단을 선출하고, 선거인단에는 정당원도 포함될 수 있게 하며, 그 수는 최소한 5,000인 이상이 되도록 하였다.
② **대통령 임기:** 임기는 7년으로 하고 중임이 불가능하도록 하였으며, 임기 또는 중임금지에 관한 헌법개정은 개정 당시의 대통령에게는 효력이 없게 하여 장기집권을 배제하였다.
③ 대통령이 국회해산권을 갖는 대신 국회는 국무총리와 국무위원에 대한 개별적인 해임의결권을 가지되 국무총리에 대한 해임의결이 있으면 전체 국무위원은 연대책임을 진다.

제10절 제9차 헌법개정(1987.10.27.)

01 과정

여야로 구성된 국회개헌특별위원회가 개정안을 마련하였고, 국회의결과 국민투표를 거쳐 확정되었다.

02 주요 개정내용

1. 전문개정

① 대한민국임시정부의 법통계승, 최초 규정
② 4·19와 5·16: 제5차 개정헌법 때 처음 규정(4·19의거와 5·16혁명의 이념)되었고, 제8차 헌법개정 때 삭제되었으며, 현행헌법에서 다시 규정(불의에 항거한 4·19민주이념)되었다.

2. 통치구조

(1) 대통령, 행정부

① 5년 단임 직선제
② 국회해산권 삭제
③ 비상조치권 삭제
④ 국회의 총리와 국무위원에 대한 해임의결권이 법적 구속력이 없는 해임건의권으로 변경되었다.
⑤ 대통령입후보의 요건으로서 5년 이상 국내거주조항이 헌법에서 삭제되고 공직선거법에 규정되었다.

(2) 국회

국정감사권이 부활하였고, 정기회기 일수제한을 90일에서 100일로 연장하고 연간회기 일수제한규정은 삭제되었다.

(3) 헌법재판소

① 헌법재판소는 제2공화국 헌법에 규정되었다가 제3공화국 헌법에서 폐지된 후 다시 규정되었다.
② 헌법소원심판이 최초로 규정되었다.

3. 기본권 신설

① 적법절차(제12조 제1항·제3항), 구속이유 등 고지제도(제12조 제6항)
② 범죄피해자 국가구조청구권(제30조)
③ 최저임금제(제32조 제1항)
④ 대학의 자율성(제31조 제4항)
⑤ 형사피해자의 재판절차 진술권(제27조 제5항)
⑥ 비상계엄하 군사재판 단심제는 1962년 제5차 개정헌법에서 신설되었고, 사형일 경우에는 단심제 적용배제는 1987년 제9차 개정헌법에서 추가되었다(제110조 제4항 단서).
⑦ 군사시설에 관한 죄를 범한 민간인에 대하여는 군사법원의 재판관할에서 제외한다(제27조 제2항).
⑧ 제헌헌법부터 있었던 형사피고인의 형사보상청구권에 형사피의자를 형사보상청구권의 주체로 추가하였다(제28조).
⑨ 국가가 여자의 복지와 권익의 향상을 위하여 노력하고, 재해를 예방하고 그 위험으로부터 국민을 보호하기 위하여 노력하도록 규정하였다.

4. 기타

국군의 정치적 중립성 준수를 최초로 명시하였다(제5조 제2항).

제2장 / 대한민국의 국가형태와 구성요소

제1절 대한민국의 국가형태

> 헌법 제1조 【국호 · 정체 · 국체 · 주권】 ① 대한민국은 민주공화국이다.

제2절 국가의 구성요소

> 헌법 제1조 【주권】 ② 대한민국의 주권은 국민에게 있고, 모든 권력은 국민으로부터 나온다.
> 제2조 【국민의 요건, 재외국민의 보호】 ① 대한민국의 국민이 되는 요건은 법률로 정한다.
> ② 국가는 법률이 정하는 바에 의하여 재외국민을 보호할 의무를 진다.
> 제3조 【영토】 대한민국의 영토는 한반도와 그 부속도서로 한다.

01 국민

1. 국적의 발생과 소멸

국적은 국가와 그의 구성원 간의 법적 유대(法的紐帶)이고 보호와 복종관계를 뜻하므로 이를 분리하여 생각할 수 없다. 즉, **국적은 국가의 생성과 더불어 발생하고, 국가의 소멸은 바로 국적의 상실사유인 것이다**. 국적은 성문의 법령을 통해서가 아니라 국가의 생성과 더불어 존재하는 것이므로, 헌법의 위임에 따라 국적법이 제정되나 그 내용은 국가의 구성요소인 국민의 범위를 구체화 · 현실화하는 헌법사항을 규율하고 있는 것이다(헌재 2000.8.31. 97헌가12).

2. 헌법 제2조의 의미

헌법 제2조 제1항은 "대한민국의 국민이 되는 요건은 법률로 정한다."라고 하여 기본권의 주체인 국민에 관한 내용을 입법자가 형성하도록 하고 있다. 이는 대한민국 국적의 '취득'뿐만 아니라 국적의 유지, 상실을 둘러싼 전반적인 법률관계를 법률에 규정하도록 위임하고 있는 것으로 풀이할 수 있다(헌재 2014.6.26. 2011헌마502).

3. 국적취득

국적취득 방식에는 선천적 취득인 출생에 의한 취득과 후천적 국적취득인 인지, 귀화, 수반취득, 국적회복에 의한 국적취득이 있다.

(1) 출생에 의한 국적취득

> **국적법 제2조【출생에 의한 국적취득】** ① 다음 각 호의 어느 하나에 해당하는 자는 출생과 동시에 대한민국 국적을 취득한다.
> 1. 출생한 당시에 **부 또는 모**가 대한민국의 국민인 자
> 2. 출생하기 전에 부가 사망한 경우에는 그 사망 당시에 부가 대한민국의 국민이었던 자
> 3. 부모가 모두 분명하지 아니한 경우나 국적이 없는 경우에는 대한민국에서 **출생한 자**
> ② 대한민국에서 발견된 **기아는 대한민국에서 출생한 것으로 추정한다.**

📖 판례정리

부계혈통주의 (헌재 2000.8.31. 97헌가12)

> **<심판대상>**
> 국적법 제2조【국민의 요건】 다음 각 호의 1에 해당하는 자는 대한민국의 국민이다.
> 1. 출생한 당시에 부가 대한민국의 국민인 자 ➡ 부계혈통주의

1. 부계혈통주의 평등원칙 위반 여부 심사기준

　　법무부장관은, 헌법 제2조에 의하여 입법자는 국민의 요건을 결정함에 있어서 광범한 재량권이 있으므로 출생지주의를 택할 것인지 혈통주의에 의할 것인지는 입법재량 영역이고, 혈통주의를 택하는 경우에도 출생의 장소나 부모 쌍방이 대한민국 국민인지, 출생에 의하여 이중국적자가 될 것인지의 여부 또한 입법재량 문제라고 주장한다. 그러나 헌법의 위임에 따라 국민되는 요건을 법률로 정할 때에는 인간의 존엄과 가치, 평등원칙 등 헌법의 요청인 기본권 보장원칙을 준수하여야 하는 입법상의 제한을 받기 때문에, 국적에 관한 모든 규정은 정책의 당부, 즉 입법자가 합리적인 재량의 범위를 벗어난 것인지 여부가 심사기준이 된다는 법무부장관의 주장은 받아들이지 아니한다. 부계혈통주의 조항은 성별에 대한 차별이고 헌법 제11조는 성별에 의한 차별을 금지하고 있으므로 이 사건 심사에는 **비례원칙**을 적용하여야 한다.

2. 부계혈통주의 조항의 위헌 여부

　　만약 이러한 연관관계를 부와 자녀 관계에서만 인정하고 모와 자녀 관계에서는 인정하지 않는다면, 이는 가족 내에서의 여성의 지위를 폄하하고 모의 지위를 침해하는 것이다. 그러므로 구법조항은 헌법 제36조 제1항이 규정한 '가족생활에 있어서의 양성의 평등원칙'에 위배된다.

📖 판례정리

부모양계혈통주의 조항 적용

1. 구법상 부가 외국인이기 때문에 대한민국 국적을 취득할 수 없었던 한국인 모의 자녀 중에서 **신법(부모양계혈통주의 조항) 시행 전 10년 동안에 태어난 자에게만 대한민국 국적을 취득하도록** 하는 경과규정은 구법조항의 위헌적인 차별로 인하여 불이익을 받은 자를 구제하는 데 신법 시행 당시의 연령이 10세가 되는지 여부는 헌법상 적정한 기준이 아닌 또 다른 차별취급이므로, 부칙조항은 헌법 제11조 제1항의 평등원칙에 위배된다(헌재 2000.8.31. 97헌가12 전원재판부).

2. 1978.6.14.부터 1998.6.13. 사이에 태어난 모계출생자가 대한민국 국적을 취득할 수 있도록 특례를 두면서 **2004.12.31.까지 국적취득신고를 한 경우에만 대한민국 국적을 취득하도록** 한 국적법 조항은 모계출생자의 국적관계를 조기에 확정하여 법적 불확실성을 조기에 제거하고, 불필요한 행정 낭비를 줄이면서도, 위 모계출생자가 대한민국 국적을 취득할 의사가 있는지 여부를 확인하기 위한 것으로서 합리적인 이유가 있으므로 평등원칙에 위배된다고 볼 수 없다(헌재 2015.11.26. 2014헌바211).

(2) 인지

혼인외 자로서 외국인이 미성년인 경우 국민인 부 또는 모에 의하여 인지된 자가 법무부장관에게 신고한 때 국적을 취득한다(국적법 제3조).

(3) 귀화

① **대상자**: 대한민국의 국적을 취득한 사실이 없는 외국인을 그 대상으로 하고 귀화증서를 수여받은 때에 대한민국 국적을 취득한다(국적법 제4조).

② **일반귀화**

> **국적법 제5조【일반귀화 요건】** 외국인이 귀화허가를 받기 위해서는 제6조나 제7조에 해당하는 경우 외에는 다음 각 호의 요건을 갖추어야 한다.
> 1. 5년 이상 계속하여 대한민국에 주소가 있을 것
> 1의2. 대한민국에서 영주할 수 있는 체류자격을 가지고 있을 것
> 2. 대한민국의 민법상 성년일 것
> 3. 법령을 준수하는 등 법무부령으로 정하는 **품행 단정의 요건을 갖출 것**
> 4. 자신의 자산이나 기능에 의하거나 생계를 같이하는 가족에 의존하여 생계를 유지할 능력이 있을 것
> 5. 국어능력과 대한민국의 풍습에 대한 이해 등 대한민국 국민으로서의 기본 소양을 갖추고 있을 것
> 6. 귀화를 허가하는 것이 국가안전보장·질서유지 또는 공공복리를 해치지 아니한다고 법무부장관이 인정할 것

📖 판례정리

귀화

1. 법무부장관은 귀화신청인이 귀화요건을 갖추었다 하더라도 귀화를 허가할 것인지 여부에 관하여 **재량권을 가진다**고 보는 것이 타당하다(대판 2010.10.28. 2010두6496).

2. '품행이 단정할 것'은 '귀화신청자를 대한민국의 새로운 구성원으로서 받아들이는 데 지장이 없을 만한 품성과 행실을 갖춘 것'을 의미한다고 예측할 수 있으므로 **명확성원칙에 위배된다고 볼 수 없다**(헌재 2016.7.28. 2014헌바421).

3. 귀화신청인이 국적법 제5조 각 호에서 정한 귀화요건을 갖추지 못한 경우 법무부장관은 귀화 허부에 관한 재량권을 행사할 여지 없이 귀화불허처분을 하여야 한다(대판 2018.12.13. 2016두31616).

---

③ **간이귀화**

> **국적법 제6조【간이귀화 요건】** ① 다음 각 호의 어느 하나에 해당하는 외국인으로서 대한민국에 3년 이상 계속하여 주소가 있는 사람은 제5조 제1호 및 제1호의2의 요건을 갖추지 아니하여도 귀화허가를 받을 수 있다.
> 1. **부 또는 모가 대한민국의 국민이었던 사람**
> 2. 대한민국에서 출생한 사람으로서 부 또는 모가 대한민국에서 출생한 사람
> 3. 대한민국 국민의 양자(養子)로서 입양 당시 대한민국의 민법상 성년이었던 사람
> ② 배우자가 대한민국의 국민인 외국인으로서 다음 각 호의 어느 하나에 해당하는 사람은 제5조 제1호 및 제1호의2의 요건을 갖추지 아니하여도 귀화허가를 받을 수 있다.
> 1. 그 배우자와 혼인한 상태로 대한민국에 **2년** 이상 계속하여 주소가 있는 사람
> 2. 그 배우자와 혼인한 후 **3년**이 지나고 혼인한 상태로 대한민국에 **1년** 이상 계속하여 **주소가 있는 사람**

3. 제1호나 제2호의 기간을 채우지 못하였으나, 그 배우자와 혼인한 상태로 대한민국에 주소를 두고 있던 중 그 배우자의 사망이나 실종 또는 그 밖에 자신에게 책임이 없는 사유로 정상적인 혼인 생활을 할 수 없었던 사람으로서 제1호나 제2호의 잔여기간을 채웠고 법무부장관이 상당하다고 인정하는 사람

4. 제1호나 제2호의 요건을 충족하지 못하였으나, 그 배우자와의 혼인에 따라 출생한 **미성년의 자(子)를 양육**하고 있거나 양육하여야 할 사람으로서 제1호나 제2호의 기간을 채웠고 법무부장관이 상당하다고 인정하는 사람

④ **특별귀화**: 특별귀화 대상자도 국내에 주소가 있어야 하고 품행 단정해야 하나 성년을 요건으로 하지는 않는다.

> **국적법 제7조【특별귀화 요건】** ① 다음 각 호의 어느 하나에 해당하는 외국인으로서 대한민국에 **주소가 있는 사람**은 제5조 제1호·제1호의2·제2호 또는 제4호의 요건을 갖추지 아니하여도 귀화허가를 받을 수 있다.
> 1. **부 또는 모가 대한민국의 국민인 사람**. 다만, 양자로서 대한민국의 민법상 성년이 된 후에 입양된 사람은 제외한다.
> 2. 대한민국에 특별한 공로가 있는 사람
> 3. 과학·경제·문화·체육 등 특정 분야에서 매우 우수한 능력을 보유한 사람으로서 대한민국의 국익에 기여할 것으로 인정되는 사람

(4) 수반취득

> **국적법 제8조【수반취득】** ① 외국인의 자(子)로서 대한민국의 민법상 미성년인 사람은 부 또는 모가 귀화허가를 신청할 때 함께 국적취득을 신청할 수 있다.
> ② 제1항에 따라 국적취득을 신청한 사람은 부 또는 모가 대한민국 국적을 취득한 때에 함께 대한민국 국적을 취득한다.

(5) 국적회복에 의한 국적취득

> **국적법 제9조【국적회복에 의한 국적취득】** ① 대한민국의 국민이었던 외국인은 법무부장관의 국적회복허가를 받아 대한민국 국적을 취득할 수 있다.
> ② 법무부장관은 국적회복허가 신청을 받으면 심사한 후 다음 각 호의 어느 하나에 해당하는 사람에게는 **국적회복을 허가하지 아니한다.**
> 1. **국가나 사회에 위해를 끼친 사실이 있는 사람**
> 2. 품행이 단정하지 못한 사람
> 3. **병역을 기피할 목적으로 대한민국의 국적을 상실하였거나 이탈하였던 사람**
> 4. 국가안전보장·질서유지 또는 공공복리를 위하여 법무부장관이 국적회복을 허가하는 것이 적당하지 아니하다고 인정하는 사람

판례정리

국적회복과 귀화의 비교

국적회복이란 한때 대한민국 국민이었던 외국인이 법무부장관의 국적회복허가를 받아 대한민국의 국적을 취득하는 것을 말한다(국적법 제9조 제1항). **국적회복과 귀화**는 모두 외국인이 후천적으로 법무부장관의 허가라는 주권적 행정절차를 통하여 대한민국 국적을 취득하는 제도라는 점에서 동일하나, **귀화**는 대한민국 국적을 취득한 사실이 없는 순수한 외국인이 법무부장관의 허가를 받아 대한민국 국적을 취득할 수 있도록 하는 절차인 데

비해(국적법 제4조 내지 제7조), **국적회복허가**는 한때 대한민국 국민이었던 자를 대상으로 한다는 점, **귀화**는 일정한 요건을 갖춘 사람에게만 허가할 수 있는 반면(국적법 제5조 내지 제7조), **국적회복허가**는 일정한 사유에 해당하는 사람에 대해서만 국적회복을 허가하지 아니한다는 점(국적법 제9조 제2항)에서 차이가 있다(헌재 2020.2.27. 2017헌바434).

4. 귀화허가 등 취소

> **국적법 제21조【허가 등의 취소】** ① 법무부장관은 거짓이나 그 밖의 부정한 방법으로 귀화허가나 국적회복허가 또는 국적보유판정을 받은 자에 대하여 그 허가 또는 판정을 취소할 수 있다.

📖 판례정리

법무부장관이 귀화허가나 국적회복허가를 취소할 수 있도록 한 국적법 제21조 *합헌결정

국적취득 과정에서 발생한 위법상태를 해소하여 국가, 사회질서에 위해가 되는 요소들을 차단하는 것은 국가공동체의 유지와 운영에 있어 매우 중요한 문제이므로 국적회복허가에 애초 허가가 불가능한 불법적 요소가 개입되어 있었다면 상당기간이 경과한 후에 불법적 요소가 발견되었다고 할지라도 그 허가를 취소함으로써 국법질서를 회복할 필요성이 매우 크다. 귀화허가취소권의 행사기간을 따로 정하고 있지 않더라도 심판대상조항은 과잉금지원칙에 위배하여 거주·이전의 자유 및 행복추구권을 침해하지 아니한다(헌재 2020.2.27. 2017헌바434).

5. 국적취득자의 외국국적포기의무와 재취득

귀화허가나 국적회복허가로 국적을 취득한 자 중 외국국적을 가지고 있는 자는 1년 내 외국국적을 포기하거나 일정한 경우 외국국적을 행사하지 않겠다는 선서를 해야 한다. 그렇지 않은 경우 대한민국 국적을 상실한다. 대한민국 국적 상실 후 1년 내 외국국적을 포기하고 국적 재취득 신고를 통해 국적을 취득할 수 있다(국적법 제10조, 제11조).

📖 판례정리

복수국적을 누릴 자유가 인정되는지 여부(소극)

외국인이 복수국적을 누릴 자유가 우리 헌법상 행복추구권에 의하여 보호되는 기본권이라고 보기 어려우므로, 국적법 제10조 제1항에 의하여 청구인의 재산권, 행복추구권이 침해될 가능성은 없다(헌재 2014.6.26. 2011헌마502).

6. 복수국적자의 국적선택

📖 판례정리

국적을 선택할 권리가 기본권인지 여부(소극)

'이중국적자의 국적선택권'이라는 개념은 별론으로 하더라도, 일반적으로 외국인인 개인이 특정한 국가의 국적을 선택할 권리가 자연권으로서 또는 우리 헌법상 당연히 인정된다고는 할 수 없다고 할 것이다(헌재 2006.3.30. 2003헌마806).

(1) 복수국적자의 법적 지위

> **국적법 제11조의2 【복수국적자의 법적 지위 등】** ① 출생이나 그 밖에 이 법에 따라 대한민국 국적과 외국국적을 함께 가지게 된 사람으로서 대통령령으로 정하는 사람(이하 '복수국적자'라 한다)은 **대한민국의 법령 적용에서 대한민국 국민으로만 처우한다.**
> ② 복수국적자가 관계 법령에 따라 외국국적을 보유한 상태에서 직무를 수행할 수 없는 분야에 종사하려는 경우에는 외국국적을 포기하여야 한다.
> ③ 중앙행정기관의 장이 복수국적자를 외국인과 동일하게 처우하는 내용으로 법령을 제정 또는 개정하려는 경우에는 미리 법무부장관과 **협의**하여야 한다.
>
> **제14조의5 【복수국적자에 관한 통보의무 등】** ① 공무원이 그 직무상 복수국적자를 발견하면 지체 없이 법무부장관에게 그 사실을 통보하여야 한다.

(2) 복수국적자의 국적선택기간(국적법 제12조)

대상	선택시기	절차
만 20세 되기 전 복수국적자	만 22세까지 국적선택	➡ if 기간 내 선택 ×: 법무부장관 통상 1년이나 서약에 반하는 경우 6개월 이내, 국적선택명령
만 20세 이후 복수국적자	2년 내 선택	
직계존속이 외국에서 영주할 목적 없이 체류한 상태에서 출생한 자	병역의무이행 ⬇ 2년 내 국적선택	➡ if 선택 ×: 기간 경과 후 대한민국 국적상실
제1국민역에 편입된 자	3개월 내 선택	

📖 판례정리

1. 병역법 제8조에 따라 병역준비역에 편입된 자의 경우에는 편입된 때부터 3개월 이내 국적 선택 *헌법불합치결정

병역준비역에 편입된 복수국적자의 국적선택 기간이 지났다고 하더라도, 그 기간 내에 국적이탈신고를 하지 못한 데 대하여 사회통념상 그에게 책임을 묻기 어려운 사정, 즉 정당한 사유가 존재하고, 병역의무 이행의 공평성 확보라는 입법목적을 훼손하지 않음이 객관적으로 인정되는 경우라면, 병역준비역에 편입된 복수국적자에게 국적선택기간이 경과하였다고 하여 일률적으로 국적이탈을 할 수 없다고 할 것이 아니라, 예외적으로 국적이탈을 허가하는 방안을 마련할 여지가 있다. 심판대상 법률조항의 존재로 인하여 복수국적을 유지하게 됨으로써 대상자가 겪어야 하는 실질적 불이익은 구체적 사정에 따라 상당히 클 수 있다. 국가에 따라서는 복수국적자가 공직 또는 국가안보와 직결되는 업무나 다른 국적국과 이익충돌 여지가 있는 업무를 담당하는 것이 제한될 가능성이 있다. 현실적으로 이러한 제한이 존재하는 경우, 특정 직업의 선택이나 업무 담당이 제한되는 데 따르는 사익 침해를 가볍게 볼 수 없다. 심판대상 법률조항은 과잉금지원칙에 위배되어 청구인의 국적이탈의 자유를 침해한다(헌재 2020.9.24. 2016헌마889).

2. 가족관계기록사항에 관한 증명서는 국적이탈 요건 충족 여부를 판단하기 위해 필요한 정보를 제공하는 신뢰성 높은 문서이다. 법무부장관은 정확한 판단을 위해 기본증명서 등 공문서를 요구할 수 있으며, 다른 서류로 이를 대체하기 어렵다. 출생신고는 가족관계등록법에 따른 의무로, 국적이탈 신고 시 발생하는 출생신고 부담은 부모가 해당 의무를 이행하지 않은 결과일 뿐이다. 따라서 국적이탈 신고시 가족관계기록사항에 관한 증명서를 제출하도록 한 시행규칙조항은 과잉금지원칙에 위배되지 않으며, 청구인의 국적이탈의 자유를 침해하지 않는다(헌재 2020.9.24. 2016헌마889).

3. 직계존속이 외국에서 영주할 목적 없이 체류한 상태에서 출생한 자는 병역의무를 해소한 경우에만 국적이탈을 신고할 수 있도록 하는 구 국적법 제12조 제3항은 대한민국이 국가 공동체로서 존립하기 위해 공평한 병역분담에 대한 국민적 신뢰를 보호하여 국방역량이 훼손되지 않도록 하려는 것으로 매우 중요한 국익인 점 등을 감안할 때 과잉금지원칙에 위배되어 국적이탈의 자유를 침해하지 아니한다(헌재 2023.2.23. 2019헌바462).

(3) 국적선택 절차

> 국적법 제13조 【대한민국 국적의 선택절차】 ① 복수국적자로서 제12조 제1항 본문에 규정된 기간 내에 대한민국 국적을 선택하려는 자는 외국국적을 포기하거나 법무부장관이 정하는 바에 따라 대한민국에서 외국국적을 행사하지 아니하겠다는 뜻을 서약하고 법무부장관에게 대한민국 국적을 선택한다는 뜻을 신고할 수 있다.
> ② 복수국적자로서 제12조 제1항 본문에 규정된 기간 후에 대한민국 국적을 선택하려는 자는 외국국적을 포기한 경우에만 법무부장관에게 대한민국 국적을 선택한다는 뜻을 신고할 수 있다. 다만, 제12조 제3항 제1호의 경우에 해당하는 자는 그 경우에 해당하는 때부터 2년 이내에는 제1항에서 정한 방식으로 대한민국 국적을 선택한다는 뜻을 신고할 수 있다.
> ③ 제1항 및 제2항 단서에도 불구하고 출생 당시에 모가 자녀에게 외국국적을 취득하게 할 목적으로 외국에서 체류 중이었던 사실이 인정되는 자는 외국국적을 포기한 경우에만 대한민국 국적을 선택한다는 뜻을 신고할 수 있다.

(4) 국적이탈요건과 절차(제14조)

① 요건: 외국에 주소가 있는 복수국적자만
외국국적을 선택하려는 자는 **외국에 주소가 있는 경우에만** 주소지 관할 재외공관의 장을 거쳐 법무부장관에게 **대한민국 국적을 이탈한다는 뜻을 신고할 수 있다.**

② **국적상실시점**: 국적이탈의 신고를 한 자는 **법무부장관이 신고를 수리한 때**에 대한민국 국적을 상실한다.

📖 판례정리

복수국적자가 외국에 주소가 있는 경우에만 국적이탈을 신고할 수 있도록 하는 국적법 제14조 제1항은 명확성원칙에 위배되지 아니하고 외국에 생활근거 없이 주로 국내에서 생활하며 대한민국과 유대관계를 형성한 자가 단지 법률상 외국 국적을 지니고 있다는 사정을 빌미로 국적을 이탈하려는 행위를 제한한다고 하여 과도한 불이익이 발생한다고 보기도 어려운 점 등을 고려할 때 과잉금지원칙에 위배되어 국적이탈의 자유를 침해하지 아니한다(헌재 2023.2.23. 2020헌바603).

> **국적법 제14조의2 【대한민국 국적의 이탈에 관한 특례】** ① 제12조 제2항 본문 및 제14조 제1항 단서에도 불구하고 다음 각 호의 요건을 모두 충족하는 복수국적자는 병역법 제8조에 따라 병역준비역에 편입된 때부터 3개월 이내에 대한민국 국적을 이탈한다는 뜻을 신고하지 못한 경우 법무부장관에게 대한민국 국적의 이탈 허가를 신청할 수 있다.
> 1. 다음 각 목의 어느 하나에 해당하는 사람일 것
>   가. 외국에서 출생한 사람(직계존속이 외국에서 영주할 목적 없이 체류한 상태에서 출생한 사람은 제외한다)으로서 출생 이후 계속하여 외국에 주된 생활의 근거를 두고 있는 사람
>   나. 6세 미만의 아동일 때 외국으로 이주한 이후 계속하여 외국에 주된 생활의 근거를 두고 있는 사람
> 2. 제12조 제2항 본문 및 제14조 제1항 단서에 따라 병역준비역에 편입된 때부터 3개월 이내에 국적 이탈을 신고하지 못한 정당한 사유가 있을 것
> ④ 제1항 및 제3항에 따라 국적의 이탈 허가를 신청한 사람은 법무부장관이 허가한 때에 대한민국 국적을 상실한다.

7. 국적상실

(1) 외국국적취득에 따른 국적

대한민국 국민이 자진하여 외국국적을 취득한 때에는 그 외국국적을 취득한 때에 대한민국 국적을 상실한다. 그러나 외국인과 혼인, 입양으로 **외국국적을 취득한 때에는 6개월 내 국적보유를 신고하면 복수국적자가 되고, 그렇지 않으면** 그 외국국적을 취득한 때로 소급하여 대한민국 국적을 상실한다(국적법 제15조).

📖 판례정리

외국국적취득에 따른 국적상실이 행복추구권과 거주·이전의 자유 침해 여부(소극)

자발적으로 외국국적을 취득한 자에게 대한민국 국적도 함께 보유할 수 있게 허용한다면, 출입국·체류관리가 어려워질 수 있고, 각 나라에서 권리만 행사하고 병역·납세와 같은 의무는 기피하는 등 복수국적을 악용할 우려가 있으며, 복수국적자로 인하여 외교적 보호권이 중첩되는 등의 문제가 발생할 여지도 있다. 따라서 국적법 제15조 제1항이 대한민국 국민인 청구인의 거주·이전의 자유 및 행복추구권을 침해한다고 볼 수 없다(헌재 2014.6.26. 2011헌마502).

(2) 대한민국 국적상실결정에 따른 국적상실

> **국적법 제14조의4 【대한민국 국적의 상실결정】** ① 법무부장관은 복수국적자가 다음 각 호의 어느 하나의 사유에 해당하여 대한민국의 국적을 보유함이 현저히 부적합하다고 인정하는 경우에는 청문을 거쳐 대한민국 국적의 상실을 결정할 수 있다. 다만, **출생에 의하여 대한민국 국적을 취득한 자는 제외한다.**
> 1. 국가안보, 외교관계 및 국민경제 등에 있어서 대한민국의 국익에 반하는 행위를 하는 경우
> 2. 대한민국의 사회질서 유지에 상당한 지장을 초래하는 행위로서 대통령령으로 정하는 경우
> ② 제1항에 따른 결정을 받은 자는 그 결정을 받은 때에 대한민국 국적을 상실한다.

(3) 국적상실자의 처리

> **국적법 제16조【국적상실자의 처리】** ① 대한민국 국적을 상실한 자(제14조에 따른 국적이탈의 신고를 한 자는 제외한다)는 법무부장관에게 국적상실신고를 하여야 한다.
> ② 공무원이 그 직무상 대한민국 국적을 상실한 자를 발견하면 지체 없이 법무부장관에게 그 사실을 통보하여야 한다.

📖 판례정리

국적상실하지 않는 경우

1. 일본인 여자가 한국인 남자와의 혼인으로 인하여 한국의 국적을 취득하는 동시에 일본의 국적을 상실한 뒤 **이혼하였다 하여** 한국국적을 상실하고 일본국적을 다시 취득하는 것은 아니고, 동녀가 일본국에 복적할 때까지는 여전히 한국국적을 그대로 유지한다(대결 1976.4.23. 73마1051).

2. 대한민국 국민이 **일본국에서 영주권을 취득하였다 하여** 우리 국적을 상실하지 아니하며, 영주권을 가진 재일교포를 준외국인으로 보아 외국인토지법을 준용해야 하는 것은 아니다(대판 1981.10.13. 80다235).

3. **북한공민증을 발급받았다고 하더라도** 대한민국 국적을 상실하는 것은 아니다. 헌법 제3조상 북한은 국가가 아니기 때문이다(대판 1996.11.12. 96누1221).

(4) 국적상실자의 권리변동

> **국적법 제18조【국적상실자의 권리변동】** ① 대한민국 국적을 상실한 자는 국적을 상실한 때부터 대한민국의 국민만이 누릴 수 있는 권리를 누릴 수 없다.
> ② 제1항에 해당하는 권리 중 대한민국의 국민이었을 때 취득한 것으로서 양도할 수 있는 것은 그 권리와 관련된 법령에서 따로 정한 바가 없으면 **3년 내에 대한민국의 국민에게 양도하여야 한다.**

8. 기타

> **국적법 제19조【법정대리인이 하는 신고 등】** 이 법에 규정된 신청이나 신고와 관련하여 그 신청이나 신고를 하려는 자가 15세 미만이면 법정대리인이 대신하여 이를 행한다.
> **제20조【국적 판정】** ① 법무부장관은 대한민국 국적의 취득이나 보유 여부가 분명하지 아니한 자에 대하여 이를 심사한 후 판정할 수 있다.
> **제22조【국적심의위원회】** ① 국적에 관한 다음 각 호의 사항을 심의하기 위하여 법무부장관 소속으로 국적심의위원회(이하 '위원회'라 한다)를 둔다.
> **제23조【위원회의 구성 및 운영】** ① 위원회는 위원장 1명을 포함하여 30명 이내의 위원으로 구성한다.
> ② 위원장은 법무부차관으로 하고, 위원은 다음 각 호의 사람으로 한다.
> ④ 위원회의 회의는 제22조 제1항의 안건별로 위원장이 지명하는 10명 이상 15명 이내의 위원이 참석하되, 제2항 제3호에 따른 위촉위원이 과반수가 되도록 하여야 한다.
> ⑤ 위원회의 회의는 위원장 및 제4항에 따라 지명된 위원의 과반수의 출석으로 개의하고 출석위원 과반수의 찬성으로 의결한다.

9. 재외국민 보호

> 헌법 제2조 【국민의 요건, 재외국민의 보호】 ② 국가는 법률이 정하는 바에 의하여 재외국민을 보호할 의무를 진다.
>
> 재외국민등록법 제2조 【등록대상】 외국의 일정한 지역에 계속하여 90일을 초과하여 거주하거나 체류할 의사를 가지고 그 지역에 체류하는 대한민국 국민은 이 법에 따라 등록하여야 한다.

(1) 재외국민 보호

① **연혁**: 재외국민은 국가의 보호를 받는다는 소극적 규정은 제8차 개정헌법에도 처음 규정되었으나, 국가의 적극적 보호의무는 현행헌법에서 처음으로 규정되었다.

② **재외국민등록대상자**: 재외국민이란 외국에 장기체류하거나 영주하는 한국국적소지자를 말한다. 재외국민등록법상 90일을 초과하여 외국거주·체류하는 국민은 등록해야 한다.

판례정리

재외국민과 동포 보호의무

헌법 위반인 것

1. **주민등록을 요건으로 하여 재외국민의 국정선거권, 피선거권, 국민투표권, 주민투표권을 제한하는 것**은 재외국민의 평등권을 침해한다(헌재 2007.6.28. 2004헌마644).

2. **국내거주자에 대하여만 부재자투표를 인정하고** 재외국민과 단기해외체류자 등 **국외거주자에 대해서는 부재자투표를 인정하지 않은** 공직선거법 조항은 헌법에 위반된다(헌재 2007.6.28. 2004헌마644).

3. 대한민국 국적을 가지고 있는 영유아 중에서 **재외국민인 영유아를 보육료·양육수당의 지원대상에서 제외한 것**은 재외국민도 '국민인 주민'이라는 점에서는 다른 일반국민과 실질적으로 동일하므로, 청구인들의 평등권을 침해한다(헌재 2018.1.25. 2015헌마1047).

4. 재외동포법이 대한민국 수립 이후의 재외동포에 한하여 그 보호대상으로 한 것은 대한민국 수립 이전의 재외동포를 차별한 것으로 합리적 이유가 없다(헌재 2001.11.29. 99헌마494).

헌법 위반이 아닌 것

1. 외국국적동포에 대해서는 부동산실명법 적용을 배제하면서 **재외국민에게는 부동산실명법을 적용하는 것**은 평등원칙에 반하지 않는다(헌재 2001.5.31. 99헌가18).

2. 국내에 주소를 두고 있는 피상속인의 경우에만 상속세 인적 공제의 적용대상에 포함시키고, **국내비거주자에 대한 상속세 인적 공제를 배제하는 것**은 재외국민보호의무에 반하지 않는다(헌재 2001.12.20. 2001헌바25).

3. 개발도상국 등에 파견된 **국제협력요원이 사망한 경우 국가유공자예우법의 적용을 배제**한 것은 재외국민보호의무 위반이 아니다(헌재 2010.7.29. 2009헌가13).

4. 1980년 해직된 공무원 중 **이민 간 이후 보상 배제**는 재외국민보호의무 위반이 아니다(헌재 1993.12.23. 89헌마189).

5. 대일항쟁기 강제동원 피해조사 및 국외강제동원 희생자 등 지원에 관한 특별법이 **대한민국 국적을 가지지 아니한 사람을 위로금 지급대상에서 제외한** 국외강제동원자지원법 제7조 제4호는 헌법전문과 재외국민보호의무에 위반되지 않는다(헌재 2015.12.23. 2013헌바11).

6. '재외국민 보호의무' 규정이 중국동포와 같이 특수한 국적상황에 처해 있는 자들의 이중국적 해소 또는 국적선택을 위한 특별법 제정의무를 명시적으로 위임한 것이라고 볼 수 없다(헌재 2006.3.30. 2003헌마806).

(2) 재외동포

① 재외동포는 외국국적동포와 대한민국 국적을 보유한 자로서 외국영주권을 가지고 있는 자이다.

② 외국국적동포는 국가유공자 등 예우 및 지원에 관한 법률 또는 독립유공자예우에 관한 법률에 따른 보훈급여금을 받을 수 있다(재외동포의 출입국과 법적 지위에 관한 법률 제16조).

04 국가의 영역

> 헌법 제3조 대한민국의 영토는 한반도와 그 부속도서로 한다.

1. 영역의 의의

국가의 영역이란 한 나라의 국가법이 미치는 공간적 범위이다.

2. 우리나라의 영역범위

(1) 영토

헌법 제3조는 영토조항을 명시적으로 규정하고 있다.

(2) 영해, 접속수역, 배타적 경제수역

① **영해**: 영해에 대한 헌법규정은 없다. 영해 및 접속수역법은 기선으로부터 12해리까지의 수역을 영해로 함이 원칙이지만, 시행령인 대통령령은 대한해협의 영해를 특별히 3해리로 정하고 있다. 외국선박은 대한민국의 평화·공공질서 또는 안전보장을 해치지 아니하는 범위에서 대한민국의 영해를 무해통항(無害通航)할 수 있다. 외국의 군함 또는 비상업용 정부선박이 영해를 통항하려는 경우에는 대통령령으로 정하는 바에 따라 관계 당국에 미리 알려야 한다(영해 및 접속수역법 제5조).

② **접속수역**: 접속수역은 기선으로부터 24해리까지의 수역 중에서 영해를 제외한 수역이다.

③ **배타적 경제수역**: 배타적 경제수역은 200해리이다.

📖 판례정리

영토 관련 판례

1. 주한일본대사관을 대상으로 항의집회하는 것은 영토권에 해당하지 않는다(헌재 2010.10.28. 2010헌마111).

2. 우리 헌법에 피청구인 또는 대한민국 정부가 현재 중국의 영토인 간도 지역을 회복하여야 할 작위의무가 특별히 규정되어 있다거나 헌법 해석상 그러한 작위의무가 도출된다고 보기 어려울 뿐만 아니라, **중국에 대해 간도협약이 무효임을 주장하여야 하는 어떠한 법적인 의무가 있다고도 볼 수 없다.** 간도협약의 무효를 주장하지 않은 외교부장관의 부작위에 대한 헌법소원은 허용될 수 없는 공권력의 불행사를 대상으로 한 것이어서 부적법하다(헌재 2009.9.22. 2009헌마516).

📖 판례정리

신고를 하지 아니한 외국환거래 금지 (헌재 2005.6.30. 2003헌바114) *합헌결정

1. 허가 또는 신고받지 아니한 외국환 거래를 처벌하는 것은 **명확성원칙**에 위배되지 않는다.

2. 북한은 영토조항에 따라 대한민국의 영토이고 북한주민은 국민이나, 개별 법률의 적용 내지 준용에 있어서는 남북한의 특수관계적 성격을 고려하여 북한지역을 외국에 준하는 지역으로, **북한주민** 등을 외국인에 준하는 지위에 있는 자로 규정할 수 있다고 할 것이다.

3. 외국환거래의 일방 당사자가 북한의 주민일 경우 그는 이 사건 법률조항의 '거주자' 또는 '비거주자'가 아니라 남북교류법의 '북한의 주민'에 해당하는 것이다. 그러므로 당해 사건에서 아태위원회가 법 제15조 제3항에서 말하는 '거주자'나 '비거주자'에 해당하는지 또는 남북교류법상 '북한의 주민'에 해당하는지 여부는 법률해석의 문제에 불과한 것이고, 헌법 제3조의 영토조항과는 관련이 없다.

📖 판례정리

대한민국과 일본국 간의 어업에 관한 협정 (헌재 2001.3.21. 99헌마139) *기각결정

1. 대한민국과 일본국 간의 어업에 관한 협정이 '공권력의 행사'에 해당하는지 여부(적극)
   대한민국과 일본과의 어업에 관한 조약은 국내법과 같은 효력을 가지므로 그 체결행위는 헌법소원심판의 대상이 되는 공권력 행사에 해당한다.

2. '헌법전문에 기재된 3·1정신'이 헌법소원의 대상인 '헌법상 보장된 기본권'에 해당하는지 여부(소극)

3. 영토권이 헌법소원의 대상인 기본권에 해당하는지 여부(적극)
   영토조항이 국민의 주관적 권리를 보장하는 것으로 해석하는 견해는 거의 존재하지 않는다. 영토조항만을 근거로 하여 헌법소원을 청구할 수 없으나 국민의 기본권 침해에 대한 권리구제를 위하여 그 전제조건으로서 **영토권을 하나의 기본권으로** 간주할 수 있다.

4. 독도 등을 중간수역으로 정한 것이 영해 및 배타적 경제수역에 대한 국민의 주권 및 영토권을 침해하였는지 여부(소극)
   독도 등을 중간수역으로 정한 대한민국과 일본국 간의 어업에 관한 협정은 배타적 경제수역을 직접 규정한 것이 아니고, 독도의 영유권 문제나 영해 문제와는 직접적인 관련을 가지지 아니하므로 헌법상 영토조항에 위반되지 않는다.

5. 65년협정에 비하여 조업수역이 극히 제한됨으로써 어획량감소로 인해 우리 어민들에게 엄청난 불이익을 초래하여 행복추구권, 직업선택의 자유, 재산권, 평등권, 보건권 등을 침해하였는지 여부(소극)
   이 사건 조약으로 국민의 행복추구권, 직업의 자유 등이 침해되었다고 볼 수 없다.

제3장 / 현행헌법의 기본이념

제1절 헌법전문의 의의와 내용

유구한 역사와 전통에 빛나는 우리 대한국민은 3·1 운동(제헌헌법)으로 건립된 대한민국임시정부의 법통(현행헌법)과 불의에 항거한 4·19(제5차 개정헌법 → 제8차 개정헌법 삭제 → 제9차 개정헌법) 민주이념을 계승하고(제9차 개정헌법 최초) 조국의 민주개혁과 평화적 통일(제7차 개정헌법)의 사명에 입각하여 정의·인도와 동포애로써 민족의 단결을 공고히 하고, 모든 사회적 폐습과 불의를 타파하며, 자율과 조화를 바탕으로 자유민주적 기본질서(제7차 개정헌법)를 더욱 확고히 하여 정치·경제·사회·문화의 모든 영역에 있어서 각인의 기회를 균등히 하고, 능력을 최고도로 발휘하게 하며, 자유와 권리에 따르는 책임과 의무를 완수하게 하여, 안으로는 국민생활의 균등한 향상을 기하고 밖으로는 항구적인 세계평화와 인류공영에 이바지함으로써 우리들과 우리들의 자손의 안전과 자유와 행복을 영원히 확보할 것을 다짐하면서 1948년 7월 12일 제정되고 8차에 걸쳐 개정된 헌법을 이제 국회의 의결을 거쳐 국민투표에 의하여 개정한다.

현행헌법전문에 명문규정 × ★
① 권력분립
② 민주공화국, 국가형태(제1조)
③ 5·16혁명(제4공화국 헌법)
④ 침략전쟁부인(제5조 제1항)
⑤ 자유민주적 기본질서에 입각한 평화적 통일정책 (제4조) ➡ 현행헌법
⑥ 국가의 전통문화 계승·발전과 민족문화 창달의무 (제9조)
⑦ 대한민국 영토(제3조)
⑧ 개인의 자유와 창의(제119조 제1항)
⑨ 인간의 존엄과 가치(제10조)
⑩ 법치주의
⑪ 균형 있는 국민경제의 성장 및 안정
⑫ 개인의 존엄과 양성평등
⑬ 복수정당제도
⑭ 6·10항쟁

제헌헌법	기미 삼일운동으로 대한민국을 건립하여
1962년 제5차 개정헌법	3·1운동의 숭고한 독립정신을 계승하고 4·19의거와 5·16혁명의 이념에 입각하여
1972년 제7차 개정헌법(유신헌법)	3·1운동의 숭고한 독립정신과 4·19의거 및 5·16혁명의 이념을 계승하고
1980년 제8차 개정헌법	3·1운동의 숭고한 독립정신을 계승하고
제9차 개정헌법	3·1운동으로 건립된 대한민국임시정부의 법통과 불의에 항거한 4·19민주이념을 계승하고

01 헌법전문의 의의

헌법전문은 헌법의 본문 앞에 위치한 문장으로 헌법전의 일부를 구성하는 헌법서문이다.

02 헌법전문의 법적 성격

(1) 재판 규범

헌법재판소 결정에 의하면 헌법전문은 헌법규범의 일부로서 헌법으로서의 규범적 효력을 나타내기 때문에 구체적으로는 헌법소송에서의 재판규범이 된다(헌재 2015.12.23. 2013헌바11).

(2) 헌법개정의 한계

헌법전문의 자구수정은 가능하나 핵심적인 내용은 헌법개정의 한계이다. **제5차 개정헌법**에서 헌법전문은 최초로 개정되었고 제7·8·9차 개정헌법에서 헌법전문은 개정되었다.

(3) 국민의 권리와 의무 도출 불가

현행헌법의 전문에는 헌법의 성립유래만이 아니라, 헌법의 기본이념과 가치도 제시되어 있으나 헌법전문이나 헌법원리로부터 국민의 권리와 의무를 도출할 수 없다.

📖 판례정리

헌법전문과 기본권 관련성 유무

1. 헌법 전문과 3·1정신의 해석 기준성

헌법 전문에 기재된 3·1정신은 헌법 및 법률 해석의 기준이 될 수 있으나, 이를 통해 국민의 개별적 기본권이 직접적으로 도출되지는 않는다(헌재 2001.3.21. 99헌마139·142).

2. 헌법 전문과 개별 기본권 도출 불가

통일정신이나 국민주권원리 등 헌법의 연혁적·이념적 기초는 법률 해석 기준으로 작용하지만, 이를 근거로 개별적 기본권성을 도출하기 어렵다. 건국 60년 기념사업 추진행위로 인한 내심의 동요는 명예권이나 행복추구권의 침해로 볼 수 없다(헌재 2011.8.30. 2006헌마788).

3. 공권력 행사와 헌법 원리의 훼손

공권력의 행사나 불행사로 헌법의 기본원리나 제도의 본질이 훼손되었다 하더라도, 그로 인해 국민의 기본권이 현실적으로 침해되었다고 단정할 수는 없다(헌재 1995.2.23. 90헌마125).

(4) 국가의 의무는 도출된다.

📖 판례정리

헌법원리와 국가의 의무

1. 국가유공자 예우와 서훈추천 의무

헌법 전문에서 대한민국임시정부의 법통 계승을 선언함에 따라, 국가에게 독립유공자와 그 유족에 대한 예우를 할 헌법상 의무는 인정된다. 그러나 국가보훈처장이 서훈추천 신청자에 대해 추천해야 할 헌법적 작위의무는 없으므로, 서훈추천 거부는 헌법소원의 대상이 되지 않는다(헌재 2005.6.30. 2004헌마859).

2. 일본군 위안부 피해자 존엄 회복 의무

헌법 제정 이전의 사건이라도 일본군 위안부로 강제 동원된 피해자들의 존엄과 가치가 말살된 상태에서 비극적 삶을 영위한 점에 대해, 대한민국임시정부의 법통을 계승한 현재의 정부는 이들의 존엄과 가치를 회복시킬 가장 근본적인 헌법적 의무를 부담한다(헌재 2011.8.30. 2006헌마788).

참고 원폭 피해자를 위한 외교협상의무도 인정(헌재 2011.8.30. 2008헌마648)

3. 사할린 강제징용 피해자들의 대일청구권 문제

대한민국과 일본 간의 협정에서 "모든 청구권"이라는 포괄적 개념 사용으로 피해자들의 권리 명확화가 부족했던 책임이 있으며, 정부는 이로 인한 기본권 침해 상태를 제거할 의무가 있다(헌재 2019.12.27. 2012헌마939).

4. 사할린 피해자 위로금 관련 특별법 조항

사망자 또는 행방불명자로 정의된 피해자와 대한민국 국적을 가지지 않은 자를 위로금 지급대상에서 제외한 조항은 입법재량 범위 내로, 헌법 전문의 "민족 단결" 정신에 위반되지 않는다(헌재 2015.12.23. 2013헌바11).

5. 독립유공자 후손의 토지 수탈 보상 여부

헌법전문 및 관련 법령에 독립유공자 후손에 대한 특정 토지 보상의 작위의무가 명시적으로 규정되어 있지 않으며, 관련법에서도 이를 도출할 근거가 없다(헌재 2019.7.2. 2019헌마647).

6. BC급 전범의 피해와 국제전범재판소 판결

국내 국가기관은 국제전범재판소의 지위와 판결을 존중해야 하지만, 한국인 BC급 전범 피해와 관련하여 정부가 분쟁해결절차에 나아갈 작위의무는 인정되지 않는다(헌재 2021.8.31. 2014헌마888).

7. 4·19혁명공로자와 애국지사 간 보훈급여 차이

보훈급여의 종류 및 금액에 차이를 두는 것은 희생과 공헌의 정도, 활동 당시 상황 등을 고려한 것으로 합리적 이유 없는 차별이 아니다(헌재 2022.2.24. 2019헌마883).

제2절 국민주권의 원리

📖 판례정리

국민주권과 참정권

1. 헌법상의 국민주권론을 추상적으로는 전체국민이 이념적으로 주권의 근원이라는 전제 아래 형식적인 이론으로 볼 수 있으나, 현실적으로는 **구체적인 주권의 행사**는 투표권 행사인 선거를 통하여 이루어지는 것이다(헌재 1989.9.8. 88헌가6).

2. **자유선거의 원칙**은 비록 우리 헌법에 명시되지는 않았지만 민주국가의 선거제도에 내재하는 법 원리인 것으로서 국민주권의 원리, 의회민주주의의 원리 및 참정권에 관한 규정에서 그 근거를 찾을 수 있다(헌재 1994.7.29. 93헌가4).

3. 역사적으로 직접선거의 원칙은 중간선거인의 부정을 의미하였고, 다수대표제하에서는 이러한 의미만으로도 충분하다고 할 수 있다. 그러나 비례대표제하에서 선거결과의 결정에는 정당의 의석배분이 필수적인 요소를 이룬다. 그러므로 비례대표제를 채택하는 한 **직접선거의 원칙**은 의원의 선출뿐만 아니라 **정당의 비례적인 의석확보도** 선거권자의 투표에 의하여 직접 결정될 것을 요구하는 것이다(헌재 2001.7.19. 2000헌마91 등).

4. **지역농협 임원 선거**는, 헌법에 규정된 국민주권 내지 대의민주주의 원리의 구현 및 지방자치제도의 실현이라는 이념과 직접적인 관계를 맺고 있는 공직선거법상 선거와 달리, 자율적인 단체 내부의 조직구성에 관한 것으로서 공익을 위하여 그 선거과정에서 표현의 자유를 상대적으로 폭넓게 제한하는 것이 허용된다(헌재 2013.7.25. 2012헌바12).

5. 지방자치기관은 그것도 정치적 권력기관이긴 하지만, 중앙·지방간 권력의 수직적 분배라고 하는 지방자치제의 권력 분립적 속성상, 중앙정치기관의 구성과는 다소 상이한 방법으로 국민주권·민주주의원리가 구현될 수도 있다(헌재 1999.11.25. 99헌바28).

6. 선거범죄로 인하여 당선이 무효로 된 때를 비례대표지방의회의원의 의석 승계 제한사유로 규정한 공직선거법 제200조 제2항 단서공직선거법 제200조 제2항 단서는 선거범죄로 당선이 무효된 비례대표지방의회의원의 의석 승계를 제한하는 것은, 선거권자의 정치적 의사표명을 무시하고 왜곡하며 대의제 민주주의 원리에 부합하지 않는다(헌재 2009.6.25. 2007헌마40).

7. '중대사고'를 비롯한 원전 사고가 본격적으로 문제되는 것은 원전이 운영허가를 받고 실질적으로 운영되기 시작한 이후라는 점과 그 밖에 원전의 안전 관련 조치 등을 종합적으로 고려하면, 청구인들은, 발전용원자로 및 관계시설의 건설허가 신청시 필요한 방사선환경영향평가서 및 그 초안을 작성하는 데 있어 '중대사고'에 대한 평가를 제외하고 있는 '원자력이용시설 방사선환경영향평가서 작성 등에 관한 규정'은 에서 평가서 초안 및 평가서 작성시 '중대사고'에 대한 평가를 제외하도록 하였다고 하여, 국가가 국민의 생명·신체의 안전을 보호하는 데 적절하고 효율적인 최소한의 조치조차 취하지 아니한 것이라고 보기는 어렵다. … 민주주의 원리의 한 내용인 국민주권주의는 모든 국가권력이 국민의 의사에 기초해야 한다는 의미일 뿐 국민이 정치적 의사결정에 관한 모든 정보를 제공받고 직접 참여하여야 한다는 의미는 아니므로, 청구인들의 이 부분 주장 역시 이유 없다(헌재 2016.10.27. 2012헌마121).

8. 유효투표의 다수를 얻은 후보자를 당선인으로 결정하게 한 공선법 규정도 선거의 대표성의 본질이나 국민주권 원리를 침해하는 것이 아니다(헌재 2003.11.27. 2003헌마259).

9. 국민주권주의는 모든 국가권력이 국민의 의사에 기초해야 한다는 의미로, 사법권의 민주적 정당성을 위한 국민참여재판을 도입한 근거가 되고 있으나, 그렇다고 하여 국민주권주의 이념이 곧 사법권을 포함한 모든 권력을 국민이 직접 행사하여야 하고 이에 따라 모든 사건을 국민참여재판으로 할 것을 요구한다고 볼 수 없다. 따라서 국민참여재판의 대상을 제한하는 흉기상해죄를 국민참여재판의 대상에서 제외하고 있는 '국민의 형사재판 참여에 관한 법률'이 국민주권주의에 위배될 여지가 없다(헌재 2016.12.29. 2015헌바63).

10. 교육부문에 있어서의 국민주권·민주주의의 요청도, 문화적 권력이라고 하는 국가교육권의 특수성으로 말미암아, 정치부문과는 다른 모습으로 구현될 수 있다(헌재 1992.11.12. 89헌마88).

---

2. 국민주권과 민주주의

(1) 직접민주제의 도입과 대의제와의 조화

직접민주제는 대의제가 가진 문제점과 한계를 보완하기 위해 예외적으로 도입된 제도로, 법률에 의해 직접민주제를 도입할 경우 대의제와 조화를 이루어야 한다. 대의제의 본질적 요소나 취지를 부정하는 것은 허용되지 않는다(헌재 2009.3.26. 2007헌마843).

(2) 주민발안권과 국민주권 원리

국민투표를 국민이 직접 제안할 권리가 헌법상 인정되지 않는 점을 고려하면, 주민발안권의 인정 여부나 그 구체적 범위는 국민주권 원리의 핵심 내용을 구성한다고 보기 어렵다(헌재 2009.7.30. 2007헌바75).

제3절 민주적 기본질서

01 자유민주적 기본질서의 의의

1. 개념

국가의 존립·안전을 위태롭게 한다 함은 대한민국의 독립을 위협·침해하고 영토를 침략하여 헌법과 법률의 기능 및 헌법기관을 파괴·마비시키는 것으로 외형적인 적화공작 등일 것이며, **자유민주적 기본질서에 위해를 준다 함은** 모든 폭력적 지배와 자의적 지배, 즉 반국가단체의 일인독재 내지 일당독재를 배제하고 다수의 의사에 의한 국민의 자치, 자유·평등의 기본원칙에 의한 법치주의적 통치질서의 유지를 어렵게 만드는 것이다(헌재 1990.4.2. 89헌가113).

2. 이론적 근거

자유민주적 기본질서는 방어적 민주주의가 보호하려는 민주주의의 이념과 가치가 구체화된 질서형태이므로 가치지향적·가치구속적 민주주의에 근거하고 있다.

02 자유민주적 기본질서의 기본내용

📖 판례정리

1. 1차 판례(국가보안법 판례)

헌법재판소는 기본적 인권존중, 권력분립, 의회제도, 복수정당제도, 선거제도, 사유재산과 시장경제를 골간으로 하는 경제질서, 사법권의 독립을 자유민주적 기본질서의 내용이라고 한 바 있다(헌재 1990.4.2. 89헌마113).

2. 2차 판례(통합진보당 해산)

우리 헌법 제8조 제4항이 의미하는 민주적 기본질서는, 개인의 자율적 이성을 신뢰하고 모든 정치적 견해들이 각각 상대적 진리성과 합리성을 지닌다고 전제하는 다원적 세계관에 입각한 것으로서, 모든 폭력적·자의적 지배를 배제하고, **다수를 존중하면서도 소수를 배려**하는 민주적 의사결정과 자유·평등을 기본원리로 하여 구성되고 운영되는 정치적 질서를 말하며, 구체적으로는 **국민주권의 원리**, 기본적 인권의 존중, 권력분립제도, 복수정당제도 등이 현행헌법상 주요한 요소라고 볼 수 있다(헌재 2014.12.19. 2013헌다1).

제4절 법치주의원리

01 법치주의원리의 의의

1. 연혁

시민혁명 후 근대 입헌주의 시대에 **인간이 아니라 법에 의해 국가권력이 행사되어야 한다는 법치주의를 성립시키기에** 이른다.

2. 우리 헌법조항

우리나라 **헌법상 법치국가원리라는 명시적인 규정은 없다.**

3. 개념

국가는 정당한 법에 근거하여 통치를 해야 한다는 원리이다.

02 법률유보원칙

📖 판례정리

본질적 사항 여부

본질적 사항에 해당하는 것

본질적 사항을 법률 또는 의회가 직접 정하지 않으면 법률유보원칙에 위배된다.

1. 수신료의 금액

TV 수신료 관련 판례 내용 중에서 … "오늘날 **법률유보원칙**은 단순히 행정작용이 법률에 근거를 두기만 하면 충분한 것이 아니라, 국가공동체와 그 구성원에게 기본적이고도 중요한 의미를 갖는 영역, 특히 국민의 기본권 실현에 관련된 영역에 있어서는 행정에 맡길 것이 아니라 국민의 대표자인 입법자 스스로 그 본질적 사항에 대하여 결정하여야 한다는 요구까지 내포하는 것으로 이해하여야 한다."라고 그 의의를 밝혔으며 계속해서 "TV 수신료 금액은 이사회가 심의 · 결정하고, 공사가 공보처 장관의 승인을 얻어 이를 부과 · 징수한다."라고 규정한 한국방송공사법 제36조 제1항은 국민의 재산권 보장 측면에서 기본권 실현에 관련된 영역임에도 불구하고 그 **수신료 금액결정**에 국회의 관여와 결정을 배제한 채 공사로 하여금 수신료 금액을 결정하기로 하고 있으므로 "**법률유보원칙**에 반한다."라고 하여 헌법재판소는 헌법불합치결정을 내렸다(헌재 1999.5.29. 98헌바70).

2. 사업시행인가 신청에 필요한 토지소유자 등의 동의정족수

토지등소유자가 도시환경정비사업을 시행하는 경우 사업시행인가 신청시 필요한 토지등소유자의 동의는, 개발사업의 주체 및 정비구역 내 토지등소유자를 상대로 수용권을 행사하고 각종 행정처분을 발할 수 있는 행정주체로서의 지위를 가지는 사업시행자를 지정하는 문제로서, 그 동의요건을 정하는 것은 국민의 권리와 의무의 형성에 관한 기본적이고 본질적인 사항이므로 국회가 스스로 행하여야 하는 사항에 속하는 것이다. 따라서 **사업시행인가 신청에 필요한 동의정족수를 토지등소유자가 자치적으로 정하여 운영하는 규약에 정하도록 한 도시 및 주거환경정비법** 제28조는 법률유보원칙에 반한다(헌재 2012.4.24. 2010헌바1).

☑ 본질적 사항 여부

본질적 내용	① 수신료 금액, 부과절차 ② 중학교의무교육의 실시 여부와 연한 ③ 살수차 사용요건과 그 기준, 최루액과 물을 섞는 혼합살수행위 ④ 중과세대상이 되는 고급주택, 고급오락장 ⑤ 지방의회의원에 유급보좌인력을 두는 것
비본질적 내용	① 수신료징수업무를 한국방송공사가 할 것인지, 제3자에게 위탁할 것인지 여부 ② 중학교의무교육의 실시시기와 범위 ③ 법학전문대학원 총입학정원의 구체적인 수 ④ 국가유공자단체의 대의원선출에 대한 관련 사항 ⑤ 인구주택총조사의 조사항목 ⑥ **입주자대표회의의 구성원인 동별 대표자**가 될 수 있는 자격이 반드시 법률로 규율하여야 하는 사항이라고 볼 수 없다. 따라서 대표자 자격을 정관에 위임한 주택법은 법률유보원칙을 위반하지 아니한다(헌재 2016.7.28. 2014헌바158). ⑦ **전기요금**의 산정이나 부과에 필요한 세부적인 기준을 정하는 것은 전문적이고 정책적인 판단을 요할 뿐 아니라 기술의 발전이나 환경의 변화에 즉각적으로 대응할 필요가 있다. 전기요금의 결정에 관한 내용을 반드시 입법자가 스스로 규율해야 하는 부분이라고 보기 어려우므로, 전기판매사업자로 하여금 전기요금에 관한 약관을 작성하여 산업통상자원부장관의 인가를 받도록 한 전기사업법은 의회유보원칙에 위반되지 아니한다(헌재 2021.4.29. 2017헌가25). ⑧ **수신료 통합징수를 금지법 방송법 시행령:** 수신료의 구체적인 고지방법에 관한 규정인바, 이는 수신료의 부과·징수에 관한 본질적인 요소로서 법률에 직접 규정할 사항이 아니므로 이를 법률에서 직접 정하지 않았다고 하여 의회유보원칙에 위반된다고 볼 수 없다. 수신료와 전기요금의 통합 징수를 금지한 방송법 시행령 제43조 제2항은 수신료 징수방법을 구체화한 집행명령으로, 법률유보원칙과 입법재량의 한계를 위배하지 않았다. 신뢰보호원칙 위반 여부에 대해서는 과거 통합징수방식에 대한 신뢰이익의 보호가치가 낮고, 납부의무 명확화 및 과오납 방지라는 공익이 더 중대하므로 위반되지 않는다. 심판대상조항은 수신료 징수 금액에 영향을 미치지 않으며, 공영방송의 재정적 독립성을 훼손하지 않아 청구인의 방송운영의 자유를 침해하지 않는다(헌재 2024.5.30. 2023헌마820). ⑨ **상장폐지의 구체적인 내용·절차** 등은 탄력적으로 시장의 상황을 반영해야 하는 세부적·기술적 사항으로, 반드시 의회가 정하여야 할 사항이라고 볼 수 없다(헌재 2021.5.27. 2019헌바332). ⑩ **매립지 귀속 기준:** 행정자치부장관이 공유수면 매립지의 관할 지방자치단체를 결정하기 전까지 관련 지방자치단체는 해당 매립지에 대한 자치권한을 보유하지 않는다. 따라서 매립지 관할 결정 시 필요한 실질적 기준이 지방자치단체의 자치사무와 본질적 사항이 아니므로 반드시 법률에 규정될 필요는 없다(헌재 2024.3.28. 2021헌바57). ⑪ **단기법무장교 의무복무기간의 기산점:** 단기법무장교의 의무복무기간의 기산점이 반드시 입법자가 스스로 정하여야 할 본질적인 사항이라고 보기 어렵다(헌재 2024.3.28. 2020헌마1401).

📖 판례정리

법률유보원칙 위반 여부

법률유보원칙 위반인 것

1. 세월호 피해 배상금 동의서의 이의제기 금지조항

세월호피해지원법 시행령 제15조 별지 서식에서 이의제기를 금지한 부분은 모법(세월호피해지원법)에 근거가 없어 법률유보원칙을 위반하며, 일반적 행동의 자유를 침해한다(헌재 2017.6.29. 2015헌마654).

2. 행정사 자격시험 관련 규정

행정사법 시행령 제4조 제3항에서 행정사의 수급상황에 따라 시험실시계획을 수립하도록 한 규정은 모법의 위임 범위를 넘어 기본권을 제한한 것으로, 법률유보원칙에 위반되어 청구인의 직업선택의 자유를 침해한다(헌재 2010.4.29. 2007헌마910).

3. 집회신고 반려 사건

남대문 경찰서장이 폭력사태 우려를 이유로 상충된 두 집회신고를 모두 반려한 것은 집회 및 시위에 관한 법률에 근거가 없어 법률유보원칙을 위반했으며, 이는 청구인의 집회의 자유를 침해한 행위로 인정된다(헌재 2008.5.29. 2007헌마712).

4. 안마사 자격인정에서의 비맹제외 기준

비맹제외 기준은 기본권 제한과 관련된 본질적 사항임에도 불구하고, 안마사에관한규칙이 모법의 구체적 위임 없이 이를 규정한 것은 위임입법의 한계를 벗어난 것으로 법률유보원칙에 위배된다(헌재 2006.5.25. 2003헌마715).

> **참고** 과잉금지원칙 위반에 관한 재판관 5인의 의견이 있었으나, 정족수 미달로 기속력을 가지지 않음(헌재 2008.10.30. 2006헌마1098).

5. 방송위원회가 2004.3.9. 문화방송의 피디수첩 '친일파는 살아있다 2' 방송에 대하여 청구인 주식회사 문화방송과 당시 피디수첩 제작책임자인 청구인 최○용에게 한 **'경고 및 관계자 경고'**는 방송법에 근거가 없는바, 법률유보원칙에 위배된다(헌재 2007.11.29. 2004헌마290).

6. 행형법상 징벌의 일종인 금치처분을 받은 자에 대하여 **금치기간 중 집필을 전면 금지한** 행형법 시행령은 행형법에 근거가 없는바, 법률유보원칙에 위배된다(헌재 2005.2.24. 2003헌마289).

7. 대전광역시 교육감이 가산점 항목에 관하여 한 '2002학년도 **대전광역시 공립중등학교 교사임용후보자 선정 경쟁시험 시행요강'**의 공고는 교육공무원법에 근거가 없어 법률유보원칙에 위배된다(헌재 2004.3.25. 2001헌마882).

8. 군형행법 시행령 규정이 **미결수용자의 면회횟수를 매주 2회**로 제한하고 있는 것은 법률의 위임 없이 접견교통권을 제한하는 것으로서, 헌법 제37조 제2항 및 제75조에 위반된다(헌재 2003.11.27. 2002헌마193).

9. 고졸검정고시 또는 고등학교 입학자격 검정고시에 합격했던 자는 해당 검정고시에 다시 응시할 수 없도록 응시자격을 제한한 전라남도 교육청 공고 (헌재 2012.5.31. 2010헌마139)

① 일반적으로 기본권 침해 관련 영역에서는 급부행정 영역에서보다 위임의 구체성의 요구가 강화된다는 점, 이 사건 응시제한이 검정고시 응시자에게 미치는 영향은 응시자격의 영구적인 박탈인 만큼 중대하다고 할 수 있는 점 등에 비추어 보다 **엄격한 기준으로 법률유보원칙의 준수 여부를 심사하여야 할 것인바**, 고졸검정고시규칙과 고입검정고시규칙이 '검정고시에 합격한 자'에 대하여만 응시자격 제한을 공고에 위임했다고 볼 근거도 없으므로, 이 사건 응시제한은 위임받은 바 없는 응시자격의 제한을 새로이 설정한 것으로서 **기본권 제한의 법률유보원칙에 위배하여** 청구인의 교육을 받을 권리 등을 침해한다.

② 이 검정고시제도 도입 이후 허용되어 온 합격자의 재응시를 아무런 경과조치 없이 무조건적으로 금지함으로써 응시자격을 단번에 영구히 박탈한 것이어서 최소침해성의 원칙에 위배되고 법익의 균형성도 상실하고 있다 할 것이므로 과잉금지원칙에 위배된다.

10. 전교조 법외노조 통보 (대판 2020.9.3. 2016두32992)

① **시행령의 법률 위임 범위**: 헌법 제75조에 따라 대통령령은 법률에서 구체적으로 위임받은 사항과 법률 집행에 필요한 세부적인 사항만을 규정할 수 있다. 법률의 위임 없이 시행령이 개인의 권리·의무를 변경·보충하거나 새로운 내용을 규정하는 것은 허용되지 않는다.

② **노동조합 및 노동관계조정법 시행령 제9조 제2항의 위법성**: 법외노조 통보는 노동조합의 법적 지위를 박탈하는 중대한 처분으로, 이는 입법자가 형식적 법률로 규정해야 할 사항이다. 법률의 명시적·구체적인 위임 없이 법외노조 통보를 규정한 노동조합 및 노동관계조정법 시행령 제9조 제2항은 헌법상 노동3권을 본질적으로 제한하여 그 자체로 무효이다.

11. 혼합살수금지 (헌재 2018.5.31. 2015헌마476)

법률유보원칙에 따라, 국민의 자유나 권리를 제한하는 본질적 사항은 법률로 규율되어야 하며, 집회·시위 해산을 위한 살수차 사용은 신체의 자유와 집회의 자유에 중대한 제한을 초래하므로 사용요건과 기준은 법률에 근거해야 한다. 살수차는 위해성 경찰장비로, 지정된 용도로 사용되어야 하며, 새로운 용도나 방법으로 사용하려면 법령에 근거가 필요하다. 혼합살수방법은 법령에 열거되지 않은 새로운 위해성 경찰장비로, 이를 허용하는 법적 근거가 없어 법률유보원칙에 위배되며, 이에 따라 혼합살수행위는 청구인의 신체의 자유와 집회의 자유를 침해한다.

12. 유권해석 위반 광고금지한 대한변협규정의 법률유보원칙 위반 여부(적극)

수범자가 금지 내용을 유권해석이 내려지기 전에는 알기 어려워 규율의 예측 가능성이 부족하며, 변협의 유권해석에 의존하게 되어 법집행기관의 자의적 해석 가능성을 배제하기 어렵다. 변호사 광고 규정 중 유권해석에 반하는 광고를 금지하는 조항은 법률의 위임 범위를 명확히 규율하지 못했으므로 법률유보원칙에 위배되어 청구인의 표현의 자유와 직업의 자유를 침해한다(헌재 2022.5.26. 2021헌마619).

비교 **법률유보원칙에 위배되지 않는 규정(소극)**
 (1) **공공성·수임질서를 해치는 광고 금지 규정**: 변호사법 제23조의 위임에 근거하며, 공공성이나 수임질서를 해치거나 소비자 피해를 초래할 우려가 있는 광고 금지는 위임 범위 내에 있으므로 법률유보원칙에 위배되지 않는다(헌재 2022.5.26. 2021헌마619).
 (2) **공정한 수임질서를 저해하는 무료·부당 염가 광고 금지 규정**: 관련 변호사법 및 규정의 입법취지를 근거로, 무료·부당한 염가 광고 금지는 위임 범위 내에 있으며, 규정의 대강이 명확히 드러나므로 법률유보원칙에 위배되지 않는다(헌재 2022.5.26. 2021헌마619).

과잉금지원칙 위반

1. 운전면허를 받은 사람이 자동차 등을 이용하여 살인 또는 강간 등 행정안전부령이 정하는 범죄행위를 한 때 운전면허를 취소하도록 하는 구 도로교통법은 자동차 등을 이용한 범죄행위의 모든 유형이 기본권 제한의 본질적인 사항으로서 입법자가 반드시 법률로써 규율하여야 하는 사항이라고 볼 수 없고, 법률에서 운전면허의 필요적 취소사유인 살인, 강간 등 자동차 등을 이용한 범죄행위에 대한 예측가능한 기준을 제시한 이상, 법률유보원칙에 위배되지 아니한다(헌재 2015.5.28. 2013헌가6).

참고 다만, 과잉금지원칙에 위배되어 직업의 자유와 일반적 행동의 자유를 침해하였다.

2. 경찰청장이 2009.6.3. 경찰버스들로 서울특별시 서울광장을 둘러싸 통행을 제지한 행위

> **<참고조항>**
> 경찰관 직무집행법 제2조 【직무의 범위】 경찰관은 다음 각 호의 직무를 행한다.
> 7. 기타 공공의 안녕과 질서유지

 ① **헌법재판소의 법정의견**: 과잉금지원칙에 위배되어 일반행동의 자유를 침해했다고 보았다.
 ② **보충의견**: 경찰관 직무집행법 제2조 제7호의 일반 수권조항(기타 공공의 안녕과 질서유지)은 국민의 기본권을 구체적으로 제한 또는 박탈하는 행위의 근거조항으로 삼을 수는 없으므로 위 조항 역시 이 사건 통행제지행위 발동의 법률적 근거가 된다고 할 수 없다. 법률에 근거가 없으므로 법률유보원칙에도 위배된다.
 ③ **반대의견**: 경찰 임무의 하나로서 '기타 공공의 안녕과 질서유지'를 규정한 경찰법 제3조 및 경찰관 직무집행법 제2조는 일반적 수권조항으로서 경찰권 발동의 법적 근거가 될 수 있다고 할 것이므로, 위 조항들에 근거한 이 사건 통행제지행위는 법률유보원칙에 위배된 것이라고 할 수 없다(헌재 2011.6.30. 2009헌마406).

법률유보원칙 위반이 아닌 것

1. 청원경찰의 징계에 관하여 대통령령으로 정하도록 하고 있는 청원경찰법이 법치주의의 한 내용인 법률유보원칙에 위반되는지 여부(소극)

헌법상 법치주의의 한 내용인 법률유보의 원칙은 국민의 기본권 실현에 관련된 영역에 있어서 국가 행정권의 행사에 관하여 적용되는 것이지, 기본권규범과 관련 없는 경우에까지 준수되도록 요청되는 것은 아니라 할 것인데, 청원경찰은 그 임면주체는 국가 행정권이 아니라 청원경찰법상의 청원주로서 그 근로관계의 창설과 존속 등이 본질적으로 사법상 고용계약의 성질을 가지는바, 기본권의 보호가 문제되는 것이 아니어서 여기에 법률유보의 원칙이 적용될 여지가 없으므로, 그 징계에 관한 사항을 법률에 정하지 않았다고 하여 법률유보의 원칙에 위반된다 할 수 없다(헌재 2010.2.25. 2008헌바160).

2. **의료기관의 장으로 하여금 보건복지부장관에게 비급여 진료비용에 관한 사항을 보고하도록 한 의료법**은 '비급여 진료비용의 항목, 기준, 금액, 진료내역'을 보고하도록 함으로써 보고의무에 관한 기본적이고 본질적인 사항을 법률에서 직접 정하고 있으므로, 법률유보원칙에 반하여 청구인들의 기본권을 침해하지 아니한다(헌재 2023.2.23. 2021헌마93).

3. 금융위원회위원장이 2019.12.16. 시중 은행을 상대로 투기지역·투기과열지구 내 초고가 아파트(시가 15억원 초과)에 대한 주택구입용 **주택담보대출을 2019.12.17.부터 금지한 조치**는 은행법에 근거를 두고 있으므로 법률유보원칙에 반하여 청구인의 재산권 및 계약의 자유를 침해하지 아니한다(헌재 2023.3.23. 2019헌마1399).

---

3. 행정입법과 포괄적 위임금지원칙

> **헌법 제75조【대통령령】** 대통령은 법률에서 구체적으로 범위를 정하여 위임받은 사항과 법률을 집행하기 위하여 필요한 사항에 관하여 대통령령을 발할 수 있다.

(1) 행정입법의 의의
행정입법이란 대통령·국무총리·행정각부의 장 등 중앙행정기관이 제정하는 법규명령과 행정명령을 뜻한다.

(2) 법규명령의 의의
법규명령이란 행정기관이 국민의 권리·의무에 관한 사항을 규정하는 것으로, 대국민적 구속력을 가지는 법규적 명령을 말한다.

(3) 법률에서 국민의 권리와 의무사항을 고시에 위임할 수 있는지 여부
법규명령의 발동권한은 헌법에 규정되어야 하는데 헌법은 대통령령, 총리령, 부령을 규정하고 있다. 법률에서 헌법에 근거가 없는 고시 등 행정규칙에 바로 위임할 수 있는지가 문제가 된다.

📖 판례정리

1. 법규사항을 행정규칙에 위임 가능 여부
행정기관에게 구체적으로 범위를 정해 법규사항을 행정규칙으로 위임하는 것은 허용되며, 이는 국회입법 원칙에 위배되지 않는다(헌재 2004.10.28. 99헌바91).

2. 기초연금법의 수급대상 기준 위임
기초연금 수급대상자 기준을 고도의 전문성이 필요한 분야로 보고, 보건복지부 고시에 위임하는 것은 적법하다(헌재 2016.2.25. 2015헌바191).

3. 조세특례제한법의 업종 분류 기준 위임
조세감면·중과 대상 업종 분류를 통계청장이 고시하는 한국표준산업분류에 위임한 것은 예측 가능성이 보장되므로 조세법률주의와 포괄위임금지원칙에 위배되지 않는다(헌재 2014.7.24. 2013헌바183).

---

(4) 포괄위임금지원칙
헌법 제75조는 법률이 대통령령에 위임할 경우에 구체적으로 위임하도록 하고 있어 포괄적 위임은 금지된다. 헌법 제75조의 '법률에서 구체적으로 범위를 정하여 위임받은 사항'이라 함은 **법률에 이미 대통**

령령으로 규정될 내용 및 범위의 기본사항이 구체적으로 규정되어 있어서 누구라도 당해 법률로부터 대통령령에 규정될 내용의 대강을 예측할 수 있어야 함을 의미하며, 예측가능성의 유무는 당해 특정조항 하나만을 가지고 판단할 것은 아니고 관련 법조항 전체를 유기적·체계적으로 종합·판단하여야 하고 대상법률의 성질에 따라 구체적·개별적으로 검토하여야 한다(헌재 1994.7.29. 93헌가12).

반드시 구체적 위임을 요하는 것	기관위임사무를 조례에 위임하는 경우, 형벌을 조례에 위임하는 경우, 대법원규칙에 위임하는 경우, 대통령령에 위임하는 경우, 총리령이나 부령에 위임하는 경우, 고시에 권리·의무사항을 위임하는 경우
반드시 구체적 위임을 요하지는 않는 것(포괄위임 허용)	조례에 위임할 때, 자치법적 사항을 행정기관이 아닌 정관에 위임하는 경우

📖 **판례정리**

거래소에서 상장규정을 제정할 때 '증권의 상장폐지기준 및 상장폐지에 관한 내용을 포함'하도록 한 '자본시장과 금융투자업에 관한 법률'

상장규정은 정관과 마찬가지로 자치규정에 해당하므로, 법률이 자치적인 사항을 상장규정으로 정하도록 한 경우 포괄위임금지원칙이 적용되지 않는다. 심판대상조항은 거래소가 상장폐지기준 및 상장폐지 사항을 상장규정에 포함하도록 한 것으로, 이는 헌법상의 위임이 아니라 자치법적 규정의 내용을 제시한 것이다. 따라서 심판대상조항에 대해 헌법 제75조와 제95조의 포괄위임금지원칙이 적용되지 않는다(헌재 2021.5.27. 2019헌바332).

03 명확성원칙

1. 근거

명확성의 원칙은 누구나 법률이 처벌하고자 하는 행위가 무엇이며 그에 대한 형벌이 어떠한 것인지를 예견할 수 있고 그에 따라 자신의 행위를 결정지을 수 있도록 구성요건이 명확할 것을 의미하는 것이다. 법관의 자의적인 법적용을 배제하기 위하여 확립된 원칙으로서 영·미법의 '막연하기 때문에 무효'라는 원칙에서 확립되었다. 명확성원칙은 헌법상 내재하는 법치국가원리로부터 파생될 뿐만 아니라, 국민의 자유와 권리를 보호하는 **기본권 보장**으로부터도 나온다. 헌법 제37조 제2항에 의거하여 국민의 자유와 권리를 제한하는 법률은 명확하게 규정되어야 한다(헌재 2001.6.28. 99헌바34).

2. 누가 예측할 수 있어야 하는가?

① 처벌법규의 구성요건이 다소 광범위하여 어떤 범위에서는 **법관의 보충적인 해석을 필요로 하는 개념을 사용하였다고 하더라도 그 점만으로 헌법이 요구하는 처벌법규의 명확성의 원칙에 반드시 배치되는 것이라고 볼 수 없다.** 즉, 건전한 상식과 통상적인 법감정을 가진 사람으로 하여금 그 적용대상자가 누구이며 구체적으로 어떠한 행위가 금지되고 있는지 충분히 알 수 있도록 규정되어 있다면 죄형법정주의의 명확성의 원칙에 위배되지 않는다고 보아야 한다. 그렇게 보지 않으면 처벌법규의 구성요건이 지나치게 구체적이고 정형적이 되어 부단히 변화하는 다양한 생활관계를 제대로 규율할 수 없게 될 것이기 때문이라는 것이 우리 재판소의 확립된 판례이다(헌재 1996.12.26. 93헌바65).

② 범죄의 구성요건이 어느 정도 특정되어야 명확성원칙에 반하지 않는가는 **통상의 판단능력**을 가진 사람이 그 의미를 이해할 수 있는가를 기준으로 판단하여야 한다(헌재 1997.9.25. 96헌가16).

③ 수범자에 대한 행위규범으로서의 법령이 명확하여야 한다는 것은 일반국민 누구나 그 뜻을 명확히 알게 하여야 한다는 것을 의미하지는 않고, 사회의 평균인이 그 뜻을 이해하고 위반에 대한 위험을 고지받을 수 있을 정도면 충분하며, **일정한 신분 내지 직업 또는 지역에 거주하는 사람들에게만 적용되는 법령의 경우에는 그 사람들 중의 평균인을 기준으로 하여 판단하여야 한다**(헌재 2012.2.23. 2009헌바34).

3. 무엇을 통해 예측 가능해야 하는가?

① 형벌규정에 대한 그 예측가능성의 유무는 당해 특정조항 하나만을 가지고 판단할 것이 아니고, 관련 **법조항 전체를** 유기적·체계적으로 종합 판단하여야 하며, 각 대상법률의 성질에 따라 구체적·개별적으로 검토하여야 한다는 것은 확립된 우리의 선례이다(헌재 1996.2.29. 94헌마13).

② **법률조항이 규율하고자 하는 내용 중 일부를 괄호 안에** 규정하는 것 역시 단순한 입법기술상의 문제에 불과할 뿐, 괄호 안에 규정되어 있다는 사실만으로 그 내용이 중요한 의미를 가지는 것이 아니라고 볼 아무런 근거가 없으며 일반국민이 법률조항을 해석함에 있어서도 괄호 안에 기재된 내용은 중요한 의미를 갖지 않는 것으로 받아들일 것이라는 주장은 객관적인 사실과 자료들에 의해 전혀 뒷받침되지 못하여 받아들이기 어렵다(헌재 2010.3.25. 2009헌바121).

③ 처벌을 규정하고 있는 법률조항이 구성요건이 되는 행위를 같은 법률조항에서 직접 규정하지 않고 다른 법률조항에서 이미 규정한 내용을 원용하였다거나 그 내용 중 **일부를 괄호 안에 규정하였다는** 사실만으로 명확성원칙에 위반된다고 할 수는 없다(헌재 2010.3.25. 2009헌바121).

④ 명확성의 원칙은 특히 처벌법규에 있어서 엄격히 요구되는데, 다만 그 구성요건이 명확하여야 한다고 하여 입법권자가 모든 구성요건을 단순한 의미의 서술적인 개념에 의하여 규정하여야 한다는 것은 아니고, 처벌법규의 구성요건이 다소 광범위하여 어떤 범위에서는 **법관의 보충적인 해석을** 필요로 하는 개념을 사용하였다고 하더라도 그 점만으로 헌법이 요구하는 처벌법규의 명확성에 반드시 배치되는 것이라고는 볼 수 없다(헌재 2001.8.30. 99헌바92).

⑤ 형벌법규의 내용은 일반인에게 명확한 고지가 이루어져야 하는 것이나, 수범자가 자신만의 판단에 의해서가 아니라 **법률 전문가의 조언이나 전문서적 등을 참고하여** 당해 법규에 맞게 자신의 행동방향을 잡을 수 있다면 그 법규는 명확성의 원칙에 위반되지 않는다(헌재 2005.3.31. 2003헌바12).

⑥ 일반적 또는 불확정 개념의 용어가 사용된 경우에도 동일한 법률의 다른 규정들을 원용하거나 다른 규정과의 상호관계를 고려하거나 **확립된 판례를** 근거로 하는 등 정당한 해석방법을 통하여 그 규정의 해석 및 적용에 대한 신뢰성이 있는 원칙을 도출할 수 있어, 그 결과 개개인이 그 형사법규가 보호하려고 하는 가치 및 금지되는 행위의 태양과 이러한 행위에 대한 국가의 대응책을 예견할 수 있고 그 예측에 따라 자신의 행위에 대한 국가의 대응책을 예견할 수 있고 그 예측에 따라 자신의 행동에 대한 결의를 할 수 있는 정도(의 규정 내용이)라면 그 범위 내에서 명확성의 원칙은 유지되고 있다고 봐야 할 것이다(헌재 1992.2.25. 89헌가104).

⑦ 법 문언의 불확정적인 측면이 다소 있더라도, 장기간에 걸쳐 집적된 법원의 **동일한 취지의 판례가** 가지는 법률보충적 기능을 통하여 이 불명확성은 이미 치유 내지 제거되었다(헌재 2014.7.24. 2012헌바277).

4. 예측가능성의 정도

① 명확성의 원칙은 기본적으로 최대한이 아닌 **최소한의** 명확성을 요구하는 것이다(헌재 1998.4.30. 95헌가16).

② 처벌법규의 구성요건이 어느 정도 명확하여야 하는가는 **일률적으로 정할 수 없고**, 각 구성요건의 특수성과 그러한 법적 규제의 원인이 된 여건이나 처벌의 정도 등을 고려하여 종합적으로 판단하여야 한다(헌재 1990.1.15. 89헌가103).

③ 명확성의 원칙은 민주주의·법치주의 원리의 표현으로서 **모든 기본권 제한입법에 요구되는 것**이나, 표현의 자유를 규제하는 입법에 있어서는 더욱 중요한 의미를 지닌다(헌재 2010.12.28. 2008헌바157).

④ 명확성의 원칙은 모든 법률에 있어 동일한 정도로 요구되는 것은 아니고 개개의 법률이나 법조항의 성격에 따라 요구되는 정도가 다르며 어떤 규정이 **부담적 성격**을 가지는 경우에는 **수익적 성격을** 가지는 경우에 비하여 명확성의 원칙이 더욱 엄하게 요구된다고 할 것이다(헌재 1992.2.25. 89헌가104).

⑤ 헌법재판소는 법률 위임의 구체성과 명확성은 규율대상의 성격에 따라 달라지며, 기본권 제한이 큰 처벌법규나 조세법규에서는 엄격한 규정이 필요하나, 급부행정이나 조세감면처럼 국민에게 혜택을 주는 경우에는 완화될 수 있다고 보았다(헌재 2005.4.28. 2003헌가23).

⑥ **민사법규**는 행위규범의 측면이 강조되는 형벌법규와는 달리 기본적으로는 재판법규의 측면이 훨씬 강조되므로, 사회현실에 나타나는 여러 가지 현상에 관하여 일반적으로 흠결 없이 적용될 수 있도록 보다 추상적인 표현을 사용하는 것이 상대적으로 더 가능하다고 볼 것이다(헌재 2009.9.24. 2007헌바118).

⑦ 기본권 제한입법의 규율대상이 **지극히 다양하거나 수시로 변화하는 성질의 것**이어서 입법기술상 일의적으로 규정할 수 없는 경우에는 명확성의 요건이 완화되어야 한다(헌재 1999.9.16. 97헌바73).

⑧ 일반조항의 내용이 지나치게 포괄적이라면 법관의 자의적 해석을 통해 적용범위가 확장될 가능성이 있어 죄형법정주의에 위배될 수 있다. 따라서 예시된 개별사례는 일반조항 해석의 판단지침을 제공해야 하며, 일반조항은 이러한 예시를 포괄할 수 있는 구체적 의미를 가져야 한다(헌재 2002.6.27. 2001헌바70).

⑨ 대법원규칙에 대한 수권법률도 포괄위임금지원칙을 준수해야 하지만, 법원의 전문성과 현실적 필요에 따라 위임의 구체성 요건은 다른 규율 영역보다 완화될 수 있다(헌재 2014.10.30. 2013헌바368).

5. 가치가 배제되는 용어를 사용해야 하는가?

① 형벌법규의 구성요건을 규정함에 있어서는 가치개념을 포함하는 일반적·규범적 개념을 사용하지 않을 수 없다. 범죄구성요건에 **일반적·규범적** 개념을 사용하더라도 법률의 규정에 의하여 그 해석이 가능하고 또한 일반인이 금지된 행위와 허용된 행위를 구분하여 인식할 수 있다면 죄형법정주의에 위반한 것은 아니라고 보아야 한다(헌재 1996.8.29. 94헌바15).

② 법률의 명확성원칙은 입법자가 법률을 제정함에 있어서 **개괄조항이나 불확정 법개념의 사용을 금지하는 것이 아니다.** 법률이 불확정 개념을 사용하는 경우라도 법률해석을 통하여 행정청과 법원의 자의적인 적용을 배제하는 객관적인 기준을 얻는 것이 가능하다면 법률의 명확성원칙에 부합하는 것이다(헌재 2004.7.15. 2003헌바35).

6. 위반되는 것

중소기업중앙회 임원 선거와 관련하여 '**정관으로 정하는**' 선전 벽보의 부착, 선거 공보와 인쇄물의 배부 및 합동 연설회 또는 공개 토론회 개최 외의 행위를 한 경우 이를 처벌하도록 규정한 중소기업협동조합법은 죄형법정주의의 명확성원칙에 위배된다(헌재 2016.11.24. 2015헌가29).

7. 위반이 아닌 것

① 전시·사변 등 국가비상사태에 있어서 전투에 종사하는 자에 대하여 각령(閣令)이 정하는 바에 의하여 전투근무수당을 지급하도록 한 군인보수법 중 '전시·사변 등 국가비상사태' 부분은 명확성원칙에 위반되지 않는다(헌재 2023.8.31. 2020헌바594).

② 근로자에 대하여 정당한 이유없이 해고를 할 수 없도록 한 근로기준법 제30조 제1항은 비록 법문상으로는 '정당한 이유'라는 일반추상적 용어를 사용하고 있으나 **일반인이라도 법률전문가의 도움을**

받아 무엇이 금지되는 것인지 여부에 관하여 예측하는 것이 가능한 정도라고 할 것이어서 수범자인 사용자가 해고에 관하여 자신의 행위를 결정해 나가기에 충분한 기준이 될 정도의 의미내용을 가지고 있다(헌재 2005.3.31. 2003헌바12).

③ 민법 제103조는 선량한 풍속 및 사회질서에 위반한 법률행위를 무효로 하여 법질서를 보완하고 사적자치를 공동체 질서 내에서 실현하도록 한다. '선량한 풍속'은 일반적 도덕관념, '사회질서'는 사회적 조화와 균형을 의미하며, 위반행위의 구체적 내용은 입법기술상 명시하기 어렵다. 헌법과 법질서를 기반으로 학설과 판례를 통해 예측 가능성을 높여 자의적 적용을 배제할 수 있는 바, 심판대상조항은 명확성원칙에 위배되지 않는다(헌재 2023.9.26. 2020헌바552).

④ 항문성교나 그 밖의 추행을 한 사람은 2년 이하의 징역에 처하도록 한 군형법 제92조의6의 제정취지, 개정연혁 등을 살펴보면, 이 사건 조항은 <u>동성 간의 성적 행위에만 적용된다고 할 것이고</u>, 추행죄의 객체 또한 군인·군무원 등으로 명시하고 있으므로 불명확성이 있다고 볼 수 없다. 건전한 상식과 통상적인 법 감정을 가진 군인, 군무원 등 군형법 피적용자는 어떠한 행위가 이 사건 조항의 구성요건에 해당되는지 여부를 충분히 파악할 수 있다고 판단되므로, 이 사건 조항은 죄형법정주의의 명확성원칙에 위배되지 아니한다(헌재 2023.10.26. 2017헌가16).

⑤ '친일반민족행위자 재산의 국가귀속에 관한 특별법 중 반민규명법 제2조 제6호 내지 제9호의 행위를 한 자'로 규정한 부분이 불명확하다고 할 수 없고, '독립운동에 적극 참여한 자' 부분은 '일제 강점하에서 우리 민족의 독립을 쟁취하려는 운동에 의욕적이고 능동적으로 관여한 자'라는 뜻이므로 그 의미를 넉넉히 파악할 수 있다(헌재 2011.3.31. 2008헌바141).

⑥ 민주화보상법의 입법취지, 관련 규정의 내용, 신청인이 작성·제출하는 동의 및 청구서의 기재내용 등을 종합하면, 심판대상조항의 "민주화운동과 관련하여 입은 피해"란 공무원의 직무상불법행위로 인한 정신적 손해를 포함하여 그가 보상금 등을 지급받은 민주화운동과 관련하여 입은 피해 일체를 의미하는 것으로 합리적으로 파악할 수 있다. 따라서 '민주화운동 관련자 명예회복 및 보상 심의 위원회'의 보상금 등 지급결정에 동의한 경우 "민주화운동과 관련하여 입은 피해"에 대해 재판상 화해가 성립된 것으로 간주하는 구 '민주화운동 관련자 명예회복 및 보상 등에 관한 법률'은 명확성원칙에 위반되지 아니한다(헌재 2018.8.30. 2014헌바180).

⑦ 누구든지 선박의 감항성의 결함을 발견한 때에는 해양수산부령이 정하는 바에 따라 그 내용을 해양수산부장관에게 신고하여야 한다고 규정한 구 선박안전법 제74조 제1항 중 '선박의 감항성의 결함'에 관한 부분이 죄형법정주의의 명확성원칙에 위배되는지 여부(소극): 선박안전법 제2조 제6호는 감항성을 '선박이 일정한 기상이나 항해조건에서 안전하게 항해할 수 있는 성능'으로 정의하며, 법의 목적을 '선박의 감항성 유지 및 안전운항에 필요한 사항을 규정함으로써 국민의 생명과 재산을 보호'하는 것이라고 규정하고 있다. 선박안전법은 선박의 건조 및 운항 중 여러 검사를 규정하고 있으며, 검사를 통과하지 못하는 선박은 감항성 결함이 있다고 볼 수 있다. 따라서 신고의무조항의 '선박의 감항성의 결함'은 '각종 검사 기준에 부합하지 않는 상태로, 선박의 안전 항해 성능과 직접 관련된 흠결'로 해석할 수 있어 명확성원칙에 위배되지 않는다(헌재 2024.5.30. 2020헌바234).

04 체계정당성의 원리

1. 의의

체계정당성의 원리는 동일 규범 내에서 또는 상이한 규범 간에 그 규범의 구조나 내용 또는 규범의 근거가 되는 원칙 면에서 상호 배치되거나 모순되어서는 안 된다는 하나의 헌법적 요청이며, 국가공권력에 대한 통제와 이를 통한 국민의 자유와 권리의 보장을 이념으로 하는 법치주의 원리로부터 도출된다(헌재 2004.11.25. 2002헌바66).

2. 효력

체계정당성의 원리는 규범 상호간의 구조와 내용 등이 모순됨이 없이 체계와 균형을 유지하도록 **입법자를 기속하는 헌법적 원리라고 볼 수 있다**(헌재 2004.11.25. 2002헌바66).

3. 위반시 위헌 여부

① 체계정당성 위반은 그 자체 헌법 위반으로 귀결되는 것이 아니라 비례원칙이나 평등원칙 위반을 시사하는 징후에 불과한데 청구인들의 주장은 심판대상조항이 과잉금지원칙에 위배된다는 주장과 실질적으로 동일하므로, 과잉금지원칙 위배 여부를 판단하는 이상 체계정당성 위반에 대해서는 별도로 살피지 않는다(헌재 2017.5.25. 2014헌바459).

② 이러한 체계정당성 위반은 비례의 원칙이나 평등의 원칙 등 일정한 헌법의 규정이나 원칙을 위반하여야만 비로소 위헌이 되며, 체계정당성의 위반을 정당화할 합리적인 사유의 존재에 대하여는 입법재량이 인정된다(헌재 2004.11.25. 2002헌바66).

③ 입법의 체계정당성위반과 관련하여 그러한 위반을 허용할 공익적인 사유가 존재한다면 그 위반은 정당화될 수 있고 따라서 입법상의 자의금지원칙을 위반한 것이라고 볼 수 없다(헌재 2004.11.25. 2002헌바66).

05 책임주의

1. 의의

자기책임원리는 '자기가 결정하지 않은 것이나 결정할 수 없는 것에 대하여는 책임을 지지 않고 책임부담의 범위도 스스로 결정한 결과 또는 그와 상관관계가 있는 부분에 국한됨을 의미하는 책임을 한정하는 원리'다.

2. 근거

자기책임의 원리는 인간의 자유와 유책성, 그리고 인간의 존엄성을 진지하게 반영한 원리로서 그것이 비단 민사법이나 형사법에 국한된 원리라기보다는 근대법의 기본이념으로서 법치주의에 당연히 내재하는 원리로 볼 것이고 헌법 제13조 제3항은 그 한 표현에 해당하는 것으로서 자기책임의 원리에 반하는 제재는 그 자체로서 헌법 위반을 구성한다고 할 것이다(헌재 2004.6.24. 2002헌가27).

3. 적용대상

법인의 경우도 자연인과 마찬가지로 책임주의 원칙이 적용된다(헌재 2016.3.31. 2016헌가4).

4. 위반인 것

자기행위도 아님에도 면책사유 없이 처벌하는 것은 책임주의에 반한다.

📖 판례정리

1. 종업원 등이 그 업무와 관련하여 위반행위를 한 경우, 영업주도 자동적으로 처벌하도록 한 청소년보호법

종업원 등의 범죄행위에 대해 **영업주가 비난받을 만한 행위가 있었는지 여부와는 전혀 관계없이** 종업원 등의 범죄행위가 있으면 자동적으로 영업주도 처벌하도록 규정하고 있으므로 책임주의에 반하여 헌법에 위반된다(헌재 2009.7.30. 2008헌가10).

2. 종업원 등의 범죄행위에 대한 영업주의 가담 여부나 종업원 등의 행위를 **감독할 주의의무의 위반 여부 등을 전혀 묻지 않고** 곧바로 영업주인 개인을 종업원 등과 같이 처벌하도록 규정하고 있는바, 이는 아무런 비난받을 만한 행위를 한 바 없는 자에 대해서까지 다른 사람의 범죄행위를 이유로 처벌하는 것으로서 형벌에 관한 책임주의에 위반된다(헌재 2010.7.29. 2009헌가14).

3. 종업원이 고정조치의무를 위반하여 화물을 적재하고 운전한 경우 그를 고용한 법인을 면책사유 없이 형사처벌하도록 규정한 구 도로교통법(헌재 2016.10.27. 2016헌가10), "법인의 대리인, 사용인, 기타의 종업인이 그 법인의 업무 또는 재산에 관하여 제11조의2 제4항 제3호에 규정하는 범칙행위를 한 때에는 그 법인에 대하여서도 본조의 벌금형에 처한다."는 조세범처벌법(헌재 2010.10.28. 2010헌가14), 선박소유자가 고용한 선장이 선박소유자의 업무에 관하여 범죄행위를 하면 그 선박소유자에게도 동일한 벌금형을 과하도록 규정하고 있는 선박안전법은 헌법상 법치국가의 원리 및 죄형법정주의로부터 도출되는 책임주의원칙에 반하여 헌법에 위반된다(헌재 2011.11.24. 2011헌가15).

5. 위반이 아닌 것

📖 판례정리

1. 법인의 대표자가 부당노동행위를 한 경우 법인에 벌금형을 부과한 노동조합 및 노동관계조정법

법인의 대표자가 부당노동행위를 한 경우 법인에 벌금형을 부과하는 것은 책임주의 원칙에 위배되지 않는다. 법인의 책임은 대표자의 행위로 인한 법규 위반행위로 평가되며, 이는 법인의 직접책임에 근거한다(헌재 2020.4.23. 2019헌가25).

2. 주의·감독을 소홀히 한 경우 법안을 처벌하도록 한 의료기기법: 업무 관련 위반행위 방지 의무

법인 또는 개인의 대리인·종업원 등이 법인의 업무와 관련해 위반행위를 하고, 법인이 이를 방지하기 위한 주의·감독을 소홀히 한 경우 법인도 처벌하도록 한 규정은 자기책임원칙이나 무죄추정원칙에 위배되지 않는다(헌재 2018.1.25. 2016헌바201, 2017헌바205).

3. 부정청탁 및 금품 등 수수의 금지에 관한 법률

배우자의 위법 행위에 대해 공직자 등이 이를 신고하지 않은 경우 처벌하는 신고조항과 제재조항은 연좌제나 자기책임원리에 위배되지 않는다. 이는 배우자의 행위를 신고의무 위반과 연결하여 처벌하는 것이며, 단순히 배우자라는 이유로 불이익을 주는 것이 아니다(헌재 2016.7.28. 2015헌마236·412·662·673).

4. 부당한 방법으로 보험급여비용을 받은 요양기관에 대해 전액 징수할 수 있도록 한 국민건강보험법

부정수급은 관리·감독 의무 여부와 무관하게 부당이득 반환의무를 발생시키므로 책임주의 원칙에 어긋나지 않는다(헌재 2011.6.30. 2010헌바375).

5. 국가를 당사자로 하는 계약에 관한 법률

부정당업자는 책임을 자신에게 돌릴 수 없음을 증명하면 제재처분에서 벗어날 수 있다. 따라서 경쟁의 공정한 집행 등을 위해 입찰참가자격을 제한하도록 한 규정은 자기책임원칙에 위배되지 않는다(헌재 2016.6.30. 2015헌바125).

06 소급입법금지원칙

1. 소급효의 개념

법률의 공포일보다 시행일이 과거로 소급하거나, 공포·시행일 전 과거의 사실관계, 법적 관계에 적용되어 기존의 법적 관계를 변경하는 경우 법률이 소급효를 가진다고 한다.

2. 근거

(1) 헌법 규정

① **형벌불소급(절대금지):** 모든 국민은 행위시의 법률에 의하여 범죄를 구성하지 아니하는 행위로 소추되지 아니하며, 동일한 범죄에 대하여 거듭 처벌받지 아니한다(제13조 제1항).

📖 판례정리

1. 헌법상 형벌불소급 원칙은 행위의 가벌성에 관한 규정으로 소추가능성과 관련되며, 공소시효에 관한 규정은 그 효력 범위에 포함되지 않는다. 따라서 공소시효 정지규정을 과거 범죄에 적용하더라도 형벌불소급 원칙에 위배된다고 단정할 수 없다(헌재 1996.2.16. 96헌가2).

2. 보안처분이라 하더라도 형벌적 성격이 강하여 신체의 자유를 박탈하거나 박탈에 준하는 정도로 신체의 자유를 제한하는 경우에는 소급입법금지원칙을 적용하는 것이 법치주의 및 죄형법정주의에 부합한다(헌재 2014.8.28. 2011헌마28).

---

② **헌법 제13조 제2항의 규정:** 소급입법에 의한 참정권 제한 및 재산권 박탈은 금지된다는 헌법 제13조 제2항은 진정소급입법에만 적용된다.

(2) 소급입법의 유형

① **진정소급입법:** 과거에 이미 완성된 사실·법률관계를 규율하는 입법으로, 헌법이 원칙적으로 금지한다.
② **부진정소급입법:** 과거에 시작되었으나 아직 완성되지 않은 사실·법률관계를 규율하는 입법으로, 원칙적으로 허용된다.

3. 진정소급입법

(1) 개념

과거에 이미 완성된 사실관계나 법률관계를 규율하는 입법형식을 말한다.

(2) 허용 여부

① **원칙적으로 금지:** 진정소급입법은 원칙적으로 금지된다. 헌법 제13조 제2항은 진정소급입법만을 금지한다.
② **예외적으로 허용:** 진정소급입법은 원칙적으로 허용되지 않으나, 국민이 소급입법을 예상할 수 있었거나 신뢰이익이 적은 경우, 손실이 경미한 경우, 또는 중대한 공익상의 사유가 있는 경우 예외적으로 허용된다. 그러나 소급입법의 허용은 '불가피한 공익상의 이유'가 있는 경우로 제한되며, 예외사유 해당 여부는 엄격히 판단해야 한다(헌재 1999.7.22. 97헌바76 ; 헌재 2013.9.26. 2013헌바170).

(3) 진정소급입법인 경우(위헌 판례)

① **언론중재법 시행 전의 언론보도로 인한 정정보도청구에 대하여도** 언론중재법을 적용하도록 규정한 언론중재법 부칙 제2조는 이미 종결된 과거의 법률관계를 소급하여 새로이 규율하는 것이기 때문에 소위 진정소급입법에 해당한다(헌재 2006.6.29. 2005헌마65 등).

② **부당환급받은 세액을 징수**하는 근거규정인 개정조항을 개정된 법 시행 후 최초로 환급세액을 징수하는 분부터 적용하도록 규정한 법인세법 부칙 제9조는 진정소급입법으로서 재산권을 침해한다 (헌재 2014.7.24. 2012헌바105).

③ **소급입법에 의한 중과세**: 헌법 제39조의 납세의무와 조세법률주의는 이는 납세의무가 존재하지 않았던 과거에 소급하여 과세하는 입법을 금지하는 원칙을 포함하는 것이다. 이러한 소급입법 과세금지원칙은 조세법률관계에 있어서 법적 안정성을 보장하고 납세자의 신뢰이익의 보호에 기여한다. 따라서 새로운 입법으로 과거에 소급하여 과세하거나 또는 이미 납세의무가 존재하는 경우에도 **소급하여 중과세하는 것**은 소급입법 과세금지원칙에 위반된다(헌재 2004.7.15. 2002헌바63).

④ **공무원 퇴직금 제한 조항 소급적용**: 청구인들이 2009.1.1.부터 2009.12.31.까지 퇴직연금을 전부 지급받았는데 이는 전적으로 또는 상당 부분 국회가 개선입법을 하지 않은 것에 기인한 것이다. 국회가 법개정시한인 2008.12.31.을 넘겨 2009.12.31. 개정하고도 2009.1.1.로 소급적용하여 이미 받은 퇴직연금 등을 환수하는 것은 국가기관의 잘못으로 인한 법집행의 책임을 퇴직공무원들에게 전가시키는 것이며, 퇴직급여를 소급적으로 환수당하지 않을 것에 대한 청구인들의 신뢰이익이 적다고 할 수도 없다. 이 사건 부칙조항은 헌법 제13조 제2항에서 금지하는 소급입법에 해당하며 예외적으로 소급입법이 허용되는 경우에도 해당하지 아니하므로, 소급입법금지원칙에 위반하여 청구인들의 재산권을 침해한다(헌재 2013.8.29. 2011헌바391). *2010년 1월 1일부터 적용하는 것은 합헌임.

⑤ 후임자가 임명되면 그 직위를 상실하도록 한 국가보위법은 위 법률이 제정될 당시에 이미 공무원의 신분을 취득하여 이를 보유하고 있는 청구인들에게 적용되었던 것으로서 이는 실질적으로 소급입법에 의한 공무원의 신분보장 규정 침해라고 할 것이다(헌재 1989.12.18. 89헌마32).

(4) 진정소급입법이나 헌법상 허용되는 것

진정소급입법에 해당하는 경우 헌법에 위반되나 친일관련법과 5 · 18민주화운동등에관한특별법 그리고 재조선미국육군사령부군정청 법령 제33호 제2조는 진정소급입법에 해당하더라도 예외적으로 헌법에 위반되지 않는다.

관련판례 **친일반민족행위자 재산의 국가귀속**

1. 진정소급입법이라 할지라도 예외적으로 국민이 소급입법을 예상할 수 있었던 경우와 같이 소급입법이 정당화되는 경우에는 허용될 수 있다. 이 사건 귀속조항은 **진정소급입법에 해당하나** 헌법에 반하지 않는다 (헌재 2011.3.31. 2008헌바141).

2. 1945.8.9. 이후 성립된 거래를 전부 무효로 한 재조선미국육군사령부군정청 법령 제2호 제4조 본문과 1945.8.9. 이후 일본 국민이 소유하거나 관리하는 재산을 1945.9.25.자로 전부 미군정청이 취득하도록 정한 재조선미국육군사령부군정청 법령 제33호 제2조 전단 중 '일본 국민'에 관한 부분이 진정소급입법으로서 헌법 제13조 제2항에 반하는지 여부(소극) (헌재 2021.1.28. 2018헌바88)

   ① **법령의 성격**: 해당 법령은 일본인 소유 재산에 대한 거래를 무효로 하고, 이를 미군정청 소유로 소급 귀속시키는 진정소급입법이다.

   ② **예외 허용의 판단**: 1945.8.9. 이후의 법적 상태는 불확실하고 혼란스러웠으므로, 일본인의 재산 거래나 처분에 대한 신뢰는 헌법적으로 보호할 가치가 없다. 일본인 재산 동결과 대한민국으로의 이양이라는 공익은 일본인의 신뢰보호 요청보다 중대하다. 심판대상조항은 진정소급입법으로서 소급입법금지원칙의 예외에 해당하며, 헌법 제13조 제2항에 위반되지 않는다.

4. 시혜적 소급입법

(1) 개념
혜택을 주는 법을 소급적용하는 것을 시혜적 소급입법이라 한다.

(2) 시혜적 법을 소급적용할 의무가 있는지 여부
신법이 피적용자에게 유리한 경우에는 이른바 시혜적인 소급입법이 가능하지만, 그러한 소급입법의 여부는 그 일차적인 판단이 입법기관에 맡겨져 있다. 시혜적 조치를 할 것인가를 결정함에 있어서는 <u>국민의 권리를 제한하거나 새로운 의무를 부과하는 경우와는 달리 입법자에게 보다 광범위한 입법형성의 자유가 인정된다</u>(헌재 1998.11.26. 97헌바67).

(3) 시혜적 법에 대한 심사기준
침익적 법을 소급적용한 경우 엄격하게 위헌심사를 하나, 시혜적 법의 소급입법에 대해서는 <u>다른 심사기준이 적용된다. 즉, 합리적 재량의 범위를 벗어나 현저하게 불합리하고 불공정한 것이 아닌 한 헌법에 위반된다고 할 수는 없다.</u>

(4) 시혜적 입법의 위헌가능성
합리적 재량의 범위를 벗어나 현저하게 불합리하고 불공정한 법이라면 시혜적 소급입법도 평등원칙에 위반된다.

> **관련판례**
>
> 1. 개정 공무원연금법은 순직 소방공무원 보상 범위를 확대했으나, 이를 소급적용하지 않았다. 이는 국가의 재정부담 및 법적 안정성을 고려한 입법정책적 판단으로, 입법재량 범위를 벗어나거나 불합리한 차별로 볼 수 없다(헌재 2012.8.23. 2011헌바169).
>
> 2. 국민연금법 부칙 제19조는 병역의무 크레딧과 자녀 크레딧을 개정법 시행일 이후 병역의무를 수행하거나 자녀를 얻은 가입자에게만 적용하도록 한정했다. 이는 병역 수행에 대한 사회적 보상과 연금제도의 지속 가능성, 출산율 제고라는 목적에 따른 합리적 구분으로, 불합리한 차별로 볼 수 없어 청구인의 평등권을 침해하지 않는다(헌재 2023.2.23. 2020헌마1271).

5. 부진정소급입법

(1) 개념
과거에 시작되었지만 아직 완성되지 아니한 사실관계나 법률관계를 규율하는 입법형식을 말한다.

(2) 허용 여부
부진정소급입법은 헌법 제13조 제2항이 금지하는 것은 아니다. 그러나 이익형량을 통해 소급입법이 실현하려는 공익보다 제한되는 신뢰보호의 가치가 더 큰 경우에는 신뢰보호원칙에 위반되어 허용되지 않는다.

관련판례 부진정소급입법 허용 여부

1. "구법질서에 대하여 기대했던 당사자의 신뢰보호보다는 광범위한 입법권자의 입법형성권을 경시해서는 안 될 일이므로 특단의 사정이 없는 한 새 입법을 하면서 구법관계 내지 구법상의 기대이익을 존중하여야 할 의무가 발생하지는 않는다."라고 하여 부진정소급효의 경우에 신뢰보호의 이익이 존중될 수 없다는 일반원칙을 세우고 있었으나 부진정소급입법의 경우에도 새로운 입법을 통해 달성하고자 하는 공익적 목적이 신뢰보호의 가치보다 크지 않다면 정당화될 수 없다. 부진정소급효의 경우에 신뢰보호의 이익과 공익을 비교형량하여 판단하여야 할 것이다(헌재 1995.10.26. 94헌바12).

2. 퇴역연금 산정 기준을 '퇴직 당시의 보수월액'에서 '최종 3년간 평균보수월액'으로 변경한 것은 부진정소급입법으로 원칙적으로 허용된다. 연금수급권은 확정된 재산권이 아니므로 소급입법금지 원칙에 위배되지 않으며, 변경 내용이 신뢰보호 원칙을 위배하는지 여부만 검토될 문제이다(헌재 2003.9.25. 2001헌마194).

3. 이 사건 감액조항에 따라 퇴직연금의 일부가 감액하여 지급되지만, 이는 이 사건 부칙조항의 시행일인 2010.1.1. 이후에 지급받는 퇴직연금부터 적용된다. **장래에 이행기가 도래하는 퇴직연금수급권의 내용을 변경함에 불과하므로, 진정소급입법에는 해당하지 아니한다**(헌재 2016.6.30. 2014헌바365).

4. '구 수도권 대기환경개선에 관한 특별법'은 자동차등록 말소 시 배출가스저감장치를 반납하도록 규정하며, 이는 부진정소급입법에 해당한다. 이 조항은 자동차등록 말소라는 요건사실이 충족된 이후 적용되므로, 신설 전 부착된 장치의 사용 및 처분에 대한 소유자의 신뢰보다 공익이 더 중대하다. 따라서 신뢰보호 원칙을 위반하거나 재산권을 침해한다고 보기 어렵다(헌재 2019.12.27. 2015헌바45).

07 신뢰보호원칙

1. 근거

신뢰보호의 원칙은 헌법에 명문규정은 없으나 법치국가원리에 근거를 두고 있는 헌법상의 원칙이다. 헌법재판소는 법치주의로부터 신뢰보호원칙, 법적 안정성, 예측가능성 등을 도출하고 있다.

2. 법적 안정성과의 관계

법적 안정성은 객관적 요소로서 법질서의 항구성·법적 투명성과 법적 평화를 의미하고, 이와 내적인 상호연관관계에 있는 **법적 안정성의 주관적 측면**은 한 번 제정된 법규범은 원칙적으로 존속력을 갖고 자신의 행위기준으로 작용하리라는 개인의 신뢰보호원칙이다.

📖 판례정리

신뢰보호원칙 의의

1. 국민이 어떤 **법률이나 제도가 장래에도 그대로 존속될 것이라는 합리적인 신뢰**를 바탕으로 하여 일정한 법적 지위를 형성한 경우, 국가는 그와 같은 법적 지위와 관련된 법규나 제도의 개폐에 있어서 법치국가의 원칙에 따라 국민의 신뢰를 최대한 보호하여 법적 안정성을 도모하여야 한다. 법률의 제정이나 개정시 구법질서에 대한 당사자의 신뢰가 합리적이고 정당하며, 법률의 제정이나 개정으로 야기되는 당사자의 손해가 극심하여 새로운 입법으로 달성하고자 하는 공익적 목적이 그러한 당사자의 신뢰의 파괴를 정당화할 수 없다면, 그러한 새로운 입법은 신뢰보호의 원칙을 위배한다(헌재 2004.12.16. 2003헌마226).

2. 국민들의 국가의 공권력 행사에 관하여 가지는 모든 기대 내지 신뢰가 절대적인 권리로서 보호되는 것은 아니라고 할 것이다(헌재 1996.4.25. 94헌마119).

3. 개인의 신뢰이익에 대한 보호가치는 법령에 따른 개인의 행위가 국가에 의하여 일정 방향으로 **유인된 신뢰**의 행사인지, 아니면 **단지 법률이 부여한 기회를 활용한 것**으로서 원칙적으로 사적 위험부담의 범위에 속하는 것인지 여부에 따라 달라진다. 만일 법률에 따른 개인의 행위가 단지 **법률이 반사적으로 부여하는 기회의 활용을 넘어서 국가에 의하여 일정 방향으로 유인된 것**이라면 특별히 보호가치가 있는 신뢰이익이 인정될 수 있고, 원칙적으로 개인의 신뢰보호가 국가의 법률개정이익에 우선된다고 볼 여지가 있다(헌재 2002.11.28. 2002헌바45).

4. 일반적으로 법률은 현실상황의 변화나 입법정책의 변경 등으로 언제라도 개정될 수 있는 것이기 때문에 원칙적으로 **법률의 개정은 예측할 수 있었다고 보아야 한다**(헌재 2002.11.28. 2002헌바45).

5. 원칙적으로 현재의 **세법이 변함없이 유지되리라고 기대**하거나 신뢰할 수는 없다(헌재 2003.4.24. 2002헌바9).

6. 신뢰보호원칙은 법률이나 하위법규뿐만 아니라 **국가관리의 입시제도**와 같이 국공립대학의 입시전형을 구속하여 국민의 권리에 직접 영향을 미치는 제도운영지침의 개폐에도 적용된다(헌재 1997.7.16. 97헌마38).

---

3. 합목적성을 상실한 구법을 존속시킬 의무는 없다.

위헌인 자도소구입강제제도를 규정한 주세법에 대한 신뢰보호는 법률개정을 통한 '능력경쟁의 실현'이라는 보다 우월한 공익에 직면하여 종래의 법적 상태의 존속을 요구할 수는 없다 할 것이고, 다만 개인의 신뢰는 적절한 경과규정을 통하여 고려되기를 요구할 수 있는 데 지나지 않는다 할 것이다(헌재 1996.12.26. 96헌가18).

4. 위헌인 법률에 대한 신뢰

헌법재판소는 1990년 10월 8일 국공립대학교 사범대를 졸업한 자를 교육공무원으로 우선 임용하도록 한 교육공무원법에 대해 사립대 사범대 졸업자의 평등권을 침해한다 하여 위헌결정하였다(헌재 1990.10.8. 89헌마89).

📖 **판례정리**

국공립 사범대학 졸업자 우선 채용 교육공무원법

1. 국공립 사범대학 졸업자 우선 채용에 대한 신뢰이익은 위헌적 법률의 존속에 기반한 것으로, 위헌적 상태를 제거해야 할 법치국가적 공익에 비해 원칙적으로 열위에 있다. 따라서 이는 합헌적인 법률에 기초한 신뢰이익과 동일한 수준의 보호, 즉 헌법에서 유래하는 국가의 보호의무를 요청할 수는 없다(헌재 2006.3.30. 2005헌마598).

2. 입법자가 위헌법률에 기초한 이들의 신뢰이익을 보호하기 위한 법률을 제정하지 않은 부작위는 헌법에 위배된다고 할 수 없다(헌재 2006.3.30. 2005헌마598).

---

5. 경과규정

입법자는 법령을 개정하면서 구법에 대한 신뢰보호를 위해 경과규정을 두어 구법에 대해 신뢰를 형성한 자에 한해 구법을 일정기간 적용을 할 수 있다. 경과규정은 구법에 대한 신뢰를 보호하는 기능을 한다. 다만, 경과규정을 반드시 두어야 하는 것은 아니다.

신뢰보호 위반인 것

1. 택지소유상한제

신뢰보호의 기능을 수행하는 재산권 보장의 원칙에 의하여 보다 더 강한 보호를 필요로 하는 것이므로, 택지를 소유하게 된 경위나 그 목적 여하에 관계없이 법 시행 이전부터 택지를 소유하고 있는 개인에 대하여 일률적으로 소유상한을 적용하도록 한 것은, 입법목적을 달성하기 위하여 필요한 정도를 넘는 과도한 침해이자 신뢰보호의 원칙 및 평등원칙에 위반된다(헌재 1994.4.29. 94헌바37).

2. 2013.1.1.부터 판사임용자격에 일정기간 법조경력을 요구하는 법원조직법(사법연수원에 입소한 자에게 적용하는) 부칙 제1조 단서

사법시험 합격 후 사법연수원 수료로 판사임용자격을 취득할 수 있다는 신뢰이익은 보호 가치가 있다. 법 개정 당시 이미 사법연수원에 입소한 사람들에게 새로운 규정을 시급히 적용해야 할 합리적 이유가 부족하다. 이 사건 심판대상조항이 개정법 제42조 제2항을 **법 개정 당시 이미 사법연수원에 입소한 사람들에게 적용되도록 한 것**은 신뢰보호원칙에 반한다고 할 것이다(헌재 2012.11.29. 2011헌마786).

비교 사법시험 합격자(미입소자)의 사례에서는 신뢰 형성이 불완전하므로 **2013.1.1.부터 판사임용자격에 일정기간 법조경력을 요구하는 법원조직법 부칙이 신뢰보호원칙에 반하여 2011.7.18. 법원조직법 개정 당시 사법시험에 합격하였으나 아직 사법연수원에 입소하지 않은 청구인들의 공무담임권을 침해**한다고 볼 수 없다(헌재 2014.5.29. 2013헌마127).

3. 지방고시 최종시험일 공고

최종시험시행일을 예년과 달리 연도 말인 1999.12.14.로 정함으로써 청구인의 연령이 응시상한연령을 5일 초과하게 하여 청구인이 제2차 시험에 응시할 수 있는 자격을 박탈한 것은 청구인의 정당한 신뢰를 해한 것일 뿐 아니라, 법치주의의 한 요청인 예측가능성의 보장을 위반하여 청구인의 공무담임권을 침해한 것에 해당한다(헌재 2000.1.27. 99헌마123).

4. 세무사자격부여제도 (헌재 2001.9.27. 2000헌마152)

① 세무사시험 합격을 한 자에 한해 자격부여를 규정한 세무사법 제3조의 직업의 자유 침해 여부(소극): 국세 관련 경력공무원에게 세무사 자격을 부여하지 않도록 한 개정 세무사법 제3조는 목적의 정당성과 합리성을 갖추고 있다.

② 세무사법 부칙 제3항의 신뢰보호 및 평등 원칙 위반 여부: 청구인들의 세무사 자격 부여에 대한 신뢰는 보호 가치가 크며, 개정법으로 인한 신뢰이익 침해는 중대하다. 일반 응시자와의 형평성을 제고하려는 공익은 신뢰이익 제한을 정당화할 만한 사유가 아니다. 또한 기존 경력공무원 중 일부에게만 구법 규정을 적용하는 것은 합리적 근거 없이 자의적으로 설정된 기준에 따른 차별이다. 단지 근무기간의 양적 차이에 따라 차별 취급하는 것은 본질적 차이가 없는 청구인들을 부당하게 차별한 것이다.

참고 변리사자격제도에서도 동일한 판례가 있었다(헌재 2001.9.27. 2000헌마208·501).

5. 산업재해보상보험법상 최고보상제도

2000.7.1.부터 시행되는 최고보상제도를 2000.7.1. 전에 장해사유가 발생하여 장해보상연금을 수령하고 있던 수급권자에게도 **2년 6월의 유예기간** 후 2003.1.1.부터 적용하는 산업재해보상보험법 부칙 제7조 중 '2002.12.31.까지는' 부분은 신뢰보호원칙에 위배하여 재산권을 침해한다(헌재 2009.5.28. 2005헌바20).

신뢰보호 위반이 아닌 것

1. 무기징역의 집행 중에 있는 자의 가석방 요건을 종전의 '10년 이상'에서 '20년 이상' 형 집행 경과로 강화한 개정 형법 제72조 제1항을 형법 개정 당시에 이미 수용 중인 사람에게도 적용하는 형법 부칙 제2항 수형자가 형법에 규정된 형 집행 경과기간 요건을 갖춘 것만으로 가석방을 요구할 권리를 취득하는 것은 아니므로, <u>10년간 수용되어 있으면 가석방 적격심사 대상자로 선정될 수 있었던 구 형법 제72조 제1항에 대한 청구인의 신뢰를 헌법상 권리로 보호할 필요성이 있다고 할 수 없다.</u> 이 사건 부칙조항이 신뢰보호원칙에 위배되어 청구인의 신체의 자유를 침해한다고 볼 수 없다(헌재 2013.8.29. 2011헌마408).

2. **안기부공무원 계급정년제** (헌재 1994.4.28. 91헌바15)
   ① <u>공무원이 임용 당시의 공무원법상의 정년규정까지 근무할 수 있다는 기대 내지 신뢰는 절대적인 권리로서 보호되는 것은 아니다.</u> 이러한 기대와 신뢰는 행정조직, 직제변경, 예산감소 등 강한 공익상의 근거에 의하여 좌우될 수 있는 상대적이고 가변적인 것이다.
   ② 임용 당시에 없었던 계급정년제도를 도입한 국가안전기획부직원법 제22조는 업무수행의 능률성, 신속성, 기동성이라는 공익이 구법질서에 대한 공무원들의 기대 내지 신뢰보호보다 중하므로 신뢰보호 위반이 아니다.

3. **계모자 사이 상속 부정** (헌재 2020.2.27. 2017헌바249)
   ① **1990.1.13. 법률 제4199호로 개정된 민법의 시행일 이전에 발생한 전처의 출생자와 계모 사이의 친족관계를 1990년 개정 민법 시행일부터 소멸하도록 규정한 민법 부칙이 소급입법금지원칙에 위배되어 재산권을 침해하는지 여부(소극)**: 이 사건 법률조항은 1990년 개정 민법 시행 이후 완성되는 법률관계를 규율하며, 시행 이전에 이미 완성된 계모의 사망에 따른 상속관계를 소급적으로 박탈하지 않으므로 헌법 제13조 제2항의 소급입법금지원칙을 위배하지 않는다.
   ② **이 사건 법률조항이 신뢰보호원칙에 위배되어 재산권을 침해하는지 여부(소극)**: 이 사건 법률조항은 재산상속에 있어 혈족상속의 원칙을 관철시키고자 하는 공익을 달성하기 위한 것이다. 또한 이 사건 법률조항의 시행에도 불구하고 상호 간의 재산 상속에 대한 기대가 실현되기를 원하는 계모자들은 입양이나 증여, 유증 등을 통해 자신들의 재산적 권리를 보호받을 수 있으므로 이 사건 법률조항으로 인하여 침해받는 계모자 사이의 상속에 대한 신뢰이익이 위와 같은 공익보다 크다고 보기 어렵다. 따라서 이 사건 법률조항은 신뢰보호원칙에 위배되어 재산권을 침해하지 아니한다.

4. 의료기관의 시설 또는 부지의 일부를 분할·변경 또는 개수하여 약국을 개설하는 것을 금지한 약사법 제16조 제5항 제3호에 해당하는 기존의 약국개설등록자는 개정 약사법 시행일로부터 **1년까지만** 영업을 할 수 있도록 규정한 약사법 부칙 제2조 제1항이 청구인들의 직업행사의 자유를 침해한다고 볼 수 없다(헌재 2003.10.30. 2001헌마700).

5. 폐기물 재생처리업을 허가제로 개정하면서 종전 규정에 의하여 폐기물 재생처리 신고를 한 자는 이 법 시행일로부터 **1년 이내**의 허가를 받도록 한 폐기물관리법 부칙 제5조는 기존 폐기물업자의 신뢰보호를 위한 경과조치를 규정하고 있고 그 유예기간이 지나치게 짧은 것이라 할 수 없으므로 폐기물 재생처리업자의 신뢰이익을 침해하는 것은 아니다(헌재 2000.7.20. 99헌마452).

6. **저작인접권을 50년간**으로 하는 저작권법은 **2년간** 자유로이 음반을 판매할 수 있도록 유예기간을 두고 있으므로 직업의 자유를 침해했다고 할 수 없다(헌재 2013.11.28. 2012헌마770).

7. 청소년 학생의 보호라는 공익상 필요에 의하여 학교환경위생정화구역 안에서의 노래연습장의 시설·영업을 금지하고서 이미 설치된 노래연습장시설을 폐쇄 또는 이전하도록 하면서 경제적 손실을 최소화할 수 있도록 1998.12.31.까지 약 **5년간의 유예기간**을 주는 한편 … 신뢰보호의 원칙에 어긋난다고 할 수 없다(헌재 1999.7.22. 98헌마480).

8. 청소년게임제공업 또는 인터넷컴퓨터게임시설제공업 등록제를 시행함에 있어 청구인들에게 주어진 2007.4.20.부터 2008.5.17.까지 **1년 이상의** 유예기간은 법개정으로 인한 상황변화에 적절히 대처하기에 지나치게 짧은 것이라고 할 수 없으므로 신뢰보호의 원칙에 위배된다고 할 수 없다(헌재 2009.9.24. 2009헌바28).

9. 다수인이 이용하는 PC방과 같은 공중이용시설 전체를 금연구역으로 지정하고 이 사건 금연구역조항의 시행을 **유예한 2년의** 기간은 법개정으로 인해 변화된 상황에 적절히 대처하는 데 있어 지나치게 짧은 기간이라 볼 수 없으므로, 이 사건 금연구역조항과 부칙조항은 신뢰보호원칙에 위배되지 않는다(헌재 2013.6.27. 2011헌마 315·509, 2012헌마386).

10. **3개월의 유예기간을 두고 담배자동판매기를 철거**하도록 한 부천시담배자동판매기설치금지조례 제4조(설치의 제한), 부칙 제2항(경과조치)은 신뢰보호의 원칙에 어긋난다고 할 수 없다(헌재 1995.4.20. 92헌마264).

11. 나무의사만이 수목진료를 할 수 있도록 규정한 산림보호법을 도입하면서 기존에 수목진료를 해오던 **식물보호기사·산업기사에게 5년간 나무의사 자격을 인정하는** 산림보호법은 신뢰보호원칙을 위배하여 청구인들의 직업선택의 자유를 침해하지 않는다(헌재 2020.6.25. 2018헌마974).

12. 유골 500구 이상을 안치할 수 있는 사설봉안시설을 설치·관리하려는 자는 민법에 따라 봉안시설의 설치·관리를 목적으로 하는 재단법인을 설립하도록 하는 구 '장사 등에 관한 법률'은 기존에 설치가 완료된 이 사건 봉안시설을 규율하려는 것이 아니라 장래에 추가로 확대되는 부분에 대하여 적용되는 것이므로 위 경과규정에 더하여 별도의 경과조치가 필요하다고 보기 어렵다(헌재 2021.8.31. 2019헌바453).

13. 위법건축물, 이행강제금

위법건축물에 대하여 종전처럼 과태료만이 부과될 것이라고 기대한 신뢰는 제도상의 공백에 따른 반사적인 이익에 불과하여 그 보호가치가 그리 크지 않은데다가, 이행강제금제도 도입 전의 위법건축물이라 하더라도 이행강제금을 부과함으로써 위법상태를 치유하여 건축물의 안전, 기능, 미관을 증진하여야 한다는 공익적 필요는 중대하다 할 것이다. 따라서 이 사건 부칙조항은 신뢰보호원칙에 위배된다고 볼 수 없다(헌재 2015.10.21. 2013헌바248).

14. 개발부담금 부과

개발이익 환수에 관한 법률 시행 전에 개발에 착수하였지만 아직 개발을 완료하지 아니한 사업, 즉 개발이 진행 중인 사업에 부담금을 부과하는 개발이익환수에관한법률 부칙 제2조는 부진정소급입법에 해당하는 것으로써 이 사건 법률이 추구하는 토지효율적 이용의 공익적 가치는 매우 중요하므로 신뢰보호 위반이 아니다(헌재 2001.2.22. 98헌바19).

15. 변호사의 자격이 있는 자에게 더 이상 세무사 자격을 부여하지 않는 구 세무사법 제3조의 시행일과 시행일 당시 종전 규정에 따라 세무사의 자격이 있던 변호사는 개정 규정에도 불구하고 세무사 자격이 있는 것으로 변호사의 세무사 자격에 관한 경과조치를 정하고 있는 세무사법 부칙

청구인들의 신뢰는 입법자에 의하여 꾸준히 축소되어 온 세무사 자격 자동부여제도에 관한 것으로서 그 보호의 필요성이 크다고 보기 어렵다. 따라서 이 사건 부칙조항은 신뢰보호원칙을 위배하여 청구인들의 직업선택의 자유를 침해하지 않는다(헌재 2021.7.15. 2018헌마279).

16. 의무·법무·군종사관후보생의 징집면제 연령 31세에서 36세로 변경

이 사건 법률조항이 실현하려는 공익인 전투력 유지라는 공익이 법률개정으로 받을 청구인의 불이익에 비하여 훨씬 크므로 신뢰보호 위반이 아니다(헌재 2002.11.28. 2002헌바45). 또한 해외체재를 이유로 병역을 연기한 사람은 36세가 되어야 병역의무가 면제되도록 한 것은 평등권 등 침해도 아니다(헌재 2004.11.25. 2004헌바15).

17. 초·중·고 교원 정년 62세

초·중등 교원 정년을 65세에서 62세로 변경한 교육공무원법 제47조는 젊고 활기찬 교육분위기 조성, 인건비 절감이라는 공익적 가치가 신뢰이익에 우선하므로 신뢰보호원칙에 위배되는 것은 아니다(헌재 2000.12.14. 99헌마112).

18. 보수연동제에 의하여 연금액의 조정을 받아오던 기존의 연금수급자에게 법률개정을 통해 물가연동제에 의한 연금액조정 방식으로 변경한 공무원연금법 제43조는 연금재정의 파탄을 막고 공무원연금제도를 유지하려는 공익의 가치는 매우 큰 반면 구법에 대한 퇴직연금수급자의 신뢰의 가치는 크지 아니하므로 신뢰보호원칙에 위반되지 아니한다. 또한 전국소비자물가변동률에 따라 연금액을 조정하도록 한 군인연금법 제17조의2도 신뢰보호원칙에 위반되지 아니한다(헌재 2003.9.25. 2001헌마194).

유사 공무원의 퇴직연금 지급개시연령을 제한한 구 공무원연금법은 현재 공무원으로 재직 중인 자가 퇴직하는 경우 장차 받게 될 **퇴직연금의 지급시기를 변경한 것(만 55세에서 60세 이상으로 변경)**은 신뢰보호원칙에 위배된다고 볼 수 없다(헌재 2015.12.23. 2013헌바259).

19. 세무당국에 사업자등록을 하고 운전교습에 종사하였다 하더라도 자동차운전학원으로 등록한 경우에만 자동차운전교습업을 영위할 수 있도록 법률을 개정하는 것은 관련자들의 정당한 신뢰를 침해하는 것은 아니다(헌재 2003.9.25. 2001헌마447).

20. 종래 '한약관련과목을 이수하고 졸업'하면 인정되던 한약사 국가시험의 응시자격을 '한약학과를 졸업한 자'로 한정시키면서, 1996학년도 이전에 입학한 자들에게만 종전 규정을 적용하도록 하고 있는 약사법 부칙

청구인들은 1998학년도부터 2005학년도 사이에 한약자원학과 등에 입학하였으며, 당시 시행 중이던 1997년 시행령 제3조의2에 따라 한약사 국가시험 응시자격이 없음을 알고 입학했다. 따라서 보호할 만한 신뢰가 형성되지 않았으며, 시행령 무효 신뢰 또한 헌법적으로 보호받을 가치가 없다. 따라서 해당 부칙조항은 신뢰보호원칙에 위배되지 않는다(헌재 2010.10.28. 2009헌바23).

21. 외국 의과대학을 졸업한 우리 국민이 국내 의사면허시험을 치기 위해서는 기존의 응시요건에 추가하여 새로이 예비시험을 치도록 한 의료법 제5조 본문 중 '예비시험 조항' 및 새로운 예비시험의 실시를 일률적으로 3년 후로 한 부칙 제1조의 '경과규정'은 신뢰보호에 위반되지 않는다(헌재 2003.4.24. 2002헌마611).

22. **치과전문의 진료과목**

청구인들은 2014.1.1.부터 치과의원에서 전문과목을 표시할 수 있게 되면 모든 전문과목의 진료를 할 수 있을 것이라고 신뢰하였다고 주장하나, 이와 같은 신뢰는 장래의 법적 상황을 청구인들이 미리 일정한 방향으로 예측 내지 기대한 것에 불과하므로 치과전문의는 전문과목만 진료할 수 있도록 한 의료법은 신뢰보호원칙에 위배되어 직업수행의 자유를 침해한다고 볼 수 없다(헌재 2015.5.28. 2013헌마799). ➔ 다만, 과잉금지원칙에 위배되어 직업의 자유를 침해한다(직업의 자유에서 학습할 것).

23. **고등학교 평준화**

지역의 고교평준화 여부는 그 지역의 실정과 주민의 의사에 따라 탄력적으로 운용할 필요성이 있어 광명시가 비평준화 지역으로 남아 있을 것이라는 청구인들의 신뢰는 헌법상 보호하여야 할 가치나 필요성이 있다고 보기 어렵고, 고등학교 지원을 시·도 단위로 하도록 하고 광명시 등 일부 도시를 비평준화 지역으로 유지시킬 경우 경기도 내에서 중학교 교육의 정상화나 학교 간 격차 해소 등 고교평준화 정책의 목적을 실질적으로 달성하기가 어려운 점을 감안하면 청구인들의 신뢰가 공익보다 크다고 볼 수도 없으므로, 이 사건 조례조항은 신뢰보호의 원칙에 위반되지 아니하며 청구인들의 학교선택권을 침해한다고 할 수 없다(헌재 2012.11.29. 2011헌마827).

24. 어업면허의 우선순위에 대한 기대는 헌법상 보호가치가 있는 신뢰이익으로 보기 어렵고, 설사 존재하더라도 그 보호가치는 크지 않다. 어촌계 등에 어업면허를 하는 경우 우선순위규정의 적용대상에서 제외하도록 규정한 수산업법은 어촌계 등에 어업면허를 부여하여 어민 소득 향상과 어촌사회의 발전을 도모하는 공익적 목적을 지니므로 신뢰보호원칙에 반하지 않는다(헌재 2019.7.25. 2017헌바133).

25. 기존에 총포의 소지허가를 받은 자는 총포·도검·화약류 등의 안전관리에 관한 법률 제14조의2의 개정규정에 따라 이 법 시행일부터 1개월 이내에 허가관청이 지정하는 곳에 총포와 그 실탄 또는 공포탄을 보관하여야 하도록 한 부칙조항

이 사건 부칙조항과 같은 내용으로 법이 개정된 것이 전혀 예상치 않은 변화라고 볼 수 없고, 총포소지허가를 받은 사람이 해당 공기총을 직접 보관할 수 있을 것이라는 데에 대한 신뢰가 헌법상 보호가치 있는 신뢰

라고 보기는 어렵다. 나아가 설령 헌법상 보호가치 있는 신뢰라고 하더라도 다음과 같은 이유로 신뢰보호원칙을 위반하였다고 볼 수 없다. 보호해야 할 청구인의 신뢰의 가치는 그다지 크지 않은 반면 총포의 직접보관을 제한하여 공공의 안전을 보호해야 할 공익적 가치는 중대하다 할 것이므로 이 사건 부칙조항은 신뢰보호원칙에 반하지 않는다(헌재 2019.6.28. 2018헌바400).

26. **종합생활기록부에 의하여 절대평가와 상대평가를 병행, 활용하도록 한 교육부장관 지침**은 종전 종합생활기록부제도의 문제점을 보완하기 위하여 과목별 석차의 기록방법 등 세부적인 사항을 개선, 변경한 데 불과하므로 교육개혁위원회의 교육개혁방안에 따라 절대평가가 이루어질 것으로 믿고 특수목적고등학교에 입학한 학생들의 신뢰이익을 침해하였다고 볼 수 없다(헌재 1997.7.16. 97헌마38).

27. **임차인의 계약갱신요구권 행사 기간을 10년으로 규정한 '상가건물 임대차보호법'을 개정법 시행 후 갱신되는 임대차에 대하여도 적용하도록 규정한 '상가건물 임대차보호법' 부칙**
   상가건물 임차인의 계약갱신요구권 행사기간을 연장한 개정법조항을 기존 임대차계약에도 적용하도록 한 부칙조항은 임대료 급등 등 부작용을 막고 개정법의 실효성을 확보하기 위한 긴급하고 중대한 공익적 목적을 가진다. 따라서 해당 부칙조항이 임대인의 재산권을 침해한다고 볼 수 없다(헌재 2021.10.28. 2019헌마106).

28. **'성폭력범죄의 처벌 등에 관한 특례법' 부칙을 '성폭력범죄의 처벌 등에 관한 특례법' 시행 전 행하여진 성폭력범죄로 아직 공소시효가 완성되지 아니한 사건에도 적용하도록 한 '성폭력범죄의 처벌 등에 관한 특례법'**은 성폭력 가해자의 신뢰이익이 공익에 우선하여 특별히 헌법적으로 보호해야 할 가치나 필요성이 있다고 보기 어렵다. 따라서 심판대상조항은 신뢰보호원칙에 반한다고 할 수 없다(헌재 2021.6.24. 2018헌바457).

29. **'개성공단의 정상화를 위한 합의서'**에는 국내법과 동일한 법적 구속력을 인정하기 어렵고, 과거 사례 등에 비추어 개성공단의 중단 가능성은 충분히 예상할 수 있었으므로, 개성공단 전면중단 조치는 신뢰보호원칙을 위반하여 개성공단 투자기업인 청구인들의 영업의 자유와 재산권을 침해하지 아니한다(헌재 2022.1.27. 2016헌마364).

제5절 사회국가(복지국가)의 원리

01 사회국가원리의 의의

1. 개념

사회국가란 사회정의의 이념을 헌법에 수용한 국가, 사회현상에 대하여 방관적인 국가가 아니라 경제·사회·문화의 모든 영역에서 정의로운 사회질서의 형성을 위하여 사회현상에 관여하고 간섭하고 분배하고 조정하는 국가이며, 궁극적으로는 국민 각자가 실제로 자유를 행사할 수 있는 그 실질적 조건을 마련해 줄 의무가 있는 국가를 의미한다(헌재 2002.12.18. 2002헌마52).

2. 사회국가원리의 헌법수용방법

구분	사회적 기본권 규정	사회국가원리 규정
바이마르헌법, 대한민국헌법	○	×
독일헌법	×	○

02 사회국가원리의 한계

사회적 문제를 해결하는 데 인격의 자유로운 발전과 사회의 자율을 우선하여, 개인과 사회의 노력이 기능하지 않을 때에만 국가는 부차적으로 도움을 주고 배려한다는 보충성원칙은 사회국가원리의 한계이다.

판례정리

1. 국가가 저소득층 지역가입자의 소득 수준에 따라 보험료를 차등 지원하는 것은 정의로운 사회질서를 실현하기 위한 사회국가원리에 의해 정당화된다(헌재 2000.6.29. 99헌마289).

2. 자동차운행자의 무과실 배상책임을 규정한 자동차손해배상보장법 제3조는 위험책임의 원리에 따른 것으로, 자유시장 경제질서나 과실책임 원칙에 위배되지 않는다(헌재 1998.5.28. 96헌가4).

3. 실업 방지와 부당한 해고로부터의 근로자 보호는 국가의 의무로 도출되지만, 근로자에게 직장존속보장청구권을 인정할 헌법적 근거는 없다(헌재 2002.11.28. 2001헌바50).

4. 사회국가원리는 자유민주적 기본질서와 국민의 자유·창의를 보완하는 범위 내에서 이루어져야 하며 내재적 한계를 가진다(헌재 2001.9.27. 2000헌마238).

5. 능력주의 원칙에 대한 예외는 사회국가원리와 헌법 제32조, 제34조의 규정에 의해 정당화되며, 이러한 헌법적 요청이 있는 경우 능력주의는 합리적 범위에서 제한될 수 있다(헌재 1999.12.23. 98헌바33).

6. 헌법 제34조에 따라 국가가 장애인의 복지를 위해 노력할 의무는 정의로운 사회질서 형성의 일반적 의무일 뿐, 저상버스 도입과 같은 구체적 의무를 직접 도출하지는 않는다(헌재 2002.12.18. 2002헌마52).

제6절 현행헌법의 경제적 기본질서

01 경제조항의 의의

헌법상의 경제질서에 관한 규정은, 국가행위에 대하여 한계를 설정함으로써 경제질서의 형성에 개인과 사회의 자율적인 참여를 보장하는 '경제적 기본권'과 경제영역에서의 국가활동에 대하여 기본방향과 과제를 제시하고 국가에게 적극적인 경제정책을 추진할 수 있는 권한을 부여하는 '경제에 대한 간섭과 조정에 관한 규정'(헌법 제119조 이하)으로 구성되어 있다(헌재 2003.11.27. 2001헌바35).

판례정리

경제조항과 기본권

1. **헌법 제119조**는 헌법상 경제질서에 관한 일반조항으로서 국가의 경제정책에 대한 하나의 헌법적 지침일 뿐 그 자체가 기본권의 성질을 가진다거나 독자적인 위헌심사의 기준이 된다고 할 수 없다(헌재 2017.7.27. 2015헌바278).

2. 헌법 제119조 제1항 등은 경제질서에 관한 헌법상의 원리나 제도를 규정한 조항들이다. 헌법재판소법 제68조 제1항에 의한 헌법소원에 있어서 헌법상의 원리나 헌법상 보장된 제도의 내용이 침해되었다는 사정만으로 바로 청구인들의 기본권이 직접 현실적으로 침해된 것이라고 할 수 없다(헌재 2019.12.27. 2017헌마1366).

3. 개별 학교법인이 그 자체로 교원노조의 상대방이 되어 단체교섭에 나서지 못하고 전국단위 또는 시·도 단위의 교섭단의 구성원으로서만 단체교섭에 참여할 수 있도록 한 이 사건 법률조항의 위헌 여부를 심사함에 있어서, 헌법 제119조 소정의 경제질서는 독자적인 위헌심사의 기준이 된다기보다는 결사의 자유에 대한 법치국가적 위헌심사기준, 즉 **과잉금지원칙 내지는 비례의 원칙에 흡수되는 것이라고 할 것이다**(헌재 2006.12.28. 2004헌바67 전원재판부).

4. 전통시장 등의 보호라는 명분으로 대형마트 등의 영업 자체를 규제하는 유통산업발전법 규정
   소비자의 자기결정권이 제한되는 것은 대형마트 등의 영업을 제한함에 따라 발생하는 효과이므로, 대형마트 등 운영자의 직업수행의 자유 침해 여부 및 평등원칙 위배 여부를 판단하는 과정에서 함께 고려하는 것으로 충분하므로 **별도로 판단하지 않는다**(헌재 2018.6.28. 2016헌바77).

---

02 현행헌법의 경제적 기초

1. 우리나라 경제질서

우리 헌법의 경제질서는 사유재산제를 바탕으로 하고 자유경쟁을 존중하는 자유시장경제질서를 기본으로 하면서도 이에 수반되는 갖가지 모순을 제거하고 사회복지·사회정의를 실현하기 위하여 국가적 규제와 조정을 용인하는 **사회적 시장경제질서**로서의 성격을 띠고 있다(헌재 1996.4.25. 92헌바47).

2. 시장경제질서

> **헌법 제119조** ① 대한민국의 경제질서는 개인과 기업의 경제상의 자유와 창의를 존중함을 기본으로 한다.

헌법 제119조 제1항에서 대한민국의 경제질서는 개인과 기업의 경제상의 자유와 창의를 존중함을 기본으로 한다고 하여 시장경제의 원리에 입각한 경제체제임을 천명한 것은 기업의 생성·발전·소멸은 어디까지나 기업의 자율에 맡긴다는 기업자유의 표현이다(헌재 1993.7.29. 89헌마31). 고의나 과실로 타인에게 손해를 가한 경우에만 그 손해에 대한 배상책임을 가해자가 부담한다는 과실책임원칙은 헌법 제119조 제1항의 자유시장경제질서에서 파생된 것으로 오늘날 민사책임의 기본원리이다(헌재 2016.4.28. 2015헌바230 전원재판부). 또한 개인의 사적 거래에 대한 공법적 규제는 되도록 사전적·일반적 규제보다는, 사후적·구체적 규제방식을 택하여 국민의 거래자유를 최대한 보장하여야 할 것이다(헌재 2012.8.23. 2010헌가65).

📖 판례정리

시장경제질서 위반으로 본 것

1. **임대한 토지를 유휴토지로 규정하고 토초세의 대상으로 규율한** 토지초과이득세법 제8조는 토지이용능력이 미흡한 토지소유자와 토지구매력이 없는 임차인 사이의 자본의 자유로운 결합을 통하여 토지를 효율적으로 이용하는 것을 방해함으로써, 개인과 기업의 경제상의 자유와 창의를 존중함을 기본으로 하는 우리 헌법상 경제질서에도 합치하지 아니하는 것으로 보아야 한다(헌재 1994.7.29. 92헌바49).

2. **의료광고의 금지는** 새로운 의료인들에게 자신의 기능이나 기술 혹은 진단 및 치료방법에 관한 광고와 선전을 할 기회를 배제함으로써, 이는 자유롭고 공정한 경쟁을 추구하는 헌법상의 시장경제질서에 부합되지 않는다(헌재 2005.10.27. 2003헌가3).

3. 시장지배적 사업자로 추정되는 신문사업자에 대해서는 **신문발전기금지원을 배제**하는 것은 시장경제질서에 반한다(헌재 2006.6.29. 2005헌마165).

📖 판례정리

시장경제질서 위반이 아닌 것

1. **농지개량사업**에 따른 권리·의무를 승계인에게 이전하도록 한 것은 시장경제원칙에 반하지 않는다(헌재 2005. 12.22. 2003헌바88).

2. **이자제한**
   ① 이자제한을 완화 또는 폐지하는 법률은 헌법에 반하지 않는다(헌재 2001.1.18. 2000헌바7).
   ② 이자제한 완화·폐지는 <u>입법자의 폭넓은 재량</u>에 속한다(헌재 2001.1.18. 2000헌바7).
   ③ 이자제한법에서 정한 최고이자율을 초과하여 이자를 받은 자를 1년 이하의 징역 또는 1천만원 이하의 벌금에 처하도록 한 이자제한법이 달성하고자 하는 공익은 이자의 적정한 최고한도를 정함으로써 국민경제 생활의 안정과 경제정의의 실현에 이바지하기 위한 것으로, 이를 위반하는 경우 처벌을 받음으로써 입는 불이익보다 훨씬 중대하므로, 심판대상조항은 과잉금지원칙에 위반되지 않는다(헌재 2023.2.23. 2022헌바22).

3. **무과실운행자에 대한 손해배상책임** (헌재 1998.5.28. 96헌가4)
   ① **무과실운행자에 대한 손해배상책임을 인정**하는 자동차손해배상보장법 제3조는 시장경제질서에 위반되지 않는다.
   ② 특수한 불법행위책임에 관하여 위험책임의 원리를 수용하는 것은 입법자의 재량에 속한다고 할 것이다.

4. 신문판매업자가 독자에게 1년 동안 제공하는 무가지와 경품류를 합한 가액이 같은 기간에 당해 독자로부터 받는 **유료신문대금의 20%를 초과하는 경우 무가지와 경품류의 제공행위를 불공정거래행위로서 금지**하는 것은 자유시장경제질서에 반하지 않는다(헌재 2002.7.18. 2001헌마605).

5. 도시개발구역에 있는 국가나 지방자치단체 소유의 재산으로서 도시개발사업에 필요한 재산에 대한 **우선 매각 대상자를 도시개발사업의 시행자로** 한정하고 국공유지의 점유자에게 우선 매수 자격을 부여하지 않는 도시개발법 관련 규정은 사적 자치의 원칙을 기초로 한 자본주의 시장경제질서를 규정한 헌법 제119조 제1항에도 위반되지 아니한다(헌재 2009.11.26. 2008헌바711).

6. 공무원연금법이 제정될 당시부터 공무원의 보수수준은 일반사업의 급료에 비하여 상대적으로 낮은 편이고, **공무원연금법상의 각종 급여수급권 전액에 대하여 압류를 금지한 것**이 기본권 제한의 입법적 한계를 넘어서 재산권의 본질적 내용을 침해한 것이거나 헌법상의 경제질서에 위반된다고 볼 수는 없다(헌재 2000.3.30. 99헌바53).

7. 청구인은 영업의 자유와 일반적 행동의 자유도 침해되고 헌법상 경제질서에도 위배된다고 주장하지만, **허가받은 지역 밖에서의 이송업의 영업을 금지하고 처벌하는 '응급의료에 관한 법률'**과 가장 밀접한 관계에 있는 직업수행의 자유 침해 여부를 판단하는 이상 이 부분 주장에 대해서는 별도로 판단하지 아니한다. 국민의 생명과 건강에 직결되는 응급이송체계를 적정하게 확립한다는 공익의 중요성에 비추어 영업지역의 제한에 따라 침해되는 이송업자의 사익이 크다고 보기는 어려우므로 법익의 균형성도 인정된다. 따라서 직업수행의 자유를 침해한다고 볼 수 없다(헌재 2018.2.22. 2016헌바100).

---

3. 사회적 시장경제질서

> 헌법 제119조 ② 국가는 균형 있는 국민경제의 성장 및 안정과 적정한 소득의 분배를 유지하고, 시장의 지배와 경제력의 남용을 방지하며, 경제주체 간의 조화를 통한 경제의 민주화를 위하여 경제에 관한 규제와 조정을 할 수 있다.

헌법은 제119조 이하의 경제에 관한 장에서 '균형 있는 국민경제의 성장과 안정, 적정한 소득의 분배, 시장의 지배와 경제력 남용의 방지, 경제주체 간의 조화를 통한 경제의 민주화, 균형 있는 지역경제의 육성, 중소기업의 보호육성, 소비자 보호 등'의 경제영역에서의 국가목표를 명시적으로 규정함으로써 국가가 경제정책을 통하여 달성하여야 할 '공익'을 구체화하고, 동시에 헌법 제37조 제2항의 기본권 제한을 위한 일반 법률유보에서의 **'공공복리'**를 구체화하고 있다(헌재 1996.12.26. 96헌가18).

📖 판례정리

헌법 제119조 제2항의 규범적 의미

1. 헌법 제119조 제2항의 '경제의 민주화'의 헌법적 의미

헌법 제119조 제2항에 규정된 **경제주체 간의 조화를 통한 경제민주화**의 이념도 경제영역에서 정의로운 사회질서를 형성하기 위하여 추구할 수 있는 국가목표로서 개인의 기본권을 제한하는 국가행위를 정당화하는 헌법규범이다(헌재 2003.11.27. 2001헌바35).

2. 경제적 기본권의 제한에 대한 심사기준

경제적 기본권의 제한을 정당화하는 공익이 헌법에 명시적으로 규정된 목표에만 제한되는 것은 아니고, 헌법은 단지 국가가 실현하려고 의도하는 전형적인 경제목표를 예시적으로 구체화하고 있을 뿐이므로 기본권의 침해를 정당화할 수 있는 모든 공익을 아울러 고려하여 법률의 합헌성 여부를 심사하여야 한다(헌재 1996.12.26. 96헌가18).

3. 독과점규제

독과점규제의 목적이 경쟁의 회복에 있다면 이 목적을 실현하는 수단 또한 자유롭고 공정한 경쟁을 가능하게 하는 방법이어야 한다(헌재 1996.12.26. 96헌가18).

4. 자영업자가 많은 우리의 현실에서 대다수가 중소상인인 가맹점사업자들의 생존을 위협하여 국민생활의 균등한 향상 등 경제영역에서의 사회정의가 훼손될 수 있다. 이는 우리 헌법이 지향하는 사회적 시장경제질서에 부합하지 않으므로, 국가는 헌법 제119조 제2항에 따라 가맹본부가 우월적 지위를 남용하는 것을 방지하고, 가맹본부와 가맹점사업자 간의 부조화를 시정하거나 공존과 상생을 도모하기 위해 규제와 조정을 할 수 있다(헌재 2021.10.28. 2019헌마288).

5. 입법자는 경제현실의 역사와 미래에 대한 전망, 목적달성에 소요되는 경제적·사회적 비용, 당해 경제문제에 관한 국민 내지 이해관계인의 인식 등 제반 사정을 두루 감안하여 시장의 지배와 경제력의 남용 방지, 경제의 민주화 달성 등의 경제영역에서의 국가목표를 이루기 위하여 가능한 여러 정책 중 필요하다고 판단되는 경제정책을 선택할 수 있고, 입법자의 그러한 정책판단과 선택은 그것이 현저히 합리성을 결여한 것이라고 볼 수 없는 한 경제에 관한 국가적 규제·조정권한의 행사로서 존중되어야 한다(헌재 2018.6.28. 2016헌바77).

6. 영업제한 조치로 인하여 특정시간 및 특정일자에 대형마트 등을 이용하고자 하는 소비자들이 불편을 겪게 되고, 대형마트 등의 매출감소로 인하여 대형마트 등에 납품하는 중소유통업자와 농어민들, 대형마트 내의 입점상인들 또한 매출감소로 인한 손실을 볼 수 있다. 그러나 경제활동에 대한 규제는 필연적으로 규제를 당하는 경제주체나 그와 같은 방향의 이해관계를 가지고 있는 사람들에게 불이익과 불편함을 수반할 수밖에 없고, 위와 같은 현상들은 대형마트 등에 대한 영업제한에 따라 부득이하게 발생하는 부수적 결과이다. 앞서 본 바와 같이 심판대상조항이 전통시장이나 중소유통업자들이 자생적 경쟁력을 갖출 때까지 필요한 범위 내에서 대형마트 등의 영업을 직접적으로 규제함으로써 건전한 유통질서의 확립과 유통시장의 경제주체들의 상

생발전이라는 우리 헌법상 경제질서에 부합하는 공익을 달성하기 위한 것인 이상 그로 인하여 발생하는 위와 같은 부수적 불이익도 수인하여야 할 것이고, 해당 이해관계인들의 이익이 과도하게 제한되는 것도 아니다 (헌재 2018.6.28. 2016헌바77).

헌법 위반인 것

소주판매업자가 매월 소주류 총구입액의 **100분의 50 이상을 자도소주로 구입하도록 하는 구입명령제도**는 지방 소주업체들이 각 도마다 최소한 50%의 지역시장 점유율을 보유하게 하여 지역 독과점적 현상의 고착화를 초래 하게 한다. 오히려 경쟁을 저해하는 것이기 때문에 공정하고 자유로운 경쟁을 유지하고 촉진하려는 목적인 '독과 점규제'라는 공익을 달성하기 위한 적정한 조치로 보기 어렵다(헌재 1996.12.26. 96헌가18).

헌법 위반이 아닌 것

1. **탁주의 공급구역제한**은 소비자의 자기결정권 또는 탁주제조업자의 직업의 자유를 침해한다고 할 수 없다 (헌재 1999.7.22. 98헌가5).

2. **중계유선방송사업자가 방송의 중계송신업무만 할 수 있고, 보도, 논평, 광고는 할 수 없도록** 제한하고 이를 위반한 경우 과징금 등의 제재를 가하도록 한 것은 '시장의 지배와 경제력의 남용을 방지하며, 경제주체 간의 조화를' 도모하기 위한 것으로서 헌법 제119조 제2항의 경제질서를 위반한다고 볼 수 없다(헌재 2001.5.31. 2000헌 바43).

3. **부도수표 발행인을 형사처벌하는** 부정수표단속법 제2조 제2항은 과잉금지원칙이나 채무불이행을 이유로 한 처벌을 금지한 국제조약에 위배되지 않는다(헌재 2011.7.28. 2009헌바267).

4. **무가지 경품류의 제공을 제한하는 신문고시** 제3조는 독점규제와 공정한 거래유지라는 정당한 공익을 실현하 려는 것으로써 그 공익이 사익적 가치보다 크므로 자유시장경제질서와 과잉금지원칙에 위반되지 않는다(헌재 2002.7.18. 2001헌마605).

5. 장래의 경제적 손실을 금전 또는 유가증권으로 보전해 줄 것을 약정하고 **회비 등의 명목으로 금전을 수입하 는 행위를 인가·허가 없이 하는 유사수신행위를 금지한** 유사수신행위의규제에관한법률은 경제주체 간의 부 조화를 방지하고 금융시장의 공정성을 확보하기 위하여 마련된 이 사건 법률조항은 그 정당성이 헌법 제119 조 제2항에 의하여 뒷받침될 수 있으므로 시장경제질서에 위반되지 않는다(헌재 2003.2.27. 2002헌바4).

📖 판례정리

조세와 헌법 제119조 제2항

1. 국가에 대하여 경제에 관한 규제와 조정을 할 수 있도록 규정한 헌법 제119조 제2항이 보유세 부과 그 자체를 금지하는 취지로 보이지 아니하므로 주택 등에 보유세인 **종합부동산세를 부과하는** 그 자체를 헌법 제119조에 위반된다고 보기 어렵다(헌재 2008.11.13. 2006헌바112).

2. 헌법 제119조 제2항은 국가가 경제영역에서 실현하여야 할 목표의 하나로서 '적정한 소득의 분배'를 들고 있 지만, 이로부터 반드시 소득에 대하여 **누진세율에 따른 종합과세를 시행하여야 할 구체적인 헌법적 의무**가 조세입법자에게 부과되는 것이라고 할 수 없다(헌재 1999.11.25. 98헌마55).

---

4. 구체적 경제조항

(1) 천연자원의 채취·개발·특허 및 보호

> 헌법 제120조【천연자원의 채취·개발·특허 및 보호】① 광물 기타 중요한 지하자원·수산자원·수력과 경제상 이용할 수 있는 자연력은 법률이 정하는 바에 의하여 일정한 기간 그 채취·개발 또는 이용을 특허할 수 있다.
> ② 국토와 자원은 국가의 보호를 받으며, 국가는 그 균형 있는 개발과 이용을 위하여 필요한 계획을 수립한다.

(2) 농지의 소작제도는 절대적 금지, 농지의 임대차·위탁경영 부분적 허용

> 헌법 제121조【농지의 소작제도금지, 농지의 임대차·위탁경영】① 국가는 농지에 관하여 경자유전의 원칙이 달성될 수 있도록 노력하여야 하며, 농지의 소작제도는 금지된다.
> ② 농업생산성의 제고와 농지의 합리적인 이용을 위하거나 불가피한 사정으로 발생하는 농지의 임대차와 위탁경영은 법률이 정하는 바에 의하여 인정된다.
> 제헌헌법 제86조 농지는 농민에게 분배하며 그 분배의 방법, 소유의 한도, 소유권의 내용과 한계는 법률로써 정한다.
> 농지법 제6조【농지 소유 제한】① 농지는 자기의 농업경영에 이용하거나 이용할 자가 아니면 소유하지 못한다.
> ② 제1항에도 불구하고 다음 각 호의 어느 하나에 해당하는 경우에는 농지를 소유할 수 있다. 다만, 소유 농지는 농업경영에 이용되도록 하여야 한다.
> 4. 상속(상속인에게 한 유증을 포함한다. 이하 같다)으로 농지를 취득하여 소유하는 경우

📖 판례정리

농지 관련 판례

1. 종중 농지소유금지

헌법 제121조는 전근대적인 법률관계인 소작제도의 청산을 의미하며, 부재지주로 인하여 야기되는 농지 이용의 비효율성을 제거하기 위하여 경자유전의 원칙을 국가의 의무로서 천명한 것이다. 농업 경영에 이용하지 않는 경우에 농지소유를 원칙적으로 금지하고 있는 농지법 제6조 제1항에도 불구하고, 예외적인 경우에는 농지소유를 허용하면서, 그러한 예외에 종중은 포함하지 않고 있는 구 농지법 제6조는 종중의 재산권 침해가 아니다(헌재 2013.6.27. 2011헌바278).

2. 8년 이상 **자경업자에 한해** 양도소득세 면제는 평등권 침해가 아니다(헌재 2003.11.27. 2003헌바2).

3. 농지를 직접 경작했는가를 기준으로 농지양도소득세 감면을 결정하는 것은 조세평등주의 원칙에 부합된다 (헌재 2015.5.28. 2014헌바261·262).

4. 소유자가 농지 소재지에 거주하지 아니하거나 **경작하지 아니하는 농지**를 비사업용 토지로 보아 60%의 중과세율을 적용하는 구 소득세법 제104조는 과잉금지에 반하지 않는다(헌재 2012.7.26. 2011헌바357).

(3) 효율적 이용 · 개발

> 헌법 제122조 【국토의 이용 · 개발제한과 의무부과】 국가는 국민 모두의 생산 및 생활의 기반이 되는 국토의
> 효율적이고 균형 있는 이용 · 개발과 보전을 위하여 법률이 정하는 바에 의하여 그에 관한 필요한 제한과
> 의무를 과할 수 있다.

(4) 농 · 어촌종합개발, 농 · 어민 및 중소기업의 보호 · 육성

> 헌법 제123조 【농 · 어촌종합개발, 농 · 어민 및 중소기업의 보호 · 육성】 ① 국가는 농업 및 어업을 보호 · 육성하기
> 위하여 농 · 어촌종합개발과 그 지원 등 필요한 계획을 수립 · 시행하여야 한다.
> ② 국가는 지역 간의 균형 있는 발전을 위하여 지역경제를 육성할 의무를 진다.
> ③ 국가는 중소기업을 보호 · 육성하여야 한다.
> ④ 국가는 농수산물의 수급균형과 유통구조의 개선에 노력하여 가격안정을 도모함으로써 농 · 어민의 이익을
> 보호한다.
> ⑤ 국가는 농 · 어민과 중소기업의 자조조직을 육성하여야 하며, 그 자율적 활동과 발전을 보장한다.

📖 판례정리

헌법 제123조 제5항 농 · 어민 자조조직 육성의무와 자율적 활동보장

헌법 제123조 제5항은 국가에게 '농 · 어민의 자조조직을 육성할 의무'와 '자조조직의 자율적 활동과 발전을 보장할 의무'를 아울러 규정하고 있는데, 이러한 국가의 의무는 **자조조직이 제대로 활동하고 기능하는 시기에는** 그 조직의 자율성을 침해하지 않도록 하는 소극적 의무를 다하면 된다고 할 수 있지만, **그 조직이 제대로 기능하지 못하고** 향후의 전망도 불확실한 경우라면 단순히 그 조직의 자율성을 보장하는 것에 그쳐서는 아니 되고, 적극적으로 이를 육성하여야 할 의무까지도 수행하여야 한다고 할 것이다(헌재 2000.6.1. 99헌마553).

📖 판례정리

중소기업보호의무와 지역경제육성의무

1. **의약품 도매상 허가를 받기 위해 필요한 창고면적의 최소기준**을 규정하고 있는 약사법 조항들은 중소기업을 특정하여 이에 대해 제한을 가하는 규정이 아니므로 위 조항들이 헌법 제123조 제3항에 규정된 국가의 중소기업 보호 · 육성의무를 위반하였다고 보기 어렵다(헌재 2014.4.24. 2012헌마811).

2. 헌법 제119조 제2항은 독과점규제를 공익으로 명문화하였으나, 주세법의 구입명령제도는 자유경쟁을 배제하고 지역 독과점을 고착화하여 적정한 규제로 보기 어렵다. 1도 1소주제조업체 존속을 위한 주세법은 지역 간 차이를 반영하지 못하며, 지역경제 육성과의 상관관계도 없어 기본권 침해를 정당화할 공익으로 보기 어렵다 (헌재 1996.12.26. 96헌가18).

(5) 소비자보호

> 헌법 제124조 【소비자보호】 국가는 건전한 소비행위를 계도하고 생산품의 품질향상을 촉구하기 위한 소비
> 자보호운동을 법률이 정하는 바에 의하여 보장한다.

① 헌법상 소비자권리를 명시적으로 규정한 조문은 없다.
② 소비자보호운동은 제8차 개정헌법부터 규정되어 왔다.

소비자보호운동과 형법상 업무방해죄 (헌재 2011.12.29. 2010헌바54) *합헌결정

1. 소비자불매운동의 헌법적 허용한계

① **소비자불매운동의 정의**: 불매운동의 목표로서의 '소비자의 권익'이란 원칙적으로 사업자가 제공하는 물품이나 용역의 소비생활과 관련된 것으로서 상품의 질이나 가격, 유통구조, 안전성 등 시장적 이익에 국한된다. 불매운동이 예정하고 있는 '불매행위'에는, 단순히 불매운동을 검토하고 있다는 취지의 의견을 표현하는 행위뿐만 아니라, 다른 소비자들에게 **불매운동을 촉구하는 행위, 불매운동 실행을 위한 조직행위, 직접적으로 불매를 실행하는 행위** 등이 모두 포괄될 수 있다.

② **운동의 목표**: 조중동 일간신문의 정치적 입장이나 보도논조의 편향성은 '소비자의 권익'과 관련되는 문제로서 불매운동의 목표가 될 수 있다 할 것이다.

③ **불매행위의 범위**: 불매운동 검토 의견 표현, 다른 소비자 설득, 조직행위, 직접 불매 실행 등이 포함된다.

④ **허용 한계**: 소비자불매운동은 정당한 범위 내에서만 헌법적으로 보호받으며, 법률이 정한 범위를 벗어난 경우 형사·민사 책임이 발생할 수 있다.

⑤ **구체적 사례**: 예를 들어, 무차별적 전화걸기와 같은 방식으로 조직적으로 계획된 전화 공세는 내용의 정당성과 무관하게 상대방에게 심리적 압박이나 두려움을 초래할 수 있는 위력으로 간주되어 허용 한계를 넘는 행위로 판단될 수 있다.

2. 헌법이 보장하는 소비자보호운동의 취지와 한계

① **보호 취지**: 헌법은 소비자의 권익을 보호하고 소비자보호운동을 보장하지만, 그 운동이 사회적 통념과 헌법적 허용 범위를 벗어난 경우에는 보호 대상이 되지 않는다.

② **결론**: 집단적 소비자불매운동이 헌법적 허용한계를 벗어나 타인의 업무를 방해할 정도로 조직적이고 강압적으로 진행된 경우 형법 제314조 제1항(위계 또는 위력에 의한 업무방해) 등에 따라 처벌될 수 있다. 이는 헌법이 보장하는 소비자보호운동의 취지에 반하지 않는다.

---

(6) 대외무역의 육성과 규제·조정

> **헌법 제125조【대외무역의 육성과 규제·조정】** 국가는 대외무역을 육성하며, 이를 규제·조정할 수 있다.

(7) 사기업의 국·공유화 또는 통제·관리의 원칙적 금지 *

> **헌법 제126조【사영기업의 국·공유화 또는 통제·관리의 금지】** 국방상 또는 국민경제상 긴절한 필요로 인하여 **법률이 정하는 경우를 제외하고는**, 사영기업을 국유 또는 공유로 이전하거나 그 경영을 통제 또는 관리할 수 없다.

헌법 제126조에 위반 국가가 사영기업을 국유화하거나 관리·통제하려면 법률 또는 긴급명령에 근거하여야 한다. 공권력에 의한 국제그룹의 전격적인 전면해체조치는 법률적 근거 없이 사영기업의 경영권에 개입하여 그 힘으로 이를 제3자에게 이전시키기 위한 공권력의 행사였다는 점에서 헌법 제119조 제1항, 제126조 소정의 개인기업의 자유와 경영권 불간섭의 원칙을 직접적으로 위반한 것이다(헌재 1993.7.29. 89헌마31).

'사납금제를 금지하기 위하여 택시운송사업자의 운송수입금 전액 수납의무와 운수종사자의 운송수입금 전액 납부의무를 규정한 자동차운수사업법 (헌재 1998.10.29. 97헌마345)

① '사영기업의 국유 또는 공유로의 이전'이란 공법적 수단을 통해 사기업 소유권을 국가나 공법인에 귀속시켜 사회정책적 · 국민경제적 목표를 실현하기 위해 재산권 내용을 변형하는 것을 의미한다. 또한, '경영에 대한 통제 또는 관리'는 소유권 보유주체의 변경 없이도 사기업 경영에 대해 국가가 광범위하고 강력한 감독과 통제 또는 관리 체계를 시행하는 것을 뜻한다.

② 운송수입금 전액관리제는 사기업의 영리추구를 강요하거나 기업활동 목표를 사회 · 경제정책적으로 전환하도록 요구하지 않으며, 국가의 광범위한 감독 · 통제를 받게 하지도 않는다. 또한 기업 소유에 대한 재산권 박탈이나 통제가 이루어지지 않아 기업이 공동재산 형태로 변형되지 않았으므로, 헌법 제126조의 사기업 국 · 공유화 및 경영 통제 · 관리 조항이 적용될 여지는 없다.

(8) 과학기술의 혁신 · 개발과 국가표준제도 확립

헌법 제127조 【과학기술의 혁신 · 개발과 국가표준제도 확립】 ① 국가는 과학기술의 혁신과 정보 및 인력의 개발을 통하여 국민경제의 발전에 노력하여야 한다.
② 국가는 국가표준제도를 확립한다.
③ 대통령은 제1항의 목적을 달성하기 위하여 필요한 자문기구를 둘 수 있다.

☑ 헌법 경제장에 규정되지 않은 것

1. 농지는 원칙적으로 농민에게 분배되어야 한다.
2. 한국은행 독립성
3. 토지생산성 제고
4. 독과점의 규제와 조정
5. 환경보호운동보장
6. 국토의 효율적이고 지속가능한 개발과 보전
7. 농지를 농민에게 분배
8. 기간산업보호
9. 풍력의 개발과 이용의 특허
10. 지속가능한 국민경제의 성장
11. 소비자의 권리

제7절 문화국가의 원리

01 문화국가원리의 의의

문화국가의 원리란 소극적으로는 국가로부터 문화의 자율성을 보장받으면서, 적극적으로는 국가가 문화를 형성하고 보호하여야 한다는 헌법원리이다.

02 우리 헌법상의 문화국가원리

> [헌법전문] 모든 사회적 폐습과 불의를 타파하며, 자율과 조화를 바탕으로 자유민주적 기본질서를 더욱 확고히 하여 정치·경제·사회·문화의 모든 영역에 있어서 각인의 기회를 균등히 하고, …
>
> **헌법 제9조【전통문화의 계승·발전, 민족문화의 창달】** 국가는 전통문화의 계승·발전과 민족문화의 창달에 노력하여야 한다.

(1) 전통문화 계승

우리나라는 제헌헌법 이래 문화국가원리를 헌법의 기본원리로 채택하고 있고, 1980년 헌법에서 국가의 문화진흥의무를 규정하였다.

📖 판례정리

문화국가원리

1. 헌법전문과 헌법 제9조에서 말하는 '전통', '전통문화'란 역사성과 시대성을 띤 개념으로 이해하여야 한다. 과거의 어느 일정 시점에서 역사적으로 존재하였다는 사실만으로 모두 헌법의 보호를 받는 전통이 되는 것은 아니다. 역사적 전승으로서 오늘의 헌법이념에 반하는 것은 헌법전문에서 타파의 대상으로 선언한 '사회적 폐습'이 될 수 있을지언정 헌법 제9조가 '계승·발전'시키라고 한 전통문화에는 해당하지 않는다. 전래의 어떤 가족제도(호주제)가 헌법 제36조 제1항이 요구하는 개인의 존엄과 양성평등에 반한다면 헌법 제9조를 근거로 그 헌법적 정당성을 주장할 수는 없다(헌재 2005.2.3. 2001헌가9).

2. 국가의 전통문화 계승·발전과 민족문화 창달에 노력할 의무를 규정한 우리 헌법 제9조의 정신에 비추어 문화재에 관한 재산권 행사에 일반적인 재산권 행사보다 강한 사회적 의무성이 인정된다(헌재 2007.7.26. 2003헌마377).

3. 헌법 제9조의 규정취지는 원칙적으로 민족문화유산의 훼손 등에 관한 가치보상이 있는지 여부는 이러한 헌법적 보호법익과 직접적인 관련이 없다(헌재 2003.1.30. 2001헌바64).

📖 판례정리

문화영역에서 국가의 역할

1. 문화와 국가

우리나라는 건국헌법 이래 문화국가의 원리를 헌법의 기본원리로 채택하고 있다. 문화국가원리는 국가의 문화국가실현에 관한 과제 또는 책임을 통하여 실현되는바, 국가의 문화정책과 밀접 불가분의 관계를 맺고 있다. 과거 국가절대주의 사상의 국가관이 지배하던 시대에는 국가의 적극적인 문화간섭정책이 당연한 것으로 여겨졌다. 그러나 오늘날에 와서는 국가가 어떤 문화현상에 대하여도 이를 선호하거나 우대하는 경향을 보이지 않는 **불편부당의 원칙**이 가장 바람직한 정책으로 평가받고 있다. 오늘날 문화국가에서의 문화정책은 그 초점이 문화 그 자체에 있는 것이 아니라 문화가 생겨날 수 있는 문화풍토를 조성하는 데 두어야 한다. 문화국가원리의 이러한 특성은 문화의 개방성 내지 다원성의 표지와 연결되는데, 국가의 문화육성의 대상에는 원칙적으로 모든 사람에게 문화창조의 기회를 부여한다는 의미에서 **모든 문화가 포함된다.** 따라서 엘리트문화뿐만 아니라 서민문화, 대중문화도 그 가치를 인정하고 정책적인 배려의 대상으로 하여야 한다(헌재 2004.5.27. 2003헌가1 등).

2. 헌법 제10조(행복추구권), 제31조(교육을 받을 권리), 제9조(전통문화의 계승·발전과 민족문화의 창달에 노력할 국가의무)로부터 국가 및 지방자치단체에게 '초·중등교육 과정에 지역어 보전 및 지역의 실정에 적합한 기준과 내용의 교과를 편성할 구체적인 의무'가 도출된다고 할 수 없다(헌재 2009.5.28. 2006헌마618).

📖 판례정리

헌법 위반 여부

헌법 위반인 것

1. **호주제**는 남계혈통을 중시하여 혼인과 가족생활에서 여성을 부당하게 차별하므로 헌법 제36조에 위반된다 (헌재 2005.2.3. 2001헌가9).

2. **과외를 원칙적으로 금지하는 것**은 문화국가원리에 위반된다(헌재 2000.4.27. 98헌가16, 98헌마429).

3. **문화예술진흥기금을 위한 부담금 부과**는 공연관람자 등이 예술감상에 의한 정신적 풍요를 느낀다면 그것은 헌법상의 문화국가원리에 따라 국가가 적극 장려할 일이지, 이것을 일정한 집단에 의한 수익으로 인정하여 그들에게 경제적 부담을 지우는 것은 헌법의 문화국가이념(제9조)에 역행하는 것이다(헌재 2003.12.18. 2002헌가2).

4. **피청구인 대통령의 지시로 피청구인 대통령 비서실장, 정무수석비서관, 교육문화수석비서관, 문화체육관광부장관이 야당 소속 후보를 지지하였거나 정부에 비판적 활동을 한 문화예술인이나 단체를 정부의 문화예술 지원사업에서 배제할 목적으로, 한국문화예술위원회, 영화진흥위원회, 한국출판문화산업진흥원 소속 직원들로 하여금 특정 개인이나 단체를 문화예술인 지원사업에서 배제하도록 한 일련의 지시 행위가 청구인들의 평등권을 침해하는지 여부(적극)**

   우리 헌법상 문화국가원리는 견해와 사상의 다양성을 그 본질로 하며, 이를 실현하는 국가의 문화정책은 불편부당의 원칙에 따라야 하는바, 모든 국민은 정치적 견해 등에 관계없이 문화 표현과 활동에서 차별을 받지 않아야 한다. 그럼에도 불구하고 피청구인들이 이러한 중립성을 보장하기 위하여 법률에서 정하고 있는 제도적 장치를 무시하고 정치적 견해를 기준으로 청구인들을 문화예술계 정부지원사업에서 배제되도록 차별취급한 것은 헌법상 문화국가원리와 법률유보원칙에 반하는 자의적인 것으로 정당화될 수 없다. 정치적 견해만을 기준으로 하여 그들의 공정한 심사 기회를 박탈하고 심의에서 일절 배제되도록 한 것은 정당화될 수 없는 자의적인 차별행위이다. 따라서 이 사건 지원배제 지시는 청구인들의 평등권을 침해한다(헌재 2020.12.23. 2017헌마416).

헌법 위반이 아닌 것

1. **영화발전기금을 위한 부담금 부과**는 영화산업의 소비자인 관람객에게 돌아가게 되어 그 집단적 책임성 및 효용성도 인정되므로 영화관 관람객의 재산권 및 영화관 경영자의 직업수행의 자유를 침해하지 아니한다. 그리고 영화관 관람객은 영화의 본래적·전형적 소비자라는 점에서 이들의 평등권도 침해하지 않는다(헌재 2008.11.27. 2007헌마860).

2. 오늘날 종교적인 의식 또는 행사가 하나의 사회공동체의 문화적인 현상으로 자리잡고 있으므로, 어떤 의식, 행사, 유형물 등이 비록 종교적인 의식, 행사 또는 상징에서 유래되었다고 하더라도 그것이 이미 우리 사회공동체 구성원들 사이에서 **관습화된 문화요소로 인식되고 받아들여질 정도에 이르렀다면**, 일정 범위 내에서 전통문화의 계승·발전이라는 문화국가원리에 부합하며 정교분리원칙에 위배되지 않는다(대판 2009.5.28. 2008두16933).

3. 사업시행자에게 문화재 발굴비용부담

건설공사 과정에서 매장문화재의 발굴로 인하여 문화재 훼손 위험을 야기한 **사업시행자에게 원칙적으로 발굴경비를 부담시킴으로써**, 대통령령으로 정하는 경우에는 예외적으로 국가 등이 발굴비용을 부담할 수 있는 완화규정을 두고 있어 침해최소성 원칙, 법익균형성 원칙에도 반하지 아니하므로, 과잉금지원칙에 위배되지 아니한다(헌재 2011.7.28. 2009헌바244).

4. 청소년의 건강 보호 및 건전한 성장을 위하여 심야시간대에 한하여 **16세 미만 자의 22시 이후 게임금지**는 헌법상 문화국가의 원리에 반한다는 청구인들의 주장은 이유 없다(헌재 2014.4.24. 2011헌마659).

제8절 국제평화주의

01 국제평화주의의 의의

1. 연혁

제2차 세계대전 이후에 각국의 헌법에서 국제평화주의는 일반적으로 수용되었다.

2. 현행헌법과 국제평화주의

> [헌법전문] "항구적인 세계평화와 인류공영에 이바지함으로써 …"
>
> 헌법 제5조【침략적 전쟁의 부인, 국군의 사명과 정치적 중립성】① 대한민국은 국제평화의 유지에 노력하고 침략적 전쟁을 부인한다.

① 미군기지의 이전은 공공정책의 결정 내지 시행에 해당하는 것으로서 인근 지역에 거주하는 사람들의 삶을 결정함에 있어서 사회적 영향을 미치게 되나, 개인의 인격이나 운명에 관한 사항은 아니며 각자의 개성에 따른 개인적 선택에 직접적인 제한을 가하는 것이 아니다. 따라서 그와 같은 사항은 헌법상 자기결정권의 보호범위에 포함된다고 볼 수 없다(헌재 2006.2.23. 2005헌마268).

② 이라크 군 부대 파견결정은 그 성격상 국방 및 외교에 관련된 고도의 정치적 결단을 요하는 문제로서, 국가안전보장회의와 국무회의를 거친 후 국회의 동의를 얻어 헌법과 법률에 따른 절차적 정당성을 확보하여 헌법과 법률이 정한 절차를 지켜 이루어진 것임이 명백하므로, 대통령과 국회의 판단은 존중되어야 하고 헌법재판소가 사법적 기준만으로 이를 심판하는 것은 자제되어야 한다(헌재 2004.4.29. 2003헌마814).

③ **평화적 생존권**은 이를 헌법에 열거되지 아니한 기본권으로서 특별히 새롭게 인정할 필요성이 있다거나 그 권리내용이 비교적 명확하여 구체적 권리로서의 실질에 부합한다고 보기 어려워 헌법상 보장된 기본권이라고 할 수 없다(헌재 2009.5.28. 2007헌마369).

02 현행헌법의 국제법 질서 존중 **

> 헌법 제6조【조약과 국제법규의 효력, 외국인의 법적 지위】① 헌법에 의하여 체결·공포된 조약과 일반적으로 승인된 국제법규는 국내법과 같은 효력을 가진다.

1. 조약의 개념

조약은 '국가·국제기구 등 국제법 주체 사이에 권리·의무관계를 창출하기 위하여 서면 형식으로 체결되고 국제법에 의하여 규율되는 합의'이다. 최근 판례는 구두에 의한 합의도 조약이 될 수 있다고 한다.

📖 판례정리

헌법재판소가 조약으로 보지 않는 것

1. 중국과의 마늘합의서는 헌법적으로 반드시 공포하여 국내법과 같은 효력을 부여해야 한다고 단정할 수 없으며, 정보공개청구가 없었던 상황에서 정부가 이를 사전에 공개할 의무가 있다고 보기도 어렵다(헌재 2004.12.16. 2002헌마579).

2. **미국산 쇠고기 수입위생조건고시**는 조약이 아니라 행정규칙이므로 국회의 동의를 받아야 하는 것은 아니다 (헌재 2008.12.26. 2008헌마419).

3. **남북합의서는 남북관계를 '나라와 나라 사이의 관계가 아닌 통일을 지향하는 과정에서 잠정적으로 형성되는 특수관계'**임을 전제로 하여 이루어진 합의문서인바, 이는 한민족공동체 내부의 특수관계를 바탕으로 한 당국 간의 합의로서 남북당국의 성의 있는 이행을 상호 약속하는 일종의 공동성명 또는 신사협정에 준하는 성격을 가짐에 불과하다(헌재 1997.1.16. 92헌바6·26).

4. **한미동맹 동반자관계를 위한 전략대화 출범에 관한 공동성명**은 국회의 동의를 받아야 할 조약이 아니다(헌재 2008.3.27. 2006헌라4).

5. **일본군 위안부 문제 합의 발표** *각하결정
   조약과 비구속적 합의를 구분할 때 합의의 명칭, 형식, 절차와 함께 법적 구속력을 부여하려는 의도와 구체적 권리·의무 창설 여부를 종합적으로 고려해야 한다. 비구속적 합의로 인정될 경우 국민의 법적 지위에 영향을 미치지 않으므로 이를 대상으로 한 헌법소원심판청구는 허용되지 않는다. 2015년 일본군 위안부 문제 관련 합의는 합의 내용에 법적 권리·의무 창설 의사가 명시되지 않았고, 피해자들의 권리가 처분되거나 대한민국 정부의 외교적 보호권이 소멸한 것으로 볼 수 없어 법적 지위에 영향을 미쳤다고 보기 어렵다. 따라서 이 합의가 기본권을 침해할 가능성이 없으며, 헌법소원심판청구 대상이 될 수 없다(헌재 2019.12.27. 2016헌마253).

2. 헌법에 의하여 체결·공포된 조약

> **헌법 제60조【조약·선전포고 등에 관한 동의권】** ① **국회는** 상호원조 또는 안전보장에 관한 조약, 중요한 국제조직에 관한 조약, 우호통상항해조약, **주권의 제약에 관한 조약, 강화조약, 국가나 국민에게 중대한 재정적 부담을 지우는 조약 또는 입법사항에 관한 조약의 체결·비준에 대한 동의권을 가진다.**
>
> 참고 국회의 동의권 규정은 있으나 국회의원의 동의권 규정은 없다.
>
> **제73조** 대통령은 조약을 체결·비준하고, 외교사절을 신임·접수 또는 파견하며, 선전포고와 강화를 한다.

(1) 국회동의

헌법 제60조 제1항에 열거된 조약은 국회의 동의가 필요하나 문화협정, 비자협정과 같이 **행정 협조적·기술적 조약은 국회의 동의가 필요 없다.** 제60조 제1항을 제한적 열거로 보는 견해가 다수설이다. **남북합의서**는 조약이 아니므로 국회의 동의를 받지 않았다.

국회동의가 필요한 조약

1. **한미무역협정**은 우호통상항해조약의 하나로서 <u>국회동의가 필요한 조약으로서 법률의 효력을 가진다</u>(헌재 2013.11.29. 2012헌마166).

2. **한미행정협정(SOFA)**으로 불리는 '대한민국과 아메리카합중국 간의 상호방위조약 제4조에 의한 시설과 구역 및 대한민국에서의 합중국 군대의 지위에 관한 협정'은 그 외국군대의 지위에 관한 것이고, 국가에게 재정적 부담을 지우는 내용과 입법사항을 포함하고 있으므로 국회의 동의를 요하는 조약으로 취급되어야 한다(헌재 1999.4.29. 97헌가14).

📖 판례정리

국회의원의 권한쟁의심판청구

1. 국회의원은 헌법 제40조 및 제41조 제1항과 국회법 제93조 및 제109조 내지 제112조에 따라서 조약의 체결·비준 동의안에 대하여 **심의·표결할 권한**을 가진다(헌재 2007.7.26. 2005헌라8).

2. 국회의원은 국회의 조약 체결·비준 동의권 침해를 주장하며 권한쟁의심판을 청구할 수 없다. 이는 국회의원이 국회의 부분기관으로서 소속기관의 권한을 주장할 수 있는 '제3자 소송담당'이 명시적으로 허용된 법률이 없기 때문이다(헌재 2007.7.26. 2005헌라8).

3. 대통령이 국회의 동의 없이 조약을 체결·비준하였다 하더라도 국회의 동의권은 침해될 수 있으나, 국회의원 개개인의 심의·표결권은 침해되지 않는다(헌재 2007.7.26. 2005헌라8).

4. 상임위원회 위원장이 회의장 출입문을 폐쇄하여 소수당 소속 위원들의 출입을 봉쇄한 채 회의를 열고 안건을 상정·심사한 행위는 소수당 소속 위원들의 조약비준동의안에 대한 심의권을 침해한 것이다(헌재 2010.12.28. 2008헌라7).

(2) 헌법에 의하여 체결·공포된 조약의 효력

① **국회동의를 요하는 조약**: 국회의 동의를 요하는 조약은 내용이 법률로 제정되어야 할 사항이고 절차가 입법절차와 같으므로 법률의 효력을 가진다.

📖 판례정리

법률의 효력을 가지는 조약

1. **마라케쉬 협정**은 국회의 동의를 받아 법률적 효력을 가지는 조약이므로 관세법이나 특정범죄가중처벌법의 개정 없이 마라케쉬 협정에 의하여 <u>관세법 위반자의 처벌이 가중된다 하더라도 이를 들어 법률에 의하지 아니한 형사처벌이라거나 행위시의 법률에 의하지 아니한 형사처벌이라고 할 수 없다</u>(헌재 1998.11.26. 97헌바65).

2. **국제통화기금협정**은 법률의 효력을 가지는 조약으로서 위헌법률심판의 대상이 된다(헌재 2001.9.27. 2000헌바20).

3. 지방자치단체의 조례가 GATT 내국민대우원칙에 위반될 경우, 헌법 제6조 제1항에 따라 국내법과 동일한 효력을 가지는 GATT에 의해 그 조례는 효력이 없다. 특정 지방자치단체가 학교급식에 자치단체 생산 우수농산물 사용을 의무화하고 지원금을 이에만 사용하도록 규정한 조례는 GATT 내국민대우원칙에 위반되어 효력이 없다(대판 2005.9.9. 2004추10).

② **국회의 동의를 요하지 않는 조약**: 국회의 동의를 요하지 않는 조약은 국내법률의 입법절차와 동일하지 않으므로 명령의 효력을 가진다.

③ **헌법의 효력을 가지는 조약**: 우리 헌법은 조약에 대한 헌법의 우위를 전제하고 있으며, 헌법과 동일한 효력을 가지는 이른바 **헌법적 조약**을 인정하지 아니한다고 볼 것이다. 따라서 조약은 **위헌성 심사의 척도가 될 수 없다**(헌재 2013.11.28. 2012헌마166).

(4) 조약의 규범통제

헌법재판소는 조약이 규범통제의 대상이 된다고 한다.

구분	국회동의를 요하는 조약	국회동의를 요하지 않는 조약
위헌법률심판	○	×
헌법재판소법 제68조 제2항 헌소	○	×
헌법재판소법 제68조 제1항 헌소	○	○
법원의 명령규칙 · 심사 (헌법 제107조 제2항)	×	○

3. 일반적으로 승인된 국제법규 ★★

(1) 국제법규의 개념

① 일반적으로 승인된 국제법규란 세계 대부분의 국가가 인정하는 국제관습법과 일반적으로 국제사회에서 인정된 조약이다.

② **자유권규약을 포함한 국제인권규범은 국내법체계상에서 법률적 효력을 가질 뿐이므로**, 우리 헌법에서 명시적으로 입법위임을 하고 있거나 우리 헌법의 해석상 입법의무가 발생하는 경우가 아니라면, 국제인권규범이 명시적으로 입법을 요구하고 있거나 그 해석상 국가의 기본권보장의무가 인정되는 경우라고 하더라도 곧바로 국가의 입법의무가 도출된다고 볼 수 없다(헌재 2024.1.25. 2021헌마703).

📖 **판례정리**

일반적으로 승인된 국제법규가 아닌 것

1. 국제노동기구 산하 '결사의 자유위원회'의 권고는 국내법과 같은 효력이 있거나 일반적으로 승인된 국제법규라고 볼 수 없다(헌재 2014.5.29. 2010헌마606).

2. **남북합의서**는 신사협정, 공동성명이므로 국내법과 같은 효력이 없다(헌재 1997.1.16. 92헌바6).

3. 전 세계적으로 **양심적 병역거부권의 보장에 관한 국제관습법이 형성되었다고 할 수 없다**(헌재 2011.8.30. 2008헌가22).

4. **국제연합의 인권선언**은 선언적 의미만 가지고 있을 뿐 보편적인 법적 구속력을 갖지 못한다(헌재 1991.7.22. 89헌가106).

5. 우리나라가 국제노동기구의 정식회원이 아니기 때문에 **ILO 제87호와 제98호 조약**은 헌법에 의해서 체결 · 공포된 조약이 아니며, 헌법 제6조 제1항에서 말하는 일반적으로 승인된 국제법규로서 헌법적 효력을 갖는 것이라고 볼 만한 근거도 없으므로, 공무원의 노동조합결성을 제한하는 규정의 **위헌성 심사의 척도가 될 수 없다**(헌재 1998.7.16. 97헌바23 ; 헌재 2005.10.27. 2003헌바50).

---

(2) 효력

조약이 법률보다 우선하는 것은 아니다. 헌법 제6조 제1항의 국제법 존중주의는 우리나라가 가입한 조약과 일반적으로 승인된 국제법규가 국내법과 같은 효력을 가진다는 것으로서 조약이나 국제법규가 국내법에 우선한다는 것은 아니다(헌재 2001.4.26. 99헌가13).

03 외국인의 법적 지위 보장

> **헌법 제6조【조약과 국제법규의 효력, 외국인의 법적 지위】** ② 외국인은 **국제법과 조약**이 정하는 바에 의하여 그 지위가 보장된다.

헌법 제6조 제2항에 의하면 외국인은 국제법과 조약이 정하는 바에 의하여 그 지위가 보장되는데, 우리나라에 효력이 있는 국제법과 조약 중 국내에 주소 등을 두고 있지 아니한 외국인이 소를 제기한 경우에 소송비용담보제공명령을 금지하는 국제법이나 조약을 찾아볼 수 없고, **국내에 주소 등을 두고 있지 아니한 원고에게 법원이 소송비용담보제공명령을 하도록 한 민사소송법**은 그 적용대상을 외국인으로 한정하고 있지 아니할 뿐만 아니라 외국인을 포함하여 국내에 주소 등을 두고 있지 아니한 원고의 재판청구권을 침해한다고 볼 수 없으므로, 이 사건 법률조항은 헌법 제6조 제2항에 위배되지 아니한다(헌재 2011.12.29. 2011헌바57).

제9절 통일의 원칙

01 영토조항과 통일조항

> **헌법 제3조【영토】** 대한민국의 영토는 한반도와 그 부속도서로 한다.
>
> **제4조【평화통일정책】** 대한민국은 통일을 지향하며, 자유민주적 기본질서에 입각한 평화적 통일정책을 수립하고 이를 추진한다.

영토조항을 처음 규정한 헌법	제헌헌법
평화적 통일원칙을 처음 규정한 헌법	제7차 개정헌법(유신헌법)
자유민주적 기본질서에 입각한 평화적 통일을 처음 규정한 헌법	현행헌법

1. 영토조항

(1) 의의

제헌헌법 이래 헌법에 명문화된 영토조항은 유일한 합법정부가 대한민국임을 명시하여 이북지역을 사실상 지배하고 있는 북한당국을 반국가단체로 보게 하는 헌법상 근거이다. 따라서 영토조항은 국가보안법의 헌법근거조항으로 볼 수 있다.

(2) 북한의 법적 지위

대법원 판례에 따르면 영토조항에 근거하여 북한지역에도 대한민국의 주권이 미칠 뿐이므로 대한민국 주권과 부딪히는 어떠한 국가단체의 주권을 법리상 인정할 수 없다고 하여 북한의 국가성을 부정하고 북한을 반국가단체로 보고 있다.

(3) 북한주민의 국적

북한은 국가가 아니므로 북한주민이 북한국적·공민증을 발급받았다고 하여 대한민국 국적을 상실하는 것은 아니다. 북한주민은 별도의 절차 없이 헌법과 국적법에 따라 대한민국 국적을 취득한다.

📖 **판례정리**

북한주민의 법적 지위

1. 조선인을 부친으로 하여 출생한 자는 남조선과도정부법률 제11호 국적에 관한 임시조례에 따라 조선국적을 취득하였으며, 제헌헌법 공포와 동시에 대한민국 국적을 취득한다. 설사 북한법에 따라 북한국적을 취득하고 북한 해외공민증을 발급받았더라도, 북한은 대한민국의 영토 일부로서 대한민국 주권이 미치며, 대한민국의 주권과 충돌하는 다른 국가단체의 주권은 법리적으로 인정되지 않는다. 따라서 이러한 사정은 대한민국 국적 취득 및 유지에 아무런 영향을 미치지 않는다(대판 1996.11.12. 96누1221).

2. 북한 주민도 일반적으로 대한민국 국민에 포함되므로, 북한 주민은 특별법상 위로금 지급 제외 대상인 '대한민국 국적을 갖지 아니한 사람'에 해당하지 않는다(대판 2016.1.28. 2011두24675).

3. 개별 법률의 적용이나 준용에서는 남북한의 특수한 관계를 고려하여, 북한 지역을 외국에 준하는 지역으로, 북한 주민을 외국인에 준하는 지위로 규정할 수 있다(헌재 2005.6.30. 2003헌바114).

---

(4) 북한주민의 입국의 자유

북한주민은 대한민국 국민이고 대한민국 국민은 거주·이전의 자유 주체이므로 북한주민은 입국의 자유를 누린다.

(5) 북한이탈주민보호(북한이탈주민의 보호 및 정착지원에 관한 법률)

'북한이탈주민'이란 군사분계선 이북지역에 주소, 직계가족, 배우자, 직장 등을 두고 있는 사람으로서 북한을 벗어난 후 **외국국적을 취득하지 아니한 사람**을 말한다(법 제2조 제1호).

📖 **판례정리**

북한이탈주민

1. 탈북의료인에게 국내 의료면허를 부여할지는 북한의 의학교육 실태, 의료수준, 자격증명방법 등을 종합적으로 고려하여 입법자가 규율할 사항이다. 헌법 조문이나 해석에 의해 **입법자에게 의료면허를 부여할 의무가 바로 발생한다고 볼 수 없다**(헌재 2006.11.30. 2006헌마679).

2. 마약거래범죄로 인해 보호대상자로 결정되지 못한 북한이탈주민도 정착지원시설 보호, 학력 및 자격 인정, 국민연금 특례 등의 보호 및 지원을 받을 수 있으며, 국민기초생활 보장법에 따른 급여 등 최소한의 인간다운 생활 보장을 받고 있다. **마약거래범죄자인 북한이탈주민을 보호대상자로 결정하지 않을 수 있도록 한 북한이탈주민보호법**은 이들의 인간다운 생활을 할 권리를 침해하지 않는다(헌재 2014.3.27. 2012헌바192).

---

02 남북관계

1. 북한의 법적 지위 *

판례정리

국가보안법과 남북교류협력에 관한 법률 (헌재 1993.7.29. 92헌바48)

1. 북한의 이중적 성격

현 단계에 있어서의 북한은 조국의 평화적 통일을 위한 <u>대화와 협력의 동반자임과 동시에 반국가단체라는 성격도 함께 갖고 있음이 엄연한 현실인 점에 비추어, 전자를 위하여는 남북교류협력에관한법률 등의 시행으로 써 이에 대처하고 후자를 위하여는 국가보안법의 시행으로써 이에 대처하고 있는 것이다.</u>

2. 남북교류에 관한 법률과 국가보안법은 적용영역이 다르므로 <u>양자는 특별법과 일반법의 관계가 성립하지 않는다.</u> 또한 <u>전자의 시행으로 국가보안법의 효력이 상실되는 것은 아니다.</u>

3. 국가보안법과 남북교류협력에 관한 법률은 상호 그 입법목적과 규제대상을 달리하고 있으며 따라서 구 국가보안법 제6조 제1항 소정의 잠입·탈출죄와 남북교류협력에 관한 법률 제27조 제2항 제1호 소정의 죄는 <u>각기 그 구성요건을 달리하고 있는 것이므로 위 두 법률조항에 관하여 형법 제1조 제2항이 적용될 수 없</u>다.

2. 남북합의서의 법적 성격

<u>소위 남북합의서는 일종의 공동성명 또는 신사협정에 준하는 성격을 가짐에 불과하다.</u> 따라서 <u>남북합의서의 채택·발효 후에도 북한의 반국가단체성이나 국가보안법의 필요성에 관하여는 아무런 상황변화가 있었다고 할 수 없다</u>(헌재 1997.1.16. 92헌바6·26).

3. 남북관계 발전에 관한 법률

남북관계 발전에 관한 법률 제3조【남한과 북한의 관계】① 남한과 북한의 관계는 국가 간의 관계가 아닌 통일을 지향하는 과정에서 잠정적으로 형성되는 특수관계이다.
② 남한과 북한 간의 거래는 국가 간의 거래가 아닌 민족내부의 거래로 본다.

제21조【남북합의서의 체결·비준】② 대통령은 남북합의서를 비준하기에 앞서 국무회의의 심의를 거쳐야 한다.
③ 국회는 국가나 국민에게 중대한 재정적 부담을 지우는 남북합의서 또는 입법사항에 관한 남북합의서의 체결·비준에 대한 동의권을 가진다.
④ 대통령이 이미 체결·비준한 남북합의서의 이행에 관하여 단순한 기술적·절차적 사항만을 정하는 남북합의서는 남북회담대표 또는 대북특별사절의 서명만으로 발효시킬 수 있다.

국가보안법과 남북교류협력법

1. 피의자 구속기간 연장

① 피의자 구속기간을 최장 50일로 하는 국가보안법 제19조를 찬양고무죄·불고지죄에 적용하는 경우 국가보안법 제7조의 찬양·고무죄와 제10조의 불고지죄는 범죄구성요건이 복잡한 것도 아니고 증거수집이 어려운 것도 아니므로 일반 형사사건의 피의자 최장구속기간인 30일보다 20일이나 많은 50일을 피의자 구속기간으로 하는 국가보안법 제19조는 과잉금지원칙에 위반된다(헌재 1992.4.14. 90헌마82). ***한정위헌결정**

② 국가보안법 제19조를 통신회합죄 등에 적용하는 경우 통신회합죄 등은 성질상 우리나라 수사권이 미치지 않는 북한 등에 걸쳐 이루어지는 범죄이므로 일반 형사사건에 비하여 증거자료를 확보함에 있어 많은 시간이 필요하므로 피의자 구속기간을 일반 형사사건보다 연장할 이유가 있다. 따라서 국가보안법 제19조를 통신회합죄 등에 적용하면 헌법에 위반되지 않는다(헌재 1997.8.21. 96헌마48). ***기각결정**

2. 북한주민과 회합·통신방법으로 접촉할 때 통일부장관의 승인 (헌재 2000.7.20. 98헌바63) ***합헌결정**

① 남한의 주민이 북한주민 등과 회합·통신방법으로 접촉하고자 할 때 통일부장관의 승인을 얻도록 한 남북교류법 제9조 제3항은 당사자의 안전, 자유민주적 기본질서 보장을 위한 것으로 통일 관련조항에 위반된다고 볼 수 없다.

② 통일조항들로부터 국민 개개인의 통일에 관한 기본권이 도출된다고 볼 수 없다.

③ 이 사건 법률조항은 통일부장관의 승인에 관한 기준이나 구체적 내용을 대통령령에 위임하지 않고 있으므로 포괄위임금지원칙이 적용될 여지가 없다.

제4장 / 제도적 보장

제1절 정당의 자유와 정당제도

01 정당의 의의

1. 개념

정당이라 함은 국민의 이익을 위하여 책임있는 정치적 주장이나 정책을 추진하고 공직선거의 후보자를 추천 또는 지지함으로써 국민의 정치적 의사형성에 참여함을 목적으로 하는 국민의 자발적 조직을 말한다(정당법 제2조).

2. 정당제도의 연혁

① **제1공화국**: 진보당의 강령, 당헌에 대하여 대법원은 위헌성을 부정하였으나, 공보실장의 명령에 의해 진보당은 해체되었다. 즉, 진보당은 사법부의 재판에 의하여 해산된 것이 아니었다.
② **제2공화국(제3차 개정헌법)**: 정당과 위헌정당해산조항을 신설하여 정당의 헌법상의 수용단계에 해당한다.
③ **제3공화국(제5차 개정헌법)**: 정당국가적 경향이 가장 강했던 헌법으로 무소속의 국회의원과 대통령 출마를 금지하였고, 탈당시 또는 정당 해산시 국회의원의 자격을 상실하도록 규정되어 있었다.
④ **제4공화국(제7차 개정헌법)**: 정당국가적 경향이 다소 후퇴하여 무소속의 입후보가 허용되었다. 오히려 통일주체국민회의대의원선거에 정당원의 출마가 금지되었다.
⑤ **제5공화국(제8차 개정헌법)**: 정당국가적 경향이 다소 강화되어 국고보조금조항(제8조 제3항)을 신설하였다.

3. 정당의 지위

(1) 정당의 법적 형태

정당의 법적 지위는 적어도 <u>그 소유재산의 귀속관계에 있어서는 법인격 없는 사단(社團)으로 보아야</u> 하고, 중앙당과 지구당과의 복합적 구조에 비추어 <u>정당의 지구당은 단순한 중앙당의 하부조직이 아니라 어느 정도의 독자성을 가진 단체로서 역시 법인격 없는 사단에 해당한다</u>고 보아야 할 것이다(헌재 1993.7.29. 92헌마262).

(2) 정당의 기본권 주체성

권리능력 없는 사단에 대해 헌법재판소는 기본권 주체성과 헌법소원청구능력을 인정하였다(헌재 1991.3.11. 91헌마21). 등록정당'에 준하는 '권리능력 없는 사단'으로서의 실질을 유지하고 있다고 볼 수 있으므로 이 사건 헌법소원의 청구인능력을 인정할 수 있다(헌재 2006.3.30. 2004헌마246).

(4) 정당과 국회의원 자유위임

국회의원은 국민의 대표자로서 자유위임을 누린다. 그러나 정당에 소속된 국회의원은 정당을 대표하는 지위를 가지므로 사실상 정당에 기속된다. 국회의원이 정당의 당론과 다른 견해를 표명할 경우, 교섭단체가 해당 의원을 다른 상임위원회로 전임(사·보임)하는 조치는 헌법상 용인될 수 있는 정당 내부의 사실상 강제 범위에 포함된다(헌재 2003.10.30. 2002헌라1).

02 헌법 제8조의 규범적 의미 **

> 헌법 제8조 【정당】 ① 정당의 설립은 자유이며, 복수정당제는 보장된다.
> ② 정당은 그 목적·조직과 활동이 민주적이어야 하며, 국민의 정치적 의사형성에 참여하는 데 필요한 조직을 가져야 한다.
> ③ 정당은 법률이 정하는 바에 의하여 국가의 보호를 받으며, 국가는 법률이 정하는 바에 의하여 정당의 운영에 필요한 자금을 보조할 수 있다.
> ④ 정당의 목적이나 활동이 민주적 기본질서에 위배될 때에는 정부는 헌법재판소에 그 해산을 제소할 수 있고, 정당은 헌법재판소의 심판에 의하여 해산된다.

1. 헌법 제8조와 제21조의 관계

정당도 헌법 제21조의 결사이나 제8조는 일반결사에 관한 제21조의 특별법적 규정으로서 정당의 설립·활동·존속에 있어서는 제8조가 우선적으로 적용된다.

2. 헌법 제8조 제1항의 의미

(1) 정당의 자유

정당설립의 자유는 헌법 제8조 제1항과 결사의 자유를 보장하는 헌법 제21조 제1항에 의해 보호되는 기본권이다. 비록 헌법 제8조 제1항이 기본권 규정 형식을 취하지 않고 제2장에 위치하지 않더라도, 정당의 설립과 가입의 자유는 헌법적 보호를 받는 기본권으로 인정된다(헌재 1999.12.23. 99헌마135).

📖 판례정리

정당의 자유 보호영역

1. 정당설립의 자유는 자신들이 원하는 명칭을 사용하여 정당을 설립하거나 활동할 자유를 포함한다(헌재 2014.1.28. 2012헌마431).

2. 헌법 제8조 제1항의 정당설립의 자유는 정당에 자유롭게 가입하고 탈퇴할 권리, 조직 및 법형식 선택의 자유, 합당·분당·해산의 자유를 포괄하며, 특정 정당에 가입하지 않을 자유와 가입했던 정당에서 탈퇴할 자유와 같은 소극적 자유도 포함한다(헌재 2006.3.30. 2004헌마246).

3. **자유민주적 기본질서를 부정하고 이를 적극적으로 제거하려는 조직도**, 국민의 정치적 의사형성에 참여하는 한, **'정당의 자유'의 보호를 받는 정당에 해당하며**, 오로지 헌법재판소가 그의 위헌성을 확인한 경우에만 정당은 정치생활의 영역으로부터 축출될 수 있다(헌재 1999.12.23. 99헌마135).

(2) 정당의 자유의 주체

국민인 개인, 정당과 등록이 취소된 정당(헌재 2006.3.30. 2004헌마246)도 주체가 될 수 있다.

(3) 정당설립의 허가제금지

입법자는 정당이 헌법상 기능을 이행할 수 있도록 절차적·형식적 요건을 규정하여 정당의 자유를 구체적으로 형성하고 제한할 수 있으나, 이를 제외하고 정당설립에 대한 국가의 간섭이나 침해는 원칙적으로 허용되지 않는다. 이는 정당설립에 대해 형식적 요건은 설정 가능하나, 내용적 요건을 요구하여 허가절차를 규정하는 것은 헌법적으로 허용되지 않는다는 것을 의미한다(헌재 1999.12.23. 99헌마135).

📖 **판례정리**

정당등록 요건

오늘날의 의회민주주의가 정당의 존재 없이는 기능할 수 없다는 점에서 심지어 '위헌적인 정당을 금지해야 할 공익'도 정당설립의 자유에 대한 입법적 제한을 정당화하지 못하도록 규정한 것이 헌법의 객관적인 의사라면, 입법자가 그 외의 공익적 고려에 의하여 정당설립금지조항을 도입하는 것은 원칙적으로 헌법에 위반된다(헌재 1999.12.23. 99헌마135).

3. 헌법 제8조 제2항의 의미

헌법 제8조 제1항은 정당설립의 자유를 명시하며, 정당의 자유에는 정당설립뿐만 아니라 정당활동의 자유도 포함된다. 그러나 헌법 제8조 제2항은 정당의 목적·조직·활동이 민주적이어야 하며, 국민의 정치적 의사형성에 기여해야 한다는 조직의 자유에 대한 한계를 설정하고, 제8조 제4항은 민주적 기본질서를 위배하는 정당은 헌법재판소의 심판에 따라 해산될 수 있다고 규정하여 정당의 자유에 한계를 명시하고 있다. 따라서 정당활동의 자유도 헌법 제37조 제2항에 따른 일반적 법률유보의 대상이며, 가처분조항은 이를 근거로 정당활동의 자유를 제한하는 법률로 볼 수 있다. 이에 따라 가처분조항이 헌법적 수권 없이 위헌이라는 주장은 받아들일 수 없으며, 오히려 해당 조항이 과잉금지원칙을 준수했는지 여부가 기본권 침해 여부 판단의 심사기준이 된다(헌재 2014.2.27. 2014헌마7).

4. 정당이 선거에 있어서 기회균등의 보장을 받을 수 있는 헌법적 권리

(1) 정당의 선거에서 기회균등의 헌법적 권리

정당은 선거에서 후보자를 추천하고 선거운동을 통해 기회균등의 원칙에 따른 평등권 및 평등선거 원칙의 보장을 받는다. 이는 정당활동의 기회균등 보장 및 헌법상 참정권의 보장에 내포된 헌법적 권리로서, 헌법 제8조가 직접적인 근거규정이 된다(헌재 1991.3.11. 91헌마21).

(2) 정당 보조금 배분에서 기회균등원칙

정당 기회균등원칙은 보조금을 균등하게 배분할 것을 요구하는 것이 아니라, 정당의 규모, 정치적 영향력, 선거 실적 등 합리적 기준에 따른 차별을 허용한다. 다만, 이러한 차별이 각 정당의 경쟁 상태를 현저히 변경하지 않는 경우에만 합리성이 인정된다(헌재 2006.7.27. 2004헌마655).

5. 정당등록의 의미

(1) 등록신청을 받은 선거관리위원회는 정당이 형식적 요건을 구비하는 한 이를 거부하지 못한다(정당법 제15조).

(2) 형식적 요건을 구비하는 한 선거관리위원회는 등록을 거부할 수 없으므로 정당의 등록은 정당성립의 창설적·형성적 의미가 아니라 확인적·선언적 의미를 가진다.

정당등록 수리 (헌재 2023.2.23. 2020헌마275)

① 정당등록제도는 정당제도의 법적 안정성을 확보하고 정당임을 법적으로 확인하기 위한 제도이며, 헌법 제8조에 따라 정당설립의 자유와 복수정당제를 보장한다. 정당법 제15조는 형식적 요건을 충족한 정당의 등록을 반드시 수리하도록 규정하고 있어, 정당등록제도는 정당의 이념이나 목적 등을 이유로 등록 여부를 결정할 수 없다.

② 청구인이 주장하는 선거에서의 불공정 경쟁이나 정당보조금 불이익은 공직선거법이나 정치자금법 등 다른 법률에 따라 결정되는 간접적·사실적·경제적 불이익에 불과하므로, 미래한국당 정당등록 수리행위로 인해 기본권 침해의 자기관련성을 인정할 수 없다.

6. 헌법개정한계

제8조의 복수정당제와 정당설립의 자유는 자유민주적 기본질서의 핵심이므로 이에 반하는 헌법개정은 허용되지 않는다.

03 정당설립과 등록취소

1. 정당가입

(1) 헌법상 정당가입이 금지된 자

헌법재판소재판관, 중앙선거관리위원회 위원

(2) 공무원

공무원은 당원이 될 수 없으나 대통령, 국무총리, 국무위원, 국회의원, 지방의원, 지방자치단체의 장, 국회 부의장의 수석비서관·비서관·비서·행정보조요원, 국회 상임위원회·예산결산특별위원회·윤리특별위원회 위원장의 행정보조요원, 국회의원 보좌관·비서관·비서, 국회 교섭단체대표의원의 행정비서관, 국회교섭단체의 정책연구위원·행정보조요원, 총장, 교수, 부교수, 조교수, 강사는 당원이 될 수 있다.

📖 **판례정리**

1. 공무원 정당가입금지 (헌재 2014.3.27. 2011헌바42)

① 공무원의 신분과 지위의 특수성에 비추어 공무원에 대해서는 일반국민보다 더욱 넓고 강한 기본권 제한이 가능하게 된다. **공무원 정당가입금지**는 공무원의 정치적 중립을 위한 것으로서 정당의 자유를 침해한다고 할 수 없다.

② 민주적 의사형성과정의 개방성을 보장하기 위하여 정당설립의 자유를 최대한으로 보호하려는 헌법의 정신에 비추어, **정당의 설립 및 가입을 금지하는 법률조항**은 이를 정당화하는 사유의 중대성에 있어서 적어도 '민주적 기본질서에 대한 위반'에 버금가는 것이어야 한다고 판단된다.

2. 대체복무요원의 정당가입 금지조항과 기본권 침해 여부

대체역법의 정당가입금지조항은 대체복무요원의 정치적 중립성과 업무전념성을 보장하기 위한 규정이다. 정당활동은 개인적 정치활동보다 국민의 정치적 의사형성에 큰 영향을 미치며, 직무 내외를 명확히 구분하기 어려운 점에서 '직무 관련 표현행위만 규제'하는 대안이 현실적으로 어려워 기본권 제한이 불가피하다. 이에 따라 해당 조항은 과잉금지원칙에 위배되지 않으며, 정당가입의 자유를 침해하지 않는다(헌재 2024.5.30. 2022헌마1146).

(3) 교수

국공립대학교 교수와 사립학교 교수는 정당원이 될 수 있으나, 초·중·고 교사는 정당원이 될 수 없다.

📖 판례정리

초·중등 교원 정당가입금지

초·중등학생의 수업권 보장차원에서 **초·중등 교원의 정당가입을 금지한** 정당법 제6조 제1호는 정당가입의 자유 침해가 아니다. 또한 대학교수의 정당가입을 허용하면서 초·중등 교원의 정당가입을 금지한 것은 평등권 침해가 아니다(헌재 2004.3.25. 2001헌마710).

(4) 16세 이상

16세 이상의 국민은 정당의 발기인 및 당원이 될 수 있다. 18세 미만인 사람이 입당신청을 하는 때에는 법정대리인의 동의서를 함께 제출하여야 한다.

📖 판례정리

미성년자 정당가입금지

19세 미만인 사람들이 정당의 자유를 제한받는 것보다 정치적 판단능력이 미약한 사람이 정당을 설립하고 가입함으로 인하여 정당의 기능이 침해될 위험성은 크다고 할 것이므로 정당의 자유를 <u>침해한다고 할 수 없다</u>(헌재 2014.4.24. 2012헌마287).

(5) 외국인

외국인은 정당원이 될 수 없다.

(6) 국회의장

국회의장으로 당선된 의원은 당선된 날 다음 날로부터 당적을 상실한다. 그러나 국회부의장은 당적을 보유한다(국회법 제20조의2 제1항).

(7) 선거구획정위원

당원은 선거구획정위원이 될 수 없으므로 선거구획정위원은 당원이 아니다.

(8) 교육감

지방교육자치에 관한 법률 제24조의3에 따라 교육감은 당원이 될 수 없다.

📖 판례정리

검찰총장 퇴직 후 2년 이내 정당활동과 공직취임금지

검찰총장이 퇴직 후 2년간 정당의 발기인 및 당원이 될 수 없도록 한 규정은 결사의 자유를 제한하고, 정당 추천 없이 무소속으로만 선거에 입후보해야 하므로 참정권(선거권과 피선거권)과 공무담임권도 제한한다. 검찰의 정치적 중립은 퇴직 후 활동을 제한하는 방식이 아닌, 재직 중 공정성과 소신을 유지함으로써 확보될 수 있는 성질의 것이다.

해당 규정은 입법목적 달성의 효과가 의심스러우며, 퇴직 후 검찰총장을 정치적 활동에서 차별 취급하는 것은 직업선택의 자유, 정치적 결사의 자유, 참정권, 공무담임권을 침해하는 합리성이 결여된 차별로 헌법에 위반된다 (헌재 1997.7.16. 97헌마26).

📖 판례정리

경찰청장 퇴직 후 2년 이내 정당활동금지 (헌재 1999.12.23. 99헌마135)

1. 제한되는 기본권

이 사건 법률조항은 경찰청장이 정당가입 등을 전면 금지하여 간접적으로 피선거권(공무담임권)과 정당설립 및 가입의 자유를 제한한다. 그러나 피선거권에 대한 제한은 부수적 효과에 불과하며, 공무담임권은 이 사건 법률조항에 의해 제한되는 기본권으로 보기 어렵다. 또한 공무담임권이 직업의 자유에 우선 적용되므로, 직업의 자유 역시 직접 제한되는 기본권으로 고려되지 않는다.

2. 과잉금지원칙 위반 여부

경찰청장의 정치적 중립성을 달성하기 위해 정당가입을 전면 금지하는 방식은 최소성 원칙에 위반된다. 지구당 위원장 임명 제한이나 정당추천 금지 등으로도 정치적 중립성을 달성할 수 있음에도 불구하고, 모든 정당 활동을 금지한 것은 과도하다. 이에 따라 해당 규정은 정당설립 및 가입의 자유를 침해한다.

---

2. 정당설립의 조직기준 ★★

(1) 법정 시·도당수

정당은 5 이상의 시·도당을 가져야 한다(정당법 제17조).

📖 판례정리

1. 지구당 폐지

정당법 제3조가 지구당을 폐지하여 정당구조를 경량화하는 조치는 고비용·저효율 구조를 개선하려는 공익 목적을 지닌다. 이는 정당의 자유에 대한 제한보다 우선되는 공익으로 인정될 수 있다. 지구당의 폐지로 인해 대중정당의 성격이 줄어들 수 있으나, 이는 합헌·위헌의 문제가 아니라 정책의 당부를 논할 문제에 불과하다. 지구당이 없어도 정당이 국민의 정치적 의사형성에 참여하는 기능을 수행할 수 있으므로, 지구당 폐지는 헌법에 위배되지 않는다(헌재 2004.12.16. 2004헌마456).

2. 당원협의회 사무소 설치금지

정당법 조항은 임의기구인 **당원협의회를 둘 수 있도록 하되, 사무소를 설치할 수 없도록 하는 정당법**은 달성하고자 하는 고비용 저효율의 정당구조 개선이라는 공익은 위와 같은 불이익에 비하여 결코 작다고 할 수 없어 제청신청인의 정당활동의 자유를 침해하지 아니한다(헌재 2016.3.31. 2013헌가22).

---

(2) 시·도 당원수

창당준비위원회는 중앙당의 경우에는 200명 이상의, 시·도당의 경우에는 100명 이상의 발기인으로 구성한다(정당법 제6조). 시·도당은 1,000인 이상의 당원이 있어야 한다. 당원은 해당 시·도에 주소가 있어야 한다.

판례정리

정당등록요건 (헌재 2006.3.30. 2004헌마246 ; 헌재 2023.9.26. 2021헌가23)

1. 정당의 개념표지 구체화

정당이 "상당한 기간 또는 계속해서", "상당한 지역에서" 국민의 정치적 의사형성에 참여해야 한다는 개념은 헌법상 요구되는 정당의 개념표지로서, 이를 법률로 구체화하는 것은 입법자의 재량에 속한다.

2. 지역정당 배제의 정당성

우리 정치현실에서 지역적 연고에 과도하게 의존하는 정당정치의 폐해를 고려할 때, 특정지역 정치만을 반영하려는 지역정당을 배제하려는 입법취지는 헌법적 정당성에 부합한다.

3. 법률조항의 합리성

5개 이상의 시·도당 및 각 시·도당마다 1,000명 이상의 당원을 요구하는 법률조항은 정당이 "상당한 지역에서" 국민의 정치적 의사형성에 기여해야 한다는 헌법상의 정당 개념을 구현하기 위한 합리적 제한으로 인정된다.

4. 정당은 수도에 소재하는 중앙당과 5 이상의 특별시·광역시·도에 각각 소재하는 시·도당을 갖추어야 한다고 정한 정당법은 정당의 자유를 침해한다고 볼 수 없다.

---

3. 정당의 성립요건 – 정당의 등록

정당은 중앙당이 중앙선거관리위원회에 등록함으로써 성립한다. 등록신청을 받은 관할 선거관리위원회는 **형식적 요건**을 구비하는 한 이를 거부하지 못한다. 다만, 형식적 요건을 구비하지 못한 때에는 상당한 기간을 정하여 그 보완을 명하고, 2회 이상 보완을 명하여도 응하지 아니할 때에는 그 신청을 각하할 수 있다(정당법 제15조). 정당의 등록신청을 받은 선거관리위원회는 정당이 **형식적 요건**을 구비하는 한 민주적 기본질서에 위반되는 정당의 등록도 거부하지 못한다.

4. 정당의 합당

(1) 정당은 대의기관이나 수임기관의 합동회의 결의로서 합당할 수 있다. 합당으로 신설, 존속하는 정당은 합당 전 정당의 권리·의무를 승계한다.

(2) 대법원은 합당으로 인한 권리·의무의 승계조항은 강행규정이므로 합동회의 결의로서 달리 정하였더라도 그 결의는 효력이 없다고 한 바 있다(대판 2002.2.8. 2001다68969).

5. 등록취소와 해산 ★

(1) 등록취소사유

정당이 다음에 해당하는 때에는 당해 선거관리위원회는 그 등록을 취소한다(정당법 제44조).

① 법 제17조(법정 시·도당수) 및 제18조(시·도당의 법정 당원수)의 요건을 구비하지 못하게 된 때. 다만, 요건의 흠결이 정당이 후보자를 추천할 수 있는 공직선거일 전 3월 이내에 생긴 때에는 선거일 후 3월까지, 그 외의 경우에는 요건 흠결시부터 3월까지 그 취소를 유예한다.

② 최근 4년간 국회의원총선거 또는 임기만료에 의한 지방자치단체의 장 선거나 시·도의회의원선거에 참여하지 아니한 때

정당등록 취소사유 (헌재 2014.1.28. 2012헌마431, 2012헌가19)

1. 정당의 헌법적 기능과 기본권 제한

입법자는 정당설립의 자유를 최대한 보장해야 하며, 정당설립의 자유를 제한하는 법률에 대한 합헌성 심사는 헌법 제37조 제2항에 따라 엄격한 비례심사를 통해 이루어져야 한다.

2. 정당등록취소조항의 침해 여부

정당법 제44조 제1항 제3호는 국회의원선거에서 의석을 얻지 못하고 유효투표총수의 2% 이상을 득표하지 못한 정당의 등록을 취소하도록 규정하고 있다. 이 조항은 실질적으로 국민의 정치적 의사형성에 기여하지 못하는 정당을 배제하여 정당제 민주주의를 발전시키려는 정당성과 적합성을 지니지만, 이미 법정 등록요건 미달 정당이나 선거에 일정 기간 참여하지 않은 정당의 등록을 취소할 수 있는 다른 장치가 마련된 점에서 침해의 최소성 요건을 충족하지 못한다. 따라서 정당등록취소조항은 과도한 제한으로 정당설립 및 활동의 자유를 침해하여 위헌이다.

---

(2) 자진해산

① 정당은 그 대의기관의 결의로써 해산할 수 있다.
② 정당은 그 대의기관의 결의로써 해산할 수 있으며, 정당이 해산한 때에는 그 대표자는 지체 없이 그 뜻을 **관할 선거관리위원회**에 신고하여야 한다(정당법 제45조).

(3) 해산공고

자진해산의 신고가 있거나 헌법재판소의 해산결정의 통지나 중앙당 또는 그 창당준비위원회의 시·도당 창당승인의 취소통지가 있는 때에는 당해 선거관리위원회는 그 정당의 등록을 말소하고 지체 없이 그 뜻을 공고하여야 한다(정당법 제47조).

(4) 잔여재산

선관위에 의해 정당의 등록이 취소되거나 자진해산한 경우 그 잔여재산은 당헌이 정하는 바에 의하고 당헌에 의해 처분되지 아니한 잔여재산은 국고에 귀속된다.

(5) 등록취소된 정당의 명칭

법 제44조 제1항의 규정에 의하여 <u>선거관리위원회에 의해 등록취소된 정당의 명칭과 같은 명칭</u>은 등록취소된 날부터 최초로 실시하는 국회의원 임기만료에 의한 국회의원선거일까지 <u>정당의 명칭으로 사용할 수 없다</u>(정당법 제41조 제4항). 다만, 정당법 제44조 제1항 제3호 '임기만료에 의한 국회의원선거에 참여하여 의석을 얻지 못하고 유효투표총수의 100분의 2 이상을 득표하지 못한 때'의 경우에는 2014.1.28. 2012헌마431 위헌결정으로 적용되지 않는다.

04 위헌정당의 강제해산 **

> **헌법 제8조【정당】** ④ 정당의 목적이나 활동이 민주적 기본질서에 위배될 때 정부는 헌법재판소에 해산을 제소할 수 있고 정당은 헌법재판소의 심판에 의하여 해산된다.

1. 위헌정당강제해산의 의의

(1) 개념

위헌정당해산제도란 정당의 목적과 활동이 민주적 기본질서에 위반될 때 헌법질서를 수호·유지하기 위하여 헌법재판소가 정당을 강제로 해산하는 제도이다.

(2) 연혁

1949년 독일기본법에 규정되었고, 우리나라 제3차 개정헌법(1960년 개정헌법)에 수용되었다.

(3) 위헌정당해산제도의 기능

정당해산제도는 정당보호와 헌법보호라는 이중적 성격을 가진다. 이는 정당이 엄격한 요건과 절차에 따라 해산되도록 보장함으로써 정당의 존립 특권을 보호하는 동시에, 정당 활동의 자유를 헌법을 파괴하거나 공격하는 수단으로 사용하는 것을 방지하기 위해 그 활동에 한계를 설정하는 제도이다(헌재 2014.2.27. 2014헌마7).

> ☑ **위헌정당해산심판의 연혁**
>
> **1. 1960년 개정헌법**
>
> 정당은 법률의 정하는 바에 의하여 국가의 보호를 받는다. 단, 정당의 목적이나 활동이 헌법의 민주적 기본질서에 위배될 때에는 정부가 대통령의 승인을 얻어 소추하고 **헌법재판소가** 판결로써 그 정당의 해산을 명한다(제13조).
>
> **2. 1962년 개정헌법**
>
> 정당은 국가의 보호를 받는다. 다만, 정당의 목적이나 활동이 민주적 기본질서에 위배될 때에는 정부는 대법원에 그 해산을 제소할 수 있고, 정당은 **대법원의 판결**에 의하여 해산된다(제7조 제3항).
>
> **3. 1972년 개정헌법**
>
> ① 정당은 법률이 정하는 바에 의하여 국가의 보호를 받는다. 다만, 정당의 목적이나 활동이 민주적 기본질서에 위배되거나 국가의 존립에 위해가 될 때에는 정부는 **헌법위원회**에 그 해산을 제소할 수 있고, 정당은 헌법위원회의 결정에 의하여 해산된다(제7조 제3항).
> ② 헌법위원회에서 법률의 위헌결정, 탄핵의 결정 또는 정당해산의 결정을 할 때에는 위원 6인 이상의 찬성이 있어야 한다(제111조 제1항).
>
> **4. 1980년 개정헌법**
>
> 1972년 개정헌법과 동일

2. 정당해산의 제소

(1) 제소권자

우리 헌법에서는 정부만이 위헌정당제소권자가 된다.

(2) 정부제소의 법적 성격

정부의 제소는 재량이라는 재량설이 다수설이다.

(3) 해산제소절차

① 정부는 반드시 국무회의 심의를 거쳐 헌법재판소에 정당해산심판을 청구할 수 있다(헌법재판소법 제55조). 다만, 헌법재판소는 위헌정당해산제소에 일사부재리 원칙이 적용되므로 이미 심판을 거친 동일한 사건에 대하여는 다시 제소할 수 없다(헌법재판소법 제39조).

② 정부는 긴급을 요할 때는 차관회의는 생략할 수 있으나 국무회의 심의는 반드시 거쳐서 헌법재판소에 정당해산심판을 청구할 수 있다.

③ 대통령이 해외순방 중인 경우와 같이 일시적으로 직무를 수행할 수 없는 경우에는, 국무총리가 주재한 국무회의에서 한 정당해산심판청구서 제출안의 의결도 적법하다(헌재 2014.12.19. 2013헌다1).

3. 정당해산의 실질적 요건

정당의 목적이나 활동이 민주적 기본질서에 위배되어야 한다.

(1) 정당

정당의 방계 · 위장조직, 헌법재판소가 해산한 정당과 동일 · 유사한 강령을 가진 대체정당은 제8조 제4항의 정당에 해당하지 않는 일반결사이므로 행정처분으로도 해산이 가능하다.

(2) 목적이나 활동

① 정당의 목적이나 활동 중 어느 하나라도 민주적 기본질서에 위배된다면 정당해산의 사유가 될 수 있다고 해석된다(헌재 2014.2.27. 2014헌마7).

② 정당의 목적 및 활동: 정당 활동은 정당 기관과 주요 관계자의 행위를 정당에 귀속시킬 수 있는 것으로, 기관의 공식 활동과 주요 당직자의 공개적 정치 활동은 원칙적으로 정당 활동으로 간주된다. 국회의원의 활동은 국민 전체의 대표자로서의 지위에 따라 정당 활동으로 바로 귀속되지 않으나, 정당과 밀접하게 관련된 정치적 행위는 정당 활동으로 볼 수 있다. 개인적 차원의 행위는 정당 활동으로 보지 않으며, 정당해산심판의 대상이 되지 않는다(헌재 2014.12.19. 2013헌다1).

(3) 민주적 기본질서

① 헌법재판소는 정당이 자유민주적 기본질서를 부정하고 그 위헌성이 확인될 경우, 해당 정당은 정치생활영역에서 축출될 수 있다고 판시하였다(헌재 1999.12.23. 99헌마135).

② 헌법 제8조 제4항에서 규정된 민주적 기본질서 개념은 정당해산결정의 가능성과 직결된다. 이 개념의 해석 범위가 확대되면 정당해산결정의 가능성이 증가하고, 동시에 정당 활동의 자유는 축소된다. 따라서 민주적 기본질서를 협소하고 엄격한 의미로 이해해야 하며, 민주적 기본질서를 현행 헌법이 채택한 민주주의의 구체적 모습과 동일하게 보아서는 안 된다. 정당이 민주적 의사결정에 필요한 최소한의 요소를 수용한다면, 현행헌법의 구체적 내용과 상이한 주장을 펼치는 것도 허용된다(헌재 2014.12.19. 2013헌다1).

(4) '민주적 기본질서에 위반될 때'

정당의 목적과 활동에 관련된 모든 사소한 위헌성까지도 문제 삼아 정당을 해산하는 것은 적절하지 않다. 그렇다면 헌법 제8조 제4항에서 말하는 민주적 기본질서의 위배란, 민주적 기본질서에 대한 단순한 위반이나 저촉을 의미하는 것이 아니라, 민주사회의 불가결한 요소인 정당의 존립을 제약해야 할 만큼 그 정당의 목적이나 활동이 우리 사회의 민주적 기본질서에 대하여 실질적인 해악을 끼칠 수 있는 구체적 위험성을 초래하는 경우를 가리킨다(헌재 2014.12.19. 2013헌다1).

4. 해산심리와 결정

(1) 가처분

헌법재판소는 청구인의 신청이 있거나 헌법재판소의 직권으로 위헌정당으로 제소된 정당의 활동을 정지시키는 가처분 결정을 할 수 있다.

정당활동정지 가처분

가처분조항은 정당해산심판의 실효성을 확보하고 헌법질서를 수호하기 위한 것으로, 정당활동의 자유보다 중대한 공익을 추구한다. 정당해산 요건의 소명이 신중하고 엄격히 이루어져야 하며, 법익균형성을 충족한다. 따라서 가처분조항은 과잉금지원칙에 위배되지 않는다(헌재 2014.2.27. 2014헌마7).

(2) 심리

위헌정당해산심판의 심리는 구두변론으로 하며, 심리와 결정의 선고는 공개한다.

(3) 정당해산심판절차에 민사소송에 관한 법령을 준용할 수 있도록 규정한 헌법재판소법

준용조항은 헌법재판의 고유한 성질을 훼손하지 않는 범위에서 민사소송법을 적용하도록 한 것으로, 준용 여부는 헌법재판소가 구체적으로 판단한다. 이는 공정한 재판을 받을 권리를 침해하지 않는다(헌재 2014.2.27. 2014헌마7).

5. 위헌정당해산결정의 효력

(1) 해산결정과 집행

① **정당해산심사의 결정:** 헌법재판소에서 정당해산의 결정을 할 때에는, 재판관 6인 이상의 찬성이 있어야 한다.

② **해산의 효력 발생시기:** 정당의 해산을 명하는 결정이 선고된 때에는 그 정당은 해산된다(헌법재판소법 제59조).

③ **해산결정의 집행:** 정당의 해산을 명하는 헌법재판소의 결정은 중앙선거관리위원회가 정당법에 따라 집행한다(헌법재판소법 제60조).

(2) 위헌정당해산심판 결정의 효력

① **형성력:** 해산시점은 해산결정의 선고시점이다. 따라서 헌법재판소의 위헌정당해산결정은 창설적 효력을 가지고, 결정 이후 중앙선거관리위원회가 취하는 정당말소 및 공고행위는 단순한 선언적, 확인적 효력밖에 없다.

② **기판력:** 헌법재판소의 위헌정당해산심판 기각결정이 있는 경우 이는 확정력이 인정되므로 정부는 동일 정당에 대하여 동일한 사유로 다시 위헌정당해산을 제소할 수 없다.

(3) 위헌정당해산결정의 효과

① **잔여재산 국고귀속:** 헌법재판소의 결정에 의하여 해산된 정당의 잔여재산은 당헌이 정한 절차를 따르지 않고 즉시 국고에 귀속된다.

② **대체정당 창당금지:** 정당이 헌법재판소의 결정으로 해산된 때에는 그 정당의 대표자 및 간부는 해산된 정당의 강령 또는 기본정책과 동일하거나 유사한 것으로 정당을 창당하지 못한다(정당법 제40조).

③ **명칭사용금지:** 헌법재판소의 결정에 의하여 해산된 정당의 명칭과 같은 명칭은 정당의 명칭으로 다시 사용하지 못한다.

(4) 위헌정당해산결정과 국회의원직 상실 여부

① **실정법:** 우리나라 제3공화국 헌법은 소속 정당이 해산된 때 국회의원은 자격을 상실한다고 규정한 바 있으나, 현재 이에 대한 명문의 규정이 없어 학설이 대립하고 있다.

② **상실한다는 견해**: 정당국가적 민주주의하에서 유권자는 선거에서 후보자 개인의 인물보다 그가 소속하는 정당을 투표의 기준으로 하므로 위헌정당임을 이유로 해산된 정당에 소속하는 의원들의 자격을 유지하는 것은 정당국가적 민주주의 원리에도 반하고 헌법 제8조 제4항 방어적 민주주의 의미에도 반한다.

③ **유지한다는 견해**: 대의제 민주주의하에서 국회의원은 자유위임이고 정당과는 별도로 정당성을 가지므로 의원직을 유지한다.

④ **우리 헌법재판소 판례**: 정당을 엄격한 요건 아래 위헌정당으로 판단하여 해산을 명하는 것은 헌법을 수호한다는 방어적 민주주의 관점에서 비롯되는 것이고, 이러한 비상상황에서는 국회의원의 국민대표성은 부득이 희생될 수밖에 없다. 헌법이나 법률에 명문의 규정이 없으나 위헌정당해산시 지역구국회의원·비례대표의원 모두 의원직을 상실한다(헌재 2014.12.19. 2013헌다1). 그러나 공직선거법 제192조 제4항은 정당해산결정에 따른 비례대표 지방의회의원 퇴직을 명시하지 않으므로, 해산된 정당 소속 비례대표 지방의회의원이 자동으로 지위를 상실한다고 볼 수 없다(대판 2021.4.29. 2016두39825).

☑ **등록취소와 강제해산의 비교 ★★**

구분	중선위에 의해 등록취소된 정당	헌법재판소에 의해 강제해산된 정당
헌법상 근거	헌법 제8조 제2항	헌법 제8조 제4항
사유	① 형식적 요건을 구비하지 못한 때 ② 정당이 국민의사 형성에 참여하고 있지 아니한 때	정당의 목적과 활동이 민주적 기본질서에 위배될 때
기존정당의 명칭사용	사용가능. 다만, 등록취소된 날부터 다음 총선거일까지 사용 불가 (제44조 제1항 제3호 부분 위헌)	×
기존정당의 목적과 유사한 정당 설립	○	×
잔여재산	당헌 ➡ 국고귀속	국고귀속
법원에 제소	○	×

📖 **판례정리**

통합진보당 해산 (헌재 2014.12.19. 2013헌다1)

① **입헌적 민주주의 체제**: 민주주의는 가치상대주의를 받아들이며, 다양한 진리관을 인정하는 상대적 세계관을 기반으로 한다.

② **정당해산심판제도의 목적**: 정당의 보호와 민주주의 체제의 수호를 위해 설계되었으나, 남용 방지를 위해 매우 엄격하게 운영되어야 한다. '의심스러울 때에는 자유를 우선시하는(in dubio pro libertate)' 근대 입헌주의의 원칙은 정당해산심판제도에서도 여전히 적용되어야 할 것이다.

③ 강제적 정당해산은 우리 헌법상 핵심적인 정치적 기본권인 정당 활동의 자유에 대한 근본적 제한이므로 헌법재판소는 이에 관한 결정을 할 때 헌법 제37조 제2항이 규정하고 있는 비례원칙을 준수해야만 하는 것이다.

④ 헌법 제8조 제4항의 명문규정상 요건이 구비된 경우에도 해당 정당의 위헌적 문제성을 해결할 수 있는 **다른 대안적 수단이 없고**, 정당해산결정을 통하여 얻을 수 있는 사회적 이익이 정당해산결정으로 인해 초래되는 정당활동 자유 제한으로 인한 불이익과 민주주의 사회에 대한 중대한 제약이라는 사회적 불이익을 초과할 수 있을 정도로 큰 경우에 한하여 정당해산결정이 헌법적으로 정당화될 수 있다.

⑤ 정당해산심판은 대한민국의 역사적, 사회적 특수성과 국민적 법감정을 고려하여 보편적 입헌주의 원리를 기반으로 신중하게 이루어져야 한다.

정당해산결정에 대한 재심 허용 여부

재심을 허용해야 하며, 재심절차에는 민사소송법의 재심 규정을 원칙적으로 준용한다(헌재 2016.5.26. 2015헌아20).

05 정당과 정치자금

1. 정치자금의 종류

당비, 후원회의 후원금, 기탁금, 국고보조금, 정당의 당헌·당규 등에서 정한 부대수입 등이 있다.

2. 당비

정당의 당원은 당해 정당의 <u>타인의 당비를 부담할 수 없고</u>, 타인의 당비를 부담한 자와 타인으로 하여금 자신의 당비를 부담하게 한 자는 당비를 낸 것이 확인된 날부터 1년간 당원자격이 정지된다(정당법 제31조).

3. 후원금

📖 **판례정리**

후원회

헌법 위반인 것

1. **정당 중앙당 후원회 금지** (헌재 2015.12.23. 2013헌바168)
   ① 정당이 국민과 밀접히 접촉하여 국민의 의사를 대변하려면 정치·재정적으로 국민의 동의와 지지에 의존해야 한다. 국민으로부터 정치자금을 모금하는 것은 정당활동의 자유에 포함되며, 이는 정당의 정강과 정책을 토대로 국민의 지지를 얻는 활동의 일환으로 정당의 헌법적 과제 수행에 필수적인 요소이다.
   ② **목적의 정당성**: 정당 후원회를 금지하는 법률조항은 불법 정치자금 수수로 인한 정경유착 방지와 정치자금 조달의 투명성을 확보하여 정당 운영의 도덕성을 제고하려는 것으로, 목적의 정당성이 인정된다.
   ③ **수단의 적합성 및 침해의 최소성**: 정당 후원회를 전면 금지하는 조항은 국민의 정치적 표현의 자유와 정당활동의 자유를 과도하게 제한하며, 군소·신생정당의 성장을 저해해 정당정치 발전을 막는다.
   정경유착 방지 목적은 정당 후원회를 금지하지 않고도 기부한도 제한, 내역 공개 등으로 달성 가능하며, 후원회 금지는 정당활동의 자유와 국민의 정치적 표현의 자유를 과도하게 침해한다. 이 사건 법률조항은 수단의 적합성 요건과 침해최소성 요건을 갖추지 못하였다.
   ④ **법익 균형성**: 정당 후원회 금지로 달성되는 공익보다 정당활동의 자유와 국민의 정치적 표현의 자유가 제한되는 불이익이 더 크므로 법익 균형성 요건도 충족되지 않는다.

2. **광역자치단체장선거 예비후보자의 후원회 지정 제외**
   광역자치단체장선거는 국회의원선거보다 선거비용 규모가 크며, 후원회를 통한 자금 마련 필요성이 높다. 후원회 지정에서 제외하는 것은 예비후보자와 기부자의 평등권을 침해한다(헌재 2019.12.27. 2018헌마301).

3. **지방의원 후원회를 금지한 정치자금법** *헌법불합치결정
   후원회 제한은 경제력이 없는 사람의 정치입문을 저해하고, 지방의회의원의 의정활동 전념을 어렵게 하여 불합리한 차별을 초래한다. 국회의원과 지방의회의원을 달리 취급한 것은 입법재량의 한계를 일탈한 것으로 평등권 침해에 해당한다(헌재 2022.11.24. 2019헌마528).

4. 경선에 참여하지 아니하고 포기하였다고 하여도 대의민주주의의 실현에 중요한 의미를 가지는 정치과정이라는 점을 부인할 수 없다. 그러므로 **국회의원이나 대통령 선거경선후보자가 당내경선 과정에서 탈퇴한 경우 후원받은 후원금 전액을 국고에 귀속은** 평등원칙 위반이다(헌재 2009.12.29. 2007헌마1412).

헌법 위반이 아닌 것

1. 정당이나 국회의원 및 국회의원입후보등록자는 이미 정치활동을 위한 경비의 지출이 객관적으로 예상되는 명확한 위치에 있는 자들인 반면, **단순한 국회의원입후보예정자**는 어느 시점을 기준으로 그러한 위치를 인정할 것인지가 객관적으로 명확하지 아니한 데 따른 것으로 합리적인 이유가 있는 차별이므로 헌법상 평등원칙에 위배되지 아니한다(헌재 2006.3.30. 2004헌마246).

2. **자치구의 지역구의회의원 선거의 예비후보자를 후원회지정권자에서 제외하고 있는 정치자금법**
   자치구의회의원선거는 선거운동 기간이 짧고 선거비용이 적게 들어 정치자금의 필요성이 크지 않다.
   국회의원선거 예비후보자와 달리 자치구의회의원 예비후보자에게 후원회를 불허하는 것은 합리적 이유가 있어 평등권을 침해하지 않는다(헌재 2019.12.27. 2018헌마301).

3. **국회의원이 아닌 정당 소속 당원협의회 위원장을 후원회지정권자에서 제외하고 있는 정치자금법**
   원외 당협위원장과 지역구 국회의원 선거 준비자를 후원회지정권자에서 제외한 것은 정치활동의 범위와 통제 가능성의 차이에 따른 합리적 차별로 평등원칙에 위배되지 않는다(헌재 2023.10.26. 2020헌바402).

4. 일반직 공무원의 후원회가입을 금지하는 정치자금법은 정치활동의 자유 내지 정치적 의사표현의 자유를 침해한다고 볼 수 없다(헌재 2022.10.27. 2019헌마1271).

4. 기탁금

① 당원이 될 수 없는 공무원과 사립학교 교원을 포함한 개인이 기탁금을 기탁하고자 할 때에는 <u>선거관리위원회</u>에 기탁해야 한다(정치자금법 제22조).
② 외국인, 국내·외의 법인 또는 단체는 정치자금을 기부할 수 없다. 누구든지 국내·외의 법인 또는 단체와 관련된 자금으로 정치자금을 기부할 수 없다(정치자금법 제31조).

📖 판례정리

사용자단체와 달리 노동단체의 정치자금 제공금지 (헌재 1999.11.25. 95헌마154)
① **사용자단체의 정치헌금을 허용하면서 노동단체의 정치헌금을 금지한 것**은 사용자단체에 한해 정당에 대한 영향력행사를 허용하고 노동단체의 정당에 대한 영향력행사를 배제함으로써 정치적 의사형성과정에서 노동조합을 차별한 것으로 합리적 이유가 없는 차별이다.
② 단결권 침해가 아니라 표현의 자유를 침해한다.

국내외 법인단체의 정치자금 기부금지

금권정치와 정경유착의 차단, 단체와의 관계에서 개인의 정치적 기본권 보호 등 이 사건 기부금지 조항에 의하여 달성되는 공익은 대의민주제를 채택하고 있는 민주국가에서 매우 크고 중요하다는 점에서 법익균형성 원칙도 충족된다. 따라서 이 사건 기부금지 조항이 과잉금지원칙에 위반하여 정치활동의 자유 등을 침해하는 것이라 볼 수 없다(헌재 2010.12.28. 2008헌바89).

5. 국고보조금

(1) 국고보조금의 종류와 금액

① **헌법상 규정**: 헌법 제8조 제3항은 국고보조를 헌법상 필수적 제도 또는 **헌법상 정당의 국고보조를 해야 할 의무를 규정한 것은 아니나** 국고보조를 할 수 있는 근거를 설정하고 있다.

② **정치자금법상 국고보조금 금액**: 국가는 정당에 대한 보조금으로 최근 실시한 임기만료에 의한 **국회의원선거의 선거권자 총수에 보조금 계상단가를 곱한 금액을 매년 예산에 계상하여야 한다**(정치자금법 제25조 제1항).

③ **선거국고보조금 배분방법**: 일반적 배분방식에 따라 배분한다. 다만, <u>선거시 지급되는 보조금은 당해 선거에 참여하지 아니한 정당에게는 배분·지급하지 않는다.</u>

(2) 보조금 배분방법

☑ 일반적 국고보조금 배분방법

전체의 50/100	교섭단체를 구성한 정당에 균등하게 배분
5/100	교섭단체를 구성하지 못한 국회의석 5석 이상의 정당
2/100 (의석이 없거나 5석 미만 의석 가진 정당 중)	국회의원선거 2% 득표정당
	국회의석 1석+후보추천이 허용되는 비례대표시·도의원 선거, 지역구 시·도의원선거, 시·도지사선거 또는 자치구 시·군의장 선거에서 0.5% 득표정당
	국회의원선거 미참가+후보추천이 허용되는 비례대표시·도의원 선거, 지역구 시·도의원선거, 시·도지사선거 또는 자치구 시·군의장 선거에서 2% 득표정당
잔여분 중 50/100	국회의원 의석수 비율
잔여분 중 50/100	국회의원 선거 득표율

정당 교섭단체에 국고보조금 더 많이 지급

교섭단체의 구성 여부만을 보조금 배분의 유일한 기준으로 삼은 것이 아니라 정당의 의석수비율이나 득표수비율도 고려하여 정당에 대한 국민의 지지도도 반영하고 있는 등의 사정을 종합해 볼 때, 교섭단체의 구성 여부에 따라 보조금의 배분규모에 차이가 있더라도 그러한 차등 정도는 각 정당 간의 경쟁 상태를 현저하게 변경시킬 정도로 합리성을 결여한 차별이라고 보기 어렵다(헌재 2006.7.27. 2004헌마655).

제2절 현행헌법상의 지방자치제도

01 지방자치제의 연혁과 현행헌법의 지방자치 관련 규정

1. 헌법 제117조와 제118조

> **헌법 제117조【자치권, 자치단체의 종류】**① 지방자치단체는 주민의 복리에 관한 사무를 처리하고 재산을 관리하며, 법령의 범위 안에서 자치에 관한 규정을 제정할 수 있다.
> ② 지방자치단체의 종류는 법률로 정한다.
> **제118조【자치단체의 조직·운영】**① 지방자치단체에 의회를 둔다.
> ② 지방의회의 조직·권한·의원선거와 지방자치단체의 장의 선임방법 기타 지방자치단체의 조직과 운영에 관한 사항은 법률로 정한다.
> **지방자치법 제13조【지방자치단체의 사무범위】**① 지방자치단체는 관할구역의 자치사무와 **법령에 따라 지방자치단체에 속하는 사무**를 처리한다.

(1) 헌법상 보장되는 지방자치권의 내용

① 지방자치단체의 자치권은 자치입법권, 자치행정권, 자치재정권으로 나눌 수 있다.
② 헌법은 제117조와 제118조에서 '지방자치단체의 자치'를 제도적으로 보장하고 있는바, 그 보장의 본질적 내용은 자치단체의 보장, 자치기능의 보장 및 자치사무의 보장이다. 이와 같이 헌법상 제도적으로 보장된 자치권 가운데에는 **자치사무의 수행에 있어** <u>다른 행정주체(특히, 중앙행정기관)로부터</u> **합목적성에 관하여 명령·지시를 받지 않는 권한**도 포함된다고 볼 수 있다(헌재 2009.5.28. 2006헌라6).

(2) 자치권 제한의 한계

지방자치단체의 자치권은 헌법상 보장되며, 법령에 의해 제한될 수 있으나, 그 제한이 불합리하여 자치권의 본질을 훼손하는 경우 헌법에 위반된다. 지방자치제도는 국민주권의 기본원리에서 비롯된 자기통치 실현으로, 본질적 내용인 핵심영역은 입법이나 중앙정부의 침해로부터 반드시 보호되어야 하며, 중앙정부와 지방자치단체 간 권력 분배는 조화를 이루어야 한다(헌재 2021.3.25. 2018헌바348 ; 헌재 1998.4.30. 96헌바62).

(3) 지방자치단체의 사무

헌법 제117조의 주민의 복리에 관한 사무가 자치사무이다. 자치사무는 헌법에 근거를 두고 있다. 지방의회의원과 지방자치단체장을 선출하는 지방선거는 지방자치단체의 기관을 구성하고 그 기관의 각종 행위에 정당성을 부여하는 행위라 할 것이므로 **지방선거사무는 지방자치단체의 존립을 위한 자치사무에** 해당하고, 따라서 법률을 통하여 예외적으로 다른 행정주체에게 위임되지 않는 한, 원칙적으로 지방자치단체가 처리하고 그에 따른 비용도 지방자치단체가 부담하여야 한다(헌재 2008.6.26. 2005헌라7).

(4) 헌법 제117조 제1항 법령의 범위

헌법 제117조 제1항이 규정하고 있는 법령에는 법률 이외에 대통령령, 총리령 및 부령과 같은 법규명령이 포함되는 것은 물론이지만, <u>제정형식은 행정규칙이더라도 상위법령의 위임한계를 벗어나지 않는 한 상위법령과 결합하여 대외적 구속력을 갖는 법규명령으로서 기능하는 행정규칙도 포함된다. 단순한 행정규칙에 의하여 정하여지는 것은 이에 포함되지 않는다</u>(헌재 2002.10.31. 2001헌라1).

(5) 지방자치단체의 관할구역

① 지방자치단체의 관할구역은 인적 요건으로서의 주민 및 자치를 위한 권능으로서 자치권한과 더불어 지방자치의 3요소를 이루는 것으로, '지방자치단체가 자치권한을 행사할 수 있는 장소적 범위'를 뜻한다(헌재 2020.7.16. 2015헌라3).

② 지방자치단체의 자치권이 미치는 관할구역의 범위는 육지는 물론 바다, 공유수면, 제방을 포함한다.

③ 헌법과 법률상 지방자치단체의 영토고권은 인정되지 않는다. 따라서 영토고권 침해를 주장하는 것은 존재하지 않는 권한에 대한 침해를 주장하는 것에 불과하며, 본안 심리 대상이 되지 않는다(헌재 2006.3.30. 2003헌라2).

(6) 헌법 제117조 제2항의 지방자치단체의 종류는 법률로 정한다.

지방자치법은 특별시, 광역시, 특별자치시, 도, 특별자치도와 시, 군, 자치구를 지방자치단체의 종류로 규정하고 있다(지방자치법 제2조). 특별시, 광역시, 특별자치시, 도, 특별자치도는 정부의 직할로 두고, 시는 도의 관할구역 안에, 군은 광역시, 특별자치시나 도의 관할구역 안에 두며, 자치구는 특별시와 광역시, 특별자치시의 관할구역 안에 둔다(지방자치법 제3조).

📖 판례정리

시·군을 폐지한 제주특별자치도 특별법 *기각결정

헌법 제117조 제2항은 지방자치단체의 종류를 법률로 정하도록 규정할 뿐, 지방자치단체의 종류와 구조를 명시하지 않으므로, 이와 관련된 사항은 입법자의 입법형성권에 속한다. 지방자치제도의 보장은 특정 지방자치단체의 존속을 보장하는 것이 아니라 자치행정을 일반적으로 보장하는 것이므로, 지방자치단체의 중층구조 유지 여부나 시·군을 폐지하여 단층화하는 결정은 입법자의 선택 범위에 속한다(헌재 2006.4.27. 2005헌마190).

(7) 헌법 제118조 제1항의 지방자치단체에 의회를 둔다.

반드시 지방의회를 두어야 하고, 국회가 법률로써 지방의회를 폐지할 수 없다.

(8) 헌법 제118조 제2항의 의원선거와 지방자치단체의 장의 선임방법은 법률로 정한다.

① 지방의회의원은 선거해야 하며, 구체적인 방법은 법률로 정하도록 위임하고 있다. 따라서 지방의회의 구성에 관한 주민의 권리는 헌법상 권리이다.

② 헌법 제118조 제2항은 지방의회의원이 선거를 통해 선출되어야 한다고 명시하며, 선거권이 헌법 제24조에 의해 보호되는 기본권임을 명시하고 있다. 반면, 지방자치단체의 장에 대해서는 "선임방법"만 법률로 정하도록 규정하여, 지방의회의원 선거와 문언상 구별된다. 그러나 지방자치단체의 장은 자치단체를 대표하는 중요한 역할을 하므로, 주민의 자발적 지지에 기반한 선거로 선출되는 것이 지방자치제도의 본질에 부합한다. 따라서 **지방자치단체의 장 선거권을 법률상의 권리로 분리하고, 지방의회의원·국회의원·대통령 선거권을 헌법상의 권리로 이원화하는 것은 허용되지 않으며**, 지방자치단체의 장 선거권도 헌법 제24조에 의해 보호되는 **기본권으로 인정되어야 한다**(헌재 2016.10.27. 2014헌마797).

2. 지방자치단체

(1) 지방자치단체의 종류

> **지방자치법 제3조【지방자치단체의 법인격과 관할】** ① 지방자치단체는 법인으로 한다.
> ② 특별시, 광역시, 특별자치시, 도, 특별자치도(이하 "시·도"라 한다)는 정부의 직할(直轄)로 두고, 시는 도 또는 특별자치도의 관할 구역 안에, 군은 광역시·도 또는 특별자치도의 관할 구역 안에 두며, 자치구는 특별시와 광역시의 관할 구역 안에 둔다. 다만, 특별자치도의 경우에는 법률이 정하는 바에 따라 관할 구역 안에 시 또는 군을 두지 아니할 수 있다

📖 판례정리

자치구가 아닌 구청장은 시장이 임명 *기각결정

지방자치법상 인구 50만 이상의 일반 시에 자치구가 아닌 행정구를 두고, 그 구청장을 시장이 임명하도록 한 규정은 행정구 주민이 구청장이나 구의원을 선거로 선출하지 못하게 하지만, 이는 헌법에 위반되지 않는다.
헌법은 지방자치단체의 종류와 단계를 입법자에게 광범위하게 위임하고 있으며, 지방자치단체를 2단계 구조로 설계한 것은 시와 구의 중복 행정, 협력 약화, 재정 불균형 등 비효율성을 고려한 입법자의 선택으로, 이를 현저히 자의적이라고 보기 어렵다. 행정구 주민이 구청장이나 구의원을 선출하지 못하는 점은 다른 기초자치단체 주민과의 차별이 있지만, 이는 지방자치제도의 구조와 특성을 고려할 때 자의적이거나 불합리한 차별로 볼 수 없으며, 임명조항은 행정구 주민의 평등권을 침해하지 않는다(헌재 2019.8.29. 2018헌마129).

(2) 지방자치단체 폐치·분합 ★★

> **지방자치법 제5조【지방자치단체의 명칭과 구역】** ① 지방자치단체의 명칭과 구역은 종전과 같이 하고, 명칭과 구역을 바꾸거나 지방자치단체를 폐지하거나 설치하거나 나누거나 합칠 때에는 법률로 정한다.
> ② 제1항에도 불구하고 지방자치단체의 구역변경 중 관할구역 경계변경과 지방자치단체의 한자 명칭의 변경은 대통령령으로 정한다. 이 경우 경계변경의 절차는 제6조에서 정한 절차에 따른다.
> ③ 다음 각 호의 어느 하나에 해당할 때에는 관계 지방의회의 의견을 들어야 한다. 다만, 주민투표법 제8조에 따라 주민투표를 한 경우에는 그러하지 아니하다.
> 1. 지방자치단체를 폐지하거나 설치하거나 나누거나 합칠 때
> 2. 지방자치단체의 구역을 변경할 때(경계변경을 할 때는 제외한다)
> 3. 지방자치단체의 명칭을 변경할 때(한자 명칭을 변경할 때를 포함한다)

📖 판례정리

지방자치단체 폐치·분합법률에 대한 헌소 (헌재 1994.12.29. 94헌마201) ***기각결정**

1. **지방자치단체를 폐치·분합하는 법률은** 헌법 제10조의 인간의 존엄과 가치 및 행복추구권에서 파생되는 인간다운 생활공간에서 살 권리, 헌법 제11조의 평등권, 헌법 제12조의 적법절차 보장에서 파생되는 정당한 청문권, 헌법 제24조, 제25조의 선거권, 공무담임권을 침해할 수 있으므로 기본권 관련성이 인정된다.

2. **주민투표절차는 임의적 절차이므로** 주민투표를 거치지 아니하였다 하여 적법절차원칙에 위반되는 것은 아니다.

3. 지방자치단체를 폐치·분합할 때 **지방자치단체의회의 의견은** 국회를 법적으로 구속하는 것은 아니다.

3. 주민의 권리

(1) 주민투표권

① **주민투표권의 법적 성격**: 주민투표에 관한 구체적 절차와 사항에 대해 입법할 헌법상 의무가 국회에 있다고 할 수 없다. 따라서 주민투표권은 헌법이 보장하는 지방자치제도에 포함되지 않는다. 지방자치법 제13조의2의 주민투표권은 선거권, 공무담임권, 국민투표권과 다르게 **법률이 보장하는 참정권에 해당할 수 있어도 헌법이 보장하는 참정권에는 포함되지 않는다**(헌재 2001.6.28. 2000헌마735)

② **주민투표부의 여부**: 지방자치법 제18조는 지방자치단체의 장은 주민에게 과도한 부담을 주거나 중대한 영향을 미치는 지방자치단체의 주요 결정사항 등에 대하여 **주민투표에 부칠 수 있다**고 규정하여 지방자치단체의 장의 재량으로서 투표실시 여부를 결정할 수 있다. 따라서 지방의회가 조례로 정한 특정한 사항에 관하여는 일정한 기간 내에 **반드시 투표를 실시하도록 규정한 조례안**은 지방자치단체의 장의 고유권한을 침해하는 규정이다(대판 2002.4.26. 2002추23).

③ **주민투표법**: 주민투표의 대상·발의자·발의요건·기타 투표절차 등은 **주민투표법**이 규율하고 있다.

📖 **판례정리**

재외국민에 대한 주민투표권 제한 *헌법불합치결정

주민투표권이 법률상의 권리에 해당하더라도, 비교집단 간 차별이 존재하면 헌법상 평등권 심사가 가능하다. 주민등록 여부로 주민투표권 행사 자격을 결정한 법률조항은 주민등록을 할 수 없는 국내거주 재외국민을 주민등록이 된 국민인 주민 및 주민투표권이 인정되는 외국인과 차별하며, 이러한 차별에 합리적 근거가 없다. 이는 국내거주 재외국민의 헌법상 기본권인 평등권을 침해하므로 해당 조항은 위헌이다(헌재 2007.6.28. 2004헌마643).

📖 **판례정리**

주민투표의 효력 (헌재 2007.6.28. 2004헌마643)

1. 지방자치단체 결정사항에 대한 주민투표

지방자치단체의 장 및 지방의회는 주민투표 결과에 구속되며, 결과에 따라 행정·재정적 조치를 취할 법적 의무가 있다(주민투표법 제24조 제5항).

2. 국가정책에 관한 주민투표

국가정책 관련 주민투표에서 중앙행정기관의 장은 투표 결과에 구속되지 않는다(주민투표법 제8조 제4항). 따라서 이러한 주민투표는 지방자치단체 결정사항과 달리 법적 구속력이 없는 자문적 의견수렴 절차에 해당한다.

---

(2) 조례 제정 및 개폐청구권

주민의 조례 제정·개폐청구권은 헌법이 보장하는 기본권인 참정권이라고 할 수는 없으며, 입법자에게는 지방자치제도의 본질적 내용을 침해하지 않는 한도에서 제도의 구체적인 내용과 형태의 형성권이 폭넓게 인정된다(헌재 2009.7.30. 2007헌바75).

> 주민조례발안에 관한 법률 제4조 【주민조례청구 제외 대상】 다음 각 호의 사항은 주민조례청구 대상에서 제외한다.
> 1. 법령을 위반하는 사항
> 2. 지방세·사용료·수수료·부담금을 부과·징수 또는 감면하는 사항
> 3. 행정기구를 설치하거나 변경하는 사항
> 4. 공공시설의 설치를 반대하는 사항
>
> 제12조 【청구의 수리 및 각하】 ③ 지방의회의 의장은 지방자치법 제76조 제1항에도 불구하고 이 조 제1항에 따라 주민조례청구를 수리한 날부터 30일 이내에 지방의회의 의장 명의로 주민청구조례안을 발의하여야 한다.
>
> 제13조 【주민청구조례안의 심사 절차】 ① 지방의회는 제12조 제1항에 따라 주민청구조례안이 수리된 날부터 1년 이내에 주민청구조례안을 의결하여야 한다. 다만, 필요한 경우에는 본회의 의결로 1년 이내의 범위에서 한 차례만 그 기간을 연장할 수 있다.

(3) 주민의 감사청구권과 주민소송

구분	주민의 감사청구권	주민소송
청구(제소)권자	다수의 주민	감사 청구한 주민인 이상 1인도 제기할 수 있음.
심사 또는 심판기관	감독청(시·도에서는 주무부장관에게, 시·군 및 자치구에서는 시·도지사)	행정법원
대상	지방자치단체와 그 장의 권한에 속하는 사무의 처리가 법령에 위반되거나 공익을 현저히 해친다고 인정되는 경우	감사 청구한 사항과 관련이 있는 위법한 행위나 업무를 게을리한 사실

(4) 주민소환권

① **주민소환의 성격** (헌재 2009.3.26. 2007헌마843)

㉠ 주민소환은 공직자를 주민의 의사에 따라 해임시키는 제도로, 직접민주주의 원리에 부합하며, 정치적 절차로 설정된 제도다. 주민소환법에서 청구사유를 제한하지 않은 것은 입법자가 이를 정치적 절차로 간주했기 때문이며, 외국에서도 유사한 입법례가 많아 주민소환제의 정치적 성격이 강하다.

㉡ 주민소환제는 지방자치의 본질적 내용이 아니므로 이를 보장하지 않는 것이 위헌이라거나 특정한 내용의 주민소환제를 반드시 보장해야 한다는 헌법적 요구는 없다.

㉢ 입법자는 주민소환제에 대해 광범위한 입법재량을 가지며, 과잉금지원칙 심사에서는 입법자의 판단이 명백히 잘못되었는지 여부를 중심으로 통제하는 것이 적절하다.

㉣ 주민소환법 제7조 제1항 제2호에서 시장에 대한 주민소환 청구사유를 제한하지 않은 것은 주민의 공직자 통제 및 참여를 고양하는 공익과 균형을 이루고 있다. 따라서 해당 규정은 과잉금지원칙을 위반하지 않으며, 공무담임권을 침해하지 않는다.

② **소환투표권자**

㉠ 19세 이상의 주민으로서 당해 지방자치단체 관할구역에 주민등록이 되어 있는 자

㉡ 19세 이상의 외국인으로서 출입국관리법 제10조의 규정에 따른 영주의 체류자격 취득일 후 3년이 경과한 자 중 같은 법 제34조의 규정에 따라 당해 지방자치단체 관할구역의 외국인등록대장에 등재된 자

③ **주민소환청구대상자**: 지방자치단체장과 지역구 지방의회의원이 그 대상자이고 비례대표 지방의원은 주민소환의 대상자가 아니다.

④ **권한행사정지**: 주민소환투표대상자는 관할 선거관리위원회가 제12조 제2항의 규정에 의하여 주민소환투표안을 공고한 때부터 제22조 제3항의 규정에 의하여 주민소환투표결과를 공표할 때까지 그 권한행사가 정지된다. ➡ 합헌(헌재 2009.3.26. 2007헌마843)

⑤ **투표결과 확정**: 주민소환은 제3조의 규정에 의한 주민소환투표권자 총수의 3분의 1 이상의 투표와 유효투표 총수 과반수의 찬성으로 확정된다. ➡ 합헌(헌재 2009.3.26. 2007헌마843)

⑥ **주민소환 효력**: 주민소환이 확정된 때에는 주민소환투표대상자는 그 결과가 공표된 시점부터 그 직을 상실한다.

⑦ **보궐선거**: 주민소환투표에 의해 그 직을 상실한 자는 그로 인하여 실시하는 이 법 또는 공직선거법에 의한 해당 보궐선거에 후보자로 등록할 수 없다(주민소환에 관한 법률 제23조 제2항).

[참고] 주민소환법 모두 합헌

02 지방자치단체의 기관

1. 지방의회의원

(1) 지방의회의 의원징계의결은 그로 인해 의원의 권리에 직접적 법률효과를 미치는 행정처분의 일종으로 행정소송의 대상이 된다(대판 1993.11.26. 93누7346).

(2) 지방의회의원이 지방공사 직원의 직을 겸할 수 없도록 규정하고 있는 지방자치법 제35조 제1항

지방공사의 직원이 지방의회에 진출하는 것은 권력분립과 정치적 중립성 보장의 원칙에 위배되며, 지방자치의 제도적 취지에도 어긋난다. 이를 방지하기 위해 입법자가 지방공사 직원과 지방의회의원직의 겸직을 금지한 것은 공공복리를 위한 불가피한 조치로, 공무담임권 제한이 헌법적으로 정당화된다(헌재 2004.12.16. 2002헌마333).

📖 **판례정리**

지방의회 사무직원을 그 지방자치단체의 장이 임명하도록 한 지방자치법 (헌재 2014.1.28. 2012헌바216)

① 중앙·지방 간 권력의 수직적 분배라고 하는 지방자치제의 권력분립적 속성상 중앙정부와 국회 사이의 구성 및 관여와는 다른 방법으로 국민주권·민주주의 원리가 구현될 수 있다.

② 지방의회는 지방의회의원 개인을 중심으로 한 구조이며, 사무직원은 지방의회의원을 보조하는 지위를 가진다. 이러한 인적 구조 아래서 지방의회 사무직원의 임용권의 귀속 및 운영 문제를 지방자치제도의 본질적인 내용이라고 볼 수는 없다.

③ 심판대상조항에 따른 지방의회 의장의 추천권이 적극적이고 실질적으로 발휘된다면 지방의회 사무직원의 임용권이 지방자치단체의 장에게 있다고 하더라도 그것이 곧바로 지방의회와 집행기관 사이의 상호견제와 균형의 원리를 침해할 우려로 확대된다거나 또는 지방자치제도의 본질적 내용을 침해한다고 볼 수는 없다.

---

2. 지방자치단체장

(1) 지방자치단체장 선출

지방자치단체 주민의 선거로 선출하고 임기는 4년이며 계속 재임은 3기에 한한다(지방자치법 제108조).

📖 판례정리

지방자치단체장

1. 지방자치단체장의 계속 재임을 3기로 제한한 규정의 입법취지는 장기집권으로 인한 지역발전저해 방지와 유능한 인사의 자치단체장 진출확대로 대별할 수 있는바, 그 목적의 정당성, 방법의 적절성, 피해의 최소성, 법익의 균형성이 충족되므로 헌법에 위반되지 아니한다(헌재 2006.2.23. 2005헌마403).

2. **지방자치단체장을 위한 별도의 퇴직급여제도를 마련하지 않은 입법부작위**
   지방자치단체의 장은 헌법 제7조 제2항에 따라 신분보장이 필요하고 정치적 중립성이 요구되는 공무원에 해당한다고 보기 어려우므로 헌법 제7조의 해석상 지방자치단체장을 위한 퇴직급여제도를 마련하여야 할 입법적 의무가 도출된다고 볼 수 없다(헌재 2014.6.26. 2012헌마459).

(2) 지방자치단체장 권한대행(지방자치법 제124조)

지방자치단체의 장이 다음의 어느 하나에 해당되면 부지사·부시장·부군수·부구청장이 그 권한을 대행한다.

① 궐위된 경우
② **공소제기된 후 구금상태에 있는 경우**
③ 의료법에 따른 의료기관에 60일 이상 계속하여 입원한 경우
④ 지방자치단체의 장이 그 직을 가지고 그 지방자치단체의 장 선거에 입후보하면 예비후보자 또는 후보자로 등록한 날부터 선거일까지 부단체장이 그 지방자치단체의 장의 권한을 대행한다.

📖 판례정리

지방자치단체장 권한대행

1. **공소제기된 후 구금상태에 있는 경우 부단체장 권한대행을 규정한 지방자치법**
   자치단체장이 공소 제기 후 구금 상태에 있을 경우, 자치단체행정의 지속성과 주민 복리를 위해 해당 자치단체장을 직무에서 배제하는 것이 필요하며, 범죄의 경중이나 추가적 요건 설정 없이 직무정지가 정당화된다. 직무정지는 구금 상태 동안에만 일시적으로 적용되며 신분이 박탈되지 않아 침해가 최소화된다. 공익의 중대성과 비교할 때, 직무정지가 자치단체장의 사익을 과도하게 침해하지 않으므로 과잉금지원칙에 위배되지 않는다(헌재 2011.4.28. 2010헌마474).

2. **지방자치단체장이 금고 이상의 형의 선고를 받고 판결이 확정될 때까지 부단체장이 권한대행을 하도록 한 지방자치법**
   금고 이상의 형을 선고받았더라도 불구속상태에 있는 이상 자치단체장이 직무를 수행하는 데는 아무런 지장이 없으므로 직무를 정지시키고 부단체장에게 그 권한을 대행시킬 필요가 없으므로 이 사건 법률조항은 공무담임권을 침해한다(헌재 2010.9.2. 2010헌마418).

(3) 지방의회 의결에 대한 지방자치단체장의 재의요구권(지방자치법 제120조, 제121조)

① **사유:** 지방의회 의결이 월권 또는 법령 위반, 공익에 해가 되거나 예산상 집행이 불가능하다고 인정될 때

② **시기:** 지방자치단체장은 의결사항을 이송받은 날로부터 20일 이내

③ **재의결:** 재적의원 과반수 출석에 출석의원 2/3 이상의 찬성

④ **재의결에 대한 제소:** 지방자치단체장은 재의결된 사항이 법령에 위반된다고 인정될 경우 대법원에 제소할 수 있다.

(4) 지방의회 재의결에 대한 통제 – 재의요구와 제소요구, 제소

> **지방자치법 제192조【지방의회 의결의 재의와 제소】** ① 지방의회의 의결이 법령에 위반되거나 공익을 현저히 해친다고 판단되면 시·도에 대해서는 주무부장관이, 시·군 및 자치구에 대해서는 시·도지사가 해당 지방자치단체의 장에게 재의를 요구하게 할 수 있고, 재의 요구 지시를 받은 지방자치단체의 장은 의결사항을 이송받은 날부터 20일 이내에 지방의회에 이유를 붙여 재의를 요구하여야 한다.
> ② 시·군 및 자치구의회의 의결이 법령에 위반된다고 판단됨에도 불구하고 시·도지사가 제1항에 따라 재의를 요구하게 하지 아니한 경우 주무부장관이 직접 시장·군수 및 자치구의 구청장에게 재의를 요구하게 할 수 있고, 재의 요구 지시를 받은 시장·군수 및 자치구의 구청장은 의결사항을 이송받은 날부터 20일 이내에 지방의회에 이유를 붙여 재의를 요구하여야 한다.
> ③ 제1항 또는 제2항의 요구에 대하여 재의한 결과 재적의원 과반수의 출석과 출석의원 3분의 2 이상의 찬성으로 전과 같은 의결을 하면 그 의결사항은 확정된다.
> ④ 지방자치단체의 장은 제3항에 따라 재의결된 사항이 법령에 위반된다고 판단되면 재의결된 날부터 20일 이내에 대법원에 소를 제기할 수 있다. 이 경우 필요하다고 인정되면 그 의결의 집행을 정지하게 하는 집행정지결정을 신청할 수 있다.
> ⑤ 주무부장관이나 시·도지사는 재의결된 사항이 법령에 위반된다고 판단됨에도 불구하고 해당 지방자치단체의 장이 소를 제기하지 아니하면 시·도에 대해서는 주무부장관이, 시·군 및 자치구에 대해서는 시·도지사(제2항에 따라 주무부장관이 직접 재의 요구 지시를 한 경우에는 주무부장관을 말한다. 이하 이 조에서 같다)가 그 지방자치단체의 장에게 제소를 지시하거나 직접 제소 및 집행정지결정을 신청할 수 있다.
> ⑧ 제1항 또는 제2항에 따라 지방의회의 의결이 법령에 위반된다고 판단되어 주무부장관이나 시·도지사로부터 재의 요구 지시를 받은 해당 지방자치단체의 장이 재의를 요구하지 아니하는 경우(법령에 위반되는 지방의회의 의결사항이 조례안인 경우로서 재의 요구 지시를 받기 전에 그 조례안을 공포한 경우를 포함한다)에는 주무부장관이나 시·도지사는 제1항 또는 제2항에 따른 기간이 지난 날부터 7일 이내에 대법원에 직접 제소 및 집행정지결정을 신청할 수 있다.
> ⑨ 제1항 또는 제2항에 따른 지방의회의 의결이나 제3항에 따라 재의결된 사항이 둘 이상의 부처와 관련되거나 주무부장관이 불분명하면 행정안전부장관이 재의 요구 또는 제소를 지시하거나 직접 제소 및 집행정지결정을 신청할 수 있다.

📖 판례정리

조례안 재의결에 대한 제소

1. 조례안 재의결 무효확인소송에서의 심리대상은 지방의회에 재의를 요구할 당시 이의사항으로 지적되어 재의결에서 심의의 대상이 된 것에 국한된다(대판 2007.12.13. 2006추52).

2. 재의결의 내용 전부가 아니라 그 일부만이 위법한 경우에도 대법원은 의결 전부의 효력을 부인할 수밖에 없다(대판 1992.7.28. 92추31).

03 지방자치단체의 권한

1. 조례제정권 ★★★

(1) 조례제정권의 법적 근거

헌법 제117조 제1항이고, 지방자치법 제28조는 확인규정이다.

> **헌법 제117조** ① 지방자치단체는 주민의 복리에 관한 사무를 처리하고 재산을 관리하며, 법령의 범위 안에서 자치에 관한 규정을 제정할 수 있다.
>
> **지방자치법 제28조 【조례】** ① 지방자치단체는 **법령의 범위에서 그 사무에 관하여 조례를 제정할 수 있다.** 다만, 주민의 권리제한 또는 의무부과에 관한 사항이나 벌칙을 정할 때는 법률의 위임이 있어야 한다.
>
> **제30조 【조례와 규칙의 입법한계】** 시·군 및 자치구의 조례나 규칙은 시·도의 조례나 규칙에 위반해서는 아니 된다.

(2) 조례의 법적 성격

지방의회는 법령의 범위에서 법령에 저촉되지 않는 한 지방자치단체의 사무에 관한 조례를 정할 수 있으므로, 조례는 자치입법의 하나로서 자주법의 성격을 갖는다.

(3) 조례의 규율범위

자치사무와 단체위임사무	법령의 위임이 없어도 조례를 제정할 수 있다.
기관위임사무	법령의 위임이 없으면 조례를 제정할 수 없으나, 위임이 있으면 제정 가능하다.

판례정리

조례제정권의 한계

지방자치법 제28조, 제13조에 의하면, 지방자치단체가 자치조례를 제정할 수 있는 사항은 지방자치단체의 **고유사무인 자치사무와 개별 법령에 의하여 지방자치단체에 위임된 단체위임사무**에 한하는 것이고, 국가사무나 지방자치단체의 장에게 위임된 기관위임사무는 원칙적으로 자치조례의 제정범위에 속하지 않는다 할 것이나, 다만 **기관위임사무**에 있어서도 그에 관한 개별 법령에서 일정한 사항을 조례로 정하도록 위임하고 있는 경우에는 위임받은 사항에 관하여 개별 법령의 취지에 부합하는 범위 내에서 이른바 위임조례를 정할 수 있다(대판 2000.5.30. 99추85).

---

(4) 주민의 권리제한과 의무부과

> **지방자치법 제28조 【조례】** ① 지방자치단체는 **법령의 범위에서 그 사무에 관하여 조례를 제정할 수 있다.** 다만, 주민의 권리제한 또는 의무부과에 관한 사항이나 벌칙을 정할 때는 법률의 위임이 있어야 한다.

① **법률의 위임: 주민의 권리제한 또는 의무부과에 관한 사항이나 벌칙**에 해당하는 조례를 제정할 경우에는 그 조례의 성질을 묻지 아니하고 법률의 위임이 있어야 하고, 그러한 위임 없이 제정된 조례는 효력이 없다(대판 2007.12.13. 2006추52). 그러나 **권리를 부여하거나 급부를 제공하는 경우**에는 법률의 위임이 필요 없다.

📖 판례정리

조례제정에 법률의 위임이 필요한지 여부

청주시행정정보공개조례안

지방자치단체는 그 내용이 주민의 권리의 제한 또는 의무의 부과에 관한 사항이거나 벌칙에 관한 사항이 아닌한, 법률의 위임이 없더라도 조례를 제정할 수 있다 할 것인데, 청주시의회에서 의결한 청주시행정정보공개조례안은 행정에 대한 **주민의 알 권리의 실현을 그 근본내용으로 하면서도 이로 인한 개인의 권익침해 가능성을 배제하고 있으므로** 이를 들어 주민의 권리를 제한하거나 의무를 부과하는 조례라고는 단정할 수 없고, 따라서 **그 제정에 있어서 반드시 법률의 개별적 위임이 따로 필요한 것은 아니다.** 행정정보공개조례안이 국가위임사무가 아닌 자치사무 등에 관한 정보만을 공개대상으로 하고 있다고 풀이되는 이상 반드시 전국적으로 통일된 기준에 따르게 할 것이 아니라 지방자치단체가 각 지역의 특성을 고려하여 자기 고유사무와 관련된 행정정보의 공개사무에 관하여 독자적으로 규율할 수 있다(대판 1992.6.23. 92추17).

② **형벌을 부과하는 조례:** 구법에는 조례위반행위에 대해 벌금 · 징역형을 부과할 수 있었다. 그러나 죄형법정주의에 반한다는 비판이 제기되어 조례위반행위에 대하여 1천만원 이하의 과태료를 부과할 수 있도록 개정되었다(지방자치법 제34조).

📖 판례정리

법률의 위임 없이 형벌을 규정한 조례

조례 위반에 형벌을 가할 수 있도록 규정한 조례안 규정들은 적법한 법률의 위임 없이 제정된 것이 되어 지방자치법 제28조 단서에 위반되고, 나아가 죄형법정주의를 선언한 헌법 제12조 제1항에도 위반된다(대판 1995.6.30. 93추83).

③ **포괄위임 허용:** 조례의 제정권자인 지방의회는 선거를 통해서 그 지역적인 민주적 정당성을 지니고 있는 주민의 대표기관이고 헌법이 지방자치단체에 포괄적인 자치권을 보장하고 있는 취지로 볼 때, **조례에 대한 법률의 위임은 법규명령에 대한 법률의 위임과 같이 반드시 구체적으로 범위를 정하여 할 필요가 없으며 포괄적인 것으로 족하다**(헌재 1995.4.20. 92헌마264).

📖 판례정리

기관위임사무를 조례에 위임할 때는 구체적 위임을 요한다. 조례가 규정하고 있는 사항이 그 근거법령 등에 비추어 볼 때 **자치사무나 단체위임사무**에 관한 것이라면 이는 자치조례로서 지방자치법 제28조가 규정하고 있는 '법령의 범위 안'이라는 사항적 한계가 적용될 뿐, **위임조례와 같이 국가법에 적용되는 일반적인 위임입법의 한계가** 적용될 여지는 없다(대판 2000.11.24. 2000추29).

(5) 조례제정권의 한계

① **법령우위원칙**: 법률이 일정한 기준과 유형을 제시하고 있는 경우, 법률보다 가중된 기준을 추가하여 기본권을 제한하는 조례는 위법하다. 지방자치법 제28조에 말하는 '법령'은 헌법재판소에 따르면 법률과 법규명령 그리고 법규명령으로 기능하는 행정규칙을 말한다(헌재 2002.10.31. 2001헌라1).

② **수익적 조례**: 법령보다 생활보호의 대상을 확대하는 수익적 조례는 생활보호법에 반하지 않는다(대판 1997.4.25. 96추244). 또한 군민의 출산을 적극 장려하기 위하여 세 자녀 이상의 세대 중 세 번째 이후 자녀에게 양육비 등을 지원할 수 있도록 하는 내용의 '정선군세자녀이상세대양육비등지원에관한조례안'은 수익적 조례이므로 법령에 위반되지 않는다(대판 2006.10.12. 2006추38).

③ **침익적 조례**: 상위법령보다 더 높은 수준의 자동차등록기준을 정하는 차고지확보제도에 관한 침익적 조례안은 상위법령에 반한다(대판 1997.4.25. 96추251).

④ **광역단체조례 우선**: 기초자치단체의 조례는 광역자치단체의 조례를 위반해서는 아니 된다.

(6) 조례에 대한 사법적 통제 ★★

① **행정소송**: 두밀분교폐지조례와 같이 행정처분에 해당하는 조례는 행정소송의 대상이 된다. 처분적 조례에 대한 항고소송에서의 피고는 지방의회가 아니라 **지방자치단체장 또는 교육감**이다(대판 1996.9.20. 95누8003).

② **조례에 대한 헌법재판소의 통제**: 헌법재판소는 위헌법률심판과 헌법재판소법 제68조 제2항의 헌법소원심판에서는 조례를 대상으로 할 수 없으나, 헌법재판소법 제68조 제1항의 헌법소원심판대상으로는 할 수 있다(헌재 1995.4.20. 92헌마264).

📖 **판례정리**

담배자동판매기 설치금지 (헌재 1995.4.20. 92헌마264)

① 조례에 의한 규제가 지역의 여건이나 환경 등 그 특성에 따라 다르게 나타나는 것은 헌법이 지방자치단체의 자치입법권을 인정한 이상 당연히 예상되는 불가피한 결과이므로, 이 사건 심판대상규정으로 인하여 청구인들이 다른 지역의 주민들에 비하여 더한 규제를 받게 되었다 하더라도 이를 두고 헌법 제11조 제1항의 평등권이 침해되었다고 볼 수는 없다.

② 담배자동판매기 설치를 금지하고 기존의 설치된 담배자동판매기를 3월 내 철거하도록 한 부천시 조례는 청소년의 흡연에 의한 질병발생예방이라는 공익의 가치가 담배판매인의 직업수행의 가치보다 크므로 직업선택의 자유 침해가 아니다.

---

04 지방자치단체에 대한 국가적 통제

지방자치의 본질상 자치행정에 대한 국가의 관여는 가능한 한 배제하는 것이 바람직하지만, 지방자치도 국가적 법질서의 테두리 안에서만 인정되는 것이고, 지방행정도 중앙행정과 마찬가지로 국가행정의 일부이므로 지방자치단체가 어느 정도 국가적 감독·통제를 받는 것은 불가피하다. 즉, 지방자치단체의 존재 자체를 부인하거나 각종 권한을 말살하는 것과 같이 그 본질적 내용을 침해하지 않는 한 법률에 의한 통제는 가능하다(헌재 2001.11.29. 2000헌바78).

1. 입법적 통제

국회가 지방자치단체의 종류, 조직, 운영에 관한 사항을 법률로 정하여 지방자치단체를 통제할 수 있다. 또한 대통령과 행정각부의 장은 행정입법을 통해 지방자치단체를 통제할 수 있다.

2. 행정적 통제

(1) 중앙기관의 장 또는 시·도지사의 지도 및 감독 ★

> **지방자치법 제188조【위법·부당한 명령이나 처분의 시정】** ① 지방자치단체의 사무에 관한 지방자치단체의 장 (제103조 제2항에 따른 사무의 경우에는 지방의회의 의장을 말한다. 이하 이 조에서 같다)의 명령이나 처분이 법령에 위반되거나 현저히 부당하여 공익을 해친다고 인정되면 시·도에 대해서는 주무부장관이, 시·군 및 자치구에 대해서는 시·도지사가 기간을 정하여 서면으로 시정할 것을 명하고, 그 기간에 이행하지 아니하면 이를 취소하거나 정지할 수 있다.
>
> ⑤ 제1항부터 제4항까지의 규정에 따른 자치사무에 관한 명령이나 처분에 대한 주무부장관 또는 시·도지사의 시정명령, 취소 또는 정지는 법령을 위반한 것에 한정한다.
>
> ⑥ 지방자치단체의 장은 제1항, 제3항 또는 제4항에 따른 자치사무에 관한 명령이나 처분의 취소 또는 정지에 대하여 이의가 있으면 그 취소처분 또는 정지처분을 통보받은 날부터 15일 이내에 대법원에 소를 제기할 수 있다.
>
> **판례** '법령위반'이란 시·군·구의 장의 사무의 집행이 명시적인 법령의 규정을 구체적으로 위반한 경우뿐만 아니라, 그러한 사무의 집행이 재량권을 일탈·남용하여 위법하게 되는 경우를 포함한다고 할 것이다(대판 2007.3.22. 2005추62).
>
> **제190조【지방자치단체의 자치사무에 대한 감사】** ① 행정안전부장관이나 시·도지사는 지방자치단체의 자치사무에 관하여 보고를 받거나 서류·장부 또는 회계를 감사할 수 있다. **이 경우 감사는 법령위반사항에 대하여만 실시한다.**
>
> ② 행정안전부장관 또는 시·도지사는 제1항에 따라 감사를 실시하기 전에 해당 사무의 처리가 법령에 위반되는지 여부 등을 확인하여야 한다.

중앙행정기관의 지방자치단체 자치사무 감사 사건 ★★ (헌재 2009.5.28. 2006헌라6)

1. 지방자치단체의 자치사무에 관한 감사권의 범위

지방자치법 개정을 통하여 자치사무에 대한 감사를 축소한 경위 등을 살펴보면, 자치사무에 관한 한 <u>중앙행정기관과 지방자치단체의 관계가 상하의 감독관계에서 상호보완적 지도·지원의 관계로 변화되었다. 중앙행정기관의 지방자치단체의 자치사무에 대한 이 사건 관련규정의 감사권은 사전적·일반적인 포괄감사권이 아니라 그 대상과 범위가 한정적인 제한된 감사권이라 해석함이 마땅하다.</u>

2. 이 사건 합동감사가 지방자치권을 침해하는지 여부

지방자치단체에 대하여 <u>중앙행정기관은 합목적성 감독보다는 합법성 감독을 지향하여야 하고 중앙행정기관의 무분별한 감사권의 행사는 헌법상 보장된 지방자치단체의 자율권을 저해할 가능성이 크므로, 이 사건 관련규정상의 감사에 착수하기 위해서는 자치사무에 관하여 특정한 법령위반행위가 확인되었거나 위법행위가 있었으리라는 합리적 의심이 가능한 경우이어야 하고, 또한 그 감사대상을 특정해야 한다고 봄이 상당하다. 따라서 전반기 또는 후반기 감사와 같은 포괄적·사전적 일반감사나 위법사항을 특정하지 않고 개시하는 감사 또는 법령위반사항을 적발하기 위한 감사는 모두 허용될 수 없다.</u>

남양주시와 경기도 간의 권한쟁의 (헌재 2023.3.23. 2020헌라5)

1. 감사 대상 사전 통보가 감사개시요건인지 여부(소극)

광역지방자치단체가 기초지방자치단체 자치사무를 감사할 때, 연간 감사계획에 포함되지 않은 감사는 사전조사를 필수로 하지 않으며, 감사대상이나 내용을 사전에 통보할 의무가 없다. 따라서 사전에 감사대상을 통보하지 않았다고 해서 감사가 위법하다고 볼 수 없다.

2. 감사 대상 확장·추가 여부

원칙적으로, 감사 중 당초 특정되지 않은 사항에 대한 감사대상 확장이나 추가는 허용되지 않는다. 예외적으로, 당초 특정된 감사대상과 관련성이 있고, 감사대상 지방자치단체가 절차적 불이익을 받지 않으며, 해당 사항을 적발하려는 목적의 감사가 아닌 경우에는 감사대상 확장·추가가 허용된다.

3. 감사 개시 전 위법성 확인의 기준

감사 개시 전 단계에서 위법성 확인은 엄격한 의미에서 요구되지 않으며, 특정 법령 위반행위가 확인되었거나, 합리적 의심이 가능한 경우라면 감사 개시가 가능하다.
제보나 언론보도를 통해 합리적 의심이 가능하고, 위법성이 명확히 부정되지 않는 경우라면 감사는 적법하다.

📖 판례정리

감사원의 자치사무 감사 ★★ (헌재 2008.5.29. 2005헌라3)

> **<참고조항>**
> 감사원법 제24조【감찰사항】① 감사원은 다음 각 호의 사항을 감찰한다.
>   2. 지방자치단체의 사무와 그에 소속한 지방공무원의 직무

1. 감사원이 지방자치단체에 대하여 자치사무의 합법성뿐만 아니라 합목적성에 대하여도 감사한 행위가 법률상 권한 없이 이루어진 것인지 여부(소극)

감사원법 규정들의 구체적 내용을 살펴보면 감사원의 직무감찰권의 범위에 인사권자에 대하여 징계 등을 요구할 권한이 포함되고, 위법성뿐 아니라 부당성도 감사의 기준이 되는 것은 명백하며, 지방자치단체의 사무의 성격이나 종류에 따른 어떠한 제한이나 감사기준의 구별도 찾아볼 수 없다. 감사원법은 지방자치단체의 위임사무나 자치사무의 구별 없이 합법성 감사뿐만 아니라 합목적성 감사도 허용하고 있는 것으로 보이므로, 감사원의 지방자치단체에 대한 이 사건 감사는 법률상 권한 없이 이루어진 것은 아니다.

2. 지방자치단체의 자치사무에 대한 합목적성 감사의 근거가 되는 감사원법 제24조 제1항 제2호 등 관련규정 자체가 청구인들의 지방자치권의 본질을 침해하여 위헌인지 여부(소극)

감사원법에서 지방자치단체의 자치권을 존중할 수 있는 장치를 마련해두고 있는 점, 국가재정지원에 상당부분 의존하고 있는 우리 지방재정의 현실, 독립성이나 전문성이 보장되지 않은 지방자치단체 자체감사의 한계 등으로 인한 외부 감사의 필요성까지 감안하면, 이 사건 관련규정이 지방자치단체의 고유한 권한을 유명무실하게 할 정도로 지나친 제한을 함으로써 **지방자치권의 본질적 내용을 침해하였다고는 볼 수 없다.**

☑ 지방자치사무에 대한 감사

구분	합법성 감사	합목적성 감사
중앙 행정 기관장	○	×
감사원	○	○

(2) 직무이행명령권 ★

> 지방자치법 제189조【지방자치단체의 장에 대한 직무이행명령】① 지방자치단체의 장이 법령에 따라 그 의무에 속하는 국가위임사무나 시·도위임사무의 관리와 집행을 명백히 게을리하고 있다고 인정되면 시·도에 대해서는 주무부장관이, 시·군 및 자치구에 대해서는 시·도지사가 기간을 정하여 서면으로 이행할 사항을 명령할 수 있다.
> ③ 주무부장관은 시장·군수 및 자치구의 구청장이 법령에 따라 그 의무에 속하는 국가위임사무의 관리와 집행을 명백히 게을리하고 있다고 인정됨에도 불구하고 시·도지사가 제1항에 따른 이행명령을 하지 아니하는 경우 시·도지사에게 기간을 정하여 이행명령을 하도록 명할 수 있다.
> ⑥ 지방자치단체의 장은 제1항 또는 제4항에 따른 이행명령에 이의가 있으면 이행명령서를 접수한 날부터 15일 이내에 대법원에 소를 제기할 수 있다. 이 경우 지방자치단체의 장은 이행명령의 집행을 정지하게 하는 집행정지결정을 신청할 수 있다.

직무이행명령 대상사무

지방교육자치에 관한 법률 제3조, 지방자치법 제170조 제1항에 따르면, 교육부장관이 교육감에 대하여 할 수 있는 직무이행명령의 대상사무는 '국가위임사무의 관리와 집행'이다. 여기서 국가위임사무란 교육감 등에 위임된 국가사무, 즉 기관위임 국가사무를 뜻한다고 보는 것이 타당하다(대판 2013.6.27. 2009추206).

제3절 군사제도

01 현행헌법상 군사제도

1. 문민우위의 원칙과 정치적 중립성

국무위원과 국무총리 모두 현역군인은 임용될 수 없는(제86조, 제87조) 문민원칙이 채택되고 있다.

2. 병정통합의 원칙

군정작용이란 국군을 편성·조직, 병력을 취득·관리하는 작용이고, 군령작용(용병작용)이란 군을 현실적으로 지휘·통제하는 작용이다. 병정분리주의란 군정은 일반행정기관이, 군령은 대통령 직속의 별도 행정기관이 담당하는 군정·군령이원주의이다. 병정통합주의란 군정·군령을 일반행정기관이 모두 관장하는 군정·군령일원주의로서 정부가 군부를 완전히 지배함으로서 문민우위를 실현할 수 있는 제도이다. 현행헌법은 병정통합주의를 채택하고 있어 군정과 군령 모두 대통령과 국방부장관이 관장하고 있다.

MEMO

제3편

기본권론

제1장 / 기본권총론

제1절 기본권의 본질

01 기본권의 의의

1. 기본권의 개념

기본권이란 헌법상 권리를 의미한다.

2. 제도적 보장

자유권도 아니고 사회적 기본권도 아니며 통치권도 아닌 헌법상 지방자치제도, 직업공무원제도, 혼인제도 등을 설명하기 위해 제도적 보장론이 제기되었다.

📖 판례정리

제도적 보장의 의의 ★★★

제도적 보장은 객관적 제도를 헌법에 규정하여 당해 제도의 본질을 유지하려는 것으로서, 헌법제정권자가 특히 중요하고도 가치가 있어서, 헌법적으로 보장할 필요가 있다고 생각하는 국가제도를 헌법에 규정함으로써 장래의 법발전, 법형성의 방침과 범주를 미리 규율하려는 데 있다. 제도적 보장은 주관적 권리가 아닌 객관적 법규범이라는 점에서 기본권과 구별되기는 하지만, 헌법에 의하여 일정한 제도가 보장되면 입법자는 그 제도를 설정하고 유지할 입법의무를 지게 될 뿐만 아니라 헌법에 규정되어 있기 때문에 법률로써 이를 폐지할 수 없고, 비록 내용을 제한한다고 하더라도 그 본질적 내용을 침해할 수는 없다. 그러나 기본권의 보장은 '최대한 보장의 원칙'이 적용되는 것임에 반하여, **제도적 보장**은 기본권 보장의 경우와는 달리 그 본질적 내용을 침해하지 아니하는 범위 안에서 입법자에게 제도의 구체적인 내용과 형태의 형성권을 폭넓게 인정한다는 의미에서 '**최소한 보장의 원칙**'이 적용될 뿐인 것이다. 직업공무원제도는 헌법이 보장하는 제도적 보장 중의 하나임이 분명하므로 입법자는 직업공무원제도에 관하여 '최소한 보장'의 원칙의 한계 안에서 폭넓은 입법형성의 자유를 가진다(헌재 1997.4.24. 95헌바48).

02 주관적 공권성

주관적 공권이란 개인이 국가를 상대로 자신의 자유와 권리를 실현하기 위해 국가에 부작위 또는 작위를 요구할 수 있는 권리이다.

03 기본권의 양면성(이중성, 기본권의 다층구조적 성격)

1. 개념

헌법 제15조에 의한 직업선택의 자유는 각자의 생활의 기본적 수요를 충족시키는 방편이 되고 개성신장의 바탕이 된다는 점에서 주관적 공권의 성격을 가지면서도 국민 개개인이 선택한 직업의 수행에 의하여 국가의 사회질서와 경제질서가 형성된다는 점에서 사회적 시장경제질서라고 하는 객관적 법질서의 구성요소이기도 하다(헌재 1995.7.21. 94헌마125).

2. 이중성이론의 기능

기본권이 객관적 질서라면 기본권은 국가를 구속하는 데 그치는 것이 아니라 사회구성원들을 구속한다. 사회구성원들의 합의한 가치로서의 기본권은 사법관계를 구속한다.

04 기본권 여부

> **헌법 제10조** 모든 국민은 인간으로서의 존엄과 가치를 가지며, 행복을 추구할 권리를 가진다. 국가는 개인이 가지는 불가침의 **기본적 인권을 확인하고** 이를 보장할 의무를 진다.
>
> **제37조** ① 국민의 자유와 권리는 헌법에 열거되지 아니한 이유로 경시되지 아니한다.

1. 헌법에 열거된 권리와 열거되지 않은 자유와 권리

헌법 제37조 제1항은 "국민의 자유와 권리는 헌법에 열거되지 아니한 이유로 경시되지 아니한다."라고 규정하고 있다. 이는 헌법에 명시적으로 규정되지 아니한 자유와 권리라도 헌법 제10조에서 규정한 인간의 존엄과 가치를 위하여 필요한 것일 때에는 이를 모두 보장함을 천명하는 것이다. 이러한 기본권으로서 일반적 행동자유권과 명예권 등을 들 수 있다(헌재 2002.1.31. 2001헌바43).

☑ **헌법 제37조 제1항의 열거되지 아니한 권리**

해당하는 것	해당하지 않는 것(헌법상 기본권이 아닌 것)
이러한 기본권으로서 일반적 행동자유권과 명예권 등을 들 수 있다(헌재 2002.1.31. 2001헌바43).	① 평화적 생존권 ② 재정사용의 합법성과 타당성을 감시하는 납세자의 권리 ③ 주민투표권 ④ 국가인권위원회의 조사를 받을 권리 ⑤ 국회구성권 ⑥ 국민의 입법권 ⑦ 통일에 관한 권리 ⑧ 주민소환권 ⑨ 논리적이고 정제된 법률의 적용을 받을 권리

2. 헌법소원과 기본권

(1) 헌법소원과 헌법상 기본권

헌법재판소법 제68조 제1항은 공권력 행사와 불행사로 기본권을 침해받은 자가 헌법소원을 청구할 수 있다고 규정하여, 헌법소원은 기본권 침해를 전제로 한다. 청구인이 침해받았다고 주장하는 것이 기본권이 아니라면 헌법소원청구는 부적법하게 된다.

(2) 헌법상 보장된 기본권

헌법재판소법 제68조 제1항에서 규정하고 있는 헌법상 보장된 기본권이란 헌법에 의해 직접 보장된 개인의 주관적 공권을 의미하는데, 헌법에서 명문규정으로 보장된 것만을 의미하는 것이 아니라 헌법에서 도출되는 것도 포함된다.

3. 기본권이 아닌 것

(1) 기본원리, 제도의 본질 훼손

전문이나 원리에서는 기본권이 도출되지 않는다.

(2) 기본권이 아닌 것

📖 **판례정리**

기본권이 아닌 것

1. **평화적 생존권**은 헌법상 보장되는 기본권이라고 할 수 없다(헌재 2009.5.28. 2007헌마369).

2. **육아휴직신청권**은 헌법 제36조 제1항 등으로부터 개인에게 직접 주어지는 헌법적 차원의 권리라고 볼 수는 없고, 법률상의 권리에 불과하다 할 것이다(헌재 2008.10.30. 2005헌마156).

3. **'국가인권위원회의 공정한 조사를 받을 권리'**는 헌법상 인정되는 기본권이라고 하기 어렵다(헌재 2012.8.23. 2008 헌마430).

4. 청구인이 국회법 제48조 제3항 본문에 의하여 침해당하였다고 주장하는 기본권은 청구인이 국회 상임위원회에 소속하여 활동할 권리, 청구인이 **무소속 국회의원으로서 교섭단체소속 국회의원과 동등하게 대우받을 권리**라는 것으로서 이는 입법권을 행사하는 국가기관인 국회를 구성하는 국회의원의 지위에서 향유할 수 있는 권한일 수는 있을지언정 헌법이 일반국민에게 보장하고 있는 **기본권이라고 할 수는 없다**(헌재 2000.8.31. 2000헌마156).

제2절 기본권의 주체

01 국민

1. 기본권 보유능력(향유능력)

(1) 개념

기본권의 보유능력이란 헌법상 보장된 기본권을 향유할 수 있는 능력이다. 기본권 주체가 될 수 없다는 의미는 기본권 보유능력을 가지지 못한다는 뜻이다.

(2) 범위

① 모든 인간은 헌법상 생명권의 주체가 되며, 형성 중의 생명인 **태아**에게도 생명에 대한 권리가 인정되어야 한다. 따라서 **태아**도 헌법상 생명권의 주체가 된다(헌재 2008.7.31. 2004헌바81).

② **초기배아**는 아직 모체에 착상되거나 원시선이 나타나지 않은 이상 기본권 주체성을 인정하기 어렵다(헌재 2010.5.27. 2005헌마346).

③ **아동과 청소년**의 인격권은 성인과 마찬가지로 인간의 존엄성 및 행복추구권을 보장하는 헌법 제10조에 의하여 보호된다(헌재 2004.5.27. 2003헌가1).

(3) 헌법소원 청구능력

헌법재판소법 제68조 제1항은 공권력의 행사 또는 불행사로 인하여 기본권을 침해받은 자가 헌법소원의 심판을 청구할 수 있다고 규정하고 있으므로, 기본권의 주체가 될 수 있는 자만이 헌법소원을 청구할 수 있고, 이때 **기본권의 주체가 될 수 있는 '자'라 함은 통상 출생 후의 인간을 가리키는 것이다**(헌재 2010.5.27. 2005헌마346).

판례정리

헌법소원 청구능력

1. 정당은 평등권의 주체로 인정되어 평등권 침해를 이유로 헌법소원을 제기할 수 있으나(헌재 1991.3.11. 91헌마21), 생명권과 같은 자연인에게만 인정되는 기본권의 주체가 될 수 없으며, 정당원이나 국민의 기본권 침해를 대리하여 헌법소원을 제기할 수 없다(헌재 2008.12.26. 2008헌마419).

2. 국가기관의 청구능력

공법인은 원칙적으로 기본권 주체가 될 수 없으므로 기본권 침해를 받았다는 이유로 헌법소원심판을 청구할 수 없다.

① **국회상임위원회**: 국가나 국가기관 또는 국가조직의 일부나 공법인은 기본권의 '수범자(Adressat)'이지 기본권의 주체로서 그 '소지자(Trager)'가 아니고 오히려 국민의 기본권을 보호 내지 실현해야 할 '책임'과 '의무'를 지니고 있는 지위에 있을 뿐이다. 그런데 청구인은 국회의 노동위원회로 그 일부조직인 상임위원회 가운데 하나에 해당하는 것으로 국가기관인 국회의 일부조직이므로 기본권의 주체가 될 수 없고 따라서 헌법소원을 제기할 수 있는 적격이 없다고 할 것이다(헌재 1994.12.29. 93헌마120).

② **국회의원**: **국회의원의 질의권, 토론권 및 표결권** 등은 국회의원 개인에게 헌법이 보장하는 기본권이라 할 수 없는바, 국회의원인 청구인들에게 헌법소원심판청구가 허용된다고 할 수 없다. 또한 상임위원회 선임에 대해서도 헌법소원을 청구할 수 없다(헌재 1995.2.23. 90헌마125).

3. 강원대학교와 같은 국립대학교는 기본권의 주체이므로 헌법소원을 청구할 능력이 인정된다(헌재 2015.12.23. 2014헌마1149).

4. 대학뿐 아니라 교수와 교수회도 대학의 자유 주체가 된다(헌재 2006.4.27. 2005헌마1047).

2. 기본권 행사능력

(1) 개념
기본권 행사능력이란 기본권의 주체가 독립적으로 자신의 책임하에 기본권을 유효하게 행사할 수 있는 능력이다.

(2) 기본권 성질에 따른 행사능력
기본권 보유능력을 가진 자라 하더라도 행사능력을 반드시 가지는 것은 아니다. 예를 들면, 모든 국민은 선거권의 주체능력 또는 보유능력을 가지나 공직선거법상 선거일 현재 18세 이상인 자만이 선거권 행사능력을 가진다.

3. 기본권 행사능력 제한

구분	기본권 보유능력	기본권 행사능력
선거권	국민	18세 이상(법률)
대통령 피선거권	국민	40세 이상(헌법)
국회의원 피선거권	국민	18세 이상(법률)

02 외국인의 기본권 주체성

1. 외국인의 기본권 주체성
인간의 존엄과 가치, 행복추구권, 평등권 등은 인간의 권리로서 외국인도 주체가 될 수 있으며, 평등권은 참정권 등의 제한 및 상호주의 적용 외에는 외국인에게도 동일하게 보장된다. 따라서, 외국국적 동포들이 재외동포법에서 수혜대상 간 차별로 평등권 침해를 주장한 사건에서 청구인들에게 기본권 주체성을 인정하는 데 문제가 없다(헌재 2001.11.29. 99헌마494).

2. 외국인에게도 인정되는 기본권 ★★

(1) 인간의 존엄과 가치, 행복추구권이 인정된다.

(2) 평등권이 인정된다. 단, 정치적 평등권, 재산권 보장의 평등권은 제한된다.

(3) 자유권
신체의 자유, 사생활의 자유는 인정되나, 언론·출판·집회·결사의 자유는 원칙적으로는 누리나 제한된다. 출국의 자유는 인정되나, 입국의 자유는 인정되지 아니한다.
① **입국의 자유**: 참정권과 입국의 자유에 대한 외국인의 기본권 주체성이 인정되지 않는다(헌재 2014.6.26. 2011헌마502).
② **직업의 자유**

1. 직업의 자유를 인간의 권리로 본 판례

직업의 자유 중 직장선택의 자유는 인간의 권리로, 외국인도 제한적으로 향유할 수 있다. 적법하게 고용허가를 받고 우리나라에서 생활관계를 형성한 외국인은 직장선택의 자유에 대한 기본권 주체성을 인정받을 수 있다. 그러나 이는 외국인에게 우리 국민과 동일한 수준의 직장선택의 자유가 보장된다는 것을 의미하지 않는다(헌재 2011.9.29. 2007헌마1083).

2. 직업의 자유를 국민의 권리로 본 판례

심판대상조항이 제한하고 있는 직업의 자유는 국가자격제도정책과 국가의 경제상황에 따라 법률에 의하여 제한할 수 있는 국민의 권리에 해당한다. 국가정책에 따라 정부의 허가를 받은 외국인은 정부가 허가한 범위 내에서 소득활동을 할 수 있는 것이므로, 근로관계 형성 전 단계에서 특정 직업을 선택할 권리는 국가정책에 따라 법률로 제한적으로 허용되는 것일 뿐, 헌법상 기본권에 해당하지 않는다. 따라서 외국인 청구인에게는 그 기본권주체성이 인정되지 아니하며, 자격제도 자체를 다툴 수 있는 기본권주체성이 인정되지 아니하는 이상 국가자격제도에 관련된 평등권에 관하여 따로 기본권주체성을 인정할 수 없다(헌재 2014.8.28. 2013헌마359).

(4) 정치적 기본권

선거권, 피선거권, 공무담임권 등은 인정되지 않는다. 현재 공직선거법은 지방선거에 대하여 외국인의 참여를 허용하고 있다. 그러나 외국인이 지방선거권의 주체가 된다는 의미는 헌법상 기본권으로서가 아니라 법률상 권리로서 인정된다는 의미이다.

(5) 청구권적 기본권

청원권, 재판청구권, 형사보상청구권은 인정되나, 국가배상청구권과 범죄피해자구조청구권은 상호주의가 적용된다.

(6) 사회적 기본권

① 인간다운 생활을 할 권리, 무상교육을 받을 권리 등은 원칙적으로 인정되지 않으나, 노동3권, 환경권, 보건권은 제한적으로 인정된다.

② 근로의 권리는 사회권적 기본권의 성격이 강하므로 이에 대한 외국인의 기본권 주체성을 전면적으로 인정하기는 어렵다. 국가에 대하여 고용증진을 위한 사회적·경제적 정책을 요구할 수 있는 권리는 사회권적 기본권으로서 국민에 대하여만 인정해야 하지만, 근로환경에 관한 권리는 자유권적 기본권의 성격도 가지며, 건강한 작업환경, 정당한 보수, 합리적인 근로조건 등의 최소한의 근로조건을 요구할 수 있는 권리로서 외국인 근로자에게도 기본권 주체성을 인정할 수 있다. 다만, 외국인에게 근로의 권리에 대한 기본권 주체성을 인정한다는 것이 국민과 동일한 수준의 보장을 의미하는 것은 아니다(헌재 2007.8.30. 2004헌마670 ; 헌재 2016.3.31. 2014헌마367).

③ **출국만기보험금**은 퇴직금의 성질을 가지고 있어서 그 지급시기에 관한 것은 근로조건의 문제이므로 외국인인 청구인들에게도 기본권 주체성이 인정된다(헌재 2016.3.31. 2014헌마367).

불법체류 외국인

불법체류 중인 외국인들이라 하더라도, 불법체류라는 것은 관련 법령에 의하여 체류자격이 인정되지 않는다는 것일 뿐이므로, '인간의 권리'로서 외국인에게도 주체성이 인정되는 일정한 기본권에 관하여 **불법체류 여부에 따라 그 인정 여부가 달라지는 것은 아니다.** 청구인들이 침해받았다고 주장하고 있는 **신체의 자유, 주거의 자유, 변호인의 조력을 받을 권리, 재판청구권 등은 성질상 인간의 권리에 해당한다**고 볼 수 있으므로, 위 기본권들에 관하여는 청구인들의 기본권 주체성이 인정된다. 그러나 **'국가인권위원회의 공정한 조사를 받을 권리'**는 헌법상 인정되는 기본권이라고 하기 어렵다(헌재 2012.8.23. 2008헌마430).

☑ **외국인과 기본권**

적극적으로 인정되는 기본권	인정되지 않는 기본권
① 인간의 존엄과 가치 ② 신체의 자유 ③ 신체의 자유보장을 위한 실체적 · 절차적 보장 ④ 종교의 자유 ⑤ 예술 · 학문의 자유 ⑥ 사생활의 자유 ⑦ 소비자의 권리 ⑧ 재산권 ⑨ 언론 · 출판 · 집회 · 결사의 자유 ⑩ 환경권 ⑪ 보건권 ⑫ 노동3권	① 입국의 자유 ② 선거권 ③ 피선거권 ④ 공무담임권 ⑤ 인간다운 생활을 할 권리

03 법인의 기본권 주체성

1. 법인의 개념

권리주체는 자연인이나 법인은 실정법에 의해 인격성이 부여되어 권리주체성이 인정된다. 민법과 상법에 의해 법인격이 주로 부여되는데, 민법이나 상법의 법인 요건을 갖추지 못한 단체를 법인이 아닌 사단 · 재단이라고 한다.

2. 헌법재판소 판례

헌법재판소는 사단법인인 한국영화인협회와 신문편집인협회, 노동조합, 상공회의소 등의 기본권 주체성을 인정한 바 있다. 또한 사법상 법인이 아닌 사단인 정당과 법인이 아닌 재단인 대한예수교장로회 신학연구원의 기본권 주체성을 인정하는 등 사법상 법인이 아닌 단체도 기본권 주체가 될 수 있다는 입장이다. 즉, 기본권 주체성은 사법상 법인격의 취득 여부를 기준으로 하지는 않는다.

📖 판례정리

1. 청구인 사단법인 **한국급식협회**는 단체급식업을 운영하고 있는 자 등을 그 회원으로 하여, 기본권의 성질상 자연인에게만 인정되는 것이 아닌 한, 청구인 협회도 기본권의 주체가 될 수 있다(헌재 2008.2.28. 2006헌마1028).

2. **대한예수교장로회 신학연구원**은 장로회총회의 단순한 내부기구가 아니라 그와는 별개의 비법인재단에 해당되므로 헌법소원심판상의 당사자능력을 갖추었다고 볼 것이다(헌재 2000.3.30. 99헌바14).

3. **인천전문대학 기성회 이사회**는 인천전문대학 기성회로부터 독립된 별개의 단체가 아니므로 헌법소원심판 청구능력이 있다고 할 수 없다(헌재 2010.7.29. 2009헌마149).

4. **정당**은 기본권 주체가 될 수 있다(헌재 1991.3.11. 91헌마21).

5. **등록이 취소된 사회당**은 등록정당에 준하는 권리능력 없는 사단으로서의 실질을 유지하고 있다고 볼 수 있으므로 헌법소원의 청구능력을 인정할 수 있다(헌재 2006.3.30. 2004헌마246).

6. **어린이집**은 '영유아의 보육을 위한 시설'에 불과하므로, 헌법소원심판을 제기할 당사자능력이 있는 법인 등에 해당하지 아니한다(헌재 2013.8.29. 2013헌마165).

7. 공법상 재단법인인 **방송문화진흥회가 최다출자자인 방송사업자**는 사경제 주체로서 활동하는 경우에도 기본권 주체가 될 수 있다(헌재 2013.9.26. 2012헌마271).

📖 판례정리

사단법인 한국영화인협회 감독위원회 (헌재 1991.6.3. 90헌마56)

① 우리 헌법은 법인의 기본권 향유에 관한 명문 규정을 두고 있지 않지만, 언론·출판의 자유나 재산권 보장 등 성질상 법인이 누릴 수 있는 기본권은 법인에도 적용된다. 따라서 법인은 사단법인·재단법인, 영리법인·비영리법인을 불문하고 이러한 기본권 침해를 이유로 헌법소원을 청구할 수 있다. 법인이 아닌 사단·재단도 대표자가 정해져 있고 독립된 조직체로 활동하는 경우 법인과 동일하게 기본권을 주장할 수 있다. 청구인 사단법인 한국영화인협회는 비영리사단법인으로서 법인이 누릴 수 있는 기본권에 관해 헌법소원을 청구할 수 있다.

② 청구인 **한국영화인협회 감독위원회**(이하 감독위원회라고 줄여 쓴다)는 영화인협회로부터 독립된 별개의 단체가 아니고, 영화인협회의 내부에 설치된 8개의 분과위원회 가운데 하나에 지나지 아니하며(사단법인 한국영화인협회의 정관 제6조), 달리 단체로서의 실체를 갖추어 당사자능력이 인정되는 법인 아닌 사단으로 볼 자료도 없다. 따라서 감독위원회는 그 이름으로 헌법소원심판을 청구할 수 있는 헌법소원심판 청구능력이 있다고 할 수 없다. ➡ 한국영화인협회 감독위원회는 기본권의 주체가 될 수 없다.

③ 단체의 구성원이 기본권을 침해당한 경우 단체가 구성원의 권리구제를 위해 헌법소원을 청구하는 것은 원칙적으로 허용될 수 없다.

---

3. 공법인의 기본권 주체성 ★

(1) 공법인의 기본권 주체성 ★★

① **원칙**: 헌법재판소는 공법인의 기본권 주체성을 원칙적으로 부정했다. 직장의료보험조합, 농지개량조합의 공법인성을 강조하여 기본권 주체성을 부정했다. 그러나 공법인인 세무대학교와 공법상 영조물법인인 서울대학교의 주체성을 인정했다. 헌법재판소는 "국가나 국가기관 또는 국가조직의 일부나 공법인은 기본권의 '수범자(Adressat)'이지 기본권의 주체로서 그 '소지자(Trager)'가 아니고 오히려 국민의 기본권을 보호 내지 실현해야 할 '책임'과 '의무'를 지니고 있는 지위에 있을 뿐이다(헌재 1994.12.29. 93헌마120)."라고 하여 원칙적으로 국가 등 공법인에 대한 기본권 주체성을 부인하고 있다.

② **예외: 학교안전공제회는** 이처럼 공법인적 성격과 사법인적 성격을 겸유하고 있는데, 공제회가 일부 공법인적 성격을 갖고 있다고 하더라도 공무를 수행하거나 고권적 행위를 하는 경우가 아닌 사경제 주체로서 활동하는 경우나 조직법상 국가로부터 독립한 고유업무를 수행하는 경우, 그리고 다른 공권력 주체와의 관계에서 지배·복종관계가 성립되어 일반 사인처럼 그 지배하에 있는 경우 등에는 기본권 주체가 될 수 있다(헌재 2013.9.26. 2012헌마271).

📖 판례정리

1. 농지개량조합은 공법인이라고 봄이 상당하므로 헌법소원의 청구인적격을 인정할 수 없다(헌재 2000.11.30. 99헌마190).

2. 재개발조합은 공공성을 가지며, '도시 및 주거환경정비법'에 따라 행정처분 권한을 부여받아 국가의 기능을 대신 수행하는 공권력 행사자로서 기본권의 수범자 지위를 가진다. 따라서 재개발조합이 행정심판의 피청구인이 되어 심판대상조항의 위헌성을 다투는 경우, 재개발조합은 기본권의 주체로 인정되지 않는다(헌재 2022.7.21. 2019헌바543).

3. 국립대학인 청구인은 대학의 자율권의 주체로서 헌법소원심판의 청구인능력이 인정된다(헌재 2015. 12.23. 2014헌마149).

---

③ **지방자치단체:** 지방자치단체의 기본권 주체성을 전면 부정했다.

📖 판례정리

지방자치단체의 기본권 주체성 부정
1. **지방자치단체인** 청구인은 기본권의 주체가 될 수 없고, 따라서 청구인의 재산권 침해 여부는 더 나아가 살펴볼 필요가 없다(헌재 2006.2.23. 2004헌바50).

2. 국가균형발전특별법에 의한 도지사의 혁신도시 입지선정과 관련하여 그 입지선정에서 제외된 **지방자치단체인** 춘천시의 이 사건 헌법소원 청구는 부적법하다(헌재 2006.12.28. 2006헌마312).

---

④ **공법인성과 사법인성을 모두 가지는 이중적 지위를 가진 단체의 기본권 주체성 인정:** 법인 등 결사체도 그 조직과 의사형성에 있어서, 그리고 업무수행에 있어서 자기결정권을 가지고 있어 결사의 자유의 주체가 된다고 봄이 상당하므로, **축협중앙회는** 그 회원조합들과 별도로 결사의 자유의 주체가 된다. 축협중앙회는 공법인성과 사법인성을 겸유한 특수한 법인으로서 이 사건에서 기본권의 주체가 될 수 있다(헌재 2000.6.1. 99헌마553).

(2) 국가기관의 기본권 주체성 부정
① 국회노동상임위원회의 기본권 주체성을 부정했다.
② **국회의원:** 국가기관으로서 국회의원은 기본권 주체가 아니다. 따라서 국회의원으로서 가지는 '법률안 심의권·표결권·상임위원이 될 권리는 기본권이 아니다.
③ **대통령:** 국민의 봉사자로서의 대통령의 기본권 주체성을 부정했으나, 사인의 지위에서는 기본권 주체성을 긍정했다.

📖 판례정리

대통령의 기본권 주체성

법률이나 공권력 작용이 공적 과제를 수행하는 주체의 권한 내지 직무영역을 제약하는 성격이 강한 경우에는 그 기본권 주체성이 부정될 것이지만, 그것이 일반국민으로서 국가에 대하여 가지는 헌법상의 기본권을 제약하는 성격이 강한 경우에는 기본권 주체성을 인정할 수 있다. 그러므로 대통령도 국민의 한 사람으로서 제한적으로나마 기본권의 주체가 될 수 있는바, 대통령은 소속 정당을 위하여 정당활동을 할 수 있는 사인으로서의 지위와 국민 모두에 대한 봉사자로서 공익실현의 의무가 있는 헌법기관으로서의 지위를 동시에 갖는데 최소한 전자의 지위와 관련하여는 기본권 주체성을 갖는다고 할 수 있다(헌재 2008.1.17. 2007헌마700).

④ **지방자치단체장**: 주민의 봉사자로서의 지방자치단체장의 기본권 주체성을 부정했으나 사인의 지위에서는 기본권 주체성을 긍정했다.

📖 판례정리

지방자치단체장의 기본권 주체성

1. 지방자치단체의 장인 이 사건 청구인은 기본권의 주체가 될 수 없다(헌재 2014.6.26. 2013헌바122). 지방자치단체의 장이라도 언론의 자유는 일반국민으로서 누릴 수 있으며, 다만 **주민의 봉사자로서** 지방자치단체장의 지위에서는 기본권의 주체가 될 수 없다(헌재 1999.5.29. 98헌마214).

2. 공직자가 국가기관의 지위에서 순수한 직무상의 권한행사와 관련하여 기본권 침해를 주장하는 경우에는 기본권의 주체성을 인정하기 어렵다 할 것이나, 그 외의 사적인 영역에 있어서는 기본권의 주체가 될 수 있는 것이다. 청구인은 선출직 공무원인 하남시장으로서 주민소환법조항으로 인하여 공무담임권 등이 침해된다고 주장하여, 순수하게 직무상의 권한행사와 관련된 것이라기보다는 공직의 상실이라는 개인적인 불이익과 연관된 공무담임권을 다투고 있으므로, 이 사건에서 하남시장에게는 기본권의 주체성이 인정된다 할 것이다(헌재 2009.3.26. 2007헌마843).

⑤ **공무를 수행하는 공무원**: 검사가 발부한 형집행장에 의해 검거된 벌금 미납자의 신병에 관한 업무에 있어서 **경찰공무원**은 기본권 주체가 아니므로 헌법소원심판을 청구할 적격이 없다(헌재 2009.3.24. 2009헌마118).

📖 판례정리

법인에 인정되는 기본권인지 여부

1. 우리 헌법은 법인 내지 단체의 기본권 향유능력에 대하여 명문의 규정을 두고 있지는 않지만 본래 자연인에게 적용되는 기본권이라도 그 성질상 법인이 누릴 수 있는 기본권은 법인에게도 적용된다(헌재 1991.6.3. 90헌마56).

2. 유권자총연합회 법인이나 단체는 **선거권 및 국민투표권** 행사의 주체가 될 수 없다(헌재 2014.7.24. 2009헌마256, 2010헌마394).

3. 법인도 법인의 목적과 사회적 기능에 비추어 볼 때 그 성질에 반하지 않는 범위 내에서 인격권의 한 내용인 **사회적 신용이나 명예 등의 주체가 될 수 있고** 법인이 이러한 사회적 신용이나 명예 유지 내지 법인격의 자유로운 발현을 위하여 의사결정이나 행동을 어떻게 할 것인지를 자율적으로 결정하는 것도 법인의 인격권의 한 내용을 이룬다고 할 것이다(헌재 2012.8.23. 2009헌가27).

제3절 기본권의 효력

01 기본권의 대국가적 효력

기본권은 직접적으로 모든 국가권력을 구속하는 직접적 효력을 가지고 있는데, 이를 기본권의 대국가적 효력 또는 수직적 효력이라 한다. 기본권은 국고적 행위 또는 사법상(私法上) 행위를 구속하나 헌법소원심판의 대상은 공권력 행사이므로 국고적 행위 또는 사법상 행위는 헌법소원심판의 대상은 되지 않는다. 또한 기본권은 공무수탁사인의 행위와 통치행위를 구속하고 특별권력관계에서 기본권은 국가를 구속한다.

📖 판례정리

기본권의 대국가적 효력

1. **긴급재정경제명령**

   비록 고도의 정치적 결단에 의하여 행해지는 국가작용(이 사건에서는 긴급재정경제명령)이라 할지라도 그것이 국민의 기본권 침해와 직접 관련되는 경우에는 당연히 헌법재판소 심판대상이 된다(헌재 1996.2.29. 93헌마186).

2. **현대법치국가에서는 국가와 특별한 관계에 있는 국민에 대해 기본권 보호의 사각지대를 인정한 특별권력관계이론은 더 이상 정당성을 인정받지 못하는 이론이다.** 모든 국가기관이 기본권의 구속을 받는 헌법국가에서 기본권의 구속으로부터 자유로운 국가행위의 영역은 인정되지 않는다(헌재 2001.3.21. 99헌마139).

02 기본권의 대사인적 효력 또는 제3자적 효력

독일은 기본권은 주관적 공권이자 객관적 질서라는 이중성 이론에 따라 기본권을 사법의 일반원칙을 매개로 하여 기본권을 적용하는 간접효력설이 다수설이다. 우리나라도 간접효력설이 다수설이나 근로의 권리나 근로3권은 직접 적용된다. 평등권, 사생활의 비밀과 자유, 통신의 비밀을 침해받지 않을 권리, 주거의 자유, 양심의 자유, 종교의 자유 등은 사인 간에 간접 적용된다. 그러나 국가배상청구권과 형사보상청구권, 범죄피해자구조청구권 등에 대해서는 사인 간의 효력을 부정하는 것이 일반적이다.

📖 판례정리

기본권의 대사인적 효력

1. 학교법인의 종교의 자유와 학생의 종교의 자유의 충돌은 헌법상 기본권이 사법관계에도 간접적으로 영향을 미치므로, 기본권 침해 여부는 민법 제2조, 제103조, 제750조 등을 통해 사법상으로 보호되는 종교적 법익 침해의 형태로 구체화하여 판단해야 한다(대판 2010.4.22. 2008다38288).

2. 남성에게는 총회원 자격을 부여하면서 여성은 자격 심사에서 배제한 행위는 사회질서에 위반되며, 여성 회원의 인격적 법익을 침해하여 불법행위를 구성한다(대판 2011.1.27. 2009다19864).

3. 성별에 따른 불합리한 차별은 개인의 인격권 실현의 본질적 부분을 침해하며, 이는 평등권이라는 기본권의 침해로 민법 제750조를 통해 사법상 보호될 수 있다. 사인 간의 평등권 보호에 별도의 입법이 필요하지 않다(대판 2011.1.27. 2009다19864).

제4절 기본권의 갈등

01 기본권의 갈등의 의의

1. 종류

(1) 기본권의 경합(경쟁)

동일한 기본권 주체가 여러 가지 기본권 침해를 받았을 때의 문제를 말한다.

(2) 기본권의 충돌(상충)

둘 이상의 기본권 주체 간의 기본권이 상호 충돌할 때의 문제를 말한다.

2. 특징

기본권의 경합과 기본권의 충돌은 기본권 해석에 관한 문제, 기본권 효력에 관한 문제, 기본권 제한에 관한 문제이기도 하다.

02 기본권의 경합(경쟁)

1. 기본권 경합의 의의

(1) 개념

기본권의 경합이란 단일한 공권력 행사에 의해 단일의 기본권 주체의 여러 기본권이 동시에 제약되어 국가에 대하여 동시에 여러 가지 기본권의 적용을 주장하는 경우에 발생한다.

(2) 부진정경합(유사경합) ★★

① **상업광고물 철거로 인한 영업의 자유와 예술의 자유:** 상업광고는 예술의 자유에서 보호되지 않으므로 영업의 자유와 예술의 자유는 유사경합이다.

② **이라크 파병결정 반대집회에 있어서 집회의 자유와 근로3권:** 이라크 파병결정은 근로조건향상과 무관하므로 근로3권에서 보호되지 않는다. 양자는 유사경합이다.

📖 판례정리

유사경합

1. 성범죄자 신상정보등록

등록조항으로 인간다운 생활을 할 권리가 침해된다고 볼 수 없다(헌재 2016.3.31. 2014헌마457). 주소 변경 시 제출의무는 거주·이전의 자유를 제한하지 않는다(헌재 2011.6.30. 2009헌마59).

2. 정신질환자 입원 요건

본인 의사와 무관한 보호입원은 신체의 자유를 제한하며, 자기결정권 등은 부수적 제한으로 별도 판단하지 않는다(헌재 2016.9.29. 2014헌가9).

3. 성폭력 치료프로그램 이수명령

이수명령은 신체를 구금하지 않으므로 신체의 자유를 제한하지 않는다. 일반적 행동자유권 침해 여부만 판단한다(헌재 2016.12.29. 2016헌바153).

4. **형법의 사회봉사명령** (헌재 2012.3.29. 2010헌바100)

① 사회봉사명령은 일반적 행동자유권을 제한하나 신체의 자유를 제한하지 않는다.

② 직업의 자유를 직접 제한하지 않으므로 직업의 자유 침해로 볼 수 없다.

5. **노인주거복지시설 신고의무**

종교단체의 복지시설 신고의무는 거주·이전의 자유나 인간다운 생활을 할 권리를 제한하지 않으며, 종교의 자유와 관련된 문제로 판단된다(헌재 2016.6.30. 2015헌바46).

6. **음식점 금연구역 지정 의무**

음식점 운영자의 직업수행의 자유는 제한되지만 재산권 침해는 발생하지 않는다(헌재 2016.6.30. 2015헌마813).

7. **수용자의 집필문 외부반출 규정**

해당 조항은 통신의 자유를 제한하며, 사전검열 여부는 판단하지 않는다(헌재 2016.5.26. 2013헌바98).

8. **경범죄 처벌법**

못된 장난으로 업무를 방해한 자를 처벌하는 조항은 의사표현을 직접 제한하지 않으며, 주로 일반적 행동자유권을 제한한다(헌재 2022.11.24. 2021헌마426).

2. 기본권 경합의 해결이론 ★★

(1) 일반적 기본권과 특별기본권이 경합하는 경우

일반적 기본권과 특별기본권이 경합하는 경우 특별기본권의 침해 여부를 심사하면 된다.

📖 **판례정리**

특별한 기본권 적용

1. **교육공무원 정년규정**

공직의 공무담임권은 특별기본권으로 직업선택의 자유를 배제하므로, 교육공무원 정년규정은 직업선택의 자유와 관련이 없다(헌재 2000.12.14. 99헌마112).

2. **사생활 비밀과 통신비밀의 경합**

통신비밀은 특별기본권이므로, 통신비밀 침해 여부만 심사하고 사생활 비밀 침해 여부는 판단하지 않는다(헌재 2010.12.28. 2009헌가30).

3. **형제자매의 가족관계증명서 발급**

개인정보자기결정권 침해 여부가 문제되는 사건에서 다른 기본권(인간의 존엄과 가치, 행복추구권, 사생활의 비밀과 자유)은 별도로 판단하지 않는다(헌재 2016.6.30. 2015헌마924).

4. **변호사시험 응시횟수 제한**

공무담임권과의 관련성은 간접적이므로 판단하지 않으며, 행복추구권 침해 여부는 직업선택의 자유 침해 여부를 판단함으로써 대신한다(헌재 2016.9.29. 2016헌마47).

(2) 제한 정도가 다른 기본권들이 경합하는 경우

경합하는 기본권 중에 제한가능성과 제한 정도가 가장 작은, 즉 국가에 대한 효력이 가장 강한 기본권을 우선 적용하려는 최강효력설과 제한가능성이 큰 기본권을 적용하는 최약효력설이 있는데, 최강효력설이 다수설이다.

(3) 기본권 경합과 헌법재판소 판례

초기 판례는 경합관계에 있는 기본권을 전부 적용해 오다가 최근 판례에서는 특별기본권 우선원칙, 직접관련된 기본권 우선적용원칙, 최강효력설 등을 적용하여 경합문제를 해결하고 있다.

📖 판례정리

1. 음란 간행물 출판사 등록취소

언론·출판의 자유, 직업선택의 자유, 재산권이 경합적으로 제한되나, 언론·출판의 자유 침해 여부를 중심으로 판단한다(헌재 1998.4.30. 95헌가16).

2. 양심적 병역거부

양심의 자유와 종교의 자유가 경합되지만, 양심의 자유 침해 여부를 중심으로 판단한다(헌재 2018.6.28. 2011헌바379).

3. 안경업소 개설 요건

안경사 면허 소지자만 개설할 수 있도록 한 규정은 직업의 자유 침해 여부를 중심으로 판단하며, 결사의 자유 침해 여부는 별도로 판단하지 않는다(헌재 2021.6.24. 2017헌가31).

4. 학교정화구역 내 극장영업금지

직업의 자유 침해 여부를 중심으로 판단하며, 표현·예술의 자유 침해 여부는 부가적으로 살펴본다(헌재 2004.5.27. 2003헌가1).

5. 인터넷신문 고용조항

5인 이상 상시고용 규정은 직업수행의 자유보다 언론의 자유를 더 직접적으로 제한한다고 판단한다(헌재 2016.10.27. 2015헌마1206).

6. 비의료인 문신시술 금지

직업선택의 자유 침해 여부를 중심으로 판단하며, 예술의 자유와 표현의 자유는 간접적 제약으로 별도 판단하지 않는다(헌재 2022.3.31. 2017헌마1343).

---

03 기본권의 충돌(상충)

1. 기본권 충돌의 의의

(1) 개념

기본권의 충돌이란 상이한 복수의 기본권 주체가 서로의 권익을 실현하기 위해 하나의 동일한 사건에서 국가에 대하여 서로 대립되는 기본권의 적용을 주장하는 경우를 말하는데, 한 기본권 주체의 기본권 행사가 다른 기본권 주체의 기본권 행사를 제한 또는 희생시킨다는 데 그 특징이 있다(헌재 2005.11.24. 2002헌바95).

낙태죄

자기낙태죄 조항이 임신한 여성의 자기결정권을 제한하는 것이 과잉금지원칙에 위배되는지 여부는 임신한 여성의 자기결정권과 태아의 생명권의 직접 충돌로 볼 수 없다. 낙태 갈등 상황에서는 여성과 태아의 관계를 '가해자 대 피해자'로 고정시키는 방식으로는 적절한 해결책을 찾기 어렵다. 따라서 국가는 실제적 조화의 원칙에 따라 두 기본권의 실현을 최적화할 수 있는 방안을 모색해야 한다(헌재 2019.4.11. 2017헌바127).

---

(2) 유사충돌 또는 외견적 충돌 ★

① **개념**: 기본권의 외견적 충돌이란 기본권 주체의 기본권 남용 또는 기본권의 한계일탈의 행위가 다른 기본권 주체의 기본권의 보호영역과 충돌하는 경우를 말한다.

② **유사충돌의 예 – 예술가가 타인의 종이를 절취하여 그림을 그린 후 예술의 자유를 주장하는 경우**: 예술의 자유와 피해자의 재산권

☑ 기본권의 경합과 충돌(상충)의 비교 ★★★

구분	기본권의 경합	기본권의 충돌
기본권의 주체	단수	복수
기본권의 종류	다른 기본권, 반드시 상이한 기본권이어야 한다.	다른 기본권 간에도 발생하나, 동일한 기본권 간에도 발생한다.
기본권 침해주체	국가	사인
기본권의 효력	대국가적 효력	대사인적 효력과 대국가적 효력
해결방법	최강효력설, 최약효력설	법익형량, 규범조화적 해석, 규범영역분석이론, 수인한도론

2. 기본권 충돌의 해결이론

두 기본권이 충돌하는 경우 그 해법으로는 기본권의 서열이론, 법익형량의 원리, 실제적 조화의 원리(= 규범조화적 해석) 등을 들 수 있다. 헌법재판소는 기본권 충돌의 문제에 관하여 충돌하는 기본권의 성격과 태양에 따라 **그때그때마다 적절한 해결방법**을 선택, 종합하여 이를 해결하여 왔다(헌재 2005.11.24. 2002헌바95).

(1) 법익형량의 원칙(이익형량의 원칙) ★★

① **개념**: 법익형량의 원칙이란 복수의 기본권이 충돌하는 경우 그 효력의 우열을 결정하기 위해 기본권들의 법익을 비교하여 법익이 더 큰 기본권을 우선하는 원칙이다.

② **법익형량의 원칙의 전제**: 기본권 상호간에 일정한 위계질서가 있다는 가설이 전제되어야 한다.

③ **법익형량의 기준**: 충돌하는 기본권 간의 우열이 있는 경우 상위기본권 우선원칙이 적용되는데 인간의 존엄성 우선의 원칙, 생명권 우선의 원칙이 있다. 동위기본권 상충시에는 인격권 우선의 원칙, 자유권 우선의 원칙이 있다.

④ **법익형량의 한계**: 하나의 기본권만을 우선시하여 다른 기본권의 효력을 완전히 무시하는 데 문제점이 있다.

📖 **판례정리**

법익형량 적용

1. 흡연권은 사생활의 자유를 실질적 핵으로 하는 것이고 혐연권은 사생활의 자유뿐만 아니라 생명권에까지 연결되는 것이므로 **혐연권이 흡연권보다 상위의 기본권**이라 할 수 있다. 이처럼 상하의 위계질서가 있는 기본권끼리 충돌하는 경우에는 상위기본권 우선의 원칙에 따라 하위기본권이 제한될 수 있으므로, 결국 흡연권은 혐연권을 침해하지 않는 한에서 인정되어야 한다(헌재 2004.8.26. 2003헌마457).

2. **교사의 수업권과 학생의 수학권**이 충돌한 경우 수업권을 내세워 수학권을 침해할 수 없다(헌재 1992.11.12. 89헌마88).

3. **노동조합의 적극적 단결권은 근로자 개인의 단결하지 않을 자유보다 중시된다**고 할 것이어서 노동조합에 적극적 단결권(조직강제권)을 부여한다고 하여 이를 두고 곧바로 근로자의 단결하지 아니할 자유의 본질적인 내용을 침해하는 것으로 단정할 수는 없다(헌재 2005.11.24. 2002헌바95).

(2) 규범조화적 해석

규범조화적 해석이란 상충하는 기본권 모두가 최대한으로 그 기능과 효력을 나타낼 수 있는 조화의 방법을 찾으려는 해결원칙이다.

📖 **판례정리**

규범조화적 해석 적용

1. **친생부모의 기본권과 친양자가 될 자의 기본권**

친양자 입양은 친생부모의 기본권과 친양자가 될 자의 기본권이 대립·충돌하는 관계에 있으며, 이들 기본권은 모두 가족생활에 관한 기본권으로, 서열이나 법익 형량을 통해 어느 한쪽을 일방적으로 우선시키는 것은 적절하지 않다(헌재 2012.5.31. 2010헌바87).

2. **언론의 자유와 인격권의 충돌**

언론의 자유와 인격권이 충돌하는 경우, 헌법적 통일성을 유지하며 양 기본권이 최대한 기능과 효력을 발휘할 수 있도록 조화로운 방법을 모색해야 한다. 정정보도청구권은 언론의 자유를 일부 제한하지만, 반론 범위를 최소한으로 제한하여 양쪽 법익 간의 균형을 도모하고 있다(헌재 1991.9.16. 89헌마165).

3. **부모의 알권리와 교원의 개인정보자기결정권의 충돌**

부모의 노동조합 가입 정보 공개 요구와 교원의 개인정보자기결정권이 충돌하는 경우, 헌법적 통일성을 유지하며 양측 기본권이 최대한 기능과 효력을 발휘하도록 조화로운 방법을 모색해야 한다(헌재 2011.12.29. 2010헌마293).

4. **직업선택의 자유와 사립대학 자율성의 충돌**

법학전문대학원 입학전형 계획에 대한 교육부장관의 인가처분으로 직업선택의 자유와 사립대학의 자율성이 충돌한 경우, 상충하는 기본권이 최대한 조화를 이루도록 해결해야 한다(헌재 2013.5.30. 2009헌마514).

5. **개인적 단결권과 집단적 단결권의 충돌**

개인적 단결권과 집단적 단결권은 서열이나 법익 형량으로 우선순위를 정할 수 없으므로, 두 권리가 모두 최대한 기능을 발휘할 수 있도록 규범조화적 해석과 법익형량의 원리에 따라 심사해야 한다(헌재 2005.11.24. 2002헌바95).

6. 채권자의 재산권과 채무자·수익자의 기본권 충돌

채권자의 재산권과 채무자·수익자의 행동의 자유 및 재산권이 충돌할 경우, 어느 한쪽이 우선한다고 단정할 수 없다. 헌법적 통일성을 유지하며 규범조화적 해석, 법익형량 원리 등을 통해 양측 권리가 조화롭게 발휘되도록 해야 한다(헌재 2007.10.25. 2005헌바96).

☑ 법익형량과 규범조화적 해석의 비교 **

구분	법익형량(이익형량)	규범조화적 해석
기본권 간의 위계질서 전제	○	×
해결이론	① 상위기본권 우선 ② 생명권, 존엄성 우선 ③ 자유권과 인격권 우선 원칙	과잉금지, 대안식 해결, 최후수단억제성
사례	① 공중시설 흡연금지사건 ② 근로자의 단결하지 아니할 자유와 노동조합의 단결권의 충돌 ③ 변호사의 인격권과 정보제공업체의 표현의 자유	① 정정보도청구사건 ② 근로자의 단결권과 노동조합의 단결권의 충돌 ③ 종립학교의 종교교육의 자유와 학생의 소극적 자유의 충돌 ④ 학부모들의 알 권리와 교원의 개인정보자기결정권이라는 두 기본권의 충돌 ⑤ 이화학당 전형계획인가에서 대학자율성과 직업선택의 자유 ⑥ 친생부모와 친양자가 될 자의 기본권 충돌

제2장 / 기본권의 제한과 보장

제1절 기본권의 보호영역과 제한의 의의

01 기본권의 보호영역

헌법의 기본권 조항에서 보호되는 일정한 생활영역을 기본권 보호영역, 규범영역이라 한다.

02 기본권 보호영역의 확정과 기본권 제한

1. 방법

① 기본권의 보호영역은 법률에 의한 형량이 아니라 헌법해석에 의해 결정된다.
② 기본권 보호영역은 시대사상, 국가의 경제적 능력 등에 따라 달라지므로 헌법조항만으로 결정되는 것이 아니라 구체적 상황에서 결정된다.

2. 기본권 제한

(1) 개념

기본권의 제한은 기본권의 보호영역을 전제로 하여 공권력의 원인행위에 의해 기본권이 제한되는 것을 뜻한다.

(2) 기본권 제한의 방법

기본권 제한의 방법으로는 헌법, 법률, 국가긴급권에 의한 제한이 있다.

(3) 제한과 침해의 관계

기본권 제한 중 헌법상 기본권 제한의 한계를 준수하지 아니한 제한을 기본권의 침해라 한다.

제2절 법률에 의한 기본권 제한의 일반원리

01 의의

1. 개념

기본권 제한의 일반원리란 법률에 의해 기본권을 제한하는 경우에 입법권자가 반드시 지켜야 하는 기본원리이다.

2. 일반적 법률유보와 기본권 제한의 대상

헌법 제37조 제2항에 따라 법률로 제한할 수 있는 기본권은 자유권뿐만 아니라 기본권 전반이라는 것이 다수설이다. 그러나 양심형성의 자유와 신앙의 자유와 같은 절대적 기본권이 있는데 이러한 기본권은 어떠한 경우에도 제한할 수 없다. 헌법재판소는 생명권도 일반적 법률유보의 대상이 된다고 한다.

02 기본권 제한의 형식상 한계

> **헌법 제37조【국민의 자유와 권리 존중·제한】** ② 국민의 모든 자유와 권리는 국가안전보장·질서유지 또는 공공복리를 위하여 필요한 경우에 한하여 **법률로써** 제한할 수 있으며, 제한하는 경우에도 자유와 권리의 본질적인 내용을 침해할 수 없다.

1. 법률

형식적 의미의 법률로 권리를 제한해야 한다. 헌법 제37조 제2항의 기본권을 제한하는 법률은 국회가 제정한 형식적인 법률을 의미한다.

2. 명령

(1) 법률유보와 명령에 의한 기본권 제한

헌법 제37조 제2항은 기본권 제한을 법률로 정하도록 규정하고 있으므로, 명령으로 기본권을 제한하는 것은 원칙적으로는 허용되지 않는다.

(2) 법률에 근거한 법규명령에 의한 기본권 제한

법률에 위임을 받은 법규명령으로 기본권을 제한하는 것은 허용된다.

📖 판례정리

법률유보

헌법 제37조 제2항은 "국민의 모든 자유와 권리는 … 법률로써 제한할 수 있으며"라고 하여 법률유보원칙을 규정하고 있다. 여기서 '법률'이란 국회가 제정한 형식적 의미의 법률을 말한다. 입법자는 행정부로 하여금 규율하도록 입법권을 위임할 수 있으므로, 법률에 근거한 행정입법에 의해서도 기본권 제한이 가능하다. 즉, 기본권 제한에 관한 법률유보원칙은 '법률에 의한 규율'을 요청하는 것이 아니라 '법률에 근거한 규율'을 요청하는 것이므로, 기본권 제한에는 법률의 근거가 필요할 뿐이고 기본권 제한의 형식이 반드시 법률의 형식일 필요는 없으므로, 법규명령, 규칙, 조례 등 실질적 의미의 법률을 통해서도 기본권 제한이 가능하다(헌재 2013.7.25. 2012헌마167).

3. 조약과 국제법규

법률의 효력을 갖는 조약과 일반적으로 승인된 국제법규는 국내법과 동일한 효력을 가지므로, 조약과 국제법규에 의해서도 기본권 제한은 가능하다.

📖 판례정리

법률유보원칙 위반

1. 법률의 근거 없이 공립 중등학교 교사임용 채용시 대전지역 사범대 졸업자 등에 대하여 가산점을 부여한 대전광역시 공고에 대하여 헌법 제37조 제2항의 법률유보원칙에 위반된다(헌재 2004.3.25. 2001헌마882).

2. **방송위원회의 방송사에 대한 경고** 제재조치가 법률상 허용되는 것보다 더 약한 것이라 하더라도 기본권 제한효과를 지니는 한 당연히 법률적 근거가 있어야 할 것이다. 이 사건 규칙에 의한 그러한 '주의 또는 경고'는 방송법 제100조 제1항에 나열된 제재조치에 포함되지 아니한 것이었으며, 방송위원회의 경고는 법률유보원칙에 위배된다(헌재 2007.11.29. 2004헌마290).

03 기본권 제한입법의 목적상 한계

> 헌법 제37조 【국민의 자유와 권리 존중 · 제한】 ② 국민의 모든 자유와 권리는 **국가안전보장 · 질서유지 또는 공공복리**를 위하여 필요한 경우에 한하여 법률로써 제한할 수 있으며, 제한하는 경우에도 자유와 권리의 본질적인 내용을 침해할 수 없다.

04 기본권 제한입법의 방법상 한계

> 헌법 제37조 【국민의 자유와 권리 존중 · 제한】 ② 국민의 모든 자유와 권리는 국가안전보장 · 질서유지 또는 공공복리를 위하여 **필요한 경우에 한하여** 법률로써 제한할 수 있으며, 제한하는 경우에도 자유와 권리의 본질적인 내용을 침해할 수 없다.

1. 과잉금지원칙의 의의

(1) 개념

광의의 과잉금지의 원칙이란 "국가의 권력은 무제한적으로 행사되어서는 아니 되고, 반드시 정당한 목적을 위하여 그리고 또한 필요한 범위 내에서만 행사되어야 한다."라는 것을 의미한다. 이처럼 과잉금지원칙은 기본권 제한에 있어서 국가작용의 한계를 명시하는 원칙이다.

(2) 현행헌법 제37조 제2항의 과잉금지원칙의 의의

입법부에게 기본권 제한입법의 한계원칙으로서 의미를 가지며, 헌법재판소에게는 기본권 제한입법의 위헌성 판단의 심사기준이다.

과잉금지원칙의 의의 ★★

과잉금지의 원칙은 국가작용의 한계를 명시하는 것인데 목적의 정당성, 방법의 적정성, 피해의 최소성, 법익의 균형성을 의미하는 것으로서 그 어느 하나에라도 저촉되면 위헌이 된다는 헌법상의 원칙이다. 국가는 합리적 판단에 따라 목적에 부합하고 필요하며 상대방에게 최소한의 피해를 주는 수단을 선택해야 한다. 목적 달성에 필요한 유일무이한 수단일 필요는 없으나, 병행된 조치와 수단 모두가 목적에 적합하고 필요한 범위를 넘어서는 안 된다(헌재 1989.12.22. 88헌가13).

2. 과잉금지원칙(비례의 원칙)의 내용

(1) 목적의 정당성

목적의 정당성이란 기본권 제한입법의 목적이 헌법상 정당성이 인정되어야 한다는 원칙이다.

(2) 방법의 적정성

① 의의: 방법의 적정성이란 기본권 제한입법의 목적을 달성하기 위한 조치가 필요하고도 효과적인 수단이어야 한다는 원칙이다.

② 반드시 **가장 합리적이며 효율적인 수단을 선택하여야 하는 것은 아니라고** 할지라도 적어도 현저하게 불합리하고 불공정한 수단의 선택은 피해야 할 것이다(헌재 1996.4.25. 92헌바47).

③ 수단의 적합성은 입법자가 선택한 방법이 목적 달성에 최적의 것이 아니라 하더라도 그 수단이 입법목적 달성에 유효한 수단이라면 인정된다(헌재 2006.6.29. 2002헌바80).

(3) 피해의 최소성

① 의의: 피해의 최소성 원칙은 목적달성을 위한 필요하고도 효과적인 여러 수단 중에서 기본권을 적게 제한하는 수단·방법을 통해 목적을 달성해야 한다는 원칙이다. 미국의 엄격한 심사에서의 no less restrictive alternatives 기준과 외형상 일치한다.

② 입법자가 임의적 규정으로도 법의 목적을 실현할 수 있는 경우에 구체적 사안의 개별성과 특수성을 고려할 수 있는 가능성을 일체 배제하는 **필요적 규정을 둔다면**, 이는 비례의 원칙의 한 요소인 **'최소침해성의 원칙'에 위배된다**(헌재 1998.5.28. 96헌가12)고 하여 형사사건으로 기소된 공무원의 필요적 직위해제에 대해 위헌결정을 한 바 있다.

③ 침해의 최소성의 관점에서 우선 기본권을 적게 제한하는 **기본권 행사의 방법**에 관한 규제로써 공익을 실현할 수 있는가를 시도하고 이러한 방법으로는 공익의 달성이 어렵다고 판단되는 경우에 비로소 그 다음 단계인 **기본권 행사 여부**에 관한 규제를 선택해야 한다(헌재 1998.5.28. 96헌가5).

④ 과잉금지원칙의 한 내용인 '최소침해의 원칙'이라는 것은 어디까지나 입법목적의 달성에 있어 동일한 효과를 나타내는 수단 중에서 되도록 당사자의 기본권을 덜 침해하는 수단을 채택하라는 헌법적 요구인바, **입법자가 택한 수단보다 국민의 기본권을 덜 침해하는 수단이 존재하더라도** 그 다른 수단이 효과 측면에서 입법자가 선택한 수단과 동등하거나 유사하다고 단정할 만한 명백한 근거가 없는 이상, 그것이 과잉금지원칙에 반한다고 할 수는 없다(헌재 2009.11.26. 2008헌마114).

(4) 법익균형성(좁은 의미의 비례원칙)

입법자가 기본권 제한을 통해 실현하려는 공익과 제한되는 기본권의 법익 간에 균형이 이루어져야 한다는 원칙이다. 즉, 달성하려는 공익이 제한되는 사익(기본권)보다 커야 한다는 원칙이다.

☑ **과잉금지 위반**

목적이 정당하지 않은 것	① 사기죄 피의자 수사과정 촬영 허용 ② 긴급조치 ③ 변호인 후방착석 요구 ④ 혼인빙자간음죄 ⑤ 재외국민, 선거권과 피선거권 부정 ⑥ 사립대학 교원, 교원노조가입금지 ⑦ 동성동본혼인금지 ⑧ 혼인한 등록의무자는 배우자가 아닌 본인의 직계존·비속의 재산을 등록하도록 법이 개정되었으나, 개정 전 이미 배우자의 직계존·비속의 재산을 등록한 혼인한 여성 등록의무자는 종전과 동일하게 계속해서 배우자의 직계존·비속의 재산을 등록하도록 한 부칙 조항 ⑨ 국가기관 모독죄 ⑩ 야당 후보 지지나 정부 비판적 정치 표현행위에 동참한 전력이 있는 문화예술인이나 단체를 정부의 문화예술 지원사업에서 배제하도록 지시한 행위
목적은 정당하나 방법이 적정하지 않은 것	① 제대군인가산점 ② 공무원과 사립교원 재직 중 사유로 퇴직금 제한 ③ 국가인권위원회 위원 퇴직 후 공직취임금지 ④ 경비업 외 영업금지 ⑤ 비례대표지방의회의원 선거범죄로 당선무효된 경우 승계제한 ⑥ 미결구금일수를 형기에 포함할 것인지를 법관의 재량에 맡긴 형법 ⑦ 변호사 시험성적 비공개 ⑧ 정당 후원회 금지 ⑨ 대리인이 변호사의 수용자에 대한 접견신청에 소송 계속의 소명할 수 있는 자료제출요구 ⑩ 간통죄 ⑪ 육군훈련소 내 종교행사 참석 강제 ⑫ 32주 태아성별고지금지
목적과 방법은 적정, 최소성원칙 위반	① 국가 유공자 가족 가산점 10% ② 양심적 병역거부를 인정하지 않은 병역법 제5조의 병종조항 ③ 자기낙태죄 ④ 의석이 없고 100분의 2 미만 득표한 정당 등록취소 ⑤ 국회, 법원, 총리공관, 대통령관저 100미터 이내 옥외집회금지 ⑥ 청원경찰, 근로3권 부정 ⑦ 주민등록변경을 허용하지 않은 주민등록 ⑧ 선거일 전 90일부터 인터넷언론사 칼럼 게재금지

📖 **판례정리**

과잉금지원칙 적용 여부

1. 대학 교원의 교원노조법 적용 배제

대학 교원을 교육공무원 아닌 대학 교원과 교육공무원인 대학 교원으로 나누어 각각의 단결권 제한이 헌법에 위배되는지 심사할 기준을 설정하였다. 교육공무원 아닌 대학 교원에 대해서는 과잉금지원칙 위배 여부를 기준으로, 교육공무원인 대학 교원에 대해서는 입법형성권의 범위를 일탈하였는지 여부를 기준으로 심사하기로 하였다(헌재 2018.8.30. 2015헌가38).

2. 민주화보상법의 재판상 화해 간주 조항 (헌재 2018.8.30. 2014헌바180)

　① 민주화보상법은 위원회의 중립성과 독립성을 보장하며, 심의절차의 전문성과 공정성을 제고하고, 신청인에게 지급결정 동의의 법적 효과를 충분히 안내하며 검토할 시간을 제공하여 동의 여부를 자유롭게 선택할 수 있도록 하고 있다. 이에 따라 심판대상조항은 입법형성권의 한계를 일탈하여 재판청구권을 침해한다고 볼 수 없다.

　② 심판대상조항은 신청인이 보상금 지급결정에 동의한 경우, 민주화운동 관련 피해에 대한 재판상 화해가 성립된 것으로 간주하여 향후 국가배상청구권 행사를 금지하고 있다. 이는 국가배상청구권의 구체적 내용을 형성하는 것이 아니라, 이미 형성된 국가배상청구권 행사를 제한하는 것이다. 따라서 심판대상조항이 기본권 제한입법의 한계인 헌법 제37조 제2항을 준수하였는지, 즉 과잉금지원칙을 준수하고 있는지를 기준으로 그 침해 여부를 판단해야 한다.

05 기본권 제한입법의 내용상 한계

> **헌법 제37조 【국민의 자유와 권리 존중 · 제한】** ② 국민의 모든 자유와 권리는 국가안전보장 · 질서유지 또는 공공복리를 위하여 필요한 경우에 한하여 법률로써 제한할 수 있으며, 제한하는 경우에도 **자유와 권리의 본질적인 내용을 침해할 수 없다.**

제3절 특별권력(특수신분)관계와 기본권의 제한

01 특별권력관계의 의의

특별권력관계란 공법상 특별한 목적을 달성하기 위하여 법 규정이나 당사자의 동의 등 특별한 법적 원인에 의해 성립하고, 목적달성에 필요한 한도 내에서 한쪽이 다른 쪽을 포괄적으로 지배하고 다른 쪽이 이에 복종하는 것을 내용으로 하는 공법상의 특수한 관계이다.

02 고전적 특별권력관계와 현대적 특별권력관계의 비교 ★

구분	고전적 특별권력관계	현대적 특별권력관계
법치주의 적용	×	○
법률유보	×	○
기본권의 효력	×	○
기본권 제한 한계	×	○
기본권 제한하는 공권력 행사 사법심사	×	○

03 특별권력관계와 사법적 통제

대법원은 기본권이 특별권력관계에서도 효력이 미친다는 것을 전제로 하여 특별권력관계에서 기본권을 제한하는 공권력의 행사는 사법심사의 대상이 된다는 입장이다. 헌법재판소도 미결수용자와 변호인 간의 서신검열사건에서 미결수용자와 변호인 간의 서신을 검열한 교도소장의 행위는 변호인의 조력을 받을 권리 침해라고 하여 특별권력관계에서의 기본권 제한조치도 헌법소원의 대상이 되고 기본권 제한의 한계원칙을 준수해야 한다고 이해하고 있다.

판례정리

1. **사관생도 퇴학처분 무효** (대판 2018.8.30. 2016두60591)
   ① 사관생도에 대해서는 일반 국민보다 상대적으로 기본권이 더 제한될 수 있으나, 그러한 경우에도 법률유보원칙, 과잉금지원칙 등 기본권 제한의 헌법상 원칙들을 지켜야 한다.
   ② 사관생도의 모든 사적 생활에서까지 예외 없이 금주의무를 이행할 것을 요구하는 것은 사관생도의 일반적 행동자유권은 물론 사생활의 비밀과 자유를 지나치게 제한하는 것이고, 사관생도의 음주가 교육 및 훈련 중에 이루어졌는지 여부나 음주량, 음주 장소, 음주 행위에 이르게 된 경위 등을 묻지 않고 일률적으로 2회 위반시 원칙으로 퇴학 조치하도록 정한 것은 사관학교가 금주제도를 시행하는 취지에 비추어 보더라도 사관생도의 기본권을 지나치게 침해하는 것이므로, 위 금주조항은 사관생도의 일반적 행동자유권, 사생활의 비밀과 자유 등 기본권을 과도하게 제한하는 것으로서 무효이다.

2. **군인이 상관의 지시와 명령에 대하여 헌법소원 등 재판청구권을 행사하는 것이 군인의 복종의무에 위반되는지 여부(원칙적 소극)**
   군인이 상관의 지시나 명령에 대하여 재판청구권을 행사하는 경우에 그것이 위법·위헌인 지시와 명령을 시정하려는 데 목적이 있을 뿐, 군 내부의 상명하복관계를 파괴하고 명령불복종 수단으로서 재판청구권의 외형만을 빌리거나 그 밖에 다른 불순한 의도가 있지 않다면, 정당한 기본권의 행사이므로 군인의 복종의무를 위반하였다고 볼 수 없다(대판 2018.3.22. 2012두26401).

제4절 기본권의 침해와 구제

01 기본권 보호의무 [정태호. 기본권보호의무 인권과 정의 252호]

1. 기본권 보호의무의 의의 ★

(1) 개념
기본권 보호의무란 기본권에 의하여 보호되는 기본권적 법익을 사인인 제3자의 위법적 제약으로부터 보호하여야 할 국가의 의무를 말한다.

(2) 사인이 침해자인 경우
기본권 보호의무는 사인이 침해자인 경우 발생한다.

(3) 근거

헌법 제10조 제2문은 "국가는 개인이 가지는 불가침의 기본적 인권을 확인하고 이를 보장할 의무를 진다."라고 규정함으로써, 소극적으로 국가권력이 국민의 기본권을 침해하는 것을 금지하는 데 그치지 아니하고, 나아가 적극적으로 국민의 기본권을 타인의 침해로부터 보호할 의무를 부과하고 있다. 또한 기본권 보호의무는 사인에 의한 기본권 침해시 발생하는 문제이므로 기본권의 객관적 가치질서와 대사인적 효력에 근거를 둔다.

📖 판례정리

기본권 보호의무의 문제인지 여부

1. 기본권 보호의무 개념

국가의 기본권 보호의무는 사인(제3자)에 의한 생명, 신체 등의 침해로부터 기본권적 법익을 보호해야 하는 국가의 의무를 말하며, 이는 사인의 행위가 개인의 생명이나 신체를 무력화시킬 정도일 때 적용된다(헌재 2009.2.26. 2005헌마764).

2. 동물장묘업의 등록 제한

국가의 기본권 보호의무는 국민의 생명·신체와 밀접한 관련이 있는 경우에도 적용되며, 환경권 침해로 국민의 생명·신체가 위협받을 때 적극적인 보호조치를 취할 의무가 있다(헌재 2020.3.26. 2017헌마1281).

3. 한약제제의 안전성 심사 제외

한약제제의 일부 처방을 안전성·유효성 심사대상에서 제외한 고시는 국민의 보건권을 보호하기 위한 약사법 체계 내 조치로, 국가의 기본권 보호의무를 위반한 것으로 볼 수 없다(헌재 2018.5.31. 2015헌마1181).

4. 주방용오물분쇄기 판매·사용 금지

국가가 직접 기본권 제한 조치를 취한 경우(예 주방용오물분쇄기 사용 금지)에는 기본권 보호의무 위반이 문제되지 않는다(헌재 2018.6.28. 2016헌마1151).

5. 지뢰피해자 지원에 관한 특별법

국가의 기본권 보호의무는 주로 사인의 행위에 의한 기본권 침해에서 문제되며, 지뢰피해자와 관련된 보상은 이와 직접적인 연관성이 없으므로 별도로 판단하지 않는다(헌재 2019.12.27. 2018헌바236).

6. 국가의 배상 의무

국가의 기본권 보호의무는 국가 자체가 국민의 기본권을 침해한 경우, 손해배상의 작위의무를 도출할 수 있다(헌재 2003.1.30. 2002헌마358).

7. 대통령의 생명·신체 보호 의무

대통령은 행정부 수반으로서 국민의 생명·신체를 보호할 의무가 있으나, 재난 상황 발생 시 직접 구조활동 등의 구체적 행위의무가 바로 발생하는 것은 아니다(헌재 2017.3.10. 2016헌나1).

---

2. 기본권 보호의무실현과 의무이행에 대한 통제 ★★

(1) 기본권 보호의무실현

기본권 보호의무는 입법자의 입법을 통해 실현되며, 입법자는 충돌하는 헌법적 법익을 형량하여 보호의 구체적 수단을 선택할 폭넓은 형성의 자유를 가진다.

(2) 입법자의 보호의무이행에 대한 헌법재판소의 통제

① 국가, 특히 입법자는 보호의무의 이행과 관련하여 광범위한 형성의 자유를 가진다.

② 그 보호의무의 이행의 정도와 관련하여 헌법이 요구하는 <u>최저한의 보호수준을 하회하여서는 아니</u> <u>된다는 의미에서 과소보호금지의 원칙을 준수하여야 한다.</u>

📖 **판례정리**

국가의 기본권 보호의무 위반 심사기준

1. 국민의 환경권 보호와 입법자의 역할

국가가 국민의 건강하고 쾌적한 환경에서 생활할 권리를 보호할 의무는 인정되지만, 이를 실현하는 방식은 원칙적으로 입법자의 재량에 속한다. 헌법재판소는 입법자가 최소한의 적절하고 효율적인 보호조치를 취했는지 여부, 즉 과소보호금지원칙의 위반 여부를 기준으로 제한적으로 심사한다. 국가가 필요한 보호조치를 전혀 취하지 않거나, 취한 조치가 전적으로 부적합하거나 매우 불충분한 경우에만 국가의 보호의무 위반으로 본다 (헌재 2020.3.26. 2017헌마1281 ; 헌재 2009.2.26. 2005헌마764).

2. 국가가 국민의 기본권 보호의무를 이행함에 있어 그 행위의 형식에 관하여도 폭넓은 형성의 자유가 인정되고, 그것도 반드시 법령에 의하여 이행하여야 하는 것은 아니다(헌재 2008.12.26. 2008헌마419).

📖 **판례정리**

보호의무 위반 여부

보호의무 위반인 것

1. 위안부 피해구제를 위한 외교적 행위 부작위

외교행위는 폭넓은 재량이 인정되지만, 기본권과 관련된 행위라면 국가의 기본권 보호의무를 준수해야 한다. 외교행위가 국민의 기본권을 침해하지 않도록 침해의 중대성과 위험성을 고려해 사법심사의 대상이 된다 (헌재 2011.8.30. 2006헌마788).

2. 선거운동 확성기 소음 규제 부재

공직선거법이 주거지역 등에서 확성기 소음에 관한 제한 규정을 두지 않은 것은 국민의 정온한 생활환경을 보장할 최소한의 조치를 취하지 않아 과소보호금지원칙에 위반되며, 건강하고 쾌적한 환경에서 생활할 권리를 침해한다고 판단되었다(헌재 2019.12.27. 2018헌마730).

보호의무 위반이 인정되지 않은 사례

1. 교통사고처리특례법

8대 중과실이 아니고 종합보험에 가입한 경우 공소 제기를 금지하는 조항은 교통사고로부터 국민을 보호하기 위한 최소한의 조치를 취하고 있으며, 과소보호금지원칙 위반에 해당하지 않는다. 다만, 공소 제기를 금지하는 조항은 과잉금지원칙에 위반하여 중상해를 입은 피해자의 재판절차진술권을 침해한다(헌재 2009.2.26. 2005헌마764).

2. '살아서 출생하지 못한 태아'의 손해배상청구권 부정 (헌재 2008.7.31. 2004헌바81)

① <u>모든 인간은 헌법상 생명권의 주체가 되며, 형성 중의 생명</u>인 태아에게도 생명에 대한 권리가 인정되어야 한다. 따라서 태아도 헌법상 생명권의 주체가 된다.

② 생명의 연속적 발전과정에 대해 동일한 생명이라는 이유만으로 언제나 동일한 법적 효과를 부여하여야 하는 것은 아니다. 동일한 생명이라 할지라도 법질서가 생명의 발전과정을 일정한 단계들로 구분하고 그 각 단계에 상이한 법적 효과를 부여하는 것이 불가능하지 않다.

③ 이 사건 법률조항들의 경우에도 '살아서 출생한 태아'와는 달리 '살아서 출생하지 못한 태아'에 대해서는 <u>손해배상청구권을 부정함으로써</u> 후자에게 불리한 결과를 초래하고 있으나 이러한 결과는 사법(私法)관계에서 요구되는 법적 안정성의 요청이라는 법치국가이념에 의한 것으로 헌법적으로 정당화된다 할 것이므

로, 국가의 생명권 보호의무를 위반한 것이라 볼 수 없다.

④ 태아를 위하여 민법상 일반적 권리능력까지도 인정하여야 한다는 헌법적 요청이 도출되지는 않는다.

⑤ 인간이라는 생명체의 형성이 출생 이전의 그 어느 시점에서 시작됨을 인정하더라도, 법적으로 사람의 시기를 출생의 시점에서 시작되는 것으로 보는 것이 헌법적으로 금지된다고 할 수 없다.

3. 동물장묘업의 지역적 등록제한 부재

동물보호법이 동물장묘시설의 설치 제한을 구체적으로 규정하지 않은 것은 환경권 보호를 위한 최소한의 조치를 다한 것으로, 과소보호금지원칙 위반이 아니다(헌재 2020.3.26. 2017헌마1281).

4. 외국대사관 관저에 대한 강제집행거부

외국대사관 관저에 강제집행을 금지하는 결정은 국제법상 대사관 불가침 원칙을 반영한 것으로, 국가가 별도의 입법으로 청구인의 손실을 보상할 의무는 없다(헌재 1998.5.28. 96헌마44).

5. 담배제조 · 판매를 금지하지 않은 담배사업법

담배의 제조 및 판매는 금지하지 않지만, 경고문구 표시 등 규제를 통해 국민의 생명 · 신체를 보호하려는 최소한의 조치를 다했으며, 국가의 보호의무를 다했다고 보았다(헌재 2015.4.30. 2012헌마38).

6. 원자력발전소 건설 관련 전원개발사업 승인

원자력발전소 건설을 승인한 결정은 국민의 생명 · 신체 보호를 위한 최소한의 보호조치를 취한 것으로 과소보호금지원칙 위반이 아니다(헌재 2016.10.27. 2015헌바358).

7. 한약제제의 안전성 · 유효성 심사 제외

일정한 한약서에 수재된 품목을 심사대상에서 제외한 것은 사용 경험과 안전성에 대한 과학적 근거가 있으며, 국민의 보건권을 보호하기 위한 최소한의 조치를 취했다(헌재 2018.5.31. 2015헌마1181).

8. 산업단지 계획 승인 및 환경영향평가

산업단지 계획과 환경영향평가 과정에서 주민 의견을 청취하도록 한 절차는 국민의 생명 · 신체 및 환경권 보호를 위한 최소한의 보호조치를 다한 것으로, 국가의 기본권 보호의무를 위반하지 않았다(헌재 2016.12.29. 2015헌바280).

9. 환경영향평가 대상사업의 환경기준 참고 의무

환경영향평가 대상사업자가 환경기준을 참고하도록 규정한 조항은 환경상 위해로부터 국민의 생명 · 신체를 보호하기 위한 최소한의 보호조치를 취한 것으로, 국가의 보호의무를 다했다고 보았다(헌재 2016.12.29. 2015헌바280).

10. 미국산 쇠고기 수입위생조건 완화

국가가 미국산 쇠고기의 수입위생조건을 완화한 고시는 국제기준과 과학적 근거를 기반으로 보호조치를 취한 것이며, 생명 · 신체의 안전 보호를 위한 최소한의 보호조치를 다한 것이다(헌재 2008.12.26. 2008헌마419).

---

02 입법기관에 의한 기본권의 침해와 구제

1. 입법부작위에 의한 기본권 침해시 구제수단

헌법상 기본권을 보호하기 위해 입법할 의무가 있음에도 입법을 하지 않은 경우 헌법소원을 청구할 수 있다. 헌법재판소가 입법부작위에 대해 위헌확인한 경우 입법부는 입법을 할 의무를 이행해야 한다.

(1) 진정입법부작위

헌법에서 기본권 보장을 위해 법령에 명시적으로 입법위임을 하였음에도 불구하고 입법자가 이를 이행하지 않고 있는 경우(A) 또는 헌법 해석상 특정인의 기본권을 보호하기 위한 국가의 입법의무가 발생하였음이 명백함에도 불구하고 입법자가 전혀 아무런 입법조치를 취하지 않고 있는 경우(B)에 한하여 그 입법부작위가 헌법소원의 대상이 된다 함이 우리 헌법재판소의 판례이다.

(2) 부진정입법부작위의 개념

행정입법자가 어떤 사항에 관하여 입법은 하였으나 문언상 명백히 하지 않고 반대해석으로만 그 규정의 입법취지를 알 수 있도록 함으로써 불완전, 불충분 또는 불공정하게 규율한 경우에 불과하므로, 이를 '부진정입법부작위'라고는 할 수 있을지언정 '진정입법부작위'에 해당한다고는 볼 수 없다(헌재 2009. 7.14. 2009헌마349).

구분	진정입법부작위	부진정입법부작위
개념	① 입법을 하지 아니한 경우 ② 입법권의 흠결	① 불충분한 입법을 한 경우 ② 입법권의 결함
헌법소원 대상	① 헌법상 입법의무가 있는 경우 입법부작위가 헌법소원의 대상이 된다. ② 입법의무가 없는 단순입법부작위는 헌법소원의 대상이 되지 않는다.	① 입법부작위는 헌법소원의 대상이 되지 않는다. ② 법령이 대상이 된다.

(3) 위헌확인된 입법부작위

① **조선철도주식회사 보상입법부작위**: 해방 후 미군정에 의해 수용된 조선철도주식회사의 주식을 소유하고 있었던 자의 양수인이 보상청구권 확인소송에서 승소하였으나 근거법령이 없다는 이유로 정부가 보상금지급을 거절하자 헌법소원을 제기했다. 헌법상 보장된 재산권이 법령에 의하여 인정되고 있음에도 보상절차에 관한 법률을 제정하지 않음으로써(입법부작위로), 재산권을 실현 불가능하게 내버려 두는 것은 재산권을 보장하는 헌법규정에 명백히 반하는 것이다(헌재 1994.12.29. 89헌마2).

② **노동부장관의 평균임금결정·고시부작위**: 산업재해보상보험법 제4조 제2호 단서 및 근로기준법 시행령 제4조는 근로기준법과 같은 법 시행령에 의하여 근로자의 평균임금을 산정할 수 없는 경우에 노동부장관으로 하여금 평균임금을 정하여 고시하도록 규정하고 있으므로, 노동부장관으로서는 그 취지에 따라 평균임금을 정하여 고시하는 내용의 행정입법을 하여야 할 의무가 있다고 할 것인바 노동부장관이 평균임금을 정하여 고시하지 아니하는 부작위는 헌법에 위반된다(헌재 2002.7.18. 2000헌마707).

③ **군법무관 보수입법부작위**: 군법무관임용법 제5조 제3항 및 군법무관임용등에관한법률 제6조의 위임에 따라 군법무관의 봉급과 그 밖의 보수를 법관 및 검사의 예에 준하여 지급하도록 하는 대통령령을 제정하지 아니하는 입법부작위는 위헌임을 확인한다. 시행령이 제정되지 않아 법관, 검사와 같은 보수를 받지 못한다 하더라도, 직업의 자유에 '해당 직업에 합당한 보수를 받을 권리'까지 포함되어 있다고 보기 어려우므로 청구인들의 직업선택이나 직업수행의 자유가 침해되었다고 할 수 없다. 또한 이 사건 입법부작위가 평등권을 침해한다고 보기도 어렵다. 군법무관이 처음부터 법관, 검사와 똑같은 보수를 받을 권리를 가진다고 전제하기 어렵고, 달리 시행령 제정상의 차별이라는 비교 관점도 성립하기 어려운 것이다. 그러나 이 사건 입법부작위는 청구인들의 재산권을 침해하고 있는 것이라 할 것이다(헌재 2004.2.26. 2001헌마718).

④ **국군포로예우입법부작위**: 국군포로법 제15조의5 제1항이 국방부장관으로 하여금 등록포로 등의 억류기간 중 행적이나 공헌에 상응하는 예우를 할 수 있도록 하고 있고, 같은 법 제2항이 이에 관한 사항을 대통령령으로 정하도록 하고 있으므로, 피청구인은 예우의 신청, 기준, 방법 등에 필요한 사항을 대통령령으로 제정할 의무가 있다. 이처럼 피청구인에게는 대통령령을 제정할 의무가 있음에도, 그 의무는 상당 기간 동안 불이행되고 있고, 이를 정당화할 이유도 찾아보기 어렵다. 따라서 피청

구인이 대통령령을 제정하지 아니한 행위는 청구인의 명예권을 침해한다. 다만, 이러한 행정입법부작위가 청구인의 재산권을 침해하는 것은 아니다(헌재 2018.5.31. 2016헌마626).

> **☑ 입법부작위 위헌확인**
>
> 1. 조선철도주식회사 보상입법부작위(헌재 1994.12.29. 89헌마2) ➡ 위헌확인결정
> 2. 치과전문의 시험실시에 대한 입법부작위 ➡ 위헌확인결정
> 3. 노동부장관의 평균임금입법부작위(헌재 2002.7.18. 2000헌마707) ➡ 위헌확인결정
> 4. 군법무관 보수관련 대통령의 입법부작위(헌재 2004.2.26. 2001헌마718) ➡ 위헌확인결정
> 5. 노동3권이 허용되는 사실상 노무에 종사하는 지방공무원의 범위관련 조례입법부작위
> 6. 국군포로법에서 위임한 등록포로 등 예우에 관한 사항을 규정하지 아니한 대통령령 입법부작위(헌재 2018.5.31. 2016헌마626)

(4) 각하결정된 입법부작위

① 외국에서 침구사자격을 얻은 사람을 위한 입법을 하지 아니한 것(헌재 1991.11.25. 90헌마19)

② 검사의 기소유예처분에 대한 피의자의 불복 재판절차를 마련하지 않은 입법부작위(헌재 2013.9.26. 2012헌마562)

③ 헌법 과목을 의무교육과정의 필수과목으로 지정하도록 하지 아니한 입법부작위(헌재 2011.9.29. 2010헌바66)

④ 선거구를 입법할 것인지 여부에 대해서는 입법자에게 어떤 형성의 자유가 존재한다고 할 수 없으므로, 국회는 국회의원의 선거구를 입법할 명시적인 헌법상 입법의무가 존재한다. 그러나 2016.3.2. 피청구인이 제20대 국회의원선거를 위한 국회의원지역구의 명칭과 그 구역이 담긴 공직선거법 개정안을 가결하였고 위 개정 공직선거법은 그 다음 날 공포되어 시행되었으므로, 이 사건 입법부작위에 대한 심판청구는 권리보호이익이 없어 부적법하다(헌재 2016.4.28. 2015헌마1177).

⑤ 의료인이 아닌 사람도 문신시술을 업으로 행할 수 있도록 그 자격 및 요건을 법률로 제정하도록 하는 내용의 명시적인 입법위임은 헌법에 존재하지 않으며, 문신시술을 위한 별도의 자격제도를 마련할지 여부는 여러 가지 사회적 · 경제적 사정을 참작하여 입법부가 결정할 사항으로, 그에 관한 입법의무가 헌법해석상 도출된다고 보기는 어렵다. 따라서 이 사건 입법부작위에 대한 심판청구는 입법자의 입법의무를 인정할 수 없다(헌재 2022.3.31. 2017헌마1343).

⑥ 6 · 25전쟁 중(1950년 6월 25일부터 1953년 7월 27일 군사정전에 관한 협정 체결 전까지를 말한다) 본인의 의사에 반하여 북한에 의하여 강제로 납북된 자 및 그 가족에 대한 보상입법을 마련하지 아니한 입법부작위에 대한 심판청구가 적법한지 여부(소극)(헌재 2022.8.31. 2019헌마1331)

03 국가인권위원회법

1. 적용범위

(1) 인적 적용범위

대한민국 국민과 대한민국 영역에 있는 외국인에 대하여 적용한다(국가인권위원회법 제4조).

(2) 인권의 개념

'인권'이란 대한민국헌법 및 법률에서 보장하거나 대한민국이 가입 · 비준한 국제인권조약 및 국제관습법에서 인정하는 인간으로서의 존엄과 가치 및 자유와 권리를 말한다(국가인권위원회법 제2조 제1호).

2. 국가인권위원회 *

(1) 기관의 지위

헌법상 기관이 아니라 법률상 기관이다. 따라서 권한쟁의심판의 당사자가 될 수 없다.

(2) 국가인권위원회 독립성

국가인권위원회는 대통령 소속 위원회가 아니라 독립된 국가기관이므로 대통령의 지휘·감독을 받지 아니한다.

(3) 위원회 구성

① 위원회는 국회선출 4명, 대통령이 지명하는 4명, 대법원장이 지명하는 3명을 대통령이 임명한다.
② 위원회는 위원장 1명과 상임위원 3명을 포함한 11명의 인권위원으로 구성한다. **위원은 특정 성(性)이 10분의 6을 초과하지 아니하도록 하여야 한다.**
③ 위원장 1명과 상임위원 3명은 정무직공무원으로 임명한다.
④ 위원장은 위원 중에서 대통령이 임명한다. 이 경우 위원장은 국회의 인사청문을 거쳐야 한다.

📖 판례정리

위원은 퇴직 후 2년간 공직취임 제한

이 사건 법률은 인권위원회 위원의 직무수행의 독립성, 공정성을 확보함을 목적으로 한다. 이 사건 법률조항은 퇴직인권위원이 취임하고자 하는 공직이 인권보장업무와 무관한 직종까지도 공직에 취임할 수 없도록 하였으므로 최소성 원칙에 위반되어 공무담임권을 침해한다(헌재 2004.1.29. 2002헌마788).

3. 업무와 권한

(1) 업무

인권에 관한 법령(입법과정 중에 있는 법령안을 포함한다)·제도·정책·관행의 조사와 연구 및 그 개선이 필요한 사항에 관한 권고 또는 의견의 표명, 인권침해행위에 대한 조사와 구제, 차별행위에 대한 조사와 구제 등

(2) 법원 및 헌법재판소에 대한 의견 제출

위원회는 인권의 보호와 향상에 중대한 영향을 미치는 재판이 계속 중인 경우 법원 또는 헌법재판소의 요청이 있거나 필요하다고 인정할 때에는 의견을 제출할 수 있다(국가인권위원회법 제28조).

(3) 정책과 관행의 개선 또는 시정권고

위원회는 인권의 보호와 향상을 위하여 필요하다고 인정하면 관계 기관 등에 정책과 관행의 개선 또는 시정을 권고하거나 의견을 표명할 수 있다. 권고를 받은 관계 기관 등의 장은 그 권고사항을 존중하고 이행하기 위하여 노력하여야 한다. 권고를 받은 관계 기관 등의 장은 권고를 받은 날부터 90일 이내에 그 권고사항의 이행계획을 위원회에 통지하여야 한다.

4. 위원회의 조사 ★★★★

(1) 진정에 의한 조사

① **진정할 수 있는 자**: 인권을 침해당한 자뿐 아니라 그 사실을 알고 있는 사람이나 단체는 위원회에 진정할 수 있다.

② **국가나 공공단체에 의한 침해된 인권**: 국가기관, 지방자치단체 또는 구금·보호시설의 업무수행과 관련하여 **대한민국헌법 제10조부터 제22조까지의 규정에서 보장된 인권**을 침해당한 경우 진정할 수 있다. 따라서 재산권(제23조), 선거권과 공무담임권(제24조, 제25조), 청구권(제26조~제30조), 사회적 기본권(제31조~제35조) 침해를 이유로 진정할 수 없다.

📖 **판례정리**

1. 청원권 침해를 진정대상에서 제외

청원권 침해는 피청구인의 조사대상에 해당하지 아니한다고 할 것인바, 피청구인의 진정사건 각하결정은 청구인의 인간으로서의 존엄과 가치 및 행복추구권을 침해한다고 볼 수 없다(헌재 2011.3.31. 2010헌마13).

2. 진정에 대한 인권위원회결정에 관한 헌소

진정에 대한 국가인권위원회의 각하 및 기각결정은 피해자인 진정인의 권리행사에 중대한 지장을 초래하는 것으로서 항고소송의 대상이 되는 행정처분에 해당하므로, 그에 대한 다툼은 우선 행정심판이나 행정소송에 의하여야 할 것이다. 따라서 이 사건 심판청구는 행정심판이나 행정소송 등의 사전구제절차를 모두 거친 후 청구된 것이 아니므로 **보충성 요건을 충족하지 못하였다**(헌재 2015.3.26. 2013헌마214).

---

③ **진정대상에서 제외되는 국가작용**: **국회의 입법 및 법원·헌법재판소의 재판에 의한 인권침해의 경우에는** 진정할 수 없다.

📖 **판례정리**

법원의 재판을 인권위원회가 진정대상으로 삼는다면 법적 분쟁이 무한정 반복되고 지연될 가능성이 크므로 이를 진정의 대상에서 제외한 것은 헌법에 위반되지 않는다(헌재 2004.8.26. 2002헌마302).

---

④ **단체·사인에 의한 평등권 침해**: 법인·단체·사인에 의하여 평등권 침해의 차별행위를 당한 경우 진정할 수 있다.

(2) 직권에 의한 조사

위원회는 진정이 없는 경우에도 인권침해가 있다고 믿을 만한 상당한 근거가 있고 그 내용이 중대하다고 인정할 때에는 직권으로 조사할 수 있다.

(3) 조사와 조정 등의 비공개

위원회의 진정에 대한 조사·조정 및 심의는 비공개로 한다. 다만, 위원회의 의결이 있을 때에는 공개할 수 있다. 처리 결과, 관계 기관 등에 대한 권고와 관계 기관 등이 한 조치 등을 공표할 수 있다(국가인권위원회법 제49조).

5. 구제조치 ★

(1) 구제조치 등 권고

진정을 조사한 결과 인권침해나 차별행위가 일어났다고 판단할 때에는 구제조치 등을 **권고할 수 있다**(국가인권위원회법 제44조).

(2) 고발 및 징계권고(국가인권위원회법 제45조)

① 진정조사 결과 진정의 내용이 범죄행위에 해당하고 이에 대하여 형사처벌이 필요하다고 인정하면 검찰총장에게 그 내용을 고발할 수 있다. 다만, 피고발인이 군인이나 군무원인 경우에는 소속 군 참모총장 또는 국방부장관에게 고발할 수 있다.

② 조사 결과 피진정인 또는 인권침해에 책임이 있는 사람을 징계할 것을 소속 기관 등의 장에게 **권고할 수 있다.**

(3) 조정

조정위원회는 인권침해나 차별행위와 관련된 진정에 대해 당사자의 신청 또는 위원회의 직권으로 조정 절차를 시작할 수 있다. 당사자가 조정을 수락하면 이러한 조정은 재판상 화해와 같은 효력을 가진다(국가인권위원회법 제42조).

(4) 피해자를 위한 법률구조 요청

위원회는 진정에 관한 위원회의 조사, 증거의 확보 또는 피해자의 권리구제를 위하여 필요하다고 인정하면 피해자를 위하여 대한법률구조공단 또는 그 밖의 기관에 법률구조를 요청할 수 있다. 그러나 법률구조 요청은 **피해자의 명시한 의사에 반하여 할 수 없다**(국가인권위원회법 제47조).

제3장 / 포괄적 기본권

제1절 인간의 존엄성

> 헌법 제10조 【인간의 존엄성과 기본인권 보장】 모든 국민은 인간으로서의 존엄과 가치를 가지며, 행복을 추구할 권리를 가진다. 국가는 개인이 가지는 불가침의 기본적 인권을 확인하고 이를 보장할 의무를 진다.
>
> 독일헌법 제1조 【인간존엄의 보호】 ① 인간의 존엄은 불가침이다. 이를 존중하고 보호하는 것은 모든 국가권력의 의무이다.
>
> 제2조 【일반적 인격권】 ① 누구든지 타인의 권리를 침해하지 않고 헌법질서나 도덕률에 반하지 않는 한, 자신의 인격을 자유로이 발현할 권리를 가진다.

01 인간의 존엄과 가치의 의의

인간의 존엄과 가치는 이성적 존재로서 인간은 인격의 주체가 될 수 있는 존귀한 가치가 있다는 것이다.

02 인간의 존엄성 조항의 주체

1. 외국인

외국인은 인간으로서 존엄성을 가지므로 인간의 존엄과 가치 조항의 주체가 된다.

2. 법인

법인은 인간으로서의 존엄성이 인정될 수 없으므로 존엄성의 주체가 될 수 없다. 그러나 헌법재판소는 법인이 인간의 존엄과 가치로부터 도출되는 인격권의 주체가 된다고 인정하여 비판을 받고 있다.

3. 태아 등

인간의 존엄과 가치는 태아, 정신이상자 등도 그 주체성이 인정되므로, 인간의 존엄과 가치 주체는 이를 현실적으로 행사할 능력이 있느냐를 기준으로 하지 않는다.

4. 사자

사자의 경우는 인격성이 없으므로 존엄성이 인정되지 않으나 장례, 유언, 시체해부 등과 관련하여서는 존엄성이 인정될 수 있다.

사과

1. **방송사에 대한 시청자에 대한 사과명령을 규정한 방송법**

   법인은 사회적 신용이나 명예 등의 주체가 될 수 있고, 자율적 의사결정도 인격권의 내용에 해당기본권을 덜 제한하는 수단으로 목적 달성이 가능함에도 불구하고 사과 명령 조항은 침해의 최소성 원칙에 위배된다. 방송사업자가 심의규정을 위반한 경우, 방송통신위원회가 시청자에 대한 사과를 명하도록 한 조항은 법인의 인격권을 침해한다(헌재 2012.8.23. 2009헌가27).

2. **불공정 선거기사에 대한 사과문 게재를 규정한 공직선거법**

   언론사의 인격권을 침해하여 헌법에 위배된다(헌재 2015.7.30. 2013헌가8).

3. **가해학생에게 피해학생에 대한 서면사과를 명하도록 한 학교폭력예방법 관련**

   서면사과는 반성과 사과의 기회를 제공하는 교육적 조치이며, 강제적 내용을 포함하지 않는다. 의견진술 등 절차적 기회를 제공한 뒤 내려지는 조치로, 불이행 시 추가적 불이익도 없다. 이는 교육적 효과를 달성하기 위한 조치로, 가해학생의 인격권을 과도하게 침해한다고 볼 수 없다(헌재 2023.2.23. 2019헌바93).

03 인간의 존엄과 가치의 구체적인 내용

1. 일반적 인격권

(1) 개념

일반적 인격권은 명예권, 성명권, 초상권, 알 권리 등을 포함하는 것으로서 인격의 형성과 유지 및 발전에 관한 권리이다.

(2) 근거

헌법재판소 판례는 인간의 존엄과 가치만 일반적 인격권의 근거로 드는 경우도 있으나, 인간의 존엄과 가치와 행복추구권을 일반적 인격권의 근거로 들고 있다.

보호되는 것

1. **명예**

   헌법 제10조로부터 도출되는 일반적 인격권에는 개인의 명예에 관한 권리도 포함될 수 있으나, 여기서 말하는 '명예'는 사람이나 그 인격에 대한 '사회적 평가', 즉 객관적·외부적 가치평가를 말하는 것이지 단순히 주관적·내면적인 명예감정은 포함하지 않는다고 보아야 한다(헌재 2005.10.27. 2002헌마425).

2. **유족의 명예**

   1945년 8월 15일까지 조선총독부 중추원 참의 활동을 친일반민족행위로 규정한 '일제강점하 반민족행위 진상규명에 관한 특별법'은 후손의 인격권을 제한한다. 사망한 조사대상자의 사회적 명예와 평가의 훼손은 후손의 인격상과 명예, 경애추모의 정을 침해하며, 이는 유족의 헌법상 보장된 인격권을 제한하는 결과를 초래한다(헌재 2010.10.28. 2007헌가23 - 친일반민족행위자결정).

3. **초상권**

   사람은 누구나 자신의 얼굴 기타 사회통념상 특정인임을 식별할 수 있는 신체적 특징에 관하여 함부로 촬영 또는 그림묘사되거나 공표되지 아니하며 영리적으로 이용당하지 않을 권리를 가지는데, 이러한 초상권은 우리 헌법 제10조 제1문에 의하여 헌법적으로도 보장되고 있는 권리이다(대판 2013.2.14. 2010다103185).

4. **태아의 성별 정보에 대한 접근을 국가로부터 방해받지 않을 부모의 권리** (헌재 2008.7.31. 2005헌바90)
   ① **자기관련성**: 태아의 부가 태아의 성별 정보에 접근할 권리가 제한되므로, 이는 태아의 부의 기본권을 직접 침해한다. 따라서 청구인은 이 사건 규정에 대해 자기관련성이 인정된다.
   ② **기본권 제한**: 의료인의 태아성별 고지 금지는 의료인의 직업수행의 자유를 제한한다. 태아의 부모가 장래 가족구성원인 태아의 성별 정보를 알 권리는 일반적 인격권에 의해 보호된다. 이 규정은 부모의 일반적 인격권에 따라 보장되는 성별 정보 접근권을 제한한다. 단, 알 권리의 제한은 아니다.
   ③ **과잉금지원칙 위반**: 낙태의 위험성이 없는 시기에도 성별 고지를 금지하는 것은 피해의 최소성 원칙에 위배된다. 따라서 이 사건 규정은 의료인과 태아의 부모의 기본권을 과도하게 제한한다.

5. **임신 32주 이전에 태아의 성별 고지를 금지하는 의료법 제20조 제2항** (헌재 2024.2.28. 2022헌마356) ***위헌결정**
   (1) 입법목적의 정당성
   심판대상조항은 성별을 이유로 한 낙태를 방지하고 성비 불균형을 해소하며 태아의 생명을 보호하기 위한 것으로, 그 목적의 정당성은 인정된다.
   (2) 수단의 적합성
   ① **시대적 변화**: 전통적 남아선호사상이 약화되고 국민 의식 변화로 출생성비가 정상화되었으며, 태아 성별과 낙태 사이의 유의미한 관련성이 없다.
   ② **효과적이지 않은 수단**: 태아 성별 고지는 낙태의 직접적 원인이 아니므로 이를 제한하는 것은 불합리하며, 성별을 이유로 한 낙태 방지는 낙태 행위 자체를 규제하는 법률로 해결해야 함에도 헌법불합치 결정 이후 형법의 낙태 처벌 조항이 효력을 상실한 상황에서 심판대상으로는 목적 달성이 어렵다.
   (3) 최소성
   예외적인 사정만으로 태아 성별 고지 행위를 낙태의 사전 준비행위로 전제하여 모든 부모에게 임신 32주 이전 태아 성별 정보를 알 수 없게 하고 있다. 이는 낙태 의도가 없는 부모까지도 규제하는 과도한 입법으로, 부모의 기본권을 필요 이상으로 제한하는 것이다.
   (4) 법익균형성
   현재 우리 사회는 성비불균형 문제가 해소되었고, 태아의 생명 보호라는 공익이 심판대상조항을 통해 실효적으로 달성된다고 보기 어렵다. 또한, 심판대상조항은 임신 32주 이전에 부모가 태아의 성별 정보에 접근할 권리를 지나치게 제한하고 있어 법익의 균형성을 상실하였다. 따라서 심판대상조항은 과잉금지원칙을 위반하여 부모가 태아의 성별 정보에 대한 접근을 방해받지 않을 권리를 침해한다.

---

2. 자기결정권

📖 판례정리

1. 미군기지의 이전은 헌법상 자기결정권의 보호범위에 포함된다고 볼 수 없다(헌재 2006.2.23. 2005헌마268).

2. 소주구입명령제도는 소주판매업자의 직업의 자유는 물론 소주제조업자의 경쟁 및 기업의 자유, 즉 직업의 자유와 소비자의 행복추구권에서 파생된 자기결정권을 지나치게 침해하는 위헌적인 규정이다(헌재 1996.12.26. 96헌가18).

---

(1) 연명치료 중단
① **헌법적 근거**: 연명치료 중단이 생명 단축을 초래한다 하더라도 이는 생명에 대한 임의적 처분으로 평가될 수 없다. 이는 자신의 생명을 자연적 상태에 맡기고자 하는 것으로, 인간의 존엄과 가치에 부합한다. 따라서 환자는 장차 죽음에 임박한 상태를 대비하여 연명치료 거부 또는 중단 의사를 사

전에 밝힐 수 있으며, 이는 헌법상 자기결정권의 내용으로 보장된다(헌재 2009.11.26. 2008헌마385).

② **입법의무에 대한 헌법해석**: 연명치료 중단에 관한 자기결정권을 보장하는 방법은 법원의 재판을 통한 규범 제시 또는 입법으로 나뉠 수 있다. 이는 입법정책의 문제로서 국회의 재량에 속하므로 헌법상 국가가 관련 법률을 제정할 명백한 입법의무가 있다고 볼 수는 없다(헌재 2009.11.26. 2008헌마385).

③ **허용 여부**: 대법원은 소극적 안락사를 일정 요건 아래 허용하고 있다. 또한, 최근에는 호스피스·완화의료 및 임종과정에 있는 환자의 연명의료 결정에 관한 법률이 시행되었다.

📖 판례정리

환자의 의사 추정과 연명치료 중단에 관한 판단 기준 (대판 2009.5.21. 2009다17417)

1. 환자의 의사 추정 가능성

환자의 평소 가치관이나 신념에 비추어 연명치료 중단이 환자의 최선의 이익에 부합한다고 객관적으로 인정되는 경우, 환자가 연명치료 중단을 선택했을 것이라는 의사를 추정할 수 있다. 이는 합리적이고 사회상규에 부합된다.

2. 의사 추정의 객관성 요구

환자의 의사 추정은 객관적 자료에 근거해야 한다. 환자의 평소 가족이나 친구와의 대화, 치료를 대하는 반응, 종교, 생활 태도 등과 같은 일상적인 의사표현을 참고해야 한다.

3. 환자의 의사를 확인할 수 있는 자료가 있다면 이를 필수적으로 고려해야 하며, 종합적이고 객관적인 사정을 바탕으로 환자의 의사를 추정해야 한다.

---

(2) 낙태죄

📖 판례정리

부녀가 약물 기타 방법으로 낙태한 때에는 1년 이하의 징역 또는 200만원 이하의 벌금에 처하도록 한 형법 제269조 (헌재 2019.4.11. 2017헌바127) ***헌법불합치결정**

1. 제한되는 기본권 – 자기결정권

헌법 제10조에 따라 인간의 존엄성과 일반적 인격권이 보장되며, 여기서 자기결정권이 파생된다. 자기결정권은 개인이 자신의 삶과 방식에 관한 근본적 결정을 자율적으로 내릴 권리이며, 임신한 여성이 자신의 신체를 임신 상태로 유지할지 결정할 권리도 포함된다. 자기낙태죄 조항은 임신한 여성에게 임신 유지와 출산을 강제하며, 이를 위반 시 형벌을 부과해 여성의 자기결정권을 제한한다.

2. 심사기준 – 과잉금지원칙

자기낙태죄 조항이 여성의 자기결정권을 제한하고 태아 생명 보호를 목적으로 한 조치가 과잉금지원칙에 위배되는지 판단한다.

3. 과잉금지원칙 위반 여부

(1) **목적과 수단의 적정성**

태아 생명을 보호하려는 입법 목적은 정당하며, 낙태 방지를 위한 형사처벌은 목적 달성에 적합하다.

(2) **생명 발전단계에 따른 보호 차등 가능성**

법적 보호는 생명의 발전단계에 따라 달리 설정될 수 있다. WHO 기준으로 태아가 모체를 떠난 상태에서 독자 생존 가능한 시점(임신 22주 이전)을 고려해 낙태 허용 여부를 조정할 수 있다.

(3) 최소성

① **모자보건법의 한계**: 모자보건법은 낙태의 정당한 사유로 제한적인 조건(우생학적 · 유전적 장애, 전염성 질환, 강간 · 준강간에 의한 임신 등)만을 인정한다. 사회적 · 경제적 사유와 같은 현실적인 낙태 갈등 상황을 포섭하지 않아 여성의 다양한 상황을 고려하지 못하고 있다.

② **결정가능기간 내에서도 강제적 규율**: 결정가능기간(임신 22주 이전) 동안에도, 사회적 · 경제적 사유에 의한 낙태까지 전면적으로 금지하고 형사처벌한다. 이는 여성의 선택권을 불필요하게 제한하며, 태아 생명 보호라는 입법 목적을 달성하는 데 있어 필요한 최소한의 조치보다 과도하다.

③ **형벌 수단의 과도성**: 형법상 낙태를 전면 금지하고 이를 형사처벌로 규율하는 방식은 과잉적이며, 여성의 기본권 침해를 초래한다. 사회적 · 경제적 사유를 포함한 낙태 허용 범위를 설정하거나, 상담 · 숙려기간과 같은 절차적 요건을 부과하는 대안적 수단이 있음에도 이를 고려하지 않았다.

(4) 법익균형성

태아의 생명보호라는 공익에 대하여만 일방적이고 절대적인 우위를 부여함으로써 법익균형성의 원칙도 위반하였다고 할 것이므로, 과잉금지원칙을 위반하여 임신한 여성의 자기결정권을 침해하는 위헌적인 규정이다.

4. 주문 형태

(1) 헌법불합치결정

결정가능기간 및 사회적 · 경제적 사유를 고려한 구체적 입법이 필요하다.

(2) 단순위헌의견: 법정의견 아님

일부 재판관은 임신 제1삼분기(14주 무렵)까지 사유 없이 여성의 판단에 따라 낙태를 허용해야 한다

5. 의사낙태죄 조항의 위헌성

자기낙태죄가 위헌이면 자동적으로 의사낙태죄 조항도 위헌이다.

6. 결론

자기낙태죄와 의사낙태죄 조항은 과잉금지원칙 위반으로 헌법불합치결정이 내려졌으며, 입법 개선이 필요하다.

📖 판례정리

인간의 존엄과 가치 또는 인격권 침해 여부

침해인 것

1. 미결수용자에게 구치소 밖에서 재판 · 수사과정에서 사복을 입게 하지 아니한 행위

미결수용자가 수사 또는 재판을 받기 위해서 구치소 밖으로 나올 때 사복을 입지 못하도록 한 것은 심리적 위축으로 변해 · 방어의 권리행사에 큰 지장을 주며 미결수용자의 도주방지는 계구의 사용이나 계호인력을 늘리는 수단에 의할 것이므로 수사 또는 재판과정에서 사복을 입지 못하게 한 것은 정당화될 수 없다. 따라서 기본권 침해(무죄추정원칙 위반, 인격권, 행복추구권, 공정한 재판을 받을 권리 침해)이다(헌재 1999.5.29. 97헌마137, 98헌마5).

비교 **재판에 출정할 때 운동화 착용금지**: 이 사건 운동화 착용불허행위는 시설 바깥으로의 외출이라는 기회를 이용한 도주를 예방하기 위한 것으로서 그 목적이 정당하고, 위와 같은 목적을 달성하기 위한 적합한 수단이라 할 것이다. 또한 신발의 종류를 제한하는 것에 불과하여 법익침해의 최소성과 균형성도 갖추었다 할 것이므로, 인격권과 행복추구권을 침해하였다고 볼 수 없다(헌재 2011.2.24. 2009헌마209).

2. 사복착용 조항을 수형자에게 준용하지 않는 형집행법 (헌재 2015.12.23. 2013헌마712)

① '형의 집행 및 수용자의 처우에 관한 법률' 제88조가 **형사재판의 피고인으로 출석하는 수형자**에 대하여, 사복착용을 허용하는 형집행법 제82조를 준용하지 아니한 것은 청구인의 공정한 재판을 받을 권리, 인격권, 행복추구권을 침해한다.

② 형집행법 제88조가 **민사재판의 당사자로 출석하는 수형자**에 대하여, 사복착용을 허용하는 형집행법 제82조를 준용하지 아니한 것은 청구인의 인격권과 행복추구권을 침해하지 아니한다.

3. 유치장 내 화장실 관찰행위

영등포경찰서 유치장에 수용되어 있는 동안 차폐시설이 불충분하여 사용과정에서 신체부위가 다른 유치인들 및 경찰관들에게 관찰될 수 있고 냄새가 유출되는 실내화장실을 사용하도록 강제한 피청구인의 행위는 헌법 제10조에 의하여 보장되는 청구인들의 인격권을 침해한 것으로 위헌임을 확인한다(헌재 2001.7.19. 2000헌마546).

4. 피청구인이 2000.3.20. 13:30경 청구인들을 성남 남부경찰서 유치장에 수용하는 과정에서 신체과잉수색행위는 청구인들의 인격권 및 신체의 자유를 침해한 것이므로 위헌임을 확인한다(헌재 2002.7.18. 2000헌마327).

비교 교도관이 마약류사범: 상체를 숙이고 양손으로 둔부를 벌려 항문을 보이는 방법으로 실시한 정밀신체검사는 마약류사범인 청구인의 기본권을 침해하였다고 볼 수 없다(헌재 2006.6.29. 2004헌마826).

5. 교도소장이 2000.3.7.부터 2001.4.2.까지 청구인을 ○○교도소에 수용하는 동안 **상시적으로 양팔을 사용할 수 없도록 하는 계구를 착용하게** 한 것은 청구인의 신체의 자유와 인간의 존엄성을 침해한 행위로서 위헌임을 확인한다(헌재 2003.12.18. 2001헌마163).

6. 구치소 내 과밀수용행위 위헌확인

청구인이 인간으로서 최소한의 품위를 유지할 수 없을 정도로 과밀한 공간에서 이루어진 이 사건 수용행위는 청구인의 인간으로서의 존엄과 가치를 침해한다(헌재 2016.12.29. 2013헌마142).

7. 경찰관이 보도자료 배포 직후 기자들의 취재 요청에 응하여 청구인이 경찰서 조사실에서 양손에 수갑을 찬 채 조사받는 모습을 촬영할 수 있도록 허용한 행위

수사 장면의 공개 및 촬영은 이를 정당화할 만한 **어떠한 공익 목적도 인정하기 어려우므로** 촬영허용행위는 과잉금지원칙에 위반되어 청구인의 인격권을 침해하였다고 할 것이다(헌재 2014.3.27. 2012헌마652).

유사 보험회사를 상대로 손해배상청구소송을 제기한 교통사고 피해자들의 장해정도에 관한 증거자료를 수집할 목적으로 보험회사 직원이 피해자들의 일상생활을 촬영한 행위는 초상권 및 사생활의 비밀과 자유를 침해하는 불법행위에 해당한다(대판 2006.10.13. 2004다16280).

8. 무연고 시신을 생전 본인 의사와 무관하게 해부용 시체로 제공될 수 있도록 한 '시체 해부 및 보존에 관한 법률'은 사후 자신의 시체가 본인의 의사와는 무관하게 해부용으로 제공됨으로써 자기결정권이 침해되는 사익이 그보다 결코 작다고 할 수는 없으므로 청구인의 시체 처분에 대한 자기결정권을 침해한다(헌재 2015.11.26. 2012헌마940).

9. 친생부인의 소 제척기간 '출생을 안 날로부터 1년'

친생부인의 소 제척기간을 출생을 안 날로부터 1년 이내로 한 것은 그 기간 내에 부가 친자관계가 존재하지 아니함을 알기 어려우므로 부의 인격권, 행복추구권, 혼인과 가족생활에 관한 기본권을 침해한다(헌재 1997.3.27. 95헌가14).

비교 민법 제847조 제1항 중 '부(夫)가 그 사유가 있음을 안 날부터 2년 내' 부분은 친생부인의 소의 제척기간에 관한 입법재량의 한계를 일탈하지 않은 것으로서 헌법에 위반되지 아니한다(헌재 2015.3.26. 2012헌바357).

비교 인지청구의 소: 사망 사실을 안 날로부터 1년 이내에 부모와 사이에 친자관계가 존재함을 아는 것은 그리 어렵지 않으므로 이 사건 법률조항은 혼인 외 출생자의 행복추구권 침해라고 볼 수 없다(헌재 2001.5.31. 98헌바9).

10. 동성동본혼인을 금지한 민법 제809조

동성동본혼인금지는 가부장적 신분제도 유지를 목적으로 한 제도이고, 이는 헌법 제37조 제2항의 사회질서나 공공복리에 해당하지 않으므로 헌법에 위반된다. ➡ 5인의 단순위헌, 2인의 헌법불합치, 2인의 합헌으로 헌법불합치결정이 나왔다(헌재 1997.7.16. 95헌가6).

비교 중혼 혼인취소청구권의 제척기간을 제한하지 않은 것은 사건 법률조항은 우리 사회의 중대한 공익이며 헌법 제36조 제1항으로부터 도출되는 일부일처제를 실현하기 위한 것으로 후혼배우자의 인격권 및 행복추구권을 침해하지 아니한다(헌재 2014.7.24. 2011헌바275).

11. 간통죄

심판대상조항은 선량한 성풍속 및 일부일처제에 기초한 혼인제도를 보호하고 부부간 정조의무를 지키게 하기 위한 것으로 그 입법목적의 정당성은 인정된다. 선량한 성풍속 및 일부일처제에 기초한 혼인제도를 보호하고 부부간 정조의무를 지키게 하고자 간통행위를 처벌하는 심판대상조항은 그 수단의 적절성과 침해최소성을 갖추지 못하였다고 할 것이다(헌재 2015.2.26. 2009헌바17 · 205).

12. 청구인들이 일본국에 대하여 가지는 일본군위안부

외교협상 그 다음에는 중재회부에 따라 해결하지 아니하고 있는 피청구인의 부작위는 헌법에 반한다(헌재 2011.8.30. 2006헌마788).

13. 청구인들이 일본국에 대하여 가지는 원폭피해자

피청구인의 부작위는 재산권을 침해한다(헌재 2011.8.30. 2008헌마648).

비교 **피징용부상자**들의 중재요청에 대한 정부의 부작위는 헌법소원의 대상이 되지 않는다(헌재 2000.3.30. 98헌마206).

침해가 아닌 것

1. 청소년 성매수자 신상공개

청소년 성매수 범죄자들은 일반인에 비해서 인격권과 사생활의 비밀의 자유를 넓게 제한받을 여지가 있다. 이 사건 법률이 인격권과 사생활의 비밀의 자유 제한정도가 청소년의 성보호라는 공익적 가치보다 크다고 할 수 없으므로 과잉금지원칙에 위반되지 않는다(헌재 2003.6.26. 2002헌가14).

2. 조선총독부 중추원 참의로 활동한 행위를 친일반민족행위로 규정한 일제강점하 반민족행위 진상규명에 관한 특별법은 법익균형성의 원칙에도 반하지 않는다(헌재 2010.10.28. 2007헌가23).

3. 국가항공보안계획 제8장 승객 · 휴대물품 · 위탁수하물 등 보안대책 중 8.1.19 가운데 체약국의 요구가 있는 경우 항공운송사업자의 추가 보안검색 실시하도록 한 국가항공보안계획

국가항공보안계획은 추가 보안검색(촉수검색)을 통해 인격권 및 신체의 자유를 제한하지만, 항공기 안전사고와 테러 위협 방지라는 중대한 공익을 위한 조치로 법익의 균형성이 인정된다. 따라서 과잉금지원칙에 위배되지 않으며, 청구인의 기본권을 침해하지 않는다(헌재 2018.2.22. 2016헌마780).

4. 변호사에 대한 징계결정정보를 인터넷 홈페이지에 공개하도록 한 변호사법

징계결정 공개조항은 전문적인 법률지식, 윤리적 소양, 공정성 및 신뢰성을 갖추어야 할 변호사가 징계를 받은 경우 국민이 이러한 사정을 쉽게 알 수 있도록 하여 변호사를 선택할 권리를 보장하기 위한 것이므로 청구인의 인격권을 침해하지 아니한다(헌재 2018.7.26. 2016헌마1029).

5. 범죄행위 당시에 없었던 위치추적 전자장치 부착명령을 출소예정자에게 소급 적용할 수 있도록 한 '특정 범죄자에 대한 위치추적 전자장치 부착 등에 관한 법률' 부칙

전자장치 부착명령의 소급적용은 성폭력범죄의 재범 방지 및 사회 보호에 있어 실질적인 효과를 나타내고 있는 점, 장래의 재범 위험성으로 인한 보안처분의 판단시기는 범죄의 행위시가 아닌 재판시가 될 수밖에 없으므로 부착명령 청구 당시 형 집행 종료일까지 6개월 이상 남은 출소예정자가 자신이 부착명령 대상자가 아니라는 기대를 가졌더라도 그 신뢰의 보호가치는 크지 아니한 점, 피부착자의 기본권 제한을 최소화하기 위하여 법률은 피부착자에 대한 수신자료의 열람 · 조회를 엄격히 제한하고 부착명령의 탄력적 집행을 위한 가해제 제도를 운영하고 있는 점 등을 고려할 때, 부칙경과조항은 과잉금지원칙에 반하여 피부착자의 인격권 등을 침해하지 아니한다(헌재 2015.9.24. 2015헌바35).

6. **진실 · 화해를 위한 과거사정리 기본법상 명예 회복 및 화해 권유 작위의무와 부작위** (헌재 2021.9.30. 2016헌마1034)
① **명예 회복 및 화해 권유 작위의무의 인정 여부:** 과거사정리법 제36조 제1항과 제39조는 국가와 피청구인을 포함한 정부 각 기관이 피해자의 명예를 회복하기 위해 구체적 작위의무를 부담한다고 규정한다. 피해자가 생존한 동안에는 가해자와 피해자 간 화해를 적극 권유할 의무가 존재한다. 피해자가 사망한 경우에는 유족에 대해 해당 의무가 발생한다고 해석한다.
② **피청구인의 부작위가 헌법소원의 대상이 되는지 여부:** 피청구인들이 피해자 정○○에게 직접 사과하거나 대국민 사과를 하지 않은 사실은 인정한다. 그러나 진실규명 사건의 일괄 처리를 위한 이행계획을 수립하고, 국가 차원의 사과를 계획하는 등 관련 조치를 이행하고 있다. 화해 권유는 외부에서 강제할 수 없는 성격을 가지며, 피청구인들이 독자적으로 가능한 범위 내에서 조치를 취하였다면 작위의무를 이행한 것으로 본다.

제2절 생명권

01 생명권의 의의

생명권이란 생명에 대한 모든 형태의 국가적 침해를 방어하는 권리이다.

02 생명권 관련 쟁점

1. 사형제도

📖 **판례정리**

사형제도 (헌재 1996.11.28. 95헌바1)
① 우리 헌법은 **사형**에 대하여 이를 허용하거나 부정하는 명시적 규정을 두고 있지 아니하나, 헌법 제12조와 헌법 제110조 제4항 단서의 **문언 해석상 간접적이나마** 법률에 의하여 사형이 형벌로 정해질 수 있음을 인정하고 있는 것으로 보인다.
② 생명이 이념적으로 절대적 가치를 지닌 것이라 하더라도 생명에 대한 법적 평가가 예외적으로 허용될 수 있다고 할 것이므로, 생명권 역시 헌법 제37조 제2항에 의한 **일반적 법률유보의 대상**이 될 수밖에 없다 할 것이다.
③ 생명의 보호와 공공의 이익을 위하여 불가피한 경우 생명을 빼앗는 형벌이라 하더라도 본질적 내용침해금지원칙에 위반되지 아니한다. 사형을 형벌의 한 종류로서 합헌이라고 보는 한 그와 같이 타인의 생명을 부정하는 범죄행위에 대하여 행위자의 생명을 부정하는 사형을 그 불법효과의 하나로서 규정한 것은 행위자의 생명과 그 가치가 동일한 하나의 혹은 다수의 생명을 보호하기 위한 불가피한 수단의 선택이라고 볼 수밖에 없으므로 이를 가리켜 비례의 원칙에 반한다고 할 수 없어 헌법에 위반되는 것이 아니다.

📖 **판례정리**

상관을 살해한 자에 대해 사형만을 규정한 군형법
전시와 평시를 구분하지 아니한 채 상관을 살해한 경우에 다양한 동기와 행위태양의 범죄를 동일하게 평가하여 사형만을 유일한 법정형으로 규정하는 것은 형벌체계상 정당성을 상실한 것이다(헌재 2007.11.29. 2006헌가13).

2. 배아 사용

📖 판례정리

배아 사용 제한 (헌재 2010.5.27. 2005헌마346)

1. 초기배아의 기본권 주체성 여부(소극)

   초기배아의 기본권 주체성을 인정하기 어렵다. 다만, 초기배아라는 원시생명체에 대하여도 위와 같은 헌법적 가치가 소홀히 취급되지 않도록 노력해야 할 **국가의 보호의무가 있음을 인정하지 않을 수 없다 할 것이다.**

2. 배아생성자는 인간으로 출생할 경우 생물학적 부모로서의 지위를 갖게 되므로, 배아의 관리 또는 처분에 대한 결정권을 가진다.

3. 잔여배아를 5년간 보존하고 이후 폐기하도록 한 생명윤리법 제16조

   부적절한 연구목적의 이용가능성을 방지하여야 할 공익적 필요성의 정도가 배아생성자의 자기결정권이 제한됨으로 인한 불이익의 정도에 비해 작다고 볼 수 없는 점 등을 고려하면, 피해의 최소성에 반하거나 법익의 균형성을 잃었다고 보기 어렵다.

제3절 행복추구권

01 행복추구권의 의의

헌법 제10조의 행복추구권은 국민이 행복을 추구하기 위하여 **급부를 국가에게 적극적으로 요구할 수 있는 것이 아니라** 국민이 행복을 추구하기 위한 활동을 국가권력의 간섭 없이 자유롭게 할 수 있다는 포괄적 의미의 자유권으로서의 성격을 가진다(헌재 1995.7.21. 93헌가14).

02 행복추구권의 주체

① 외국인을 포함한 자연인은 주체가 되나 법인은 주체가 될 수 없다. [권영성]
② 법인도 일반적 행동의 자유의 주체가 될 수 있다는 견해가 있다. [홍성방 헌법 II]
③ 법인은 원칙적으로 주체가 될 수 없으나 계약의 자유의 주체가 될 수는 있다는 견해가 있다. [계희열]

📖 판례정리

학교법인의 주체성 부정

헌법 제10조의 인간의 존엄과 가치, 행복을 추구할 권리는 그 성질상 자연인에게 인정되는 기본권이라고 할 것이어서 학교법인인 청구인들에게는 적용되지 않는다(헌재 2006.12.28. 2004헌바67).

03 행복추구권의 내용

1. 일반적 행동자유권

헌법 제10조 전문은 행복추구권을 보장하고 있고, 행복추구권은 그의 구체적인 표현으로서 일반적인 행동자유권과 개성의 자유로운 발현권을 포함한다. 일반적 행동자유권에는 적극적으로 자유롭게 행동을 하는 것은 물론 <u>소극적으로 행동을 하지 않을 자유, 즉 부작위의 자유도 포함된다.</u> 일반적 행동자유권은 가치 있는 행동만 그 보호영역으로 하는 것은 아닌 것으로, 그 보호영역에는 개인의 생활방식과 취미에 관한 사항도 포함되며, 여기에는 위험한 스포츠를 즐길 권리와 같은 위험한 생활방식으로 살아갈 권리도 포함된다. **좌석안전띠를 매지 않을 자유**는 <u>헌법 제10조의 행복추구권에서 나오는 일반적 행동자유권의 보호영역에 속한다.</u> 이 사건 심판대상조항들은 운전할 때 좌석안전띠를 매야 할 의무를 지우고 이에 위반했을 때 범칙금을 부과하고 있으므로 청구인의 일반적 행동의 자유에 대한 제한이 존재한다(헌재 2003.10.30. 2002헌마518).

📖 **판례정리**

자동차 운전 중 휴대용 전화를 사용하는 것을 금지하고 위반시 처벌하는 구 도로교통법 (헌재 2021.6.24. 2019헌바5)

1. 제한되는 기본권

<u>운전 중 휴대용 전화를 사용할 자유는 헌법 제10조의 행복추구권에서 나오는 일반적 행동자유권의 보호영역에 속한다. 이 사건 법률조항은 운전 중 휴대용 전화를 사용하지 아니할 의무를 지우고 이에 위반했을 때 형벌을 부과하고 있으므로 청구인의 일반적 행동자유권을 제한한다.</u>

2. 일반적 행동자유권을 침해하는지 여부(소극)

운전 중 휴대용 전화 사용 금지로 교통사고의 발생을 줄임으로써 보호되는 국민의 생명·신체·재산은 중대하다. 그러므로 이 사건 법률조항은 과잉금지원칙에 반하여 청구인의 일반적 행동의 자유를 침해하지 않는다.

📖 **판례정리**

헌법재판소가 행복추구권에서 파생된 것으로 본 것

1. 일반적인 행동자유권(➜ 계약의 자유)

2. 유언의 자유

3. 개성의 자유로운 발현권

4. 자기운명결정권(➜ 성적 자기결정권)

5. 인간다운 생활공간에서 살 권리(헌재 1994.12.29. 94헌마201)

6. 하기 싫은 일을 강요당하지 아니할 권리(헌재 1997.3.27. 96헌가11)

7. 기부금품의 모집행위(헌재 1998.5.28. 96헌가5)

8. 하객들에게 주류와 음식물을 접대하는 행위(헌재 1998.10.15. 98헌마168)

9. 마시고 싶은 물을 자유롭게 선택할 권리(헌재 1998.12.24. 98헌가1)

10. 사적 자치권(헌재 1998.8.27. 96헌가22)

11. 미결수용자가 가족과 접견하는 것이 헌법 제10조가 보장하고 있는 인간으로서의 존엄과 가치 및 행복추구권 가운데 포함되는 헌법상의 기본권이라고 한다면 그와 마찬가지로 미결수용자의 가족이 미결수용자와 접견하는 것 역시 헌법 제10조가 보장하고 있는 인간으로서의 존엄과 가치 및 행복추구권 가운데 포함되는 헌법상의 기본권이라고 보아야 할 것이다(헌재 2003.11.27. 2002헌마193).

12. 가치 있는 행동 + 가치 없는 생활방식, 취미·위험한 스포츠를 즐길 권리와 같은 위험한 생활방식으로 살아갈 권리

13. 좌석안전띠를 매지 않고 운전할 자유(헌재 2003.10.30. 2002헌마518)

14. 행복추구권에서 파생되는 자기결정권은 소비자는 물품 및 용역의 구입·사용에 있어서 거래의 상대방, 구입 장소, 가격 등을 자유로이 선택할 권리를 뜻한다(헌재 1996.12.26. 96헌가18).

15. 일시·무상으로 과외하는 행위

16. 의료행위를 지속적인 소득활동이 아니라 취미, 일시적 활동 또는 무상의 봉사활동으로 삼는 경우에는 헌법 제10조의 행복추구권에서 파생하는 일반적 행동의 자유를 제한하는 규정이다(헌재 2002.12.18. 2001헌마370).

   비교 영리를 목적으로 하는 한방의료행위는 일반적 행동의 자유가 아니라 직업선택의 자유 문제이다. 따라서 영리를 목적으로 한의사가 아닌 자가 한방의료행위를 업으로 한 경우 처벌하는 보건범죄단속에관한특별조치법 제5조는 일반적 행동의 자유와는 무관하고 주관적 사유에 의한 직업선택의 자유 제한 문제일 뿐이다(헌재 2005.11.24. 2003헌바95).

17. 담배흡연행위 / 개인이 대마를 자유롭게 수수하고 흡연할 자유(헌재 2005.11.24. 2005헌바46) / 환각물질 섭취·흡입행위(헌재 2021.10.28. 2018헌바367).

18. 서울광장을 통행하거나 여가·문화활동의 자유로 사용하는 것

19. 사회복지법인의 법인운영의 자유는 헌법 제10조에서 보장되는 일반적 행동자유권 내지 사적 자치권으로 보장된다(헌재 2005.2.3. 2004헌바10).

20. 일반적 행동자유권은 모든 행위를 할 자유와 행위를 하지 않을 자유를 뜻하고, 자신이 속한 부분사회의 자치적 운영에 참여하는 것은 사회공동체의 유지, 발전을 위하여 필요한 행위로서 특정한 기본권의 보호범위에 들어가지 않는 경우에는 일반적 행동자유권의 대상이 된다(헌재 2007.3.29. 2005헌마1144).

21. 부모의 분묘를 가꾸고 봉제사를 하고자 하는 권리(헌재 2009.9.24. 2007헌마872)

22. 지역 방언을 자신의 언어로 선택하여 공적 또는 사적인 의사소통과 교육의 수단으로 사용하는 것은 행복추구권에서 파생되는 일반적 행동의 자유 내지 개성의 자유로운 발현의 한 내용이 된다 할 것이다(헌재 2009.5.29. 2006헌마618).

23. 한자를 의사소통의 수단으로 사용하는 것은 행복추구권에서 파생되는 일반적 행동의 자유 내지 개성의 자유로운 발현의 한 내용이다(헌재 2016.11.24. 2012헌마854).

24. 부모가 자녀의 이름을 지어주는 것은 자녀의 양육과 가족생활을 위하여 필수적인 것이고, 가족생활의 핵심적 요소라 할 수 있으므로, '부모가 자녀의 이름을 지을 자유'는 혼인과 가족생활을 보장하는 헌법 제36조 제1항과 행복추구권을 보장하는 헌법 제10조에 의하여 보호받는다(헌재 2016.7.28. 2015헌마964).

25. 행복추구권은 그 구체적 표현으로서 일반적 행동자유권과 개성의 자유로운 발현권을 포함하는바, 일반적 행동자유권의 보호영역에는 **개인의 생활방식과 취미에 관한 사항**도 포함된다. 이 사건 금지조항은 심야시간대에 인터넷게임을 즐기려는 16세 미만 청소년의 개인적 생활방식과 취미를 제한하므로 이들의 행복추구권의 한 내용인 일반적 행동자유권을 제한한다(헌재 2014.4.24. 2011헌마659).

   참고 대법원은 먹고 싶은 음식이나 음료를 선택할 수 있는 권리, 만나고 싶은 사람을 만날 권리, 오락적인 도박행위들을 행복추구권의 내용이라 한다.

판례정리

헌법재판소가 행복추구권에서 파생된 것으로 보지 않은 것

1. 병역의무의 이행으로서의 **현역병 복무**는 국가가 간섭하지 않으면 자유롭게 할 수 있는 행위에 속하지 않으므로, 현역병으로 복무할 권리가 일반적 행동자유권에 포함된다고 할 수 없다(헌재 2010.12.28. 2008헌마527).

2. 공물을 사용·이용하게 해달라고 청구할 수 있는 권리는 청구권의 영역에 속하는 것이므로 이러한 권리가 포괄적인 자유권인 행복추구권에 포함된다고 할 수 없다(헌재 2011.6.30. 2009헌마406).

3. 평화적 생존권은 헌법상 보장된 기본권이라고 할 수 없다(헌재 2009.5.28. 2007헌마369).

4. 육아휴직신청권은 헌법 제36조 제1항 등으로부터 개인에게 직접 주어지는 헌법적 차원의 권리라고 볼 수는 없고, 법률상의 권리이다(헌재 2008.10.30. 2005헌마1156).

5. 대표기관을 선출할 권리와 그 선거에 입후보할 기회는 자치활동에 대한 참여로서 보장되지만, 실제로 대표기 관의 지위를 취득할 권리까지 구성원의 일반적 행동자유권으로 보장된다고 보기는 어렵다(헌재 2015.7.30. 2012헌 마957).

6. 외국인이 복수국적을 누릴 자유는 행복추구권에 의해서 보장되는 기본권이 아니다(헌재 2014.6.26. 2011헌마502).

7. 재외국민 특별전형과 같은 특정한 입학전형의 설계에 있어 청구인이 원하는 일정한 내용의 지원자격을 규정 할 것을 요구하는 것은 포괄적인 의미의 자유권인 행복추구권의 내용에 포함되지 않는다(헌재 2020.3.26. 2019헌 마212).

8. 주민투표권 행사의 절차를 형성함에 있어서 투표일 현재 주소지에서 투표할 자유를 요구하는 것은 행복추구 권의 보호범위에 포함된다고 볼 수 없다(헌재 2013.7.25. 2011헌마676).

9. 미결수용자의 가족이 인터넷화상접견이나 스마트접견과 같이 영상통화를 이용하여 접견할 권리가 접견교통 권의 핵심적 내용에 해당되어 헌법에 의해 직접 보장된다고 보기도 어렵다. 미결수용자의 배우자에 대해서 는 이를 허용하지 않는 구 '수용관리 및 계호업무 등에 관한 지침'에 의한 접견교통권 제한이나 행복추구권 또는 일반적 행동자유권의 제한 역시 인정하기 어렵다(헌재 2021.11.25. 2018헌마598).

10. 미군기지의 이전은 헌법상 자기결정권의 보호범위에 포함된다고 볼 수 없다(헌재 2006.2.23. 2005헌마268).

---

2. 인격발현권

헌법재판소는 종래 일부판례에서 헌법 제10조 전문의 행복추구권 규정으로부터 일반적 행동자유권과는 구 별되는 또 다른 기본권인 개성의 자유로운 발현권이 도출되는 것으로 보고 있다(헌재 1990.1.15. 89헌가103).

3. 인간의 존엄과 가치와 결합한 행복추구권의 내용으로서 자기결정권

(1) 헌법상 근거

자기결정권은 헌법 제10조의 '인간의 존엄과 가치와 행복추구권'에서 도출되는 권리이다.

(2) 주요내용

헌법재판소는 인간의 존엄과 가치로부터 일반적 인격권을 도출하고 일반적 인격권과 행복추구권으로부 터 자기운명결정권, 성적 자기결정권, 자기생활영역의 자율형성권, 혼인의 자유를 도출한 바 있다.

4. 부모의 자녀교육권

(1) 개념

부모가 자녀를 학교교육 및 가정교육 등을 통하여 교육할 권리이다.

(2) 헌법상 근거

'부모의 자녀에 대한 교육권'은 비록 헌법에 명문으로 규정되어 있지는 아니하지만, 이는 모든 인간이 누 리는 불가침의 인권으로서 혼인과 가족생활을 보장하는 헌법 제36조 제1항, 행복추구권 및 제37조 제

1항에서 나오는 중요한 기본권이다. 부모는 자녀의 교육에 관하여 전반적인 계획을 세우고 자신의 인생관·사회관·교육관에 따라 자녀의 교육을 자유롭게 형성할 권리를 가지며, <u>부모의 교육권은 다른 교육의 주체와의 관계에서 원칙적인 우위를 가진다</u>(헌재 2000.4.27. 98헌가16).

(3) 특성

부모의 자녀교육권은 다른 기본권과는 달리, <u>기본권의 주체인 부모의 자기결정권이라는 의미에서 보장되는 자유가 아니라, 자녀의 보호와 인격발현을 위하여 부여되는 기본권이다</u>(헌재 2009.10.29. 2008헌마454).

(4) 국가의 교육관련 권한과의 관계

자녀의 양육과 교육에 있어서 부모의 교육권은 교육의 모든 영역에서 존중되어야 하며, 다만 **학교교육의 범주 내에서는** 국가의 교육권한이 헌법적으로 독자적인 지위를 부여받음으로써 부모의 교육권과 함께 자녀의 교육을 담당하지만, **학교 밖의 교육영역에서는** 원칙적으로 부모의 교육권이 우위를 차지한다(헌재 2000.4.27. 98헌가16).

(5) 내용

① **교육기회제공청구권**: 교육을 받을 권리는 수학권뿐만 아니라 학부모가 그 자녀에게 적절한 교육기회를 제공하여 주도록 요구할 수 있는 교육기회제공청구권을 포함한다.

② **학교선택권**: 학부모가 자녀를 교육시킬 학교를 선택할 권리인 학교선택권도 자녀에 대한 부모교육권에 포함된다(헌재 1995.2.23. 91헌마204). 또한 부모의 교육권에는 학부모가 자신의 자녀를 위해서 가지는 자녀에 대한 정보청구권, 면접권도 포함된다(헌재 1999.3.25. 97헌마130).

③ **학부모의 교육참여권**: 학부모의 집단적 참여권은 헌법 제31조 제1항·제2항에 의거한 <u>학부모의 교육권으로부터 직접 도출된다</u>(헌재 1999.3.25. 97헌마130).

④ **학교폭력 가해학생에 내려진 불이익조치에 대해 보호자의 의견진술기회**: 가해학생에게 내려진 불이익조치에 대해 재심을 제한함으로써 가해학생 보호자의 의견진술기회가 제한되는 것은 행복추구권 등에 근거한 학부모의 자녀교육권 침해 문제를 발생시킨다(헌재 2013.10.24. 2012헌마832).

📖 판례정리

자녀교육권

1. **과외금지가** 실현하려는 입법목적의 헌법적 중요성과 그 실현효과에 대하여 의문의 여지가 있고, 반면에 기본권 제한의 효과가 중대하고 문화국가실현에 현저한 장애가 되므로, 결국 법 제3조는 그 제한을 통하여 얻는 공익적 성과와 제한이 초래하는 효과가 합리적인 비례관계를 현저하게 일탈하고 있다고 하겠다(헌재 2000.4.27. 98헌가16).

2. **거주지별 학교배정 사건**
   거주지별로 중·고등학교를 강제 배정하는 것은 과열된 입시경쟁으로 말미암아 발생하는 부작용을 방지한다는 차원에서 정당한 목적이고, 부모의 학교선택권을 침해하는 것은 아니다(헌재 1995.2.23. 91헌마204).

3. **학교운영위원회의 설치사건**
   ① 국·공립학교와 달리 사립학교의 경우 **운영위원회 설치를 임의적 사항**으로 규정하고 있는 지방교육자치에 관한 법률은 학부모의 교육참여권을 침해하지 않는다(헌재 1999.3.25. 97헌마130).
   ② 사립학교에 **학교운영위원회를 의무적으로 설치하도록 한** 초·중등교육법은 교육의 자주성을 침해한다고 보기 어렵다(헌재 2001.11.29. 2000헌마278).

4. 입법자가 **학부모의 집단적인 교육참여권을 법률로써 인정하는 것**은 헌법상 당연히 허용된다고 할 것이다(헌재 2001.11.29. 2000헌마278).

5. **고교평준화를 위한 고등학교를 교육감이 추첨에 의하여 배정하도록 한** 초·중등교육법 시행령은 학교선택권을 침해하지 않는다(헌재 2012.11.29. 2011헌마827).

6. **특정지역이 비평준화지역으로 남아 있을 것이라는 신뢰**는 헌법상 보호할 가치가 인정되지 않는다. **광명시를 교육감이 추첨에 의하여 고등학교를 배정하는 지역에 포함시킨** '경기도교육감이 고등학교의 입학전형을 실시하는 지역에 관한 조례'가 신뢰보호의 원칙에 위반하여 학교선택권을 침해한다고 볼 수 없다(헌재 2012.11.29. 2011헌마827).

7. 초·중등교육법 제23조 제2항이 **교육과정의 기준과 내용에 관한 기본적인 사항을 교육부장관이 정하도록 위임한 것** 자체가 교육제도 법정주의에 반한다고 보기 어렵다. **초등학교 1, 2학년의 교과에서 영어 과목을 배제한 교육과학기술부고시**는 교육제도 법정주의와 인격의 자유로운 발현권, 자녀교육권을 침해하지 않는다(헌재 2016.2.25. 2013헌마838).

8. 초·중등학교의 **교과용 도서를 편찬하거나 검정 또는 인정하는 경우에 표준어 규정에 의하도록 한 부분**은 부모의 자녀교육권을 침해하는 것이라 보기 어렵다(헌재 2009.5.28. 2006헌마618).

9. 초·중등학교에서 **한자교육을 선택적으로 받도록 한** '초·중등학교 교육과정'의 한자관련 고시는 학생들의 자유로운 인격발현권이나 부모의 자녀교육권을 침해한다고 볼 수는 없다(헌재 2016.11.24. 2012헌마854).

10. '2018학년도 대학수학능력시험 시행기본계획'은 **성년의 자녀를 둔 부모의 자녀교육권을 제한한다고 볼 수 없으므로, 성년의 자녀를 둔 청구인에 대해서는 기본권 침해 가능성이 인정되지 않는다**(헌재 2018.2.22. 2017헌마691).

04 행복추구권의 효력

행복추구권은 대국가적 효력뿐 아니라 대사인적 효력도 인정된다.

05 행복추구권의 제한

행복추구권도 국가안전보장, 질서유지 또는 공공복리를 위하여 제한될 수 있다.

📖 판례정리

행복추구권 제한 여부

행복추구권 제한인 것

1. **과외교습을 금지한 학원법**

   제한되는 기본권은, 배우고자 하는 아동과 청소년의 인격의 자유로운 발현권, 자녀를 가르치고자 하는 부모의 교육권, 과외교습을 하고자 하는 개인의 직업선택의 자유 및 행복추구권이다(헌재 2000.4.27. 98헌가16).

2. **EBS 교재를 70% 반영하겠다는 18학년도 수능시행기본계획**

   자신의 교육에 관하여 스스로 결정할 권리, 즉 교육을 통한 자유로운 **인격발현권**을 제한받는 것으로 볼 수 있다. 한편, 청구인들은 심판대상계획으로 인해 교육을 받을 권리가 침해된다고 주장하지만, 심판대상계획이 헌법 제31조 제1항의 능력에 따라 **균등하게 교육을 받을 권리를 직접 제한한다고 보기는 어렵다.** 심판대상계획이 추구하는 학교교육 정상화와 사교육비 경감이라는 공익은 매우 중요한 반면, 수능시험을 준비하는 사람들이 안게 되는 EBS 교재를 공부하여야 하는 부담은 상대적으로 가벼우므로, 심판대상계획은 법익균형성도 갖추었다. 따라서 심판대상계획은 수능시험을 준비하는 청구인들의 교육을 통한 자유로운 인격발현권을 침해한다고 볼 수 없다(헌재 2018.2.22. 2017헌마691).

비교 고졸검정고시 또는 고등학교 입학자격 검정고시에 합격했던 자는 해당 검정고시에 다시 응시할 수 없도록 응시자격을 제한한 전라남도 교육청 공고: 청구인은 행복추구권, 자기결정권 등의 침해에 대하여도 주장하고 있으나, 이 사건과 가장 밀접한 관련을 가지고 핵심적으로 다투어지는 사항은 교육을 받을 권리이므로, 이하에서는 이 사건 응시제한이 교육을 받을 권리를 침해하는지 여부를 판단하기로 한다(헌재 2012.5.31. 2010헌마139).

3. 이륜자동차의 고속도로 등 통행금지(헌재 2013.6.27. 2012헌바378)

4. 전동킥보드의 최고속도는 25km/h를 넘지 않아야 한다고 규정한 '안전확인대상생활용품의 안전기준'
심판대상조항은 청구인의 소비자로서의 자기결정권 및 일반적 행동자유권을 제한할 뿐, 그 외에 신체의 자유와 평등권을 침해할 여지는 없다. 따라서 이하에서는 심판대상조항이 과잉금지원칙을 위반하여 소비자의 자기결정권 및 일반적 행동자유권을 침해하는지 여부만을 판단한다(헌재 2020.2.27. 2017헌마1339).

5. 성폭력 치료프로그램 이수명령
<u>신체의 자유를 제한한다고 볼 수 없다.</u> 따라서 이수명령조항이 과잉금지원칙에 위배되어 청구인의 일반적 행동자유권을 침해하는지 여부를 살펴본다(헌재 2016.12.29. 2016헌바153).

6. 형의 집행을 유예하면서 사회봉사를 명할 수 있도록 한 형법(헌재 2012.3.29. 2010헌바100)

7. 못된 장난 등으로 다른 사람, 단체 또는 공무수행 중인 자의 업무를 방해한 사람을 20만원 이하의 벌금, 구류 또는 과료로 처벌하는 '경범죄 처벌법'은 의사표현을 직접 제한하는 조항이 아니고 심판대상조항에 의하여 주로 제한되는 기본권은 일반적 행동자유권이라고 할 것이다(헌재 2022.11.24. 2021헌마426).

8. 술에 취한 상태로 도로 외의 곳에서 운전금지
술에 취한 상태로 도로 외의 곳에서 운전할 자유는 일반적 행동자유권의 보호영역에 속하므로 술에 취한 상태로 도로 외의 곳에서 운전하는 것을 금지하고 이에 위반했을 때 처벌하도록 하고 있는 것은 일반적 행동의 자유를 제한한다(헌재 2016.2.25. 2015헌가11).

9. 비어업인이 잠수용 스쿠버장비를 사용하여 수산자원을 포획·채취하는 것(헌재 2016.10.27. 2013헌마450).

10. 국가가 국민을 강제로 건강보험에 가입시키고 경제적 능력에 따라 보험료를 납부하도록 하는 것은 행복추구권으로부터 파생하는 일반적 행동의 자유의 하나인 공법상의 단체에 강제로 가입하지 아니할 자유와 정당한 사유 없는 금전의 납부를 강제당하지 않을 재산권에 대한 제한한다(헌재 2003.10.30. 2000헌마801).

행복추구권 제한이 아닌 것

1. 인천 공항고속도로 통행료
심판대상조항으로 인하여 청구인들의 일반적 행동자유권이 제한된 것으로 볼 수 없다(헌재 2005.12.22. 2004헌바64).

2. 사회통념상 용인될 수 없는 수준으로 타인에게 심각한 피해를 발생시키거나 생명과 건강에 중대한 위해를 가할 우려가 있는 경우 이는 정당한 자기결정권 범위를 벗어난다. "누구든지 응급의료종사자의 응급환자에 대한 진료를 폭행, 협박, 위계, 위력, 그 밖의 방법으로 방해하여서는 아니 된다."라는 부분과 구 응급의료에 관한 법률은 일반적 행동의 자유 제한의 문제가 아니다(헌재 2019.6.28. 2018헌바128).

3. 주민등록은 거주하는 사람의 결단에 따른 행동과는 무관한 것이므로 이를 일반적 행동자유권의 내용으로 볼 수 없고, 따라서 영내에 기거하는 군인은 그가 속한 세대의 거주지에서 등록하여야 한다고 규정하고 있는 주민등록법은 영내 기거 현역병의 일반적 행동자유권을 제한하지 않는다(대판 2011.6.30. 2009헌마59).

06 다른 기본권과의 관계

1. 학설

어떤 자유와 권리에 대한 헌법적 근거에 대한 의문이 있을 경우 행복추구권을 우선적으로 적용해야 한다는 우선적 보장설, 다른 기본권과 행복추구권을 경합적으로 보장해야 한다는 보장경합설, 직접 적용할 기본권 조항이 없는 경우에만 행복추구권을 보충적으로 적용해야 한다는 보충적 보장설이 있는데, 개별적 기본권의 공동화방지와 행복추구권에의 안일한 도피방지를 위해 보충적 보장설이 타당하다.

2. 판례

기존 판례들은 경합적 보장설을 취한 판례가 많았는데, 최근에는 보충적 보장설에 가까운 입장이다. 행복추구권은 국가가 다른 개별적 자유권에 의하여 보호되지 않는 자유영역을 침해한 경우 비로소 기능한다.

📖 판례정리

행복추구권의 보충성

1. 기존 경합적 보장설을 취한 판례

치과전문의 관련 보건복지부장관의 입법부작위에 대해 헌법재판소는 직업의 자유, 행복추구권을 침해했다고 하였다(헌재 1998.7.16. 96헌마246).

2. 행복추구권을 적용하지 않은 판례(보충적 보장설)

① 행복추구권은 다른 기본권에 대한 보충적 기본권으로서의 성격을 지니므로, 공무담임권이라는 우선적으로 적용되는 기본권이 존재하여 그 침해 여부를 판단하는 이상, **행복추구권 침해 여부를 독자적으로 판단할 필요가 없다**(헌재 2000.12.14. 99헌마112).

② 직업의 자유와 같은 개별 기본권이 적용되는 경우에는 일반적 행동의 자유는 제한되는 기본권으로서 고려되지 아니한다(헌재 2002.10.31. 99헌바76, 2000헌마505).

③ 주된 기본권인 재판청구권 등의 침해 여부를 판단하는 이상 인격권과 행복추구권을 별도로 판단하지 아니한다(헌재 2013.8.29. 2011헌마122).

④ 보호영역으로서의 '선거운동'의 자유가 문제되는 경우 표현의 자유 및 선거권과 일반적 행동자유권으로서의 행복추구권은 서로 특별관계에 있어 기본권의 내용상 특별성을 갖는 표현의 자유 및 선거권이 우선 적용된다고 할 것이므로, 행복추구권 침해 여부에 관하여 따로 판단할 필요는 없다(헌재 2009.3.26. 2006헌마526).

⑤ 사업주의 훈련비용 부정수급이 있는 경우 고용노동부장관이 그 제재조치로서 사업주에게 부정수급액 상당의 추가징수를 명할 수 있도록 규정한 근로자직업능력개발법이 과잉금지원칙 위반이라는 주장에 대하여 고의 또는 과실 없는 사업주에게 징벌적 제재를 부과하는 것은 일응 자기책임원리 위반 주장으로 볼 수 있다. 개별자유권에 의하여 보호되는 영역에서 자기책임원리가 문제되는 경우에는, 보충적 자유권인 일반적 행동자유권을 근거로 하는 자기결정권에서 파생된 자기책임원리가 아니라, 구체적으로 제한되는 생활영역에서 자기결정권을 보장하는 개별자유권의 제한 여부에 대한 과잉금지원칙에 따른 심사를 하여야 한다. 추가징수조항은 청구인의 책임재산의 감소를 초래하여 재산권을 제한하므로 재산권 제한 여부에 대하여 과잉금지원칙에 따른 심사를 하는 것이 타당하다(헌재 2016.12.29. 2015헌바198).

3. 행복추구권을 적용한 판례

기부금품 모집행위는 행복추구권에 의해 보호되며, 이는 계약의 자유와 결사의 자유에도 영향을 미칠 수 있다. 법 제3조는 모집행위의 제한으로 결사의 자유에 간접적 영향을 줄 수 있지만, 주로 행복추구권과 관련된다. 법 제3조는 기부금품 모집자의 재산권 행사와 무관하며, 기부를 하고자 하는 자의 재산권 행사를 제한하지 않는다. 법에 의한 제한은 기부행위를 할 기회를 제한할 뿐 재산권의 자유로운 처분을 침해하지 않는다. 따라서 법 제3조에 의해 제한되는 기본권은 행복추구권이다(헌재 1998.5.28. 96헌가5).

행복추구권 침해인 것

1. 군검찰의 무혐의 피의자에 대한 기소유예처분

항명죄가 성립하지 않음에도 불구하고 군검찰이 항명죄가 성립한다고 보고 기소유예처분한 것은 청구인의 평등권과 행복추구권을 침해한다고 보았다(헌재 1989.10.27. 89헌마56).

2. 누구든지 금융회사 등에 종사하는 자에게 거래정보 등의 제공을 요구하는 것을 금지하고, 위반시 형사처벌하는 금융실명법

금융거래의 역할이나 중요성에 비추어 볼 때 그 비밀을 보장할 필요성은 인정되나, 금융거래는 금융기관을 매개로 하여서만 가능하므로 <u>금융기관 및 그 종사자에 대하여 정보의 제공 또는 누설에 대하여 형사적 제재를 가하는 것만으로도 금융거래의 비밀은 보장될 수 있다.</u> 그럼에도 심판대상조항은 정보제공요구의 사유나 경위, 행위 태양, 요구한 거래정보의 내용 등을 전혀 고려하지 아니하고 일률적으로 금지하고, 그 위반시 형사처벌을 하도록 하고 있다. 이는 입법목적을 달성하기 위하여 필요한 범위를 넘어선 것으로 최소침해성의 원칙에 위반된다. 심판대상조항은 과잉금지원칙에 반하여 일반적 행동자유권을 침해하므로 헌법에 위반된다(헌재 2022.2.24. 2020헌가5).

3. 4층 이상의 모든 건물을 화재보험에 강제 가입은

화재가 발생하여도 대량재해의 염려가 없는 소규모의 하잘 것 없는 4층 건물이라도 보험가입이 강제된다는 점에서 필요 이상으로 계약의 자유를 제한하는 법률이므로 과잉금지원칙에 위반된다(헌재 1991.6.3. 89헌마204).

4. 18세 미만의 당구장 출입금지

당구는 올림픽에서 정식경기종목으로 채택되어 있었던 사정 등을 감안하면 당구는 운동임이 분명하므로 당구장출입에 연령제한을 둔 것은 합리적 이유가 없으므로 당구장영업자에게 18세 미만 출입자 금지 표시의무를 부과한 것은 평등권, 직업선택의 자유 침해이다. 18세 미만 자의 행복추구권에 대한 침해이기도 하다(헌재 1993.5.13. 92헌마80).

> 비교 **18세 미만 자의 노래연습장 출입금지**: 직업행사의 자유와 18세 미만의 청소년들의 행복추구권을 침해한 것이라고 할 수 없다(헌재 1996.2.29. 94헌마13).

5. 경조기간 중 주류접대금지 (헌재 1998.10.15. 98헌마168)

① 결혼식 등에 당사자가 하객에게 주류와 음식물을 접대한 행위는 행복추구권에 포함되는 일반적 행동의 자유권으로써 보호되어야 할 기본권이다.

② '합리적인 범위 안'이란 개념도 주류 및 음식물을 어떻게 어느 만큼 접대하는 것이 합리적인 범위인지를 일반국민이 판단하기란 어려울 뿐 아니라 그 대강을 예측하기도 어렵다. 이 사건 규정은 결국 죄형법정주의의 명확성원칙을 위배하여 청구인의 일반적 행동자유권을 침해하였다.

6. 공정거래법 위반사실 공표명령 (헌재 2002.1.31. 2001헌바43)

① 이 사건 법률조항은 인격 형성과는 관계없는 것이므로 **양심의 자유** 침해문제가 발생하지 아니한다.

② 확정판결 전에 법 위반사실을 공정거래위원회가 부과하도록 하는 이 사건 법률은 법 위반사실의 공표 후 만약 법원이 법 위반이 아니라는 무죄판결을 선고하는 경우 법 위반사실의 공표를 통하여 실현하려는 공익은 전무한 것이 되므로 법익균형성 원칙에 위반되어 **일반적 행동의 자유권과 명예권** 침해이다.

7. 미결수용자의 면회횟수를 주 2회로 제한한 군행형법 시행령 제43조

행형법에 근거가 없이 접견교통권을 제한하는 것이므로 헌법 제37조 제2항 및 제75조에 위반된 기본권 제한으로써 접견교통권 침해이다(헌재 2003.11.27. 2002헌마93).

8. 혼인빙자간음죄

이 사건 법률조항은 남녀평등의 사회를 지향하고 실현해야 할 국가의 헌법적 의무(헌법 제36조 제1항)에 반하는 것이자, 여성을 유아시(幼兒視)함으로써 여성을 보호한다는 미명 아래 사실상 국가 스스로가 여성의 성적 자기결정권을 부인하는 것이 된다. 이 사건 법률조항의 경우 형벌규정을 통하여 추구하고자 하는 <u>목적 자체가 헌법에 의하여 허용되지 않는 것으로서</u> 목적의 정당성이 인정되지 않는다고 할 것이다(헌재 2009.11.26. 2008헌바58 전원재판부).

9. 서울광장 통행제지 (헌재 2011.6.30. 2009헌마406)

(1) 제한되는 기본권

① **거주·이전의 자유**: 거주·이전의 자유는 생활형성의 중심지인 거주지나 체류지의 선택과 변경을 보호하는 기본권이다. 서울광장은 청구인들의 생활 중심지로 볼 수 없으며, 서울광장 출입 및 통행이 생활형성 행위에 해당하지 않으므로 거주·이전의 자유의 보호영역에 속하지 않는다. 따라서 이 사건 통행제지행위로 청구인들의 거주·이전의 자유가 제한되었다고 할 수 없다.

② **공물이용권**: 청구인들은 공물을 사용·이용할 수 있는 권리를 행복추구권에 포함된 청구권적 기본권이라고 주장하였으나, 행복추구권은 포괄적 자유권으로서의 성격을 가지며 청구권에 속하는 권리가 포함되지 않는다. 공물을 이용할 권리는 청구권의 영역에 속하므로 행복추구권에 포함되지 않으며, 서울광장 이용에 관한 청구권 침해를 주장할 수 없다.

③ **일반적 행동자유권**: 행복추구권에는 일반적 행동자유권이 포함되며, 이는 자유롭게 행동하거나 행동하지 않을 권리를 보장하는 포괄적 자유권이다. 서울광장은 일반 공중의 사용에 제공된 공공용물로, 개별적 통행과 여가·문화활동은 제한 없이 허용되는 일반적 행동자유권의 내용에 포함된다.

(2) 일반적 행동자유권의 침해

서울광장에서의 통행제지행위는 불법·폭력집회 방지라는 목적의 정당성과 수단의 적합성은 일부 인정되나, 일반 시민의 통행과 여가 활동을 전면적으로 제한한 극단적 조치는 급박하고 명백한 위험이 없었던 상황에서 필요 최소성을 충족하지 못하였다. 덜 제한적인 대안을 고려하지 않은 점, 시민이 입은 실질적 불이익이 공익보다 큰 점에서 법익의 균형성 요건도 충족되지 않아 정당화될 수 없다.

10. 치과전문의자격시험 입법부작위

행복추구권, 직업의 자유, 평등권 침해이다(직업의 자유 참조).

11. 임대차존속기간을 20년으로 제한한 민법

건축기술이 발달된 오늘날 견고한 건물에 해당하는지 여부가 임대차존속기간 제한의 적용 여부를 결정하는 기준이 되기에는 부적절하다. 이 사건 법률조항은 입법취지가 불명확하고, 사회경제적 효율성 측면에서 일정한 목적의 정당성이 인정된다 하더라도 과잉금지원칙을 위반하여 계약의 자유를 침해한다(헌재 2013.12.26. 2011헌바234).

12. 전국기능경기대회에서 입상한 자 다음 대회 참가금지

전국기능경기대회 입상자 중 해당 종목 '1, 2위 상위 득점자'가 아닌 나머지 입상자는 국제기능올림픽 대표선발전에도 출전할 수 없으므로, 전국기능경기대회 입상자의 국내기능경기대회 재도전 금지는 결국 국제기능올림픽 대표선발전에 출전할 기회까지 봉쇄하는 결과가 된다. 따라서 이 사건 시행령조항이 전국기능경기대회 입상자의 국내기능경기대회 참가를 전면적으로 금지하는 것은 입법형성권의 한계를 넘어선 것으로서 청구인들의 행복추구권을 침해한다(헌재 2015.10.21. 2013헌마757).

13. 배상금 등을 지급받으려는 신청인으로 하여금 "4·16세월호참사에 관하여 어떠한 방법으로도 일체의 이의를 제기하지 않을 것임을 서약합니다."라는 내용이 기재된 배상금 등 동의 및 청구서를 제출하도록 규정한 세월호피해지원법 시행령

이의제기금지조항은 법률유보원칙을 위반하여 법률의 근거 없이 대통령령으로 청구인들에게 세월호참사와 관련된 일체의 이의제기금지의무를 부담시킴으로써 일반적 행동의 자유를 침해한다(헌재 2017.6.29. 2015헌마654).

행복추구권 침해가 아닌 것

1. 전투경찰 순경에게 시위진압을 명하는 것(헌재 1995.12.28. 91헌마80)

2. 음주측정의무 부과(헌재 1997.3.27. 96헌가11)

3. 음주측정 거부자에 대한 면허취소(헌재 2004.12.16. 2003헌바87)

4. 교통사고로 구호조치와 신고를 하지 아니한 경우 필요적 운전면허 취소하도록 한 도로교통법(헌재 2002.4.25. 2001헌가19·20)

   [유사] 음주운전을 하여 자동차로 사람을 사상한 후 피해자를 구호하지 않고 도주하면 자동차운전면허를 취소함은 물론, 5년간 면허시험도 응시하지 못하도록 하는 도로교통법은 국민의 행복추구권과 헌법 제15조의 직업선택의 자유를 침해하는 것이라고 할 수 없으므로, 헌법에 위반되지 아니한다(헌재 2002.4.25. 2001헌가19).

5. 3회 음주운전시 운전면허취소는 과잉금지의 원칙에 반하여 직업의 자유 내지 일반적 행동의 자유를 침해하지 아니한다(헌재 2006.5.25. 2005헌바91).

6. 이륜차 고속도로 통행금지 (헌재 2008.7.31. 2007헌바90)
   ① 일반적 행동의 자유 제한: 이륜차를 이용하여 고속도로 등을 통행할 수 있는 자유를 제한당하고 있다. 이는 행복추구권에서 우러나오는 일반적 행동의 자유를 제한하는 것이다. 그러나 이 사건 법률조항이 청구인들의 거주·이전의 자유를 제한한다고 보기는 어렵다(헌재 2007.1.17. 2005헌마1111).
   ② 직업의 자유 침해 여부: 이 사건 법률조항은 이륜자동차 운전자가 고속도로 등을 통행하는 것을 금지하고 있을 뿐, 퀵서비스 배달업의 직업수행행위를 직접적으로 제한하는 것이 아니고, 이로 인하여 청구인들이 퀵서비스 배달업의 수행에 지장을 받는 점이 있다고 하더라도, 그것은 고속도로 통행금지로 인하여 발생하는 간접적·사실상의 효과일 뿐이므로 이 사건 법률조항은 청구인들의 직업수행의 자유를 침해하지 않는다.
   ③ 행복추구권 침해 여부: 이 사건 법률조항은 이륜차의 구조적 특성에서 비롯되는 사고위험성과 사고결과의 중대성에 비추어 이륜차 운전자의 안전 및 고속도로 등 교통의 신속과 안전을 위하여 이륜차의 고속도로 등 통행을 금지하기 위한 것이므로 입법목적은 정당하고, 이 사건 법률조항이 이륜차의 고속도로 등 통행을 전면적으로 금지한 것도 입법목적을 달성하기 위하여 필요하고 적절한 수단이라고 생각된다.

7. 기부금품 모집허가제
   과잉모집 및 부적정 사용 방지를 목적으로, 일반적 금지에서 출발하여 요건 충족 시 허가를 부여하는 기속적인 허가제도로 해석된다. 따라서 허가조항은 과잉금지원칙을 위반하지 않으며, 기부금품 모집의 일반적 행동자유권을 침해하지 않는다(헌재 2010.2.25. 2008헌바83).
   * 허가요건을 규정하지 않은 기부금품 모집허가제는 허가 요건이 불명확해 행정청의 재량에 따라 국민이 허가를 청구할 법적 권리를 보장받지 못하는 경우, 이는 행복추구권 침해에 해당한다(헌재 1998.5.28. 96헌가5).

8. 수질개선부담금
   먹는 샘물을 마시는 사람은 유한한 환경재화인 지하수를 소비하는 사람이므로 이들에 대하여 환경보전에 대한 비용을 부담하게 할 수도 있는 것이므로 동 법률조항으로 인하여 국민이 마시고 싶은 물을 자유롭게 선택할 권리를 빼앗겨 행복추구권을 침해받는다고 할 수 없다(헌재 1998.12.24. 98헌가1).

9. 알선수재죄(헌재 2005.11.24. 2003헌바108)

10. 공문서와 공교육의 교과용 도서에 표준어를 사용하도록 한 것(헌재 2009.5.28. 2006헌마618)

11. 이름에 사용하는 한자 제한하는 것(헌재 2016.7.28. 2015헌마964)

12. 한자 내지 한문을 필수과목으로 하지 않은 것(헌재 2016.11.24. 2012헌마854)

13. **교도소 내 화상접견시간**

대전교도소장이 7회에 걸쳐 청구인에게 **화상접견시간을 각 10분 내외로 부여한 것**은 당시 대전교도소의 인적·물적 접견설비의 범위 내에서 다른 수형자와 미결수용자의 접견교통권도 골고루 적절하게 보장하기 위한 행정목적에 따른 합리적인 필요최소한의 제한이었다 할 것이다(헌재 2009.9.24. 2007헌마738).

14. **문화재청장이나 시·도지사가 지정한 문화재, 도난물품 또는 유실물(遺失物)인 사실이 공고된 문화재 및 출처를 알 수 있는 중요한 부분이나 기록을 인위적으로 훼손한 문화재의 선의취득을 배제하는 문화재보호법**

이 사건 선의취득 배제 조항이 일정한 동산문화재에 대하여 무권리자로부터의 소유권 취득을 부정하는 것은 그 대상이 되는 문화재의 양도인과 양수인 사이의 거래행위 그 자체의 내용, 방식, 효력에 대하여 직접적인 제약을 가하는 것은 아니므로, 이로 인해 동산문화재를 목적물로 하는 청구인의 계약의 자유가 침해된다고 볼 수는 없다(헌재 2009.7.30. 2007헌마870).

▣비교 **도굴된 문화재 사건** (헌재 2007.7.26. 2003헌마377)

① 본인의 문화재의 보유·보관행위 이전에 타인이 한 당해 문화재에 관한 **도굴 등이 처벌되지 아니하여도, 본인이 그 정을 알고 보유·보관하는 경우 처벌하도록 규정한 구 문화재보호법**은 특히 선의취득 등 사법상 보유권한의 취득 후에 도굴 등이 된 정을 알게 된 경우까지 처벌의 대상으로 삼고 있는바, 이는 위 법의 입법목적이 당해 문화재의 보유·보관자에 대한 신고의무나 등록의무의 부과 및 그 위반에 대한 제재를 통하여도 달성 가능하다는 점 등을 고려할 때 침해의 최소성에 반한다.

② 은닉, 보유·보관된 당해 **문화재의 필요적 몰수를 규정한 문화재보호법**은 적법한 보유권한의 유무 등에 관계없이 필요적 몰수형을 규정한 것은 형벌 본래의 기능과 목적을 달성함에 있어 필요한 정도를 현저히 일탈하여 지나치게 과중한 형벌을 부과하는 것으로 책임과 형벌 간의 비례원칙에 위배된다.

15. **학원교습시간제한**(헌재 2009.10.29. 2008헌마454)

16. **형의 집행을 유예하면서 사회봉사명령**(헌재 2012.3.29. 2010헌바100)

17. **교도소 인원점검을 하면서 차례로 번호를 외치도록 한 행위**(헌재 2012.7.26. 2011헌마332)

18. **○○교도소장이 수용자의 동절기 취침시간을 21:00으로 정한 행위**(헌재 2016.6.30. 2015헌마36)

19. **이동전화 식별번호 010으로 통합** (헌재 2013.7.25. 2011헌마63)

① **2세대·3세대 통신서비스 등 사이의 번호이동을 010사용자에 한해 허용하도록 한** 방송통신위원회의 이행명령으로 청구인들의 인격권, 개인정보자기결정권, 재산권이 제한된다고 볼 수 없다.

② **이 사건 이행명령이 청구인들의 행복추구권을 침해하는지 여부(소극)**: 청구인들은 오랜 기간 동일한 이동전화번호를 사용해 온 사람으로서 번호를 바꾸게 하는 것은 이동전화번호를 계속 사용하고자 하는 청구인들의 행복추구권이 침해될 수도 있다. 번호 통합은 충분한 번호자원을 확보하고, 식별번호의 브랜드화 문제를 해결하기 위한 것으로서 그 필요성을 인정할 수 있으므로 합리적 이유 없이 청구인들의 행복추구권을 침해한다고 볼 수 없다.

20. **학교폭력징계에 대한 재심** (헌재 2013.10.24. 2012헌마832)

① **학교폭력예방법이 가해학생 측에 전학과 퇴학처럼 중한 조치에 대해서만 재심을 허용하는 것**은 이에 대해 보다 신중한 판단을 할 수 있도록 하기 위함이고, 전학과 퇴학 이외의 조치들에 대해 재심을 불허하는 것은 학교폭력으로 인한 갈등 상황을 신속히 종결하여 해당 학생 모두가 빨리 정상적인 학교생활에 복귀할 수 있도록 하기 위함인바, 재심규정은 학부모의 자녀교육권을 지나치게 제한한다고 볼 수 없다.

② 학교폭력예방법에서 **가해학생과 함께 그 보호자도 특별교육을 이수하도록 의무화한 것**은 가해학생 보호자의 일반적 행동자유권을 침해한다고 볼 수 없다.

21. **학교폭력예방법** (헌재 2023.2.23. 2019헌바93)

① **가해학생 학급교체조항**: 학급교체는 피해학생 보호를 위한 합리적 조치로, 가해학생의 교육 내용에는 영향을 미치지 않으며 일반적 행동자유권을 과도하게 침해하지 않는다.

② **자치위원회의 가해학생 조치결정 규정**: 학부모 대표가 과반수인 자치위원회가 가해학생 조치를 결정하도록 한 규정은 부당한 축소·은폐 방지와 교육환경 개선에 기여한다. 학부모 대표의 공정성 보완책, 가해학생의 절차적 권리 보장, 소송을 통한 구제 가능성을 고려할 때 인격권이나 일반적 행동의 자유를 침해하지 않는다.

22. **사회복지법인에 일정한 수의 외부추천이사를 선임할 것을 규정하는 사회복지사업법**(헌재 2014.1.28. 2012헌마654)

23. **사용자로 하여금 2년을 초과하여 기간제근로자를 사용할 수 없도록 한 것**(헌재 2013.10.24. 2010헌마219·265)

24. 16세 미만 청소년에게 오전 0시부터 오전 6시까지 인터넷게임의 제공을 금지하는 이른바 '강제적 셧다운제'를 규정한 구 청소년보호법(헌재 2014.4.24. 2011헌마659)

25. **의무보험에 가입되어 있지 아니한 자동차운행금지**(헌재 2019.11.28. 2018헌바134)

26. **비어업인이 잠수용 스쿠버장비를 사용하여 수산자원을 포획·채취하는 것**(헌재 2016.10.27. 2013헌마450)

27. **"계속거래업자 등과 계속거래 등의 계약을 체결한 소비자는 계약기간 중 언제든지 계약을 해지할 수 있다. 다만, 다른 법률에 별도의 규정이 있거나 거래의 안전 등을 위하여 대통령령으로 정하는 경우에는 그러하지 아니하다."라고 규정한 방문판매 등에 관한 법률 제31조**(헌재 2016.6.30. 2015헌바371)

28. **"협의상 이혼을 하려는 부부는 두 사람이 함께 등록기준지 또는 주소지를 관할하는 가정법원에 출석하여 협의이혼의사확인신청서를 제출하고 이혼에 관한 안내를 받아야 한다."라고 규정한 가족관계의 등록에 관한 규칙 제73조 제1항**(헌재 2016.6.30. 2015헌마894)

29. **부정청탁 및 금품 등 수수의 금지에 관한 법률** (헌재 2016.7.28. 2015헌마236)
    ① **제한되는 기본권**: 신고조항과 제재조항은 사립학교 관계자의 교육의 자유나 사학의 자유를 제한하지 않으며, 개인의 내심적 윤리적 판단을 고지 대상으로 삼지 않아 양심의 자유를 직접 제한하지도 않는다. 따라서 일반적 행동자유권 침해 여부를 중심으로 판단한다.
    ② **배우자 금품수수 신고의무**: 청탁금지법의 신고조항과 제재조항은 배우자를 통한 금품 제공의 우회적 통로를 차단하여 공정한 직무수행과 국민 신뢰 확보라는 중대한 공익을 달성하려는 것이다. 이에 따라 제한되는 사익은 공익에 비해 크다고 보기 어려우며, 과잉금지원칙을 위반하여 일반적 행동자유권을 침해한다고 볼 수 없다.

30. **성폭력범죄자 신상정보 제출**(헌재 2016.7.28. 2016헌마109)

31. **아동·청소년 대상 성범죄자에게 1년마다 정기적으로 새로 촬영한 사진을 제출하도록 한 구 '아동·청소년의 성보호에 관한 법률'**(헌재 2015.7.30. 2014헌바257)

32. 카메라 등을 이용하여 성적 욕망 또는 수치심을 유발할 수 있는 **다른 사람의 신체를 촬영한 촬영물을 그 의사에 반하여 반포한 경우** 등을 처벌하는 성폭력처벌법(헌재 2016.12.29. 2016헌바153)

33. **방송통신위원회가 지원금 상한액에 대한 기준 및 한도를 정하여 고시한 것**(헌재 2017.5.25. 2014헌마844)

34. '2018학년도 대학수학능력시험 시행기본계획' 중 **대학수학능력시험의 문항 수 기준 70%를 한국교육방송공사 교재와 연계하여 출제한다는** 부분(헌재 2018.2.22. 2017헌마691)

35. **주방용오물분쇄기의 판매와 사용을 금지하는 것**은 주방용오물분쇄기를 사용하려는 자의 일반적 행동자유권을 제한하나, 현재로서는 음식물 찌꺼기 등이 바로 하수도로 배출되더라도 이를 적절히 처리할 수 있는 사회적 기반시설이 갖추어져 있다고 보기 어렵다는 점 등을 고려하면 이러한 규제가 사용자의 기본권을 침해한다고 볼 수 없다(헌재 2018.6.28. 2016헌마1151).

36. 각급선거관리위원회 위원·직원의 선거범죄 조사에 있어서 피조사자에게 자료제출의무를 부과한 공직선거법(헌재 2019.9.26. 2016헌바381)

37. 질병, 장애, 노령, 그 밖의 사유로 인한 정신적 제약으로 사무를 처리할 능력이 지속적으로 결여된 사람으로 성년후견개시심판의 요건을 규정한 민법 제9조 제1항(헌재 2019.12.27. 2018헌바130)

38. 성년후견인이 피성년후견인의 법률행위는 취소할 수 있도록 한 민법(헌재 2019.12.27. 2018헌바161)

39. 어린이 보호구역에서 제한속도 준수의무 또는 안전운전의무를 위반하여 어린이를 상해에 이르게 한 경우 1년 이상 15년 이하의 징역 또는 500만원 이상 3천만원 이하의 벌금에, 사망에 이르게 한 경우 무기 또는 3년 이상의 징역에 처하도록 규정한 '특정범죄 가중처벌 등에 관한 법률'(헌재 2023.2.23. 2020헌마460)

40. **전동킥보드의 최고속도 제한**

    최고속도 제한을 두지 않는 방식이 이를 두는 방식에 비해 확실히 더 안전한 조치라고 볼 근거가 희박하고, 최고속도가 시속 25㎞라는 것은 자전거도로에서 통행하는 다른 자전거보다 속도가 더 높아질수록 사고위험이 증가할 수 있는 측면을 고려한 기준 설정으로서, 전동킥보드 소비자의 자기결정권 및 일반적 행동자유권을 박탈할 정도로 지나치게 느린 정도라고 보기 어렵다. 심판대상조항은 과잉금지원칙을 위반하여 소비자의 자기결정권 및 일반적 행동자유권을 침해하지 아니한다(헌재 2020.2.27. 2017헌마1339).

41. 분할복무를 신청하여 복무중단 중인 사회복무요원이 자유롭게 영리행위를 할 수 있는 것과 달리 대학에서의 수학행위를 할 수 없게 한 병역법(헌재 2021.6.24. 2018헌마526)

42. 정당한 사유 없는 예비군 훈련 불참을 형사처벌하는 예비군법(헌재 2021.2.25. 2016헌마757)

43. 의료분쟁 조정신청의 대상인 의료사고가 사망에 해당하는 경우 한국의료분쟁조정중재원의 원장은 지체 없이 조정절차를 개시해야 한다고 규정한 '의료사고 피해구제 및 의료분쟁 조정 등에 관한 법률'(헌재 2021.5.27. 2019헌마321)

44. **품위손상을** 청원경찰의 징계사유로 규정한 청원경찰법은 과잉금지원칙에 위배되어 일반적 행동의 자유를 침해한다고 보기도 어렵다(헌재 2022.5.26. 2019헌바530).

45. 이동통신사업자가 제공하는 전기통신역무를 타인의 통신용으로 제공하는 것을 원칙적으로 금지하고, 위반 시 형사처벌하는 전기통신사업법 제30조(헌재 2022.6.30. 2019헌가14)

46. 지급정지가 이루어진 사기이용계좌 명의인의 전자금융거래를 제한하는 구 '전기통신금융사기 피해방지 및 피해금 환급에 관한 특별법'(헌재 2022.6.30. 2019헌마579)

47. 유사군복판매금지(헌재 2019.4.11. 2018헌가14)

48. 못된 장난 등으로 다른 사람, 단체 또는 공무수행 중인 자의 업무를 방해한 사람을 20만원 이하의 벌금, 구류 또는 과료로 처벌하는 '경범죄 처벌법' 제3조(헌재 2022.11.24. 2021헌마426) ➡ 표현의 자유 제한이 아니라 일반적 행동의 자유 제한임

49. 대통령령으로 정하는 경우를 제외하고는 전용차로로 통행할 수 있는 차가 아닌 차의 전용차로 통행을 금지하며, 이를 위반한 경우 과태료에 처하도록 한 도로교통법(헌재 2018.11.29. 2017헌바465)

제4절 평등권

헌법 제11조【국민의 평등, 특수계급제도 부인, 영전의 효력】 ① 모든 국민은 법 앞에 평등하다. 누구든지 성별·종교 또는 사회적 신분에 의하여 정치적·경제적·사회적·문화적 생활의 모든 영역에 있어서 차별을 받지 아니한다.
② 사회적 특수계급의 제도는 인정되지 아니하며, 어떠한 형태로도 이를 창설할 수 없다.
③ 훈장 등의 영전은 이를 받은 자에게만 효력이 있고 어떠한 특권도 이에 따르지 아니한다.

01 평등권의 의의

1. 평등원칙

평등의 원칙은 국민의 기본권 보장에 관한 우리 헌법의 최고원리로서 국가가 입법을 하거나 법을 해석 및 집행함에 있어 따라야 할 기준인 동시에, 국가에 대하여 합리적 이유 없이 불평등한 대우를 하지 말 것과, 평등한 대우를 요구할 수 있는 모든 국민의 권리로서, 기본권 중의 기본권인 것이다(헌재 1989.1.25. 88헌가7).

02 평등권의 내용

1. 법 앞에 평등

(1) 법의 의미

의회에서 제정되는 형식적 의미의 법률뿐 아니라 헌법·법률·명령·규칙 등 모든 법규범을 의미한다.

(2) 법 앞에서의 의미

법 앞에의 평등은 법적용상의 평등만을 의미하는 것이 아니라 법 내용상의 평등을 의미하고 있기 때문에, 입법내용이 정의와 형평에 반하거나 자의적으로 이루어진 경우에는 평등권 등의 기본권을 본질적으로 침해한 입법권의 행사로 위헌성을 면하기 어렵다(헌재 1992.4.28. 90헌바24).

2. 합리적 이유가 없는 차별금지

헌법 제11조【평등】 ① 모든 국민은 법 앞에 평등하다. 누구든지 **성별·종교 또는 사회적 신분**에 의하여 정치적·경제적·사회적·문화적 생활의 모든 영역에 있어서 차별을 받지 아니한다.

(1) 차별금지사유

차별금지사유(성별·종교 또는 사회적 신분)와 정치·경제·사회·문화의 차별영역은 예시적인 것이다. 따라서 성별이나 종교 그리고 사회적 신분 외의 출신지역, 출신학교, 용모나 연령 등에 의한 자의적인 차별은 평등권 침해로서 위헌이 된다.

(2) 차별금지사유의 의미

① **고위공직자**라는 이유로 수사처의 수사 등을 받게 되는 것은 고위공직자라는 사회적 신분에 따른 차별이라 할 수 있으나 합리적 이유가 있는 차별이다(헌재 2021.1.28. 2020헌마264).
② 헌법 제11조 제1항의 평등원칙은 절대적 평등이 아니라 합리적 근거 없는 차별을 금지하는 상대적

평등을 의미한다. 누범 가중처벌은 전범에 대한 경고를 무시하고 재범을 저질렀다는 사회적 비난 가능성과 범죄예방 및 사회방위를 위한 형사정책적 필요에 기반한 합리적 근거 있는 차별로, 평등 원칙에 반하지 않는다(헌재 2002.10.31. 2001헌바68).

③ 헌법 제11조가 금지하고 있는 차별금지사유에 의한 차별이라고 하여 엄격한 심사(비례심사)를 반드 시 하는 것은 아니다. 예를 들면, 성별에 의한 차별에 해당하는 남성병역의무 부과에 대해서 헌법 재판소는 완화된 심사를 한 바도 있기 때문이다.

📖 판례정리

차별금지사유

헌법 제11조 제1항은 "모든 국민은 법 앞에 평등하다."라고 선언하면서, 이어서 "누구든지 성별·종교 또는 사회 적 신분에 의하여 정치적·경제적·사회적·문화적 생활의 모든 영역에 있어서 차별을 받지 아니한다."라고 규 정하고 있다. 그러나 헌법 제11조 제1항 후문의 위와 같은 규정은 불합리한 차별의 금지에 초점이 있고, 예시한 사유가 있는 경우에 절대적으로 차별을 금지할 것을 요구함으로써 입법자에게 인정되는 입법형성권을 제한하는 것은 아니다(헌재 2011.6.30. 2010헌마460).

(3) 차별금지영역

정치적·경제적·사회적·문화적 생활의 모든 영역에 있어서 차별은 금지된다.

📖 판례정리

국가가 국민에게 세금을 비롯한 공과금을 부과하는 경우에 그에 대한 헌법적 한계가 있는 것과 같이, 사회보험 법상의 보험료의 부과에 있어서도 국민의 기본권이나 헌법의 기본원리에 위배되어서는 아니 된다는 헌법적 제 한을 받는다. 특히 헌법상의 평등원칙에서 파생하는 부담평등의 원칙은 조세뿐만 아니라, 보험료를 부과하는 경 우에도 준수되어야 한다(헌재 2000.6.29. 99헌마289 전원재판부).

3. 평등권의 내용

(1) 평등한 대우를 요구할 권리

① **일반적 의미**: 평등의 원칙은 국민의 기본권 보장에 관한 우리 헌법의 최고원리로서 국가가 입법을 하거나 법을 해석 및 집행함에 있어 따라야 할 기준인 동시에, 국가에 대하여 합리적 이유 없이 불 평등한 대우를 하지 말 것과 평등한 대우를 요구할 수 있는 모든 국민의 권리이다(헌재 2001.8.30. 99 헌바92).

② **국고작용에서의 평등원칙**: 국가라 할지라도 국고작용으로 인한 민사관계에 있어서는 일반인과 같이 원칙적으로 대등하게 다루어져야 하며 국가라고 하여 우대하여야 할 헌법상의 근거가 없다(헌재 1991.5.13. 89헌가97).

(2) 불합리한 차별 입법의 금지

① 헌법 제11조 제1항에 정한 법 앞에서의 평등의 원칙은 결코 일체의 차별적 대우를 부정하는 절대적 평등을 의미하는 것은 아니나, 법을 적용함에 있어서뿐만 아니라 입법을 함에 있어서도 불합리한 차별대우를 하여서는 아니 된다는 것을 뜻한다. 즉, 사리에 맞는 합리적인 근거 없이 법을 차별하 여 적용하여서는 아니 됨은 물론 그러한 내용의 입법을 하여서도 아니 된다(헌재 1989.5.24. 89헌가37).

② 개별사건법률금지의 원칙: 우리 헌법은 개별사건법률에 대한 정의를 하고 있지 않음은 물론 개별사건법률의 입법을 금하는 명문의 규정도 없다. 특정 법률이나 조항이 단지 하나의 사건만을 규율하려 해도, 그 차별적 규율이 합리적인 이유로 정당화될 수 있다면 합헌으로 평가될 수 있다. 개별사건법률이 위헌인지 여부는 단순히 그 형식에 의해 판단되지 않으며, 차별적 규율의 실질적 내용이 정당한지 여부를 기준으로 판단해야 한다(헌재 1996.2.16. 96헌가2).

4. 평등원칙에 위배되는 법률에 대한 헌법불합치결정

법률이 평등원칙에 위반된 경우, 이를 어떤 방식으로 치유할지는 헌법에 명시되어 있지 않으며, 다양한 해결 방안이 존재한다. 이러한 선택권은 입법자의 고유한 형성권에 속하며, 입법자가 평등원칙에 부합하는 상태를 실현할 책임이 있다. 헌법재판소가 단순위헌결정을 내리면 위헌적 상태는 제거되지만, 입법자의 의사와 관계없이 새로운 법적 상태가 형성되어 입법자의 형성권이 침해될 수 있다. 이를 방지하기 위해 헌법재판소는 단순위헌결정을 피하고 입법자의 형성권을 존중하면서 법률의 위헌성을 확인하는 헌법불합치결정을 내린다(헌재 2001.11.29. 99헌마494).

5. 평등권에서 인정되지 않는 것

📖 **판례정리**

1. 평등원칙에 따른 구체적 입법의무의 부재

평등원칙은 입법자에게 구체적 입법의무를 부과하지 않으며, 유사한 규율대상이 존재하더라도 청구인들에게 동일한 입법을 요구할 헌법상의 의무를 발생시키지 않는다. 입법자가 평등원칙에 반하는 내용을 입법했을 경우, 피해자는 해당 법률조항의 위헌성을 다툴 수 있을 뿐이다(헌재 1996.11.28. 93헌마258).

2. 단계적 개선 과정에서의 차별 허용

헌법상 평등원칙은 국가가 법적 가치 실현을 위한 제도의 단계적 개선을 추진하는 것을 허용한다. 국가는 합리적 기준에 따라 제한된 능력 범위 내에서 특정 계층이나 상황을 대상으로 개선을 시작할 수 있으며, 이를 평등원칙 위반으로 볼 수 없다(헌재 1990.6.25. 89헌마107).

03 헌법상의 평등권 보장조항

1. 특수계급제도 부인

사회적 특수계급의 제도는 인정되지 아니하며, 어떠한 형태로도 이를 창설할 수 없다(제11조 제2항). 법률로도 특수계급은 창설할 수 없다.

2. 영전일대의 원칙

훈장 등의 영전은 이를 받은 자에게만 효력이 있고 어떠한 특권도 이에 따르지 아니한다(제11조 제3항). 훈장에 수반되는 연금지급은 헌법 제11조 제3항에 반하지 않으나 조세감면, 처벌면제는 특권에 해당하여 위헌이다.

친일반민족행위자 재산의 국가귀속

헌법 제11조 제2항에서의 '사회적 특수계급'이란 신분계급 등을 의미하는 것이며, 헌법 제11조 제3항이 영전의 세습을 부정하는 것은 영전으로 말미암은 특권을 부인하는 의미이므로, 친일반민족행위자 측의 친일재산을 국가에 귀속시키는 것을 두고 신분계급을 창설하였다거나 영전의 세습을 인정하였다고 보기 어렵다(헌재 2011.3.31. 2008헌바141 등).

04 평등원칙과 심사기준

1. 합리적 차별

평등의 의미에 대해 절대적 평등설과 합리적 근거 또는 정당한 이유가 있는 한 차별 내지 불평등은 허용된다는 상대적 평등설이 있으나 후자가 통설이다. 차별이 정당한지를 심사하는 기준은 독일은 자의금지원칙이고, 영미는 합리성 심사이다.

상대적 평등

평등의 원칙은 일체의 차별적 대우를 부정하는 절대적 평등을 의미하는 것이 아니라, 입법과 법의 적용에 있어서 합리적인 근거가 없는 차별을 하여서는 아니 된다는 상대적 평등을 뜻하므로, 합리적인 근거가 있는 차별 또는 불평등은 평등의 원칙에 반하는 것이 아니라 할 것이다(헌재 1996.11.28. 96헌가13).

2. 평등원칙의 심사척도 ★★★

(1) 자의금지원칙

① 의의: 입법자에게 광범위한 형성의 자유가 인정되는 영역에 적용되는 심사기준이다. **자의금지원칙에 따르면 차별취급이 외관적으로 명백히 자의적인 경우에 한해 자의금지원칙에 위반된다. 따라서 자의금지원칙은** 너무 완화된 심사이어서 헌법 제11조의 평등원칙의 입법자에 대한 구속력을 약화시켰다는 비판이 제기되었다.

자의금지

평등원칙은 행위규범으로서 입법자에게, 객관적으로 같은 것은 같게 다른 것은 다르게, 규범의 대상을 실질적으로 평등하게 규율할 것을 요구하고 있다. 그러나 헌법재판소의 심사기준이 되는 통제규범으로서의 평등원칙은 단지 자의적인 입법의 금지기준만을 의미하게 된다(헌재 1997.1.16. 90헌마110).

② **심사요건**: 일반적으로 자의금지원칙에 관한 심사요건은 ㉠ 본질적으로 동일한 것을 다르게 취급하고 있는지에 관련된 차별취급의 존재 여부와, ㉡ 이러한 차별취급이 존재한다면 이를 자의적인 것으로 볼 수 있는지 여부라고 할 수 있다. 한편, ㉠의 요건에 관련하여 두 개의 비교집단이 본질적으로 동일한가의 판단은 일반적으로 당해 법규정의 의미와 목적에 달려 있고, ㉡의 요건에 관련하여 차별취급의 자의성은 합리적인 이유가 결여된 것을 의미하므로, 차별대우를 정당화하는 객관적이고 합리적인 이유가 존재한다면 차별대우는 자의적인 것이 아니게 된다(헌재 2002.11.28. 2002헌바45).

③ **비교대상**: 급여에서 군인과 경찰공무원은 비교대상으로 볼 수 있으나 위험이나 공헌 정도가 다른 경찰공무원과 일반공무원은 비교대상으로 보기 힘들다. 상이연금지급에서 공상군인과 공상공무원은 비교대상으로 볼 수 있으나 공상군인과 비공상군인과는 비교 대상으로 보기 힘들다.

📖 **판례정리**

현역병이 국민건강보험공단으로부터 요양비에 관한 지급을 받을 수 있도록 규정하지 아니한 구 국민건강보험법 제60조 제1항 중 '현역병'에 관한 부분과 관련하여 현역병과 일반 건강보험가입자를 차별이 문제되는 비교집단이라 볼 수 있는지 여부(소극)

현역병에 대한 의료지원제도는 군복무기간 동안 현역병에게 발생한 질병·부상 등에 대한 의료보장은 국가책임으로 국가가 비용을 부담하여 무상의 의료서비스를 제공하는 것을 내용으로 하며, 건강보험제도와는 별개로 설계된 의료보장 제도인바, 현역병과 일반 건강보험가입자는 의료보장의 근거가 되는 기본 법률, 재원조달방식, 자기기여 여부 등에서 명확히 구분되므로, 이 사건 법률조항과 관련하여 현역병과 건강보험가입자는 차별이 문제되는 비교집단이라 보기 어렵다(헌재 2024.3.28. 2021헌바97).

---

④ **자의금지가 적용되는 사건**: 헌법에서 특별히 평등을 요구하고 있는 경우나 차별적 취급으로 인하여 관련 기본권에 중대한 제한을 초래하는 경우 이외에는 완화된 심사척도인 자의금지원칙에 의하여 심사하면 족하다(헌재 2011.10.25. 2010헌마661).

📖 **판례정리**

자의금지원칙을 적용한 판례

1. 뉴스기간 통신사를 연합뉴스사로 하고 재정지원을 해 주는 것

2. 남성에게만 병역의무

3. 누범 가중처벌

4. 준법서약서 사건

5. 지방자치단체장 임기 3기 제한

6. 중혼취소청구권자에서 직계비속 제외

7. 공무원의 선거에서 정치적 중립성 의무

8. 약사법인 약국개설금지

9. 선거방송 대담·토론회의 초청후보 대상자의 기준을 언론기관의 여론조사 평균지지율 100분의 5를 기준으로 제한하는 것

10. 백화점 셔틀버스 운행금지

11. 공중보건의 군사교육훈련 기간 중 보수 미지급

12. 독신자, 친양자 입양금지

13. 미결수용자 배우자 화상접견 불허

---

(2) 비례원칙

① **의의**: **자의심사의 경우**에는 차별을 정당화하는 합리적인 이유가 있는지만을 심사하기 때문에 그에 해당하는 비교대상 간의 사실상의 차이나 입법목적(차별목적)의 발견·확인에 그치는 반면에, **비례 심사의 경우**에는 단순히 합리적인 이유의 존부문제가 아니라 차별을 정당화하는 이유와 차별 간의 상관관계에 대한 심사, 즉 비교대상 간의 사실상의 차이의 성질과 비중 또는 입법목적(차별목적)의 비중과 차별의 정도에 적정한 균형관계가 이루어져 있는가를 심사한다(헌재 2001.2.22. 2000헌마25).

② **비례원칙 적용**: 헌법재판소는 평등권의 침해 여부를 심사함에 있어, 헌법에서 특별히 평등을 요구하고 있는 경우와 차별적 취급으로 인하여 관련 기본권에 중대한 제한을 초래하게 되는 경우에는 차별취급의 목적과 수단 간에 비례관계가 성립하는지를 검토하는 엄격한 심사척도를 적용하고, 그렇지 않은 경우에는 차별을 정당화하는 합리적인 이유가 있는지, 즉 자의적인 차별이 존재하는지를 검토하는 완화된 심사척도를 적용한다(헌재 2020.9.24. 2019헌마472).

📖 판례정리

비례원칙을 적용한 판례(엄격한 심사)

1. 제대군인 가산점제도

제대군인 가산점제도부터는 본격적인 비례원칙 심사를 하고 있다. 그러나 자의금지원칙이 여전히 일반적 심사기준이고 비례원칙을 보완적 심사기준으로 하고 있다.

2. 국가유공자 가족의 가산점

종전 판례는 국가유공자 가족의 가산점은 헌법 제32조 제6항에 근거하고 있다고 하여 완화된 비례원칙(중간심사)을 한 바 있으나, 최근에는 헌법 제32조 제6항이 근거가 될 수 없다 하여 엄격한 비례원칙을 적용하였다. 이런 논리에 따르면 헌법 제32조 제6항에 근거한 가산점 부여, 국가유공자, 상이군경 및 전몰군경의 유가족에 대한 가산점 부여에 대해서는 중간심사인 완화된 비례원칙이 적용된다.

3. 국공립학교 채용시험의 동점자 처리에서 국가유공자 및 그 유가족에게 우선권 부여

4. 교원시험에서 복수·부전공 교원자격증 소지자에게 가산점 부여

5. 7급 공무원 시험에서 기능사 자격소지자에 대하여 가산점을 부여하지 않는 것

6. 교육공무원 시험에서 지역가산점제도

7. 교통사고 운전자에 대해 공소를 제기할 수 없도록 한 교통사고처리특례법

8. 부계혈통주의를 규정한 구 국적법 제2조 제1항 제1호

9. 지방교육위원선거에서 경력자 우선 당선제

10. 부부자산소득합산과세

11. 종합부동산세의 과세방법을 '인별합산'이 아니라 '세대별 합산'으로 규정한 종합부동산세법

12. 자사고 지원자 일반고 지원제한

13. 혼인한 등록의무자 모두 배우자가 아닌 본인의 직계존·비속의 재산을 등록하도록 2009.2.3. 법률 제9402호로 공직자윤리법 제4조 제1항 제3호가 개정되었음에도 불구하고, 개정 전 공직자윤리법 조항에 따라 이미 배우자의 직계존·비속의 재산을 등록한 혼인한 여성 등록의무자는 종전과 동일하게 계속해서 배우자의 직계존·비속의 재산을 등록하도록 규정한 공직자윤리법 부칙 제2조

    이 사건 부칙조항은 혼인한 남성 등록의무자와 이미 개정 전 공직자윤리법 조항에 따라 재산등록을 한 혼인한 여성 등록의무자를 달리 취급하고 있는바, 이 사건 부칙조항이 평등원칙에 위배되는지 여부를 판단함에 있어서는 엄격한 심사척도를 적용하여 비례성 원칙에 따른 심사를 하여야 한다(헌재 2021.9.30. 2019헌가3).
    * 국가유공자, 상이군경, 전몰군경의 유가족에 대한 가산점은 완화된 비례심사를 한다.

자의금지	비례심사
완화된 심사	엄격한 심사
입법형성의 자유가 넓은 영역에서 적용	입법형성의 자유가 좁은 영역에서 적용
초기 헌법재판소 판례부터 심사기준	제대군인 가산점제도 사건에서부터 본격적으로 도입
일반적 심사기준	차별금지영역에서 차별 또는 차별로 인해 기본권 제한이 발생한 경우

📖 판례정리

가산점의 평등원칙 위반 여부

헌법 위반인 것

1. **제대군인에 대한 공무원시험 가산점** (헌재 1999.12.23. 98헌마363)
   ① 헌법 제39조 제1항 국방의 의무는 특별한 희생이 아니고, 일반적 희생이다.
   ② 헌법 제39조 제2항의 병역의무 이행으로 인한 불이익 처우가 금지된다는 것은 법적 불이익만을 말하는 것이고, 사실상·경제상의 불이익은 이에 해당하지 아니한다.
   ③ 헌법 제39조 제2항과 헌법 제32조 제6항(국가유공자 등에 대한 우선적 근로기회 부여)은 제대군인 가산점 제도의 근거가 아니다.
   ④ 평등위반 여부를 심사함에 있어 엄격한 심사척도에 의할 것인지, 완화된 심사척도에 의할 것인지는 입법자에게 인정되는 입법형성권의 정도에 따라 달라지게 될 것이다. 헌법이 스스로 차별의 근거로 삼아서는 아니 되는 기준을 제시하거나 차별을 특히 금지하고 있는 영역을 제시하고 있다면 그러한 기준을 근거로 한 차별이나 그러한 영역에서의 차별에 대하여 엄격하게 심사하는 것이 정당화된다. 다음으로 차별적 취급으로 인하여 관련 기본권에 대한 중대한 제한을 초래하게 된다면 입법형성권은 축소되어 보다 엄격한 심사척도가 적용되어야 할 것이다. 헌법 제32조 제4항의 여자 근로의 차별을 금지하고 있는데 제대군인 가산점제도는 여성의 근로영역에서의 차별이고 헌법 제25조의 공무담임권의 중대한 제약을 초래하는 것이므로 이 두 경우 모두에 해당하므로 **비례심사를 해야 한다.**
   ⑤ 가산점제도의 목적은 제대군인의 사회복귀를 지원하는 것으로 정당하나, 공직수행능력과 합리적 관련성을 인정할 수 없는 성별을 기준으로 한 제대군인 가산점제도는 차별취급의 적합성을 상실한 것이다. 또한 제대군인 가산점제도가 추구하는 공익은 헌법적 법익이 아니라 입법정책적 법익에 불과하나 이로 인해서 침해되는 것은 고용상의 남녀평등, 장애인에 대한 차별금지라는 헌법적 가치이므로 법익균형성을 상실한 제도로서 평등권과 공무담임권을 침해한다.
   ⑥ 채용목표제는 이른바 잠정적 우대조치의 일환으로 시행되는 제도이다. 여성채용목표제와 같은 잠정적 우대조치의 특징으로는 이러한 정책이 개인의 자격이나 실적보다는 집단의 일원이라는 것을 근거로 하여 혜택을 준다는 점, **기회의 평등보다는 결과의 평등을 추구한다는 점, 항구적 정책이 아니라 구제목적이 실현되면 종료하는 임시적 조치라는 점** 등을 들 수 있다. 이러한 여성공무원채용목표제로 가산점제도의

위헌성이 제거되거나 감쇄되는 것으로 볼 수 없다.

2. 국가유공자 가족의 가산점제도 (헌재 2006.2.23. 2004헌마675·981·1022)

① **국가유공자 가족의 가산점제도의 법적 근거**: 국가유공자 가족 수의 증가 등을 고려하여 위 조항을 엄격히 해석하여 국가유공자, 상이군경 그리고 전몰군경 유가족으로 봄이 상당하다. 국가유공자 가족 등으로 보호대상을 확대하는 것은 법률적 차원의 입법정책에 해당하며 헌법적 근거를 갖는 것은 아니다.

② **평등원칙 심사기준**: 종전 결정에서는 국가유공자 가족의 가산점제도가 헌법 제32조 제6항에 근거를 두고 있다고 하여 완화된 비례원칙을 적용하였으나 국가유공자 가족의 경우는 헌법 제32조 제6항이 가산점제도의 근거라고 볼 수 없으므로 그러한 **완화된 심사는 부적절하다.**

구분	구 판례	최근 판례
제32조 제6항	넓게 해석	엄격히 해석
제32조 제6항 국가유공자 가족 가산점 근거 여부	○	×
평등심사	중간 심사	엄격한 심사

③ 국가유공자 가족에 대한 가산점 10% 부여는 목적은 정당하나 헌법상 직접적 근거가 없고, 공무담임권에 대한 차별효과가 중대한 점을 고려하면 비례성을 인정할 수 없으므로 평등권과 공무담임권 침해이다.

④ 이 사건 조항의 위헌성은 국가유공자 등과 그 가족에 대한 가산점제도가 입법정책상 전혀 허용될 수 없다는 것이 아니고 차별의 효과가 지나치다는 점에 기인하므로 가산점 수치와 수의 대상자 범위를 조정하는 방법으로 위헌성을 치유할 수 있으므로 헌법불합치결정을 하고 법적용 대상자의 법적 혼란을 방지하기 위하여 2007년 6월 30일까지 잠정적용을 명한다.

3. 법률의 근거 없이 공립 중등학교 교사임용 채용시 대전지역 사범대 졸업자 등에 대하여 가산점을 부여한 대전광역시 공고에 대하여 헌법 제37조 제2항의 법률유보원칙에 위반된다(헌재 2004.3.25. 2001헌마882).

헌법 위반이 아닌 것

1. 중등학교 임용시험에서 동일지역 사범대 졸업자에게 가산점을 부여한 교육공무원법(헌재 2007.12.27. 2005헌가11)

2. 교육공무원 임용시험 가산점 시행규칙(헌재 2014.4.24. 2010헌마747)

3. 국공립학교 채용시험에서 동점자인 경우 국가유공자나 그 유족에게 우선권을 주는 것은 평등권 침해가 아니다(헌재 2006.6.29. 2005헌마44).

4. 계약직공무원에서 가점 배제(헌재 2012.11.29. 2011헌마533)

5. 보국수훈자 자녀 가산점 배제(헌재 2015.2.26. 2012헌마400)

6. 가산점 적용대상자 선발예정인원의 30% 초과 금지(헌재 2016.9.29. 2014헌마541) ➡ 자의심사를 함.

7. 취업보호 실시기관 중 국가기관 등이 시행하는 공무원 채용시험의 가점 대상 공무원에서 지도직 공무원을 제외한 것(헌재 2016.10.27. 2014헌마254)

8. 국가공무원 7급 시험에서 기능사 자격증에는 가산점을 주지 않고 기사 등급 이상의 자격증에는 가산점을 주도록 한 공무원임용및시험시행규칙(헌재 2003.9.25. 2003헌마30)

9. 노동직류와 직업상담직류를 선발할 때 직업상담사 자격증 소지자에게 점수를 가산하도록 한 것(헌재 2018.8.30. 2018헌마46)

10. 세무직 공무원 가산점(헌재 2020.6.25. 2017헌마1178)

11. 변호사, 공인회계사, 관세사에 대한 가산비율 5%를 부여하는 공무원임용시험령(헌재 2023.2.23. 2019헌마401)

형사법

1. 형벌의 체계정당성과 평등원칙

① 형벌이 책임과 비례의 원칙에 반하지 않더라도, 유사한 죄질과 보호법익을 가진 다른 범죄와 비교해 형벌체계의 정당성과 균형을 현저히 상실한 경우, 이는 인간의 존엄성과 가치를 보장하는 헌법 기본원리에 위배되고, 평등원칙에 반하여 위헌으로 볼 수 있다(헌재 2010.11.25. 2009헌바27).

② 범죄를 규정하고 형벌의 종류와 범위를 정하는 것은 입법자가 죄질, 보호법익, 시대적 상황, 국민의 법감정, 형사정책 등 여러 요소를 종합적으로 고려하여 결정할 사항으로, 입법자는 광범위한 재량권을 가진다(헌재 2013.10.24. 2012헌바8).

③ 보호법익이 다르면 법정형이 달라질 수 있고, 동일한 보호법익이라도 죄질에 따라 법정형의 내용이 달라질 수 있다. 서로 다른 범죄를 평면적으로 비교하여 법정형의 과중 여부를 판단하는 것은 적절하지 않으며, 법정형의 정당성은 당해 범죄의 보호법익과 죄질에 따라 판단해야 한다(헌재 2015.3.26. 2013헌바140).

2. 형벌조항에서 입법의 한계

형벌체계에 있어서 법정형의 균형은 한치의 오차도 없이 반드시 실현되어야 하는 헌법상의 절대원칙은 아니다. 중요한 것은, 범죄와 형벌 사이의 간극이 너무 커서 형벌 본래의 목적과 기능에 본질적으로 반하고 실질적 법치국가의 원리에 비추어 허용될 수 없을 정도인지 여부이다(헌재 2015.9.24. 2014헌가1).

헌법 위반인 것

1. 단순 마약 판매업자에 대하여 사형·무기·10년 이상의 징역

마약의 매수가 영리적 매수인지 단순 매수인지를 구별하지 않고 단순 마약 매수행위자에 대해서도 영리범과 동일하게 가중처벌하도록 한 이 사건 법률조항은 국가형벌권의 지나친 남용이고, 법관의 양형결정권 침해이다. 또한 향정신성의약품사범에 비하여 마약사범만을 가중처벌해야 할 합리적 근거를 찾아보기 어려우므로 평등원칙에 위반된다(헌재 2003.11.27. 2002헌바24).

비교 **영리목적 마약 수입업자에 대해 가중처벌하는 마약법**은 위헌이라고 볼 수 없다(헌재 2007.10.25. 2006헌바50).

비교 **향정신성의약품을 교부한 행위를 무기 또는 5년 이상의 징역에 처하는 마약류관리법**은 죄질과 책임에 비해 형벌이 지나치게 무거워 비례원칙에 위반하였다고 볼 수 없다(헌재 2019.2.28. 2016헌바382).

2. 특별법은 일반법의 구성요건에 특별한 표지를 추가로 포함해야 하며, 특가법의 가중처벌도 단순한 법정형의 상향이 아니라 가액, 수량, 범행방법, 신분 등 가중적 구성요건을 추가로 규정해야 한다. 구성요건의 추가 없이 법정형만 높이려면 특별법이 아닌 일반법의 개정으로 충분하다(헌재 2004.12.16. 2003헌가12).

① **동일한 범죄구성요건을 규정하면서 마약법보다 법정형을 상향조정한** 특정범죄가중처벌법은 평등의 원칙에 위반된다(헌재 2014.4.24. 2011헌바2).

② **형법상의 범죄와 동일한 구성요건을 규정하면서 법정형만 상향조정한** 특정범죄가중처벌법(국내통화위조범죄·상습장물취득)은 평등원칙에 위반된다(헌재 2014.11.27. 2014헌바224, 2014헌가11).

③ 폭력행위처벌법 심판대상조항은 형법과 동일한 구성요건을 규정하면서 형벌을 가중해 징역형 하한을 1년으로 높이고 벌금형을 배제함으로써, 동일한 행위에 대해 법 적용에 따라 최대 6배의 형량 차이가 발생하여 형벌체계의 정당성과 균형을 상실하였다. 이는 인간의 존엄성과 가치를 보장하는 헌법 기본원리에 위배되며, 평등원칙에도 반한다(헌재 2015.9.24. 2014헌바154).

3. 도주차량 운전자의 법정형 하한 10년

우리 형법이 사람의 생명을 박탈한 고의적인 살인범마저 사형·무기 또는 5년 이상의 유기징역형으로 규정하여 작량감경할 사유가 있는 경우에는 집행유예의 선고가 가능하도록 폭넓은 법정형을 정하고 있는 것과 비교하여 보아도, 형벌체계상의 정당성을 잃은 과중한 법정형이라 아니할 수 없다(헌재 1992.4.28. 90헌바24).

4. 종합보험에 가입했다는 사유로 운전자에 대한 공소제기를 할 수 없도록 한 교통사고처리특례법은 중상해를 입은 피해자의 평등권을 침해한다(헌재 2009.2.26. 2005헌마764).

5. 밀수범에 있어서 예비한 자를 본죄에 준하여 처벌하도록 한 특정범죄 가중처벌 등에 관한 법률 (헌재 2019.2.28. 2016헌가13)

    ① 예비행위는 실행에 착수하지 않은 준비단계로, 기수에 비해 법익침해 가능성과 위험성이 낮아 불법성과 책임의 정도도 다르게 평가되어야 한다. 심판대상조항은 구체적 행위의 개별성과 고유성을 고려하지 않고 가혹한 형벌을 부과하여 책임과 형벌 사이의 비례성을 위배한다.

    ② 밀수입예비죄는 불법성과 책임 면에서 내란, 내란목적살인, 여적예비죄, 살인예비죄 등과 결코 가볍지 않음에도 법정형이 더 무겁다. 이는 형벌체계의 균형을 상실하여 형평성을 잃은 과도한 형벌로, 헌법상 평등원칙에 위배된다.

헌법 위반이 아닌 것

1. 전기자전거 도주운전자 가중처벌(헌재 2016.2.25. 2013헌바113)

2. 소년보호사건에서 제1심 결정에 의한 소년원 수용기간을 항고심 결정에 의한 보호기간에 산입하지 아니한 소년법은 소년원 수용이라는 보호처분은 도망이나 증거인멸을 방지하여 수사, 재판 또는 형의 집행을 원활하게 진행하기 위한 것이 아니라 반사회성 있는 소년을 교화하고 건전한 성장을 돕기 위한 것이어서 신체의 자유와 평등권을 침해하는 것이 아니다(헌재 2015.12.23. 2014헌마768).

3. 현행 무기징역형제도가 상대적 종신형 외에 절대적 종신형을 따로 두고 있지 않은 것(헌재 2010.2.25. 2008헌가23)

4. 공익근무요원 복무이탈시 법정형을 '3년 이하의 징역'으로 한 것(헌재 2010.11.25. 2009헌바27)

5. 위력으로써 13세 미만의 사람을 추행한 경우 강제추행한 것에 준하여 처벌하도록 규정한 '성폭력범죄의 처벌 등에 관한 특례법'(헌재 2018.1.25. 2016헌바272)

6. 14세 미만 자를 형사미성년자로 하는 형법 제9조(헌재 2003.9.25. 2002헌마533)

7. 도시재개발조합의 임원을 공무원의제하는 도시재개발법 제61조는 이른바 실질적인 평등의 이념에 부합한다 (헌재 1997.4.26. 96헌가3).

  유사 금융기관 임직원의 수재 등의 행위에 공무원과 같은 수준의 처벌(헌재 2001.3.21. 99헌바72, 2000헌바12)

  유사 정비사업 조합 임원의 선출과 관련하여 후보자가 금품을 제공받는 행위를 금지하고 이에 위반한 경우 처벌하는 구 도시 및 주거환경정비법(헌재 2022.10.27. 2019헌바324)

  유사 정부관리기업체 간부직원을 공무원으로 의제하여 형법상 공무원에 해당하는 뇌물죄로 처벌하는 특가법 제4조 제1항 및 제2항(헌재 2002.11.28. 2000헌바75)

  유사 지방공사의 직원을 형법의 수뢰죄 적용에 있어서 공무원으로 의제한 것(헌재 2001.11.29. 2001헌바4)

  유사 지방자치단체출연연구원을 형법상 공무원으로 의제(헌재 2010.6.24. 2009헌바43)

  유사 정부출연연구기관 직원을 공무원으로 의제(헌재 2006.11.30. 2004헌바86)

  유사 주택재건축정비사업조합의 임원을 형법상 뇌물죄의 적용에 있어서 공무원으로 의제(헌재 1997.4.26. 96헌가3)

8 '정보통신망 이용촉진 및 정보보호 등에 관한 법률' 제70조 제2항의 명예훼손죄를 반의사불벌죄로 정하고 있는 정보통신망법(헌재 2021.4.29. 2018헌바113)

9. 폭력범죄를 목적으로 한 단체 또는 집단의 구성원으로 활동한 사람을 처벌하는 '폭력행위 등 처벌에 관한 법률'(헌재 2022.12.22. 2019헌바401)

10. 수형자에 대한 가석방 적격심사 신청주체를 교도소장으로 한정한 것(헌재 2010.12.28. 2009헌마70)

11. 관심대상수용자에 대한 동행계호행위(헌재 2010.10.28. 2009헌마438)

12. 독거수용자 텔레비전 시청 제한(헌재 2005.5.26. 2004헌마571)

13. 소년심판절차에서 법원의 판결에 대해 검사의 상소권을 인정하지 않는 소년법(헌재 2012.7.26. 2011헌마232)

14. 제1종 운전면허를 받은 사람이 정기적성검사 기간 내에 적성검사를 받지 아니한 경우에 행정형벌을 과하도록 규정한 구 도로교통법 제156조(헌재 2015.2.26. 2012헌바268)

15. 피해자의 의사에 반하여 처벌할 수 없는 죄에 있어서 피해자에게 자복한 때에는 그 형을 감경 또는 면제할 수 있도록 정한 형법 제52조 제2항(헌재 2018.3.29. 2016헌바270)

16. 가정폭력처벌법 제55조의2 제1항은 가정폭력 가해자에 대해 전기통신을 이용한 접근금지만 규정하고, 우편 접근금지를 포함하지 않았다. 이는 전기통신 접근행위가 긴급성과 광범성이 더 크며, 우편 접근은 법원의 가처분결정이나 간접강제를 통해 신속히 대응할 수 있기 때문이다. 또한, 우편 접근행위는 형법상 협박죄로 고소 가능하며, 피해자보호명령제도는 민사적 성격으로 운영된다. 따라서 우편 접근금지를 명시하지 않은 것은 입법자의 재량 범위 내에 있어 평등원칙에 위반되지 않는다(헌재 2023.2.23. 2019헌바43).

📖 판례정리

병역

평등권 침해인 것

1. 국가공무원 임용결격사유에 해당하여 공중보건의사 편입이 취소된 사람을 현역병으로 입영하게 하거나 공익근무요원으로 소집함에 있어 의무복무기간에 기왕의 복무기간을 전혀 반영하지 아니하는 구 병역법

   공중보건의사와 군의관은 의무복무제도에서 유사한 지위를 가지나, 공중보건의사는 국가공무원 임용결격사유로 편입이 취소될 경우 이전 복무기간을 인정받지 못하고 현역병으로 입영하거나 공익근무요원으로 소집되며, 이는 합리적 이유 없는 차별이다(헌재 2010.7.29. 2008헌가28).

2. 산업기능요원 편입되어 1년 이상 종사하다가 편입이 취소되어 입영하는 사람의 경우 복무기간을 단축할 수 있다고 규정한 병역법

   산업기능요원과 본질적 동일성을 가지고 있는 다른 보충역의 경우에도 기왕의 복무기간의 장단을 불문하고 '현역병 내지 행정관서요원의 의무복무기간/종전의 의무복무기간'의 비율에 따른 기간을 이미 복무한 것으로 인정받도록 하고 있다. 기왕의 복무기간 인정 여부에 관하여 1년 미만을 종사하다가 편입취소된 산업기능요원만 다른 병역의무자들과 달리 취급하는 것은 합리적 이유 없는 차별취급으로서 청구인의 평등권을 침해한다(헌재 2011.11.24. 2010헌마746).

평등권 침해가 아닌 것

1. 공중보건의 군사교육훈련 기간 중 보수 미지급(헌재 2020.9.24. 2017헌마643)

2. 공중보건의사가 군사교육에 소집된 기간을 복무기간에 산입하지 않도록 규정한 병역법(헌재 2020.9.24. 2019헌마472)

3. 사회복무요원에게 현역병의 봉급에 해당하는 보수를 지급하도록 한 병역법 시행령(헌재 2019.2.28. 2017헌마374)

4. **산업기능요원 복무기간을 공무원 경력에 포함시키지 아니한 공무원보수규정**(헌재 2016.6.30. 2014헌마192)

5. 대한민국 국민인 **남자에 한하여 병역의무**(헌재 2011.6.30. 2010헌마460)

6. **병 제대 후 자원입대한 군종장교에 대한 예비군훈련**(헌재 2003.3.27. 2002헌바35)

7. 출생년도에 상관없이 재외국민 2세가 18세 이후 3년을 초과해 국내에 체재한 경우 재외국민 2세 지위를 상실하도록 한 병역법 시행령(헌재 2021.5.27. 2019헌마177)

8. 예비역 복무의무자를 남성으로 한정하고 여성을 제외한 병역법(헌재 2023.10.26. 2018헌마357)

9. 단기법무장교의 의무복무기간을 장교에 임용된 날부터 기산하도록 한 군인사법 시행령

   법무사관후보생으로서의 군사교육기간을 단기법무장교의 의무복무기간에 산입하는 방안을 취하지 않았다 하여 지나치게 기본권을 제한하고 있다고 볼 수 없다. 심판대상조항은 과잉금지원칙을 위반하여 청구인들의 일반적 행동자유권을 침해하지 않는다(헌재 2024.3.28. 2020헌마1401).

10. 현역병 및 군간부후보생 교육기관에서 교육을 받다가 퇴교되어 현역병으로 근무하게 된 경우 군사훈련기간을 포함시킨 것이 단기법무장교인 청구인들의 평등권을 침해하는지 여부

퇴교 후 복무자의 교육기간을 복무기간에 포함하는 것은 그 교육이 현역병 등의 복무 수준에 상응한다는 정책적 판단에 기초한다. 심판대상조항이 단기법무장교의 교육기간을 복무기간에 포함하지 않는 것은 단기법무장교와 퇴교 후 복무자의 복무 내용 차이를 고려한 것이다. 이는 교육기간을 실제 복무에 따른 것으로 평가하는 기준이 다르기 때문에 합리적인 차별로 볼 수 있다. 따라서 심판대상조항의 차별은 정당화될 수 있다(헌재 2024.3.28. 2020헌마1401).

📖 판례정리

평등과 소송

평등권 침해인 것

1. **국가를 상대로 하는 재산권의 청구에 관하여는 가집행의 선고를 할 수 없도록 한** 소송촉진등에관한특례법

    국가가 원고가 되어 얻은 승소판결의 경우에는 반드시 가집행의 선고를 하여야 하나 국민이 국가를 상대로 한 소송에서 얻어낸 승소판결의 경우에는 가집행을 할 수 없도록 한 것은, 국가가 국민과 대등한 사경제적 주체로서 활동하는 경우에까지 국가를 우대하는 것으로서 이를 정당화할 합리적 이유가 존재하지 않는다(헌재 1989.1.25. 88헌가7).

2. **국가를 상대로 한 당사자소송에서의 가집행선고를 금지한** 행정소송법

    재산권의 청구가 공법상 법률관계를 전제로 한다는 점만으로 국가를 상대로 하는 당사자소송에서 국가를 우대할 합리적인 이유가 있다고 할 수 없고, 집행가능성 여부에 있어서도 국가와 지방자치단체 등이 실질적인 차이가 있다고 보기 어렵다. 이를 종합하면, 심판대상조항은 국가가 당사자소송의 피고인 경우 가집행의 선고를 제한하여, 국가가 아닌 공공단체 그 밖의 권리주체가 피고인 경우에 비하여 합리적인 이유 없이 차별하고 있으므로 평등원칙에 반한다(헌재 2022.2.24. 2020헌가12).

3. 교원징계심의위원회의 재심결정에 대하여 교사와 다르게 학교법인에게만 불복금지시키는 것은 평등권을 침해한다(헌재 2006.2.23. 2005헌가7).

4. 대한변호사협회징계위원회에서 **징계를 받은 변호사는 법무부변호사징계위원회에서의 이의절차를 밟은 후 곧바로 대법원에 즉시항고토록** 하고 있는 변호사법 제81조 제4항 내지 제6항은 의사·공인회계사 등과 합리적 이유 없이 변호사를 차별한 것이다(헌재 2000.6.29. 99헌가9).

평등권 침해가 아닌 것

1. 친고죄 사건에서 **고소취소를 1심 판결 전**까지로 제한하는 것(헌재 2011.2.24. 2008헌바40)

    유사 반의사불벌죄에 있어서 처벌을 희망하는 의사를 철회할 수 있는 시기를 **제1심 판결선고 전**까지로 제한(헌재 2016.11.24. 2014헌바451)

2. 회계책임자에 의하지 아니하고 **선거비용을 수입, 지출한 행위를 처벌함에 있어 '당해 선거일 후 6월'의 단기 공소시효 특칙을 규정하지 아니한** 정치자금법(헌재 2015.2.26. 2013헌바76)

3. **대통령 선거소송에서 일반소송의 10배에 이르는 인지액을** 규정한 공직선거법(헌재 2004.8.26. 2003헌바20)

4. 선거일 이전에 행하여진 선거범죄의 공소시효 기산점을 '당해 선거일 후'로 규정한 공직선거법은 선거의 공정성과 법적 안정성을 동시에 확보하려는 형사정책적 판단에 따른 것으로, 평등원칙에 위반되지 않는다(헌재 2020.3.26. 2019헌바71).

재산권영역에서의 차별

평등권 침해인 것

1. **국유재산은 민법 제245조의 규정에 불구하고 시효취득의 대상이 되지 아니한다고 규정한 국유재산법 제5조 제 2항** (헌재 1991.5.13. 89헌가97)
   ① 국유재산법 제5조 제2항을 동법의 국유재산 중 **잡종재산(일반재산)**에 대하여 적용하는 것은 헌법에 위반 된다.
   ② 행정재산은 공적인 용도가 있는 국유재산이므로 시효에 의한 취득을 금지할 필요가 있으나 잡종재산은 공적인 용도가 없는 재산이므로 사인의 재산과 달리 취급할 이유가 없음에도 잡종재산에 대해 민법의 시 효취득조항의 적용을 배제하는 것은 평등권과 재산권을 침해한다. 이 사건 법률조항이 잡종재산에 대하여 까지 시효취득의 대상이 되지 아니한다고 규정한 것은 비록 국가라 할지라도 민사관계에 있어서는 사경 제의 주체로서 사인과 대등하게 다루어져야 한다는 헌법의 기본원리에 반하고 국가만을 우대하여 국민을 합리적 근거 없이 차별대우하는 것이므로 평등권을 침해한다.

2. **회원제 골프장 시설의 입장료에 대한 부가금**
   골프장 부가금은 국민체육진흥계정의 재원 마련을 목적으로 하는 재정조달목적 부담금으로, 납부자의 행위를 유도하거나 형평성 조정을 목적으로 하지 않는다. 그러나 심판대상조항은 골프장 부가금 납부의무자에게 일 반 국민과 달리 추가 부담을 지우는 차별을 발생시키며, '국민체육의 진흥'이라는 공적 과제가 특정 집단과 객관적으로 밀접한 관련성을 가지지 않아 합리적 이유 없는 차별을 초래하므로 헌법상 평등원칙에 위배된다 (헌재 2019.12.27. 2017헌가21).

평등권 침해가 아닌 것

1. **대도시 법인의 부동산등기에 대한 중과세하도록 한** 지방세법(헌재 1996.3.28. 94헌바42)

2. 경유를 연료로 사용하는 자동차의 소유자로부터 환경개선부담금을 부과·징수하도록 정한 환경개선비용 부 담법(헌재 2022.6.30. 2019헌바440)

연금·보상영역에서의 차별

평등권 침해인 것

1. **환자가 생전에 등록신청을 한 유가족에 대해서만 보상금수급권을 인정하는 고엽제후유의 증환자지원 등에 관한 법률**
   고엽제후유증 환자의 유족에 대한 보상에서 월남전에 참전한 환자가 죽기 전에 등록신청을 하였는지 여부가 본질적인 요소가 아니라 고엽제후유증으로 사망했다는 것이 본질적 요소이다. 보상을 위한 등록신청의 자격 유무를 구별하는 중요한 차별을 행하는 것이 되어 불합리하고 결국 위헌적인 법률이라고 할 것이다(헌재 2001.6.28. 99헌마516).

2. 고엽제후유의증 환자가 사망한 때에도 유족에게 교육지원과 취업지원을 한다는 내용의 '고엽제후유의증 환자 지원 등에 관한 법률' 제7조 제9항을 위 **법률 시행일 이후 사망한 고엽제후유의증 환자부터 적용한다**고 규정 한 위 개정법률 부칙 제2조는 위 법률 시행일 이전에 사망한 고엽제후유의증 환자의 유족들의 평등권 침해이 다(헌재 2011.6.30. 2008헌마715 등).

3. 공무상 질병 또는 부상으로 '퇴직 이후에 폐질상태가 확정된 군인'에 대해서 상이연금 지급에 관한 규정을 두지 아니한 군인연금법

퇴직 전 폐질 상태 확정 군인과 이후 확정 군인을 차별하는 것은 폐질 확정 시기의 우연성을 고려할 때 합리적 이유 없는 차별로 헌법 제11조 제1항에 위반된다(헌재 2010.6.24. 2008헌바128).

비교 군인의 공무상 질병이나 부상으로 인한 상이연금은 사망 시까지 지급되는 반면, 장애보상금은 군복무 중 질병 또는 부상으로 전역시 일시금으로 지급된다. 장애보상금은 공무상 질병 여부와 상관없이 지급되므로, 상이연금보다 근로재해 보상 성격이 약하다. 장애보상금의 지급대상 결정은 입법자의 재량이 크며, 전역 당시 장애등급을 기준으로 하는 것은 불합리하지 않다. 질병과 장애 사이의 인과관계 입증은 혼선을 초래할 수 있고, 전역 후 장애에 대한 보상은 연금재정 운용에 부담이 된다. 따라서 전역 후 장애등급을 받은 경우를 장애보상금 지급대상에서 제외해도 평등원칙에 위반되지 않는다(헌재 2024.2.28. 2020헌바320).

4. 공무상 질병 또는 부상으로 인하여 퇴직 후 장애 상태가 확정된 군인에게 상이연금을 지급하도록 한 개정된 군인연금법 제23조 제1항을 개정법 시행일 이후부터 적용하도록 한 군인연금법 부칙

신법 시행일 이전 장애 확정 군인과 이후 장애 확정 군인을 차별하는 것은 장애 확정 시기의 우연성만으로 차별을 정당화할 수 없으므로 평등원칙 위배이다(헌재 2016.12.29. 2015헌바208).

5. '수사가 진행 중이거나 형사재판이 계속 중이었다가 그 사유가 소멸한 경우'에는 잔여 퇴직급여 등에 대해 이자를 가산하는 규정을 두면서, '형이 확정되었다가 그 사유가 소멸한 경우'에는 이자 가산 규정을 두지 않은 군인연금법

형사재판 중 잔여 급여에 이자를 가산하는 경우와 형 확정 후 무죄 판결 시 가산하지 않는 경우를 달리 취급하는 것은 합리적 이유 없는 차별로 평등원칙 위배이다(헌재 2016.7.28. 2015헌바20).

6. 공중보건의사 복무기간 산입 차별

공중보건의사의 복무를 사립학교 교직원 재직기간에 산입하지 않는 것은 군의관과 유사한 복무 성격에도 불구하고 합리적 이유 없는 차별로 평등원칙 위배이다(헌재 2016.2.25. 2015헌가15).

7. 근로자가 사업주의 지배관리 아래 출퇴근하던 중 발생한 사고로 부상 등이 발생한 경우만 업무상 재해로 인정하여 통상적인 출퇴근재해를 산재보상에서 제외하고 있는 산업재해보상보험법

사업주의 지배하에 출퇴근하는 근로자와 통상적 출퇴근한 근로자를 산재보상을 차별한 것은 근로자의 경제적 상황 등을 고려할 때 합리적 이유 없는 차별로 평등원칙 위배이다(헌재 2016.9.29. 2014헌바254).

8. 출퇴근 재해 개정법 소급적용 문제

통상의 출퇴근 재해 개정법을 시행 전 재해에 소급적용하지 않는 것은 최소한의 보호 조치를 취하지 않아 평등원칙 위배이다(헌재 2019.9.26. 2018헌바218).

9. 재외국민 영유아 보육료 차별

국내 거주 재외국민 영유아를 보육료 지원대상에서 제외하는 것은 합리적 이유 없는 차별로 평등권 침해이다(헌재 2018.1.25. 2017헌가7·12·13).

10. 나이가 많은 독립유공자 손자녀에게만 보상금 지급

나이를 기준으로 독립유공자 손자녀 보상금을 차등 지급하는 것은 사회보장적 성격에 부합하지 않으며 평등원칙 위배이다(헌재 2013.10.24. 2011헌마724).

11. 6·25전몰군경자녀 중 나이가 많은 자녀에게만 수당 지급

6·25전몰군경자녀 수당을 나이에 따라 차등 지급하는 것은 합리적 이유 없는 차별로 평등권 침해이다(헌재 2021.3.25. 2018헌가6).

12. 보훈보상대상자 부모 중 나이가 많은 부모에게만 보상금 지급

부모 보상금을 나이가 많은 자에게 한정 지급하는 것은 경제적 상황을 고려하지 않아 평등원칙 위배이다(헌재 2018.6.28. 2016헌가14).

13. 65세 미만의 경우 치매·뇌혈관성질환 등 대통령령으로 정하는 노인성 질병을 가진 자에 한해 장애인활동지원 급여 신청자격을 인정하고 있는 장애인활동 지원에 관한 법률

노인성 질병 여부로 65세 미만 장애인의 활동지원급여 신청을 제한하는 것은 자립욕구를 고려하지 않아 평등원칙 위배이다(헌재 2020.12.23. 2017헌가22).

14. 입법자는 헌법불합치결정을 이행하기 위해 국민연금법을 개정했으며, 심판대상조항이 소급적용 경과규정을 두지 않은 것이 평등원칙에 위배되는지 판단할 때 종전 헌법불합치결정의 취지를 고려해야 한다(헌재 2019.9.26. 2018헌바218 등 참조). 종전 헌법불합치결정은 실질적인 혼인관계가 없는 이혼배우자에게도 분할연금을 인정하는 구법 조항이 노령연금 수급권자의 재산권을 침해한다고 판단했다. 따라서 신법 조항을 소급적용하여 합헌적 상태를 회복해야 한다. 심판대상조항이 분할연금 지급 사유 발생 시점을 기준으로 차별하는 것은 합리적 이유가 없으며, 소급적용을 하지 않는 것은 차별을 정당화할 이유가 없으므로 평등원칙에 위배된다(헌재 2024.5.30. 2019헌가29).

15. 외국인 중 영주권자와 결혼이민자는 긴급재난지원금 지급대상에 포함하면서 난민인정자를 제외한 것은, 이들 모두가 한국에 합법적으로 체류하며 동일하게 취업 활동이 가능하고, '재한외국인 처우 기본법'에 따라 동등한 지원을 받을 자격이 있다는 점에서 합리적 이유 없는 차별이다. 가족관계 증명이 어렵다는 행정적 이유로 난민인정자를 제외하는 것은 정당화될 수 없으므로, 이는 청구인의 평등권을 침해한다(헌재 2024.3.28. 2020헌마1079).

평등권 침해가 아닌 것

1. 대통령령으로 정하는 **생활수준 등을 고려하여 손자녀 1명에게 보상금을 지급하도록 한바**, 보상금을 지급받지 못하는 손자녀들에 대한 생활보호대책을 마련하고 독립유공자법에 따른 보훈에 있어 손자녀 간의 형평성도 고려하였다. 위와 같은 사정을 종합해 볼 때, 심판대상조항에 나타난 입법자의 선택이 명백히 그 재량을 일탈한 것이라고 보기 어려우므로 심판대상조항은 청구인의 평등권을 침해하지 아니한다(헌재 2018.6.28. 2015헌마304).

2. 1945년 8월 15일 이후에 사망한 독립유공자의 유족으로 최초로 등록할 당시 자녀까지 모두 사망하거나 생존 자녀가 보상금을 지급받지 못하고 사망한 경우에 한하여 독립유공자의 손자녀 1명에게 보상금을 지급하도록 하는 '독립유공자예우에 관한 법률'이 손자녀 1명에게만 보상금을 지급하는 것이 청구인의 평등권을 침해하지 아니한다(헌재 2022.1.27. 2020헌마594).

3. 보상금을 받을 권리가 다른 손자녀에게 이전되지 않도록 하는 독립유공자예우에 관한 법률

독립유공자의 손자녀는 유공자의 사망이나 장해로 인한 영향이 자녀에 비해 덜 직접적이고, 물질적·정신적 고통의 정도도 자녀와 동등하다고 보기 어려우므로, 보호와 예우의 필요성이 상대적으로 적다. 따라서 심판대상조항이 보상금을 받을 권리의 이전과 관련하여 독립유공자의 손자녀를 자녀와 달리 취급하더라도 이는 자의적 차별로 보기 어려워 평등권을 침해하지 않는다(헌재 2020.3.26. 2018헌마331).

4. 독립유공자의 유족 중 자녀의 범위에서 사후양자를 제외하는 '독립유공자예우에 관한 법률'(헌재 2021.5.27. 2018헌바277)

5. 1945년 8월 15일 이후에 독립유공자에게 입양된 양자의 경우 독립유공자, 그의 배우자 또는 직계존비속을 부양한 사실이 있는 자만 유족 중 자녀에 포함시키고 있는 '독립유공자예우에 관한 법률'(헌재 2021.5.27. 2018헌바277)

6. 가족 중 순직자가 있는 경우의 병역감경 대상에서 재해사망군인의 가족을 제외하고 있는 병역법 시행령(헌재 2019.7.25. 2017헌마323)

7. 독립유공자예우에 관한 법률이 같은 서훈 등급임에도 순국선열의 유족보다 애국지사 본인에게 높은 보상금 지급액 기준을 두고 있다 하여 곧 청구인의 평등권을 침해하였다고 볼 수 없다(헌재 2018.1.25. 2016헌마319).

8. **서훈의 등급에 따라 부가연금을 차등 지급하는 것**은 합리적인 것이다(헌재 1997.6.26. 94헌마52).

9. 경찰공무원은 교육훈련 또는 직무수행 중 사망한 경우 국가유공자등예우및지원에관한법률상 순직군경으로 예우 받을 수 있는 것과는 달리, 소방공무원은 화재진압, 구조·구급 업무수행 또는 이와 관련한 교육훈련 중 사망한 경우에 한하여 순직군경으로서 예우를 받을 수 있도록 하는 소방공무원법

국가에 대한 공헌과 희생, 업무의 위험성의 정도, 국가의 재정상태 등을 고려하여 **화재진압, 구조·구급 업무수행 또는 이와 관련된 교육훈련 이외의 사유로 직무수행 중 사망한 소방공무원에 대하여 순직군경으로서의 보훈혜택을 부여하지 않는다고 해서 이를 합리적인 이유 없는 차별에 해당한다고 볼 수 없다**(헌재 2005. 9.29. 2004헌바53).

10. 행정관서요원으로 근무한 공익근무요원과는 달리 **국제협력요원으로 근무한 공익근무요원**을 국가유공자법에 의한 보상에서 제외한 병역법은 평등권 침해가 아니다(헌재 2010.7.29. 2009헌가13).

11. **6·25전쟁 중 납북자를 납북피해자 보상 제외**는 납북 여부에 관한 판단기준의 불명확성, 전쟁이라는 특수한 상황에서 발생하였다는 점을 감안한 것이므로 이를 자의적인 차별로서 청구인의 평등권을 침해한다고 할 수 없다(헌재 2009.6.25. 2008헌마393).

12. **수용자에 대한 의료급여정지**는 평등원칙에 위배되지 않는다(헌재 2005.2.24. 2003헌마31).

13. 1947.8.15.부터 1965.6.22.까지 계속하여 **일본에 거주한 사람을 지급대상에서 제외**하고 있는 국외강제동원자지원법 제7조 제3호는 **피징용부상자 가운데 일본 거주자를 배제한 것**은 합리적인 이유가 있으므로 평등원칙에 위배된다고 할 수 없다(헌재 2015.12.23. 2011헌바55).

> 유사 **대한민국 국적을 가지지 아니한 사람**을 위로금 지급대상에서 제외한 '대일항쟁기 강제동원 피해조사 및 국외강제동원 희생자 등 지원에 관한 특별법'(헌재 2015.12.23. 2011헌바39)
>
> 유사 한·소 수교가 이루어진 1990.9.30. 이전에 사망 또는 행방불명된 **사할린 지역 강제동원 피해자**를 위로금 지급대상인 국외강제동원 희생자로 하여 우선적으로 위로금을 지급하는 것(헌재 2015.12.23. 2013헌바11)
>
> 유사 태평양전쟁 강제동원자 의료지원금 지급대상에서 **국내 강제동원자를 제외한 것**(헌재 2011.2.24. 2009헌마94)

14. **국군포로로서 억류기간 동안의 보수를 지급받을 권리를 국내로 귀환하여 등록절차를 거친 자에게만 인정**하는 '국군포로의 송환 및 대우 등에 관한 법률'(헌재 2022.12.22. 2020헌바39)

15. **공무원 퇴직연금의 수급요건을 재직기간 20년에서 10년으로 완화한 개정**을 하면서 개정법 적용대상을 **법 시행일 당시 재직 중인 공무원으로 한정**한 공무원연금법 부칙(헌재 2017.5.25. 2015헌마933)

16. **1년 이상 재직한 전직 국회의원에게 연로회원지원금을 지급하도록 한 것**(헌재 2015.4.30. 2013헌마666)

17. 법관의 명예퇴직수당 정년잔여기간 산정에 있어 정년퇴직일 전에 임기만료일이 먼저 도래하는 경우 임기만료일을 정년퇴직일로 보도록 정한 구 '법관 및 법원공무원 명예퇴직수당 등 지급규칙'(헌재 2020.4.23. 2017헌마321)

18. '공익신고자 보호법'상 보상금의 지급을 신청할 수 있는 자의 범위를 '내부 공익신고자'로 한정함으로써 '외부 공익신고자'를 보상금 지급대상에서 배제하도록 정한 '공익신고자 보호법'(헌재 2021.5.27. 2018헌바127)

19. 4·19혁명공로자와 건국포장을 받은 애국지사는 활동기간의 장단(長短), 활동 당시의 시대적 상황, 국권이 침탈되었는지 여부, 인신의 자유 제약 정도, 입은 피해의 정도, 기회비용 면에서 차이가 있다. **4·19혁명공로자에게 지급되는 보훈급여의 종류를 보상금이 아닌 수당으로 규정**한 국가유공자법 제16조의4 제1항 및 2019년도 공로수당의 지급월액을 31만 1천원으로 규정한 같은 법 시행령 제27조의4가 각각 보상금으로 월 172만 4천원을 받는 건국포장 수훈 애국지사에 비하여 4·19혁명공로자를 합리적 이유 없이 차별 취급하여 평등권을 침해한다고 할 수 없다(헌재 2022.2.24. 2019헌마883).

20. 국공립어린이집, 사회복지법인어린이집, 법인·단체등어린이집 등과 달리 민간어린이집에는 보육교직원 인건비를 지원하지 않는 '2020년도 보육사업안내'(헌재 2022.2.24. 2020헌마177)

21. 현역병, 지원에 의하지 아니하고 임용된 부사관, 방위, 상근예비역, 보충역 등의 복무기간과는 달리 사관생도의 사관학교 교육기간을 연금 산정의 기초가 되는 군 복무기간으로 산입할 수 있도록 규정하지 아니한 구 군인연금법 제16조 제5항(헌재 2022.6.30. 2019헌마150)

22. 공무원연금과 국민연금은 사회보장적 성격을 가진다는 점에서 동일하기는 하나, 제도의 도입 목적과 배경, 재원의 조성 등에 차이가 있고, 공무원연금은 국민연금에 비해 재정건전성 확보를 통하여 국가의 재정 부담을 낮출 필요가 절실하다는 점 등에 비추어 볼 때, 공무원연금의 수급권자에서 형제자매를 제외한 것은 합리적인 이유가 있다(헌재 2014.5.29. 2012헌마555).

📖 **판례정리**

공무원 · 자격영역에서의 차별

평등권 침해인 것

1. **국 · 공립 사범대학 졸업자 우선 채용**
   국 · 공립의 사범대학과 사립의 사범대학 사이에는 설립주체가 다르다는 점 이외에는 입학에서부터 졸업에 이르기까지의 교육과정 등 교육에 필요한 제반사항에 있어서 아무런 차이점을 발견할 수 없으므로 이 사건 법률은 평등권 침해이다(헌재 1990.10.8. 89헌마89).

2. **지방자치단체장의 국회의원 입후보시 180일 전 퇴직을 규정한** 공직선거법 제53조 제3항은 평등권 침해이다 (헌재 2003.9.25. 2003헌마106).

3. **변호사 개업지 제한**
   15년 이상 근무한 판사 · 검사 · 군법무관 등에 대해서는 개업지 제한을 하지 않고 15년 미만 근무한 판사 등에 대해서 개업지 제한을 두고 있는 것은 합리적 이유가 없는 차별이다(헌재 1989.11.20. 89헌가102).

4. **약사법인의 약국개설을 금지한** 약사법 제16조는 변호사, 공인회계사 등 여타 전문직과 의약품제조업자 등 약사법의 규율을 받는 다른 직종들에 대하여는 법인을 구성하여 업무를 수행할 수 있도록 하면서, 약사에게만 합리적 이유 없이 이를 금지하여 헌법상의 평등권을 침해하는 것이다(헌재 2002.9.19. 2000헌바84).

5. **실형을 선고받고 집행이 종료되거나 면제된 경우에는** 자격에 관한 법령의 적용에 있어 형의 선고를 받지 아니한 것으로 본다고 하여 공무원 임용 등에 자격제한을 두지 않으면서 **소년범 중 형의 집행유예를 선고를 받고 유예기간 중인 자에 대해서는 특례규정을 두지 않아** 공무원 임용을 제한받도록 한 소년법 제67조는 평등권을 침해한다. 집행유예는 실형보다 죄질이나 범정이 더 가벼운 범죄에 관하여 선고하는 것이 보통인데, 이 사건 구법 조항은 집행유예보다 중한 실형을 선고받고 집행이 종료되거나 면제된 경우에는 자격에 관한 법령의 적용에 있어 형의 선고를 받지 아니한 것으로 본다고 하여 공무원 임용 등에 자격제한을 두지 않으면서 집행유예를 선고받은 경우에 대해서는 이와 같은 특례조항을 두지 아니하여 불합리한 차별을 야기하고 있다(헌재 2018.1.25. 2017헌가7).

6. **의료법 제33조 제2항 단서의 '의료인은 하나의 의료기관만을 개설할 수 있으며' 부분이 복수면허 의료인들의 직업의 자유, 평등권을 침해하는지 여부(적극)**
   복수면허 의료인이 단수면허 의료인과 동일하게 하나의 의료기관만 개설하도록 한 규정은, 복수면허 의료인이 상대적으로 더 유용한 지식과 능력을 가지고 있음에도 이를 인정하지 않고 "다른 것을 같게" 대우한 것으로 합리적 이유를 찾기 어려워 평등원칙에 반한다(헌재 2007.12.27. 2004헌마1021).

   [비교] **의료인은 어떠한 명목으로도 둘 이상의 의료기관을 운영할 수 없다고 규정한 의료법**: 의료인은 둘 이상의 의료기관을 운영할 수 없지만, 의료법인은 국가의 관리와 통제하에 있고 영리추구가 금지되어 중복 운영 금지 필요성이 다르다. 의료인과 의료법인을 달리 취급하는 것은 합리적 이유가 있어 평등원칙에 반하지 않는다(헌재 2019.8.29. 2014헌바212).

7. **지방자치단체의 장이 금고 이상의 형을 선고받고 그 형이 확정되지 아니한 경우 부단체장이 그 권한을 대행하도록 한 것**은 선거직 공무원으로서 선거과정이나 그 직무수행의 과정에서 요구되는 공직의 윤리성이나 신뢰성 측면에서는 국회의원의 경우도 자치단체장의 경우와 본질적으로 동일한 지위에 있다고 할 수 있는데, 국회의원에게는 금고 이상의 형을 선고받은 후 그 형이 확정되기도 전에 직무를 정지시키는 제도가 없으므로, 자치단체장인 청구인의 평등권을 침해한다(헌재 2010.9.2. 2010헌마418).

8. **노동단체에 한해 정치자금 제공을 금지한 정치자금법**
   다른 단체, 특히 사용자 및 사용자단체와의 관계에서 노동단체를 정치활동에 있어서 합리적인 이유 없이 차별하는 이 사건 법률조항은 평등의 원칙에도 위반된다(헌재 1999.11.25. 95헌마154).

평등권 침해가 아닌 것

1. 국립사범대학 졸업자 국공립 중등교사우선임용에 관한 구 교육공무원법 제11조 제1항에 대한 위헌결정으로 우선임용되지 못한 자를 구제하는 국립사범대학졸업자중교원미임용자임용등에관한특별법(헌재 2006.3.30. 2004헌마313)

2. 일반 교사와 달리 **수석교사 임기 중에 교장 등 관리직 자격 취득을 제한하는 것**은 합리적인 이유가 있는 것이므로, 청구인들의 평등권을 침해하지 아니한다(헌재 2015.6.25. 2012헌마494).
   유사 교육부 및 그 소속기관에서 근무하는 교육연구사 선발에 수석교사가 응시할 수 없도록 응시 자격을 제한한 교육부장관의 '2017년도 교육전문직 선발 계획 공고'는 수석교사가 임기 종료 후 재임용을 받지 않거나 수석교사직을 포기하면 교육연구사 선발에 응시할 수 있고, 수석교사직을 잃더라도 교사 지위는 유지된다는 점에 비추어 보면 침해의 최소성 및 법익의 균형성에도 반하지 않는다. 결국 이 사건 공고는 과잉금지원칙에 위배되어 공무담임권을 침해하지 않는다(헌재 2023.2.23. 2017헌마604).

3. 국세 경력직공무원에 한해 세무사시험 일부면제하는 것(헌재 2007.5.31. 2006헌마646)

4. **시각장애인에 한하여** 안마사 자격인정을 받을 수 있도록 한 **의료법**(헌재 2017.12.28. 2017헌가15)

5. **변호사시험의 시험장으로 서울 소재 4개 대학교를 선정한** 피청구인의 공고(헌재 2013.9.26. 2011헌마782, 2012헌마1017)

6. **특허침해소송에서는 변호사에게만 소송대리를 허용한 것**(헌재 2012. 8.23. 2010헌마740)

7. 변호사시험의 응시기간과 응시횟수를 법학전문대학원의 석사학위를 취득한 달의 말일 또는 취득예정기간 내 시행된 시험일부터 5년 내에 5회로 제한하고 병역의무의 이행만을 응시기회제한의 예외로 인정하는 변호사시험법(헌재 2020.11.26. 2018헌마733)

8. 경찰공무원에게 재산등록의무를 부과하는 공직자윤리법 시행령(헌재 2010.10.28. 2009헌마544)

9. **경찰공무원의 봉급을 규정한 구 공무원보수규정 제5조 중 [별표 10] 가운데 경위, 경사에 관한 부분이 공안직공무원에 비하여 경찰공무원을 불합리하게 차별하여 평등권을 침해하는지 여부**
   경찰공무원과 공안직공무원이 업무의 위험성이나 강제성 등의 면에서 유사한 점이 존재하더라도, 법률에 의해 부여된 고유의 업무가 서로 다르고 계급체계 또한 상이하며, 그에 따라 직무수행에 필요한 능력이나 숙련 정도, 책임의 내용 등의 면에 있어서 차이가 있는 점을 고려할 때, 이 사건 시행령조항이 경찰공무원의 봉급을 공안직공무원의 그것과 달리 규정하고 있다 하여 이를 두고 자의적인 차별이라고 할 수는 없다(헌재 2014.1.28. 2012헌마267).

10. **징계에 의하여 해임처분을 받은 공무원에 대해 경찰공무원으로의 임용을 금지하고 있는 경찰공무원법**
    경찰공무원과 일반직공무원, 검사, 군인은 각기 해당 법령에 의해 부여된 고유의 업무를 행하며, 해당 법령들은 그러한 업무와 조직의 특성을 고려하여 임용결격사유와 임용결격기간을 달리 규정하고 있는 것이므로, 위 법률조항은 평등원칙에 위배된다고 할 수 없다(헌재 2010.9.30. 2009헌바122).

11. 다른 전문직에 비하여 변호사는 포괄적인 직무영역과 그에 따른 더 엄격한 직무의무를 부담하고 있는바, 이는 변호사 직무의 공공성 및 그 포괄적 직무범위에 따른 사회적 책임성을 고려한 것으로서, <u>다른 전문직과 비교하여 차별취급의 합리적 이유가 있다고 할 것이므로</u>, 변호인선임서 등을 공공기관에 제출할 때 소속 지방변호사회를 경유하도록 하는 변호사법 조항은 <u>변호사의 평등권을 침해하지 아니한다</u>(헌재 2013.5.30. 2011헌마131).

12. **치과의사에게 요양병원을 개설할 자격을 부여하지 않는 구 의료법**

요양병원의 입원 대상은 노인성질환자, 만성질환자, 외과적 수술 후 또는 상해 후 회복기간에 있는 자로서 주로 요양이 필요한 사람이다. 요양병원의 설치목적과 공공성, 국민의 건강을 보호하고 적정한 의료급여를 보장해야 하는 사회국가적 의무를 감안하면, 인체 전반에 관한 의료 및 보건지도를 임무로 하는 의사 및 한의사에게는 요양병원의 개설을 허용하면서, 치과 의료와 구강 보건지도를 임무로 하고 치과진료에 특화된 의료인인 치과의사에게는 요양병원의 개설을 허용하지 않고 있는 것에는, 합리적인 이유가 있다고 보아야 한다. 심판대상조항은 청구인의 평등권을 침해한다고 볼 수 없다(헌재 2024.3.28. 2020헌마387).

📖 판례정리

사회영역에서의 차별

평등권 침해인 것

1. **대한민국 정부수립 이전 이주동포를 수혜대상에서 제외하고 있는** 이 사건 법률은 재외동포로서 보호되어야 할 대상을 결정함에 있어서 정부수립 이후 이주동포인지 아니면 정부수립 이전 이주동포인지 여부는 결정적 기준이 될 수 없으므로 이를 기준으로 차별한 이 사건 법률과 시행령은 평등원칙에 위배된다(헌재 2001.11.29. 99헌마494). ***헌법불합치결정, 잠정적용 허용**

2. **전통사찰 부동산을 대여 · 양도 · 담보 제공할 경우 문화체육부장관의 허가를 받도록 하면서 국토부장관의 공용수용으로 인한 소유권 변동에 대해서는 허가 등의 규제를 하지 아니한 전통사찰보존법 제6조**

   전통사찰을 훼손할 수 있는 경내지 등에 대한 소유권 변동을 시도한 주체가 사인(私人)인지 아니면 건설부장관과 같은 제3자적 국가기관인지 여부, 또는 그 형식이 양도(혹은 강제집행)인지 아니면 공용수용인지 여부는 본질적인 문제가 될 수 없다. 이 사건 법률조항의 경우, 전통사찰을 훼손하고자 시도하는 주체가 제3자적 국가기관이고 그 형식이 공용수용이라는 우연한 사정의 유무에 따라서 전통사찰을 훼손하는 것이 불가피한 것인지 여부를 관할 국가기관이 실효성 있게 판단 · 결정할 수 있는 기회를 실질적으로 배제하는 사안과 그렇지 아니한 사안을 구별하는 중요한 차별을 행하는 것이 되어 불합리하여 평등의 원칙에 어긋나는 위헌적인 법률이다(헌재 2003.1.30. 2001헌바64).

3. **근로기준법이 보장한 근로기준 중 주요사항을 외국인산업연수생에 대하여만 적용되지 않도록 하는 '외국인산업기술연수생의 보호 및 관리에 관한 지침'(노동부 예규)**

   산업연수생이 연수라는 명목하에 사업주의 지시 · 감독을 받으면서 사실상 노무를 제공하고 수당 명목의 금품을 수령하는 등 실질적인 근로관계에 있는 경우에도, 근로기준법이 보장한 근로기준 중 주요사항을 외국인산업연수생에 대하여만 적용되지 않도록 하는 것은 합리적인 근거를 찾기 어렵다(헌재 2007.8.30. 2004헌마670).

4. **우체국보험금 및 환급금 청구채권 전액에 대하여 무조건 압류를 금지하는 '우체국예금 · 보험에 관한 법률'**

   이 사건 법률조항은 국가가 운영하는 우체국보험에 가입한다는 사정만으로, 일반 보험회사의 인보험에 가입한 경우와는 달리 그 수급권이 사망, 장해나 입원 등으로 인하여 발생한 것인지, 만기나 해약으로 발생한 것인지 등에 대한 구별조차 없이 그 전액에 대하여 무조건 압류를 금지하여 우체국보험 가입자를 보호함으로써 우체국보험 가입자의 채권자를 일반 인보험 가입자의 채권자에 비하여 불합리하게 차별취급하는 것이므로, 헌법 제11조 제1항의 평등원칙에 위반된다(헌재 2008.5.29. 2006헌바5).

5. **1983.1.1. 이후 출생한 A형 혈우병 환자에 한하여 유전자재조합제제에 대한 요양급여를 인정하는 요양급여기준**

A형 혈우병 환자들의 출생시기에 따라 이들에 대한 유전자재조합제제의 요양급여 허용 여부를 달리 취급하는 것은 합리적인 이유가 있는 차별이라고 할 수 없다. 따라서 이 사건 고시 조항은 1983.1.1. 이전에 출생한 A형 혈우병 환자들인 청구인들의 평등권을 침해하는 것이다(헌재 2012.6.27. 2010헌마716).

6. **자사고와 일반고 중복지원금지** (헌재 2019.4.11. 2018헌마221)

① **동시선발 조항이 사학운영의 자유를 침해하는지 여부(소극)**: 동시선발 조항은 자사고의 입학전형권을 유지하며 사학운영의 자유 제한을 최소화하였고, 고교서열화와 입시경쟁 완화를 위한 공익적 필요가 인정된다. 이는 국가의 학교제도 형성 재량 범위 내에 있으므로 사학운영의 자유를 침해하지 않는다.

② **동시선발 조항이 신뢰보호원칙을 위반하는지 여부(소극)**: 고교서열화와 입시경쟁 완화라는 공익이 중대하며, 우수학생 선점 문제를 해결하기 위한 필요성이 크다. 또한, 자사고 운영에 대한 신뢰 보호가치는 상대적으로 낮다. 따라서 신뢰보호원칙 위반이 아니다.

③ **동시선발 조항이 평등권을 침해하는지 여부(소극)**: 과학고는 설립 취지와 교육과정 상 재능 있는 학생의 조기 선발 필요성이 있으나, 자사고는 이에 해당하지 않는다. 자사고를 후기학교로 규정하고 과학고와 달리 취급하는 것은 합리적인 이유가 있어 평등권을 침해하지 않는다.

④ **중복지원금지 조항이 학생과 학부모의 평등권을 침해하는지 여부(적극)**: 중복지원금지 조항은 자사고 불합격자에 대한 일반고 진학 대책을 마련하지 않아 일부 학생들이 일반고 배정에서 배제되거나 고등학교 진학 자체가 어려워지는 결과를 초래한다. 차별 목적과 차별 정도 간의 비례성을 충족하지 못하므로 평등권을 침해한다.

7. **중혼의 취소청구권자에서 직계비속 제외**

중혼의 취소청구권자를 규정한 이 사건 법률조항은 그 취소청구권자로 직계존속과 4촌 이내의 방계혈족을 규정하면서도 **직계비속을 제외**하였는바, 합리적인 이유 없이 직계비속을 차별하고 있어, 평등원칙에 위반된다(헌재 2010.7.29. 2009헌가8).

비교 존속상해치사 가중처벌은 그 차별적 취급에는 합리적 근거가 있으므로, 이 사건 법률조항은 헌법 제11조 제1항의 평등원칙에 반한다고 할 수 없다(헌재 2002.3.28. 2000헌바53).

비교 자기 또는 배우자의 직계존속 고소 금지는 '효'라는 우리 고유의 전통규범을 수호하기 위한 것이므로 평등원칙에 위반되지 아니한다(헌재 2011.2.24. 2008헌바56).

비교 직계존속살해 가중처벌은 형벌체계상 균형을 잃은 자의적 입법으로서 평등원칙에 위반된다고 볼 수 없다(헌재 2013.7.25. 2011헌바267).

8. **동일한 월급근로자임에도 불구하고 해고예고제를 적용할 때, 근무기간 6개월 미만 월급근로자를 그 이상 근무한 월급근로자와 달리 취급하는 규정은 헌법에 위배된다.** 6개월 미만 근무한 월급근로자 또한 전직을 위한 시간적 여유를 갖거나 실직으로 인한 경제적 곤란으로부터 보호받아야 할 필요성이 있다. 그럼에도 불구하고 **합리적 이유 없이 '월급근로자로서 6개월이 되지 못한 자'를 해고예고제도의 적용대상에서 제외한 이 사건 법률조항은 근무기간이 6개월 미만인 월급근로자의 근로의 권리를 침해하고, 평등원칙에도 위배된다**(헌재 2015.12.23. 2014헌바3).

9. **내국인등과 달리 보험료를 체납한 경우에는 다음 달부터 곧바로 보험급여를 제한하는 국민건강보험법**

내국인과 달리 과거 보험료 납부 이력이나 경제적 사정을 전혀 고려하지 않고, 단 1회 체납만으로 보험급여를 제한한다. 체납 보험료를 사후 완납해도 소급 적용 예외가 없어 불측의 질병, 사고 시 건강과 생계에 심각한 위험을 초래한다. 보험료 체납에 따른 예외 없는 보험급여 제한은 합리적 이유 없는 차별이다(헌재 2023.9.26. 2019헌마1165).

평등권 침해가 아닌 것

1. **직장의료보험과 지역의료보험의 재정 통합**

직장가입자인 임금노동자들은 100% 소득이 노출되는 반면, 지역가입자들은 소득이 100% 파악되고 있지 아니하므로 직장가입자는 순수 소득을 기준으로 하고 지역가입자는 순수 소득이 아니라 직업, 주택가액, 차량가액 등에 따른 추정소득을 기준으로 하여 의료보험을 부과하는 이원적 부과체계이므로 평등원칙에 위반되지 아니한다(헌재 2000.6.29. 99헌마289).

2. **지역의료보험에 한하여 국가가 재정을 보조할 수 있도록 한** 의료보험법 제67조 제3항은 평등원칙에 위반되지 아니한다 (헌재 2000.6.29. 99헌마289).

3. **주식회사 연합뉴스를 국가기간뉴스통신사로 지정하고 이에 대한 재정지원 등을 규정한 뉴스통신진흥에 관한 법률**
정보주권의 수호와 국민 간의 정보격차를 해소하고 국가이익보호와 국가의 홍보역량을 강화하기 위한 것이므로 평등원칙에 어긋나는 자의적 차별이라고 하기는 어렵다(헌재 2005.6.30. 2003헌마841).

4. 국내의 정규학력 이수자에 대해서는 수학기간의 기재를 요구하지 않고 그 중퇴자에 대해서만 수학기간의 기재를 요구하면서도 정규학력에 준하는 **외국의 학력에 대해서는 그 과정을 모두 마친 경우에도 수학기간의 기재를 요구하는 공직선거법**(헌재 2010.3.25. 2009헌바121)

5. **'가구 내 고용활동'에 대해서는 근로자퇴직급여 보장법을 적용하지 않도록 규정한 근로자퇴직급여 보장법 제3조** (헌재 2022.10.27. 2019헌바454)
청구인은 심판대상조항이 평등권, 재산권, 행복추구권을 침해하며, 헌법 제32조 제4항에 위배된다고 주장한다.
① **재산권 문제**: 퇴직급여법 적용대상에서 제외된 가사사용인은 퇴직급여 요건 자체가 결여되어 재산권 침해가 발생하지 않는다고 본다.
② **행복추구권 문제**: 행복추구권은 국가에 급부를 요구할 권리가 아니라 자유권적 성격을 가지며, 퇴직급여 미적용만으로 이를 침해한다고 보기 어렵다.
③ **헌법 제32조 제4항 문제**: 가사사용인의 성별 비율로 인해 발생하는 효과는 법적 차별이 아니라 통계적 현상일 뿐이므로, 심판대상조항은 여성 차별 금지 규정에 위배되지 않는다고 본다. 따라서 심판대상조항이 평등원칙에 위배되는지 여부만 검토한다.
④ **평등권 침해 여부**: 퇴직급여법 적용 시, 가사사용인 이용 가정에는 퇴직금 지급 비용뿐만 아니라 제도 운영과 노무관리 비용 부담이 추가된다. 가사사용인을 퇴직급여법 적용대상에서 배제한 것은 가사사용인 이용 가정의 경제적·행정적 부담을 고려한 조치로, 합리적 이유가 있는 차별에 해당한다고 본다. 심판대상조항은 평등원칙에 위배되지 않는다고 판단한다.

6. **사립학교 급식시설 경비를 당해 학교의 설립경영자가 부담하도록 한 것에 대해 사립학교와 국·공립학교를 구분하지 않고 동일하게 취급한 것**은 합리적 이유가 있으므로 평등원칙에 반하지 않는다(헌재 2010.7.29. 2009헌바40).

7. **거주지 중심의 학군제도**(헌재 1995.2.23. 91헌마204)

8. **모집정원의 70%를 임직원 자녀 전형으로 선발하고 10%만을 일반전형으로 선발하는 내용의 충남○○고 입학전형요강을 피청구인 충청남도 교육감의 승인의 평등권 침해 여부**
충남○○고의 입학전형은 충청남도 전체를 모집단위로 하여 일반전형 모집비율을 늘려도 ○○면 일대 일반지원자의 원거리 통학 문제를 해결하기 어렵다. 또한, 현재의 전형 비율로도 ○○면 일대 ○○ 임직원 자녀들의 상당수가 원거리 통학을 해야 하는 상황에서 임직원 자녀 전형 비율을 낮추는 것은 현실적으로 어렵다. 따라서 해당 입학전형요강은 기업형 자사고로서의 특성에 기인한 합리적인 이유가 있어, 피청구인의 승인처분이 자의적이거나 청구인들에게 불합리한 차별을 초래한다고 볼 수 없다(헌재 2015.11.26. 2014헌마145).

9. **입양기관을 운영하는 사회복지법인으로 하여금 '기본생활지원을 위한 미혼모자가족복지시설'을 설치·운영할 수 없게 하는 한부모가족지원법**
입양기관을 운영하는 사회복지법인이 '기본생활지원을 위한 미혼모자가족복지시설'을 설치·운영할 수 없게 하는 것은, 입양기관 운영자가 미혼모에게 자녀 양육보다 입양을 권유할 가능성이 높고, 실제로 입양기관이 설치한 시설에서 입양 선택 비율이 더 높은 점을 고려한 조치이다. 이는 미혼모가 자녀를 스스로 양육하도록 지원하고 입양, 특히 국외입양을 줄이기 위한 합리적 이유에 근거한 것이다. 따라서 해당 법률조항은 입양기관 운영 사회복지법인과 그렇지 않은 법인을 다르게 취급하더라도, 이는 평등권을 침해하지 않는다(헌재 2014. 5.29. 2011헌마363).

10. 개인회생절차에 따른 면책결정이 있는 경우에 채무불이행으로 인한 손해배상채무와 달리 채무자가 고의로 가한 불법행위로 인한 손해배상채무는 면책되지 아니하는 채무자 회생 및 파산에 관한 법률

입법자는 피해자 구제와 손해의 공평한 분배, 그리고 고의적 불법행위 억제 필요성을 고려하여, 개인회생절차에서 고의로 가한 불법행위 인한 손해배상채무는 면책되지 않도록 규정하였다. 이는 채무자의 고의적 행위로 인해 발생한 피해가 불특정 다수에게 미칠 수 있다는 점과 반규범적 행위를 억제할 필요성을 반영한 것이다. 따라서 이 조항은 채무불이행으로 인한 손해배상채무와의 차별에 합리적 이유가 있어 평등원칙에 위배되지 않는다(헌재 2011.10.25. 2009헌바234).

11. 남성 단기복무장교 육아휴직대상 제외

병역의무를 이행하고 있는 남성 단기복무군인과 달리 장교를 포함한 여성 단기복무군인은 지원에 의하여 직업으로서 군인을 선택한 것이므로, 남성 단기복무장교를 육아휴직 허용대상에서 제외하고 있는 이 사건 법률조항이 육아휴직과 관련하여 단기복무군인 중 남성과 여성을 차별하는 것은 **성별에 근거한 차별이 아니라 의무복무군인과 직업군인이라는 복무형태에 따른 차별로 봄이 타당하다**(헌재 2008.10.30. 2005헌마156).

12. 감염병 예방법은 집합제한 또는 금지 조치로 인한 영업 손실 보상을 미리 규정하지 않았으나, 이는 평등권 침해로 볼 수 없다. 정부는 집합제한 조치에 따른 부담 완화를 위해 다양한 지원을 했고, 2021년 소상공인 보호법 개정으로 손실보상 규정이 신설되었다. 따라서 감염병 예방법에 손실보상 규정이 없더라도 평등권 침해에 해당하지 않는다(헌재 2023.6.29. 2020헌마1669).

13. 신규카지노업 허가대상자를 공익실현을 목적사업으로 하는 한국관광공사로 한정한 것(헌재 2006.7.27. 2004헌마924)

14. 교섭단체에 한해 정책연구위원을 배정하는 것(헌재 2008.3.27. 2004헌마654)

15. 특별사면은 국가원수인 대통령이 형의 집행을 면제하거나 선고의 효력을 상실케 하는 시혜적 조치로서, 형의 전부 또는 일부에 대하여 하거나, 중한 형 또는 가벼운 형에 대하여만 할 수도 있는 것이다. 그러므로 **중한 형에 대하여 사면을 하면서 그보다 가벼운 형에 대하여 사면을 하지 않는 것**이 형평의 원칙에 반한다고 할 수도 없다(헌재 2000.6.1. 97헌바74 전원재판부).

16. 의료급여 1종 수급권자인 청구인들을 건강보험가입자들과 차별하여 선택병의원제를 배제한 것(헌재 2009.11.26. 2007헌마734)

17. 청년고용촉진 특별법 조항이 대통령령으로 정하는 공공기관 및 공기업으로 하여금 매년 정원의 100분의 3 이상씩 15세 이상 34세 이하의 청년 미취업자를 채용하도록 한 것

청년할당제가 추구하는 청년실업해소를 통한 지속적인 경제성장과 사회안정은 매우 중요한 공익인 반면, 청년할당제가 시행되더라도 현실적으로 35세 이상 미취업자들이 공공기관 취업기회에서 불이익을 받을 가능성은 크다고 볼 수 없다. 따라서 **이 사건 청년할당제가 청구인들의 평등권, 공공기관 취업의 자유를 침해한다고 볼 수 없다**(헌재 2014.8.28. 2013헌마553).

18. 직장보육시설을 설치하여야 하는 사업장의 규모를 대통령령으로 정하도록 한 영유아보육법

아동 보육에 대한 수요가 어느 정도 클 것으로 예상되는 사업주에게만 그 의무를 부담시키므로 자의적인 차별이라고는 보기 어려우므로 평등원칙에 위반되지 아니한다(헌재 2011.11.24. 2010헌바373).

19. 배출시설 허가 또는 신고를 마치지 못한 가축 사육시설에 대하여 적법화 이행기간의 특례를 규정하면서, 개 사육시설을 적용대상에서 제외하고 있는 가축분뇨의 관리 및 이용에 관한 법률

개 사육시설은 가축 질병으로 인해 유예기간 내 적법시설 신고가 불가능했다고 볼 만한 사정이 없으며, 해당 시설이 신고되지 않은 경우 국가의 관리·감독이 이루어지지 않는 점을 고려할 때, 개 사육시설을 이행기간 특례에서 제외한 조치는 합리성이 결여되었다고 보기 어렵다. 따라서 심판대상조항은 개 사육시설 설치자의 평등권을 침해하지 않는다(헌재 2019.8.29. 2018헌마297).

20. 오전 0시부터 오전 6시까지 인터넷게임규제(헌재 2014.4.24. 2011헌마659)

21. 인구 50만 이상의 일반 시에는 자치구가 아닌 구를 두고 그 구청장은 시장이 임명하도록 한 지방자치법(헌재 2019.8.29. 2018헌마129)

22. **대학구성원이 아닌 청구인의 대학도서관에서의 도서 대출 또는 열람실 이용을 승인하지 않는 내용의 서울교육대학교의 회신**(헌재 2016.11.24. 2014헌마977)

23. 공유재산 및 물품 관리법 제81조 제1항은 **의무교육 실시와 같은 공익 목적 내지 공적 용도로 공유재산을 무단점유한 경우**를 사익추구의 목적으로 무단점유한 경우와 동일하게 **변상금**을 부과하고 있다고 하여 평등원칙에 위반된다고 볼 수 없다(헌재 2017.7.27. 2016헌바374).

24. 도로교통공단 이사장이 2015.7.경 서울 서부운전면허시험장에서 관련법령에서 운전면허 취득이 허용된 신체장애를 가진 청구인이 제2종 소형 운전면허를 취득하고자 기능시험에 응시함에 있어서 청구인에게 관련법령에서 운전면허 취득이 허용된 신체장애 정도에 적합하게 제작·승인된 기능시험용 이륜자동차를 제공하지 않은 부작위

    5인의 재판관은 제2종 소형 운전면허를 취득하려는 수요가 적다는 등의 사정으로 차별하는 것은 정당화할 다른 사정을 발견할 수 없고 하여 부작위는 청구인의 평등권을 침해하는 공권력의 불행사에 해당한다고 하였으나, 4인의 재판관은 장애인차별금지법 시행령 제13조 제3항에 규정된 의무를 넘어서는 구체적 작위의무를 법률 차원에서 직접 도출할 수는 없고, 구체적 작위의무가 인정되지 않는 공권력의 불행사를 대상으로 한 것이어서 부적법하다고 하였다(헌재 2020.10.29. 2016헌마86).

25. 수형자의 배우자에 대해 인터넷화상접견과 스마트접견을 할 수 있도록 하고 미결수용자의 배우자에 대해서는 이를 허용하지 않는 구 '수용관리 및 계호업무 등에 관한 지침'(헌재 2021.11.25. 2018헌마598)
    ① **제한되는 기본권**: 법무부장관은 법무부훈령에 따라 수형자에 한해 인터넷화상접견과 스마트접견 제도를 도입하였다. 이로 인해 미결수용자의 배우자와 수형자의 배우자 간 차별이 발생한다. 청구인의 평등권을 제한한다.
    ② **심사기준**: 인터넷화상접견과 스마트접견은 헌법이 특별히 평등을 요구하는 영역에 속하지 않으며, 중대한 기본권 제한으로 보기도 어렵다. 따라서 차별에 합리적 이유가 있는지 여부를 심사하는 방식이 적합하다.
    ③ **평등권 침해 여부**: 인터넷화상접견과 스마트접견 제도는 법무부장관의 정책적 판단으로 제정되었으며, 법무부장관에게 넓은 재량권이 인정된다. 인터넷화상접견과 스마트접견은 대면 접견 1회로 간주되며, 미결수용자는 대면 접견 기회가 수형자보다 많아, 이 새로운 접견 방식을 수형자에게 우선 허용할 필요성이 있다. 미결수용자는 수사나 재판 절차가 진행 중으로, 증거인멸 등 접견 제도 남용의 위험이 크다. 미결수용자의 배우자는 거주지 인근 교정시설에서 영상통화 설비를 이용한 화상접견이 가능하다. 수형자와 미결수용자 간 차별에는 합리적 이유가 있으므로, 이 지침조항은 청구인의 평등권을 침해하지 않는다.

26. 국립묘지 안장 대상자의 사망 당시의 배우자가 재혼한 경우에는 국립묘지에 안장된 안장 대상자와 합장할 수 없도록 규정한 '국립묘지의 설치 및 운영에 관한 법률'

    안장 대상자가 사망한 후 재혼한 배우자는 새로운 혼인관계를 형성하여 안장 대상자를 매개로 한 인척관계를 종료하였으므로, 안장 대상자의 사망 후 재혼하지 않은 배우자나 배우자 사망 후 안장 대상자가 재혼한 경우의 종전 배우자와는 차이가 있다. 사망 당시 배우자를 기준으로 합장 자격을 판단하는 것은 사회통념에 부합한다. 안장 대상자의 사망 후 재혼하지 않은 배우자나 배우자 사망 후 안장 대상자가 재혼한 경우의 종전 배우자는 배우자로서의 실체를 유지하였다는 점에서 합장을 허용하는 것이 국립묘지 안장의 취지에 부합한다. 반면, 사망 후 재혼하여 새로운 가족관계를 형성한 경우 합장 대상에서 제외하는 것은 합리적인 이유가 있으므로, 심판대상조항은 평등원칙에 위배되지 않는다(헌재 2022.11.24. 2020헌바463).

27. 근로자의 날을 관공서의 공휴일에 포함시키지 않은 '관공서의 공휴일에 관한 규정'(헌재 2022.8.31. 2020헌마1025)

28. 공무원이 지위를 이용하여 범한 공직선거법위반죄의 경우 일반인이 범한 공직선거법위반죄와 달리 공소시효를 10년으로 정한 공직선거법 제268조

공무원이 지위를 이용해 공직선거법을 위반한 경우, 선거의 공정성을 심각하게 훼손하고 공권력을 동원해 조직적으로 은폐될 가능성이 있어 단기 공소시효로는 처벌 실효성을 확보하기 어렵다. 이를 고려하여 공무원이 지위를 이용해 저지른 공직선거법위반죄의 공소시효를 해당 선거일 후 10년으로 정한 것은 합리적 이유가 있는 입법적 판단으로, 평등원칙에 위반되지 않는다(헌재 2022.8.31. 2018헌바440).

29. 영화업자가 영화근로자와 계약을 체결할 때 근로시간을 구체적으로 밝히도록 하고 위반시 처벌하는 영화 및 비디오물의 진흥에 관한 법률

심판대상조항은 근로계약 체결 시 소정근로시간을 명시하도록 한 근로기준법 조항을 영화근로자와 계약을 체결하는 영화업자에게도 적용하도록 규정한 것이다. 이는 사용자에 비해 취약한 지위에 있는 근로자를 보호하고, 근로계약 체결 시 근로시간이라는 핵심 근로조건을 사전에 명확히 알리도록 하기 위한 것으로, 영화근로자에게도 동일한 필요성이 있다. 영화근로자의 업무가 재량근로 대상에 해당할 수 있다는 사실만으로 이를 배제할 이유가 없다. 따라서 심판대상조항은 영화업자의 평등권을 침해하지 않는다(헌재 2022.11.24. 2018헌바514).

30. 공중위생관리법상의 숙박업과 관광진흥법상의 호텔업을 교육환경보호구역에서 금지되는 행위 및 시설로 규정한 구 '교육환경 보호에 관한 법률'은 교육환경에 미칠 유해성 측면에서 볼 때 '휴양콘도미니엄'이 '호텔, 여관, 여인숙' 등 다른 숙박시설과 본질적인 차이가 있다고 할 수 없고 그 규제의 필요성이 인정된다는 점에서, 평등원칙을 위반하지 아니한다(헌재 2022.8.31. 2020헌바307).

31. 특정범죄 가중처벌법은 물품을 반송하면서 세관장에게 신고하지 않은 밀반송죄를 밀수출죄와 동일한 법정형으로 규정하고 있다. 이는 통관절차 강제를 통한 관세행정의 목적 달성과, 반출 후 증거 확보가 어려운 상황에서 신고 확보의 필요성이 밀수출과 본질적으로 다르지 않기 때문이다. 따라서 이 처벌조항은 평등원칙에 위반되지 않는다(헌재 2023.6.29. 2020헌바177).

32. 외국인 지역가입자에 대하여 **납부할 월별 보험료의 하한을 전년도 전체 가입자의 평균을 고려하여** 정하는 '장기체류 재외국민 및 외국인에 대한 건강보험 적용기준'이 외국인 지역가입자의 월별 보험료 하한을 내국인 지역가입자의 하한보다 높게 설정한 것은 보험급여와 보험료 납부의 상관관계, 외국인의 납부 의무 회피 방지 등 합리적인 이유가 있어 차별에 해당하지 않는다. 따라서 이는 평등권을 침해하지 않는다(헌재 2023.9.26. 2019헌마1165).

33. 대학의 자율성은 학문의 자유를 보장하기 위한 것으로, 강사는 교수에 비해 대학과의 관계가 약하고, 선거권 보장의 필요성이 상대적으로 낮다. 강사를 총장선거권에서 제외한 것은 합리적인 이유가 있는 차별로, 평등권을 침해하지 않는다(헌재 2023.9.26. 2020헌마553).

34. '국가, 지방자치단체, 공공기관의 운영에 관한 법률에 따른 공공기관'이 시행하는 개발사업과 달리, 학교법인이 시행하는 개발사업은 그 일체를 개발부담금의 제외 또는 경감 대상으로 규정하지 않은 '개발이익 환수에 관한 법률'

국가와 지방자치단체는 개발이익의 환수 주체 또는 배분 대상으로 개발이익 환수 필요성이 낮다. 공공기관도 개발이익을 보유 후 국가사업에 사용할 수 있어 환수 필요성이 낮다. 그러나 학교법인이 시행하는 개발사업의 이익은 국가나 지방자치단체에 귀속되지 않으며, 공동체가 공평하게 향유할 수도 없다. 따라서 학교법인이 개발부담금 제외 또는 경감 대상으로 포함되지 않는 것은 합리적 이유가 있으며, 평등원칙에 위반되지 않는다(헌재 2024.5.30. 2020헌바179).

제5절 혼인과 가족생활에서의 평등

> 헌법 제36조【혼인과 가족생활, 모성보호, 국민보건】① 혼인과 가족생활은 개인의 존엄과 양성의 평등을 기초로 성립되고 유지되어야 하며, 국가는 이를 보장한다.

01 의의 및 연혁

1. 의의

헌법 제36조 제1항은 혼인과 가족생활이 개인의 존엄과 양성의 평등을 기초로 성립·유지되어야 하며, 국가는 이를 보장해야 한다고 규정하여 혼인과 그에 기반한 가족생활이 국가의 특별한 보호를 받는다고 명시하고 있다. 이 규정은 국가권력이 혼인과 가정을 부당하게 침해하지 못하도록 하는 개인의 방어권을 보장하는 동시에, 혼인과 가족을 제3자 등으로부터 보호하고 개인의 존엄과 양성의 평등을 바탕으로 혼인·가족제도를 실현해야 할 국가의 과제를 부과하고 있다(헌재 2000.4.27. 98헌가16).
이 원리로부터 도출되는 차별금지명령은 헌법 제11조 제1항에서 보장된 평등원칙을 혼인과 가족생활 영역에서 구체화하여, 이 영역을 부당한 차별로부터 특별히 보호하려는 목적을 가진다(헌재 2002.8.29. 2001헌바82).

2. 연혁

> **1948년 개정헌법 제20조** 혼인은 남녀동권을 기본으로 하며 혼인의 순결과 가족의 건강은 국가의 특별한 보호를 받는다.
>
> **1980년 개정헌법 제34조** ① 혼인과 가족생활은 개인의 존엄과 양성의 평등을 기초로 성립되고 유지되어야 한다.
> ② 모든 국민은 보건에 관하여 국가의 보호를 받는다.
>
> **1987년 개정헌법 제36조** ① 혼인과 가족생활은 개인의 존엄과 양성의 평등을 기초로 성립되고 유지되어야 하며, 국가는 이를 보장한다.

02 헌법 제36조 제1항의 규범내용

(1) "혼인과 가족생활은 개인의 존엄과 양성의 평등을 기초로 성립되고 유지되어야 하며, 국가는 이를 보장한다."라고 규정하고 있는 헌법 제36조 제1항은, 인간의 존엄과 양성의 평등이 가족생활에 있어서도 보장되어야 한다는 요청에서 인간다운 생활을 보장하는 기본권 보장의 성격을 갖는 동시에 그 제도적 보장의 성격도 갖고 있는 것으로 파악된다(헌재 1990.9.10. 89헌마82).

(2) 헌법 제36조 제1항은 혼인과 가족에 관련되는 **공법 및 사법의 모든 영역에 영향을 미치는** 헌법원리 내지 원칙규범으로서의 성격도 가지는데, 이는 적극적으로는 적설한 조치를 통해서 혼인과 가족을 지원하고 제삼자에 의한 침해 앞에서 혼인과 가족을 보호해야 할 국가의 과제를 포함하며, 소극적으로는 불이익을 야기하는 제한조치를 통해서 혼인과 가족을 차별하는 것을 금지해야 할 국가의 의무를 포함한다(헌재 2002.8.29. 2001헌바82).

헌법 제36조 보호 여부

보호되는 것

1. **혼인결정의 자유**, 혼인관계 유지, 혼인할 상대방을 선택할 자유인 **혼인의 자유**를 인간의 존엄과 가치와 행복추구권과 혼인가족제도에서 도출한 바 있다. 동성동본혼인금지는 혼인의 자유 침해라 하여 헌법재판소는 헌법불합치결정한 바 있다(헌재 1997.7.16. 95헌가6).

2. 헌법 제36조에서 **친양자 입양을 할지 여부를 결정할 수 있는 자유**를 갖고, 양자의 양육에 보다 적합한 가정환경에서 양자를 양육할 것을 선택할 권리가 보호된다(헌재 2013.9.26. 2011헌가42).

3. 부모가 자녀의 이름을 지어주는 것은 자녀의 양육과 가족생활을 위하여 필수적이더라도, 가족생활의 핵심적 요소라 할 수 있으므로, '**부모가 자녀의 이름을 지을 자유**'는 혼인과 가족생활을 보장하는 헌법 제36조 제1항과 행복추구권을 보장하는 헌법 제10조에 의하여 보호받는다(헌재 2016.7.28. 2015헌마964).

4. **부모의 자녀에 대한 교육권**은 비록 헌법에 명문으로 규정되어 있지는 아니하지만, 혼인과 가족생활을 보장하는 헌법 제36조 제1항 등에서 나오는 중요한 기본권이다(헌재 2009.4.30. 2005헌마514).

보호되지 않는 것

1. 헌법 제36조 제1항에서 규정하는 '혼인'이란 양성이 평등하고 존엄한 개인으로서 자유로운 의사의 합치에 의하여 생활공동체를 이루는 것으로서 법적으로 승인받은 것을 말하므로, **법적으로 승인되지 아니한 사실혼**은 헌법 제36조 제1항의 보호범위에 포함된다고 보기 어렵다(헌재 2014.8.28. 2013헌바119).

2. **육아휴직신청권**은 헌법 제36조 제1항 등으로부터 개인에게 직접 주어지는 헌법적 차원의 권리라고 볼 수는 없고, 법률상의 권리에 불과하다 할 것이다(헌재 2008.10.30. 2005헌마1156).

3. 청구인은 피상속인에 대한 부양의무를 이행하지 않은 직계존속에게 상속권을 인정하는 것은 헌법 제36조 제1항에 위배된다고 주장한다. 그러나 피상속인에 대한 부양의무를 이행하지 않은 직계존속이 상속권을 갖는지 여부는 피상속인 사후 혈족들의 재산권과 관련될 뿐이고, 그 자체로 가족생활의 자율적인 형성을 방해하거나 이에 영향을 미친다고 보기 어려우므로, 헌법 제36조 제1항에 위배되는지 여부는 문제되지 않는다(헌재 2018.2.22. 2017헌바59).

헌법 제36조 위반 여부

헌법 제36조 위반인 것

1. 부계혈통주의

   국적취득에 있어서 부계혈통주의를 취한 국적법은 가족생활에 있어서의 양성평등의 원칙에 위배된다(헌재 2000.8.31. 97헌가2).

2. 혼인 종료 후 300일 이내에 출생한 자를 전남편의 친생자로 추정하는 민법

   아무런 예외 없이 그자를 전남편의 친생자로 추정함으로써 친생부인의 소를 거치도록 하는 심판대상조항은 입법형성의 한계를 벗어나 모가 가정생활과 신분관계에서 누려야 할 인격권, 혼인과 가족생활에 관한 기본권을 침해한다(헌재 2015.4.30. 2013헌마623).

3. 호주제

   호주제는 남계혈통을 중시하여 혼인과 가족생활에서 여성을 부당하게 차별하므로 헌법 제36조에 위반된다. 전통문화도 헌법이념인 개인의 존엄과 양성의 평등에 반하는 것이어서는 안 된다는 한계가 도출되므로 전래

의 가족제도가 헌법 제36조 제1항이 요구하는 개인의 존엄과 양성평등에 반한다면 헌법 제9조(전통문화 계승·발전)를 근거로 그 헌법적 정당성을 주장할 수 없다(헌재 2005.2.3. 2001헌가9).

4. 子는 父의 성을 따르도록 하고, 다만 父가 외국인일 때에는 母의 성을 따르도록 한 민법

부성주의(父姓主義) 자체는 합헌이나 父가 사망하였거나 부모가 이혼하여 母가 단독으로 친권을 행사하고 양육할 것이 예상되는 경우 혼인외 子를 父가 인지하였으나 母가 단독으로 양육하고 있는 경우 등에 있어서 부성을 사용토록 강제하면서 母의 성의 사용을 허용하지 않은 것은 헌법 제36조 제1항에 위반된다(헌재 2005.12.22. 2003헌가56).

5. 부부자산소득합산과세

특정한 조세법률조항이 혼인을 근거로 혼인한 부부를 혼인하지 아니한 자에 비해 차별취급하는 것이라면 **비례의 원칙에 의한 심사**에 의해 정당화되지 않는 한 헌법 제36조 제1항에 위반된다. 자산소득합세과세의 대상이 되는 혼인한 부부를 혼인하지 않은 부부나 독신자에 비하여 차별취급하는 것은 헌법 제36조 제1항에 위반된다(헌재 2002.8.29. 2001헌바82).

6. 종합부동산세의 과세방법을 '인별합산'이 아니라 '세대별 합산'으로 규정한 종합부동산세법

특정한 조세 법률조항이 혼인이나 가족생활을 근거로 부부 등 가족이 있는 자를 혼인하지 아니한 자 등에 비하여 차별 취급하는 것이라면 비례의 원칙에 의한 심사에 의하여 정당화되지 않는 한 헌법 제36조 제1항에 위반된다. 이 사건 세대별 합산규정은 혼인한 자 또는 가족과 함께 세대를 구성한 자를 비례의 원칙에 반하여 개인별로 과세되는 독신자, 사실혼 관계의 부부, 세대원이 아닌 주택 등의 소유자 등에 비하여 불리하게 차별하여 취급하고 있으므로, 헌법 제36조 제1항에 위반된다(헌재 2008.11.13. 2006헌바112).

7. 1세대 3주택 소유에 대한 중과세

혼인으로 새로이 1세대를 이루는 자를 위하여 상당한 기간 내에 보유 주택수를 줄일 수 있도록 하고 그러한 경과규정이 정하는 기간 내에 양도하는 주택에 대해서는 혼인 전의 보유 주택수에 따라 양도소득세를 정하는 등의 완화규정을 두는 것과 같은 손쉬운 방법이 있음에도 이러한 완화규정을 두지 아니한 것은 혼인에 따른 차별금지원칙에 위배되고, 혼인의 자유를 침해한다(헌재 2011.11.24. 2009헌바146).

8. 공직자윤리법 조항에 따라 이미 배우자의 직계존·비속의 재산을 등록한 혼인한 여성 등록의무자는 종전과 동일하게 계속해서 배우자의 직계존·비속의 재산을 등록하도록 규정한 공직자윤리법 부칙

혼인한 남성 등록의무자와 달리 혼인한 여성 등록의무자의 경우에만 본인이 아닌 배우자의 직계존·비속의 재산을 등록하도록 하는 것은 여성의 사회적 지위에 대한 그릇된 인식을 양산하고, 가족관계에 있어 시가와 친정이라는 이분법적 차별구조를 정착시킬 수 있으며, **이것이 사회적 관계로 확장될 경우에는 남성우위·여성비하의 사회적 풍토를 조성하게 될 우려가 있다. 이는 성별에 의한 차별금지 및 혼인과 가족생활에서의 양성의 평등을 천명하고 있는 헌법에 정면으로 위배되는 것으로 그 목적의 정당성을 인정할 수 없다. 따라서 이 사건 부칙조항은 평등원칙에 위배된다**(헌재 2021.9.30. 2019헌가3).

9. 금혼조항을 위반한 혼인을 무효로 하는 민법 제815조 제2호가 혼인의 자유를 침해하는지 여부(적극)

이 사건 무효조항은 금혼조항의 실효성을 보장하기 위한 정당한 입법목적을 가지고 있으나, 그 효력을 소급하여 근친혼을 일률적으로 무효화하는 것은 이미 이루어진 부부 간 권리·의무 이행, 자녀 출산, 가족 내 신뢰와 협력 기대 등을 저해하여 가족제도의 기능 유지라는 입법목적에 반할 가능성이 있다. 근친혼으로 인한 신분관계 혼란이나 가족제도의 기능 훼손이 명백하지 않은 경우에는 혼인의 취소를 통해 장래를 향해 혼인을 해소하도록 규정하는 것이 가족의 기능을 보호하면서도 입법목적을 충분히 달성할 수 있다. 이 사건 무효조항은 입법목적 달성을 위해 필요한 범위를 넘는 과도한 제한으로 침해의 최소성을 충족하지 못하며, 공익이 적지 않더라도 제한되는 개인의 사익이 중대하여 법익균형성도 충족하지 못한다. 따라서 이 사건 무효조항은 과잉금지원칙에 위배되어 혼인의 자유를 침해한다고 본다(헌재 2022.10.27. 2018헌바115).

10. 출생등록될 권리 (헌재 2023.3.23. 2021헌마975)

(1) 쟁점

① **혼인 외 출생자의 출생등록 권리**: 혼인 외 출생자인 청구인들의 즉시 출생등록될 권리가 기본권에 해당하는지, 이를 기본권으로 본다면 심판대상조항들이 그 권리를 침해하는지 여부를 살펴본다.

② **생부의 평등권 침해 여부**: 생부인 청구인들은 생부와 생모가 차별을 받는다는 점에서 평등권 침해를 주장하므로, 심판대상조항들이 생부의 평등권을 침해하는지 여부를 검토한다.

③ **기타 기본권 주장**: 혼인 외 출생자인 청구인들은 생명권, 인격권, 존엄과 가치를 주장하나, 이는 출생 등록될 권리와 밀접한 관계에 있어 출생등록 권리 침해 여부 판단으로 대신한다. 생부의 양육권 및 가족생활의 자유에 대해서도 출생신고 규정이 직접적인 제한을 가하지 않으므로 별도로 판단하지 않는다.

(2) 태어난 즉시 '출생등록될 권리'가 기본권인지 여부(적극)

태어난 즉시 '출생등록될 권리'는 헌법 제10조의 인간의 존엄과 가치 및 행복추구권으로부터 도출되는 일반적 인격권을 실현하기 위한 기본적인 전제로서 헌법 제10조뿐만 아니라, 헌법 제34조 제1항의 인간다운 생활을 할 권리, 헌법 제36조 제1항의 가족생활의 보장, 헌법 제34조 제4항의 국가의 청소년 복지 향상을 위한 정책실시의무 등에도 근거가 있다. 이와 같은 태어난 즉시 '출생등록될 권리'는 앞서 언급한 기본권 등의 어느 하나에 완전히 포섭되지 않으며, 이들을 이념적 기초로 하는 헌법에 명시되지 아니한 독자적 기본권으로서, 자유로운 인격실현을 보장하는 자유권적 성격과 아동의 건강한 성장과 발달을 보장하는 사회적 기본권의 성격을 함께 지닌다.

(3) '혼인 중 여자와 남편 아닌 남자 사이에서 출생한 자녀에 대한 생부의 출생신고'를 허용하도록 규정하지 아니한 '가족관계의 등록 등에 관한 법률' 제46조 제2항, '가족관계의 등록 등에 관한 법률'제57조 제1항 및 제2항이 혼인 외 출생자인 청구인들의 태어난 즉시 '출생등록될 권리'를 침해하는지 여부(적극)

현행 출생신고제도는 혼인 외 출생자인 청구인들처럼, 모와 남편이 출생신고를 하지 않는 경우 실효적으로 출생신고를 보장하지 못한다. 따라서 심판대상조항은 입법형성권의 한계를 넘어 청구인들의 출생등록될 권리를 침해한다.

(4) '혼인 중 여자와 남편 아닌 남자 사이에서 출생한 자녀에 대한 생부의 출생신고'를 허용하도록 규정하지 아니한 '가족관계의 등록 등에 관한 법률' 제46조 제2항 이 생부인 청구인들의 평등권을 침해하는지 여부(소극)

심판대상조항들이 혼인 중인 여자와 남편 아닌 남자 사이에서 출생한 자녀의 경우에 혼인 외 출생자의 신고의무를 모에게만 부과하고, 남편 아닌 남자인 생부에게 자신의 혼인 외 자녀에 대해서 출생신고를 할 수 있도록 규정하지 아니한 것은 모는 출산으로 인하여 그 출생자와 혈연관계가 형성되는 반면에, 생부는 그 출생자와의 혈연관계에 대한 확인이 필요할 수도 있고, 그 출생자의 출생사실을 모를 수도 있다는 점에 있으며, 이에 따라 가족관계등록법은 모를 중심으로 출생신고를 규정하고, 모가 혼인 중일 경우에 그 출생자는 모의 남편의 자녀로 추정하도록 한 민법의 체계에 따르도록 규정하고 있는 점에 비추어 합리적인 이유가 있다. 그렇다면, 심판대상조항들은 생부인 청구인들의 평등권을 침해하지 않는다.

헌법 제36조 위반이 아닌 것

1. 친양자 입양시 친생부모 동의(헌재 2012.5.31. 2010헌바87)

2. 독신자 친양자 입양금지(헌재 2013.9.26. 2011헌가42)

참고 입양 모두 합헌

3. 배우자로부터 증여를 받은 때에 '300만원에 결혼년수를 곱하여 계산한 금액에 3천만원을 합한 금액'을 증여세 과세가액에서 공제하도록 하는 것

이 사건 증여재산공제 조항은 부부 간 증여의 경우 일정한 혜택을 부여한 규정이고, 남녀를 구별하지 않고 적용되는 규정이므로, 헌법상 혼인과 가족생활 보장 및 양성의 평등원칙에 반한다고 할 수도 없다(헌재 2012.12.27. 2011헌바132).

4. 8촌 이내의 혈족 사이에서는 혼인할 수 없도록 하는 민법 제809조 제1항

이 사건 금혼조항은 근친혼으로 인해 가까운 혈족 간의 관계와 지위에서 발생할 수 있는 혼란을 방지하고, 가족제도의 기능을 유지하기 위한 것이다. 이는 정당한 입법목적이다. 금혼조항으로 인해 배우자 선택이 제한되는 범위는 8촌 이내 혈족으로, 제한이 넓다고 보기 어렵다. 반면, 8촌 이내 혈족 간 혼인을 금지함으로써 가족질서를 보호하고 유지하는 공익은 매우 크다. 따라서 금혼조항은 법익균형성에 위반되지 않는다. 이 사건 금혼조항은 과잉금지원칙에 위배되지 않으며, 혼인의 자유를 침해하지 않는다(헌재 2022.10.27. 2018헌바115).

5. 입양신고시 신고사건 본인이 시·읍·면에 출석하지 아니하는 경우에는 신고사건 본인의 신분증명서를 제시하도록 한 '가족관계의 등록 등에 관한 법률'

이 사건 법률조항은 입양 당사자가 출석하지 않아도 신분증명서를 제시하도록 함으로써 입양신고의 자유를 보장하면서 신고의사의 진실성을 담보하고, 허위입양 발생 시 형사처벌과 입양무효확인의 소를 통해 구제가 가능하므로, 원하지 않는 가족관계 형성을 방지하는 데 완전히 부적합하지 않으며 입양당사자의 가족생활의 자유를 침해하지 않는다(헌재 2022.11.24. 2019헌바108).

제4장 / 신체의 자유

01 우리 헌법상 신체의 자유 조항

1. 신체의 자유의 의미

신체의 자유란 신체의 안정성이 외부의 물리적인 힘이나 정신적인 위험으로부터 침해당하지 아니할 자유와 신체활동을 임의적이고 자율적으로 할 수 있는 자유를 말하는 것이다(헌재 1992.12.24. 92헌가8).

2. 신체의 자유의 제한과 그 한계

신체의 자유를 제한하는 법률은 헌법 제37조 제2항과 헌법 제12조 등의 제한의 한계를 준수해야 한다.

📖 판례정리

신체의 자유

헌법 위반인 것

1. 형사피의자를 유치장에 수용하는 과정에서 **과도하게 신체를 수색한 행위**는 신체의 자유를 침해한다(헌재 2002.7.18. 2000헌마327).

2. **계구 착용**

   수형자나 미결수용자에 대한 계구사용은 도주, 폭행, 소요, 자해 등의 구체적이고 명백한 위험이 있는 경우에 필요한 만큼만 허용되며, 검사조사실에서 피의자가 방어권을 충분히 행사할 수 있도록 계구사용을 원칙적으로 금지하되, 예외적으로 위험이 분명하고 구체적으로 드러나는 경우에만 허용해야 하나, 검사실에서의 계구사용을 원칙으로 하고 검사의 계구해제 요청까지 거절하도록 한 계호근무준칙은 원칙과 예외를 전도하여 신체의 자유를 침해하므로 헌법에 위반된다(헌재 2005.5.26. 2004헌마49).

3. **군사법경찰관의 피의자 구속기간을 추가로 10일 연장(10 + 10)**하는 군사법원법은 과잉금지원칙에 반한다(헌재 2003.11.27. 2002헌마193). *심사기준: 엄격한 심사

4. **성충동 약물치료(속칭 화학적 거세)의 위헌 여부** (헌재 2015.12.23. 2013헌가9)
   ① **성충동약물치료법 제4조(치료명령의 청구)**: ① **검사는** 사람에 대하여 성폭력범죄를 저지른 성도착증 환자로서 성폭력범죄를 다시 범할 위험성이 있다고 인정되는 19세 이상의 사람에 대하여 <u>약물치료명령을 법원에 청구할 수 있다</u>. ➡ 성폭력범죄를 저지른 성도착증 환자의 동종 재범을 방지하기 위한 것으로서 과잉금지원칙에 반하지 않는다. ***합헌결정**
   ② **성충동약물치료법 제8조(치료명령의 판결 등)**: ① **법원은** 치료명령 청구가 이유 있다고 인정하는 때에는 15년의 범위에서 치료기간을 정하여 <u>판결로 치료명령을 선고하여야</u> 한다. ➡ 장기형이 선고되는 경우 치료명령의 선고시점과 집행시점 사이에 상당한 시간적 간극이 있어 집행시점에서 발생할 수 있는 불필요한 치료와 관련한 부분에 대해서는 침해의 최소성과 법익균형성을 인정하기 어렵다. 치료명령 피청구인의 신체의 자유 등 기본권을 침해한다. ***헌법불합치결정**

5. 정신질환자 입원요건 (헌재 2016.9.29. 2014헌가9) **헌법불합치결정**
   (1) 제한되는 기본권
   심판대상조항은 정신질환자의 보호의무자 2인의 동의와 정신과전문의 1인의 진단으로 본인의 의사에 반해 최대 6개월까지 정신의료기관에 입원시킬 수 있도록 규정하여 정신질환자의 신체의 자유를 제한하며, 개인의 자기결정권이나 통신의 자유에 대한 제한은 신체의 자유 제한에서 부수적으로 발생하는 결과이므로 별도 판단 대상이 아니다.
   (2) 신체의 자유 침해
   정신질환자의 보호입원을 규정한 심판대상조항은 정신질환자의 신속한 치료와 사회 안전 도모라는 정당한 목적을 가지며, 보호의무자 동의와 전문의 진단을 통한 입원 방식은 적절한 수단으로 볼 수 있다. 그러나 입원 기준의 모호성, 이해충돌 방지 제도의 부재, 전문의 판단의 자의성, 남용 가능성, 권리 보호 절차 부족 등으로 인해 침해 최소성 원칙을 위배하고, 과도한 기본권 제한으로 법익균형성을 충족하지 못한다. 따라서 해당 조항은 과잉금지원칙에 위배되어 정신질환자의 신체의 자유를 침해한다.

6. 외국에서 형의 전부 또는 일부의 집행을 받은 자에 대하여 형을 감경 또는 면제할 수 있도록 규정한 형법 (헌재 2015.5.28. 2013헌바129) **헌법불합치결정**
   ① **이중처벌금지원칙 위반 여부**: 형사판결은 각국의 형벌권 행사에 기초하므로, 동일한 범죄행위에 대해 여러 국가에서 재판이나 처벌이 이루어질 가능성을 배제할 수 없다. 헌법상 이중처벌금지원칙은 대한민국 내에서 동일한 범죄에 대해 거듭 형벌권을 행사하지 않는 것을 의미하며, 외국의 형사판결에는 적용되지 않는다. 따라서 이 사건 법률조항은 헌법 제13조 제1항의 이중처벌금지원칙에 위반되지 않는다.
   ② **과잉금지원칙 위반 여부**: 외국에서 형의 집행을 받은 경우 이를 국내 형벌에 전혀 반영하지 않는 것은 신체의 자유를 과도하게 제한할 수 있다. 형법은 외국에서 형 집행을 받은 경우 형을 감경 또는 면제할 수 있도록 규정하고 있으나, 외국에서 집행된 형을 필요적으로 산입하지 않도록 한 것은 입법재량을 일탈한 것으로 본다. 이는 최소한의 기본권 제한 원칙을 위배하여 과도한 제한에 해당한다.
   ③ **평등원칙 위반 여부**: 헌법 제13조 제1항의 이중처벌금지원칙은 대한민국 내에서만 구속력을 가지므로, 외국에서 처벌을 받은 자와 국내에서만 처벌받은 자는 본질적으로 동일한 비교집단이 아니다. 이로 인해 두 집단 간 차별취급 여부를 논할 수 없으며, 평등원칙 위반 주장은 이유 없다.

7. 영창은 부대나 함정 내의 영창, 그 밖의 구금장소에 감금하는 것을 말하며, 그 기간은 15일 이내로 하도록 한 군인사법 (헌재 2020.9.24. 2017헌바157)
   ① **쟁점의 정리**: 심판대상조항은 병(兵)을 대상으로 한 영창처분을 "부대나 함정 내의 영창, 그 밖의 구금장소에 감금하는 것을 말하며, 그 기간은 15일 이내로 한다."라고 규정하고 있으므로, 심판대상조항에 의한 영창처분은 신체의 자유를 제한하는 구금에 해당하고, 이로 인해 헌법 제12조가 보호하려는 신체의 자유가 제한된다.
   ② **과잉금지원칙 위배 여부**: 심판대상조항은 군의 지휘명령체계 확립과 전투력 제고라는 정당한 목적과 신체 구금을 통한 수단의 적합성은 인정되나, 경미한 비위행위에도 영창처분이 가능하도록 포괄적으로 규정되어 있어 침해 최소성 원칙에 어긋난다. 또한, 병의 신체의 자유 제한은 공익에 비해 과도하여 법익균형성 요건을 충족하지 못하므로, 심판대상조항은 과잉금지원칙에 위배된다.

8. 지방출입국·외국인관서의 장은 강제퇴거명령을 받은 사람을 여권 미소지 또는 교통편 미확보 등의 사유로 즉시 대한민국 밖으로 송환할 수 없으면 송환할 수 있을 때까지 그를 보호시설에 보호할 수 있도록 한 출입국관리법 제63조 (헌재 2023.3.23. 2020헌가1) **헌법불합치결정**
   ① **심사기준**: 헌법 제12조 제1항의 신체의 자유는 인간의 존엄과 가치를 구현하기 위한 가장 기본적인 최소한의 자유이자 모든 기본권 보장의 전제가 되는 것으로서 그 성질상 인간의 권리에 해당하고, 국내 체류자격 유무에 따라 그 인정 여부가 달라지는 것이 아니다. 따라서 심판대상조항이 신체의 자유를 침해하는지 여부에 대해서는 엄격한 심사기준이 적용되어야 한다.
   ② **과잉금지원칙 위반 여부**: 심판대상조항은 강제퇴거대상자를 보호시설에 수용하여 강제퇴거명령 집행을 용이하게 한다는 정당한 목적과 수단의 적합성은 인정되나, 수용 기간에 상한이 없어 피보호자의 신체의

자유를 과도하게 제한하여 침해 최소성 및 법익의 균형성을 충족하지 못한다. 따라서 심판대상조항은 과잉금지원칙에 위배되어 피보호자의 신체의 자유를 침해한다.

9. 금치처분을 받은 자

① **운동을 금지하는 것**은 신체의 자유 침해에 해당한다. 또한 실외운동금지는 청구인의 신체의 자유를 침해한다(헌재 2016.5.26. 2014헌마45).

② 군이 집필행위를 제한하고자 하는 경우에도 집필행위 자체는 허용하면서 집필시간을 축소하거나 집필의 횟수를 줄이는 방법으로도 충분히 달성될 수 있을 것으로 보인다. **예외 없이 일체의 집필행위를 금지하는 것은 표현의 자유를 침해한다**(헌재 2005.2.24. 2003헌마289).

> **헌법 침해가 아닌 것**

1. 금치처분을 받은 자 *합헌결정

① 금치처분을 받은 자에 대한 **집필 원칙금지, 예외적 허용**은 표현의 자유를 침해한다고 볼 수 없다(헌재 2014.8.28. 2012헌마623).

② **텔레비전 시청 금지**는 청구인의 알 권리를 침해하지 아니한다.

③ **신문·도서·잡지 외 자비구매금지**는 청구인의 일반적 행동의 자유를 침해하지 아니한다.

④ 금치처분을 받은 자에 대한 **접견금지**는 청구인의 일반적 행동의 자유를 침해하지 아니한다.

⑤ **서신수발을 금지**하는 것과 예외없는 전화금지는 통신의 자유 제한이나 침해는 아니다.

⑥ 30일 이내의 **공동행사 참가정지**는 종교의 자유를 제한하나 침해한다고 볼 수 없다.

2. 벌금미납자를 노역장에 유치하여 신체를 구금하도록 한 형법은 신체의 자유를 침해한다고 볼 수 없다(헌재 2011.9.29. 2010헌바188)

3. 엄중격리대상자에 대한 계구사용행위, 동행계호행위 및 1인 운동장을 사용하게 하는 처우(헌재 2008.5.29. 2005헌마137)

4. 피청구인인 공주교도소장이 청구인을 경북북부제1교도소로 이송함에 있어 4시간 정도에 걸쳐 포승과 수갑 2개를 채운 행위(헌재 2012.7.26. 2011헌마426)

5. 호송과정에서 청구인에게 포승과 수갑을 채우고 별도의 포승으로 다른 수용자와 연승한 행위(헌재 2014.5.29. 2013헌마280)

6. 교도소장이 민사법정 내에서 수형자인 청구인으로 하여금 양손수갑 2개를 앞으로 사용하고 상체승을 한 상태에서 변론을 하도록 한 행위(헌재 2018.6.28. 2017헌마181)

7. 청구인이 2017.10.17. 대구지방법원에 출정할 때 피청구인이 수형자인 청구인에게 행정법정 방청석에서 청구인의 변론 순서가 될 때까지 대기하는 동안 수갑 1개를 착용하도록 한 행위(헌재 2018.7.26. 2017헌마1238)

8. 민사집행법상 재산명시의무를 위반한 채무자에 대하여 법원이 결정으로 20일 이내의 감치에 처하도록 규정한 민사집행법

채무자로서는 재산명시기일에 출석하여 **재산목록을 제출**하고 선서를 하기만 하면 감치의 제재를 받지 않으므로 신체의 자유를 침해하지 아니한다(헌재 2014.9.25. 2013헌마11).

9. 디엔에이감식시료 채취조항들에 대한 헌법적 판단 (헌재 2014.8.28. 2011헌마28)

(1) 제한되는 기본권

헌법 제12조 제1항의 신체의 자유는 신체가 외부로부터 물리적, 정신적 침해를 받지 않을 권리와 신체활동을 자율적으로 할 수 있는 권리를 포함한다. 디엔에이감식시료 채취는 구강점막, 모근을 포함한 모발을 채취하는 방법을 사용하고, 이러한 방법이 곤란한 경우 분비물이나 체액을 채취한다. 이는 신체의 안정성을 해칠 수 있어 신체의 자유를 제한한다.

(2) 신체의 자유 침해 여부

특정범죄 수형자의 디엔에이 정보를 수집하여 데이터베이스화하는 채취조항은 강력범죄 예방 및 범인 검거라는 정당한 목적과 적절한 수단으로 인정된다. 채취는 영장에 따라 신체와 명예 침해를 최소화하도록 규정되어 있으며, 재범 위험성은 영장 발부 과정에서 충분히 고려된다. 채취로 인한 신체의 자유 제한은 공익에 비해 크지 않아 법익 균형성을 충족하므로, 채취조항은 과잉금지원칙에 위배되지 않고 신체의 자유를 침해하지 않는다.

---

3. 헌법 제12조

헌법 제12조【적법절차원리】① 모든 국민은 신체의 자유를 가진다. 누구든지 법률에 의하지 아니하고는 **체포, 구속, 압수, 수색 또는 심문을 받지 아니하며, 법률과 적법한 절차(제9차)에 의하지 아니하고는 처벌, 보안처분 또는 강제노역을 받지 아니한다.**

【고문을 받지 않을 권리/불리한 진술거부권】② 모든 국민은 고문을 받지 아니하며, 형사상 자기에게 불리한 진술을 강요당하지 아니한다.

【체포·구속영장주의】③ **체포·구속·압수 또는 수색을** 할 때에는 적법한 절차에 따라 검사의 신청(**검찰관의 신청 제5차 개정헌법**)에 의하여 법관이 발부한 영장을 제시하여야 한다. 다만, 현행범인인 경우와 장기 3년 이상의 형에 해당하는 죄를 범하고 도피 또는 증거인멸의 염려가 있을 때에는 사후에 영장을 청구할 수 있다.

【변호인의 도움을 받을 권리】④ 누구든지 체포 또는 구속을 당한 때에는 즉시 변호인의 조력을 받을 권리를 가진다. 다만, **형사피고인이** 스스로 변호인을 구할 수 없을 때에는 법률이 정하는 바에 의하여 국가가 변호인을 붙인다.

【체포·구속이유 등 고지제도】⑤ 누구든지 체포 또는 **구속의** 이유와 변호인의 조력을 받을 권리가 있음을 **고지받지 아니하고는** 체포 또는 구속을 당하지 아니한다. 체포 또는 구속을 당한 자의 가족 등 법률이 정하는 자에게는 그 이유와 일시·장소가 지체 없이 **통지되어야 한다.**

【체포·구속적부심사제도】⑥ 누구든지 **체포** 또는 **구속을 당한 때에는 적부의 심사를 법원에 청구할 권리를 가진다.**

【증거능력과 증명력 제한】⑦ 피고인의 자백이 고문, **폭행,** 협박, 구속의 부당한 장기화 또는 기망 기타의 방법에 의하여 자의로 진술된 것이 아니라고 인정될 때 또는 **정식재판에 있어서 피고인의 자백이 그에게 불리한 유일한 증거일 때에는** 이를 유죄의 증거로 삼거나 이를 이유로 처벌할 수 없다.

4. 헌법 제13조

헌법 제13조【죄형법정주의/일사부재리의 원칙(이중처벌금지)】① 모든 국민은 행위시의 법률에 의하여 범죄를 구성하지 아니하는 행위로 소추되지 아니하며, 동일한 범죄에 대하여 거듭 처벌받지 아니한다.

【연좌제금지】③ 모든 국민은 자기의 행위가 아닌 친족의 행위로 인하여 불이익한 처우를 받지 아니한다.

5. 헌법 제27조

헌법 제27조 ④ 형사피고인은 유죄의 판결이 확정될 때까지는 무죄로 추정된다.

02 신체의 자유의 실체적 보장

1. 죄형법정주의

(1) 개념

죄형법정주의는 자유주의, 권력분립, 법치주의 및 국민주권의 원리에 입각한 것으로서, 무엇이 범죄이며 그에 대한 형벌의 종류와 양은 어떠한지를 반드시 입법부가 제정한 법률로써 정하여야 한다는 원칙이다.

📖 판례정리

죄형법정주의가 적용이 안 되는 것

1. 사립학교 관계자 및 언론인이 외부강의 등의 대가로 대통령령으로 정하는 금액을 초과하는 사례금을 받고 신고 및 반환조치를 하지 않는 경우, 또는 직무와 관련하여 동일인으로부터 1회에 100만원 또는 매 회계연도에 300만원 이하의 금품 등을 수수하는 경우에는 과태료가 부과된다. 그런데 **과태료**는 행정질서벌에 해당할 뿐 형벌이 아니므로 죄형법정주의의 규율대상에 해당하지 아니한다(헌재 2016.7.28. 2015헌마236).

2. **감치**는 형벌에 해당하지 않아 죄형법정주의의 영역에 포섭될 수 없다(헌재 2014.9.25. 2013헌마11).

---

(2) 법률주의

범죄와 형벌은 형식적 의미의 법률로 정해야 하므로 관습형법은 금지된다. 긴급명령, 긴급재정경제명령은 법률의 효력을 가지므로 형벌을 정할 수 있다. 조약 중 법률의 효력을 가지는 조약으로도 형벌을 정할 수 있다.

📖 판례정리

법률주의

1. 국회 동의를 받아 비준된 조약은 법률적 효력을 가지므로, 마라케쉬협정에 의해 관세법 위반자의 처벌이 가중되더라도 이는 법률에 의하지 않은 형사처벌이나 행위시의 법률에 의하지 않은 형사처벌에 해당하지 않는다(헌재 1998.11.26. 97헌바65).

2. 미신고 시위에서 관할 경찰관서장의 해산명령을 받고도 지체 없이 해산하지 않은 행위를 처벌하는 집회 및 시위에 관한 법률 조항은 범죄구성요건과 처벌 내용을 법률로 명확히 규정하고 있으며, 해산명령 발령을 관할 경찰관서장의 재량에 맡긴 것은 다양한 상황에 유연하게 대응하기 위한 것으로 구성요건의 실질을 위임한 것으로 볼 수 없으므로 죄형법정주의의 법률주의에 위반되지 않는다(헌재 2016.9.29. 2014헌바492).

3. 구 새마을금고법은 대출 한도를 시행령으로 구체화하도록 위임했을 뿐 이를 감독기관의 승인사항으로 규정하지 않았음에도, 시행령에서 승인사항을 정하고 이를 위반한 행위를 형사처벌하도록 규정한 것은 죄와 형을 법률로 규정해야 한다는 죄형법정주의의 이념에 위배된다(헌재 2003.3.27. 2001헌바39).

---

(3) 범죄와 형벌사항 위임

범죄와 형벌은 법률로 정해야 하므로 명령이나 조례로 형벌을 정할 수 없다. 다만, 법률의 위임이 있는 경우 명령이나 조례로 형벌을 정할 수 있다. 고시에 위임할 수 있는지에 대해서는 논란이 있으나, 헌법 재판소는 헌법의 위임입법은 열기적인 것이 아니라 예시적이라고 하면서 고시에 위임할 수 있다고 한다. 그러나 정관에 위임하는 것은 죄형법정주의에 위반된다고 한다.

📖 판례정리

범죄와 형벌사항 위임

1. 법규명령에 위임

죄형법정주의는 범죄와 형벌을 국민의 대표로 구성된 입법부가 제정한 성문의 법률로 정해야 한다는 원칙이다. 현대사회에서 모든 사항을 법률로 정하기 어려운 경우 예외적으로 하위법령에 위임이 가능하며, 이는 헌법 제75조와 제95조에서 정한 대통령령, 총리령, 부령 등 법규명령의 형식을 따라야 한다(헌재 2020.6.25. 2018헌바278).

2. 범죄와 형벌사항을 고시에 위임할 수 있는지 여부

(1) 식품위생법

식품의 제조방법 기준을 식품의약품안전처 고시에 위임한 것은 전문적·기술적 지식과 탄력적 대응이 필요하므로 헌법상 위임입법의 형식을 갖추고 있어 위헌이 아니다(헌재 2019.11.28. 2017헌바449).

(2) 청소년보호법

성기구 등 청소년유해물건을 청소년보호위원회와 여성가족부장관의 고시로 규율하는 것은 유해물건의 다양성과 신속한 대응 필요성에 따라 전문기관의 판단을 존중한 것으로, 죄형법정주의의 법률주의에 위배되지 않는다(헌재 2013.6.27. 2011헌바8).

3. 범죄와 형벌사항을 조례에 위임할 수 있는지 여부

노동운동 허용 공무원의 범위를 조례로 정하도록 한 지방공무원법은 법률의 위임을 받아 지방자치단체가 인사와 처우를 스스로 결정할 수 있도록 한 것으로, 헌법에 위반되지 않는다(헌재 2005.10.27. 2003헌바50 등).

4. 범죄와 형벌사항을 정관에 위임할 수 있는지 여부

임원 선거운동의 기간 및 방법을 시행령이나 시행규칙이 아닌 정관으로 위임한 신용협동조합법은, 정관이 추가적인 규제를 설정할 가능성을 열어 두고 있어, 범죄와 형벌을 법률로 정해야 한다는 죄형법정주의에 위반된다(헌재 2020.6.25. 2018헌바278).

---

(4) 형벌법규의 포괄적 위임금지원칙

죄형법정주의에 따라 형벌은 법률로 정해야 하나, 부득이한 경우 법률에서 명령에 구체적으로 위임해야 한다.

📖 판례정리

형벌법규의 구체적 위임

1. 법률에 의한 처벌법규 위임

① 처벌법규의 위임은 바람직하지 않으나, 긴급한 필요나 사전에 법률로 자세히 정할 수 없는 부득이한 사정이 있는 경우 허용된다.
② 법률은 범죄구성요건을 명확히 규정해 예측 가능성을 보장해야 하며, 형벌의 종류와 상한도 명백히 규정하여 위임해야 한다(헌재 1991.7.8. 91헌가4).

③ 하위법령에서 특정 범죄행위의 구체적 내용을 형성할 수는 있으나, 형벌의 범위와 금지의 실질적 내용은 법률에 설정되어 있어야 한다(헌재 2014.3.27. 2011헌바42).

④ 형벌법규가 법규명령으로 제정되려면 명확한 법률상 위임근거가 필요하며, 구성요건의 윤곽은 수권법률에서 예측 가능해야 한다(헌재 1993.5.13. 92헌마80).

2. 포괄위임금지원칙

죄형법정주의 명확성원칙은 하위법령에 위임하는 수권법률의 명확성을 요구하며, 이는 포괄위임입법금지원칙 심사를 통해 충족된다(헌재 2015.4.30. 2013헌바55).

3. 범죄구성요건의 위임 사례

① 약사법 제19조 제4항은 약국관리의 필요한 사항을 보건복지부령에 위임했으나, 구체적 기준이나 범위를 제시하지 않아 약사가 준수해야 할 사항의 내용을 예측할 수 없게 하였다. 이는 헌법상 포괄위임입법금지원칙과 죄형법정주의 명확성원칙에 위반된다(헌재 2000.7.20. 99헌가15).

② 대통령령에 따라 증권관리위원회 명령 위반을 처벌하도록 한 증권거래법은 구체성이 부족하여 명확성원칙에 위반된다(헌재 2004.9.23. 2002헌가26).

③ 의료업무에 관한 광고의 범위 기타 의료광고에 관한 **보건복지부령에 위반된 행위**를 처벌하는 의료법은 명확성원칙과 포괄위임금지원칙 위반이다(헌재 2007.7.26. 2006헌가4).

(5) 형벌불소급의 원칙

① **개념**: 행위시에 죄가 되지 아니하는 행위는 사후입법에 의해 처벌받지 아니한다는 원칙이다.

② **행위당시법 적용**: 법이 폐지되었다 하더라도 행위당시법을 적용하는 것은 허용된다.

판례정리

행위당시법 적용

1. 형사처벌을 규정하고 있던 **행위시법이 사후 폐지되었음에도** 신법이 아닌 행위시법에 의하여 형사처벌하도록 규정한 것으로서, 헌법 제13조 제1항의 형벌불소급원칙 보호영역에 포섭되지 아니한다(헌재 2015.2.26. 2012헌바268).

2. **법률이 폐지되었다고 하더라도** 보호감호는 형벌과는 성격을 달리하는 보호처분이므로 이미 판결이 확정된 보호감호대상자에 대하여 감호 집행을 하도록 규정한 사회보호법 폐지법률은 행위당시법을 적용하는 것이므로 헌법에 위반되지 아니한다(헌재 2009.3.26. 2007헌바50).

③ **피적용자에게 유리한 법**: 피적용자에게 유리한 법을 소급적용하는 것은 형벌불소급의 원칙에 위반되지 않으나, 소급적용 여부는 입법자의 재량이다. 관세법 위반행위에 대한 벌칙규정을 완화시킨 개정법률을 소급적용하지 않도록 한 관세법 부칙 제4조는 형벌불소급원칙에 반하지 않는다(헌재 1998.11.26. 97헌바67).

④ **판례변경**: 사후입법을 금할 뿐이므로 법은 행위시법을 적용하되, 판례만 변경하는 것은 형벌불소급의 원칙에 위반되지 않는다.

판례변경

형사처벌의 근거가 되는 것은 법률이지 판례가 아니고, **형법 조항에 관한 판례의 변경**은 그 법률조항의 내용을 확인하는 것에 지나지 아니하여 이로써 그 법률조항 자체가 변경된 것으로 볼 수 없으므로, 행위 당시의 판례에 의하면 처벌대상이 되지 아니하는 것으로 해석되었던 행위를 **판례의 변경에 따라 확인된 내용의 형법 조항에 근거하여 처벌한다고 하여** 그것이 형벌불소급원칙에 위반된다고 할 수 없다(헌재 2014.5.29. 2012헌바390).

⑤ **사후입법 절대금지**: 헌법 제13조는 실체적 형사법 영역에서의 어떠한 소급효력도 금지하고 있고, '범죄를 구성하지 않는 행위'라고 표현함으로써 **절대적 소급효금지의 대상**은 '범죄구성요건'과 관련되는 것임을 밝히고 있다(헌재 1996.2.16. 96헌가2).

📖 쟁점정리

형벌불소급원칙 적용 긍정

1. 보호감호의 형벌불소급원칙 적용

보호감호처분은 신체의 자유를 박탈하는 실질적 형사적 제재로 간주된다. 따라서 소급입법에 의해 보호감호를 부과하는 것은 허용되지 않는다(헌재 1989.7.14. 88헌가5).

2. 형벌불소급원칙의 적용 기준

① **적용 기준**: 형벌불소급원칙의 적용 여부는 제재의 형식적 분류가 아니라, 제재가 가져오는 형벌적 불이익의 실질과 정도에 따라 판단한다.

② **대법원 판례**: 구 사회보호법에 따라 보호감호는 법 시행 이후에 저지른 범죄에만 적용된다. 가정폭력범죄의 사회봉사명령도 신체적 자유를 제한하는 효과가 있어 행위시법을 적용해야 한다고 판시하였다(대결 2008.7.24. 2008어4).

③ **헌법재판소 견해**: 범죄행위로 인한 제재가 신체의 자유를 박탈하거나 이에 준하는 수준으로 신체의 자유를 제한하는 경우, 법적 안정성과 국민의 신뢰를 보호하기 위해 형벌불소급원칙이 적용된다(헌재 2017.10.26. 2015헌바239).

3. 노역장유치 (헌재 2017.10.26. 2015헌바239)

형벌불소급원칙의 적용대상이 된다.

<**심판대상**>

형법 제70조【노역장유치】② 선고하는 벌금이 1억원 이상 5억원 미만인 경우에는 300일 이상, 5억원 이상 50억원 미만인 경우에는 500일 이상, 50억원 이상인 경우에는 1,000일 이상의 유치기간을 정하여야 한다.

부칙 제2조 ① 제70조 제2항의 개정규정은 **이 법 시행 후 최초로 공소가 제기되는 경우부터 적용한다.**

(1) 형법 제70조 노역장유치조항

① **쟁점**: 청구인들은 노역장유치조항이 벌금을 납입할 자력이 있는 자와 없는 자를 차별한다고 주장하나, 이는 벌금형의 본질적 성격에서 비롯된 것으로 차별에 해당하지 않는다. 1억 원 이상의 벌금형을 선고받은 경우 노역장유치기간의 하한을 정한 조항이 과잉금지원칙에 반해 신체의 자유를 침해하는지가 문제된다.

② **위반 여부**: 벌금형 회피를 방지하기 위해 일정 유치기간의 하한을 정한 조치는 합리성이 있으며, 과잉금지원칙에 위반되지 않는다.

(2) 형법 부칙 제2조(노역장유치조항의 소급적용)
   ① **형벌불소급원칙 적용 여부**: 형벌불소급원칙 적용은 형법상 형벌에 국한되지 않는다. 노역장유치는 벌
      금형의 부수적 환형처분으로, 신체의 자유를 제한하는 실질적 형벌적 성격을 가지므로 형벌불소급원
      칙의 적용대상이 된다.
   ② **형벌불소급원칙 위반 여부**: 부칙조항은 노역장유치조항 시행 전 행해진 범죄에도 공소제기 시점이 시
      행 이후라면 적용되도록 하여, 범죄 당시보다 불리한 법률을 소급적용하는 것으로 헌법상 형벌불소급
      원칙에 위반된다.
(3) 재판관 강일원·조용호의 별개의견
   ① **노역장유치와 형벌불소급원칙 적용 여부(소극)**: 노역장유치는 벌금납입 강제수단으로 벌금형의 집행방
      법일 뿐 형벌과는 구별되며, 이를 소급적용한다고 해서 형벌불소급의 문제가 발생한다고 보기 어렵다.
   ② **소급입법금지원칙 위반 여부(적극)**: 강화된 제재가 행위 당시 경고되지 않은 상태에서 사후입법으로
      책임을 묻는 것은 법적 안정성과 신뢰보호원칙에 반하며, 부칙조항은 헌법상 소급입법금지원칙에 위
      반된다.

📖 **쟁점정리**

형벌불소급원칙 적용 부정

1. 보호관찰에 형벌불소급원칙 적용 제외
보호관찰은 형벌이 아닌 보안처분의 성격을 가지므로 행위 이전에 규정되어야 할 필요는 없다. 재판 당시 규
정에 따라 보호관찰을 명할 수 있으며, 이는 형벌불소급원칙에 위배되지 않는다(대판 1997.6.13. 97도703).

2. 디엔에이 정보
디엔에이 정보 수집·이용은 처벌적 효과가 없는 비형벌적 보안처분으로, 소급입법금지원칙이 적용되지 않는
다. 디엔에이감식시료 채취 및 이용 규정을 기존 수형인에게 적용한 신법 부칙조항은 재범 위험성과 공익을
고려한 것으로 과잉금지원칙에 위배되지 않는다(헌재 2014.8.28. 2011헌마28).

3. 위치추적장치 부착
전자장치 부착은 전통적 형벌이 아니며, 신체적 자유를 직접 제한하지 않는 비형벌적 보안처분에 해당한다.
부착명령기간을 소급적으로 연장하는 법률은 형벌불소급원칙에 위배되지 않는다(대판 2010.12.23. 2010도11996 ;
헌재 2015.9.24. 2015헌바35).

4. 신상정보 수집
신상정보 수집·보관은 개인정보자기결정권을 제한할 수 있지만 신체의 자유를 제한하지 않으므로 형벌불소
급원칙이 적용되지 않는다.

5. 아동·청소년 성범죄자의 취업제한
아동·청소년보호법에 따른 의료기관 개설 금지 조항은 취업제한이 형벌이 아니므로 형벌불소급원칙에 반하
지 않는다(헌재 2016.3.31. 2013헌마585).

6. 공소시효 소급적용
공소시효는 형벌불소급원칙의 적용대상이 아니며, 과거 행위에 대해 공소시효를 정지시키는 법률은 법적 안
정성과 공익을 고려할 때 소급입법금지원칙에 위배되지 않는다(헌재 1996.2.16. 96헌바7).

7. 성폭력범죄 공소시효 개정규정
성폭력범죄의 공소시효를 미성년자 피해자가 성년에 달한 날부터 진행하도록 한 개정규정은 소급적용되더라
도 형벌불소급원칙에 위배되지 않는다. 성폭력 가해자의 신뢰이익보다 공익이 더 크므로 신뢰보호원칙에도
반하지 않는다(헌재 2021.6.24. 2018헌바457).

8. **형종상향금지조항 시행 전 정식재판을 청구한 사건에 대해 종전의 불이익변경금지조항을 적용하도록 한 형사소송법 부칙**

형종상향금지조항의 시행 전에 범죄행위를 하고 위 조항의 시행 후에 정식재판을 청구한 피고인이 정식재판 절차에서 약식명령의 형보다 중한 형을 선고받을 가능성이 발생하게 되었다 하더라도, 이는 원래의 법정형과 처단형의 범위 내에서 이루어지는 것이므로 가벌성의 신설이나 추가라고 보기도 어렵다. 따라서 심판대상조항은 헌법 제13조 제1항 전단의 형벌불소급원칙에 위배되지 아니한다(헌법 2023.2.23. 2018헌바513).

📖 쟁점정리

보안처분

1. 의의

형벌은 행위자가 저지른 과거의 불법에 대한 책임을 바탕으로 응보를 주된 목적으로 부과되는 제재이고, 보안처분은 행위자의 장래 재범 위험성을 근거로 범죄 예방과 사회 보호를 목적으로 자유를 박탈하거나 제한하는 처분이다. 보안처분은 형벌의 효과를 기대하기 어려운 행위자를 개선·치료하기 위해 만들어진 제재로, 형벌과는 근거와 목적이 본질적으로 다르다(헌재 2012.12.27. 2010헌가82).

2. 종류

① **보호감호처분**은 재범의 위험성이 있고 특수한 교육·개선 및 치료가 필요하다고 인정되는 자에 대하여 사회복귀를 촉진하고 사회를 보호하기 위하여 헌법 제12조 제1항을 근거로 내려지는 보안처분이다(헌재 2015.9.24. 2014헌바222).

② 범죄자의 책임이 아니라 행위에서 제시된 위험성이 치료명령 여부, 기간 등을 결정하고, 치료명령은 장래를 향한 조치로서 기능하는바, **성충동 약물치료**는 본질적으로 '보안처분'에 해당한다고 할 것이다(헌재 2015.12.23. 2013헌가9).

3. 보안처분과 형벌불소급원칙 적용 여부

보안처분은 재판 당시의 재범 위험성을 기준으로 하여 원칙적으로 현행법을 소급적용할 수 있다. 그러나 보안처분의 다양성과 성격에 따라 소급입법금지원칙 적용 여부는 개별적으로 판단해야 하며, 이를 통해 형벌불소급원칙을 무력화하는 것은 허용되지 않는다. 특히, 신체의 자유를 박탈하거나 이에 준하는 보안처분의 경우 소급입법금지원칙을 적용하는 것이 법치주의와 죄형법정주의에 부합한다(헌재 2014.8.28. 2011헌마28).

📖 쟁점정리

치료감호

1. 알코올 중독 등의 증상이 있는 자에 대한 치료감호기간의 상한을 2년으로 정하고 있는 치료감호법이 청구인의 신체의 자유를 침해한다고 할 수 없다(헌재 2012.12.27. 2011헌마276).

2. **정신성적 장애인을 치료감호시설에 수용하는 기간은 15년을 초과할 수 없다**고 규정한 구 치료감호법은 신체의 자유를 침해하지 않는다(헌재 2017.4.27. 2016헌바452).

3. 치료감호의 기간을 미리 법정하지 않고 계속 수용하여 치료할 수 있도록 하는 것은 청구인의 신체의 자유를 침해하는 것이라고 볼 수 없다(헌재 2005.2.3. 2003헌바1).

4. **치료감호 청구권자를 검사로 한정한 치료감호법**은 청구인의 재판청구권을 침해하거나 적법절차의 원칙에 위배된다고 할 수 없다(헌재 2010.4.29. 2008헌마622).

5. **치료감호 종료 여부 결정을 법관이 아닌 치료감호심의위원회의 결정에 맡긴 것**은 재판청구권을 침해한다고 할 수 없다(헌재 2012.12.27. 2011헌마276).

6. 피고인이 치료감호를 청구할 권리는 재판청구권에서 보호된다고 보기는 어렵다. '피고인 스스로 치료감호를 청구할 수 있는 권리'가 헌법상 재판청구권의 보호범위에 포함된다고 보기는 어렵고, 검사뿐만 아니라 피고인 에게까지 치료감호청구권을 주어야만 절차의 적법성이 담보되는 것도 아니므로, 치료감호 청구권자를 검사로 한정한 청구인의 재판청구권을 침해하거나 적법절차의 원칙에 반한다고 볼 수 없다(헌재 2010.4.29. 2008헌마622).

📖 쟁점정리

형법조항

헌법 위반인 것

1. 외국에서 형의 전부 또는 일부의 집행을 받은 자에 대하여 형을 감경 또는 면제할 수 있도록 규정한 형법 *헌법불합치결정
   입법자는 국가형벌권의 실현과 국민의 기본권 보장의 요구를 조화시키기 위하여 형을 필요적으로 감면하거 나 외국에서 집행된 형의 전부 또는 일부를 필요적으로 산입하는 등의 방법을 선택하여 청구인의 신체의 자 유를 덜 침해할 수 있음에도, 이 사건 법률조항과 같이 우리 형법에 의한 처벌시 외국에서 받은 형의 집행을 전혀 반영하지 아니할 수도 있도록 한 것은 과잉금지원칙에 위배되어 신체의 자유를 침해한다(헌재 2015.5.28. 2013헌바129).

2. 임신한 여성의 **자기낙태를 처벌하는** 형법(헌재 2019.4.11. 2017헌바127) *헌법불합치결정

3. 노역장유치조항을 시행일 이후 최초로 **공소제기되는 경우부터** 적용하도록 한 형법 부칙(헌재 2017.10.26. 2015헌 바239)

4. 대한민국 또는 헌법상 **국가기관**에 대하여 모욕, 비방, 사실 왜곡, 허위사실 유포 또는 기타 방법으로 대한민 국의 안전, 이익 또는 위신을 해하거나 해할 우려가 있는 표현이나 행위에 대하여 형사처벌하도록 규정한 구 형법(헌재 2015.10.21. 2013헌가20)

5. 배우자 있는 자의 **간통행위** 및 그와의 상간행위를 2년 이하의 징역에 처하도록 규정한 형법(헌재 2015.2.26. 2009헌바17)

6. 형법 제304조의 **혼인빙자간음죄**(헌재 2009.11.26. 2008헌바58)

7. 판결선고 전 **구금일수**의 산입을 **법관의 재량에 맡긴** 형법(헌재 2009.6.25. 2007헌바25)

8. 형법 제129조 뇌물죄의 주체로서 공무원에 제주도 영향평가위원을 포함시키는 것(헌재 2012.12.27. 2011헌바117)

9. 직계혈족, 배우자, 동거친족, 동거가족 또는 그 배우자 간의 제323조(권리행사방해의 죄)는 그 형을 면제하도록 한 형법 제328조 제1항(친족상도례) *헌법불합치결정
   형법 제328조 제1항은 친족상도례의 필요성을 인정할 수 있으나, 친족 관계의 범위가 지나치게 넓고 일부 재 산범죄의 불법성이 경미하지 않으며, 취약 구성원을 착취할 가능성이 있다. 또한, 법관이 사정을 고려하지 못 하고 획일적으로 형면제를 규정함으로써 형사피해자의 재판절차진술권을 제한하고 있다. 따라서 심판대상조 항은 입법재량을 일탈해 불합리하고 불공정하며, 형사피해자의 재판절차진술권을 침해한다(헌재 2024.6.27. 2020 헌마468).

   비교 직계혈족, 배우자, 동거친족, 동거가족 또는 그 배우자 이외의 친족 간에 권리행사방해죄를 범한 때는 고소가 있어야 공소를 제기할 수 있도록 한 형법 제328조 제2항: 심판대상조항은 가족의 가치를 중시하는 역사·문 화적 특징과 형벌의 보충성을 고려할 때 필요성이 인정된다. 친족 간 재산범죄는 피해 회복과 손해 전보가 비교적 용이하며, 피해자의 고소를 소추조건으로 하여 피해자의 의사에 따라 국가형벌권을 행사하도록 한 것은 합리적 이유가 있어 평등원칙에 위배되지 않는다(헌재 2024.6.27. 2023헌바449).

죄형법정주의 명확성의 원칙

1. 의의

죄형법정주의에서 파생되는 명확성원칙은 처벌하려는 행위와 형벌의 내용을 누구나 예측 가능하게 규정할 것을 요구한다.

처벌법규의 구성요건이 반드시 단순한 서술적 개념만을 사용할 필요는 없으며, 다소 광범위하거나 법관의 해석이 필요한 개념을 포함하더라도, 건전한 상식과 법감정을 가진 사람이 법규의 보호법익, 금지된 행위, 형벌의 종류와 정도를 예측할 수 있다면 명확성원칙에 위배되지 않는다. 명확성 판단 기준은 ① 법규범이 수범자에게 예측 가능성을 제공하는지, ② 자의적 법집행이 배제될 수 있는지 여부에 따라 판단하며, 이는 문언뿐만 아니라 입법목적, 취지, 연혁, 법규범의 체계적 구조 등을 종합적으로 고려하여 해석해야 한다.

2. **정당방위 규정**은 한편으로는 위법성을 조각시켜 범죄의 성립을 부정하는 기능을 하지만, 다른 한편으로는 정당방위가 인정되지 않는 경우 위법한 행위로서 범죄의 성립을 인정하게 하는 기능을 하므로 적극적으로 범죄 성립을 정하는 구성요건 규정은 아니라 하더라도 죄형법정주의가 요구하는 명확성원칙의 적용이 완전히 배제된다고는 할 수 없다(헌재 2001.6.28. 99헌바31).

3. 집단급식소에 근무하는 영양사의 직무를 규정한 조항인 식품위생법 제52조 제2항(이하 '직무수행조항'이라 한다)을 위반한 자를 처벌하는 식품위생법 제96조 중 '제52조 제2항을 위반한 자'에 관한 부분(이하 '처벌조항'이라 한다) (헌재 2023.3.23. 2019헌바141)

(1) 죄형법정주의 명확성 원칙위반(재판관 5인)

직무수행조항과 처벌조항은 영양사의 직무를 과도하게 포괄적으로 규정하고 그 위반을 형사처벌 대상으로 삼아 법적 안정성과 명확성 원칙을 침해한다.

(2) 과잉금지원칙 위반(재판관 2인)

처벌조항이 달성하려는 공익은 집단급식소 이용자의 영양, 위생, 안전을 확보하는 것이며, 이는 중요한 사회적 가치를 가진다. 그러나 영양사는 직무수행조항에서 규정한 직무를 단 하나라도 불이행하면 형사처벌의 위험에 상시적으로 노출되며, 이는 지나치게 과도한 기본권 제한이다.

직무수행조항에서 정한 행위는 그 사회적 해악의 정도가 다를 수 있음에도 이를 일률적으로 처벌하도록 한 것은 법익 균형성을 충족하지 못한다.

처벌조항은 직무수행조항에서 규정한 모든 직무 미수행을 형사처벌 대상으로 삼아 침해의 최소성과 법익의 균형성을 충족하지 못하므로 과잉금지원칙에 위배된다.

유추해석금지의 원칙

1. 유추해석금지원칙

죄형법정주의에 따라 범죄와 형벌은 반드시 명확히 규정되어야 하며, 문언의 의미를 넘어 확대해석하거나 유추해석하는 것은 금지된다. 일반 법규에서는 입법목적이나 의도에 따른 확대·유추해석이 가능하지만, 형벌조항은 헌법상 죄형법정주의 원칙에 따라 문언의 의미를 엄격히 해석해야 한다(헌재 2015.11.26. 2013헌바343).

2. 공소시효 정지를 규정한 형사소송법 제262조의2에 대한 유추적용

피의자에게 불리하게 공소시효 정지를 유추적용하는 것은 적법절차와 죄형법정주의에 반한다. 고소사건에 대해 공소시효 정지를 유추적용하는 것은 허용되지 않는다(헌재 2015.2.26. 2012헌바435).

3. 징계부가금에 대한 유추해석금지원칙 적용 여부

징계부가금은 행정적 제재로 형벌이 아니며, 유추해석금지원칙이 적용되지 않는다. 횡령액의 5배 이내로 정한 징계부가금은 국가 재산 환수와 예방이라는 공익적 목적을 가지며 과잉금지원칙에 위배되지 않는다(헌재

2015.2.26. 2012헌바435).

4. 형벌법규의 해석 기준

형벌법규는 문언에 따라 엄격히 해석해야 하며, 피고인에게 불리한 방향으로 확장·유추해석이 금지된다. 다만, 법률문언의 통상적 의미를 벗어나지 않는 범위에서 입법취지와 목적, 입법연혁을 고려한 목적론적 해석은 허용된다(대판 2003.1.10. 2002도2363).

📖 판례정리

명확성원칙 위반 여부

명확성원칙 위반인 것

1. **명령 또는 정관에 위반하는 행위**를 함으로써 금고 또는 연합회에 손해를 끼쳤을 때 처벌하는 규정은 처벌규정에서 범죄구성요건에 해당하는 규정을 특정하지 아니하였으므로 죄형법정주의의 명확성원칙에 위반된다(헌재 2001.1.18. 99헌바112).

2. **단체협약에 위반한 자**

   처벌하는 노동조합법은 그 구성요건을 단체협약에 위임하고 있어 죄형법정주의의 명확성의 원칙에 위배된다(헌재 1998.3.26. 96헌가20).

   비교 행정관청이 노동위원회의 의결을 얻어 위법한 **단체협약의 시정을 명한 경우** 그 시정명령에 위반한 자를 500만원 이하의 벌금에 처하도록 한 '노동조합 및 노동관계조정법'은 죄형법정주의에 위반되지 않는다(헌재 2012.8.23. 2011헌가22).

   유사 농업협동조합의 임원선거에 있어서 **정관이 정하는 행위 외**의 선거운동 금지는 명확성원칙에 반한다(헌재 2010.7.29. 2008헌바106).

   유사 "임원이 되려는 자는 **정관으로 정하는 기간에는** 선거운동을 위하여 조합원을 호별로 방문하거나 특정 장소에 모이게 할 수 없다."라고 규정하여 호별 방문이 금지되는 기간을 정관에서 정하도록 한 중소기업협동조합법은 죄형법정주의에 위배된다(헌재 2016.11.24. 2015헌가29).

   유사 중소기업중앙회 임원 선거와 관련하여 '**정관으로 정하는**' 선전 벽보의 부착, 선거 공보와 인쇄물의 배부 및 합동 연설회 또는 공개 토론회 개최 외의 행위를 한 경우 이를 처벌하도록 규정한 중소기업협동조합법은 죄형법정주의의 명확성원칙에 위배된다(헌재 2016.11.24. 2015헌가29).

3. **법에 의한 정부의 명령사항에 위반된 행위**를 처벌하는 조세범 처벌법은 명확성원칙에 위반된다(헌재 2007.5.31. 2006헌가10).

   유사 '관계 중앙행정기관의 장'이 소관 분야의 산업경쟁력 제고를 위하여 **법령에 따라 지정 또는 고시·공고한 기술**'을 '**부정한 방법으로 산업기술 취득행위**'를 처벌하는 것은 죄형법정주의의 명확성원칙에 위배된다(헌재 2013.7.25. 2011헌바39).

4. 미성년자에게 **잔인성을 조장할 우려가 있는** 만화를 미성년자에게 반포, 판매, 증여, 대여하는 행위를 처벌하는 미성년자보호법 제2조의2는 잔인성을 조장할 우려는 모호하고 막연한 개념이므로 명확성원칙에 위반된다(헌재 2002.2.28. 99헌가8).

5. **아동의 덕성**을 심히 해할 우려가 있는 도서간행물, 광고물, 기타 내용물을 제작·판매하는 행위를 처벌하는 아동보호법 제18조는 명확성원칙에 위반된다(헌재 2002.2.28. 99헌가8).

6. 감사보고서에 **기재하여야 할 사항**을 기재하지 아니한 자에 대한 처벌을 규정한 주식회사의 외부감사에 관한 법률 제20조는 명확성원칙에 위반된다(헌재 2004.1.29. 2002헌가20·21).

   비교 감사보고에 **허위기재를 한 때** 처벌하도록 한 주식회사의외부감사에관한법률 제20조는 명확성원칙 위반이 아니다(헌재 2004.1.29. 2002헌가20·21).

7. **공중위생 또는 공중도덕상 유해한 업무**에 취직하게 할 목적으로 직업소개·근로자 모집 또는 근로자공급을 한 자를 처벌하는 직업안정법 제46조 제2호는 명확성원칙 위반이다(헌재 2005.3.31. 2004헌바29).

8. **공중위생 또는 공중도덕상 유해한 업무**에 취업시킬 목적으로 근로자파견을 금지한 파견근로자보호 등에 관한 법률 제42조 제1항 중 '공중도덕상 유해한 업무'는 그 내용을 명확히 알 수 없어 죄형법정주의의 명확성원칙에 위반된다(헌재 2016.11.24. 2015헌가23).

9. **일정기간** 입찰 참가자격제한은 명확성의 원칙에 위반된다(헌재 2005.4.28. 2003헌바40).
   _{비교} 부정당업자에 대해 **2년 범위 내에서** 공기업·준정부기관 입찰자격을 제한하는 '공공기관의 운영에 관한 법률' 제39조 제2항은 명확성원칙에 반하지도 않고 직업의 자유 침해도 아니다(헌재 2012.10.25. 2011헌바99).

10. 전기통신업자가 제공한 역무를 이용한 **타인의 통신매개금지**는 명확성의 원칙에 위배된다(헌재 2002.9.19. 2002 헌가11).

11. 바바리맨의 성기노출행위를 규제할 필요가 있다면 노출이 금지되는 신체부위를 '성기'로 명확히 특정하면 될 것이다. '여러 사람의 눈에 뜨이는 곳에서 **공공연하게 알몸을 지나치게 내놓거나** 가려야 할 곳을 내놓아 다른 사람에게 부끄러운 느낌이나 불쾌감을 준 사람'을 처벌하는 경범죄 처벌법은 죄형법정주의의 명확성원칙에 위배된다(헌재 2016.11.24. 2016헌가3).

12. **공익을 해할 목적**으로 전기통신설비에 의하여 공연히 허위의 통신을 한 자를 형사처벌하는 전기통신기본법은 명확성원칙에 위배된다(헌재 2010.12.28. 2008헌바157).
    _{비교} **건전한 통신윤리**를 방송통신위원회 직무로 규정한 것은 명확성원칙에 반하지 않는다(헌재 2012.2.23. 2011헌가13).

13. '중요한'이라는 용어는 그 자체만으로 독자적인 판정기준이 될 수 없어 재개발·재건축·도시환경정비사업을 시행하는 조합 등으로 하여금 **중요한 회의가 있는 때**에는 속기록·녹음 또는 영상자료를 만들도록 한 도시 및 주거환경정비법은 명확성원칙에 반한다(헌재 2011.10.25. 2010헌가29).

14. **가정의례의 참뜻에 비추어 합리적인 범위를 벗어난** 경조기간 중 주류 및 음식물 접대행위를 처벌하는 가정의례에관한법률은 명확성원칙 위반이다(헌재 1998.10.15. 98헌마168).

15. 이 사건 벌칙규정이나 관련법령 어디에도 '토사'의 의미나 '다량'의 정도, '현저히 오염'되었다고 판단할 만한 기준에 대하여 아무런 규정도 하지 않고 있어 일반국민으로서는 자신의 행위가 처벌대상인지 여부를 예측하기 어려우므로 **다량의 토사를 유출하여** 상수원·하천을 현저히 오염되게 한 자를 처벌하는 수질 및 수생태계 보전에 관한 법률은 명확성원칙에 위배된다(헌재 2013.7.25. 2011헌가26).

16. 제주도영향평가심의위원회 심의위원 중 위촉위원을 뇌물죄의 주체인 공무원에 포함된다고 해석하는 것 (헌재 2012.12.27. 2011헌바117)

> **<심판대상>**
> 형법 제129조 【수뢰, 사전수뢰】 ① 공무원 또는 중재인이 그 직무에 관하여 뇌물을 수수, 요구 또는 약속한 때에는 5년 이하의 징역 또는 10년 이하의 자격정지에 처한다.

① **주문**: 형법 제129조 제1항의 '공무원'에 구 '제주특별자치도 설치 및 국제자유도시 조성을 위한 특별법' 제299조 제2항의 제주특별자치도통합영향평가심의위원회 심의위원 중 위촉위원이 포함되는 것으로 해석하는 한 헌법에 위반된다.

② **결정요지**: 이 사건 법률조항으로 간주되는 사람도 아닌 제주자치도 위촉위원이 포함된다고 해석하는 것은 법률해석의 한계를 넘은 것으로서 죄형법정주의에 위배된다. 나아가 그 법률 사체가 불명확함으로 인하여 그 법률에서 대통령령에 규정될 내용의 대강을 예측할 수 없는 경우라 할 것이므로 위임입법의 한계를 일탈한 것으로서 위헌이다.

_{비교} **(대)법원은, 제주국제자유도시법에 따른 제주도통합영향평가심의위원회 위원 중 환경영향평가 분과위원회 위원**(대판 2011.2.24. 2010도14891) 등은 국가공무원법이나 지방공무원법에 따른 공무원에 해당하지 아니할 뿐만 아니라 관련 법률에서 벌칙적용에 있어 공무원으로 의제하는 규정이 없음에도 법령에 기하여 국가 또는

지방자치단체의 사무에 종사한다는 이유만으로 이 사건 법률조항의 '공무원'에 해당한다고 해석·적용하여 왔다.

17. 정부관리기업체 간부직원을 공무원으로 의제하는 특정범죄가중처벌등에관한법률의 '정부관리기업체'에서 '정부', '관리' 및 '기업체'라는 세 가지 개념요소 중 '관리'라는 용어는 적어도 구성요건의 개념으로서는 그 의미가 지나치게 추상적이고 광범위하므로 죄형법정주의에 위배된다(헌재 1995.9.28. 93헌바50). ➜ 정부관리기업체 간부직원을 공무원으로 의제하여 뇌물죄로 처벌하는 것은 평등원칙, 과잉금지원칙 위반은 아니다(헌재 2002.11.28. 2000헌바75).

> **비교** 정부출연기관의 임원을 공무원의제하여 수뢰죄 적용: '임원'과 같이 주요 업무에 종사하는 직원에 한정하여 규정될 것임을 충분히 예측할 수 있다. 따라서 죄형법정주의 위반이라 볼 수는 없다(헌재 2006.11.30. 2004헌바86).

18. 산업재해발생에 관한 보고를 하지 않는 경우를 처벌하는 구 산업안전보건법이 죄형법정주의의 명확성원칙에 위배되는지 여부(적극)

이 사건 법률조항은 형사처벌법규의 구성요건을 이루는 조항이면서도 그 내용 중 '이 법 또는 이 법에 의한 명령의 시행을 위하여 필요한 사항'의 의미범위가 명확하지 아니하여 수범자로 하여금 그 내용을 예측하여 자신의 행위를 결정하기 어렵게 하고 있으므로, 죄형법정주의에서 요구하는 명확성의 원칙에 위배된다(헌재 2010.2.25. 2008헌가6).

명확성원칙 위반이 아닌 것

1. 군형법 제79조: 허가 없이 지정장소를 이탈하거나 지정시간 내 도착하지 않은 행위를 처벌하는 무단이탈죄 조항은 명확성원칙 위반이 아니다(헌재 1999.2.25. 97헌바3).

2. 청소년보호법 제8조: 선정적이거나 범죄충동을 일으키는 청소년유해매체물을 청소년에게 배포한 자를 처벌하는 조항은 예측 가능성이 있어 명확성원칙을 위반하지 않는다(헌재 2000.6.29. 99헌가16).

3. 군형법 제92조: 계간 기타 추행행위를 처벌하는 조항은 명확성원칙에 위배되지 않는다(헌재 2002.6.27. 2001헌바70).

4. 형법 제139조: 인권옹호를 방해하거나 명령을 준수하지 않은 자를 처벌하는 조항은 명확성원칙 위반이 아니다(헌재 2007.3.29. 2006헌바69).

5. 군형법 제47조: 정당한 명령을 위반한 군인을 처벌하는 명령위반죄 조항은 명확성원칙에 반하지 않는다(헌재 2011.3.31. 2009헌가12).

6. 마사회 유사경마 몰수: 유사경마 재물의 몰수 및 추징은 명확성원칙 위반이 아니다(헌재 2009.7.30. 2007헌가11).

7. 병역법: 병역의무자가 국외여행허가 없이 출국한 경우를 처벌하는 조항은 명확성원칙에 위반되지 않는다(헌재 2009.7.30. 2007헌바120).

8. 형법상 다중의 위력 범죄: 다중의 위력으로 주거침입, 폭행 등을 범한 자를 동일한 법정형으로 처벌하는 조항은 명확성원칙 위반이 아니다(헌재 2008.11.27. 2007헌가24).

9. 공무원 선거기획참여금지: 공무원의 선거기획참여금지는 명확성원칙에 반하지 않으나 사인의 선거기획참여금지는 표현의 자유를 침해한다(헌재 2005.6.30. 2004헌바33).

10. 의료법: 진단서 발급 시 직접 진찰 의무를 규정한 구 의료법 조항은 명확성원칙에 반하지 않는다(헌재 2012.3.29. 2010헌바83).

11. 구 검사징계법: 검사로서 체면이나 위신을 손상하는 행위를 징계사유로 규정한 조항은 명확성원칙에 위배되지 않는다(헌재 2011.12.29. 2009헌바282).

12. 변호사법: 법률사건 알선 대가로 금품제공을 금지하는 조항은 명확성원칙 위반이 아니다(헌재 2013.2.28. 2012헌바62).

13. **농업협동조합법**: 지역농협 임원선거 관련 비방행위를 처벌하는 조항은 명확성원칙에 위반되지 않는다(헌재 2012.11.29. 2011헌바137).

14. **성매매알선행위**: 성매매알선에 제공된 건물의 처벌 조항은 명확성원칙 위반이 아니다(헌재 2012.12.27. 2012헌바46).

15. **국립묘지법**: 국립묘지 영예성을 훼손한 자의 안장 배제 조항은 명확성원칙에 반하지 않는다(헌재 2011.10.25. 2010헌바272).

16. **대부업법**: 대부조건 광고규정 위반 시 과태료 부과 조항은 명확성원칙 위반이 아니다(헌재 2013.7.25. 2012헌바67).

17. **국가유공자법**: 국가의 수호와 관련된 직무 수행 중 상이를 입은 공상군경만을 국가유공자로 인정하는 조항은 명확성원칙 및 평등원칙에 위반되지 않는다(헌재 2016.12.29. 2016헌바263).

18. **정보통신망법**: 범죄 목적으로 정보유통을 금지하는 조항은 수범자의 예견가능성을 해치지 않아 명확성원칙 위반이 아니다(헌재 2012.2.23. 2008헌마500).

19. **지방교육자치법**: 후보자 사퇴 대가로 금품 제공 시 처벌하는 조항은 명확성원칙에 반하지 않는다(헌재 2012.12.27. 2012헌바47).

20. **공유재산법**: 정당한 권원 없이 행정재산 사용·수익한 자를 처벌하는 조항은 명확성원칙 위반이 아니다(헌재 2013.6.27. 2012헌바17).

21. **형법 제311조**: 모욕죄에서 '모욕' 개념은 명확성원칙에 위배되지 않는다(헌재 2013.6.27. 2012헌바37).

22. **친일반민족행위**: 친일반민족행위를 처벌하는 조항은 명확성원칙에 반하지 않는다(헌재 2011.3.31. 2008헌바141).

23. **부정경쟁방지법**: 현저한 지리적 명칭이나 기술적 표장 이용 금지 조항은 명확성원칙에 위반되지 않는다(헌재 2015.2.26. 2013헌바73).

24. **형법 제92조**: 여아동·청소년 간음 처벌 조항은 명확성원칙에 반하지 않는다(헌재 2015.2.26. 2013헌바107).

25. **아동·청소년 성보호법**: 음란물 제작 처벌 조항은 명확성원칙에 위반되지 않는다(헌재 2019.12.27. 2018헌바46).

26. **형법 제299조**: 항거불능 상태에서 간음 또는 추행한 자를 처벌하는 조항은 명확성원칙에 위배되지 않는다(헌재 2022.1.27. 2017헌바528).

27. **형법 제125조**: 형사피의자 등에게 폭행 또는 가혹행위를 가한 공무원을 처벌하는 조항은 명확성원칙에 위배되지 않는다(헌재 2015.3.26. 2013헌바140).

28. **경범죄 처벌법**: 함부로 광고물을 붙이는 행위를 처벌하는 조항은 명확성원칙에 위반되지 않는다(헌재 2015.3.26. 2013헌바140).

29. **특정경제범죄 가중처벌법**: 업무상 배임행위를 처벌하는 조항은 명확성원칙에 위배되지 않는다(헌재 2015.2.26. 2014헌바99·153).

30. **특정범죄 가중처벌법**: 상습강도·절도 등으로 누범 가중처벌되는 조항은 명확성원칙에 위배되지 않는다(헌재 2019.7.25. 2018헌바209).

31. **정치자금법 제45조**: 정치자금을 불법 기부하거나 기부받은 자를 처벌하는 조항은 명확성원칙에 위배되지 않는다(헌재 2016.11.24. 2014헌바252).

32. **정보통신망법**: 상대방에게 공포심이나 불안감을 유발하는 문언을 반복 전달한 행위를 처벌하는 조항은 명확성원칙에 위배되지 않는다(헌재 2016.12.29. 2014헌바434).

33. **철도안전법**: 폭행·협박으로 철도종사자의 직무집행을 방해한 자를 처벌하는 조항은 명확성원칙에 위반되지 않는다(헌재 2017.7.27. 2015헌바417).

34. **자본시장법**: 투자권유 시 불확실한 사항을 단정적으로 알리는 행위를 처벌하는 조항은 명확성원칙에 위배되지 않는다(헌재 2017.5.25. 2014헌바459).

35. **형사소송법 제196조**: 사법경찰리가 검사 또는 사법경찰관의 지휘를 받아 '수사의 보조'를 하는 조항은 명확성원칙에 위배되지 않는다(헌재 2001.10.25. 2001헌바9).

36. **공직선거법**: 특정 장소에서의 선거운동을 허용하는 규정은 명확성원칙에 위배되지 않는다(헌재 2019.5.30. 2017헌바458).

37. **군복단속법**: 유사군복의 판매목적 소지를 금지하는 조항은 명확성원칙에 위배되지 않는다(헌재 2019.4.11. 2018헌가14).

38. **범죄수익은닉법**: 범죄수익을 은닉한 자를 처벌하는 조항은 명확성원칙에 위배되지 않는다(헌재 2019.5.30. 2017헌바228).

39. **응급의료법**: 응급의료 종사자의 진료를 방해한 자를 처벌하는 조항은 명확성원칙에 위배되지 않는다(헌재 2019.6.28. 2018헌바128).

40. **국민건강보험법**: 건강보험심사평가원의 직원에게 형법상 뇌물죄를 공무원으로 의제하는 조항은 명확성원칙에 위배되지 않는다(헌재 2019.8.29. 2017헌바262).

41. **식품위생법**: 식품 광고가 질병 예방·치료 효능을 광고하지 못하도록 하는 조항은 명확성원칙에 위배되지 않는다(헌재 2019.7.25. 2017헌바513).

42. **의료법**: 의료인이 둘 이상의 의료기관을 운영하지 못하도록 한 조항은 명확성원칙에 위배되지 않는다(헌재 2019.8.29. 2014헌바212).

43. **기부금품법**: 등록하지 않고 기부를 받은 자를 처벌하는 조항은 명확성원칙에 위배되지 않는다(헌재 2016.11.24. 2014헌바66).

44. **성폭력처벌법**: 정신적 장애를 이용한 성폭력 가해자를 처벌하는 조항은 명확성원칙에 위배되지 않는다(헌재 2016.11.24. 2015헌바136).

45. **집시법**: 질서유지선을 방해한 행위를 처벌하는 조항은 명확성원칙에 위배되지 않는다(헌재 2016.11.24. 2015헌바218).

46. **성폭력처벌법**: 카메라 등을 이용해 성적 촬영을 한 행위에 대한 미수범 처벌은 명확성원칙에 위배되지 않는다(헌재 2019.11.28. 2017헌바182).

47. **개인정보 보호법**: 개인정보를 부당하게 누설하거나 제공하는 행위를 금지하는 규정은 구체적 의미가 명확하여 명확성원칙에 위배되지 않는다(헌재 2020.12.23. 2018헌바222).

48. **도로교통법**: 갓길 통행 금지 규정의 '부득이한 사정' 부분은 명확성원칙에 위배되지 않는다(헌재 2021.8.31. 2020헌바100).

49. **병역법**: 입영 불이행 시 처벌 규정의 '정당한 사유'는 예측 가능하여 명확성원칙에 위배되지 않는다(헌재 2021.2.25. 2017헌바526).

50. **하수도법**: 하수 수질을 악화시키는 특정공산품의 금지 규정은 명확성원칙에 위배되지 않는다(헌재 2021.3.25. 2018헌바375).

51. **특정경제범죄 가중처벌법**: '공갈'의 정의를 명확히 하여 명확성원칙에 위배되지 않는다(헌재 2021.2.25. 2019헌바28).

52. **성폭력범죄의 처벌 등에 관한 특례법**: 대중교통 등에서의 '추행'을 규정한 조항은 명확성원칙에 위배되지 않는다(헌재 2021.3.25. 2019헌바413).

53. **정보통신망 이용촉진 및 정보보호 등에 관한 법률**: 악성 프로그램 유포 금지 규정은 명확성원칙에 위배되지 않는다(헌재 2021.7.15. 2018헌바428).

54. **근로기준법**: 해고의 기준으로 '정당한 이유'를 규정한 조항은 판례에 의해 구체화되어 명확성원칙에 위배되지 않는다(헌재 2013.12.26. 2012헌바375).

55. **상표법**: 공공질서 및 선량한 풍속을 해칠 우려가 있는 상표 등록 금지 규정은 명확성원칙에 위배되지 않는다(헌재 2014.3.27. 2012헌바55).

56. **도로교통법**: 음주운전 2회 이상 위반자 처벌 규정은 예측 가능하며 명확성원칙에 위배되지 않는다(헌재 2021.11.25. 2019헌바446).

57. **폭력행위 등 처벌에 관한 법률**: 범죄단체 구성원의 '활동' 개념은 명확성원칙에 위배되지 않는다(헌재 2022.12.22. 2019헌바401).

58. **형법 제299조**: '항거불능' 상태를 이용한 간음 및 추행 처벌 규정은 명확성원칙에 위배되지 않는다(헌재 2022.1.27. 2017헌바528).

59. **정보통신망 이용촉진 및 정보보호 등에 관한 법률**: 음란 영상의 유포를 금지한 조항은 명확성원칙에 위배되지 않는다(헌재 2023.2.23. 2019헌바305).

60. **특정범죄 가중처벌법**: 어린이 보호구역에서의 안전운전 의무를 위반한 행위 처벌 규정은 명확성원칙에 위배되지 않는다(헌재 2023.2.23. 2020헌마460).

📖 **쟁점정리**

과잉형벌금지원칙

`위반인 것`

1. **음주운전 2회 이상 한 자를 2년 이상 5년 이하의 징역이나 1천만원 이상 2천만원 이하의 벌금에 처하도록 한 도로교통법** (헌재 2021.11.25. 2019헌바446)

   (1) 명확성원칙 위반 여부

   도로교통법 제148조의2 제1항은 음주운전 재범을 가중처벌하는 규정이다. 가중요건으로서 음주운전 위반 전력은 유죄확정 여부와 무관하며, 형이 실효되었거나 소년보호처분을 받은 경우도 포함되는 것이다. 2번째 음주운전금지규정 위반, 2006.6.1. 이후 음주운전 전력 기준으로 한다는 것은 법원의 해석 등을 통해 규정의 의미를 충분히 예측 가능하다. 따라서 도로교통법 제148조의2 제1항은 명확성원칙에 위배되지 않는 것이다.

   (2) 책임과 형벌 간의 비례원칙

   도로교통법 제148조의2 제1항은 음주운전 전력에 시간 제한 없이 가중처벌을 적용하고, 경미한 위반 행위에도 높은 법정형을 규정하여 책임과 형벌의 비례성을 상실했다. 과도한 형벌은 법 권위 실추를 초래할 수 있으며, 비형벌적 대안이 더 효과적일 수 있다. 이는 책임주의 원칙에 위반되어 헌법에 부합하지 않는다.

   `유사` 음주운전 금지규정 위반 또는 음주측정거부 전력이 1회 이상 있는 사람이 다시 음주운전 금지규정 위반행위를 한 경우 2년 이상 5년 이하의 징역이나 1천만원 이상 2천만원 이하의 벌금에 처하도록 규정한 도로교통법 제148조의2 제1항(헌재 2022.5.26. 2021헌가30)

   `유사` 음주운전 금지규정 위반 전력이 1회 이상 있는 사람이 다시 음주측정거부를 한 경우 2년 이상 5년 이하의 징역이나 1천만원 이상 2천만원 이하의 벌금에 처하도록 규정한 구 도로교통법 제148조의2 제1항(헌재 2022.5.26. 2021헌가32)

   `유사` 음주운항 전력이 있는 사람이 다시 음주운항을 한 경우 2년 이상 5년 이하의 징역이나 2천만원 이상 3천만원 이하의 벌금에 처하도록 규정한 해사안전법 제104조의2(헌재 2022.8.31. 2022헌가10)

2. **가족 중 성년자가 예비군훈련 소집통지서를 예비군대원 본인에게 전달하여야 하는 의무를 위반한 행위를 한 경우 6개월 이하의 징역 또는 500만원 이하의 벌금에 처하도록 한 예비군법 제15조**

   예비군대원 가족 중 성년자가 소집통지서를 본인에게 전달하지 않는 행위는 행정절차적 협력의무를 위반한 행위로 간주된다. 그러나 이러한 의무 위반에 대해 6개월 이하의 징역 또는 500만 원 이하의 벌금을 부과하는 것은 행위의 성격과 책임에 비해 과도한 형사처벌이다(헌재 2022.5.26. 2019헌가12).

3. **주거침입강제추행죄 및 주거침입준강제추행죄의 법정형 하한이 '징역 7년'으로 상향한 성폭력처벌법 제3조 제1항**
정상참작감경을 적용해도 집행유예 선고가 불가능해졌다. 불법과 책임의 정도가 경미한 경우에도 최소 징역 3년 6월 이상의 중형을 선고해야 하는 문제가 발생한다. 법정형 하한의 일률적 상향은 경미한 강제추행 및 준강제추행에 대해서도 지나치게 엄격한 처벌을 강요한다. 법정형 상한을 무기징역으로 규정해 중대 범죄를 적절히 처벌할 수 있도록 하는 것과 달리, 하한을 높게 책정하여 경미한 행위까지도 과도하게 처벌하는 것은 책임주의에 반한다(헌재 2023.2.23. 2021헌가9).

위반이 아닌 것

1. **주거침입강제추행죄의 법정형을 주거침입강간죄와 동일하게 규정**한 구 성폭력범죄의 처벌 등에 관한 특례법 제3조 제1항 중 "형법 제319조 제1항(주거침입)의 죄를 범한 사람이 같은 법 제298조(강제추행)의 죄를 범한 경우에는 **무기징역 또는 5년 이상의 징역에 처한다.**"라는 부분은 비례원칙에 반하지 않는다(헌재 2013.7.25. 2012헌바320).

2. **야간주거침입절도죄의 미수범이 준강제추행죄를 범한 경우 무기징역 또는 7년 이상의 징역에 처하도록 한 성폭력범죄의 처벌 등에 관한 특례법 제3조 제1항**
야간주거침입절도죄는 주거침입준강제추행죄보다 불법성과 행위의 다양성이 좁아, 법관의 정상참작감경만으로 집행유예를 허용하지 않는 규정이 법관의 재량권을 침해하지 않으므로 책임과 형벌 간의 비례원칙에 위배되지 않는다(헌재 2023.2.23. 2022헌가2).

3. **아동·청소년 성착취물 배포자를 3년 이상의 징역형에 처하도록 한 법은 아동·청소년 성범죄의 심각성과 은폐 가능성을 고려한 형사정책적 조치로, 책임과 형벌 간의 비례원칙에 위배되지 않는다(헌재 2022.11.24. 2021헌바144).**

☑ **법정형 10년 이상**

1. **도주차량운전자 징역 10년 이상**: 위헌

2. **단순마약 판매업자 10년 이상**: 위헌

3. **군용물 절취행위 10년 이상**: 합헌

4. **영리목적 마약판매업자 10년 이상**: 합헌

5. **주거를 침입해서 강제추행한 자가 상해죄를 범한 경우 10년**: 합헌(헌재 2015.11.26. 2014헌바436)

6. **형법 제334조(특수강도) 죄를 범한 자가 강제추행의 죄를 범한 때 10년 이상**: 합헌(헌재 2016.12.29. 2016헌바258)

7. **금융회사 등의 임직원이 그 직무에 관하여 수수, 요구 또는 약속한 금품 기타 이익의 가액이 1억원 이상인 경우 가중처벌하도록 정하고 있는 '특정경제범죄 가중처벌 등에 관한 법률'**
금융회사 임직원의 수재행위 가중처벌(1억 원 이상)은 수수액 증가에 따른 비난 가능성을 고려한 단계적 가중처벌로 합리적 이유가 있으며, 징역형 하한을 10년으로 정한 것은 입법자의 합리적 결단으로 책임과 형벌 간의 비례원칙에 위배되지 않는다(헌재 2020.3.26. 2017헌바129).

8. **금융기관 임직원이 직무와 관련하여 5천만원 이상을 수수한 경우 죄질과 관계없이 무기 또는 10년 이상의 징역에 처하도록 규정한 '특정경제범죄 가중처벌 등에 관한 법률'**
금융기관 임직원의 수재행위 가중처벌(5천만원 이상)은 죄질과 관계없이 무기 또는 10년 이상의 징역형만을 규정하여 법관의 양형 재량권을 극도로 제한하고, 살인죄보다도 작량감경이 불가능하도록 하여 과도한 형벌을 부과함으로써 행위 불법과 책임을 초과하여 책임과 형벌 간의 비례원칙을 위배한다(헌재 2006.4.27. 2006헌가5).

9. 수수액이 5천만원 이상 1억원 미만일 때 7년 이상의 유기징역에 처하도록 규정한 '특정경제범죄 가중처벌 등에 관한 법률'

가중처벌조항은 공무원 등의 수뢰행위 예방 및 척결의 필요성을 반영하여 도입된 것으로, 수뢰액이 많을수록 비난 가능성이 크므로 중한 법정형(7년 이상 징역)을 규정한 데에는 합리적 이유가 있다. 수뢰액은 뇌물죄 경중 판단의 주요 기준이며, 이를 가중처벌 조건으로 삼는 것도 합리적이다. 따라서 가중처벌조항은 책임과 형벌 간 비례원칙이나 평등원칙에 위배되지 않는다(헌재 2017.7.27. 2015헌바301).

10. 형법 제129조 제1항 관련 조항은 뇌물 수뢰액이 1억원 이상인 경우 무기 또는 10년 이상의 징역형을 규정한 특정범죄 가중처벌 등에 관한 법률

책임원칙이나 평등원칙에 위반되지 않는다. 뇌물액 상한이 기존 5천만원에서 1억원으로 상향된 점에서 선례의 판단이 여전히 타당하다. 공동정범 처벌, 뇌물 요구와 수수 간 불법성 차이, 다른 가중처벌 법률과의 기준 비교 등은 형벌체계의 균형을 훼손한다고 볼 수 없으므로 해당 조항은 헌법에 위반되지 않는다(헌재 2011.6.30. 2009헌바354).

참고 **과잉형벌금지원칙 위반**
1. 군상관 살해시 사형만을 법정형으로 규정한 군형법
2. 범죄구성요건을 동일하게 규정하면서 법정형만 상향 규정(평등권 판례 참조)

2. 일사부재리의 원칙(이중처벌의 금지)

> 헌법 제13조 【형벌불소급, 일사부재리, 소급입법 제한, 연좌제금지】 ① 동일한 범죄에 대하여 거듭 처벌받지 아니한다.

(1) 의의

① **이중처벌금지의 의의**: 헌법 제13조 제1항은 "모든 국민은 ⋯ 동일한 범죄에 대하여 거듭 처벌받지 아니한다."라고 하여 이른바 '이중처벌금지의 원칙'을 규정하고 있는바, 이 원칙은 한 번 판결이 확정되면 동일한 사건에 대해서는 다시 심판할 수 없다는 '일사부재리의 원칙'이 국가형벌권의 기속원리로 헌법상 선언된 것으로서, 동일한 범죄행위에 대하여 국가가 형벌권을 거듭 행사할 수 없도록 함으로써 국민의 기본권 특히 신체의 자유를 보장하기 위한 것이라고 할 수 있다(헌재 1994.6.30. 92헌바380).

② **일사부재리원칙**: 일사부재리의 원칙이란 실체판결이 확정되어 기판력이 발생하면 그 후 동일한 사건에 대해서 거듭 심판할 수 없다는 원칙이다.

③ **죄형법정주의와의 관계**: 일사부재리원칙은 죄형법정주의와는 구별되는 별개의 원칙이다.

(2) 적용범위

① **유·무죄 판결**: 이중처벌금지원칙은 이중처벌만을 금지하는 것이 아니라 반복적 형사절차의 금지를 의미한다. 따라서 **유죄이든 무죄이든 확정판결을 받은 사건을 형사소송의 대상으로 할 수 없다.** 다만, 유죄의 확정판결에 대한 재심은 선고받은 자의 이익을 위해서만 가능하다(형사소송법 제420조).

② **직용되는 재판**: 이중처벌금지원칙은 약식재판뿐 아니라 즉결심판에 의한 즉결처분의 경우에도 적용된다.

③ **동일한 행위**: 이중처벌금지의 원칙은 처벌 또는 제재가 '동일한 행위'를 대상으로 행해질 때에 적용될 수 있는 것이고, 그 대상이 동일한 행위인지의 여부는 기본적 사실관계가 동일한지 여부에 의하여 가려야 할 것이다(헌재 2004.2.26. 2001헌바80). 일사부재리원칙은 하나의 행위를 전제로 하므로 별개 행위에 대한 각각의 처벌은 이중처벌금지원칙에 반하지 않는다.

이중처벌금지

1. 무허가 건축행위와 시정명령 위반에 따른 과태료 부과는 서로 다른 행위에 대한 처벌로, 이중처벌금지원칙에 해당하지 않는다(헌재 1994.6.30. 92헌바38).

2. 유사석유제품 제조에 대한 처벌과 세금 포탈에 따른 처벌은 처벌 대상이 되는 행위가 다르므로 이중처벌금지 원칙에 위배되지 않는다(헌재 2017.7.27. 2012헌바323).

3. 누범 가중처벌은 재차 범죄로 인해 행위 책임이 가중된 것으로, 이중처벌금지원칙에 위배되지 않는다. 상습범 가중처벌 또한 동일하다(헌재 1995.2.23. 93헌바43 ; 헌재 1995.3.23. 93헌바59).

4. 형사처벌을 받은 양심적 예비군훈련거부자가 예비군훈련 불참으로 다시 처벌받는 것은 이중처벌금지원칙에 위배되지 않는다(헌재 2011.8.30. 2007헌가12).

(3) 이중처벌에서 처벌의 의미

① 헌법 제13조 제1항에서 말하는 처벌은 국가의 형벌권 실행으로서의 과벌을 의미하며, 국가가 행하는 모든 제재나 불이익처분을 포함하지 않는다(헌재 1994.6.30. 92헌바38).

② 행정제재의 기능이 제재와 억지에 국한된다 하더라도 이를 국가형벌권의 행사로서의 처벌이라고 볼 수 없다(헌재 2003.7.24. 2001헌가25).

③ 출국금지는 형벌의 이행을 확보하기 위한 행정조치로 형벌이 아니므로 이중처벌금지원칙에 위배되지 않는다(헌재 2004.10.28. 2003헌가18).

④ 벌금형 병과 조항은 벌금형 집행방법의 변경에 불과하며, 이중처벌금지원칙에 위배되지 않는다(헌재 2010.7.29. 2008헌바88).

(4) 형벌과 과태료

대법원은 이중처벌이 아니라고 한다. 그러나 헌법재판소는 동일한 행위에 대한 형벌과 과태료 병과는 이중처벌금지원칙의 정신에 위배될 수 있다고 한다.

📖 판례정리

형벌과 과태료 병과

1. 대법원 판례

일사부재리의 효력은 확정재판이 있을 때에 발생하는 것이고 과태료는 행정법상의 질서벌에 불과하므로 과태료처분을 받고 이를 납부한 일이 있더라도 그 후에 형사처벌을 한다고 해서 일사부재리의 원칙에 어긋난다고 할 수 없다(대판 1989.6.13. 88도198).

2. 헌법재판소 판례

동일한 행위를 대상으로 하여 형벌을 부과하면서 아울러 행정질서벌로서의 과태료까지 부과한다면 그것은 이중처벌금지의 기본정신에 배치되어 국가입법권의 남용으로 인정될 여지가 있다(헌재 1994.6.30. 92헌바38).

(5) 이중처벌이 아닌 것

① **형벌＋징계, 직위해제＋감봉처분, 형벌＋행형법상의 징벌**(대판 2000.10.27. 2000도3874), **징계부가금과 징계병과** (헌재 2015.2.26. 2012헌바435): 징계나 민사상 손해배상절차 또는 형법에 근거하지 않는 다른 절차는 이 중처벌금지원칙에서 말하는 '처벌'에 해당되지 않으므로, 이와 같은 절차가 개시되더라도 이중처벌 금지원칙에 위배되는 것이 아니다.

② **형벌＋보호감호**: 보호감호와 형벌은 비록 다 같이 신체의 자유를 박탈하는 수용처분이라는 점에서 집행상 뚜렷한 구분이 되지 않는다고 하더라도 그 본질, 추구하는 목적과 기능이 전혀 다른 별개의 제도이므로 형벌과 보호감호를 서로 병과하더라도 이중처벌금지의 원칙에 위반되는 것은 아니라 할 것이다(헌재 1989.7.14. 88헌가5·8).

③ **부동산실명법 위반에 대한 과징금을 형사처벌과 동시에 병과하는 것**(헌재 2003.7.24. 2001헌가25), **불공 정거래행위에 대한 형벌과 과징금, 이행강제금**(헌재 2014.5.29. 2013헌바171), **퇴직 후의 사유로 퇴직급여 제한, 친일재산국가귀속, 선거법 위반으로 형벌＋당선무효**(헌재 2015.2.26. 2012헌마581), **형벌과 출국금지** (헌재 2004.10.28. 2003헌가18), **형벌＋운전면허취소**(헌재 2010.3.25. 2009헌바83), **사무장병원 부당이득금 환수** (헌재 2015.7.30. 2014헌바298), **성폭력범죄자 성폭력프로그램 이수명령**(헌재 2016.12.29. 2016헌바153), **건설업등 록 필요적 말소**(헌재 2016.12.29. 2015헌바429)

④ **외국에서 형의 전부 또는 일부의 집행을 받은 자에 대하여 형을 감경 또는 면제할 수 있도록 규정한 형법**: 헌법상 일사부재리원칙은 외국의 형사판결에 대하여는 적용되지 아니한다고 할 것이므로, 이 사건 법률조항은 헌법 제13조 제1항의 이중처벌금지원칙에 위반되지 아니한다(헌재 2015.5.28. 2013헌바129).

⑤ **벌금을 납입하지 않은 때에 노역장에 유치하는 것**: 벌금형을 선고받은 자가 그 벌금을 납입하지 않은 때에 그 집행방법의 변경으로 하게 되는 노역장유치는 이미 형벌을 받은 사건에 대해 또다시 형을 부과하는 것이 아니라, 단순한 형벌집행방법의 변경에 불과한 것이므로 이중처벌금지의 원칙에 위 반되지 아니한다(헌재 2009.3.26. 2008헌바52 등).

⑥ **집행유예 취소시 본형의 집행**: 집행유예의 취소시 부활되는 본형은 집행유예의 선고와 함께 선고되 었던 것으로 판결이 확정된 동일한 사건에 대하여 다시 심판한 결과 부과되는 것이 아니므로 일사 부재리의 원칙과 무관하고, 사회봉사명령 또는 수강명령은 그 성격, 목적, 이행방식 등에서 형벌과 본질적 차이가 있어 이중처벌금지원칙에서 말하는 '처벌'이라 보기 어려우므로, 이 사건 법률조항 은 이중처벌금지원칙에 위반되지 아니한다(헌재 2013.6.27. 2012헌바345).

⑦ **부당지원행위에 대한 과징금** (헌재 2003.7.24. 2001헌가25)
  ㉠ 구 독점규제및공정거래에관한법률에 의한 부당내부거래에 대한 과징금은 '처벌'에 해당한다고 는 할 수 없다.
  ㉡ 공정거래법에서 형사처벌과 아울러 과징금의 병과를 예정하고 있더라도 이중처벌금지원칙에 위반된다고 볼 수 없다.
  ㉢ 매출액의 100분의 2까지 과징금을 부과할 수 있도록 한 것은 과잉금지원칙에 위반되지 아니 한다.

3. 연좌제의 금지

> **헌법 제13조【연좌제금지】** ③ 모든 국민은 자기의 행위가 아닌 친족의 행위로 인하여 불이익한 처우를 받지 아니한다.

(1) 연혁
제8차 개정헌법에 처음으로 규정되었다.

(2) 개념

"모든 국민은 자기의 행위가 아닌 친족의 행위로 인하여 불이익한 처우를 받지 아니한다."라고 규정하고 있는 헌법 제13조 제3항은 '친족의 행위와 본인 간에 실질적으로 의미 있는 아무런 관련성을 인정할 수 없음에도 불구하고 오로지 친족이라는 사유 그 자체만으로' 불이익한 처우를 가하는 경우에만 적용된다(헌재 2005.12.22. 2005헌마19).

📖 판례정리

연좌제금지 위반 여부

위반으로 본 것

반국가행위자의 처벌에 관한 특별조치법 제8조의 궐석재판에 의한 재산몰수

친족의 재산까지도 반국가행위자의 재산이라고 검사가 적시하기만 하면 특조법 제7조 제7항에 의하여 증거조사 없이 몰수형이 선고되게 되어 있으므로, 특조법 제8조는 헌법 제13조 제3항에도 위반된다(헌재 1996.1.25. 95헌가5).

위반으로 보지 않은 것

1. **신상정보 공개 · 고지명령**: 성범죄자의 신상정보만을 대상으로 하며, 성범죄자의 친족에게 직접적 불이익을 주는 제도가 아니므로 연좌제금지원칙에 위배되지 않는다(헌재 2016.12.29. 2015헌바196).

2. **공직선거법 제265조(배우자 기부행위)**: 배우자는 선거에서 후보자의 분신 역할을 하는 선거운명공동체로서 후보자에게 연대책임을 부여한 것이며, 단지 배우자의 죄로 인해 후보자에게 불이익을 주는 것이 아니므로 연좌제에 해당하지 않는다(헌재 2005.12.22. 2005헌마19).

3. **공직선거법 제265조(회계책임자 벌금)**: 회계책임자가 친족이 아니라면 연좌제금지원칙의 적용 대상이 아니며, 해당 조항은 헌법 제13조 제3항에 위배되지 않는다(헌재 2010.3.25. 2009헌마170).

4. **친일재산의 국가귀속 특별법 제3조**: 친일반민족행위자의 후손 재산이 후손의 경제적 활동이나 친일재산 외 상속재산을 포함하지 않으므로 연좌제금지원칙에 반하지 않는다(헌재 2011.3.31. 2008헌바141).

5. **일제강점하 반민족행위 진상규명 특별법**: 친일반민족행위에 대한 정의규정으로, 친족에 불이익을 규정하지 않으므로 연좌제금지원칙에 위배되지 않는다(헌재 2011.3.31. 2008헌바111).

6. **국회의원 친족의 주식매각 또는 백지신탁**: 본인과 친족 간 실질적 · 경제적 관련성을 근거로 하며, 단순 친족관계로 인한 불이익 처우가 아니므로 헌법 제13조 제3항에 위배되지 않는다(헌재 2012.8.23. 2010헌가65).

03 신체의 자유의 절차적 보장

1. 적법절차원리

> 헌법 제12조 【신체의 자유, 자백의 증거능력】 ① 누구든지 법률에 의하지 아니하고는 체포, 구속, 압수, 수색 또는 심문을 받지 아니하며, 법률과 적법한 절차에 의하지 아니하고는 처벌, 보안처분 또는 강제노역을 받지 아니한다.
> ③ 체포, 구속, 압수 또는 수색을 할 때에는 적법한 절차에 따라 검사의 신청에 의하여 법관이 발부한 영장을 제시하여야 한다.

(1) 연혁

① **미국**: 1787년 미연방제정헌법에는 규정이 없었고, 1791년 개정된 수정헌법에 규정되었다.

② **독일**: 독일헌법에는 명시적 규정은 없다. 우리나라에서는 현행헌법에서 처음으로 규정되었다.

(2) 적법절차조항의 성격

헌법 제12조 제1항에 규정된 적법절차는 헌법상의 규정을 기다릴 것 없이 법치국가의 본질적 내용이고, 헌법이 특별히 적법절차를 규정한 것은 법치국가의 당연한 원리를 강조하고 주의를 불러일으키기 위한 것에 불과하다(헌재 1989.9.29. 89헌가86).

(3) 의의

적법절차의 원리란 모든 국가작용(입법, 집행, 사법 등)은 정당한 법을 근거로 정당한 절차에 따라 행사되어야 한다는 헌법원리이다.

(4) 사전통지절차

당사자에게 고지와 의견제출 기회를 부여하는 것은 적법절차의 핵심적 요청이다. 구체적 절차의 요구 수준은 사안별로 다르나, 입법 목적과 효율성 등을 종합적으로 고려해 판단해야 한다(헌재 2020.2.27. 2015헌가4).

헌법재판소는 형사사건으로 기소된 공무원과 사립학교 직원에 대하여 필요적으로 직위를 해제하도록 한 국가공무원법과 사립학교법은 공무원의 자신에게 유리한 진술을 할 기회를 박탈하였다고 하여 적법절차원칙에 위배된다고 한 바 있다. 또한 형사사건으로 기소된 변호사에 대해 법무부장관이 일방적으로 업무를 정지하는 것도 변호사의 유리한 진술의 기회를 보장하지 않았다고 하여 적법절차원칙에 위배된다고 하였다. 그러나 당연퇴직 공무원에 대한 사전통지와 의견진술의 기회를 주지 않아도 적법절차원칙에 위배되지 않는다.

📖 판례정리

적법절차원리

위반으로 본 것

1. 변호사법 제15조

변호사가 형사사건으로 기소되었을 때 징계절차가 아닌 법무부장관의 일방적 명령으로 업무를 정지시키는 것은 청문기회 없이 이루어져 적법절차원칙에 위반된다(헌재 1990.11.19. 90헌가48).

2. 사립학교 교원의 필요적 직위해제

형사사건으로 기소된 사립학교 교원에 대해 임면권자의 일방적 처분으로 직위해제를 행하는 것은 청문기회 없이 이루어져 적법절차원칙에 위배된다(헌재 1994.7.29. 93헌가3).

위반으로 보지 않은 것

1. 적법절차원칙의 범위

불이익처분의 근거법률에 고지와 의견제출 절차가 누락되어 있어도, 기본권 제한 법률이 반드시 적법절차원칙에 위배된다고 볼 수 없다(헌재 2008.1.17. 2007헌마700).

2. 국가공무원법(당연퇴직)

범죄행위로 형사처벌을 받은 공무원에 대한 신분상 불이익 처분은 입법자의 재량에 속하며, 당연퇴직의 성질상 당사자의 진술권 보장이 반드시 필요하지 않으므로 적법절차원칙에 위배되지 않는다(헌재 2013.7.25. 2012헌바409).

3. 출국금지 결정

신속성과 밀행성을 요하는 출국금지 결정에서 사전통지 및 청문 절차가 없어도, 사후적으로 다툴 수 있는 절차를 보장하고 있으므로 적법절차원칙에 위배되지 않는다(헌재 2015.9.24. 2012헌바302).

4. 압수·수색영장의 사전통지 생략

급속을 요하는 경우 압수수색 영장의 사전통지를 생략하는 것은 증거멸실 우려를 방지하기 위한 정당한 조치이며, 준항고 제도와 위법수집증거 배제를 통해 남용을 통제할 수 있으므로 적법절차원칙에 위반되지 않는다(헌재 2012.12.27. 2011헌바225).

5. 범칙금 통고처분

범칙금을 납부하지 않은 사람에 대해 이의제기나 의견진술 없이 즉결심판을 청구하는 것은 절차 간소화와 신속한 처분을 위한 정당한 조치로, 적법절차원칙에 위배되지 않는다(헌재 2014.8.28. 2012헌바433).

6. 게임물의 등급분류 미이행에 따른 즉시강제

행정상 즉시강제는 급박한 장해를 막기 위한 조치로 사전적 청문 절차와 친하적이지 않으므로 적법절차원칙에 위배되지 않는다(헌재 2002.10.31. 2000헌가12).

7. 선거법 위반결정에 대한 의견진술 기회

선거법 위반결정에서 의견진술 기회를 반드시 보장해야 하는 것은 아니므로, 이를 이유로 적법절차원칙 위반으로 볼 수 없다(헌재 2008.1.17. 2007헌마700).

8. 공무원범죄 몰수 특례법

특정공무원범죄의 범인이 취득한 불법재산에 대해 제3자 통지 없이 집행하는 것은 신속성과 밀행성을 요하는 집행의 성질상 정당하며, 적법절차원칙 및 재산권 침해에 해당하지 않는다(헌재 2020.2.27. 2015헌가4).

9. 토지등소유자 30% 이상이 요청하면 지방도시계획위원회의 심의를 거쳐 정비예정구역을 해제할 수 있도록 규정한 '도시 및 주거환경정비법'은 정비사업 방치로 인한 법적 불안정성을 해소하고 토지소유자의 재산권 행사를 보장하기 위한 것이다. 정비계획이 수립되지 않은 정비예정구역은 사업 지연 또는 좌초 가능성이 크며, 토지소유자는 정비계획 입안을 제안할 수 있는 권한도 있다. 해제는 지방도시계획위원회의 심의와 행정청의 재량에 따라 이루어지므로 적법절차원칙에 위반되지 않는다(헌재 2023.6.29. 2020헌바63).

---

(5) 적법절차의 적용대상

적법절차원칙이 헌법 제12조 제1항과 제3항이 규정한 형벌, 보안처분, 강제노역과 영장에 한정하여 적용된다는 한정적 열거설도 있지만, 다수설과 판례는 신체의 자유와 관련한 불이익뿐만 아니라 국민의 모든 기본권에 대한 불이익을 야기하는 모든 국가작용에 적용된다는 예시설의 입장이다.

📖 판례정리

적법절차원칙은 형사절차상의 제한된 범위 내에서만 적용되는 것이 아니라, 국가작용으로서 **기본권 제한과 관련되든 아니든** 모든 입법작용 및 행정작용에도 광범위하게 적용된다고 해석된다(헌재 2019.2.28. 2017헌바196).

---

(6) 적법절차원칙의 적용범위

형사절차	① 국가권력은 형사소송법 등이 정한 절차에 따라 체포, 구속, 형사소추, 형사재판절차를 진행해야 한다. ② 형사소송절차상의 권리를 배제함에 있어서는 헌법에서 정한 적법절차원칙을 따라야 할 것이다(헌재 2014.1.28. 2012헌바298).
행정절차	① 국민에게 부담을 주는 행정작용인 택지개발예정지구 지정에 있어서도 적법절차원칙이 준수되어야 할 것이다(헌재 2007.10.4. 2006헌바91). ② 과징금 부과: 과징금 부과의 절차에 있어서도 적법절차원칙이 준수되어야 할 것이다. ③ 교정시설의 안전과 질서를 유지하기 위한 행정상 질서벌의 일종인 징벌제도에 있어서도 적법절차원칙이 준수되어야 한다(헌재 2014.9.25. 2012헌마523). ④ 전투경찰순경의 인신구금을 내용으로 하는 영창처분에 있어서도 헌법상 적법절차원칙이 준수될 것이 요청된다(헌재 2016.3.31. 2013헌바190). ⑤ 과태료, 과징금, 즉시강제에 적법절차원칙은 적용된다.
입법절차	적법절차원칙은 입법절차에도 적용된다.
탄핵소추절차	헌법재판소는 국가와 국민의 관계에서 적법절차는 모든 국가작용과 관련하여 적용되나, 국가기관 사이에서 야기되는 관계에서는 적법절차원칙이 원칙적으로 적용되지 않는다고 한다. 국회와 대통령 간에 이루어지는 탄핵소추절차에는 적법절차원칙이 원칙적으로 적용되지 않는다는 견해이다(헌재 2004.5.14. 2004헌나1).

📖 판례정리

적법절차원칙 적용 여부

1. 적법절차의 원칙은 형사절차상의 제한된 범위 내에서만 적용되는 것이 아니라 국가작용으로서 기본권 제한과 관련되든 아니든 모든 입법작용 및 행정작용에도 광범위하게 적용된다고 해석하여야 한다(헌재 2001.11.29. 2001헌바41).

2. 헌법 제12조 제1항이 규정하고 있는 적법절차원칙은 형사소송절차에 국한되지 않고 모든 국가작용에 적용되며 행정작용에 있어서도 적법절차원칙은 준수되어야 하는바, 불법체류 외국인에 대한 보호 또는 긴급보호의 경우에도 출입국관리법이 정한 요건에 해당하지 않거나 법률이 정한 절차를 위반하는 때에는 적법절차원칙에 반하여 신체의 자유 등 기본권을 침해하게 된다(헌재 2016.4.28. 2013헌바196).

(7) 위헌심사기준으로서 적법절차원칙
① 헌법 제12조 제3항의 적법절차: 헌법 제12조 제1항은 적법절차원칙의 일반조항이고, 제12조 제3항의 적법절차원칙은 기본권 제한 정도가 가장 심한 형사상 강제처분의 영역에서 기본권을 더욱 강하게 보장하려는 의지를 담아 중복 규정된 것이라고 해석함이 상당하다(헌재 2012.6.27. 2011헌가36).
② 과잉금지원칙과 비교: 현행헌법이 명문화하고 있는 적법절차의 원칙은 단순히 입법권의 유보제한이라는 한정적인 의미에 그치는 것이 아니라, 모든 국가작용을 지배하는 독자적인 헌법의 기본원리로서 해석되어야 할 원칙이라는 점에서 입법권의 유보적 한계를 선언하는 과잉입법금지의 원칙과는 구별된다고 할 것이다(헌재 1992.12.24. 92헌가8).

적법절차원리 위반 여부

위반인 것

1. **관세법에 의한 물품 국고귀속 청문 절차 없이 물품을 압수하고, 4개월 경과 후 국고에 귀속시키는 관세법 규정**은 피의자의 재산권 박탈에 대해 적법절차를 결여하여 위헌이다(헌재 1997.5.29. 96헌가17).

2. **보안관찰법의 가처분 금지 조항** 보안관찰처분을 다투는 행정소송에서 가처분을 일률적으로 금지한 보안관찰법 제24조는 피보안관찰자의 기본권 보장을 합리적 이유 없이 축소시켜 적법절차원칙에 위배된다(헌재 2001.4.26. 98헌바79).

3. **압수물의 사건종결 전 폐기** 피압수자의 소유권 포기 여부와 관계없이 사건종결 전 압수물을 폐기한 사법경찰관의 행위는 압수물의 보존 필요성을 무시하고 적법절차를 위반하였으며, 공정한 재판을 받을 권리를 침해한다(헌재 2012.12.27. 2011헌마351).

4. **구 사회보호법의 필요적 보호감호** 재범 위험성 여부를 법관이 판단하지 않고 형식적 요건만으로 보호감호를 선고하도록 규정한 필요적 보호감호는 법관의 재량권을 박탈하며, 적법절차원칙과 재판받을 권리를 침해한다(헌재 1989.7.14. 88헌가5 · 8).

5. **검사의 증인 소환과 압박** 검사가 증인을 반복적으로 소환하여 피고인 측 변호인의 접근을 차단하고 증언에 영향을 미치는 행위는 일방 당사자와의 접촉 독점으로 인해 적법절차원칙을 침해한다(헌재 2001.8.30. 99헌마496).

6. 수사기관 등이 전기통신사업자에게 이용자의 성명 등 통신자료의 열람이나 제출을 요청할 수 있도록 한 전기통신사업법 제83조 제3항은 **적법절차원칙에 위배되어 개인정보자기결정권을 침해한다**(헌재 2022.7.21. 2016헌마388).

7. **강제퇴거명령 관련 출입국관리법의 적법절차원칙 위반 여부**
   출입국관리법의 심판대상조항은 강제퇴거명령을 받은 외국인을 송환할 수 없을 때 보호시설에 보호하도록 하면서, 보호명령 발령 전 당사자에게 의견 제출 기회를 부여하지 않는다. 또한, 행정절차법은 외국인의 출입국 관련 처분을 적용 대상에서 제외하고 있어 피보호자가 보호명령 과정에서 유리한 진술이나 의견 제출의 기회를 보장받지 못한다. 심판대상조항은 보호 개시 또는 연장 단계에서 공정한 기관의 통제절차 없이 당사자의 의견 진술권을 배제하고 있어, 헌법상 적법절차원칙에 위배된다(헌재 2023.3.23. 2020헌가1).

위반이 아닌 것

1. **임의적 보호감호** 법관이 재범의 위험성에 따라 보호감호 여부를 판단하는 임의적 보호감호는 재판받을 권리를 침해하지 않으며 적법절차원칙에 부합한다(헌재 1989.7.14. 88헌가5 · 8).

2. **사립학교법의 임의적 직위해제** 직위를 부여하지 않을 수 있는 임의적 규정은 적법절차와 직업의 자유를 침해하지 않아 합헌이다(헌재 1994.7.29. 93헌가3).

3. **보안관찰처분**
   적법절차의 원칙에 의하여 그 성질상 보안처분의 범주에 드는 모든 처분의 개시 내지 결정에 법관의 판단을 필요로 한다고 단정할 수 없고 보안관찰 해당 범죄를 다시 범할 위험성이 있다고 인정할 충분한 이유가 있어 재범의 방지를 위한 관찰이 필요한 자에 대하여 **보안관찰처분을 법무부 산하의 보안관찰처분심의위원회가 부과할 수 있도록 한** 보안관찰법 제4조는 적법절차원칙에 반하지 아니한다(헌재 1997.11.27. 92헌바28).

4. **범죄인 인도절차**는 형사절차도 민사절차도 아닌 범죄인인도법에 의하여 인정된 특별한 절차이므로 **범죄인인도 여부를 서울고등법원 전속관할로 하여** 대법원의 재판을 받을 수 없도록 하더라도 적법절차원칙과 재판청구권 조항에 위반되지 아니한다(헌재 2003.1.30. 2001헌바95).

5. 이명박의 주가조작 특별검사 임명 (헌재 2008.1.10. 2007헌마1468)

① 특별검사에 의한 수사대상을 특정인에 대한 특정 사건으로 한정한 이 사건 법률 제2조는 개별사건법률이나 수사의 공정성을 위해 대통령 당선자 관련사건에 대해 특별검사제를 도입하는 것은 평등원칙에 반하지 않는다.

② 대법원장으로 하여금 특별검사 후보자 2인을 추천하고 대통령은 그 추천후보자 중에서 1인을 특별검사로 임명하도록 한 이 사건 법률 제3조가 적법절차원칙 등을 위반하였다고 볼 수 없다.

6. 대통령이 임명할 특별검사 1인에 대하여 그 후보자 2인의 추천권을 교섭단체를 구성하고 있는 두 야당의 합의로 행사하게 한 박근혜 정부의 최순실 등 민간인에 의한 국정농단 의혹 사건 규명을 위한 특별검사의 임명 등에 관한 법률

특별검사후보자 추천권과 임명 방식을 결정하는 사항은 사건의 특수성과 도입 배경, 수사대상과의 관련성, 특별검사의 독립성·중립성 확보를 고려하여 국회가 입법재량으로 정할 수 있다. 심판대상조항은 대통령을 수사대상으로 포함할 가능성, 여야 합의 취지, 특별검사의 중립성과 독립성을 위한 보완장치를 종합적으로 고려할 때 합리성과 정당성을 갖추었으며, 명백히 자의적이거나 불합리하다고 볼 수 없다(헌재 2019.2.28. 2017헌바196).

7. 보금자리주택지구를 지정함에 있어 사전협의기간을 20일로 규정한 사전협의절차는 적법절차원칙에 위배되지 않는다(헌재 2014.3.27. 2012헌바29).

8. 교정시설의 안전과 질서를 유지하기 위한 행정상 질서벌의 일종인 징벌제도에 있어서도 적법절차원칙이 준수되어야 할 것이다. **교도소장이 징벌혐의의 조사를 위하여 14일간 청구인을 조사실에 분리수용하고** 공동행사참가 등 처우를 제한한 행위는 적법절차원칙에 위반되는 것은 아니다(헌재 2014.9.25. 2012헌마523).

9. 보호관찰이나 사회봉사 또는 수강명령의 준수사항이나 명령을 위반하고 그 정도가 무거운 때 집행유예가 취소되어 **본형이 부활하여 이미 수행된 의무이행부분이 부활되는 형기에 반영되지 않는 것**은 적법절차원칙에 위배되지 아니한다(헌재 2013.6.27. 2012헌바345).

10. 국가의 형벌권을 피하기 위하여 해외로 도피할 우려가 있는 자에 대해 **법무부장관이 출국을 금지할 수 있도록** 한 출입국관리법은 적법절차원칙에 위반되지 않는다(헌재 2015.9.24. 2012헌바302).

11. 전경에 대한 징계로서 영창을 규정한 전투경찰대 설치법

헌법 제12조 제1항의 적법절차원칙은 형사소송절차에 국한되지 않고 모든 국가작용 전반에 대하여 적용되므로, 전투경찰순경의 인신구금을 내용으로 하는 영창처분에 있어서도 **적법절차원칙이 준수되어야 한다.** 그런데 전투경찰순경에 대한 영창처분은 그 사유가 제한되어 있고, 징계위원회의 심의절차를 거쳐야 하며, 징계 심의 및 집행에 있어 징계대상자의 출석권과 진술권이 보장되고 있다. 또한 소청과 행정소송 등 별도의 불복절차가 마련되어 있고 소청에서 당사자 의견진술 기회 부여를 소청결정의 효력에 영향을 주는 중요한 절차적 요건으로 규정하는바, 이러한 점들을 종합하면 이 사건 영창조항이 헌법에서 요구하는 수준의 절차적 보장기준을 충족하지 못했다고 볼 수 없으므로 헌법 제12조 제1항의 적법절차원칙에 위배되지 아니한다(헌재 2016.3.31. 2013헌바190).

12. 범죄의 피의자로 입건된 사람이 경찰공무원이나 검사의 신문을 받으면서 자신의 신원을 밝히지 않고 **지문 채취에 불응한 경우** 형사처벌을 받도록 하는 경범죄 처벌법 조항은 적법절차원칙에 위배되지 않는다(헌재 2004.9.23. 2002헌가17).

13. 징계시효 연장을 규정하면서 징계절차를 진행하지 아니함을 통보하지 아니한 경우에는 징계시효가 연장되지 않는다는 예외규정을 두지 않은 지방공무원법 *합헌결정

지방공무원법이 수사 중인 사건에 대해 징계절차를 진행하지 않으면 징계시효를 연장하도록 규정한 것은 공정한 징계제도 운용을 위한 조치로, 징계혐의자는 수사가 종료되면 징계절차가 진행될 수 있음을 예측할 수 있고 방어권도 보장받을 수 있다. 징계시효 연장 통보가 없다는 이유로 이를 위헌이라 볼 수 없으며, 심판대상조항은 적법절차원칙에 위배되지 않는다(헌재 2017.6.29. 2015헌바29).

14. 연락운송 운임수입의 배분에 관한 협의가 성립하지 아니한 때에는 당사자의 신청을 받아 국토교통부장관이 결정하도록 한 도시철도법 제34조

    심판대상조항은 국토교통부장관의 운임수입 배분 결정 절차에 대한 구체적 규정을 두고 있지 않지만, 행정절차법이 사전통지, 의견제출 기회, 이유제시를 규정하고 있어 절차적 보장이 이루어진다. 따라서 심판대상조항은 적법절차원칙에 위배되지 않는다(헌재 2019.6.28. 2017헌바135).

15. 피청구인 통일부장관은 개성공단 중단조치 전 간담회를 통해 결정 배경과 세부조치를 고지하였으며, 중단조치의 특성, 절차의 가치, 국가작용의 효율성을 고려할 때 필요한 절차를 거친 것으로 판단된다. 이해관계자의 의견청취절차는 적법절차원칙에 반드시 요구되는 절차라고 보기 어려워, 개성공단 중단조치가 적법절차원칙을 위반하여 청구인들의 영업의 자유나 재산권을 침해한 것으로 볼 수 없다(헌재 2022.5.26. 2016헌마95).

2. 영장주의

> **헌법 제12조** ③ 체포, 구속, 압수 또는 수색을 할 때에는 적법한 절차에 따라 검사의 신청에 의하여 법관이 발부한 영장을 제시하여야 한다. 다만, 현행범인 경우와 장기 3년 이상의 형에 해당하는 죄를 범하고 도피 또는 증거인멸의 염려가 있을 때에는 사후에 영장을 청구할 수 있다.

(1) 사전영장주의의 원칙

형사절차에 있어서의 영장주의란 체포 · 구속 · 압수 등의 강제처분을 함에 있어서는 사법권 독립에 의하여 그 신분이 보장되는 법관이 발부한 영장에 의하지 않으면 아니 된다는 원칙이고, 따라서 영장주의의 본질은 신체의 자유를 침해하는 강제처분을 함에 있어서는 중립적인 법관이 구체적 판단을 거쳐 발부한 영장에 의하여야만 한다는 데에 있다(헌재 2012.5.31. 2010헌마672).

(2) 영장주의의 의미

① 법관만이 체포 구속을 위한 영장발부할 수 있고 구속의 개시와 구속해제를 전적으로 법원이 결정해야한다는 원칙이다.

② 영장주의는 체포 · 수사 · 공판단계 · 구속의 전 과정에서 적용된다. 구속의 개시뿐 아니라 구속의 해제 여부도 오로지 법관이 최종결정권을 가진다.

③ 영장주의가 수사기관이 강제처분을 함에 있어 중립적 기관인 법원의 허가를 얻어야 함을 의미하는 것 외에 법원에 의한 사후 통제까지 마련되어야 함을 의미한다고 보기 어렵다(헌재 2018.8.30. 2016헌마263).

📖 판례정리

영장주의와 다른 원칙의 관계

1. 형식적으로 영장주의에 위배된 법률은 헌법에 위반되며, 실질적으로 입법자의 합리적 선택범위를 일탈한 경우에도 자의금지원칙 위배로 헌법에 위반된다(헌재 2012.12.27. 2011헌가5).

2. 헌법 제12조 제3항의 영장주의는 적법절차원칙의 특별규정이므로, 영장주의에 위배된 법률은 적법절차원칙에도 위배된다(헌재 2012.6.27. 2011헌가36).

3. 헌법 제12조 제3항은 강제처분 절차에 관한 특별규정으로, 위반 여부 판단 시 일반규정인 헌법 제12조 제1항 및 제27조 제4항 위반 여부를 별도로 판단할 필요는 없다(헌재 2003.12.18. 2002헌마593).

4. 구속영장 재청구 시 실질적 요건을 가중하지 않은 것이 영장주의에 위배되지 않는다. 이는 입법자가 정책적 선택으로 절차적 가중요건만을 규정한 것으로 입법형성권 남용으로 볼 수 없다(헌재 2003.12.18. 2002헌마593).

📖 판례정리

영장주의 적용 여부

물리적 강제력이 적용되는 강제처분에 적용된다. 법에 의무를 부과하고 위반시 처벌하는 것은 심리적 강제에 불과하여 영장주의가 적용되는 것은 아니다.

영장주의가 적용되는 것

1. 수사기관이 강제적으로 지문을 채취하려는 경우, 이는 강제처분에 해당하므로 반드시 법관이 발부한 영장이 필요하다(헌재 2004.9.23. 2002헌가17).

2. **위치정보 추적자료 제공요청**: 위치정보 추적은 강제처분으로 영장주의가 적용되며, 법원의 허가를 받아야 한다(헌재 2018.6.28. 2012헌마191).

영장주의가 적용되지 않는 것

1. **구치소장의 접견녹음파일 제공**: 물리적 강제력을 수반하지 않으므로 영장주의가 적용되지 않는다(헌재 2012.12.27. 2010헌마153).

2. **수용자 대화내용 녹음**: 물리적 강제력이 없는 행위로 영장주의 적용 대상이 아니다(헌재 2016.11.24. 2014헌바401).

3. **디엔에이감식시료 채취**: 채취대상자의 동의가 있는 경우 영장 없이도 가능하며 영장주의에 위배되지 않는다(헌재 2014.8.28. 2011헌마28 등).

4. **형사재판 중인 사람에 대한 출국금지**: 출국금지는 행정처분으로 강제처분이 아니므로 영장주의가 적용되지 않는다(헌재 2015.9.24. 2012헌바302).

5. **음주측정**: 자발적 협조가 필수적이므로 강제처분으로 볼 수 없으며 영장주의가 적용되지 않는다(헌재 1997.3.27. 96헌가11).

6. **소변채취**: 검사대상자의 협력이 필수적이어서 강제처분이 아니므로 영장주의가 적용되지 않는다(헌재 2006.7.27. 2005헌마277).

7. **피의자 지문채취**: 심리적·간접적 강요에 해당하며 직접적인 강제력이 없으므로 영장주의 대상이 아니다(헌재 2004.9.23. 2002헌가17).

8. **통신자료 열람**: 전기통신사업자가 제공하는 이용자의 성명 등 통신자료는 임의수사에 해당하며 강제력이 개입되지 않으므로 영장주의가 적용되지 않는다(헌재 2022.7.21. 2016헌마388).

9. **요양급여정보제공**: 국민건강보험공단의 요양급여정보 제공은 강제력이 없는 임의수사에 해당하므로 영장주의가 적용되지 않는다(헌재 2018.8.30. 2014헌마368).

10. **개인정보 제공**: 김포시장이 경찰서장에게 개인정보를 제공한 행위는 임의수사로 강제력이 없어 영장주의에 위배되지 않는다(헌재 2018.8.30. 2016헌마483).

11. **행정상 즉시강제** (헌재 2002.10.31. 2000헌가12)
    ① **개념**: 급박한 상황에서 실력을 행사하여 행정적 상태를 실현하는 작용
    ② **적용 여부**: 즉시강제는 급박성을 요건으로 하여 법관의 영장을 받을 여유가 없으므로 원칙적으로 영장주의가 적용되지 않는다.

③ **사례**: 등급분류를 받지 않은 음반·비디오·게임물의 수거·폐기는 영장 없이 가능하며, 영장주의에 위배되지 않는다.

12. 선거관리위원회의 자료제출요구

자료제출요구는 자발적 협조를 전제로 하며 물리적 강제력을 수반하지 않는다. 형사처벌 등 심리적 강제는 조사권 실효성 확보를 위한 것으로, 강제처분이 아니므로 영장주의 대상이 아니다(헌재 2019.9.26. 2016헌바381).

📖 **판례정리**

영창과 영장주의 적용 여부

1. 전투경찰순경의 영창조항 (헌재 2016.3.31. 2013헌바190)

(1) 법정의견(재판관 4인)

영장주의는 형사절차와 관련된 강제처분에 적용되며, 형사절차가 아닌 징계절차에는 그대로 적용되지 않는다. 영창조항은 영장주의에 위배되지 않는다.

(2) 반대의견(재판관 5인)

신체 구속은 형사절차든 행정절차든 본질적으로 동일하므로 행정기관의 구속에도 영장주의가 원칙적으로 적용되어야 한다. 단, 급박성 등 예외 사유가 인정되지 않는 경우에는 영장주의가 반드시 적용되어야 한다.

전투경찰순경의 영창처분은 법관의 영장을 거치지 않고 이루어져 헌법 제12조 제3항의 영장주의에 위배되며, 청구인의 신체의 자유를 침해한다.

2. 병(兵)에 대한 영창 (헌재 2020.9.24. 2017헌바157)

(1) 보충의견(재판관 이석태 외 3인)

영창은 물리적 강제력이 동원되는 강제처분으로 법관이 발부한 영장이 필요하다. 법관의 판단 없이 인신 구금이 이루어지는 것은 헌법 제12조 제3항의 영장주의에 위배된다.

(2) 반대의견(재판관 이은애 외 1인)

헌법 제12조 제3항의 영장주의는 형사절차와 관련된 강제처분에만 적용되며, 징계절차에는 적용되지 않는다. 징계절차에 영장주의를 적용하면 헌법의 문언적 근거 없이 일부 요소를 자의적으로 적용하게 되는 우려가 있다. 병에 대한 영창은 형사절차가 아닌 징계절차의 일환이므로 영장주의가 적용되지 않으며, 헌법에 위배되지 않는다.

(3) 법정의견

영창조항은 과잉금지원칙에 위반된다는 이유로 위헌 결정이 내려졌으나, 영장주의 적용 여부는 별도로 심리되지 않았다.

---

(2) 사전영장주의의 예외

긴급체포와 현행범인의 경우 체포 후 48시간 이내에 구속영장을 청구하지 아니하면 석방하여야 한다(형사소송법 제200조의4).

1. 현행범인 체포의 사후 영장제도 및 구속영장 청구기간

현행범인 체포의 경우 사전영장주의의 예외가 인정되며, 체포 후 48시간 이내에 구속영장을 청구하거나 그렇지 않으면 피의자를 석방하도록 규정한 형사소송법은 헌법상 영장주의에 위배되지 않는다. 현행범인의 특수성(범행의 명백성, 시간적·장소적 접착성)과 구금의 성격을 고려한 것이다. 형사절차에서 소요되는 시간과 수사 현실 등을 반영한 것이다. 48시간 이내로 구속영장을 청구하는 규정은 입법재량의 범위를 벗어난 것으로 볼 수 없다(헌재 2012.5.31. 2010헌마672).

2. 긴급체포와 사후 구속영장 청구기간

형사소송법이 사형·무기 또는 장기 3년 이상의 징역이나 금고에 해당하는 죄를 범한 경우 긴급체포를 허용하고, 체포 후 48시간 이내에 구속영장을 청구하도록 한 규정은 헌법상 영장주의에 위배되지 않는다.

긴급체포는 예외적 상황에서만 허용되며, 남용 방지를 위한 체포적부심 청구 등 통제장치가 마련된 것이다. 긴급체포의 특수성, 구금의 성격, 형사절차의 현실적 요구를 반영한 것이다. 48시간 이내 구속영장을 청구하도록 한 시간적 요건은 입법재량의 범위를 일탈하지 않은 것이다. 긴급체포 규정은 헌법상 영장주의에 위배되지 않으며, 사후영장 청구 절차는 적법하다(헌재 2021.3.25. 2018헌바212).

---

(3) 국가긴급권과 영장주의

① **긴급조치 위반자에 대한 영장 없이 체포·구속 규정의 위헌성**: 긴급조치 위반자에 대해 법관의 영장 없이 체포·구속·압수·수색할 수 있도록 규정하고, 검찰이 발부한 영장에 따라 체포·구속할 수 있도록 한 긴급조치는 헌법상 영장주의에 위배된다(헌재 2013.3.21. 2010헌바70).

② **인신구속 등에 관한 임시 특례법의 위헌성**: 국가보안법 위반 혐의자 등을 법관의 영장 없이 체포·구속·압수·수색할 수 있도록 한 인신구속 특례법은 헌법 제77조 제3항에 따른 영장주의의 특별한 조치로 정당화될 수 없다(헌재 2012.12.27. 2011헌가5).

③ **긴급조치 제9호와 영장주의 배제의 위헌성**: 긴급조치 제9호와 같은 영장주의 배제 조치는 예외적 상황에서 한시적으로만 허용되어야 한다. 발령 당시 국가의 중대한 위기상황에 해당한다고 볼 수 없으며, 4년 7개월간 영장주의를 무시한 긴급조치 제9호는 허용될 수 없다. 긴급조치 제9호는 영장주의에 명백히 위배된다(대판 2022.8.30. 2018다212610).

(4) 수색·압수

수색·압수를 위해서도 영장이 필요한데, 사법경찰관은 영장청구권이 없으므로 검사에게 영장신청을 하고 검사가 법원에 청구한다. 수색·압수영장에는 수색할 장소와 압수할 물건이 명시되어야 한다.

3. 영장실질심사

> **형사소송법 제201조의2 【구속영장청구와 피의자심문】** ① 제200조의2·제200조의3 또는 제212조에 따라 **체포된 피의자에 대하여 구속영장을 청구받은 판사는 지체 없이 피의자를 심문하여야 한다.** 이 경우 특별한 사정이 없는 한 구속영장이 청구된 날의 다음 날까지 심문하여야 한다.
> → 필요적 영장실질심사제도 도입
> ② **제1항 외의 피의자에 대하여 구속영장을 청구받은 판사는 피의자가 죄를 범하였다고 의심할 만한 이유가 있는 경우에 구인을 위한 구속영장을 발부하여 피의자를 구인한 후 심문하여야 한다.** 다만, 피의자가 도망하는 등의 사유로 심문할 수 없는 경우에는 그러하지 아니하다.

4. 영장신청권

(1) 검사의 영장신청권 연혁

검사의 영장신청권은 제5차 개정헌법(1962년)에서 도입되었다. 당시 헌법 제10조 제3항에서 "검찰관의 신청에 의하여 법관이 발부한 영장"을 명시하여 영장신청권을 검찰관(현 검사)에게 부여하였고, 이후 현행헌법에 이르기까지 유지되고 있다.

(2) 영장신청권자

헌법은 영장신청권자를 검사로 한정하여 다른 수사기관의 영장신청에서 발생할 수 있는 인권침해를 방지하고, 반드시 법률전문가인 검사를 거치도록 함으로써 강제수사의 남용을 방지하는 데 목적이 있다. 영장신청권의 검사란 단순히 검찰청법상 검사만을 지칭하는 것이 아니라, 공익의 대표자 및 인권 옹호기관으로서의 역할을 수행하는 국가기관을 의미한다(헌재 2021.1.28. 2020헌마264).

(3) 검사의 영장신청권과 수사권의 관계

헌법은 검사에게 영장신청권을 부여하고(헌법 제12조 제3항, 제16조), 검사에게 공익 대표자로서 수사 및 공소제기 직무를 부여하였다(검찰청법 제4조). 헌법은 수사권 부여에 대해 명시하지 않고 있으므로, 입법자가 검사에게 수사권을 부여하거나 다른 방식으로 조정·배분할 수 있다. 수사권과 영장신청권은 본질적으로 다른 권한이다. 검사의 영장신청권은 강제수사의 남용을 방지하기 위해 도입된 것이지, 헌법상 검사에게 수사권을 부여한 것으로 해석될 수는 없다.

(4) 헌법적·입법적 권한의 조정

수사권 배분은 입법사항으로 국회가 이를 조정할 권한을 가진다. 따라서 특정 범죄의 수사권을 특정 기관에 전속시키는 것은 헌법적 당위가 아니다.

(5) 헌법상 권한 침해 여부

수사권 및 소추권은 법률상 권한으로 국회의 법률개정에 따라 조정될 수 있다. 따라서 검사의 수사권을 제한하는 검찰청과 형소법 개정행위로 인해 검사의 헌법상 권한이 침해되었다고 볼 수 없다.

(6) 결론

검사의 영장신청권은 헌법상 보장된 권한이나, 수사권은 헌법이 아닌 법률에 의해 조정되는 권한이다. 국회의 법률개정행위는 검사의 헌법상 권한을 침해하지 않는다(헌재 2023.3.23. 2022헌라4).

📖 판례정리

영장주의

위반인 것

1. **법원의 무죄선고에도 불구하고 검사로부터 사형, 무기 또는 10년 이상의 징역이나 금고의 형에 해당한다는 취지의 의견진술이 있는 사건에 대하여는 영장의 효력을 유지시키는 형사소송법**

   구속영장의 효력을 법원의 재판이 아닌 검사의 구형에 의하여 좌우되도록 하고 있는 이 사건 법률조항은 영장주의 원칙에 위반된다(헌재 1992.12.24. 92헌가8).

2. **법원의 보석허가결정에 대한 검사의 즉시항고**

   이 사건 법률조항은 법원의 보석허가결정에 대한 검사의 즉시항고는 항고법원의 결정이 나올 때까지 법원의 보석허가결정집행을 정지시키므로 검사의 즉시항고는 구속해제 여부에 대해 법원보다 검사를 우선시하므로 영장주의에 위반된다(헌재 1993.12.23. 93헌가2).

3. 법원의 구속집행정지결정에 대하여 검사의 즉시항고는 법원의 구속집행정지결정을 무의미하게 할 수 있는 권한을 검사에게 부여한 것이라는 점에서 헌법 제12조 제3항의 영장주의 원칙에 위배된다(헌재 2012.6.27. 2011헌가36).

> 비교 검사가 형사소송법 제403조 제2항에 의한 **보통항고**의 방법으로 보석허가결정에 대하여 불복하는 것은 허용된다 할 것이다(대판 1997.4.18. 97모26).

4. 무죄의 선고를 받은 피고인의 강제연행

무죄 등 판결을 받은 피고인은 법정에서 즉시 석방되어야 하는 것으로, 교도관이 석방절차를 밟는다는 이유로 법정에 있는 피고인을 그의 의사에 반하여 교도소로 다시 연행하는 것은 어떠한 이유를 내세운다고 할지라도 헌법상의 정당성을 갖는다고 볼 수 없는 것이다(헌재 1997.12.24. 95헌마247).

5. 지방의회 의장의 증인의 동행명령장 발부

헌법 제12조 제3항에 의하여 법관이 발부한 영장의 제시가 있어야 함에도 불구하고 동행명령장을 법관이 아닌 지방의회 의장이 발부하고 이에 기하여 증인의 신체의 자유를 침해하여 증인을 일정 장소에 인치하도록 규정된 조례안은 영장주의 원칙을 규정한 헌법 제12조 제3항에 위반된 것이다(대판 1995.6.30. 93추83).

6. 특별검사가 참고인에게 지정된 장소까지 동행할 것을 명령할 수 있게 하고 참고인이 정당한 이유 없이 위 동행명령을 거부한 경우 천만원 이하의 벌금형에 처하도록 규정한 이명박의 주가조작 등 범죄혐의의 진상규명을 위한 특별검사의 임명 등에 관한 법률이 영장주의 또는 과잉금지원칙에 위배하여 청구인들의 평등권과 신체의 자유를 침해하는지 여부(적극) (헌재 2008.1.10. 2007헌마1468)

(1) 영장주의 위반 여부

① **5인의 영장주의 위반이라는 의견**: 참고인에 대한 동행명령제도는 참고인의 신체의 자유를 사실상 억압하여 일정 장소로 인치하는 것과 실질적으로 같으므로 헌법 제12조 제3항이 정한 영장주의 원칙이 적용되어야 한다. 그럼에도 불구하고 법관이 아닌 특별검사가 동행명령장을 발부하도록 하는 것은 영장주의 원칙에 위반된다. ➡ 영장주의 위반이고 과잉금지원칙 위반이다.

② **2인의 영장주의 위반이 아니라는 의견**: 이 사건 동행명령조항은 동행명령을 거부하는 참고인에 대해 직접적이고 현실적인 강제력을 행사할 수 있음을 규정한 것이 아니라 동행명령을 거부할 정당한 사유가 없는 참고인에 대하여 지정된 장소에 출석할 의무를 부과하고 벌금형이라는 제재를 수단으로 하여 그 출석의무의 이행을 심리적·간접적으로 강제하는 것이어서, 영장주의의 적용대상이 될 수 없다. 따라서 이 사건 동행명령조항은 영장주의에 위반된다고 볼 수 없다.

(2) 과잉금지위반 여부(7인의 재판관)

특별검사의 동행명령조항은 과잉금지원칙에 위배되어 청구인의 신체의 자유와 평등권을 침해한다. 참고인은 수사의 협조자에 불과하여 원칙적으로 출석의무가 없으며, 특별검사가 참고인을 강제로 소환할 필요가 있다면 법관의 명령을 통해 소환하도록 입법적으로 해결할 수 있다. 또한, 참고인 출석 요구에 응하지 않는 경우에도 증거보전절차나 공판기일 전 증인신문 절차를 통해 필수적인 진술을 확보할 수 있다. 따라서 동행명령조항에 의한 신체의 자유 제한은 최소한의 범위를 넘어서며, 이 조항이 추구하는 공익은 불확실한 반면, 청구인들이 감수해야 할 신체의 자유 침해는 지나치게 크다.

> 참고 디엔에이감식시료채취영장 발부 과정에서 채취대상자에게 자신의 의견을 밝히거나 **영장 발부 후 불복할 수 있는 절차 등에 관하여 규정하지 아니한 '디엔에이신원확인정보의 이용 및 보호에 관한 법률'**은 채취대상자의 재판청구권은 형해화되고 채취대상자는 범죄수사 내지 예방의 객체로만 취급받게 된다. 따라서 이 사건 영장절차 조항은 과잉금지원칙을 위반하여 청구인들의 재판청구권을 침해한다(헌재 2018.8.30. 2016헌마344). *헌법불합치결정

위반이 아닌 것

1. 공판단계에서 법원이 직권으로 영장을 발부하도록 한 형사소송법 (헌재 1997.3.27. 96헌바28)

① 헌법 제12조 제3항은 수사단계에서의 영장의 청구권이 (경찰이 아닌) 검사에게 있다는 것을 강조하기 위한 것이지, 공판단계에서조차 검사의 청구가 없이 법관의 직권에 의한 영장의 발부가 불가능하다는 것을

의미하지는 않는다. 따라서 공판단계에서 검사의 신청이 없는데도 법원이 직권으로 영장을 발부할 수 있도록 한 형사소송법 제70조는 영장주의에 위반되지 않는다.

② 공판단계에서의 영장발부에 관한 헌법적 근거는 헌법 제12조 제1항이다.

③ 법원이 직권으로 발부하는 영장은 명령장으로의 성격을 띠며, 수사기관의 청구에 의하여 발부하는 영장의 성격은 허가장으로의 성격을 띤다.

2. 재체포 · 재구속 영장발부 요건 관련 형사소송법

수사단계에서 한 번 체포 · 구속되었던 사람을 재체포 · 재구속할 경우, 최초의 체포 · 구속사유에 실질적 가중요건을 추가해야 한다는 헌법적 명문 규정은 없다. 법원에 의해 구속영장이 기각된 피의자에 대해 구속영장을 재청구할 때 절차적 가중요건만 규정하고 실질적 가중요건을 요구하지 않는 형사소송법 조항은 영장주의에 반하지 않는다(헌재 2003.12.18. 2002헌마593).

---

5. 체포 · 구속이유 등 고지 및 통지제도

> **헌법 제12조** ⑤ 누구든지 체포 또는 구속의 이유와 변호인의 조력을 받을 권리가 있음을 **고지받지 아니하고는** 체포 또는 구속을 당하지 아니한다. 체포 또는 구속을 당한 자의 가족 등 법률이 정하는 자에게는 그 이유와 일시, 장소가 지체 없이 **통지되어야 한다**.

6. 체포 · 구속적부심사제

> **헌법 제12조** ⑥ 누구든지 **체포** 또는 **구속**을 당한 때에는 적부의 심사를 법원에 청구할 권리를 가진다.

(1) 의의

체포 · 구속적부심사제란 체포 또는 구속된 피의자가 체포 · 구속의 적부 여부 심사를 청구하여 심사결과 적법한 것이 아닌 경우 법관이 직권으로 피의자를 석방하는 제도이다. 신체의 자유를 보호하고 강제수사 남용을 방지하기 위한 헌법적 보장장치이다.

(2) 연혁

1679년 영국의 인신보호법에서 유래하였으며, 우리나라에서는 제헌헌법에 규정되었으나, 제7차 개정헌법에서 삭제, 제8차 개정헌법에서 부활했다.

(3) 적용범위

우리 헌법 제12조에 규정된 '신체의 자유'는 수사기관뿐만 아니라 일반 행정기관을 비롯한 다른 국가기관 등에 의하여도 직접 제한될 수 있으므로, 헌법 제12조 소정의 '체포 · 구속' 역시 포괄적인 개념으로 해석해야 한다. 따라서 최소한 모든 형태의 공권력 행사기관이 '체포' 또는 '구속'의 방법으로 '신체의 자유'를 제한하는 사안에 대하여는 헌법 제12조 제6항이 적용된다고 보아야 한다(헌재 2004.3.25. 2002헌바104).

(4) 체포 · 구속적부심사청구라는 절차적 기본권에 관한 입법형성의무와 재량

체포 · 구속적부심사청구권은 헌법적 차원에서 독자적인 지위를 가지고 있기 때문에 입법자는 전반적인 법체계를 통하여 관련자에게 그 구체적인 절차적 권리를 제대로 행사할 수 있는 기회를 최소한 1회 이상 제공하여야 할 의무가 있다(헌재 2004.3.25. 2002헌바104).

(5) 적부심사청구인

① **형사소송법 규정**: 체포 또는 구속된 피의자 또는 그 변호인, 법정대리인, 배우자, 직계친족, 형제자매나 가족, 동거인 또는 고용주는 관할 법원에 체포 또는 구속의 적부심사를 청구할 수 있다고 규정하고 있다(형사소송법 제214조의2 제1항).

② **영장 없이 체포된 피의자**: 대법원 판례는 영장에 의하지 아니하고 긴급체포된 피의자도 체포적부심사청구권을 행사할 수 있다는 입장이었다. 현행 형사소송법은 체포 또는 구속된 피의자로 개정하여 영장 없이 체포된 피의자도 청구할 수 있음을 법문상 명확히 하고 있다.

③ **피고인**: 형사소송법은 적부심사청구인을 피의자로 규정하여 피고인의 적부심사청구를 인정하지 않고 있다. 이를 인정하는 것이 헌법 제12조 제6항의 정신에 좀 더 부합한다. 다만, 헌법재판소는 피고인의 적부심사청구를 반드시 인정해야 하는 것은 아니라고 하였다.

④ **출입국관리법에 보호된 자, 인신보호법상 보호적부심사청구에서 제외** (헌재 2014.8.28. 2012헌마686)

  ㉠ 출입국관리법에 따라 보호조치된 자도 최소한 1회 이상 적법 여부를 다툴 기회가 보장되어야만 한다.

  ㉡ 출입국관리법에 따라 보호된 청구인들은 각 보호의 원인이 되는 강제퇴거명령에 대하여 취소소송을 제기함으로써 그 원인관계를 다투는 것 이외에, 보호명령 자체의 취소를 구하는 행정소송이나 그 집행의 정지를 구하는 집행정지신청을 할 수 있으므로, 헌법 제12조 제6항이 요구하는 체포·구속 자체에 대한 적법 여부를 법원에 심사청구할 수 있는 절차가 있다. 따라서 심판대상조항은 헌법 제12조 제6항의 요청을 충족한 것으로 청구인들의 신체의 자유를 침해하지 아니한다.

(6) 심사청구사유

모든 범죄에 대하여 청구가 가능하다.

(7) 심사기관

체포영장 또는 구속영장을 발부한 법관은 적부심사의 심문·조사·결정에 관여하지 못한다. 다만, 체포영장 또는 구속영장을 발부한 법관 외에는 심문·조사·결정을 할 판사가 없는 경우에는 관여할 수 있다(형사소송법 제214조의2 제12항).

(8) 적부심사결정

적부심사의 청구를 받은 법원은 청구서가 접수된 때부터 48시간 이내에 체포 또는 구속된 피의자를 심문하고 수사관계서류와 증거물을 조사하여 그 청구가 이유 없다고 인정한 때에는 결정으로 이를 기각하고, 이유 있다고 인정한 때에는 결정으로 체포 또는 구속된 피의자의 석방을 명하여야 한다. 심사청구 후 피의자에 대하여 공소제기가 있는 경우에도 또한 같다(형사소송법 제214조의2 제4항).

📖 **판례정리**

적부심사청구 후 전격 기소된 경우 적부심사 없이 기각하도록 한 형사소송법 제214조

구속된 피의자가 적부심사청구권을 행사한 다음 검사가 전격 기소를 한 경우, 법원으로부터 구속의 헌법적 정당성에 대하여 실질적 심사를 받고자 하는 청구인의 절차적 기회를 제한하는 결과를 가져오는 형사소송법 제214조의2 제1항은 적부심사청구권의 본질적 내용을 제대로 구현하지 아니하였다고 보아야 한다(헌재 2004.3.25. 2002헌바104).

---

(9) 법원의 결정에 대한 불복

법원의 적부심사에 대한 기각이나 인용결정에 대해 **검사나 피의자는 항고할 수 없다**(형사소송법 제214조의2).

(10) 적부심사기간

피의자의 구속기간에 포함되지 않는다.

(11) 헌법소원과의 관계

체포에 대하여는 헌법과 형사소송법이 정한 체포적부심사라는 구제절차가 존재함에도 불구하고, **체포적부심사절차를 거치지 않고 제기된 헌법소원심판청구는 법률이 정한 구제절차를 거치지 않고 제기된 것으로서 보충성의 원칙에 반하여 부적법하다**(헌재 2011.6.30. 2009헌바99).

04 형사피의자 · 형사피고인의 권리

1. 무죄추정의 원칙

> 헌법 제27조【형사피고인의 무죄추정 등】④ 형사피고인은 유죄의 판결이 확정될 때까지는 무죄로 추정된다.

(1) 개념

무죄추정의 원칙은 공소제기 이전의 피의자는 물론 공소가 제기된 피고인까지도 유죄의 판결이 확정될 때까지는 죄가 없는 자에 준하여 취급하여야 하고 불이익을 입혀서는 아니 된다는 원칙이다.

(2) 무죄추정의 범위

피고인 · 피의자 모두 무죄로 추정되며, 유죄판결의 확정 전까지 무죄로 추정된다. 유죄의 확정판결은 1심의 종국판결이 아니라 최종적인 확정판결을 의미한다.

(3) 적용주체

① **피의자**: 공소가 제기된 형사피고인에게 무죄추정의 원칙이 적용되는 이상, 아직 공소제기조차 되지 아니한 형사피의자에게 무죄추정의 원칙이 적용되는 것은 당연한 일이다(헌재 1992.1.28. 91헌마111).
② **수형자**: 형이 확정된 수형자의 민사재판 출정시 무죄추정원칙이 적용되지 않는다. 그러나 수형자라도 다른 형사사건에서는 무죄추정원칙이 적용된다.

(4) 내용

① **불구속수사 · 불구속재판원칙**: 피의자와 피고인은 무죄로 추정되므로 불구속수사 · 불구속재판을 원칙으로 해야 한다. 따라서 구속수사 · 재판은 예외적이고 비례원칙을 준수하여 도주우려, 증거인멸 우려 등을 고려하여 결정해야 한다.

📖 **판례정리**

무죄추정의 원칙과 불구속수사원칙

신체의 자유를 최대한으로 보장하려는 헌법정신 특히 무죄추정의 원칙으로 인하여 수사와 재판은 원칙적으로 불구속상태에서 이루어져야 한다. 그러므로 구속은 구속 이외의 방법에 의하여서는 범죄에 대한 효과적인 투쟁이 불가능하여 형사소송의 목적을 달성할 수 없다고 인정되는 예외적인 경우에 한하여 최후의 수단으로만 사용되어야 하며 구속수사 또는 구속재판이 허용될 경우라도 그 구속기간은 가능한 한 최소한에 그쳐야 한다(헌재 2009.6.25. 2007헌바25).

② **입증책임**: 피고인은 무죄로 추정되므로 범죄사실의 입증책임은 검사가 부담해야 한다. 따라서 피고인이 무죄임을 입증해야 하는 것은 아니다. 또한 범죄에 대한 확증이 없을 때, '의심스러울 때에는 피고인의 이익으로(in dubio pro reo)'라는 원칙에 따라 법원은 무죄판결을 해야 한다.

📖 **판례정리**

무죄추정과 입증책임

무죄추정의 원칙은 제도적으로 표현된 것으로는, **공판절차의 입증단계에서 거증책임(擧證責任)을 검사에게 부담시키는 제도**, 보석 및 구속적부심 등 인신구속의 제한을 위한 제도, 그리고 피의자 및 피고인에 대한 부당한 대우 금지 등이 있다(헌재 2001.11.29. 2001헌바41).

③ **무죄추정원칙의 적용범위**: 교원에 대해 형사사건으로 공소가 제기되었다는 사실만으로 직위해제처분을 행하게 하고 있는 것은 아직 유무죄가 가려지지 아니한 상태에서 유죄로 추정하는 것이 되며 이를 전제로 한 불이익한 처분이라 할 것이다. 공소의 제기가 있는 피고인이라도 유죄의 확정판결이 있기까지는 원칙적으로 죄가 없는 자에 준하여 취급하여야 하고, 불이익을 입혀서는 안 된다고 할 것으로 가사 그 불이익을 입힌다 하여도 필요한 최소한도에 그치도록 비례의 원칙이 존중되어야 하는 것이 헌법 제27조 제4항의 무죄추정의 원칙이며, 여기의 불이익에는 **형사절차상의 처분뿐만 아니라 그 밖의 기본권 제한과 같은 처분도 포함된다고 할 것이다**(헌재 1994.7.29. 93헌가3).

④ **구속된 피의자 또는 피고인이 변호인이 아닌 자와 접견할 권리**: 구속된 피의자 또는 피고인이 갖는 변호인 아닌 자와의 접견교통권은 헌법 제10조의 행복추구권에 근거하여 인정되는 일반적 행동자유권 또는 헌법 제27조 제4항의 무죄추정의 원칙에서 도출되는 헌법상의 기본권이다(헌재 2003.11.27. 2002헌마193).

📖 **판례정리**

무죄추정원칙 위반 여부

위반인 것

1. **형사사건으로 기소된 변호사에 대해 법무부장관의 일방적인 명령에 의하여 변호사의 업무를 정지할 수 있도록 한 변호사법**은 당해 변호사가 자기에게 유리한 사실을 진술하거나 필요한 증거를 제출할 수 있는 청문의 기회가 보장되지 아니하여 적법절차원리에 위반된다(헌재 1990.11.19. 90헌가48).

2. 사업자단체가 구성사업자의 활동을 부당하게 제약한 경우 **공정거래위원회가 법원의 판결 이전에 법 위반사실의 공표를 명할 수 있도록 한** 공정거래법은 아직 법원의 유·무죄에 대한 판단이 가려지지 아니하였는데도 관련행위자를 유죄로 추정하는 불이익한 처분으로서 무죄추정원칙에 위배된다(헌재 2002.1.31. 2001헌바43).

3. **군사법경찰관의 신청에 따라 피의자 구속기간을 연장할 수 있도록 하여** 군검찰관, 군사법경찰관의 신청에 의하여 **피의자 구속기간을 40일로 하는** 군사법원법은 무죄추정원칙에 위반된다(헌재 2003.11.27. 2002헌마193).

4. **헌법상 무죄추정의 원칙에 따라, 미결구금은 형기에 전부 산입되어야 한다.**
   ① **판결선고 전 구금일수 산입범위를 법관의 재량에 맡긴** 형법 제57조 제1항은 적법절차의 원칙과 무죄추정의 원칙에 반하여 신체의 자유를 침해한다(헌재 2009.6.25. 2007헌바25).

② **검사 상소제기 전 기간의 본형 불산입**: 검사 상소제기일로부터 미결구금일수를 본형에 산입하도록 한 형사소송법 제482조는 검사가 상소하기 전의 구금일수에 대해서는 산입할 근거가 없어 검사가 상소를 언제 제기하느냐에 따라서 법원이 선고한 형에 변경을 가져오게 되므로 피고인의 신체의 자유를 침해하게 되고, 검사가 상소를 제기한 시점에 따라 형이 달라지므로 평등원칙에도 위반된다(헌재 2000.7.20. 99헌가7).

③ **상소제기 후의 미결구금일수 산입을 규정하면서 상소제기 후 상소취하시까지의 구금일수 통산에 관하여는 규정하지 아니함으로써 이를 본형 산입의 대상에서 제외되도록 한 형사소송법 제482조 제1항**: 상소제기 후 상소취하시까지의 구금 역시 미결구금에 해당하는 이상 그 구금일수도 형기에 전부 산입되어야 한다. 그런데 이 사건 법률조항들은 구속 피고인의 상소제기 후 상소취하시까지의 구금일수를 본형 형기 산입에서 제외함으로써 기본권 중에서도 가장 본질적 자유인 신체의 자유를 침해하고 있다(헌재 2009.12.29. 2008헌가13).

비교 **피고인이 미결구금일수로서 본형에의 산입을 요구하는 기간은 공소의 목적을 달성하기 위하여 어쩔 수 없이 이루어진 강제처분의 기간이 아니라** 피고인이 범행 후 미국으로 도주하였다가 대한민국정부와 미합중국정부 간의 **범죄인인도조약에 따라 체포된 후 인도절차를 밟기 위한 기간에 불과하여 본형에 산입될 미결구금일수에 해당한다고 볼 수 없다**(대판 2009.5.28. 2009도1446).

5. **지방자치단체장이 금고 이상의 형의 선고를 받고 확정되지 않은 경우 부단체장의 권한대행**은 무죄추정의 원칙에 위배된다(헌재 2010.9.2. 2010헌마418).

유사 **농협·축협 조합장이 금고 이상의 형을 선고받고 그 형이 확정되지 아니한 경우에도 이사가 그 직무를 대행하도록 규정한** 농업협동조합법은 직업수행의 자유를 침해한다(헌재 2013.8.29. 2010헌마562·574·774, 2013헌마469).

6. **관세법상 몰수 예상 압수물품을 별도의 재판 없이 국고에 귀속하는 제도**

구 관세법 제215조 중 제181조 부분의 내용은 어떤 물건이 관세법상 몰수할 것으로 인정되어 압수된 경우, ① 범인이 당해 관서에 출두하지 아니하거나 또는 범인이 도주하고, ② 그 물건이 압수된 날로부터 4월이 경과한 때라는 두 가지 요건만 충족되면 별도의 재판이나 처분 없이 당해 물건은 국고에 귀속한다는 것이다. 그렇다면 이 조항은 유죄판결이 확정되기도 전에 무죄의 추정을 받는 자의 소유에 속한 압수물건을 국고에 귀속하도록 규정함으로써 실질적으로는 몰수형을 집행한 것과 같은 효과를 발생케 하는 내용의 것이므로 결국 헌법 제27조 제4항에 정한 무죄추정의 원칙에 위반된다고 아니할 수 없다(헌재 1997.5.29. 96헌가17).

7. **형사재판의 피고인으로 출석하는 수형자에 대하여 사복착용 규정을 준용하지 아니하는 형의 집행 및 수용자의 처우에 관한 법률**

비록 수형자라 하더라도 **확정되지 않은 별도의 형사재판에서만큼은** 미결수용자와 같은 지위에 있는 것이므로, 그를 죄 있는 자에 준하여 취급함으로써 법률적·사실적 측면에서 유형·무형의 불이익을 주어서는 아니 된다. 그런데 이러한 수형자로 하여금 형사재판 출석시 아무런 예외 없이 사복착용을 금지하고 재소자용 의류를 입도록 하여 인격적인 모욕감과 수치심 속에서 재판을 받도록 하는 것은, 그 재판과 관련하여 미결수용자의 지위임에도 이미 유죄의 확정판결을 받은 수형자와 같은 외관을 형성하게 함으로써 재판부나 검사 등 소송관계자들에게 유죄의 선입견을 줄 수 있는 등 무죄추정의 원칙에 위배될 소지가 크다(헌재 2015.12.23. 2013헌마712).

위반이 아닌 것

1. **지방자치단체장 권한대행**

지방자치단체장이 공소제기되어 구금된 경우 부단체장이 권한을 대행하도록 한 지방자치법은 무죄추정원칙에 위배되지 않는다(헌재 2011.4.28. 2010헌마474).

2. **변호사 업무정지** (헌재 2014.4.24. 2012헌바45)

① 변호사가 공소제기로 등록취소 가능성이 크고, 공익에 해를 끼칠 위험이 있는 경우 법무부장관이 업무정지를 명할 수 있도록 한 변호사법은 무죄추정원칙과 명확성원칙에 위배되지 않는다.

② 이 사건 법률조항은 공소제기된 변호사에 대해 유죄의 개연성을 전제로 업무정지라는 불이익을 부과할 수 있도록 하고 있으나, 업무정지명령은 의뢰인의 이익과 법적 절차의 공정성·신속성 및 국민 신뢰를 보호하기 위한 잠정적이고 가처분적인 성격을 가지는 것이다. 법무부장관의 청구에 따라 법무부징계위원회의 의결을 거치고, 변호사에게 청문의 기회를 부여하며, 업무정지 기간을 원칙적으로 6개월로 제한하여 불이익이 필요최소한에 그치도록 하고 있다. 따라서 무죄추정의 원칙에 위배되지 않는다.

③ 법률조항은 업무정지명령의 발령 여부를 법적용기관의 재량에 맡기고, 요건 및 기간을 엄격히 제한하며, 업무정지명령의 해제 요건도 규정하여 변호사의 기본권 제한을 최소화하고 있다. 이로 인해 직업수행의 자유 제한 정도가 공익 보호를 위한 목적에 비해 중하다고 볼 수 없으므로, 과잉금지원칙을 위반하여 직업수행의 자유를 침해한다고 할 수 없다.

3. 징계부가금과 무죄추정

징계부가금 부과처분에 공정력과 집행력을 인정하는 것은 형벌집행과 동일시할 수 없으므로 무죄추정원칙에 위배되지 않는다(헌재 2015.2.26. 2012헌바435).

4. 소년원 수용기간 산입

소년보호사건은 개선과 교화를 목적으로 하므로 1심 소년원 수용기간을 항고심 보호기간에 산입하지 않더라도 무죄추정원칙과 관련이 없다(헌재 2015.12.23. 2014헌마768).

5. 수용자의 기초생활보장 제외

교도소에 수용 중인 자를 기초생활보장급여 대상에서 제외하는 것은 무죄추정원칙에 반하지 않는다(헌재 2011.3.31. 2009헌마617).

6. 출국금지와 무죄추정

국가형벌권을 피하려는 해외도피 우려가 있는 자의 출국금지는 무죄추정원칙에 위배되지 않는다(헌재 2015.9.24. 2012헌바302).

7. 신문기사 삭제

미결구금수가 구독하는 신문의 일부 기사를 삭제하는 행위는 처벌적 성격이 아니라 구치소 질서와 보안을 위한 것으로 무죄추정원칙에 위배되지 않는다(헌재 1998.10.29. 98헌마4).

8. 경찰 증언과 무죄추정

경찰공무원이 형사소송에서 증인으로 신문되는 것은 공소사실의 실체적 진실을 발견하기 위한 것이므로 무죄추정원칙에 반하지 않는다(헌재 2001.11.29. 2001헌바41).

9. 금치처분 중 제한 조치

금치처분 중 서신수수, 접견, 전화통화를 제한하는 것은 징벌에 관한 사항으로 유죄 인정의 효과로 불이익을 가한다고 보기 어려워 무죄추정원칙에 반하지 않는다(헌재 2016.4.28. 2012헌마549).

10. 마약류사범 특별처우

마약류사범의 중독성과 재범률을 고려하여 다른 수용자와 달리 관리하도록 한 것은 유죄판결을 전제로 하지 않으므로 무죄추정원칙에 위배되지 않는다(대결 2013.7.25. 2012헌바63).

11. 국민참여재판 배제

국민참여재판 배제 결정을 법원이 할 수 있도록 한 규정은 범죄사실 인정이나 유죄판결을 전제로 하지 않으므로 무죄추정원칙에 위배되지 않는다(헌재 2014.1.28. 2012헌바298).

2. 변호인의 조력을 받을 권리

> 헌법 제12조 ④ 누구든지 체포 또는 구속을 당한 때에는 즉시 변호인의 조력을 받을 권리를 가진다. 다만, 형사피고인이 스스로 변호인을 구할 수 없을 때에는 법률이 정하는 바에 의하여 국가가 변호인을 붙인다.

(1) 의의

피의자 · 피고인의 인권보장과 피의자 · 피고인도 수사기관과 대등한 수단을 확보해야 한다는 무기평등원칙이라는 의미가 있다. 헌법 제12조 제4항이 보장하고 있는 신체구속을 당한 사람의 변호인의 조력을 받을 권리는 무죄추정을 받고 있는 피의자 · 피고인에 대하여 신체구속의 상황에서 생기는 여러 가지 폐해를 제거하고 구속이 그 목적의 한도를 초과하여 이용되거나 작용되지 않게끔 보장하기 위한 것으로, 여기의 '변호인의 조력'은 '변호인의 충분한 조력'을 의미한다(헌재 1992.1.28. 91헌마111).

(2) 주체

① **피내사자: 연행된 피내사자**도 변호인 또는 변호인이 되려는 자와의 접견교통권이 인정되어야 한다고 한다(대결 1996.6.3. 96모18).

② **불구속피의자**: 우리 헌법은 불구속 피의자와 피고인 모두에게 변호인의 조력을 받을 권리를 명시적으로 규율하지는 않으나, 불구속 피의자에 대해서도 변호인의 조력을 받을 권리는 법치국가원리와 적법절차원칙에서 당연히 인정되는 내용이다(헌재 2004.9.23. 2000헌마138).

③ **수형자**: 형사절차가 종료되어 교정시설에 수용 중인 수형자는 원칙적으로 변호인의 조력을 받을 권리의 주체가 될 수 없다. 다만, 수형자의 경우에도 재심절차 등에는 변호인 선임을 위한 일반적인 교통 · 통신이 보장될 수도 있다(헌재 1998.8.27. 96헌마398).

(3) 변호인의 권리

① **변호인이 되려는 자의 접견교통권**: 피의자 등이 변호인을 선임하여 조력을 받을 권리는 헌법상 기본권이며, 이를 실질적으로 보장하기 위해 '변호인이 되려는 자'의 접견교통권도 헌법상 기본권으로 보호된다. 변호인 선임을 위한 접견교통권은 피의자 등의 헌법상 기본권과 밀접히 연결된 핵심적인 권리로, 이를 제한하면 변호인의 조력을 받을 권리가 유명무실해질 수 있다(헌재 2019.2.28. 2015헌마1204).

  * **재판관 반대의견**: '변호인이 되려는 자'의 접견교통권은 간접적 · 부수적 효과로서 법률상 권리에 불과하며 독자적인 헌법상 기본권으로 볼 수 없다.

② **변호인의 변호권**: 헌법 제12조 제4항은 피구속자의 변호인의 조력을 받을 권리를 헌법상 기본권으로 보장한다. 이 권리는 변호인이 피구속자를 조력할 권리와 표리의 관계에 있어, 변호인의 권리 중 핵심적인 부분도 헌법상 기본권으로 보호된다. 변호인의 법적 조언과 상담, 피의자신문 참여, 수사기록 열람 · 등사 등은 이에 해당한다(헌재 2003.3.27. 2000헌마474).

③ **변호인의 조력과 형사공탁**: 피고인의 피해자에 대한 형사공탁은 양형사유로 작용할 수 있으나, 공탁 과정에서 변호인의 조력이 필수적이지 않다. 변호인의 법적 조언 및 상담, 수사기록 열람 · 등사 등과 같은 핵심적 조력에 해당하지 않으므로 헌법상 기본권으로 인정되지 않는다(헌재 2021.8.31. 2019헌마516).

(4) 변호인의 조력을 받을 권리가 적용되는 절차

① **형사절차**: 형사사건에서 변호인의 조력을 받을 권리는 헌법상 기본권이다. 그러나 형사절차가 종료된 후 수형자나 미결수용자가 형사사건 외 민사재판, 행정재판, 헌법재판에서 변호사와 접견하는 경우는 헌법상 변호인의 조력을 받을 권리의 보호대상이 아니다(헌재 2013.9.26. 2011헌마398).

② **수용자와 변호사의 접견교통권**: 교정시설 내 수용자가 민사·행정·헌법재판의 변호사와 접견할 권리는 헌법상 재판청구권의 내용 또는 파생권리로 보장된다. 재판청구권에는 민사·형사·행정재판뿐 아니라 헌법재판도 포함되며, 변호사와의 접견은 복잡한 소송에서 필수적이다(헌재 2013.8.29. 2011헌마122).

③ **가사소송**: 당사자가 변호사의 조력을 받는 행위는 변호인의 조력을 받을 권리의 보호영역에 포함되지 않는다. 가정법원이 변론기일에 당사자 본인의 출석을 요구한 것은 일반적 행동의 자유를 침해하지 않는다(헌재 2012.10.25. 2011헌마598).

④ **행정절차**: 헌법 제12조 제1항은 신체의 자유를 형사절차에 한정하지 않고 모든 국민에게 보장한다. 이에 따라 신체의 자유 제한이 형사절차에서 이루어졌든 행정절차에서 이루어졌든 보장이 필요하다. 헌법 제12조 제4항의 "구속"은 형사절차뿐 아니라 행정절차에서 이루어진 구속도 포함하며, 변호인의 조력을 받을 권리는 행정절차상 구속에도 적용된다. 이는 출입국관리법의 보호 또는 강제퇴거 절차에도 해당한다(헌재 2018.5.31. 2014헌마346).

(5) 보호영역

변호인의 조력을 받을 권리의 보호영역은 변호인선임권, 변호인과 상담하고 조언을 구할 권리, 변호인과의 자유로운 접견교통권이다.

① **변호인과의 접견교통권**: 신체구속된 피의자 또는 피고인의 범죄행위에 변호인이 관련되었다는 사유만으로 변호인과의 접견교통을 금지할 수 없다. 변호인의 제척을 규정하지 않은 법제하에서 변호인의 접견교통을 금지하는 것은 정당화될 수 없다(대결 2007.1.31. 2006모656).

② **자유로운 접견교통권**: 관계 공무원은 구속된 자와 변호인의 대담 내용을 들을 수 있거나 녹음이 가능한 거리에 있어서는 안 된다. 국가안전기획부 직원이 접견에 참여해 대화내용을 듣거나 기록한 행위는 접견교통권을 침해한 것이다(헌재 1992.1.28. 91헌마111).

③ **조언·상담을 받을 권리**: 불구속피의자가 피의자신문 중 변호인의 조언과 상담을 요구할 경우, 수사기관은 이를 거절할 수 없다. 피의자신문 시 변호인 접견을 거부한 검사의 행위는 변호인의 조력을 받을 권리를 침해하는 것이다(헌재 2004.9.23. 2000헌마138).

④ **소송관계 서류를 열람·등사할 권리**: 변호인을 통한 소송관계 서류의 열람·등사는 변호인의 조력을 받을 권리와 공정한 재판을 받을 권리를 실현하기 위한 수단이다. 수사기록 열람·등사에 대한 지나친 제한은 피고인의 변호인 조력을 받을 권리를 침해한다(헌재 1997.11.27. 94헌마60).

(6) 제한

① **헌법 제37조 제2항의 법률유보원칙**: 변호인의 조력을 받을 권리도 법률유보원칙의 대상이므로, 이 권리의 제한은 법률에 근거해야 한다.

㉠ **변호인접견권**: 미결수용자의 변호인접견권도 국가안전보장·질서유지·공공복리를 위해 필요한 경우 법률로 제한될 수 있다(헌재 2011.5.26. 2009헌마341). 법령에 근거 없는 한 수사기관의 처분이나 법원의 결정으로도 변호인의 접견교통권을 제한할 수 없다(대판 1990.2.14. 89도37).

㉡ **변호인면접·교섭권**: 구속피고인의 변호인면접·교섭권은 형사소송절차에서 국가형벌권의 적정한 행사와 피고인의 인권보호라는 목적 속에서 의미를 가진다. 변호인면접·교섭권은 최대한 보장되어야 하나, 형사소송절차의 목적을 구현하기 위해 비례의 원칙에 따라 제한될 수 있다. 이 경우 제한은 시간·장소·방법 등에서 중립적이어야 한다(헌재 2009.10.29. 2007헌마992).

② **본질적 내용 제한불가**: 변호인선임권과 자유로운 접견교통권은 변호인의 조력을 받을 권리의 본질적 내용으로 법률로도 제한할 수 없다.

㉠ **변호인선임권**: 변호인의 조력을 받을 권리의 출발점은 변호인선임권에 있으며, 이는 가장 기초적인 구성부분으로 법률로 제한할 수 없다(헌재 2004.9.23. 2000헌마138).

ⓛ **변호인과의 자유로운 접견교통권**: 자유로운 접견교통권은 국가안전보장, 질서유지, 공공복리를 이유로 법률로 제한할 수 없는 본질적 내용에 해당한다(헌재 2004.9.23. 2000헌마138).

(7) 피의자의 국선변호인 조력을 받을 권리

① **국선변호인 선정신청서 미제출과 관련된 사법경찰관의 부작위**: 헌법 제12조 제4항에 따라 국선변호인의 조력을 받을 권리는 피고인에게만 인정되는 것이며, 피의자에 대해 일반적으로 국선변호인의 조력을 받을 권리가 헌법상 천명된 것으로 볼 수 없다. 사법경찰관이 피의자가 제출한 국선변호인 선정신청서를 법원에 제출할 의무가 있다는 헌법적 근거는 없으므로, 이와 관련한 부작위는 헌법소원의 대상이 되지 않는다(헌재 2008.9.25. 2007헌마1126).

② 헌법은 명문으로 '70세 이상인 불구속 피의자에 대하여 피의자신문을 할 때 법률구조제도에 대한 안내 등을 통해 피의자가 변호인의 조력을 받을 권리를 행사하도록 조치할 작위의무'를 규정하고 있지 아니하다. 한편, 변호인이 피의자의 조력자로서의 역할을 수행할 수 있도록 하기 위한 절차적 권리 등은 구체적 입법형성을 통해 비로소 부여되므로, <u>헌법 해석상 변호인의 조력을 받을 권리로부터 위와 같은 법무부장관의 작위의무가 곧바로 도출된다고 볼 수도 없다</u>(헌재 2023.2.23. 2020헌마1030).

(8) 피고인의 국선변호인 조력을 받을 권리

① 피고인이 구속되거나 미성년자인 경우 법원은 직권으로 국선변호인을 선정해야 한다. 또한, 피고인이 빈곤 등 사유로 변호인을 선임할 수 없는 경우에는 피고인의 청구에 따라 국선변호인을 선정해야 한다.

② **항소이유서 미제출 시 국선변호인의 조력 보장 문제**: 국가는 단순히 국선변호인을 선정하는 데 그치지 않고, 피고인이 실질적으로 국선변호인의 조력을 받을 수 있도록 감독과 절차적 조치를 취할 의무가 있다.

③ 만약 국선변호인이 법정기간 내에 항소이유서를 제출하지 않으면, 항소법원이 이를 이유로 피고인의 항소를 기각하는 조치는 헌법상 피고인의 국선변호인 조력을 받을 권리를 침해하는 결과가 된다(대결 2012.2.16. 2009모1044).

④ **군사재판의 형사피고인**: 군사재판을 받는 형사피고인도 국선변호인의 조력을 받을 권리를 누릴 수 있다.

(9) 변호인 · 변호사 접견 제한

📖 **판례정리**

1. 변호인이 되려는 자의 피의자 접견신청에 대한 검사의 불허행위 (헌재 2019.2.28. 2015헌마1204)

> **<관련조항>**
> **형의 집행 및 수용자의 처우에 관한 법률 시행령 제58조 【접견】** ① 수용자의 접견은 매일(공휴일 및 법무부장관이 정한 날은 제외한다) 국가공무원 복무규정 제9조에 따른 근무시간 내에서 한다.
> **형사소송법 제243조의2 【변호인의 참여 등】** ① 검사 또는 사법경찰관은 피의자 또는 그 변호인 · 법정대리인 · 배우자 · 직계친족 · 형제자매의 신청에 따라 변호인을 피의자와 접견하게 하거나 정당한 사유가 없는 한 피의자에 대한 신문에 참여하게 하여야 한다.

(1) 대상

① **교도관의 접견 불허는 공권력의 행사가 아니다**: 피의자신문 중 변호인 등의 접견신청은 검사 또는 사법경찰관이 허가 여부를 결정해야 하며, 교도관에게 이를 허가하거나 제한할 권한은 없다. 따라서 교도관의 접견 불허행위는 헌법재판소법 제68조 제1항에서 규정하는 헌법소원의 대상인 '공권력의 행

사'에 해당하지 않는다.
② **검사의 접견 불허행위는 공권력의 행사이다**: 교도관의 접견 불허 통보 후 검사가 별다른 조치를 취하지 않은 것은 실질적으로 접견신청을 불허한 것으로 간주된다. 따라서 검사의 접견 불허행위는 헌법소원의 대상이 되는 공권력의 행사에 해당한다.

(2) 기본권 침해 여부

변호인의 조력을 받을 권리와 접견교통권은 헌법상 기본권으로 최대한 보장되어야 하며, 변호인과의 접견 자체를 제한하려면 법률적 근거가 필요하다. 형집행법의 접견시간 제한 조항은 교도소장·구치소장에게 적용되며, 검사 또는 사법경찰관이 접견신청을 제한할 근거로 사용할 수 없다. 검사의 접견불허행위는 청구인의 접견교통권을 제한했으며, 이는 헌법 및 법률의 근거 없이 이루어진 것으로 기본권 침해에 해당한다고 볼 수 있다.

2. 수사기관의 변호인 접견 불허 (헌재 2004.9.23. 2000헌마138)

① 변호인의 조력을 받을 권리는 수사개시부터 판결확정시까지 존속하는 권리이다.
② 형사피고인의 국선변호인의 조력을 받을 권리는 사적 권리일 뿐 아니라 일정한 경우에는 공적 의무에 해당한다.
③ 피의자·피고인이 변호인과의 접견을 통해 상담하고 조언을 구할 권리는 구체적 입법형성 없이 헌법상의 변호인의 조력을 받을 권리로부터 직접 도출된다.

3. 검찰수사관의 변호인 후방착석요구행위

피의자신문에 참여한 변호인이 피의자 옆에 앉는다고 하여 피의자 뒤에 앉는 경우보다 수사를 방해할 가능성이 높아진다거나 수사기밀을 유출할 가능성이 높아진다고 볼 수 없으므로, **이 사건 후방착석요구행위의 목적의 정당성과 수단의 적절성을 인정할 수 없다.** 이 사건에서 변호인의 수사방해나 수사기밀의 유출에 대한 우려가 없고, 조사실의 장소적 제약 등과 같이 이 사건 후방착석요구행위를 정당화할 그 외의특별한 사정도 없으므로, 이 사건 후방착석요구행위는 침해의 최소성 요건을 충족하지 못한다. 이 사건 후방착석요구행위로 얻어질 공익보다는 변호인의 피의자신문참여권 제한에 따른 불이익의 정도가 크므로, 법익의 균형성 요건도 충족하지 못한다. 따라서 이 사건 후방착석요구행위는 변호인인 청구인의 변호권을 침해한다(헌재 2017.11.30. 2016헌마503).

4. 난민인정심사 회부 여부 결정시까지 인천국제공항 송환대기실에 수용기간 동안 인천공항출입국·외국인청장의 변호인 접견신청거부

청구인에게 변호인 접견신청을 허용한다고 하여 국가안전보장, 질서유지, 공공복리에 어떠한 장애가 생긴다고 보기는 어려우므로 변호인의 조력을 받을 권리를 침해한 것이다(헌재 2018.5.31. 2014헌마346).

> 참고 별개의견은 행정절차에서 변호인 조력을 받을 권리를 인정하지 않고 변호사의 조력을 받을 권리를 재판청구권에서 보호된다고 하면서 재판청구권 침해라고 주장한다.

5. 변호사와 접견하는 경우에도 수용자의 접견은 원칙적으로 접촉차단시설이 설치된 장소에서 하도록 규정하고 있는 형의 집행 및 수용자의 처우에 관한 법률 시행령 (헌재 2013.8.29. 2011헌마122)

(1) 제한되는 기본권

변호인의 조력을 받을 권리는 형사사건에서만 적용된다. 형사절차가 종료된 수형자나 미결수용자가 민사·행정·헌법재판 등에서 변호사와 접견할 경우 헌법상 변호인의 조력을 받을 권리의 주체가 될 수 없다. 이 사건 접견조항은 형사사건 외 재판에서 변호인의 조력을 받을 권리를 헌법상 제한하는 조항으로 볼 수 없다. 헌법 제27조는 모든 국민이 법률에 의한 재판을 받을 권리를 보장하며, 민사·형사·행정·헌법재판을 포함한다. 이 사건 접견조항에 따른 접촉차단시설에서의 접견은 재판청구권의 실효성을 보장하는 변호사 도움권에 대한 제한으로 평가된다. 접촉차단시설에서의 접견은 헌법 제27조 재판청구권 실현의 일부로 해석되며, 변호사의 도움을 받을 권리에 제한을 가하는 것으로 보아야 한다.

(2) 과잉금지원칙 위반 여부

이 사건 접견조항은 변호사의 접견에도 접촉차단시설을 의무화하여 수용자의 재판청구권을 지나치게 제한한다. 변호사는 법적 윤리성과 공공성을 요구받는 직업으로, 일반적으로 교도소 내 질서를 해칠 가능성은 낮다. 따라서 법익의 균형성원칙에 반한다. 이 사건 접견조항은 과잉금지원칙을 위반하여 수용자의 재판청구권을 침해하는 것으로 헌법에 위반된다.

6. 미결수용자 또는 변호인이 원하는 특정한 시점(6·6 현충일)의 접견 불허

비록 미결수용자 또는 그 상대방인 변호인이 원하는 특정 시점에는 접견이 이루어지지 못하였다 하더라도 변호인의 조력을 받을 권리가 침해되었다고 할 수 없다(헌재 2011.5.26. 2009헌마341).

7. 법정대기실 접견 제한

법정 옆 피고인 대기실에서 재판 대기 중인 피고인이 공판을 앞두고 호송교도관에게 변호인 접견을 신청하였으나, 대기 중인 수용자는 14인이었고 교도관은 2인에 불과한 상태에서 교도관이 접견을 거부한 것은 변호인의 조력을 받을 권리 침해라고 볼 수 없다(헌재 2009.10.29. 2007헌마992).

---

(10) 접견시 녹음·녹화

판례정리

1. 피의자와 변호인 접견시 안기부 수사관이 대화내용을 듣고 기록한 행위 (헌재 1992.1.28. 91헌마111)

① 피청구인 소속 직원(수사관)이 참여하여 대화내용을 듣거나 기록한 것은 헌법 제12조 제4항이 규정한 변호인의 조력을 받을 권리를 침해한 것으로서 위헌임을 확인한다.
② 법집행공무원 가시거리 내 입회는 변호인 조력 침해가 아니다. 그러나 가청거리 내 입회는 변호인의 조력을 받을 권리를 침해한다.

2. 수형자의 변호사 접견시 녹음 (헌재 2013.9.26. 2011헌마398)

① 수형자의 민사사건 등에 있어서의 변호사와의 접견교통권은 헌법상 재판을 받을 권리의 한 내용 또는 그로부터 파생되는 권리로서 보장될 필요가 있다 할 것이므로, 이 사건 녹취행위는 결국 청구인의 재판을 받을 권리를 제한한다고 할 수 있다.
② 수형자인 청구인이 헌법소원 사건의 국선대리인인 변호사를 접견함에 있어서 그 접견내용을 녹음·기록한 피청구인의 행위는 청구인의 재판을 받을 권리를 침해한다.
③ 변호인의 조력을 받을 권리는 '형사사건'에서의 변호인의 조력을 받을 권리를 의미한다. 따라서 수형자가 형사사건의 변호인이 아닌 민사사건, 행정사건, 헌법소원사건 등에서 변호사와 접견할 경우에는 원칙적으로 헌법상 변호인의 조력을 받을 권리의 주체가 될 수 없다 할 것이므로, 이 사건 녹취행위에 의하여 청구인의 변호인의 조력을 받을 권리가 침해되었다고 할 수는 없다.

헌법 위반이 아닌 것

1. 변호인과 미결수용자 접견시 접견실 내 CCTV 감시·녹화행위 (헌재 2016.4.28. 2015헌마243)

① 변호인접견실에 CCTV를 설치하여 관찰한 행위: X-ray 물품검색기나 변호인접견실에 설치된 비상벨만으로는 교정사고를 방지하거나 금지물품을 적발하는 데 한계가 있으므로 CCTV 관찰행위는 그 목적을 달성하기 위하여 필요한 범위 내의 제한이다. 따라서 CCTV 관찰행위는 청구인의 변호인의 조력을 받을 권리를 침해한다고 할 수 없다.
② 교도관이 미결수용자와 변호인 간에 주고받는 서류를 확인하고, 소송관계서류처리부에 그 제목을 기재하여 등재한 행위: 미결수용자의 변호인의 조력을 받을 권리와 개인정보자기결정권을 침해하지 않으므로 헌법에 위반되지 않는다.

2. 수용자와 변호인이 아닌 자의 접견 녹음

청구인의 접견내용을 녹음·녹화함으로써 증거인멸이나 형사법령 저촉행위의 위험을 방지하고, 교정시설 내의 안전과 질서유지에 기여하려는 공익은 미결수용자가 받게 되는 사익의 제한보다 훨씬 크고 중요한 것이라고 할 것이므로 청구인의 사생활의 비밀과 자유 및 통신의 비밀을 침해하지 아니한다(헌재 2016.11.24. 2014헌바401).

3. 수용자와 배우자의 접견 녹음과 녹음파일 제공 (헌재 2012.12.27. 2010헌마153)

① 구치소장이 수용자와 배우자의 접견을 녹음한 행위는 교정시설 내의 안전과 질서유지에 기여하기 위한 것으로서 그 목적이 정당할 뿐 아니라 수단이 적절하다. 청구인의 사생활의 비밀과 자유를 침해하였다고 볼 수 없다.

② 구치소장이 검사의 요청에 따라 수용자와 배우자의 접견녹음파일을 제공한 행위는 형사사법의 실체적 진실을 발견하고 이를 통해 형사사법의 적정한 수행을 도모하기 위한 것으로 그 목적이 정당하고, 수단 역시 적합하다. 청구인의 개인정보자기결정권을 침해하였다고 볼 수 없다.

4. 변호인 아닌 자와 접견시 대화내용 기록행위

징벌혐의의 조사를 받고 있는 청구인이 변호인 아닌 자와 접견할 당시 교도관이 참여하여 대화내용을 기록하게 한 행위는 청구인의 사생활의 비밀과 자유를 침해하였다고 볼 수 없다(헌재 2014.9.25. 2012헌마523).

> ① 미결수용자와 변호인의 대화내용을 듣는 것 ➡ 변호인 조력을 받을 권리 침해임.
> ② 헌법소원 사건에서 수형자와 변호사 접견시 접견내용 녹음 ➡ 재판청구권 침해임.
> ③ 미결수용자와 배우자의 대화내용을 녹화하고, 검사에게 제출하는 것 ➡ 개인정보자기결정권 침해 아님.
> ④ 징벌혐의의 조사를 받고 있는 청구인이 변호인 아닌 자와 접견시 교도관이 대화내용을 듣고 기록 ➡ 사생활비밀 침해 아님.

유사 접견 관련 유사판례

1. 미결수용자의 면회횟수를 주 2회로 제한한 군행형법 시행령은 행복추구권 침해이다.
2. 수형자와 변호사의 접견횟수를 일반접견횟수에 포함해서 월 4회로 제한한 것은 재판청구권을 침해한다 (헌재 2015.11.26. 2012헌마858).
3. 수형자에 대해 화상접견시간을 10분 내외로 제한한 교도소장의 행위는 행복추구권 침해가 아니다.

---

(11) 서신검열과 개봉

① **미결수용자 서신 검열** (헌재 1995.7.21. 92헌마144)

    ㉠ **일반인의 서신검열**: 미결수용자와 변호인이 아닌 일반인의 서신검열은 통신의 비밀 침해가 아니다.

    ㉡ **변호인과의 서신검열**: 변호인의 조력을 받을 권리 보장을 위해 비밀이 보장되어야 한다.

        ⓐ 서신 비밀 보장은 상대방이 변호인임을 확인 가능하고, 내용이 금지물품 반입, 도주·증거인멸 등의 우려가 없는 경우에만 적용된다.

        ⓑ 변호인과의 서신임이 확인되고 위법 우려가 없는 경우, 검열은 위헌이다.

② **수형자와 변호사의 서신 검열** (헌재 1998.8.27. 96헌마398)

    ㉠ **통신의 자유 보호**: 서신검열은 통신의 자유를 제한하지만 과잉금지원칙 위반은 아니므로 침해가 아니다.

    ㉡ **변호인의 조력을 받을 권리**: 수형자는 원칙적으로 권리 주체가 아니므로 검열은 권리 제한에 해당하지 않으며, 침해가 아니다.

③ **변호인이 보낸 서신 개봉**: 교정시설 안전과 질서유지 목적의 금지물품 확인 조치이다. 변호인이 보낸 서신 내용의 검열이 아니라 금지물품 확인을 위한 개봉은 변호인의 조력을 받을 권리를 침해하지 않는다. 변호인이 보낸 서신 개봉으로 수형자의 방어권에 불이익을 주지 않는다(헌재 2021.10.28. 2019헌마973).

(12) 수사기록 열람

① **수사기록 공개 거부**: 공소제기된 수사기록의 열람·등사를 거부한 검사의 행위는 변호인의 조력을 받을 권리와 공정한 재판을 받을 권리 침해이다. 수사기록 열람·등사에 대한 과도한 제한은 피고인의 변호인 조력을 받을 권리를 침해한다(헌재 1997.11.27. 94헌마60).

② **검사의 수사서류 열람 거부**: 법원이 검사의 열람·등사 거부처분에 정당한 사유가 없다고 판단하고 그러한 거부처분이 피고인의 헌법상 기본권을 침해한다는 취지에서 수사서류의 열람·등사를 허용하도록 명한 이상, <u>법치국가와 권력분립의 원칙상 검사로서는 당연히 법원의 그러한 결정에 지체없이 따라야 하며, 이는 별건으로 공소제기되어 확정된 관련 형사사건 기록에 관한 경우에도 마찬가지이다.</u> 그렇다면 피청구인의 이 사건 거부행위는 청구인의 신속·공정한 재판을 받을 권리 및 변호인의 조력을 받을 권리를 침해한다(헌재 2022.6.30. 2019헌마356).

③ **수사기록 비공개결정**: 수사기록 중 고소장·피의자 신문조서에 대한 경찰서장의 비공개결정은 변호인의 변호권 및 알 권리 침해이다. 변호인은 수사기록 열람·등사를 통해 피고인의 방어권을 실질적으로 보장받을 권리가 있다(헌재 2003.3.27. 2000헌마474).

3. 자백의 증거능력

> **헌법 제12조 【자백의 증거능력】** ⑦ 피고인의 자백이 고문·폭행·협박·구속의 부당한 장기화 또는 기망 기타의 방법에 의하여 자의로 진술된 것이 아니라고 인정될 때 또는 **정식재판에 있어서 피고인의 자백이 그에게 불리한 유일한 증거일 때에는 이를 유죄의 증거로 삼거나 이를 이유로 처벌할 수 없다.**

정식재판에서 피고인의 자백이 임의성이 있더라도 유죄의 유일한 증거일 때는 증명력이 제한되어 무죄를 선고해야 한다. 그러나 즉결심판에서는 보강증거가 필요 없이 자백만으로도 처벌할 수 있다.

4. 고문을 받지 아니할 권리 및 진술거부권

> **헌법 제12조** ② 모든 국민은 고문을 받지 아니하며, 형사상 자기에게 불리한 진술을 강요당하지 아니한다.

(1) 개념

진술거부권이란 유죄판결의 기초가 될 사실과 양형에 있어서 불리하게 될 사실의 진술을 강요당하지 않을 권리이다. 수사기관인 검사 또는 사법경찰관은 진술을 들을 때에는 미리 피의자에 대하여 진술을 거부할 수 있음을 알려야 한다(형사소송법 제244조의3). 영미의 자기부죄거부의 특권에서 도출된 권리이다.

📖 판례정리

1. **고문 등 폭력에 의한 강요는 물론 법률에 의하여서도 진술을 강요당하지 아니함을 의미한다**(헌재 2001.11.29. 2001헌바4).

2. 피의자의 진술거부권은 헌법상 보장되는 권리로서 수사기관이 피의자를 신문함에 있어 미리 진술거부권을 고지하지 않은 때에는 그 진술은 위법하게 수집된 증거로서 진술의 임의성이 인정되는 경우라도 증거능력이 부정되어야 한다(대판 1992.6.23. 92도682).

3. **헌법상 권리인 진술거부권이 있음을 알려 주고 그 행사를 권고하는 것을** 가리켜 변호사로서의 진실의무에 위배되는 것이라고는 할 수 없다(대결 2007.1.31. 2006모656).

> ☑ Miranda 원칙
>
> 경찰관은 신문하기 전에 불리한 진술거부권과 변호인의 조력이 있음을 고지해야 한다. 그렇지 않은 진술은 증거능력이 없다는 원칙이다. Miranda 원칙은 일정한 절차를 준수해야 한다는 원칙이므로 적법절차원칙과도 관련이 있다.

(2) 진술거부권의 주체

① 진술거부권의 주체는 피고인과 피의자뿐 아니라 형사책임을 지게 될 가능성이 있는 자이다.

② 법인이 아니라 법인 대표자에게 인정되는 권리이다. 외국인도 피의자 · 피고인인 경우에 인정된다.

③ 증인은 주체가 아니다. 다만, 증언 도중에 자신의 형사책임과 관련된 사항이 나오면 진술거부권을 행사할 수 있다.

(3) 진술거부권의 적용범위

① 진술거부권이 적용되는 것: 진술거부권은 형사상 불리한 진술을 거부할 수 있는 권리이다. 형사절차에서만 적용되는 것이 아니며, 행정절차뿐 아니라 국회에서 증언 · 감정 등을 행함에 있어서도 자기에게 형사상 불리한 진술은 거부할 수 있다.

📖 판례정리

정치자금을 받고 지출하는 행위는 당사자가 직접 경험한 사실로서 이를 문자로 기재하도록 하는 것은 당사자가 자신의 경험을 말로 표출한 것의 등가물(等價物)로 평가할 수 있으므로, 위 조항들이 정하고 있는 기재행위 역시 '진술'의 범위에 포함된다고 할 것이다(헌재 2005.12.22. 2004헌바25).

---

② 진술거부권이 적용되지 않는 것: 형사상의 불이익이 아닌 행정상 · 민사상 불이익에는 적용되지 않는다. 자기에게 불리한 진술을 거부할 권리이므로 제3자에게 불이익이 되는 경우에 진술을 거부할 권리는 포함되지 않는다. 따라서 증인의 경우에는 진술거부권이 인정되지 않는다. 또한 국가보안법상 불고지죄는 자신의 범죄가 아니라 타인의 범죄고지문제이므로 형사상 자기에게 불리한 내용이 아니므로 진술거부권 침해문제가 발생하지 않는다.

📖 판례정리

진술거부권이 적용되지 않는 사례

1. 음주측정의무 부과

음주측정은 신체의 물리적 상태를 드러내는 행위로, 헌법 제12조 제2항에서 말하는 언어적 '진술'에 해당하지 않는다. 음주측정 요구 및 불응 시 처벌은 진술거부권을 제한하지 않는다(헌재 1997.3.27. 96헌가11).

2. 회계장부 · 명세서 · 영수증 보존 의무

회계장부 등의 보존은 언어적 표현이 아닌 행위로, 진술거부권의 보호 대상이 아니다. 정치자금법에 따른 보존의무는 진술거부권을 제한하지 않는다(헌재 2005.12.22. 2004헌바25).

3. 성범죄자 신상정보 제출 의무

신상정보 제출은 형사상 불리한 진술로 볼 수 없다.제출조항은 진술거부권을 제한하지 않는다(헌재 2016.9.29. 2015헌마913).

4. 민사집행법상 재산명시의무

재산명시행위는 문자로 표현되는 '진술'에 포함되지만, 이는 민사적 구금제도로서의 감치에 관련된 것이며 형사상 불이익한 진술로 볼 수 없다. 민사집행법은 진술거부권을 제한하지 않는다(헌재 2014.9.25. 2013헌마11).

5. 육군지시 자진신고조항

진술거부권은 형사상 자신에게 불이익이 될 수 있는 진술에 관한 권리이다. 육군지시 자진신고조항은 약식명령 확정사실을 자진신고하도록 요구하지만, 이는 형사처벌 대상이 아니고 범죄사실의 진위를 묻는 것도 아니다. 따라서 형사상 불이익한 진술을 강요하지 않아 진술거부권을 제한하지 않는다(헌재 2021.8.31. 2020헌마12).

6. 대체유류 신고와 진술거부권

대체유류 신고는 적법한 석유대체연료를 포함하며, 신고행위가 곧바로 석유사업법 위반 시인을 의미하지 않는다. 과세절차도 형사처벌 자료 획득으로 이어지지 않는다. 교통·에너지·환경세법 제7조 제1항은 형사상 불이익한 진술을 강요하지 않아 진술거부권을 제한하지 않는다(헌재 2014.7.24. 2013헌바177).

7. 명의신탁이 증여로 의제되는 경우 명의신탁의 당사자에게 '증여세의 과세가액 및 과세표준을 납세지관할세무서장에게 신고할 의무'를 부과하는 구 상속세 및 증여세법 제68조 제1항은 **형사상 불리한 진술을 강요하는 것이라고 볼 수 없으므로,** 심판대상조항으로 인하여 헌법 제12조 제2항에 규정된 진술거부권이 제한된다고 볼 수 없다. 따라서 진술거부권 침해 여부와 관련된 주장은 더 나아가 판단하지 아니한다(헌재 2022.2.24. 2019헌바225 등).

8. 성판매자 진술의무 조항

심판대상조항은 성판매자에게 형사상 불이익한 진술의무를 부과하지 않는다. 따라서 진술거부권을 제한하지 않는다(헌재 2016.3.31. 2013헌가2).

9. 국회증언감정법상의 증인의 경우 진술거부권을 고지받을 권리가 인정되지 않으므로, 청구인이 진술거부권을 고지받지 않았다고 하더라도 국회증언법(허위진술처벌)이 헌법상 진술거부권을 제한한다고 볼 수 없다(헌재 2015.9.24. 2012헌바410).

📖 판례정리

진술거부권

1. 교통사고 시 신고의무 (헌재 1990.8.27. 89헌가118)
① 도로교통법 제50조 제2항 및 제111조 제3호의 신고의무는 피해자 구호 및 교통질서 회복을 위한 경우에만 적용되고 형사책임과는 무관하다. *한정합헌결정
② 진술강요는 고문뿐 아니라 법률로도 금지된다.
③ 형사책임과 관련된 신고의무는 진술거부권 침해이나, 사상자 구호 및 교통질서유지를 위한 신고의무는 진술거부권 침해가 아니다.

2. 공정거래위원회의 법 위반사실 공표명령
공표명령은 행위자로 하여금 공정거래법 위반을 자백하도록 강요하는 행위로, 형사절차에 들어가기 전 진술을 강요하는 것이므로 진술거부권을 침해한다(헌재 2002.1.31. 2001헌바43).

3. 정치자금 관련 허위보고금지
정치자금의 투명성이라는 공익이 진술거부권 주장보다 우월하다. 불법 정치자금이라도 회계장부에 기재하고 신고할 의무를 규정한 조항은 진술거부권을 침해하지 않는다(헌재 2005.12.22. 2004헌바25).

4. 후방착석요구행위
피의자가 진술거부권을 제대로 행사하거나 적극적으로 진술하기 위해 변호인이 옆에서 조력해야 한다. 후방착석요구행위는 위헌성이 치유되지 않아 여전히 위헌성이 있다(헌재 2017.11.30. 2016헌마503).

☑ 헌법상 불이익의 개념

1. 헌법 제13조 제1항에서 말하는 '처벌'은 원칙으로 범죄에 대한 국가의 형벌권 실행으로서의 과벌을 의미하는 것이고, 국가가 행하는 일체의 제재나 불이익처분을 모두 그 '처벌'에 포함시킬 수는 없다 할 것이다.

2. 적법절차원칙이 적용되는 대상은 신체상 불이익뿐 아니라, 정신적·재산적 불이익에도 적용된다. 따라서 헌법 제12조 제1항과 제3항은 예시적 조항이다.

3. 헌법 제13조 제3항의 연좌제금지원칙에서 말하는 불이익은 국가기관에 의한 모든 불이익을 말한다.

4. 무죄추정의 원칙에서 불이익은 형사절차상의 처분상 불이익뿐 아니라 다른 기본권 제한과 같은 처분상 불이익도 포함한다.

5. 헌법 제39조 제2항에서 금지하는 '불이익한 처우'란 단순한 사실상·경제상의 불이익을 모두 포함하는 것이 아니라 법적인 불이익을 의미하는 것으로 보아야 한다.

6. 진술거부권에서의 불이익은 형사상 불이익만을 포함하며 행정상 불이익을 포함하지 아니한다.

제5장 / 사생활의 자유

제1절 주거의 자유

> 헌법 제16조 【주거보장】 모든 국민은 주거의 자유를 침해받지 아니한다. 주거에 대한 압수나 수색을 할 때에는 검사의 신청에 의하여 법관이 발부한 영장을 제시하여야 한다.

01 주거의 자유의 의의

1. 개념

헌법 제16조가 보장하는 주거의 자유는 개방되지 않은 사적 공간인 주거를 공권력이나 제3자에 의해 침해당하지 않도록 함으로써 사생활영역을 보호하기 위한 권리이다.

2. 연혁

1948년 제헌헌법 제10조에서 거주·이전의 자유와 함께 규정되어 있었으나, 1962년 제5차 개정헌법에서부터 별개조항으로 규정하면서 영장주의 규정이 추가되었다.

02 주거의 자유의 주체

1. 외국인

외국인은 주체가 될 수 있으나, 법인은 사생활의 비밀을 가질 수 없으므로 주거의 자유의 주체가 될 수 없다는 것이 다수설이다.

2. 법인

회사나 학교는 법인이 주체가 아니라, 공간의 장인 대표이사와 학교장이 주체가 된다.

3. 재산권 주체와 구별

호텔이나 여관의 재산권의 주체는 소유자이나 주거의 자유주체는 투숙객이다. 따라서 여관객실은 투숙객의 사생활 공간이므로 여관주인의 허락을 받고 투숙객의 허락 없이 여관방을 수색한 것은 위법이다. 또한 집을 세를 준 경우 집주인이 아니라 세입자가 주거의 자유 주체이므로 세입자의 동의 없이 주거를 침입해서는 아니 된다.

03 주거의 자유의 내용

1. 주거의 불가침

주거는 사람이 거주하기 위하여 점유되고 있는 일체의 건조물 및 시설이다. 또한 노동이나 직업의 장소가 주거이냐에 대해 학설이 대립하나, 긍정적인 것이 지배적 견해이다.

(1) 주거가 아닌 것
일반인의 출입이 자유롭게 허용될 수 있는 영업 중인 음식점, 백화점, 상점

(2) 주거인 것
일체의 건조물, 대학 강의실, 대학 연구실, 호텔, 여관, 주거이동차량, 선박

📖 판례정리

1. 임대차기간이 종료된 후 임차인과 같은 점유할 권리가 없는 자의 점유라도 주거의 평온은 보호되어야 하므로 권리자가 법에 정하여진 절차에 의하지 아니하고 그 건조물 등에 침입한 경우에는 주거침입죄가 성립한다 (대판 1987.11.10. 87도1760).

2. 대리시험과 같은 불법적인 목적으로 주거에 들어간 경우 주거침입죄가 성립한다(대판 1967.12.19. 67도1281).

3. 일반적으로 대학교의 강의실은 그 대학당국에 의하여 관리되면서 그 관리업무나 강의와 관련되는 사람에 한하여 출입이 허용되는 건조물이지 누구나 자유롭게 출입할 수 있는 곳은 아니다(대판 1992.9.25. 92도1520).

2. 주거에 대한 압수·수색 영장주의

(1) 영장주의의 원칙
주거에 대한 압수나 수색을 하려면 정당한 이유가 있어야 하고, 검사의 청구에 의하여 법관이 발부한 영장이 있어야 한다. 영장에는 압수할 물건과 수색장소가 명시되어야 하므로, 수개의 수색할 물건을 포괄적으로 기재하는 일반영장은 금지된다.

(2) 영장주의의 예외
현행범인을 체포·긴급체포할 때에 영장 없이 주거에 대한 압수나 수색이 허용된다. 그러나 일반사인은 타인의 주거에 들어가서까지 현행범을 체포하거나 압수·수색하는 것은 주거의 자유 침해가 발생하므로 허용되지 않는다.

📖 판례정리

불법체류외국인 긴급보호

수사절차에서 피의자를 영장에 의해 체포·구속하거나 영장 없이 긴급체포 또는 현행범인으로 체포하는 경우, 필요한 범위 내에서 타인의 주거 내에서 피의자를 수사할 수 있으므로(형사소송법 제216조 제1항 참조), 외국인 등록을 하지 않은 강제퇴거대상자를 사전에 특정하여 보호명령서를 발부받은 후 집행하기는 현실적으로 어렵다. 그러므로 외국인등록을 하지 아니한 채 오랜 기간 불법적으로 체류하면서 스스로 출국할 의사가 없는 청구인들을 사무소장 등의 보호명령서가 아닌 출입국관리공무원의 긴급보호서를 발부하여 보호한 것이 이에 필요한 긴급성의 요건을 갖추지 못하였다고 볼 수 없다(헌재 2012.8.23. 2008헌마430).

판례정리

체포영장을 집행하는 경우 필요한 때 영장 없이 주거 내에서의 피의자 수사를 할 수 있도록 한 형사소송법 제216조 (헌재 2018.4.26. 2015헌바370)

1. 명확성원칙 위반 여부

심판대상조항은 피의자가 소재할 개연성이 소명된 경우, 수사기관이 타인의 주거 등에서 피의자를 수색할 수 있음을 명확히 규정하고 있어 누구든지 충분히 이해할 수 있다. 따라서 명확성원칙에 위반되지 않는다.

2. 형사소송법의 영장주의 위반 여부

① **헌법 제16조 영장주의 예외 인정 여부**: 헌법 제12조 제3항은 신체의 자유에 대해 사전영장주의 예외를 명문으로 인정한다. 헌법 제16조는 주거의 자유에 대한 영장주의를 규정하나, 예외를 명문화하지 않았다. 그러나 주거의 자유는 신체의 자유에 비해 기본권 제한의 여지가 크므로, 형사사법의 기능적 효율성을 고려할 때 일정 요건하에서 영장주의 예외를 인정할 수 있다. 현행범 체포 및 긴급체포의 경우 헌법 제16조 영장주의의 예외를 인정할 수 있다. 체포영장에 의한 체포의 경우에도 피의자가 타인의 주거에 소재할 개연성이 소명되고, 별도의 수색영장을 받을 시간적 여유가 없는 긴급한 사정이 있을 때 예외가 인정될 수 있다.

② **영장주의 위반 여부**: 심판대상조항은 피의자가 소재할 개연성이 소명되면 별도의 영장 없이 타인의 주거에서 피의자를 수색할 수 있도록 허용하고 있다. 그러나 긴급한 사정이 없는 경우에도 영장 없이 수색을 허용하는 것은 헌법 제16조의 영장주의 예외 요건을 벗어난다. 따라서 심판대상조항은 영장주의에 위반된다.

04 주거의 자유의 효력

주거의 자유는 대국가적 효력과 대사인적 효력이 인정된다.

제2절 사생활의 비밀과 자유

> 헌법 제17조【사생활의 비밀과 자유】모든 국민은 사생활의 비밀과 자유를 침해받지 아니한다.

01 사생활의 비밀과 자유의 의의

1. 개념

'**사생활의 자유**'란, 사회공동체의 일반적인 생활규범의 범위 내에서 사생활을 자유롭게 형성해 나가고 그 설계 및 내용에 대해서 외부로부터의 간섭을 받지 아니할 권리로서, 사생활과 관련된 사사로운 자신만의 영역이 본인의 의사에 반해서 타인에게 알려지지 않도록 할 수 있는 권리인 '**사생활의 비밀**'과 함께 헌법상 보장되고 있다(헌재 2001.8.30. 99헌바92).

2. 연혁

제8차 개정헌법에서 성문화되었고, 사생활권의 보장을 위해 개인정보 보호법이 시행되고 있다.

02 사생활의 비밀과 자유의 성격

사생활의 비밀과 자유는 홀로 있을 권리로서 소극적 권리이었으나, 자신의 정보의 관리·통제를 요구할 권리가 사생활의 비밀과 자유에 포함됨으로써 적극적 권리의 성격도 가지게 되었다.

03 사생활의 비밀과 자유의 주체

1. 외국인을 포함한 자연인

2. 사자

원칙적으로 적용이 안 되나, 사자의 사생활 비밀침해가 사자와 관계있는 생존자의 권리를 침해할 경우 생존자에 관해서 문제가 된다.

3. 법인

원칙적으로 주체가 되지 않는다.

04 사생활의 비밀과 자유의 내용

1. 사생활의 비밀 불가침

사생활의 비밀은 국가가 사생활영역을 들여다보는 것에 대한 보호를 제공하는 기본권이며, **사생활의 자유**는 국가가 사생활의 자유로운 형성을 방해하거나 금지하는 것에 대한 보호를 의미한다(헌재 2002.3.28. 2000헌마53).

2. 사생활의 자유

사생활의 자유는 사회공동체의 일반적인 생활규범의 범위 내에서 사생활을 자유롭게 형성해 나가고 그 설계 및 내용에 대해서 외부로부터 간섭을 받지 아니할 권리라고 할 수 있다.

📖 판례정리

사생활 자유와 비밀의 자유 보호 여부

보호되는 것

1. **자기 음성 녹음 및 재생 여부 결정권**

   모든 진술인은 자신의 음성이 녹음되고 재생될 것인지, 그리고 누가 이를 수행할 것인지 결정할 권리를 가진다(헌재 1995.12.28. 91헌마114).

2. **흡연권**

   흡연자들이 자유롭게 흡연할 권리는 헌법 제10조의 행복추구권 및 헌법 제17조의 사생활의 자유에 의해 뒷받침된다(헌재 2004.8.26. 2003헌마457).

보호되지 않는 것

1. 대외적 해명 행위

대외적으로 자신의 입장이나 태도를 해명하는 행위는 표현의 자유 영역에 속할 뿐, 사생활의 자유나 양심의 자유로 보호되지 않는다. 공직선거법 제93조 제1항은 이러한 행위를 금지해도 사생활이나 양심의 자유를 제한하지 않는다(헌재 2001.8.30. 99헌바92).

2. 운전 시 안전띠 착용 여부

운전 중 좌석안전띠 착용 문제는 사생활영역의 문제가 아니므로 헌법 제17조가 보호하는 사생활의 비밀과 자유에 해당하지 않는다(헌재 2003.10.30. 2002헌마518).

3. 인터넷 게시판에서의 정치적 게시물 작성

인터넷언론사의 공개된 게시판이나 대화방에 정치적 지지·반대 글을 게시하는 행위는 양심의 자유나 사생활 비밀의 자유로 보호되지 않는다(헌재 2010.2.25. 2008헌마324).

4. 존속상해치사죄와 같은 범죄행위

존속상해치사죄는 헌법상 사생활의 영역으로 보호되지 않으며, 이에 대한 형벌 가중은 가족관계상의 비속의 사생활을 왜곡하거나 효의 강요로 간섭하는 것이 아니다(헌재 2002.3.28. 2000헌마53).

5. 공직자의 자질·도덕성·청렴성

공직자의 개인적 사생활이더라도, 자질·도덕성·청렴성에 관한 사실은 공적인 관심 사안으로 볼 수 있으며 순수한 사생활의 영역에 해당하지 않는다. 이는 사회적 활동에 대한 비판이나 평가의 자료가 될 수 있으며, 업무와 관련된 경우 문제제기와 비판이 허용된다(헌재 2013.12.26. 2009헌마747).

판례정리

사생활 제한이 아닌 것

1. 사전통지 생략 규정(형사소송법 제122조 단서)

적법한 압수·수색영장이 발부된 상태에서 사전통지 생략을 규정한 조항은 통신의 비밀 자체가 아닌, 압수·수색 사실의 사전통지를 받을 권리를 제한하는 것이며 이는 절차적 기본권과 적법절차원칙과 관련된 문제이다. 사생활의 비밀과 자유를 침해한다고 볼 수 없다(헌재 2012.12.27. 2011헌바225).

2. 운전 시 안전띠 착용 의무(도로교통법)

운전 중 좌석안전띠 착용은 사생활의 영역을 벗어난 공적 행위로, 사생활의 비밀과 자유의 보호범주에 포함되지 않는다. 따라서 심판대상조항이 사생활의 비밀과 자유를 침해한다고 볼 수 없다(헌재 2003.10.30. 2002헌마518).

3. 변호사 수임사건 보고의무(변호사법)

변호사의 수임사건 건수 및 수임액은 변호사의 내밀한 개인적 영역에 속한다고 보기 어려우며, 변호사 업무의 공공성을 고려할 때 사생활의 비밀과 자유를 침해하는 것으로 볼 수 없다(헌재 2009.10.29. 2007헌마667).

4. 혼인 종료 후 300일 이내 출생자의 친생자 추정 규정(민법)

해당 규정은 인격권과 행복추구권 등 기본권을 제한할 수 있으나, 사생활의 비밀과 자유를 직접 제한한다고 보기는 어렵다(헌재 2015.4.30. 2013헌마623).

5. 개인 사이에 이루어지는 전화, 우편, 컴퓨터, 그 밖의 통신매체를 통하여 성적 수치심이나 혐오감을 일으키는 표현을 전달하는 행위를 처벌함으로써 일정한 내용의 표현 자체를 금지하고 있는 수치심이나 혐오감을 일으키는 말, 음향, 글, 그림, 영상 또는 물건을 상대방에게 도달하게 한 사람을 처벌하는 법조항은 청구인과 같은 발신인의 표현의 자유를 제한한다고 볼 수 있다. 이 사건에서는 청구인이 스스로 메시지를 전송한 이상, 자신의 의사에 반하여 사적인 생활영역이 공개되었다거나, 국가가 심판대상조항을 통해 성적 영역이나 사생활 형

성을 간섭한다고 볼 수 없다. 따라서 사생활의 비밀이나 자유가 제한되었다고 보기도 어렵다(헌재 2019.5.30. 2018헌바489).

사생활 제한인 것

1. 공직자 재산등록을 규정하고 있는 공직자윤리법

국가가 사유재산에 관한 정보를 등록하게 하는 것은 사유재산에 관한 사적 영역의 자유로운 형성과 설계를 제한하는 것이므로, 헌법 제17조가 보장하는 사생활의 비밀과 자유를 제한하는 것이라고 할 것이다(헌재 2010.10.28. 2009헌마544).

2. 요철식 특수콘돔 또는 약물주입 콘돔의 판매금지

성기구의 구매와 사용은 성행위 여부 및 그 상대방을 결정하는 것과 같이 성적 자기운명을 결정하는 것이라기보다는 개인의 성생활이라는 내밀한 사적 생활영역에서의 행위를 제한하는 것으로서 심판대상조항은 헌법 제17조가 보장하는 사생활의 비밀과 자유를 제한한다(헌재 2021.6.24. 2017헌마408).

3. '전자발찌'로 불리는 '위치추적 전자장치'의 부착명령을 규정한 특정 범죄자에 대한 위치추적 전자장치 부착 등에 관한 법률 조항은 피부착자의 개인정보자기결정권을 제한할 뿐만 아니라 피부착자의 위치와 이동경로를 실시간으로 파악하여 24시간 감시할 수 있도록 하고 있으므로 피부착자의 사생활의 비밀의 자유를 제한한다(헌재 2012.12.27. 2011헌바89).

4. 교도소 내 거실이나 작업장은 수용자의 사생활 영역이거나 사생활에 연결될 수 있는 영역이므로 수용자가 없는 상태에서 교도소장이 비밀리에 거실 및 작업장에서 개인물품 등을 검사하는 행위는 <u>개인 물품 등을 조사함으로써 일응 청구인의 사생활의 비밀 및 자유를 제한</u>하였다고 볼 수 있다(헌재 2011.10.25. 2009헌마691).

---

3. 개인정보자기결정권

(1) 의의

개인정보자기결정권이란 자신에 관한 정보를 보호받기 위하여 자신에 관한 정보를 자율적으로 결정·관리할 수 있는 권리를 뜻한다. 개인정보의 보호를 위해 개인정보 보호법이 시행되고 있다.

(2) 근거

개인정보자기결정권의 헌법상 근거로는 헌법 제17조의 사생활의 비밀과 자유, 헌법 제10조 제1문의 인간의 존엄과 가치 및 행복추구권에 근거를 둔 일반적 인격권 또는 위 조문들과 동시에 우리 헌법의 자유민주적 기본질서 규정 또는 국민주권원리와 민주주의 원리 등을 고려할 수 있으나, 개인정보자기결정권으로 보호하려는 내용을 위 각 기본권들 및 헌법원리들 중 일부에 완전히 포섭시키는 것은 불가능하다고 할 것이므로, 그 헌법적 근거를 굳이 어느 한두 개에 국한시키는 것은 바람직하지 않은 것으로 보이고, 오히려 개인정보자기결정권은 이들을 이념적 기초로 하는 독자적 기본권으로서 **헌법에 명시되지 아니한 기본권**이라고 보아야 할 것이다(헌재 2005.5.26. 99헌마513).

(3) 개인정보자기결정권과 사생활의 비밀의 경합

특별한 사정이 없는 이상 **개인정보자기결정권에 대한 침해 여부를 판단하는 경우 사생활의 비밀과 자유 침해 여부를 별도로 다룰 필요는 없다**(헌재 2005.5.26. 99헌마513).

(4) 개인정보

① **의료정보**: 누가, 언제, 어디서, 얼마를 지불했는가와 같은 의료정보는 구체적인 신체적·정신적 결함이나 진료 내용을 유추할 수 있으므로 개인정보자기결정권에 의해 보호되는 정보이다(헌재 2008.10.30. 2006헌마1401·1409).

② **공적 생활에서 형성된 정보**: 개인정보자기결정권은 개인의 동일성을 식별할 수 있는 모든 정보를 보호하며, 이는 내밀한 사적 영역뿐만 아니라 공적 생활에서 형성되거나 이미 공개된 개인정보까지 포함된다(헌재 2005.5.26. 99헌마513).

③ **정치적 견해**: 야당 후보자 지지나 정부 비판은 공개적으로 이루어진 경우라도 개인의 인격주체성을 특징짓는 개인정보로, 여전히 개인정보자기결정권의 보호범위에 속한다(헌재 2020.12.23. 2017헌마416).

④ **결합 가능한 정보**: 특정 개인을 식별할 수 없더라도 다른 정보와 쉽게 결합하여 개인을 알아볼 수 있는 정보는 개인정보 보호법상 보호대상에 포함된다.

⑤ **주민등록번호, 지문, 전과기록**: 주민등록번호, 지문, 전과기록은 개인의 식별성과 관련된 주요한 개인정보로, 보호의 대상이 된다.

(5) 개인정보자기결정권 제한 여부

① **개인정보자기결정권이 제한된 경우**

 ㉠ **변호사시험 합격자 명단 공개**: 특정시험의 응시 및 합격 여부 등은 개인정보에 포함되며, 이를 공개하는 것은 개인정보자기결정권의 제한이다(헌재 2020.3.26. 2018헌마77).

 ㉡ **인터넷게임 이용자 본인인증**: 본인인증 및 동의확보 조항은 개인정보 제공, 이용, 보관 권리를 제한하여 개인정보자기결정권 및 행동자유권을 제한한다(헌재 2015.3.26. 2013헌마517).

 ㉢ **게시판 본인확인제**: 본인확인제는 개인정보 수집·처리·이용을 포함하여 개인정보자기결정권을 제한한다(헌재 2012.8.23. 2010헌마47).

 ㉣ **선거운동 게시판 실명제**: 실명 확인 조치는 과잉금지원칙에 반하며, 개인정보자기결정권과 표현의 자유를 침해한다(헌재 2021.1.28. 2018헌마456).

② **개인정보자기결정권이 제한되지 않은 경우**

 ㉠ **변호사시험 성적 미공개**: 성적 공개는 개인정보 통제권의 보장 요청과 다르며, 개인정보자기결정권 제한으로 보기 어렵다(헌재 2015.6.25. 2011헌마769).

 ㉡ **전화번호 이동 이행명령**: 이동전화번호는 개인정보로서 인간의 존엄과 관련성이 없고, 이행명령은 개인정보자기결정권을 제한하지 않는다(헌재 2013.7.25. 2011헌마63·468).

📖 판례정리

사생활의 비밀 또는 개인정보자기결정권 침해 여부

침해인 것

1. 병역면제된 4급 이상 공무원의 질병명 예외 없이 공개하도록 한 '공직자등의 병역사항 신고 및 공개에 관한 법률'
*헌법불합치결정

병무행정에 관한 부정과 비리가 근절되지 않고 있으며, 그 척결 및 병역부담평등에 대한 사회적 요구가 대단히 강한 우리 사회에서, '부정한 병역면탈의 방지'와 '병역의무의 자진이행에 기여'라는 입법목적을 달성하기 위해서는 병역사항을 신고하게 하고 적정한 방법으로 이를 공개하는 것이 필요하다고 할 수 있다. 한편, 질병은 병역처분에 있어 고려되는 본질적 요소이므로 병역공개제도의 실현을 위해 질병명에 대한 신고와 그 적정한 공개 자체는 필요하다 할 수 있다. 그런데 이 사건 법률조항은 사생활 보호의 헌법적 요청을 거의 고려하지 않은 채 인격 또는 사생활의 핵심에 관련되는 질병명과 그렇지 않은 것을 가리지 않고 무차별적으로 공개토록 하고 있으며, 일정한 질병에 대한 비공개요구권도 인정하고 있지 않다. 그리하여 그 공개시 인격이나 사생활의 심각한 침해를 초래할 수 있는 질병이나 심신장애내용까지도 예외 없이 공개함으로써 신고의무자인 공무원의 사생활의 비밀을 심각하게 침해하고 있다(헌재 2007.5.31. 2005헌마1139).

2. 변호사 정보제공 웹사이트

변호사의 개인신상정보를 기반으로 한 변호사들의 인맥지수공개서비스 제공행위는 변호사들의 개인정보에 관한 인격권을 침해하는 위법한 것이다(대판 2011.9.2. 2008다42430).

비교 변호사 정보제공 웹사이트 운영자가 대법원 홈페이지에서 제공하는 '나의 사건검색' 서비스를 통해 수집한 사건정보를 이용하여 변호사들의 '승소율이나 전문성 지수 등'을 제공하는 서비스는 변호사들의 개인정보에 관한 인격권을 침해하는 위법한 행위로 평가할 수 없다(대판 2011.9.2. 2008다42430).

비교 정보처리 행위의 최종 위법성은 위 기준을 종합적으로 고려하여 판단한다. 특히, 단지 정보처리 행위가 영리 목적을 가졌다는 이유만으로 이를 위법하다고 단정할 수는 없다. 이익의 구체적 형량 결과에 따라 정보처리 행위의 적법성이 결정된다. 법률정보 제공 사이트를 운영하는 회사가 대학교 법과대학 법학과 교수의 사진·성명 등의 개인정보를 법학과 홈페이지 등을 통해 수집하여 위 사이트 내 '법조인' 항목에서 유료로 제공한 것은 개인정보 보호법을 위반하였다고 볼 수 없다(대판 2016.8.17. 2014다235080).

3. 개인별로 주민등록번호를 부여하면서 주민등록번호 변경에 관한 규정을 두고 있지 않은 주민등록법 *헌법불합치결정

심판대상조항이 모든 주민에게 고유한 주민등록번호를 부여하면서 이를 변경할 수 없도록 한 것은 주민생활의 편익을 증진시키고 행정사무를 신속하고 효율적으로 처리하기 위한 것으로서, 그 입법목적의 정당성과 수단의 적합성을 인정할 수 있다. 심판대상조항이 모든 주민에게 고유한 주민등록번호를 부여하면서 주민등록번호 유출이나 오·남용으로 인하여 발생할 수 있는 피해 등에 대한 아무런 고려 없이 일률적으로 이를 변경할 수 없도록 한 것은 침해의 최소성 원칙에 위반된다. 주민등록번호 유출 또는 오·남용으로 인하여 발생할 수 있는 피해 등에 대한 아무런 고려 없이 주민등록번호 변경을 일체 허용하지 않는 것은 그 자체로 개인정보자기결정권에 대한 과도한 침해가 될 수 있다. 주민등록번호 변경에 관한 규정을 두고 있지 않은 주민등록법은 과잉금지원칙에 위배되어 개인정보자기결정권을 침해한다(헌재 2015.12.23. 2013헌바68, 2014헌마449).

4. 형제자매 가족관계증명서 교부청구 인정

형제자매는 언제나 이해관계를 같이하는 것은 아니므로 형제자매가 본인에 대한 개인정보를 오·남용 또는 유출할 가능성은 얼마든지 있다. 형제자매에게 가족관계등록법상 각종 증명서 교부청구권을 부여하고 있는 가족관계의 등록 등에 관한 법률은 과잉금지원칙을 위반하여 개인정보자기결정권을 침해한다(헌재 2016.6.30. 2015헌마924).

5. 직계혈족이 가족관계증명서 교부를 청구할 수 있도록 한 가족관계의 등록 등에 관한 법률 제14조

가정폭력 가해자에 대한 별도의 제한 없이 직계혈족이기만 하면 사실상 자유롭게 그 자녀의 가족관계증명서와 기본증명서의 교부를 청구하여 발급받을 수 있도록 함으로써, 그로 인하여 가정폭력 피해자인 청구인의 개인정보가 가정폭력 가해자인 전 배우자에게 무단으로 유출될 수 있는 가능성을 열어놓고 있다. 따라서 과잉금지원칙에 위배되어 청구인의 개인정보자기결정권을 침해한다(헌재 2020.8.28. 2018헌마927).

비교 정보주체의 배우자나 직계혈족이 정보주체의 위임 없이도 정보주체의 가족관계 상세증명서의 교부 청구를 할 수 있도록 하는 '가족관계의 등록 등에 관한 법률' 제14조: 심판대상조항은 정보주체의 배우자나 직계혈족이 스스로의 정당한 법적 이익을 지키기 위하여 정보주체 본인의 위임 없이도 가족관계 상세증명서를 간편하게 발급받을 수 있게 해 주는 것이므로, 과잉금지원칙에 위배되어 청구인의 개인정보자기결정권을 침해하지 아니한다(헌재 2022.11.24. 2021헌마130).

6. 통신매체이용음란죄 신상정보 등록 *헌법불합치결정

비교적 불법성이 경미한 통신매체이용음란죄를 저지르고 재범의 위험성이 인정되지 않는 이들의 신상정보까지 등록한다는 점에서 개인정보자기결정권을 침해한다(헌재 2016.3.31. 2015헌마688).

7. 도촬 유죄판결을 받은 자 20년 범죄기록 보존 *헌법불합치결정

카메라이용촬영죄 등으로 유죄판결이 확정된 자에 대한 등록정보를 최초등록일부터 20년간 보존·관리하여야 한다고 규정한 성폭력특례법은 비교적 경미한 등록대상 성범죄를 저지르고 재범의 위험성도 많지 않은 자들에 대해서는 달성되는 공익과 침해되는 사익 사이의 불균형이 발생할 수 있으므로 이 사건 관리조항은 개인정보자기결정권을 침해한다(헌재 2015.7.30. 2014헌마340·672, 2015헌마99).

비교 카메라나 그 밖에 이와 유사한 기능을 갖춘 기계장치를 이용하여 성적 욕망 또는 수치심을 유발할 수 있는 다른 사람의 신체를 그 의사에 반하여 촬영한 범죄로 3년 이하의 징역형을 선고받은 사람에 대해 최초등록 일부터 15년 동안 보존·관리하도록 규정한 신상정보 등록대상자의 등록기간을 정한 '성폭력범죄의 처벌 등에 관한 특례법' 청구인의 개인정보자기결정권을 침해하지 않는다(헌재 2018.3.29. 2017헌마396).

8. 불처분결정된 소년부송치 사건에 대하여 보존기간을 규정하지 않은 것 (헌재 2021.6.24. 2018헌가2) *헌법불합치결정

① 재수사에 대비한 기초자료 또는 소년이 이후 다른 사건으로 수사나 재판을 받는 경우 기소 여부의 판단자료나 양형자료가 되므로, 해당 수사경력자료의 보존은 목적의 정당성과 수단의 적합성이 인정된다.

② 모든 소년부송치 사건의 수사경력자료를 해당 사건의 경중이나 결정 이후 경과한 시간 등에 대한 고려 없이 일률적으로 당사자가 사망할 때까지 보존할 필요가 있다고 보기는 어렵고, 불처분결정된 소년부송치 사건의 수사경력자료가 조회 및 회보되는 경우에도 이를 통해 추구하는 실체적 진실발견과 형사사법의 정의 구현이라는 공익에 비해, 당사자가 입을 수 있는 실질적 또는 심리적 불이익과 그로 인한 재사회화 및 사회복귀의 어려움이 더 크다. 따라서 심판대상조항은 과잉금지원칙을 위반하여 소년부송치 후 불처분 결정을 받은 자의 개인정보자기결정권을 침해한다.

9. 전교조 교사명단공개

전국교직원노동조합 가입정보는 개인정보자기결정권의 보호대상이 되는 개인정보에 해당하므로 이를 일반 대중에게 공개하는 행위는 위법하다(대판 2014.7.24. 2012다49933).

10. 국민건강보험공단의 건강보험 요양급여내역 제공행위 (헌재 2018.8.30. 2014헌마368)

① **피청구인 서울용산경찰서장이 2013.12.18. 및 2013.12.20. 피청구인 국민건강보험공단에게 청구인들의 요양급여내역의 제공을 요청한 행위의 공권력 행사성이 인정되는지 여부(소극)**: 이 사건 사실조회행위의 근거조항인 이 사건 사실조회조항은 수사기관에 공사단체 등에 대한 사실조회의 권한을 부여하고 있을 뿐이고, 국민건강보험공단은 서울용산경찰서장의 사실조회에 응하거나 협조하여야 할 의무를 부담하지 않는다. 따라서 이 사건 사실조회행위는 공권력 행사성이 인정되지 않는다.

② **국민건강보험공단의 건강보험 요양급여내역 제공행위**: 서울용산경찰서장은 청구인들의 소재를 파악한 상태였거나 다른 수단으로 충분히 파악할 수 있었으므로 이 사건 정보제공행위로 얻을 수 있는 수사상의 이익은 거의 없거나 미약하였던 반면, 청구인들은 자신도 모르는 사이에 민감정보인 요양급여정보가 수사기관에 제공되어 개인정보자기결정권에 대한 중대한 불이익을 받게 되었으므로, 청구인들의 개인정보자기결정권을 침해하였다.

참고 영장주의 위반은 아니었음.

비교 김포경찰서장의 요청에 따라 김포시장이 김포시장애인복지관에 소속된 활동보조인과 그 수급자의 인적 사항, 휴대전화번호 등을 확인할 수 있는 자료를 제공한 행위는 민감한 정보에 해당한다고 보기는 어려운 점을 고려하면 개인정보자기결정권을 침해하였다고 볼 수 없다(헌재 2018.8.30. 2016헌마483).

11. 피청구인 대통령의 지시로 피청구인 대통령 비서실장, 정무수석비서관, 교육문화수석비서관, 문화체육관광부장관이 야당 소속 후보를 지지하였거나 정부에 비판적 활동을 한 문화예술인이나 단체를 정부의 문화예술 지원 사업에서 배제할 목적으로 개인의 정치적 견해에 관한 정보를 수집·보유·이용한 행위 (헌재 2020.12.23. 2017헌마416)

① **민감정보로서의 정치적 견해**: 정치적 견해는 개인의 인격주체성을 특징짓는 민감한 정보로서, 개인정보자기결정권의 보호대상이다. 비록 공개된 정보라도, 개인정보 보호법상 민감정보로 분류되어 엄격히 보호되어야 한다.

② **법적 근거의 필요성**: 개인정보 보호법은 민감정보의 수집·이용·처리를 엄격히 제한하고, 이를 위해 동의를 받거나 법령에서 명시적으로 허용하는 경우에만 처리할 수 있도록 규정한다.
이 사건 정보수집은 정치적 견해라는 민감정보를 대상으로 하고 있음에도 법령상 명확한 근거가 없으므로 법률유보원칙에 위반된다.

③ **과잉금지원칙 위반**: 정보수집 행위의 목적은 정당성을 인정할 수 없으며, 및 과잉금지원칙에 위배되어 개인정보자기결정권 침해한 것으로 판단된다.

12. **보안관찰대상자, 거주지 변동신고의무 및 이를 위반할 경우 처벌하도록 정한 보안관찰법 *헌법불합치결정**

변동신고조항은 보안관찰대상범죄자의 재범 방지와 사회복귀 촉진이라는 정당한 목적과 수단의 적합성은 인정되나, 재범 위험성이 없는 대상자에게도 무기한 신고의무를 부과하고 이를 위반 시 형사처벌하도록 규정한 것은 침해 최소성 원칙에 어긋난다. 이는 형 집행을 마친 대상자의 기본권을 과도하게 제한하여 법익의 균형성을 위반하며, 과잉금지원칙에 위배되어 사생활의 비밀과 자유 및 개인정보자기결정권을 침해한다 (헌재 2021.6.24. 2017헌바479).

13. **수사기관 등이 전기통신사업자에게 이용자의 성명 등 통신자료의 열람이나 제출을 요청할 수 있도록 한 전기통신사업법 제83조 제3항** (헌재 2022.7.21. 2016헌마388) ***헌법불합치결정**

① **개인정보자기결정권 제한 여부**: 수사기관이 전기통신사업자에게 이용자의 성명, 주민등록번호, 주소, 전화번호, 아이디, 가입일 등을 제공하도록 요청할 수 있는 조항은 이용자의 동일성을 식별할 수 있는 개인정보를 대상으로 하므로 개인정보자기결정권을 제한한다.

② **명확성원칙 위배 여부**: 이 사건 법률조항 중 '국가안전보장에 대한 위해'의 의미는 국가 존립이나 헌법기본질서에 대한 위험 방지를 위한 최소한의 정보수집으로 해석될 수 있으므로, 명확성원칙에 위배되지 않는다.

③ **과잉금지원칙 위배 여부**: 법률조항은 범죄수사와 정보수집의 초기단계에서 이용자의 성명, 주민등록번호 등 최소한의 기초정보만을 수집 대상으로 규정하고, 민감정보를 포함하지 않는다.
통신자료 제공요청은 실체적 진실발견, 형벌권의 적정 행사, 국가안전보장을 도모하는 데 기여하며, 제공 요청의 범위와 방법은 법으로 규정되어 있어 최소한의 범위를 벗어나지 않는다.
따라서 과잉금지원칙에 위배되지 않는다.

④ **적법절차원칙 위배 여부**: 통신자료 제공요청이 있더라도 정보주체인 이용자에게 제공 사실이 사전에 고지되지 않고, 제공 이후에도 통지되지 않는다. 당사자에 대한 통지는 기본권 제한의 확인과 정당성 다툼의 전제조건으로 매우 중요하며, 수사 밀행성 등을 고려해 사전 통지가 어렵다면 사후 통지를 통해 권리구제를 보장할 수 있다. 그러나 이 사건 법률조항은 통신자료 제공에 대한 사후통지절차를 규정하지 않아 적법절차원칙을 위배한다.

⑤ **결론**: 이 사건 법률조항은 개인정보자기결정권을 제한하며, 명확성원칙과 과잉금지원칙에는 위배되지 않는다. 그러나 적법절차원칙을 위반하여 위헌적인 요소를 포함하고 있다.

14. 공적 인물에 대하여는 사생활의 비밀과 자유가 일정한 범위 내에서 제한되어 그 사생활의 공개가 면책되는 경우도 있을 수 있으나 이는 공적 인물은 통상인에 비하여 일반국민의 알 권리의 대상이 되고 그 공개가 공공의 이익이 된다는 데 근거한 것이므로 일반국민의 알 권리와는 무관하게 국가기관이 평소의 동향을 감시할 목적으로 개인의 정보를 비밀리에 수집한 경우에는 그 대상자가 **공적 인물이라는 이유만으로 면책될 수 없다**(대판 1998.7.24. 96다42789).

> **침해가 아닌 것**

1. **출소 후 신고의무에 관한 구 보안관찰법 제6조 제1항 전문 중 출소사실 신고조항**

보안관찰처분대상자는 간첩, 내란, 이적죄 등 보안관찰 해당 범죄로 금고 이상의 형을 선고받은 자를 의미한다. 출소 후 7일 이내에 신고하도록 규정한 것은 보안관찰처분 필요성을 판단하기 위한 기초자료를 확보하려는 것으로, 공익적 필요성이 크다. 보안관찰 대상 범죄의 중대성과 사회적 중요성을 고려할 때, 7일의 신고기간이 짧거나 의무가 과도하다고 보기 어렵다. 신고 의무 위반에 대한 형벌이 과도하거나 법정형이 다른 법률과 비교해 특별히 무겁다고 볼 수 없다. 출소사실 신고조항 및 위반 시 처벌조항은 과잉금지원칙을 위반하지 않아 청구인의 사생활의 비밀과 자유 및 개인정보자기결정권을 침해하지 않는다(헌재 2021.6.24. 2017헌바479).

2. 지문날인 및 경찰청장의 지문 보관행위 (헌재 2005.5.26. 99헌마513)

① **개인정보자기결정권의 제한 여부**: 경찰청장이 지문정보를 수집, 보관, 전산화하여 경찰행정 목적으로 사용하는 것은 개인정보자기결정권의 제한에 해당한다.
다만, 개인정보 보호법 등 관련 법령에 따라 보관이 이루어지고 있으며, 법률유보 원칙에 위배되지 않는다.

② **신체의 자유 및 양심의 자유 침해 여부**: 지문날인은 단순히 신체의 외형적 정보를 제공하는 행위로, 신체 안정성을 저해하거나 신체활동의 자유를 제한한다고 보기 어렵다.

③ 경찰청장의 지문 보관행위는 개인정보자기결정권을 제한하나, 법적 근거가 명확하며 과잉금지원칙을 위배하지 않는다. 신체의 자유 및 양심의 자유를 침해하지 않는다.

3. 수급자 통장사본 제출

국민기초생활 보장법상의 수급자의 금융기관 통장사본 등 자료제출 요구는 자기결정권 침해가 아니다(헌재 2005.11.24. 2005헌마112).

4. 엄중격리대상자의 수용거실에 CCTV 설치

이 사건 CCTV 설치행위는 행형법 및 교도관직무규칙 등에 규정된 교도관의 계호활동 중 육안에 의한 시선계호를 CCTV 장비에 의한 시선계호로 대체한 것에 불과하므로, 이 사건 CCTV 설치행위에 대한 특별한 법적 근거가 없더라도 일반적인 계호활동을 허용하는 법률규정에 의하여 허용된다고 보아야 한다(헌재 2008.5.29. 2005헌마137).

5. 경찰 경사계급까지 재산등록의무 부과하는 공직자윤리법 시행령

위 조항이 달성하려는 공익은 경찰공무원의 비리유혹을 억제하고 공무집행의 투명성을 확보하여 궁극적으로 국민의 봉사자로서 경찰공무원의 책임성을 확보하는 것이므로 기본권 제한의 법익균형성을 상실하였다고 볼 수 없어, 결국 위 조항이 청구인의 사생활의 비밀과 자유를 침해한다고 할 수 없다(헌재 2010.10.28. 2009헌마544).

6. 수용거실 검사행위

교도소장이 수용자가 없는 상태에서 실시한 거실 및 작업장 검사행위는 수형자의 교화·개선에 지장을 초래할 수 있는 물품을 차단하기 위한 것으로서 그 목적이 정당하고, 수단도 적절하며, 사생활의 비밀 및 자유를 침해하였다고 할 수 없다(헌재 2011.10.25. 2009헌마691).

7. 실효된 형까지 공개

후보자의 실효된 형까지 포함한 금고 이상의 형의 범죄경력을 공개함으로써 국민의 알 권리를 충족하고 공정하고 정당한 선거권 행사를 보장하고자 하는 이 사건 법률조항의 입법목적은 정당하다(헌재 2008.4.24. 2006헌마402).

8. 채무불이행자명부 등재

채무불이행자명부에 등재는 채무이행의 간접강제 및 거래의 안전도모라는 공익이 더 크다고 할 것이므로 법익균형성의 원칙에 반하지 아니한다(헌재 2010.5.27. 2008헌마663).

9. 변호사 수임건수 보고

변호사 수임건수·수임액을 지방변호사회에 보고하도록 한 변호사법은 변호사의 업무와 관련된 수임사건의 건수 및 수임액이 변호사의 내밀한 개인적 영역에 속하는 것이라고 보기 어려우므로 청구인들의 사생활의 비밀과 자유를 침해하는 것이라 할 수 없다(헌재 2009.10.29. 2007헌마667).

10. 수사경력자료의 보존

① 수사경력자료의 보존 및 보존기간을 정하면서 **범죄경력자료의 삭제에 대해 규정하지 않은** '형의 실효 등에 관한 법률' 제8조의2는 청구인의 개인정보자기결정권 침해가 아니다(헌재 2012.7.26. 2010헌마446).

② **'혐의 없음'의 불기소처분을 받은 수사경력자료를 보존하고 그 보존기간을 두고 있는** 이 사건 수사경력자료 정리조항은 수사의 반복을 피하기 위한 것으로서 청구인의 개인정보자기결정권을 침해하지 아니한다(헌재 2012.7.26. 2010헌마446).

③ **기소유예의 불기소처분을 받은 경우에도 수사경력자료를 일정 기간 보존하도록 규정한** 형의 실효 등에 관한 법률 제8조의2 제1항·제2항은 과잉금지원칙을 위반하여 개인정보자기결정권을 침해하지 아니한다(헌재 2016.6.30. 2015헌마828).

11. **교도소장이 미결수용자에게 징벌을 부과한 후 그 징벌대상행위 등에 관한 양형참고자료를 법원 등에 통보한 행위**는 미결수용자에 대한 적정한 양형을 실현하기 위한 것으로서 법률유보원칙에 위배하여 청구인의 개인정보자기결정권을 침해한다고 볼 수 없다(헌재 2016.4.28. 2012헌마549).

12. **특정범죄자에 대한 위치추적 전자장치 부착**은 피부착자의 사생활의 비밀과 자유, 개인정보자기결정권, 인격권을 침해한다고 볼 수 없다(헌재 2012.12.27. 2011헌바89).

13. **음란물 판매자를 처벌하는 형법**
    성기구 판매자의 직업수행의 자유 및 성기구 사용자의 사생활의 비밀과 자유를 과도하게 제한하여 침해최소성 원칙에 위반된다고 보기는 어렵고, 법익의 균형성도 인정되므로 이 사건 법률조항은 과잉금지원칙에 위배되지 아니한다(헌재 2013.8.29. 2011헌바176).

14. **통신매체를 이용한 음란행위처벌**은 사생활 비밀과 자유를 침해한다고 할 수 없다(헌재 2016.3.31. 2014헌바397).

15. 위장 한·중 국제결혼을 방지하여 선의의 한국인들이 중국인 배우자와 국내에서 건전한 혼인관계를 유지할 수 있도록 보호하기 위한 것으로 **결혼사증신청서에 결혼경위 등을 기재**하도록 한 것은 사생활 비밀침해는 아니다(헌재 2005.3.31. 2003헌마87).

16. 금융감독원 업무의 투명성 및 책임성 확보를 위한 것으로서 금융감독원의 4급 이상 직원에 대하여 공직자윤리법상 재산등록의무를 부과하는 공직자윤리법은 사생활의 비밀의 자유 및 평등권을 침해하지 않는다(헌재 2014.6.26. 2012헌마331).

17. **신상정보등록**
    ① 성폭력범죄자의 재범을 억제하여 사회를 방위하고, 효율적 수사를 통한 사회혼란을 방지하기 위한 것으로서 형법상 강제추행죄로 유죄판결이 확정된 자는 신상정보 등록대상자가 되도록 규정한 구 '성폭력범죄의 처벌 등에 관한 특례법'은 개인정보자기결정권을 침해하지 않는다(헌재 2014.7.24. 2013헌마423·426).
    ② 아동·청소년 성매수죄로 유죄가 확정된 자는 신상정보 등록대상자가 되도록 규정한 '성폭력범죄의 처벌 등에 관한 특례법'은 청구인의 개인정보자기결정권을 침해한다고 할 수 없다(헌재 2016.2.25. 2013헌마830).
    ③ 강제추행으로 유죄판결 확정된 자 신상정보제출은 개인정보자기결정권을 침해하지 않는다(헌재 2016.3.31. 2014헌마457).
    ④ 신상정보 반기 1회 등록정보 진위확인은 개인정보자기결정권을 침해하지 않는다. 등록정보를 검사 또는 경찰관서의 장에게 배포하도록 한 것은 개인정보자기결정권을 침해하지 않는다. 강제추행죄를 범한 자에 대하여 획일적으로 디엔에이감식시료를 채취할 수 있게 하는 것은 신체의 자유를 침해하지 않는다(헌재 2016.3.31. 2014헌마457).
    ⑤ 가상의 아동·청소년이용음란물소지죄로 벌금형이 확정된 자를 등록대상에서 제외하면서도, 가상의 아동·청소년이용음란물배포죄로 유죄판결이 확정된 자에 대하여 일률적으로 신상정보 등록대상자가 되도록 규정하는 것은 개인정보자기결정권을 침해하지 않는다(헌재 2016.3.31. 2014헌마785).
    ⑥ 아동·청소년 성범죄자 고지는 개인정보자기결정권을 침해한다고 볼 수 없다(헌재 2016.5.26. 2014헌바68, 2014헌바164).
    ⑦ 성인대상 성폭력범죄자 신상정보공개 및 고지는 개인정보자기결정권을 침해한다고 볼 수 없다(헌재 2016.5.26. 2015헌바212).
    ⑧ 신상정보 공개·고지명령을 소급적용하는 '성폭력범죄의 처벌 등에 관한 특례법'은 과잉금지원칙에 위반되지 않는다[헌재 2016.12.29. 2015헌바196·222·343(병합)].
    ⑨ 강제추행, 유죄판결 확정된 자 신상정보제출은 개인정보자기결정권을 침해하지 않는다(헌재 2016.3.31. 2014헌마457).
    ⑩ 가상의 아동·청소년이용음란물 배포자 신상정보등록은 개인정보자기결정권을 침해하지 않는다(헌재 2016.3.31. 2014헌마785).
    ⑪ 아동·청소년 성범죄자 고지는 개인정보자기결정권을 침해한다고 볼 수 없다(헌재 2016.5.26. 2014헌바68, 2014헌바164).

⑫ 아동·청소년이용음란물 배포 및 소지행위로 유죄판결이 확정된 자는 신상정보 등록대상자가 된다고 규정한 구 '성폭력범죄의 처벌 등에 관한 특례법'은 청구인의 개인정보자기결정권을 침해한다고 볼 수 없다(헌재 2017.10.26. 2016헌마656).

⑬ 공중밀집장소추행죄로 유죄판결이 확정된 자는 신상정보 등록대상자가 되도록 규정한 구 성폭력범죄의 처벌 등에 관한 특례법이 청구인의 개인정보자기결정권을 침해한다고 할 수 없다(헌재 2017.12.28. 2017헌마1124).

⑭ 성인대상 성폭력범죄자 신상정보등록 및 공개는 개인정보자기결정권을 침해한다고 볼 수 없다(헌재 2016.5.26. 2015헌바212).

⑮ 성폭력범죄의처벌등에관한특례법위반(카메라등이용촬영, 카메라등이용촬영미수)죄로 유죄판결이 확정된 자는 신상정보 등록대상자가 되도록 규정한 것은 개인정보자기결정권을 침해하지 않는다(헌재 2015.7.30. 2014헌마340·672, 2015헌마99).

⑯ **강제추행죄로 벌금형을 선고받은 사람의 신상정보를 10년 동안 보존·관리하도록 규정한 성폭력범죄의 처벌 등에 관한 특례법:** 등록면제신청조항으로 인하여 침해되는 사익보다 성범죄자의 재범방지 및 사회방위의 공익이 우월하므로, 법익의 균형성도 인정된다. 그렇다면 등록면제신청조항은 청구인의 개인정보자기결정권을 침해하지 않는다(헌재 2019.11.28. 2017헌마1163).

⑰ **아동·청소년에 대한 강제추행죄로 유죄판결이 확정된 자 신상정보등록:** 신상정보 등록대상자로 하여금 관할 경찰관서의 장에게 신상정보를 제출하도록 하고 신상정보가 변경될 경우 그 사유와 변경내용을 제출하도록 하는 성폭력처벌법 제43조는 등록대상자의 동일성 식별 및 동선 파악을 위하여 필요한 범위 내에서 정보 제출을 요청할 뿐이고, 성범죄 억제 및 수사 효율이라는 중대한 공익을 위하여 필요하다(헌재 2019.11.28. 2017헌마399).

18. **채취대상자가 사망할 때까지 디엔에이신원확인정보를 데이터베이스에 수록·관리할 수 있도록** 규정한 '디엔에이신원확인정보의 이용 및 보호에 관한 법률'은 디엔에이신원확인정보 수록대상자의 개인정보자기결정권을 침해한다고 볼 수 없다(헌재 2018.8.30. 2016헌마344).

19. 본인인증 조항을 통하여 달성하고자 하는 게임과몰입 및 중독방지라는 공익은 매우 중대하므로 법익의 균형성도 갖추었다. 따라서 본인인증 조항은 청구인들의 일반적 행동의 자유 및 개인정보자기결정권을 침해하지 아니한다. 또한 청소년 보호라는 공익은 매우 중대한 것이므로 정보통신망을 통해 **청소년유해매체물을 제공하는 자에게 이용자의 본인확인의무를 부과하고 있는** 청소년 보호법은 개인정보자기결정권을 침해하지 않는다(헌재 2015.3.26. 2013헌마517).

20. 가축전염병의 발생 예방 및 확산 방지를 위해 **축산관계시설 출입차량에 차량무선인식장치를 설치하여** 이동경로를 파악할 수 있도록 한 구 가축전염병예방법 제17조의3 제2항이 축산관계시설에 출입하는 청구인들의 개인정보자기결정권을 침해한다고 볼 수 없다(헌재 2015.4.30. 2013헌마81).

21. **폭력학생, 학생부 입력은** 학교폭력 가해학생의 개인정보자기결정권을 침해하지 아니한다(헌재 2016.4.28. 2012헌마630).

22. **인구통계** (헌재 2017.7.27. 2015헌마1094)
① 피청구인 통계청장이 담당 조사원을 통해 청구인에게 피청구인이 작성한 2015 인구주택총조사 조사표의 조사항목들에 응답할 것을 요구한 행위가 법률유보원칙에 위배되어 청구인의 개인정보자기결정권을 침해한다고 할 수 없다.
② 통계청장이 조사원을 통해 오전 7시 30분경 및 오후 8시 45분경 방문조사하여 인구주택총조사 조사항목에 응답을 요구한 것은 개인정보자기결정권을 침해한다고 할 수 없다.
③ 2015 인구주택총조사 조사표의 조사항목에 '종교가 있는지 여부'와 '있다면 구체적인 <u>종교명이 무엇인지</u>'를 묻는 조사항목들에 응답할 것을 요구하고 있는바, 개인정보자기결정권에 대한 침해 여부와 별도로 종교의 자유 침해 여부를 판단할 필요가 없다.

23. 어린이집 CCTV

어린이집 원장을 포함하여 보육교사 및 영유아의 신체나 행동이 그대로 CCTV에 촬영·녹화되므로 CCTV 설치조항은 이들의 **사생활의 비밀과 자유**를 제한하며, 어린이집에 CCTV 설치를 원하지 않는 부모의 **자녀교육권**도 제한한다. 어린이집에 폐쇄회로 텔레비전을 원칙적으로 설치하도록 정한 법이 어린이집 보육교사의 사생활의 비밀과 자유 등을 침해한다고 할 수 없다(헌재 2017.12.28. 2015헌마994).

24. 전기통신 압수·수색사실을 수사대상이 된 가입자에게만 통지하는 것 (헌재 2018.4.26. 2014헌마1178)

① **적법절차원칙 위배 여부**: 송·수신이 완료된 전기통신에 대한 압수·수색사실을 수사대상이 된 가입자에게만 통지하고, 상대방에게는 통지하지 않도록 한 것은 수사대상이 된 가입자의 권익을 보호하기 위한 것이다. 모든 상대방에게 통지한다면 수사대상이 된 가입자가 예측하지 못한 피해를 입을 수 있다.

② **개인정보자기결정권 침해 여부**: 전기통신의 특성과 수사절차의 특수성을 고려할 때, 상대방에 대한 통지의무를 두지 않았다고 하여 적법절차원칙에 위배되거나 개인정보자기결정권을 침해한다고 볼 수 없다.

25. 전기통신역무제공 계약 시 본인확인 의무 (헌재 2019.9.26. 2017헌마1209)

① **본인확인 의무와 공익성**: 차명 휴대전화 생성 억제는 보이스피싱 등 범죄 도구로 악용되는 것을 방지하며, 통신망 질서유지와 잠재적 범죄 피해 예방이라는 중대한 공익 달성에 기여한다.

② **개인정보자기결정권 및 통신의 자유 침해 여부**: 본인확인 절차로 인해 개인정보자기결정권 및 통신의 자유가 일부 제한되더라도, 공익적 필요성이 훨씬 크므로 침해로 볼 수 없다. 본인확인 의무를 규정한 조항은 개인정보자기결정권 및 통신의 자유를 침해하지 않는다.

26. 변호사시험 합격자 명단 공고 의무 (헌재 2020.3.26. 2018헌마77)

① **합헌 의견(4인)**: 심판대상조항은 변호사시험 합격자 명단 공개를 통해 법률서비스 수요자의 편의를 증진하고, 변호사 자격에 대한 국민의 신뢰를 형성하며, 시험 관리의 공정성과 투명성을 확보하려는 정당한 목적을 가진다. 합격자 성명 공개로 개인정보자기결정권이 제한되지만, 그 범위와 정도는 매우 제한적이므로 공익이 더 크다. 따라서 심판대상조항은 과잉금지원칙에 위배되지 않으며, 개인정보자기결정권을 침해하지 않는다.

② **위헌 의견(5인)**: 심판대상조항은 합격자 응시번호 공개와 같은 덜 침해적인 대안을 통해 공정성과 투명성을 확보할 수 있음에도 성명을 공개하도록 규정하여 침해 최소성 원칙에 어긋난다. 또한, 명단 공개로 불합격 사실 노출 가능성과 개인정보의 확산으로 인해 개인정보자기결정권이 중대하게 제한되며, 침해가 장기적으로 지속될 우려가 크다. 따라서 심판대상조항은 과잉금지원칙에 위배되어 개인정보자기결정권을 침해한다.

27. 수용자와 변호인이 아닌 자의 접견 녹음

접견 내용 녹음·녹화는 증거인멸 및 형사법 위반행위를 방지하며, 교정시설의 안전과 질서유지라는 중요한 공익을 실현한다. 미결수용자가 받는 사생활의 비밀과 통신의 자유에 대한 제한보다 공익적 필요성이 훨씬 크다. 접견 녹음은 사생활의 비밀과 통신의 자유를 침해하지 않는다(헌재 2016.11.24. 2014헌바401).

28. 수용자와 배우자의 접견 녹음과 녹음파일 제공 (헌재 2012.12.27. 2010헌마153)

① 구치소장이 수용자와 배우자의 접견을 녹음한 행위는 교정시설 내의 안전과 질서유지에 기여하기 위한 것으로서 그 목적이 정당할 뿐 아니라 수단이 적절하다. 청구인의 사생활의 비밀과 자유를 침해하였다고 볼 수 없다.

② 구치소장이 검사의 요청에 따라 수용자와 배우자의 접견녹음파일을 제공한 행위는 형사사법의 실체적 진실을 발견하고 이를 통해 형사사법의 적정한 수행을 도모하기 위한 것으로 그 목적이 정당하고, 수단 역시 적합하다. 청구인의 개인정보자기결정권을 침해하였다고 볼 수 없다.

29. 청소년유해매체물 및 불법음란정보에 접속하는 것을 차단하기 위하여 해당 청소년의 이동통신단말장치에 청소년유해매체물 등을 차단하는 소프트웨어 등의 차단수단이 삭제되거나 차단수단이 15일 이상 작동하지 아니할 경우 매월 법정대리인에 대해 그 사실을 통지하도록 한 구 전기통신사업법 시행령

이 사건 통지조항으로 제한되는 사익의 정도가 크지 않은 반면, 이 사건 통지조항으로 달성되는 청소년유해매체물 등으로부터의 청소년 보호라는 공익은 매우 중대하므로, 법익의 균형성도 인정된다. 따라서 이 사건 통지조항은 청소년인 청구인들의 사생활의 비밀과 자유 및 개인정보자기결정권을 침해하지 않는다(헌재 2020.11.26. 2016헌마738).

30. 대한적십자사의 회비모금 목적으로 자료제공을 요청받은 국가와 지방자치단체는 특별한 사유가 없으면 그 자료를 제공하여야 한다고 규정한 '대한적십자사 조직법'

'특별한 사유'라는 문언 자체는 비록 불확정적 개념이라 하더라도, 개인정보의 목적 외 제3자 제공을 더욱 엄격하게 제한하는 '개인정보 보호법'의 취지를 고려해보면 이 사건 자료제공조항의 '특별한 사유'도 '정보주체 또는 제3자의 이익을 부당하게 침해할 우려가 있을 때'에 준하는 경우로서 그 규율 범위의 대강을 예측할 수 있다. 따라서 이 사건 자료제공조항이 명확성원칙에 위반하여 청구인들의 개인정보자기결정권을 침해한다고 볼 수 없다(헌재 2023.2.23. 2019헌마1404).

31. 대한적십자사의 회비모금 목적으로 자료제공을 요청받은 국가와 지방자치단체는 특별한 사유가 없으면 그 자료를 제공하여야 한다는 자료제공조항, 대한적십자사가 요청할 수 있는 자료로 세대주의 성명 및 주소를 규정한 '대한적십자사 조직법 시행령'

이 사건 자료제공조항 및 이 사건 시행령조항은 청구인들의 개인정보자기결정권에 대한 제한을 최소화하고 있으며 법익의 균형성도 갖추었다. 따라서 이 사건 자료제공조항 및 이 사건 시행령조항이 과잉금지원칙에 반하여 청구인들의 개인정보자기결정권을 침해한다고 볼 수 없다(헌재 2023.2.23. 2019헌마1404).

32. 보건복지부장관 고시조항 및 의료급여 자격관리 시스템

수집 정보는 건강생활유지비 지원과 급여일수 확인에 필요한 정보로 제한되며, 공인인증서 사용과 비밀누설 금지 의무, 형벌 규정 등을 통해 개인정보 보호조치가 강화되어 있다. 해당 조항은 수급자격과 급여액의 정확성을 확보해 의료급여제도를 원활히 운영하려는 공익적 목적을 달성한다. 개인정보자기결정권 제한보다 공익이 크므로 법익의 균형성을 갖춘다. 고시조항은 과잉금지원칙에 위배되지 않으며, 개인정보자기결정권을 침해하지 않는다(헌재 2009.9.24. 2007헌마1092).

33. 가명정보 재식별 금지 조항

재식별 금지는 정보주체의 법익 침해 가능성을 최소화하려는 중대한 공익을 달성한다. 가명정보는 개인정보에 비해 사생활 침해 위험이 적으며, 제한되는 사익은 공익보다 크지 않다. 가명정보의 재식별 금지는 공익적 필요성이 인정되며, 법익의 균형성을 갖춘다. 재식별 금지 조항은 과잉금지원칙에 위배되지 않으며, 개인정보자기결정권을 침해하지 않는다(헌재 2023.10.26. 2020헌마1477).

34. 거짓이나 그 밖의 부정한 방법으로 보조금을 교부받거나 보조금을 유용하여 어린이집 운영정지, 폐쇄명령 또는 과징금 처분을 받은 어린이집에 대하여 그 위반사실을 공표하도록 한 영유아보육법

영유아의 건강한 성장과 보호자들의 보육기관 선택권 보장이라는 공익을 달성한다. 공표대상자의 위반사실이 일정 기간 외부에 공개되더라도 공익이 사익보다 크다. 영유아보육법은 과잉금지원칙에 위배되지 않으며, 인격권 및 개인정보자기결정권을 침해하지 않는다(헌재 2022.3.31. 2019헌바520).

35. 정보주체의 동의 없이도 가명정보를 처리할 수 있도록 한 개인정보 보호법 제28조의2 제1항

데이터 활용을 통해 신산업 육성 및 공익적 목적 달성을 목표로 한다. 법률은 정보주체 보호 규정을 통해 침해 최소성을 충족한다. 가명정보 처리 조항은 과잉금지원칙에 위배되지 않으며, 개인정보자기결정권을 침해하지 않는다(헌재 2023.10.26. 2020헌마1476).

36. 후천성면역결핍증 예방법 및 감염자 전파행위 금지

의학적 치료를 받아 전파 가능성이 현저히 낮은 감염인이 상대방에게 동의를 얻은 경우에도 전파 행위가 금지된다. 국민 건강 보호라는 중대한 공익이 감염인의 자유로운 성행위 제한보다 크다. 해당 조항은 과잉금지원칙에 위배되지 않으며, 감염인의 사생활의 자유와 행동자유권을 침해하지 않는다(헌재 2023.10.26. 2019헌가30).

37. 홍성교도소장이 청구인의 정신과 진료 현장에 간호직교도관을 입회시킨 행위

동행계호행위는 '형의 집행 및 수용자의 처우에 관한 법률' 제57조 제7항, 형집행법 시행령 제83조 및 관련 지침에 따라 이루어진 것으로, 법률에 근거한 행위이므로 법률유보원칙에 반하지 않는다. 또한, 해당 행위는 교정사고 예방 및 수용자와 진료 담당 의사의 신체 보호를 목적으로 한 것으로, 청구인의 상습적인 교정질서 문란행위 전력과 정신질환으로 자·타해 우려가 있다는 점, 그리고 교정시설의 환경적 한계를 고려할 때 정당성을 가진다. 따라서 동행계호행위는 과잉금지원칙에 반하지 않으며, 청구인의 사생활의 비밀과 자유를 침해하지 않는다(헌재 2024.1.25. 2020헌마1725).

38. 대체복무요원 생활관 내부 공용공간 CCTV 설치

CCTV는 교정시설의 계호, 경비, 보안, 안전 및 관리 등을 목적으로 설치된 것으로, 외부인의 허가 없는 출입, 시설의 안전 확보, 화재 및 사고 예방을 위해 필요한 공용공간에만 설치되었고, 개인의 생활공간에는 설치되지 않았다. 이에 따라 CCTV 촬영행위는 과잉금지원칙에 반하지 않으며, 청구인들의 사생활의 비밀과 자유를 침해하지 않는다(헌재 2024.5.30. 2022헌마707).

39. 가족관계등록부의 재작성 신청을 혼인무효사유가 한쪽 당사자나 제3자의 범죄행위로 인한 경우로 한정한 '가족관계등록부의 재작성에 관한 사무처리지침'

심판대상조항은 신분관계의 이력을 노출해 부당한 피해를 방지하면서도 가족관계등록제도의 목적을 달성하기 위한 것으로 입법목적이 정당하고, 제한적인 경우에만 가족관계등록부 재작성을 허용하는 것은 목적 달성에 적합하다. 무효인 혼인에 관한 가족관계등록부 기록사항 보존은 공적 증명이 필요한 경우도 있을 수 있어 원칙적으로 필요하며, 가정법원의 허가를 받아 재작성될 수 있어 침해의 최소성도 인정된다. 또한, 심판대상조항이 개인정보를 새로 수집·관리하는 것이 아니므로 청구인의 불이익이 중대하지 않으며, 가족관계 변동에 관한 진실성을 담보하는 공익이 더 중대하므로 법익균형성도 인정된다. 따라서 심판대상조항은 과잉금지원칙을 위반하지 않아 청구인의 개인정보자기결정권을 침해하지 않는다(헌재 2024.1.25. 2020헌마65).

40. 감염병 전파 차단을 위한 개인정보 수집의 수권조항인 구 감염병예방법

이 사건 심판대상조항은 감염병 예방 및 전파 차단을 위해 필요한 경우에만 개인정보를 수집하도록 규정하며, 실질적·절차적 통제 체계를 갖추고 있다. 이 조항은 예외적 상황에서 일시적으로 적용되어 개인정보자기결정권 제한의 효과가 중대하지 않다. 감염병 확산을 신속히 차단하는 공익은 국민의 생명과 건강 보호 및 사회적·경제적 손실 방지를 위해 중요하다. 따라서 개인정보자기결정권의 제한은 달성하고자 하는 공익보다 중하지 않다. 이 사건 심판대상조항은 과잉금지원칙을 위반하여 청구인의 개인정보자기결정권을 침해하지 않는다(헌재 2024.4.25. 2020헌마1028).

4. 개인정보 보호법

(1) 개인정보의 개념

> **개인정보 보호법 제2조【정의】** 이 법에서 사용하는 용어의 뜻은 다음과 같다.
>
> 1. '개인정보'란 **살아 있는 개인에 관한 정보로서** 다음 각 목의 어느 하나에 해당하는 정보를 말한다.
>   가. 성명, 주민등록번호 및 영상 등을 통하여 개인을 알아볼 수 있는 정보
>   나. 해당 정보만으로는 특정 개인을 알아볼 수 없더라도 다른 정보와 쉽게 결합하여 알아볼 수 있는 정보. 이 경우 쉽게 결합할 수 있는지 여부는 다른 정보의 입수 가능성 등 개인을 알아보는 데 소요되는 시간, 비용, 기술 등을 합리적으로 고려하여야 한다.
>   다. 가목 또는 나목을 제1호의2에 따라 가명처리함으로써 원래의 상태로 복원하기 위한 추가 정보의 사용·결합 없이는 특정 개인을 알아볼 수 없는 정보(이하 '가명정보'라 한다)
> 5. '**개인정보처리자**'란 업무를 목적으로 개인정보파일을 운용하기 위하여 스스로 또는 다른 사람을 통하여 개인정보를 처리하는 **공공기관, 법인, 단체 및 개인 등을 말한다.**

📖 판례정리

옥외집회·시위에 대한 경찰의 촬영행위

옥외집회·시위에 대한 경찰의 촬영행위는 증거보전의 필요성 및 긴급성, 방법의 상당성이 인정되는 때에는 헌법에 위반된다고 할 수 없으나, 경찰이 옥외집회 및 시위 현장을 촬영하여 수집한 자료의 보관·사용 등은 엄격하게 제한하여, 옥외집회·시위 참가자 등의 기본권 제한을 최소화해야 한다. **옥외집회·시위에 대한 경찰의 촬영행위에 의해 취득한 자료**는 '개인정보'의 보호에 관한 일반법인 '개인정보 보호법'이 적용될 수 있다(헌재 2018.8.30. 2014헌마843).

(2) 개인정보의 수집

> **개인정보 보호법 제15조【개인정보의 수집·이용】** ① 개인정보처리자는 다음 각 호의 어느 하나에 해당하는 경우에는 개인정보를 수집할 수 있으며 그 수집 목적의 범위에서 이용할 수 있다.
> 1. 정보주체의 동의를 받은 경우
> 2. 법률에 특별한 규정이 있거나 법령상 의무를 준수하기 위하여 불가피한 경우
> 3. 공공기관이 법령 등에서 정하는 소관 업무의 수행을 위하여 불가피한 경우
>
> **제16조【개인정보의 수집 제한】** ① 개인정보처리자는 제15조 제1항 각 호의 어느 하나에 해당하여 개인정보를 수집하는 경우에는 그 목적에 필요한 최소한의 개인정보를 수집하여야 한다. 이 경우 최소한의 개인정보 수집이라는 입증책임은 개인정보처리자가 부담한다.
> ③ 개인정보처리자는 **정보주체가 필요한 최소한의 정보 외의 개인정보 수집에 동의하지 아니한다는 이유로 정보주체에게 재화 또는 서비스의 제공을 거부하여서는 아니 된다.**

(3) 민감정보 처리 제한

> **개인정보 보호법 제23조【민감정보의 처리 제한】** ① 개인정보처리자는 사상·신념, 노동조합·정당의 가입·탈퇴, 정치적 견해, 건강, 성생활 등에 관한 정보, 그 밖에 정보주체의 사생활을 현저히 침해할 우려가 있는 개인정보로서 대통령령으로 정하는 정보(이하 '민감정보'라 한다)를 처리하여서는 아니 된다. 다만, 다음 각 호의 어느 하나에 해당하는 경우에는 그러하지 아니하다.

1. 정보주체에게 제15조 제2항 각 호 또는 제17조 제2항 각 호의 사항을 알리고 다른 개인정보의 처리에 대한 동의와 별도로 동의를 받은 경우
2. 법령에서 민감정보의 처리를 요구하거나 허용하는 경우

① **민감정보와 명확성**: 개인정보의 종류와 성격, 정보처리의 방식과 내용에 따라 수권법률의 명확성 요구 정도는 달라질 수 있다. 일반적으로, 개인의 인격과 밀접히 연관된 민감한 정보일수록 규범 명확성의 요청은 더 강하게 요구된다.

② 종교적 신조, 육체적·정신적 결함, 성생활과 같은 정보는 인간의 존엄성과 인격의 내적 핵심에 근접하는 민감한 정보로, 이러한 정보를 제한하려면 그 허용성을 엄격히 입증해야 한다.

③ 지문정보는 유전자정보와 같은 생체정보와 달리 개인의 인격에 밀접히 연관된 민감한 정보로 보기 어려우므로, 지문정보와 관련된 수권법률의 명확성은 특별히 강하게 요구된다고 할 수 없다(헌재 2015.5.28. 2011헌마731).

④ 민감정보 처리 원칙을 위반한 개인정보처리자에게 형벌이 부과될 경우, 형벌의 근거가 되는 민감정보의 범위는 엄격히 해석해야 한다(대판 2005.11.24. 2002도4758).

📖 **판례정리**

민감정보

민감정보인 것

1. **전교조 교사 명단 관련**
   ① **교원의 교원단체 및 노동조합 가입정보의 성격**: 교원의 교원단체 및 노동조합 가입 정보는 개인정보 보호법상 민감정보에 해당한다. 민감정보는 특별히 보호되어야 할 성질의 정보로, 이를 공시대상정보로 삼을 경우 개별 교원의 명단이 아닌 가입현황(인원수)만을 공시하도록 규정하는 것이 적법하다. 구 교육관련기관의 정보공개에 관한 특례법 시행령은 알 권리를 침해하지 않는다(헌재 2011.12.29. 2010헌마293).
   ② **실명자료의 공개**: 교원의 교원단체 및 교원노조 가입현황 실명자료를 일반 대중에게 공개하는 행위는 교원의 개인정보자기결정권을 침해한다(대판 2014.7.24. 2012다49933).

2. **공무원 질병명 공개 관련**
   4급 이상 공무원의 질병명은 개인의 내밀한 사적 영역에 근접하는 민감한 개인정보이므로 사생활의 비밀과 자유를 제한하는 국가적 조치는 엄격한 기준과 섬세한 방법에 따라 이루어져야 한다. 질병명의 공개를 강제하는 행위는 엄격한 심사를 통과해야만 허용된다(헌재 2007.5.31. 2005헌마1139).

3. **요양급여내역**
   요양기관명을 포함한 총 38회의 요양급여내역은 건강에 관한 정보로서 개인정보 보호법 제23조 제1항이 규정한 민감정보에 해당한다(헌재 2018.8.30. 2014헌마368).

4. **전과기록**(헌재 2008.4.24. 2006헌마402)

5. **위치정보 추적자료**(헌재 2018.6.28. 2012헌마191)

민감정보가 아닌 것

1. **성명·직명**
   성명과 직명은 언제나 엄격히 보호해야 하는 정보라고 보기는 어렵다. 성명, 생년월일, 졸업일자 등은 개인의 존엄성과 인격권에 심대한 영향을 미칠 수 있는 민감한 정보가 아니므로, 이를 교육정보시스템에 보유하는 행위는 개인정보자기결정권을 침해하지 않는다(헌재 2005.7.21. 2003헌마282).

2. 의료비내역

근로소득자의 연말정산 간소화를 위한 공익 실현을 목적으로 의료비내역을 국세청장에게 제출하도록 하는 것은 환자의 민감한 정보로 볼 수 없으며, 과세관청이 소득세 공제액 산정에 필요한 최소한의 내용에 한정된 것이다. 따라서 의료비내역 제출 요구는 개인정보자기결정권을 침해하지 않는다(헌재 2008.10.30. 2006헌마1401).

3. 소송서류 등재

소송서류 등재는 소송 관련 외형적이고 형식적인 사항에 대한 것으로, 개인의 인격과 밀접하게 연관된 민감한 정보가 아니다. 또한, 소송서류 등재는 수형자의 편의를 도모하는 측면이 있어 개인정보자기결정권을 침해하지 않는다(헌재 2014.9.25. 2012헌마523).

4. 디엔에이신원확인정보

디엔에이신원확인정보는 단순한 숫자에 불과하여 개인의 유전정보를 확인할 수 없으며, 개인의 존엄과 인격권에 심대한 영향을 미칠 수 있는 민감한 정보가 아니다(헌재 2014.8.28. 2011헌마28).

5. 지문

지문정보는 유전자정보와 같은 민감한 정보로 보기 어렵고, 수권법률의 명확성이 특별히 강하게 요구되지 않는다(헌재 2015.5.28. 2011헌마731).

---

(4) 영상정보처리기기의 설치 · 운영 제한

> **개인정보 보호법 제25조【고정형 영상정보처리기기의 설치 · 운영 제한】** ① 누구든지 다음 각 호의 경우를 제외하고는 공개된 장소에 고정형 영상정보처리기기를 설치 · 운영하여서는 아니 된다.
> 1. 법령에서 구체적으로 허용하고 있는 경우
> 2. 범죄의 예방 및 수사를 위하여 필요한 경우
> 3. 시설의 안전 및 관리, 화재 예방을 위하여 정당한 권한을 가진 자가 설치 · 운영하는 경우
> 4. 교통단속을 위하여 정당한 권한을 가진 자가 설치 · 운영하는 경우
> 5. 교통정보의 수집 · 분석 및 제공을 위하여 정당한 권한을 가진 자가 설치 · 운영하는 경우
> ② 누구든지 불특정 다수가 이용하는 **목욕실, 화장실, 발한실(發汗室), 탈의실 등 개인의 사생활을 현저히 침해할 우려가 있는 장소의 내부를 볼 수 있도록 영상정보처리기기를 설치 · 운영하여서는 아니 된다.** 다만, 교도소, 정신보건시설 등 법령에 근거하여 사람을 구금하거나 보호하는 시설로서 대통령령으로 정하는 시설에 대하여는 그러하지 아니하다.
> ⑤ 고정형 영상정보처리기기운영자는 고정형 영상정보처리기기의 설치 목적과 다른 목적으로 고정형 영상정보처리기기를 임의로 조작하거나 다른 곳을 비춰서는 아니 되며, **녹음기능은 사용할 수 없다.**

(5) 개인정보 주체의 권리

> **개인정보 보호법 제35조【개인정보의 열람】** ① 정보주체는 개인정보처리자가 처리하는 자신의 개인정보에 대한 열람을 해당 개인정보처리자에게 요구할 수 있다.
> **제38조【권리행사의 방법 및 절차】** ① 정보주체는 제35조에 따른 열람, 제35조의2에 따른 전송, 제36조에 따른 정정 · 삭제, 제37조에 따른 처리정지 및 동의 철회, 제37조의2에 따른 거부 설명 등의 요구(이하 '열람 등요구'라 한다)를 문서 등 대통령령으로 정하는 방법 · 절차에 따라 대리인에게 하게 할 수 있다.

(6) 권리구제

① **개인정보침해에 대한 권리구제절차**: 법원에 손해배상, 개인정보분쟁조정위원회에 조정신청, 단체소송 (변호사강제주의, 법원의 허가)이 적용된다.

② **입증책임 전환**

> **개인정보 보호법 제39조【손해배상책임】** ① 정보주체는 개인정보처리자가 이 법을 위반한 행위로 손해를 입으면 개인정보처리자에게 손해배상을 청구할 수 있다. 이 경우 그 **개인정보처리자는 고의 또는 과실이 없음을 입증하지 아니하면 책임을 면할 수 없다.**

(7) 개인정보 보호위원회

> **개인정보 보호법 제7조【개인정보 보호위원회】** ① 개인정보 보호에 관한 사무를 독립적으로 수행하기 위하여 국무총리 소속으로 개인정보 보호위원회(이하 "보호위원회"라 한다)를 둔다.
>
> **제7조의2【보호위원회의 구성 등】** ① 보호위원회는 상임위원 2명(위원장 1명, 부위원장 1명)을 포함한 9명의 위원으로 구성한다.
>
> **제7조의4【위원의 임기】** ① 위원의 임기는 3년으로 하되, 한 차례만 연임할 수 있다.

05 사생활의 비밀과 자유의 효력

주관적 공권으로 모든 국가권력을 직접 구속하고 사인 간에도 간접적용설에 따라 사법작용의 일반원칙을 매개로 하여 간접 적용된다.

06 사생활의 비밀과 자유의 제한과 그 한계

사생활의 비밀과 자유는 제37조 제2항에 의하여 국가안전보장, 질서유지, 공공복리를 위하여 필요한 경우에 본질적 내용침해금지와 과잉금지의 원칙의 존중하에서 법률로 제한이 가능하다.

📖 **판례정리**

명예훼손적 공표의 위법성조각사유

대법원 판례에 따르면 일정한 행정목적 달성을 위하여 언론에 보도의 자료를 제공하는 것은 이른바, 행정상의 공표방법으로 실명을 공개함으로써 타인의 명예를 훼손한 경우 그 대상자에 관하여 적시된 사실의 내용이 진실이라는 증명이 없더라도 공표 당시 **이를 진실이라고 믿었고, 그렇게 믿을 만한 상당한 이유가 있다면** 위법성이 없다(대판 1998.5.22. 97다5768). 따라서 단순히 국가기관이 공표 당시 진실이라고 믿었다 하여 위법성이 없는 것이 아니라 공표된 사실이 의심의 여지없이 확실히 진실이라고 믿을 만한 객관적인 근거가 있어야 위법성이 인정되지 아니한다.

📖 **판례정리**

언론보도에 의한 명예훼손의 입증책임

방송 등 언론매체가 사실을 적시하여 개인의 명예를 훼손하는 행위를 한 경우에도 그 목적이 오로지 공공의 이익을 위한 것일 때에는 적시된 사실이 진실이라는 증명이 있거나 그 증명이 없다 하더라도 행위자가 그것을 진실이라고 믿었고 또 그렇게 믿을 상당한 이유가 있으면 위법성이 없다고 보아야 할 것이나, <u>그에 대한 입증책임은 어디까지나 명예훼손행위를 한 **방송 등 언론매체**에 있고 피해자가 공적인 인물이라 하여 방송등 언론매체의 명예훼손행위가 현실적인 악의에 기한 것임을 그 피해자 측에서 입증하여야 하는 것은 아니다</u>(대판 1998.5.8. 97다34563). ➡ 언론매체에 입증책임 부과

제3절 거주·이전의 자유

> 헌법 제14조 【거주·이전의 자유】 모든 국민은 거주·이전의 자유를 가진다.

01 거주·이전의 자유의 의의

1. 개념

거주·이전의 자유는 국가의 간섭 없이 자유롭게 거주와 체류지를 정할 수 있는 자유이다. 이는 국내에서 체류지와 거주지를 자유롭게 정할 수 있는 자유뿐 아니라, 해외여행 및 해외이주의 자유, 나아가 국적을 이탈할 수 있는 국적변경의 자유까지 포함한다. 따라서 해외여행 및 해외이주의 자유는 외국에서 거주하거나 체류하기 위해 대한민국을 떠날 수 있는 출국의 자유와 외국에서의 체류 또는 거주를 중단하고 다시 대한민국으로 돌아올 수 있는 입국의 자유를 포함한다(헌재 2004.10.28. 2003헌가18).

2. 연혁

1948년 헌법에서 주거의 자유와 같이 규정되었다가, 1962년 개정헌법부터 별개 조항으로 규정되었다.

02 거주·이전의 자유의 주체

국민과 국내법인은 거주·이전의 자유의 주체가 되나, 외국인은 원칙적으로 입국의 자유를 누리지 못한다.

📖 판례정리

거주·이전의 자유의 주체

1. 법인은 헌법 제14조에 따라 본점·사무소의 설치·이전을 자유롭게 결정할 수 있으며, 이는 헌법 제15조에 따른 직업의 자유에도 포함된다(헌재 2000.12.14. 98헌바104).

2. 외국인은 입국의 자유를 가지지 않는다. 중국 국적 동포가 재외동포 사증 발급을 신청할 경우 특정 서류 제출을 요구하는 출입국관리법 시행규칙 및 법무부고시 조항이 거주·이전의 자유를 침해한다고 주장하나, 이는 입국의 자유 침해를 주장하는 것에 불과하다. 외국인에게 입국의 자유가 인정되지 않는 이상, 거주·이전의 자유 침해 주장은 별도로 판단하지 않는다(헌재 2014.4.24. 2011헌마474).

03 거주·이전의 자유의 내용

국적변경(국적이탈)의 자유는 거주·이전의 자유에 포함된다는 것이 통설이다. 그러나 무국적자가 될 자유는 포함되지 않는다.

📖 판례정리

거주·이전의 자유 제한에 해당하지 않는 것

1. 지방자치단체장 선거에서 90일 이상의 거주요건은 공직선거법에 의해 공무담임권을 제한할 수 있으나, 거주·이전의 자유를 제한하지는 않는다(헌재 1996.6.26. 96헌마200).

2. 거주지를 기준으로 중·고등학교를 배정하는 것은 거주·이전의 자유를 제한하지 않는다(헌재 1995.2.23. 91헌마204).

3. 군인이 주민등록된 선거구에서 선거권을 행사하도록 한 것은 거주·이전의 자유와 일반적 행동의 자유를 제한하지 않는다(헌재 2011.6.30. 2009헌마59).

4. 거주·이전의 자유는 생활과 밀접한 거주지나 체류지의 선택·변경을 보호하며, 서울광장 출입과 같은 일시적 이동은 그 보호 영역에 포함되지 않는다(헌재 2011.6.30. 2009헌마406).

5. **생활의 근거지에 이르지 않는 일시적 이동을 위한 장소의 선택·변경은 거주·이전의 자유에 의하여 보호되는 것이 아니므로** 집회 또는 시위를 하기 위하여 인천애(愛)뜰 중 잔디마당과 그 경계 내 부지에 대한 사용허가 신청을 한 경우 인천광역시장이 이를 허가할 수 없도록 제한하는 **인천애(愛)뜰의 사용 및 관리에 관한 조례에 의하여 거주·이전의 자유가 제한되는 것으로 볼 수 없다**(헌재 2023.9.26. 2019헌마1417).

6. 이륜자동차의 고속도로 운행금지는 일반적 행동의 자유를 제한하지만 거주·이전의 자유를 제한하지는 않는다(헌재 2008.7.31. 2007헌바90).

7. 해직공무원의 보상금 산정에서 이민을 제한 사유로 한 규정은 거주·이전의 자유를 제한하지 않으며, 재외국민의 평등권도 침해하지 않는다(헌재 1993.12.23. 89헌마189).

8. **자경농지 거주요건과 양도소득세 면제**
   구 조세특례제한법은 자경농민의 거주 이전을 직접 제한하지 않으며, 거주를 유지할 경우 양도소득세를 면제받는 간접적 제한만 있어 거주·이전의 자유를 침해하지 않는다(헌재 2003.11.27. 2003헌바2).

9. **유료도로 사용료와 거주·이전의 자유**
   유료도로를 이용하지 않고도 대체 경로를 통해 이동하거나 거주지를 변경할 수 있어 통행료 부담이 거주·이전의 자유를 제한한다고 볼 수 없다(헌재 2005.12.22. 2004헌바64).

10. **해외체재자의 병역감면연령**
    해외체재자의 병역감면연령이 36세로 설정되더라도 해외거주나 이전의 자유를 제한하지 않으므로 거주·이전의 자유를 침해하지 않는다(헌재 2004.11.25. 2004헌바15).

11. **공중보건의사의 군사교육기간 복무불산입**
    군사교육소집기간 동안의 제한은 공중보건의사의 직장이탈금지의무에 따른 것으로, 거주·이전의 자유와 관련한 별도 판단을 필요로 하지 않는다(헌재 2020.9.24. 2019헌마472).

12. 성범죄자 신상정보등록은 거주·이전의 자유와 직업선택의 자유를 제한하지 않는다(헌재 2016.9.29. 2015헌마548).

거주 · 이전의 자유 침해 여부

침해인 것

1. 여권발급제한
북한 고위직 탈북 인사의 신변 위해 우려를 이유로 한 여권발급 거부는 여권법상 근거 없는 조치로, 거주 · 이전의 자유를 과도하게 제한한 위법한 행위이다(대판 2008.1.24. 2007두10846).

2. 조세 미납자 출국금지
단순히 일정 금액 이상의 조세 미납만으로 출국금지를 하는 것은 강제집행 회피 여부를 확인하지 않고 이루어진 과잉 제한으로 기본권을 침해한다(대판 2013.12.26. 2012두18363).

3. 복수국적자 국적 선택 강제
병역준비역에 편입된 복수국적자에게 국적 선택을 강제하는 조항은 국적이탈의 자유를 과잉금지원칙에 반해 제한한다(헌재 2020.9.24. 2016헌마889).

거주 · 이전의 자유 제한이나 침해 아님

1. 위난지역 여권사용 제한
전쟁 및 테러 위험이 높은 지역에서의 여권사용 금지는 국민 보호 목적과 비례원칙을 준수하며, 거주 · 이전의 자유를 침해하지 않는다(헌재 2008.6.26. 2007헌마1366).

2. 대도시 부동산 등록세 중과세
대도시 법인의 부동산 등록세 중과는 공공복리 증진 목적에 적합하며, 기본권 제한이 과도하지 않아 거주 · 이전의 자유를 침해하지 않는다(헌재 1998.2.27. 97헌바79).

3. 과밀억제권역 내 취득세 중과세
이 사건 법률조항에 의하여 청구인의 거주 · 이전의 자유와 영업의 자유가 침해되는지 여부가 문제된다. 국토의 균형 있는 발전을 도모하기 위하여 법인이 과밀억제권역 내에 본점의 사업용 부동산으로 건축물을 신축 · 증축하여 이를 취득하는 경우 취득세를 중과세하는 것은 거주 · 이전의 자유와 영업의 자유를 침해하지 아니한다(헌재 2014.7.24. 2012헌바408).

4. 추징금 미납자 출국금지하는 출입국관리법
고액 추징금 미납자에 대한 출국금지조치는 국가형벌권 실현을 위한 비례적 조치로, 거주 · 이전의 자유를 과도하게 제한하지 않는다(헌재 2004.10.28. 2003헌가18).

5. 국가의 형벌권을 피하기 위하여 해외로 도피할 우려가 있는 자에 대해 법무부장관이 출국을 금지할 수 있도록 한 출입국관리법
심판대상조항을 통하여 얻는 공익은 국가형벌권을 확보함으로써 실체적 진실발견과 사법정의를 실현하고자 하는 것으로서 중대하므로 법익의 균형성도 충족된다. 따라서 심판대상조항은 과잉금지원칙에 위배되어 출국의 자유를 침해하지 아니한다(헌재 2015.9.24. 2012헌바302).

6. 여행금지국가로 고시된 사정을 알면서도 외교부장관으로부터 예외적 여권사용 등의 허가를 받지 않고 여행금지국가를 방문하는 등의 행위를 형사처벌하는 여권법
국외 위난상황이 우리나라의 국민 개인이나 국가 · 사회에 미칠 수 있는 피해는 매우 중대한 반면, 이 사건 처벌조항으로 인한 불이익은 완화되어 있으므로, 이 사건 처벌조항은 법익의 균형성 원칙에도 반하지 않는다. 그러므로 이 사건 처벌조항은 과잉금지원칙에 반하여 청구인의 거주 · 이전의 자유를 침해하지 않는다(헌재 2020.2.27. 2016헌마945).

7. 병역의무자의 국외여행 제한

병역의무 회피방지와 병역자원의 원활한 수급 필요성에 비추어 볼 때 제1국민역의 단기 국외여행을 '1년 범위 내에서 27세까지'로 제한하고 있는 심판대상규정은 거주 · 이전의 자유를 침해하지 않는다(헌재 2023.2.23. 2019헌마1157).

제4절 통신의 자유

> 헌법 제18조 【통신의 비밀】 모든 국민은 통신의 비밀을 침해받지 아니한다.

01 통신의 자유의 의의

1. 개념

통신의 비밀이란, 서신 · 우편 · 전신의 통신수단을 통하여 개인 간에 의사나 정보의 전달과 교환(의사소통)이 이루어지는 경우, 통신의 내용과 통신이용의 상황이 개인의 의사에 반하여 공개되지 아니할 자유를 의미한다(헌재 2016.11.24. 2014헌바401).

📖 판례정리

통신비밀보장 취지

헌법 제18조는 "모든 국민은 통신의 비밀을 침해받지 아니한다."라고 규정하여 통신의 비밀보호를 그 핵심내용으로 하는 통신의 자유를 기본권으로 보장하고 있다. 사생활의 비밀과 자유에 포섭될 수 있는 사적 영역에 속하는 통신의 자유를 헌법이 별개의 조항을 통해 기본권으로 보장하는 이유는 우편이나 전기통신의 운영이 전통적으로 국가독점에서 출발하였기 때문에 **개인 간의 의사소통을 전제로 하는 통신은 국가에 의한 침해가능성이 여타의 사적 영역보다 크기 때문이다**(헌재 2001.3.21. 2000헌바25 참조).

---

2. 통신비밀의 요건

> 통신비밀보호법 제2조 【정의】 1. '통신'이라 함은 우편물 및 전기통신을 말한다.

(1) 상대방의 특정

통신은 특정한 상대방의 존재를 전제로 하여 정보를 전달하는 점에서 상대방이 없는 경우에 보장되는 각종의 '표현'과는 다르다.

(2) 당사자 간의 동의

헌법재판소는 헌법 제18조에서 그 비밀을 보호하는 통신의 일반적인 속성으로 당사자 간의 동의, 비공개성, 당사자의 특정성 등을 들고, 여기서의 통신의 의미는 비공개를 전제로 하는 쌍방향적인 의사소통이라고 본다.

3. 연혁

통신의 비밀은 제헌헌법부터 규정되어 왔다. 통신의 자유는 헌법에 명시적 규정이 없고 통신의 비밀을 규정하고 있으나 통신의 자유를 보장하고 있다고 해석된다.

02 통신의 자유의 주체

자연인, 법인, 외국인이 주체가 된다. 미성년자도 주체가 된다. 징역형 등이 확정되어 교정시설에서 수용 중인 수형자도 통신의 자유의 주체가 된다(헌재 1998.8.27. 96헌마398).

03 통신의 자유의 내용

1. 보호영역

(1) 보호되는 것

① 통신의 자유는 신서, 전보, 전화, 텔렉스, 팩스, 개인 간의 이메일 등 통신수단에 의해 전달되는 내용을 보호대상으로 한다.
② 개봉되어 있는 엽서, 전보는 비밀보호에 포함되므로 밀봉 여부에 따라 통신의 자유 보호영역이 달라지는 것은 아니다.
③ 화상접견시스템이라는 전기통신수단을 이용하여 개인 간의 대화내용을 녹음·녹화하는 경우 보호된다.

(2) 보호되지 않는 것

신문, 서적, 소포는 통신의 자유에서 보호되지 않는다.

📖 **판례정리**

보호영역

1. **자유로운 의사소통은 통신내용의 비밀을 보장하는 것만으로는 충분하지 아니하고 구체적인 통신관계의 발생**으로 야기된 모든 사실관계, 특히 통신관여자의 인적 동일성·통신장소·통신횟수·통신시간 등 통신의 외형을 구성하는 통신이용의 전반적 상황의 비밀까지도 보장한다(헌재 2018.6.28. 2012헌마538 전원재판부).

2. 정형적인 우편사고에 있어서 손해배상을 청구할 수 있는 자를 발송인의 승인을 받은 수취인으로 제한한 우편법은 수취인이 서신을 수발하는 것 자체를 금지하거나 제한하는 것이 아니므로 통신의 자유를 제한한다고 볼 수 없다(헌재 2015.4.30. 2013헌바383).

3. 개인 사이에 이루어지는 전화, 우편, 컴퓨터, 그 밖의 통신매체를 통하여 성적 수치심이나 혐오감을 일으키는 표현을 전달하는 행위를 처벌함으로써 일정한 내용의 표현 자체를 금지하고 있는 수치심이나 혐오감을 일으키는 말, 음향, 글, 그림, 영상 또는 물건을 상대방에게 도달하게 한 사람을 처벌하는 법조항은 청구인과 같은 발신인의 표현의 자유를 제한한다고 볼 수 있다. 이 사건에서 문제되는 것은 국가가 심판대상조항에 따라 청구인의 통신에 관한 정보를 수집하거나 처리하는 것이 아니라, 통신의 상대방에 대하여 통신매체를 이용한

음란표현행위를 하는 것을 금지하는 것이므로, 심판대상조항으로 인해 청구인의 통신의 자유가 제한되었다고 볼 수 없다(헌재 2019.5.30. 2018헌바489).

2. 통신의 자유와 통신의 비밀

📖 판례정리

전기통신역무제공에 관한 계약을 체결하는 경우 전기통신사업자로 하여금 가입자에게 본인임을 확인할 수 있는 증서 등을 제시하도록 요구하고 부정가입방지시스템 등을 이용하여 본인인지 여부를 확인하도록 한 전기통신사업법에 의하여 제한되는 기본권 (헌재 2019.9.26. 2017헌마1209)

1. 통신의 자유와 익명성 보장

헌법 제18조가 보장하는 통신의 자유는 통신수단을 이용해 의사소통할 권리를 포함하며, 이는 통신수단을 익명으로 이용할 자유도 포함한다. 그러나 심판대상조항은 휴대전화 통신 기능을 사용하려는 자에게 사전 본인확인 절차를 강제하므로 통신의 익명성을 제한하고 **통신의 자유를 제한한다**. 반면, 본인확인 과정은 통신 내용과는 무관한 비내용적 정보로 **통신의 비밀을 제한하는 것은 아니다**.

2. 개인정보자기결정권 제한

심판대상조항은 이동통신사가 본인확인을 요구하고, 동의하지 않으면 통신계약을 거부할 수 있어 개인정보자기결정권을 제한한다.

04 통신의 자유의 제한과 한계

1. 통신의 비밀과 영장주의

헌법 제18조에 영장주의를 규정하고 있지 않으나, 통신의 비밀보호를 위해서 영장주의가 적용된다.

2. 통신의 자유를 제한하는 법령

국가보안법은 반국가단체와의 통신을 금지하고 있고, 형사소송법은 피고인에 관련된 우편물의 검열 등을 규정하고 있다. 파산법은 파산관리인이 파산자의 우편물을 개봉하는 것은 허용하고 있다. 무선통신은 주파수의 희소성, 통신교란문제 때문에 과학기술정보통신부장관의 주파수 배정을 받아야 하고 **무선국을 개설하려면 허가**를 받아야 한다(전파법 제19조).

3. 통신비밀보호법

(1) 통신 및 대화의 비밀

국가뿐 아니라 사인도 타인 간의 대화를 녹음·청취하지 못한다.

📖 판례정리

대화 녹음

1. 양자대화시 제3자 녹음

비록 제3자가 전화통화 당사자 일방의 동의를 받고 그 통화내용을 녹음했다 하더라도 그 **상대방의 동의가 없**

었다면 통신비밀보호법에 위반된다(대판 2002.10.8. 2002도123).

2. 3인 간의 대화시 녹음

3인 간의 대화에 있어서 그중 한 사람이 그 대화를 녹음하는 경우에 다른 두 사람의 발언은 그 녹음자에 대한 관계에서 '타인 간의 대화'라고 할 수 없으므로, 이와 같은 녹음행위가 통신비밀보호법 제3조 제1항에 **위배된다고 볼 수는 없다**(대판 2006.10.12. 2006도4981).

---

(2) 불법검열과 불법감청의 증거사용 금지

불법검열, 불법감청에 의하여 취득한 우편물이나 통신의 내용은 재판뿐 아니라 **징계절차에서도 증거로 사용할 수 없다**(통신비밀보호법 제4조). 감청영장에 의하지 않고 타인 간의 대화나 전화통화내용을 녹음한 녹음테이프는 증거능력이 없다(대판 2001.10.9. 2001도3106).

(3) 범죄수사를 위한 통신제한조치

통신비밀보호법 제6조【범죄수사를 위한 통신제한조치의 허가절차】① **검사**(군검사를 포함한다. 이하 같다)는 제5조 제1항의 요건이 구비된 경우에는 **법원(군사법원을 포함한다. 이하 같다)에 대하여** 각 피의자별 또는 각 피내사자별로 통신제한조치를 허가하여 줄 것을 청구할 수 있다.
② **사법경찰관**(군사법경찰관을 포함한다. 이하 같다)은 제5조 제1항의 요건이 구비된 경우에는 **검사에 대하여** 각 피의자별 또는 각 피내사자별로 통신제한조치에 대한 허가를 신청하고, **검사는 법원에** 대하여 그 허가를 청구할 수 있다.
③ 제1항 및 제2항의 통신제한조치 청구사건의 관할 법원은 그 통신제한조치를 받을 통신당사자의 쌍방 또는 일방의 주소지·소재지, 범죄지 또는 통신당사자와 공범관계에 있는 자의 주소지·소재지를 관할하는 지방법원 또는 지원(군사법원을 포함한다)으로 한다.
⑦ 통신제한조치의 기간은 2개월을 초과하지 못하고, 그 기간 중 통신제한조치의 목적이 달성되었을 경우에는 즉시 종료하여야 한다. 다만, 제5조 제1항의 허가요건이 존속하는 경우에는 소명자료를 첨부하여 제1항 또는 제2항에 따라 2개월의 범위에서 통신제한조치기간의 연장을 청구할 수 있다.
⑧ 검사 또는 사법경찰관이 제7항 단서에 따라 통신제한조치의 연장을 청구하는 경우에 통신제한조치의 총 연장기간은 1년을 초과할 수 없다. 다만, 다음 각 호의 어느 하나에 해당하는 범죄의 경우에는 통신제한조치의 총 연장기간이 3년을 초과할 수 없다.
 1. 형법 제2편 중 제1장 내란의 죄, 제2장 외환의 죄 중 제92조부터 제101조까지의 죄, 제4장 국교에 관한 죄 중 제107조, 제108조, 제111조부터 제113조까지의 죄, 제5장 공안을 해하는 죄 중 제114조, 제115조의 죄 및 제6장 폭발물에 관한 죄
 2. 군형법 제2편 중 제1장 반란의 죄, 제2장 이적의 죄, 제11장 군용물에 관한 죄 및 제12장 위령의 죄 중 제78조·제80조·제81조의 죄
 3. 국가보안법에 규정된 죄
 4. 군사기밀보호법에 규정된 죄
 5. 군사기지 및 군사시설보호법에 규정된 죄

판례정리

1. 총연장기간 또는 총연장횟수의 제한이 없는 통신제한기간 연장

통신제한조치기간의 연장을 허가함에 있어 총연장기간 또는 총연장횟수의 제한이 없을 경우 수사와 전혀 관계없는 개인의 내밀한 사생활의 비밀이 침해당할 우려도 심히 크기 때문에 기본권 제한의 법익균형성 요건도 갖추지 못하였다. 따라서 이 사건 법률조항은 헌법에 위반된다 할 것이다(헌재 2010.12.28. 2009헌가30).
➡ 헌법불합치결정에 따라 통신비밀보호법 제6조 제8항이 추가되었다.

2. '전기통신의 감청'은 '감청'의 개념 규정에 비추어 전기통신이 이루어지고 있는 상황에서 실시간으로 전기통신의 내용을 지득·채록하는 경우와 통신의 송·수신을 직접적으로 방해하는 경우를 의미하는 것이지, 이미 수신이 완료된 전기통신에 관하여 남아 있는 기록이나 내용을 열어보는 등의 행위는 포함하지 않는다(대판 2016.10.13. 2016도8137).

---

(4) 국가안보를 위한 통신제한조치

> **통신비밀보호법 제7조【국가안보를 위한 통신제한조치】** ① 대통령령이 정하는 **정보수사기관의 장은** 국가안전보장에 상당한 위험이 예상되는 경우 또는 국민보호와 공공안전을 위한 테러방지법 제2조 제6호의 대테러활동에 필요한 경우에 한하여 그 위해를 방지하기 위하여 이에 관한 정보수집이 특히 필요한 때에는 다음 각 호의 구분에 따라 통신제한조치를 할 수 있다.
> 1. 통신의 일방 또는 쌍방 당사자가 내국인인 때에는 **고등법원 수석판사의 허가**를 받아야 한다. 다만, 군용전기통신법 제2조의 규정에 의한 군용전기통신(작전수행을 위한 전기통신에 한한다)에 대하여는 그러하지 아니하다.
> 2. 대한민국에 적대하는 국가, 반국가활동의 혐의가 있는 외국의 기관·단체와 외국인, **대한민국의 통치권이 사실상 미치지 아니하는 한반도 내의 집단**이나 외국에 소재하는 그 산하단체의 구성원의 통신인 때 및 제1항 제1호 단서의 경우에는 서면으로 **대통령의 승인**을 얻어야 한다.
> ② 제1항의 규정에 의한 통신제한조치의 기간은 4월을 초과하지 못하고, 그 기간 중 통신제한조치의 목적이 달성되었을 경우에는 즉시 종료하여야 하되, 제1항의 요건이 존속하는 경우에는 소명자료를 첨부하여 고등법원 수석판사의 허가 또는 대통령의 승인을 얻어 4월의 범위 이내에서 통신제한조치의 기간을 연장할 수 있다. 다만, 제1항 제1호 단서의 규정에 의한 통신제한조치는 전시·사변 또는 이에 준하는 국가비상사태에 있어서 적과 교전상태에 있는 때에는 작전이 종료될 때까지 대통령의 승인을 얻지 아니하고 기간을 연장할 수 있다.

(5) 긴급통신제한조치

검사·사법경찰관, 정보수사기관의 장은 국가안보를 위협하는 음모행위, 범죄 등 긴박한 상황이 있는 경우 법원의 허가 또는 대통령 승인 없이 통신제한조치를 할 수 있다. 이때 **지체 없이** 법원에 허가를 청구해야 하고 그 긴급통신제한조치를 한 때부터 **36시간 이내에 법원의 허가 또는 대통령의 승인을 얻지 못한 때**에는 해당 조치를 즉시 중지하고 해당 조치로 취득한 자료를 폐기하여야 한다(통신비밀보호법 제8조).

(6) 통신사실 확인자료

① 통신사실 확인자료요청

> **통신비밀보호법 제13조【범죄수사를 위한 통신사실 확인자료제공의 절차】** ① 검사 또는 사법경찰관은 수사 또는 형의 집행을 위하여 필요한 경우 전기통신사업법에 의한 전기통신사업자에게 통신사실 확인자료의 열람이나 제출을 요청할 수 있다.
> ② 검사 또는 사법경찰관은 제1항에도 불구하고 수사를 위하여 통신사실 확인자료 중 다음 각 호의 어느 하나에 해당하는 자료가 필요한 경우에는 다른 방법으로는 범죄의 실행을 저지하기 어렵거나 범인의 발견·확보 또는 증거의 수집·보전이 어려운 경우에만 전기통신사업자에게 해당 자료의 열람이나 제출을 요청할 수 있다. 다만, 제5조 제1항 각 호의 어느 하나에 해당하는 범죄 또는 전기통신을 수단으로 하는 범죄에 대한 통신사실확인자료가 필요한 경우에는 제1항에 따라 열람이나 제출을 요청할 수 있다.
> 1. 제2조 제11호 바목·사목 중 실시간 추적자료
> 2. 특정한 기지국에 대한 통신사실 확인자료

📖 **판례정리**

통신사실 확인자료요청 (헌재 2018.6.28. 2012헌마191)

1. 개인정보자기결정권과 통신의 자유 제한

이 사건 요청조항에서 수사기관이 발·착신 통신번호와 위치정보 추적자료 등의 통신사실 확인자료를 제공받는 것은 개인정보자기결정권과 통신의 자유를 제한하는 행위이다.

2. 명확성 원칙 준수

'수사를 위하여 필요한 경우'라는 요청 기준은 수사의 목적과 관련된 위치정보 제공요청을 가능하게 하므로 명확성 원칙에 위배되지 않는다.

3. 과잉금지원칙 위반

위치정보 추적자료는 민감한 개인정보로서 충분한 보호가 요구되나, 이 사건 요청조항은 광범위한 위치정보 제공요청을 허용하여 기본권을 과도하게 제한한다. 실시간 위치추적이나 불특정 다수의 추적에 대해 보충성 요건을 추가하거나 차등적 적용 등 덜 침해적인 수단이 있음에도 이를 고려하지 않았으며, 법원의 허가 과정도 요건이 미비하여 절차적 통제가 어렵다.

* 통신비밀보호법 제13조 제2항이 추가 신설되었다.

---

② **통신사실 확인자료요청의 허가**

> **통신비밀보호법 제13조【범죄수사를 위한 통신사실 확인자료제공의 절차】** ③ 제1항 및 제2항에 따라 통신사실 확인자료제공을 요청하는 경우에는 요청사유, 해당 가입자와의 연관성 및 필요한 자료의 범위를 기록한 서면으로 관할 지방법원(군사법원을 포함한다. 이하 같다) 또는 지원의 허가를 받아야 한다. 다만, 관할 지방법원 또는 지원의 허가를 받을 수 없는 긴급한 사유가 있는 때에는 통신사실 확인자료제공을 요청한 후 지체 없이 그 허가를 받아 전기통신사업자에게 송부하여야 한다.

📖 **판례정리**

통신사실 확인자료요청의 허가조항인 통신비밀보호법 제13조 제3항

기지국수사는 통신비밀보호법이 정한 강제처분에 해당되므로 헌법상 영장주의가 적용된다. 헌법상 영장주의의 본질은 강제처분을 함에 있어 중립적인 법관이 구체적 판단을 거쳐야 한다는 점에 있는바, 이 사건 허가조항은 수사기관이 전기통신사업자에게 통신사실 확인자료제공을 요청함에 있어 관할 지방법원 또는 지원의 허가를 받도록 규정하고 있으므로 헌법상 영장주의에 위배되지 아니한다(헌재 2018.6.28. 2012헌마191).

---

③ **범죄수사를 위한 통신사실 확인자료제공의 통지**: 검사 또는 사법경찰관은 통신사실 확인자료제공을 받은 사건에 관하여 통신사실 확인자료제공을 받은 사실과 제공요청기관 및 그 기간 등을 통신사실 확인자료제공의 대상이 된 당사자에게 서면으로 통지하여야 한다.

📖 **판례정리**

통신비밀보호법의 기소중지결정 시 정보주체에게 위치정보 추적자료 제공 사실을 통지하지 않도록 한 조항은 적법절차원칙에 위배되어 개인정보자기결정권을 침해한다. 이로 인해 정보주체는 수사기관의 권한남용에 대해 적절히 대응하거나 자료의 파기 여부를 확인할 수 없다(헌재 2018.6.28. 2012헌마191).

구분	통신자료확인자료	통신자료열람(이용자 정보)
제한되는 기본권	통신의 비밀과 개인정보자기결정권	개인정보자기결정권
근거법	통신비밀보호법	전기통신사업법
영장주의 적용	적용됨. 다만, 위반은 아님.	적용되지 않음.
과잉금지원칙 위반	위반	위반 아님.
적법절차 위반	기소중지한 경우 미통지는 위반	통지 안 하는 경우 위반

📖 **판례정리**

통신의 자유와 비밀

침해인 것

1. 미결수용자와 변호인 간의 서신검열

미결수용자와 일반인 간의 서신을 검열한 교도소장의 검열행위는 통신의 비밀 침해가 아니나, 미결수용자와 변호인의 서신검열은 통신의 비밀을 침해한다(헌재 1995.7.21. 92헌마144).

2. 수용자가 밖으로 내보내는 모든 서신을 봉함하지 않은 상태로 제출

봉함된 상태로 제출된 서신을 X-ray 검색기 등으로 확인한 후 의심이 있는 경우에만 개봉하여 확인하는 방법, 서신에 대한 검열이 허용되는 경우에만 무봉함 상태로 제출하도록 하는 방법 등으로도 얼마든지 달성할 수 있다고 할 것인바, 발송 서신 모두를 사실상 검열 가능한 상태에 놓이도록 하는 것은 기본권 제한의 최소침해성 요건을 위반하여 수용자인 청구인의 통신비밀의 자유를 침해하는 것이다(헌재 2012.2.23. 2009헌마333).

3. 인터넷회선 감청 (헌재 2018.8.30. 2016헌마263) *헌법불합치결정

(1) 제한되는 기본권
  ① **통신의 비밀과 자유**: 송·수신하는 전기통신에 대한 감청은 헌법 제18조가 보장하는 통신의 비밀과 자유를 직접적으로 제한한다.
  ② **사생활의 비밀과 자유**: 인터넷회선 감청은 개인의 사적 영역을 보호하려는 헌법 제17조의 사생활의 비밀과 자유도 침해한다.

(2) 과잉금지원칙 위반 여부
  인터넷회선 감청은 서버에 저장된 정보가 아니라, 인터넷상에서 발신되어 수신되기까지의 과정 중에 수집되는 정보, 즉 **전송 중인 정보의 수집을 위한 수사이므로, 압수·수색과 구별된다**.
  인터넷회선 감청은 불특정 다수의 정보까지 수사기관에 전송되어 타인의 내밀한 통신자료가 포함될 수 있다. 해외 입법례는 감청 자료에 대해 판사가 관리하거나 경과보고서를 법원에 제출하도록 요구하며, 감청 자료의 보관·파기를 판사가 결정하도록 하는 절차적 통제 장치를 마련하고 있다. 반면, 현행법은 이러한 통제 장치를 두지 않아 기본권 침해 가능성을 높인다.
  * 영장주의 위반은 아님.

침해가 아닌 것

1. 정보통신망을 이용한 공포심 유발 문언 전달 처벌(헌재 2016.12.29. 2014헌바434)

2. 수형자와 변호사 간 서신 검열(헌재 1998.8.27. 96헌마398)

3. 미결수용자 접견 녹음·녹화(헌재 2016.11.24. 2014헌바401)

4. 수형자 서신발송 허가제(헌재 2001.11.29. 99헌마713)

5. 금치기간 중 미결수용자 전화통화 금지(헌재 2016.4.28. 2012헌마549)

6. 수용자 서신 속 허가받지 않은 물품 반송은 교정시설 안전 및 질서유지를 위한 행위로 통신의 자유를 침해하지 않는다(헌재 2019.12.27. 2017헌마413).

7. 수용자의 서신반출금지는 문서 반출 금지는 통신의 자유를 제한하지만 통신의 비밀을 침해하지 않는다(헌재 2016.5.26. 2013헌바98).

8. 훈련소 신병교육 중 공중전화 사용금지는 군 생활 적응을 위한 정당한 제한으로 통신의 자유를 침해하지 않는다(헌재 2010.10.28. 2007헌마890).

9. 사인이 감청설비를 제조, 수입하는 경우 정통부장관의 인가를 받도록 하면서 국가기관이 감청설비를 제조, 수입하는 경우에는 인가제를 배제한 통신비밀보호법

   국가기관의 감청설비 보유·사용에 대한 관리와 통제를 위한 법적·제도적 장치가 마련되어 있으므로, **국가기관이 인가 없이 감청설비를 보유·사용할 수 있다는 사실만 가지고** 바로 국가기관에 의한 통신비밀침해행위를 용이하게 하는 결과를 초래함으로써 통신의 자유와 평등권을 침해한다고 볼 수는 없다(헌재 2001.3.21. 2000헌바25).

10. 수용자 서신 개봉은 금지물품 반입 방지를 위한 정당한 제한으로 통신의 자유를 침해하지 않는다(헌재 2021.9.30. 2019헌마919).

11. 법원·검찰 문서 열람은 법령에 따른 공적 목적을 위한 행위로 통신의 자유를 침해하지 않는다(헌재 2021.9.30. 2019헌마919).

12. 공개되지 아니한 타인 간의 대화를 녹음 또는 청취하여 지득한 대화의 내용을 공개하거나 누설한 자를 처벌하는 통신비밀보호법

    이 사건 법률조항이 불법 취득한 타인 간의 대화내용을 공개한 자를 처벌함에 있어 형법 제20조(정당행위)의 일반적 위법성조각사유에 관한 규정을 적정하게 해석 적용함으로써 공개자의 표현의 자유도 적절히 보장될 수 있는 이상, 공개되지 아니한 타인 간의 대화를 녹음 또는 청취하여 지득한 대화의 내용을 공개하거나 누설한 자를 처벌하는 **통신비밀보호법에 형법상의 명예훼손죄와 같은 위법성조각사유에 관한 특별규정을 두지 아니하였다**는 점만으로 표현의 자유가 침해되었다고 볼 수 없다(헌재 2011.8.30. 2009헌바42).

13. 방송통신심의위원회가 2019.2.11. 주식회사 ○○ 외 9개 정보통신서비스제공자 등에 대하여 895개 웹사이트에 대한 접속차단의 시정을 요구한 행위 (헌재 2023.10.26. 2019헌마158)
    ### (1) 제한되는 기본권
    시정요구로 인해 접속차단 대상 웹사이트의 SNI 정보가 정보통신서비스제공자에게 공개되면서 통신의 비밀과 자유가 제한되고 접속차단으로 정보에 대한 접근·수집·처리가 제한되므로 청구인들의 알 권리도 제한된다.
    ### (2) 과잉금지원칙 검토
    불법정보 유통을 차단하고 건전한 정보통신 환경을 조성하려는 목적은 정당하다. 접속차단으로 제한되는 청구인들의 권리보다 불법정보 차단을 통한 공익이 더 중대하다. 이 사건 시정요구는 과잉금지원칙에 위배되지 않으며, 청구인들의 통신의 비밀과 자유 및 알 권리를 침해하지 않는다.

제6장 / 정신적 자유

제1절 양심의 자유

> 헌법 제19조【양심의 자유】모든 국민은 양심의 자유를 갖는다.

01 양심의 자유의 개설

1. 의의

(1) 양심의 개념

① **윤리적 결정**: 양심이란 인간의 윤리적·도덕적 내심영역의 문제이고 헌법이 보호하려는 양심은 어떤 일의 옳고 그름을 판단함에 있어서 그렇게 행동하지 아니하고는 자신의 인격적인 존재가치가 허물어지고 말 것이라는 강력하고 진지한 마음의 소리이지, 막연하고 추상적인 개념으로서 양심이 아니다(헌재 1997.3.27. 96헌가11).

② **주관적 양심을 보호한다**: '양심의 자유'가 보장하고자 하는 '양심'은 민주적 다수의 사고나 가치관과 일치하는 것이 아니라, 개인적 현상으로서 지극히 주관적인 것이다. 양심은 그 대상이나 내용 또는 동기에 의하여 판단될 수 없으며, 특히 **양심상의 결정이 이성적·합리적인가, 타당한가 또는 법질서나 사회규범, 도덕률과 일치하는가 하는 관점은 양심의 존재를 판단하는 기준이 될 수 없다**. 양심의 자유에서 현실적으로 문제가 되는 것은 국가의 법질서나 사회의 도덕률에서 벗어나려는 **소수의 양심**이다. 따라서 양심상의 결정이 **어떠한 종교관·세계관 또는 그 외의 가치체계에 기초하고 있는가와 관계없이**, 모든 내용의 양심상의 결정이 양심의 자유에 의하여 보장된다(헌재 2004.8.26. 2002헌가1).

③ 헌법은 제19조에서 "모든 국민은 양심의 자유를 가진다."라고 하여 양심의 자유를 국민의 기본권으로 보장하고 있다. 이로써 **국가의 법질서와 개인의 내적·윤리적 결정인 양심이 서로 충돌하는 경우 헌법은 국가로 하여금 개인의 양심을 보호할 것을 규정**하고 있다. 소수의 국민이 양심의 자유를 주장하여 다수에 의하여 결정된 법질서에 대하여 복종을 거부한다면, 국가의 법질서와 개인의 양심 사이의 **충돌은 항상 발생할 수 있다**(헌재 2004.8.26. 2002헌가1).

📖 판례정리

의사에게 의료내역비를 국세청장에게 제출하도록 한 것 (헌재 2008.10.30. 2006헌마1401)

1. 양심의 자유 보호 여부

환자의 비밀을 국가기관에 통보하도록 강제하는 것은 의사의 윤리적·도덕적 가치와 신념에 반하는 행위이다. 이는 의사들에게 직업적 신념에 반하는 비윤리적 행위를 강요하는 것으로, 헌법 제19조가 보장하는 양심의 자유의 보호범위에 포함된다.

2. 양심의 자유 제한 여부

법적 강제수단이 없어도 간접적인 강제수단에 의해 내면의 신념과 다른 행위를 강요하면 양심의 자유가 제한된다. 의무불이행 시 세무조사 등 불이익으로 인해 심리적 강박이 발생하며, 이는 사실상 양심의 자유를 제한하는 것으로 볼 수 있다.

3. 양심의 자유 침해 여부

연말정산 간소화라는 공익이 의사들의 양심실현의 자유에 비해 적다고 할 수 없으므로, 이 법령조항은 피해 최소성과 법익 균형성을 충족한다. 따라서 헌법에 위반되지 않는다.

📖 판례정리

양심의 자유에서 보호되지 않는 것

1. 채무자에 대한 재산명시의무 부과

단순 사실관계 확인에 불과하여 헌법 제19조 양심의 자유에 포함되지 않는다(헌재 2014.9.25. 2013헌마11).

2. 운전 중 좌석안전띠 착용 여부

안전띠 착용 의무가 인간양심을 왜곡하거나 인격적 존재가치를 훼손한다고 보기 어렵다(헌재 2003.10.30. 2002헌마518).

3. 음주측정

음주측정요구와 그 거부는 양심의 자유 보호영역에 포함되지 않는다(헌재 1997.3.27. 96헌가11).

4. 투표용지에 전부거부표시 미비

'전부 불신' 표출방법 미보장은 양심의 자유와 무관하다. 양심의 자유 보호영역에 포함되지 않는다(헌재 2007.8.30. 2005헌마975).

5. 지문날인

윤리적 판단 개입이나 강제 표명으로 볼 수 없으므로 양심의 자유 침해 가능성 없다(헌재 2005.5.26. 99헌마513).

6. 공정거래법 위반 여부

단순한 사실관계의 확인과 같이 가치적·윤리적 판단이 개입될 여지가 없는 경우는 물론, 법률해석에 관하여 여러 견해가 갈리는 경우처럼 다소의 가치관련성을 가진다고 하더라도 개인의 인격형성과는 관계가 없는 사사로운 사유나 의견 등은 그 보호대상이 아니라고 할 것이다. 이 사건의 경우와 같이 경제규제법적 성격을 가진 공정거래법에 위반하였는지 여부에 있어서 이러한 법률판단의 문제는 개인의 인격형성과는 무관하므로 양심의 영역에 포함되지 아니한다. 따라서 공정거래법 위반사실에 대하여 **공정거래위원회로 하여금 법 위반 사실의 공표를 명령할 수 있도록 한 공정거래에 관한 법률**은 양심의 자유를 침해한다고 할 수 없다(헌재 2002.1.31. 2001헌바43).

7. 유언의 자유

유언자의 재산처분 행위는 재산권과 관련되며 윤리적 내심영역과는 직접적 관계가 없다. 유언에 날인 및 주소 자서 요구는 양심의 자유를 침해하지 않는다(헌재 2008.12.26. 2007헌바128).

8. 업종별 성실신고확인서 제출 의무

성실신고확인은 단순 사실관계의 확인으로, 헌법 제19조 양심의 영역에 포함되지 않는다(헌재 2019.7.25. 2016헌바392).

9. 인터넷 게시판에서의 지지·반대 글 게시 행위

정당·후보자에 대한 지지·반대 글 게시 행위는 단순 표현행위로, 양심의 자유나 사생활 비밀의 자유의 보호영역에 포함되지 않는다(헌재 2010.2.25. 2008헌마324).

10. 사실적 지식은 포함되지 않음

양심은 윤리적 결정으로, 사실적 지식은 양심에 해당하지 않는다. 진술거부권, 기자의 취재원 증언거부, 재판 증언거부 등은 침묵의 자유에 의해 보장되지 않는다.

---

(2) 사상의 자유 보호 여부

① **헌법규정**: 헌법은 사상의 자유를 규정하고 있지 않다.

② **윤리적 양심설**: 양심은 옳고 바른 것을 추구하는 윤리적 · 도덕적 마음가짐으로서 인간의 윤리적 · 도덕적 내심영역의 문제이므로 단순한 사상 등과는 다르다. 사상의 자유는 헌법 제37조 제1항에 의한 열거되지 아니한 기본권으로 보는 것이 타당하다. [허영, 장영수 헌법학 II]

③ **사회적 양심설**: 양심의 자유는 내심의 자유를 말하나 윤리적인 면에 한할 필요가 없고 사상도 포함한다. 양심의 자유는 사상의 내면화이므로 사상을 포함한다. [권영성, 김철수, 성낙인, 계희열, 윤명선, 홍성방 헌법 II]

📖 판례정리

준법서약서제도 (헌재 2002.4.25. 98헌마425)

1. 보호 여부

헌법 제19조의 양심의 자유는 자유민주주의 기본질서에 저촉되는 공산주의 사상을 선택 · 유지하는 자유를 포함하지 않는다.

2. 양심의 자유 침해 요건

양심의 자유는 내심에서 우러나오는 윤리적 확신과 외부적 법질서의 요구가 충돌할 때에만 침해될 수 있다. 특정 행위를 금지하거나 명령하는 것이 아니라 혜택을 부여하거나 권고 · 허용하는 경우, 수범자가 이를 스스로 거부함으로써 자신의 양심을 유지할 수 있어 양심의 자유 침해가 아니다.

3. 양심의 자유 제한 여부

가석방규칙 제14조의 준법서약서 제도는 자유민주적 기본질서 준수를 서약하도록 하는 것으로, 양심의 자유를 제한하지 않는다. 준법서약서 제출이 가석방심사의 요건일 뿐 법적 강제가 아니므로 양심의 자유 제한이 아니다.

---

2. 연혁

제헌헌법은 양심의 자유와 신앙의 자유를 같이 규정했고, 제5차 개정헌법에서부터 종교의 자유와 양심의 자유를 별개의 규정으로 보장하였다.

02 양심의 자유의 주체

자연인은 양심의 주체가 되나, 법인은 양심의 주체가 될 수 없다는 것이 지배적 견해이다. 따라서 민법상 사죄광고는 법인의 양심의 자유 침해는 아니고 법인대표의 양심의 자유를 침해할 수 있다. 방송사업자에 대한 시청자 사과명령이나 불공정한 선거기사를 보도한 언론사에 대한 사과광고는 방송사와 언론사의 인격권은 침해하나 양심의 자유를 침해한다고 할 수 없다.

사죄광고 (헌재 1991.4.1. 89헌마160)

> **<심판대상>**
> 민법 제764조【명예훼손의 경우 특칙】타인의 명예를 훼손한 자에 대하여는 법원은 피해자의 청구에 의
> 하여 손해배상에 갈음하거나 손해배상과 함께 명예회복에 <u>적당한 처분을 명할 수 있다.</u>

> **주문:** 민법 제764조의 '명예회복에 적당한 처분'에 사죄광고를 포함시키는 것은 헌법에 위반된다.

1. 양심의 자유 침해

사죄광고제도란 타인의 명예를 훼손하여 비행을 저질렀다고 믿지 않는 자에게 본심에 반하여 사죄의 의사표시를 강요하는 것이다. 그러므로 사죄광고의 강제는 국가가 재판이라는 권력작용을 통해 자기의 신념에 반하여 자기의 행위가 비행이며 죄가 된다는 윤리적 판단을 형성·강요하여 외부에 표시하기를 강제하는 것이므로, 침묵의 자유의 파생인 양심에 반하는 행위의 강제금지에 저촉된다고 할 것이다. 그러므로 우리 헌법이 보호하고자 하는 정신적 기본권의 하나인 양심의 자유의 제약(**법인의 경우라면 그 대표자에게** 양심표명의 강제를 요구하는 결과가 된다)이라고 보지 않을 수 없다.

2. 인격권 침해

사죄광고란 양심의 자유에 반하는 굴욕적인 의사표시를 자기의 이름으로 신문, 잡지 등 대중매체에 게재하여 일반 세인에게 널리 알리는 것으로, <u>사죄광고 과정에서는</u> **자연인이든 법인이든** 인격의 자유로운 발현을 위해 <u>보호받아야 할 **인격권**</u>이 무시되고, 국가에 의한 인격의 외형적 변형이 초래되어, 인격형성에 분열이 필연적으로 수반되게 되므로, 이러한 의미에서 사죄광고제도는 헌법에서 보장된 인격의 존엄과 가치 및 그를 바탕으로 하는 인격권에 큰 위해도 된다고 볼 것이다.

유사 **사죄문 또는 반성문을 의미하는 시말서:** 근로자에게 사고나 비위행위와 관련된 사죄문 또는 반성문을 강제로 제출하게 하는 취업규칙은 내심의 윤리적 판단에 대한 강제로, 양심의 자유를 침해한다(대판 2010.1.14. 2009두6605).

유사 **범죄행위에 대한 말이나 글 발표를 명하는 사회봉사:** 피고인에게 유죄로 인정된 범죄행위를 뉘우치거나 공개하는 취지의 말이나 글 발표를 명하는 사회봉사명령은 양심의 자유, 명예 및 인격에 대한 심각한 침해로 허용될 수 없다. 또한, 이러한 사회봉사명령은 의미나 내용이 특정되지 않아 집행과정에서 다툼을 발생시킬 가능성이 있어 위법하다(대판 2008.4.11. 2007도8373).

03 양심의 자유의 내용

1. 양심형성의 자유

외부의 간섭이나 압력 없이 자신의 판단대로 양심을 형성할 자유이다.

2. 양심실현의 자유

(1) 양심표명의 자유

양심표명의 자유란 형성된 양심을 적극적으로 외부에 표명할 자유와 소극적으로 양심을 표명하도록 강요받지 아니할 자유이다. 양심을 표명하도록 강요받지 아니할 자유에는 양심을 언어에 의해서 외부에 표명하도록 강제당하지 아니할 자유인 침묵의 자유와, 일정한 행동에 의해 양심을 간접적으로 표명하도록 강요당하지 아니할 자유인 양심추지의 금지가 있다.

(2) 부작위에 의한 양심실현의 자유

부작위에 의한 양심실현의 자유는 형성된 양심에 반하는 행동을 강제당하지 아니할 자유이다. 양심적 병역거부자에 대한 병역의무 부과는 부작위에 의한 양심실현의 자유를 제한한다.

📖 판례정리

불고지죄

국가보안법상의 불고지죄는 형성된 양심과 반대되는 내용을 강제하나 국가의 존립·안전이라는 법익의 중요성을 고려할 때 양심의 자유 침해라고 볼 수 없다(헌재 1998.7.16. 96헌바35).

---

(3) 적극적 양심활동의 자유(좁은 의미의 양심실현의 자유)

헌법 제19조가 보호하고 있는 양심의 자유는 양심형성의 자유와 양심적 결정의 자유를 포함하는 내심적 자유뿐만 아니라, 양심적 결정을 외부로 표현하고 실현할 수 있는 **양심실현의 자유를 포함한다**고 할 수 있다. <u>그리고 양심실현은 적극적인 작위의 방법으로 실현될 수 있지만 소극적으로 부작위에 의해서도 실현이 가능하다</u>(헌재 1998.7.16. 96헌바35).

04 양심의 자유의 제한과 한계

1. 양심의 자유 제한 영역

양심형성의 자유인 내심의 자유는 법률로 제한할 수 없으나, 부작위에 의한 양심실현의 자유와 적극적 양심실현의 자유는 법률로 제한할 수 있는 상대적 권리이다.

📖 판례정리

양심의 자유 제한 영역

헌법 제19조가 보호하고 있는 양심의 자유는 양심형성의 자유와 양심적 결정의 자유를 포함하는 내심적 자유뿐만 아니라, 양심적 결정을 외부로 표현하고 실현할 수 있는 **양심실현의 자유를 포함한다**고 할 수 있다. **내심적 자유, 즉 양심형성의 자유와 양심적 결정의 자유**는 내심에 머무르는 한 절대적 자유라고 할 수 있지만, **양심실현의 자유**는 타인의 기본권이나 다른 헌법적 질서와 저촉되는 경우 헌법 제37조 제2항에 따라 국가안전보장·질서유지 또는 공공복리를 위하여 법률에 의하여 제한될 수 있는 상대적 자유라고 할 수 있다(헌재 1998.7.16. 96헌바35).

---

2. 양심의 자유 제한 여부

> ☑ **양심의 자유 제한인 것**
>
> 1. 양심적 병역거부
> 2. 불고지죄
> 3. 의사에 대해 의료내역비 제출의무 부과

☑ **양심의 자유 제한이 아닌 것**

1. 배우자가 수수금지 금품을 수령한 경우 신고하도록 하되 그렇지 않은 경우 제재하도록 한 부정청탁금지법

2. 지문날인

3. 공정거래법을 위반한 경우 위반사실 공표명령

4. 가석방 요건으로 준법서약서

5. 업종별로 수입금액이 일정 규모 이상인 사업자에게 성실신고확인서를 제출할 의무를 부과하는 소득세법

6. 자서를 유언의 요건으로 한 민법

7. 인터넷 게시판 실명확인제

8. 민간법원에서 약식명령을 받아 확정된 사실을 자진신고하는 것은, 개인의 인격형성에 관계되는 내심의 가치적·윤리적 판단이 개입될 여지가 없는 단순한 사실관계의 확인에 불과하므로, 헌법 제19조에 의하여 보호되는 양심에 포함되지 아니한다. 따라서 20년도 육군지시 자진신고조항은 양심의 자유도 **제한하지 아니한다**(헌재 2021.8.31. 2020헌마12 등).

---

05 양심의 자유 관련 쟁점

1. 양심적 병역거부

기존 헌법재판소 판례(헌재 2004.8.26. 2002헌가1; 헌재 2011.8.30. 2008헌가22)는 양심적 병역거부에 대해 부정적이었으나, 최근 헌법재판소 판례는 긍정적으로 변경되었다. 기존 판례들은 병역거부자를 처벌하는 병역법 제88조에 대해 합헌결정하였는데, 최근 판례도 동일하게 병역법 제88조에 대해서는 합헌결정하였다.

📖 **판례정리**

양심적 병역거부 (헌재 2018.6.28. 2011헌바379)

1. 병역종류조항에 대한 헌법소원심판청구의 성격

병역종류조항에 대체복무제를 규정하지 않은 것은 부진정입법부작위를 다투는 것으로 보아야 한다.

2. 양심적 병역거부의 의미와 대체복무제

'양심적' 병역거부는 실상 당사자의 '양심에 따른' 혹은 '양심을 이유로 한' 병역거부를 가리키는 것일 뿐이지 병역거부가 '도덕적이고 정당하다'는 의미는 아닌 것이다. 따라서 '양심적' 병역거부라는 용어를 사용한다고 하여 병역의무이행은 '비양심적'이 된다거나, 병역을 이행하는 거의 대부분의 병역의무자들과 병역의무이행이 국민의 숭고한 의무라고 생각하는 대다수 국민들이 '비양심적'인 사람들이 되는 것은 결코 아니다. 개인의 양심은 사회 다수의 정의관·도덕관과 일치하지 않을 수 있으며, 오히려 헌법상 양심의 자유가 문제되는 상황은 개인의 양심이 국가의 법질서나 사회의 도덕률에 부합하지 않는 경우이므로, 헌법에 의해 보호받는 양심은 법질서와 도덕에 부합하는 사고를 가진 다수가 아니라 이른바 '소수자'의 양심이 되기 마련이다. 특정한 내적인 확신 또는 신념이 양심으로 형성된 이상 그 내용 여하를 떠나 양심의 자유에 의해 보호되는 양심이 될 수 있으므로, 헌법상 양심의 자유에 의해 보호받는 '양심'으로 인정할 것인지의 판단은 그것이 깊고, 확고하며, 진실된 것인지 여부에 따르게 된다. 그리하여 양심적 병역거부를 주장하는 사람은 자신의 '양심'을 외부로 표명하여 증명할 최소한의 의무를 진다.

3. 병역종류조항에 의해 제한되는 기본권

병역종류조항은 양심에 반하는 행동을 강요하지 않을 자유(부작위에 의한 양심실현의 자유)를 제한하며, 이와 관련해 양심의 자유 침해 여부를 중심으로 판단한다. 양심상의 결정은 종교적·윤리적·철학적 동기에서 형성될 수 있다.

4. 심사기준

병역종류조항은 국방의 의무와 양심의 자유라는 헌법적 가치가 충돌하는 상황에서 비례원칙에 따라 심사해야 한다. 입법자는 두 헌법적 가치를 최대한 조화시키려는 노력을 해야 하며, 어느 하나를 후퇴시키는 경우에도 목적에 비례해야 한다.

5. 병역종류조항(병역법 제5조)의 위헌 여부 *헌법불합치결정

① **입법목적의 정당성과 수단의 적합성**: 병역종류조항의 목적은 병역부담의 형평성을 확보하고, 병역자원을 효과적으로 관리하여 국가안보를 실현하려는 데 있다. 이는 정당한 입법목적이며, 이를 달성하기 위한 적합한 수단으로 볼 수 있다.

② **침해의 최소성 원칙 위반 여부**: 대체복무제라는 대안이 있음에도 불구하고 군사훈련을 수반하는 병역의무만을 규정한 병역종류조항은, 침해의 최소성 원칙에 어긋난다.

③ **법익의 균형성 위반 여부**: 병역종류조항이 대체복무제를 도입하지 않아 양심적 병역거부자가 징역형과 그에 따른 불이익을 감수하도록 강제하는 것은 과도하다. 대체복무제를 통해 공익 업무에 종사하도록 한다면, 국가 안보와 공익 실현에 더 긍정적인 효과를 가져올 수 있다. 따라서 병역종류조항은 법익의 균형성 요건을 충족하지 못한다.

6. 현역입영 또는 소집 통지서를 받은 사람이 정당한 사유 없이 입영일이나 소집일부터 3일이 지나도 입영하지 아니하거나 소집에 응하지 아니한 경우를 처벌하는 병역법 제88조 *합헌결정

병역종류조항에 대체복무제가 규정되지 않은 상황에서 양심적 병역거부는 처벌조항의 '정당한 사유'에 해당하며, 처벌조항 자체가 문제의 원인은 아니다. 이는 병역종류조항의 입법적 불비와 법원의 해석에서 발생한 문제로, 헌법불합치결정과 입법 개선 및 법원의 후속조치로 해결될 수 있다. 따라서 처벌조항은 과잉금지원칙을 위반하여 양심적 병역거부자의 양심의 자유를 침해하지 않는다.

📖 판례정리

병역법위반(양심적 병역거부와 병역법 제88조 제1항의 정당한 사유)

직접 증명하기 어려운 양심은 간접사실 및 정황사실(예 종교적 신념, 교리 이행 여부, 신앙기간 및 활동)로 판단한다. 피고인의 삶 전반(가정환경, 성장과정, 사회경험 등)도 양심 형성과 표출의 근거로 고려된다. 검사는 병역거부가 정당한 사유가 없음을 증명해야 하지만, 피고인은 자신의 병역거부가 절박하고 구체적인 양심에 근거함을 소명해야 한다. 피고인의 소명자료는 구체성을 가져야 하며, 검사는 자료의 신빙성을 탄핵함으로써 진정한 양심의 부존재를 증명할 수 있다. 양심적 병역거부자에게 병역의무의 이행을 일률적으로 강제하고 그 불이행에 대하여 형사처벌 등 제재를 하는 것은 양심의 자유를 비롯한 헌법상 기본권 보장체계와 전체 법질서에 비추어 타당하지 않을 뿐만 아니라 소수자에 대한 관용과 포용이라는 자유민주주의 정신에도 위배된다. 따라서 진정한 양심에 따른 병역거부라면, 이는 병역법 제88조 제1항의 '정당한 사유'에 해당한다(대판 2018.11.1. 2016도10912).

📖 판례정리

양심적 병역거부자 전과기록 말소, 보상 입법부작위 (헌재 2018.7.26. 2011헌마306)

1. 자유권규약위원회의 견해의 법적 구속력

자유권규약위원회의 견해(Views)는 사법적 판결이나 결정과 같은 법적 구속력을 가지는 것으로 단정하기 어렵다. 우리 입법자가 위원회의 견해에 구속되어 모든 내용을 이행할 법적 의무를 부담한다고 보기 어렵다.

2. 입법의무

자유권규약위원회의 견해에 따라 전과기록 말소 및 보상을 포함한 구제조치를 이행하는 법률을 제정하지 않은 것은 구체적인 입법의무를 발생시킨다고 보기는 어렵다. 이에 대한 입법부작위를 대상으로 한 헌법소원심판청구는 헌법소원의 대상이 될 수 없으므로 부적법하다.

📖 판례정리

대체복무 기관, 기간, 합숙 (헌재 2024.5.30. 2021헌마117)

1. 대체복무제도에 대한 입법자의 입법형성권

헌법 제39조 제1항과 병역법 제3조 제1항에 따라 국방의 의무 및 병역의무의 내용과 범위는 입법자가 헌법에 위반되지 않는 범위에서 결정할 수 있다. 입법자는 대체복무요원의 복무 내용과 범위를 정할 때 **폭넓은 입법형성권을 가지며**, 병역부담의 형평을 유지하여야 한다. 우리나라에서는 18세 이상의 남자에게 일반적인 병역의무를 부과하므로, 입법자는 전체 병역 제도의 효율적 운영과 형평성을 고려해야 한다.

2. 대체복무기관을 '교정시설'로 한정한 '대체역의 편입 및 복무 등에 관한 법률' 시행령 제18조, 대체복무요원의 복무기간을 '36개월'로 한 대체역법 제18조 제1항, 대체복무요원으로 하여금 '합숙'하여 복무하도록 한 대체역법 제21조 제2항이 청구인들의 양심의 자유를 침해하는지 여부(소극)

대체복무제의 복무기관, 기간, 합숙 의무는 병역기피 방지와 제도의 공정성을 유지하기 위한 것으로, 징벌적 처우로 보기 어렵다. 복무기관은 교정시설을 포함하되, 사회복지시설과 유사한 업무를 수행하며, 수형자와 같은 처우를 받지 않는다. 복무기간은 36개월로 설정되어 국가 안보와 제도의 안정적 정착을 위한 적절한 판단으로 인정된다. 합숙조항은 현역병과 형평성을 고려한 제한으로, 병역회피 유인을 제거하고 대체복무의 신뢰성을 확보한다. 따라서 심판대상조항들은 과잉금지원칙에 위배되지 않으며, 양심의 자유를 침해하지 않는다.

제2절 종교의 자유

> **헌법 제20조 【종교의 자유】** ① 모든 국민은 종교의 자유를 가진다.
> ② 국교는 인정되지 아니하며, 종교와 정치는 분리된다.

01 종교의 자유의 의의

1. 개념

종교의 자유란 자신이 믿는 종교를 자신이 원하는 방법으로 신봉하는 자유를 뜻한다.

2. 연혁

1948년 우리 헌법 제정 당시에는 신앙의 자유와 양심의 자유가 함께 규정되었으며, 국교부인과 정교분리의 원칙도 명시되었고, 1962년 헌법에서는 양심의 자유와 종교의 자유가 별개조항으로 규정되었다. 1787년 제정 당시의 미국 연방헌법에는 종교의 자유뿐만 아니라 국교부인의 원칙도 명문으로 규정되지 않았고, 1791년 개정헌법에 종교의 자유가 규정되었다.

02 종교의 자유의 주체

외국인을 포함한 자연인은 종교의 자유주체가 된다. 미성년자도 주체가 되나, 태아는 될 수 없다. 법인은 신앙의 자유주체가 될 수 없으나 종교결사의 경우 선교의 자유, 예배의 자유 등 신앙실행의 자유가 인정된다.

03 종교의 자유와 내용

종교의 자유의 구체적 내용에 관하여는 일반적으로 신앙의 자유, 종교적 행위의 자유 및 종교적 집회·결사의 자유의 3요소를 내용으로 한다고 설명되고 있다(헌재 2011.12.29. 2009헌마527).

1. 신앙의 자유

종교를 믿거나 안 믿을 자유, 종교를 선택·변경·포기할 자유, 신앙 또는 불신앙으로 특별한 불이익을 받지 않을 자유를 포함한다.

2. 종교실행의 자유

(1) 선교의 자유

종교의 자유에는 자신이 신봉하는 종교를 선전하고 신자를 규합할 수 있는 선교의 자유가 포함되며, 타 종교를 비판하거나 개종을 권고하는 자유도 이에 포함된다. 종교적 목적의 언론·출판은 일반적인 표현의 자유보다 고도의 보장을 받는다(대판 2007.2.8. 2006도4486).

(2) 자유로운 양로시설 운영을 통한 선교의 자유

종교단체가 사회복지시설을 운영하며 선교활동을 하는 것은 종교의 본질과 관련된 활동이다. 노인복지법 제33조 제2항이 모든 양로시설에 신고 의무를 부과함으로써 종교단체의 양로시설 운영을 예외로 두지 않는 것은 선교의 자유와 종교의 자유를 제한할 가능성이 있다(헌재 2016.6.30. 2015헌바46).

(3) 종교교육의 자유

종교의 자유에는 특정 종교단체가 종교 지도자와 교리자를 자체적으로 교육할 수 있는 종교교육의 자유도 포함된다(헌재 2000.3.30. 99헌바14).

📖 **쟁점정리**

고등학교에서 종교교육 (대판 전합체 2010.4.22. 2008다38288)

1. 종립학교의 예배시간과 종교교육

종교단체가 설립한 학교가 예배시간을 가지는 것은 종교 실행의 자유로 허용될 수 있다. 그러나 종교교육을 강제하는 경우, 학생의 소극적 종교의 자유를 침해할 수 있으며, 이로 인해 종교의 자유와 학생의 기본권 간 충돌이 발생한다.

2. 고등학교 평준화정책과 기본권 제한

고등학교 평준화정책에 따른 학교 강제배정제도는 학생과 학교법인의 기본권을 일부 제한하지만, 공교육체계와 입시 과열 방지를 고려할 때 기본권의 본질적 침해로 보기는 어렵다.

3. 종립학교에서의 종교교육과 공교육체계

종립학교는 종교의 자유와 운영의 자유를 가지지만, 공교육체계에 편입된 이상 학생의 종교의 자유와 교육받을 권리를 고려한 조치를 마련해야 한다. 종교교육은 학생들이 입을 수 있는 피해와 구제수단의 부족을 감안하여 제한된 범위 내에서 허용된다.

4. 종파교육의 위법성 판단 기준

특정 종교교리를 전파하는 종파교육의 경우, 그 구체적인 내용과 정도, 교육의 지속성, 학생 동의 여부, 대체 과목 선택 가능성, 종교교육 거부권 보장 여부 등을 종합적으로 고려해야 한다. 이러한 종교교육이 사회공동체의 건전한 상식과 법감정을 초과하는 경우에는 위법성이 인정될 수 있다.

5. 사회적 중립성과 학생 권리 보호

종립학교는 공교육체계의 일원으로서 종교적 중립성을 유지해야 하며, 학생들의 종교의 자유와 교육권 보호를 위한 대책을 마련해야 한다. 이를 통해 종립학교는 종교의 자유와 학생 권리 간의 조화를 이루어야 한다.

📖 판례정리

대학교에서 종교학점이수 졸업요건

대학교의 예배는 복음전도나 종교인 양성에 직접적인 목표가 있는 것이 아니고 신앙을 가지지 않을 자유를 침해하지 않는 범위 내에서 학생들에게 종교교육을 함으로써 진리, 사랑에 기초한 보편적 교양인을 양성하는 데 목표를 두고 있었다 할 것이므로, 대학예배에의 6학기 참석을 졸업요건으로 정한 위 대학교의 학칙은 헌법상 종교의 자유에 반하는 위헌무효의 학칙이 아니다(대판 1998.11.10. 96다37268).

---

(4) 인정되지 않는 것

① 국·공립학교에서 교사가 특정한 종교를 선전하는 행위는 허용될 수 없다.

② **기반시설부담금 감면대상에 종교시설이 포함되지 않는 경우**: 헌법 제20조 제1항이 보장하는 종교의 자유로부터 종교에 대한 적극적인 우대조치를 요구할 권리가 직접 도출되거나 종교를 우대할 국가의 의무가 발생한다고 볼 수 없다(헌재 2010.2.25. 2007헌바131).

③ 종교의 자유는 종교전파의 자유로서 누구에게나 자신의 종교 또는 종교적 확신을 알리고 선전하는 자유를 말하며, 포교행위 또는 선교행위가 이에 해당한다. 그러나 이러한 종교전파의 자유는 국민에게 그가 **선택한 임의의 장소에서 자유롭게 행사할 수 있는 권리까지 보장한다고 할 수 없다**(헌재 2008.6.26. 2007헌마1366).

3. 종교목적의 언론·출판·집회·결사의 자유

(1) 보호영역

종교적 집회·결사의 자유는 종교적 목적으로 같은 신자들이 집회하거나 종교단체를 결성할 자유를 말한다(헌재 2011.12.29. 2009헌마527).

(2) 보호정도

종교목적을 위한 언론·출판·집회·결사의 자유는 종교의 자유에서 보호되며, 일반적인 집회·결사보다 더 강한 보호를 받는다.

📖 판례정리

1. 교회 등 종교단체에서 개인 지위에 영향을 미치는 결의나 처분이 당연무효로 판단되기 위해서는 일반단체의 경우와는 다른 엄격한 기준이 적용된다. 절차상 하자가 단순한 수준에 그쳐서는 부족하며, 하자가 매우 중대하여 정의관념에 현저히 반하는 경우에만 당연무효로 판단된다(대판 2006.2.10. 2003다63104).

2. 종교의 자유에는 선교의 자유가 포함되고 선교의 자유에는 **다른 종교를 비판**하거나 다른 종교의 신자에 대하여 개종을 권고하는 자유도 포함되는바, **종교적 선전, 타종교에 대한 비판 등은 동시에 표현의 자유의 보호대상이나**, 그 경우 종교의 자유에 관한 헌법 제20조 제1항은 표현의 자유에 관한 헌법 제21조 제1항에 대하여 특별규정의 성격을 갖는다 할 것이므로 종교적 목적을 위한 언론·출판의 경우에는 그 밖의 일반적인 언론·출판에 비해 보다 고도의 보장을 받게 된다(대판 1996.9.6. 96다19246).

---

4. 국교부인과 정교분리

(1) 국교의 부인

국가는 특정 종교를 국교로 지정할 수 없다.

(2) 국가에 의한 특정 종교의 우대 및 차별금지

무신자의 입장에서 종교단체에 한정한 특혜는 불평등한 것이므로 허용되지 않는다. 그러나 관습화된 종교행사를 국가가 지원하는 것은 허용된다.

📖 판례정리

정교분리

1. 천주교 성당 일대의 문화관광지 조성

① 종교적 의식이나 행사가 사회공동체의 문화적 현상으로 자리잡은 경우, 이는 정교분리원칙이 적용되는 종교의 영역이 아니라 헌법적 보호가치를 지닌 문화로 볼 수 있다.

② 문화적 가치로 성숙한 종교적 요소에 대한 국가의 지원은 전통문화 계승·발전이라는 문화국가원리에 부합하며 정교분리원칙에 위배되지 않는다(대판 2009.5.28. 2008두16933).

2. 종교시설에 대한 기반시설부담금 면제 문제

① 종교시설 건축에 기반시설부담금을 면제하면 국가가 종교를 우대하는 것으로 비칠 소지가 있어 정교분리원칙에 위배될 가능성이 있다.

② 기반시설부담금에 관한 법률이 종교시설의 건축행위에 대해 부담금을 제외하거나 감경하지 않는 것은 정교분리 원칙에 부합하며, 종교의 자유를 침해한다고 볼 수 없다(헌재 2010.2.25. 2007헌바131).

3. 학교 및 학원 설립 인가·등록주의와 종교지도자 양성 제한 여부

학교나 학원 설립에 인가·등록주의를 적용한다고 해서 정부가 성직자나 종교지도자 양성을 직접 관장하거나 특정 종교를 우대한다고 볼 수 없다. 이는 헌법 제20조 제2항이 정한 국교금지 및 정교분리 원칙을 위반하지 않는다(헌재 2000.3.30. 99헌바14).

---

04 종교의 자유의 제한

1. 종교의 자유 제한가능성

종교의 자유는 인간의 정신세계에 기초를 둔 것으로서 인간의 내적 자유인 신앙의 자유만큼은 양심형성의 자유처럼 제한할 수 없다. 종교적 행위의 자유와 종교적 집회·결사의 자유는 신앙의 자유와는 달리 절대적 자유는 아니므로 법률로 제한할 수 있다(헌재 2016.6.30. 2015헌바46).

2. 종교의 자유 제한인 것

(1) 종교단체의 복지시설 운영은 종교의 자유의 영역이라고 본 사례

청구인은 법인의 인격권 및 법인운영의 자유를 침해한다고 주장하나, 종교단체의 복지시설 운영은 종교의 자유의 영역이므로 노인요양복지시설 신고제는 종교의 자유를 침해하는지 여부에 대한 문제로 귀결된다(헌재 2016.6.30. 2015헌바46).

(2) 사법시험 제1차 시험 시행일을 일반적인 공휴일인 일요일로 정하여 공고한 것 (헌재 2001.9.27. 2000헌마159)

(3) 독학학위 취득시험의 시험일을 일요일로 정한 2021년도 독학에 의한 학위취득시험 시행 계획 공고 (헌재 2022. 12.22. 2021헌마271)

📖 판례정리

종교의 자유 제한으로 볼 수 없는 것

1. 해외 위난지역에서의 여권 사용 제한과 선교의 자유

종교전파의 자유는 임의의 장소에서 행사할 수 있는 권리를 보장하지 않는다. 아프가니스탄 등 해외 위난지역에서 선교행위를 제한한 것은 국민의 생명·신체 보호를 위한 조치로, 선교의 자유를 직접적으로 침해하지 않는다(헌재 2008.6.26. 2007헌마1366).

2. 전통사찰 압류금지

전통사찰에 대한 압류금지 조항은 전통사찰의 일반 채권자의 재산권을 제한할 뿐이며, 종교의 자유를 제한하지 않는다(헌재 2012.6.27. 2011헌바34).

3. 종교단체 내 직무상 선거운동 금지

공직선거법 제85조 제3항은 종교단체 내에서 직무상 지위를 이용한 선거운동만을 제한하며 종교적 신념, 의식, 교육의 자유를 제한하지 않는다(헌재 2024.1.25. 2021헌바233).

---

05 종교의 자유 침해 사례

1. 미결수용자의 종교행사 참석 금지

미결수용자는 무죄추정의 원칙에 따라 기본권 제한이 수형자보다 완화되어야 한다. 공범 분리 등 대안 없이 일률적으로 종교행사 참석을 금지한 것은 침해 최소성 원칙에 위배된다. 과잉금지원칙을 위반한 것이다(헌재 2011.12.29. 2009헌마527).

2. 종교집회 참석 기회 제한

출력수에게 월 3~4회의 집회를 제공하며 미결수용자에게는 연간 1회만 제공하였다. 공간 및 인력 부족을 이유로 종교 집회 참석 기회를 사실상 보장하지 않았다. 대안을 고려하지 않고 집회 참석을 제한한 것은 침해 최소성과 과잉금지원칙에 위배된다(헌재 2014.6.26. 2012헌마782).

3. 육군훈련소 내 종교행사 참석 강제 (헌재 2022.11.24. 2019헌마941)

(1) 헌법 제20조 보호 범위

종교의 자유는 신앙의 자유, 종교적 행위의 자유, 종교적 집회·결사의 자유를 포함한다. 무종교의 자유 또한 포함되며, 종교적 행사에 참석하지 않을 자유도 보호된다. 종교행사 참석 강제는 참석자의 내심이나 신앙 변화와 무관하게 신앙을 가지지 않을 자유와 종교적 집회에 참석하지 않을 자유를 제한하는 행위이다.

(2) 정교분리원칙 위배 여부

군종제도가 정신전력을 강화한다는 세속적 목적은 인정할 수 있으나, 이는 종교 중립의 한계를 넘어선다. 특정 4개 종교(개신교, 불교, 천주교, 원불교)만을 대상으로 행사 참석을 강제한 것은 특정 종교를 우대하는 행위이다. 종교행사를 군사력 강화의 수단으로 삼거나, 종교단체가 군대 내 선교 기회를 가지도록 허용한 것은 국가와 종교 간 결합을 초래한다. 종교행사 강제는 정교분리원칙을 위반한 것이다.

(3) 과잉금지원칙 위배 여부

① **목적의 정당성**: 군인의 정신적 전력을 강화하고자 한 목적의 정당성은 인정할 여지가 있다.
② **수단의 적합성**: 종교를 가지지 않은 군인에게 종교행사 참석을 강제하는 것은 정신전력 강화를 위한 적합한 수단이 아니다. 오히려 강제 참석으로 인해 종교와 군 생활에 대한 반감을 유발하여 역효과를 초래할 가능성이 크다.
③ **결론**: 해당 조치는 과잉금지원칙을 위반하고, 헌법이 보장하는 종교의 자유를 심각하게 침해한 것이다.

4. 국립대학교 법학전문대학원 불합격취소

국립대학교 법학전문대학원 입시에서 제칠일안식일예수재림교 신자가 종교적 신념을 이유로 불이익을 받는 경우, 국립대학교 총장은 비례의 원칙에 따라 이러한 불이익을 해소하기 위한 적극적인 조치를 취할 의무가 있으며, 이를 해소하지 않고 면접일시 변경을 거부한 총장의 행위는 헌법상 평등원칙을 위반한 것으로 위법하고, 이로 인해 발생한 불합격처분은 취소되어야 한다(대판 2024.4.4. 2022두56661).

06 종교의 자유 침해가 아닌 사례

1. 미결수용자 대상 개신교 종교행사

4주에 1회, 일요일이 아닌 요일에 종교행사를 실시한 행위는 청구인의 종교의 자유를 침해하지 않는다. 종교행사 제공 여부 및 요일 지정은 종교 자유를 보장하면서도 구치소 운영의 필요성을 충족하는 조치이다 (헌재 2015.4.30. 2013헌마190).

2. 사법시험 시행일을 일요일로 지정

시험 시행일이 특정 종교의 휴식일과 겹친다 하더라도 이는 행정적 편의를 고려한 조치로 종교의 자유를 침해하지 않는다(헌재 2001.9.27. 2000헌마159).

3. 종교단체 학교인가제

종교단체 운영 교육기관도 예외 없이 학교설립인가 또는 학원설립등록을 받도록 규정한 것은 부실 교육 방지 목적을 위한 합리적 조치이다. 종교의 자유를 과도하게 제한한다고 볼 수 없다(헌재 2000.3.30. 99헌바14).

4. 학교정화구역 내 납골당 설치금지

납골시설 설치 금지로 종교의 자유 및 직업의 자유에 제한이 발생하나, 공익적 목적인 학교 정화와 학생 보호를 위해 필요한 조치이다(헌재 2009.7.30. 2008헌가2).

5. 노인주거복지시설 신고제

양로시설 입소 노인들의 안전과 주거환경 보장을 목적으로 하며, 종교의 자유를 과도하게 제한하지 않는다. 공익 목적을 충족하며 과잉금지원칙에 위배되지 않는다(헌재 2016.6.30. 2015헌바46).

6. 군종장교 예비군 훈련

국가 안전보장을 위한 훈련으로 종교활동의 자유에 필요한 최소한도의 제한을 가한 것이다(헌재 2003.3.27. 2002헌바35).

7. 간호조무사 국가시험 시행일 토요일 일몰 전 지정

시험 시행일을 토요일 일몰 전으로 정한 것은 특정 종교의 휴식시간과 충돌을 최소화하기 위한 조치이다(헌재 2023.6.29. 2021헌마171).

8. 군종장교의 종교활동과 중립의무 관련 판례 분석

군종장교가 소속 종단의 신앙과 교리를 전파하거나 선전하는 행위는 성직자로서 수행할 수 있는 종교활동의 일환이다. 군종장교의 종교활동이 특정 종교를 선전하거나 다른 종교를 비판했다고 해서 자동으로 종교적 중립 의무를 위반한 것으로 간주할 수 없다(대판 2007.4.26. 2006다87903).

9. 감염병을 예방하기 위하여 종교집회를 제한하거나 금지하는 조치를 규정한 감염병의 예방 및 관리에 관한 법률 제49조 제1항 제2호

대규모 감염병 발생 가능성이 상존하며, 심판대상조항은 이러한 위험으로부터 국민의 생명과 건강을 보호하는 중대한 공익을 가진다. 종교의 자유 제한 정도가 더 크다고 단정하기 어렵기 때문에 법익의 균형성 원칙도 충족된다(헌재 2024.6.27. 2021헌바178).

제3절 학문의 자유

> 헌법 제22조【학문·예술의 자유와 저작권 등 보호】① 모든 국민은 학문과 예술의 자유를 가진다.
> ② 저작자·발명가·과학기술자와 예술가의 권리는 법률로써 보호한다.

01 학문의 자유의 의의

학문의 자유란 진리를 탐구하는 자유를 의미하는데, 진리탐구의 자유에 그치지 않고 탐구한 결과에 대한 발표의 자유 내지 가르치는 자유 등을 포함한다.

02 학문의 자유의 주체

교수, 연구원뿐 아니라 내·외국인 모두가 학문의 주체가 된다. 대학, 연구단체 등 법인도 학문의 주체가 될 수 있다.

03 학문의 자유의 내용

1. 연구의 자유

연구의 자유란 연구과제, 방법, 조사, 실험을 위한 장소 등을 연구자가 임의로 선택·시행할 수 있는 자유이다.

2. 연구결과 발표의 자유

대학실험에서 그 결과를 발표하는 것이 학문의 자유에 속한다 하더라도 그 실험결과가 잘못되었는데도 이를 사회에 알려서 선의의 제3자를 해친다면, 이는 학문의 자유권의 범위를 넘어선 것으로 허용될 수 없다 (대판 1967.12.29. 67다591).

3. 교수의 자유(강학의 자유)

(1) 주체

교수의 자유는 대학이나 고등교육기관의 교육자가 연구 결과를 자유로이 교수하거나 강의하는 자유를 말하는 것으로서, 초·중·고의 교사에게는 교수의 자유가 인정되지 않는다.

(2) 내용

교수의 자유는 연구결과를 강의 등을 통해 전달할 자유이다. 초·중·고 교사가 누리는 수업의 자유는 일반화된 지식 체계를 전달할 자유라면, 교수의 자유는 자신의 연구결과를 가르칠 자유이다.

📖 판례정리

교사의 수업권

교사의 수업권은 학부모의 교육권을 신탁받아 국가의 공교육 책임 하에 행사되는 직무적 권한으로, 학생의 헌법상 기본권인 수학권 실현을 위한 수단이다. 수학권은 수업권보다 우선적으로 존중되어야 하며, 특히 초·중·고등학생의 비판적 사고 능력이 미성숙한 점을 고려할 때, 교사의 수업권은 왜곡되지 않은 교육을 위해 일정한 제한을 받을 수 있다. 한편, 수업권의 헌법상 기본권성 여부는 논란의 여지가 있다(헌재 1992.11.12. 89헌마88).

(3) 제한

교수의 자유는 법률로 제한될 수 있다. 교수의 자유가 교육의 자유보다 고도로 보장되는 기본권이기는 하지만 헌법질서를 파괴할 목적으로 남용되어서는 안 된다.

📖 판례정리

세무대학의 폐교와 재직교수의 학문의 자유

세무대학설치법 폐지법 부칙 제4조 제3항은 세무대학을 폐지하더라도 교수들의 지속적인 학문활동을 보장하는 등 기존의 권리를 최대한 보장하고 있으므로 위 폐지법에 의한 세무대학의 폐교로 인하여 곧바로 청구인 자신의 진리탐구와 연구발표 및 교수의 자유가 침해되는 것은 아니다(헌재 2001.2.22. 99헌마613).

국정교과서제도와 교과서 검인정제도 (헌재 1992.11.12. 89헌마88)

1. **교사의** 수업의 자유도 보호되어야 하나 교수의 자유와 완전히 동일할 수는 없고 더 많은 제약이 있을 수밖에 없다.

2. 교사의 수업권이 기본권이라 할 수 있느냐에 대해서 이를 부정하는 견해가 많고 수업권을 기본권에 준하는 것으로 간주하더라도 수업권을 내세워 수학권을 침해할 수 없다.

3. 교과서 검인정제도는 학생들의 수학권을 보호하기 위하여 일반화된 지식체계를 담고 있는 교재를 검인정하여 교과서로 사용할 수 있도록 하는 것이므로 교사의 수업권 침해라고 할 수 없다.

4. 수업의 자유는 무제한보호되기는 어려우며 초·중·고등학교의 교사는 자신이 연구한 결과에 대하여 스스로 확신을 갖고 있다고 하더라도 그것을 학회에서 보고하거나 학술지에 기고하거나 스스로 저술하여 책자를 발행하는 것은 별론 수업의 자유를 내세워 함부로 학생들에게 여과 없이 전파할 수는 없다고 할 것이다.

5. 교과서 검인정제도는 허가라기보다는 교과서라는 특수한 지위를 부여함으로 가치창설적인 형성적인 행위로서 특허이다.

6. 국정교과서제도는 국가가 특정 교과서를 독점하는 제도이나, 국민의 학습권 보호를 위해 필요한 경우 국가의 관여가 가능하며 헌법적 근거가 있다. 국가에는 교과서 발행 방식을 검·인정제 또는 국정제로 선택할 재량권이 있다. 따라서 중학교 국어교과서의 국정제는 학문의 자유나 언론·출판의 자유를 침해하지 않으며, 교육의 자주성·전문성·정치적 중립성과도 양립 불가능한 것이 아니다.

4. 학문활동을 위한 집회·결사의 자유

학문활동을 위한 집회·결사는 학문의 자유에서 보호되며, 일반적인 집회·결사보다 강한 보호를 받는다. 집회에 있어 관할 경찰관서의 장에게 신고를 할 필요가 없다.

5. 학문의 자유의 제한

연구의 자유는 법률로 제한할 수 없는 절대적 자유이다. **진리탐구의 자유**는 신앙의 자유, 양심의 자유처럼 절대적인 자유이나 **연구결과 발표의 자유** 내지 수업의 자유는 헌법 제21조 제4항은 물론 제37조 제2항에 따른 제약이 있을 수 있다(헌재 1992.11.12. 89헌마88).

04 대학의 자율권(대학의 자치)

1. 의의

(1) 개념

대학의 자율권이란 대학의 운영에 관해 외부의 간섭 없이 대학이 자율적으로 결정할 수 있는 자유이다.

(2) 헌법적 근거

대학의 자율권이 보장되어야만 대학에서의 학문의 자유가 보장될 수 있으므로, 대학의 자율성의 근거를 헌법 제22조와 헌법 제31조 제4항에서 찾는다.

(3) 성격

교육의 자주성이나 대학의 자율성은 헌법 제22조 제1항이 보장하고 있는 학문의 자유의 확실한 보장 수단으로 꼭 필요한 것으로서 이는 **대학에게 부여된 헌법상의 기본권이다**(헌재 1992.10.1. 92헌마68).

(4) 주체

대학자치의 주체는 원칙적으로 교수 기타 연구자 조직이나 **학생과 학생회도** 학습활동과 직접 관련된 학생회 활동 기타 자치활동의 범위 내에서 그 주체가 될 수 있다고 보아야 한다. 헌법재판소 판례는 영조물인 강원대학교와 공법인인 세무대학도 대학의 자율성의 주체가 된다고 판시한 바 있다. 대학의 자치의 주체를 기본적으로 대학으로 본다고 하더라도 **교수나 교수회의** 주체성이 부정된다고 볼 수는 없고, 가령 학문의 자유를 침해하는 대학의 장에 대한 관계에서는 **교수나 교수회가 주체**가 될 수 있고, 또한 국가에 의한 침해에 있어서는 대학 자체 외에도 대학 전 구성원이 자율성을 갖는 경우도 있을 것이다(헌재 2006.4.27. 2005헌마1047).

📖 판례정리

대학의 자율권의 주체

학생도 연구에 참여하는 가능성을 배제할 수 없으므로, 이러한 점에서는 학문의 자유의 주체가 될 수 있지만, 단순히 **대학생으로서 수학(受學)하는 것은** 학문의 개념을 충족시키지 못하므로 학문의 자유에 의하여 <u>보호되지 않는다</u>(헌재 2020.9.24. 2019헌마472).

---

2. 내용

📖 판례정리

대학의 자율권 보호 여부

보호되는 것

1. 국립대학인 세무대학은 공법인으로서 사립대학과 마찬가지로 대학의 자율권이라는 기본권의 보호를 받으므로, 세무대학은 **국가의 간섭 없이 인사·학사·시설·재정** 등 대학과 관련된 사항들을 자주적으로 결정하고 운영할 자유를 갖는다(헌재 2001.2.22. 99헌마613).

2. 대학의 자율은 대학시설의 관리·운영만이 아니라 연구와 교육을 포함하여 대학의 업무 전반에 걸쳐 보장되어야 한다. 따라서 연구와 교육의 내용, 방법과 대상, 교과과정의 편성, 학생의 선발과 전형, 교원의 임면에 관한 사항도 자율의 범위에 속하고, 교원의 보수에 관한 사항도 마찬가지이다(대판 2022.6.9. 2018다262653 ; 헌재 1998.7.16. 96헌바33).

3. 대학의 자율은 대학시설의 관리·운영만이 아니라 학사관리 등 전반적인 것이라야 하므로 연구와 교육의 내용, 그 방법과 그 대상, 교과과정의 편성, 학생의 선발, 학생의 전형도 자율의 범위에 속해야 하고 따라서 **입학시험제도도** 자주적으로 마련될 수 있어야 한다(헌재 1992.10.1. 92헌마68).

4. 교수는 **국립대학총장 후보자 선출에 참여할 권리가 있고** 대학의 자치의 본질적인 내용에 포함된다(헌재 2006.4.27. 2005헌마1047).

1. **사립대학총장선임권**은 사립학교법 제53조 제1항의 규정에 의하여 학교법인에게 부여되어 있는 것이고 교수들이 사립대학의 총장선임에 실질적으로 관여할 수 있는 지위에 있다거나 학교법인의 총장선임행위를 다툴 확인의 이익을 가진다고 볼 수 없다(대판 1996.5.31. 95다26971).

2. **단과대학장의 선출**에 다시 한 번 대학교수들이 참여할 권리가 대학의 자율에서 당연히 도출된다고 보기 어렵다. 따라서 대학의 장이 단과대학장을 선출의 절차를 거치지 아니하고, 교수 중에서 직접 지명하도록 하고 있는 것은 대학의 자율성을 침해라고 볼 수 없다(헌재 2014.1.28. 2011헌마239).

3. 대학의 자율성은 그 보호영역이 원칙적으로 당해 **대학 자체의 계속적 존립**에까지 미치는 것은 아니다(헌재 2001.2.22. 99헌마613).

4. 대학의 자율성은 **대학 교수 개개인의 퇴직 여부 등 인사에 관한 사항을 스스로 결정할 권리가 해당 교수의 대학의 자율성의 보호영역에 포함된다고 보기 어렵다**(헌재 2021.9.30. 2019헌마747).

3. 대학의 자율을 제한하는 법률에 대한 심사기준

국가는 헌법 제31조 제6항에 따라 모든 학교제도의 조직, 계획, 운영, 감독에 관한 포괄적인 권한, 즉 학교제도에 관한 전반적인 형성권과 규율권을 부여받았다고 할 수 있어 교육의 본질을 침해하지 않는 한 궁극적으로는 입법권자의 형성의 자유에 속하는 것이라 할 수 있다. 따라서 <u>대학의 자율을 제한하는 법률의 위헌 여부는 입법자가 기본권을 제한함에 있어 헌법 제37조 제2항에 의한 **합리적인 입법한계를 벗어나 자의적으로 그 본질적 내용을 침해하였는지 여부**</u>에 따라 판단되어야 할 것이다(헌재 2006.4.27. 2005헌마1047).

판례정리

대학의 자율권 침해 여부

○○대학교 법학전문대학원 2015학년 모집정지처분 (헌재 2015.12.23. 2014헌마1149)

1. **청구능력**

   법인이 아닌 국립대학도 이러한 대학의 자율권의 주체로서 헌법소원심판의 청구인능력이 인정된다.

2. **법률유보원칙에 반하여 청구인의 대학의 자율권을 침해하는지 여부**

   교육부장관이 ○○대학교 법학전문대학원의 2015학년도 및 2016학년도 신입생 각 1명의 모집을 정지하도록 한 행위는 법학전문대학원법에 근거하고 있는바, <u>법률유보원칙에 반하여 청구인의 대학의 자율권을 침해한다고 볼 수 없다.</u>

3. **과잉금지원칙 위반 여부**

   이 사건 모집정지 당시 장학금지급률 100.6% 미이행으로 인하여 ○○대학교 법학전문대학원의 정상적인 학사운영이 곤란한 정도에 이르렀다고 인정하기는 부족하다. 이 사건 모집정지는 ○○대학교 법학전문대학원의 신입생 정원 중 2.5%의 모집을 정지하는 것으로 청구인에게 큰 불이익인 점, 청구인은 법학전문대학원 개원 이래 초기 3년간 다른 24개 대학들에 비하여 최고수준의 장학금을 지급하였고 이후에도 최저 장학금지급률을 상회하는 장학금을 지급해 온 점 등을 종합하면, <u>이 사건 모집정지는 과잉금지원칙에 반하여 청구인의 대학의 자율권을 침해한다.</u>

1. 국립대학 교원의 성과연봉 지급을 규정한 공무원보수규정은 학문의 자유를 침해한다고 할 수 없다(헌재 2013. 11.28. 2011헌마282).

2. 세무대학교 폐지법률

세무대학의 자율성이 침해에 해당하지 않는다(헌재 2001.2.22. 99헌마613).

3. 국립대학교 총장 간선제

① 대학 총장 후보자 선정 방식은 직접선출 방식을 보장할 필요는 없으며, 대학교원들이 합의한 방식으로 정할 기회를 제공하면 충분하다. 교육공무원법에 따른 간선제는 대학의 자율성을 침해하지 않으며, 서울대 총장의 간선제 역시 자율권을 본질적으로 침해하지 않는다(헌재 2014.4.24. 2011헌마612).

② 국립대학 총장 선거 관리를 관할 선거관리위원회에 위탁하도록 한 교육공무원법은 선거관리만을 위탁한 것으로, 대학의 자율성이 본질적으로 침해되었다고 볼 수 없다(헌재 2006.4.27. 2005헌마1047).

③ 대학이 총장 후보자를 추천하지 못한 경우 대통령이 교육인적자원부장관의 제청으로 총장을 임용하도록 한 규정은 국가행정 공백을 막기 위한 합리적 조치로, 자율성을 본질적으로 침해하지 않는다(헌재 2006.4.27. 2005헌마1047).

4. 법학전문대학원 (헌재 2009.2.26. 2008헌마370)

① **법학전문대학원 인가를 받은 대학교만 설치하도록 한** 법률은 대학의 자율성을 침해하지 아니한다.

② **법학전문대학원의 총 입학정원주의**를 천명하면서 교육과학기술부장관으로 하여금 그 구체적인 입학정원의 수를 정하도록 하고 있는 것은 법률유보원칙 및 포괄위임입법금지원칙에 위배되지 아니한다.

5. 일본어를 제2외국어 선택과목에서 제외하는 1994년 서울대 입시요강 (헌재 1992.10.1. 92헌마68)

① 서울대학교의 입시요강은 행정계획안이나 법령의 뒷받침에 의하여 실시될 것으로 예상될 수 있으므로 헌법재판소법 제68조 제1항의 공권력 행사에 해당한다.

② 서울대학교는 공권력 행사의 지위이면서 동시에 기본권 행사의 주체가 된다. 서울대학교 입시요강은 서울대학교가 기본권 주체로서 기본권을 법이 허용하는 범위 내에서 적법하게 행사한 결과이므로 (일본어를 선택하고자 했던) 청구인이 받는 것은 반사적 불이익에 불과하다.

6. 대학평의원회 구성 제한

고등교육법 제19조의2 제2항 후문은 대학평의원회 구성원 비율을 제한하여 다양한 구성원의 참여를 보장하는 합리적 규정으로, 국·공립대학 교수회 및 교수들의 대학 자율권을 침해하지 않는다(헌재 2023.10.26. 2018헌마872).

7. 사립학교 교원의 당연퇴직 규정

사립학교법 제57조 중 국가공무원법 제33조 제1항 제6호에 따른 100만원 이상의 벌금형 확정 시 교원의 당연퇴직 규정은 선거범죄를 저지른 교원에게 신분상 불이익을 부과하는 규정일 뿐, 교수의 자유를 침해하지 않는다(헌재 2008.4.24. 2005헌마857).

<대법원 판례>

1. 대학입학 지원자가 모집정원에 미달한 경우라도 대학이 수학능력이 없는 자에 대하여 불합격처분을 한 것은 불법적인 것이 아니다(대판 1983.6.28. 83누193).

2. 해외근무자들의 자녀에 대해 과목별 실제점수에 20% 가산점을 부여하여 합격사정을 함으로서 실제취득점수에 의하면 합격할 수 있는 원고들에 대하여 불합격 처분을 하였다면 위법이다(대판 1990.8.28. 89누8255).

3. 피고인이 반국가단체로서의 북한의 활동을 찬양·고무·선전 또는 이에 동조할 목적 아래 위 논문 등을 제작·반포하거나 발표한 것이어서 그것이 헌법이 보장하는 학문의 자유의 범위 내에 있지 않다(대판 2010.12.9. 2007도10121).

4. 대학의 자유와 경찰권 문제

경찰권 개입의 필요성에 대한 판단은 대학이 1차적으로 하여야 한다. 그러나 **집회 및 시위에 관한 법률 제19조는 경찰은 집회 또는 시위의 장소에 정복을 착용하고 출입할 수 있도록 규정하여 대학 총학장의 요청 없이 대학구내시위에 출동할 수 있는** 근거를 마련해 놓고 있다.

5. 교원의 법적 지위

(1) 교원지위법정주의의 의의

① **교원의 신분보장 목적**: 헌법 제31조 제6항은 교원의 지위를 법률로 정하도록 하여 단순히 교원의 권익을 보호하는 데 그치지 않고 국민의 교육을 받을 기본권을 실효성 있게 보장하기 위한 규정이다(헌재 1991.7.22. 89헌가106).

② **법률의 범위**: 해당 헌법조항에 근거한 법률은 교원의 신분보장과 권리뿐만 아니라 국민의 교육권을 저해할 우려가 있는 행위의 금지와 같은 교원의 의무를 포함하여 교원의 기본권을 제한하는 사항도 규정할 수 있다(헌재 1991.7.22. 89헌가106).

③ **교원의 범위와 기본적인 사항**: 여기서 교원은 국·공립대학과 사립대학 교원을 모두 포함하며, 교원의 지위를 법률로 정하도록 한 헌법의 취지와 교육 직무의 특성상, 교원의 지위에 관한 기본적인 사항은 교원이 자주적·전문적·중립적으로 교육을 수행하도록 보호하는 최소한의 내용까지 포함된다(헌재 2003.12.18. 2002헌바14).

(2) 교원지위법정주의와 근로3권의 관계

헌법 제31조 제6항의 교원지위법정주의는 학생의 수학권을 보장하기 위한 제한적 법률유보로, 교원의 근로3권 제한을 정당화한다. 이 규정은 교원의 지위에 관하여 헌법 제33조 제1항보다 우선 적용된다. 따라서 사립학교 교원을 국공립 교원 규정에 준용하여 근로3권을 제한하는 사립학교법은 근로3권을 침해하지 않는다(헌재 1991.7.22. 89헌가106).

(3) 교원지위법정주의와 대학 자율성의 관계

① **헌법적 조화**: 헌법 제31조 제6항의 교원지위법정주의에 따라 사립학교 교원의 지위를 법률로 정할 때, 대학의 자율성(제4항)과 조화를 이루도록 해야 한다는 의미이다(헌재 2014.4.24. 2012헌바336).

② **교육제도법정주의**: 헌법 제31조 제6항은 교육제도법정주의를 규정하며, 이는 본질적이고 중요한 교육 영역의 결정이 입법자에게 유보되어야 한다는 의회유보의 원칙(소극적 측면)과, 학교제도를 통한 교육 시행에 대한 국가의 포괄적 규율권한 부여(적극적 측면)를 의미한다(헌재 2012.11.29. 2011헌마827).

📖 판례정리

교수 기간임용제

1. 입법정책의 자율성

대학교육기관의 기간임용제와 정년보장제는 학문진흥과 국민의 교육권 실현에 있어 각각 장단점이 있으므로, 그 판단과 선택은 헌법재판소가 아니라 입법자의 입법정책에 맡겨야 한다(헌재 1998.7.16. 96헌바33).

2. 기간임용제의 합헌성과 한계

기간임용제 자체는 합헌이나, 사립학교법이 재임용 거부사유, 진술 기회, 사전통지 규정, 및 사후 구제제도를 마련하지 않은 점은 헌법 제31조 제6항의 교원지위법정주의에 위반된다(헌재 2003.2.27. 2000헌바26).

3. 재임용 거부 재심청구 부재

임용기간 만료 후 재임용 거부를 재심청구 대상으로 명시하지 않은 것은 교원지위법정주의에 위반된다(헌재 2003.12.18. 2002헌바14).

4. 교원 재임용 심사 기준과 자율성

교원 신분의 부당한 박탈을 방지하고 대학 자율성을 도모하기 위해, 학생교육·학문연구·학생지도를 재임용 심사요소로 언급하되 이를 필수요소로 강제하지 않는 사립학교법은 교원지위법정주의에 위반되지 않는다(헌재 2014.4.24. 2012헌바336).

---

05 지적재산권의 보호

> **헌법 제22조 【학문·예술의 자유와 저작권 등 보호】** ② 저작자·발명가·과학기술자와 예술가의 권리는 법률로써 보호한다.

헌법 제22조 제2항은 저작자·발명가·과학기술자와 예술가의 권리는 법률로써 보호한다고 하여 학문과 예술의 자유를 제도적으로 뒷받침해 주고, 학문과 예술의 자유에 내포된 문화국가실현의 실효성을 높이기 위하여 저작자 등의 권리보호를 국가의 과제로 규정하고 있다.

📖 판례정리

저작권

1. 음주전후·숙취해소 표시 금지

식품등의표시기준 제7조는 국민의 건강 보호를 목적으로 음주를 조장하는 '음주전후' 또는 '숙취해소' 표시를 금지한다. 그러나 이로 인해 '숙취해소용 천연차'와 같은 특허 제품에 해당 표시를 사용할 수 없게 되어 특허 권자의 재산권을 침해한다(헌재 2000.3.30. 99헌마143).

2. 저작자 표시 관련 처벌

저작권법상 '저작자 아닌 자를 저작자로 표시하여 저작물을 공표한 자'를 처벌하는 규정은 금지 행위가 명확 하여 죄형법정주의의 명확성 원칙에 위배되지 않는다(헌재 2018.8.30. 2015헌바158).

3. 법인 등의 저작권 귀속

법인이나 단체 기획하에 작성된 업무상 컴퓨터프로그램 저작물의 저작자를 법인 등으로 규정한 저작권법은 입법형성권의 한계를 벗어나지 않았다(헌재 2018.8.30. 2016헌가12).

제4절 예술의 자유

01 예술의 자유의 의의

1. 예술의 개념

예술의 자유란 미를 추구하는 행위를 함에 있어 부당한 간섭을 받지 않을 자유를 말한다.

2. 주체

헌법재판소는 예술품을 보급하는 출판사나 음반제작사도 예술의 자유의 주체가 된다고 인정한 바 있다.

02 예술의 자유의 내용

1. 예술창작의 자유

(1) 개념

예술창작의 자유란 예술창작활동을 할 자유로서 소재, 형태, 과정에 대한 임의로운 결정권을 포함한 모든 예술창작 활동의 자유이다.

(2) 상업광고물

예술은 전달이 아니라 표현 그 자체에 목적이 있어 자기목적적이다. 따라서 상업광고물은 그 자체가 목적이 아닌 수단이나 도구로서 행해지므로 예술창작의 자유에서 보호받지 못한다고 할 것이다. 또한 단순히 기능적인 요리, 수공업은 예술창작의 자유에 포함되지 않는다.

2. 예술표현의 자유

예술표현의 자유는 창작한 예술품을 일반대중에게 전시·공연·보급할 수 있는 자유이다.

📖 판례정리

1. 학교정화구역 내 극장시설 금지

극장 운영 제한은 공연물·영상물의 예술적 성격과 관련되어 직업의 자유뿐만 아니라 표현의 자유 및 예술의 자유를 제한하는 측면이 있다(헌재 2004.5.27. 2003헌가1).

2. 음반 제작자 등록 의무

구 음반에관한법률 제3조 제1항이 비디오물을 포함한 음반 제작자에게 일정한 시설을 갖추어 등록하도록 요구하는 것은 예술의 자유와 언론·출판의 자유를 본질적으로 침해하거나 과잉금지 원칙에 반하지 않는다(헌재 1993.5.13. 91헌바7).

3. 문신시술과 의료법 제한

문신시술은 미적 감상을 표현하는 예술·표현의 자유 영역에 포함될 수 있지만, 의료행위를 의료인에게만 허용하는 의료법에 의해 비의료인의 문신시술 금지는 직업선택의 자유를 제한하는 것으로 간접적으로 예술의 자유를 제약한다. 이에 따라 직업선택의 자유 침해 여부를 판단하며, 예술의 자유 침해 여부는 별도로 판단하지 않는다(헌재 2022.7.21. 2022헌바3).

제5절 언론·출판의 자유

> **헌법 제21조【언론·출판·집회·결사의 자유 등, 언론·출판에 의한 피해배상】**① 모든 국민은 언론·출판의 자유와 집회·결사의 자유를 가진다.
> ② 언론·출판에 대한 허가나 검열과 집회·결사에 대한 허가는 인정되지 아니한다.
> ③ 통신·방송의 시설기준과 신문의 기능을 보장하기 위하여 필요한 사항은 법률로 정한다.
> ④ 언론·출판은 타인의 명예나 권리 또는 공중도덕이나 사회윤리를 침해하여서는 아니 된다. 언론·출판이 타인의 명예나 권리를 침해한 때에는 피해자는 이에 대한 피해의 배상을 청구할 수 있다.

01 언론·출판의 자유의 의의

1. 개념

언론·출판의 자유란 자기의 사상 또는 의견을 언어, 문자 등으로 불특정 다수인에게 발표할 자유를 말한다.

2. 연혁

> **제헌헌법 제13조** 모든 국민은 법률에 의하지 아니하고는 언론·출판·집회·결사의 자유를 제한받지 아니한다.
>
> **제3차 개정헌법(1960.6.15.) 제28조** ② 국민의 자유와 권리는 질서유지와 공공복리를 위하여 필요한 경우에 한하여 법률로써 제한할 수 있다. 단, 그 제한은 자유와 권리의 본질적인 내용을 훼손하여서는 아니 되며, **언론·출판에 대한 허가나 검열과 집회·결사에 대한 허가를 규정할 수 없다.**
> * 허가·검열금지 최초 규정
>
> **제5차 개정헌법(1962.12.26.) 제18조** ② 언론·출판에 대한 허가나 검열과 집회·결사에 대한 허가는 인정되지 아니한다. 다만, 공중도덕과 사회윤리를 위하여 영화나 연예에 대한 검열을 할 수 있다.
>
> **제7차 개정헌법(1972.12.27.):** 검열과 허가제금지 삭제
>
> **제9차 개정헌법에서 재규정**

3. 다른 기본권과의 관계

(1) 집회·결사의 자유와의 관계

언론·출판의 자유는 개인적 표현의 자유이고 집회·결사의 자유는 집단적 표현의 자유이다. 후자가 더 많은 제한을 받는다.

(2) 통신의 비밀과의 관계

언론·출판의 자유는 사상, 의견을 불특정 다수인을 상대로 표현하는 행위이므로 개인 간의 일상적 대화는 표현의 자유에 의해서가 아니라 사생활의 비밀 또는 통신의 자유에 의해 보장받는다.

(3) 종교의 자유 등과의 관계

언론·출판의 자유는 종교의 자유, 양심의 자유, 학문과 예술의 자유와 표리관계에 있다고 할 수 있는데, 그러한 정신적인 자유를 외부적으로 표현하는 자유가 언론·출판의 자유라고 할 수 있다(헌재 1992. 11.12. 89헌마88).

02 언론·출판의 자유의 내용

1. 의사표현의 자유

(1) 개념

의사표현의 자유란 자신의 의사를 표현하고 전달하며 자신의 의사표명을 통해서 여론형성에 참여할 수 있는 권리이다.

(2) 의사표현의 전달방법 ★★

① 의사표현 및 전달의 형식(예 언어, 플래카드, 제스처, 음반, 비디오)에는 제한이 없어 언어적 표현뿐 아니라 상징적 표현(헌재 1998.2.27. 96헌바2)도 포함한다.

② 의사표현의 한 수단인 TV 방송(헌재 2001.8.30. 2000헌바36), 음반, 비디오물(헌재 1993.5.13. 91헌바17)뿐 아니라 옥외광고물(헌재 1998.2.27. 96헌바2), 상업적 광고표현(헌재 2000.3.30. 97헌마108)도 표현의 자유에서 보호된다. 영화도 언론·출판의 자유에 의한 보장을 받음은 물론 그 제작 및 상영은 학문·예술의 자유에 의하여도 보장을 받는다(헌재 1996.10.4. 93헌가13).

📖 판례정리

표현의 자유 보호 여부

보호되는 것

1. 청소년이용음란물·허위사실 표현의 보호

청소년이용음란물과 허위사실의 표현도 언론·출판의 자유의 보호영역에 포함되며, 제한은 헌법 제37조 제2항에 따른 국가안전보장·질서유지·공공복리를 위해 가능하다(헌재 2010.12.28. 2008헌바157).

2. 익명표현의 자유

표현의 자유에는 익명 또는 가명으로 자신의 사상·견해를 표명하고 전파할 권리가 포함된다. 익명표현의 부정적 효과는 내용과 조건이 결합된 결과이므로, 모든 익명표현을 사전적·포괄적으로 규제하는 것은 부당하며, 부정적 효과가 예상되는 경우에 한해 규제해야 한다(헌재 2021.1.28. 2018헌마456).

3. 전파와 보급의 자유

언론·출판의 자유는 사상·의견의 자유로운 표명과 전파의 자유를 포함하며, 전파의 자유는 보급의 자유까지 포함한다(헌재 1992.11.12. 89헌마88).

4. 집필의 자유

집필은 문자를 통한 모든 의사표현의 기본 전제이므로, 표현의 자유의 보호영역에 속한다(헌재 2005.2.24. 2003헌마289).

5. 노동조합의 정치적 표현

노동조합의 활동은 단결권의 보호를 받으나, 정치적 의사표명과 같은 고유 활동을 벗어난 경우 일반적인 기본권인 표현의 자유 등의 보호를 받을 뿐이다(헌재 1999.11.25. 95헌마154).

6. 노동조합의 활동과 표현의 자유

노동조합이 근로자의 근로조건 및 경제조건의 개선을 목적으로 활동할 경우 헌법 제33조의 단결권 보호를 받는다. 그러나 단결권의 보호를 넘어 정치적 의사표명이나 정치적 활동을 하는 경우에는 다른 개인이나 사회단체와 동일하게 일반적인 기본권인 표현의 자유 등의 보호만 받을 수 있다(헌재 1999.11.25. 95헌마154).

7. 차별적·혐오적 표현의 보호 여부

차별적 언사나 행동, 혐오적 표현도 헌법 제21조가 규정하는 표현의 자유의 보호영역에 포함된다. 이러한 이유만으로 보호영역에서 배제될 수는 없다(헌재 2019.11.28. 2017헌마1356).

8. 선거운동의 자유

선거운동의 자유는 표현의 자유, 특히 정치적 표현의 자유의 한 형태로, 선거과정에서의 의사 표현과 의견 교환을 통해 그 기능을 발휘하므로, 헌법상 언론·출판·집회·결사의 자유 보장의 보호를 받는다(헌재 1994.7.29. 93헌가4).

9. 상업적 언론의 보호

영리목적의 광고 등 상업적 언론도 표현의 자유의 보호대상이므로, 세무사 명칭 사용 금지는 세무사의 광고 행위를 규제하여 표현의 자유를 제한한다고 볼 수 있다(헌재 2008.5.29. 2007헌마248).

10. 명예훼손적 표현

헌법 제21조 제4항은 언론·출판의 자유에 따른 책임과 의무를 강조하며 제한의 요건을 명시할 뿐, 보호영역의 한계를 설정하지 않는다. 따라서 공연한 사실의 적시에 의한 명예훼손적 표현도 표현의 자유의 보호영역에 포함된다(헌재 2021.2.25. 2017헌마1113).

11. 음란표현의 보호 여부

음란표현은 헌법 제21조가 규정하는 언론·출판의 자유의 보호영역에 해당한다. 이로써 과거 음란표현이 보호영역에 포함되지 않는다고 본 견해를 변경한다(헌재 2009.5.28. 2006헌바109).

보호되지 않는 것

1. 유권자의 전부거부 의사표시

국가가 공직후보자들에 대한 전부거부 의사표시를 할 방법을 보장할 의무까지 포함하지 않는다. 따라서 투표용지에 전부거부표시를 마련하지 않은 공직선거법은 표현의 자유를 제한하는 것이 아니다(헌재 2007.8.30. 2005헌마975).

2. 언론의 자유의 범위

헌법상 언론의 자유는 언론·출판의 본질적 표현 방법과 내용을 보장하는 것이며, 이를 위한 시설이나 언론 기업의 주체로서 기업인의 활동까지 포함한다고 볼 수는 없다(헌재 1992.6.26. 90헌가23).

표현의 자유 제한이 아닌 것

1. 시·도지사 후보자 기탁금 납부 요건

공직선거법에서 시·도지사 후보자가 등록 시 5천만원의 기탁금을 납부하도록 한 규정은 후보자 등록 요건을 정한 것일 뿐, 선거운동의 자유나 표현의 자유를 직접적으로 제한하지 않는다(헌재 2019.9.26. 2018헌마128).

2. 전기통신역무의 타인 이용 금지

전기통신사업법 제30조는 이동통신서비스를 타인의 통신용으로 제공하는 행위를 금지하지만, 이는 이용자의 의사소통 및 의사표현을 제한하는 내용이 아니다. 따라서 이용자의 통신의 자유, 의사소통 과정의 비밀, 또는 발언 내용에 대한 제한으로 볼 수 없다(헌재 2022.6.30. 2019헌가14).

---

2. 알 권리 ★★

(1) 개념

알 권리란 일반적 정보원으로부터 정보를 수집하고, 수집된 정보를 취사, 선택할 수 있는 자유와 정보 공개를 청구할 권리이다.

📖 판례정리

알 권리와 표현의 자유

사상 또는 의견의 자유로운 표명은 자유로운 의사의 형성을 전제로 하는데, 자유로운 의사의 형성은 충분한 정보에의 접근이 보장됨으로써 비로소 가능한 것이며, 정보에의 접근·수집·처리의 자유 즉 '알 권리'는 표현의 자유에 당연히 포함되는 것으로 보아야 하는 것이다(헌재 1989.9.4. 88헌마22).

(2) 법적 성격

① **자유권·청구권·참정권적 성격:** 알 권리는 여론형성에 기여한다는 뜻에서 참정권적 의미도 갖는다.
[허영]

② **생활권적 성격:** 알 권리는 고도의 정보화 사회에서 생활권적인 성격을 가지고 있다고 한다. 알 권리의 근거 중 하나를 인간다운 생활을 할 권리에서 찾았다(헌재 1991.5.13. 90헌마133).

③ **구체적 권리:** 알 권리는 헌법상 구체적 권리이다.

📖 판례정리

알 권리의 구체적 권리성

1. 알 권리가 헌법규정만으로 이를 실현할 수 있는가 구체적인 법률의 제정이 없이는 불가능한 것인가에 대하여서는 다시 견해가 갈릴 수 있지만, 본건 서류에 대한 열람·복사 민원의 처리는 법률의 제정이 없더라도 불가능한 것이 아니라고 할 것이다(헌재 1989.9.4. 88헌마22).

2. '알 권리'의 실현은 법률의 제정이 뒤따라 이를 구체화시키는 것이 충실하고도 바람직하지만, 그러한 법률이 제정되어 있지 않다고 하더라도 불가능한 것은 아니고 헌법 제21조에 의해 직접 보장될 수 있다고 하는 것이 헌법재판소의 확립된 판례인 것이다(헌재 1991.5.13. 90헌마133).

(3) 법적 근거

알 권리는 헌법 제21조의 표현의 자유의 한 내용이며, 알 권리의 보장은 국민주권주의(헌법 제1조), 인간의 존엄과 가치(헌법 제10조), 인간다운 생활을 할 권리(헌법 제34조 제1항)도 아울러 신장시키는 결과가 된다고 할 것이다(헌재 1991.5.13. 90헌마133).

(4) 주체

국민인 **자연인, 외국인, 법인, 권리능력 없는 사단·재단**도 알 권리의 주체가 될 수 있다. 이해당사자만이 아니라 모든 국민은 정보공개청구권을 가진다.

📖 판례정리

알 권리 주체

1. 국민은 헌법상 보장된 알 권리의 한 내용으로서 국회에 대하여 입법과정의 공개를 요구할 권리를 가지며, 국회의 의사에 대하여는 **직접적인 이해관계 유무와 상관없이 일반적 정보공개청구권을 가진다**고 할 수 있다(헌재 2009.9.24. 2007헌바17).

2. 이러한 '알 권리'의 보장의 범위와 한계는 헌법 제21조 제4항, 제37조 제2항에 의해 제한이 가능하고 장차는 법률에 의하여 그 구체적인 내용이 규정되겠지만, '알 권리'에 대한 제한의 정도는 청구인에게 이해관계가 있고 타인의 기본권을 침해하지 않으면서 동시에 공익실현에 장애가 되지 않는다면 가급적 널리 인정하여야 할

것이고 적어도 **직접의 이해관계가 있는 자**에 대하여는 특단의 사정이 없는 한 의무적으로 공개하여야 한다고 할 것이다(헌재 1991.5.13. 90헌마133).

(5) 내용

① **정보의 자유**: 알 권리는 정보에 대한 접근에 대해 국가의 간섭을 받지 않을 권리이다. 또한 수집한 정보를 선택할 수 있는 권리이다.

📖 판례정리

정보의 자유

1. **군내불온서적소지를 금지**하는 군인복무규율은 공개청구권과 관련된 것이 아니라 일반적으로 접근할 수 있는 정보원으로부터 자유로운 정보수집을 제한하고 있으므로 별도의 입법을 필요로 하지 않고 보장되는 자유권적 성격의 알 권리를 제한한다(헌재 2010.10.28. 2008헌마638).

2. 국민의 알 권리는 국민 누구나가 일반적으로 접근할 수 있는 모든 정보원으로부터 정보를 수집할 수 있는 권리로서 **정보수집의 수단**에는 제한이 없는 권리이다(헌재 2002.12.18. 2000헌마764).

3. 헌법 제21조 등에서 도출되는 기본권인 알 권리는 모든 정보원으로부터 일반적 정보를 수집하고 이를 처리할 수 있는 권리를 말하는데, 여기서 **'일반적'이란 신문, 잡지, 방송 등** 불특정 다수인에게 개방될 수 있는 것을, '정보'란 양심, 사상, 의견, 지식 등의 형성에 관련이 있는 일체의 자료를 말한다(헌재 2010.10.28. 2008헌마638).

② **정보공개청구권**: 알 권리는 국가기관에 대해 국가의 정보를 공개할 것을 요구할 수 있는 권리이다.

📖 판례정리

정보공개청구권

1. **정보공개청구권과 알 권리**
   정보공개청구권은 정부 및 공공기관 보유 정보에 대해 정당한 이해관계가 있는 자가 공개를 요구할 수 있는 권리로, 알 권리의 청구권적 성질과 밀접하게 관련된다(헌재 2019.7.25. 2017헌마1329).

2. **알 권리의 범위**
   알 권리는 이미 생성되어 존재하는 정보원을 전제로 하며, 정보원이 존재하지 않는 경우에는 알 권리의 제한 가능성이 없다. 새로운 정보의 생성을 요구하는 것은 알 권리의 보호대상에 포함되지 않는다(헌재 2015.12.23. 2015헌바66).

3. **학부모의 알 권리와 자녀교육권**
   학부모는 자녀교육권과 교육정보에 대한 알 권리를 가지며, 교원의 자격, 경력, 정치성향, 가치관, 교원단체 및 노동조합 가입 정보도 포함될 수 있다. 개별 교원의 가입 정보 공개 제한은 학부모의 알 권리와 자녀교육권을 제한하며, 이 경우 알 권리가 중심이 되어 판단하는 것이 적절하다(헌재 2011.12.29. 2010헌마293).

4. **금융정보와 알 권리의 제한**
   알 권리는 일반적으로 접근 가능한 정보원에 대해 적용되며, 타인의 금융거래정보는 이에 포함되지 않는다. 금융실명법에 따라 금융회사 종사자에게 거래정보 제공을 요구할 수 없고, 이를 위반 시 형사처벌하도록 규정한 조항은 알 권리를 제한하는 기본권에 해당하지 않는다(헌재 2022.2.24. 2020헌가5).

(6) 국가기밀(국가안전보장)의 충돌

① **헌법재판소 판례**: 군사기밀의 범위는 국민의 표현의 자유와 알 권리를 최대한 보장하기 위해 필요한 최소한으로 제한되어야 한다. 군사기밀 보호법 제6조는 비공지의 사실로서 적법절차에 따라 군사기밀로 표지됨. 국가의 안전보장에 명백한 위험을 초래할 실질적 가치가 있음을 충족하는 경우에만 적용된다. 이러한 해석하에 군사기밀 보호법은 헌법에 위반되지 않는다. 따라서 국가기밀 여부는 비밀관리 주체의 의사만으로 판단해서는 안 된다(헌재 1992.2.25. 89헌가104).

② **대법원 판례**: 과거 대법원은 공지된 사항이라도 북한에 유리한 경우 이를 국가기밀로 보았다. 그러나 최근에는 공지된 사실이나 지식은 국가기밀이 아니라고 판례를 변경하였다(대판 전합체 1997.7.16. 97도985).

(7) 정부의 정보공개의무

정보공개청구가 있으면 법령의 규정과 관계없이 정보를 공개할 의무가 있으나 청구가 없으면 법률의 규정이 있어야 공개할 의무가 발생한다.

> 헌법 제50조 【국회회의공개】 ① 국회의 회의는 공개한다. 다만, 출석의원 과반수의 찬성이 있거나 의장이 **국가의 안전보장**을 위하여 필요하다고 인정할 때에는 공개하지 아니할 수 있다.
>
> 제109조 【재판공개원칙】 재판의 심리와 판결은 공개한다. 다만, 심리는 국가의 안전보장 또는 안녕질서를 방해하거나 선량한 풍속을 해할 염려가 있을 때에는 법원의 결정으로 공개하지 아니할 수 있다.

📖 판례정리

정보공개청구가 없는 경우 공공기관의 정보공개의무 (헌재 2004.12.16. 2002헌마579)

1. 한국과 중국은 마늘 수입제한조치를 연장하지 않기로 합의했다.

2. 원칙적으로 국가에게 이해관계인의 공개청구 이전에 적극적으로 정보를 공개할 것을 요구하는 것까지 알 권리로 보장되는 것은 아니다. 따라서 일반적으로 국민의 권리·의무에 영향을 미친 정책결정 등에 관하여 적극적으로 그 내용을 알 수 있도록 공개할 **국가의 의무**는 기본권인 알 권리에 의하여 바로 인정될 수 없고 이에 대한 구체적 입법이 있는 경우에야 비로소 가능하다.

3. 알 권리에서 파생되는 정부의 공개의무는 특별한 사정이 없는 한 국민의 적극적인 정보수집행위, 특히 특정의 정보에 대한 공개청구가 있는 경우에야 비로소 존재한다.

4. 마늘농가 국민들이 마늘합의서에 대한 공개청구를 하지 않은 경우 행정부는 한·중 마늘합의서를 공개할 의무는 없다.

5. 정보공개청구가 없는 경우에 행정청의 공개의무는 법률에 규정이 있어야 인정된다.

(8) 제한

알 권리는 헌법 제37조 제2항에 의해 제한될 수 있을 뿐 아니라, 헌법 제21조 제4항에 의해서도 제한될 수 있다.

알 권리의 제한가능성

'알 권리'도 헌법유보(제21조 제4항)와 일반적 법률유보(제37조 제2항)에 의해 제한될 수 있음은 물론이며, … 알 권리에 대한 제한의 정도는 청구인에게 이해관계가 있고 공익에 장애가 되지 않는다면 널리 인정해야 할 것으로 생각하며, 적어도 직접의 이해관계가 있는 자에 대하여서는 의무적으로 공개하여야 한다는 점에 대하여는 이론의 여지가 없을 것으로 사료된다(헌재 1989.9.4. 88헌마22).

알 권리 제한이 아닌 것

1. 태아성별고지 금지

태아 성별 정보를 임신기간 동안 부모에게 고지하지 않는 것은 알 권리를 제한하는 것이 아니다(헌재 2008.7.31. 2004헌마1010).

2. 공판조서의 절대적 증명력

형사소송법상 공판조서의 증명력 규정은 공판조서의 내용에 대한 접근·수집·처리에 관한 것이 아니므로, 알 권리를 제한한다고 보기 어렵다(헌재 2013.8.29. 2011헌바253).

3. 국가항공보안계획과 알 권리

국가항공보안계획에서 체약국의 요청에 따라 항공운송사업자가 추가 보안검색을 시행하는 내용은 일반적 정보에 해당하지 않는다. 따라서 이 계획에 의해 알 권리가 제한된다고 볼 수 없다(헌재 2018.2.22. 2016헌마780).

☑ 공공기관의 정보공개에 관한 법률

1. 공공기관의 의의

정보공개청구의 대상인 공공기관에는 국가기관, 지방자치단체뿐 아니라 사립학교도 포함된다. **사립대학교는 정보공개의무를 지는 공공기관이다**(대판 2006.8.24. 2004두2783).

2. 정보의 공개

(1) 정보공개 원칙과 예외

① **원칙**: 공공기관이 보유·관리하는 정보는 공개하여야 한다.
② **예외**: 다른 법률 또는 법률에서 위임한 명령(국회규칙·대법원규칙·헌법재판소규칙·중앙선거관리위원회규칙·대통령령 및 조례로 한정한다)에 따라 비밀이나 비공개 사항으로 규정된 정보 등은 공개하지 아니할 수 있다(법 제9조).

(2) 청구권자

모든 국민은 정보의 공개를 청구할 권리를 가지고, 외국인도 대통령령으로 정하는 바에 따라 정보공개청구를 할 수 있다(법 제5조).

참고 일반국민은 이해관계 유무와 상관없이 정보공개를 청구할 수 있다.

(3) 청구방법

정보공개 청구권자는 청구인의 성명·생년월일·주소 및 연락처 공개를 청구하는 정보의 내용 및 공개방법을 기재한 정보공개 청구서를 제출하거나 말로써 정보의 공개를 청구할 수 있다. 다만, 청구인의 주민등록번호는 본인임을 확인하고 공개 여부를 결정할 필요가 있는 정보를 청구하는 경우로 한정한다(법 제10조).

(4) 정보공개 여부의 결정

공공기관은 정보공개의 청구를 받으면 그 청구를 받은 날부터 10일 이내에 공개 여부를 결정하여야 한다. 공공기관은 부득이한 사유로 제1항에 규정된 기간 이내에 공개 여부를 결정할 수 없는 때에는 그 기간이 끝나는 날의 다음 날부터 기산하여 10일의 범위에서 공개 여부 결정기간을 연장할 수 있다(법 제11조).

(5) 정보의 공개방법

공개 청구한 정보가 제9조 제1항 각 호의 어느 하나에 해당하는 부분과 공개 가능한 부분이 혼합되어 있는 경우로서 공개 청구의 취지에 어긋나지 아니하는 범위에서 두 부분을 분리할 수 있는 경우에는 제9조 제1항 각 호의 어느 하나에 해당하는 부분을 제외하고 **공개하여야 한다**(법 제14조).

📖 **판례정리**

분리공개의무를 위반한 행정청의 전부거부에 대한 부분 취소

법원이 행정청의 정보공개거부처분의 위법 여부를 심리한 결과 공개를 거부한 정보에 비공개대상정보에 해당하는 부분과 공개가 가능한 부분이 혼합되어 있고 공개청구의 취지에 어긋나지 아니하는 범위 안에서 두 부분을 분리할 수 있음을 인정할 수 있을 때에는, 위 정보 중 공개가 가능한 부분을 특정하고 판결의 주문에 행정청의 위 거부처분 중 공개가 가능한 정보에 관한 부분만을 취소한다고 표시하여야 한다(대판 2010.2.11. 2009두6001).

---

(6) 정보의 전자적 공개

> **공공기관의 정보공개에 관한 법률 제15조【정보의 전자적 공개】** ① 공공기관은 전자적 형태로 보유·관리하는 정보에 대하여 청구인이 전자적 형태로 공개하여 줄 것을 요청하는 경우에는 그 정보의 성질상 현저히 곤란한 경우를 제외하고는 청구인의 요청에 따라야 한다.
> ② **공공기관은 전자적 형태로 보유·관리하지 아니하는 정보에 대하여 청구인이 전자적 형태로 공개하여 줄 것을 요청한 경우에는** 정상적인 업무수행에 현저한 지장을 초래하거나 그 정보의 성질이 훼손될 우려가 없으면 그 정보를 전자적 형태로 변환하여 공개할 수 있다.

(7) 정보의 공개 및 우송 등에 드는 비용은 실비(實費)의 범위에서 **청구인이** 부담한다(법 제17조 제1항).

(8) 정보공개에 관한 정책의 수립 및 제도개선에 관한 사항을 심의·조정하기 위하여 **행정안전부장관 소속하에** 정보공개위원회를 둔다(법 제22조).

3. 불복절차

청구인이 정보공개와 관련한 공공기관의 비공개 결정 또는 부분 공개 결정에 대하여 불복이 있거나 정보공개 청구 후 20일이 경과하도록 정보공개 결정이 없는 때에는 공공기관으로부터 정보공개 여부의 결정 통지를 받은 날 또는 정보공개 청구 후 20일이 경과한 날부터 이의신청 또는 행정심판 또는 행정소송을 제기할 수 있다.

4. 제3자의 정보에 대한 공개

공개 청구된 사실을 통지받은 제3자는 그 통지를 받은 날부터 3일 이내에 해당 공공기관에 대하여 자신과 관련된 정보를 공개하지 아니할 것을 요청할 수 있다. 비공개 요청에도 불구하고 공공기관이 공개 결정을 할 때에는 공개 결정 이유와 공개 실시일을 분명히 밝혀 지체 없이 문서로 통지하여야 하며, 제3자는 해당 공공기관에 문서로 이의신청을 하거나 행정심판 또는 행정소송을 제기할 수 있다. 이 경우 이의신청은 통지를 받은 날부터 7일 이내에 하여야 한다. 공공기관은 공개 결정일과 공개 실시일 사이에 최소한 30일의 간격을 두어야 한다(법 제21조).

참고 제3자의 정보에 대한 청구는 개인정보 보호법이 아니라 공공기관의 정보공개에 관한 법률에서 인정되고 있다. 제3자가 정보공개를 반대하더라도 정보를 공개할 수 있다.

알 권리 침해 여부

침해인 것

1. 임야조사서 열람 부작위

임야조사서와 토지조사부는 비공개 대상 정보가 아니므로, 이천군수가 임야조사서 열람 신청에 부작위한 것은 청구인의 알 권리를 침해한 것이다(헌재 1989.9.4. 88헌마22).

2. 형사확정소송기록 등사 거부

유죄판결을 받은 당사자의 형사확정소송기록 등사 신청에 대한 거부는 알 권리를 침해한다(헌재 1991.5.13. 90헌마133).

3. 저속 간행물 출판사 등록 취소

음란물이 아닌 저속한 간행물의 출판 금지와 출판사 등록 취소는 성인의 알 권리를 침해한다(헌재 1998.4.30. 95헌가16).

4. 변호사시험 성적 미공개

(1) 제한되는 기본권
① **직업선택의 자유**: 심판대상조항은 변호사시험 합격자에 대한 성적 비공개를 규정하지만, 시험 성적의 비공개가 청구인의 법조직역 선택이나 직업 수행에 제한을 가하는 것은 아니다. 따라서 직업선택의 자유는 제한되지 않는다.
② **개인정보자기결정권**: 변호사시험 성적이 정보주체의 통제권이 인정되는 개인정보라고 보기 어렵다. 따라서 개인정보자기결정권은 침해되지 않는다.
③ **평등권**: 다른 자격시험 응시자와 변호사시험 응시자가 본질적으로 동일한 비교집단이라고 보기 어렵다. 따라서 평등권 침해 문제도 발생하지 않는다.
④ **알 권리(정보공개청구권)**: 변호사시험 성적 공개 여부는 청구인의 알 권리 침해 여부로 판단된다.

(2) 과잉금지원칙 위배 여부
① **목적의 정당성**: 법학전문대학원 간 과도한 경쟁과 서열화를 방지, 법학 교육의 충실한 이행, 다양한 전문성을 갖춘 법조인 양성이라는 목적은 정당하다.
② **수단의 적합성**: 성적 비공개는 대학원 간 경쟁과 서열화를 완화할 수 있는 수단으로 판단된다. 그러나 비공개의 부작용(대학의 기존 서열화 고착 등)도 발생하여 수단의 적합성에 의문이 제기된다.
③ **결론**: 성적 비공개 조항은 과잉금지원칙을 위배하여 청구인의 알 권리를 침해한다.

5. 변호사시험법 부칙의 성적 공개 제한

성적 공개 청구기간을 '이 법 시행일부터 6개월 내'로 제한한 것은 변호사시험 합격자가 자신의 성적 정보를 충분히 활용할 기회를 과도하게 제한한다. 과잉금지원칙에 위배되어 정보공개청구권을 침해한다(헌재 2019.7.25. 2017헌마1329).

6. 정치자금법 자료 열람기간 제한

열람기간 3개월은 지나치게 짧아 실효성을 저해하며, 과잉금지원칙에 위배되어 알 권리를 침해한다(헌재 2021.5.27. 2018헌마1168).

7. 국회 정보위원회 회의 비공개

헌법 제50조 제1항 위반 여부: 모든 회의를 일률적으로 비공개하도록 정한 것은 의사공개원칙에 위배된다. 정보위원회의 회의 일체를 비공개하도록 규정한 국회법은 헌법 제50조 제1항에 위배되어 국민의 알 권리를 침해한다(헌재 2022.1.27. 2018헌마1162).

침해가 아닌 것

1. 수용자 관련 범죄기사 삭제는 구치소의 질서 유지와 보안을 위한 최소한의 제한이며, 알 권리 침해가 아니다 (헌재 1998.10.29. 98헌마4).

2. 불온도서 금지는 군인의 국가안보와 국토방위의무를 위해 불온도서를 금지하는 규정은 알 권리를 침해하지 않는다(헌재 2010.10.28. 2008헌마638).

3. 교원단체 가입정보는 민감정보로 보호되어야 하며, 교원의 노동조합 가입 정보 개별 교원의 명단을 공개하지 않는 규정은 알 권리를 침해하지 않는다(헌재 2011.12.29. 2010헌마293).

4. 아동학대행위자 식별정보 보도 금지 규정은 아동 보호와 공익을 위해 정당하며, 알 권리를 침해하지 않는다 (헌재 2022.10.27. 2021헌가4).

5. 금치처분 중 신문·도서 열람 제한은 수용질서를 확립하기 위한 조치로, 알 권리를 과도하게 제한하지 않는다(헌재 2016.4.28. 2012헌마549).

6. 선거 여론조사 결과 공표 금지는 과잉금지 원칙에 위배되지 않으며, 알 권리와 선거권을 침해하지 않는다 (헌재 1995.7.21. 92헌마177).

7. 한의사 국가시험 문제 공개 제한은 시험의 공정성 유지 및 출제 관리 강화를 위한 시험문제 비공개는 알 권리 침해가 아니다(헌재 2011.3.31. 2010헌바29).

8. 법원의 재판 선고는 공판기일에 이루어지며, 형 선고받은 피고인에 대한 재판서 미송달은 이 알 권리를 침해하지 않는다(헌재 1995.3.23. 92헌바1).

9. 개정법 시행 전 사건의 판결서를 전자적으로 열람할 수 없도록 한 군사법원법은 입법재량의 범위 내에 있으며, 알 권리 침해가 아니다(헌재 2015.12.23. 2014헌마185).

10. 경찰관서에서 수집된 개인영상정보의 보유기간을 30일로 제한한 '경찰청 영상정보처리기기 운영규칙' (헌재 2024.2.28. 2021헌마40)

    ① 보유기간 조항에 대해 청구인은 알 권리, 통신의 자유, 인간 존엄성과 신체의 자유, 평등권 침해를 주장했으나, 통신의 자유와 신체의 자유 침해는 간접적 주장에 불과하며, 평등권 침해는 본질적으로 보유기간의 적정성에 관한 주장과 같아 따로 다루지 않고, 알 권리 침해 여부만이 주요 쟁점이다.

    ② 영상정보의 무단 유출 및 사생활 침해를 방지하고 수사정보 유출을 차단하기 위한 것으로, 입법목적의 정당성과 수단의 적합성이 인정된다. 보유기간 30일은 지나치게 짧다고 보기 어렵고, 사생활 보호라는 공익이 정보공개청구권자의 사익보다 크므로, 침해의 최소성과 법익의 균형성을 갖추어 과잉금지원칙에 위배되지 않는다.

📖 판례정리

알 권리 관련 주요 대법원 판례

1. 공개청구 대상 정보의 범위

정보공개의 대상은 공공기관이 직무상 작성·취득하여 보유·관리 중인 문서에 한정되지만, 반드시 원본일 필요는 없다(대판 2006.5.25. 2006두3049).

2. 정보 보유·관리 여부에 대한 입증책임

정보공개청구자는 정보가 공공기관에 보유·관리되고 있다는 상당한 개연성을 입증할 책임이 있다. 다만, 정보가 과거에 보유되었으나 폐기된 경우, 정보가 더 이상 존재하지 않는다는 점은 공공기관이 입증해야 한다 (대판 2004.12.9. 2003두12707 ; 대판 2013.1.24. 2010두18918).

3. 보유하지 않은 정보에 대한 소의 이익

공공기관이 보유하지 않은 정보에 대해 공개 거부처분이 내려진 경우, 해당 처분의 취소를 구하는 소는 소의 이익이 없다(대판 2006.1.13. 2003두9459 ; 대판 2013.1.24. 2010두18918).

4. 이미 공개된 정보의 비공개결정

정보가 이미 공개되어 널리 알려졌다고 해서 소의 이익이 없다고 할 수 없으며, 비공개결정을 정당화할 수도 없다(대판 2008.11.27. 2005두15694).

5. 정보공개청구권의 법률상 보호

정보공개청구권은 법률상 보호되는 구체적 권리로, 거부처분 자체가 법률상 이익의 침해에 해당한다. 추가적인 법률상 이익 요구는 불필요하다(대판 2004.9.23. 2003두1370 ; 대판 2003.12.12. 2003두8050).

6. 공개방법 변경 시 일부 거부처분 여부

청구인이 신청한 공개방법과 다른 방법으로 공개하는 결정은 정보공개방법에 대한 일부 거부처분에 해당한다. 이에 대해 항고소송이 가능하다(대판 2016.11.10. 2016두44674).

7. 국가정보원 관련 정보의 비공개

국가정보원 직원의 현금급여와 월초수당 정보는 국가정보원법에 따라 비공개로 규정된 정보로, 공공기관의 정보공개법 제9조 제1항 제1호에 따른 비공개 대상에 해당한다(대판 2010.12.23. 2010두14800).

8. 국가정보원의 조직·소재지·정원 정보의 비공개

요지: 국가정보원의 조직·소재지 및 정원 정보는 공공기관의 정보공개법 제9조 제1항 제1호에서 말하는 '다른 법률에 의하여 비공개 사항으로 규정된 정보'에 해당한다(대판 2013.1.24. 2010두18918).

9. 답안지 및 시험문항 채점 결과 공개 여부

채점위원별 채점 결과를 공개하면 시험 결과와 관련된 이해관계자들로부터 시시비비에 휘말릴 우려가 있다. 이는 시험업무의 공정한 수행에 현저한 지장을 초래할 상당한 이유가 되어 비공개 대상 정보에 해당한다. 다만, 답안지 자체의 열람은 부작용 가능성이 적고, 열람 업무 폭증 우려도 없다. 따라서 답안지 열람 자체가 시험업무에 지장을 초래한다고 볼 수 없다(대판 2003.3.14. 2000두6114).

10. 정보공개 청구권자의 권리와 공개 목적

권리구제 가능성과 정보공개 여부는 무관하며, 청구 목적은 공개 여부 판단에 영향을 미치지 않는다(대판 2017.9.7. 2017두44558).

11. 불기소처분 및 내사기록의 비공개 범위 불기소처분 기록이나 내사기록 중 피의자신문조서 등에는 개인의 사생활의 비밀이나 자유를 침해할 우려가 있는 경우가 많다. 피의자 등의 인적 사항 이외에도 진술내용 자체가 비공개 대상 정보에 해당할 수 있다(대판 2017.9.7. 2017두44558).

---

3. 언론기관의 자유

(1) 정기간행물 등록제

정기간행물 등록제는 국가가 언론·출판의 건전한 발전을 위한 계획을 수립·시행하는 데 필요한 정보를 확보하기 위한 목적을 가진다. 등록은 외형적·객관적 정보만을 요구하며, 형식적 심사에 그친다. 과잉금지원칙에 위배되지 않아 헌법에 위반되지 않는다(헌재 1997.8.21. 93헌바51).

(2) 정기간행물 등록 시 인쇄시설 소유 요건 해석

인쇄시설은 소유권뿐 아니라 임대차나 기타 법률관계로도 확보 가능하며, 현대사회에서는 소유 요건 없이도 대량 발행이 충분히 가능하다. 자기 소유 요건을 요구하는 것은 언론기관의 설립의 자유를 침해한다(헌재 1992.6.26. 90헌가23).

(3) 미성년자를 신문 발행업자 결격사유로 규정한 신문법

미성숙한 발행인이나 편집인으로 인한 사회적 피해를 예방하기 위해 미성년자를 결격사유로 규정한 것은 제한되는 사익보다 공익이 크다(헌재 2012.4.24. 2010헌마437).

(4) 인터넷신문 설립요건(5인 고용요건)

① **등록조항**: 인터넷신문 등록과 관련한 '등록'의 의미는 법률사실이나 법률관계를 등록기관의 장부에 기재하는 행위로, 그 뜻이 명확하다. 인터넷신문은 급격한 기술 변화와 발전에 대응하기 위해 유연하게 규율할 필요성이 있다. 신문법 제2조 제2호의 문언에 비추어 보면, 인터넷신문 등록 시 독자적 기사 생산과 지속적 발행 요건을 충족했음을 확인할 수 있는 서류가 대통령령에 규정될 수 있음을 충분히 예측할 수 있다. 따라서 등록조항은 명확성 원칙과 포괄위임금지원칙에 위배되지 않는다.

② **등록조항 허가제금지 위반 여부**: 등록제는 명칭, 발행인·편집인 등의 객관적 정보만을 요구하며, 내용에 대한 심사·통제는 포함되지 않아 사전허가금지원칙에 위배되지 않는다.

③ **인터넷신문 고용조항 및 확인조항의 과잉금지원칙 위반 여부**

㉠ **쟁점**: 인터넷신문 등록 요건으로 취재·편집 인력 5인 이상 고용을 요구하는 고용조항과 이를 확인하기 위한 확인조항이 언론의 자유를 제한하며 과잉금지원칙에 위배되는지 여부이다.

㉡ **입법목적의 정당성과 수단의 적합성**: 인터넷신문의 신뢰도와 사회적 책임을 제고하려는 입법목적은 정당하다. 고용 인력을 요구하는 방식은 목적을 달성하기 위한 적합한 수단이다.

㉢ **침해 최소성 여부**: 인터넷신문의 부정확한 보도는 신문법, 언론중재법 등 기존 법률로 충분히 규제 가능하다. 고용조항은 소규모 인터넷신문을 신문법 적용 대상에서 제외하여 폐해 예방 및 구제의 법적 장치에서 벗어나게 한다. 기사 품질 저하의 원인을 취재·편집 인력 부족으로 단정할 수 없으며, 포털사이트 의존 등 유통구조 문제가 근본적 원인이다. 인터넷신문 독자를 다른 매체 독자보다 더 보호할 이유가 없으며, 강제 고용은 반드시 필요한 조치라고 보기 어렵다.

㉣ **법익의 균형성 여부**: 고용조항은 소규모 인터넷신문의 언론 활동 기회를 봉쇄한다. 신뢰도 제고라는 입법목적은 효과가 불확실하여 법익의 균형성이 결여된다.

④ **보도의 자유**: 보도의 자유는 의사표현의 자유와 달리 평가적 의사표현뿐 아니라 단순한 사실전달을 함께 내포하고 있다.

⑤ **방송의 자유**

㉠ **방송의 자유의 이중적 성격**: 방송의 자유는 국가의 간섭을 배제하고, 방송프로그램을 통해 의견과 정보를 표현·전파하는 주관적인 자유권 영역을 포함한다. 방송의 자유는 자유로운 의견 형성과 여론 형성을 위한 필수적 기능을 수행하며, 이를 보장하기 위해 실체적·조직적·절차적 형성과 구체화를 필요로 하는 객관적 규범질서의 영역도 존재한다.

㉡ **방송매체의 특수성과 규율의 필요성**: 방송은 신문 등 다른 언론매체와 달리 여론 형성에서 중대한 영향을 미치는 특수성을 가진다. 이러한 특수성을 고려할 때, 방송 기능을 보장하기 위한 규율의 필요성은 다른 언론매체보다 더 높다(헌재 2003.12.18. 2002헌바49).

㉢ **수신료 통합징수금지**: 공영방송의 기능을 위축시킬 만큼 청구인의 재정적 독립에 영향을 끼친다고 볼 수 없으므로, 입법재량의 한계를 일탈하여 청구인의 방송운영의 자유를 침해하지 아니한다(헌재 2024.5.30. 2023헌마820).

⑥ **언론기관의 외적 조건 제한**: 신문법 제15조가 비록 신문기업 활동의 외적 조건을 규제하여 신문의 자유를 제한하는 효과를 가진다고 하더라도 그 위헌 여부를 심사함에 있어 신문의 내용을 직접적으로 규제하는 경우와 동일하게 취급할 수는 없다. 결국 **신문기업 활동의 외적 조건을 규제하는 신문법 조항에 대한 위헌심사는 신문의 내용을 규제하여 언론의 자유를 제한하는 경우에 비하여 그 기준이 완화된다**(헌재 2006.6.29. 2005헌마5).

04 언론 · 출판의 자유의 제한과 한계

1. 허가제 금지

헌법 제21조 제2항의 '허가'와 '검열'은 본질적으로 같은 것이라고 할 것이며, <u>허가 · 검열은 헌법적으로 허용될 수 없다</u>. 따라서 언론 · 출판에 대한 등록제는 허용되나 허가제는 금지된다.

2. 검열금지원칙

(1) 검열의 개념

검열은 행정권이 주체가 되어 사상이나 의견 등이 발표되기 이전에 예방적 조치로서 그 내용을 심사 · 선별하여 발표를 사전에 억제하는 것이다. **검열의 모든 요건을 갖추어야 헌법 제21조 제2항이 금지하는 검열에 해당한다.**

(2) 검열의 허용가능성

헌법 제37조 제2항이 국민의 자유와 권리를 국가안전보장 · 질서유지 또는 공공복리를 위하여 필요한 경우에 한하여 법률로써 제한할 수 있도록 규정하고 있다고 하여도 언론 · 출판의 자유에 대하여는 검열을 수단으로 한 제한만은 법률로써도 절대 허용되지 아니한다고 할 것이다(헌재 1996.10.31. 94헌가6).

(3) 광고 사전심의에 검열금지원칙이 적용되는지 여부

현행헌법상 사전검열은 표현의 자유 보호대상이면 예외 없이 금지된다. 건강기능식품의 기능성 광고는 인체의 구조 및 기능에 대하여 보건용도에 유용한 효과를 준다는 기능성 등에 관한 정보를 널리 알려 해당 건강기능식품의 소비를 촉진시키기 위한 상업광고이지만, 헌법 제21조 제1항의 표현의 자유의 보호 대상이 됨과 동시에 같은 조 제2항의 사전검열 금지대상도 된다(헌재 2018.6.28. 2016헌가8).

(4) 행정권이 검열의 주체

① **행정권**: 검열의 주체는 행정권이어야 하므로 사법권이나 입법권이 직접 표현을 규제하는 것은 검열에 해당하지 않는다.

📖 판례정리

검열의 주체는 행정권에 한정된다.

1. 법원의 방영금지 가처분

검열의 주체는 행정권에 한정되므로, 법원에 의한 방영금지 가처분은 검열에 해당하지 않는다. 이는 사법부가 사법절차에 따라 결정한 것으로, 헌법에서 금지하는 사전검열에 포함되지 않는다(헌재 2001.8.30. 2000헌바36).

2. 입법자에 의한 집회 제한

헌법 제21조 제2항에서 금지하는 '허가'는 행정청이 집회의 허용 여부를 사전에 결정하는 행위를 의미한다. 그러나 입법자가 법률로 일반적인 집회 제한을 규정하는 것은 사전허가금지에 해당하지 않는다(헌재 2014.4.24. 2011헌가29).

---

② **민간단체**: 검열을 행정기관이 아닌 독립적인 위원회에서 행한다고 하더라도 행정권이 주체가 되어 검열절차를 형성하고 검열기관의 구성에 지속적인 영향을 미칠 수 있는 경우라면 실질적으로 검열기관은 행정기관이라고 보아야 한다(헌재 1996.10.4. 93헌가13). 공연윤리위원회, 한국공연예술진흥협의회, 등급위원회, 한국광고자율심의기구, 의사협회는 형식적으로는 민간단체이어서 행정기관이 아니나 실질적으로는 인적 · 물적으로 행정권의 지배하에 있으므로 검열기관인 행정기관에 해당한다.

📖 **판례정리**

민간단체도 검열기관이 될 수 있다.

1. 한국건강기능식품협회의 건강기능식품 광고 사전심의

식약처장이 심의기준과 절차에 영향을 미치고, 재심의 권한을 가지며, 분기별로 보고를 받는 등 심의업무의 독립성과 자율성이 부족하여, 건강기능식품 광고 사전심의는 행정권에 의한 검열로 헌법이 금지하는 사전검열에 해당한다(헌재 2018.6.28. 2016헌가8).

2. 한국광고자율심의기구의 방송광고 사전심의

한국광고자율심의기구의 방송광고 사전심의는 방송위원회의 위탁을 받은 행정권에 의한 검열로, 헌법이 금지하는 사전검열에 해당한다(헌재 2008.6.26. 2005헌마506).

3. 의사협회의 의료광고 사전심의

의사협회는 행정권의 영향력에서 독립적이고 자율적으로 사전심의업무를 수행한다고 보기 어려우므로, 의료광고 사전심의는 헌법 제21조 제2항의 사전검열금지원칙에 위배된다(헌재 2015.12.23. 2015헌바75).

4. 한국의료기기산업협회의 의료기기 광고 사전심의

의료기기 광고 심의는 행정권인 식약처장이 주체로서 위탁을 철회할 수 있고, 심의위원회 구성에도 관여하는 등 행정권의 영향을 받아 헌법 제21조 제2항이 금지하는 사전검열에 해당한다(헌재 2020.8.28. 2017헌가35).

  * **반대의견**: 한국의료기기산업협회는 의료기기 광고 사전심의와 관련하여 식약처장으로부터 구체적인 업무지시를 받지 않고, 심의위원회 구성에서 식약처장의 관여가 최소화되어 있으며, 재정적으로 독립적으로 운영되는 민간 자율기구로 행정주체성이 인정되지 않는다. 따라서 의료기기 광고 사전심의는 헌법이 금지하는 사전검열에 해당하지 않는다.

(5) 허가를 받기 위한 표현물의 제출의무와 사전적 규제

의사표현 이후의 사법적 규제는 검열이 아니다. 영화상영 후 표현규제는 검열이 아니다. 그러나 사전적 규제라고 해서 모두 검열인 것은 아니다. 다른 검열 요건을 충족해야 하기 때문이다.

📖 **판례정리**

사전적 규제가 아니면 검열이 아니다.

1. 영화상영 후 규제

헌법 제21조 제2항의 검열금지의 원칙은 **정신작품의 발표 이후에 비로소 취해지는** 사후적인 사법적 규제를 금지하는 것이 아니므로 사법절차에 의한 영화상영의 금지조치(예 명예훼손이나 저작권 침해를 이유로 한 가처분)나 그 효과에 있어서는 실질적으로 동일한 형벌규정(예 음란, 명예훼손)의 위반으로 인한 **압수는** 헌법상의 검열금지의 원칙에 위반되지 아니한다(헌재 1996.10.4. 93헌가13 · 91헌바10).

2. 정기간행물 2부를 공보처장관에게 납본하도록 한 정간법

납본제도는 등록한 정간물은 자유로이 발행할 수 있되, **발행한 후에** 정간물 2부를 납본하도록 하고 있음에 불과하므로 **사전검열이라고 볼 수 없다**(헌재 1992.6.26. 90헌바26).

(6) 표현의 내용을 심사 · 선별

검열은 발표할 내용을 심사 · 선별하는 것이어야 한다. 내용이 아닌 인적 · 물적 · 기술적 요건에 따른 표현의 자유규제는 검열이 아니다.

📖 **판례정리**

표현의 내용을 심의 · 선별해야 검열이 될 수 있다.

1. 언론기업의 기업활동

사전허가금지의 대상은 표현의 내용을 보장하는 언론 · 출판의 자유에 한정되며, 물적 시설이나 언론기업의 기업활동까지 포함되지 않는다. 표현 내용에 대한 가치판단이나 사전봉쇄가 아니라면 헌법이 금지하는 '허가'에 해당하지 않는다(헌재 2016.10.27. 2015헌마1206).

2. 유선방송사업의 허가제

유선방송사업 허가는 기술적 · 물적 · 인적 요건에 근거한 것으로, 표현 내용의 가치판단에 의해 사전봉쇄를 목적으로 하지 않으므로 헌법 제21조 제2항의 금지된 허가에 해당하지 않는다(헌재 2001.5.31. 2000헌바43).

3. 인터넷신문 설립요건(5인 고용)

인터넷신문 설립요건으로 상시 5인 고용을 규정한 조항은 인적 요건에 대한 규제 및 확인 절차일 뿐, 인터넷신문의 내용을 심사하거나 통제하려는 규정이 아니므로 사전허가금지원칙에 위배되지 않는다(헌재 2016.10.27. 2015헌마1206).

4. 옥외광고물 설치 허가

옥외광고물등관리법 제3조는 광고물의 종류, 모양, 크기 등을 규제하며, 광고물의 내용을 심사하거나 통제하려는 목적이 아니므로 헌법 제21조 제2항의 사전허가 · 검열에 해당하지 않는다. 또한 제한이 필요 최소한으로 규정되어 과잉금지원칙에도 위배되지 않는다(헌재 1998.2.27. 96헌바2).

---

(7) 표현의 금지와 심사절차를 관철할 수 있는 강제수단

표현을 금지해야 검열에 해당한다. 영화등급제는 등급을 부과한 후 영화 상영을 허용하는 것이므로 검열에 해당하지 아니한다. 그러나 등급분류보류제는 등급이 보류되어 영화 상영이 금지되므로 검열에 해당한다. 제한상영가는 성인영화관에서 상영이 가능하므로 검열은 아니나 명확성원칙에 위반된다.

📖 **판례정리**

상영이나 발표를 금지해야 검열이 될 수 있다.

1. 영화 등급제

영화 등급제는 사전에 내용을 심사하여 통제하지만, 영화상영을 허용하는 제도로 검열에 해당하지 않는다. 등급심사를 받지 않은 영화의 상영 금지와 이에 대한 행정적 제재도 일괄적인 등급심사를 관철하기 위한 조치로 검열로 볼 수 없다(헌재 1996.10.4. 93헌가13).

2. 등급분류보류제

등급분류보류제는 등급을 받지 않은 영화의 상영을 금지하고, 문화부장관이 정지명령을 발하며 이를 위반하면 형벌을 부과하도록 규정되어 검열에 해당한다(헌재 1996.10.4. 93헌가13).

3. 제한상영가 영화 분류

제한상영가 영화 분류는 해당 영화의 범위를 예측할 수 없어 명확성 원칙에 위반된다. 다만, 검열금지 원칙 위반에는 해당하지 않는다(헌재 2008.7.31. 2007헌가4).

4. 교과서 검인정제도

교과서 검인정제도는 간행된 출판물 중 교과서로 적합한 것을 선별하는 제도로, 출판 자체를 금지하지 않으므로 검열에 해당하지 않는다(헌재 1992.11.12. 89헌마88).

5. 선거기간 중 실명확인제

선거기간 중 실명확인제는 이용자가 글의 성격에 따라 스스로 실명확인 절차를 거칠지 판단할 수 있어 사전검열금지 원칙에 위배되지 않는다(헌재 2010.2.25. 2008헌마324).

6. 여론조사 사전신고제

공직선거법에서 선거일 180일부터 선거일까지 여론조사 실시를 위해 선관위에 사전신고를 요구하는 규정은 사전검열에 해당하지 않는다(헌재 2015.4.30. 2014헌마360).

📖 **판례정리**

사전검열 금지위반

1. 음반·비디오물 공연윤리위원회의 사전심의

비디오물 제작·수입 시 공연윤리위원회의 사전심의를 의무화하고, 사전심의를 받지 않은 비디오물의 판매·배포·대여·시청 제공 등을 금지하며, 이를 위반 시 처벌하도록 한 법률조항은 검열금지원칙을 규정한 헌법 제21조 제2항에 위반된다(헌재 1998.12.24. 96헌가23).

2. 한국공연예술진흥협의회의 음반·비디오물 사전심의

한국공연예술진흥협의회는 검열기관으로, 음반법에 따라 비디오물의 판매·배포 등을 위해 사전에 심의를 받도록 하고, 심의받지 않은 비디오물의 판매·배포 등을 금지하며, 이를 위반한 자를 처벌하도록 규정한 법률은 검열의 모든 요소를 충족하여 검열금지원칙에 위반된다(헌재 1999.9.16. 99헌가1).

3. 외국비디오물 영상물등급위원회의 추천

외국비디오물 수입 시 영상물등급위원회의 수입추천을 의무화한 구 음반·비디오물 및 게임물에 관한 법률 제16조 제1항은 헌법 제21조 제2항이 절대적으로 금지하는 사전검열에 해당한다(헌재 2005.2.3. 2004헌가8).

4. 외국음반 국내제작 시 추천제도

외국음반을 국내 제작할 때 영상물등급위원회의 추천을 받도록 한 제도는 검열금지원칙에 위반된다(헌재 2006.10.26. 2005헌가14).

---

3. 언론·출판 자유의 제한에 대한 위헌심사기준

(1) 정치적 표현의 자유와 경제적 표현의 자유

  ① 정치적 표현의 자유 규제입법에 대한 심사기준

    ㉠ **경찰청장 퇴직 후 2년 내 정당가입금지**: 정당설립의 자유는 민주주의에서 정당의 중요성을 감안할 때 원칙적으로 제한될 수 없다. 정당설립의 자유를 제한하는 법률은 입법목적 달성에 적합하고 최소한의 침해를 가져오는 수단임을 입법자가 충분히 입증해야 한다. 따라서 정당설립의 자유에 대한 제한의 합헌성은 '수단의 적합성' 및 '최소침해성' 심사를 통해 엄격히 판단된다(헌재 1999.12.23. 99헌마135).

    ㉡ **선거운동의 자유 제한**: 선거운동의 자유는 국민주권 행사의 일환이자 정치적 표현의 자유로서 민주사회의 핵심 요소이지만, 선거의 공정성을 위해 주체, 기간, 방법 등에 대한 규제가 가능하다. 다만, 이러한 제한입법의 위헌 여부는 엄격한 심사기준에 따라 판단해야 한다(헌재 2016.6.30. 2013헌가1).

  ② **경제적 표현의 자유 규제입법에 대한 심사기준**: 상업광고에 대한 규제로 표현의 자유 및 직업수행의 자유를 제한할 때, 헌법 제37조 제2항의 비례원칙(과잉금지원칙)을 준수해야 한다. 그러나 상업광고 규제에서는 '피해의 최소성' 심사가 완화되어, 필요한 범위 내 최소한의 제한인지가 아니라 입법

목적을 달성하기 위한 필요범위 내의 규제인지 여부를 중심으로 판단한다(헌재 2005.10.27. 2003헌가3).

③ **표현내용에 대한 규제와 표현내용과 무관하게 표현의 방법만 규제하는 경우**: 일반적으로 국가가 개인의 표현행위를 규제하는 경우, 표현내용에 대한 규제는 원칙적으로 중대한 공익의 실현을 위하여 불가피한 경우에 한하여 엄격한 요건하에서 허용되는 반면, **표현내용과 무관하게 표현의 방법을 규제하는 것**은 합리적인 공익상의 이유로 폭넓은 제한이 가능하므로 완화된 심사가 가능하다(헌재 2011. 12.29. 2010헌바368).

④ **공무원의 표현의 자유 제한**: 공무원은 국민 전체에 대한 봉사자로서 정치적 중립성을 지킬 의무가 있으므로, 신분과 지위의 특수성에 따라 일반 국민보다 표현의 자유가 더 제한될 수 있다(헌재 2014.8.28. 2011헌바32). 헌법 제31조 제4항은 교육의 정치적 중립성을 선언하고 있으므로, 교원은 교육 담당자로서 정치적 표현의 자유가 일반 국민보다 더 제한될 수 있다(헌재 2014.8.28. 2011헌바32). 국군의 구성원으로서 **군무원이 그 정치적 의견을 공표하는 행위 역시 이를 엄격히 제한할 필요가 있다**(헌재 2018.7.26. 2016헌바139).

(2) 표현의 자유 규제에서 명확성원칙의 중요성

표현의 자유는 민주사회에서 중요한 역할과 기능을 수행하므로, 이를 규제하는 입법은 특별히 명확성원칙을 준수해야 한다. 불명확한 규범에 의한 규제는 헌법상 보호받는 표현에 위축 효과를 초래할 수 있기 때문이다. 표현의 자유를 규제하는 입법은 명확성원칙을 준수하여 표현의 위축 효과를 방지해야 한다(헌재 1998.4.30. 95헌가16).

(3) 과잉금지의 원칙

위법한 표현행위를 규제하기에 충분한, 보다 완곡한 제재방법이 있음에도 불구하고 과중한 제재를 과하는 입법은 과잉금지의 원칙을 위반한 것이다. 언론·출판의 자유는 더 완화된 제한조치(Less Restrictive Alternative)로서 제한해야 한다.

(4) 명백·현존위험의 원칙(Clear and present danger)

① **개념**: 명백하고 현존하는 위험의 원칙은 표현의 자유로 중대한 해악이 발생할 것이 명백하고, 해악 발생이 절박한 경우 표현의 자유를 제한할 수 있다는 원칙이다.

② **명백(Clear)**: 의사표현행위로 인하여 공익과 권리에 대한 해악이 발생할 것이 분명하여야 한다는 것이다.

③ **현존(Present)**: 의사표현행위로 인하여 공익과 타인의 권리에 대한 해악이 곧 발생하여야 한다는 것이다(시간적 근접성).

(5) 보다 덜 제한적인 대체조치원칙(Less Restrictive Alternative)

표현의 자유를 제한함에 있어서는 가능한 보다 덜 제한적인 수단을 선택해야 한다는 원칙이다.

(6) 당사자적격 완화

언론의 자유가 침해된 경우에는 원고적격을 확대할 필요가 있다는 원칙이다.

(7) 사상의 자유시장 이론

어떤 표현의 유해성 여부는 1차적으로 사상의 자유, 경쟁 메커니즘에 의해야 결정되어야 한다는 이론이다.

언론의 자유 침해 여부

침해인 것

1. 음란 또는 저속한 간행물을 출간한 출판사 등록취소 (헌재 1998.4.30. 95헌가16)

① 음란한 간행물에 관한 부분은 헌법에 위반되지 아니하고 저속한 간행물에 관한 부분은 헌법에 위반된다.

② 이 사건 법률로 언론·출판의 자유, 직업의 자유, 재산권이 경합적으로 제한되고 있으나 1차적으로 제한되는 것은 언론·출판의 자유이다.

③ 어떤 표현이 유해하다 하더라도 그 해악의 해소는 1차적으로 사상의 경쟁 메커니즘에 의해야 한다. 국가는 언론·출판의 영역에서 2차적으로 개입할 수 있다. 그러나 사상의 자유, 경쟁에 의해서도 표현의 해악이 해소될 수 없는 성질이거나 다른 사상이나 표현을 기다려 해소되기에는 너무나 심대한 해악을 지니는 표현에 한하여 국가의 개입이 1차적인 것으로 용인될 수 있다.

④ 음란한 개념은 형법상의 음란개념과 동일하게 대법원이 보고 있고 대법원 판례를 통하여 적정한 지침이 제시되고 있으므로 명확성원칙에 반한다고 할 수 없다.

⑤ 저속의 개념은 폭력성, 잔인성, 성적 표현의 정도의 하한이 모두 열려 있어 출판하고자 하는 자는 어느 정도 자신의 표현내용을 조절해야 하는지 알 수 없으므로 명확성원칙에 위반된다.

⑥ 성인은 청소년과 달리 저속한 간행물에 접근할 수 있어야 하는데, 이를 금지한 것은 성인의 알 권리 침해이다.

2. 의료인의 기능, 진료방법 광고금지

객관적인 사실에 기인한 것으로서 소비자에게 해당 의료인의 의료기술이나 진료방법을 과장함이 없이 알려주는 의료광고라면 이는 의료행위에 관한 중요한 정보에 관한 것으로서 소비자의 합리적 선택에 도움을 주고 의료인들 간에 공정한 경쟁을 촉진하므로 오히려 공익을 증진시킬 수 있다. 따라서 특정의료기관이나 의료인의 기능, 진료방법 등의 광고를 금지한 의료법은 표현의 자유를 침해한다(헌재 2005.10.27. 2003헌가3).

비교 의료법인·의료기관 또는 의료인이 '**치료효과를 보장하는 등 소비자를 현혹할 우려가 있는 내용의 광고**'를 한 경우 형사처벌하도록 규정한 의료법은 명확성원칙에 위반되지도 않는다. 표현의 자유뿐 아니라 직업행사의 자유도 제한하나 과잉금지원칙에 위반되지 않는다(헌재 2014.9.25. 2013헌바28).

비교 의료인 등으로 하여금 **거짓이나 과장된 내용의 의료광고를 하지 못하도록 한 의료법**은 명확성원칙에 위배되지 아니한다. 또한 의료소비자 보호 및 건전한 의료경쟁질서 유지라는 공익은 매우 중요하다. 따라서 이 사건 법률조항들은 의료인의 표현의 자유 및 직업수행의 자유를 침해하지 아니한다(헌재 2015.12.23. 2012헌마685).

비교 **의료인이 아닌 자, 의료광고 금지**는 표현의 자유 및 직업수행의 자유를 침해하지 아니한다(헌재 2016.9.29. 2015헌바325).

3. 변호사 광고금지 (헌재 2022.5.26. 2021헌마619)

(1) 제한되는 기본권

① **언론·출판의 자유와 직업수행의 자유 제한**: 광고물은 언론·출판의 자유의 보호 대상이며, 상업광고를 제한하는 입법은 직업수행의 자유도 제한한다.

② **재산권 침해 여부**: 심판대상조항으로 인한 영업상 어려움은 사실상의 영향에 불과하므로 재산권 제한으로 볼 수 없다.

③ **평등권 침해 주장**: 청구인들과 다른 직역 종사자는 직무 내용 및 자격요건에서 차이가 있어 비교집단이 되지 않으므로 평등권 침해 판단에서 제외된다.

④ **경제질서 위배 주장**: 헌법 제119조의 경제질서는 직업의 자유로 구체화되므로, 별도의 판단 없이 직업의 자유 침해 여부로 심사한다.

(2) 과잉금지원칙

① **목적의 정당성**: 변호사의 공공성과 공정한 수임질서의 유지, 법률 소비자 보호를 위한 규정으로, 입법목적의 정당성이 인정된다.

② **수단의 적합성**: 광고업자를 통한 유상 광고는 변호사법에서 허용되고, 이를 금지하는 규정도 없으므로 대가수수 광고금지규정은 공정한 수임질서 유지와 소비자 피해 방지라는 입법목적 달성에 적합한 수단으로 보기 어렵다.

③ **침해의 최소성**: 변호사 광고는 정보 전달과 소비자 선택에 중요한 역할을 하며, 허위·기만적 광고는 기존 법률로 충분히 규제 가능하다. 대가수수 광고금지규정은 경제적 대가를 지급한 광고를 전면 금지하여 입법목적 달성에 필요한 범위를 초과하므로 침해의 최소성 요건을 충족하지 못한다.

④ **법익의 균형성**: 공정한 수임질서 유지와 소비자 피해 방지라는 공익이 중요하나, 해당 규정으로 이를 달성할 수 있는지 불분명하다. 반면, 변호사들의 표현의 자유와 직업의 자유, 광고업체의 영업 자유를 중대하게 제한하여 법익의 균형성을 갖추지 못하였다.

⑤ **결론**: 대가수수 광고금지규정은 과잉금지원칙을 위반하여 청구인들의 표현의 자유와 직업의 자유를 침해한다.

[비교] 변호사 또는 소비자로부터 금전·기타 경제적 대가(알선료, 중개료, 수수료, 회비, 가입비, 광고비 등 명칭과 정기·비정기 형식을 불문한다)를 받고 법률상담 또는 사건 등을 소개·알선·유인하기 위하여 변호사등과 소비자의 연결을 금지하는 것이 과잉금지원칙에 위반되는지 여부(소극)

[비교] 변호사 등은 자기가 아닌 변호사·비(非)변호사, 개인·단체, 사업자 등(이하 '타인'이라 한다)의 영업이나 홍보 등을 위하여 광고에 타인의 성명, 사업자명, 기타 상호 등을 표시하는 행위를 금지하는 광고를 금지하는 변호사 광고에 관한 규정, 주체인 변호사 등 이외의 자가 자신의 성명, 기업명, 상호 등을 표시하거나 기타 자신을 드러내는 방법으로 광고하는 것을 금지하는 변호사 광고에 관한 규정이 과잉금지원칙에 위반되는지 여부(소극)

[비교] 사건 또는 법률사무의 수임료에 관하여 공정한 수임질서를 저해할 우려가 있는 무료 또는 부당한 염가를 표방하는 광고와 변호사 등은 무료 또는 부당한 염가의 법률상담 방식에 의한 광고를 금지하는 변호사 광고에 관한 규정이 과잉금지원칙에 위반되는지 여부(소극)

[비교] 수사기관과 행정기관의 처분·법원 판결 등의 결과 예측을 표방하는 광고와 변호사등이 아님에도 수사기관과 행정기관의 처분·법원 판결 등의 결과 예측을 표방하는 서비스를 취급·제공하는 행위를 금지하는 변호사 광고에 관한 규정이 과잉금지원칙에 위반되는지 여부(소극)

[비교] 변호사 등이 아님에도 변호사 등의 직무와 관련한 서비스의 취급·제공 등을 표시하거나 소비자들이 변호사 등으로 오인하게 만들 수 있는 자에게 광고를 의뢰하거나 참여·협조하는 행위를 금지한 변호사 광고에 관한 규정이 과잉금지원칙에 위반되는지 여부(소극)

[비교] 무료 또는 부당한 염가의 법률사무 보수를 표방하거나 최저가 등의 표현을 사용하는 광고를 금지한 변호사 광고에 관한 규정이 신뢰보호를 위반하는지 여부(소극)

4. 식품에 음주전후, 숙취해소표시 금지한 식품의약품안정청고시 제7조

이러한 표시를 금지하면 숙취해소용 식품에 관한 정확한 정보 및 제품의 제공을 차단함으로써 숙취해소의 기회를 국민으로부터 박탈하게 될 뿐만 아니라, 보다 나은 숙취해소용 식품을 개발하기 위한 연구와 시도를 차단하는 결과를 초래하므로, 위 규정은 숙취해소용 식품의 제조·판매에 관한 **영업의 자유 및 광고표현의 자유를 과잉금지원칙에 위반하여 침해하는 것이다**(헌재 2000.3.30. 99헌마143).

5. '공익'은 형벌조항의 구성요건으로서 구체적인 표지를 정하고 있는 것이 아니라, 헌법상 기본권 제한에 필요한 최소한의 요건 또는 헌법상 언론·출판의 자유의 한계를 그대로 법률에 옮겨 놓은 것에 불과할 정도로 그 의미가 불명확하고 추상적이다. **공익을 해할 목적으로 전기통신설비에 의하여 공연히 허위의 통신을 한 자를 형사처벌하는** 전기통신기본법은 명확성원칙에 위반된다(헌재 2010.12.28. 2008헌바157).

[비교] 방송통신심의위원회의 직무의 하나로 '건전한 통신윤리의 함양을 위하여 필요한 사항으로서 대통령령이 정하는 정보의 심의 및 시정요구'를 규정하고 있는 '방송통신위원회의 설치 및 운영에 관한 법률'은 명확성원칙에 반하지 않는다(헌재 2012.2.23. 2011헌가13).

[비교] 학교환경위생정화구역 안 '미풍양속을 해하는 행위 및 시설'을 금지한 학교보건법: 명확성원칙이나 위임입법의 한계를 규정한 헌법 제75조에 위반되지 않는다(헌재 2008.4.24. 2004헌바92).

6. 공공의 안녕질서나 미풍양속을 해하는 통신을 금지하는 전기통신사업법

불온통신을 '공공의 안녕질서 또는 미풍양속을 해하는 통신'으로 규정하고 이를 금지하고 있는바, 여기서의 '공공의 안녕질서'는 위 헌법 제37조 제2항의 '국가의 안전보장·질서유지'와, '미풍양속'은 헌법 제21조 제4항의 '공중도덕이나 사회윤리'와 비교하여 볼 때 동어반복이라 해도 좋을 정도로 전혀 구체화되어 있지 아니하다. 결론적으로 전기통신사업법 제53조 제1항은 규제되는 표현의 내용이 명확하지 아니하여 명확성의 원칙에 위배된다(헌재 2002.6.27. 99헌마480).

7. 국가모독죄

심판대상조항의 신설 당시 제안이유에서는 '국가의 안전과 이익, 위신 보전'을 그 입법목적으로 밝히고 있으나, 일률적인 형사처벌을 통해 국가의 안전과 이익, 위신 등을 보전할 수 있다고 볼 수도 없으므로 <u>수단의 적합성을 인정할 수 없다</u>. 따라서 국가모독죄조항은 과잉금지원칙에 위배되어 표현의 자유를 침해한다(헌재 2015.10.21. 2013헌가20).

비교 **형법 제105조의 국기모독죄**: 국기는 국가의 역사와 국민성, 이상 등을 응축하고 헌법이 보장하는 질서와 가치를 담아 국가의 정체성을 표현하는 국가의 대표적 상징물이다. 심판대상조항은 국기를 존중, 보호함으로써 국가의 권위와 체면을 지키고, 국민들이 국기에 대하여 가지는 존중의 감정을 보호하려는 목적에서 입법된 것이다. 심판대상조항은 과잉금지원칙에 위배되어 청구인의 표현의 자유를 침해한다고 볼 수 없고, 표현의 자유의 본질적 내용을 침해한다고도 할 수 없다(헌재 2019.12.27. 2016헌바96).

비교 **군형법상 상관모욕죄** (헌재 2016.2.25. 2013헌바111)
① **명확성원칙에 위배되는지 여부(소극)**: 상관에 대한 사회적 평가에 더하여 군기를 확립하고 군조직의 위계질서와 통수체계를 유지하려는 상관모욕죄의 입법목적이나 보호법익 등에 비추어 이를 예견할 수 없을 정도로 광범위하다고 보기는 어려우므로, 심판대상조항은 명확성원칙에 위배되지 아니한다.
② **표현의 자유를 침해하는지 여부(소극)**: 군조직의 위계질서와 통수체계가 파괴될 위험성이 커 이를 일반예방적 효과가 있는 군형법으로 처벌할 필요성이 있다. 따라서 심판대상조항은 과잉금지원칙에 위배되어 군인의 표현의 자유를 침해한다고 볼 수 없다.

8.

게시판 이용자의 표현의 자유를 사전에 제한하여 의사표현 자체를 위축시킴으로써 자유로운 여론의 형성을 방해하고, 게시판 이용자의 개인정보가 외부로 유출되거나 부당하게 이용될 가능성이 증가하게 되었는바, 인터넷게시판을 설치·운영하는 정보통신서비스 제공자에게 **본인확인조치의무를 부과하여 게시판 이용자로 하여금 본인확인절차를 거쳐야만 게시판을 이용할 수 있도록 하는 본인확인제**를 규정한 '정보통신망 이용촉진 및 정보보호 등에 관한 법률'은 표현의 자유, 개인정보자기결정권, 언론의 자유 침해이다(헌재 2012.8.23. 2010헌마47).

9. 선거운동기간 중에 인터넷언론사 홈페이지 게시판 등 이용자로 하여금 실명확인 (헌재 1998.4.30. 95헌가16 등)

(1) 명확성원칙위반 여부
① **명확성원칙의 의의**: 명확성원칙은 법치국가원리의 표현으로, 모든 기본권 제한 입법에 요구된다. 이는 수범자가 금지 또는 허용되는 행위를 알 수 없을 경우 법적 안정성과 예측 가능성이 저해되고, 법 집행의 자의성을 초래할 수 있기 때문이다.
② **표현의 자유와 명확성원칙**: 표현의 자유는 민주사회에서 국민주권 실현에 필수적이므로 이를 규제하는 입법에서는 특별히 명확성원칙이 중요하다. 불명확한 규범은 표현의 자유를 위축시키고, 다양한 의견 교환을 통한 상호 검증 기능을 약화시킬 위험이 있다.
③ 공직선거법 및 관련 법령이 구체적으로 '인터넷언론사'의 범위를 정하고 있고, 중앙선거관리위원회가 설치·운영하는 인터넷선거보도심의위원회가 심의대상인 인터넷언론사를 결정하여 공개하는 점 등을 종합하면 '인터넷언론사'는 불명확하다고 볼 수 없으며, '지지·반대'의 사전적 의미와 심판대상조항의 입법목적, 공직선거법 관련 조항의 규율내용을 종합하면, 건전한 상식과 통상적인 법 감정을 가진 사람이면 자신의 글이 정당·후보자에 대한 '지지·반대'의 정보를 게시하는 행위인지 충분히 알 수 있으므로, 실명확인 조항 중 "인터넷언론사" 및 "지지·반대" 부분은 명확성 원칙에 반하지 않는다.

(2) 제한되는 기본권

① **익명표현의 자유**: 헌법 제21조 제1항이 보장하는 표현의 자유에는 익명 또는 가명을 통한 의사표현의 자유도 포함된다. 실명확인 조항은 게시판 이용자의 익명표현의 자유를 제한한다.

② **언론의 자유**: 실명확인 조항으로 인터넷언론사의 게시판 운영 시 실명확인 조치의무와 관련된 제한이 발생하며, 이는 게시판 이용자의 익명표현의 자유 제한에 따른 결과로 인터넷언론사의 언론의 자유도 제한된다.

③ **개인정보자기결정권**: 실명인증자료에는 성명, 주민등록번호 등 개인식별정보가 포함되며, 실명인증자료 관리조항은 개인정보자기결정권을 제한한다.

④ 실명확인 조항은 인터넷언론사에 실명확인 의무 및 관련 조치를 강제하고, 이를 준수하지 않을 경우 과태료를 부과하여 언론사의 언론의 자유와 직업의 자유를 제한한다.

(3) 과잉금지원칙 위반 여부

심판대상조항은 선거운동기간 중 흑색선전 방지와 공정성 확보라는 정당한 목적과 수단의 적합성은 인정되지만, 익명표현의 긍정적 효과를 차단하고 정치적 의사표현을 위축시키며, 이미 마련된 사후적 제재수단을 고려하지 않아 침해 최소성 요건을 충족하지 못한다. 또한, 익명표현의 자유와 개인정보자기결정권은 민주주의와 여론 형성의 핵심적 권리로 보호되어야 하나, 해당 조항은 이를 과도하게 제한하여 자유와 공익 간 균형을 상실한다. 따라서 심판대상조항은 과잉금지원칙에 위배되며 익명표현의 자유, 언론의 자유, 개인정보자기결정권을 침해한다.

> **비교** 국가기관, 공공기관 등이 운영하는 게시판에 본인 확인 절차를 요구하는 정보통신망법 제44조의5 제1항 제1호는, 게시판이 익명표현의 유일한 수단이 아니고 적용 범위가 제한적이므로 기본권 제한의 정도가 크지 않다. 반면, 명예훼손·불법정보 유통 방지와 건전한 인터넷 문화 조성이라는 공익은 중요하다. 따라서 심판대상조항은 법익의 균형성을 충족하며 과잉금지원칙을 준수해 익명표현의 자유를 침해하지 않는다(헌재 2022.12.22. 2019헌마654).

10. 사용자단체와 달리 노동단체에 한해 정치자금제공을 금지한 정치자금법

이 사건 법률조항을 통하여 달성하려는 공익인 '노동단체 재정의 부실 우려'의 비중은 상당히 작다고 판단된다. 따라서 노동단체의 기부금지를 정당화하는 중대한 공익을 인정하기 어려우므로 이 사건 법률조항은 노동단체인 청구인의 표현의 자유 및 결사의 자유의 본질적 내용을 침해하는 위헌적인 규정이다(헌재 1999.11.25. 95헌마154).

11. 언론인의 선거운동을 금지하고, 이를 위반한 경우 처벌하도록 규정한 공직선거법

심판대상조항들의 입법목적은, 일정 범위의 언론인을 대상으로 언론매체를 통한 활동의 측면에서 발생 가능한 문제점을 규제하는 것으로 충분히 달성될 수 있다. 그런데 인터넷신문을 포함한 언론매체가 대폭 증가하고, 시민이 언론에 적극 참여하는 것이 보편화된 오늘날 심판대상조항들에 해당하는 언론인의 범위는 지나치게 광범위하다. 따라서 심판대상조항들은 선거운동의 자유를 침해한다(헌재 2016.6.30. 2013헌가1).

12. 정당에 후원회 설치금지

정당의 정당활동의 자유와 국민의 정치적 표현의 자유를 침해한다(헌재 2015.12.23. 2013헌바168).

13. 선거방송심의위원회의 구성과 운영에 관한 규칙에 의한 방송위원회의 경고

이 사건 조항에 의한 그러한 '주의 또는 경고'는 2006.10.27. 개정되기 전 구 방송법 제100조 제1항에 나열된 제재조치에 포함되지 아니한 것이었으며, 법률의 위임에 따라 정할 수 있는 '제재조치'의 범위를 벗어난 것이었다. 따라서 이 사건 조항에 근거한 위 방송위원회의 경고는 기본권 제한에서 요구되는 법률유보원칙에 위배되어 방송의 자유를 침해한다(헌재 2007.11.29. 2004헌마290).

14. 인터넷언론사에 대하여 선거일 전 90일부터 선거일까지 후보자 명의의 칼럼이나 저술을 게재하는 보도를 제한하는 구 인터넷선거보도 심의기준 등에 관한 규정에서 시기제한조항

시기제한조항은 선거일 전 90일부터 후보자 명의의 칼럼 게재를 금지해 선거의 공정성을 확보하려는 정당한 목적과 수단의 적합성은 인정되지만, 모든 보도를 일률적으로 제한하며 국민의 알 권리를 침해하고, 대체적 규제수단이 존재함에도 인터넷언론의 자율성을 과도하게 제한해 침해 최소성 요건을 충족하지 못한다.

또한, 선거와 무관한 보도까지 규제하여 공익보다 기본권 제한이 중대해 법익의 균형성 원칙에도 반한다. 따라서 시기제한조항은 과잉금지원칙에 위배되어 표현의 자유와 언론의 자유를 침해하며 헌법적 정당성을 갖추지 못한다(헌재 2019.11.28. 2016헌마90).

참고 공직선거법에 근거가 있으므로 법률유보원칙 위반은 아니었다.

15. 피청구인 대통령의 지시로 피청구인 대통령 비서실장, 정무수석비서관, 교육문화수석비서관, 문화체육관광부장관이 야당 소속 후보를 지지하였거나 정부에 비판적 활동을 한 문화예술인이나 단체를 정부의 문화예술 지원사업에서 배제할 목적으로, 한국문화예술위원회, 영화진흥위원회, 한국출판문화산업진흥원 소속 직원들로 하여금 특정 개인이나 단체를 문화예술인 지원사업에서 배제하도록 한 일련의 지시행위 (헌재 2020.12.23. 2017헌마416)

① 표현행위자의 특정 견해, 이념, 관점에 근거한 제한은 표현의 내용에 대한 제한 중에서도 가장 심각하고 해로운 제한이다. 따라서 정치적 표현의 내용, 그중에서도 표현된 관점을 근거로 한 제한은 과잉금지원칙을 준수하여야 하며, 그 심사 강도는 더욱 엄격하다고 할 것이다.

② 정부에 대한 반대 견해나 비판에 대하여 합리적인 홍보와 설득으로 대처하는 것이 아니라 비판적 견해를 가졌다는 이유만으로 국가의 지원에서 일방적으로 배제함으로써 정치적 표현의 자유를 제재하는 공권력의 행사는 헌법의 근본원리인 국민주권주의와 자유민주적 기본질서에 반하는 것으로 그 **목적의 정당성**을 인정할 수 없다. 따라서 피청구인들의 이 사건 지원배제 지시는 더 나아가 살필 필요 없이 과잉금지원칙에 위반된다. 이 사건 지원배제 지시는 청구인들의 표현의 자유를 침해한다.

16. 후보자비방금지조항(공직선거법 제251조) (헌재 2024.6.27. 2023헌바78)

(1) 죄형법정주의의 명확성원칙 위배 여부

공직선거법 제251조의 '후보자'와 '비방' 부분이 명확하고 죄형법정주의의 명확성원칙에 위배되지 않는다.

(2) 정치적 표현의 자유 침해 여부

비방금지조항은 후보자의 명예 보호와 선거의 공정성을 보장하려는 정당한 목적과 적합성을 가진다. 그러나 진실 여부와 관계없이 모든 비방을 금지하는 조항은 고소·고발의 남발로 선거 혼탁을 초래하고, 유권자의 후보 판단 기회를 제한하며, 진실한 사실에 대해 공익성을 요구함으로써 표현의 자유를 위축시킨다. 이는 침해의 최소성을 충족하지 못하며 과도한 제한으로 표현의 자유를 침해한다.

17. 국민의 생명과 신체에 위협을 주거나 심각한 위험을 발생시키는 전단 살포를 금지하는 남북관계 발전에 관한 법률 제24조와 이를 위반할 경우에 따라 3년 이하의 징역 또는 3천만원 이하의 벌금에 처하고, 미수범도 처벌한다고 규정한 제25조 (헌재 2023.9.26. 2020헌마1724)

(1) 표현의 자유 침해 여부

금지 및 처벌 조항은 남북합의서 위반으로 전단 살포를 금지하며, 이를 위반할 경우 처벌하도록 한다. 이는 청구인들의 표현의 자유를 제한하는 것으로, 과잉금지원칙에 위배되는지 여부를 검토한다. 또한, 전단 살포로 인한 위해나 위험이 북한에 의해 발생하는 경우, 이에 대해 전단 살포자에게 책임을 묻는 것이 정당한지 여부도 살펴본다. 표현물의 제출의무나 행정권의 사전심사절차 등을 일반적으로 예정·도입하는 것이 아니므로, **심판대상조항에 따른 규율이 헌법 제21조 제2항이 금지하고 있는 '검열'에 해당한다고 보기는 어렵다.**

(2) 기타 쟁점

일반적 행동의 자유, 행복추구권 침해 여부는 표현의 자유 침해 여부를 중심으로 다루기 때문에 따로 판단하지 않는다. 알 권리 침해 주장은 남한에 거주하는 청구인들과 직접적인 관련이 없으므로 다루지 않는다.

(3) 표현의 자유 심사기준과 침해 여부

① **심사기준**: 전단 살포는 표현의 방법을 규제하는 것으로 볼 수 있지만, 이 사건에서는 전단이 북한 주민에게 도달하는 것이 중요한 의미를 가진다. 북한 주민은 외부 정보를 접하기 매우 어려운 환경에 처해 있으므로, 이들에게 도달할 수 있는 표현 수단은 사실상 전단 살포 외에 거의 없다. 따라서 **이 조항은 표현의 내용을 제한하는 것으로 봐야 한다.** 정치적 표현의 자유는 민주주의의 근간이며, 특히 특정 견해나 이념을 제한하는 경우에는 **매우 엄격한 기준이 적용된다.** 심판대상조항은 북한 정권

에 비판적인 표현을 규제하는 것으로, 이는 중대한 공익 실현을 위한 경우에만 허용될 수 있다.
  ② **과잉금지 위반으로 표현의 자유 침해 여부**: 심판대상조항은 북한의 적대적 조치를 방지하고 국민의 안전을 지키며 평화통일을 지향하는 정당한 목적과 수단의 적합성은 인정된다. 그러나 덜 침해적인 대안이 존재하며, 전단 살포 자체가 직접적인 위해를 발생시키지 않음에도 형벌을 부과하고 미수범 까지 처벌하는 것은 과도하다. 또한, 북한의 대응 예측이 어려워 표현의 자유를 위축시키며 최소성 원칙을 충족하지 못한다. 전단 살포 금지로 달성하려는 공익은 불확실한 반면, 표현의 자유 침해로 인 한 사익은 매우 중대하다. 따라서 심판대상조항은 과잉금지원칙에 위배되어 표현의 자유를 침해한다.
(4) 책임주의 위반 여부
  ① **재판관 이은애, 재판관 이종석, 재판관 이영진, 재판관 김형두의 위헌의견**: 심판대상조항은 북한의 적 대적 조치로 인한 위해나 위험을 행위자가 통제할 수 없는 상황에서도 전단 살포 행위자에게 책임 을 전가하며, 이는 책임주의원칙에 위배되어 비난가능성이 없는 자에게 형벌을 부과하는 결과를 초 래한다. 따라서 심판대상조항은 헌법상 표현의 자유를 침해한다.
  ② **재판관 유남석, 재판관 이미선, 재판관 정정미의 위헌의견**: 심판대상조항에서 정한 결과는 북한의 개 입에 의해 실현되나, 이는 전단 살포가 원인이 되어 발생한 것으로 간주되며, 결과 발생에 대한 고의 와 인과관계가 요구된다. 따라서 심판대상조항은 비난가능성이 없는 자에게 형벌을 부과하는 것이 아니므로 책임주의원칙 위반이 문제되지 않는다.

침해가 아닌 것

1. **식품 첨가물의 표시에 있어 의약품과 혼동할 우려 표시를 금지한** 식품위생법 시행규칙(헌재 2000.3.30. 97헌마108)

2. **인터넷상의 청소년유해매체물 정보의 경우 18세 이용금지 표시 외에 추가로 '전자적 표시'를 하도록 하여** 차 단소프트웨어 설치시 동 정보를 볼 수 없게 한 정보통신망 이용촉진 및 정보보호 등에 관한 법률 시행령(헌재 2004.1.29. 2001헌마894)

3. 청소년을 이용한 음란한 필름, 비디오물, 게임물과 같은 청소년 음란물을 제작·수입·수출을 금지한 청소년 의 성보호에 관한 법률(헌재 2002.4.25. 2001헌가27)

4. 온라인서비스제공자가 자신이 관리하는 정보통신망에서 **아동·청소년이용음란물을 발견하기 위하여 대통령 령으로 정하는 조치를 취하지 아니하거나 발견된 아동·청소년이용음란물을 즉시 삭제하고, 전송을 방지 또 는 중단하는 기술적인 조치를 취하지 아니한 경우 처벌하는** '아동·청소년의 성보호에 관한 법률'(헌재 2018.6.28. 2016헌가15)

5. 공정거래위원회의 자료 열람·복사 요구를 자료 제출자의 동의나 공익상 필요가 있을 때만 허용하는 구 '독점 규제 및 공정거래에 관한 법률' 조항은 자료제출자의 개인정보·영업비밀 보호와 불공정거래행위 규제를 위 한 목적이 있다. 공정위는 방어권과 보호이익을 비교하여 열람·복사 여부를 결정해야 하며, 거부가 정당하지 않다면 항고소송이나 제재처분 무효를 통해 통제 가능하다. 청구인의 사익 제한은 중대하지 않으며 공익이 더 크므로, 해당 조항은 과잉금지원칙을 위반하지 않아 알 권리를 침해하지 않는다(헌재 2023.7.20. 2019헌바417).

6. 도로안전과 환경·미관을 위하여 자동차에 광고를 부착하는 것을 제한하는 것(헌재 2002.12.18. 2000헌마764)

7. 방송통신위원회가 일정한 요건 하에 서비스제공자 등에게 **불법 정보의 취급거부 등을 명하도록** 한 정보통신 망 이용촉진 및 정보보호 등에 관한 법률(헌재 2015.10.21. 2012헌바415)

8. 정보통신망을 통하여 일반에게 공개된 정보로 말미암아 사생활 침해나 명예훼손 등 타인의 권리가 침해된 경 우 그 침해를 받은 자가 삭제요청을 하면 정보통신서비스 제공자는 권리의 침해 여부를 판단하기 어렵거나 이해당사자 간에 다툼이 예상되는 경우에는 30일 이내에서 **해당 정보에 대한 접근을 임시적으로 차단하는 조치를 하여야 한다**고 규정하고 있는 '정보통신망 이용촉진 및 정보보호 등에 관한 법률' 제44조의2 제2항 (헌재 2012.5.31. 2010헌마88)

9. **정보통신망을 이용하여 공포심이나 불안감을 유발하는 문언을 반복적으로 상대방에게 도달하는 행위를 처 벌하는 것**(헌재 2016.12.29. 2014헌바434)

10. 특정구역 안에서 업소별로 표시할 수 있는 **광고물의 총 수량을 1개로 제한**한 '옥외광고물 표시제한 특정구역 지정고시'(헌재 2016.3.31. 2014헌마794)

11. **'저작자 아닌 자를 저작자로 하여 실명·이명을 표시하여 저작물을 공표한 자'를 처벌**하는 저작권법(헌재 2018.8.30. 2015헌바158)

12. 금융지주회사법 제48조의3 제2항 중 **금융지주회사의 임·직원이 업무상 알게 된 공개되지 아니한 정보 또는 자료를 다른 사람에게 누설하는 것을 금지하는 부분**(헌재 2017.8.31. 2016헌가11)

13. 금치처분을 받은 미결수용자라 할지라도 **금치처분 기간 중 집필을 금지하면서 예외적인 경우에만 교도소장이 집필을 허가할 수 있도록 한** 형의 집행 및 수용자의 처우에 관한 법률상의 규정(헌재 2016.4.28. 2012헌마549)
    참고 예외 없는 집필금지는 표현의 자유를 침해한다.

14. **'법관이 그 품위를 손상하거나 법원의 위신을 실추시킨 경우'를 징계사유로** 하는 법률규정(헌재 2012.2.23. 2009헌바34)

15. **서울시조례 제5조 제3항: 차별·혐오표현 금지**

    차별적 언사와 혐오표현도 헌법 제21조의 표현의 자유 보호영역에 속하지만, 차별·혐오표현 규제는 인간의 존엄성 보장 측면에서 중요하다. 특히 학생 대상 표현은 인격과 가치관 형성에 부정적 영향을 미칠 수 있으므로 학내 규제의 필요성이 크다. 조례는 침해의 최소성과 법익의 균형성을 충족하므로 과잉금지원칙에 위배되지 않으며, 표현의 자유를 침해하지 않는다(헌재 2019.11.28. 2017헌마1356).

16. **정보통신망을 통한 명예훼손 규정** (헌재 2021.3.25. 2015헌바438)
    ① **명확성원칙 위반 여부**: '사람을 비방할 목적'은 고의 외에 추가 주관적 요건으로, 피해자의 명예를 훼손하려는 의사로 해석되어 그 의미가 명확하므로 명확성원칙에 위배되지 않는다.
    ② **표현의 자유 침해 여부**: 명예는 한 번 훼손되면 완전한 회복이 어려우며, 정보통신망은 전파성이 커 그 위험이 중대하다. 심판대상조항은 명예훼손적 표현을 제한적으로 규제하여 과잉금지원칙에 위배되지 않으며 표현의 자유를 침해하지 않는다.

17. 공연히 사실을 적시하여 사람의 명예를 훼손한 자를 형사처벌하도록 규정한 형법 제307조(헌재 2021.2.25. 2017헌마1113)

18. 방송편성에 관하여 간섭을 금지하고 그 위반 행위자를 처벌하는 방송법 제105조(헌재 2021.8.31. 2019헌바439)

19. 정보통신망을 통하여 음란한 화상을 공공연하게 전시하여 유통하는 것을 금지하고 이를 위반하는 자를 처벌하도록 정한 '정보통신망 이용촉진 및 정보보호 등에 관한 법률'(헌재 2023.2.23. 2019헌바305)

20. 성범죄자 신상정보의 정보통신망 공개를 금지한 '아동·청소년의 성보호에 관한 법률'은 성범죄 예방, 피해자 및 지역사회 보호를 목적으로 하며, 정보 공개 제한은 인격권 침해를 최소화하기 위한 적합한 수단이다. 신상정보는 실명인증 등을 통해 누구나 접근 가능하며, 공개제도의 취지를 달성할 수 있어 침해의 최소성과 법익의 균형성을 갖추어 표현의 자유를 침해하지 않는다(헌재 2024.2.28. 2020헌마801).

21. **허위사실공표금지조항(공직선거법 제250조 제2항)**

    후보자에 유리하도록 허위사실을 공표한 자를 처벌하는 공직선거법 제250조 제2항이 죄형법정주의의 명확성원칙에 위배되지 않으며, 과잉금지원칙에도 부합한다(헌재 2024.6.27. 2023헌바78).

22. **공무원 지위이용 선거운동죄 조항이 선거에서의 정치적 중립의무를 지지 않는 지방의회의원의 지위를 이용한 선거운동을 금지하고 위반 시 형사처벌하면서 5년 이하의 징역형만을 법정형으로 규정한 것이 과잉금지원칙을 위반하여 정치적 표현의 자유를 침해하는지 여부(소극)**

    정치적 표현의 자유는 선거의 공정성을 훼손하지 않는 범위에서 보장되며, 공무원의 지위를 이용한 선거운동은 제한될 수 있다. 이는 선거의 공정성을 위한 공익이 중대하며, 지방의회의원도 정치적 중립 의무에서 예외가 아니다. 제한되는 정치적 표현의 자유는 크지 않아 법익의 균형성이 인정된다(헌재 2020.3.26. 2018헌바3).

4. 언론보도에 의하여 피해를 받은 자를 위한 구제

(1) 정정보도 청구권과 반론보도 청구권

구분	청구인	보도내용 진실 여부	고의·과실요건	위법성 요건	소송절차
정정보도 청구권	사실적 주장에 관한 언론보도 등이 진실하지 아니함으로 인하여 피해를 입은 자	진실하지 아니한 보도	×	×	본안 절차
반론보도 청구권	사실적 주장에 관한 언론보도로 인하여 피해를 입은 자	진실 여부 불문	×	×	가처분 절차

(2) 사망자의 인격권 보호

보도나 방송으로 사망한 사람의 인격권이 침해된 경우 유족이 정정보도, 반론보도, 손해배상을 청구할 수 있으나 다른 법률에 특별한 규정이 없으면 사망 후 30년이 지났을 때에는 구제절차를 수행할 수 없다(언론중재 및 피해구제 등에 관한 법률 제5조의2).

📖 판례정리

정정·반론보도

1. 정정보도청구권을 규정하고 있는 정간법 (헌재 1991.9.16. 89헌마165)

① 정정보도청구권은 인간의 존엄과 가치에서 도출되는 인격권과 사생활의 비밀과 자유를 근거로 한다.
② 언론사의 언론의 자유와 피해자의 인격권 등이 충돌한 경우 양 기본권을 모두 실현할 수 있는 방법으로 기본권 충돌을 해결해야 한다(규범조화적 해석 중 과잉금지원칙).
③ 현행법은 사실적 주장에 한하여 반론권을 인정하고 상업적인 광고만을 목적으로 하는 경우 반론권을 거부하도록 하고 있고, 반론보도문은 언론사의 명의가 아니라 **피해자의 이름으로 게재된다는 점**에서 언론의 자유를 일부 제약하면서도 반론의 범위를 최소한도로 인정함으로써 양쪽 법익 사이의 균형을 실현하고 있으므로 언론의 자유 침해라고 볼 수 없다.

2. 신문법과 언론중재법 사건의 쟁점별 위헌성 ★★ (헌재 2006.6.29. 2005헌마165)

① **일간신문과 뉴스통신·방송사업의 겸영 금지(소극)**: 신문법 제15조 제2항은 신문의 다양성을 보장하기 위해 겸영을 제한적으로 규제하며, 그 대상과 정도가 필요성을 충족하는 수준에 있다. 따라서 이 조항은 헌법에 위반되지 않는다.
② **일간신문사 지배주주의 뉴스통신사·다른 일간신문사 주식 소유·취득 제한(헌법불합치)**: 신문의 복수소유 제한은 언론의 다양성을 보장하기 위한 정당한 목적이 있으나, 이를 일괄적으로 금지하는 것은 과도한 제약이다. 복수소유가 언론의 다양성에 기여하는 경우도 있어, 이러한 규제는 필요 이상으로 신문의 자유를 제한한다. 따라서 헌법불합치결정을 내리며, 입법자의 개선입법이 이루어질 때까지 계속 적용을 허용한다.
③ **신문사의 경영자료 신고·공개(소극)**: 신문사의 발행부수 등 경영자료의 신고·공개는 투명성을 제고하고 신문시장의 공정한 경쟁질서를 유지하기 위한 것으로, 언론의 자유를 침해하지 않는다.
④ **시장점유율로 시장지배적사업자를 추정하는 신문법 조항(적극)**: 1개 일간신문사의 시장점유율 30%, 3개 일간신문사의 점유율 60% 이상을 기준으로 시장지배적사업자로 추정하는 조항은 신문사업자를 일반사업자보다 더 쉽게 지배적사업자로 간주하여 불합리하다. 이는 평등권과 신문의 자유를 침해하여 헌법에 위반된다.
⑤ **시장지배적사업자를 신문발전기금 지원대상에서 배제(적극)**: 시장점유율이 높다는 이유로 지원 대상에서 배제하는 것은 독자의 선호도로 인한 발행부수의 차이를 부당하게 차별하는 것으로, 평등권을 침해한다.
⑥ **일간신문사에 고충처리인을 두고 활동사항을 공표하도록 한 규정(소극)**: 고충처리인제도의 운영은 신문사업자의 자율에 맡겨져 있어, 이 조항은 언론의 자유를 침해하지 않는다.
⑦ **정정보도청구의 요건에서 언론사의 고의·과실이나 위법성을 요하지 않은 규정(소극)**: 정정보도청구권은 피해자가 허위 보도로 인해 받은 피해를 구제하기 위한 최소한의 장치이며, 표현의 자유를 필요 이상으로

제한하지 않는다. 따라서 표현의 자유를 침해하지 않는다.

⑧ **정정보도청구를 가처분절차로 재판하도록 한 규정(적극):** 정정보도는 보도의 진실 여부를 입증해야 하는데, 가처분절차에서는 간이한 소명만으로 진행되어 언론사의 방어권과 공정한 재판을 받을 권리를 심각하게 제약한다. 이는 언론의 자유를 위축시키며 헌법에 위반된다.

⑨ **언론중재법 시행 전 보도에 소급 적용한 규정(적극):** 언론중재법 시행 전의 보도에 소급 적용하는 것은 진정소급입법으로, 헌법적으로 허용되지 않는다.

⑩ **부칙 제2조의 진정소급입법 문제(적극):** 언론중재법 시행 전에 이루어진 보도에 대하여도 법을 소급 적용하도록 한 부칙 제2조는 법적 안정성을 훼손하며, 이미 종료된 사실관계에 새로운 의무를 부과하는 진정소급입법으로 헌법적으로 허용되지 않는다.

(3) 언론의 자유와 그 한계

📖 **판례정리**

형법상 명예훼손죄 관련 규정의 해석과 언론의 자유

신문보도의 명예훼손적 표현의 피해자가 공적 인물인지 아니면 사인인지, 그 표현이 공적인 관심 사안에 관한 것인지 순수한 사적인 영역에 속하는 사안인지의 여부에 따라 헌법적 심사기준에는 차이가 있어야 한다. 객관적으로 국민이 알아야 할 공공성·사회성을 갖춘 사실은 민주제의 토대인 여론형성에 기여하므로 형사제재로 인하여 이러한 사안의 게재를 주저하게 만들어서는 안 된다. 신속한 보도를 생명으로 하는 신문의 속성상 허위를 진실한 것으로 믿고서 한 명예훼손적 표현에 정당성을 인정할 수 있거나, 중요한 내용이 아닌 사소한 부분에 대한 허위보도는 모두 형사제재의 위협으로부터 자유로워야 한다(헌재 1999.6.24. 97헌마265).

제6절 집회 및 결사의 자유

> **헌법 제21조** ① 모든 국민은 언론·출판의 자유와 집회·결사의 자유를 가진다.
> ② 집회·결사에 대한 허가는 인정되지 아니한다.

01 집회의 자유

1. 의의

(1) 개념

집회의 자유란 공동의 목적을 가진 다수의 사람이 일시적인 모임을 가질 수 있는 자유이다.

의의 (헌재 2003.10.30. 2000헌바67)

1. 집회의 자유는 현대사회에서 의사표현의 통로가 봉쇄되거나 제한된 **소수집단에게 의사표현의 수단을 제공한다**는 점에서 언론·출판의 자유와 더불어 대의민주주의의 필수적 구성요소가 된다.

2. 집회의 자유를 집단적으로 행사함으로써 불가피하게 발생하는 **일반대중에** 대한 불편함이나 법익에 대한 위험은 보호법익과 조화를 이루는 범위 내에서 국가와 제3자에 의하여 **수인되어야 한다는 것을** 스스로 규정하고 있다.

---

(2) 집회의 요건

집회의 성립요건은 인적인 요건과 목적적 요건이 충족되어야 한다.

① **인적 요건:** **집회의 주최자**는 집회의 필수적 요건이 아니며 집회가 성립되기 위해서는 2인 이상이 옥외에서 공동의 목적으로 모인 경우에 신고의무가 부과되는 옥외집회에 해당된다(헌재 2009.5.28. 2007헌바22). **1인 릴레이 집회**는 집회의 자유에서 보호되지 않는다. 다만, 언론의 자유에서 보호될 수는 있다.

② **목적 요건:** 일반적으로 집회는, 일정한 장소를 전제로 하여 특정 목적을 가진 다수인이 일시적으로 회합하는 것을 말하는 것으로 일컬어지고 있고, **그 공동의 목적은 '내적인 유대 관계'로 족하다**(헌재 2009.5.28. 2007헌바22).

2. 내용

(1) 집회의 자유 보호 여부

① 집회의 자유는 적극적 자유로서는 집회개최의 자유, 집회사회의 자유, 집회에 참가의 자유가 있고, 소극적 자유로서는 집회를 개최하지 아니할 자유, 집회에 참가하지 아니할 자유를 포함한다.

② 헌법이 명시적으로 밝히고 있지는 않으나, **집회의 자유에 의하여 보호되는 것은 단지 '평화적' 또는 '비폭력적' 집회이다**(헌재 2003.10.30. 2000헌바67).

③ 집회의 자유는 목적과 효과를 위해 집회 장소와 시간을 자유롭게 선택할 권리를 포함하며, 다른 법익 보호가 정당화되지 않는 한 집회 장소 제한은 금지된다. 또한, 국가공권력은 집회 참가를 방해하거나 강요할 수 없으며, 집회 접근 방해, 참가자 감시 등 자유 행사를 저해하는 모든 조치가 금지된다(헌재 2003.10.30. 2000헌바67 ; 헌재 2009.9.24. 2008헌가25).

④ **집회를 방해하기 위하여 집회에 참가하는 것**은 집회의 자유에서 보호되지 아니한다(헌재 2003.10.30. 2000헌바67).

⑤ **우발적 집회 또는 긴급집회:** 집시법상 집회는 사전신고가 요구되므로 신고하지 않은 긴급집회가 허용되는가에 대해 의문이 제기될 수 있다. 사전신고제를 문리적으로 해석하면 긴급집회가 허용되지 않으나 사전신고제도는 집회에 의한 사회질서가 침해되는 것을 방지하기 위한 것이므로 사회질서를 침해하지 않는 우발적 집회 또는 긴급집회는 보호되어야 한다.

(2) 시위

시위란 공동목적을 가진 다수인이 도로·광장 등 공중이 자유로이 통행할 수 있는 장소를 진행하거나 위력 또는 기세를 보여 불특정 다수인의 의견에 영향을 주거나 제압을 가하는 행위를 말한다. 시위도 집회의 자유에 포함된다는 것이 다수설과 판례이다(헌재 2005.11.24. 2004헌가17).

시위의 자유

헌재판소는 옥외집회나 시위가 반드시 도로나 공원과 같은 공공장소에서 행해질 것을 요구하는 것은 아니라고 한다. 즉, 공공장소가 아닌 **공중이 자유로이 통행할 수 없는 대학구내에서도 옥외집회나 시위에 해당해 집시법의 규제대상이 된다**(헌재 1992.1.28. 89헌가8).

---

3. 제한

(1) 법률유보

집회의 자유 제한은 법률 또는 법률에 근거한 명령에 의해야 한다.

최루액 혼합살수

경찰관 직무집행법 제10조는 '경찰장비'에 무기, 경찰장구, **최루제와 그 발사장치, 살수차** 등을 규정하고 있으나 **혼합살수방법**을 규정한 경찰청 내부 지침에 따른 최루액을 물에 섞은 용액을 살수차로 집회 참가자들을 향하여 살수한 경찰서장의 행위는 법률유보원칙에 위배되어 청구인들의 신체의 자유와 집회의 자유를 침해한 공권력 행사로 헌법에 위반된다(헌재 2018.5.31. 2015헌마476).

---

(2) 허가제 금지

집회의 자유에 대한 허가제는 헌법 제21조 제2항에 따라 금지되나 신고제는 허용된다.

① **헌법 제21조 제2항은, 집회에 대한 허가제는 집회에 대한 검열제와 마찬가지이므로 이를 절대적으로 금지하겠다는 헌법개정권력자인 국민들의 헌법가치적 합의이며 헌법적 결단이다.** 또한 위 조항은 헌법 자체에서 직접 집회의 자유에 대한 제한의 한계를 명시한 것이므로 **기본권 제한에 관한 일반적 법률유보조항인 헌법 제37조 제2항에 앞서서, 우선적이고 제1차적인 위헌심사기준이 되어야 한다.** 헌법 제21조 제2항에서 금지하고 있는 '허가'는 **행정권이 주체가 되어** 집회 이전에 예방적 조치로서 집회의 내용 시간 장소 등을 사전심사하여 일반적인 집회금지를 특정한 경우에 해제함으로써 집회를 할 수 있게 하는 제도, 즉 허가를 받지 아니한 집회를 금지하는 제도를 의미한다(헌재 2009.9.24. 2008헌가25).

② **'행정청이 주체가 되어 집회의 허용 여부를 사전에 결정하는 것'으로서 행정청에 의한 사전허가는 헌법상 금지되지만, 입법자가 법률로써 일반적으로 집회를 제한하는 것은 헌법상 '사전허가금지'에 해당하지 않는다**(헌재 2009.9.24. 2008헌가25).

☑ **헌법 제21조 제2항 위반은 아니나 과잉금지원칙 위반인 것**

1. 인터넷신문 등록요건으로서 5인 직원 고용
2. 게시판 이용하려면 본인확인을 받도록 한 것
3. 야간옥외집회금지와 시위금지
4. 국회, 법원, 국무총리 공관 100m 이내 예외 없는 옥외집회금지
5. 인천애뜰 집회허가금지

---

4. 집회 및 시위에 관한 법률

(1) 옥내와 옥외집회 시위주최금지

헌법재판소의 결정에 의하여 해산된 정당의 목적을 달성하기 위한 집회 또는 시위와 집단적인 폭행·협박·손괴·방화 등으로 공공의 안녕질서에 직접적인 위협을 가할 것이 명백한 집회 또는 시위는 옥외집회·시위뿐 아니라 옥내집회도 금지된다(법 제5조).

📖 판례정리

금지되는 집회

1. **현저히 사회적 불안을 야기시킬 우려가 있는 집회 또는 시위를 금지하는 집시법**은 각 그 소정행위가 공공의 안녕과 질서에 직접적인 위협을 가할 것이 명백한 경우에 적용된다고 할 것이므로 이러한 해석하에 헌법에 위반되지 아니한다(헌재 1992.1.28. 89헌가8).

2. **집단적인 폭행·협박·손괴·방화 등으로 공공의 안녕질서에 직접적인 위협을 가할 것이 명백한 집회 또는 시위**의 주최를 금지한다(헌재 2010.4.29. 2008헌바118). *합헌결정

3. 사실상 재판과 관련된 집단적 의견표명 일체가 불가능하게 됨으로써 초래되는 집회의 자유에 대한 제한 정도는 매우 중대하다. **재판에 영향을 미칠 염려가 있거나 미치게 하기 위한 집회 또는 시위를 주관하거나 개최하여서는 안된다**고 규정한 구 집회및시위에관한법률은 과잉금지원칙을 위반하여 집회의 자유를 침해한다(헌재 2016.9.29. 2014헌가3).

4. 대의제 민주주의 국가에서 집회의 자유가 가지는 헌법적 의미와 기능을 간과한 채 사실상 사회현실이나 정부정책에 비판적인 사람들의 집단적 의견표명 일체를 봉쇄할 정도로 공익에 일방적인 우위를 부여하고 있다. **헌법의 민주적 기본질서에 위배되는 집회 또는 시위를 주관하거나 개최하여서는 안 된다**고 규정한 집회및시위에관한법률은 과잉금지원칙을 위반하여 집회의 자유를 침해한다(헌재 2016.9.29. 2014헌가3).

(2) 옥외집회 및 시위 신고제

① **신고제는 허가제가 아니다:** 헌법규정에서 금지하고 있는 **허가제**는 집회의 자유에 대한 일반적 금지가 원칙이고 예외적으로 행정권의 허가가 있을 때에만 이를 허용한다는 점에서, 집회의 자유가 원칙이고 금지가 예외인 집회에 대한 **신고제**와는 집회의 자유에 대한 이해와 접근방법의 출발점을 달리하고 있는 것이다(헌재 2009.9.24. 2008헌가25).

📖 판례정리

신고제 합헌

1. 사전신고는 행정관청이 집회의 원활한 개최와 공공 안전을 위한 준비를 할 수 있도록 하기 위한 협력의무이다. 집시위법은 일정한 신고 절차만 따르면 옥외집회를 허용하므로, 사전신고제도는 헌법 제21조 제2항의 사전허가 금지 원칙에 위배되지 않는다(헌재 2014.1.28. 2012헌바39).

2. 옥외집회 사전신고는 이익충돌 예방 및 평화로운 집회를 위한 정보교환과 협력을 목적으로 한다. 신고사항이 지나치게 과다하거나 신고가 불가능한 수준이 아니며, 사전신고로 인한 불편함이 보호되는 공익보다 중대하지 않다. 따라서 구 집시법 제6조 제1항은 과잉금지원칙에 위배되지 않고 집회의 자유를 침해하지 않는다(헌재 2009.5.28. 2007헌바22).

3. 긴급집회의 경우, 즉시 신고한 경우에는 심판대상조항을 적용하여 처벌하지 않으므로 긴급 상황에 유연하게 대처할 수 있다. 48시간 전 신고 규정은 필요한 정보를 제공하기 위한 것으로 지나치지 않아 과잉금지원칙에 위반되지 않는다(헌재 2021.6.24. 2018헌마663).

---

② **신고제가 적용이 안 되는 집회**: 옥외집회와 시위에는 신고제가 적용된다. 그러나 집시법 제15조의 학문·예술·체육·종교·의식 등의 옥외집회와 옥내집회는 신고제가 적용되지 않는다.

③ **신고 절차**: 옥외집회나 시위를 주최하려는 자는 그에 관한 다음의 사항 모두를 적은 신고서를 옥외집회나 시위를 시작하기 **720시간 전부터 48시간 전에 관할 경찰서장에게** 제출하여야 한다(법 제6조 제1항). 주최자는 신고한 옥외집회 또는 시위를 하지 아니하게 된 경우에는 신고서에 적힌 집회일시 24시간 전에 그 철회사유 등을 적은 철회신고서를 관할 경찰관서장에게 제출하여야 한다(법 제6조 제3항).

④ **신고서의 보완**: 관할 경찰관서장은 신고서의 기재 사항에 미비한 점을 발견하면 접수증을 교부한 때부터 12시간 이내에 주최자에게 24시간을 기한으로 그 기재 사항을 보완할 것을 통고할 수 있다.

⑤ **집회 및 시위 금지통고**: 신고서를 접수한 관할 경찰관서장은 신고된 옥외집회 또는 시위가 폭력적 집회이거나 보완사항을 보완하지 않는 경우 신고서를 접수한 때부터 48시간 이내에 집회 또는 시위를 금지할 것을 주최자에게 통고할 수 있다.

⑥ **금지통고에 대한 이의신청**: 집회 또는 시위의 주최자는 금지통고를 받은 날부터 10일 이내에 해당 경찰관서의 바로 위의 상급경찰관서의 장에게 이의를 신청할 수 있다. 이의신청을 받은 경찰관서의 장은 접수한 때부터 24시간 이내에 재결을 하여야 한다. 이 경우 접수한 때부터 24시간 이내에 재결서를 발송하지 아니하면 관할 경찰관서장의 금지통고는 **소급하여** 그 효력을 잃는다.

판례정리

신고제

1. 긴급집회

긴급집회는 미리 계획되었으나 신고가 불가능한 경우 즉시 신고해야 한다. 긴급집회의 경우 즉시 신고를 이행했다면 심판대상조항에 따라 처벌할 수 없다. 따라서 긴급집회 관련 심판대상조항은 과잉금지원칙에 위배되지 않고 집회의 자유를 침해하지 않는다(헌재 2014.1.28. 2011헌바174).

2. 신고한 집회인지 여부

① 신고한 목적·일시·장소를 벗어난 행위를 금지하는 규정은 명확성원칙에 위배되지 않는다(헌재 2013.12.26. 2013헌바24).

② 신고 내용과 동일성을 유지한 경우 신고범위를 일부 일탈했더라도 신고하지 않은 집회로 볼 수 없다(대판 2008.7.10. 2006도9471).

③ 단순 신고 미비나 신고범위 일탈만으로 집회를 해산·저지할 수 없으며, 공공질서에 직접적 위험이 있는 경우에만 법령에 따른 최소한의 제한조치를 취할 수 있다(대판 2001.10.9. 98다20929).

3. 미신고 옥외집회와 시위 처벌

① 사전신고하지 않은 옥외집회와 시위에 대해 형벌을 부과하는 것은 입법재량의 범위 내에 있으며, 입법자의 재량권을 벗어난 것이 아니다(헌재 1994.4.28. 91헌바14).

② 미신고 옥외집회 주최는 공공질서에 위험을 초래할 가능성이 크므로, 형사처벌 부과는 입법재량의 범위 내에 있으며 부당하지 않다(헌재 2009.5.28. 2007헌바22).

4. 미신고시위 해산명령

집시법 제20조 제2항에 따른 미신고시위 해산명령은 헌법에 위반되지 않는다(헌재 2016.9.29. 2014헌바492).

5. 신고범위 일탈과 주최자 변경

신고내용과 동일성을 유지하는 경우 신고를 하지 않은 집회로 간주하지 않는다. 그러나 신고된 주최자와 다른 주최자가 행사를 주도하거나 내용이 변경된 경우 신고 없이 주최한 행위로 처벌할 수 있다(대판 2008.7.10. 2006도9471).

6. 도로 교통 방해와 일반교통방해죄

신고범위를 현저히 일탈하지 않은 경우 도로 교통 방해가 있어도 일반교통방해죄는 성립하지 않는다. 그러나 신고범위를 현저히 일탈하거나 집시법 제12조 조건을 위반하여 교통 방해를 심각하게 초래하면 일반교통방해죄가 성립한다(대판 2018.3.15. 2017도1814).

7. 삼보일배금지

외국 국가원수의 안전 및 국가 간 친선 관계 유지를 위해 최소한의 안전조치로 집회 제한이 이루어진 경우, 이는 침해의 최소성을 충족한다. 경호 목적의 공익은 집회의 자유 일부 제한으로 인한 사익보다 더 중대하므로 과잉금지원칙에 위배되지 않는다(헌재 2021.10.28. 2019헌마1091).

---

(3) 중복신고

관할 경찰관서장은 집회 또는 시위의 **시간과 장소가 중복되는 2개 이상의 신고가 있는 경우** 그 목적으로 보아 서로 상반되거나 방해가 된다고 인정되면 각 옥외집회 또는 시위 간에 시간을 나누거나 장소를 분할하여 개최하도록 권유하는 등 **각 옥외집회 또는 시위가 서로 방해되지 아니하고 평화적으로 개최·진행될 수 있도록 노력하여야 한다.** 관할 경찰관서장은 권유가 받아들여지지 아니하면 **뒤에 접수된 옥외집회 또는 시위에 대하여 그 집회 또는 시위의 금지를 통고할 수 있다**(집회 및 시위에 관한 법률 제8조 제2항·제3항).

📖 판례정리

중복집회 신고반려

1. 관할 경찰관서장이 단지 먼저 신고가 있었다는 이유만으로 뒤에 신고된 집회에 대하여 집회 자체를 금지하는 통고를 하여서는 아니 되고, 먼저 신고된 집회가 집회를 방해하기 위한 **가장집회인지 판별하여야 한다**(대판 2014.12.11. 2011도13299).

2. **옥외집회신고 반려행위**는 주무 행정기관에 의한 행위로서 기본권 침해가능성이 있는 공권력의 행사에 해당한다(헌재 2008.5.29. 2007헌마712).

3. 삼성생명과 ○○합섬 HK지회의 **옥외집회신고서를 모두 반려한 경찰서장의 행위**는 법률의 근거 없이 청구인들의 집회의 자유를 침해한 것으로서 헌법상 법률유보원칙에 위반된다고 할 것이다(헌재 2008.5.29. 2007헌마712).

---

(4) 야간옥외집회 및 시위금지

> 집회 및 시위에 관한 법률 제10조 【옥외집회와 시위의 금지시간】 누구든지 해가 뜨기 전이나 해가 진 후에는 옥외집회 또는 **시위를 하여서는 아니 된다.** 다만, 집회의 성격상 부득이하여 주최자가 질서유지인을 두고 미리 신고한 경우에는 관할 경찰관서장은 질서 유지를 위한 조건을 붙여 해가 뜨기 전이나 해가 진 후에도 옥외집회를 허용할 수 있다.

📖 판례정리

야간옥외집회금지 (헌재 2009.9.24. 2008헌가25) ***헌법불합치결정**

> **주문:** 집회 및 시위에 관한 법률 제10조 중 '옥외집회'는 헌법에 합치되지 아니한다.

1. 5인의 위헌 의견

야간옥외집회금지는 헌법 제21조 제2항의 허가제금지조항에 위반된다. ➡ 헌법재판소 법정의견은 아님.

2. 2인의 헌법불합치 의견(헌법재판소 의견임)

① 결국 집시법 제10조는 법률에 의하여 옥외집회의 시간적 제한을 규정한 것으로서 그 단서 조항의 존재에 관계없이 헌법 제21조 제2항의 '사전허가금지'에 위반되지 않는다고 할 것이다.

② 야간옥외집회를 일반적으로 금지하고 예외적으로 허용하는 것은 목적과 방법은 적정하나 집시법 제10조는 '해가 뜨기 전이나 해가 진 후'라는 광범위하고 가변적인 시간대의 옥외집회를 금지하고 있으므로, 이는 목적달성을 위해 필요한 정도를 넘는 지나친 제한이라고 할 것이다. 따라서 <u>침해최소성의 원칙에 반한다고 할 것이고, 집회의 자유를 침해한다.</u>

📖 판례정리

야간시위금지 (헌재 2014.4.24. 2011헌가29) ***한정위헌결정**

> **주문:** 집회 및 시위에 관한 법률 제10조 본문 중 '시위'에 관한 부분 및 제23조 제3호 중 '제10조 본문' 가운데 '시위'에 관한 부분은 각 <u>'해가 진 후부터 같은 날 24시까지의 시위'</u>에 적용하는 한 헌법에 위반된다.

1. 사전허가금지 원칙 위반 여부

헌법 제21조 제2항에서 금지하는 '허가'는 행정청이 집회의 허용 여부를 사전에 결정하는 것으로, 법률적 제한이 행정청의 허가 없이 옥외집회를 사실상 불가능하게 하는 경우에만 사전허가제로 간주된다. 그러나 이 사건 집회조항은 옥외집회의 시간적 제한을 규정한 것으로, 단서 조항의 유무와 관계없이 사전허가금지 원칙에 위배되지 않으며, 헌법 제37조 제2항에 따라 집회의 자유를 과도하게 제한하는지 여부만이 문제될 수 있다.

2. 과잉금지원칙 위반 여부

집시법 제10조 본문에 의하면, 낮 시간이 짧은 동절기의 평일의 경우, 직장인이나 학생은 사실상 시위를 주최하거나 참가할 수 없게 되는 등 집회의 자유가 실질적으로 박탈되는 결과가 초래될 수 있다. 나아가 도시화·산업화가 진행된 현대 사회에서 전통적 의미의 야간, 즉 '해가 뜨기 전이나 해가 진 후'라는 광범위하고 가변적인 시간대는 위와 같은 '야간'이 특징이나 차별성이 명백하다고 보기 어려움에도 <u>일률적으로 야간시위를 금지하는 것</u>은 목적달성을 위해 필요한 정도를 넘는 지나친 제한으로서 침해의 최소성 원칙 및 법익균형성 원칙에 반한다. 따라서 **심판대상조항들은 과잉금지원칙에 위배하여 집회의 자유를 침해한다.**

---

(5) 옥외집회 및 시위의 금지장소 ★★

집회 및 시위에 관한 법률 제11조 【옥외집회 및 시위의 금지장소】 누구든지 다음 각 호의 어느 하나에 해당하는 청사 또는 저택의 경계 지점으로부터 100m 이내의 장소에서는 옥외집회 또는 시위를 하여서는 아니 된다.
1. 국회의사당. 다만, 다음 각 목의 어느 하나에 해당하는 경우로서 국회의 기능이나 안녕을 침해할 우려 가 없다고 인정되는 때에는 그러하지 아니하다.
    가. 국회의 활동을 방해할 우려가 없는 경우
    나. 대규모 집회 또는 시위로 확산될 우려가 없는 경우
2. 각급 법원, 헌법재판소. 다만, 다음 각 목의 어느 하나에 해당하는 경우로서 각급 법원, 헌법재판소의 기능이나 안녕을 침해할 우려가 없다고 인정되는 때에는 그러하지 아니하다.
    가. 법관이나 재판관의 직무상 독립이나 구체적 사건의 재판에 영향을 미칠 우려가 없는 경우
    나. 대규모 집회 또는 시위로 확산될 우려가 없는 경우
3. 대통령 관저(官邸), 국회의장 공관, 대법원장 공관, 헌법재판소장 공관
4. 국무총리 공관. 다만, 다음 각 목의 어느 하나에 해당하는 경우로서 국무총리 공관의 기능이나 안녕을 침해할 우려가 없다고 인정되는 때에는 그러하지 아니하다.
    가. 국무총리를 대상으로 하지 아니하는 경우
    나. 대규모 집회 또는 시위로 확산될 우려가 없는 경우
5. 국내 주재 외국의 외교기관이나 외교사절의 숙소. 다만, 다음 각 목의 어느 하나에 해당하는 경우로서 외교기관 또는 외교사절 숙소의 기능이나 안녕을 침해할 우려가 없다고 인정되는 때에는 그러하지 아 니하다.
    가. 해당 외교기관 또는 외교사절의 숙소를 대상으로 하지 아니하는 경우
    나. 대규모 집회 또는 시위로 확산될 우려가 없는 경우
    다. 외교기관의 업무가 없는 휴일에 개최하는 경우

판례 외교기관 100m 이내의 집회를 원칙적으로 금지하고 예외적으로 인정한 집시법 제11조 제5호: 합헌(헌재 2010.10.28. 2010헌마111)

📖 **판례정리**

외교기관 100m 이내 옥외집회 전면금지 조항의 위헌성 (헌재 2003.10.30. 2000헌바67 · 2000헌바83)

1. 입법목적

'외국과의 선린관계'란 법익은 외교기관 인근에서 국민의 기본권 행사를 금지할 수 있는 합리적인 이유가 될 수 없는 것이다. 따라서 이 사건 법률조항의 입법목적은 '외교기관의 기능보장'과 '외교공관의 안녕보호'에 있 는 것으로 판단된다.

2. 법익충돌 상황

외교기관 대상 집회는 갈등이 극단화되거나 물리적 충돌 가능성이 높아 외교기관의 기능보호라는 중요한 법 익과 충돌할 수 있다. 그러나 외교기관과 무관한 집회나 휴일 집회는 외교관의 신변안전이나 업무보장을 침 해할 가능성이 낮아 허용되어야 한다.

3. 과도한 제한

입법자는 외교기관 인근 집회를 원칙적으로 금지할 수 있으나, 예외조항을 두어 과도한 기본권 제한을 완화 해야 한다. 이 사건 법률조항은 전제된 위험 상황이 없는 경우에도 예외 없이 금지하고 있어 최소침해의 원 칙에 위배된다.

4. 결론
외교기관 인근 집회 전면금지 조항은 입법목적을 초과하는 과도한 제한으로, 집회의 자유를 침해하는 위헌적인 규정이다.

📖 **판례정리**

국회의사당 100m 이내의 옥외집회를 전면금지한 집시법 제11조 (헌재 2018.5.31. 2013헌바322) *헌법불합치결정

1. 허가제 금지 위반 여부(소극)
심판대상조항은 국회의사당 인근 100m 이내 옥외집회를 전면 금지하고 위반 시 형사처벌을 규정하여 집회의 자유를 장소적으로 제한하고 있다. 이는 입법자에 의한 제한으로, 헌법 제21조 제2항의 사전허가제 금지에 위반되지 않는다.

2. 과잉금지원칙 위반 여부
① **목적의 정당성**: 국회의사당 및 국회 시설의 안전과 국회의 기능 보호라는 정당한 목적을 추구한다.
② **수단의 적합성**: 국회의 기능을 보호하기 위해 국회의사당 인근 옥외집회를 금지하는 조치는 수단의 적합성이 인정된다.
③ **침해의 최소성 위배**: 심판대상조항은 소규모 집회, 국회의 업무가 없는 공휴일·휴회기 집회, 국회의 기능에 영향을 미치지 않는 집회 등 국회의 기능을 저해할 가능성이 낮은 집회까지도 일률적으로 금지하고 있다. 입법자는 과도한 기본권 제한을 완화할 수 있도록 예외를 인정했어야 하지만, 이를 고려하지 않아 침해의 최소성 원칙에 위배된다.
④ **법익의 균형성 위배**: 해당 조항은 국회의 헌법적 기능 보호를 넘어 평화적이고 정당한 집회까지 전면 금지하여 법익 간 조화를 이루는 노력을 결여했다. 공익(국회의 기능 보호)이 제한되는 집회의 자유보다 크다고 단정할 수 없으므로, 법익의 균형성 원칙에 위배된다.

📖 **판례정리**

법원 100m 이내 예외 없는 금지 (헌재 2018.7.26. 2018헌바137) *헌법불합치결정

1. 입법목적의 정당성 및 수단의 적합성
법관의 독립과 재판의 공정성 확보라는 헌법적 요청에 따른 것으로 정당하다. 법원 인근 집회·시위 금지는 재판에 영향을 미칠 위협을 방지하기 위한 적합한 수단이다.

2. 침해의 최소성 원칙 위배
① **규제의 과도성**: 심판대상조항은 법관의 독립이나 재판에 영향을 미칠 우려가 없는 집회·시위까지 전면적으로 금지하고 있어 과도한 제한에 해당한다.
② **예외적 허용의 필요성 – 법원을 대상으로 하지 않는 집회**: 검찰청 등 법원 인근 기관이나 개인을 대상으로 한 집회는 재판에 영향을 미치지 않는다. 사법행정 관련 집회는 법관의 독립이나 구체적 사건에 영향을 미치지 않는 집회는 허용 가능하다.
③ 심판대상조항은 입법목적 달성을 위해 필요한 최소한도를 초과하여 집회의 자유를 과도하게 제한하므로, 침해의 최소성 원칙에 위배되어 헌법에 위반된다.

대통령 관저(官邸) 100m 이내 옥외집회금지 (헌재 2022.12.22. 2018헌바48) *헌법불합치결정

1. 입법목적의 정당성 및 수단의 적합성

대통령 및 가족의 신변 안전, 주거 평온, 관저 출입의 자유, 대통령의 원활한 직무 수행, 헌법적 기능 보호 등으로 정당하다. 대통령 관저 인근 집회·시위 금지는 입법목적 달성을 위한 적합한 수단으로 인정된다.

2. 침해의 최소성 원칙 위배

① **광범위한 금지**: 대통령 관저 인근 전역을 금지구역으로 설정하여 집회가 금지될 필요가 없는 장소와 소규모 집회까지도 금지한다. 특히, 대통령 관저와 직접적 관련이 없는 장소에서의 소규모 집회는 법익에 대한 위협 가능성이 낮다.

② **대체적 보호수단**: 대통령 관저 인근에서 일부 집회를 허용하더라도, 폭력·불법적 상황 발생 시 기존 법적 수단으로 충분히 대응 가능하다. 막연한 위험 가능성만으로 모든 집회를 일률적으로 금지하는 것은 정당화될 수 없다.

* 국회의장 공관 관련 판단: 국회의장 공관 인근 100m 이내 집회·시위 금지는 일률적으로 적용되어 집회의 자유를 과도하게 제한하며, 법익의 균형성을 충족하지 못하여 위헌이다(헌재 2023.3.23. 2021헌가1).

---

(6) 교통소통을 위한 제한

관할 경찰관서장은 대통령령으로 정하는 주요도시의 주요도로에서의 집회 또는 시위에 대하여 교통소통을 위하여 필요하다고 인정할 때에는 이를 금지하거나 교통질서유지를 위한 조건을 붙여 제한할 수 있다(법 제12조).

(7) 집회주최자와 질서유지인

집회주최자는 집회 또는 시위의 질서유지에 관하여 자신을 보좌하게 하기 위하여 18세 이상의 자를 질서유지인으로 임명할 수 있다(법 제16조).

(8) 경찰과 집회질서 유지

① **경찰관의 집회장소에의 출입**: 경찰관은 집회 또는 시위의 주최자에게 통보하고 그 집회 또는 시위의 장소에 정복을 착용하고 출입할 수 있다. 다만, 옥내집회장소에의 출입은 직무집행에 있어서 긴급성이 있는 경우에 한한다(법 제19조).

② **집회 또는 시위의 해산명령**

> **집회 및 시위에 관한 법률 제20조【집회 또는 시위의 해산】** ① 관할 경찰관서장은 다음 각 호의 어느 하나에 해당하는 집회 또는 시위에 대하여는 상당한 시간 이내에 자진 해산할 것을 요청하고 이에 따르지 아니하면 해산을 명할 수 있다.
> 1. 제5조 제1항, 제10조 본문 또는 제11조를 위반한 집회 또는 시위
> 2. 제6조 제1항에 따른 신고를 하지 아니하거나 제8조 또는 제12조에 따라 금지된 집회 또는 시위
> 3. 제8조 제5항에 따른 제한, 제10조 단서 또는 제12조에 따른 조건을 위반하여 교통 소통 등 질서 유지에 직접적인 위험을 명백하게 초래한 집회 또는 시위
> 4. 제16조 제3항에 따른 종결 선언을 한 집회 또는 시위
> 5. 제16조 제4항 각 호의 어느 하나에 해당하는 행위로 질서를 유지할 수 없는 집회 또는 시위

③ 집회 · 시위자문위원회

집회 및 시위에 관한 법률 제21조【집회 · 시위자문위원회】① 집회 및 시위의 자유와 공공의 안녕 질서가 조화를 이루도록 하기 위하여 각급 경찰관서에 다음 각 호의 사항에 관하여 각급 경찰관서장의 자문 등에 응하는 **집회 · 시위자문위원회를 둘 수 있다.**
1. 제8조에 따른 집회 또는 시위의 금지 또는 제한 통고
2. 제9조 제2항에 따른 이의신청에 관한 재결
3. 집회 또는 시위에 대한 사례 검토
4. 집회 또는 시위 업무의 처리와 관련하여 필요한 사항

📖 판례정리

집회질서유지

1. **집회질서를 유지할 수 없는 경우 해산명령**은 집회의 자유를 침해한다고 볼 수 없다[헌재 2016.9.29. 2015헌바309 · 332(병합)].

2. **육로를 불통하게 한 자를 처벌하는 형법 제185조**는 교통방해행위를 금지하는 집회의 자유를 직접 제한하지 않는다(헌재 2013.6.27. 2012헌바94).

3. **경찰 시위 촬영행위** (헌재 2018.8.30. 2014헌마843)
   ① **기본권 제한**: 경찰의 집회 · 시위 현장 촬영은 참가자의 초상권과 개인정보자기결정권을 침해할 가능성이 있으며, 심리적 부담을 주어 집회의 자유를 위축시킬 수 있다.
   ② **촬영행위의 합헌성 판단**: 조망촬영과 근접촬영은 기술 발달로 인해 기본권 침해 정도에서 큰 차이가 없다. 증거보전 필요성과 긴급성이 있는 경우 경찰의 촬영행위는 정당화될 수 있으며, 헌법에 위반되지 않는다. 촬영 자료의 보관과 사용은 엄격히 제한되어야 하며, 개인정보 보호법이 적용되어야 한다.
   ③ **결론**: 신고범위를 벗어난 기간에 한정된 경찰의 촬영행위는 과잉금지원칙에 위배되지 않아 참가자의 인격권, 개인정보자기결정권, 집회의 자유를 침해하지 않는다.

4. **경찰의 직사살수행위**
   경찰의 직사살수행위는 불법집회로 인한 위험 억제를 목적으로 했으나, 당시 청구인이 실질적 위협을 초래하지 않는 상황이었다. 경찰의 직사살수행위는 억제해야 할 위험이 없는 상황에서 사용되어 공익을 거의 실현하지 못했다. 생명권과 집회의 자유를 침해하였으며, 법익 균형성을 충족하지 못했다(헌재 2020.4.23. 2015헌마1149).

5. 집회 시 소음 기준 초과와 명령 위반 시 처벌을 규정한 '집회 및 시위에 관한 법률'은 집회의 자유와 국민의 평온한 생활을 조화시키기 위한 것으로, 기준을 초과한 소음 및 명령 위반에만 형사처벌을 부과하므로 과잉금지원칙에 위배되지 않고 집회의 자유를 침해하지 않는다(헌재 2024.3.28. 2020헌바586).

6. **집회 또는 시위를 하기 위하여 인천애(愛)뜰 중 잔디마당과 그 경계 내 부지에 대한 사용허가 신청을 한 경우 인천광역시장이 이를 허가할 수 없도록 제한하는 인천애(愛)뜰의 사용 및 관리에 관한 조례** (헌재 2023.9.26. 2019헌마1417)
   (1) **집회의 자유 제한**
      인천애뜰에서 집회 또는 시위를 하려면 사용허가가 필요하고, 잔디마당에서의 집회는 사용허가를 받을 수 없어 집회 장소 선택의 자유가 제한된다. 이 조항이 법률유보원칙과 과잉금지원칙을 위반하여 집회의 자유를 침해하는지 검토한다.
   (2) **그 밖의 주장**
      ① **허가제 금지 원칙**: 잔디마당 사용을 전면 불허하며 예외적 허용이 없어 허가제로 볼 수 없어 위반으로 보지 않는다.
      ② **일반적 행동의 자유**: 집회의 자유와 관련되어 별도로 논하지 않는다.

③ **거주·이전의 자유**: 일시적 장소 선택은 해당되지 않는다.
④ **평등권**: 서울광장과 인천애뜰은 소유주체가 달라 비교 대상이 되지 않는다.
(3) **법률유보원칙에 위배되어 청구인들의 집회의 자유를 침해하는지 여부(소극)**

조례는 법률과 달리 지방자치의 자율성을 반영할 수 있으므로, 법률의 위임은 반드시 구체적일 필요 없이 포괄적으로도 가능하다. 이 사건 조례는 지방자치법 제13조 제2항 제1호 자목 및 제5호 나목 등에 근거하여, 인천광역시가 소유한 공유재산이자 공공시설인 인천애뜰의 사용과 관리에 필요한 사항을 규율하기 위해 제정되었다. 심판대상조항은 잔디마당과 그 경계 내 부지의 사용 기준을 설정한 것으로, 법률의 위임이나 법률에 근거하여 규정된 것이라 할 수 있다. 따라서 심판대상조항은 법률유보원칙에 위배되지 않는다.

(4) **과잉금지원칙에 위배되어 청구인들의 집회의 자유를 침해하는지 여부(적극)**
① **목적의 정당성**: 시청사의 안전과 기능 유지와 집회·시위를 위한 독점적·배타적 사용을 막아 일반 시민들이 잔디마당을 산책, 운동, 휴식 등 목적으로 자유롭게 이용할 수 있도록 하기 위함이다. 이러한 목적은 시청사 보호와 공익 증진을 목표로 하므로 정당하다.
② **수단의 적합성**: 잔디마당에서 집회·시위를 전면 금지하면, 시청사의 안전과 기능 유지 및 시민들의 자유로운 이용을 보장할 수 있어 조항의 목적 달성에 적합하다.
③ **침해의 최소성**: 잔디마당이 시청사와 매우 근접해 안전에 위협이 될 수 있으나, 방호인력 확충, 보안시설 설치 등 다른 대안적 조치를 통해서도 시청사의 안전과 기능 유지를 충분히 달성할 수 있다. 따라서 전면적 제한은 불필요한 과잉조치다. 침해의 최소성 요건을 충족하지 못한다.
④ **법익의 균형성**: 조항을 통해 시청사의 안전과 기능을 유지하고, 공무원의 업무 수행 환경을 보호하며, 시민들의 잔디마당 이용 편익을 증진할 수 있다. 이 조항으로 인해 잔디마당에서의 집회 장소 선택이 전면 제한되어, 공공에 위험을 주지 않는 집회조차 금지되는 불이익이 발생한다. 제한되는 사익이 달성하고자 하는 공익보다 중대하므로, 조항은 법익의 균형성을 충족하지 못한다.

---

03 결사의 자유

1. 의의와 기능

결사의 자유란 다수의 자연인 또는 법인이 공동의 목적을 위해 계속적인 단체를 조직할 수 있는 자유를 뜻한다. 그 공동목적이 무엇이냐에 대해서는 제한이 없다.

2. 주체

사법인은 결사의 자유의 주체가 되므로 **약사법인, 상공회의소, 축협중앙회는 결사의 자유 주체가 된다. 그러나 공법인, 주택조합, 농지개량조합은 결사의 자유에서 보호되지 않는다.**

📖 **판례정리**

1. 연혁적으로 결사는 정치적 결사를 의미하였으나 최근에는 정치적 목적이 아닌 영리적 목적을 위한 영리적 단체(약사법인)도 결사의 자유에서 보호된다(헌재 2002.9.19. 2000헌바84).

2. 대한변리사회와 안마사회는 사법상의 결사로, 변리사들은 자유롭게 가입·탈퇴할 수 있는 결사의 자유를 가진다. 그러나 가입을 의무화한 것은 소극적 결사의 자유를 제한한다(헌재 2008.7.31. 2006헌마666 ; 헌재 2008.10.30. 2006헌가15).

3. **중소기업중앙회**가 사적 결사체여서 결사의 자유, 단체 내부 구성의 자유의 보호대상이 된다고 하더라도, 공 법인적 성격 역시 강하게 가지고 있다(헌재 2021.7.15. 2020헌가9).

4. **상공회의소**는 결사의 자유에서 보호된다(헌재 2006.5.25. 2004헌가1).

5. **축협중앙회**는 공법인적 성격과 사법인적 성격을 함께 구비하고 있는 단체이나 기본권의 주체가 될 수 있다 (헌재 2000.6.1. 99헌마553).

6. 공법상의 결사는 결사의 자유 보호 대상에 포함되지 않는다. 농지개량조합은 공법인으로 결사의 자유 보호 대상에 포함되지 않으며, 조합 해산으로 인한 조합원의 지위 상실은 결사의 자유 침해에 해당하지 않는다(헌재 2000.11.30. 99헌마190).

7. 법이 특별한 공공목적에 의하여 구성원의 자격을 정하고 있는 **특수단체의 조직활동(주택조합)은 포함되지 아니한다**(헌재 1994.2.24. 92헌바43).

3. 내용

결사의 자유는 단체 결성과 활동, 가입과 잔류, 탈퇴 및 비가입의 자유를 포함하며, 단체 외부 활동뿐만 아 니라 조직과 의사형성 절차를 스스로 결정할 권리인 내부 활동의 자유도 포함되므로 농협 조합장 선출 및 임기와 같은 자율적 활동을 결사의 자유 보호 범위로 인정된다. 또한, 결사의 자유에는 단체에 가입하지 않거나 탈퇴할 수 있는 소극적 자유가 포함되므로, 노동조합에 대한 가입하지 아니할 자유와 탈퇴의 자유 도 결사의 자유로 보호된다(헌재 2012.3.29. 2011헌바53 ; 헌재 2012.12.27. 2011헌마562).

📖 판례정리

협회가입강제

변리사협회 의무적 가입과 안마사들로 하여금 **의무적으로 대한안마사협회의 회원**이 되어 정관을 준수하도록 한 의료법 제61조는 안마사들의 결사의 자유를 침해한다고 할 수 없다(헌재 2008.7.31. 2006헌마666 ; 헌재 2008.10.30. 2006헌가15).

4. 특별결사

정당(제8조), 종교(제20조), 학문·예술(제22조), 단결권(제33조)과 같이 특수한 목적을 가진 결사는 해당 기본권 조항이 우선적으로 적용되어 보다 특별히 보호된다. **근로자의 단결권에 대해서는 헌법 제33조가 우 선적으로 적용된다.** 근로자의 단결권도 국민의 결사의 자유 속에 포함되나, 헌법이 노동3권과 같은 특별 규 정을 두어 별도로 단결권을 보장하는 것은 근로자의 단결에 대해서는 일반 결사의 경우와 다르게 특별한 보장을 해준다는 뜻으로 해석된다(헌재 2012.3.29. 2011헌바53).

5. 제한과 그 한계

결사에 대한 허가제는 헌법 제21조가 금지하고 있다. 결사의 자유 제한은 헌법 제37조 제2항의 비례원칙을 준수해야 한다.

결사의 자유 제한의 한계

1. 허가제 금지

헌법 제21조 제2항 후단의 결사에 대한 허가제 금지에서의 '허가'의 의미 역시 같은 조항상의 표현에 대한 '검열'이나 '허가', 집회에 대한 '허가'의 의미와 다르지 아니하며, 따라서 결사의 자유에 대한 '허가제'란 행정권이 주체가 되어 예방적 조치로서 단체의 설립 여부를 사전에 심사하여 일반적인 단체 결성의 금지를 특정한 경우에 한하여 해제함으로써 단체를 설립할 수 있게 하는 제도, 즉 사전허가를 받지 아니한 단체 결성을 금지하는 제도라고 할 것이다(헌재 2012.3.29. 2011헌바53).

2. 비례원칙

입법자는 결사의 자유를 보장하기 위해 국민이 중요한 생활 영역에서 결사의 자유를 실질적으로 행사할 수 있도록 최소한의 법적 형태를 제공하고, 과도한 규율로 단체 설립과 운영을 지나치게 어렵게 해서는 안 된다. 결사의 자유 제한은 비례원칙을 준수해야 한다(헌재 2002.8.29. 2000헌가5).

3. 심사기준

공적인 기능을 강하게 하는 상공회의소(헌재 2006.5.25. 2004헌가1), 중소기업중앙회(헌재 2021.7.15. 2020헌가9), 축협중앙회(헌재 2000.6.1. 99헌마553), 농협(헌재 2012.12.27. 2011헌마562)에 대한 규제는 상대적으로 폭넓은 제한이 가능하므로 심사기준은 완화된다.

6. 결사의 자유 침해

📖 판례정리

침해인 것

1. 동일업종의 지역 내 조합설립 금지

지역축협의 사법인적 성격을 무시하고 결사의 자유와 직업수행의 자유를 본질적으로 침해함(헌재 1996.4.25. 92헌바47).

2. 농협 이사 선거운동 제한

전화·컴퓨터통신 등을 통한 선거운동 금지는 결사의 자유와 표현의 자유를 침해함(헌재 2016.11.24. 2015헌바62).

결사의 자유 및 표현의 자유 침해가 아닌 사례

1. 새마을금고 임원 선거운동 제한

공정성과 윤리성을 확보하여 투명한 경영을 도모한다는 공익 목적이 정당하며, 결사의 자유와 표현의 자유를 침해하지 않음(헌재 2018.2.22. 2016헌바364).

2. 축협중앙회 해산 및 농협 합병

효율성 증대와 농업인 보호라는 공익이 크며 결사의 자유를 침해하지 않는다(헌재 2000.6.1. 99헌마553).

3. 광역시 내 군 상공회의소 설치 금지(헌재 2006.5.25. 2004헌가1)

제7장 / 경제적 자유

제1절 재산권

> 헌법 제23조【재산권 보장과 제한】① 모든 국민의 재산권은 보장된다. 그 내용과 한계는 법률로 정한다.
> ② 재산권의 행사는 공공복리에 적합하도록 하여야 한다.
> ③ 공공필요에 의한 재산권의 수용, 사용 또는 제한 및 그에 대한 보상은 법률로써 하되, 정당한 보상을 지급하여야 한다.

01 재산권의 의의

1. 개념

재산권이란 경제적 가치가 있는 모든 공법상·사법상의 권리를 뜻한다.

2. 법적 성격

우리 헌법 제23조 제1항은 재산권 보장의 원칙을 천명한 것으로서, 그 재산권 보장이란 국민 개개인이 재산권을 향유할 수 있는 법제도로서의 사유재산제도를 보장함과 동시에 그 기초 위에서 그들이 현재 갖고 있는 구체적 재산권을 개인의 기본권으로 보장한다는 이중적 의미를 가지고 있다(헌재 1994.2.24. 92헌가15).

3. 주체

모든 국민과 법인은 재산권의 주체가 되며, 외국인도 재산권의 주체가 된다. **지방자치단체는 재산권의 주체가 되지 않는다.**

4. 재산권의 범위(객체) ★★

(1) 일반재산권

① 헌법 제23조의 재산권은 민법상의 소유권뿐만 아니라, 재산적 가치있는 사법상의 물권, 채권 등 모든 권리를 포함하며, 또한 국가로부터의 일방적인 급부가 아닌 자기 노력의 대가나 자본의 투자 등 특별한 희생을 통하여 얻은 공법상의 권리도 포함한다(헌재 2000.6.29. 99헌마289).

② 헌법이 보장하고 있는 재산권은 경제적 가치가 있는 모든 공법상·사법상의 권리를 뜻하고, 그 재산가액의 다과를 불문한다. 또 이 재산권의 보장은 재산권의 자유로운 처분의 보장까지 포함한 것이다(헌재 1992.6.26. 90헌바26).

③ **상가임차인이 권리금**에 대해 가지는 권리는 채권적 권리이다(헌재 2020.7.16. 2018헌바242).

일반재산권

1. 환매권

① 토지수용법 제71조 소정의 환매권은 헌법이 보장하는 재산권의 내용에 포함되는 권리이며, 이 권리는 피수용자가 수용 당시 이미 정당한 손실보상을 받았다는 사실로 말미암아 부정되지 않는다(헌재 1994.2.24. 92헌가15).

② 징발재산정리에관한특별조치법 제20조 제1항에 의한 환매권도 헌법 제23조 제1항이 보장하는 재산권의 내용에 포함되는 권리라고 보아야 할 것이다(헌재 1995.2.23. 92헌바12).

2. 관행어업권도 재산권에서 보장되는 권리이다(헌재 1999.7.22. 97헌바96).

3. 주주권

주주권은 헌법상 재산권 보장의 대상에 해당한다고 볼 것이다(헌재 2008.12.26. 2005헌바34).

4. 유언의 자유

우리 헌법의 재산권 보장은 사유재산의 처분과 그 상속을 포함하는 것인바, 유언자가 생전에 최종적으로 자신의 재산권에 대하여 처분할 수 있는 법적 가능성을 의미하는 유언의 자유는 생전증여에 의한 처분과 마찬가지로 헌법상 재산권의 보호를 받는다(헌재 1989.12.22. 88헌가13).

5. 정당한 지목으로 등록하여 해당 용도로 사용할 수 있는 권리

지목에 관한 등록이나 등록변경 또는 등록의 정정은 단순히 토지행정의 편의나 사실증명의 자료로 삼기 위한 것에 그치는 것이 아니라, 해당 토지소유자의 재산권에 크건 작건 영향을 미친다고 볼 것이며, 정당한 지목을 등록함으로써 토지소유자가 누리게 될 이익은 국가가 헌법 제23조에 따라 보장하여 주어야 할 재산권의 한 내포로 봄이 상당하다(헌재 1999.6.24. 97헌마315).

6. 배상청구권

① 일본군위안부 피해자들이 일본에 대하여 가지는 배상청구권은 헌법상 보장되는 재산권이다(헌재 2011.8.30. 2006헌마788).

② 우편물의 수취인이 누리는 우편물의 지연배달에 따른 손해배상청구권은 재산권이다(헌재 2013.6.27. 2012헌마426).

③ 국가에 대한 구상권은 헌법 제23조 제1항에 의하여 보장되는 재산권이다(헌재 1994.12.29. 93헌바21).

비교 부마항쟁보상법에 따라 지급되는 보상금 등의 수급권은 전통적 의미의 국가배상청구권과는 달리 위 법률에 의하여 비로소 인정되는 권리로서 그 수급권에 관한 구체적인 사항을 정하는 것은 입법자의 입법형성의 영역에 속한다(헌재 2019.4.11. 2016헌마418).

7. 영업권

일반적으로 영업권이란 오랜 기간에 걸쳐 확고하게 형성되거나 획득된 고객관계, 입지조건, 영업상 비결, 신용, 영업능력, 사업연락망 등을 포함하는 영업재산이나 영업조직으로서 경제적으로 유용하면서 처분에 의한 환가가 가능한 재산적 가치를 말한다. 그런데 심판대상인 일반음식점 영업소를 금연구역으로 지정한 국민건강진흥법으로 인하여 개업 시점부터 현재까지 음식점을 흡연 가능 시설로 운영하지 못하고 있는 청구인에게는 영업권이 문제될 여지가 없다(헌재 2016.6.30. 2015헌마813).

8. 개인택시면허는 자신의 노력으로 혹은 금전적 대가를 치르고 얻은 재산권이라고 할 수 있다(헌재 2012.3.29. 2010헌마443).

(2) 공법상 권리가 재산권에서 보장되기 위한 요건

① 공법상의 권리가 권리주체에게 귀속되어 개인의 이익을 위하여 이용가능해야 하고(사적 유용성), ② 국가의 일방적인 급부에 의한 것이 아니라 권리주체의 노동이나 투자, 특별한 희생에 의하여 획득되어 자신이 행한 급부의 등가물에 해당하는 것이어야 하며(수급자의 상당한 자기기여), ③ 수급자의 생존의 확보에 기여해야 한다(헌재 2000.6.29. 99헌마289).

📖 **판례정리**

공법상 권리

1. 공무원의 보수청구권

① **군법무관의 보수청구권**: 보수청구권은 단순한 기대이익을 넘어서는 것으로서 법률의 규정에 의하여 인정된 재산권의 한 내용으로 봄이 상당하다. 따라서 대통령이 정당한 이유 없이 해당 시행령을 만들지 않아 그러한 보수청구권이 보장되지 않고 있다면 이는 재산권의 침해에 해당된다고 볼 것이다(헌재 2004.2.26. 2001헌마718).

② **공무원의 보수청구권**은, 법률 및 법률의 위임을 받은 하위법령에 의해 그 구체적 내용이 형성되면 재산적 가치가 있는 공법상의 권리가 되어 재산권의 내용에 포함되지만, **법령에 의하여 구체적 내용이 형성되기 전의 권리, 즉 공무원이 국가 또는 지방자치단체에 대하여 어느 수준의 보수를 청구할 수 있는 권리**는 단순한 기대이익에 불과하여 재산권의 내용에 포함된다고 볼 수 없다(헌재 2008.12.26. 2007헌마444).

2. 퇴직연금수급권

퇴역연금은 은혜적 성질, 봉급연불적 성질, 사회보험, 사회보장, 사회복지적 성질을 함께 가지며 퇴역연금수급권은 경제적 가치가 있는 권리로서 헌법 제23조에 의하여 보장되는 재산권이다(헌재 1994.6.30. 92헌가9).

3. 사회보장수급권

① **보상금수급권**: 국가유공자의 보상금수급권은 헌법 제23조 제1항의 재산권의 하나로 보아야 할 것이나, 보상금수급권의 발생에 필요한 절차 등 **수급권 발생요건이 법정되어 있는 경우에는 이 법정요건을 갖추기 전에는 헌법이 보장하는 재산권이라 할 수 없다.** 따라서 전공상을 입은 군경이 상이군경으로 확인받기 이전에는 기대이익에 불과하다(헌재 1995.7.21. 93헌마14).

② **유족의 보상금수급권**: 고엽제법에 의한 고엽제 후유증환자 및 그 유족의 보상수급권은 법률에 의하여 비로소 인정되는 권리로서 재산권적 성질을 갖는 것이긴 하지만 그 발생에 필요한 요건이 법정되어 있는 이상 이러한 요건을 갖추기 전에는 헌법이 보장하는 재산권이라 할 수 없다(헌재 2001.6.28. 99헌마516).

③ **지뢰피해자법상 위로금**과 같이 수급권의 발생요건이 법정되어 있는 경우 법정요건을 갖춘 후 발생하는 위로금수급권은 구체적인 법적 권리로 보장되는 경제적·재산적 가치가 있는 공법상의 권리라 할 것이지만, 그러한 **법정요건을 갖추기 전에는 헌법이 보장하는 재산권이라고 할 수 없다**(헌재 2019.12.27. 2018헌바236).

④ **장해보상연금청구권**: 법정요건을 갖추어 장해보상금을 청구할 수 있는 자들의 장해보상연금청구권은 재산권의 범주에 포함된다(헌재 2009.5.28. 2005헌바20).

4. 사회보험수급권

① **국민건강보험수급권**: 국민건강보험수급권은 재산권에서 보호된다. 다만, **의료급여수급권**은 공공부조의 일종이므로 재산권에서 보호되지 않는다(헌재 2009.9.24. 2007헌마1092).

참고 직장가입자가 소득월액보험료를 일정 기간 이상 체납한 경우 그 체납한 보험료를 완납할 때까지 국민건강보험공단이 그 가입자 및 피부양자에 대하여 보험급여를 실시하지 아니할 수 있도록 한 구 국민건강보험법은 재산권을 제한한다(헌재 2020.4.23. 2017헌바244).

② **국민연금법상의 급여를 받을 권리**: 가입자가 반환일시금 등 국민연금법상의 급여를 받을 권리는 수급자에게 귀속되어 개인의 이익을 위하여 이용되고, 수급자의 연금보험료라는 자기기여가 있으며, 수급자의 생존의 확보에 기여하므로, 재산권의 보호대상에 포함된다(헌재 2004.6.24. 2002헌바15).

비교 **국민연금법상 사망일시금**: 국민연금법상 연금수급권 내지 연금수급기대권이 재산권의 보호대상인 사회보장적 급여라고 한다면 사망일시금은 사회보험의 원리에서 다소 벗어난 장제부조적·보상적 성격을 갖는 급여로 사망일시금은 헌법상 재산권에 해당하지 아니한다(헌재 2019.2.28. 2017헌마432).

③ 육아휴직 급여제도는 고용보험료의 납부를 통하여 육아휴직 급여수급권자도 그 재원의 형성에 일부 기여한다는 점에서 후불임금의 성격도 가미되어 있으므로, 고용보험법상 **육아휴직 급여수급권은 경제적 가치가 있는 권리로서 헌법 제23조에 의하여 보장되는 재산권의 성격도 가지고 있다**(헌재 2023.2.23. 2018헌바240).

5. 지적재산권

지적재산권도 제23조에서 보장되는 재산이다. 특허권, 실용신안권도 재산권이다.

6. 공익사업법 제72조 제1호는 '사업인정고시 후 3년 이상 공익용도로 사용된 토지'에 대해 매수 또는 수용청구권은 재산권이다(헌재 2005.7.21. 2004헌바57).

* 불법적 사용의 경우: 청구인들이 주장하는 '불법적인 사용에 따른 수용청구권'은 법률에 의해 형성되지 않은 권리로, 재산권에 포함되지 않는다. 따라서 이 사건 조항이 이러한 권리를 제한한다고 볼 수 없다(헌재 2005.7.21. 2004헌바57).

📖 판례정리

재산권에서 보장받지 못하는 것

1. 교원이 계속 재직하면서 재화를 획득할 기회는 재산권 보장의 대상이 아니다(헌재 2001.12.14. 99헌마112).

2. 치과전문의로서 재직하여 받을 수 있는 추가 급료는 단순한 사실적·경제적 기회로, 재산권 보호대상이 아니다(헌재 2001.1.27. 99헌라123).

3. 성실신고확인서 제출로 인한 비용 부담은 간접적·반사적 경제적 불이익에 불과하며, 재산권의 내용에 포함되지 않는다(헌재 2019.7.25. 2016헌바392).

4. 흡연 가능 시설로 음식점을 운영하지 못하는 것은 재산권 보호 범위에 포함되지 않는다(헌재 2016.6.30. 2015헌마813).

5. 동산문화재 양수인의 선의취득 기회는 재산권 보호 범위에 해당하지 않는다(헌재 2009.7.30. 2007헌마870).

6. 약사의 의료기관 내 약국 영업권은 재산권 보호 범위에 포함되지 않는다(헌재 2003.10.30. 2001헌마700).

7. 약사면허는 양도·상속이 불가능하며, 한약조제권은 권리가 아닌 단순한 권능에 불과하다(헌재 1997.11.27. 97헌바10).

8. 잠수기어업허가를 받지 못해 상실된 이익은 재산권 보호 대상이 아니다(헌재 2008.6.26. 2005헌마173).

9. 토지를 장래 건축·개발 목적으로 사용할 기대 가능성은 재산권 보호 범위에 포함되지 않는다(헌재 1998.12.24. 97헌바78).

10. 자유로운 기부행위 기회 보장은 재산권 보호 범위에 포함되지 않는다(헌재 1998.5.28. 96헌가5).

11. 봉안시설 추가 설치로 얻는 수익 창출 기회는 단순 영리획득의 기회에 불과하다(헌재 2021.8.31. 2019헌바453).

12. 개성공단 중단으로 인한 손실은 재산권 보호 범위에 포함되지 않는다(헌재 2022.1.27. 2016헌마364).

13. 예비군 훈련으로 인한 경제적 부담과 기회비용은 재산권 보호 범위에 포함되지 않는다(헌재 2019.8.29. 2017헌마828).

14. 도시계획시설결정의 실효로 개인 재산권이 보호되는 측면이 있지만, 이는 입법에 따른 법률상의 권리일 뿐 헌법상 재산권에서 도출되지 않는다(헌재 2005.9.29. 2002헌바84).

15. 저작권 소멸로 얻는 이익은 반사적 이익으로, 재산권 보호대상이 아니다(헌재 2013.11.28. 2012헌마770).

16. 소멸시효의 지속 기대는 단순 기대이익에 불과하며 재산권 보호대상이 아니다(헌재 2004.3.25. 2003헌바22).

17. 직장의료보험조합 적립금은 사적 유용성이 없고, 재산권 보호 대상이 아니다(헌재 2000.6.29. 99헌마289).

18. 강제집행권은 민사사법권에 해당하며 재산권 보호 대상이 아니다(헌재 1998.5.28. 96헌마44).

19. 사업계획승인권은 재산권 보호 대상이 아니다(헌재 2010.4.29. 2007헌바40).

20. 상공회의소 회원권 및 의결권은 법인의 의사형성권에 불과하며 재산권에 포함되지 않는다(헌재 2006.5.25. 2004헌가1).

21. 이동전화번호는 사적 유용성과 처분권이 없어 재산권 보호대상이 아니다(헌재 2013.7.25. 2011헌마63 · 468).

22. 학교안전공제 및 사고예방기금은 사적 유용성이 없으며, 재산권 보호 대상이 아니다(헌재 2015.7.30. 2014헌가7).

23. 개발이익은 재산권 보호 범위에 포함되지 않는다.

24. 시혜적 입법에 따른 재산상 이익은 단순 기대이익으로, 재산권 보호 대상이 아니다(헌재 2002.12.18. 2001헌바55).

25. 의료급여수급권은 공공부조로, 재산권 보호 대상이 아니다(헌재 2009.9.24. 2007헌마1092).

26. 용도폐지된 공공시설의 무상양도는 경제적 기회로, 재산권 보호 대상이 아니다(헌재 2015.3.26. 2014헌바156).

27. 생활보호대상자의 급부권은 재산권 보호 범위에 포함되지 않는다.

28. 헌정회 연로회원지원금은 자기기여에 기반하지 않아 재산권 보호 대상이 아니다(헌재 2015.4.30. 2013헌마666).

29. 대일항쟁기 강제동원 위로금은 시혜적 금전 급부로, 재산권 보호 대상이 아니다(헌재 2015.12.23. 2010헌마620).

30. 공공시설 무상양도 결정은 단순 경제적 기회에 불과하며 재산권 보호 대상이 아니다(헌재 2015.3.26. 2014헌바156).

📖 판례정리

재산권 제한이 아닌 것

1. 어업면허의 우선순위 기대는 헌법상 재산권에 포함되지 않아, 우선순위 적용을 배제한 수산업법은 재산권 제한이 아니다(헌재 2019.7.25. 2017헌바133).

2. 의료인의 복수의료기관 개설금지는 직접적인 재산권 침해와는 무관하다(헌재 2019.8.29. 2014헌바212).

3. 성실신고확인서 제출 의무로 인한 간접적 비용 부담은 반사적 경제적 불이익으로, 재산권 침해로 볼 수 없다(헌재 2019.7.25. 2016헌바392).

4. 도로교통법 보호자동승조항으로 인한 비용 부담은 사실적 불이익에 불과하여 재산권 제한이 아니다. 쟁점은 직업수행의 자유 침해 여부이다(헌재 2020.4.23. 2017헌마479).

5. 택시운송사업자의 영리 획득 기회는 재산권에 포함되지 않으며, 최저임금법이 재산권을 제한하지 않는다(헌재 2023.2.23. 2020헌바1).

6. 가사사용인의 퇴직급여는 법정요건이 결여되어 있으므로, 재산권 제한 문제는 발생하지 않는다(헌재 2022.10.27. 2019헌바454).

7. 전자금융거래 제한은 재산권이 아닌 일반적 행동자유권의 제한이다(헌재 2022.6.30. 2019헌마579).
   * 전기통신금융사기 피해구제 및 계좌 지급정지를 규정한 특별법은 재산권 제한에 해당한다. 이는 명시적으로 계좌 사용을 제한하는 조치로, 재산권 행사에 직접적 영향을 미친다.

8. 변호사협회의 유권해석에 반하는 광고를 금지한 규정은 사실상의 경제적 어려움을 초래할 수 있으나, 이는 간접적 영향에 불과하다. 따라서 이 규정이 법률서비스 온라인 플랫폼 사업자의 재산권을 제한한다고 보기 어렵다(헌재 2022.5.26. 2021헌마619).

9. 집합제한 조치로 발생한 손실에 대한 보상규정 부재는, 영업 시설ㆍ장비 등에 대한 구체적인 사용ㆍ수익ㆍ처분권한을 제한하지 않는다(헌재 2023.6.29. 2020헌마1669).

---

02 재산권 보장의 내용

> 헌법 제23조 【재산권 보장과 제한】 ① 모든 국민의 재산권은 보장된다. 그 내용과 한계는 법률로 정한다.

1. 헌법 제23조 제1항의 성격

(1) 법률유보의 의의

헌법 제23조에 따라 재산권이 보장되더라도, 입법자가 형성한 구체적 권리가 영원히 유지될 것을 보장하는 것은 아니다. 입법자는 장래에 발생할 새로운 권리를 형성하거나, 과거 법률로 취득된 기존 권리의 내용을 새롭게 형성할 수 있다. 다만, 이러한 법률이 합헌적이기 위해서는 헌법에 부합해야 하며, 기존 권리에 대한 침해를 정당화할 수 있는 이유가 필요하다(헌재 1999.4.29. 94헌바37).

(2) 재산권과 입법형성의 자유

📖 판례정리

1. 재산권에 대한 제한의 허용정도는 그 객체가 지닌 사회적인 연관성과 사회적 기능에 따라 달라지는 것으로서 그 이용이나 처분이 소유자 개인의 생활영역에 머무르지 않고 일반국민 다수의 일상생활에 큰 영향을 미치는 경우에는 입법자가 공동체의 이익을 위하여 개인의 재산권을 규제하는 권한을 폭넓게 가질 수 있다(헌재 1998.12.24. 89헌마214).

2. 동물에 대한 재산권 행사는 사회적 연관성과 기능이 커 일반 물건에 비해 더 폭넓은 입법재량이 인정된다. 따라서 동물 관련 재산권 제한에 대한 헌법심사는 심사기준을 완화하여 과잉금지원칙 위반 여부를 판단한다(헌재 2013.10.24. 2012헌바431).

3. 농지는 일반 토지보다 사회성과 공공성이 강하여, 농지 재산권 제한에 대한 헌법심사의 강도는 일반 토지보다 낮게 보는 것이 타당하다(헌재 2010.2.25. 2008헌바80).

4. 토지재산권은 강한 사회성과 공공성을 지니므로 다른 재산권에 비해 더 강한 제한과 의무 부과가 가능하다. 다만, 비례성원칙을 준수하고 재산권의 본질적 내용인 사용ㆍ수익권 및 처분권을 부인해서는 안 된다. 토지는 공급이 제한되고 국민경제와 생활 기반으로서의 중요성이 커 공동체 이익이 더 강하게 관철될 필요가 있다(헌재 1999.4.29. 94헌바37 ; 헌재 1998.12.24. 89헌마214).

---

2. 소급입법에 의한 재산권 박탈금지

헌법 제13조 제2항은 소급입법에 의한 재산권 박탈을 금지하고 있다. 그러나 친일재산국고귀속법은 진정소급입법에 해당하나 헌법 제13조 제2항에 반하지 않는다(헌재 2011.3.31. 2008헌바141).

03 재산권 행사의 한계

1. 재산권 행사의 사회적 기속성(구속성)의 의의

> 헌법 제23조 ② 재산권의 행사는 공공복리에 적합하도록 하여야 한다.

(1) 개념

재산권의 사회적 기속성이란 공공복리를 위하여 재산권의 주체가 무보상으로 재산권 행사를 제한받게되는 것을 뜻한다. 다만, 재산권 제한이 비례원칙에 위반하여 가혹한 부담이 발생하는 예외적인 경우이를 완화하거나 <u>조정하는 등의 보상규정을 두어야 한다.</u>

(2) 성격

헌법 제23조 제2항의 의무는 단순한 윤리적 의무가 아니라 법적인 의무이다.

(3) 헌법 제23조 제1항과 제3항

헌법 제23조에 의하여 재산권을 제한하는 형태에는, 제1항 및 제2항에 근거하여 재산권의 내용과 한계를 정하는 것과, 제3항에 따른 수용·사용 또는 제한을 하는 것의 두 가지 형태가 있다. 전자는 "입법자가 장래에 있어서 추상적이고 일반적인 형식으로 재산권의 내용을 형성하고 확정하는 것"을 의미하고, 후자는 "국가가 구체적인 공적 과제를 수행하기 위하여 이미 형성된 구체적인 재산적 권리를 전면적 또는 부분적으로 박탈하거나 제한하는 것"을 의미한다.

(4) 내용·한계규정에 의한 제한의 한계

입법자는 재산권의 내용과 한계를 형성할 때 폭넓은 재량을 가지지만, 입법자는 재산권의 구체적 형성시 사적 재산권 보장과 재산권의 사회적 기속성을 조화해야 하며, 공익을 이유로 재산권을 제한할 때 비례 원칙을 준수해야 한다. 제한이 비례의 원칙에 부합한다면 이는 수인의 사회적 제약 범위 내에 있지만, 과도한 제한이라면 이를 완화하거나 조정하는 보상규정이 필요하다. 이러한 과잉제한의 경우, 입법자는 가혹한 부담을 완화하거나 조정하는 보상규정을 두어 비례성을 회복해야 한다.

(5) 비례원칙에 반하는 재산권 내용규정의 보상방법

가혹한 부담에 대한 보상 방법은 금전적 보상에 한정되지 않으며, 입법자는 형성의 자유가 있다(헌재 2019.11.28. 2016헌마1115).

(6) 자연습지 내 광물채굴금지와 보상

① 광물의 채굴을 금지하는 습지보전법 제13조 제1항 제4호는 습지의 보호와 국제협약의 이행 등을 위하여 습지보호지역 내에서 광물의 채굴 행위를 제한하고 있다. 이 사건 행위제한조항은 입법자가 광업권이라는 재산권에 관한 권리와 의무를 일반·추상적으로 확정하는, 재산권의 내용과 한계에 관한 규정이면서 동시에 공익적 요청에 따른 재산권의 사회적 제약을 구체화하는 규정이고(헌법 제23조 제1항 및 제2항), 이미 형성된 구체적인 재산권을 공익을 위하여 개별적·구체적으로 박탈하거나 제한하는 것이 아니므로 보상을 요하는 헌법 제23조 제3항의 수용·사용 또는 제한을 규정한 것이라고 할 수는 없다. 이 사건 행위제한조항으로 인한 광업권의 제한이 사회적 수인한도를 넘는 경우에 광업권자로부터 이를 매수하여 광업권의 제한을 합헌적으로 완화·조정하는 규정이 된다.

② 습지보호지역 등에서 광업권을 소유한 사람이 환경부장관이나 해양수산부장관에게 광업권을 매도하려는 경우 임의로 매수할 수 있도록 한 구 습지보전법: 이 사건 채굴금지조항으로 인해 광업권을 행사하지 못한 경우 기속적 매수의무조항을 규정한다면 헌법 제23조 제2항의 사회적 제약의 범위 내 재산권

제한을 받는 광업권자에게도 보상을 해야 하는 문제가 발생한다. 습지보전법 제20조의2 제1항이 임의적 매수권한만 부여하더라도 사회적 제한의 범위를 벗어난 경우라고 행정청이 판단되면 조정적 보상으로 비례성 회복이 가능하다. 따라서 입법자가 일반적 추상적으로 매수 여부를 결정하지 않고 행정기관이 습지보호라는 공익과 재산권 제한을 비교형량하여 매수 여부를 결정하도록 하는 것이 합리적 방안이라고 할 수 있는바, 기속적 매수의무가 아니라 임의적 매수권한을 부여한 이 사건 법률조항은 비례원칙에 반하지 않는다(헌재 2015.10.21. 2014헌바170).

(7) 공연에 관해 반대급부를 받지 않는 경우 상업용 음반 및 영상저작물을 재생해 공연할 수 있도록 규정한 저작권법 조항은, 저작재산권자가 공연을 허락할 권리를 행사하거나 공연 대가를 받을 권리를 제한하지만, 이러한 제한은 공중이 문화적 혜택을 누리는 공익에 부합하며, 저작재산권자가 입는 불이익이 공익보다 크지 않다. 또한, 해당 조항은 법익의 균형성을 갖추고 있어 비례의 원칙에 반하지 않으므로 재산권 침해로 볼 수 없다(헌재 2019.11.28. 2016헌마1115).

(8) 도시개발제한구역과 토지재산권 (헌재 1998.12.24. 89헌마214)
① **토지재산권의 사회적 의무성:** 헌법상 재산권은 토지소유자가 모든 용도로 자유롭게 사용할 권리를 보장하지 않으며, 토지재산권의 강한 사회성과 공공성으로 인해 다른 재산권보다 강한 제한과 의무가 부과될 수 있다.
② **개발제한구역 지정 후 종래의 목적으로 사용 가능한 경우:** 개발제한구역 지정 후에도 토지를 종래의 목적으로 사용할 수 있다면, 이는 사회적 제약 범위 내의 제한으로 비례원칙에 부합하므로 보상할 필요가 없다. 건축이나 개발 기대에 따른 지가 상승의 기회는 재산권 보호범위에 포함되지 않는다.
③ **개발제한구역 지정으로 종래의 목적으로도 사용 불가능한 경우:** 지정으로 인해 종래의 용도로 사용할 수 없거나 이용 방법이 전혀 없는 경우(예 나대지)에는 가혹한 부담이 발생하며, 이는 사회적 제약을 넘어선다. 이 경우 보상규정을 마련해야 한다.
④ **헌법불합치결정의 이유와 의미:** 도시계획법 제21조의 개발제한구역제도는 원칙적으로 합헌이지만, 예외적으로 일부 토지소유자에게 가혹한 부담을 초래하는 경우 보상규정이 없는 것이 위헌이다. 보상입법 마련 전까지 해당 조항은 형식적으로 존속하며, 입법자는 신속히 보상입법을 제정해야 하고, 행정청은 새로 개발제한구역을 지정할 수 없다.
⑤ **비례성 회복 방법:** 가혹한 부담을 완화하기 위해 반드시 금전보상을 해야 하는 것은 아니며, 입법자는 이를 조정하기 위한 다양한 방법을 선택할 광범위한 자유를 가진다.

(9) 도시계획시설의 결정과 토지재산권 (헌재 1999.10.21. 97헌바26)
① **도시계획시설 지정 후 종래 용도 사용 가능성:** 도시계획시설로 지정된 후에도 토지를 종래의 용도로 계속 사용할 수 있다면, 이는 재산적 손실로 볼 수 없으며, 지가 하락 및 현상유지의무는 토지소유자가 감수해야 할 사회적 제약 범위에 속한다.
② **나대지 등 이용 불가능한 경우:** 나대지로서 종래의 용도로도 사용할 수 없고, 법적으로 허용된 이용 방법이 없어 사실상 경제적 이용가능성이 폐지된 경우, 이는 사회적 제약의 범위를 넘어선다. 이 경우 토지소유자는 매도도 불가능하며, 재산권의 본질이 침해된다. 입법자는 다음과 같은 보상조치를 마련해야 한다.
③ **보상규정의 입법형성권 한계:** 입법자는 재산권과 공익을 조화롭게 실현할 수 있는 적정한 보상 기준과 기간을 설정해야 한다. 토지의 사적 이용권이 배제된 상태에서 10년 이상 보상 없이 수인하도록 강제하는 것은 과도한 제한이며 헌법상의 재산권 보장에 위배된다.

(10) 살처분된 가축의 소유자가 축산계열화사업자인 경우에는 계약사육농가의 수급권 보호를 위하여 보상금을 계약사육농가에 지급한다고 규정한 '가축전염병 예방법'

살처분된 가축의 소유자가 축산계열화사업자인 경우에는 계약사육농가의 수급권 보호를 위하여 보상금을 계약사육농가에 지급한다고 규정한 '가축전염병 예방법'은 가축의 살처분으로 인한 재산권 제약은 헌법 제23조 제3항에 따른 보상을 요하는 수용이 아니며, 사회적 제약의 범위에 속한다. 그러나 가혹한 부담이 발생하는 예외적인 경우에는 보상규정이 필요하다. 심판대상조항은 축산계열화사업자의 경제적 손실을 충분히 보상하지 않아 재산권을 침해하지만, 단순위헌결정은 불합리한 결과를 초래할 수 있다.

심판대상조항은 축산계열화사업자가 입은 경제적 손실을 충분히 보상하지 않아, 교섭력이 약한 계약사육농가의 보호를 넘어서는 개입으로 축산계열화사업자의 재산권을 침해한다. 살처분 보상금을 계약사육농가에게만 지급하는 방식은 축산계열화사업자의 부담을 완화하기에 적절하지 않다. 보상금을 축산계열화사업자와 계약사육농가에게 개인별로 지급하는 것은 입법기술상 가능하므로, 심판대상조항은 입법형성재량의 한계를 벗어나 재산권을 침해한다(헌재 2024.5.30. 2021헌가3).

04 재산권의 제한

1. 재산권 공용수용의 요건

> 헌법 제23조 【재산권 보장과 제한】 ③ 공공필요에 의한 재산권의 수용·사용 또는 제한 및 그에 대한 보상은 법률로써 하되, 정당한 보상을 지급하여야 한다.

(1) 헌법 제23조의 체계

헌법 제23조의 근본취지는 우리 헌법이 사유재산제도의 보장이라는 기조 위에서 원칙적으로 모든 국민의 구체적 재산권의 자유로운 이용·수익·처분을 보장하면서 공공필요에 의한 재산권의 수용·사용 또는 제한은 헌법이 규정하는 요건을 갖춘 경우에만 예외적으로 허용한다는 것으로 해석된다(헌재 1998.12.24. 89헌마214).

(2) 적법한 공용수용요건

헌법의 재산권 보장에 관한 규정의 근본취지에 비추어 볼 때, 공공필요에 의한 재산권의 공권력적, 강제적 박탈을 의미하는 공용수용은 헌법상의 재산권 보장의 요청상 불가피한 최소한에 그쳐야 한다. 즉, **공용수용은 헌법 제23조 제3항에 명시되어 있는 대로 국민의 재산권을 그 의사에 반하여 강제적으로라도 취득해야 할 공익적 필요성이 있을 것, 법률에 의거할 것, 정당한 보상을 지급할 것의 요건을 모두 갖추어야 한다**(헌재 2014.10.30. 2011헌바129).

2. 재산권 제한의 목적(=공공필요)

(1) 공공필요와 공공복리의 범위

단순히 국가의 재정적 수입을 늘리기 위한 것은 공공필요로 볼 수 없다. 오늘날 공익사업의 범위가 확대되는 경향에 대응하여 재산권의 존속보장과 조화를 위해서는 **공공필요의 요건에 관해서는 기본권 일반의 제한사유인 공공복리보다 좁게** 보는 것이 타당하다(헌재 2014.10.30. 2011헌바172).

(2) 공공필요 판단기준

공공필요가 있는지 판단기준

1. 공공성 판단은 1차적으로 입법 단계에서 일반적 판단, 2차적으로 사업인정 단계에서 개별적 판단으로 이루어진다(헌재 2014.10.30. 2011헌바129).

2. 국가 등의 공적 기관이 직접 수용의 주체가 되는 것이든 그러한 공적 기관의 최종적인 허부판단과 승인결정 하에 민간기업이 수용의 주체가 되는 것이든, 양자 사이에 공공필요에 대한 판단과 수용의 범위에 있어서 본질적인 차이를 가져올 것으로 보이지 않는다. 따라서 위 수용 등의 주체를 국가 등의 공적 기관에 한정하여 해석할 이유가 없다(헌재 2009.9.24. 2007헌바114).

3. 민간기업도 도시계획시설사업 시행자로서 헌법상 공용수용권을 행사할 수 있으며, 목적의 정당성과 수단적절성 판단 기준은 동일하다(헌재 2009.9.24. 2007헌바114 ; 헌재 2011.6.30. 2008헌바166).

4. 공공필요성이 낮은 고급골프장 사업에 대해 민간개발자에게 수용권한을 부여하도록 한 구 지역균형개발법은 헌법 제23조 제3항의 공공필요에 위배된다(헌재 2014.10.30. 2011헌바129 · 172).

5. 헌법 제23조 제3항은 수용 주체를 제한하지 않으며, 공공필요성이 인정되고 정당한 보상이 지급된다면 조합이 수용권을 가지는 것은 문제되지 않는다. 주택재개발사업은 주민 건강과 안전 보호, 주거환경 개선을 위해 추진되는 공익사업으로, 수용의 공공필요성이 인정된다(헌재 2019.11.28. 2017헌바241).

6. 기존에 설치된 전원설비의 토지 사용권원을 확보하는 사업에 관하여 전원개발사업자가 해당 토지를 공용사용할 수 있도록 정한 전원개발촉진법 (헌재 2019.12.27. 2018헌바109)
   ① **전원개발사업의 공공성**: 전원개발사업은 대규모 자본이 투입되는 공익사업으로, 송전선 철거 방지와 전력공급 공백 예방을 위해 사업자가 신속히 선하지 사용권을 확보할 필요가 있다.
   ② **헌법 제23조 제3항의 공공필요성 충족**: 한국전력공사의 특수성과 산업통상자원부 장관의 최종 판단권을 고려할 때, 해당 사용조항은 헌법 제23조 제3항의 공공필요성을 충족한다. 전력공급 안정성을 보장할 다른 대안이 없다는 점에서도 공공성 요건을 만족한다.

(3) 헌법 제37조 제2항의 기본권 제한입법의 한계

재산권을 제한함에 있어서는 헌법 제23조 제3항은 물론 헌법 제37조 제2항이 규정하고 있는 기본권 제한입법의 한계인 과잉금지원칙·본질적 내용침해금지원칙이 준수되어야 한다.

3. 재산권 수용주체

국가기관뿐 아니라 사인인 사업시행자도 수용의 주체가 될 수 있다. 민간기업이 도시계획시설사업의 시행자로서 도시계획시설사업에 필요한 토지 등을 수용할 수 있도록 규정한 국토계획법 제95조 제1항은 헌법 제23조 제3항의 공공필요성 요건을 갖추지 못한 재산권 침해에 해당하지 않는다(헌재 2011.6.30. 2008헌바166 등). 관광단지 조성사업에 있어 **민간개발자를** 토지 수용의 주체로 규정한 이 사건 법률조항이 헌법 제23조 제3항에 위반되지 않는다(헌재 2013.2.28. 2011헌바250).

4. 수용 개시일까지 토지 등의 인도의무를 정하는 공익사업을 위한 토지 등의 취득 및 보상에 관한 법률

인도의무자의 권리가 절차적으로 보호되고 의견제출 및 불복수단이 마련되어 있는 점 등을 고려할 때, 인도의무의 강제로 인한 부담이 공익사업의 적시 수행이라는 공익의 중요성보다 크다고 볼 수 없어 법익균형성을 상실하였다고 볼 수 없다(헌재 2020.5.27. 2017헌바464).

헌법 제23조 제3항의 공용침해에 해당하지 않는 사례

1. 공유수면 매립 토지의 국유화

면허 없이 공유수면을 매립한 토지를 국유화하는 것은 강제수용에 해당하지 않는다(헌재 2000.6.1. 98헌바34).

2. 학교위생정화구역 내 여관시설 금지

여관용도로 건물 사용이 금지되더라도 이는 헌법 제23조 제3항의 수용·사용·제한에 해당하지 않는다(헌재 2004.10.28. 2002헌바41).

3. 문화재 은닉금지

문화재 은닉금지는 재산권 행사의 사회적 제약으로, 보상을 요하는 헌법 제23조 제3항의 수용 등에 해당하지 않는다(헌재 2007.7.26. 2003헌마377).

4. 가축전염예방법에 따른 살처분

살처분은 전염병 전파 방지를 위한 사회적 제약으로, 헌법 제23조 제3항의 수용에 해당하지 않는다(헌재 2014.4.24. 2013헌바110).

5. 도축장 사용정지·제한명령

도축장 사용정지·제한은 공익목적의 사회적 제약으로, 헌법 제23조 제3항의 수용·사용·제한이 아닌 헌법 제23조 제1항의 재산권 내용과 한계로 보아야 한다(헌재 2015.10.21. 2012헌바367).

6. 도시계획사업 시행자의 공공시설 무상귀속

① 시행자가 설치한 공공시설을 국가나 지방자치단체에 무상으로 귀속시키는 것은 재산권의 내용과 한계를 정한 것으로, 헌법 제23조 제3항의 수용에 해당하지 않는다(헌재 2003.8.21. 2000헌가11).

② 사업주체가 설치한 공공시설의 소유권을 바로 국가 또는 지방자치단체에 귀속하게 하면 이를 보다 효율적으로 유지·관리하면서 널리 공공의 이익에 제공할 수 있으므로 행정청이 아닌 **사업주체가 새로이 설치한 공공시설**이 그 시설을 관리할 **관리청에 무상으로 귀속되도록 한** 주택건설촉진법은 청구인의 재산권을 침해한다고 할 수 없다(헌재 2015.2.26. 2014헌바177).

7. 정비기반시설의 소유권 귀속

도시정비법에 따른 정비기반시설의 국가나 지방자치단체 소유권 귀속은 헌법 제23조 제3항의 수용에 해당하지 않으며, 보상 원칙도 적용되지 않는다(헌재 2013.10.24. 2011헌바355).

8. 개성공단 전면중단 조치

공용제한이 아니므로 정당한 보상이 지급되지 않았더라도 헌법 제23조 제3항 위반으로 볼 수 없다(헌재 2022.1.27. 2016헌마364).

9. 2010년 대북조치

대북조치는 개성공단 내 토지, 건물, 설비 등 특정 재산권에 대해 직접 공용부담을 가하거나 구체적으로 제한한 것이 아니다. 이는 재산권의 사회적 제약을 구체화한 것으로, 헌법 제23조 제3항의 공용제한에 해당하지 않는다(헌재 2022.5.26. 2016헌마95).

10. 댐사용권변경조항

댐사용권변경조항은 다목적댐 건설 후 환경 변화에 따라 저수의 용도 및 권자를 변경해 법률관계를 규율하는 규정이다. 이는 헌법 제23조 제3항의 재산권 수용·사용·제한 규정에 해당하지 않고, 공익적 목적의 댐사용권 내용과 한계를 정하며 재산권의 사회적 제약을 구체화한 규정이다(헌재 2022.10.27. 2019헌바44).

5. 정당한 보상

1948년 제정헌법 제15조 공공필요에 의하여 국민의 재산권을 수용, 사용 또는 제한함은 법률의 정하는 바에 의하여 **상당한 보상**을 지급함으로써 행한다.

1962년 개정헌법 제20조 ③ 공공필요에 의한 재산권의 수용·사용 또는 제한은 법률로써 하되 **정당한 보상**을 지급하여야 한다.

1972년 개정헌법 제20조 ③ 공공필요에 의한 재산권의 수용·사용 또는 제한 및 그 **보상의 기준과 방법은 법률로 정한다.**

1980년 개정헌법 제22조 ③ 공공필요에 의한 재산권의 수용·사용 또는 제한은 법률로써 하되, 보상을 지급하여야 한다. 보상은 **공익 및 관계자의 이익을 정당하게 형량하여** 법률로 정한다.

1987년 개정헌법 제23조 ③ 공공필요에 의한 재산권의 수용·사용 또는 제한 및 그에 대한 보상은 법률로써 하되, **정당한 보상**을 지급하여야 한다.

(1) 보상의 기준

헌법 제23조 제3항은 공공필요에 의한 재산권 제한에 대해서는 정당한 보상을 하도록 규정하고 있다. 헌법재판소는 정당한 보상을 완전보상으로 보고 있다.

📖 판례정리

보상기준

1. 정당한 보상의 개념

헌법이 규정한 정당한 보상은 재산권 침해로 인한 손실을 완전하게 보상해야 하며, 이는 피수용재산의 객관적인 재산가치에 기반해야 한다(헌재 1990.6.25. 89헌마107).

2. 공시지가와 보상액 산정

공익사업법이 공시지가를 기준으로 보상액을 산정하는 것은 정당보상의 원칙에 위배되지 않는다(헌재 2010.3.25. 2008헌바102).

3. 개발이익의 배제

해당 공익사업으로 인한 개발이익은 완전보상의 범위에 포함되지 않는다. 공익사업법이 개발이익을 손실보상에서 배제하는 것은 헌법상 정당보상 원칙에 어긋나지 않는다(헌재 2010.3.25. 2008헌바102).

4. 생활대책과 정당보상

생활대책은 정당한 보상이 아니라 국가의 정책적 배려로 마련된 제도다. 이를 실시할지 여부는 입법자의 정책적 재량에 속한다(헌재 2013.7.25. 2012헌바71).

5. 이주대책과 정당보상

이주대책은 헌법상 정당한 보상이 아니라 생활보상의 일환이다. 이주대책은 종전의 생활을 회복하기 위한 정책적 배려로, 입법자의 재량에 해당한다. 세입자를 이주대책 대상에서 제외한 공익사업법 시행령은 세입자의 재산권을 침해하지 않는다(헌재 2006.2.23. 2004헌마19).

조세 · 과징금

재산권 침해인 것

1. **택지초과부담금** (헌재 1999.4.29. 94헌바37)

   ① 택지소유상한제 시행 이전부터 택지를 소유한 사람에게 일률적으로 소유상한을 적용하는 것은 입법목적 달성을 위한 과도한 침해로, 신뢰보호 원칙 및 평등원칙에 위배된다.

   ② 기간 제한 없이 매년 4~11%의 부담금을 부과하여 10년 후 100%에 이르게 하는 규정은 토지재산권의 무상 몰수 효과를 초래하며, 재산권의 사회적 제약 범위를 넘어 위헌이다.

2. 명의신탁을 이용하여 탈세투기를 하였는지 여부 등을 고려하지 않고 일괄적으로 **부동산실명법 위반자에 대해** 부동산 가액의 **100분의 30을 과징금으로 부과하는** 부동산실명법은 재산권 침해이다(헌재 2001.5.31. 99헌가18).

   비교 기존 명의신탁자가 유예기간 내에 실명등기를 하지 아니한 경우 **부동산 가액 100분의 30 범위 내의 과징금을 부과하도록** 한 구 '부동산 실권리자명의 등기에 관한 법률'은 이중처벌금지원칙에 반하지도 않고 재산권을 침해하는 것도 아니다(헌재 2011.6.30. 2009헌바55).

3. **이혼시 재산분할**

   이혼시 재산분할에 따른 자산이전은 부부공동재산을 청산하여 재산 취득자의 지분권을 현재화하는 것에 불과하므로 재산분할에 따른 자산이전은 무상의 자산이전인 증여가 아님에도 불구하고 **이혼에 따른 재산분할 시 배우자의 인적 공제를 초과한 재산분할 부분을 증여로 보아** 증여세를 부과하는 상속세법 제29조의2는 재산권 침해이고 실질적 조세법률주의에 위반된다(헌재 1997.10.30. 96헌바14).

재산권 침해가 아닌 것

1. 건축법 위반자에 대하여 시정명령 이행시까지 반복적으로 **이행강제금을 부과할 수 있도록** 규정한 건축법(헌재 2011.10.25. 2009헌바140)

2. 허가 등을 거치지 아니하고 설치하거나 용도변경한 건축물 등에 대한 이행강제금(헌재 2021.4.29. 2018헌바516)

3. 개발제한구역 내에서 허가받지 않은 건축물을 건축하는 등 개발행위를 한 토지 소유자에게 이행강제금을 부과한다고 규정한 '개발제한구역의 지정 및 관리에 관한 특별조치법'(헌재 2023.2.23. 2019헌바550)

4. 위반행위자 등이 개발제한구역법 위반으로 인해 시정명령을 받고도 이를 이행하지 아니한 경우에 이를 상당한 기간까지 이행하지 않으면 이행강제금을 부과 · 징수한다는 뜻을 토지 소유자에게 미리 문서로 계고하도록 하는 개발제한구역법(헌재 2023.2.23. 2019헌바550)

5. 투기방지를 위하여 **1세대 3주택** 이상에 해당하는 주택에 대하여 **양도소득세 중과세**를 규정하고 있는 소득세법은 재산권 침해가 아니다. 그러나 헌법 제36조 혼인가족생활의 양성평등에는 위반된다(헌재 2011.11.24. 2009헌바46).

6. 공유재산의 침탈방지를 위하여 행정청이 공유(公有)의 잡종재산을 **무단점유한 자에게 통상의 대부료의 120%에 상당하는 변상금을 징수하도록** 한 구 공유재산 및 물품 관리법(헌재 2010.3.25. 2008헌바148)

7. 주택재건축사업에서 발생되는 재건축초과이익에 대하여 재건축부담금을 징수하도록 규정한 구 재건축초과이익 환수에 관한 법률 (헌재 2019.12.27. 2014헌바381)

   ① **재건축부담금의 법적 성격**: 건축부담금은 주택가격 안정과 사회적 형평을 도모하며 재건축사업을 본래 목적대로 유도하기 위해 마련된 정책실현목적의 유도적 · 조정적 부담금이다. 이는 일부 재정조달 목적도 포함하지만, 주로 사회 · 경제 정책 실현을 목적으로 한다.

   ② **주택재건축사업에서 발생되는 재건축초과이익에 대하여 재건축부담금을 징수하도록 규정한 구 '재건축초과이익 환수에 관한 법률'이 과잉금지원칙에 반하여 청구인의 재산권을 침해하는지 여부(소극)**: 구 '재건축초과이익 환수에 관한 법률'에 따른 재건축부담금은 주택가격 안정과 사회적 형평을 위해, 정상 주택가격

상승분을 초과한 증가분 중 일부를 환수하도록 설계되었다. 부과 기준, 산정방식, 공제규정 등을 고려할 때, 해당 조항은 과잉금지원칙에 반하지 않으며, 청구인의 재산권을 침해하지 않는다.

8. 세금계산서를 발급받지 않은 경우 부가가치세 산정에 있어 매입세액을 공제하지 않도록 한 구 부가가치세법 (헌재 2019.11.28. 2017헌바340)

9. 소방시설로 인하여 이익을 받는 자의 건축물을 과세대상으로 소방지역자원시설세를 부과하면서, 대형 화재위험 건축물에 대하여는 일반세액의 3배를 중과세하는 지방세법(헌재 2020.3.26. 2017헌바387)

10. 이용자의 개인정보를 유출한 경우로서 정보통신서비스 제공자가 법률상 요구되는 기술적·관리적 보호조치를 하지 아니한 경우 위반행위와 관련한 매출액의 100분의 3 이하에 해당하는 금액을 과징금으로 부과할 수 있도록 한 구 '정보통신망 이용촉진 및 정보보호 등에 관한 법률'(헌재 2022.5.26. 2020헌바259)

📖 판례정리

퇴직금 · 보험금

재산권 침해인 것

1. 퇴직 후의 사유로 금고 이상의 형의 선고를 받은 경우 공무원연금 급여정지를 규정한 공무원연금법

공무원연금법 제64조 제3항은 퇴직 후의 사유를 적용하여 공무원연금법상의 급여를 제한하는 범위 내에서 헌법에 위반된다(헌재 2002.7.18. 2000헌바57).

2. 재직 중의 사유로 금고 이상의 형이 선고된 경우 퇴직급여 제한

공무원의 신분이나 직무상 의무와 관련이 없는 범죄의 경우에도 퇴직급여 등을 제한하는 것은, 공무원범죄를 예방하고 공무원이 재직 중 성실히 근무하도록 유도하는 입법목적을 달성하는 데 **적합한 수단이라고 볼 수 없다**. 그리고 특히 과실범의 경우에는 공무원이기 때문에 더 강한 주의의무 내지 결과발생에 대한 가중된 비난가능성이 있다고 보기 어려우므로, 재산권을 침해한다. 위 법률조항은 2008년 12월 31일 시한으로 입법자가 개정할 때까지 그 효력을 지속한다(헌재 2007.3.29. 2005헌바33).

유사 재직 중 사유로 금고 이상 형이 선고된 경우 퇴직급여 제한 규정한 사립학교법 제42조는 입법목적을 달성하는 데 적합한 수단이라고 볼 수 없다(헌재 2010.7.29. 2008헌가15).

3. 퇴역연금을 받는 자가 국가 또는 지자체가 자본금 2분의 1 이상을 출자한 기관 등에 취업한 경우 퇴역연금의 전부 또는 일부의 지급을 정지할 수 있도록 한 군인연금법

퇴직금 중 **공무원의 자기기여금**에 해당하는 임금후불적인 부분은 재산권에서 강하게 보장되는 것이므로 퇴직공무원이 국가기관 등에 재취업하였다 하더라도 지급을 정지해서는 아니 되나 공무원의 생활보장이라는 차원에서 국가가 부담한 부분은 퇴직공무원이 재취업하여 임금을 받는 것으로 고려하면 지급을 정지할 수 있다. 따라서 퇴직공무원이 재취업한 경우 퇴직급여의 2분의 1 이상의 지급을 정지하는 것은 재산권 침해이나, 2분의 1의 범위 내에서 지급을 정지하는 것은 재산권 침해가 아니다(헌재 1994.6.30. 92헌가9).

비교 퇴직연금 수급자가 일정한 근로소득이나 사업소득이 있는 경우 소득 정도에 따라 퇴직연금 중 **일부**를 지급 정지하도록 규정한 공무원연금법은 재산권을 침해한다고 볼 수 없다(헌재 2008.2.28. 2005헌마872).

4. 근로자 퇴직금채권 전액을 저당권에 의하여 담보된 채권 등보다 우선변제하도록 한 근로기준법 *헌법불합치결정

퇴직금 채권을 전액 우선함으로써 저당권자는 그 권리를 행사할 기회를 박탈당하므로 이 사건 법률조항은 저당권의 본질적인 내용을 침해한다. 그러나 퇴직금의 전액이 아니라 근로자들의 생활보장 차원에서 적정범위의 퇴직금 채권을 우선하는 것은 허용될 수 있으므로 입법자는 적정한 범위 내에 퇴직금 채권을 우선하는 법 개정을 하여야 한다(헌재 1997.8.21. 94헌바19·97헌가11).

비교 3년의 근로자퇴직금을 우선하는 것은 합헌이다(헌재 2006.7.27. 2004헌바20).

5. **범죄행위로 인한 사고시 보험급여를 지급하지 아니하도록 한 구 국민의료보험법**

'범죄행위'에 고의와 중과실에 의한 범죄행위 이외에 경과실에 의한 범죄행위가 포함되는 것으로 해석하는 한 이는 헌법에 위반된다(헌재 2003.12.18. 2002헌바1).

6. 별거나 가출 등으로 실질적인 혼인관계가 존재하지 아니하여 연금 형성에 기여가 없는 **이혼배우자에 대해서까지 법률혼 기간을 기준으로** 분할연금 수급권을 인정하는 국민연금법은 재산권을 침해한다(헌재 2016.12.29. 2015헌바182).

7. **지방의원 임기 중 연금 지급을 정지한 공무원연금법 제47조**

지방의회의원의 퇴직연금 지급 정지를 규정한 구법 조항은 연금재정 안정과 이중수혜 방지라는 정당한 목적과 수단의 적합성은 인정되지만, 월정수당이 퇴직연금보다 적은 경우에도 전액 정지하는 일률적 규정은 침해의 최소성을 충족하지 못한다. 연금 전액 정지는 공직 수행 중 생활보장을 악화시키고 특정 집단에 과도한 희생을 강요하며, 공익이 사익 침해를 정당화할 만큼 크지 않아 법익의 균형성 요건도 충족하지 못한다. 따라서 이 조항은 과잉금지원칙에 위배되어 재산권을 침해한다(헌재 2022.1.27. 2019헌바161).

8. **'요양기관이 의료법 제33조 제2항을 위반하였다는 사실을 수사기관의 수사 결과로 확인한 경우 공단으로 하여금 해당 요양기관이 청구한 요양급여비용의 지급을 보류할 수 있도록 규정한 구 국민건강보험법 제47조의2 제1항** (헌재 2023.3.23. 2018헌바433)

(1) **제한되는 기본권**

① **재산권 제한**: 요양급여비용 지급청구권은 요양기관이 제공한 요양급여의 반대급부로 헌법 제23조가 보장하는 재산권의 성격을 가진다. 지급보류조항은 요양급여비용의 지급을 제한하므로 의료기관 개설자의 재산권을 제한한다.

② **직업수행의 자유 및 평등권**: 직업수행의 자유 및 평등권 침해 주장은 재산권 침해 주장과 본질적으로 다르지 않아 별도로 판단하지 않는다.

③ **재판청구권**: 지급보류조항이 소송절차와 직접 관련되지 않아 재판청구권 침해는 발생하지 않는다.

(2) **기타 쟁점**

지급보류조항은 수사기관의 수사 결과를 근거로 요양급여비용 지급을 잠정 보류한다. 이는 부당이득 환수절차의 한계를 보완하고 건강보험 재정 건전성을 도모하기 위한 조치로, 혐의만으로 유죄 취급하는 것으로 보기 어렵다. 따라서 지급보류조항은 무죄추정의 원칙에 위반되지 않는다.

(3) **재산권 침해 여부**

보류처분 이후 불송치, 불기소, 무죄판결 등의 사정변경에도 소급 취소가 어렵고 충분한 보상이 이루어지지 않는다. 지급보류조항이 달성하려는 공익(건강보험 재정 건전성)과 의료기관 개설자가 입는 불이익을 비교하면, 후자가 과도하다. 보류처분 이후 사정변경에 대한 보상 규율이 부족하여 균형성이 결여되었다.

* 의료급여기관이 의료법 제33조 제2항을 위반하였다는 사실을 수사기관의 수사 결과로 확인한 경우 시장·군수·구청장으로 하여금 해당 의료급여기관이 청구한 의료급여비용의 지급을 보류할 수 있도록 규정한 의료급여법 제11조의5 제1항 중 '의료법 제33조 제2항'에 관한 부분이 의료급여기관 개설자의 재산권을 침해한다(헌재 2024.6.27. 2021헌가19). ➡ 재판청구권 제한은 아님

재산권 침해가 아닌 것

1. 직무와 관련이 없는 과실로 인한 경우 및 소속 상관의 정당한 직무상 명령에 따르다가 **과실로 인한 경우를 제외하고 재직 중의 사유로 금고 이상의 형을 선고받은 경우** 퇴직급여 일부를 감액하는 공무원연금법은 재산권을 침해하는 것이 아니다(헌재 2013.8.29. 2010헌바354).

참고 다만, 이 법률조항을 2009.1.1.로 소급적용하는 것은 소급입법에 의한 재산권 침해이다.

2. 군인이 '직무와 관련 없는 과실로 인한 경우' 및 '소속 상관의 정당한 직무상의 명령에 따르다가 **과실로 인한 경우**'를 제외하고 복무 중의 사유로 금고 이상의 형을 받은 경우, 퇴직급여 등을 감액하도록 규정한 군인연금법은 청구인의 재산권, 인간다운 생활을 할 권리를 침해한다고 볼 수 없다(헌재 2013.9.26. 2011헌바100).

3. **특별사면 및 복권을 받은 경우 퇴직급여**

형의 선고의 효력을 상실하게 하는 특별사면 및 복권을 받았다 하더라도 그 대상인 형의 선고의 효력이나 그로 인한 자격상실 또는 정지의 효력이 장래를 향하여 소멸되는 것에 불과하고, 형사처벌에 이른 **범죄사실 자체가 부인되는 것은 아니므로, 공무원 범죄에 대한 제재수단으로서의 실효성을 확보하기 위하여 특별사면 및 복권을 받았다 하더라도 퇴직급여 등을 계속 감액하는 것을 두고 현저히 불합리하다고 평가할 수 없다.** 나아가 심판대상조항에 의하여 퇴직급여 등의 감액대상이 되는 경우에도 본인의 기여금 부분은 보장하고 있다. 따라서 심판대상조항은 그 합리적인 이유가 인정되는바, 재산권 및 인간다운 생활을 할 권리를 침해한다고 볼 수 없어 헌법에 위반되지 아니한다(헌재 2020.4.23. 2018헌바402).

4. **공무원 퇴직급여 제한** (헌재 2019.2.28. 2017헌바372)

   ① **직무와 관련이 없는 과실로 인한 경우 및 소속 상관의 정당한 직무상의 명령에 따르다가 과실로 인한 경우는 제외하고는 직무와 관련성 유무와 상관없이 범죄의 종류와 그 형의 경중을 가리지 않고 일률적으로 재직 중의 사유로 금고 이상의 형이 있으면 퇴직급여 및 퇴직수당의 일부를 감액하도록 규정하고 있는 공무원연금법**: 헌법재판소는 2010헌바354 등 다수의 사건에서 이 사건 법률조항과 같은 규정이 재산권과 인간다운 생활을 할 권리를 침해하지 아니하고, 평등원칙에도 위배되지 않는다고 판시하였는바, 위 선례의 판단은 타당하고, 이 사건에서 이와 달리 판단하여야 할 사정변경이 없다.

   ② **범죄의 종류와 그 형의 경중을 가리지 않고 재직기간 5년 이상인 공무원에게 금고 이상의 형이 있으면 무조건 퇴직급여의 2분의 1을 감액하도록 규정하고 있는 구 공무원연금법 시행령**: 이 사건 시행령조항이 공무원에게 금고 이상의 형이 있는 경우 재직기간 5년을 기준으로 퇴직급여 감액의 정도를 달리한 것은, 퇴직급여 산정방법상 재직기간이 짧을수록 급여액 중 본인의 기여금이 차지하는 비율이 상대적으로 높은 것을 감안하여 재직기간이 짧은 사람의 경우에는 감액의 수준을 낮게 하고 재직기간이 긴 사람은 감액의 수준을 높게 하여 감액의 정도를 실질화한 것이고, 퇴직급여를 감액하는 경우에도 이미 낸 기여금 및 그에 대한 이자의 합산액 이하로는 감액할 수 없다고 하여 공무원의 퇴직급여를 보호하는 장치도 마련하고 있는바, 재직 중의 사유로 금고 이상의 형을 받은 경우 재직기간이 5년 이상인 공무원에 대하여 그 퇴직급여를 2분의 1 감액하도록 한 것은 입법재량의 한계를 넘은 것이라고 보기 어려우므로, 이 사건 시행령조항은 재산권, 인간다운 생활을 할 권리, 평등권을 침해하지 아니한다.

5. 군인연금법상 퇴역연금 수급권자가 **군인연금법·공무원연금법 및 사립학교교직원 연금법의 적용을 받는 군인·공무원 또는 사립학교교직원으로 임용된 경우 그 재직기간 중 해당 연금 전부의 지급을 정지하도록** 하고 있는 군인연금법은 퇴역연금 수급권자의 재산권을 침해하지 않는다(헌재 2015.7.30. 2014헌바371).

6. 명예퇴직 공무원이 재직 중의 사유로 금고 이상의 형을 받은 때 **명예퇴직수당을 필요적으로 환수하는 것은** 재산권 침해가 아니다(헌재 2010.11.25. 2010헌바93).

7. 다른 법령에 의하여 같은 종류의 급여를 받는 경우 공무원연금법상 급여에서 그 상당 금액을 공제하여 지급하도록 규정한 구 공무원연금법은 재산권을 침해하지 않는다(헌재 2013.9.26. 2011헌바272).

8. **재직 중인 공무원만이 재직기간 합산 신청을 할 수 있도록 한** 공무원연금법은 연금수급자의 재산권으로서의 공무원연금수급권을 침해하지 않는다(헌재 2016.3.31. 2015헌바18).

9. 임용결격공무원의 경우 공무원 퇴직연금수급권의 법정요건의 하나인 적법한 공무원이라 할 수 없으므로 '**국가공무원법 소정의 임용결격사유가 존재함에도** 불구하고 공무원으로 임용되어 근무하거나 하였던 자'를 공무원 퇴직연금수급권자에 포함시키지 않는 공무원연금법은 재산권을 침해하지 아니한다(헌재 2012.8.23. 2010헌바425).

10. 공무원이 유족 없이 사망하였을 경우, **연금수급자의 범위를 직계존비속으로만 한정**하고 있는 공무원연금법은 재산권을 침해한 것으로 볼 수 없다(헌재 2014.5.29. 2012헌마555).

11. 국가의 부담으로 시설보호를 받음으로써 거주비, 식비, 피복비의 대부분을 스스로 부담하지 않는 점 등을 고려하면, **국가양로시설에 입소한 국가유공자에 대한 부가연금을 지급정지하도록 한** 예우법 제20조는 재산권 침해가 아니다(헌재 2000.6.1. 98헌마216).

12. 국민연금재원확보를 위하여 국민연금 강제징수는 재산권 침해가 아니다(헌재 2001.2.22. 99헌마365).

　유사　 국민연금재원확보를 위하여 가입기간이 10년 미만이거나, 사망, 국적상실, 국외 이주의 경우를 제외하고는 반환일시금을 지급할 수 없도록 하고 있는 국민연금법은 재산권 침해가 아니다(헌재 2014.5.29. 2012헌마248).

　유사　 노령연금 수급개시연령 60세는 국민연금재원의 안정성을 위한 것으로서 신뢰보호원칙을 위반하여 청구인의 재산권을 침해하지 않는다(헌재 2013.10.24. 2012헌마906).

13. 수용되어 있는 동안 보험료를 납부하지 않는바, **교도소수용자 건강보험 지급정지**를 규정한 국민건강보험은 재산권 침해로 다툴 수는 없다고 할 것이다(헌재 2005.2.24. 2003헌마31).

14. **사무장병원**의 개설명의자인 의료인으로부터 그동안 지급받은 요양급여비용 및 의료급여비용을 부당이득금으로 징수하도록 한 구 국민건강보험법은 재산권을 침해하지 않는다(헌재 2015.7.30. 2014헌바298 · 357, 2015헌바120).

15. 재혼을 유족연금수급권 상실사유로 규정한 구 공무원연금법 제59조 제1항 제2호 중 '유족연금'에 관한 부분이 재혼한 배우자의 인간다운 생활을 할 권리와 재산권을 침해하는지 여부(소극)

　　심판대상조항은 유족연금수급권자인 배우자의 재혼(사실상 혼인관계 포함)을 유족연금수급권 상실사유로 규정하고 있다. **공무원연금법상 유족연금수급권**은 사회보장적 급여로서 헌법 제34조 제1항의 인간다운 생활을 할 권리로 보호되는 한편, 경제적 가치 있는 권리로서 헌법 제23조의 **재산권에 의하여 보장되므로**, 배우자의 재혼을 유족연금수급권 상실사유로 규정하고 있는 심판대상조항은 재혼한 배우자의 인간다운 생활을 할 권리와 재산권을 침해하는지 여부가 문제된다.

　　심판대상조항이 배우자의 재혼을 유족연금수급권 상실사유로 규정한 것은 배우자가 재혼을 통하여 새로운 부양관계를 형성함으로써 재혼 상대방 배우자를 통한 사적 부양이 가능해짐에 따라 더 이상 사망한 공무원의 유족으로서의 보호의 필요성이나 중요성을 인정하기 어렵다고 보았기 때문이다. 이는 한정된 재원의 범위 내에서 부양의 필요성과 중요성 등을 고려하여 유족들을 보다 효과적으로 보호하기 위한 것이므로, 입법재량의 한계를 벗어나 재혼한 배우자의 인간다운 생활을 할 권리와 재산권을 침해하였다고 볼 수 없다(헌재 2022.9.29. 2021헌가28).

📖 판례정리

시효

　헌법 위반인 것

1. 민법 제166조 제1항, 제766조 제2항 중 '진실 · 화해를 위한 과거사정리 기본법' 제2조 제1항 제3호의 '민간인 집단 희생사건', 제4호의 '중대한 인권침해사건 · 조작의혹사건'에 적용되는 부분이 국가배상청구권을 침해하여 위헌인지 여부 (헌재 2018.8.30. 2014헌바148)

> **<심판대상>**
> 민법 제166조【소멸시효의 기산점】① 소멸시효는 권리를 행사할 수 있는 때로부터 진행한다.
>
> 제766조【손해배상청구권의 소멸시효】① 불법행위로 인한 손해배상의 청구권은 피해자나 그 법정대리인이 그 손해 및 가해자를 안 날로부터 3년간 이를 행사하지 아니하면 시효로 인하여 소멸한다.
> ② 불법행위를 한 날로부터 10년을 경과한 때에도 전항과 같다.

(1) 국가배상청구권은 단순한 재산권 보장의 의미를 넘어 헌법 제29조 제1항에서 특별히 보장한 기본권으로서, 헌법 제10조 제2문에 따라 개인이 가지는 기본권을 보장할 의무를 지는 국가가 오히려 국민에 대해 불법행위를 저지른 경우 이를 사후적으로 회복 · 구제하기 위해 마련된 특별한 기본권인 점을 고려할 때, 국가배상청구권의 시효소멸을 통한 법적 안정성의 요청이 헌법 제10조의 국가의 기본권 보호의무와 헌법 제29조 제1항의 국가배상청구권 보장 필요성을 완전히 희생시킬 정도로 중요한 것이라 보기 어렵다.

(2) 행위의 피해자가 '손해 및 가해자를 인식하게 된 때'로부터 3년 이내에 손해배상을 청구하도록 하는 것은 불법행위로 인한 손해배상청구에 있어 피해자와 가해자 보호의 균형을 도모하기 위한 것이므로, 과거사정리법 제2조 제1항 제3, 4호에 규정된 사건에 **민법 제766조 제1항의 '주관적 기산점'**이 적용되도록 하는 것은 합리적 이유가 인정된다. 그러나 국가가 소속 공무원들의 조직적 관여를 통해 불법적으로 민간인을 집단 희생시키거나 장기간의 불법구금·고문 등에 의한 허위자백으로 유죄판결을 하고 사후에도 조작·은폐를 통해 진상규명을 저해하였음에도 불구하고, 그 불법행위 시점을 소멸시효의 기산점으로 삼는 것은 피해자와 가해자 보호의 균형을 도모하는 것으로 보기 어렵고, 발생한 손해의 공평·타당한 분담이라는 손해배상제도의 지도원리에도 부합하지 않는다. 그러므로 과거사정리법 제2조 제1항 제3, 4호에 규정된 사건에 민법 제166조 제1항, **제766조 제2항의 '객관적 기산점'**이 적용되도록 하는 것은 합리적 이유가 인정되지 않는다.

* 이 판례를 제외하고 소멸시효 모두 합헌결정

2. 일반재산(잡종재산)에 대해 민법상 취득시효를 배제하는 것은 평등원칙에 위배된다(헌재 1991.5.13. 89헌가97).

헌법 위반이 아닌 것

1. 직무와 무관한 과실 또는 상관의 정당한 명령에 따른 과실을 제외하고, 재직 중 금고 이상의 형을 선고받은 경우 퇴직급여 일부 감액은 재산권 침해가 아니다(헌재 2013.8.29. 2010헌바354).
   * **소급적용**: 2009.1.1. 이전 사건에 소급적용은 재산권 침해로 위헌

2. 금고 이상의 형을 받은 명예퇴직 공무원의 퇴직수당 환수는 재산권 침해가 아니다(헌재 2010.11.25. 2010헌바93).

3. 공무원·군인 등으로 재임용된 경우 연금 전액 지급 정지 규정은 재산권 침해가 아니다(헌재 2015.7.30. 2014헌바371).

4. 특별사면 및 복권 후에도 퇴직급여 감액은 범죄사실에 따른 제재수단으로 정당하며 재산권 침해가 아니다(헌재 2020.4.23. 2018헌바402).

5. 임용결격자가 공무원 퇴직연금수급권자에서 제외된 것은 적법하며 재산권 침해가 아니다(헌재 2012.8.23. 2010헌바425).

6. 재직 중인 공무원만 연금 합산 신청이 가능하도록 한 규정은 재산권 침해가 아니다(헌재 2016.3.31. 2015헌바18).

7. 배우자의 재혼을 유족연금 상실 사유로 규정한 것은 재혼 시 부양 관계가 형성되므로, 재산권 및 인간다운 생활을 할 권리를 침해하지 않는다(헌재 2014.5.29. 2012헌마555).

8. 유족이 없는 경우 연금을 직계존비속으로 한정한 규정은 재산권 침해가 아니다(헌재 2014.5.29. 2012헌마555).

9. 국민연금의 강제징수는 재산권 침해가 아니다(헌재 2001.2.22. 99헌마365).

10. 가입기간 10년 미만자는 반환일시금을 지급하지 않는 규정도 재산권 침해가 아니다(헌재 2014.5.29. 2012헌마248).

11. 60세로 설정된 노령연금 수급 개시연령은 신뢰보호원칙을 침해하지 않는다(헌재 2013.10.24. 2012헌마906).

12. 교도소 수용 중 건강보험 지급 정지는 재산권 침해로 볼 수 없다(헌재 2005.2.24. 2003헌마31).

13. 사무장병원의 개설명의자로부터 요양급여 및 의료급여비용을 부당이득으로 징수하는 규정은 재산권 침해가 아니다(헌재 2015.7.30. 2014헌바298·357).

📖 판례정리

일반재산권 제한

재산권 침해인 것

1. 상호신용금고의 예금채권자에게 예탁금의 한도 안에서 **상호신용금고의 총재산에 대하여 다른 채권자에 우선하여 변제받을 권리를 부여하고 있는** 상호신용금고법은 상호신용금고의 예금채권자를 우대하기 위하여 상호신용금고의 일반채권자를 불합리하게 희생시킴으로써 일반 채권자의 평등권 및 재산권을 침해한다고 하지 않을 수 없다[헌재 2006.11.30. 2003헌가14 · 15(병합)].

2. 상속인이 귀책사유 없이 상속채무가 적극 재산을 초과한다는 사실을 알지 못하여 고려기간 내 한정승인이나 상속포기를 하지 못한 경우에도 상속인으로 하여금 피상속인의 채무를 전부 부담케 하므로 상속인이 **상속개시 있음을 안 날로부터 3월 내** 한정승인이나 상속포기를 하지 아니한 경우 **단순승인을 한 것으로 본다고** 규정한 민법 제1026조 제2호는 재산권 침해이다(헌재 1998.8.27. 96헌가22).

3. **유류분** (헌재 2024.4.25. 2020헌가4)
   ① 유류분상실사유를 별도로 규정하지 않은 민법 제1112조(**헌법불합치결정**)가 패륜적인 상속인의 유류분을 인정하는 것은 일반 국민의 법감정과 상식에 반한다. 유류분상실사유를 규정하지 않은 것은 불합리하며, 기본권제한입법의 한계를 벗어나 헌법에 위반된다.
   ② 피상속인의 형제자매를 유류분권리자로 규정한 부분(위헌결정)이 형제자매는 상속재산 형성에 대한 기여나 상속재산에 대한 기대가 거의 인정되지 않는다. 형제자매에게 유류분을 인정하는 것은 불합리하며, 기본권제한입법의 한계를 벗어나 헌법에 위반된다.
   ③ 피상속인의 직계비속, 배우자 및 직계존속의 유류분 규정 부분(헌법불합치결정)이 유류분권리자와 유류분을 획일적으로 규정한 것은 구체적인 사정을 반영하지 않아 불합리할 수 있다. 또한, 직계비속과 배우자를 동일하게 취급하는 것은 상속재산 형성에 대한 기여와 생존권 보호 필요성이 다른 점을 고려하지 않은 것으로, 입법 개선이 필요하다.
   ④ 유류분은 피상속인의 상속개시 시점에서 가진 재산에 증여재산을 가산하고 채무를 공제하여 산정하되 상속개시 전 1년간의 증여만 산입하고 유류분권리자에 손해를 가할 의도로 한 증여는 1년 전 것도 산입하도록 한 민법이 유류분 산정 기초재산에 산입되는 증여의 범위와 조건부 권리 등의 가격을 정하는 부분은 재산권 침해가 아니므로 헌법에 위반되지 않는다.
   ⑤ 유류분 부족분을 원물로 반환하도록 하고, 증여 및 유증을 받은 자가 수인인 경우 각자가 얻은 각각의 가액에 비례하여 반환하도록 하고 유증을 증여보다 먼저 반환하도록 한 민법 제1115조(유류분의 보전), 제1116조(반환의 순서)는 헌법에 위반되지 않는다.
   ⑥ 기여분에 관한 민법 제1008조의2를 유류분에 준용하는 규정을 두지 않은 민법 제1118조는, 피상속인을 오랜 기간 부양하거나 상속재산 형성에 기여한 기여상속인이 받은 증여재산을 비기여상속인에게 반환해야 하는 부당한 상황을 초래하고, 피상속인의 기여상속인에 대한 보상 의사를 부정하는 불합리한 결과를 발생시켜 기본권제한입법의 한계를 벗어나 헌법에 위반된다.

4. **경과실 실화자의 배상책임을 전부 부정**하고 실화피해자의 손해배상청구권도 부정하는 방법을 채택하였다. 이는 일방적으로 실화자만 보호하고 실화피해자의 보호를 외면한 것으로서 경과실 실화자에 대한 손해배상 책임면제는 재산권을 침해한 것으로 볼 수 있다(헌재 2007.8.30. 2004헌가25).

5. **환매권의 발생기간을 제한한 공익사업을 위한 토지 등의 취득 및 보상에 관한 법률 제91조 제1항 중 '토지의 협의취득일 또는 수용의 개시일부터 10년 이내에' 부분**
   다른 나라의 입법례에 비추어 보아도 발생기간을 제한하지 않거나 더 길게 규정하면서 행사기간 제한 또는 토지에 현저한 변경이 있을 때 환매거절권을 부여하는 등 보다 덜 침해적인 방법으로 입법목적을 달성하고 있다. 이 사건 법률조항은 침해의 최소성 원칙에 어긋난다. 따라서 이 사건 법률조항이 추구하고자 하는 공익은 원소유자의 사익침해 정도를 정당화할 정도로 크다고 보기 어려우므로, 법익의 균형성을 충족하지 못한다.

결국 이 사건 법률조항은 헌법 제37조 제2항에 반하여 국민의 재산권을 침해하여 헌법에 위반된다(헌재 2020. 11.26. 2019헌바131).

재산권 침해가 아닌 것

1. 토지에 한정한 환매권
공익사업법에서 건물에 대한 환매권을 인정하지 않은 것은 정당한 입법목적에 부합하며, 입법자의 재량권 범위 내에 있어 재산권 침해가 아니다(헌재 2005.5.26. 2004헌가10).

2. 기본재산 처분 허가제
① 기본재산 처분 시 보건복지부장관 허가를 규정한 조항은 복지사업의 목적 달성을 위한 적절한 수단으로, 재산권 침해가 아니다(헌재 2005.2.3. 2004헌바10).
② 학교법인의 기본재산 처분 시 관할청 허가를 요구하는 규정도 재산권 침해가 아니다(헌재 2012.2.23. 2011헌바14).

3. 성매매에 건물 제공 금지
성매매에 건물을 제공하는 행위를 금지한 규정은 재산권 침해가 아니다(헌재 2006.6.29. 2005헌마167).

4. 유언 시 날인 요구
자필 유언 시 날인을 요구하는 민법은 재산권 침해가 아니다(헌재 2008.3.27. 2006헌바82).

5. 사실혼 배우자의 상속권
사실혼 배우자에게 상속권을 인정하지 않는 민법은 재산권 침해가 아니다(헌재 2014.8.28. 2013헌바119).

6. 특별수익자 예외 규정 없음
배우자인 특별수익자에게 예외를 두지 않은 민법은 재산권 침해가 아니다(헌재 2017.4.27. 2015헌바24).

7. 부양의무 미이행 직계존속 상속결격 미규정
직계존속의 부양의무 미이행을 상속결격 사유로 보지 않는 민법은 재산권 침해가 아니다(헌재 2018.2.22. 2017헌바59).

8. 권리남용금지
권리남용금지를 규정한 민법은 명확성 원칙을 위반하지 않으며 재산권 침해가 아니다(헌재 2013.5.30. 2012헌바335).

9. 문화재 발굴비용 부담
사업시행자에게 문화재 발굴비용을 부담하도록 한 문화재보호법은 재산권 침해가 아니다(헌재 2010.10.28. 2008헌바74).

10. 광업권 제한
공익시설 보호를 위해 특정 지역 내 광물 채굴을 제한한 광업법은 재산권 침해가 아니다(헌재 2014.2.27. 2010헌바483).

11. 공직자 주식 매각 · 백지신탁 의무(공직자윤리법)
공정한 직무 수행을 위한 조치로 재산권 침해가 아니다(헌재 2012.8.23. 2010헌가65).

12. 금연구역 지정(PC방)
흡연 가능성으로 인한 이익은 헌법상 보호되는 재산권이 아니므로 재산권 침해가 아니다(헌재 2013.6.27. 2011헌마315 · 509).

13. 소액임차인의 우선변제권
소액임차인의 우선변제를 위해 주택에 대한 경매신청 등기 전까지 대항력을 갖추도록 요구하는 규정은 합리적이며, 재산권을 침해하지 않는다(헌재 2020.8.28. 2018헌바422).

14. 우편법상의 손해배상 청구권자

우편사고 시 손해배상 청구권자를 발송인의 승인을 받은 수취인으로 한 우편법은 신속한 손해배상 절차를 위한 것으로, 재산권을 침해하지 않는다(헌재 2015.4.30. 2013헌바383).

15. 변호사법(채무연대책임)

법무법인 구성원 변호사의 채무연대책임을 규정한 변호사법은 법률서비스의 신뢰성 제고를 위한 것으로, 재산권을 침해하지 않는다(헌재 2016.11.24. 2014헌바203 · 463).

16. 지방공무원 성과상여금 분배 금지

지방공무원 성과상여금의 재분배 금지를 규정한 조항은 효율적 공무원 조직을 위한 것으로, 재산권을 침해하지 않는다(헌재 2016.11.24. 2015헌마1191).

17. 게임물 관련사업자의 몰수 조항

게임물을 이용한 사행행위를 방지하기 위해 게임물을 필요적으로 몰수하는 규정은 공익을 위한 정당한 제한으로, 재산권 및 직업수행의 자유를 침해하지 않는다(헌재 2019.2.28. 2017헌바401).

18. 배출가스저감장치 반납 의무

배출가스저감장치의 반납을 요구하는 조항은 대기환경 개선을 위한 것으로, 재산권을 침해하지 않는다(헌재 2019.12.27. 2015헌바45).

19. 총포 보관 의무

총포와 실탄 등을 지정된 장소에 보관하도록 한 법률은 공공의 안전을 위한 조치로, 재산권을 침해하지 않는다(헌재 2019.6.28. 2018헌바400).

20. 전기통신금융사기 계좌 지급정지

사기 이용 계좌에 대해 지급정지를 규정한 특별법은 피해 방지를 위한 조치로, 재산권을 침해하지 않는다(헌재 2022.6.30. 2019헌마579).

21. 물이용부담금 부과

한강 수질개선을 위한 물이용부담금은 과다하지 않으며, 공익이 크므로 재산권을 침해하지 않는다(헌재 2020.8.28. 2018헌바425).

22. 분묘기지권 존속(관습법)

분묘기지권의 존속을 인정한 관습법은 전통문화와 법적 안정성을 위한 것으로, 토지소유자의 재산권을 침해하지 않는다(헌재 2020.10.29. 2017헌바208).

23. 의료사고 손해배상 대불금 납부 의무

조정중재원의 대불금 납부를 요구한 조항은 의료사고 해결과 진료환경 조성을 위한 것으로, 재산권을 침해하지 않는다(헌재 2022.7.21. 2018헌바504).

24. 상가건물 임대차보호법(대규모점포 제외)

대규모점포의 특성을 고려해 권리금 회수기회 보호를 적용하지 않는 것은 입법재량의 범위 내로, 재산권을 침해하지 않는다(헌재 2020.7.16. 2018헌바242 · 508).

25. 육아휴직 급여 신청기간 제한(고용보험법)

육아휴직 급여를 육아휴직 종료 후 12개월 이내에 신청하도록 한 규정은 권리의무관계 확정과 기금 재정 안정화를 위한 것으로, 재산권을 침해하지 않는다(헌재 2023.2.23. 2018헌바240).

26. 장해급여 청구 제한(산업재해보상보험법)

장해등급 재판정을 1회만 허용하고 예외를 두지 않는 규정은 적정한 장해등급 결정을 위한 제도로, 수급권자의 재산권을 침해하지 않는다(헌재 2023.10.26. 2020헌바310).

27. 소액임차인의 면책 제외청구권 미포함(채무자 회생법)

소액임차인의 우선변제권 등을 고려하여 면책제외채권에 포함하지 않은 규정은 재산권을 침해하지 않는다 (헌재 2024.1.25. 2020헌마727).

28. 리모델링주택조합 매도청구권(주택법)

심판대상조항은 리모델링사업이 원활하게 추진될 수 있도록 하여 건물의 노후화를 억제하거나 기능 향상 등을 통해 국민의 주거를 안정화시키기 위한 것이다. 주택법은 리모델링주택조합 설립인가를 받기 위한 구분소유자의 동의율을 엄격히 규정하고, 시장·군수·구청장이 관장하는 안전진단, 안전성 검토결과의 적정성에 대한 중앙건축위원회의 심의 요청 등 규정을 두어 무분별한 리모델링사업의 시행을 방지하고 있다. 리모델링주택조합이 설립되었다고 하여도 매도청구권을 행사하기 위해서는 리모델링 결의가 선행되어야 한다. 그 외에도 주택법은 매도청구권 행사 이전의 회답기간 및 행사시기를 엄격히 제한하고, 개발이익이 포함된 가격인 시가를 매매대금으로 명시하며, 일정한 경우 건물 명도에 대하여 적당한 기간을 허락할 수 있게 하여 상대방의 재산권이 침해될 가능성을 최소화하고 있는 점 등을 고려하면 심판대상조항은 과잉금지원칙에 위배되어 재산권을 침해한다고 할 수 없다(헌재 2024.5.30. 2020헌바472).

29. 계약갱신요구권 및 차임증액한도 조항(주택임대차법)

임차인의 계약갱신요구와 차임증액한도, 손해배상 규정은 주거안정 보장을 위한 것으로, 과잉금지원칙에 반하지 않아 재산권을 침해하지 않는다(헌재 2024.2.28. 2020헌마1343).

30. 개성공단 전면중단 조치 분석 (헌재 2022.1.27. 2016헌마364)

(1) 통치행위 해당 여부(소극)

개성공단 전면중단 조치는 국민의 기본권 제한과 직접적으로 관련된 공권력 행사이다. 고도의 정치적 판단을 요하는 대통령의 행위라도 헌법과 법률에 따라 정책을 결정하고 집행하도록 견제하여 국민의 기본권 침해를 방지하는 것이 헌법재판소의 역할이다. 따라서 이 조치는 사법심사가 배제되는 통치행위에 해당하지 않는다.

(2) 국무회의 심의 여부와 적법절차 위반 문제(소극)

중단 조치의 긴급성과 특성상 이해관계자의 의견청취 절차를 생략한 것은 국가안보와 국민 신변안전 확보라는 공익이 우선되었기 때문이다. 통일부장관이 개성공단기업협회와 간담회를 통해 배경을 설명한 점도 적법절차를 보완한다. 따라서 적법절차를 위반한 하자가 없다.

(3) 과잉금지원칙 위반 여부(소극)

① 청구인들의 영업의 자유와 재산권 제한에 대해 헌법 제37조 제2항의 과잉금지원칙이 적용된다. 사법심사는 정책 판단의 명백한 재량 한계 초과나 현저한 합리성 결여 여부를 중심으로 이루어져야 한다.

② 개성공단 중단으로 인한 청구인들의 피해보다 국가안보와 국민 안전 확보라는 공익이 더 크다. 대통령의 결정은 헌법적 권한 범위 내에서 이루어진 것으로 명백히 잘못되었다고 평가할 수 없다. 따라서 과잉금지원칙을 위반하지 않는다.

제2절 직업선택의 자유

> 헌법 제15조【직업선택의 자유】모든 국민은 직업선택의 자유를 갖는다.

01 직업의 자유의 의의

1. 개념

자유롭게 자신의 직업을 선택하고 그 직업에 종사하며 이를 변경할 수 있는 권리이다.

2. 연혁

1962년 개정헌법(제5차 개정헌법)에서 최초로 규정되었다.

3. 직업의 개념적 요소

헌법상 직업의 자유 보호 대상이 되는 '직업'은 생활의 기본적 수요를 충족시키기 위한 계속적 소득활동을 의미하며, 활동의 종류나 성질과 무관하다. 휴가 중 일하거나 수습직에서 활동하는 경우도 포함되며, 겸업과 부업도 생활수단성을 가지므로 직업으로 인정된다. 단, 단순 여가나 취미활동은 직업으로 보지 않는다. 이 사건에서, 대학생 청구인이 학비를 마련하기 위해 방학 중 또는 휴학 중에 학원강사로 일하는 것은 계속적 소득활동에 해당하며, 직업의 자유 보호 영역에 속한다는 점이 인정된다(헌재 2003.9.25. 2002헌마519).

📖 판례정리

직업에 해당하는지 여부

보호되는 것

1. 성매매 행위와 직업의 자유

성매매는 사회적 유해성과는 별개로 성판매자의 입장에서 계속적 소득활동에 해당하므로, 성매매 행위를 처벌하는 것은 성판매자의 직업의 자유를 제한하는 것이다(헌재 2016.3.31. 2013헌가2).

2. 게임 결과물의 환전업

게임이용자로부터 게임 결과물을 매수하여 다른 게임이용자에게 이윤을 붙여 되파는 환전업은 헌법 제15조가 보장하는 직업에 해당한다(헌재 2010.2.25. 2009헌바38).

3. 사행성 간주 게임물과 직업의 자유

사행성 간주 게임물의 개념을 설정하고 이에 해당하는 경우 경품제공 등을 금지한 문화관광부 고시는, 게임제공업을 영위하는 행위가 직업의 자유 보호영역에 포함된다는 점에서, 행복추구권 침해 여부를 독자적으로 판단할 필요가 없다(헌재 2008.11.27. 2005헌마161).

4. 모의총포 소지행위와 직업의 자유

판매를 목적으로 한 모의총포의 소지는 영업을 위한 준비행위로 평가될 수 있으며, 영업으로서 직업의 자유의 보호범위에 포함된다(헌재 2010.2.25. 2009헌바38).

5. 지적측량 대행과 직업의 자유

지적측량 대행(초벌측량) 활동은 토지소유자로부터 수수료를 받으며 생활의 기본적 수요를 충족시키는 계속적 소득활동으로, 헌법 제15조가 보장하는 직업의 자유에 포함된다(헌재 2002.5.30. 2000헌마81).

6. 고용된 형태의 직업

헌법 제15조는 직업'선택'의 자유뿐 아니라 직업과 관련된 종합적이고 포괄적인 자유를 보장하며, 독립적 직업활동뿐 아니라 고용된 형태의 종속적 직업활동도 포함한다. 따라서 직업선택의 자유는 직장선택의 자유를 포함한다(헌재 2002.11.28. 2001헌바50).

보호되지 않는 것

1. 직업 개념과 지속성

직업의 자유는 생활영역에서 지속적인 소득활동을 전제로 하므로, 무상 또는 일회적·일시적 교습행위는 직업의 자유가 아닌 행복추구권에서 보호된다(헌재 2000.4.27. 98헌가16).

2. 군법무관 보수와 직업의 자유

직업의 자유는 해당 직업에 적합한 보수를 받을 권리를 포함하지 않으며, 입법부작위로 보수 지급이 이루어지지 않더라도 직업선택이나 직업수행의 자유를 침해하지 않는다(헌재 2004.2.26. 2001헌마718).

3. 직장의 존속보호 청구 불가

직업의 자유는 원하는 직장을 제공하거나 선택한 직장의 존속보호를 청구할 권리를 보장하지 않는다. 이는 직장 상실에 대한 최소한의 보호만을 요구할 수 있다(헌재 2002.11.28. 2001헌바50).

4. 학교운영위원과 직업의 개념

학교운영위원의 활동은 직업에 해당하지 않는다.

5. 농지개량조합 조합원 지위

농지개량조합의 조합원 지위는 계속적 소득활동에 해당하지 않으므로 직업으로 볼 수 없다(헌재 2000.11.30. 99헌마190).

6. 이장의 지위

이장의 지위는 기본적 수요를 충족하기 위한 지속적인 소득활동으로 정의되는 직업에 해당하지 않는다(헌재 2009.10.29. 2009헌마127).

7. 비어업인이 잠수용 스쿠버장비로 수산자원을 포획·채취

비어업인이 잠수용 스쿠버장비로 수산자원을 포획·채취하는 행위는 지속적 소득활동이 아니므로 직업의 자유로 보호되지 않는다(헌재 2016.10.27. 2013헌마450).

8. 사서교사 선발

국공립학교 사서교사 선발 문제는 직업의 자유와 관련되지 않는다(헌재 2016.9.29. 2014헌마541).

9. 현역병

의무복무로서의 현역병은 헌법 제15조에서 보장하는 직업으로 볼 수 없다(헌재 2010.12.28. 2008헌마527).

10. 노조전임자의 지위

노조전임자의 활동은 직업 유형으로 볼 수 없으므로 직업의 자유가 제한되지 않는다(헌재 2014.5.29. 2010헌마606).

11. 미혼모 복지시설 운영

입양기관이 미혼모 복지시설을 운영하는 행위는 소득활동이 아니므로 직업의 개념에 포함되지 않는다(헌재 2014.5.29. 2011헌마363).

12. 특정 직업 독점의 자유

직업선택의 자유는 특정 직업의 배타적·우월적 독점권을 보장하지 않는다(헌재 2001.9.27. 2000헌마152).

13. 공중보건의사

공중보건의사는 병역의무 수행의 일환으로, 직업의 개념에 포함되지 않는다(헌재 2020.9.24. 2017헌마643).

14. 특정 직업의 취업기회 청구

'**특정 시점부터 해당 직업을 선택하고 직업수행을 개시할 자유**'가 직업선택의 자유, 직업수행의 자유의 내용으로 보호된다고 보기는 어렵다(헌재 2020.9.24. 2019헌마472).

15. 원하는 직장을 제공할 권리

직장선택의 자유는 개인이 선택한 직업분야에서 취업기회를 가질 자유를 보장하나, 원하는 직장을 제공할 권리를 보장하지 않는다(헌재 2002.11.28. 2001헌바50).

02 직업의 자유의 주체

법인은 직업의 자유 주체가 될 수 있다.

03 직업의 자유의 내용

직업결정의 자유	직업결정의 자유는 직종, 직장의 선택뿐 아니라 직업교육장 선택의 자유를 뜻한다. 법인의 설립은 그 자체가 간접적인 직업선택의 자유이다.
직업수행의 자유 (직업행사의 자유)	자신이 선택한 직업에서 개업 · 영업 · 폐업할 자유이다.
직업이탈의 자유	직업이탈의 자유란 직업을 포기할 자유이다.
경쟁의 자유	경쟁의 자유는 직업의 자유를 실제 행사함으로써 나오는 결과이므로 당연히 직업의 자유에 의해 보장되고 다른 기업과의 경쟁에서 국가의 간섭이나 방해 없이 기업활동을 할 수 있는 자유이다(헌재 1996.12.26. 96헌가18 – 자도소주구입강제제도).
직업교육장 선택의 자유	직업선택의 자유에는 필요한 전문지식을 습득하기 위한 직업교육장 선택의 자유도 포함된다. 전공별, 출신대학별 로스쿨 입학정원 제한은 직업교육장 선택의 자유를 제한한다.
겸직의 자유	직업선택의 자유는 여러 개의 직업을 선택하여 동시에 함께 행사할 수 있는 겸직의 자유도 포함한다. ➡ 독점의 자유는 인정되지 않는다.
무직업의 자유	무직업의 자유도 보호된다.

📖 판례정리

직업의 자유 보호영역

1. 직업선택의 자유에는 **직업결정의 자유, 직업종사(직업수행)의 자유, 전직의 자유** 등이 포함된다(헌재 1993.5.13. 92헌마80).

2. 직업선택의 자유에는 자신이 원하는 직업 내지 직종에 종사하는데 필요한 전문지식을 습득하기 위한 직업교육장을 임의로 선택할 수 있는 '직업교육장 선택의 자유'도 포함된다(헌재 2009.2.26. 2007헌마1262).

3. 여러 개의 직업을 선택하여 동시에 함께 행사할 수 있는 자유, 즉 **겸직의 자유**도 가질 수 있다는 것이다(헌재 1997.4.24. 95헌마90).

4. **식품의 효능에 관하여 표시 · 광고하는 것**은 식품의 제조 · 판매에 관한 영업활동의 중요한 한 부분을 이루므로 그에 관한 규제로 인해 식품제조업자 등의 직업행사의 자유(영업의 자유)가 제한된다(헌재 2000.3.30. 97헌마108).

5. 영업의 자유와 기업의 자유를 포함하며, 누구나 자유롭게 경쟁에 참여할 권리를 보장한다(헌재 1996.12.26. 96헌가1). 법인 설립은 간접적으로 직업선택의 방법으로 볼 수 있다(헌재 1996.4.25. 92헌바47).

04 직업의 자유의 제한

1. 직업의 자유의 제한

직업의 자유는 제37조 제2항의 국가안전보장, 질서유지, 공공복리 등의 사유로 과잉금지원칙과 본질적 내용침해금지원칙을 준수하여 법률과 긴급명령 또는 긴급재정·경제명령으로 제한될 수 있다.

📖 판례정리

직업의 자유 제한 여부

제한으로 본 것

1. 농협 조합장 임기 연장

농협 조합장의 임기를 연장하고 차기 조합장 선거를 연기하는 농업협동조합법 부칙조항은 차기 조합장 선거 입후보자의 직업의 자유를 제한한다(헌재 2012.12.27. 2011헌마562).

2. 음주측정거부로 인한 운전면허 취소

음주측정거부자에 대해 운전면허를 필요적으로 취소하도록 한 도로교통법 조항은 직업운전자에게 직업의 자유를, 일반 운전자에게는 행복추구권에서 파생되는 일반적 행동의 자유를 제한한다(헌재 2007.12.27. 2005헌바95).

3. 외국인 근로자의 직장 변경 제한

외국인 근로자의 직장 변경 횟수를 제한하는 법률조항은 직장선택의 자유를 제한하나, 근로의 권리는 제한하지 않는다(헌재 2011.9.29. 2007헌마1083).

4. 의료광고 규제

치료효과를 보장하는 등 소비자를 현혹할 우려가 있는 의료광고를 금지한 조항은 표현의 자유와 함께 의료인의 직업수행의 자유를 제한한다(헌재 2014.9.25. 2013헌바28).

5. 법학전문대학원 입학자 비율 및 변호사시험 응시기간 제한

특정 학문 분야와 대학 출신 입학자 비율 제한 및 변호사시험 응시기간을 제한한 조항은 직업선택의 자유를 제한한다(헌재 2009.2.26. 2007헌마1262 ; 헌재 2013.9.26. 2012헌마365).

6. 보호자동승 의무

어린이통학버스 운영 시 보호자를 반드시 동승하도록 한 보호자동승조항은 직업수행의 자유를 제한한다(헌재 2020.4.23. 2017헌마479).

7. 변호사 광고 규제

변호사 협회의 유권해석에 반하는 내용의 광고를 금지한 규정은 법률서비스 플랫폼 사업자의 직업의 자유를 제한한다(헌재 2022.5.26. 2021헌마619).

8. 최저임금 환산 규정

최저임금을 환산할 때 소정근로시간과 주휴시간을 합산한 시간으로 나누도록 한 시행령은 사용자의 계약의 자유와 직업의 자유를 제한한다(헌재 2020.6.25. 2019헌마15).

9. 어린이집 영상정보 열람

어린이집 내 보육일상을 담은 CCTV 영상정보 열람 요청 의무는 원장의 직업수행의 자유를 제한하고, 보육교사 등의 개인정보자기결정권도 제한한다(헌재 2017.12.28. 2015헌마994).

제한으로 보지 않는 것

1. 사회봉사명령

형 집행 유예 시 사회봉사를 명할 수 있도록 한 형법 조항은 일반적 행동의 자유를 부수적으로 제한하는 결과를 초래할 뿐, 직업의 자유를 제한한다고 볼 수 없다(헌재 2012.3.29. 2010헌바100).

2. 경찰청장 퇴직 후 정당활동 금지

경찰청장이 퇴직 후 2년간 정당추천을 통한 공직선거 입후보를 금지한 조항은 공무담임권에 해당하며, 직업의 자유를 제한하는 것으로 보지 않는다(헌재 1999.12.23. 99헌마135).

3. 변호사시험 성적 미공개

변호사시험 합격자 성적 비공개는 법조인으로서의 직업 선택이나 수행에 제한을 두지 않으므로 직업선택의 자유를 제한하지 않는다(헌재 2015.6.25. 2011헌마769).

4. 이륜자동차 고속도로 통행금지

이륜자동차의 고속도로 통행 금지는 퀵서비스 배달업 등의 직업수행행위를 직접적으로 제한하지 않으므로 직업의 자유를 직접 제한하지 않는다(헌재 2008.7.31. 2007헌바90).

5. 성범죄자 신상정보 제출

성범죄자 신상정보 제출 의무는 거주·이전의 자유 및 직업선택의 자유와 직접적인 관계가 없으므로 이를 제한하지 않는다(헌재 2016.9.29. 2015헌마548).

6. 원하는 수준보다 낮은 봉급

직업의 자유는 '해당 직업에 합당한 보수를 받을 권리'를 포함하지 않으며, 법령이 청구인이 원하는 수준보다 낮은 봉급을 규정한다고 해서 직업선택이나 직업수행의 자유를 제한하지 않는다. 또한, 경찰공무원 봉급표 규정은 개성 신장을 위한 행복추구권과 직접적 관련이 없다(헌재 2004.2.26. 2001헌마718).

---

2. 직업의 자유의 제한과 단계이론

(1) 단계이론의 개념

과잉금지의 원칙에 따라 직업의 자유에 대한 침해가 가장 작은 수단으로부터 직업의 자유를 제한해 나가야 한다는 것이 단계이론이다.

(2) 단계이론과 직업의 자유 제한

직업수행의 자유는 인격발현에 대한 침해 효과가 직업선택의 자유에 비해 상대적으로 작아 폭넓은 규제가 가능하다고 보아 완화된 심사기준을 적용한다(헌재 2007.5.31. 2003헌마579). 그러나 직업수행의 자유에 대한 제한도 과잉금지 원칙에 부합해야 하며, 법률이 헌법에 위배되지 않으려면 공익이 충분히 정당화되고, 최소한으로 기본권을 제한하는 적절한 수단을 선택하며, 제한의 정도와 공익 간 균형을 유지해야 한다(헌재 2019.11.28. 2016헌마40).

(3) 단계이론의 적용범위

단계이론은 직업의 자유에만 적용되는 것이 아니라 모든 자유권의 제한에 있어 적용될 수 있다.

(4) 직업의 자유 제한의 3단계

① **제1단계(직업행사의 자유 제한)**: 직업결정의 자유에는 제한을 두지 아니하고 직업행사의 자유에 제한을 두는 것이다(예 택시합승금지, 영업시간 제한).

> - 당구장 18세 미만 출입금지
> - 학교정화구역 내 당구장·극장 영업금지
> - 자도생산 소주구입강제제도
> - 국산영화 의무상영제
> - 백화점 버스 운행금지
> - 요양기관을 보험자 또는 보험자 단체가 강제 지정할 수 있도록 한 것, 의료기관 내지 의료인이 의료보험 비지정 요양기관 내지 비보험의(非保險醫)로서 진료하는 행위의 금지
> - 부동산 중개수수료 상한제
> - 학교교과 교습학원의 교습시간을 05:00부터 22:00까지로 제한하는 것
> - 대형마트에 대한 영업시간제한이나 의무휴업
> - 비영업용 차량을 광고매체로 이용하는 광고대행행위의 금지

② **제2단계[주관적 사유에 의한 직종결정(직업선택)의 자유 제한]**

ㄱ **직업선택과 자격요건**: 직업선택의 자유를 일정한 자격과 결부시켜 제한하는 것은 가능하며, 예컨대 법조인 직업은 사법시험 합격자를 대상으로 한다(능력·자격 기준 적용 사례)(헌재 2003.9.25. 2002헌마519).

ㄴ 자격요건 설정은 입법자가 폭넓은 입법재량을 가지며, 직업선택의 자유를 제한할 때 과잉금지원칙의 유연하고 탄력적 적용이 요구된다(헌재 2003.9.25. 2002헌마519).

ㄷ **입법형성권의 범위**: 자격제도 형성은 합리적인 이유 없이 자의적으로 설정되지 않은 경우에 한하여 헌법에 합치되며, 광범위한 입법형성권이 인정된다(헌재 2007.5.31. 2006헌마646).

ㄹ **주관적 요건과 과잉금지원칙**: 직업수행 요건으로 주관적 요건을 요구하는 경우, 공공 손실 및 위험 방지를 위한 적절한 수단이어야 하며, 제한 목적과 합리적 관계가 있어야 과잉금지원칙에 부합한다(헌재 2012.11.29. 2011헌마801).

ㅁ **사후 결격사유와 자격 박탈**: 자격 부여 이후 결격사유가 발생했다고 해서 당연히 자격을 박탈할 수는 없다(헌재 2014.1.28. 2011헌바252).

> - 군법무관 자격제
> - 학원강사 자격제
> - 법학전문대학원 졸업의 변호사시험 자격요건
> - 사법시험 합격자 정원제
> - 성폭력범죄로 형이 확정된 자 10년간 의료기관 개설과 취업금지
> - 운전학원으로 등록되지 않은 자가 대가를 받고 운전교육을 실시하는 행위의 금지

③ **제3단계[객관적 사유에 의한 직종결정(직업선택)의 자유 제한]**: 기본권 주체에게 요청된 모든 전제조건들을 충족시킨 경우에도 객관적 사유로 직업을 선택할 수 없는 경우이다. 객관적 사유에 의한 직업의 자유 제한은 개인의 능력이나 자격이 직업선택에 영향을 미치지 아니하므로 가장 엄격한 제한이다. 따라서 이러한 제한은 월등하게 중요한 공익에 대한 명백하고 확실한 위험을 방지하기 위해 그 필요성이 있다는 것이 엄격히 입증되어야 한다. 엄격한 비례의 원칙이 그 심사척도가 된다(헌재 2002.4.25. 2001헌마614).

- 법무사시험실시를 법원행정처장의 재량에 따라 실시하도록 한 것
- 경비업자의 경비업 외의 영업금지
- 시각장애인에 대하여만 안마사 자격인정을 받을 수 있도록 하는 것

📖 **판례정리**

변호사와 직업의 자유 침해 여부

헌법 위반인 것

1. **판사, 검사, 군법무관으로 15년 미만 근무한 자**는 변호사 개업 2년 이내의 근무지가 속하는 **지방법원의 관할 구역 안에 퇴직한 날로부터 3년간 개업할 수 없도록 한 변호사법**은 정실개입방지라는 목적달성을 할 수 없으므로 직업의 자유 침해이다(헌재 1989.11.20. 89헌가102).

2. 형사사건으로 기소된 변호사에 대한 **법무부장관의 일방적 업무정지**를 규정한 변호사법

3. 법무부 변호사**징계위원회의 징계에 대해 대법원에 상고**하도록 한 변호사법

4. 소송사건의 대리인인 변호사가 수형자를 접견하고자 하는 경우 소송계속 사실을 소명할 수 있는 자료를 제출하도록 규정하고 있는 '형의 집행 및 수용자의 처우에 관한 법률 시행규칙'(헌재 2021.10.28. 2018헌마60)
   ① **제한되는 기본권**: 변호사가 수형자인 의뢰인을 접견하는 행위는 변호사의 직업수행의 자유에 속하며, 소송계속 사실을 소명하지 못한 경우 일반접견만 허용하는 규정은 변호사의 직업수행의 자유를 제한한다. 변호사의 직업 활동에 가해진 제한 정도와 이로 인해 수형자의 재판청구권이 제한되는 효과를 함께 고려해야 하며, 이러한 제한에 대한 심사는 일반적인 경우보다 엄격하게 이루어져야 한다.
   ② **과잉금지원칙 위반 여부**: 심판대상조항은 변호사의 접견권 남용 방지와 교정시설 질서 유지를 목적으로 하지만, 소송계속 사실 소명자료를 요구하는 방식이 실효적 수단으로 보기 어려우며, 수형자의 재판청구권 행사에 장애를 초래한다. 변호사가 소송 준비를 충실히 수행할 수 없도록 접견을 제한하는 것은 침해 최소성 원칙에 위배되며, 접견 제한으로 수형자의 재판청구권이 심각하게 침해되어 법익의 균형성도 충족하지 못한다. 따라서 심판대상조항은 과잉금지원칙에 위배되어 변호사의 직업수행의 자유를 침해한다.

5. **세무사자격 보유 변호사에 대하여 세무사로서의 세무대리를 일체 할 수 없도록 전면 금지**하는 세무사법은 세무사자격 부여의 의미를 상실시키는 것일 뿐만 아니라, 세무사자격에 기한 직업선택의 자유를 지나치게 제한하는 것이므로 세무사자격 보유 변호사의 직업선택의 자유를 침해한다(헌재 2018.4.26. 2015헌가19).

6. 세무사로서 세무조정업무를 일체 수행할 수 없게 됨으로써 세무사자격 보유 변호사가 받게 되는 불이익이 심판대상조항으로 달성하려는 공익보다 경미하다고 보기 어려우므로, **세무사자격 보유 변호사로 하여금 세무조정업무를 할 수 없도록** 규정한 법인세법은 직업선택의 자유를 침해하므로 헌법에 위반된다(헌재 2018.4.26. 2016헌마116).

7. **변호사시험공고** (헌재 2023.2.23. 2020헌마1736)
   ① **코로나19 확진환자의 시험 응시 금지**: 시험장 확대와 마스크 착용 등으로 감염 위험을 줄이는 방법이 있음에도, 확진환자의 시험 응시를 일률적으로 금지한 것은 과도한 제한이다. 확진환자가 의료기관이나 생활치료센터에서 시험을 치를 수 있도록 하면 감염병 확산 방지와 기본권 보장이 모두 가능하다. 따라서 이 조치는 청구인의 직업선택의 자유를 침해한다.
   ② **자가격리자의 사전 신청 마감 기한**: 신청기한 이후 발생한 자가격리자도 시험에 응시할 수 있도록 시험장을 마련하는 것이 불가능하지 않다. 시험 운영 및 관리의 편의를 이유로 자가격리자의 시험 응시 기회를 제한하는 것은 정당화될 수 없다. 따라서 이 조치는 청구인의 직업선택의 자유를 침해한다.
   ③ **고위험자 의료기관 이송 조치**: 고위험자를 예비 시험실에서 응시하게 함으로써 감염병 확산 방지의 목적을 달성할 수 있다. 응시 여부를 본인의 의사에 맡기는 방식으로도 시험 관리에 큰 문제가 발생하지 않는다. 따라서 이 조치는 청구인의 직업선택의 자유를 침해한다.

1. **변호사의 자격이 있는 자에게 더 이상 세무사자격을 부여하지 않는 구 세무사법**

   세무사의 직무 중 변호사의 직무로서 할 수 있는 세무대리를 수행할 수 있고 현행법상 조세소송대리는 변호 사만이 독점적으로 수행할 수 있는 점 등을 고려하면, 이 사건 법률조항이 피해의 최소성 원칙에 반한다고 보기 어렵다. 사건 법률조항은 과잉금지원칙에 반하여 청구인들의 직업선택의 자유를 침해한다고 볼 수 없다 (헌재 2021.7.15. 2018헌마279).

2. 변호사직무 수행의 공정성과 변호사의 품위 및 신뢰를 담보하기 위해 공무원이었던 변호사가 직무상 취급하 **거나 취급하게 된 사건을 수임하지 못하도록 한** 변호사법은 변호사의 직업수행의 자유를 침해한다고 볼 수 없다(헌재 2016.12.29. 2015헌마880).

3. 변호사가 비변호사로서 유상으로 법률사무를 처리하려는 자에게 **자기의 명의를 이용하게 하는 것을 금지한 변호사법**은 직업수행의 자유를 침해한다고 볼 수 없다(헌재 2018.5.31. 2017헌바204).

4. **사건 브로커 등의 알선 행위를 조장할 우려가 큰 변호사의 행위를 금지하는** 변호사법은 직업의 자유 침해가 아니다(헌재 2013.2.28. 2012헌바62).

5. **변호사로서의 품위를 손상하는 행위를 한 경우를 징계사유로** 규정한 구 변호사법은 직업의 자유 침해가 아 니다(헌재 2012.11.29. 2010헌바454).

6. 특허침해소송은 고도의 법률지식 및 공정성과 신뢰성이 요구되는 소송으로, 특허, 실용신안, 디자인 또는 상 표의 침해로 인한 손해배상, 침해금지 등의 민사소송에서 **변리사에게 소송대리를 허용하지 않고 있는**(변호사 에 한해 소송대리를 인정하고 있는) 구 변리사법 제8조는 직업의 자유 침해가 아니다(헌재 2012.8.23. 2010헌마 740).

7. 변호사제도의 목적을 달성하기 위해서는 **비변호사의 법률사무취급의 금지**는 불가피한 것으로 직업의 자유 침해가 아니다(헌재 2007.8.30. 2006헌바96).

8. **수임사건의 건수 및 수임액을 소속 지방변호사회에 보고하도록** 규정하고 있는 구 변호사법은 직업의 자유 침해가 아니다(헌재 2009.10.29. 2007헌마667).

9. 장기간 복무할 군법무관을 효과적으로 확보하기 위한 것으로 군법무관 임용시험에 합격한 군법무관들에게 **군법무관시보로 임용된 때부터 10년간 근무하여야 변호사자격을 유지하게 한** '군법무관 임용 등에 관한 법 률' 제7조는 직업선택의 자유 침해가 아니다(헌재 2007.5.31. 2006헌마767).

10. **사법시험 합격자 정원제** (헌재 2010.5.27. 2008헌바110)
    ① **정원제로 사법시험의 합격자를 결정하는 방법이 객관적인 사유에 의한 직업선택의 자유의 제한에 해당하는 지 여부(소극)**: 시험제도란 본질적으로 응시자의 자질과 능력을 측정하는 것이므로 이는 **객관적 사유가 아닌 주관적 사유에 의한 직업선택의 자유의 제한이다.**
    ② 법조 인력의 질적 수준을 유지하기 위한 사법시험의 합격자를 정원제로 선발하도록 규정하고 있는 사법 시험법 제4조는 직업의 자유 침해가 아니다.

11. **변호사시험 응시기회제한**(헌재 2016.9.29. 2016헌마47)

12. **변호사시험에 응시하려는 사람은 법학전문대학원의 석사학위를** 취득하여야 한다는 자격요건을 규정하고 있는 변호사시험법은 직업선택의 자유를 침해하지 않는다(헌재 2012.4.24. 2009헌마608).

13. 다양한 경력을 가진 우수한 법조인의 배출을 위해서 **입학정원의 3분의 1을 비법학전공자로 하도록** 한 법학 전문대학원 설치 · 운영에 관한 법률 제1조는 직업의 자유 침해가 아니다(헌재 2009.2.26. 2007헌마1262).

14. **법학전문대학원에 입학할 수 있는 자는 학사학위를 가지고 있거나** 법령에 따라 이와 동등 이상의 학력이 있다고 인정된 자로 한다고 규정한 '법학전문대학원 설치 · 운영에 관한 법률' 제22조가 학사학위가 없는 자 의 직업선택의 자유를 침해한다고 할 수 없다(헌재 2016.3.31. 2014헌마1046).

15. 여자대학으로서의 전통을 유지하려는 이화여자대학교의 대학의 자율성을 보장하고자 한 것이므로, 사립대학인 학교법인 **이화학당의 법학전문대학원 모집요강인가**는 직업의 자유 침해가 아니다(헌재 2013.5.30. 2009헌마514). ➜ 이화학당의 모집요강은 공권력 행사가 아니나, 이화학당 모집요강에 대한 교육부장관의 인가가 공권력 행사이다.

16. 법률사건은 그 사무처리에 있어서 고도의 법률지식을 요하고 공정성과 신뢰성이 요구된다는 점을 생각할 때, **금고 이상 형의 집행 후 5년간 변호사가 될 수 없도록 한 변호사결격사유**는 직업선택의 자유 침해가 아니다(헌재 2006.4.27. 2005헌마997).

   `유사` 금고 이상의 형의 집행유예를 선고받고 그 유예기간이 지난 후 2년이 지나지 아니한 사람에 대하여 **변호사시험에 응시할 수 없도록 규정한 변호사시험법** 제6조 제3호(헌재 2013.9.26. 2012헌마365)

   `유사` 형의 집행유예를 받고 그 기간이 종료한 후 1년이 경과하지 아니한 자에 대하여 **세무사자격시험에 응시할 수 없도록 한 세무사법**(헌재 2002.8.29. 2002헌마160)

   `유사` 금고 이상의 실형을 선고받고 그 형의 집행이 종료되거나 면제되지 아니한 자는 **농수산물 중도매업 허가를** 받을 수 없다고 규정한 농수산물유통및가격안정에관한법률(헌재 2005.5.26. 2002헌바67)

   `유사` 금고 이상의 실형을 선고받고 그 집행이 끝나거나 집행이 면제된 날로부터 3년이 지나지 아니한 사람은 **행정사가 될 수 없다고** 규정한 행정사법(헌재 2015.3.26. 2013헌마131)

   `유사` 사회복지사업 또는 그 직무와 관련하여 횡령죄 등을 저질러 집행유예의 형이 확정된 후 7년이 경과하지 아니한 사람은 **사회복지시설의 종사자**가 될 수 없도록 규정한 사회복지사업법(헌재 2015.7.30. 2012헌마1030)

   `유사` 형법상 상해죄를 범하여 벌금형을 선고받고 5년이 지나지 아니한 사람은 **화약류관리보안책임자의 면허를** 받을 수 없다고 정한 구 총포 · 도검 · 화약류 등 단속법(헌재 2019.8.29. 2016헌가16)

17. 변호사 등록을 신청하는 자에게 등록료 1,000,000원을 납부하도록 정한 대한변호사협회의 변호사 등록 등에 관한 규칙 (헌재 2019.11.28. 2017헌마759)

    ① **변호사 등록제도의 공권력 행사 여부**: 변호사 등록제도는 국가의 공행정 일부로, 행정적 필요에 따라 대한변호사협회에 관련 권한을 이관한 것이다. 변협이 등록사무와 관련하여 정립한 규범은 공권력 행사로 간주된다. 따라서 심판대상조항들은 헌법소원 대상이 되는 공권력의 행사에 해당한다.

    ② **변호사 등록료가 직업의 자유를 침해하는지 여부**: 변협의 등록료에 대한 자율성과 재량은 신규가입을 제한하거나 그와 동일한 효과를 가져오는 수준으로 높아서는 안 된다. 현재 경제 상황, 화폐 가치, 변호사 개업 후 얻는 사회적 지위 및 수입 수준, 유사 직역의 입회비 등을 고려할 때 금액(1,000,000원)은 과도하지 않다. 따라서 심판대상조항들은 과잉금지원칙을 위반하지 않으며, 청구인의 직업의 자유를 침해하지 않는다.

18. 법무법인에 대하여 변호사법 제38조 제2항(변호사 겸직허가)을 준용하지 않고 있는 변호사법

    변호사들이 그 직무에 속하는 업무를 집중적으로 수행할 수 있도록 변호사법에서 법무법인 제도를 마련하면서도, 심판대상조항이 법무법인에 대하여는 변호사의 영리행위 겸직허가에 관한 변호사법 제38조 제2항을 준용하지 않도록 한 것은 그 입법목적이 정당하고, 그 목적을 달성하기 위한 수단으로서도 적합하다. 법무법인이 영리행위를 겸업할 경우에는 변호사와 달리 '법무법인'의 명칭 사용이 불가피하여 영리행위와 변호사 직무의 구분이 현실적으로 어렵게 되고, 법무법인의 구성원 변호사들은 자신에 대한 겸직허가를 받아 영리행위를 하거나 영리법인을 설립할 수 있으므로, 법무법인의 구성원 변호사의 기본권 실현에 특별한 지장이 있다고 보기도 어렵다. 이러한 점들을 종합하면, 심판대상조항이 피해의 최소성 및 법익의 균형성 원칙에 위반된다고 볼 수 없다. 그렇다면 심판대상조항은 과잉금지원칙에 위반되어 법무법인의 영업의 자유를 침해하지 않는다(헌재 2020.7.16. 2018헌바195).

19. 변호사시험에 응시하려는 사람이 납부하여야 할 응시 수수료를 일률적으로 20만원으로 정하고 있는 변호사시험법 시행규칙(헌재 2021.10.28. 2020헌마1283)

20. **변호사는 계쟁권리(係爭權利)를 양수할 수 없다고 규정한 변호사법 제32조**

계쟁권리 양수 금지는 변호사의 윤리성, 공정성, 신뢰성을 보호하고, 계쟁 중에만 금지되며 계쟁목적물은 제외된다는 점에서 과도한 제한이 아니므로 변호사의 직업수행의 자유를 침해하지 않는다(헌재 2021.10.28. 2020헌바488).

21. **민사재판, 행정재판, 헌법재판 등에서 소송사건의 대리인이 되려고 하는 변호사는 아직 소송대리인으로 선임되기 전이라는 이유로 접촉차단시설이 설치된 장소에서 일반접견의 형태로 수용자를 접견하도록 한 '형의 집행 및 수용자의 처우에 관한 법률 시행령'**

심판대상조항은 변호사인 청구인의 직업수행의 자유를 제한하지만, 수용자가 소송제기 의사를 악용할 우려와 소송대리인 선임 절차의 간소함 등을 고려할 때, 접촉차단시설이 없는 장소에서의 접견 허용이 필수적이라고 보기 어렵다. 따라서 변호사인 청구인의 직업수행의 자유를 침해하지 않는다(헌재 2022.2.24. 2018헌마1010).

22. **공증인법 제10조 제2항 전문 및 법무부령으로 각 지방검찰청 소속 공증인의 정원을 정한 '공증인의 정원 및 신원보증금에 관한 규칙'**

공증사무의 적정성과 신뢰성을 확보하기 위해 공증인 정원을 제한한 것은 입법형성권 범위 내의 조치이며, 공증사무 수요의 변동이 크지 않은 상황에서 정원을 증원하지 않은 것은 합리적인 판단으로 보인다. 따라서 이 사건 정원 규정은 청구인들의 직업의 자유를 침해하지 않는다(헌재 2022.11.24. 2019헌마572).

📖 **판례정리**

의사 · 약사와 직업의 자유 침해 여부

헌법 위반인 것

1. **치과전문의자격시험 관련 보건복지부장관의 입법부작위 위헌확인**

청구인들은 치과대학을 졸업하고 국가시험에 합격하여 치과의사 면허를 받았을 뿐만 아니라, 전공의수련과정을 사실상 마쳤다. 그런데 현행 의료법과 위 규정에 의하면 치과전문의의 전문과목은 10개로 세분화되어 있고, 일반치과의까지 포함하면 11가지의 치과의가 존재할 수 있는데도 이를 시행하기 위한 시행규칙의 미비로 청구인들은 일반치과의로서 존재할 수 밖에 없는 실정이다. 따라서 이로 말미암아 청구인들은 직업으로서 치과전문의를 선택하고 이를 수행할 자유(**직업의 자유**)를 침해당하고 있다. 또한 청구인들은 전공의수련과정을 사실상 마치고도 치과전문의자격시험의 실시를 위한 제도가 미비한 탓에 치과전문의자격을 획득할 수 없었고 이로 인하여 형벌의 위험을 감수하지 않고는 전문과목을 표시할 수 없게 되었으므로 **행복추구권**을 침해받고 있고, 이 점에서 전공의수련과정을 거치지 않은 일반 치과의사나 전문의시험이 실시되는 다른 의료분야의 전문의에 비하여 **불합리한 차별**을 받고 있다(헌재 1998.7.16. 96헌마246).

2. **치과전문의 업무범위를 전문과목으로 표시한 전문과목으로 한정** (헌재 2015.5.28. 2013헌마799)
   ① **신뢰보호**: 치과의원에서 전문과목을 표시할 수 있게 되면 모든 전문과목의 진료를 할 수 있을 것이라고 신뢰하였다고 주장하나, 이와 같은 신뢰는 장래의 법적 상황을 청구인들이 미리 일정한 방향으로 예측 내지 기대한 것에 불과하므로 전문과목을 표시한 치과의원은 그 **표시한 전문과목에 해당하는 환자만을 진료하여야 한다**고 규정한 의료법이 신뢰보호원칙에 위배되어 청구인들의 직업수행의 자유를 침해한다고 할 수 없다.
   ② **명확성**: 전문과목을 표시한 치과의원은 그 표시한 전문과목에 해당하는 환자만을 진료하여야 한다고 규정한 의료법이 명확성원칙에 위배되어 청구인들의 직업수행의 자유를 침해한다고 할 수 없다.
   ③ **과잉금지**: 치과전문의는 표시한 전문과목 이외의 다른 모든 전문과목에 해당하는 환자를 진료할 수 없게 되므로 기본권 제한의 정도가 매우 크다. 전문과목을 표시한 치과의원은 그 표시한 전문과목에 해당하는 환자만을 진료하여야 한다고 규정한 의료법은 과잉금지원칙에 위배되어 청구인들의 직업수행의 자유를 침해한다.

④ **평등권**: 치과일반의는 전문과목을 불문하고 모든 치과 환자를 진료할 수 있음에 반하여, 치과전문의는 치과의원에서 전문과목 이외의 다른 모든 전문과목의 환자를 진료할 수 없게 되는바, 이는 합리적인 이유를 찾기 어렵다. 따라서 심판대상조항은 청구인들의 평등권을 침해한다.

3. 외국의 의료기관에서 치과전문의 과정을 이수한 사람에 대해 치과전문의 자격시험에 앞서 예비시험제도를 두는 등 직업의 자유를 덜 제한하는 방법으로도 입법목적을 달성할 수 있으므로 **외국의 의료기관에서 치과전문의 과정을 이수한 사람을 치과전문의 자격을 인정받을 수 있는 사람으로 포함하지 아니한** 치과의사전문의의 수련 및 자격인정에 관한 규정은 과잉금지원칙에 위배되어 청구인들의 직업수행의 자유를 침해한다(헌재 2015.9.24. 2013헌마197).

4. 의료법 제19조의2 제2항의 **태아의 성감별행위를 금지하고** 임신 전 기간에 걸쳐 고지를 금지하는 것은 의료인의 직업의 자유 침해이다(헌재 2008.7.31. 2004헌마1010).

5. 진단 등과 같이 위험이 없는 영역까지 전면적으로 금지하는 것은 지나치다. **양방과 한방 복수면허 의료인에 대하여 하나의 의료기관만을 개설할 수 있도록 한** 의료법 조항은 직업의 자유를 침해하는 것이다(헌재 2007.12.27. 2004헌마1021).

6. 특정 의료기관이나 **특정 의료인의 기능·진료방법에 관한 광고를 금지**하는 것은 직업의 자유를 침해한다(헌재 2005.10.27. 2003헌가3).

7. 법인설립은 직업수행의 자유의 본질적 요소이다. **약사법인의 약국운영을 금지한** 약사법 제16조는 직업행사의 자유와 결사의 자유를 침해하는 것이다(헌재 2002.9.19. 2000헌바84).

헌법 위반이 아닌 것

1. **복수의료기관 운영금지**

   소수의 의료인에 의한 의료시장의 독과점 및 의료시장의 양극화를 방지하기 위한 것이다. 국가가 국민의 건강을 보호하고 적정한 의료급여를 보장해야 하는 사회국가적 의무 등을 종합하여 볼 때, 이 사건 법률조항은 과잉금지원칙에 반한다고 할 수 없다(헌재 2019.8.29. 2014헌바212).

2. **약사가 한약의 조제권**을 상실한다고 하더라도 어느 정도 소득의 감소만을 초래할 뿐 약사라는 본래적인 직업의 주된 활동을 위축시키거나 그에 현저한 장애를 가하여 사실상 약사라는 직업을 포기하게 하는 결과를 초래하는 것은 아니므로, **약사의 한약조제금지**는 직업의 자유 침해가 아니다(헌재 1997.11.27. 97헌바10).

3. '약사 또는 한약사가 아닌 **자연인**'의 **약국 개설을 금지**는 약국 개설은 전 국민의 건강과 보건, 나아가 생명과도 직결된다는 점에서, 달성되는 공익보다 제한되는 사익이 더 중하다고 볼 수 없다(헌재 2020.10.29. 2019헌바249).

4. **요양기관강제지정제**

   보다 양질의 의료행위를 제공할 수 있기 위한 요양기관강제지정제는 직업의 자유 침해가 아니다(헌재 2002.10.31. 99헌바76).

5. 산재근로자도 종합전문요양기관에서 전문적인 치료와 양질의 의료서비스를 제공받을 수 있도록 보장하기 위하여 국민건강보험법 제40조 제2항에 따른 종합전문요양기관은 **신청에 따른 별도의 지정행위 없이 당연히** 산재보험 의료기관으로 되도록 규정한 구 산업재해보상보험법 제43조 제1항은 직업수행의 자유 침해라 할 수 없다(헌재 2011.6.30. 2008헌마595).

6. 외국에서 치과대학·의과대학을 졸업한 우리 국민이 국내면허시험을 치기 위해서는 기존의 응시요건에 추가하여 **새로운 예비시험을 실시하도록** 하는 것(헌재 2003.4.24. 2002헌마611)

7. 의료인이 아닌 자의 의료행위를 금지한 의료법 제25조(무면허 의료행위의 금지)(헌재 2002.12.18. 2001헌마370)

8. 입원환자에 대하여 의약분업의 예외를 인정하면서도 의사로 하여금 조제를 직접 담당하도록 하는 구 약사법과 약사법은 직업수행의 자유를 침해하지 아니한다(헌재 2015.7.30. 2013헌바422).

9. 의료기관의 시설 또는 부지의 일부를 분할·변경 또는 개수(改修)하여 약국을 개설하는 경우 약국의 개설등록을 받지 않도록 **규정한** 약사법(헌재 2018.2.22. 2016헌바401)

10. **동물약국 개설자가 수의사 또는 수산질병관리사의 처방전 없이 판매할 수 없는 동물용의약품을 규정한 '처방대상 동물용의약품 지정에 관한 규정'**

    '처방대상 동물용의약품 지정에 관한 규정'은 동물용의약품 오·남용 방지와 동물복지 및 국민건강 증진이라는 정당한 목적을 가지며, 약사법이 지역적 특수성을 고려한 특례를 인정하는 점, 백신 부작용 관리의 필요성을 감안할 때, 동물약국 개설자에 대한 제한은 과도하지 않아 직업수행의 자유를 침해하지 않는다(헌재 2023.6.29. 2021헌마199).

11. 의료기기 가격이 인상되고 환자에게 그 비용이 부당하게 전가되는 것을 방지를 위해 **리베이트를 수수한 의료인을 처벌하도록** 한 의료법 제88조의2는 직업의 자유를 침해하지 않는다(헌재 2015.11.26. 2014헌바299).

    유사 약사의 의약품 **리베이트수수**를 처벌하는 약사법(헌재 2016.2.25. 2014헌바393)

    유사 **의료기기 수입업자가 의료기관 개설자에게 리베이트**를 제공하는 경우를 처벌하는 구 의료기기법(헌재 2018.1.25. 2016헌바201)

12. **허위진료비를 청구한 의료인의 면허를 취소하도록** 한 의료법(헌재 2017.6.29. 2016헌바394)

13. **품목허가를 받지 아니한 의료기기를 수리·판매·임대의 목적으로 수입하는 것을 금지하는** 구 의료기기법 (헌재 2015.7.30. 2014헌바6)

14. 금고 이상의 형을 선고받은 경우 의료인의 면허를 필요적으로 취소하도록 규정한 의료법(헌재 2020.4.23. 2019헌바118)

15. 혈액투석 의료급여의 수가기준(헌재 2020.4.23. 2017헌마103)

16. 교육부장관의 '2019학년도 대학 보건·의료계열 학생정원 조정계획' 중 2019학년도 여자대학 약학대학의 정원을 동결한 부분(헌재 2020.7.16. 2018헌마566)

17. 약국개설자로 하여금 약국 이외의 장소에서 의약품을 판매할 수 없도록 하고 있는 약사법(헌재 2021.12.23. 2019헌바87)

18. 누구든지 약사법 **제42조 제1항을 위반하여 수입된 의약품을 판매**하거나 **판매할 목적으로 저장 또는 진열하여서는 아니 된다고** 규정한 구 약사법(헌재 2022.10.27. 2020헌바375)

19. **의료기관의 장으로 하여금 보건복지부장관에게 비급여 진료비용에 관한 사항을 보고하도록 한 의료법**

    비급여 진료 현황의 정확한 파악과 국민의 진료 결정 체계 강화를 위한 보고의무조항은 입법목적이 정당하며, 보고된 정보는 제한적으로 사용되고 안전하게 관리된다. 보고의무 이행이 의사의 진료활동에 과도한 부담을 주지 않으므로, 보고의무조항은 과잉금지원칙에 위배되지 않으며 청구인의 기본권을 침해하지 않는다(헌재 2023.2.23. 2021헌마93).

20. **의료기관 개설자로 하여금 보건복지부장관이 정하여 고시하는 비급여 대상을 제공하려는 경우 환자 또는 환자의 보호자에게 진료 전 해당 비급여 대상의 항목과 가격을 직접 설명하도록 한 의료법 시행규칙**

    설명의무조항은 환자의 알권리와 자기결정권을 보장하는 중대한 공익을 실현한다. 이에 따른 의사의 추가적인 설명 부담은 직업수행의 자유를 침해할 정도로 크지 않다. 따라서 사익의 제한은 공익의 중요성에 비해 과도하지 않다. 설명의무조항은 과잉금지원칙에 위반되지 않으며, 청구인의 직업수행의 자유를 침해하지 않는다(헌재 2023.2.23. 2021헌마93).

행정사 · 법무사와 직업의 자유 침해 여부

헌법 위반인 것

1. 법원행정처장이 법무사를 보충할 필요가 없다고 인정하면 법무사시험을 실시하지 아니해도 된다는 것인 바, **법원행정처장은 법무사를 보충할 필요가 있다고 인정되는 경우에는 대법원장의 승인을 얻어 법무사시험을 실시할 수 있다고 규정한 법무사법 시행규칙 제3조**는 직업선택의 자유 침해이다(헌재 1990.10.15. 89헌마178).
   → 대법원규칙인 법무사법 시행규칙도 헌법소원의 대상이 될 수 있다.

2. 행정사법은 시험의 실시 여부까지 대통령령에 위임한 것은 아니므로 행정사법 시행령 제4조 제3항 중 '**행정사의 수급상황을 조사하여 행정사 자격시험의 실시가 필요하다고 인정하는 때 시험실시계획을 수립하도록 한 부분**'은 법률유보원칙에 위반하여 청구인의 직업선택의 자유를 침해한다(헌재 2010.4.29. 2007헌마910).

3. **행정사 모든 겸직금지**는 공익의 실현을 위하여 필요한 정도를 넘어 직업선택의 자유를 지나치게 침해하는 위헌적 규정이다(헌재 1997.4.24. 95헌마90).

4. **시각장애인에 한하여 안마사 자격 인정한 안마사 시행규칙**은 기본권 제한에 관한 법률유보원칙에 위배하여 일반인의 직업선택의 자유를 침해하고 있으므로 헌법에 위반된다(헌재 2006.5.25. 2003헌마715).

헌법 위반이 아닌 것

1. **시각장애인만 안마사로 제한한 의료법 규정**
   시각장애인의 생존권 등 공익이 비시각장애인의 직업선택 자유보다 우선하며, 법익 불균형이 발생하지 않는다. 따라서 해당 조항은 직업선택의 자유와 평등권을 침해하지 않는다(헌재 2008.10.30. 2006헌마1098).

2. **공인회계사시험 요건으로 일정 학점이수 규정**
   공인회계사시험과 대학 교육을 연계하여 대학교육의 정상화와 인력자원 배분 효율성을 증진한다는 점에서 직업의 자유를 침해하지 않는다(헌재 2012.11.29. 2011헌마801).

3. **안마사만 안마시술소 개설 가능**
   무자격자에 의한 건강 위험을 방지하고 시각장애인의 생계보호 및 자아실현을 위해 필요하며, 비시각장애인의 사익보다 공익이 크므로 직업선택의 자유를 침해하지 않는다(헌재 2021.12.23. 2018헌바198).

자격제도와 직업의 자유 침해 여부

헌법 위반인 것

1. **전문적 경비업체 육성을 위해 경비업체로 하여금 일체의 겸영을 금지하는 경비업법**
   비전문적인 영세경비업체의 난립을 막고 전문경비업체를 양성하며, 경비원의 자질을 높이고 무자격자를 차단하여 불법적인 노사분규 개입을 막고자 하는 입법목적 자체는 정당하다고 보여진다. 경비장비의 제조 · 설비 · 판매업이나 네트워크를 통한 정보산업, 시설물 유지관리, 나아가 경비원교육업 등을 포함하는 '토탈서비스(total service)'를 절실히 요구하고 있는 추세이므로, 이 법에서 규정하고 있는 좁은 의미의 경비업만을 영위하도록 법에서 강제하는 수단으로는 오히려 영세한 경비업체의 난립을 방치하는 역효과를 가져올 수도 있다. 따라서 경비업체로 하여금 일체의 겸영을 금지하는 것이 **적절한 방법이라고는 볼 수 없다**(헌재 2002.4.25. 2001헌마614).

2. 지적측량성과의 정확성 확보를 위해 일정 등급 이상 기술자의 현장배치 내지 관리규정을 덧붙이거나 허위측량에 대한 제재와 아울러 측량도서를 실명화하는 방안 등을 강구할 수도 있음에도 **지적측량업무를 비영리법인에 한정한** 지적법 제41조는 영리법인의 직업선택의 자유 침해이다(헌재 2002.5.30. 2000헌마81).

3. 아동학대관련범죄로 형을 선고받아 확정된 자로 하여금 그 형이 확정된 때부터 형의 집행이 종료되거나 집행을 받지 아니하기로 확정된 후 10년 동안 체육시설 및 '초 · 중등교육법' 제2조 (헌재 2018.6.28. 2017헌마130)

   (1) **심사기준**

   직업선택의 자유를 제한함에 있어 어떤 직업의 수행을 위한 전제요건으로서 일정한 주관적 요건을 갖춘 자에게만 그 직업에 종사할 수 있도록 제한하는 경우에는, 다른 방법으로 직업선택의 자유를 제한하는 경우에 비하여 **보다 유연하고 탄력적인 심사**가 필요하다.

   (2) **과잉금지원칙 위반 여부**

   ① **목적의 정당성과 수단의 적합성**: 심판대상조항은 아동학대 예방과 기관 신뢰성 확보를 위해 아동학대범 전력자의 아동관련기관 취업을 10년간 제한하며, 이는 정당한 목적을 위한 적합한 수단이다.

   ② **최소성원칙**: 범죄의 경중이나 재범 위험성이 없는 경우에도 동일한 제재를 부과해 침해 최소성 요건을 충족하지 못하며, 재범 가능성을 개별적으로 심사하고 적정 기간을 설정하는 대안이 필요하다. 따라서 해당 조항은 기본권을 과도하게 제한하여 헌법에 위배된다.

   ③ **법익의 균형성 위배**: 아동 보호와 기관 신뢰성 확보라는 공익은 중요하나, 심판대상조항은 죄질이 가볍고 재범 가능성이 낮은 범죄전력자에게 지나치게 가혹하며, 재범 위험성에 대한 개별적 판단 없이 일률적으로 10년간 취업을 제한한다. 이러한 점에서 법익의 균형성을 충족하지 못한다.

   유사 성인대상 성범죄로 형을 선고받아 확정된 자로 하여금 그 형의 집행을 종료한 날부터 10년 동안 의료기관을 개설하거나 의료기관에 취업할 수 없도록 한 법률조항은 재범의 위험성이 상대적으로 크지 않은 자에게까지 10년 동안 일률적인 취업제한을 부과하고 있는 것은 침해의 최소성 원칙과 법익의 균형성 원칙에 위배되어 직업선택의 자유를 침해한다(헌재 2016.3.31. 2013헌마585 · 786).

   유사 성범죄로 형 또는 치료감호를 선고받아 확정된 자에 대하여 형 또는 치료감호의 집행이 종료 · 면제 · 유예된 때부터 10년 동안 아동 · 청소년 관련기관 등을 개설하거나 위 기관 등에 취업할 수 없도록 한 '아동 · 청소년의 성보호에 관한 법률' 제56조 제1항 중 '아동 · 청소년대상 성범죄로 형 또는 치료감호를 선고받아 확정된 자'에 관한 부분은 헌법에 위반된다(헌재 2016.4.28. 2015헌마98).

   유사 "아동 · 청소년대상 성범죄 또는 성인대상 성범죄로 형 또는 치료감호를 선고받아 확정된 자는 그 형 또는 치료감호의 전부 또는 일부의 집행을 종료하거나 집행이 유예 · 면제된 날부터 10년 동안, 가정을 방문하여 아동 · 청소년에게 직접 교육서비스를 제공하는 업무에 종사할 수 없으며 아동 · 청소년 관련 교육기관 등에 취업 또는 사실상 노무를 제공할 수 없다."라고 규정한 구 '아동 · 청소년의 성보호에 관한 법률' 제44조(헌재 2016.7.28. 2013헌바389)

   유사 성인대상 성범죄로 형을 선고받아 확정된 자에 대하여 그 집행이 종료된 때부터 10년간 아동 · 청소년 관련 학원을 운영할 수 없도록 하거나, 위 기관에 취업할 수 없도록 한 것(헌재 2016.7.28. 2015헌마359)

   유사 성인 성범죄로 형을 선고받아 확정된 자는 10년간 학원 · 교습소 취업금지(헌재 2016.7.28. 2015헌마914)

   유사 성폭력범죄로 형이 확정된 자 10년간 의료기관 개설과 취업금지(헌재 2016.3.31. 2013헌마585)

   유사 성적목적공공장소침입죄로 형을 선고받아 확정된 자로 하여금 그 형의 집행을 종료한 날부터 10년 동안 의료기관을 제외한 아동 · 청소년 관련기관 등을 개설하거나 그에 취업할 수 없도록 한 '아동 · 청소년의 성보호에 관한 법률'(헌재 2016.10.28. 2014헌마709)

   유사 마약류사범에 대해 20년간 택시운송사업의 운전업무 종사를 제한하는 여객자동차 운수사업법 관련조항 사건(헌재 2015.12.23. 2013헌마575)

헌법 위반이 아닌 것

1. 근로자의 안전 및 보건상의 위험, 미성년자에 대한 착취 방지를 위한 **근로자공급사업의 허가제와 유료직업 사업허가제**는 직업선택의 자유 침해가 아니다(헌재 1998.11.26. 97헌바31 ; 헌재 1996.10.31. 93헌바14 전원재판부).

2. 간접고용의 특성상 파견근로자는 직접고용의 경우에 비하여 신분 또는 임금에 있어 열악한 지위에 놓일 가능성이 있는바, 법에서 정한 **근로자파견대상업무 외에 근로자파견사업을 행한 자를 형사처벌**하도록 규정한 구 파견근로자보호 등에 관한 법률은 직업의 자유 침해가 아니다(헌재 2013.7.25. 2011헌바395).

   유사 '파견근로자보호 등에 관한 법률' 제5조 제1항(헌재 2017.12.28. 2016헌바346)

3. **운전학원으로 등록되지 않은 자가 대가를 받고 자동차 운전교육하는 것을 금지하는** 도로교통법(헌재 2003.9.25. 2001헌마447)

4. **의약품 도매업소의 허가 기준**

   의약품 도매업소 창고면적을 최소 264㎡ 이상으로 규정한 약사법은 직업의 자유를 침해하지 않는다(헌재 2014.4.24. 2012헌마811).

5. 일정한 학력을 **학원 강사의 자격**으로 정함으로써 학원교육의 질적 수준을 보장하여 교육소비자를 보호하기 위하여 **학원 강사의 자격을 대통령령으로 위임한** 학원법 제13조는 직업의 자유 침해가 아니다(헌재 2003.9.25. 2002헌마519). ➡ 이 사건 심판대상은 **주관적 사유로 직업의 자유를 제한**하고 있으므로 직업행사의 자유 제한보다는 엄밀한 정당화가 요구되나 객관적 사유에 의한 직업선택의 자유를 제한하는 경우에 비하면 입법자는 넓은 재량을 가지므로 보다 **유연하고 탄력적 심사가 필요하다.**

6. 물리치료사 교육 과정 및 시험 과목을 보더라도 물리치료사가 한방물리치료를 할 수 있는 기본지식이나 자격을 갖추고 있다고 보기 어렵다. 따라서 물리치료사가 의사, 치과의사의 지도하에 업무를 할 수 있도록 정한 구 '의료기사 등에 관한 법률'은 한의사의 평등권과 직업의 자유를 침해한다고 할 수 없다(헌재 2014.5.29. 2011헌마552).

7. **국민의 생명·건강에 직결되는 민간자격신설금지조항**(헌재 2010.7.29. 2009헌바53)

8. **세금계산서 교부의무위반 등의 금액이 총주류매출금액 또는 총주류매입금액의 100분의 10 이상인 때 주류판매면허를 취소하도록 한 주세법**(헌재 2014.3.27. 2012헌바178) ➡ 2단계 제한

9. **청소년게임제공업 또는 인터넷컴퓨터게임시설제공업 등록제**(헌재 2009.9.24. 2009헌바28) ➡ 2단계 제한

10. '다단계판매' 또는 '다단계판매조직' 등 개념을 정의하고 있는 구 방문판매등에 관한 법률 제2조 제5호가 죄형법정주의의 명확성원칙에 위배되지 않는다. 소비자에게 피해를 입히는 것을 방지하고 공정한 거래질서를 확립하기 위한 것이므로 **다단계판매업자에 대하여 등록의무를 부과하고**, 그 의무를 불이행한 자를 처벌하는 방문판매등에 관한 법률은 직업선택의 자유를 침해하지 않는다(헌재 2015.7.30. 2013헌바275).

11. **금융감독원의 4급 이상 직원에 대하여 퇴직일로부터 2년간 사기업체 등에의 취업을 제한하는** 공직자윤리법(헌재 2014.6.26. 2012헌마331)

12. **양도인의 위법행위를 이유로 양수인에게 운송사업 제재처분을 부과하는** 화물자동차운수사업법(헌재 2019.9.26. 2017헌바397)

13. **나무만이 수목진료를 할 수 있도록 한** 산림보호법(헌재 2020.6.25. 2018헌마974)

14. **안경사만 안경업소를 개설할 수 있도록 한** 의료기사법(헌재 2021.6.24. 2017헌가31)

15. **아동학대범죄로 처벌받은 어린이집 원장·보육교사의 자격을 행정청 재량으로 취소하도록 한 영유아보육법**(헌재 2023.5.25. 2021헌바234)

면허취소와 직업의 자유 침해 여부

헌법 위반인 것

1. 여객자동차 운송사업자가 타인으로 하여금 자신의 사업용 자동차를 사용하여 여객자동차 운송사업을 경영하게 하거나, 자기 또는 다른 사람의 명의로 다른 운송사업자의 사업용 자동차를 사용하여 운송사업을 경영한 경우 그 운송사업자의 사업면허를 필요적으로 취소하도록 규정한 여객자동차 운수사업법

해당 법률조항은 사업체 규모, 지입차량 비율, 지입의 경위 등을 전혀 고려하지 않고 필요적으로 면허를 취소하도록 규정하였다. 지입차량 비율이 극히 적은 경우에도 사업면허 전체를 취소할 수밖에 없는 구조를 가졌다. 따라서 기본권 침해를 최소화하기 위한 임의적 취소제도의 도입 노력 없이 필요적 취소제도를 선택한 것은 행정편의적이며, 피해 최소성 원칙에 위배된다(헌재 2000.6.1. 99헌가11·12).

2. 운전전문학원의 귀책사유를 불문하고 수료생이 일으킨 교통사고를 자동적으로 운전전문학원의 법적 책임으로 연관시키고 있는 것은 자기책임의 범위를 벗어난 것이며, '자동차운전전문학원을 졸업하고 운전면허를 받은 사람 중 **교통사고를 일으킨 비율**이 대통령령이 정하는 비율을 초과하는 때'에는 **학원의 등록을 취소**를 명할 수 있도록 한 도로교통법은 직업의 자유 침해이다(헌재 2005.7.29. 2004헌가30).

3. '운전면허를 받은 사람이 자동차 등을 이용하여 범죄행위를 한 때' 운전면허를 취소하도록 한 도로교통법 제78조 (헌재 2005.11.24. 2004헌가28)

① 자동차 등을 범죄행위에 이용하기만 하면 운전면허를 취소하도록 하고 있는 것은 그 포섭범위가 지나치게 광범위한 것으로서 명확성원칙에 위반된다고 할 것이다.

② 범죄행위를 행함에 있어 자동차 등이 당해 범죄행위에 어느 정도로 기여했는지 등에 대한 아무런 고려 없이 무조건 운전면허를 취소하도록 하고 있으므로 '운전면허를 받은 사람이 자동차 등을 이용하여 범죄행위를 한 때'라는 도로교통법은 직업의 자유 내지 일반적 행동의 자유를 침해한다.

4. 운전면허를 받은 사람이 자동차 등을 이용하여 살인 또는 강간 등 행정안전부령이 정하는 범죄행위를 한 때 운전면허를 취소하도록 하는 구 도로교통법 제93조 (헌재 2015.5.28. 2013헌가6)

① **법률유보원칙에 위배되는지 여부(소극)**: 법률에서 운전면허의 필요적 취소사유인 살인, 강간 등 자동차 등을 이용한 범죄행위에 대한 예측가능한 기준을 제시한 이상, 심판대상조항은 법률유보원칙에 위배되지 아니한다.

② **직업자유와 일반행동의 자유 침해**: 심판대상조항 중 '자동차 등을 이용하여' 부분은 포섭될 수 있는 행위태양이 지나치게 넓을 뿐만 아니라, 하위법령에서 규정될 대상범죄에 심판대상조항의 입법목적을 달성하기 위해 반드시 규제할 필요가 있는 범죄행위가 아닌 경우까지 포함될 우려가 있어 침해의 최소성 원칙에 위배된다. 따라서 직업의 자유 및 일반적 행동의 자유를 침해한다.

5. 자동차 절취행위에 이르게 된 경위, 행위의 태양, 당해 범죄의 경중이나 그 위법성의 정도, 운전자의 형사처벌 여부 등 제반사정을 고려할 여지를 전혀 두지 아니한 채 **다른 사람의 자동차 등을 훔친 경우에는 운전면허를 필요적으로 취소하도록 한** 도로교통법은 직업의 자유 및 일반적 행동의 자유를 침해한다(헌재 2017.5.25. 2016헌가6).

6. 수상레저안전법상 조종면허를 받은 사람이 **동력수상레저기구를 이용하여 범죄행위를 하는 경우에 조종면허를 필요적으로 취소하도록 규정한** 구 수상레저안전법 제13조 제1항 제3호는 직업의 자유 내지 일반적 행동의 자유를 침해한다(헌재 2015.7.30. 2014헌가13).

7. 거짓이나 그 밖의 부정한 수단으로 운전면허를 받은 경우 모든 범위의 운전면허를 필요적으로 취소하도록 한 구 도로교통법 (헌재 2020.6.25. 2019헌가9)

① **부정 취득한 운전면허 부분**: 부정 취득한 운전면허는 면허 요건 검증 없이 취득된 것으로, 자동차 운전에 부적합하다. 이러한 면허로 인한 사고는 국민의 생명과 재산에 심각한 위험을 초래할 수 있다. 면허를 임의적으로 취소하거나 정지하는 경우, 면허 요건의 신뢰성이 훼손되고 면허제도가 유명무실해질 우려가 크

다. 형사처벌과 같은 제재만으로는 운전면허 부정 취득을 억제하거나 교통안전 목표를 달성할 수 없다. 따라서 심판대상조항이 부정 취득한 운전면허를 필요적으로 취소하도록 한 것은 피해 최소성 원칙에 위배되지 않는다.

② **부정 취득하지 않은 운전면허 부분**: 위법이나 비난의 정도가 미약한 사안을 포함한 모든 경우에 부정 취득하지 않은 운전면허까지 필요적으로 취소하고 이로 인해 2년 동안 해당 운전면허 역시 받을 수 없게 하는 것은, 공익의 중대성을 감안하더라도 지나치게 기본권을 제한하는 것이므로, **법익의 균형성 원칙에도 위배된다**. 따라서 **심판대상조항 중 각 '거짓이나 그 밖의 부정한 수단으로 받은 운전면허를 제외한 운전면허'를 필요적으로 취소하도록 한 부분**은, 과잉금지원칙에 반하여 일반적 행동의 자유 또는 직업의 자유를 침해한다.

8. 청원경찰이 금고 이상의 형의 선고유예를 받은 경우 당연퇴직되도록 규정한 청원경찰법

관련 조항은 청원경찰이 저지른 범죄의 종류나 내용을 불문하고 범죄행위로 금고 이상의 형의 선고유예를 받게 되면 당연히 퇴직되도록 규정함으로써 그것이 달성하려는 공익의 비중에도 불구하고 청원경찰의 직업의 자유를 과도하게 제한하고 있어 법익의 균형성 원칙에도 위배된다. 따라서, 심판대상조항은 과잉금지원칙에 반하여 직업의 자유를 침해한다(헌재 2018.1.25. 2017헌가26).

ㅣ비교ㅣ **청원경찰이 법원에서 자격정지의 형을 선고받은 경우** 국가공무원법을 준용하여 당연퇴직하도록 한 조항은 직업의 자유를 침해하지 아니한다(헌재 2011.10.25. 2011헌마85).

9. 임원이 금고 이상 형을 선고받은 경우 법인의 건설업등록의 필요적 말소를 규정한 건설산업기본법

건설업과 관련 없는 죄로 임원이 형을 선고받은 경우까지도 법인이 건설업을 영위할 수 없도록 하고 있어 과잉금지원칙에 위배되어 청구인의 직업수행의 자유를 침해한다(헌재 2014.4.24. 2013헌바25).

10. 법인의 임원이 학원법을 위반하여 벌금형을 선고받은 경우 법인의 학원등록이 효력을 잃도록 규정하고 있는 학원법

법인의 등록이 실효되면 해당 임원이 더 이상 임원직을 수행할 수 없게 될 뿐 아니라, 학원법인 소속 근로자는 모두 생계의 위협을 받을 수 있으며, 갑작스러운 수업의 중단으로 학습자 역시 불측의 피해를 입을 수밖에 없으므로 이 사건 등록실효조항은 학원법인의 직업수행의 자유를 침해한다(헌재 2015.5.28. 2012헌마653).

11. 학원설립·운영자가 학원법위반으로 **벌금형이 선고된 경우**에 **학원등록실효를 규정한 학원법**은 경미한 법위반행위에도 일률적으로 등록을 상실하게 하고 있어 지나친 제재라 하지 않을 수 없는바, 과잉금지원칙에 위배되어 '주관적 요건에 의한 좁은 의미의 직업선택의 자유'를 침해한다(헌재 2014.1.28. 2011헌바252).

헌법 위반이 아닌 것

1. 학원법의 벌금형에 따른 등록 제한

학원법 위반으로 벌금형을 받은 후 1년간 학원 설립·운영 등록을 제한하는 규정은 과잉금지원칙에 위배되지 않으며, 직업선택의 자유를 침해하지 않는다(헌재 2015.5.28. 2012헌마653).

2. 공인중개사법 위반 시 등록 취소

공인중개사가 공인중개사법 위반으로 벌금형을 선고받으면 중개사무소 개설등록을 필요적으로 취소하도록 한 조항은 업무의 공정성과 신뢰성을 보장하기 위한 정당한 규정으로 직업선택의 자유를 침해하지 않는다(헌재 2014.4.24. 2013헌바25).

3. 금고형 선고 후 중개사무소 등록 취소

금고 이상의 실형 선고 후 3년간 중개사무소 개설등록을 제한하는 규정은 국민 재산권 보호와 공정성 확보를 위한 조치로 직업선택의 자유를 침해하지 않는다(헌재 2019.2.28. 2016헌바467).

4. 건설업 등록 필요적 말소

건설업 등록증을 타인에게 빌려준 경우 건설업 등록을 필요적으로 말소하도록 한 건설산업기본법은 공정성과 신뢰성을 확보하기 위한 정당한 규정으로 직업의 자유를 침해하지 않는다(헌재 2023.2.23. 2019헌바196).

5. 개인택시 운전면허 취소에 따른 사업면허 취소

개인택시운송사업자의 운전면허 취소 시 개인택시운송사업면허를 필요적으로 취소하도록 한 규정은 공익이 사익보다 크므로 직업의 자유와 재산권을 침해하지 않는다(헌재 2008.5.29. 2006헌바85).

6. 문화재수리기술자 자격취소

문화재수리법 위반으로 형의 집행유예를 받은 경우 자격을 필요적으로 취소하도록 한 규정은 전문성과 공정성을 확보하기 위한 정당한 규정으로 직업선택의 자유를 침해하지 않는다(헌재 2017.5.25. 2015헌바373·382).

7. 성폭력 범죄자 택시운전자격 취소

성폭력처벌법 위반으로 실형을 받은 택시운전자의 자격을 취소하도록 한 규정은 국민의 생명·신체 보호를 위한 공익이 커 직업선택의 자유를 침해하지 않는다(헌재 2020.5.27. 2018헌바264).

8. 주류 판매업 면허 취소

주류 판매업자가 동업 경영을 한 경우 면허를 필요적으로 취소하도록 한 주세법은 유통 질서 왜곡 방지와 규제 효용성 확보를 위한 정당한 조치로 직업의 자유를 침해하지 않는다(헌재 2021.4.29. 2020헌바328).

9. 국민권익위원회 심사보호국 소속 5급 이하 7급 이상의 일반직공무원으로 하여금 퇴직일부터 3년간 취업심사대상기관에 취업할 수 없도록 한 공직자윤리법

국민권익위원회 심사보호국은 부패신고를 접수·처리하는 부서로, 업무의 공정성과 투명성을 위해 퇴직 후 일정 기간 취업 제한이 필요하다. 심판대상조항은 원칙적으로 취업을 제한하면서도, 관할 공직자윤리위원회로부터 밀접한 관련성이 없다는 확인이나 취업승인을 받으면 예외적으로 취업을 허용한다. 사후심사나 특정 이해충돌 행위 금지로는 재직 중 특혜 제공이나 퇴직 후 부당한 영향력 행사 가능성을 차단하기 어렵다. 제한은 입법목적에 부합하며, 과잉금지원칙에 위배되지 않는다. 따라서 심판대상조항은 직업선택의 자유를 침해하지 않는다(헌재 2024.3.28. 2020헌마1527).

📖 판례정리

학교정화구역 내 영업금지

헌법 위반인 것

1. 극장영업금지 (헌재 2004.5.27. 2003헌가1)

① 대학의 정화구역 내 극장영업을 금지한 부분은 헌법에 위반된다. 유치원, 초·중·고등학교의 정화구역 내 극장영업금지 부분은 헌법에 합치하지 아니한다.
② **대학생**의 신체적·정신적 성숙성에 비추어볼 때 **대학정화구역 내** 극장영업을 금지할 필요성이 없으므로 예외조항의 유무와 관계없이 최소침해성 원칙에 위반된다.
③ **유치원, 초·중·고등학교**의 정화구역 내 극장영업을 절대적으로 금지하여 순수예술이나 아동·청소년을 위한 전용 공연장까지도 금지하고 있어 청소년의 문화적 성장에 유익한 극장에 대한 예외를 허용할 수 있는 가능성을 전혀 인정하지 않고 있다는 점에서 최소성 원칙에 위반된다. 따라서 이 사건 법률조항은 극장을 영업하고자 하는 자의 직업의 자유, 표현의 자유, 예술의 자유를 침해하고, 학생들의 행복추구권 침해이다.

2. 대학교 주변의 당구장 설치금지

학교 주변의 당구장시설 제한과 같은 타율적 규제를 가하는 것은 대학교육의 목적에도 어긋나고 대학교육의 능률화에도 도움이 되지 않으므로, 위 각 대학 및 이와 유사한 교육기관의 학교환경위생정화구역 안에서 당구장시설을 하지 못하도록 기본권을 제한하는 것은 기본권 제한의 한계를 벗어난 것이다(헌재 1997.3.27. 94헌마196).

3. 유치원 주변의 당구장 설치금지

유치원 주변에 당구장시설을 허용한다고 하여도 이로 인하여 유치원생이 학습을 소홀히 하거나 교육적으로 나쁜 영향을 받을 위험성이 있다고 보기 어려우므로, 기본권 제한의 한계를 벗어난 것이다(헌재 1997.3.27. 94헌마196).

헌법 위반이 아닌 것

1. 초등학교, 중학교, 고등학교 주변의 당구장 설치금지(헌재 1997.3.27. 94헌마196)

2. 학교환경위생정화구역에서 여성가족부장관이 고시하는 행위 및 시설을 금지하는 청소년보호법(헌재 2016.10.27. 2015헌바360)

3. 초·중·고등학교 및 대학교 학교환경위생정화구역 안에서 **여관시설 및 영업행위금지**(헌재 2006.3.30. 2005헌바110)
   유사 초·중·고등학교 환경위생정화구역 내 노래연습장 설치금지(헌재 1999.7.22. 98헌마480)
   유사 학교환경위생정화구역 내 **미풍양속을 해하는 시설금지**(헌재 2008.4.24. 2004헌바92)
   유사 유치원 주변 **성관련 청소년유해물건 제작·판매금지**(헌재 2013.6.27. 2011헌바8)
   유사 학교 주변 **납골시설금지**(헌재 2009.7.30. 2008헌가2)

📖 판례정리

직업행사의 자유 제한

직업수행의 자유가 보장된다 하더라도 헌법 제37조 제2항에 따라 국가안전보장·질서유지 또는 공공복리를 위하여 불가피한 경우에는 이를 제한할 수 있고, 이 경우 **직업선택의 자유에 비하여 상대적으로 폭넓은 입법적 규제가 가능하다. 물론 이러한 경우 그 수단은 목적달성에 적절한 것이어야 하고, 또한 필요한 정도를 넘는 지나친 것이어서는 아니 된다.**

헌법 위반인 것

1. **한국방송광고공사**와 이로부터 출자를 받은 회사가 아니면 **지상파방송사업자에 대해** 방송광고 판매대행을 할 수 없도록 규정하고 있는 구 방송법 제73조 제5항은 직업의 자유를 침해한다(헌재 2008.11.27. 2006헌마352).

2. 시설경비업을 허가받은 경비업자로 하여금 허가받은 경비업무 외의 업무에 경비원을 종사하게 하는 것을 금지하고, 이를 위반한 경비업자에 대한 허가를 취소하도록 정하고 있는 경비업법(헌재 2023.3.23. 2020헌가19)
   (1) **목적의 정당성 및 수단의 적합성**
      심판대상조항은 경비원이 경비업무에 전념하도록 함으로써 국민의 생명·신체·재산을 보호하려는 정당한 입법목적을 가진다. 또한, 경비업자가 허가받은 시설경비업무 외의 업무에 경비원을 종사하게 한 경우 허가를 취소하도록 규정한 것은 경비업무의 전념성을 강제하는 효과가 있어 수단의 적합성도 인정된다.
   (2) **침해의 최소성**
      ① **비경비업무 일률 금지 문제**: 심판대상조항은 경비원의 비경비업무 수행을 구체적인 상황에 따라 예외 없이 전면적으로 금지한다. 그러나 비경비업무가 경비업무의 전념성을 직접적으로 훼손하지 않는 사례도 존재하며, 기술 발전 및 시설 상황에 따라 경비업무와 관리업무를 겸하는 것이 효율적인 경우도 있다. 그럼에도 일률적 금지는 과도한 제한이다.
      ② **허가 취소의 필요적 규정 문제**: 심판대상조항은 경비업자가 경비원을 비경비업무에 종사하게 한 경우 경비업무 전념성의 훼손 정도와 무관하게 허가를 필요적으로 취소하도록 규정한다. 이에 따라 위반행위의 경중과 상관없이 경비업 전체를 취소해야 하므로 제재의 과도성이 문제된다.
      ③ **기존 법규로도 규제 가능성**: 경비업법 제15조의2 제2항 등은 경비업무 이외의 불법적인 업무를 규제할 수 있는 조항을 이미 포함하고 있다. 따라서 심판대상조항 없이도 경비업무의 전념성을 유지하기 위한 규제가 가능하다.

④ **소결**: 심판대상조항은 비경비업무 수행의 경중과 상관없이 일률적으로 금지하고, 필요적으로 허가를 취소하도록 규정하여 입법목적 달성에 필요한 범위를 넘는 과도한 제한을 가하고 있다.

(3) 법익의 균형성

심판대상조항이 보호하려는 국민의 생명·신체·재산은 중요한 공익이다. 그러나 경비업무 전념성을 중대하게 훼손하지 않는 경우에도 적용되며, 허가취소로 인해 경비업자의 직업의 자유를 전면적으로 제한하는 것은 공익에 비해 지나치게 과도하다. 따라서 법익의 균형성도 인정하기 어렵다.

헌법 위반이 아닌 것

1. 방송의 상업화 등 부작용을 방지하고, 공영방송사에 대한 광고주나 특정인의 부당한 영향력 행사를 차단하여 방송의 공공성, 공정성, 다양성을 확보하기 위한 것으로, **방송문화진흥회가 최다출자자인 청구인과 같은 공영방송사는 한국방송광고진흥공사가 위탁하는 방송광고에 한하여 방송광고할 수 있도록** 한 것은 과잉금지원칙에 위반된다고 볼 수 없다(헌재 2013.9.26. 2012헌마271).

2. 정부광고 업무를 한국언론진흥재단에 위탁하도록 한 시행령 조항은 정부광고의 공공성, 투명성, 효율성을 도모하고 정책소통 효과를 높이기 위한 정당한 목적을 실현하기 위한 것으로 광고대행업에 종사하는 청구인들의 직업수행의 자유를 침해하지 않는다(헌재 2023.6.29. 2019헌마227).

3. **거짓이나 부정한 방법으로 받아간 보조금을 교부받은 경우 이미 교부된 비용과 보조금의 전부 또는 일부의 반환할 수 있도록** 규정한 영유아보육법 제40조와 시설폐쇄조항과 자격정지조항은 과잉금지원칙에 위배되지 않는다(헌재 2016.4.28. 2015헌바247).

4. 가짜석유제품의 거래 등과 같이 건전한 유통질서를 해치는 행위를 조속히 발견, 차단하기 위한 것으로서 주유소인 **석유판매업자의 거래상황기록부 보고기한을 매월 1회에서 매주 1회로 단축한 '석유 및 석유대체연료 사업법 시행규칙'**은 직업수행의 자유를 침해한다고 할 수 없다(헌재 2015.7.30. 2014헌마13).

5. **부동산중개수수료의 상한**

국민전체의 경제생활의 안정이라 할 것이어서 대단히 중요하다고 하지 않을 수 없고, 이는 부동산중개업자의 사익에 비하여 보다 우월하다. 부동산중개수수료의 상한을 두고 있는 부동산 중개업법 제15조, 제20조는 직업의 자유 침해가 아니다(헌재 2002.6.27. 2000헌마642).

6. **허가받은 지역 밖에서의 이송업의 영업을 금지하는** 응급의료에 관한 법률은 국민의 생명과 건강에 직결되는 응급이송체계를 적정하게 확립한다는 공익의 중요성에 비추어 영업지역의 제한에 따라 침해되는 이송업자의 사익이 크다고 보기는 어려우므로 직업수행의 자유를 침해한다고 볼 수 없다(헌재 2018.2.22. 2016헌바100).

7. 수중형 체험활동 참가자들이 수중형 체험활동 중 입게 되는 생명·신체의 손해를 충분히 배상하여 피해자를 보호하기 위한 것으로 **연안체험활동 운영자에게 안전관리 계획서를 제출하도록 한** 신고의무조항은 직업수행의 자유를, **연안체험활동 운영자에게 보험에 가입하도록 한 것**은 계약의 자유를 침해하지 않는다(헌재 2016.7.28. 2015헌마915).

8. 개인과외교습의 투명화, 사교육의 건전한 시행 등이라는 공익을 위한 것이므로 **개인과외교습자에게 신고의무를 부여한 '학원의 설립·운영 및 과외교습에 관한 법률'**은 직업의 자유를 침해하지 않는다(헌재 2015.12.23. 2014헌바294).

9. 계약의 공정성과 적정한 이행을 담보하기 위한 것으로 **부정당업자에 대해 2년 범위 내 입찰참가자격을 제한한 것**은 직업의 자유 침해가 아니다(헌재 2012.10.25. 2011헌바99).

10. **성매매를 한 자를 형사처벌하도록** 규정한 '성매매알선 등 행위의 처벌에 관한 법률'(헌재 2016.3.31. 2013헌가2) **성매매 영업알선행위로 말미암아 실제로 취득한 이익을 몰수하는 것**(헌재 2016.9.29. 2015헌바65)

11. 청년고용촉진특별법

공공기관 및 공기업이 34세 이하 청년 미취업자를 채용하도록 한 조항은 청년실업 해소와 경제성장 및 사회 안정이라는 중요한 공익을 위한 것으로, 평등권 및 직업선택의 자유를 침해하지 않는다(헌재 2014.8.28. 2013헌마553).

12. 게임산업진흥법

경품 제공을 원칙적으로 금지하고 예외적으로 허용한 조항은 사행성 조장을 방지하고 건전한 게임문화를 조성하며, 직업수행의 자유를 침해하지 않는다(헌재 2020.12.23. 2017헌바463).

13. 아동·청소년의 성보호에 관한 법률

온라인서비스제공자의 아동·청소년이용음란물 삭제 및 전송 방지 조치를 의무화하고 이를 위반 시 처벌하는 조항은 헌법에 위반되지 않는다(헌재 2018.6.28. 2016헌가15).

14. 전기통신사업법

웹하드사업자에게 불법음란정보 유통 방지를 위한 기술적 조치를 요구하는 조항은 공익 달성을 위해 직업수행의 자유를 침해하지 않는다(헌재 2018.6.28. 2015헌마545).

15. 신용정보법(사생활 조사 금지)

특정인의 사생활 조사 금지 조항은 불법적 정보수집 방지를 위해 직업선택의 자유를 침해하지 않는다(헌재 2018.6.28. 2016헌마473).

16. 신용정보법(탐정 명칭 금지)

탐정 유사 명칭 사용 금지 조항은 개인정보 침해 방지를 위한 것으로 직업수행의 자유를 침해하지 않는다(헌재 2018.6.28. 2016헌마473).

17. 주방용오물분쇄기 금지

주방용오물분쇄기의 판매와 사용 금지는 수질오염 방지를 위해 직업수행의 자유를 침해하지 않는다(헌재 2018.6.28. 2016헌마1151).

18. 택시발전법

택시운송사업자가 운송비용을 운수종사자에게 전가하지 못하도록 한 조항은 공익이 중대하므로 직업의 자유를 침해하지 않는다(헌재 2018.6.28. 2016헌마1153).

19. 건강기능식품법

건강기능식품판매업 신고의무 및 불이행 시 처벌 조항은 소비자 보호와 국민 건강 증진을 위한 것으로 직업수행의 자유를 침해하지 않는다(헌재 2018.8.30. 2017헌바368).

20. 폐기물관리법(행정기관 감사)

폐기물관련사업장에 대한 행정기관의 감사 규정은 환경보전 및 쾌적한 생활환경 조성을 위한 것으로 과잉금지원칙에 위배되지 않으며, 영업의 자유를 침해하지 않는다(헌재 2003.12.18. 2001헌마754).

21. 소득세법(성실신고확인서 제출)

일정 수입금액 이상의 사업자에게 성실신고확인서를 제출하도록 한 조항은 공평과세와 소득탈루 방지를 위한 것으로 세무사 등의 직업수행의 자유를 침해하지 않는다(헌재 2019.7.25. 2016헌바392).

22. 도로교통법(어린이통학버스 보호자동승)

어린이통학버스에 보호자를 동승시키는 조항은 어린이의 안전을 보장하기 위한 것으로, 직업수행의 자유를 침해하지 않는다(헌재 2020.4.23. 2017헌마479).

23. 유통산업발전법(대형마트 영업시간 제한)

대형마트 영업시간 제한 및 의무휴업 명령은 건전한 유통질서와 중소유통업 상생발전을 위한 것으로 직업수행의 자유를 침해하지 않는다(헌재 2018.6.28. 2016헌바77).

24. 악취방지법(악취관리지역 지정)

악취민원이 1년 이상 지속되고 배출허용기준을 초과하는 지역을 악취관리지역으로 지정하는 것은 국민이 쾌적한 환경에서 생활할 권리를 보장하기 위한 공익을 실현하는 것으로, 법익의 균형성 원칙에 위반되지 않는다(헌재 2020.12.23. 2019헌바25).

25. 독점규제 및 공정거래법(손자회사의 주식소유 금지)

일반지주회사의 손자회사가 국내계열회사 주식을 소유하지 못하도록 규정한 조항은 지배력 확대 방지와 경제 질서의 건전성을 확보하기 위한 것으로 기업의 자유를 침해하지 않는다(헌재 2021.3.25. 2017헌바378).

26. 청소년유해물건 판매금지(특수콘돔 등)

청소년유해물건으로 지정된 특수콘돔 등의 판매를 금지하는 조항은 청소년의 보호를 위한 적절한 제한으로, 직업수행의 자유와 사생활의 자유를 침해하지 않는다(헌재 2021.6.24. 2017헌마408).

27. 가맹사업거래법 시행령(정보공개서 기재 의무)

가맹본부가 가맹희망자에게 제공하는 정보공개서에 차액가맹금 관련 정보를 기재하도록 한 조항은 가맹점사업자의 권익 보호와 공정한 거래 질서를 위한 것으로 직업수행의 자유를 침해하지 않는다(헌재 2021.10.28. 2019헌마288).

28. 장사법(재단법인 설립 의무)

500구 이상의 유골을 안치하는 사설봉안시설 운영자가 재단법인을 설립하도록 규정한 조항은 봉안시설의 안정성과 영속성을 확보하기 위한 것으로, 직업의 자유를 침해하지 않는다(헌재 2021.8.31. 2019헌바453).

29. 부정경쟁방지법(부정경쟁행위의 정의)

타인의 영업표지를 혼동하게 하는 행위를 부정경쟁행위로 규정한 조항은 경제적 이익 침해 가능성을 요건으로 하지 않더라도 회복 불가능한 손해를 예방하기 위한 것으로, 직업의 자유를 침해하지 않는다(헌재 2021.9.30. 2019헌바217).

30. 지역아동센터 지원 사업안내(돌봄취약아동 우선권)

돌봄취약아동이 전체의 80% 이상이어야 한다는 규정은 돌봄취약아동의 우선 이용권을 보장하기 위한 것으로, 청구인들의 직업수행의 자유 및 아동의 인격권을 침해하지 않는다(헌재 2022.1.27. 2019헌마583).

31. 폐기물관리법(폐기물 보관 의무)

폐기물을 허가된 장소에 보관하도록 의무화한 조항은 환경보전과 국민생활 보호를 위한 정당한 제한으로, 직업수행의 자유를 과도하게 침해하지 않는다(헌재 2023.2.23. 2020헌바504).

32. 수도법(정기검사 부적합 인증 취소)

수도용 제품이 정기검사 기준에 부적합할 경우 인증을 취소하는 규정은 직업수행의 자유를 최소한으로 제한하며, 공익 실현을 위한 것으로 헌법에 위배되지 않는다(헌재 2023.2.23. 2021헌바179).

33. 경비업법(집단민원현장 경비원 배치허가)

경비원을 집단민원현장에 배치하기 48시간 전까지 허가를 신청하도록 한 조항은 국민의 안전을 보호하기 위한 정당한 제한으로, 경비업자의 직업수행의 자유를 침해하지 않는다(헌재 2023.2.23. 2018헌마246).

34. 출판문화산업진흥법(간행물 정가 판매 의무)

간행물 할인율을 정가의 15% 이내로 제한하는 조항은 과도한 할인경쟁을 방지하고 출판 유통질서를 보호하기 위한 정당한 제도로, 직업의 자유를 침해하지 않는다(헌재 2023.7.20. 2020헌마104).

35. 가축분뇨법(가축사육 제한구역 지정)

지방자치단체가 가축사육 제한구역을 지정하도록 한 규정은 환경오염 방지와 생활환경 보호를 위한 불가피한 제한으로, 포괄위임금지원칙과 과잉금지원칙에 위배되지 않는다(헌재 2023.12.21. 2020헌바374).

36. 시내버스 운행 관련 인가·신고 규정

시내버스 운행대수와 운행횟수의 증감은 운송체계 및 공공 교통편의에 중대한 영향을 미치므로 관할관청의 사전 인가 또는 신고를 요구하는 규정은 공익적 필요를 충족한다. 경미한 변경사항에 대해 신고만으로 변경이 가능하도록 절차를 완화하여 사업자의 부담을 줄였으므로, 해당 규정은 과잉금지원칙에 반하지 않으며 직업수행의 자유를 침해하지 않는다(헌재 2024.1.25. 2020헌마1144).

37. 생활폐기물 수집·운반 대행계약 대상 제외 규정

생활폐기물 수집·운반 업무의 공공성과 공정성을 확보하고 지방자치단체 예산 사용의 적정성을 담보하며, 유착 문제를 해소하기 위해, 뇌물공여·사기 등의 범죄로 벌금 이상의 형을 선고받은 자를 3년간 대행계약 대상에서 제외하도록 규정한 것은 입법목적 달성에 적합하다. 제재는 한시적이며 최소성 원칙에도 부합하여 과도하지 않다. 제한되는 사익보다 공익이 중대하여 법익의 균형성을 충족한다. 따라서 해당 규정은 과잉금지원칙에 위배되지 않으며 직업수행의 자유를 침해하지 않는다(헌재 2023.12.21. 2020헌바189).

38. 누구든지 국토교통부장관, 사업시행자등, 항행안전시설설치자등 또는 이착륙장을 설치·관리하는 자(국토교통부장관등)의 승인 없이 해당 시설에서 영업행위를 하여서는 아니 된다고 규정하고 있는 공항시설법 제56조 제6항 제1호와 그 위반행위를 제지하거나 퇴거를 명할 수 있도록 한 구 공항시설법

심판대상조항은 공항의 공공질서와 안전을 확보하고, 시설의 효율적 운영과 공항 이용객 보호를 위해 정당한 목적을 가진다. 영업행위를 전면 금지하지 않고, 승인 절차를 거친 경우 영업을 허용하며, 위반 시 바로 형사처벌이 적용되지 않고 단속조항에 의한 명령 불응 시 처벌된다. 직업수행의 자유 제한은 입법목적 달성에 필요한 정도를 넘지 않으며 과도하지 않다. 따라서 심판대상조항은 과잉금지원칙에 위배되지 않고 직업수행의 자유를 침해하지 않는다(헌재 2024.4.25. 2021헌바112).

39. 공기업 등으로부터 입찰참가자격제한처분을 받은 자가 국가 중앙관서나 다른 공기업 등이 집행하는 입찰에 참가할 수 없도록 한 구 국가를 당사자로 하는 계약에 관한 법률 시행령

입찰참가자격 제한은 국가 및 공기업 계약의 공정성과 충실한 이행을 확보하려는 정당한 목적을 가지며, 부정행위 억제를 통해 입법목적을 효과적으로 달성할 수 있는 적합한 수단이다. 감점·과징금 등 대체 수단은 제재 효과가 미약하고 제재 회피 가능성이 있어 필요성을 충족한다. 제한으로 일부 불이익이 발생하나, 민간시장 영업과 기존 계약 이행은 가능하므로 공익이 개인의 불이익보다 크다. 따라서 심판대상조항은 법률유보원칙 및 과잉금지원칙에 위배되지 않으며, 직업의 자유를 침해하지 않는다(헌재 2023.7.20. 2017헌마376).

40. 시장·군수·구청장이 지방자치단체의 조례로 정하는 바에 따라 일정한 구역을 지정·고시하여 가축의 사육을 제한할 수 있도록 한 '가축분뇨의 관리 및 이용에 관한 법률' 제8조 제1항

심판대상조항은 가축사육으로 인한 환경오염과 악취로부터 주민의 생활환경과 상수원 수질을 보호하려는 정당한 목적을 가지며, 특정 구역에서 가축사육을 제한해 오염물질 배출을 사전에 방지하는 적합한 수단이다. 오염물질 배출 차단 기술이 부족한 상황에서 장소적 특성에 따른 제한은 불가피하며, 제한으로 인한 축산업 종사자의 불이익보다 환경 보호라는 공익이 더 중대하다. 따라서 심판대상조항은 과잉금지원칙에 위배되지 않는다(헌재 2023.12.21. 2020헌바374).

41. 주 52시간 상한을 규정한 근로기준법

주 52시간 상한제조항으로 사업주와 근로자가 임금 변화 등 불이익을 겪을 수 있지만, 이는 단순한 영리 기회의 제한으로 재산권 제한에 해당하지 않는다. 근로의 권리는 근로자 보호를 목적으로 하며, 추가 연장근로 금지는 근로의 권리 제한으로 볼 수 없다. 또한, 해당 조항은 청구인들의 신체의 자유를 제한하지 않는다. 주 52시간 상한제조항은 실근로시간 단축과 근로자의 휴식 보장을 목적으로 하며, 장시간 노동 문제 해결을 위해 사용자와 근로자의 합의로 상한을 초과하지 못하도록 제한한 것은 합리성을 결여했다고 볼 수 없다. 중소기업과 영세사업자를 위한 유예기간 및 지원 정책도 마련되어 있어 입법자의 판단은 타당하다. 따라서 해당 조항은 과잉금지원칙에 위배되지 않으며, 청구인의 계약의 자유와 직업의 자유를 침해하지 않는다(헌재 2024.2.28. 2019헌마5001).

제3절 소비자의 권리

> **헌법 제124조【소비자 보호】** 국가는 건전한 소비행위를 계도하고 생산품의 품질향상을 촉구하기 위한 소비자보호운동을 법률이 정하는 바에 의하여 보장한다.

01 소비자 권리의 의의

1. 개념

소비자 권리란 소비자가 자신의 인간다운 생활을 영위하기 위하여 공정한 가격으로 양질의 상품 또는 용역을 적절한 유통구조를 통하여 적기에 구입하거나 사용할 수 있는 권리이다.

2. 연혁

우리나라는 1980년 헌법에서 소비자보호운동을 명문화하였다.

02 소비자 권리의 주체

외국인을 포함한 자연인과 법인이 주체가 된다.

03 소비자 권리의 내용

1. 권리의 내용

소비자는 모든 물품과 용역으로부터 생명과 신체를 보호할 안전의 권리, **물품용역에 대한 알 권리**, 자유로운 물품·용역선택권, 국가 등의 정책과 사업자의 사업활동에 의견을 반영할 권리, 물품·용역에 의한 피해보상청구권, 합리적인 소비생활을 영위하는 데 필요한 교육을 받을 권리, 소비자의 권익보호를 위해 단결과 단체활동의 권리를 가진다.

2. 국가의 소비자 권리보호

> **소비자기본법 제11조【광고의 기준】** 국가는 물품등의 잘못된 소비 또는 과다한 소비로 인하여 발생할 수 있는 소비자의 생명·신체 또는 재산에 대한 위해를 방지하기 위하여 다음 각 호의 어느 하나에 해당하는 경우에는 광고의 내용 및 방법에 관한 기준을 정하여야 한다.
> 1. 용도·성분·성능·규격 또는 원산지 등을 광고하는 때에 허가 또는 공인된 내용만으로 광고를 제한할 필요가 있거나 특정내용을 소비자에게 반드시 알릴 필요가 있는 경우
> 2. 소비자가 오해할 우려가 있는 특정용어 또는 특정표현의 사용을 제한할 필요가 있는 경우
> 3. 광고의 매체 또는 시간대에 대하여 제한이 필요한 경우
>
> **제32조【보조금의 지급】** 국가 또는 지방자치단체는 등록소비자단체의 건전한 육성·발전을 위하여 필요하다고 인정될 때에는 보조금을 지급할 수 있다.

04 소비자 권리의 효력

소비자의 권리는 대사인적 효력을 가진다.

제8장 / 정치적 권리

제1절 정치적 권리의 의의와 종류

1. 정치적 자유권의 종류

(1) 정치적 자유권

정치적 자유권은 정치적 언론, 출판, 집회·결사의 자유를 포함한다.

(2) 참정권의 종류

① **직접참정권과 간접참정권**: 직접참정권으로 국민발안권, 국민투표권, 국민소환권이 있고, 간접참정권으로는 선거권, 공무담임권이 있다.

② **국민발안**: 국민발안제란 국민이 헌법개정이나 법률안을 제안할 수 있는 권리이다. 헌법개정의 국민발안은 1954년 제2차 개정헌법부터 1969년 제6차 개정헌법까지 채택된 바 있다.

③ **국민소환**: 국민이 공직자를 임기만료 전에 해직시킬 수 있는 권리이다. 우리나라는 채택한 바 없다.

④ **현행헌법상 인정되고 있는 참정권**: 현행헌법상 인정되고 있는 참정권은 국민투표권, 선거권, 공무담임권이 있다. 주민투표권, 주민소환권, 주민권은 헌법상 기본권이 아니다.

📖 판례정리

헌법상 참정권이 아닌 것

1. 농협의 조합장선거는 헌법이 보호하는 선거권 범위에 포함되지 않으며, 직업의 자유와 결사의 자유에서 보호된다(헌재 2012.12.27. 2011헌마562).

2. **지방자치단체 신설과 동시에 혹은 신설 과정에서 새로운 지방의회의원선거가 헌법적으로 반드시 요청된다고 보기는 어렵다.** 세종시 의회를 신설하며 선거를 연기하고 기존 연기군의회의원이 의회의원을 겸하도록 한 것은 입법자의 형성권 범위에 속하며, 충남 연기군 주민의 선거권을 침해하지 않는다(헌재 2013.2.28. 2012헌마131).

2. 참정권의 성격

참정권은 자연법적 권리가 아니고 실정법상의 권리이다. 참정권은 일신전속적인 권리이며, 양도 또는 대리행사는 허용되지 아니한다.

제2절 국민투표권

> **헌법 제72조** 대통령은 필요하다고 인정할 때에는 외교·국방·통일 기타 국가안위에 관한 중요정책을 국민투표에 붙일 수 있다.
>
> **제130조** ① 국회는 헌법개정안이 공고된 날로부터 60일 이내에 의결하여야 하며, 국회의 의결은 재적의원 3분의 2 이상의 찬성을 얻어야 한다.
> ② 헌법개정안은 국회가 의결한 후 30일 이내에 국민투표에 붙여 국회의원선거권자 과반수의 투표와 투표자 과반수의 찬성을 얻어야 한다.

1. 의의

국민투표권이란 국민이 국가의 특정 사안에 대해 직접 결정권을 행사하는 권리로서, 각는 <u>헌법상 기본권으로서</u>(헌재 2014.7.24. 2010헌마394) 헌법 제72조에 의한 중요정책에 관한 국민투표는 국가안위에 관계되는 사항에 관하여 대통령이 제시한 구체적인 정책에 대한 주권자인 국민의 승인절차라 할 수 있다(헌재 2014.7.24. 2010헌마394).

2. 연혁

> ① **제2차 개정헌법(1954년 헌법)**: 대한민국의 주권의 제약 또는 영토의 변경을 가져올 국가안위에 관한 중대사항은 국회의 가결을 거친 후에 국민투표에 부하여 민의원의원선거권자 3분지 2 이상의 투표와 유효투표 3분지 2 이상의 찬성을 얻어야 한다(제7조의2).
> ② **제5차 개정헌법(1962년 헌법)**: 헌법개정 국민투표 최초규정
> ③ **제7차 개정헌법(1972년 헌법)**: 대통령은 필요하다고 인정할 때에는 국가의 중요한 정책을 국민투표에 붙일 수 있다(제49조).
> ④ **제8차 개정헌법(1980년 헌법)**: 대통령은 필요하다고 인정할 때에는 외교·국방·통일 기타 국가안위에 관한 중요정책을 국민투표에 붙일 수 있다(제47조).

3. 대통령 신임을 헌법 제72조 국민투표에 부의할 수 있는지 여부

헌법 제72조의 국민투표의 대상으로 규정하고 있는 외교·국방·통일 기타 국가 안위에 관한 중요정책을 한정적으로 해석하여, **대통령 신임투표 또는 정책과 연계한 신임투표를 국민투표의 대상으로 하는 것은 현행 헌법상 허용되지 않는다**는 것이 헌법재판소 판례이다.

📖 판례정리

재신임 국민투표 (헌재 2004.5.14. 2004헌나1)

1. 국민투표의 대상 제한

국민투표는 특정 국가정책이나 법안을 대상으로 하며, 대표자에 대한 신임은 국민투표의 대상이 될 수 없다. 재신임 국민투표 제안은 헌법 제72조를 위반하며, 국민투표를 정치적 도구로 남용하는 것은 헌법적 의무를 위반한 것이다.

2. 헌법상 국민투표의 한계

헌법은 명시적으로 규정된 경우 외에 재신임 국민투표를 허용하지 않는다. 국민투표는 명시적인 헌법적 근거가 필요하며, 국민주권 원칙에 근거하여 인정될 수 없다.

3. 대통령의 헌법 위반

위헌적인 재신임 국민투표를 제안한 것만으로도 헌법 제72조와 대통령의 헌법 수호 의무를 위반한 것이다.

📖 판례정리

국민투표를 거치지 아니한 한미자유무역협정 (헌재 2013.11.29. 2012헌마166) *각하결정

1. 헌법 제72조에 따른 국민투표권의 침해 가능성

헌법 제72조는 대통령에게 국민투표 발의권을 독점적으로 부여하며, 국민이 직접 국민투표를 요구할 권리는 인정되지 않는다. 국민투표권은 대통령이 정책을 국민투표에 부의한 경우에만 행사 가능하며, 이를 부의하지 않은 경우 국민투표권 침해는 인정되지 않는다. 대통령이 한미무역협정에 관한 국민투표를 실시하지 않았더라도, 국민투표 부의가 없었으므로 침해 가능성은 없다.

2. 헌법 제130조 제2항에 따른 국민투표권의 침해 가능성

한미무역협정은 헌법 개정 절차와 관련된 국민투표권과 무관하며, 헌법을 개정하는 효력을 가지지 않는다. 따라서 한미무역협정 체결로 인해 국민투표권 침해 가능성은 인정되지 않는다.

---

6. 국민투표권 침해 여부

(1) 침해인 것

① 수도를 변경하는 신행정수도법(헌법 제130조의 국민투표권 침해)

② 주소를 요건으로 하여 재외국민의 국민투표권 부정

③ **재외선거인의 국민투표권 부정**: <u>국민투표권자의 범위는 대통령선거권자·국회의원선거권자와 일치되어야 한다.</u> 따라서 국민투표는 선거와 달리 국민이 직접 국가의 정치에 참여하는 절차이므로, <u>국민투표권은 대한민국 국민의 자격이 있는 사람에게 반드시 인정되어야 하는 권리이다. 따라서 재외선거인의 국민투표권을 인정하지 않은 국민투표법조항은 재외선거인의 국민투표권을 침해한다</u> (헌재 2014.7.24. 2009헌마256, 2010헌마394).

④ 신임을 연계한 국민투표부의(탄핵심판에서 헌법 제72조 위반)

(2) 침해가 아닌 것

① **대한민국과 미합중국 간의 자유무역협정**: 대통령의 중요정책 국민투표부의가 행해지지 않은 이상 청구인들의 국민투표권이 행사될 수 있을 정도로 구체화되었다고 할 수 없으므로 그 침해의 가능성은 인정되지 않는다(헌재 2005.11.24. 2005헌마579).

② 행정중심복합도시건설특별법(각하)

☑ 헌법 제72조와 제130조의 국민투표 비교

구분	대상	필수성 여부	부의 여부에 대한 대통령 재량	정족수
제72조 국민투표	중요정책	임의적	자유재량	헌법상 규정 없음.
제130조 국민투표	헌법개정	필수적	재량 없음, 의무	국회의원선거권자 과반수 투표와 투표자 과반수 찬성

국민투표법 제9조 【투표권이 없는 자】 투표일 현재 공직선거법 제18조의 규정에 따라 선거권이 없는 자는 투표권이 없다.

제22조 【국민투표안의 게시】 ① 중앙선거관리위원회는 공고된 국민투표안을 투표권자에게 주지시키기 위하여 게시하여야 한다.

③ 국민투표안의 게시문에는 국민투표안만을 기재하여야 한다.

제26조 【국민투표에 관한 운동의 기간】 국민투표에 관한 운동은 국민투표일공고일로부터 투표일 전일까지에 한하여 이를 할 수 있다.

제27조 【운동의 한계】 운동은 이 법에 규정된 이외의 방법으로는 이를 할 수 없다.

제28조 【운동을 할 수 없는 자】 ① 정당법상의 당원의 자격이 없는 자는 운동을 할 수 없다.

② 예비군 소대장급 이상의 간부 및 리·동·통·반의 장은 국민투표일공고일 이전에 그 직에서 해임되지 아니하고는 운동을 할 수 없으며 연설원 또는 투·개표참관인이 될 수 없다.

제49조 【국민투표일의 공고】 대통령은 늦어도 국민투표일 전 18일까지 국민투표일과 국민투표안을 동시에 공고하여야 한다.

제51조 【투표소의 설치와 공고】 ① 투표소는 투표구마다 설치하되, 투표구선거관리위원회가 투표일 전 10일까지 그 명칭과 소재지를 공고하여야 한다. 다만, 천재·지변 기타 불가피한 사유가 있을 때에는 이를 변경할 수 있다.

제92조 【국민투표무효의 소송】 국민투표의 효력에 관하여 이의가 있는 투표인은 투표인 10만 인 이상의 찬성을 얻어 중앙선거관리위원회위원장을 피고로 하여 투표일로부터 20일 이내에 대법원에 제소할 수 있다.

제93조 【국민투표무효의 판결】 대법원은 제92조의 규정에 의한 소송에 있어서 국민투표에 관하여 이 법 또는 이 법에 의하여 발하는 명령에 위반하는 사실이 있는 경우라도 국민투표의 결과에 영향이 미쳤다고 인정하는 때에 한하여 국민투표의 전부 또는 일부의 무효를 판결한다.

제3절 선거권과 피선거권

01 선거의 의의

선거는 국민의 합의에 바탕한 민주주의를 구현하기 위해 국가기관을 선임하는 행위이다. 선거는 다수인이 하는 합성행위를 말하는 것으로서 개개인이 행하는 투표(행위)와 구별된다.

02 선거의 기본원칙

1. 보통선거의 원칙

(1) 개념

보통선거란 사회적 신분(예 성별, 계급, 교육정도) 등과 관계없이 모든 국민에게 선거권과 피선거권을 인정하는 선거원칙으로 제한선거에 대응하는 개념이다.

(2) 보통선거원칙의 예외

보통선거 원칙에 위배되는 선거권 제한 입법은 헌법 제37조 제2항의 기본권 제한 요건을 충족해야 한다. 보통선거 원칙을 위반하는 선거권 제한은 헌법적으로 엄격히 심사되어야 한다(헌재 1999.1.28. 97헌마 253 · 270).

📖 판례정리

수형자 선거권 제한

범죄자의 선거권 제한은 자유형의 본질에서 당연히 도출되지 않으므로 보통선거 원칙에 따라 엄격히 제한되어야 한다. 범죄의 종류, 내용, 불법성 정도를 고려하지 않고 일률적으로 수형자와 집행유예자의 선거권을 제한하는 것은 범죄자의 선거권 제한은 구체적 사정을 고려하지 않은 일률적 제한이 헌법상 침해의 최소성 원칙에 반한다(헌재 2014.1.28. 2012헌마409).

2. 평등선거의 원칙

선거권 부여의 평등뿐만 아니라 선거운동 기회 등 선거과정 전체의 평등을 포함한다. 1표가 선거 결과에 기여하는 가치가 동일해야 한다는 투표가치의 평등을 포함한다. 특정 집단의 의사를 정치과정에서 배제하도록 선거구를 차별적으로 획정하는 행위(게리맨더링)는 평등선거 원칙에 반한다(헌재 1998.11.26. 96헌마54).

📖 쟁점정리

국회의원 선거구 구역표

1. 선거구획정위원회(공직선거법 제24조)

국회의원선거구의 공정한 획정을 위하여 **중앙선거관리위원회에 국회의원 선거구획정위원회를 두고**, 시 · 도에 자치구 시 · 군의원 선거구획정위원회를 둔다. 국회의원, 지방의회의원, 정당의 당원은 선거구획정위원회의 위원이 될 수 없다.

① 국회의원선거구획정위원회

> **공직선거법 제24조【국회의원선거구획정위원회】** ① 국회의원지역구의 공정한 획정을 위하여 임기만료에 따른 국회의원선거의 선거일 전 18개월부터 해당 국회의원선거에 적용되는 국회의원지역구의 명칭과 그 구역이 확정되어 효력을 발생하는 날까지 국회의원선거구획정위원회를 설치·운영한다.
> ② 국회의원선거구획정위원회는 중앙선거관리위원회에 두되, 직무에 관하여 독립의 지위를 가진다.

② 국회의원지역선거구 획정

> **공직선거법 제24조의2【국회의원지역선거구 확정】** ① 국회는 국회의원지역구를 선거일 전 1년까지 확정하여야 한다.

2. 선거구 구역표의 헌법소원대상 여부

선거구 구역표는 선거권·평등권 침해문제를 야기하므로 **헌법소원의 대상이 된다**.

3. 선거구 획정의 고려요소

① **인구비례**: 선거구획정에 가장 중요한 요소는 인구비례이다.

② **비인구적 요소**: 그러나 인구비례만이 유일한 기준이 아니라 지세, 교통편, 역사적·전통적 일체감, 행정구역을 고려하여 선거구를 획정해야 하므로 선거구 간에 인구 차이가 발생할 수밖에 없다.

③ **우리나라 특수고려요소(지역대표성)**: 우리나라는 독일 등의 선진국가와 달리 도시와 농어촌 간의 인구편차와 개발불균형이 현저하고 국회가 단원으로 구성되어 있어 국회의원이 국민 전체의 대표이면서 동시에 지역 대표성도 가지고 있다는 점을 고려하면 독일 등보다 선거구 간의 인구비례원칙을 **완화해야 할** 필요성이 있다.

4. 선거구 획정에 있어서의 입법자의 재량

① **재량**: 입법자는 인구비례, 행정구역, 지세, 역사적·전통적 일체감 등을 고려하여 선거구를 획정하되 선거구 획정에 있어서 재량권을 가진다. 다만 평등원칙에서 도출되는 투표가치성과의 평등과 헌법 제24조의 선거권을 침해하지 않는 범위 내에서 선거구를 획정해야 한다. 재량의 범위를 일탈하여 선거구를 획정하는 경우 선거구 구역표는 평등선거원칙 등에 위반된다.

② **재량의 한계**: 헌법재판소는 평등선거원칙과 선거권을 침해하지 않는 입법자의 선거구 획정 재량의 범위를 **전국평균인구수에서 상하 33.33% 편차(최대선거구와 최소선거구 간 2:1)**로 보고 있다. 이 범위를 벗어난 선거구 획정은 평등선거원칙에 위반된다.

5. 선거구 구역표의 불가분성

선거구 구역표는 전체가 유기적 성격을 가지므로 <u>한 선거구가 위헌이면 그 선거구에 한해 위헌인 것이 아니라 전체 선거구가 위헌의 하자를 띠는 것으로 보는 것이 헌법재판소 판례이다.</u> 따라서 한 선거구가 위헌이라도 헌법재판소는 주문에서 전체 선거구 구역표가 위헌이라는 결정을 하고 있다.

📖 판례정리

국회의원 선거구 구역표 (헌재 2014.10.30. 2012헌마190)

> **<심판대상>**
> **공직선거법 제25조【국회의원지역구의 획정】** ① 국회의원지역선거구(이하 '국회의원지역구'라 한다)는 시·도의 관할구역 안에서 인구·행정구역·지세·교통 기타 조건을 고려하여 이를 획정하되, 자치구·시·군의 일부를 분할하여 다른 국회의원지역구에 속하게 하지 못한다. (단서 생략)

1. 쟁점

선거구 구역표는 선거권과 평등권의 문제이다.

2. 심판대상이 되는 국회의원지역선거구 구역표 부분이 청구인들의 선거권 및 평등권을 침해하는지 여부(일부 적극)

국회를 구성함에 있어 **국회의원의 지역대표성**이 고려되어야 한다고 할지라도 이것이 국민주권주의의 출발점인 **투표가치의 평등**보다 우선시될 수는 없다. 국회의원의 지역대표성을 고려하더라도 투표가치의 평등보다 우선할 수 없다. 지방자치제도가 정착된 현재는 지역대표성을 이유로 투표가치 평등의 원칙을 완화할 필요성이 크지 않다. 인구편차 상하 33⅓%를 초과하는 선거구는 해당 지역 주민의 선거권 및 평등권을 침해한다.

📖 쟁점정리

지방의원 선거구 구역표

1. 자치구·시·군의원선거구획정위원회

> 공직선거법 제24조의3【자치구·시·군의원선거구획정위원회】① 자치구·시·군의원지역선거구의 공정한 획정을 위하여 시·도에 자치구·시·군의원선거구획정위원회를 둔다.

2. 선거구 획정시 고려 요소

국회의원 선거구역표를 획정할 때와 동일하다. 구·시·군의회 선거구 허용 여부는 해당 구·시·군 선거구만을 고려해서 결정해야 하지 시·도 선거구 전체를 고려해서 판단할 필요는 없다.

3. 허용편차

> #### ☑ 지역구 지방의원 선거구 허용편차
>
> **1. 지역구 자치구·시·군의원 선거구 획정시 허용편차**
>
> 현재의 시점에서 자치구·시·군의원 선거구 획정과 관련하여 헌법이 허용하는 인구편차의 기준을 **인구편차 상하 50%(인구비례 3:1)**로 변경하는 것이 타당하다(헌재 2018.6.28. 2014헌마166).
>
> **2. 지역구 시·도의원 선거구 획정시 허용편차**
>
> 시·도의원은 지역적 사안을 다루며 지역대표성을 겸하는 지방의회 구성원이므로, 인구비례 원칙뿐만 아니라 행정구역 및 지역대표성도 함께 고려해야 한다. 우리나라의 도시와 농어촌 간 인구격차와 개발불균형을 감안하여, 시·도의원 지역구 획정에서 인구편차 기준을 상하 50%(인구비례 3:1)로 변경하는 것이 타당하다(헌재 2018.6.28. 2014헌마189).
>
> **3.** 인구비례가 아닌 행정구역별로 시·도의원 정수를 2인으로 배분하는 공직선거법 제22조 제1항이 투표가치 불평등의 근본 원인이다. 이 조항은 인구편차로 인해 청구인들의 헌법상 보장된 선거권과 평등권을 침해한다고 판단된다(헌재 2007.3.29. 2005헌마985).

---

3. 직접선거의 원칙

(1) 개념

직접선거의 원칙이란 간접선거에 대응하는 개념으로 선거인 스스로가 직접 대의기관을 선출하는 것을 뜻한다. 또한 비례대표제를 채택하는 경우 직접선거 원칙은 정당의 비례적인 의석확보도 선거권자의 투표에서 직접 결정될 것을 요구하는 원칙이다.

(2) 직접선거의 원칙과 국회의원 의석 배분

📖 **판례정리**

1. 직접선거 원칙

선거결과는 선거권자의 투표로 직접 결정되어야 한다. 국회의원의 선출이나 정당의 의석획득은 선거권자의 의사에 따라 이루어져야 하며, 중간선거인이나 정당의 개입은 허용되지 않는다(헌재 2001.7.19. 2000헌마91).

2. 비례대표제와 직접선거 원칙

비례대표 의원의 선출과 정당의 비례 의석 확보도 선거권자의 투표로 직접 결정되어야 한다. 정당 명부작성 행위가 최종적이고 결정적인 역할을 한다면, 이는 선거권자의 투표로 비례대표 의원이 직접 선출되지 않아 직접선거 원칙에 위배된다(헌재 2001.7.19. 2000헌마91).

3. 당내경선과 직접선거 원칙

당내경선에도 직접·평등·비밀투표 등 일반적인 선거원칙이 적용되며, 대리투표는 허용되지 않는다(대판 2013.11.28. 2013도5117).

4. 1인 1표제와 비례대표 의석배분 (헌재 2001.7.19. 2000헌마91)

① **고정명부식**을 채택하는 것은 전국선거인단의 거대한 숫자로 불가피하다. 따라서 고정명부식을 채택한 것 자체는 직접선거원칙에 위반되는 것은 아니다.
② 지역구 후보자의 득표를 정당 지지로 간주하여 비례대표 의석을 배분하는 것은 선거권자의 의사가 아닌 정당 명부작성행위로 비례대표 의원의 당선이 결정되므로 직접선거 원칙에 위배된다.
③ 유권자에게 별도의 정당투표를 인정하지 않고 지역구 투표를 정당 지지로 간주하는 공직선거법 제189조는 민주주의 원리에 부합하지 않는다.
④ 저지조항(득표율 5% 이상)을 설정해 정당의 의석 배분을 제한하는 것은 평등원칙에 위반된다. 지역구 득표율을 정당 지지로 의제할 수 없고, 저지조항은 국민 지지 정도를 불합리하게 계산하여 정당의 의석 배분에 불합리한 영향을 미친다

---

4. 비밀선거의 원칙

(1) 개념

비밀선거의 원칙이란 공개투표 내지 공개선거에 대응하는 개념으로 선거인의 의사결정이 타인에게 알려지지 않도록 하는 선거원칙이다.

(2) 비밀선거원칙의 위반 여부

모사전송 시스템의 활용은 선거권 내지 보통선거원칙과 비밀선거원칙을 조화적으로 해석할 때, 이를 두고 헌법에 위반된다 할 수 없다(헌재 2007.6.28. 2005헌마772).

📖 **판례정리**

신체의 장애로 인하여 자신이 기표할 수 없는 선거인에 대해 투표보조인이 가족이 아닌 경우 반드시 2인을 동반하여서만 투표를 보조하게 할 수 있도록 정하고 있는 공직선거법 (헌재 2020.5.27. 2017헌마867)

1. 심판대상조항의 취지와 예외

신체 장애로 인해 스스로 기표할 수 없는 선거인을 위해 보통선거의 원칙을 실현하려는 취지로 마련된 조항이다.그러나 투표보조인이 가족이 아닌 경우 2인을 동반해야 한다는 규정을 통해 비밀선거 원칙에 대한 예외를 인정한다.

2. 비밀선거의 원칙과 선거권 제한의 한계

선거권을 제한하는 입법은 헌법 제37조 제2항에 따라 필요하고 불가피한 예외적인 경우에만 그 제한이 정당화될 수 있으므로, 심판대상조항에 **비밀선거의 원칙에 대한 예외를 두는 것**이 청구인의 선거권을 침해하는지 여부를 판단할 때에도 헌법 제37조 제2항에 따른 **엄격한 심사**가 필요하다.

3. 과잉금지원칙 위반 여부

심판대상조항은 신체장애인의 선거권 보장과 선거의 공정성 확보라는 정당한 목적을 가지며, 가족이 아닌 투표보조인 2인을 동반하도록 한 규정은 적합한 수단으로 평가된다. 투표보조인의 제한은 공정성과 비밀 보장을 위한 최소한의 조치이며, 중앙선거관리위원회의 지원 등으로 실질적 보완이 가능하다. 장애인의 선거권 보장과 공정성 확보는 중요한 공익으로, 투표보조인 섭외의 불편 등 불이익은 경미하여 법익의 균형성을 충족한다. 따라서 심판대상조항은 과잉금지원칙에 위배되지 않으며, 청구인의 선거권을 침해하지 않는다.

---

5. 자유선거의 원칙

(1) 개념

자유선거의 원칙이란 강제선거에 대응한 개념으로 우리 헌법에 명시되지는 않았지만 민주국가의 선거제도에 내재하는 선거원칙으로 선거과정에서 요구되는 선거권자의 의사형성의 자유와 의사실현의 자유를 말한다.

(2) 헌법상 근거

국민주권원리, 의회민주주의, 참정권

(3) 내용

선거 과정에서 선거권자의 의사형성의 자유와 의사실현의 자유를 보장하며, 구체적으로 투표의 자유, 입후보의 자유, 선거운동의 자유를 포함한다(헌재 1994.7.29. 93헌가4). 입후보의 자유는 공직선거에 출마할지 여부를 개인의 판단에 따라 자유롭게 결정할 권리를 의미한다. 입후보의 자유에는 선거 과정에서 출마할 권리뿐 아니라, 선거과정에서 이탈할 자유도 포함된다. 법적 강제가 개입해서는 안 된다(헌재 2009.12.29. 2007헌마1412).

03 선거권

1. 선거권의 적극적 요건

(1) 대통령·국회의원 선거권

18세 이상의 국민은 대통령 및 국회의원의 선거권이 있다(공직선거법 제15조). 선거권 연령은 법률로 정하도록 위임하였으므로(헌법 제41조 제3항) 헌법개정 없이 선거권 연령을 18세로 할 수 있다.

☑ **선거권 연령**

1. 선거권 연령의 입법자 재량

선거권 행사에 필요한 정치적 판단능력의 기준은 객관적으로 계측하기 어렵고, 이에 대한 전문적 식견은 입법자가 더 적합하다. 따라서 선거권 연령은 입법자의 재량에 속한다(헌재 1997.6.26. 96헌마89).

---

2. 선거권 연령 19세의 합리성

18세 이상에게 근로능력이나 군복무능력을 인정한다고 해서 반드시 선거권 행사능력과 동일한 기준을 적용해야 하는 것은 아니다. 따라서 선거권 연령을 19세 이상으로 정한 것은 합리적인 입법 재량에 해당한다(헌재 2013.7.25. 2012헌마174).

3. 민법상 성년 연령과의 관계

선거권 연령이 민법상 행위능력이 있는 성년 연령과 반드시 일치할 필요는 없으나, 정치적 판단능력을 평가할 때 민법상 행위능력의 유무는 중요한 기준이 될 수 있다(헌재 2013.7.25. 2012헌마174).

4. 선거권 연령 18세 하향과 공직선거법

공직선거법 개정으로 선거권 연령이 18세로 하향된 점을 고려할 때, 선거일 현재를 기준으로 선거권 연령을 산정하도록 한 조항은 입법형성권의 한계를 벗어나지 않으며, 선거권이나 평등권을 침해하지 않는다(헌재 2021.9.30. 2018헌마300).

5. 입법형성의 자유와 선거권 행사 절차

선거권의 부여나 박탈이 아니라, 선거권 행사 방법과 절차를 규정하는 법률은 기술적, 사회적, 경제적 여건을 종합적으로 고려해야 하며, 이에 대해 입법자에게 일정한 형성의 자유가 인정된다. 이 점은 선거권 행사 방식에 대한 심사 시 고려되어야 한다(헌재 2013.7.25. 2012헌마815 등).

(2) 지방의회의원과 지방자치단체장 선거권(공직선거법 제15조 제2항)

18세 이상인 자 중에서 다음에 해당하는 자이다.

> ① 해당 지방자치단체의 관할구역에 주민등록이 되어 있는 사람
> ② 재외국민 주민등록표에 3개월 이상 올라와 있는 사람
> ③ 출입국관리법 제10조에 따른 영주의 체류자격 **취득일 후 3년이 경과한 18세 이상 외국인**으로서 같은 법 제34조에 따라 해당 지방자치단체의 외국인등록대장에 올라 있는 사람

2. 선거권의 소극적 요건

> **공직선거법 제18조【선거권이 없는 자】**① 선거일 현재 다음 각 호의 어느 하나에 해당하는 사람은 선거권이 없다.
> 1. 금치산선고를 받은 자
> 2. 1년 이상의 징역 또는 금고의 형의 선고를 받고 그 집행이 종료되지 아니하거나 그 집행을 받지 아니하기로 확정되지 아니한 사람. 다만, 그 형의 집행유예를 선고받고 유예기간 중에 있는 사람은 제외한다.
> 3. 선거범, 정치자금법 제45조(정치자금부정수수죄) 및 제49조(선거비용관련 위반행위에 관한 벌칙)에 규정된 죄를 범한 자 또는 대통령·국회의원·지방의회의원·지방자치단체의 장으로서 그 재임 중의 직무와 관련하여 형법 제129조(수뢰, 사전수뢰) 내지 제132조(알선수뢰)·특정범죄가중처벌 등에 관한 법률 제3조(알선수재)에 규정된 죄를 범한 자로서, 100만원 이상의 벌금형의 선고를 받고 그 형이 확정된 후 5년 또는 형의 집행유예의 선고를 받고 그 형이 확정된 후 10년을 경과하지 아니하거나 징역형의 선고를 받고 그 집행을 받지 아니하기로 확정된 후 또는 그 형의 집행이 종료되거나 면제된 후 10년을 경과하지 아니한 자(형이 실효된 자도 포함한다)
> 4. 법원의 판결 또는 다른 법률에 의하여 선거권이 정지 또는 상실된 자
> ③ 형법 제38조에도 불구하고 제1항 제3호에 규정된 죄와 다른 죄의 경합범에 대하여는 이를 분리 선고하고, ….

수형자와 집행유예기간 중인 자의 선거권 제한 (헌재 2014.1.28. 2012헌마409)

1. 선거권 제한 한계

보통선거원칙에 반하는 선거권 제한입법을 하기 위해서는 헌법 제37조 제2항의 규정에 따른 한계가 한층 엄격히 지켜져야 한다. 선거권을 제한하는 법률의 심사강도는 엄격해야 한다.

2. 선거권 법률유보

헌법 제24조는 모든 국민은 '법률이 정하는 바에 의하여' 선거권을 가진다고 규정함으로써 법률유보의 형식을 취하고 있다. 하지만 이것은 국민의 선거권이 "법률이 정하는 바에 따라서만 인정될 수 있다."라는 **포괄적인 입법권의 유보 아래 있음을 뜻하는 것이 아니다.**

3. 자유형과 선거권 제한

보통선거원칙 및 그에 기초한 선거권을 법률로써 제한하는 것은 필요 최소한에 그쳐야 한다. 집행유예자와 수형자의 선거권 제한은 범죄자가 범죄의 대가로 선고받은 자유형의 본질에서 당연히 도출되는 것이 아니므로, 범죄자의 선거권 제한 역시 보통선거원칙에 기초하여 필요최소한의 정도에 그쳐야 한다.

4. 선거권 침해 여부

① **입법목적의 정당성과 수단의 적합성**: 심판대상조항의 목적은 범죄자에 대한 형사적 제재로서의 응보적 기능을 수행하며, 시민으로서의 책임성과 법치주의에 대한 존중을 제고하는 데 기여한다.
   집행유예자와 수형자의 선거권 제한은 이러한 목적을 달성하기 위한 효과적이고 적절한 수단으로 평가된다.

② **침해의 최소성 원칙 위반**
   ㉠ 구체적 범죄의 종류, 내용, 불법성 정도를 고려하지 않고 집행유예자와 수형자의 선거권을 일률적으로 제한하는 것은 침해의 최소성 원칙에 어긋난다.
   ㉡ **집행유예자의 경우**: 교정시설에 구금되지 않고 사회생활을 영위하는 집행유예자에 대해 선거권을 제한할 필요성이 낮아, 이들에 대한 선거권 제한은 과도한 조치로 평가된다.
   ㉢ 집행유예자와 수형자를 동일하게 취급해 선거권을 제한하는 것은 보통선거원칙에 위배되며, 범죄의 경중과 사회적 상황을 고려하지 않은 차별적 조치로서 평등원칙에 어긋난다.
   ㉣ 심판대상조항은 집행유예자와 수형자의 선거권을 전면적·획일적으로 제한함으로써 침해의 최소성 원칙과 평등원칙을 위반하며, 결과적으로 청구인의 선거권을 침해한다.

5. 수형자 부분 헌법불합치결정, 집행유예기간 중인 자 부분 위헌결정

1년 이상 징역의 형의 선고를 받고 그 집행이 종료되지 아니한 사람의 선거권을 제한하는 공직선거법 (헌재 2017.5.25. 2016헌마292) *합헌결정

1. 입법목적의 정당성

심판대상조항은 1년 이상의 징역형을 선고받은 사람의 선거권을 제한함으로써 형사적·사회적 제재를 부과하고 준법의식을 강화하려는 정당한 공익적 목적을 가진다. 가석방자는 형의 집행 중이라는 법적 지위가 유지되므로, 선거권 제한이 범죄의 중대성에 따른 응보적 성격을 유지한다는 점에서 입법목적은 정당하다.

2. 수단의 적합성

선거권 제한은 형사적 제재와 준법의식 강화라는 목적을 달성하기 위한 적절한 수단으로 인정된다. 가석방처분은 형 집행 중 발생한 후발적 사유로서 범죄의 중대성이 감소한 것으로 보기 어려우므로, 일률적 제한이 부적절하다고 보기 어렵다.

3. 침해의 최소성

1년 이상의 징역형 선고를 기준으로 범죄의 종류와 침해된 법익(국가적·사회적·개인적 법익)을 구별하지 않고 선거권을 제한하고 있다. 그러나 징역형 선고 자체가 범죄의 중대성과 비난 가능성을 입증하며, 과실범이나 개인적 법익 침해 범죄도 사회적 비난 가능성이 결코 작지 않다는 점에서, 제한의 필요성이 인정된다. 따라서 심판대상조항은 침해의 최소성 원칙을 위반하지 않는다.

4. 법익의 균형성

심판대상조항이 달성하려는 공익(형사적·사회적 제재, 준법의식 강화)은 중요하며, 이는 선거권 제한으로 인해 수형자가 입는 불이익보다 크다고 평가된다. 선거권 제한은 형 집행 기간에 국한되므로, 수형자의 기본권 침해가 과도하다고 볼 수 없다.

📖 판례정리

선거권을 제한하는 공직선거법 제18조 제1항 제3호 중 '선거범으로서 100만원 이상의 벌금형의 선고를 받고 그 형이 확정된 후 5년을 경과하지 아니한 자 또는 형의 집행유예의 선고를 받고 그 형이 확정된 후 10년을 경과하지 아니한 자'

선거범죄자에 대한 선거권 제한은 선거의 공정성과 준법의식을 제고하려는 정당한 목적을 가지며, 선거범죄를 방지하는 적합한 수단으로 인정된다. 제한은 벌금 100만 원 이상의 형이 확정된 후 5년간으로 한정되어 범위와 기간이 적정하며, 법원이 행위와 죄질을 고려해 판단할 수 있어 합리성을 보장한다. 선거권 제한으로 달성되는 공익은 개인이 입는 불이익보다 크므로, 법익의 균형성을 충족하여 헌법에 위배되지 않는다(헌재 2018.1.25. 2015헌마821).

📖 판례정리

선거범과 다른 죄의 경합범을 선거범으로 의제 *기각결정

선거범과 다른 죄의 경합범을 선거범으로 의제한 공직선거법은 현저히 불합리하게 차별하는 불공정한 자의적인 입법이라고 단정할 수 없고 입법부에 주어진 합리적인 재량의 한계를 벗어난 것으로 볼 수도 없는 것이다(헌재 1997.12.24. 97헌마16).

> **비교** 선거범죄로 인하여 100만원 이상의 벌금형이 선고되면 임원의 결격사유가 됨에도, 새마을금고법이 선거범죄와 다른 죄가 병합되어 경합범으로 재판하게 되는 경우 선거범죄를 분리 심리하여 따로 선고하는 규정: 입법목적의 달성에 필요한 정도를 넘어서는 과도한 제한을 하여 침해의 최소성 원칙에 위반된다. 따라서 이 사건 법률조항은 과잉금지원칙에 반하여 새마을금고 임원이나 임원이 되고자 하는 사람의 직업선택의 자유를 침해한다(헌재 2014.9.25. 2013헌바208).

---

3. 재외선거

(1) 재외국민

① **주민등록을 요건으로 하여 재외국민 선거권을 부정한 공직선거법에 대한 헌법불합치결정:** 대한민국 국민임에도 재외국민이라는 이유로 선거권 등을 전면 부정한 공직선거법은 선거권을 침해한다.

📖 판례정리

재외국민 선거권 미부여 (헌재 2007.6.28. 2004헌마644, 2005헌마360) *헌법불합치결정

1. **공직선거법 제37조 제1항의 주민등록을 요건으로 재외국민의 국정선거권을 제한하는 것**은 대한민국의 국민임에도 불구하고 주민등록법상 주민등록을 할 수 없는 재외국민의 선거권 행사를 전면적으로 부정하고 있는 법 제37조 제1항은 어떠한 정당한 목적도 찾기 어려우므로 헌법 제37조 제2항에 위반하여 재외국민의 선거권과 평등권을 침해하고 보통선거원칙에도 위반된다.

2. 법 제15조 제2항 제1호, 제37조 제1항의 **주민등록을 요건으로 국내거주 재외국민의 지방선거 선거권을 제한하는 것**이 국내거주 재외국민의 평등권과 지방의회의원선거권을 침해하는지 여부(적극)

3. 법 제16조 제3항의 **주민등록을 요건으로 국내거주 재외국민의 지방선거 피선거권을 제한하는 것**이 국내거주 재외국민의 공무담임권을 침해하는지 여부(적극)

4. **주민등록을 요건으로 재외국민의 국민투표권을 제한하는** 국민투표법 제14조 제1항이 청구인들의 국민투표권을 침해하는지 여부(적극)

---

② 18세 이상인 자로서 재외국민 주민등록표에 3개월 이상 올라 온 재외국민: 대통령, 국회의원, 지방자치단체장과 의원 선거권을 가진다.

③ 18세 이상인 자로서 재외국민 주민등록이 되어 있지 않은 재외국민: 대통령와 임기만료에 따른 비례대표국회의원 선거권을 가진다. 주민등록이 되어 있지 아니하고 재외선거인명부에 올라 있지 아니한 사람으로서 외국에서 투표하려는 선거권자는 대통령선거와 임기만료에 따른 비례대표국회의원선거를 실시하는 때마다 해당 선거의 선거일 전 60일까지 공관을 직접 방문하거나, 순회공무원에게 신청하거나, 우편 또는 전자우편을 이용하거나 중앙선거관리위원회 홈페이지를 통하여 재외선거인 등록신청을 해야 한다(공직선거법 제218조의5 제1항).

📖 판례정리

재외선거인 선거권 제한

1. **지역구 국회의원 선거권 제한**
   공직선거법이 재외국민에게 임기만료 지역구 국회의원 선거권을 인정하지 않은 것은, 주민등록과 국내거소신고를 기준으로 지역적 관련성을 확인하는 합리적인 방법이다. 해당 조항은 재외선거인의 선거권을 침해하거나 보통선거원칙에 위배되지 않는다(헌재 2014.7.24. 2009헌마256).

2. **재 · 보궐선거 선거권 제한**
   재외선거인에게 국회의원 재 · 보궐선거 선거권을 인정하지 않는 것은 합리적 제한으로, 선거권 침해나 보통선거원칙 위반에 해당하지 않는다(헌재 2014.7.24. 2009헌마256).

3. **재외선거인 등록신청 의무**
   재외선거인이 선거마다 등록신청을 하도록 한 조항은 선거의 공정성과 관리의 용이성을 위해 필요하며, 선거권 침해로 볼 수 없다(헌재 2014.7.24. 2009헌마256).

4. 인터넷투표나 우편투표가 아닌, 공관에 설치된 재외투표소에 직접 방문해 투표하는 방식은 선거의 공정성과 신뢰성을 보장하며, 재외선거인의 선거권을 침해하지 않는다(헌재 2014.7.24. 2009헌마256).

5. 재외선거인의 신원을 확인하기 위해 여권 제시를 요구하는 것은 선거의 공정성을 유지하기 위한 합리적인 조치다. 여권 제시를 요구한 조항은 선거권 침해에 해당하지 않는다(헌재 2014.4.24. 2011헌마567).

6. 재외투표기간 개시일 이후 귀국한 재외선거인에 대해 국내에서 선거일에 투표할 수 있도록 하는 절차를 마련하지 아니한 공직선거법 제218조의16 *헌법불합치결정

심판대상조항은 재외투표와 국내투표 간 중복투표를 방지하고 선거의 공정성을 확보하려는 정당한 목적과 적합한 수단을 가지지만, 재외투표기간 중 귀국한 재외선거인에게 투표권을 보장할 대안이 있음에도 이를 도입하지 않아 침해 최소성 원칙에 위배된다. 또한, 귀국한 재외선거인의 선거권 제한은 기본권 침해로 평가되며, 선거의 공정성이라는 공익보다 불이익이 더 커 법익의 균형성을 충족하지 못한다(헌재 2022.1.27. 2020헌마895).

(2) 국외부재자 신고

주민등록이 되어 있는 사람으로서 다음의 어느 하나에 해당하여 외국에서 투표하려는 선거권자(지역구국회의원선거에서는 주민등록법 제6조 제1항 제3호에 해당하는 사람과 같은 법 제19조 제4항에 따라 재외국민으로 등록·관리되는 사람은 제외한다)는 **대통령선거와 임기만료에 따른 국회의원선거**를 실시하는 때마다 선거일 전 150일부터 선거일 전 60일까지 서면·전자우편 또는 중앙선거관리위원회 홈페이지를 통하여 관할 구·시·군의 장에게 국외부재자 신고를 하여야 한다. 이 경우 외국에 머물거나 거주하는 사람은 공관을 경유하여 신고하여야 한다(공직선거법 제218조의4 제1항).

> ① 사전투표기간 개시일 전 출국하여 선거일 후에 귀국이 예정된 사람
> ② 외국에 머물거나 거주하여 선거일까지 귀국하지 아니할 사람

📖 판례정리

국외부재자 투표 불인정은 선거권 침해 *헌법불합치결정

1. 공직선거법 제38조 제1항의 **국내거주자에게만 부재자신고를 허용하는 것**이 국외거주자의 선거권·평등권을 침해하고 보통선거원칙을 위반하는지 여부(적극)(헌재 2007.6.28. 2004헌마644, 2005헌마360)

2. **해외선원 부재자투표 부정**

   대한민국 국외를 항해하는 선박 선원의 선거권 행사를 위한 효과적이고 기술적인 대체수단이 존재함에도 이를 마련하지 않고 선거권을 과도하게 제한한 것은, 불가피한 예외적 사유로 정당화될 수 없으며, 피해 최소성 원칙에 위배된다(헌재 2007.6.28. 2005헌마772).

4. 투표 – 투표일과 투표시간

① **투표시간**: 오후 6시까지를 정한 공직선거법은 투표소관리를 위해 불가피하므로 선거권을 침해한다고 할 수 없다(헌재 2013.7.25. 2012헌마815·905).

② 투표일을 유급휴일로 하는 입법을 할 의무는 도출되지 않는다(헌재 2013.7.25. 2012헌마815·905).

📖 판례정리

부재자투표시간 (헌재 2012.2.23. 2010헌마601)

1. **오전 10시 투표개시 조항(헌법불합치 결정)**

   투표시간이 오전 10시부터 시작됨으로써 일과시간 이전에 투표하지 못하는 사람들은 사실상 선거권 행사가 어려워져 중대한 제한을 받는다. 청구인의 선거권과 평등권을 침해한다(헌법불합치 결정).

2. 오후 4시 투표종료 조항(기각 결정)

부재자투표의 인계·발송 절차를 원활히 하고 투표관리의 효율성을 높이며, 투표함 관리의 위험을 줄이기 위한 합리적 조치이다. 헌법적 판단: 투표개시시간이 일과시간 이전으로 변경된다면, 부재자투표자가 선거권을 행사하는 데 큰 어려움이 없으므로 수단의 적정성과 법익 균형성을 충족하여 선거권 및 평등권을 침해하지 않는다(기각 결정).

📖 판례정리

선거권 관련

1. 교육위원 및 교육감의 선거인단을 학교운영위원회 위원으로 한정한 것은 학부모 및 교원집단 일부가 배제되더라도 부득이한 조치로 정당화될 수 있다(헌재 2002.3.28. 2000헌마283).

2. 사진 첨부 신분증으로 선거인의 신분을 확인하도록 한 규정은 투표부정 방지를 위한 필수적 절차로, 선거인의 신분확인 방법은 입법 재량의 합리적 범위 내에 있다(헌재 2003.7.24. 2002헌마508).

3. 지방자치단체 신설 시 새로운 지방의회 선거를 즉시 실시하지 않고 기존 의원에게 자격을 부여한 조치는 입법자의 재량에 속하며, 연기군 주민의 선거권을 침해하지 않는다(헌재 2013.2.28. 2012헌마131).

4. 지역구 국회의원 선거 소선거구 다수대표제

   소선거구 다수대표제가 사표를 발생시킨다 하더라도, 헌법상의 보통선거, 평등선거, 직접선거, 비밀선거, 자유선거 원칙을 충족하므로 선거의 대표성이나 국민주권 원리를 침해하지 않으며, 청구인의 평등권과 선거권을 침해하지 않는다(헌재 2016.5.26. 2012헌마374).

5. 농협 조합장 선거

   농협 조합장 선거는 헌법상 선거권 보호 범위에 포함되지 않으며, 차기 조합장 선거 시기의 지연으로 조합원들의 표현의 자유나 선거권이 침해된다고 볼 수 없다(헌재 2012.12.27. 2011헌마562).

6. 군사교육 중 대선 대담·토론회 시청 금지

   군사교육 중인 청구인이 대담·토론회를 시청하면 교육훈련에 지장을 줄 가능성이 높고, 다른 수단으로 선거정보를 취득할 수 있었으므로, 시청 금지 행위는 청구인의 선거권을 침해하지 않는다(헌재 2020.8.28. 2017헌마813).

---

04 피선거권

> **헌법 제41조 【구성】** ① 국회는 국민의 보통·평등·직접·비밀선거에 의하여 선출된 국회의원으로 구성한다.
>
> **참고** 자유선거원칙 규정은 없다.
>
> ② 국회의원의 수는 **법률로 정하되, 200인 이상으로 한다.**
>
> ③ 국회의원의 선거구와 **비례대표제** 기타 선거에 관한 사항은 법률로 정한다.
>
> **제42조 【의원의 임기】** 국회의원의 임기는 4년으로 한다.
>
> **제67조 【대통령선거·피선거권】** ① 대통령은 국민의 보통·평등·직접·비밀선거에 의하여 선출한다.
>
> ② 제1항의 선거에 있어서 **최고득표자가 2인 이상인 때에는 국회의 재적의원 과반수가 출석한 공개회의에서 다수표를 얻은 자를 당선자로 한다.**
>
> ③ **대통령후보자가 1인일 때에는 그 득표수가 선거권자 총수의 3분의 1 이상**이 아니면 대통령으로 당선될 수 없다.

④ 대통령으로 선거될 수 있는 자는 국회의원의 **피선거권이 있고 선거일 현재 40세에 달하여야 한다.**

⑤ 대통령의 선거에 관한 사항은 법률로 정한다.

제68조【대통령선거의 시기·보궐】 ① 대통령의 임기가 만료되는 때에는 임기만료 **70일 내지 40일** 전에 후임자를 선거한다.

② 대통령이 궐위된 때 또는 대통령당선자가 사망하거나 판결 기타의 사유로 그 자격을 상실한 때에는 **60일** 이내에 후임자를 선거한다.

제70조【대통령의 임기】 대통령의 임기는 5년으로 하며, 중임할 수 없다.

1. 각 선거 비교

구분 ＼ 선거종류	대통령 선거	국회의원 선거	지방자치단체장 선거	지방의회의원 선거
선거권	18세 이상 국민		18세 이상 다음 어느 하나일 때 ① 해당 지방자치단체의 관할구역에 주민등록이 되어 있는 사람 ② 재외국민 주민등록표에 3개월 이상 올라와 있는 사람 ③ 영주의 체류자격 취득일 후 3년이 경과한 외국인으로서 외국인등록대장에 올라 있는 사람	
피선거권	① 40세 이상 ② 5년 이상 국내거주 ③ 국회의원 피선거권이 있는 자	① 18세 이상 ② 거주요건 없음.	① 18세 이상 ② 선거일 현재 계속 60일 이상 당해 지방자치단체의 관할구역 안에 주민등록이 되어 있는 자	
선거일 (선거기간)	임기만료 전 70일 이후 첫 번째 수요일 (23일)	임기만료 전 50일 이후 첫 번째 수요일 (14일)	임기만료 전 30일 이후 첫 번째 수요일 (14일)	
최고득표자가 2명 이상일 경우	국회 재적의원 과반수 출석에 다수득표자	연장자		
후보자가 1인일 경우	선거권자 총수 1/3	무투표당선		

2. 피선거권 요건

(1) 대통령의 피선거권

선거일 현재 5년 이상 국내 거주한 40세 이상의 국민이어야 한다. 공무로 외국에 파견된 기간, 국내에 주소를 두고 일정기간 외국에 체류한 기간은 국내 거주기간에 포함한다(공직선거법 제16조 제1항). 헌법 제67조 제4항은 대통령 피선거권 연령을 직접 규정하고 있으므로 법률로 개정하는 것은 허용되지 않지만, 거주기간 5년 이상의 요건은 개정할 수 있다.

(2) 국회의원의 피선거권

헌법에는 직접 규정이 없고, 공직선거법에서 18세 이상의 자로 규정하고 있다(공직선거법 제16조 제2항).

(3) 지방자치단체장, 지방의회의원의 피선거권

선거일 현재 60일 이상 당해 지방자치단체의 관할구역에 거주하는 자로서 18세 이상의 국민(공직선거법 제16조 제3항)

(4) 피선거권이 없는 자

> 공직선거법 제19조 【피선거권이 없는 자】 선거일 현재 다음 각 호의 어느 하나에 해당하는 자는 피선거권이 없다.
> 1. 제18조(선거권이 없는 자) 제1항 제1호·제3호 또는 제4호에 해당하는 자
> 2. 금고 이상의 형의 선고를 받고 그 형이 실효되지 아니한 자
> 3. 법원의 판결 또는 다른 법률에 의하여 피선거권이 정지되거나 상실된 자
> 4. 국회법 제166조(국회 회의 방해죄)의 죄를 범한 자로서 다음 각 목의 어느 하나에 해당하는 자(형이 실효된 자를 포함한다)
>   가. 500만원 이상의 벌금형의 선고를 받고 그 형이 확정된 후 5년이 경과되지 아니한 자
>   나. 형의 집행유예의 선고를 받고 그 형이 확정된 후 10년이 경과되지 아니한 자
>   다. 징역형의 선고를 받고 그 집행을 받지 아니하기로 확정된 후 또는 그 형의 집행이 종료되거나 면제된 후 10년이 경과되지 아니한 자
> 5. 제230조 제6항의 죄를 범한 자로서 벌금형의 선고를 받고 그 형이 확정된 후 10년을 경과하지 아니한 자(형이 실효된 자도 포함한다)

📖 판례정리

피선거권 요건과 제한

1. **국회의원 피선거권 연령 25세**로 하는 선거법은 피선거권을 침해한다고 할 수 없다(헌재 2005.4.28. 2004헌마219).

2. **지방자치단체장 피선거권 요건으로서 60일 거주**는 지역에 대한 관심을 가진 사람에게 피선거권을 부여함으로써 지방자치행정의 능률성을 도모하기 위한 것으로 과잉금지원칙에 위반된다고 볼 수 없다(헌재 2004.12.16. 2004헌마376). ➡ 90일 거주요건도 합헌이었음.

3. 주민등록을 요건으로 하여 재외국민의 피선거권을 인정하지 않는 것은 공무담임권을 침해한다(헌재 2007.6.28. 2004헌마644).

4. **선거권이 없는 자의 피선거권을 제한하는 공직선거법 제19조 제1호**
   선거의 공정성을 해친 바 있는 선거범으로부터 부정선거의 소지를 차단하여 공정한 선거가 이루어지도록 하기 위한 것으로 피선거권을 침해한다고 볼 수 없다(헌재 2018.1.25. 2015헌마821).

5. **선거범죄자에 대한 피선거권 부정**은 선거의 공정성을 확보함과 동시에 본인의 반성을 촉구하기 위한 법적 조치로서, 국민의 기본권인 공무담임권과 평등권을 합리적 이유 없이 자의적으로 제한하는 위헌규정이라고 할 수 없다(헌재 1995.12.28. 95헌마196).

3. 입후보 제한(공직선거법 제53조)

> 📖 **판례정리**

입후보 제한

1. 공직선거 및 교육감선거 입후보시 선거일 전 90일까지 교원직을 그만두도록 하는 공직선거법

현직 교육감의 경우 교육감선거 입후보시 그 직을 그만두도록 하면 임기가 사실상 줄어들게 되어, 업무의 연속성과 효율성이 저해될 우려가 크다는 점 등을 고려할 때, 현직 교육감과 비교하더라도 교원인 청구인들의 평등권이 침해된다고 볼 수 없다(헌재 2019.11.28. 2018헌마222).

2. 정부투자기관 직원의 입후보 제한은 위헌, 겸직금지는 합헌 (헌재 1995.5.25. 91헌마67)

① **입후보 제한(선거법)**: 입후보 제한규정의 입법취지는 공직자의 직무전념성의 보장이라고 할 수 있으나 선거운동기간에 휴가를 주는 것으로 충분함에도 아예 정부투자기관 직원의 입후보를 금지한 공직선거법은 지나친 제한이므로 공무담임권을 침해한다고 볼 수 있다.

② **겸직금지(지방자치법)**: 행정부의 영향력하에 있는 정부투자기관의 직원이 지방의회에 진출할 수 있도록 하는 것은 '권력분립'의 원칙에 위배되는바, 지방의회의원의 정부투자기관 직원을 겸직할 수 없도록 한 지방자치법은 공무담임권을 침해한다고 할 수 없다. ➡ 지방의회의원이 지방공사 직원의 직을 겸할 수 없도록 규정하고 있는 지방자치법도 합헌이다(헌재 2012.4.24. 2010헌마605).

3. 농협, 축산업 협동 조합장은 어디까지나 명예직이며, 법률상 비상근직인바, **농협, 축산업 협동 조합장의 지방의회 의원 입후보 제한과 겸직금지**는 공무담임권을 침해한다(헌재 1991.3.11. 90헌마28).

4. 지방자치단체장의 임기 중 타 선거 입후보 제한

지방자치단체장이 임기 중 다른 선거에 입후보할 경우 직무대리나 보궐선거로 행정공백을 방지할 수 있으므로, 이를 금지한 공직선거법 제53조 제3항은 피선거권을 침해한다(헌재 1999.5.27. 98헌마214).

5. 지방자치단체장과 공무원의 공직사퇴 시한 비교

지방자치단체장이 지역구 국회의원 선거에 입후보하려면 선거일 전 180일까지 사퇴하도록 한 조항은 다른 공무원의 90일 사퇴 기준보다 지나치게 제한적이며, 차별할 이유가 없어 평등원칙에 위반된다(헌재 2003.9.25. 2003헌마106).

6. 공직사퇴 시한을 120일로 단축한 조항

지방자치단체장의 공직사퇴 시한을 선거일 전 120일로 단축한 조항은 단체장의 지위와 권한, 업무공백 정도 등을 고려할 때 합리성을 결여한 것으로 보기 어렵다(헌재 2006.7.27. 2003헌마758).

4. 후보자추천과 등록

(1) 정당의 후보자추천

정당은 그 소속 당원을 후보자로 추천할 수 있다. 즉, 정당은 소속 당원이 아닌 자를 후보자를 추천할 수 없다(공직선거법 제47조).

> 📖 **판례정리**

정당이 자치구·시·군의 장 후보자를 추천할 수 있도록 한 공직선거법

유권자들이 선거권을 행사함에 있어 참고할 중요한 사항을 제공하고, 국민의 정치적 의사 형성에 참여하는 정당활동을 효과적으로 보장하기 위한 것으로 무소속 후보자의 평등권을 침해한다고 볼 수 없다(헌재 2011.3.31. 2009헌마286).

(2) 정당의 여성후보자추천(공직선거법 제47조 제3항·제4항)

비례대표 국회의원과 지방의원	• 그 후보자 중 100분의 50 이상을 여성으로 추천하되, 그 후보자명부의 순위의 매 홀수에는 여성을 추천하여야 한다. • 100분의 50 이상의 여성을 추천하지 아니한 경우 정당의 후보자 등록을 수리할 수 없고 등록을 했다고 하더라도 무효가 된다.
지역구 국회의원과 지방의원	전국지역구총수의 100분의 30 이상을 여성으로 추천하도록 노력하여야 한다.

(3) 후보자추천의 취소와 변경금지

정당은 후보자 등록 후에는 후보자가 사퇴·사망하거나 소속정당제명·중앙당의 시·도당창당 승인취소 외의 사유로 등록이 무효로 된 때를 제외하고는 지역구나 비례대표 **후보자추천을 취소·변경할 수 없다**(공직선거법 제50조).

(4) 당내경선(공직선거법 제57조의2)

① 당내경선실시 여부: 정당은 공직선거후보자를 추천하기 위하여 **경선을 실시할 수 있다.**

📖 판례정리

당내경선

1. 당내경선 참여권과 공무담임권

당내경선에 참여할 권리는 공무담임권에 포함되지 않으므로, 당내경선을 규정한 공직선거법이 공무담임권과 평등권을 침해한다고 보기 어렵다(헌재 2014.11.27. 2013헌마814).

2. 정당의 후보자추천과 헌법소원의 대상성

정당은 공권력 행사의 주체가 아니며, 후보경선 과정은 정당 내부의 자발적 의사결정에 해당하므로 헌법소원 심판의 대상이 되는 공권력 행사로 볼 수 없다(헌재 2007.10.30. 2007헌마1128).

3. 시설관리공단 상근직원의 당내경선운동 금지조항 위헌 결정

당내경선은 공직선거 자체와는 구별되는 정당 내부의 자발적인 의사결정에 해당하고, 경선운동은 원칙적으로 공직선거에서의 당선 또는 낙선을 위한 행위인 선거운동에 해당하지 않는다. 따라서 당내경선의 형평성과 공정성을 담보하기 위해서 국가가 개입하여야 하는 정도가 공직선거와 동등하다고 보기 어려우므로, 심판대상 조항이 과잉금지원칙에 반하는지 여부를 판단할 때에는 엄격한 심사기준이 적용되어야 한다. 상근직원의 경선운동을 일률적으로 금지·처벌하는 것은 정치적 표현의 자유를 과도하게 제한하므로 위헌이다(헌재 2021.4.29. 2019헌가11).

유사 서울교통공사와 안성시시설관리공단 상근직원의 경선운동 금지·처벌은 과잉금지원칙에 반해 정치적 표현의 자유를 침해한다(헌재 2022.6.30. 2021헌가24 ; 헌재 2022.12.22. 2021헌가36).

4. 공무원의 당내경선운동 처벌조항

공직선거법의 경선운동 금지 및 방법 규정은 특정인을 당선되게 하거나 되지 못하게 하는 행위로 해석되며, 명확성원칙에 위배되지 않는다(헌재 2021.8.31. 2018헌바149).

5. 당내경선운동 제한과 정치적 표현의 자유

당내경선에서 허용되는 경선운동방법을 한정하고 이를 위반한 자를 처벌하는 조항은 과잉금지원칙에 위반되지 않으며, 정치적 표현의 자유를 침해하지 않는다(헌재 2022.10.27. 2021헌바125).

6. 확성장치 사용 금지

당내 경선에서 확성장치 사용 금지조항은 정치적 표현의 자유보다 선거의 공정성 등 공익이 더 크므로 과잉금지원칙에 반하지 않는다(헌재 2022.7.21. 2017헌바100).

② **당내경선에서 추천받지 못한 후보자**: 정당이 당내경선[당내경선(여성이나 장애인 등에 대하여 당헌ㆍ당규에 따라 가산점 등을 부여하여 실시하는 경우를 포함한다)의 후보자로 등재된 자를 대상으로 정당의 당헌ㆍ당규 또는 경선후보자 간의 서면합의에 따라 실시한 당내경선을 대체하는 여론조사를 포함한다]을 실시하는 경우 경선후보자로서 당해 정당의 후보자로 선출되지 아니한 자는 <u>당해 선거의 같은 선거구에서는 후보자로 등록될 수 없다</u>. 다만, <u>후보자로 선출된 자가 사퇴ㆍ사망ㆍ피선거권 상실 또는 당적의 이탈ㆍ변경 등으로 그 자격을 상실한 때에는 그러하지 아니하다.</u>

③ **당내경선 비용**: 관할 선거구선거관리위원회가 당내경선의 투표 및 개표에 관한 사무를 수탁관리하는 경우에는 그 비용은 **국가**가 부담한다. 다만, 투표 및 개표참관인의 수당은 당해 **정당**이 부담한다(공직선거법 제57조의4).

(5) 선거권자의 후보자추천

선거권자는 정당원이 아닌 무소속 후보자만을 추천할 수 있다.

> **공직선거법 제48조【선거권자의 후보자추천】** ① 관할 선거구 안에 주민등록이 된 선거권자는 각 선거(비례대표국회의원선거 및 비례대표지방의회의원선거를 제외한다)별로 정당의 당원이 아닌 자를 당해 선거구의 후보자로 추천할 수 있다. ***합헌결정**

5. 후보자 등록시 납부해야 할 기탁금

(1) 기탁금의 의의

기탁금제도는 선거를 효과적으로 공정하게 운영하고 입후보의 난립과 과열선거를 방지하고 당선자에게 다수표를 획득하도록 제도적으로 보완함으로써 선거의 신뢰성과 정치적 안정성을 확보하기 위한 것이다. 그러나 지나친 기탁금은 기탁금을 마련하지 못한 자가 선거에 입후보할 수 없게 하여 피선거권 침해를 야기할 수 있다.

(2) 각종 선거의 기탁금

① **기탁금과 제한되는 기본권**: 기탁금은 공무담임권을 제한하며, 선거운동의 자유나 표현의 자유를 직접적으로 제한하지 않는다(헌재 2019.9.26. 2018헌마128).

② **대통령선거 기탁금**: 기존 5억 원의 기탁금은 공무담임권을 침해한다고 판단하여 3억 원으로 변경되었다(헌재 2008.11.27. 2007헌마1024).

③ **국회의원선거 기탁금**

    ㉠ 무소속 후보자와 정당 후보자 간 기탁금을 차별하는 것은 평등권 침해로 헌법불합치 결정(헌재 2016.12.29. 2015헌마509).

    ㉡ 2천만 원의 기탁금은 위헌 결정되었으나, 지역구 국회의원 기탁금 1,500만 원은 합헌으로 판단되었다.

    ㉢ 비례대표 국회의원 기탁금은 1,500만 원에서 과잉금지원칙 위반으로 헌법불합치 결정되었고, 이후 500만 원으로 개정되었다.

④ **지방선거 기탁금**: 시ㆍ도의원선거 기탁금 700만 원은 과다하여 300만 원으로 변경되었다. 시ㆍ도의장 선거 기탁금 5천만 원, 기초지방의원 200만 원 등은 합헌으로 판단되었다.

⑤ **예비후보자 기탁금**: 후보자 기탁금의 20%를 예비후보 등록 시 납부하도록 한 규정은 난립 방지를 위한 합리적 조치로 피선거권을 침해하지 않는다(헌재 2015.7.30. 2012헌마402).

⑥ **대학 총장 임용 후보자 기탁금**

    ㉠ **전북대 총장**: 1천만 원의 기탁금은 과다하여 공무담임권 침해로 위헌 결정(헌재 2018.4.26. 2014헌마274).

ⓛ **대구교대 총장**: 1천만 원은 과도하지 않아 합헌 결정(헌재 2021.12.23. 2019헌마825).

ⓒ **경북대 총장**: 3천만 원의 기탁금은 후보자의 성실성 확보 목적이며 과도하지 않아 공무담임권 침해 아님(헌재 2022.5.26. 2020헌마1219).

(3) 기탁금 반환(공직선거법 제57조)

① **기탁금 전액 반환기준**: ⓐ 당선 ⓑ 후보자가 사망한 경우ⓒ 입후보자가 당선되지 못했더라도 유효투표총수 15% 이상 득표한 경우 ⓓ 비례대표에서는 소속 정당의 비례대표 후보자 중 당선자가 있을 때

② **기탁금 반액의 반환**: 입후보자가 10% 이상 15% 미만 득표한 경우

③ **기탁금의 국가귀속사유**: 법정기준 미만의 득표, 후보자 사퇴, 후보자 등록무효(당적변경 등 사유로), 비례대표의 경우 소속 정당의 <u>비례대표 후보자</u> 중 당선자가 없을 때에는 기탁금은 국가 또는 지방자치단체에 귀속된다.

④ 기탁금 반환 조항은 이미 납부한 기탁금을 사후적으로 반환받을 수 있는 요건을 정한 것일 뿐, 선거 전에 청구인이 후보자로 등록하는 것을 제한하여 공직취임의 기회를 제한하는 것은 아니므로, 청구인의 공무담임권 내지 피선거권을 제한하지 않는다(헌재 2011.6.30. 2010헌마542). *재산권제한임.

📖 판례정리

기탁금 반환 기준

1. 유효투표 기준 33.3% 및 20%의 기탁금 반환 기준

유효투표총수의 33.3%와 20%를 반환 기준으로 한 규정은 과도한 제한으로 피선거권을 침해하여 위헌으로 결정되었다.

2. 유효투표 기준 15% 반환 기준

유효투표총수의 15%를 반환 기준으로 한 규정은 과잉금지원칙에 위배되지 않으며, 합헌으로 결정되었다(헌재 2016.12.29. 2015헌마509).

3. 유효투표 기준 10%~15% 반환 기준

유효투표총수의 10% 또는 15% 이상을 득표해야 기탁금을 반환받을 수 있도록 한 규정은 유권자의 의사를 반영하는 합리적 기준으로, 평등권 침해에 해당하지 않는다(헌재 2021.9.30. 2020헌마899).

4. 대구교육대학교 총장임용후보자 기탁금 반환 기준: 15% 이상일 경우 반액 반환

제1차 투표에서 최종 환산득표율 15% 이상일 경우 반액을 반환하고, 반환되지 않은 기탁금을 대학발전기금에 귀속하도록 한 규정은 과잉금지원칙에 위배되어 청구인의 재산권을 침해한다(헌재 2021.12.23. 2019헌마825).

5. 경북대학교 총장임용후보자 기탁금 반환 기준

제1차 투표에서 유효투표수의 15% 이상일 경우 전액, 10% 이상 15% 미만일 경우 반액을 반환하고, 반환되지 않은 기탁금을 대학발전기금에 귀속하도록 한 규정은 합리적이며, 청구인의 재산권을 침해하지 않는다(헌재 2022.5.26. 2020헌마1219).

---

⑤ **예비후보자 기탁금 반환**: 예비후보자가 사망하거나, 당헌·당규에 따라 소속 정당에 후보자로 추천하여 줄 것을 신청하였으나 **해당 정당의 추천을 받지 못하여 후보자로 등록하지 않은 경우**에는 제60조의2 제2항에 따라 납부한 기탁금 전액을 반환한다(공직선거법 제57조 제1항 제1호 다목).

예비후보자 기탁금 반환사유를 예비후보자의 사망, 당내경선 탈락으로 한정

예비후보자의 기탁금 반환사유를 예비후보자의 사망, 당내경선 탈락으로 한정하고 있는 공직선거법 제57조 제1항 제1호는 지역구국회의원선거예비후보자의 기탁금 반환사유로 <u>예비후보자가 당의 공천심사에서 탈락하고 후보자등록을 하지 않았을 경우를 규정하지 않은 공직선거법은 청구인의 재산권을 침해한다</u>(헌재 2018.1.25. 2016헌마541 ; 헌재 2020.9.24. 2018헌가1).

6. 후보자의 정당표방

구·시·군의원선거에서 정당표방금지 위헌: 구법에서는 **시·군·구의원선거에서 후보자의 정당표방이 금지**되었으나 헌법재판소는 기초의회선거에 정당의 관여를 배제하는 것은 합리성을 찾아 볼 수 없으므로 <u>평등권을 침해한다</u> 하여(헌재 2003.1.30. 2001헌가4) 위헌결정하였고, 이에 따라 자치구·시·군의원선거의 경우 후보자가 정당표방을 할 수 있게 되었다.

7. 당선인 결정

(1) 대통령선거

> **공직선거법 제187조【대통령당선인의 결정·공고·통지】** ① 대통령선거에 있어서는 **중앙선거관리위원회**가 유효투표의 다수를 얻은 자를 당선인으로 결정하고, 이를 **국회의장에게 통지하여야 한다**. 다만, 후보자가 1인인 때에는 그 득표수가 선거권자총수의 3분의 1 이상에 달하여야 당선인으로 결정한다.
> ② 최고득표자가 2인 이상인 때에는 중앙선거관리위원회의 통지에 의하여 국회는 재적의원 과반수가 출석한 공개회의에서 다수표를 얻은 자를 당선인으로 결정한다.
> ③ 제1항의 규정에 의하여 당선인이 결정된 때에는 중앙선거관리위원회위원장이, 제2항의 규정에 의하여 당선인이 결정된 때에는 국회의장이 이를 공고하고, 지체 없이 당선인에게 당선증을 교부하여야 한다.

(2) 비례대표국회의원

① **개념:** 비례대표선거제란 정당에 대한 선거권자의 지지에 비례하여 의석을 배분하는 선거제도를 말한다. 비례대표국회의원선거에 있어 선거에 참여한 선거권자들의 정치적 의사표명에 의하여 직접 결정되는 것은 **어떠한 비례대표국회의원후보자**가 비례대표국회의원으로 선출되느냐의 문제라기보다는 비례대표국회의원을 할당받을 **정당에 배분되는** 비례대표국회의원의 의석수이다(헌재 2013.10.24. 2012헌마311).

② **취지:** **비례대표제**는 거대정당에게 일방적으로 유리하고, 다양해진 국민의 목소리를 제대로 대표하지 못하며 사표를 양산하는 **다수대표제**의 문제점에 대한 보완책으로 고안·시행되는 것이다.

③ **의석배분기준**

> **공직선거법 제189조【비례대표국회의원의석의 배분과 당선인의 결정·공고·통지】** ① 중앙선거관리위원회는 다음 각 호의 어느 하나에 해당하는 정당(이하 이 조에서 '의석할당정당'이라 한다)에 대하여 비례대표국회의원의석을 배분한다.
> 1. 임기만료에 따른 비례대표국회의원선거에서 전국 유효투표총수의 100분의 3 이상을 득표한 정당
> 2. 임기만료에 따른 지역구국회의원선거에서 5 이상의 의석을 차지한 정당
> ② 비례대표국회의원의석은 다음 각 호에 따라 각 의석할당정당에 배분한다.

1. 각 의석할당정당에 배분할 의석수(이하 이 조에서 '연동배분의석수'라 한다)는 다음 계산식에 따른 값을 소수점 첫째자리에서 반올림하여 산정한다. 이 경우 연동배분의석수가 1보다 작은 경우 연동배분의석수는 0으로 한다.

$$\text{연동배분 의석수} = [\ (\ \text{국회의원 정수} - \text{의석할당정당이 추천하지 않은 지역구 국회의원당선인수} \ ) \times \text{해당 정당의 비례대표 국회의원선거 득표비율} - \text{해당 정당의 지역구 국회의원당선인수} \ ] \div 2$$

* 준연동형 비례대표제를 규정한 공직선거법 제189조 제2항은 선거제도의 구체적 결정이 입법자의 입법형성권에 속하며, 직접·평등·비밀·자유선거의 원칙을 부당하게 제한하지 않는 한 헌법에 위배되지 않는다. 의석배분조항은 정당득표율과 비례대표 의석 배분을 연동하여 선거의 비례성을 향상시키려는 합리적 조치로, 직접선거원칙 및 평등선거원칙에 위배되지 않는다(헌재 2023.7.20. 2019헌마1443).

⑤ 정당에 배분된 비례대표국회의원의석수가 그 정당이 추천한 비례대표국회의원후보자수를 넘는 때에는 그 넘는 의석은 공석으로 한다.

(3) 지역구국회의원은 다수대표제

① **다수대표제와 소선거구제**: 한 선거구에서 다수의 득표를 한 후보자 1인을 선출하는 대표제가 다수대표제이다.

② **장점**: 1당이 안정의석을 확보하여 정국안정에 기여할 수 있다.

③ **단점**: 다수표를 득표한 후보자만 당선되어 다양한 국민의사가 반영되기 힘들고 사표가 많이 발생할 수 있다.

④ **비례대표제와 다수대표제의 비교**: 비례대표제는 소수보호를 위해 다수형성과 기능을 희생시키지만, 다수대표제는 다수형성을 위해 소수자보호를 희생시킨다. 그러나 비례대표제는 정당의 득표율에 따라 의석수를 배분하므로 투표가치성과의 평등을 잘 실현시키지만, 다수대표제는 정당의 득표율과 의석수가 비례하지 않는 경우(Bias현상)가 발생하므로 투표가치성과의 평등실현이 어렵다.

📖 판례정리

다수대표제

1. 소선거구 다수대표제의 헌법적 판단

소선거구 다수대표제를 채택한 국회의원선거 제도는 헌법상의 보통선거, 평등선거, 직접선거, 비밀선거, 자유선거 원칙을 충족하므로, 다수의 사표가 발생하더라도 헌법상 요구된 선거의 대표성이나 국민주권원리를 침해하지 않으며, 청구인의 평등권과 선거권을 침해하지 않는다(헌재 2016.5.26. 2012헌마374).

2. 유효투표 다수표 당선 결정의 정당성

투표율과 관계없이 유효투표에서 다수표를 얻은 입후보자를 당선인으로 결정하는 공직선거법 조항은, 투표하지 않는 선거권자의 의사를 존중하는 것으로 헌법상의 선거원칙에 위반되지 않는다(헌재 2003.11.27. 2003헌마259).

⑤ **지역국 구회의원과 지방자치단체장 당선인 결정(공직선거법 제188조와 제191조)**

㉠ **후보자1인 경우**: 후보자가 1인일 경우 투표를 실시하지 않고 해당 후보자를 지방자치단체의 장으로 당선 처리하는 규정은, 재선거로 인한 행정적 번거로움, 비용 낭비, 업무 공백 등을 고려한 합리적 조치로, 입법목적 달성에 필요한 범위를 넘는 과도한 제한이 아니므로 선거권을 침해하지 않는다(헌재 2016.10.27. 2014헌마797).

㉡ **최고득표자가 2인 이상인 경우**: 연장자

(4) 비례대표지방의회의원 당선인 결정

비례대표지방의회의원선거에 있어서는 당해 선거구선거관리위원회가 유효투표총수의 100분의 5 이상을 득표한 각 정당(이하 이 조에서 '의석할당정당'이라 한다)에 대하여 당해 선거에서 얻은 득표비율에 따라 의석을 배분한다(공직선거법 제190조의2).

05 선거운동의 자유

1. 선거운동의 자유의 의의

선거운동이라 함은 특정 후보자의 당선 내지 이를 위한 득표에 필요한 모든 행위 또는 특정 후보자의 낙선에 필요한 모든 행위 중 당선 또는 낙선을 위한 것이라는 목적의사가 객관적으로 인정될 수 있는 능동적·계획적 행위를 말한다(헌재 2001.8.30. 2000헌마121).

> **공직선거법 제58조【정의 등】** ① 이 법에서 '선거운동'이라 함은 당선되거나 되게 하거나 되지 못하게 하기 위한 행위를 말한다. 다만, 다음 각 호의 어느 하나에 해당하는 행위는 선거운동으로 보지 아니한다.
> 1. 선거에 관한 단순한 의견개진 및 의사표시
> 2. 입후보와 선거운동을 위한 준비행위
> 3. 정당의 후보자 추천에 관한 단순한 지지·반대의 의견개진 및 의사표시
> 4. 통상적인 정당활동
> 5. 삭제
> 6. 설날·추석 등 명절 및 석가탄신일·기독탄신일 등에 하는 의례적인 인사말을 문자메시지(그림말·음성·화상·동영상 등을 포함한다. 이하 같다)로 전송하는 행위

📖 판례정리

1. 선거 운동과 선거운동 규제

낙선운동은 후보자 비방으로 선거의 공정성을 해칠 우려가 있으므로, 이를 선거운동으로 규정하여 규제하는 것은 정당하다. 공직선거법은 정당의 후보자 추천에 대한 단순한 지지·반대 의견 개진을 허용하여 국민의 알 권리를 충족하고 유권자의 선택을 돕기 때문에 의사표현의 자유를 침해하지 않는다(헌재 2001.8.30. 2000헌마121).

2. 선거운동의 정의와 명확성

공직선거법 제58조 제1항 본문에 따른 선거운동은 특정 후보자의 당선 또는 낙선을 위한 능동적·계획적 행위를 의미하며, 단순 의견 개진과 구별된다. 이는 법집행자의 자의를 방지하고 명확성을 갖추어 선거운동과 의견개진을 구분할 수 있도록 하므로, 죄형법정주의의 명확성원칙에 위배되지 않는다(헌재 2022.11.24. 2021헌바301).

2. 선거운동의 자유의 제한

(1) 선거운동의 자유와 공정 충돌

선거의 자유와 공정은 상충 관계가 아니라 상호 보완적이며, 공정성을 확보하기 위한 선거운동 규제는 기본권 제한의 요건과 한계를 따라야 한다(헌재 1994.7.29. 93헌가4 ; 헌재 1999.9.16. 99헌바5). 선거입법은 자유와 공정의 이념이 적절히 조화를 이루도록 설계되어야 한다(헌재 1999.6.24. 98헌마153).

(2) 선거운동규제에 대한 심사기준

선거운동은 국민주권 행사의 일환일 뿐 아니라 정치적 표현의 자유의 한 형태로서 민주사회를 구성하고 움직이게 하는 요소이므로 그 제한입법에 있어서도 **엄격한 심사**기준이 적용된다 할 것이다(헌재 1994.7.29. 93헌가4).

3. 선거운동 기간상 제한

(1) 선거기간

선거기간 개시일부터 선거일까지

(2) 선거운동기간

선거운동은 선거기간개시일부터 선거일 전일까지에 한하여 할 수 있다.

(3) 선거운동기간 기간이 아닌 경우 선거운동(공직선거법 제59조)

예비후보자 등이 선거운동을 하는 경우, **문자메시지를 전송하는 방법으로 선거운동을 하는 경우. 인터넷 홈페이지에서 선거운동**, 선거일이 아닌 때에 전화, 말(확성장치를 사용하거나 옥외집회에서 다중을 대상으로 하는 경우를 제외한다)로 선거운동을 하는 경우

📖 **판례정리**

선거기간과 선거운동기간 제한

1. 국회의원선거 선거기간 제한

국회의원선거의 선거기간을 14일로 정한 것은, 예비후보자의 선거운동이 허용되는 점을 고려할 때 선거운동의 자유를 과도하게 제한하지 않는다(헌재 2005.2.3. 2004헌마216).

2. 선거운동기간 제한의 정당성

선거운동기간을 제한하는 조치는 무한경쟁으로 인한 선거관리의 곤란과 부정행위 방지를 위해 필요하며, 정치적 표현의 자유와 선거운동의 자유를 침해하지 않는다(헌재 2013.12.26. 2011헌바153).

3. 사전선거운동 금지와 평등원칙

사전선거운동금지조항은 모든 후보자에게 동일하게 적용되므로 차별이 없으며 평등원칙에 위배되지 않는다(헌재 2015.4.30. 2011헌바163).

4. 인터넷 선거운동 허용의 정당성

선거운동기간 전에 후보자나 예비후보자가 자신이 개설한 인터넷 홈페이지를 통해 선거운동을 할 수 있도록 예외를 인정한 조항은 일반 유권자의 선거운동의 자유를 침해하지 않는다(헌재 2010.6.24. 2008헌바169).

5. 개별 대면 선거운동 금지의 위헌성

선거운동기간 전에 개별적으로 대면하여 말로 선거운동을 금지하고 형사처벌하는 구 공직선거법 조항은 과잉금지원칙에 반해 정치적 표현의 자유를 침해하므로 헌법에 위반된다(헌재 2022.2.24. 2018헌바146).

4. 예비후보자의 선거운동 부분적 허용

(1) 예비후보자등록(공직선거법 제60조의2 제1항)

① 예비후보자가 되려는 사람(**비례대표국회의원선거 및 비례대표지방의회의원선거는 제외한다**)은 관할 선거구선거관리위원회에 예비후보자등록을 서면으로 신청하여야 한다.

② **예비후보자의 기탁금 납부의무:** 예비후보자로 등록하려면 후보자기탁금의 100분의 20을 기탁금으로 납부해야 하는데, 이는 예비후보자의 난립을 방지하기 위해 불가피하며, 피선거권 침해는 아니라는 것이 헌법재판소 판례이다(헌재 2010.12.28. 2010헌마79).

📖 판례정리

군의 장의 선거의 예비후보자가 되려는 사람은 그 선거기간개시일 전 60일부터 예비후보자등록 신청을 할 수 있다고 규정한 공직선거법

군의 장 선거에서 예비후보자의 선거운동기간을 최대 60일로 제한한 것은 예비후보자 간 경쟁 격화 및 경제력 차이에 따른 폐해를 방지하고, 대중매체와 교통수단의 발달 등을 고려할 때 과도한 제한으로 보기 어려우며, 문자메시지나 인터넷을 활용한 상시 선거운동이 가능하므로 선거운동의 자유를 침해하지 않는다(헌재 2020.11.26. 2018헌마260).

(2) 예비후보자 선거운동

> **공직선거법 제60조의3【예비후보자 등의 선거운동】** ② 다음 각 호의 어느 하나에 해당하는 사람은 예비후보자의 선거운동을 위하여 제1항 제2호에 따른 예비후보자의 명함을 직접 주거나 예비후보자에 대한 지지를 호소할 수 있다.
> 1. 예비후보자의 배우자(배우자가 없는 경우 예비후보자가 지정한 1명)와 직계존비속
> 2. 예비후보자와 함께 다니는 선거사무장·선거사무원 및 제62조 제4항에 따른 활동보조인
> 3. 예비후보자가 그와 함께 다니는 사람 중에서 지정한 1명

📖 판례정리

예비후보자 등 선거운동 제한

1. 예비후보자 명함교부 주체 제한

예비후보자의 명함을 독자적으로 교부하거나 지지를 호소할 수 있는 주체를 배우자와 직계존·비속으로 제한한 공직선거법은 평등권과 선거운동의 자유를 침해하지 않는다(헌재 2011.8.30. 2010헌마259·281 병합, 헌재 2016.9.29. 2016헌마287).

2. 선거사무원 명함교부 제한

선거사무장과 선거사무원은 예비후보자와 동행한 경우에만 명함교부 등의 선거운동을 할 수 있도록 한 공직선거법은 평등권을 침해하지 않는다(헌재 2012.3.29. 2010헌마673).

3. 배우자와 동행한 자의 명함교부 제한

예비후보자의 배우자가 지정한 사람만 명함교부 및 지지호소를 할 수 있도록 한 공직선거법 조항은 평등권을 침해한다(헌재 2013.11.28. 2011헌마267). 또한, 후보자의 배우자와 동행한 1인에게만 명함교부를 허용한 조항도 평등권 침해에 해당한다(헌재 2016.9.29. 2016헌마287).

5. 선거운동의 인적 제한(공직선거법 제60조)

(1) 공무원의 선거운동 제한
① **국회의원과 지방의회의원은 선거운동을 할 수 있으나** 대통령, 지방자치단체장 등은 선거운동을 할 수 없다. 탄핵심판사건에서 헌법재판소는 후보자가 결정되기 전 대통령의 기자회견과정에서의 발언은 선거운동에 해당하지 않는다고 한다(헌재 2004.5.14. 2004헌나1).
② **공무원**: 후보자의 배우자나 예비후보자의 배우자는 선거운동을 할 수 있다.

(2) 외국인
① 예비후보자·후보자의 배우자인 경우 선거운동을 할 수 있다.
② 지방선거에서 선거권을 가진 외국인은 해당 선거에서 선거운동을 할 수 있다.

(3) 미성년자
선거권이 없는 미성년자는 선거운동이 금지되어 있고, 예외도 인정되고 있지 않다.

📖 판례정리

선거운동이 금지되는 자

헌법 위반인 것

1. 정당 외 일반인의 선거운동 금지 위헌성

정당, 후보자, 선거사무장, 선거운동원 등이 아닌 자의 선거운동을 금지한 구 대통령선거법 제36조는 선거운동의 자유를 과도하게 제한하여 헌법에 위반된다(헌재 1994.7.29. 93헌가4·6).

2. 한국철도공사 상근직원의 선거운동 금지 위헌성

한국철도공사 상근직원이 공직선거에 입후보하여 자신을 위한 선거운동은 가능하지만, 타인을 위한 선거운동을 전면 금지한 공직선거법은 과도한 제한으로 선거운동의 자유를 침해한다(헌재 2018.2.22. 2015헌바124).

3. 대통령령으로 정하는 언론인 선거운동 금지 조항

대통령령으로 정하는 언론인의 선거운동을 금지하도록 포괄적으로 위임한 공직선거법 제60조 제1항 제5호는 침해 최소성 원칙에 위배되어 선거운동의 자유를 침해한다(헌재 2016.6.30. 2013헌가1).

4. 지방공사 상근직원의 선거운동 금지 위헌성

지방공사 상근직원의 선거운동을 전면 금지한 공직선거법 제60조 제1항 제5호는 형평성과 공정성 확보라는 목적은 정당하나, 침해 최소성과 법익 균형성을 충족하지 못하여 과잉금지원칙에 위배되며 선거운동의 자유를 침해한다(헌재 2024.1.25. 2021헌가14).

헌법 위반이 아닌 것

1. 선거권이 없는 자의 선거운동 금지

선거권이 없는 자의 선거운동을 금지한 공직선거법 조항은 선거의 공정성을 확보하기 위한 것으로, 선거운동의 자유를 침해하지 않는다(헌재 2018.1.25. 2015헌마821).

2. 국민건강보험공단 상근 임직원의 선거운동 금지

국민건강보험공단 상근 임직원의 선거운동 금지는 표현의 자유를 침해하지 않는다(헌재 2004.4.29. 2002헌마467).

3. 병역의무자의 선거운동 금지

병역의무를 이행하는 병에게 정치적 중립 의무를 부과하며 선거운동을 금지한 국가공무원법은 선거운동의 자유와 평등권을 침해하지 않는다(헌재 2018.4.26. 2016헌마611).

4. 교육공무원의 선거운동 금지

교육공무원의 선거운동 금지 조항은 정치적 중립성을 확보하기 위한 정당한 제한으로, 과잉금지원칙에 위배되지 않는다(헌재 2019.11.28. 2018헌마222).

5. 지방자치단체장의 선거운동 금지

지방자치단체장의 선거운동을 금지한 공직선거법 조항은 입법목적 달성을 위한 적절한 제한으로, 선거운동의 자유를 침해하지 않는다(헌재 2020.3.26. 2018헌바90).

6. 협동조합 상근직원의 선거운동 금지

협동조합 상근직원에게 선거운동을 금지한 공직선거법 조항은 정치적 의사 표현의 일정 범위를 보장하며, 침해의 최소성과 법익의 균형성을 충족하므로 선거운동의 자유를 침해하지 않는다(헌재 2022.11.24. 2020헌마417).

7. 단체의 선거운동 금지

① 정당 외 단체의 선거운동을 금지한 공직선거법은 표현의 자유를 침해하지 않는다(헌재 1995.5.25. 95헌마105).
② 노동조합의 선거운동을 허용하면서 다른 단체의 선거운동을 금지한 조항은 합리적 차별로, 헌법 제33조에 위배되지 않는다(헌재 1999.11.25. 98헌마141).

8. 국민운동단체 모임 개최 처벌

선거기간 중 국민운동단체의 모임 개최를 처벌한 공직선거법 조항은 책임주의 원칙, 과잉금지원칙, 평등원칙에 위반되지 않는다(헌재 2013.12.26. 2010헌가90).

---

6. 선거운동에 대한 방법상의 제한

(1) 호별 방문금지

선거의 공정과 사생활의 평온이라는 공익보다 선거운동의 자유 등 제한되는 사익이 크다고 할 수 없다. 따라서 호별 방문금지조항은 선거운동의 자유 등을 침해하지 아니한다(헌재 2016.12.29. 2015헌마509·1160).

(2) 여론조사 결과 발표금지

선거일 전 6일부터 선거일 투표 마감시각까지 여론조사경위와 결과를 공표할 수 없고 여론조사를 할 수 있으나 투표용지 같은 모형으로 하거나 정당, 후보자 이름으로 하는 여론조사는 금지되어 있다.

📖 **판례정리**

여론조사 공표금지

여론조사 결과의 공표는 많은 폐해를 낳을 수 있으므로 선거기간개시일로부터 선거일투표마감시간까지 여론조사의 경위와 공표를 금지한 공직선거법은 알 권리를 침해한다고 볼 수 없다(헌재 1999.1.28. 98헌바64).

---

(3) 비례대표후보자 선거운동 제한

① 비례대표후보자는 예비후보자제도가 없다
② 비례대표국회의원후보자가 공개장소에서 연설·대담하는 것을 허용하지 아니한 연설 등 금지조항은 선거운동의 자유 등을 침해하지 아니한다(헌재 2016.12.29. 2015헌마509·1160).

(4) 그 밖의 선거운동제한

① 탈법방법에 의한 문서·도화의 배부·게시금지

공직선거법 제93조【탈법방법에 의한 문서·도화의 배부·게시 등 금지】① 누구든지 선거일 전 120일(보궐선거 등에 있어서는 그 선거의 실시사유가 확정된 때)부터 선거일까지 선거에 영향을 미치게 하기 위하여 이 법의 규정에 의하지 아니하고는 정당(창당준비위원회와 정당의 정강·정책을 포함한다. 이하 이 조에서 같다) 또는 후보자(후보자가 되고자 하는 자를 포함한다. 이하 이 조에서 같다)를 지지·추천하거나 반대 하는 내용이 포함되어 있거나 정당의 명칭 또는 후보자의 성명을 나타내는 **광고, 인사장, 벽보, 사진, 문 서·도화, 인쇄물이나 녹음·녹화테이프 그 밖에 이와 유사한 것을** 배부·첨부·살포·상영 또는 게시할 수 없다.

* 헌법재판소 헌법불합치결정으로 180일 → 120일 개정됨.

📖 판례정리

공직선거법 제93조와 제90조

1. 벽보 및 인쇄물 게시·배부 금지 위헌성

선거일 전 180일부터 벽보 게시와 인쇄물 배부·게시를 금지하고 이를 처벌한 공직선거법 조항은 정치적 표현의 자유를 침해하여 헌법불합치로 결정되었다(헌재 2022.7.21. 2017헌바100).

2. 광고·문서·도화 첨부 금지 위헌성

선거일 전 일정기간 동안 광고, 문서·도화의 첨부·게시를 금지하고 이를 처벌한 공직선거법 조항은 정치적 표현의 자유를 침해하여 헌법불합치로 결정되었다(헌재 2022.7.21. 2018헌바357).

3. 인터넷 및 전자우편 선거운동 금지 위헌성

정보통신망을 이용한 글 게시, 동영상 업로드, 전자우편 전송 등을 금지하는 조항은 표현의 자유를 침해한다 (헌재 2011.12.29. 2007헌마1001).

4. 인쇄물 살포 금지 위헌성

인쇄물 살포를 금지한 공직선거법 조항은 과잉금지원칙에 위배되어 정치적 표현의 자유를 침해한다(헌재 2023.3.23. 2023헌가4).

5. 화환 설치 금지 위헌성

선거일 전 180일부터 화환 설치를 광범위하게 금지한 공직선거법 조항은 정치적 표현의 자유를 과도하게 제 한하여 과잉금지원칙에 위배되고, 법익의 균형성을 결여해 헌법불합치로 결정되었다(헌재 2023.6.29. 2023헌가12).

---

② **후보자 등의 기부행위 제한**: 국회의원·지방의회의원·지방자치단체의 장·정당의 대표자·후보자 (후보자가 되고자 하는 자를 포함한다)와 그 배우자는 당해 선거구 안에 있는 자나 기관·단체·시 설 또는 당해 선거구의 밖에 있더라도 그 선거구민과 연고가 있는 자나 기관·단체·시설에 기부 행위(결혼식에서의 주례행위를 포함한다)를 할 수 없다(공직선거법 제113조 제1항).

📖 판례정리

기부행위금지

1. '연고가 있는 자', '후보자가 되고자 하는 자', '기부행위' 개념이 불명확하여 공직선거법 제257조 제1항 제1호의 '제113조 제1항' 중 '후보자가 되고자 하는 자' 부분이 죄형법정주의의 명확성원칙에 위배되는 것은 아니다(헌재 2014.2.27. 2013헌바106).

2. 기부행위의 제한기간을 폐지하여 상시 제한하도록 한 공직선거법 제113조 제1항은 과잉금지원칙 위반이 아니다(헌재 2010.9.30. 2009헌바201).

3. 당해 선거구 안에 있는 자에 대하여 후보자 등이 아닌 **제3자가 기부행위를 한 경우** 징역 또는 벌금형에 처하도록 정한 공직선거법은 선거운동의 자유나 일반적 행동자유권을 침해하지 아니한다(헌재 2018.3.29. 2017헌바266).

4. **일률적으로 제공받은 금액의 50배에 상당하는 과태료를 부과하도록 한** 공직선거법과 농업협동조합법은 과잉형벌에 해당한다(헌재 2009.3.26. 2007헌가22 ; 헌재 2011.6.30. 2010헌가86).

📖 판례정리

선거운동

표현의 자유 침해인 것

1. 인터넷언론사는 선거운동기간 중 당해 홈페이지 게시판 등에 정당·후보자에 대한 지지·반대 등의 정보를 게시하는 경우 실명을 확인받는 기술적 조치를 하도록 한 공직선거법 제82조 (헌재 2021.1.28. 2018헌마456)
   ① 명확성원칙 위반 여부(소극)
   ② 과잉금지원칙 위반 여부(적극)

2. 광고물 설치·진열·표시물 착용 금지 위헌성
   선거일 전 180일부터 광고물 설치·진열·표시물 착용을 금지한 공직선거법 조항은 장기간 동안 정치적 표현의 자유를 과도하게 제한하여 침해의 최소성과 법익의 균형성을 충족하지 못해 과잉금지원칙에 반하여 정치적 표현의 자유를 침해한다(헌재 2022.7.21. 2017헌가1).

3. 어깨띠 등 표시물 사용 선거운동 금지 위헌성
   선거운동기간 중 어깨띠 등 표시물 사용을 금지한 공직선거법 조항은 필요한 범위를 넘어 포괄적으로 금지하여 정치적 표현의 자유를 과도하게 제한하고, 침해의 최소성과 법익의 균형성을 충족하지 못해 과잉금지원칙에 반한다(헌재 2022.7.21. 2017헌가4).

4. 선거기간 중 집회개최 금지 위헌성
   선거기간 중 유권자의 집회나 모임을 금지한 공직선거법 조항은 일률적인 금지로 집회의 자유와 정치적 표현의 자유를 과도하게 제한하여 침해의 최소성과 법익의 균형성을 충족하지 못하므로 과잉금지원칙에 위배된다(헌재 2022.7.21. 2018헌바357).

5. 현수막 및 광고물 게시 금지 위헌성
   선거일 전 180일부터 현수막 및 기타 광고물의 게시를 금지한 공직선거법 조항은 정치적 표현을 장기간 동안 포괄적으로 제한하여 침해의 최소성과 법익의 균형성을 충족하지 못하므로, 과잉금지원칙에 반하여 정치적 표현의 자유를 침해한다(헌재 2022.7.21. 2108헌바357).

표현의 자유 침해가 아닌 것

1. 선거운동 선전벽보 학력표기 제한
   선거운동의 선전벽보에 비정규학력 게재를 금지한 규정은 후보자의 학력 과대평가로 인해 유권자의 공정한 판단이 흐려질 가능성을 예방하기 위한 것으로 과잉금지원칙에 위배되지 않는다. 또한, 중퇴한 경우 수학기간을 함께 기재하도록 한 규정은 학력 비교를 명확히 하기 위한 것으로, 선거운동의 자유를 침해하지 않는다(헌재 1999.9.16. 99헌바5 ; 헌재 2017.12.28. 2015헌바232).

2. 의정활동보고 허용

국회의원에게 선거운동기간 전 의정활동보고를 허용한 것은 평등권 등을 침해하지 않는다(헌재 2001.8.30. 2000헌마121 · 201).

3. 선거운동 규제와 표현의 자유

2인 초과 거리행진 및 연달아 소리지르는 행위를 금지한 규정은 선거운동의 자유를 침해하지 않는다. 서명운동 금지조항 또한 선거의 공정성 확보를 위한 것으로 정치적 표현의 자유를 침해하지 않는다(헌재 2006.7.27. 2004헌마215 ; 헌재 2015.4.30. 2011헌바163).

---

06 공무원의 중립의무

1. 공직선거법 제9조의 선거에서의 중립의무

공무원 기타 정치적 중립을 지켜야 하는 자(기관 · 단체를 포함한다)는 선거에 대한 부당한 영향력의 행사 기타 선거결과에 영향을 미치는 행위를 하여서는 아니 된다(공직선거법 제9조).

📖 판례정리

공직선거법 제9조의 공무원

1. 공무원의 정의

공직선거법 제9조의 '공무원'에는 국가와 지방자치단체의 모든 공무원, 즉 직업공무원과 정치적 공무원(대통령, 국무총리, 지방자치단체장 등)이 포함된다(헌재 2005.6.30. 2004헌바33).

2. 대통령의 중립의무

대통령은 행정부 수반으로서 공정한 선거 관리 의무를 지며, 선거에서의 중립의무를 부담하는 공직자에 해당한다(헌재 2004.5.14. 2004헌나1).

3. 국회의원과 지방의원 예외

국회의원과 지방의원은 선거에서 중립의무를 부담하지 않으나, 대통령과 지방자치단체장은 중립의무를 진다(헌재 2005.6.30. 2004헌바33).

4. 대통령의 여당 지지발언

선거에 임박한 시기에 대통령이 기자회견에서 특정 정당을 지지하는 발언을 한 것은 공무원의 정치적 중립의무를 위반하고 선거에 부당한 영향력을 행사한 행위로 판단된다(헌재 2004.5.14. 2004헌나1).

📖 판례정리

공무원의 선거에서 중립성 의무를 규정한 공직선거법 제9조에 대한 헌법소원 (헌재 2008.1.17. 2007헌마700) *기각결정

1. 공직선거법과 국가공무원법의 관계

공직선거법은 선거에 영향을 미치는 공무원의 행위를 규제하는 특별법으로, 일반법인 국가공무원법에 우선 적용된다. 해당 법률조항은 공무원이 정치적 비중과 영향력을 선거에서 부적절하게 사용하는 행위를 금지하며, 위반 시 징계사유가 되고, 대통령의 경우 탄핵사유가 될 수 있어 단순한 선언적 규정으로 볼 수 없다.

2. 공직선거법 제9조와 표현의 자유

대통령의 선거중립의무는 선거공정성을 위해 정치적 표현의 자유보다 우선한다. 대통령의 선거개입은 공무원들에게 영향을 미쳐 선거의 공정을 크게 해칠 우려가 있으므로, 해당 법률조항은 법익의 균형성을 충족하며 표현의 자유를 침해하지 않는다.

3. 국회의원·지방의원의 공직선거법 제9조 적용 제외

대통령은 국정 책임자로서 공정선거의 책무를 지는 반면, 국회의원과 지방의회의원은 선거에 직접 참여하는 당사자로 복수정당제와 자유선거의 원칙을 실현할 주체가 된다. 이에 따라 대통령과 달리 이 조항의 적용을 받지 않는 것은 합리적 차별로 평등원칙에 반하지 않는다.

4. 적법절차 위반 여부

선거관리위원회의 의결 사항은 행정절차법의 적용을 받지 않으므로 위반행위자에게 의견진술 기회를 부여하지 않아도 적법절차원칙에 위반되지 않는다. 이는 청구인의 기본권을 침해한 것으로 볼 수 없다.

---

2. 공무원 지위를 이용한 선거운동금지(공직선거법 제85조)

공무원 지위를 이용한 선거운동은 금지된다.

📖 판례정리

공무원의 선거에서 중립성

1. **공무원지위를 이용한 선거에 영향을 미치는 행위를 금지하는 공직선거법 제85조**
   ① **공무원지위를 이용한 선거에 영향을 미치는 행위를 금지하는 공직선거법 제85조 제1항**: '선거에 영향을 미치는 행위'는 선거과정 및 결과에 변화를 주거나 영향을 미칠 우려가 있는 모든 행동으로 해석된다. 이는 구체적인 사건의 시기, 동기, 방법 등을 종합적으로 판단할 수 있으므로, 해당 금지조항은 죄형법정주의의 명확성원칙에 위배되지 않는다(헌재 2016.7.28. 2015헌바6).
   ② **지방의회의원의 공무원 지위이용 선거운동 금지 여부**: 지방의회의원은 선거에서 정치적 중립성이 요구되지 않으며, 선거운동의 주체로서 정당을 대표하는 역할을 수행한다. 따라서 공직선거법 제85조 제2항이 공무원 지위를 이용한 선거운동 금지 대상에 지방의회의원을 명시적으로 배제하지 않았더라도, 이를 위반한다고 볼 수 없다. 해당 조항은 죄형법정주의의 명확성원칙을 위반하지 않는다(헌재 2020.3.26. 2018헌바3).

2. **모든 공무원에 대해 '선거운동의 기획에 참여하거나 그 기획의 실시에 관여하는 행위'를 금지한 공직선거법 제86조** (헌재 2008.5.29. 2006헌마1096)
   ① **표현의 자유**: 공무원이 '그 지위를 이용하여' 선거운동의 기획행위를 금지하는 것은 선거의 공정성을 보장하기 위한 정당한 규제이다. 그러나 이를 사적인 지위에서의 행위까지 포괄적으로 금지하는 것은 공무원의 사적 표현의 자유를 과도하게 제한하므로 헌법에 위반된다.
   ② **평등권 침해 여부**: 공무원이 지위를 이용하여 선거운동의 기획행위를 금지하는 것은 입법목적에 부합하며, 공무원과 비공무원 입후보자 간의 차별은 합리적 이유가 있다. 그러나 공무원의 사적인 지위에서의 기획행위까지 금지하는 것은 합리적 이유 없이 차별을 초래하여 평등권을 침해한다.

3. **공무원의 투표권유동 및 기부금모집을 금지하고 있는 국가공무원법 제65조는 표현의 자유 침해가 아니다** (헌재 2012.7.26. 2009헌바298).

4. **선거일 전 180일부터 지방자치단체장이 홍보물 발행과 배부를 제한하는 공직선거법 제86조 제3항**은 공정한 선거라는 공익을 달성하기 위한 부득이한 표현의 자유 제한이다(헌재 1999.5.27. 98헌마214).

---

07 선거비용

1. 선거공영제

(1) 선거공영제의 원칙

선거공영제는 선거가 국가의 공적 업무 수행을 위한 대표자 선출행위라는 점에서, 선거비용을 국가가 부담함으로써 경제적 이유로 입후보가 어려운 상황을 방지하고 국민의 공무담임권을 보호하기 위한 것이다(헌재 2011.4.28. 2010헌바232).

(2) 선거공영제의 입법 형성권

선거공영제의 구체적인 내용은 선거문화, 정치문화, 국가 재정 상황 등을 고려하여 입법자가 정책적으로 결정할 사항이며, 이 영역에서는 입법자의 넓은 입법형성권이 인정된다(헌재 2011.4.28. 2010헌바232).

2. 비용제한

공직선거법 개정으로 선거비용제한액 산정 구체적 기준이 규정되었고(예 대통령선거는 인구수 × 950원, 공직선거법 제121조), 선거관리위원회는 공직선거법 제121조에 따라 선거비용제한액을 공고한다. **선거비용제한은 항목별 제한이 아니라 총액 제한이다.**

3. 비용반환

공직선거법 제122조의2【선거비용의 보전 등】① 선거구선거관리위원회는 다음 각 호의 규정에 따라 후보자(대통령선거의 정당추천후보자와 비례대표국회의원선거 및 비례대표지방의회의원선거에 있어서는 후보자를 추천한 정당을 말한다. 이하 이 조에서 같다)가 이 법의 규정에 의한 선거운동을 위하여 지출한 선거비용[정치자금법 제40조(회계보고)의 규정에 따라 제출한 회계보고서에 보고된 선거비용으로서 정당하게 지출한 것으로 인정되는 선거비용을 말한다]을 제122조(선거비용제한액의 공고)의 규정에 의하여 공고한 비용의 범위 안에서 대통령선거 및 국회의원선거에 있어서는 국가의 부담으로, 지방자치단체의 의회의원 및 장의 선거에 있어서는 당해 지방자치단체의 부담으로 선거일 후 보전한다.
1. 대통령선거, 지역구국회의원선거, 지역구지방의회의원선거 및 지방자치단체의 장선거
    가. 후보자가 당선되거나 사망한 경우 또는 후보자의 득표수가 유효투표총수의 100분의 15 이상인 경우 후보자가 지출한 선거비용의 전액
    나. 후보자의 득표수가 유효투표총수의 100분의 10 이상 100분의 15 미만인 경우 후보자가 지출한 선거비용의 100분의 50에 해당하는 금액
2. 비례대표국회의원선거 및 비례대표지방의회의원선거 후보자명부에 올라 있는 후보자 중 당선인이 있는 경우에 당해 정당이 지출한 선거비용의 전액

선거비용 반환 *합헌 또는 기각결정

1. 헌법상 후보자 선거비용 부담 허용

   헌법 제116조 제2항은 법률이 정하는 경우 선거경비의 일부를 후보자에게 부담시킬 수 있도록 규정하고 있으며, 주민 조세부담과 지방재정 형편을 고려할 때, 득표율이 저조한 후보자에게 선거비용 일부(선전벽보 및 선거공보 작성비용)를 부담시키는 것은 부당하지 않다(헌재 1996.8.29. 95헌바108).

2. 당선무효된 자에 대한 선거비용 반환제도는 재산권을 침해한다고 할 수 없다(헌재 2011.4.28. 2010헌바232).

3. 유효투표수 10% 이상을 득표한 후보자에게만 선거비용을 보전해 주도록 한 것은 평등권 침해가 아니다(헌재 2010.5.27. 2008헌마491).

4. 공직선거법에 위반되는 **선거운동을 위하여 지출된 비용을 보전대상에서 제외**하는 공직선거법 제122조의2는 선거공영제 정신에 위배되지 않는다. 표현의 자유를 침해한다고 볼 수 없다(헌재 2012.2.23. 2010헌바485).

5. 선거범죄로 당선이 무효로 된 자에게 이미 반환받은 기탁금과 보전받은 선거비용을 다시 반환하도록 하는 것은 헌법에 반하지 않는다(헌재 2011.4.28. 2010헌바232).

6. 예비후보자 선거비용 보전 제외

   예비후보자의 선거비용을 보전대상에서 제외하는 공직선거법 제122조의2 제2항 제1호는, 선거 조기 과열 및 행정력 낭비를 방지하고, 후원금을 통해 경제적 부담을 완화할 수 있는 점을 고려할 때 법익균형성 원칙에 반하지 않는다(헌재 2018.7.26. 2016헌마524).

08 선거에 관한 소송제도

1. 선거소송과 당선소송 ★★★

(1) 선거소청과 소송

① 선거인, 정당(후보자를 추천한 정당에 한한다), 후보자가 선거소송을 제기할 수 있으며, 피고는 당해 선거를 관할한 선거관리위원회 위원장이다.

② 선거소청은 국회의원선거와 대통령선거에는 인정되지 않으므로 바로 대법원에 소를 제기한다.

③ 지방의원과 지방자치단체장선거에 대해서는 선거소청절차를 거쳐야 선거소송을 제기할 수 있다.

(2) 당선소송

당선의 효력에 이의가 있는 정당(후보자를 추천한 정당에 한한다), 후보자가 당선소송을 제기할 수 있다. 당선인, 관할 선관위위원장 등이 피고가 된다. 대통령선거의 경우 중앙선거관리위원장, 국회의장, 당선인이 피고가 된다.

📖 판례정리

당선소송

국회의원선거법 제146조의 당선소송은 선거가 유효임을 전제로 하여 개개인의 당선인 결정에 위법이 있음을 이유로 그 효력을 다투는 소송이고, 국회의원선거법 제145조의 선거소송은 선거의 관리와 집행이 선거에 관한 규정에 위반하였다는 이유로 선거의 효력을 다투는 소송인바, 선거운동과정에서 개별적인 선거사범에 해당하는 사유가 있다는 문제는 관계자가 선거법 위반으로서 처벌대상이 될 뿐이고 그 처벌로 인하여 당선이 무효로 되는 수는 있을망정 이로써 선거무효의 원인은 될 수 없다(대판 1989.1.18. 88수177).

(3) 선거무효판결

소청이나 소장을 접수한 선거관리위원회 또는 대법원이나 고등법원은 선거쟁송에 있어 선거에 관한 규정에 위반된 사실이 있는 때라도 **선거의 결과에 영향을 미쳤다고 인정하는 때에 한하여** 선거의 전부나 일부의 무효 또는 당선의 무효를 결정하거나 판결한다.

☑ **선거소송과 당선소송의 비교**

구분	선거소송(공직선거법 제222조)		당선소송(공직선거법 제223조)	
제소사유	선거의 효력(전부나 일부무효)에 관하여 이의가 있을 때		당선의 효력(개표부정이나 착오 등)에 관하여 이의가 있을 때	
제소권자	선거인, 정당(후보자를 추천한 정당에 한한다), 후보자		정당, 후보자, 지방선거의 경우 소청인 및 피소청인	
피고	관할 선거관리위원회 위원장		대통령선거	• 당선인 • 중선위위원장 • 국회의장 • 법무부장관(사망 · 사퇴)
			국회의원선거	• 관할 선관위위원장 • 당선인
			지방의회의원, 지방자치단체의 장 선거	• 관할 선관위위원장 • 당선인
			당선인이 사퇴 · 사망한 경우	• 법무부장관(대통령선거) • 관할 고등검찰청 검사장 (국회의원선거, 지방선거)
제소기간	대통령 · 국회의원선거	선거일로부터 30일 이내	대통령 · 국회의원선거	당선인 결정일로부터 30일 이내
	지방의회의원 · 지방자치단체의 장 선거	선거일로부터 14일 이내 소청 ↓ 소청결정서를 받은 날로부터 10일 이내 소제기	지방의회의원 · 지방자치단체의 장 선거	당선인 결정일로부터 14일 이내 소청 ↓ 소청결정서를 받은 날로부터 10일 이내 소제기
제소법원	대법원	대통령, 국회의원, 시 · 도지사 선거, 비례대표 시 · 도의원 선거		
	관할 고등법원	지역구 시 · 도의원선거, 자치구 시 · 군의원선거, 자치구 · 시 · 군의 장 선거		

2. 재정신청(공직선거법 제273조)

(1) 도입배경

과거 선거법이 지켜지지 않은 중요한 이유 중 하나인 검사의 공소권 행사의 공정성 문제를 해결하기 위해 검사의 불공정한 불기소처분에 대한 대책으로 재정신청제도가 도입되었다.

(2) 대상범죄

매수 · 이해유도죄 등 공직선거법상의 범죄이다(공직선거법 제273조 제1항). 그러나 공직선거법상의 모든 범죄는 아님을 주의해야 한다.

(3) 재정신청권자

① 고소, 고발한 후보자, 정당의 중앙당(시·도당 제외), 당해 선거관리위원회는 관할 고등법원에 재정신청을 할 수 있다.

② 재정신청권자를 '고발을 한 후보자와 정당(중앙당에 한함) 및 해당 선거관리위원회'로 제한한 공직선거법은 재판청구권을 침해하지 않는다(헌재 2015.2.26. 2014헌바181).

📖 판례정리

선거 관련

투표와 개표

1. 투표지분류기 등 이용 개표 합헌

개표절차를 입법으로 형성하는 것은 입법권의 범위에 속하며, 입법이 자의적이거나 현저히 불합리하지 않은 한 헌법에 위반되지 않는다(헌재 2016.3.31. 2015헌마1056·1172, 2016헌마37).

2. 후보자 전부거부 투표방식 미보장은 선거권 제한 아님

후보자 전부거부 표시를 투표용지에 허용하지 않는 것은 선거권의 보호범위를 침해하지 않으며, 선거권 제한에 해당하지 않는다(헌재 2007.8.30. 2005헌마975).

방송토론

1. 합동방송토론회 후보자 선정기준 합헌

토론위원회의 결정은 공권력 행사에 해당하며, 방송토론의 취지를 살리고 공직선거법이 부여한 재량범위 내에서 최소한의 당선 가능성과 주요 정당의 추천을 기준으로 후보자를 선정한 것은 비합리적이거나 자의적이지 않다(헌재 1998.8.27. 97헌마372).

2. 지방자치단체장선거 대담·토론회 초청 기준

공직선거법 제82조의2는 정당의 추천, 이전 선거의 일정 득표율, 여론조사 결과를 기준으로 대담·토론회 초청 자격을 제한하고 있으며, 이 기준이 자의적이지 않으므로 선거운동의 기회균등원칙과 관련한 평등권을 침해하지 않는다(헌재 2019.9.26. 2018헌마128).

3. 장애인 관련

① **중증장애인 후보자의 선거운동 제한**: 중증장애인과 비장애인을 동일하게 취급하며 선거운동 방법을 제한한 공직선거법 제93조는 평등권을 침해하지 않는다. 오늘날 신문·방송·인터넷 등을 통한 선거운동의 영향력이 커지는 점을 고려할 때, 중증장애인 후보자의 평등권이 침해되었다고 보기 어렵다(헌재 2009.2.26. 2006헌마626).

② **수화방송 의무화 여부**: 선거방송광고에서 수화방송을 의무화하지 않은 공직선거법은 참정권과 평등권을 침해하지 않는다(헌재 2009.5.28. 2006헌마285).

③ **점자형 선거공보의 임의 규정**: 점자형 선거공보를 작성할지를 후보자 재량으로 정하고, 면수를 책자형 선거공보 이내로 제한한 공직선거법은 시각장애인의 선거권과 평등권을 침해하지 않는다(헌재 2014.5.29. 2012헌마913).

④ **점자형 선거공보의 의무화 및 생략 규정**: 점자형 선거공보를 책자형 면수 이내에서 의무화하되, 전자적 음성 출력 표시가 있는 경우 생략을 허용한 공직선거법 제65조 제4항은 선거권을 침해하지 않는다(헌재 2016.12.29. 2016헌마548).

4. 교육감 선거와 관련하여 후보자를 사퇴한 데 대한 대가를 목적으로 후보자이었던 자에게 금전을 제공하는 행위를 한 자를 공직선거법을 준용하여 처벌하는 것은 과잉금지원칙에 반하지 않는다(헌재 2012.12.27. 2012헌바47).

5. 정당후보자와 무소속후보자

① 국회의원선거에서 **정당추천후보자와 무소속후보자 간 기탁금을 차별하는 것**은 합리적 이유가 없는 차별이다.

② 후보자 기호를 정당 국회의원 의석수, 무소속후보자의 순으로 하는 공직선거법 제150조는 정당제도를 규정한 헌법의 취지를 고려하면 합리적 이유가 있는 차별이다(헌재 1996.3.28. 96헌마9).

③ **선거운동에서의 평등은 절대적 평등이 아니므로** 정당후보자와 무소속후보자 간 차별이 합리적 이유가 있다면 허용된다.

제4절 공무담임권

1. 의의

공무담임권이란 선거직공무원을 포함한 모든 국가기관의 공직에 취임할 수 있는 권리이다. 따라서 공무담임권은 선거직공무원에 입후보할 수 있는 피선거권과 모든 공직에 취임할 수 있는 개념이므로 공무담임권은 피선거권보다 넓은 개념이다.

2. 공무담임권 보호 여부

공무담임권은 선거직공무원이나 일반직공무원에 취임할 기회를 보장하는 권리이다. **공직에 취임할 수 있는 현실적 권리**를 보장하는 것이 아니라, 공무담임의 기회보장적 성격을 갖는 것이다. 승진가능성은 공무담임권에서 보호되지 않으나 **승진할 때에도 균등한 기회 제공을 요구한다**.

판례정리

공무담임권 보호영역

보호되는 것

1. 공무담임권이란 입법부, 집행부, 사법부는 물론 지방자치단체 등 국가, 공공단체의 구성원으로서 그 직무를 담당할 수 있는 권리를 말한다. 여기서 직무를 담당한다는 것은 모든 국민이 현실적으로 그 직무를 담당할 수 있다고 하는 의미가 아니라, **국민이 공무담임에 관한 자의적이지 않고 평등한 기회를 보장받음을 의미하는바, 공무담임권의 보호영역에는 공직취임의 기회의 자의적인 배제뿐만 아니라, 공무원 신분의 부당한 박탈까지 포함되는 것이라고 할 것이다**(헌재 2002.8.29. 2001헌마788).

2. 공무담임권은 공직취임의 기회 균등뿐만 아니라 취임한 뒤 **승진할 때에도 균등한 기회 제공을 요구한다**(헌재 2018.7.26. 2017헌마1183).

보호되지 않는 것

1. **공무담임권의 보호영역과 승진 가능성**

   승진 가능성은 공직 신분 유지나 업무 수행에 직접 영향을 미치는 법적 지위가 아니라 간접적·사실적 이해관계에 불과하므로, 공무담임권의 보호영역에 포함되지 않는다. 경찰청 내 일반직공무원의 정원 증가로 인해 승진 경쟁이 치열해져도 이는 사실상의 불이익에 불과하며, 공무담임권 침해 문제는 발생하지 않는다(헌재 2007.6.28. 2005헌마1179).

2. 공무담임권의 보호영역과 특정 보직 요구

① 특정 보직(예) 단과대학장)에서 근무할 것을 요구할 권리는 공무담임권의 보호영역에 포함되지 않으며, 이는 공무수행의 자유에 불과하므로 공무담임권 침해가 인정되지 않는다(헌재 2014.1.28. 2011헌마239).

② 국방부 보조기관 근무 기회를 현역군인에게만 부여하고 군무원에게는 부여하지 않는 조항은 군무원의 공무담임권을 제한하지 않는다(헌재 2008.6.26. 2005헌마1275).

3. 공무원의 퇴직급여 및 공무상 재해보상을 보장할 것까지 그 보호영역으로 하고 있다고 보기 어렵다(헌재 2014.6.26. 2012헌마459).

4. 공무담임권은 원하는 경우에 언제나 공직에 취임할 수 있는 현실적 권리를 보장하는 것이 아니라, 공무담임의 기회보장적 성격을 갖는 것이다(헌재 2005.4.28. 2004헌마219).

5. 공무담임권은 피선거권과 공직취임의 기회만을 보장할 뿐 일단 당선 또는 임명된 공직에서 그 활동이나 수행의 자유를 보장하는 것은 아니다(헌재 1999.5.27. 98헌마214).

6. 학교운영위원은 공무원이 아니다(헌재 2007.3.29. 2005헌마1144).

7. 이장은 공무원이 아니다(헌재 2009.10.29. 2009헌마127).

8. 서울교통공사의 직원이라는 직위가 헌법 제25조가 보장하는 공무담임권의 보호영역인 '공무'의 범위에는 해당하지 않는다(헌재 2021.2.25. 2018헌마174).

9. 연로회원지원금을 지급하는 것은 공무담임권의 보호영역에 속하지 않으므로 1년 미만 국회의원직을 보유한 자에 대해 대한민국헌정회 연로회원지원금 지원대상에서 배제가 공무담임권을 제한한다고도 할 수 없다(헌재 2015.4.30. 2013헌마666).

10. 청구인이 정당의 내부경선에 참여할 권리는 헌법이 보장하는 공무담임권의 내용에 포함된다고 보기 어렵고 청구인의 소속 정당이 당내경선을 실시하지 않는다고 하여 청구인이 공직선거의 후보자로 출마할 수 없는 것이 아니므로 심판대상조항으로 인하여 청구인의 공무담임권이 침해될 여지는 없다(헌재 2014.11.27. 2013헌마814).

---

3. 공무담임권의 제한에 대한 일반적인 위헌심사기준

공무담임권의 제한의 경우는 그 직무가 가지는 공익실현이라는 특수성으로 인하여 그 직무의 본질에 반하지 아니하고 결과적으로 다른 기본권의 침해를 야기하지 아니하는 한 상대적으로 강한 합헌성이 추정될 것이므로, 주로 평등의 원칙이나 목적과 수단의 합리적인 연관성여부가 심사대상이 될 것이며 법익형량에 있어서도 상대적으로 다소 완화된 심사를 하게 될 것이다(헌재 2002.10.31. 2001헌마557).

📖 판례정리

공무원 임용결격사유와 당연퇴직의 공무담임권 침해 여부

공무담임권 침해인 것

1. 금고 이상 형 선고유예 및 당연퇴직 규정의 공무담임권 침해

금고 이상의 선고유예를 받은 공무원을 당연퇴직시키는 규정은 공무원 범죄 예방과 국민 신뢰 유지를 목적으로 정당성이 인정되나, 과실범까지 포함하여 모든 공무원을 당연퇴직하도록 한 것은 최소침해성을 위반하여 공무담임권을 침해한다(헌재 2002.8.29. 2001헌마788).

[유사] 향토예비군 지휘관(헌재 2005.12.22. 2004헌마947) 및 청원경찰(헌재 2018.1.25. 2017헌가26)에 대한 규정도 공무담임권 또는 직업의 자유를 침해한다고 보았다.

2. 자격정지 이상의 선고유예 및 당연퇴직 규정

자격정지 이상의 형을 선고유예받은 직업군인, 경찰공무원 등의 당연퇴직 규정은 과실범까지 포함하여 모든 범죄를 포괄하는 과도한 제한으로 공무담임권을 침해한다(헌재 2003.10.30. 2002헌마684 ; 헌재 2004.9.23. 2004헌가12). 반면, 자격정지 형 선고 시 당연퇴직 규정은 공익 실현을 위해 적절한 제한으로 판단되어 직업의 자유를 침해하지 않는다고 보았다(헌재 2011.10.25. 2011헌마85).

3. 아동 성적 학대행위자 임용 제한 규정의 헌법불합치

아동 성적 학대행위로 형이 확정된 자의 공무원 및 부사관 임용을 영구적으로 제한한 규정은 국민 신뢰 확보 및 아동 보호라는 목적의 정당성과 수단 적합성은 인정되나, 범죄의 경중이나 직무의 종류 등을 고려하지 않고 영구적 제한을 두는 것은 최소침해성 원칙에 위배되어 공무담임권을 침해한다(헌재 2022.11.24. 2020헌마1181).

4. 피성년후견인의 당연퇴직 규정의 공무담임권 침해

피성년후견인의 당연퇴직 규정은 직무수행 하자를 방지하고 국민 신뢰를 보호하려는 정당한 목적과 수단의 적합성은 인정되지만, 휴직 등을 통한 회복 기회를 부여하는 대안이 있음에도 당연퇴직을 규정한 것은 침해의 최소성 원칙과 법익균형성을 위배한다. 따라서 해당 규정은 공무담임권을 침해한다(헌재 2022.12.22. 2020헌가8).

5. 아동·청소년 이용 음란물 소지죄로 인한 공무원 임용 제한의 공무담임권 침해

아동·청소년 이용 음란물임을 알면서 소지한 죄로 형이 확정된 자를 모든 일반직공무원에 임용될 수 없도록 한 규정은 제한 범위가 지나치게 넓고 포괄적이며, 영구적 임용 제한으로 결격사유 해소 가능성을 전혀 인정하지 않는다. 범죄의 종류와 죄질, 재범 위험성 등을 고려해 상당 기간 임용 제한과 같은 덜 침해적인 방법으로도 입법목적을 달성할 수 있다. 따라서 해당 규정은 과잉금지원칙에 위배되어 공무담임권을 침해한다(헌재 2023.6.29. 2020헌마1605).

공무담임권 침해가 아닌 것

1. 금고 이상 형의 선고유예 임용 결격

국가공무원법 제33조는 공직 신뢰 보장과 직무 원활화를 위한 정당한 조치로, 결격사유자의 사익 침해가 공익에 비해 현저하지 않아 공무담임권 침해가 아니다(헌재 2016.7.28. 2014헌바437).

2. 수뢰죄로 인한 금고 이상의 선고유예를 받은 공무원의 당연퇴직

금고 이상의 선고유예를 받은 공무원의 당연퇴직 규정(국가공무원법 제69조)은 국민 신뢰와 직무 정상 운영을 위한 합리적 조치로, 과잉금지원칙에 위배되지 않아 공무담임권 침해가 아니다(헌재 2013.7.25. 2012헌바409).

3. 금고 이상의 집행유예로 인한 당연퇴직

금고 이상의 집행유예는 선고유예보다 죄질이 더 무겁고 공직 신뢰를 더 크게 해칠 우려가 있어, 국가공무원법 제69조에 따라 공무원을 당연퇴직시키는 것은 공무담임권 침해가 아니다(헌재 2015.10.21. 2015헌바215).

4. 징계해임된 공무원의 경찰공무원 임용 금지

경찰공무원은 고도의 직업 윤리성이 요구되는 직무를 수행하므로, 징계해임된 공무원의 경찰공무원 임용 금지는 공무담임권에 대한 과도한 제한이 아니다(헌재 2010.9.30. 2009헌바122).

5. 성폭력범죄로 벌금형 확정된 교원의 임용 금지

성폭력범죄로 벌금 100만 원 이상 형이 확정된 자를 교원으로 임용하지 못하도록 한 고등교육법은, 최소한의 자격기준 설정으로 과잉금지원칙에 반하지 않으며 공무담임권 침해가 아니다(헌재 2020.12.23. 2019헌마502).

공무담임권 제한이 아닌 것

1. 대담·토론회 초청 자격 제한

① **공무담임권 제한 여부**: 선거방송 대담·토론회 참가 제한은 공직 취임 권리와 직접 관련되지 않아 공무담임권 제한이 아니다(헌재 2011.5.26. 2010헌마451).

② **평등권 침해 여부**: 대담·토론회의 기능 활성화와 기회 균등 보장을 적절히 형량한 결과로, 자의적 차별로 평등권을 침해하지 않는다(헌재 2011.5.26. 2010헌마451).

③ **지방자치단체장선거 초청 자격 제한**: 평등권을 침해하지 않는다(헌재 2019.9.26. 2018헌마128).

2. 연로회원지원금 제외

국회의원 재직기간 1년 미만인 자를 연로회원지원금 대상에서 제외한 조항은 공무담임권 보호영역에 속하지 않아 공무담임권 제한이 아니다(헌재 2015.4.30. 2013헌마666).

3. 학교 행정직원의 운영위원 자격 제한

학교운영위원은 무보수 봉사직으로 피선거권 대상 공무원이 아니며, 법률조항이 일반적 행동자유권과 평등권을 침해하지 않는다(헌재 2007.3.29. 2005헌마1144).

4. 당선무효자 선거비용 반환

벌금 100만원 이상 선고받은 당선자만 반환 의무를 지는 규정은 공무담임권 제한이 아니며, 재산권을 제한한다(헌재 2011.4.28. 2010헌바232).

공무원 연령과 공무담임권 침해 여부

헌법 위반인 것

1. 5급공개경쟁 채용시험 32세 이하로 제한하는 공무원 임용시행령

6급 및 7급 공무원 공채시험의 응시연령 상한을 35세까지로 규정하면서 그 상급자인 5급 공무원의 채용연령을 32세까지로 제한한 것은 합리적이라고 볼 수 없다(헌재 2008.5.29. 2007헌마1105).

2. 경찰순경, 소방사 응시연령 30세 이하

순경 공채시험, 소방사 등 채용시험, 그리고 소방간부 선발시험의 응시연령의 상한을 '30세 이하'로 규정하고 있는 것은 합리적이라고 볼 수 없으므로 침해의 최소성 원칙에 위배되어 청구인들의 공무담임권을 침해한다(헌재 2012.5.31. 2010헌마278).

헌법 위반이 아닌 것

1. 9급 공개경쟁채용시험의 응시연령을 28세까지

응시연령 상한(28세)은 통상 고등학교 졸업 후 10년, 대학 졸업 후 5~6년에 해당된다. 이러한 점을 종합하면 청구인들의 공무담임권을 침해한다고 볼 수 없다(헌재 2006.5.25. 2005헌마11).

2. 경찰대학의 입학 연령을 21세 미만으로 제한하고 있는 경찰대학의 학사운영에 관한 규정

경찰대학에 연령제한을 둔 목적은 젊고 유능한 인재를 확보하기 위한 것이므로, 공무담임권을 침해하지 아니한다(헌재 2009.7.30. 2007헌마991).

3. 부사관 27세 이하

군의 전투력 등 헌법적 요구에 부응하는 적절한 무력의 유지는 매우 중대하므로, 공무담임권을 침해한다고 볼 수 없다(헌재 2014.9.25. 2011헌마414).

4. 교원공무원의 정년 62세

대학교 교원의 정년을 65세로 하면서 초·중등 교원의 정년은 62세로 하여 양자를 차별하였다 하더라도 대학 교원은 최초 임용시 연령이 초·중등 교원보다 상대적으로 고령인 점을 고려하면 합리적 이유가 있는 차별이다(헌재 2000.12.14. 99헌마112).

5. 안기부 직원의 계급정년제

안기부 직원의 계급정년을 6급 직원 17년, 5급 직원 13년 등으로 규정한 국가안전기획부직원법 제22조는 안기부 직원의 업무수행의 능률성, 신속성, 기동성을 제고하기 위한 것으로 그 정당성이 인정되므로 직업공무원제도에 위배되는 것으로 볼 수 없다(헌재 1994.4.28. 91헌바15).

6. 농촌지도사와 농촌지도관의 정년차별

농촌지도관(61세)과 농촌지도사(58세)의 정년 차등은 농촌지도관의 직무가 정책결정 등 고도의 판단작용을 요구하는 반면, 농촌지도사의 직무는 단순한 업무집행이나 업무보조가 주를 이루는 점 등 여러 사정을 고려한 합리적이고 정당한 차별로 인정된다(헌재 1997.3.27. 96헌바86).

7. 대법원장, 대법관, 법관 정년 차등 규정

대법원장의 정년은 70세, 대법관은 65세, 법관은 63세로 규정되어 있다. 이는 성별, 종교, 사회적 신분에 따른 차별이 아니며, 법관의 업무 성격, 평균수명, 조직체 내 질서를 고려한 합리적 차별로 판단되어 평등권을 침해하지 않는다. 또한 헌법 제105조 제4항에서 법관 정년제를 명시적으로 규정하고 있으므로 정년제 자체는 위헌 판단 대상이 되지 않는다. 다만 정년연령을 규정한 법률의 구체적 내용은 위헌 판단 대상이 될 수 있다. 공무담임권 제한과 관련하여 공익 실현이라는 특수성으로 인해 이러한 규정에는 합헌성이 강하게 인정되어 완화된 심사가 적용된다(헌재 2002.10.31. 2001헌마557).

8. 법관 명예퇴직수당 잔여기간 산정 규정

법관은 10년마다 연임 절차를 거쳐야 정년까지 근무할 수 있어 근속 가능성이 일반 경력직공무원과 동일하지 않다. 이러한 점을 고려하여 임기만료일을 명예퇴직수당 정년잔여기간 산정 기준 중 하나로 정한 규정은 합리성이 인정된다(헌재 2020.4.23. 2017헌마321).

📖 판례정리

교육위원 및 교육감 선거 관련

1. 교육위원 선거권

헌법이 명문으로 규정한 선거권은 대통령, 국회의원, 지방의원 선거권이며, 지방자치단체장과 교육위원 선거권은 법률에 의해 인정된다(헌재 2002.3.28. 2000헌마283·778).

2. 교육경력자 우선 당선제

헌법 제31조 제4항이 보장하는 교육의 자주성, 전문성, 정치적 중립성을 위해 경력자를 우선 당선시키는 제도는 민주적 정당성을 일부 훼손하더라도 불가피하며, 비경력자의 공무담임권을 침해하지 않는다(헌재 2003.3.27. 2002헌마573).

3. 제주특별법의 교육경력 요건

교육의원의 자격요건으로 5년 이상의 교육경력 또는 교육행정경력을 요구한 조항은 교육의 전문성과 중립성을 보장하며 지방자치 이념을 구현하기 위한 것이다. 이는 입법재량의 범위 내에 있으며 공무담임권을 침해하지 않는다(헌재 2020.9.24. 2018헌마444).

4. 교육감 및 교육위원 선거 자격 요건

교육감 후보에게 5년 이상의 교육경력 또는 교육행정경력을 요구하는 규정은 공무담임권의 본질적 내용을 침해할 정도로 과도하지 않다. 교육위원 입후보 자격으로 10년 이상의 교육경력 또는 교육행정경력을 요구하는 규정 또한 공무담임권을 침해하지 않는다(헌재 2009.9.24. 2007헌마117).

5. 교육감 후보자의 정당활동 제한

후보자 등록 신청 전 2년 동안 정당 당원이 아닌 자로 규정한 조항은 교육의 정치적 중립성을 확보하려는 정당한 입법목적을 달성하기 위한 적절한 방법으로 위헌이 아니다(헌재 2008.6.26. 2007헌마1175).

6. 교육감 선거운동에서 과거 당원경력 표시 금지

후보자의 당원경력 표시 금지는 정치적 표현의 자유를 제한하지만, 교육감 선거에서 정당 관여를 철저히 배제하여 정치적 중립성을 확보하려는 공익에 비해 사익의 침해가 작아 법익 균형성을 충족하며 위헌이 아니다(헌재 2011.12.29. 2010헌마285).

📖 판례정리

공무담임권 침해 여부

공무담임권 침해인 것

1. 형사사건으로 기소된 공무원의 필요적 직위해제

형사사건으로 기소된 공무원에 대해 일률적으로 직위를 해제하도록 한 조항은 범죄유형과 죄질 등을 고려하지 않아 공무담임권을 침해하며, 무죄추정의 원칙에도 위반된다(헌재 1998.5.28. 96헌가12).

비교 형사사건으로 기소된 공무원에 대한 임의적 직위해제는 구체적 사안을 판단하여 직위해제 여부를 결정하도록 한 것으로 공무담임권을 과도하게 제한한 것으로 보지 않는다(헌재 2006.5.25. 2004헌바12).

2. 퇴임검찰총장의 공직 제한

검찰총장이 퇴임 후 2년간 모든 공직에 임명될 수 없도록 한 조항은 직업선택의 자유와 공무담임권을 광범위하게 제한하여 과잉금지원칙에 위배된다(헌재 1997.7.16. 97헌마26).

3. 국가인권위원회 위원의 퇴직 후 공직 제한

퇴직 후 2년간 모든 공직 취임을 제한한 조항은 특정 공직과 인권보장 업무의 관련성을 고려하지 않아 과잉금지원칙에 위배되며, 공무담임권과 직업선택의 자유를 부당하게 제한한다(헌재 2004.1.29. 2002헌마788).

4. 비례대표지방의회의원 의석승계 제한

선거범죄로 당선이 무효된 경우 의석승계를 제한하는 조항은 선거권자들의 정치적 의사표명을 왜곡하여 수단의 적합성 요건을 충족하지 못하며, 공무담임권을 침해한다(헌재 2009.6.25. 2007헌마40).

5. 비례대표국회의원 의석승계 제한

임기만료일 전 180일 이내 궐원 시 의석승계를 제한하는 조항은 대의제 원리를 침해하여 선거권자들의 의사표명을 왜곡하며, 합리적 이유 없이 공무담임권을 침해한다(헌재 2009.6.25. 2008헌마413).

6. 금고 이상의 형 선고 시 확정전 자치단체장의 직무 정지(헌재 2010.9.2. 2010헌마418)

공무담임권 침해가 아닌 것

1. 선거범으로서 형벌을 받은 자에 대한 피선거권 정지

선거범으로 형벌을 받은 자에 대해 일정 기간 피선거권을 정지하는 규정은 선거 공정성을 확보하고 본인의 반성을 촉구하기 위한 합리적 조치로, 공무담임권이나 평등권을 자의적으로 제한하지 않는다(헌재 1993.7.29. 93헌마23).

2. 100만원 이상의 벌금형이 확정된 선거범의 피선거권 정지

선거범죄로 인해 100만원 이상의 벌금형을 받은 경우 5년간 피선거권을 정지시키는 공직선거법은 공정한 선거를 위해 부정선거의 소지를 차단하려는 효과적인 조치로, 과잉금지원칙에 위배되지 않는다(헌재 2008.1.17. 2004헌마41).

3. 국회의원의 불법 정치자금 수수로 인한 당연퇴직

불법 정치자금 수수로 100만원 이상의 벌금형을 받은 국회의원이 당연퇴직하도록 한 정치자금법은 선거 공정성과 공직 청렴성을 확보하려는 조치로 입법자의 재량 범위 내에 있으며, 공무담임권이나 평등권을 침해하지 않는다(헌재 2008.1.17. 2006헌마1075).

4. 공직선거법 위반으로 인한 국회의원 당선무효

공직선거법 위반으로 100만원 이상의 벌금형을 선고받은 경우 국회의원 당선무효로 규정한 조항은 선거 공정성을 확보하고 불법적 당선자의 공직 수행을 차단하기 위한 것으로, 공무담임권이나 평등권을 침해하지 않는다(헌재 2011.12.29. 2009헌마476).

5. 정부투자기관 직원의 지방의회의원 겸직금지

정부투자기관 직원이 지방의회의원직을 겸할 수 없도록 한 지방자치법 규정은 공공복리를 위한 필요성이 인정되며, 입법자의 재량 범위 내에 속하는 사항으로 공무담임권이나 평등권을 침해하지 않는다(헌재 1995.5.25. 91헌마67).

6. 후보자의 배우자 기부행위로 인한 당선무효

후보자의 배우자가 기부행위로 징역형이나 300만원 이상의 벌금형을 받은 경우 당선을 무효로 하는 조항은 선거의 공정성과 정치적 중립성을 확보하기 위한 것으로, 과잉금지원칙에 위배되지 않는다(헌재 2016.9.29. 2015헌마548).

7. 초·중등 교원의 교육위원 겸직금지

초·중등 교원의 교육위원 겸직금지 규정은 직무 전념을 위한 필요 최소한의 합리적 조치로, 공무담임권을 본질적으로 침해하지 않는다(헌재 1993.7.29. 91헌마69).

8. 공무원의 공직선거 입후보를 위한 사직 요구

공직선거 후보자가 되기 위해 선거일 전 90일까지 공무원직을 사직하도록 한 규정은 선거 공정성과 직무 전념성을 보장하기 위한 것으로, 공무담임권을 침해하지 않는다(헌재 1998.4.30. 97헌마100).

9. 성범죄자의 초·중등 교원 임용 제한

미성년자 성범죄자와 성인 대상 성폭력범죄로 100만원 이상의 벌금형을 받은 자를 초·중등 교원으로 임용할 수 없도록 한 규정은 성범죄 교원의 자격 기준을 설정한 합리적 조치로, 공무담임권을 침해하지 않는다(헌재 2019.7.25. 2016헌마754).

10. 지방공사 직원의 지방의회의원 겸직금지

지방공사 직원의 지방의회의원 겸직을 금지하는 규정은 권력분립과 정치적 중립성을 보장하며, 지방자치의 취지에 부합하는 조치로 공무담임권을 침해하지 않는다(헌재 2004.12.16. 2002헌마333).

11. 검사 신규임용 대상 제한

검사 신규임용 대상을 해당 연도 졸업한 변호사시험 합격자로 제한한 공고는 검사 자질 확보와 공익 달성을 위한 합리적 조치로 공무담임권을 침해하지 않는다(헌재 2021.4.29. 2020헌마999).

12. 국회의원 당선 교원의 사직 요구

국회의원으로 당선된 교원의 사직은 공무담임권과 직업선택의 자유라는 두 가지 기본권을 모두 제한하고 있다. 사립대학 교원이 국회의원으로 당선된 경우 임기 개시 전 사직을 요구한 국회법 조항은 국회의원 직무 수행의 공정성과 전념성을 보장하고 대학교육 정상화를 위한 것으로 공무담임권을 침해하지 않는다(헌재 2015.4.30. 2014헌마621).

13. 지방자치단체장의 재임 제한

지방자치단체장의 재임을 3기로 제한한 규정은 장기 집권 방지와 유능한 인재의 기회 확대를 위한 합리적 조치로 공무담임권을 침해하지 않는다(헌재 2006.2.23. 2005헌마403).

14. 무소속 후보자의 추천장 기명 · 날인 요구

무소속 후보자가 추천장을 기명 · 날인하도록 한 공직선거법 규정은 선거 공정성과 신뢰성을 확보하기 위한 합리적 조치로 공무담임권을 침해하지 않는다(헌재 2009.9.24. 2008헌마265).

15. 국회의원 피선거권 연령 제한

국회의원의 피선거권을 25세 이상으로 제한한 조항은 입법형성권 범위 내의 조치로 공무담임권을 침해하지 않는다(헌재 2005.4.28. 2004헌마219).

16. 병역의무기간 공무원 경력 포함 (헌재 2018.7.26. 2017헌마183)

① 공무원 재직 중 병역의무를 이행한 자는 병역기간 전부를 경력으로 인정받는 반면, 임용 전 병역의무를 이행한 자는 60%만 인정받는다. 이는 병역의무 이행 시점에 따라 차등을 두었으나 경력평정 인정비율의 차이가 크지 않아 과잉금지원칙에 위배되지 않는다.
② 병역의무 이행기간을 승진소요 최저연수에 포함하지 않는 규정도 과도한 제한으로 보지 않아 공무담임권 침해에 해당하지 않는다.
③ 심판대상조항들이 병역의무 이행으로 인한 불이익처우 금지원칙에 위반되지 않는다.

17. 주민투표법 입법부작위 헌법소원

우리 헌법은 선거권, 공무담임권, 국민투표권만을 헌법상 참정권으로 규정한다. 주민투표권은 법률로 보장되는 참정권일 수 있으나 헌법이 보장하는 참정권에 해당하지 않는다(헌재 2001.6.28. 2000헌마735).

18. 세종특별자치시의회의원 선거 미실시 규정

세종특별자치시의회의원 선거를 실시하지 않고 연기군의회의원 등에게 자격을 부여한 규정은 공무담임권 제한 문제를 고려하여 헌법적 이익 간 충돌을 조정한 것으로 과도한 제한이 아니다(헌재 2013.2.28. 2012헌마131).

19. 공직선거 후보자 등록 시 실효된 형 기재

실효된 금고 이상의 형 범죄경력을 기재하도록 한 조항은 후보자 선택을 제한하거나 당선기회를 봉쇄하지 않아 공무담임권을 침해하지 않는다(헌재 2008.4.24. 2006헌마402).

20. 방위사업청 경력경쟁채용 공고의 변호사 등록 요구

변호사 등록을 요구한 경력경쟁채용 공고는 응시자의 자격과 업무 수행 능력을 검증하려는 목적에 부합하며, 인사권자의 재량권을 벗어나지 않아 공무담임권을 침해하지 않는다(헌재 2019.8.29. 2019헌마616).

21. 지방자치단체 공무원의 동의 없는 전출 (헌재 2002.11.28. 98헌바101)

① 지방공무원의 동의 없이 전출시키는 것은 공무담임권을 침해한다.
② 대법원은 해당 법률 조항을 공무원의 동의를 전제로 해석하고 있으므로 공무담임권 침해가 아니다.

22. 제주도 시 · 군 폐지와 관련한 공무담임권 문제

제주도 시 · 군 폐지와 관련한 규정은 입법목적 달성을 위한 적절한 조치로 공무담임권을 침해하지 않는다 (헌재 2006.4.27. 2005헌마1190).

23. 국가정보원 제한경쟁시험 공고 중 병역필 요건

병역필 요건을 둔 제한경쟁시험은 군미필자의 공무담임권을 제한하나, 입법목적과 비례하여 과도하지 않으며 공무담임권 침해로 볼 수 없다(헌재 2007.5.31. 2006헌마627).

24. 전산직 공무원시험의 자격증 요구

전산관련 자격증 소지자를 응시자격으로 한 조항은 기술인력 우대와 경제발전을 위한 합리적 조치로 공무담임권 침해가 아니다(헌재 2012.7.26. 2010헌마264).

25. **병역의무기간 공무원 경력 포함** (헌재 2018.7.26. 2017헌마1183)
    ① **공무원으로 임용되기 전에 병역의무를 이행한 기간을 승진소요 최저연수에 포함하는 규정을 두지 않은 지방공무원 임용령**: 승진소요 최저연수에 공무원 임용 전 병역의무 이행기간을 포함시키지 않았다 하여 청구인의 승진임용기회에 과도한 제한을 가한다고 보기는 어려우므로, 승진기간조항은 공무담임권을 침해하지 않는다.
    ② 심판대상조항들이 헌법 제39조 제2항의 병역의무의 이행으로 인한 불이익처우 금지원칙을 위반하는지 여부(소극)

제5절 공무원제도

> 헌법 제7조 ① 공무원은 국민전체에 대한 봉사자이며, 국민에 대하여 책임을 진다.
> ② 공무원의 신분과 정치적 중립성은 법률이 정하는 바에 의하여 보장된다.
>
> 제29조 ① 공무원의 직무상 불법행위로 손해를 받은 국민은 법률이 정하는 바에 의하여 국가 또는 공공단체에 정당한 배상을 청구할 수 있다. 이 경우 **공무원 자신의 책임은 면제되지 아니한다.**
>
> 제33조 ② **공무원인 근로자는** 법률이 정하는 자에 한하여 단결권·단체교섭권 및 단체행동권을 가진다.
> ➜ **공무원의 근로자성을 전제로 하고 있다.**

01 공무원의 의의

1. 개념

공무원이란 국민에 의해 선출되거나 국가 또는 공공단체와 공법상의 근무계약으로 임용되어 공공업무를 담당하는 자이다.

2. 공무원법상의 공무원 ★

(1) 공무원의 종류
    ① 경력직공무원: 일반직, 특정직
    ② **특수경력직공무원: 정무직**(선거로 취임하거나 임명할 때 국회의 동의가 필요한 공무원, 고도의 정책 결정 업무를 담당하거나 이러한 업무를 보조하는 공무원), **별정직**(비서관·비서 등 보좌업무 등을 수행하거나 특정한 업무 수행을 위하여 법령에서 별정직으로 지정하는 공무원)

(2) 국민전체의 봉사자로서의 공무원 ★
    ① 헌법 제7조 제1항의 국민전체는 주권자로서의 국민을 말하고 헌법 제7조 제1항의 공무원은 최광의의 공무원으로서 경력직, 특수경력직공무원, 공무상 위탁계약에 의하여 공무에 종사하는 모든 자(공무수탁사인)를 포함한다.
    ② 대통령은 '국민전체'에 대한 봉사자이므로 특정 정당, 자신이 속한 계급·종교·지역·사회단체, 자신과 친분 있는 세력의 특수한 이익 등으로부터 독립하여 국민 전체를 위하여 공정하고 균형 있게 업무를 수행할 의무가 있다(헌재 2017.3.10. 2016헌나1).

02 직업공무원제도

1. 의의

(1) 개념

직업공무원제도란 국가 또는 지방단체와 공법상의 근무관계 및 충성관계를 맺고 있는 직업공무원으로 하여금 국가의 정책집행을 담당케 하여 안정적이고 능률적인 정책집행을 보장하려는 공직구조에 관한 제도를 말한다.

(2) 헌법 제7조 제1항과 제2항의 관계

직업공무원제도는 공무원이 국민전체의 이익을 위해 직무를 수행할 수 있도록 하기 위해 공무원의 정치적 중립과 신분을 보장하는 것이다. 따라서 <u>헌법 제7조 제2항은 헌법 제7조 제1항을 위한 수단조항으로 볼 수 있다.</u>

(3) 직업공무원제도의 연혁

① **제헌헌법**: 공무원의 지위와 책임
② **제2공화국 헌법(제3차 개정헌법)**: 공무원의 신분보장과 정치적 중립성 추가(직업공무원제도 최초규정)
③ **제3공화국 헌법(제5차 개정헌법)**: 국민전체의 봉사자로서의 공무원
④ **현행헌법**: 국군의 정치적 중립

2. 공무원제도의 내용

(1) 직업공무원제의 공무원

국가공무원법 제3조는 국가공무원법의 적용은 원칙적으로 경력직공무원에게 적용된다고 규정하고 있다. 이에 반해 헌법 제29조 제1항의 공무원과 **국가배상법**의 공무원은 최광의의 공무원이다. 따라서 **국가공무원법의 공무원과 국가배상법의 공무원의 범위**는 동일하지 않는다.

📖 판례정리

직업공무원제

1. 직업공무원제도의 공무원 정의

직업공무원제도에서의 공무원은 국가나 공공단체와 공법상 특별관계에 기반하여 공무를 담당하는 협의의 공무원을 의미하며, 정치적 공무원이나 임시직 공무원은 포함되지 않는다(헌재 1989.12.18. 89헌마32).

2. 대통령의 공무원 지위와 정치적 중립 의무

대통령은 국가공무원법의 적용을 받는 공무원이자 행정부의 수반으로서 선거에서 정치적 중립 의무를 지닌다. 대통령의 정치적 중립 의무는 헌법 제7조 제1항, 제47조 제1항, 제67조 제1항, 제116조 제1항에서 도출되는 헌법적 요청이다. 그러나 대통령은 정무직 공무원으로 헌법 제7조 제2항에서 보장하는 직업공무원제도의 적용대상은 아니다(헌재 2004.5.14. 2004헌나1).

3. 지방자치단체장의 퇴직급여 미규정 문제 (헌재 2014.6.26. 2012헌마459)

① **입법부작위에 관한 판단**: 지방자치단체장은 헌법 제7조 제2항의 직업공무원에 해당하지 않으며, 정치적 중립성을 요하지 않는 선출직 공무원이다. 따라서 헌법 제7조, 제25조, 제34조로부터 지방자치단체장을 위한 별도의 퇴직급여제도를 마련할 입법적 의무는 도출되지 않는다.
② **공무원연금법 적용 배제의 합리성**: 지방자치단체장은 특정 정당을 정치적 기반으로 하는 임기제 공무원이며, 장기 근속을 전제로 설계된 공무원연금법의 적용 대상에서 제외된 것은 합리적 이유가 있다.

☑️ 지방자치단체장

헌법 위반	① 임기 중 사직하여 입후보금지 ② 180일 전 사직하여 지역구국회의원선거 입후보 ③ 금고 이상의 선고를 받고 확정되지 않은 권한대행
헌법 위반 아님.	① 120일 전 사직하여 지역구국회의원선거 입후보 ② 공소제기되어 구금된 경우 권한대행 ③ 공무원연금법의 공무원에서 지방자치단체장 배제 ④ 연임 3기 제한

(2) 공무원 정치적 중립

> 헌법 제7조 ② 공무원의 신분과 정치적 중립성은 법률이 정하는 바에 의하여 보장된다.
>
> 제5조 ② 국군은 국가의 안전보장과 국토방위의 신성한 의무를 수행함을 사명으로 하며, 그 정치적 중립성은 준수된다.
>
> 제112조 ② 헌법재판소 재판관은 정당에 가입하거나 정치에 관여할 수 없다.
>
> 제114조 ④ 선거관리위원회 위원은 정당에 가입하거나 정치에 관여할 수 없다.

📖 판례정리

공무원의 정치적 중립성

1. 선관위 공무원의 정치적 중립성 및 단체 활동 금지

선거관리위원회 공무원은 정치적 중립성을 철저히 지켜야 하므로, 특정 정당이나 후보자를 지지·반대하는 단체 가입 및 활동을 금지하는 조치는 정치적 표현의 자유를 침해하지 않는다(헌재 2012.3.29. 2010헌마97).

2. 공무원의 정치적 중립성과 표현의 자유 제한

공무원은 국민 전체의 봉사자로서 정치적 중립성을 요구받으며, 신분과 지위의 특수성으로 인해 일반 국민보다 표현의 자유가 더 제한될 수 있다. 군무원의 경우, 헌법 제5조 제2항에서 요구하는 군의 정치적 중립성으로 인해 정치적 의견 공표 행위에 대해 일반 국민보다 더 엄격한 제한이 필요하다(헌재 2014.8.28. 2011헌바32 ; 헌재 2018.7.26. 2016헌바139).

3. 공무원의 정책 반대·방해 행위 금지

공무원 복무규정에서 국가나 지방자치단체의 정책에 대한 반대 및 방해 행위를 금지하는 것은 공무원의 정치적 중립성을 보장하기 위한 조치로, 정치적 표현의 자유를 침해하지 않는다(헌재 2012.5.31. 2009헌마705).

(3) 공무원의 신분보장

① 공무원은 형의 선고, 징계처분 또는 이 법에서 정하는 사유에 따르지 아니하고는 본인의 의사에 반하여 휴직·강임 또는 면직을 당하지 아니한다. 다만, 1급 공무원과 제23조에 따라 배정된 직무등급이 가장 높은 등급의 직위에 임용된 고위공무원단에 속하는 공무원은 그러하지 아니하다(국가공무원법 제68조).

② **국민이 공무원으로 임용된 경우에 있어서 그가 정년까지 근무할 수 있는 권리**는 헌법의 공무원신분보장 규정에 의하여 보호되는 기득권으로서 그 침해 내지 제한은 신뢰보호의 원칙에 위배되지 않는 범위 내에서만 가능하다고 할 것이다(헌재 1994.4.28. 91헌바15).

(4) 공무원 징계

    ① **공무원 징계유형:** 파면 · 해임 · 강등 · 정직 · 감봉 · 견책

    참고 **법관의 징계유형:** 정직 · 감봉 · 견책

📖 **판례정리**

공무원 징계

1. 검사와 법관의 신분보장 차이

법관에게는 면직처분이 인정되지 않는 반면 검사에게는 인정되는 차이는 신분보장에 있어 다소 차별이 있지만, 헌법이 법관의 신분보장을 특별히 규정하고 있는 점에서 합리적 이유가 있다. 따라서 검사에 대한 면직처분 규정은 평등원칙에 위배되지 않는다(헌재 2011.12.29. 2009헌바282).

2. 공무원의 품위유지의무

공무원에게 직무 내외에서 품위유지의무를 부과하고, 품위손상행위를 징계사유로 규정한 법률조항은 명확성원칙에 위배되지 않으며, 공무담임권을 침해한다고 볼 수 없다(헌재 2016.2.25. 2013헌바435).

3. 금품수수 관련 징계시효 규정

공무원이 금품수수를 한 경우 직무관련성과 상관없이 징계시효를 3년으로 일률적으로 정한 것은 징계 실효성을 높이고 공직 청렴성과 공직기강 확립을 목적으로 하여 합리적 이유가 있으므로 평등권을 침해하지 않는다(헌재 2012.6.27. 2011헌바226).

---

    ② **징계절차:** 국가공무원의 경우 징계위원회의 의결을 거쳐 징계권자가 징계한다.

    ③ **징계불복절차:** 징계를 받은 공무원은 소청위원회의 소청절차를 거쳐 항고소송을 제기할 수 있다.

(5) 능력주의(성과주의)

    ① **능력주의의 원칙:** 선거직 공무원과 달리 직업공무원에게는 정치적 중립성과 더불어 효율적으로 업무를 수행할 수 있는 능력 · 전문성 · 적성 · 품성이 요구된다. 세무직공무원 가산점제도는 변호사, 공인회계사, 세무사의 업무능력을 갖춘 사람을 우대하여 헌법 제7조에서 보장하는 직업공무원제도의 능력주의를 구현하는 측면이 있으므로 헌법 제37조 제2항에 따른 과잉금지원칙 위반 여부를 심사할 때 이를 고려할 필요가 있다(헌재 2020.6.25. 2017헌마1178).

    ② **능력주의의 예외**

📖 **판례정리**

능력주의 예외 (헌재 1999.12.23. 98헌바33)

1. 합리적 이유가 있다면 능력주의의 예외도 도입될 수 있다. 제대군인의 사회복귀지원은 능력주의 예외로 볼 수 없으므로 제대군인가산점 제도는 합리적 이유가 없으나 국가유공자 가산점제도는 헌법 제32조 제6항에 근거한 것이므로 능력주의의 예외이다.

2. 능력주의원칙에 대한 예외를 인정할 수 있는 경우가 있다. 그러한 **헌법원리로는 우리 헌법의 기본원리인 사회국가원리를 들 수 있고,** 헌법조항으로는 여자 · 연소자근로의 보호, 국가유공자 · 상이군경 및 전몰군경의 유가족에 대한 우선적 근로기회의 보장을 규정하고 있는 헌법 제32조 제4항 내지 제6항, 여자 · 노인 · 신체장애자 등에 대한 사회보장의무를 규정하고 있는 헌법 제34조 제2항 내지 제5항 등을 들 수 있다. 이와 같은 헌법적 요청이 있는 경우에는 합리적 범위 안에서 능력주의가 제한될 수 있다.

---

03 공무원의 의무

국가공무원법 제62조【외국 정부의 영예 등을 받을 경우】공무원이 외국 정부로부터 영예나 증여를 받을 경우에는 대통령의 허가를 받아야 한다.

제64조【영리 업무 및 겸직 금지】① 공무원은 공무 외에 영리를 목적으로 하는 업무에 종사하지 못하며 소속 기관장의 허가 없이 다른 직무를 겸할 수 없다.

제66조【집단행위의 금지】① 공무원은 노동운동이나 그 밖에 공무 외의 일을 위한 집단행위를 하여서는 아니 된다. 다만, 사실상 노무에 종사하는 공무원은 예외로 한다.

📖 판례정리

그 밖에 공무 외의 일을 위한 집단행위를 금지한 국가공무원법 제66조 (헌재 2020.4.23. 2018헌마550)

1. 공무원의 집단적 정치적 표현행위 제한

공무원이 집단적으로 정치적 의사표현을 하는 경우, 이는 공무원 집단의 이익을 대변하는 것으로 비춰질 수 있어 정치적 중립성을 훼손하고 공무의 공정성과 객관성에 대한 신뢰를 저하시킬 위험이 있다.

따라서 공무원의 집단행위를 제한하는 규정은 표현의 자유에 대한 과도한 제한이 아니며, 공익을 표방하는 집단적 정치적 표현행위 역시 규정의 적용 대상에서 제외되지 않는다.

이 사건 조항은 표현의 자유를 침해하지 않는다.

2. '공무 외의 일을 위한 집단행위'의 정의와 명확성원칙

'공무 외의 일을 위한 집단행위'는 '공익에 반하는 목적을 위해 직무전념의무를 해태하거나 공무에 대한 국민 신뢰를 손상시킬 수 있는 공무원 다수의 결집된 행위'로 한정 해석된다.

이에 따라 해당 조항은 명확성원칙에 위배되지 않는다.

📖 판례정리

공무원제도 위헌 여부

헌법 위반인 것

1. 후임자 임명처분에 의한 공무원직 상실

국회사무처와 도서관 공무원이 후임자 임명으로 공직을 상실하도록 규정한 조항은 공무원의 직위 상실에 정당한 사유를 요구하지 않아 직업공무원제도의 본질적 내용을 침해한다(헌재 1989.12.18. 89헌마32).

2. 법관의 신분보장과 해직공무원 보상

법관을 강제 해직된 공무원의 보상 대상에서 제외한 조항은 사법권 독립과 국민의 재판청구권 보장을 위한 법관 신분보장 원칙(헌법 제106조)과 평등원칙(헌법 제11조)에 위배된다(헌재 1992.11.12. 91헌가2).

3. 초·중등학교의 교육공무원이 정치단체의 결성에 관여하거나 이에 가입하는 행위를 금지한 국가공무원법 제65조 제1항 중 '국가공무원법 제2조 제2항 제2호의 교육공무원 가운데 초·중등교육법 제19조 제1항의 교원은 그 밖의 정치단체의 결성에 관여하거나 이에 가입할 수 없다.' 부분

명확성원칙은 헌법 제12조 및 제13조에 근거한 죄형법정주의에서 파생된 원칙이다. 법률이 처벌하고자 하는 행위와 형벌의 내용을 명확히 규정하여 누구나 예측할 수 있어야 한다. 특히 표현의 자유를 규제하는 법률은 높은 수준의 명확성을 요구한다. '그 밖의 정치단체'라는 용어는 법적용기관인 법관의 보충적 해석을 통해서도 그 의미가 확정될 수 없으므로, 명확성원칙에 위배된다. 이로 인해 청구인의 정치적 표현의 자유와 결사의 자유를 침해한다(헌재 2020.4.23. 2018헌마551).

4. 사회복무요원의 정당가입 및 정치적 목적 행위 금지 (헌재 2021.11.25. 2019헌마534)

① **정당가입 금지의 합헌성**: 사회복무요원의 정치적 중립성과 업무전념성이라는 공익이 개인의 사익보다 크므로 정당가입 금지는 합헌이다.

② **'그 밖의 정치단체'와 '정치적 목적 행위' 금지의 위헌성**: '그 밖의 정치단체'와 '정치적 목적 행위'의 개념은 불명확하고 개별화되지 않아 명확성원칙을 충족하지 못하며, 이에 따라 표현의 자유를 침해한다.

헌법 위반이 아닌 것

1. 5급 이상 해직공무원 특별채용 제외

1980년 해직공무원 보상특별법에서 5급 이상의 해직공무원을 특별채용 대상에서 제외한 것은 공직사회의 위계질서 확보와 인사 정체 방지를 위한 공익적 요청을 입법자가 고려한 결과이다. 6급 이하 공무원에 한해 원직급 복직을 허용한 것은 합리적 입법재량으로 인정할 수 있다(헌재 1993.9.27. 92헌바21).

2. 정부산하기관 임직원 보상 제외

1980년 해직공무원 보상특별법에서 정부산하기관 임직원을 보상대상에서 제외한 것은 헌법재판소법 제68조 제2항에 따른 진정입법부작위로 심판대상이 되지 않아 각하되었다. 다만, 일부 재판관은 공무원과 산하기관 임직원의 차별이 평등원칙에 위배된다는 의견을 제시하였다(헌재 1993.5.13. 90헌바22).

3. 이민 간 해직공무원의 보상 제외

이민 후 보상을 배제한 1980년 해직공무원 보상특별법은 국가의 예산 상황과 보상 능력을 고려한 조치로, 국내 거주자와 국외 거주자를 자의적으로 차별한 것으로 볼 수 없다. 따라서 이는 합리적이고 타당한 조치로 평가된다(헌재 1993.12.23. 89헌마189).

4. 군무원의 정치적 표현 금지

군형법에서 군무원의 정치적 의견 표명 및 정치운동 금지는 헌법 제5조 제2항의 군대 정치적 중립성과 직결되며, 금지 범위를 최소화하여 표현의 자유 제한을 축소하였다. 따라서 과잉금지원칙에 위배되지 않는다(헌재 2018.7.26. 2016헌바139).

5. 동장을 별정직 공무원으로 둔 것

동장을 별정직 공무원으로 규정한 것은 직업공무원제도의 최소 보장 원칙 내에서 입법형성권을 행사한 것이다. 동장의 임용 방식 및 직무 특성을 고려한 조치로, 헌법에 위배되지 않는다(헌재 1997.4.24. 95헌바48).

6. 직권면직

직제 폐지에 따른 직권면직은 인사위원회의 의견 수렴과 객관적 면직 기준 마련을 요구하고 있다. 따라서 이 조항은 직업공무원제도의 본질을 침해하지 않는다(헌재 2004.11.25. 2002헌바8).

7. 공무원 의무

① 공무원 복무규정에 따른 공무원단체 활동 제한은 단체의 자기관련성이 인정되지 않아 부적법하다(헌재 2012.5.31. 2009헌마705).

② 공무원의 직무 수행 중 정치적 주장을 표시하는 복장 착용 금지는 공무집행의 공정성과 중립성을 유지하기 위한 것으로, 과잉금지원칙에 위배되지 않는다(헌재 2012.5.31. 2010헌마90).

8. 공무원의 정치적 권유 처벌

국가공무원법 제65조는 공무원의 정치적 중립성을 보장하기 위해 공무원이 타인을 특정 정당에 가입하도록 권유하는 행위를 처벌한다. 이는 공무원에게만 적용되며, 합리적 이유가 있어 평등원칙에 위배되지 않는다(헌재 2021.8.31. 2018헌바149).

<대법원 판례>

1. 경찰공무원 임용결격자에 대한 임용행위의 효력(무효)

① 경찰관 임용 결격사유는 절대적 요건으로, 임용 당시 결격사유가 있었다면 임용권자의 과실로 결격사유를 밝혀내지 못했더라도 그 임용행위는 당연히 무효이다(대판 2005.7.28. 2003두469).

② 결격사유가 소멸된 후 오랜 기간 근무를 계속하였더라도 묵시적 임용처분을 추인하거나 새로운 임용이 이루어진 것으로 볼 수 없다(대판 1996.2.27. 95누9617).

2. 정년퇴직 발령의 행정소송 대상 여부(소극)

국가공무원법 제74조에 따라 공무원이 정년에 도달하면 공무담임권이 자동 소멸하여 퇴직되므로, 정년퇴직 발령은 행정소송의 대상이 되지 않는다(대판 1983.2.8. 81누263).

3. 형사사건 유죄확정 전 징계처분 가능 여부(적극)

공무원에게 징계사유가 인정된다면, 형사사건의 유죄확정 여부와 상관없이 징계처분을 할 수 있다(대판 2001.11.9. 2001두4184).

4. 계약직공무원의 계약해지 소송 유형

당사자소송: 계약직공무원 계약해지의 다툼은 당사자소송으로 다루어진다.

항고소송: 계약해지 소송에 해당하지 않는다.

5. 임용효력의 발생시기

임용의 효력은 임용 의사표시가 공무원에게 도달된 시점에서 발생한다. 임용 의사표시가 도달하지 않으면 효력을 발생하지 않는다(대판 1962.11.15. 62누165).

6. 경찰공무원의 직장이탈과 파면처분

경찰공무원이 뇌물수수 사건 수사를 피하기 위해 사직원을 제출한 뒤 허가 없이 장기간 출근하지 않은 경우, 직장이탈을 이유로 한 파면처분은 재량권 남용이나 일탈에 해당하지 않는다(대판 1991.11.12. 91누3666).

7. 공무원 임명 또는 해임의 효력 발생

해당 의사표시가 공무원에게 도달하지 않으면 효력이 발생하지 않는다. 해임 의사결정 후 후임 공무원을 임명하였더라도 기존 공무원에게 해임 의사표시가 도달되기 전까지는 기존 공무원이 직무를 수행할 권한이 있다(대판 1962.11.15. 62누165).

제9장 / 청구권적 기본권

제1절 청원권

> **헌법 제26조【청원권】** ① 모든 국민은 법률이 정하는 바에 의하여 국가기관에 문서로 청원할 권리를 가진다.
> ② 국가는 청원에 대하여 심사할 의무를 진다.

01 청원권의 의의

1. 개념

헌법상 보장된 청원권은 공권력과의 관계에서 일어나는 여러 가지 이해관계, 의견, 희망 등에 관하여 적법한 청원을 국가기관이 수리하여 이를 심사하고, 적어도 그 결과를 통지할 것을 요구할 수 있는 권리이다(헌재 1994.2.24. 93헌마213).

2. 연혁

제헌헌법부터 규정되어 왔다.

02 청원권의 내용

1. 청원 대상기관

국가기관, 지방자치단체와 그 소속기관, 법령에 의하여 행정권한을 가지고 있거나 행정권한을 위임 또는 위탁받은 법인·단체 또는 그 기관이나 개인에 대해서 청원할 수 있다(청원법 제4조).

2. 청원사항

> **청원법 제5조【청원사항】** 국민은 다음 각 호의 어느 하나에 해당하는 사항에 대하여 청원기관에 청원할 수 있다.
> 1. 피해의 구제
> 2. 공무원의 위법·부당한 행위에 대한 시정이나 징계의 요구
> 3. 법률·명령·조례·규칙 등의 제정·개정 또는 폐지
> 4. 공공의 제도 또는 시설의 운영
> 5. 그 밖에 청원기관의 권한에 속하는 사항
> **제25조【모해의 금지】** 누구든지 타인을 모해(謀害)할 목적으로 허위의 사실을 적시한 청원을 하여서는 아니 된다.

3. 청원방법

(1) 청원방법

> **청원법 제9조 【청원방법】** ① 청원은 청원서에 청원인의 성명(법인인 경우에는 명칭 및 대표자의 성명을 말한다)과 주소 또는 거소를 적고 서명한 문서(전자문서 및 전자거래 기본법에 따른 전자문서를 포함한다)로 하여야 한다.

(2) 청원서의 제출

> **청원법 제11조 【청원서의 제출】** ① 청원인은 청원서를 해당 청원사항을 담당하는 청원기관에 제출하여야 한다. ③ 다수 청원인이 공동으로 청원(이하 '공동청원'이라 한다)을 하는 경우에는 그 처리결과를 통지받을 3명 이하의 대표자를 선정하여 이를 청원서에 표시하여야 한다.

(3) 국회에 대한 청원

국회에 청원을 하려는 자는 의원의 소개를 받거나 국회규칙으로 정하는 기간 동안 국회규칙으로 정하는 일정한 수(100명) 이상 민의 동의를 받아 청원서를 제출하여야 한다(국회법 제123조). 그러나 지방의회에 청원하려면 지방의회의원의 소개가 반드시 필요하다(지방자치법 제73조).

📖 판례정리

의회에 대한 청원 *합헌결정

1. 국민동의조항과 그 위임을 받아 청원서를 제출하기 위한 구체적인 절차로서 국민의 찬성 · 동의를 받는 기간과 그 인원수 등을 규정한 국회청원심사규칙 제2조의2 제2항 중 '등록일부터 30일 이내에 100명 이상의 찬성을 받고' 부분 및 국회청원심사규칙 제2조의2 제3항이 청원권을 침해하였다고 볼 수 없다(헌재 2023.3.23. 2018헌마460).

2. **지방의회에 청원을 하고자 할 때에 반드시 지방의회 의원의 소개를 얻도록 한 지방자치법**은 청원의 소개의원도 1인으로 족한 점을 감안하면 이러한 정도의 제한은 공공복리를 위한 필요최소한의 것이라고 할 수 있다(헌재 1999.11.25. 97헌마54).

4. 청원처리

청원을 하면 국가기관은 청원을 수리하고 심사해서 그 결과를 통지해야 한다.

📖 판례정리

청원처리 (헌재 1997.7.16. 93헌마239)

1. 청원권은 공권력과의 관계에서 일어나는 여러가지 이해관계, 의견, 희망 등에 관하여 청원자에게 적어도 그 처리결과를 통지할 것을 요구할 수 있는 권리이다.

2. 청원권의 보호범위에는 청원사항의 처리결과에 심판서나 재결서에 준하여 이유를 명시할 것까지를 요구하는 것은 포함되지 아니한다.

3. 청원의 처리 절차와 국가기관의 의무

청원처리회신은 단순히 청원에 대한 결과를 통보하는 행위에 불과하며, 공권력의 행사 또는 불행사로 볼 수 없다. 따라서 청원인의 기대에 미치지 못하는 처리 내용이라 하더라도, 이는 헌법소원의 대상이 될 수 없다. 청원처리회신은 헌법소원의 대상이 되는 공권력의 행사가 아니다.

(1) 청원처리를 하지 아니할 수 있는 경우

> **청원법 제6조【청원 처리의 예외】** 청원기관의 장은 청원이 다음 각 호의 어느 하나에 해당하는 경우에는 처리를 하지 아니할 수 있다. 이 경우 사유를 청원인(제11조 제3항에 따른 공동청원의 경우에는 대표자를 말한다)에게 알려야 한다.
> 1. 국가기밀 또는 공무상 비밀에 관한 사항
> 2. 감사·수사·재판·행정심판·조정·중재 등 다른 법령에 의한 조사·불복 또는 구제절차가 진행 중인 사항
> 3. 허위의 사실로 타인으로 하여금 형사처분 또는 징계처분을 받게 하는 사항
> 4. 허위의 사실로 국가기관 등의 명예를 실추시키는 사항
> 5. 사인 간의 권리관계 또는 개인의 사생활에 관한 사항
> 6. 청원인의 성명, 주소 등이 불분명하거나 청원내용이 불명확한 사항

(2) 반복청원 및 이중청원의 경우

> **청원법 제16조【반복청원 및 이중청원】** ① 청원기관의 장은 동일인이 같은 내용의 청원서를 같은 청원기관에 2건 이상 제출한 반복청원의 경우에는 나중에 제출된 청원서를 반려하거나 종결처리할 수 있고, 종결처리하는 경우 이를 청원인에게 알려야 한다.

📖 판례정리

이중청원에 대한 국가의 의무 *각하결정

이중청원은 청원법 제8조에 따라 국가기관이 수리·심사·통지할 의무가 없다. 이에 대한 헌법소원은 작위의무가 없는 공권력의 불행사를 대상으로 하므로 부적법하다(헌재 2004.5.27. 2003헌마851).

(3) 공개청원의 공개 여부 결정 통지(청원법 제13조)

청원기관의 장은 접수일부터 15일 이내에 공개 여부를 결정하고 공개청원의 공개결정일부터 **30일간** 청원사항에 관하여 국민의 의견을 들어야 한다.

(4) 국회나 지방의회의 청원 심사(국회법 제124조와 제125조)

청원 - 위원장은 청원심사소위원회 회부하여 심사 - 위원회에서 본회의에 부의할 필요가 없다고 결정한 청원은 그 처리 결과를 의장에게 보고하고, 의장은 청원인에게 알려야 한다.

(5) 청원 심의

① **국무회의 심의**: 정부에 제출 또는 회부된 정부의 정책에 관계되는 청원의 심사 - 국무회의 심의를 반드시 거쳐야 한다(헌법 제89조 제15호).

② 청원처리와 결과 통지

청원법 제21조【청원의 처리 등】① 청원기관의 장은 청원심의회의 심의를 거쳐 청원을 처리하여야 한다. 다만, 청원심의회의 심의를 거칠 필요가 없는 사항에 대해서는 심의를 생략할 수 있다.
② 청원기관의 장은 청원을 접수한 때에는 특별한 사유가 없으면 **90일** 이내(제13조 제1항에 따른 공개청원의 공개 여부 결정기간 및 같은 조 제2항에 따른 국민의 의견을 듣는 기간을 제외한다)에 처리결과를 청원인(공동청원의 경우 대표자를 말한다)에게 알려야 한다.

(6) 이의신청(청원법 제22조)

청원인이 **30일** 이내에 청원기관의 장에게 문서로 이의신청을 할 수 있다. 청원기관의 장은 이의신청을 받은 날부터 15일 이내에 이의신청에 대하여 인용 여부를 결정하고, 그 결과를 청원인에게 지체 없이 알려야 한다.

5. 청원의 효과

(1) 수리 · 심사 · 통지의무(적극적 효과)

청원을 수리한 기관은 성실하고 공정하게 청원을 심사 · 처리하여야 한다. 그 처리결과를 청원인에게 통지하여야 한다.

(2) 차별대우금지(소극적 효과)

누구든지 청원하였다는 이유로 차별대우를 받거나 불이익을 강요당하지 아니한다(청원법 제26조).

📖 판례정리

청원권

1. 청원 처리방법의 성격

국가기관이 청원을 받아들여 구체적 조치를 취할지 여부는 국가기관의 재량에 속하며, 청원 심사 처리 결과의 통지 여부는 청원자의 권리 · 의무나 법률관계에 영향을 미치지 않는다. 따라서 이는 행정소송 대상인 행정처분이 아니다(대판 1990.5.25. 90누1458).

2. 수용자 청원 허가제

교도소 수용자에게도 원칙적으로 청원권이 보장되지만, 외부 서신 발송의 탈법적 악용을 방지하기 위한 검열은 수용 목적 달성을 위한 불가피한 조치로, 청원권의 본질적 내용을 침해하지 않는다(헌재 2001.11.29. 99헌마713).

3. 공무원이 취급하는 사건 또는 사무에 관하여 사건 해결의 청탁 등을 명목으로 금품을 수수하는 행위를 규제하는 구 변호사법

국민은 여러 가지 이해관계 또는 국정에 관하여 자신의 의견이나 희망을 해당 기관에 직접 진술하는 외에 그 본인을 대리하거나 중개하는 제3자를 통해 진술하더라도 이는 청원권으로서 보호된다. 공무원이 취급하는 사건 · 사무에 관하여 금품을 수수하며 중개 · 대리를 금지한 구 변호사법 조항은 청원권 및 일반적 행동의 자유를 제한한다. 그러나 이는 공무의 공정성과 신뢰성을 확보하기 위한 정당한 목적과 적절한 수단으로, 형사처벌 역시 과도하지 않으며 법익균형성을 충족한다. 따라서 이 조항은 청원권과 행동자유권을 침해하지 않는다(헌재 2012.4.24. 2011헌바40).

제2절 재판청구권

01 재판청구권의 의의

1. 개념

재판청구권이란 독립된 법원에서 신분이 보장된 법관에 의하여 적법한 절차에 따라 공정한 재판을 받을 것을 국가에 요구할 수 있는 권리이다. 다른 <u>기본권의 보장을 위한 기본권</u>이라는 성격을 가지고 있다(헌재 2009.4.30. 2007헌바121).

2. 재판청구권의 주체

국민과 외국인, 사법인과 공법인을 불문하고 재판청구권의 주체가 될 수 있다(헌재 2012.8.23. 2008헌마430).

(1) 수형자도 재판청구권이 보장되어야 한다(헌재 2012.3.29. 2010헌마475).

(2) 신체의 자유, 주거의 자유, 변호인의 조력을 받을 권리, 재판청구권 등은 성질상 인간의 권리에 해당한다고 볼 수 있으므로, 위 기본권들에 관하여는 불법체류 외국인도 기본권 주체성이 인정된다(헌재 2012.8.23. 2008헌마430).

02 재판청구권의 내용

1. 헌법과 법률이 정한 법관에 의한 재판을 받을 권리

(1) 재판을 받을 권리에서 '재판'

헌법 제27조 제1항은 법관에 의하지 아니하고는 <u>민사·행정·선거·가사사건에 관한 재판은 물론 어떠한 처벌도 받지 아니할 권리를 보장한 것이라 해석된다</u>(헌재 1998.5.28. 96헌바4).

(2) '법관'에 의한 재판

📖 판례정리

1. 보호감호제도와 재판청구권 침해

구 사회보호법 제5조 제1항은 재범의 위험성 여부와 상관없이 보호감호를 선고하도록 하여 법관의 판단 재량을 박탈한다. 이는 헌법 제27조 제1항에 명시된 국민의 법관에 의한 정당한 재판을 받을 권리를 침해한 것이다(헌재 1989.7.14. 88헌가5).

2. 신상공개제도와 재판청구권

청소년보호위원회의 청소년 성범죄 신상공개 결정은 형벌에 해당하지 않으므로 법관이 아닌 행정기관이 이를 결정하더라도 헌법상 재판청구권을 침해하지 않는다(헌재 2003.6.26. 2002헌가14).

3. 치료감호종료 여부와 법관에 의한 재판

사회보호위원회의 치료감호 종료 여부 결정은 행정소송을 통해 법관에 의한 재판을 받을 수 있으므로, 이는 재판청구권을 침해하지 않는다(헌재 2005.2.3. 2003헌바1).

4. 보안관찰처분 심의와 적법절차

보안관찰처분은 법무부 내 보호관찰처분심의위원회에서 심의·의결하며, 이 위원회는 준사법적 독립성을 가지는 기관이다. 따라서 보안관찰처분의 심의·의결은 적법절차와 법관에 의한 재판청구권을 침해하지 않는다(헌재 1997.11.27. 92헌바28).

5. 청소년유해매체물 결정과 법관의 역할

청소년보호위원회가 청소년유해매체물을 결정하는 것은 법률 구성요건을 보충하는 행위에 해당하며, 법관이 해당 결정의 적법성을 독자적으로 판단할 수 있으므로 이는 법관에 의한 재판청구권을 침해하지 않는다(헌재 2000.6.29. 99헌가16).

📖 법률정리

국민의 형사재판 참여에 관한 법률

1. 제정이유

사법의 민주적 정당성을 강화하고 투명성을 높임으로써 국민으로부터 신뢰받는 사법제도를 확립하기 위하여 국민이 배심원으로서 형사재판에 참여하는 국민참여재판 제도를 도입하기 위해서이다.

2. 주요 내용

① 국민참여재판이 적용되는 대상사건의 범위(법 제5조)

제5조【대상사건】① 다음 각 호에 정하는 사건을 국민참여재판의 대상사건으로 한다.
  1. 법원조직법 제32조 제1항(제2호 및 제5호는 제외한다)에 따른 합의부 관할 사건
  2. 제1호에 해당하는 사건의 미수죄·교사죄·방조죄·예비죄·음모죄에 해당하는 사건
  3. 제1호 또는 제2호에 해당하는 사건과 형사소송법 제11조에 따른 관련 사건으로서 병합하여 심리하는 사건
② 피고인이 국민참여재판을 원하지 아니하거나 제9조 제1항에 따른 배제결정이 있는 경우는 국민참여재판을 하지 아니한다.

② 국민참여재판 적용시 피고인 의사존중(법 제8조)

ㄱ 법원은 피고인이 국민참여재판을 원하는지 여부에 관한 의사를 서면 등의 방법으로 반드시 확인하도록 하되, 피고인의 국민참여재판을 받을 권리가 최대한 보장되도록 구체적인 확인 방법을 대법원규칙으로 정하도록 한다.
ㄴ 피고인은 공소장 부본의 송달을 받은 날부터 7일 이내에 국민참여재판을 원하는지 여부를 기재한 서면을 제출하도록 하고, 피고인이 서면을 제출하지 아니한 때에는 국민참여재판을 원하지 않는 것으로 본다.

③ 국민참여재판의 배제(법 제9조)

> 제9조【배제결정】① 법원은 공소제기 후부터 공판준비기일이 종결된 다음 날까지 다음 각 호의 어느 하나에 해당하는 경우 국민참여재판을 하지 아니하기로 하는 결정을 할 수 있다.
> 1. 배심원·예비배심원·배심원후보자 또는 그 친족의 생명·신체·재산에 대한 침해 또는 침해의 우려가 있어서 출석의 어려움이 있거나 이 법에 따른 직무를 공정하게 수행하지 못할 염려가 있다고 인정되는 경우
> 2. 공범 관계에 있는 피고인들 중 일부가 국민참여재판을 원하지 아니하여 국민참여재판의 진행에 어려움이 있다고 인정되는 경우
> 3. 성폭력범죄의 처벌 등에 관한 특례법 제2조의 범죄로 인한 피해자(이하 '성폭력범죄 피해자'라 한다) 또는 법정대리인이 국민참여재판을 원하지 아니하는 경우
> 4. 그 밖에 국민참여재판으로 진행하는 것이 적절하지 아니하다고 인정되는 경우
> ③ 제1항의 결정에 대하여는 즉시항고를 할 수 있다.

④ 통상절차 회부결정(법 제11조)

> 제11조【통상절차 회부】① 법원은 피고인의 질병 등으로 공판절차가 장기간 정지되거나 피고인에 대한 구속기간의 만료, 성폭력범죄 피해자의 보호, 그 밖에 심리의 제반 사정에 비추어 국민참여재판을 계속 진행하는 것이 부적절하다고 인정하는 경우에는 직권 또는 검사·피고인·변호인이나 성폭력범죄 피해자 또는 법정대리인의 신청에 따라 결정으로 사건을 지방법원 본원 합의부가 국민참여재판에 의하지 아니하고 심판하게 할 수 있다.
> ③ 제1항의 결정에 대하여는 불복할 수 없다.

⑤ 배심원 선정

㉠ 배심원 및 예비배심원의 수(법 제13조, 제14조)

> ⓐ 법정형이 사형, 무기징역, 무기금고 등에 해당하는 대상사건의 경우에는 배심원의 수를 9인으로 하고, 그 외의 대상사건의 경우에는 배심원의 수를 7인으로 하되, 피고인 또는 변호인이 공판준비절차에서 공소사실의 주요내용을 인정한 때에는 배심원의 수를 5인으로 하도록 한다.
> ⓑ 배심원의 결원 등에 대비하여 5인 이내의 예비배심원을 둘 수 있다.

㉡ 배심원의 자격요건 등(법 제17조~제19조)

> ⓐ 배심원이 공무를 수행하는 점을 고려하여 배심원의 결격사유를 국가공무원의 결격사유와 유사하게 규정하고, 법관의 제척사유와 같이 배심원이 당해 사건 또는 당해 사건의 당사자와 일정한 관계에 있는 경우에도 배심원으로 선정될 수 없도록 배심원의 제척사유를 정한다.
> ⓑ 국회의원, 지방의회의원, 변호사, 법원·검찰공무원, 경찰, 군인 등 다른 배심원에 대하여 과도한 영향을 줄 수 있거나 배심원으로의 직무수행에 어려움이 있는 직업을 가진 사람은 배심원으로 선정될 수 없도록 한다.

㉢ 배심원의 선정절차(법 제22조~제31조)

> 지방법원장은 배심원후보예정자명부를 작성하기 위하여 행정안전부장관에게 매년 그 관할구역 내에 거주하는 만 20세 이상 국민의 주민등록정보에서 일정한 수의 배심원후보예정자의 성명·생년월일·주소 및 성별에 관한 주민등록정보를 추출하여 전자파일의 형태로 송부하여 줄 것을 요청할 수 있다.

⑥ 배심원의 권한과 의무(법 제12조, 제44조)

> 제12조【배심원의 권한과 의무】① 배심원은 국민참여재판을 하는 사건에 관하여 사실의 인정, 법령의 적용 및 형의 양정에 관한 의견을 제시할 권한이 있다.
>
> 제44조【배심원의 증거능력 판단 배제】배심원 또는 예비배심원은 법원의 증거능력에 관한 심리에 관여할 수 없다.

⑦ 국민참여재판 배심원의 평의 및 평결(법 제46조)
  ㉠ 변론종결 후 재판장은 배심원에게 공소사실의 요지와 적용법조, 증거능력 등에 대하여 설명하도록 하고, 배심원단은 판사의 관여 없이 독자적으로 유무죄에 관하여 평의하고 **전원일치로 평결하도록 하되**, 의견이 일치하지 아니하는 경우에는 판사의 의견을 들은 후에 **다수결로 평결하도록 한다.**
  ㉡ 심리에 관여한 판사는 평의에 참석하여 의견을 진술한 경우에도 평결에는 참여할 수 없다.
  ㉢ **배심원**이 유죄의 평결을 한 경우에는 심리에 관여한 **판사와 함께 양형에 관하여 토의하고** 그에 관한 의견을 개진하도록 한다.
  ㉣ **배심원의 평결과 양형에 관한 의견은 법원을 기속하지 아니하되,** 평결결과와 양형에 관한 의견을 집계한 서면은 소송기록에 편철하도록 한다.
⑧ **판결서 기재사항(법 제49조):** 판결서에는 배심원이 재판에 참여하였다는 취지를 기재하고, 배심원의 의견을 기재할 수 있으며, 배심원의 평결결과와 다른 판결을 선고하는 경우 그 이유를 기재하여야 한다.

3. **국민참여재판 관련 판례** *국민참여재판법 모두 합헌결정
  ① **국민참여재판의 대상사건을 제한한** 국민의 형사재판참여법률은 평등권을 침해하지 않는다(헌재 2009.11.26. 2008헌바12).
  ② **합의부 관할사건만을 국민참여재판의 대상사건으로** 정한 이 사건 법률조항이 단독판사 관할사건으로 재판받는 피고인과 합의부 관할사건으로 재판받는 피고인을 다르게 취급하고 있는 것은 합리적인 이유가 있다고 인정된다. 또한 무죄추정원칙과 무관하다(헌재 2015.7.30. 2014헌바447).
  ③ '폭력행위 등 처벌에 관한 법률'상 **흉기상해죄를 국민참여재판 제외한** 것은 평등권을 침해하지 아니한다 (헌재 2016.12.29. 2015헌바63).
  ④ 국민주권주의는 모든 국가권력이 국민의 의사에 기초해야 한다는 의미로 국민참여재판 도입의 근거가 되지만, 모든 사건을 국민참여재판으로 진행해야 할 것을 요구하지 않는다(헌재 2016.12.29. 2015헌바63).
  ⑤ 국민참여재판 배제 결정을 허용한 법률은 피고인의 국민참여재판을 받을 권리가 헌법상 기본권이 아니므로 적법절차에 따른 권리 배제가 가능하며, 배제사유는 합리성과 정당성을 갖추어 적법절차원칙에 위배되지 않는다(헌재 2014.1.28. 2012헌바298).
  ⑥ 국민참여재판 배심원의 자격을 만 20세 이상으로 정한 것은 배심원 역할 수행 능력을 고려한 합리적 연령기준이며, 선거권 연령과 일치시킬 필요는 없다(헌재 2021.5.27. 2019헌가19).
  ⑦ 국민참여재판 대상사건을 합의부 관할 사건 등으로 한정한 것은 재판의 효율성과 실제 가능성을 고려한 합리적 결정으로 평등권을 침해하지 않는다(헌재 2021.6.24. 2020헌마1421).
  ⑧ 군사재판을 국민참여재판 대상에서 제외한 것은 군사재판의 특수성을 고려한 합리적 입법재량으로 평등원칙에 위배되지 않는다(헌재 2021.6.24. 2020헌바499).

---

(3) 약식재판, 즉결심판, 가사심판
  법관에 의한 심판이고 불복시 정식재판을 청구할 수 있으므로 재판청구권을 침해한 것은 아니다.

(4) 통고처분

경찰서장이 범칙자로 인정되는 자에 대하여 범칙금 납부를 통고할 수 있도록 한 도로교통법은 재판청구권 침해가 아니다. 관세청의 통고처분을 행정소송의 대상에서 제외한 관세법은 재판청구권 침해가 아니다(헌재 1998.5.28. 96헌바4).

2. 재판을 받을 권리

민사재판, 형사재판, 행정재판, 헌법재판을 받을 권리이다. 재판청구권은 사실관계와 법률관계에 관하여 최소한 한번의 재판을 받을 기회가 제공될 것을 국가에게 요구할 수 있는 절차적 기본권을 뜻하므로 **기본권의 침해에 대한 구제절차가 반드시 헌법소원의 형태로 독립된 헌법재판기관에 의하여 이루어질 것만을 요구하지는 않는다**(헌재 1997.12.24. 96헌마172).

📖 판례정리

재판을 받을 권리 보호영역

보호되는 것

1. 헌법 제27조 제1항 보장의 실효성

헌법 제27조 제1항이 규정하는 법률에 의한 재판을 받을 권리는 단순히 법원에 제소할 수 있는 형식적 권리가 아니라, 권리구제의 실효성을 상당한 정도로 보장해야 한다(헌재 2013.3.21. 2012헌바128).

2. 불변기간 명확성의 원칙

불변기간은 재판을 받을 권리 행사와 직접 관련되므로, 누구나 명확히 이해할 수 있게 규정되어야 하며, 모호하거나 불완전하여 오해의 소지가 많다면 법치주의의 파생 원칙인 불변기간 명확성의 원칙에 반한다(헌재 1998.6.25. 97헌가15).

3. 법관에 의한 사실확정

헌법 제27조 제1항의 법관에 의한 재판은 법관에 의한 사실확정과 법률적용을 의미한다.
① 특허심판위원회 결정에 불복하여 대법원에 상고하도록 한 특허법은 사실심을 배제하여 재판청구권을 침해한다(헌재 1995.9.28. 92헌가11).
② 변호사징계 결정에 대해 대법원에 즉시 항고하도록 한 변호사법은 사실확정 기회를 박탈하여 재판청구권을 침해한다(헌재 2000.6.29. 99헌가9).
③ 법관 징계처분 취소청구소송을 대법원 단심으로 규정한 구 법관징계법은 사실확정권이 대법원에 속하므로 재판청구권을 침해하지 않는다(헌재 2012.2.23. 2009헌바34).

4. 상소 및 항고권 제한

① **금융기관의 연체대출금 특별조치법**: 경락허가결정에 항고하려면 과도한 담보 공탁을 요구하고 즉시항고를 금지한 규정은 경제적 부담을 가중하여 자력이 없는 항고권자의 재판청구권을 부당하게 제한한다(헌재 1989.5.24. 89헌가37).
② **반국가행위자 처벌특별법**: 형사재판에서 피고인이 중죄를 범했거나 외국 도피 중이라는 이유로 상소나 상소권 회복을 전면 봉쇄하는 것은 재판청구권을 침해한다(헌재 1993.7.29. 90헌바35).

보호되지 않는 것

1. 논리적 법률 적용의 권리

논리적이고 정제된 법률의 적용을 받을 권리는 헌법상 보장되는 기본권이 아니다(헌재 2011.8.30. 2008헌마477).

2. 승소권

헌법 제27조 제1항의 재판청구권은 법률에 의한 재판을 받을 권리를 의미하며, 특정 소송에서의 승소권을 보장하지 않는다(헌재 1996.8.29. 95헌가15).

3. 재심청구권

① 재심은 특별한 불복방법으로, 헌법 제27조의 재판청구권에 포함되지 않는다(헌재 1996.3.28. 93헌바27).

② 재심청구권은 입법 형성에 의해 창설되는 법률상 권리이며 헌법상 기본권이 아니다(헌재 2000.6.29. 99헌바66).

③ 재심사유를 알고도 주장하지 않은 경우 재심청구를 금지하는 민사소송법은 재판청구권을 침해하지 않는다(헌재 2015.12.23. 2015헌바273).

4. 치료감호 청구권

피고인의 치료감호 청구권은 재판청구권의 보호범위에 포함되지 않으며, 법원이 직권으로 선고하는 권리도 포함되지 않는다(헌재 2010.4.29. 2008헌마622).

5. 국민참여재판

헌법상 재판청구권은 직업법관에 의한 재판을 중심으로 하므로 국민참여재판을 받을 권리는 헌법 제27조의 보호범위에 포함되지 않는다(헌재 2009.11.26. 2008헌바12).

6. 대법원 재판을 받을 권리

① 대법원의 재판을 받을 권리는 헌법상 보장되지 않는다(헌재 1996.10.31. 94헌바3).

② 법관에 의한 1차적 사실과 법률 심리는 보장되지만, 모든 사건에 대해 대법원 심사를 보장하지 않는다(헌재 1992.6.26. 90헌바25).

③ 상고를 제한하는 규정은 법질서 통일 및 소송경제를 위한 것으로 합리적이며, 재판청구권 침해가 아니다(헌재 1995.1.20. 90헌바1).

④ 항소심에서 심판대상으로 한 사항만 상고이유로 삼도록 한 형사소송법은 재판청구권을 침해하지 않는다(헌재 2015.9.24. 2012헌마798).

⑤ 사형, 무기 또는 중형에 해당하는 사건만 상고를 허용한 형사소송법 제383조 제4호는 합리적 제약으로, 재판청구권을 침해하지 않는다(헌재 2020.7.16. 2020헌바14).

⑥ 소액사건 상고를 제한한 소액사건심판법은 재판청구권 및 평등권 침해가 아니다(헌재 2009.2.26. 2007헌마1433).

참고 대법원재판 또는 상고심재판 제한은 모두 합헌. 다만, 보상결정에 대한 불복을 금지하는 형사보상법은 위헌

📖 판례정리

재판청구권 제한이 아닌 것

1. 법원의 범죄인인도 결정은 형사처벌이 아닌 단순히 인도 여부 판단으로, 재판청구권의 보호대상에 포함되지 않는다. 재판을 인정하더라도 상소가 불가한 점이 재판청구권 제한으로 보기 어렵다. 또한, 적법 절차를 준수하여 상소를 불허한 입법은 입법재량 내에 있어 과잉 제한이 아니다. 결론적으로, 해당 조항은 재판청구권을 제한하지 않거나 과잉 제한이라 할 수 없다(헌재 2003.1.30. 2001헌바95).

2. 의료급여기관이 의료법 제33조 제2항을 위반하였다는 사실을 수사기관의 수사 결과로 확인한 경우 시장·군수·구청장으로 하여금 해당 의료급여기관이 청구한 의료급여비용의 지급을 보류할 수 있도록 규정한 의료급여법 은 의료급여비용의 지급보류처분에 관한 실체법적 근거규정으로서 권리구제절차 내지 소송절차에 관한 규정이 아니므로, 이로 인하여 재판청구권이 침해될 여지는 없다(헌재 2024.6.27. 2021헌가19).
* 재산권 제한임.

심리불속행제도

1. 상고기각 기준 제한

상고심절차에관한특례법은 대법원의 심리부담 경감과 재판의 신속성 확보를 위해 상고심 심리를 제한하도록 규정하고 있다. 대법원이 심리하지 않고 상고를 기각할 수 있는 기준은 헌법 또는 대법원 판례와의 상반 여부, 대법원 판례의 부재 또는 변경 필요성 등으로 명확히 규정되어 있다. 이는 대법원의 최고법원성을 존중하고, 민사, 가사, 행정, 특허 등 사건에서 법령해석의 통일성을 우선시한 규정으로 입법재량의 범위에 속하며 헌법에 위반되지 않는다(헌재 1997.10.30. 97헌바37).

2. 심리불속행 판결 이유 생략 허용

상고심절차에 관한 특례법 제4조 제1항 및 제5조 제1항은 심리불속행 재판에서 판결 이유 생략을 허용하고 있다. 이는 심급제도와 대법원의 최고법원성을 유지하며, 법령해석의 통일성을 우선시한 규정으로 입법 목적에 합치한다. 개별 사건의 권리구제보다 대법원의 역할을 고려한 합리적인 입법으로 평가되어 헌법에 위반되지 않는다(헌재 2009.4.30. 2007헌마5891).

참고 심리불속행을 규정한 상고심절차에 관한 특례법은 모두 합헌

4. 군사재판을 받지 않을 권리

(1) 군사재판을 받지 않을 권리 제한

> **현행헌법 제27조** ② 군인 또는 군무원이 아닌 국민은 대한민국의 영역 안에서는 중대한 군사상 기밀·초병·초소·유독음식물공급·포로·**군용물에 관한 죄** 중 법률이 정한 경우와 **비상계엄**이 **선포된 경우**를 **제외하고는 군사법원의 재판을 받지 아니한다.**
>
> **1980년 헌법 제26조** ② 군인 또는 군무원이 아닌 국민은 대한민국의 영역 안에서는 중대한 군사상 기밀·초병·초소·**유해음식물공급**·포로·**군용물**·**군사시설에 관한 죄** 중 법률에 정한 경우와, 비상계엄이 선포되거나 대통령이 법원의 권한에 관하여 비상조치를 한 경우를 제외하고는 군법회의의 재판을 받지 아니한다.

📖 판례정리

군사법원법 위헌 여부

1. 군사시설 손괴와 군사법원의 관할권

구 군형법 제69조의 '전투용에 공하는 시설'은 군사목적에 직접 공용되는 시설로 '군사시설'에 해당하며, 이는 '군용물'에 포함되지 않는다. 일반 국민이 이러한 '군사시설'을 손괴한 경우를 군사법원에서 재판받도록 규정한 군사법원법은 헌법 제27조 제2항에 위반된다. 이는 국민이 헌법과 법률이 정한 법관에 의한 재판을 받을 권리를 침해하는 것이다(헌재 2013.11.28. 2012헌가10).

2. 군사법경찰관의 구속기간 연장

신체의 자유와 신속한 재판을 받을 권리를 침해하는 부적절한 기본권 제한이다(헌재 2003.11.27. 2002헌마193).

3. 비용보상청구권의 제척기간을 무죄판결이 확정된 날부터 6개월 이내로 규정한 구 군사법원법 제227조의12 제2항에 대해 4인은 재판청구권 및 재산권을 침해라고 하고, 4인 평등권 침해라고 하였다(헌재 2023.8.31. 2020헌바252).

4. 군대 입대 전 범죄에 대한 군사법원의 재판권

현역병이 군대 입대 전에 저지른 범죄에 대해 군사법원이 재판권을 가지도록 한 군사법원법은 재판청구권을 침해하지 않는다(헌재 2009.7.30. 2008헌바162).

5. 심판관으로 일반장교 임명 가능 여부

군사법원에서 심판관을 일반장교 중에서 임명할 수 있도록 한 군사법원법은 헌법 제110조에 근거를 두고 있다. 이는 정당한 재판을 받을 권리나 정신적 자유를 본질적으로 침해하지 않으며, 재판청구권을 침해하지 않는다(헌재 1996.10.31. 93헌바25).

---

(2) 비상계엄하 군사재판 단심제

> 헌법 제110조 ④ **비상계엄하의 군사재판**은 군인·군무원의 범죄나 군사에 관한 간첩죄의 경우와 초병·초소·유독음식물공급·포로에 관한 죄 중 법률이 정한 경우에 한하여 단심으로 할 수 있다. 다만, 사형을 선고한 경우에는 그러하지 아니하다.

① 비상계엄하에서는 군인이나 군무원의 경우 모든 범죄에 대해 단심재판을 할 수 있다.
② 중대한 군사상 기밀, 군용물에 관한 죄와 군사시설에 관한 죄에 대한 단심재판제도는 허용되지 않는다.
③ 경비계엄하 군사재판의 단심제는 인정되지 않는다.
④ 사형의 경우에 단심재판제도는 허용되지 않는다.

구분	중대한 군사상 기밀죄, 군용물죄	군사시설에 관한 죄
헌법 제27조 제2항	○	×
헌법 제110조 제4항	×	×

5. 신속 공개재판을 받을 권리

> 헌법 제27조 【재판을 받을 권리, 형사피고인의 무죄추정 등】 ③ 모든 국민은 신속한 재판을 받을 권리를 가진다. 형사피고인은 상당한 이유가 없는 한 지체 없이 공개재판을 받을 권리를 가진다.
>
> 제109조 재판의 심리와 판결은 공개한다. 다만, **심리는 국가의 안전보장 또는 안녕질서를 방해하거나 선량한 풍속을 해할 염려가 있을 때에는 법원의 결정으로** 공개하지 아니할 수 있다.

📖 판례정리

재판지연

피청구인은 민사소송법 제184조에서 정하는 기간 내에 판결을 선고하도록 노력해야 할 의무는 있지만, 이 기간 내에 반드시 판결을 선고해야 할 법률상 의무가 발생한다고는 볼 수 없다. 신속한 재판을 받을 권리 실현을 위해서는 구체적인 입법 형성이 필요하며, 법률에 의한 형성 없이는 신속한 재판을 위한 직접적이고 구체적인 청구권이 발생하지 않는다. 따라서, 피청구인이 보안처분의 효력 만료 전까지 판결을 선고하지 않은 것은 헌법소원의 대상이 되는 공권력의 불행사로 볼 수 없다(헌재 1999.9.16. 98헌마75).

---

6. 공정한 재판을 받을 권리

공정한 재판을 받을 권리는 **헌법의 명문 규정은 없으나** 당연히 인정되는 헌법상 권리이다.

📖 판례정리

공정한 재판을 받을 권리 보호 여부

1. 헌법은 명시적으로 공정한 재판을 받을 권리를 규정하지 않았지만, 이는 국민의 기본권으로 보장되며, 공개된 법정에서 검사와 피고인에게 공평한 기회가 보장되는 재판을 포함한다(헌재 2001.8.30. 99헌마496).

2. 공정한 재판을 받을 권리에는 신속하고 공개된 법정에서 당사자주의와 구두변론주의 및 증거재판주의가 보장되어 피고인이 충분히 방어권을 행사할 수 있는 재판을 받을 권리가 포함된다(헌재 2012.12.27. 2011헌마351).

3. 검사가 증인과의 접촉을 독점하거나 상대방의 접근을 차단하면 상대방의 공정한 재판을 받을 권리가 침해되며, 구속된 증인에 대한 편의 제공이 검사에게만 허용되는 경우에도 공정성을 해칠 수 있다(헌재 2001.8.30. 99헌마496).

4. 공정한 재판을 받을 권리는 소송의 모든 과정에서 적용되며, 증명책임의 분배 문제도 그 보호범위에 포함된다(헌재 2013.9.26. 2012헌바23).

5. 헌법 제27조가 보장하는 공정한 재판을 받을 권리는 헌법재판을 포함하며, 헌법재판소가 9인의 재판관으로 구성되도록 한 규정은 다양한 가치관을 반영하고 공정성을 보장하기 위한 것이다. 공정한 재판을 받을 권리는 헌법재판을 받을 권리도 포함하며, 헌법재판의 공정성을 보장하기 위해 국회는 공석이 된 헌법재판관의 후임자를 선출해야 할 작위의무를 부담한다(헌재 2014.4.24. 2012헌마2).

6. 공정한 재판을 받을 권리에 외국에서 증거를 수집할 권리가 포함되지 않으며, 형벌권 회피를 우려하여 출국금지를 허용하는 출입국관리법은 이를 침해하지 않는다(헌재 2015.9.24. 2012헌바302).

7. 형사피해자의 재판절차진술권

> **헌법 제27조 【재판절차진술권】** ⑤ 형사피해자는 법률이 정하는 바에 의하여 당해 사건의 재판절차에서 진술할 수 있다.

(1) 형사피해자의 의의

① **형사피해자의 개념**: 형사피해자의 개념은 헌법이 형사피해자의 재판절차진술권을 독립된 기본권으로 인정한 취지에 따라 넓게 해석되어야 하며, 형사실체법상의 보호법익 기준에 한정되지 않는다. 따라서 직접적인 보호법익의 주체가 아니더라도 범죄로 인해 법률상 불이익을 받은 자는 헌법상 형사피해자의 재판절차진술권의 주체가 될 수 있다(헌재 1992.2.25. 90헌마91).

② **형사피해자와 범죄피해자의 범위 차이**: 헌법 제27조의 형사피해자는 모든 범죄행위로 인한 피해자를 포함하므로, 생명·신체에 대한 범죄피해자에 한정되는 헌법 제30조의 범죄피해자구조청구권에서의 범죄피해자보다 넓은 개념이다.

③ **보호취지**: 형사피해자가 형사재판절차에 참여하여 의견을 진술할 수 있는 기회를 부여함으로써 기소독점주의 하에서 형사사법 절차의 적정성을 확보하고 이를 기본권으로 보장하기 위한 것이다(헌재 2009.2.26. 2005헌마764).

④ **재판청구권과의 관계**: 형사피해자의 형사재판절차 접근 제한은 재판청구권 제한으로 이어질 수 있다. 재정신청제도는 검사의 자의적 불기소처분에 대해 형사피해자의 재판절차진술권을 보장하기

위한 별도의 사법절차로, 이는 불기소처분의 당부를 심사하는 법원의 재판절차에 해당한다. 따라서 재정신청 및 그 심리의 공개, 재정결정에 대한 불복 등의 제한은 형사피해자의 재판청구권 행사에 대한 제한이 될 수 있다(헌재 2011.11.24. 2008헌마578).

(2) 헌법 제27조 제5항의 법률유보

헌법 제27조 제5항이 정한 법률유보는 법률에 의한 기본권의 제한을 목적으로 하는 자유권적 기본권에 대한 법률유보의 경우와는 달리 기본권으로서의 재판절차진술권을 보장하고 있는 헌법규범의 의미와 내용을 **법률로써 구체화하기 위한 이른바 기본권형성적 법률유보에 해당한다**(헌재 2003.9.25. 2002헌마533).

📖 판례정리

재판절차진술권

1. 정식재판청구권 제외와 재판절차진술권 침해 여부

형사소송법 제453조 제1항이 형사피해자를 정식재판청구권자에서 제외하고 있더라도, 법관이 약식명령으로 처리하는 것이 부적합하다고 판단하면 정식재판절차로 회부할 수 있다. 이에 따라 형사피해자의 공판정에서의 진술권이 완전히 배제되는 것이 아니므로, 해당 조항이 형사피해자의 재판절차진술권을 침해한다고 볼 수 없다(헌재 2019.9.26. 2018헌마1015).

2. 재정신청 기각 후 소추금지와 재판절차진술권 침해 여부

형사소송법이 재정신청이 이유 없다고 기각된 사건에 대해 새로운 중요한 증거가 없는 한 소추를 금지하는 규정은 합리적 재량의 범위 내에 있으며, 형사피해자의 재판절차진술권을 침해한다고 볼 수 없다(헌재 2011.10.25. 2010헌마243).

3. 직계혈족, 배우자, 동거친족, 동거가족 또는 그 배우자 간의 제323조(권리행사방해의 죄)는 그 형을 면제하도록 한 형법 제328조 제1항(친족상도례)는 입법재량을 일탈해 불합리하고 불공정하며, 형사피해자의 재판절차진술권을 침해한다(헌재 2024.6.27. 2020헌마468).

4. 8대 중과실이 아니고 종합보험에 가입한 경우 공소 제기를 금지하는 조항은 교통사고로부터 국민을 보호하기 위한 최소한의 조치를 취하고 있으며, 과소보호금지원칙 위반에 해당하지 않는다. 다만, 공소 제기를 금지하는 조항은 과잉금지원칙에 위반하여 중상해를 입은 피해자의 재판절차진술권을 침해한다(헌재 2009.2.26. 2005헌마764).

8. 재판청구권과 입법형성의 자유

(1) 입법형성의 자유

재판청구권과 같은 절차적 기본권은 제도적 보장의 성격이 강해, 다른 기본권에 비해 입법자의 광범위한 입법형성권이 인정된다. 이에 따라 관련 법률의 위헌 여부는 합리성원칙이나 자의금지원칙을 기준으로 판단한다. 이 사건에서는 피고적격이 인정되지 않더라도 청구인의 재판 접근 기회가 충분히 보장되고, 실체법에 따른 재판을 받을 수 있는지 여부를 심사하여, 입법자가 절차 형성에 있어 재량을 일탈하였는지 확인해야 한다(헌재 2014.2.27. 2013헌바178).

(2) 재판청구권 형성입법의 위헌심사기준

📖 판례정리

1. 재판청구권과 같은 절차적 기본권은 제도적 보장의 성격이 강하여 입법자의 광범위한 입법형성권이 인정되며, 이에 따른 위헌심사기준은 합리성 원칙 또는 자의금지원칙이 적용된다(헌재 2005.5.26. 2003헌가7).

2. 재판청구권의 구체적 형성은 헌법 제37조 제2항의 과잉금지원칙을 준수해야 한다. 이는 재판청구권의 보장을 위해 입법자가 준수해야 할 한계를 규정한 사례이다(헌재 2016.6.30. 2014헌바456).

3. 재판청구권의 실현을 위해 법원조직법 및 절차법에 의한 입법적 형성이 불가피하며, 이에 대해 입법자의 입법재량이 인정된다. 예컨대, 기피신청에 대한 재판을 해당 법관의 소속 법원 합의부에서 하도록 한 민사소송법은 재판절차에서의 공정성과 아울러 신속성까지도 조화롭게 보장하기 위하여 입법자의 입법재량의 범위 내에서 형성된 것이므로 청구인의 재판청구권을 침해한다고 볼 수 없다(헌재 2013.3.21. 2011헌바219).

📖 판례정리

위원회결정을 민사소송법의 재판상 화해로 간주

1. 배상심의회의 배상결정 절차는 제3자성, 독립성이 희박하고 위원회의 배상액이 법원의 배상액보다 훨씬 낮아 배상심의회의 배상결정을 **신청인이 동의한 때에는 민사소송법 규정에 의한 재판상 화해가 성립된 것으로 본다는 국가배상법**은 재판청구권을 침해한다(헌재 1995.5.25. 91헌가7).

2. 보상법상의 위원회는 국무총리 소속으로 관련분야의 전문가들로 구성되고, 임기가 보장되며 제3자성 및 독립성이 보장되어 있으므로 보상금 등의 지급결정에 동의한 때에는 특수임무수행 등으로 인하여 입은 피해에 대하여 **재판상 화해가 성립된 것으로 보는 '특수임무수행자 보상에 관한 법률'**은 재판청구권 침해가 아니다(헌재 2011.2.24. 2010헌바199).

3. 심의위원회의 제3자성, 중립성 및 독립성이 보장되어 있다고 인정되고, 그 심의절차에 공정성과 신중성을 제고하기 위한 장치도 마련되어 있다. 심의위원회의 배상금등 지급결정에 신청인이 동의한 때에는 국가와 신청인 사이에 **민사소송법에 따른 재판상 화해가 성립된 것으로 보는 세월호피해자지원법**은 재판청구권을 침해한다고 볼 수 없다(헌재 2017.6.29. 2015헌마654).

4. 보상금 등의 지급결정은 신청인이 동의한 때에는 민주화운동과 관련하여 입은 피해에 대하여 민사소송법의 규정에 의한 재판상 화해가 성립된 것으로 보는 민주화운동 관련자 명예회복 및 보상 등에 관한 법률 (헌재 2018.8.30. 2014헌바180)
   ① **주문**: 구 '민주화운동 관련자 명예회복 및 보상 등에 관한 법률' 제18조 제2항의 '민주화운동과 관련하여 입은 피해' 중 불법행위로 인한 정신적 손해에 관한 부분은 헌법에 위반된다.
   ② **재판청구권 침해 여부**: 민주화보상법은 관련규정을 통하여 보상금 등을 심의·결정하는 위원회의 중립성과 독립성을 보장하고 있고, 심의절차의 전문성과 공정성을 제고하기 위한 장치를 마련하고 있으며, 신청인으로 하여금 그에 대한 동의 여부를 자유롭게 선택하도록 정하고 있다. 따라서 심판대상조항은 관련자 및 유족의 재판청구권을 침해하지 아니한다.
   ③ **국가배상청구권 침해 여부**
      ㉠ **적극적·소극적 손해(재산적 손해)에 대한 국가배상청구권 침해 여부**에 대하여 살펴본다. 관련자와 유족이 위원회의 보상금 등 지급결정이 일응 적절한 배·보상에 해당된다고 판단하여 이에 동의하고 보상금 등을 수령한 경우 보상금 등의 성격과 중첩되는 적극적·소극적 손해에 대한 국가배상청구권의 추가적 행사를 제한하는 것은, 동일한 사실관계와 손해를 바탕으로 이미 적절한 보상을 받았음에도 불구하고 다시 동일한 내용의 손해배상청구를 금지하는 것이므로, 이를 지나치게 가혹한 제재로 볼 수 없다.
      ㉡ **정신적 손해에 대한 국가배상청구권 침해 여부**에 대하여 살펴본다. 앞서 살펴본 바와 같이 민주화보상법상 보상금 등에는 정신적 손해에 대한 배상이 포함되어 있지 않음을 알 수 있다. 이처럼 정신적 손해에 대해 적절한 배상이 이루어지지 않은 상태에서 적극적·소극적 손해 내지 손실에 상응하는 배·보상이 이루어졌다는 사정만으로 정신적 손해에 관한 국가배상청구마저 금지하는 것은, 관련자와 유족의 국가배상청구권을 침해한다. 그렇다면 심판대상조항의 '민주화운동과 관련하여 입은 피해' 중 불법행위로 인한 정신적 손해에 관한 부분은 헌법에 위반된다.

5. 위원회의 보상금 지급 결정에 동의하면 재판상 화해 성립으로 인정하는 **광주민주화운동 관련자 보상 등에 관한 법률**이 5·18보상법상 보상금 등의 성격과 중첩되지 않는 정신적 손해에 대한 국가배상청구권의 행사까지 금지하는 것은 국가배상청구권을 침해한다(헌재 2021.5.27. 2019헌가17).

6. 특수임무교육훈련에 관한 정신적 손해 배상 또는 보상에 해당하는 금원이 포함된다. 특수임무수행자 등이 보상금 등의 지급결정에 동의한 때에는 특수임무수행 또는 이와 관련한 교육훈련으로 입은 피해에 대하여 재판상 화해가 성립된 것으로 보는 '**특수임무수행자 보상에 관한 법률**' 제17조의2 가운데 특수임무수행 또는 이와 관련한 교육훈련으로 입은 피해 중 '정신적 손해'에 관한 부분이 국가배상청구권 또는 재판청구권을 침해한다고 보기 어렵다(헌재 2021.9.30. 2019헌가28).

📖 판례정리

기간과 재판청구권

재판청구권 침해인 것

1. 참칭상속인에 의하여 상속개시일로부터 10년이 경과한 후 상속권 침해행위가 발생한 경우 참칭상속인은 침해와 동시에 상속재산을 취득하고 진정상속인은 권리를 잃고 구제받을 수 없게 되어 **상속회복청구권의 행사 기간을 상속개시일로부터 10년으로 제한한** 민법은 상속인의 재산권과 재판청구권 침해이다(헌재 2001.7.19. 99헌바9).

2. **상속회복청구권은 상속권의 침해를 안 날 3년 침해행위가 있는 날부터 10년을 경과하면 소멸된다고 규정한 민법 제999조 중 10년 부분 *위헌결정**
   상속개시 후 인지 또는 재판확정에 의하여 공동상속인이 된 자가 상속분가액지급청구권을 행사할 경우 그 기간을 '상속권의 침해행위가 있는 날부터 10년'으로 한정하고 그 후에는 상속분가액지급청구의 소를 제기할 수 없도록 하고 있으므로, 청구인의 재산권과 재판청구권을 제한한다. 이때 '침해를 안 날'은 인지 또는 재판이 확정된 날을 의미하므로, <u>그로부터 3년의 제척기간은 공동상속인의 권리구제를 실효성 있게 보장하는 것으로 합리적 이유가 있다.</u> 그러나 '침해행위가 있는 날'(상속재산의 분할 또는 처분일)부터 10년 후에 인지 또는 재판이 확정된 경우에도 추가된 공동상속인이 권리구제 실효성을 완전히 박탈하는 결과를 초래한다. 결국 상속개시 후 인지 또는 재판의 확정에 의하여 공동상속인이 된 자의 상속분가액지급청구권의 경우에도 '침해행위가 있는 날부터 10년'의 제척기간을 정하고 있는 것은, 법적 안정성만을 지나치게 중시한 나머지 사후에 **공동상속인이 된 자의 권리구제 실효성을 외면하는 것이므로**, 심판대상조항은 입법형성의 한계를 일탈하여 청구인의 재산권 및 재판청구권을 침해한다(헌재 2024.6.27. 2021헌마1588).

3. **군사법경찰관의 구속기간을 연장하는 군사법원법**은 부적절한 방식에 의한 과도한 기본권의 제한으로서, 과잉금지의 원칙에 위반하여 신체의 자유 및 신속한 재판을 받을 권리를 침해하는 것이다(헌재 2003.11.27. 2002헌마193).

4. **즉시항고의 제기기간을 3일로 제한하고 있는 형사소송법** 제405조는 재판청구권을 침해한다. 형사소송법상의 법정기간 연장조항이나 상소권회복청구에 관한 조항들만으로는 3일이라는 지나치게 짧은 즉시항고 제기기간의 도과를 보완하기에는 미흡하다. 따라서 심판대상조항은 즉시항고 제기기간을 지나치게 짧게 정함으로써 실질적으로 즉시항고 제기를 어렵게 하므로, 입법재량의 한계를 일탈하여 재판청구권을 침해한다. 종전 심판대상조항에 대한 합헌 선례(헌재 2011.5.26. 2010헌마499 ; 헌재 2012.10.25. 2011헌마789)는 이 결정 취지와 저촉되는 범위 안에서 변경한다(헌재 2018.12.27. 2015헌바77).

5. 형사소송법 제345조 등과 같은 특칙이 적용될 여지가 없으므로 피수용자인 구제청구자의 **즉시항고 기간을 3일로 제한한 인신보호법**은 여전히 과도하게 짧은 기간이다. 따라서 피수용자의 재판청구권을 침해한다(헌재 2015.9.24. 2013헌가21).

6. 형사보상의 청구는 **무죄재판이 확정된 때로부터 1년 이내에 하도록 규정하고 있는 형사보상법**은 형사피고인이 책임질 수 없는 사유에 의하여 제척기간을 도과할 가능성이 있는바 재판청구권 침해이다(헌재 2010.7.29. 2008헌가4).

7. 비용보상청구권의 제척기간을 무죄판결이 확정된 날부터 6개월 이내로 규정한 구 군사법원법 제227조의12 제2항에 대해 4인은 재판청구권 및 재산권을 침해라고 하고, 4인은 평등권 침해라고 하였다(헌재 2023.8.31. 2020 헌바252).

* 구금을 요건으로 하지 않은 비용보상은 헌법 제28조의 형사보상청구권에서 보호되지 않음.

재판청구권 침해가 아닌 것

1. **비용보상청구권 제척기간**

   형사소송법 제194조의3 제2항에서 무죄판결이 확정된 날로부터 6개월로 규정된 비용보상청구권 제척기간은 재판청구권을 침해하지 않는다. 이는 형사소송법에서 형성된 권리로 국가배상청구권과는 성격이 달라 평등원칙에 위배되지 않는다(헌재 2015.4.30. 2014헌바408).

2. **정식재판 청구기간**

   약식명령의 고지를 받은 날로부터 7일 이내에 정식재판을 청구하도록 한 형사소송법 제453조 제1항은 재판청구권을 침해하지 않는다(헌재 2013.10.24. 2012헌바428).

3. **피고인 구속기간 제한**

   형사소송법상 피고인의 구속기간은 구속 상태에서 재판할 수 있는 기간을 의미하며, 구속 해제 후 재판을 계속할 수 있으므로 공정한 재판을 받을 권리를 침해하지 않는다(헌재 2001.6.28. 99헌가14).

4. **특별검사 사건 재판기간 단축**

   특별검사가 제기한 사건의 재판기간을 제1심 3개월, 제2·3심 각각 2개월로 단축한 규정은 정치적 혼란을 수습하려는 목적이며, 공정한 재판을 받을 권리를 침해하지 않는다(헌재 2008.1.10. 2007헌마468).

5. **특허무효심결 제소기간**

   특허법에서 특허무효심결에 대해 소를 제기할 기간을 30일로 규정한 것은 재판청구권을 침해하지 않는다. 해당 기간이 지나치게 짧아 재판청구권 행사가 곤란하다고 보기 어렵다(헌재 2018.8.30. 2017헌바258).

6. **보상금 증감청구소송 제소기간**

   공익사업법에서 보상금 증감청구소송 제소기간을 재결서를 받은 날부터 60일로 규정한 것은 보상분쟁의 조속한 해결 필요성에 따라 입법재량의 범위 내에 있으며, 재판청구권을 침해하지 않는다(헌재 2016.7.28. 2014헌바206).

7. **재심제기기간**

   헌법재판소법 제75조 제8항에서 재심제기기간을 재심사유를 안 날로부터 30일로 제한한 것은 재심청구를 현저히 곤란하게 하거나 불가능하게 할 정도로 짧지 않아 재판청구권을 침해하지 않는다(헌재 2020.9.24. 2019헌바130).

📖 판례정리

형사소송과 재판청구권

재판청구권 침해인 것

1. 검사의 청구에 따라 공판기일 전에 증인신문을 청구할 수 있도록 하고 **판사가 증인신문시 수사에 지장이 없다고 판단할 때만 피고인, 피의자, 변호인을 증인신문에 참여할 수 있도록 한** 형사소송법은 재판청구권 침해이다(헌재 1996.12.26. 94헌바1).

2. 반국가행위자의 처벌에 관한 특별조치법 (헌재 1996.1.25. 95헌가5) *모두 위헌결정

① 피고인이 정당한 이유 없이 기일에 출석하지 아니하면 피고인의 출석 없이 **법관으로 하여금 개정하여야 한다고 규정한 것**은 검사의 진술만을 듣고 법관에게 판결하도록 하여 피고인의 공격방어의 기회를 전면적으로 부정하는 것으로 공정한 재판을 받을 권리 침해이다.

② 궐석재판으로 유죄판결을 받은 **피고인이 귀책사유 없이 상소하지 못한 경우에도 상소권을 회복할 수 없도록 한 것**은 재판을 받을 권리를 침해한다.

③ 궐석재판에 따라 유죄판결이 확정된 자의 재산을 모두 몰수하도록 한 것은 행위의 가벌성에 비해 지나치게 무거워 법익균형원칙에 위반된다.

3. 증인을 1년간 거의 매일(145회) 소환한 검사의 행위는 피고인의 공정한 재판을 받을 권리를 침해한다(헌재 2001.8.30. 99헌마496).

4. 압수물은 검사의 이익을 위해서뿐만 아니라 이에 대한 증거신청을 통하여 무죄를 입증하고자 하는 피고인의 이익을 위해서도 존재하므로 사건종결시까지 이를 그대로 보존할 필요성이 있다. **사법경찰관은 압수물을 사건종결 전에 폐기하였는바**, 위와 같은 피청구인의 행위는 적법절차의 원칙을 위반하고, 청구인의 공정한 재판을 받을 권리를 침해한 것이다(헌재 2012.12.27. 2011헌마351).

5. 원심소송기록을 검사를 통해 항소법원에 우회적으로 송부하도록 한 구 형사소송법 제361조는 항소를 한 경우 항소법원에 소송기록을 바로 송부하지 않고 검사를 통해 송부하도록 하여 신속한 재판과 공정한 재판을 받을 권리를 침해하였다(헌재 1995.11.30. 92헌마44).

6. 재정신청 기각결정에 재항고 불허

형사소송법 제415조는 재정신청 기각결정에 대해 재항고를 금지하면서 민사소송법이나 일본 형사소송법의 특별항고와 비교해 재정신청인을 합리적 이유 없이 차별하여 재판청구권과 평등권을 침해한다(헌재 2011.11.24. 2008헌마578).

7. 디엔에이 감식시료채취 영장 발부에 불복절차 미비

디엔에이 감식시료채취 영장 발부 과정에서 의견 진술 및 불복 절차를 규정하지 않은 것은 재판청구권을 침해한다(헌재 2018.8.30. 2016헌마344).

8. 영상물에 수록된 19세 미만 성폭력범죄 피해자 진술에 관한 증거능력을 인정하는 성폭력범죄의 처벌 등에 관한 특례법

미성년 성폭력 피해자 진술 영상물 증거능력 인정 조항: 성폭력범죄의 처벌 등에 관한 특례법은 미성년 성폭력 피해자의 2차 피해를 방지하고자 피해자 진술 영상물을 피고인의 반대신문 없이 증거로 인정하는 정당성과 적합성은 있으나, 반대신문권 보장 대안이 있음에도 피고인의 방어권을 과도하게 제한해 피해 최소성 원칙에 어긋난다. 이로 인해 피고인의 공정한 재판을 받을 권리가 침해된다(헌재 2021.12.23. 2018헌바524).

9. 제주특별자치도 통합(재해)영향평가심의위원회의 심의위원을 형법 수뢰죄가 적용되는 공무원에 포함시키면 위헌이라는 한정위헌결정을 재심사유로 인정하지 않은 대법원 재판 (헌재 2022.6.30. 2014헌마760)

① **사건개요**: 헌법재판소는 제주특별자치도 통합(재해)영향평가심의위원회의 심의위원을 형법 수뢰죄가 적용되는 공무원에 포함시키면 위헌이라는 한정위헌결정을 하였다. 대법원에 재심을 청구했으나 대법원은 한정위헌결정은 기속력이 없다는 이유로 재심청구를 기각하자 헌법재판소에 대법원 재판을 취소해달라는 헌법소원이 청구되었다.

② **대법원 재판 취소**: 재심기각결정들은 형법 수뢰죄에 대한 한정위헌결정의 기속력을 부인하여 헌법재판소법에 따른 청구인들의 재심청구를 기각하였다. 따라서 이 사건 재심기각결정들은 모두 '법률에 대한 위헌결정의 기속력에 반하는 재판'으로 이에 대한 헌법소원은 허용되고 청구인들의 헌법상 보장된 재판청구권을 침해하였으므로, 법 제75조 제3항에 따라 취소되어야 한다.

재판청구권 침해가 아닌 것

1. 재정신청 구두변론 생략

법관이 구두변론 없이 재정신청 결정을 할 수 있도록 한 형사소송법은 재판절차진술권과 재판청구권을 침해하지 않는다(헌재 2018.4.26. 2016헌마1043).

2. 변론 제한 규정

중복된 사항이나 소송과 무관한 사항에 대해 재판장이 변론을 제한할 수 있도록 한 형사소송법 제279조는 재판청구권을 침해하지 않는다(헌재 1998.12.24. 94헌바46).

3. 국가소추주의

공소제기를 검사가 하도록 규정한 형사소송법 제246조는 형사피해자의 재판청구권을 침해하지 않는다(헌재 2007.7.26. 2005헌마167).

4. 상소제기기간

형사소송법 제343조에 따른 상소제기기간을 재판선고일로부터 산정하는 규정은 재판청구권 침해가 아니다(헌재 1995.3.23. 92헌바1).

5. 성폭력 피해아동 진술 영상물

신뢰관계인의 진술로 성폭력 피해아동의 진술 영상녹화물의 증거능력을 인정하는 규정은 공정한 재판을 받을 권리를 침해하지 않는다(헌재 2013.12.26. 2011헌바108).

6. 증인 보호와 피고인 퇴정

특정범죄신고자 등 보호법에 따른 증인 보호를 위해 피고인 퇴정을 명할 수 있도록 한 조항은 재판청구권 침해가 아니다(헌재 2010.11.25. 2009헌바57).

7. 차폐시설 설치

범죄입증을 위해 증인신문 시 차폐시설을 설치하도록 한 형사소송법은 공정한 재판을 받을 권리와 변호인조력을 받을 권리를 제한하지만 침해하지 않는다(헌재 2016.12.29. 2015헌바221).

8. 약식절차 정식재판 청구

정식재판 청구 시 약식명령보다 중한 형을 선고할 수 없도록 한 형사소송법 제457조의2는 재판청구권 침해가 아니다(헌재 2005.3.31. 2004헌가27 · 2005헌바8).

9. 치료감호 청구권자

치료감호 청구권자를 검사로 한정한 구 치료감호법은 재판청구권 침해가 아니다(헌재 2010.4.29. 2008헌마622).

10. 치료감호 종료 결정

사회보호위원회가 치료감호 종료 여부를 결정하도록 한 사회보호법은 재판청구권을 침해하지 않는다(헌재 2005.2.3. 2003헌바1).

11. 청소년유해매체물 결정

청소년보호위원회의 유해매체물 결정은 법관의 고유 권한을 침해하지 않아 재판청구권 침해로 볼 수 없다(헌재 2000.6.29. 99헌가16).

12. 고소 · 고발인 항고권 제한

검찰청법 제10조에서 고소인 · 고발인만을 항고권자로 규정한 조항은 재판청구권을 침해하지 않는다(헌재 2012.7.26. 2010헌마642).

13. 기피신청의 제한

소송 지연 목적의 기피신청을 법원이 결정으로 기각할 수 있도록 한 형사소송법 제20조 제1항은 공정한 재판을 받을 권리를 침해하지 않는다(헌재 2021.2.25. 2019헌바551).

14. 증거 채택과 법원의 재량

법원의 소송지휘권 행사로 증거신청을 받아들이지 않을 수 있도록 한 형사소송법 제295조는 신속하고 공정한 재판실현이라는 공익을 고려할 때 법익의 균형성이 인정된다(헌재 2022.11.24. 2019헌바477).

15. 참고인진술조서의 증거능력

참고인진술조서의 증거능력을 일정 요건하에 인정한 형사소송법 제312조 제4항은 반대신문권 보장이 가능하므로 피고인의 공정한 재판을 받을 권리를 침해하지 않는다(헌재 2022.11.24. 2019헌바477).

16. 소송비용 집행면제의 제한

피고인이 빈곤을 이유로만 소송비용 집행면제를 신청할 수 있도록 한 형사소송법 조항은 재판청구권을 침해하지 않는다(헌재 2021.2.25. 2019헌바64).

17. 소송비용 부담 규정

형사재판에서 피고인에게 소송비용의 전부 또는 일부를 부담하게 한 형사소송법 조항은 피고인의 방어권 남용 방지 및 법원의 재량권 보장을 통해 사법제도의 적정 운영을 도모하므로 재판청구권을 침해하지 않는다(헌재 2021.2.25. 2018헌바224).

📖 판례정리

행정심판과 행정소송

재판청구권 침해인 것

1. 지방세 행정심판전치주의 (헌재 2001.6.28. 2000헌바30)
① **행정심판에 관한 헌법 제107조 제3항의 의미**: 헌법 제107조 제3항은 "재판의 전심절차로서 행정심판을 할 수 있다. 행정심판의 절차는 법률로 정하되, 사법절차가 준용되어야 한다."라고 규정하고 있으므로, 입법자가 **행정심판을 전심절차가 아니라 종심절차로** 규정함으로써 정식재판의 기회를 배제하거나, 어떤 행정심판을 **필요적 전심절차로** 규정하면서도 그 절차에 사법절차가 준용되지 않는다면 이는 위 헌법조항, 나아가 재판청구권을 보장하고 있는 헌법 제27조에도 위반된다. 반면, 어떤 행정심판절차에 사법절차가 준용되지 않는다 하더라도 **임의적 전치제도로** 규정함에 그치고 있다면 위 헌법조항에 위반된다 할 수 없다. 그러한 행정심판을 거치지 아니하고 곧바로 행정소송을 제기할 수 있는 선택권이 보장되어 있기 때문이다.
② **지방세 행정심판전치주의**: 지방세심의위원회는 그 구성과 운영에 있어서 심의·의결의 독립성과 공정성을 객관적으로 신뢰할 수 있는 토대를 충분히 갖추고 있다고 보기 어려운 점, 이의신청 및 심사청구의 심리절차에 사법절차적 요소가 매우 미흡하고 당사자의 절차적 권리보장의 본질적 요소가 결여되어 있다는 점에서 지방세법상의 이의신청·심사청구제도는 헌법 제107조 제3항에서 요구하는 '사법절차 준용'의 요청을 외면하고 있다고 할 것인데, 지방세법은 이러한 이의신청 및 심사청구라는 2중의 행정심판을 거치지 아니하고서는 행정소송을 제기하지 못하도록 하고 있으므로 재판청구권을 침해한다.

참고 행정심판을 거치도록 한 법률은 지방세 행정심판만 위헌이고 나머지는 모두 합헌이다.

비교 **주세법에 따른 주류판매업면허**의 취소처분에 대한 행정소송에 관하여 필요적 행정심판전치주의를 규정한 국세기본법은 청구인들의 재판청구권을 침해한다고 할 수 없다(헌재 2016.12.29. 2015헌바229).

비교 **산업재해에 대해 심사청구와 재심사청구**를 모두 거쳐 항고소송을 제기할 수 있도록 한 산재법은 재판청구권 침해가 아니다(헌재 2000.6.1. 98헌바8).

비교 **교원징계**에 대한 항고소송을 제기하기 전에 **소청위원회 소청절차를 거치도록** 한 것은 재판청구권을 침해하는 것이 아니다(헌재 2007.1.17. 2005헌바86).

비교 **지방공무원이 면직처분에** 대해 불복할 경우 행정소송 제기에 앞서 반드시 **소청심사를 거치도록 한** 지방공무원법은 재판청구권을 침해하거나 평등원칙에 위반된다고 할 수 없다(헌재 2015.3.26. 2013헌바186).

비교 도로교통법상 처분에 대한 행정소송을 제기하기 전에 행정심판을 거치도록 한 도로교통법과 **자동차운전학원에 대한 행정처분에 대하여 필요적 행정심판전치주의**를 택한 도로교통법은 재판청구권을 침해하지 아니한다(헌재 2002.10.31. 2001헌바40 ; 헌재 2008.10.30. 2007헌바66).

비교 **토지수용위원회 수용재결**에 대해 이의절차를 거치도록 한 토지수용법도 재판청구권을 침해하지 않는다(헌재 2002.11.28. 2002헌바38).

2. 국가정보원 직원이 증인, 참고인, 사건 당사자로서 직무상 비밀에 속한 사항을 **증언, 진술하고자 할 때 국정원장의 허가를 받도록 한** 국가정보원직원법은 피고인이 재판과정에서 공격, 방어할 권리를 행사할 수 없게 하였는바, 재판청구권 침해이다(헌재 2002.11.28. 2001헌가28).

3. 학교법인도 재판청구권의 주체가 되고, 교원징계재심위원회의 결정은 행정처분에 해당한다. **교원징계재심위원회의 재심결정에 대하여** 교원에게만 행정소송을 제기할 수 있도록 하고 **학교법인을 제외한 것은** 학교법인의 재판청구권을 침해한다(헌재 2006.2.23. 2005헌가7).

유사 학교법인은 교수재임용심사 관련 교원소청심사특별위원회의 재심결정에 대하여 소송으로 다투지 못하게 하는 것은 학교법인의 재판청구권을 침해한다(헌재 2006.4.27. 2005헌마1119).

4. 피청구인이 출정비용납부거부 또는 상계동의거부를 이유로 청구인의 행정소송 변론기일에 청구인의 출정을 제한한 행위 (헌재 2012.3.29. 2010헌마475)
   ① **수형자와 재판청구권의 기본 내용**: 재판 당사자가 재판에 참석하는 것은 재판청구권 행사의 기본적 내용에 해당하며, 수형자도 형 집행 및 도망 방지라는 구금 목적에 반하지 않는 범위에서 재판청구권이 보장되어야 한다.
   ② **출정제한행위와 재판청구권 침해**: 수형자의 소송수행을 위한 출정에는 법원까지의 차량운행비 등 비용이 필요하며, 이는 재판청구권 행사에 불가피한 비용이다. 수형자가 출정비용을 예납하지 않거나 영치금 상계에 동의하지 않더라도, 교도소장은 먼저 출정을 허용하고 사후에 비용을 회수해야 한다. 출정비용 미납을 이유로 출정을 제한하는 것은 재판청구권을 침해하며, 형벌 집행을 위한 한도를 넘는 과도한 제한에 해당한다. 출정제한행위는 청구인의 재판청구권, 특히 직접 출석하여 변론할 권리를 과도하게 침해한다.

5. 국가를 상대로 한 당사자소송에서의 가집행선고를 금지한 행정소송법(헌재 2022.2.24. 2020헌가12)

재판청구권 침해가 아닌 것

1. **대통령선거에 관한 소송에 있어서 인지증액을 규정한** 공직선거 및 선거부정방지법은 대통령의 업무수행을 보장하기 위한 것으로 재판청구권 침해가 아니다(헌재 2004.8.26. 2003헌바20).

2. **법관이 아닌 사회보호위원회가 치료감호의 종료 여부를 결정하도록 한** 사회보호법(헌재 2005.2.3. 2003헌바1)
   유사 치료감호 청구권자를 검사로 한정한 구 치료감호법 제4조 제1항(헌재 2010.4.29. 2008헌마622)

3. **'처분 등이나 그 집행 또는 절차의 속행으로 인하여 생길 회복하기 어려운 손해를 예방하기 위하여 긴급한 필요가 있다고 인정할 때' 집행정지를 결정할 수 있도록 규정한 행정소송법**은 행정소송을 제기한 사람이 입게 되는 불이익을 예방하기 위해 예외적으로 인정되더라도 재판청구권을 침해한다고 할 수 없다(헌재 2018.1.25. 2016헌바208).

4. **공공단체인 한국과학기술원의 총장이 교원소청심사위원회의 결정에 대하여 행정소송법으로 정하는 바에 따라 소송을 제기할 수 없도록 하는 구 '교원의 지위 향상 및 교육활동 보호를 위한 특별법' 제10조 제3항 중 '교원, 사립학교법 제2조에 따른 학교법인 또는 사립학교 경영자 등 당사자'에 관한 부분이 재판청구권을 침해하는지 여부(소극)**
   해당 대학의 공공단체로서의 지위를 고려하여 교원의 지위를 두텁게 제도를 형성하는 것이 가능하다. 교원소청심사위원회의 인용결정이 있을 경우 한국과학기술원 총장의 제소를 금지하여 교원으로 하여금 확정적이고 최종적으로 징계 등 불리한 처분에서 벗어날 수 있도록 한 것은 공공단체의 책무를 규정한 교원지위법의 취지에도 부합한다. 따라서 심판대상조항은 청구인의 재판청구권을 침해하지 아니한다(헌재 2022.10.27. 2019헌바117).

교원소청심사위원회의 결정에 대하여 행정소송법으로 정하는 바에 따라 소송을 제기할 수 있는 주체에서 공공단체인 광주과학기술원을 제외하도록 하는 '교원의 지위 향상 및 교육활동 보호를 위한 특별법' 제10조 제4항 중 '공공단체' 가운데 '광주과학기술원'에 관한 부분이 청구인의 재판청구권을 침해하는지 여부(소극) (헌재 2022.10.27. 2021헌마557)

5. 서울대 사건 (헌재 2023.3.23. 2018헌바385)

① 서울대총장의 정보공개거부에 대해 행정심판위원회의 인용재결이 있자 서울대법인이 인용재결에 대해 취소소송을 제기하였는데 행정심판법 제49조(인용재결의 기속력) 제1항에 따라 취소소송을 제기할 수 없게 되자 헌법소원심판을 청구하였다.

② 서울대학교가 정보공개의무를 부담하는 경우에 있어서는 국민의 알 권리를 보호 내지 실현시킬 의무를 부담하는 기본권 수범자의 지위에 있다고 보아야 한다.
대학은 대학이 보유·관리하는 정보에 대해 공개 청구가 있는 경우 기본권 수범자의 지위에서 공개 여부를 결정하는 것이지, 대학의 자율권 행사의 일환으로 공개 여부를 결정하는 것은 아닌 것이다.

③ 서울대학교가 기본권의 수범자로 기능하면서 그 대표자가 행정심판의 피청구인이 된 경우에 적용되는 심판대상조항의 위헌성을 다투는 이 사건에서 **서울대학교는 기본권의 주체가 된다고 할 수 없으므로**, 청구인의 **재판청구권** 침해 **주장**은 더 나아가 **살필 필요 없이 이유 없다.**

④ 헌법 제107조 제3항은, 행정심판의 심리절차에서 대심구조적 사법절차가 준용되어야 한다는 취지일 뿐, 심급제에 따른 불복할 권리까지 준용되어야 한다는 의미는 아니다. 또한 기본권의 수범자 사이의 의견충돌에 대하여도 사법부가 최종적으로 판단할 권한을 가져야 한다거나 국민에 대한 공권력 행사자에게까지 사법부의 판단을 받을 권리를 보장해야 한다고 볼 수도 없다. 따라서 심판대상조항이 정보공개에 있어 기본권 수범자의 지위에 있는 서울대학교 등 국립대학법인으로 하여금 행정심판의 인용재결에 기속되도록 정한 것이 헌법 제107조 제3항에 위반된다고 볼 수는 없다.

📖 판례정리

민사소송과 재판청구권

재판청구권 침해인 것

학교안전공제회

학교안전사고에 대한 공제급여결정에 대하여 학교안전공제중앙회 소속의 학교안전공제보상재심사위원회가 재결을 행한 경우 재심사청구인이 공제급여와 관련된 **소를 제기하지 아니하거나 소를 취하한 경우에는 학교안전공제회와 재심사청구인 간에 당해 재결 내용과 동일한 합의가 성립된 것으로 간주하는** 학교안전사고 예방 및 보상에 관한 법률은 실질적으로 재심사청구인에게만 재결을 다툴 수 있도록 하고 있으므로, 합리적인 이유 없이 분쟁의 일방당사자인 공제회의 재판청구권을 침해한다(헌재 2015.7.30. 2014헌가7).

재판청구권 침해가 아닌 것

1. 확정판결의 기판력 규정

확정판결의 기판력을 규정한 민사소송법은 동일한 분쟁의 반복을 방지하고 소송경제를 달성하기 위한 것으로, 재판청구권을 침해하지 않는다(헌재 2010.11.25. 2009헌바250).

2. 기피신청에 대한 기각결정 절차

기피신청에 대한 기각결정은 즉시항고가 가능하며, 이를 소속 법원 합의부에서 처리하도록 한 민사소송법 제46조는 공정한 재판을 받을 권리를 침해하지 않는다(헌재 2013.3.21. 2011헌바219).

3. 변호사보수 패소당사자 부담 규정

변호사보수를 패소당사자 부담으로 규정한 민사소송법은 실효적인 권리구제 및 사법제도의 적정 운영을 목적으로 하며, 피해의 최소성과 법익의 균형성을 갖추고 있으므로 재판청구권을 침해하지 않는다(헌재 2002.4.25. 2001헌바20).

4. 패소할 것이 명백한 경우 소송구조 제외

패소 가능성이 명백한 경우 소송구조를 허가하지 않는 민사소송법 제118조 제1항 단서는 재판청구권의 본질을 침해하지 않는다(헌재 2001.2.22. 99헌바74).

5. 변호사보수 소송비용 산입

변호사보수를 소송비용에 포함하도록 한 민사소송법은 실효적인 권리구제와 사법제도의 합리적 운영을 목적으로 하며, 과잉금지원칙에 위배되지 않는다(헌재 2019.11.28. 2018헌바235).

6. 소액사건의 변론 없는 기각

소송기록에 의해 청구가 이유 없음이 명백한 경우 변론 없이 기각할 수 있도록 한 소액사건심판법은 신속·경제적 재판을 위한 것으로 재판청구권과 평등권을 침해하지 않는다(헌재 2021.6.24. 2019헌바133).

7. 행정소송에서 청구변경의 제한

변론종결 시까지 청구변경을 허용하는 민사소송법 제262조 제1항을 행정소송에 준용한 행정소송법 제8조 제2항은 청구변경의 필요성을 고려한 합리적 제한으로, 재판청구권을 침해하지 않는다(헌재 2023.2.23. 2019헌바244).

📖 판례정리

법원조직법

헌법 위반인 것

판사임용자격 중 법조경력 요구
2013.1.1.부터 판사임용자격에 일정 기간 법조경력을 요구하는 법원조직법 부칙 제1조 단서 중 제42조 제2항에 관한 부분 및 제2조는 **법 개정 당시 사법연수원에 입소한 연수원생**들의 신뢰를 침해한다(헌재 2012.11.29. 2011헌마786 · 2012헌마188).

헌법 위반이 아닌 것

1. 법조경력자격 요구

법조인 경력 자격을 입소 이전 합격자에게 인정한 법원조직법은 신뢰보호원칙에 위반되지 않으며, 공무담임권 침해가 아니다(헌재 2014.5.29. 2013헌마127 · 199).

2. 판사의 근무성적평정 규정

대법원규칙으로 판사의 근무성적평정을 정하도록 한 법원조직법은 위헌성이 없다(헌재 2016.9.29. 2015헌바331).

3. 판사임용 법조경력 단계적 요건

10년 미만 법조경력자 판사임용 요건을 단계적으로 강화한 법원조직법 부칙은 입법자의 재량 범위 내에 있다(헌재 2016.5.26. 2014헌마427).

4. 사법보좌관의 소송비용 결정 이의신청 허용

사법보좌관의 소송비용 결정에 대한 이의신청 절차가 보장되어 있어 재판을 받을 권리 침해가 아니다(헌재 2009.2.26. 2007헌바8).

5. 사법보좌관의 독촉절차 사무처리

사법보좌관의 결정에 대해 법관에게 이의신청이 가능하고 상세한 규정이 마련되어 있으므로 법관에 의한 재판받을 권리 침해가 아니다(헌재 2020.12.23. 2019헌바353).

6. 고등법원 판사의 지방법원 소재지 업무 수행

재판부가 지방법원 소재지에서 업무를 수행하는 것은 고등법원 판사에 의한 심리가 이루어지므로 재판받을 권리 침해가 아니다(헌재 2013.6.27. 2012헌마1015).

7. 특정범죄가중법 사건 단독판사 심판

법원조직법이 특정범죄가중법 사건을 단독판사 관할로 정한 것은 난이도와 중대성을 고려한 재판사무 배분으로 재판받을 권리를 침해하지 않는다(헌재 2019.7.25. 2018헌바209).

📖 판례정리

헌법재판소법

1. 법원의 재판에 대한 헌법소원 배제의 위헌성

① 헌법재판소법 제68조 제1항이 원칙적으로 합헌이나, 위헌으로 결정된 법률을 적용하여 기본권을 침해한 재판에 대해 헌법소원을 허용하지 않는 경우는 헌법에 위반된다(헌재 1997.12.24. 96헌마172). ***한정위헌**

② 법률 위헌결정의 기속력에 반하는 법원의 재판은 헌법소원의 대상에서 배제할 수 없으므로 해당 조항은 헌법에 위반된다(헌재 2022.6.30. 2014헌마760). ***위헌결정**

2. 재판관 기피 제한

동일 사건에서 2명 이상의 재판관 기피 제한은 헌법재판 기능 중단 방지라는 공익이 크므로 과잉금지원칙에 위배되지 않으며, 공정한 재판을 받을 권리를 침해하지 않는다(헌재 2016.11.24. 2015헌마902).

3. 변호사강제주의 합헌성

변호사강제주의는 재판청구권 행사에서의 차별로 보기 어렵고, 무자력자에 대한 국선대리인 제도로 기본권 침해를 방지하므로 합헌(헌재 1990.9.3. 89헌마120).

4. 헌법재판 심판기간 제한

헌법재판의 심판기간을 180일로 정한 것은 신속한 재판을 받을 권리를 보장하면서도 공정하고 적정한 재판을 침해하지 않으므로 합헌(헌재 2009.7.30. 2007헌마732).

5. 헌법소원 청구기간 제한

헌법소원 청구를 기본권 침해를 안 날부터 90일로 제한한 조항은 헌법재판청구권 행사와 법적 안정성을 균형 있게 조정한 것으로 과도하지 않으므로 합헌(헌재 2007.10.25. 2006헌마904).

제3절 형사보상청구권

헌법 제28조 【형사보상】 형사피의자 또는 형사피고인으로서 구금되었던 자가 법률이 정하는 불기소처분을 받거나 무죄판결을 받은 때에는 법률이 정하는 바에 의하여 국가에 정당한 보상을 청구할 수 있다.		
	형사보상청구권	제헌헌법
	피의자보상청구권	제9차 개정헌법

01 형사보상청구권의 의의

1. 개념

형사보상청구권이란 형사피의자 또는 형사피고인으로 구금되었던 자가 불기소처분을 받거나 확정판결에 의하여 무죄를 선고받은 경우에 물질적, 정신적 손실을 국가에 청구할 수 있는 권리이다.

2 법적 성격

(1) 보상청구권

형사보상청구권은 형사사법작용의 위법성, 공무원의 고의, 과실 등과는 무관한 일종의 무과실 결과책임으로서의 손실보상이다. 따라서 보상을 받을 자가 다른 법률의 규정에 의하여 손해배상을 청구함을 금지하지 아니한다.

(2) 헌법상 권리

구금에 대한 보상청구권은 헌법상 권리이나 형사비용에 대한 보상청구권은 법률상 권리이다.

📖 판례정리

구금에 대한 보상

1. 형사보상청구권 제척기간 규정의 위헌성

형사보상을 무죄재판 확정일로부터 1년 이내에 청구하도록 한 형사보상법 제7조는 형사피고인이 확정사실을 알지 못할 가능성이 있음에도 이를 고려하지 않아 형사보상청구권 보호를 저해한다. 이는 형사사법작용으로 신체의 자유를 침해받은 국민의 기본권을 사법상의 권리보다 가볍게 보호하는 것으로 부당하므로 위헌이다 (헌재 2010.7.29. 2008헌가4).

2. 형사보상의 구체적 내용과 절차의 입법 재량

형사보상청구권은 헌법 제28조에 따라 법률로 구체적으로 정해지는 권리이며, 입법자는 형사보상의 내용, 금액, 절차를 정할 재량을 가진다. 그러나 이 과정에서 비례원칙(헌법 제37조 제2항)을 준수하여야 하며, 입법이 이를 위반할 경우 형사보상청구권의 본질적 보호를 침해할 수 있다(헌재 2010.10.28. 2008헌마514).

3. 헌법은 외국인이 출입국관리법에 따라 보호처분을 받았다가 난민인정을 받은 경우나 송환대기실에 법적 근거 없이 수용된 경우에 대해 보상 입법의무를 명시적으로 규정하지 않고, 헌법 제28조는 형사절차에서 구금된 경우에만 정당한 보상을 청구할 권리를 보장한다. 출입국관리법상 보호명령과 송환대기실 수용은 형사절차와 목적이 달라 헌법상 입법의무로 인정되기 어렵다. 국가배상법의 상호 보증주의로 인해 보상을 받지 못하는 외국인에 대해 별도 보상제도를 마련해야 할 입법의무도 헌법해석상 도출되지 않는다(헌재 2024.1.25. 2021헌마703).

📖 판례정리

형사소송법상 비용보상청구권

1. 형사소송법상 비용보상청구권의 성격

형사보상청구권과 국가배상청구권은 헌법상 권리이나, 비용보상청구권은 법률에 규정된 적용요건과 범위에 따라 비로소 성립하는 권리로 헌법상 권리로 볼 수 없다(헌재 2015.4.30. 2014헌바408).

2. 소송비용 보상의 취지

형사소송법에서 소송비용 보상은 형사사법절차로 인한 위험으로 발생한 손해를 보상하기 위한 제도이며, 이는 입법자의 재량에 따른 법률상의 권리로, 헌법 차원의 권리와 구분된다(헌재 2013.8.29. 2012헌바68).

3. 비용보상청구권의 제척기간

무죄판결 확정일로부터 6개월의 청구기간을 규정한 것은 재판청구권을 제한하지만, 법적 안정성과 절차적 효율성을 위한 정당한 제한으로 판단된다(헌재 2015.4.30. 2014헌바408).

4. 청구기간과 평등원칙

비용보상청구권의 청구기간이 국가배상청구권보다 짧게 설정되었다고 하더라도 이는 입법재량의 범위 내로서 평등원칙에 위배되지 않는다(헌재 2015.4.30. 2014헌바408).

5. 변호사 보수 보상

무죄판결 확정 형사피고인에게 국선변호인의 보수에 준하는 변호사 보수를 보상하는 형사소송법 조항은 재판청구권을 침해하지 않는다(헌재 2013.8.29. 2012헌바68).

02 형사보상청구권의 주체

1. 외국인

형사보상청구권의 주체는 형사피고인과 피의자이다. 외국인도 형사보상청구권의 주체가 될 수 있다.

2. 법인

법인은 형사보상청구권의 주체가 될 수 없다.

3. 상속인

상속인이 보상을 청구할 수 있는 자가 청구를 하지 아니하고 사망하였을 경우, 사망한 자에 대한 재심 또는 비상상고절차에서 무죄재판이 있었을 경우 보상을 청구할 수 있다.

03 형사보상청구권의 성립요건

형사보상청구를 할 수 있으려면 형사피의자로서 구금되었던 자가 법률이 정하는 불기소처분을 받거나 형사피고인으로서 구금되었다가 무죄판결을 받아야 한다. 전자를 피의자 보상, 후자를 피고인 보상이라 한다.

1. 형사피의자

피의자로서 구금되었던 자 중 검사로부터 불기소처분을 받거나 사법경찰관으로부터 불송치결정을 받은 자는 국가에 대하여 그 구금에 대한 보상을 청구할 수 있다. 다만, 기소중지, 기소유예처분을 받은 피의자는 보상을 청구할 수 없고 협의의 불기소처분(혐의없음 불기소처분과 죄가안됨 불기소처분)을 받은 자만 보상을 청구할 수 있다.

2. 형사피고인

(1) 무죄판결

일반절차 · 재심 · 비상상고절차, 상소권회복에 의한 상소 · 재심 · 비상상고절차 등 여하한 절차에서든 무죄재판을 받은 자가 구금을 당하였을 경우 그 구금에 대한 보상을 청구할 수 있다.

(2) 면소 · 공소기각

> 형사보상 및 명예회복에 관한 법률 제26조 【면소 등의 경우】 ① 다음 각 호의 어느 하나에 해당하는 경우에도 국가에 대하여 구금에 대한 보상을 청구할 수 있다.
> 1. 형사소송법에 따라 면소(免訴) 또는 공소기각(公訴棄却)의 재판을 받아 확정된 피고인이 면소 또는 공소기각의 재판을 할 만한 사유가 없었더라면 무죄재판을 받을 만한 현저한 사유가 있었을 경우
> 2. 치료감호법 제7조에 따라 치료감호의 독립 청구를 받은 피치료감호청구인의 치료감호사건이 범죄로 되지 아니하거나 범죄사실의 증명이 없는 때에 해당되어 청구기각의 판결을 받아 확정된 경우

📖 **판례정리**

초과 구금에 대한 형사보상을 규정하지 않은 형사보상 및 명예회복에 관한 법률 제26조 (헌재 2022.2.24. 2018헌마998) *헌법불합치결정

1. 형사사법절차에 내재된 위험과 형사보상청구권

외형상 무죄재판이 없는 경우라도, 형사사법절차에서 발생한 불가피한 위험으로 인해 신체의 자유가 침해되었다면 형사보상청구권을 인정하는 것이 타당하다. 이는 형사사법절차의 불가피한 위험으로 인한 피해에 대해 국가가 책임을 져야 한다는 취지에서 마련된 규정이다.

2. 위헌결정에 따른 재심과 형사보상청구권

가중처벌규정에 대해 헌법재판소의 위헌결정이 있은 후 재심절차에서 법정형이 가벼운 처벌규정으로 적용법조가 변경되어 유죄판결이 확정되었으나, 재심판결에서 선고된 형을 초과하여 집행된 구금에 대해 보상요건을 규정하지 않은 것은 자의적 차별에 해당한다. 이는 평등원칙을 위반하여 청구인의 평등권을 침해하며 헌법에 위반된다.

---

04 형사보상청구절차와 보상내용

1. 형사보상의 청구 및 절차

형사피의자보상	① 피의자보상을 청구하려는 자는 불기소처분을 한 검사가 소속된 지방검찰청(지방검찰청 지청의 검사가 불기소처분을 한 경우에는 그 지청이 소속하는 지방검찰청을 말한다) 또는 <u>불송치결정을 한 사법경찰관이 소속된 경찰관서에 대응하는 지방검찰청의 심의회</u>에 불기소처분 또는 불송치결정의 고지 또는 통지를 받은 날부터 3년 이내에 하여야 한다. ② 보상청구는 대리인이 할 수 있다(형사보상 및 명예회복에 관한 법률 제13조).
형사피고인보상	무죄판결을 받은 피고인은 무죄재판이 확정된 사실을 안 날로부터 3년, 확정된 때로부터 5년 이내에 법원에 보상을 청구해야 한다. 형사보상 여부는 합의부에서 재판한다. 법원의 기각결정뿐 아니라 보상결정에 대해서도 즉시항고할 수 있다.
피의자 보상청구	지검, 보상심의회에 보상청구 ➡ 심의회결정 ➡ 항고소송
피고인 보상청구	법원합의부 ➡ 보상결정에 대해서도 즉시항고

(1) 청구기간

① 형사보상의 청구는 무죄재판이 확정된 때로부터 1년 이내에 하도록 규정하고 있는 형사보상법 제7조는 **형사피고인이 책임질 수 없는 사유에 의하여 제척기간을 도과할 가능성이 있는바**, 재판청구권 침해이다(헌재 2010.7.29. 2008헌가4).

② 비용보상청구권의 제척기간을 무죄판결이 확정된 날부터 6개월로 규정한 구 형사소송법 제194조의3 제2항은 재판청구권을 침해하지는 않는다(헌재 2015.4.30. 2014헌바408). ➡ 형사소송법 개정으로 무죄판결이 확정된 사실을 안 날 3년, 확정된 때로부터 5년 내 청구해야 한다.

(2) 보상결정에 대한 불복

형사보상의 청구에 대하여 한 **보상의 결정에 대하여는 불복을 신청할 수 없도록 하여 형사보상의 결정을 단심재판으로 규정한** 형사보상법 제19조 제1항은 보상액의 산정에 기초되는 사실인정이나 보상액에 관한 판단에서 오류나 불합리성이 발견되는 경우에도 시정할 방법이 없으므로 형사보상청구권과 재판청구권 침해이다(헌재 2010.10.28. 2008헌마514).

2. 정당한 보상

(1) 입법자의 재량

형사보상을 어떻게 할 것인지는 국가의 경제적·사회적·정책적 사정들을 참작하여 입법재량으로 결정할 수 있는 사항이라 할 것이다(헌재 2010.10.28. 2008헌마514).

(2) 헌법 제23조 보상과의 차이

헌법 제23조 제3항의 '정당한 보상'은 원칙적으로 피수용재산의 객관적 재산가치를 완전하게 보상하는 것이 기준이다. 그러나 헌법 제28조의 형사보상은 신체의 자유 제한으로 인한 피해에 대한 보상으로, 그 가치가 객관적으로 산정 불가능하다. 따라서 형사보상의 완전성에 대한 기준을 명확히 단언하기 어렵다.

(3) 국가배상과의 차이

형사보상은 형사사법절차에서 발생하는 불가피한 위험으로 인한 피해를 보상하기 위한 제도다. 반면, 국가배상은 국가의 위법·부당한 행위를 전제로 하며, 두 제도의 취지는 상이하다. 형사보상이 모든 손해를 인과관계에 따라 완전히 보상하지 않는다고 해서 반드시 부당한 것은 아니다.

(4) 보상 내용

> 형사보상 및 명예회복에 관한 법률 제5조【보상의 내용】① 구금에 대한 보상을 할 때에는 그 구금일수(拘禁日數)에 따라 1일당 보상청구의 원인이 발생한 연도의 최저임금법에 따른 일급(日給) 최저임금액 이상 대통령령으로 정하는 금액 이하의 비율에 의한 보상금을 지급한다.
> ② 법원은 제1항의 보상금액을 산정할 때 다음 각 호의 사항을 **고려하여야 한다.**
> 1. 구금의 종류 및 기간의 장단(長短)
> 2. **구금기간 중에 입은 재산상의 손실과 얻을 수 있었던 이익의 상실** 또는 정신적인 고통과 신체 손상
> 3. 경찰·검찰·법원의 각 기관의 고의 또는 과실 유무
> 4. 무죄재판의 실질적 이유가 된 사정
> 5. 그 밖에 보상금액 산정과 관련되는 모든 사정

형사보상금을 일정한 범위 내로 한정하고 있는 형사보상법 제5조와 시행령

형사보상법 시행령에 규정된 1일 일급최저임금액의 5배는 지나치게 낮다고 볼 사정이 없다. 보상금 조항 및 시행령은 헌법 제28조에서 요구하는 '정당한 보상'에 부합하며, 명백히 불합리하거나 공익과 사익 간 균형을 현저히 상실한 조항이라고 볼 수 없다. 따라서 해당 조항은 헌법 제28조 및 헌법 제37조 제2항에 위반되지 않는다 (헌재 2010.10.28. 2008헌마514).

3. 보상삭감

(1) 피의자에 대한 보상의 전부 또는 일부 삭감사유

다음에 해당하는 경우에는 피의자보상의 전부 또는 일부를 하지 아니할 수 있다(형사보상 및 명예회복에 관한 법률 제27조).

> ① 본인이 수사 또는 재판을 그르칠 목적으로 거짓 자백을 하거나 다른 유죄의 증거를 만듦으로써 구금된 것으로 인정되는 경우
> ② 구금기간 중에 다른 사실에 대하여 수사가 이루어지고 그 사실에 관하여 범죄가 성립한 경우
> ③ 보상을 하는 것이 선량한 풍속이나 그 밖에 사회질서에 위배된다고 인정할 특별한 사정이 있는 경우

(2) 피고인에 대한 보상의 전부 또는 일부 삭감사유

다음에 해당하는 경우에는 법원은 재량으로 보상청구의 전부 또는 일부를 기각할 수 있다(형사보상 및 명예회복에 관한 법률 제4조).

> ① 형법 제9조(형사미성년자) 및 제10조 제1항(심신상실자)의 사유로 무죄재판을 받은 경우
> ② 본인이 수사 또는 심판을 그르칠 목적으로 거짓 자백을 하거나 다른 유죄의 증거를 만듦으로써 기소, 미결구금 또는 유죄재판을 받게 된 것으로 인정된 경우
> ③ 1개의 재판으로 경합범의 일부에 대하여 무죄재판을 받고 다른 부분에 대하여 유죄재판을 받았을 경우

4. 양도·압류금지

형사보상청구권과 보상지급청구권은 양도·압류할 수 없다.

5. 권리 상실(소멸시효)

보상결정이 송달된 후 2년 이내에 보상금 지급청구를 하지 아니할 때에는 권리를 상실한다.

제4절 국가배상청구권

> **헌법 제29조【공무원의 불법행위와 배상책임】** ① 공무원의 직무상 불법행위로 손해를 받은 국민은 법률이 정하는 바에 의하여 국가 또는 공공단체에 정당한 배상을 청구할 수 있다. 이 경우 공무원 자신의 책임은 면제되지 아니한다.
> ② 군인 · 군무원 · 경찰공무원 기타 법률이 정하는 자가 전투 · 훈련 등 직무집행과 관련하여 받은 손해에 대하여는 법률이 정하는 보상 외에 국가 또는 공공단체에 공무원의 직무상 불법행위로 인한 배상은 청구할 수 없다.

01 국가배상청구권의 의의

1. 개념

국가배상청구권이란 공무원의 직무상 불법행위로 손해를 받은 국민이 국가 또는 공공단체에 그 손해를 배상해 줄 것을 청구할 수 있는 권리이다.

02 국가배상청구권의 법적 성격

1. 청구권설과 재산권설

국가배상청구권은 재산가치 있는 권리로서 청구권적 성질(다수설)과 재산권적 성질(판례)로 본다.

2. 권리의 성격

국가배상청구권은 헌법 자체의 규정에 의해 국가배상청구권이 생기고 법률에 의해서 구체화된다(직접적 효력규정설).

구분	다수설	판례
국가배상청구권	공권	사권
소송절차	행정소송(당사자소송)	민사소송

03 국가배상청구권과 배상책임의 주체

1. 청구권의 주체

국민 · 법인은 국가배상청구권의 주체가 된다. 다만, 군인, 군무원, 경찰공무원 등은 배상청구권의 주체가 되나 직무집행과 관련하여 받은 손해에 대해서는 법률이 정하는 보상을 받는 경우 배상청구를 할 수 없다. **외국인은 상호주의하에 국가배상청구권이 인정된다**(국가배상법 제7조).

2. 배상책임의 주체

구분	헌법	국가배상법
배상책임자	국가 또는 공공단체	국가 또는 지방자치단체
공무원불법배상	○	○
영조물하자배상	×	○

04 국가배상청구권의 성립요건

> **헌법 제29조 【공무원의 불법행위와 배상책임】** ① 공무원의 직무상 불법행위로 손해를 받은 국민은 법률이 정하는 바에 의하여 국가 또는 공공단체에 정당한 배상을 청구할 수 있다. 이 경우 공무원 자신의 책임은 면제되지 아니한다.
>
> **국가배상법 제2조 【배상책임】** ① 국가나 지방자치단체는 공무원 또는 공무를 위탁받은 사인(이하 '공무원'이라 한다)이 직무를 집행하면서 고의 또는 과실로 법령을 위반하여 타인에게 손해를 입히거나, 자동차 손해배상 보장법에 따라 손해배상의 책임이 있을 때에는 이 법에 따라 그 손해를 배상하여야 한다. 다만, 군인·군무원·경찰공무원 또는 예비군대원이 전투·훈련 등 직무 집행과 관련하여 전사(戰死)·순직(殉職)하거나 공상(公傷)을 입은 경우에 본인이나 그 유족이 다른 법령에 따라 재해보상금·유족연금·상이연금 등의 보상을 지급받을 수 있을 때에는 이 법 및 민법에 따른 손해배상을 청구할 수 없다.
>
> **제5조 【공공시설 등의 하자로 인한 책임】** ① 도로·하천, 그 밖의 공공의 영조물의 설치나 관리에 하자가 있기 때문에 타인에게 손해를 발생하게 하였을 때에는 국가나 지방자치단체는 그 손해를 배상하여야 한다. 이 경우 제2조 제1항 단서, 제3조 및 제3조의2를 준용한다.

1. 공무원

(1) 공무원의 의의

공무원의 신분을 가진 자만이 아니라 공무를 위탁받아 공무를 수행하는 자도 포함된다. 가해공무원을 특정할 수 없어도 무방하다. 예를 들면 시위 중 전투경찰순경에 의해 폭행을 당한 경우 폭행한 전투경찰순경을 특정할 수 없다. 이런 경우 불특정 전투경찰순경도 공무원에 포함된다.

📖 판례정리

공무수탁사인

국가배상법 제2조 소정의 '공무원'이라 함은 국가공무원법이나 지방공무원법에 의하여 공무원으로서의 신분을 가진 자에 국한하지 않고, 널리 공무를 위탁받아 실질적으로 공무에 종사하고 있는 일체의 자를 가리키는 것으로서, 공무의 위탁이 일시적이고 한정적인 사항에 관한 활동을 위한 것이어도 달리 볼 것은 아니다(대판 2001.1.5. 98다39060).

(2) 국가기관

제29조 제1항의 공무원은 기관구성자인 자연인을 의미함이 보통이지만, 기관 자체도 포함한다.

① 공무원으로 간주되는 자

> ㉠ 전입신고서에 확인일을 찍는 통장
> ㉡ 소집 중인 예비군
> ㉢ 방범대원
> ㉣ 집달관(집행관)
> ㉤ 미군부대의 카투사
> ㉥ 철도건널목간수
> ㉦ 소방원
> ㉧ 시청소차의 운전수
> ㉨ 교통할아버지(대판 2001.1.5. 98다39060)
> ㉨ **대한변호사협회장**: 공법인이 국가로부터 위탁받은 공행정사무를 집행하는 과정에서 공법인의 임직원이나 피용인이 고의 또는 과실로 법령을 위반하여 타인에게 손해를 입힌 경우에는, 공법인은 위탁받은 공행정사무에 관한 행정주체의 지위에서 배상책임을 부담하여야 하지만, 공법인의 임직원이나 피용인은 실질적인 의미에서 공무를 수행한 사람으로서 국가배상법 제2조에서 정한 공무원에 해당하므로 고의 또는 중과실이 있는 경우에만 배상책임을 부담하고 경과실이 있는 경우에는 배상책임을 면한다. 피고 협회는 변호사와 지방변호사회의 지도·감독에 관한 사무를 처리하기 위하여 변호사법에 의하여 설립된 공법인으로서, 변호사등록은 피고 협회가 변호사법에 의하여 국가로부터 위탁받아 수행하는 공행정사무에 해당한다. 따라서 대한변호사협회의 장은 국가로부터 위탁받은 공행정사무인 '변호사등록에 관한 사무'를 수행하는 범위 내에서는 국가배상법 제2조에서 정한 공무원에 해당한다(대판 2021.1.28. 2019다260197).

② 판례에 의해 공무원으로 간주되지 않는 자

> ㉠ 의용소방대원
> ㉡ 시영버스운전사
> ㉢ 한국토지공사

2. 직무상의 행위

(1) 직무상 행위의 범위

대법원 판례는 국가 또는 지방자치단체라도 사경제의 주체로 활동하였을 때에는 손해배상책임에 있어 국가배상법이 적용될 수 없다(대판 1969.4.22. 66다2225).

(2) 직무행위의 내용

이론적으로는 입법작용과 사법작용도 직무행위에 포함된다. **근무지로 출근하기 위한 자기 소유 자동차 운행**은 **직무행위에 포함되지 않으나 출장 후 돌아 오던 중 사고는 직무상 행위에 해당한다.**

📖 **판례정리**

직무상 행위

1. 국회의원의 입법행위에 대한 국가배상책임

국회의원의 입법행위는 헌법에 명백히 위반된 특별한 경우를 제외하고는 국가배상법상 위법행위로 인정되지 않는다(대판 1997.6.13. 96다56115).

2. 법관의 재판상 직무행위와 국가배상책임

법관이 권한을 명백히 어긋나게 행사한 특별한 사정이 없는 한 재판상 직무행위는 국가배상책임의 위법행위로 인정되지 않는다(대판 2001.10.12. 2001다47290).

3. 헌법재판소의 청구기간 오인과 국가배상책임

헌법재판소가 청구기간을 잘못 계산해 각하결정을 내린 경우, 불복절차가 없다면 이는 기준 위반으로 국가배상책임이 인정된다(대판 2003.7.11. 99다24218).

(3) 직무집행의 판단기준

직무집행에 대해서는 직무집행의 외형을 갖춘 것을 모두 포함한다는 외형설 또는 객관설이 다수설이다.

📖 판례정리

외형설

1. 행위의 외관상 공무원의 직무행위로 보여질 때는 실질적으로 직무행위인 여부와 행위자의 주관적 의사에 관계없이 국가배상법 제2조 소정의 공무원의 직무행위에 해당한다(대판 1971.8.31. 71다13).

2. 공무원이 그 직무를 행함에 당하여 일어난 것인지의 여부를 판단하는 기준은 행위의 외관을 객관적으로 관찰하여 공무원의 행위로 보여질 때는 공무원의 직무상 행위로 볼 것이며, 이러한 행위가 공무집행행위가 아니라는 사정을 피해자가 알았다 하더라도 이에 대한 국가배상책임은 부정할 수 없다(대판 1966.3.22. 66다117).

3. 불법행위

(1) 고의 · 과실로 인한 위법행위

① 국가배상책임의 본질에 관한 논의로부터 국가배상청구권이 무과실책임을 포함하는지 여부에 관한 결론이 필연적으로 도출되는 것도 아니다. 따라서 국가배상청구권의 성립요건으로서 공무원의 **고의 또는 과실을 규정함으로써 무과실책임을 인정하지 않은 국가배상법** 제2조 제1항 본문 중 '고의 또는 과실로' 부분은 국가배상청구권을 침해한다고 볼 수 없다(헌재 2015.4.30. 2013헌바395).

② 국가배상법은 법치국가원리에 따라 국가의 공권력 행사는 적법해야 함을 전제로 모든 공무원의 직무행위상 불법행위로 발생한 손해에 대해 국가가 책임지도록 규정한 것이다. 이에 대한 예외는 헌법 제29조 제2항에 따른 국가배상법 제2조 제1항 단서의 경우뿐이다. 이러한 국가배상법 제2조의 의미와 목적을 살펴볼 때 법관과 다른 공무원은 본질적으로 다른 집단이라고 볼 수는 없다(헌재 2021.7.15. 2020헌바1).

📖 판례정리

국가배상의 요건 고의 또는 과실 (헌재 2020.3.26. 2016헌바55) ***합헌결정**

1. 국가배상법 제2조 과실 요건

① 국가배상법이 국가배상청구권의 성립요건으로서 공무원의 고의 또는 과실을 규정한 것이 국가배상청구권의 성립요건으로서 공무원의 고의 또는 과실을 규정한 것은 법률로 이미 형성된 국가배상청구권의 행사 및 존속을 제한한다고 보기 보다는 국가배상청구권의 **내용을 형성하는 것**이라고 할 것이므로, 헌법상 국가배상제도의 정신에 부합하게 국가배상청구권을 형성하였는지의 관점에서 심사하여야 한다.

② 공무원의 고의 또는 과실이 없는데도 국가배상을 인정할 경우 피해자 구제가 확대되기도 하겠지만 현실적으로 원활한 공무수행이 저해될 수 있어 이를 입법정책적으로 고려할 필요성이 있다. 외국의 경우에도 대부분 국가에서 국가배상책임에 공무수행자의 유책성을 요구하고 있으며, 최근에는 국가배상법상의 과실 관념의 객관화, 조직과실의 인정, 과실 추정과 같은 논리를 통하여 되도록 피해자에 대한 구제의 폭을 넓히려는 추세에 있다. 피해자구제기능이 충분하지 못한 점은 위 조항의 해석·적용을 통해서 완화될 수 있다. 이러한 점들을 고려할 때, 위 조항이 국가배상청구권의 성립요건으로서 공무원의 고의 또는 과실을 규정한 것을 두고 입법형성의 범위를 벗어나 헌법 제29조에서 규정한 국가배상청구권을 침해한다고 보기는 어렵다.

2. 긴급조치 제1호, 제9호를 집행한 수사기관의 행위나 법원의 재판에 의한 손해의 경우 고의·과실 요건을 완화하거나 예외를 인정해야 하는지(소극)

대법원은 2014.10.27. 선고 2013다217962 판결에서 "형벌에 관한 법령이 헌법재판소의 위헌결정으로 소급하여 효력을 상실하였거나 법원에서 위헌·무효로 선언된 경우, 그 법령이 위헌으로 선언되기 전에 그 법령에 기초하여 수사가 개시되어 공소가 제기되고 유죄판결이 선고되었더라도, 그러한 사정만으로 수사기관의 직무행위나 법관의 재판상 직무행위가 국가배상법 제2조 제1항에서 말하는 공무원의 고의 또는 과실에 의한 불법행위에 해당하여 국가의 손해배상책임이 발생한다고 볼 수는 없다."라고 판시하였다. 국가기능이 정상적으로 작동되도록 하려면, 위와 같은 경우라 하더라도 국가배상책임의 성립요건으로서 공무원의 고의 또는 과실 요건에 예외를 인정하기는 어렵다.

* 대법원은 긴급조치 제9호로 인한 손해와 제1호, 제4호로 인한 손해에 대해 발령부터 적용·집행에 이르는 일련의 국가작용은, 전체적으로 보아 공무원이 직무를 집행하면서 객관적 주의의무를 소홀히 하여 그 직무행위가 객관적 정당성을 상실한 것으로서 위법하다고 평가되고, 개별 국민이 입은 손해에 대해서는 국가배상책임이 인정될 수 있다(대판 2022.8.30. 2018다212610 ; 대판 2023.1.12. 2021다201184).

---

③ **고의·과실**: 불법행위란 고의·과실로 법령을 위반한 행위이다. 고의·과실이 있는지 여부는 공무원을 기준으로 판단하여야 하며, 선임감독상 고의·과실이 있는지 여부는 불문한다.

④ **위법행위**: 위반된 법령은 법률, 명령, 관습법을 포함한다. 행정청이 재량을 부여받은 경우에 재량권 행사가 비례원칙, 평등원칙 등에 위반한 경우 재량권의 남용이 있는 것으로 위법하나 재량권 행사가 위법에 이르지 아니한 경우의 부당한 처분은 위법성이 인정되지 않는다.

⑤ **영조물설치관리 하자**: 도로, 하천 등 영조물의 설치 또는 관리의 하자로 손해가 발생한 경우 고의·과실을 요하지 않는다.

📖 판례정리

행정처분이 위법인 경우 과실 인정 여부

1. 어떠한 행정처분이 후에 항고소송에서 취소되었다고 할지라도 그 기판력에 의하여 당해 행정처분이 곧바로 공무원의 고의 또는 과실로 인한 것으로서 불법행위를 구성한다고 단정할 수는 없는 것이고, 그 행정처분의 담당공무원이 보통 일반의 공무원을 표준으로 하여 볼 때 객관적 주의의무를 결하여 그 행정처분이 객관적 정당성을 상실하였다고 인정될 정도에 이른 경우에 비로소 국가배상법 제2조 소정의 국가배상책임의 요건을 충족하였다고 봄이 상당할 것이다(대판 2003.11.27. 2001다33789).

2. 헌법재판소의 위헌결정으로 소급하여 효력을 상실하였거나 법원에서 위헌·무효로 선언되었다는 사정만으로 형벌에 관한 법령을 제정한 행위나 법령이 위헌으로 선언되기 전에 그 법령에 기초하여 수사를 개시하여 공소를 제기한 수사기관의 직무행위 및 유죄판결을 선고한 법관의 재판상 직무행위가 국가배상법 제2조 제1항에서 말하는 공무원의 고의 또는 과실에 의한 불법행위에 해당한다고 단정할 수 없다(대판 2022.8.30. 2018다212610).

---

(2) 법령해석의 잘못과 공무원의 과실 인정 여부

① **법해석에 대한 다양한 학설이 대립하고 있던 중 그중 하나의 해석을 택했는데, 나중에 대법원이 다른 판결을 한 경우** 과실은 인정되지 않는다(대판 2004.6.11. 2002다31018).

② **확립된 법령해석에 어긋난 처분**: 행정청이 확립된 법령의 해석에 어긋나는 견해를 고집하여 계속하여 위법한 행정처분을 하거나 이에 준하는 행위로 평가될 수 있는 불이익을 처분상대방에게 계속 주는 경우, 고의 또는 과실이 인정된다(대판 2007.5.10. 2005다31828).

③ **법의 무지로 법을 위반한 경우**: 배상책임이 인정된다.

(3) 행위

불법행위는 작위뿐 아니라 부작위, 행위지체 등에 의해서도 발생한다. 대법원은 무장공비출현신고에 대한 불출동(대판 1971.4.6. 71다124)에 대한 국가배상책임을 인정한 바 있다. 또한 입법부작위로 인한 손해 배상도 인정되고 있다. **군법무관임용법에서 군법무관의 보수의 구체적 내용을 시행령에 위임했음에도 불구하고 행정부가 정당한 이유 없이 시행령을 제정하지 않은 것이 불법행위에 해당한다.**

📖 **판례정리**

군법무관 보수 입법부작위 *배상 인정

보수청구권은 단순한 기대이익을 넘어서는 것으로서 법률의 규정에 의해 인정된 재산권의 한 내용이 되는 것으로 봄이 상당하고, 따라서 행정부가 정당한 이유 없이 시행령을 제정하지 않은 것은 위 보수청구권을 침해하는 불법행위에 해당한다(대판 2007.11.29. 2006다3561).

---

(4) 입증책임

불법행위의 입증책임은 국가가 아니라 불법행위를 주장하는 피해자에게 있다.

4. 손해

(1) 손해발생

공무원이 자신의 불법행위로 손해를 받은 경우에는 배상청구권이 인정되지 않는다.

(2) 손해

물질적 피해뿐 아니라 정신적 피해, 소극적 손해, 적극적 손해를 불문한다. 공무원의 집행행위와 손해 발생 간에는 상당한 인과관계가 있어야 한다.

05 국가배상책임의 본질과 국가배상책임자

1. 공무원 개인의 배상

공무원의 위법행위가 **고의·중과실에 기인한 경우에는** 그 행위가 그의 직무와 관련된 것이라 하더라도 공무원 개인에게 불법행위로 인한 손해배상을 부담시키되 다만 이 경우에도 피해자인 국민을 두텁게 보호하기 위하여 국가 등이 공무원 개인과 중첩적으로 배상책임을 부담하되 국가가 배상책임을 지는 경우에는 공무원 개인에게 구상할 수 있다(대판 1996.2.15. 95다38677).

2. 선임감독자와 비용부담자가 다를 경우

국민은 선임감독자와 비용부담자가 다를 경우 선택해서 배상을 청구할 수 있다(국가배상법 제6조).

3. 공무원의 구상책임

① 공무원이 고의 또는 중과실로 인하여 법령에 위반하여 타인에게 손해를 가함으로써 국가가 손해배상책임을 부담한 경우 공무원에게 구상권을 행사할 수 있으나 경과실의 경우에는 공무원의 구상책임이 없다(국가배상법 제2조 제2항).
② 공무원이 경과실임에도 배상을 했다면 국가를 상대로 구상권을 행사할 수 있다(대판 2014.8.20. 2012다54478).

06 배상청구절차와 배상의 기준과 범위

1. 배상청구절차

(1) 배상심의회

본부심의회(법무부에 설치)와 특별심의회(국방부에 설치)와 지구심의회는 **법무부장관**의 지휘를 받아야 한다(국가배상법 제10조 제3항).

(2) 배상신청

구 국가배상법은 국가배상청구소송에서 배상심의 절차를 필수적 절차로 규정하였고, 헌법재판소는 이를 합헌으로 보았으나 배상심의회에 배상신청을 하지 아니하고도 소송을 제기할 수 있도록 하여 임의적 절차로 개정되었다(국가배상법 제9조).

(3) 재심신청

지구심의회에서 배상신청이 기각(일부기각된 경우를 포함한다) 또는 각하된 신청인은 결정정본이 송달된 날부터 2주일 이내에 그 심의회를 거쳐 본부심의회나 특별심의회에 재심을 신청할 수 있다(국가배상법 제15조의2).

2. 배상기준

국가배상법 제3조상의 배상기준을 한정액으로 보는 견해와 기준액으로 보는 견해가 있다. 한정규정으로 볼 경우 민법상 배상보다 피해자에게 불리할 수 있으므로 단순한 기준으로 보는 기준액설이 다수설이다(대판 1980.12.9. 80다1828).

3. 배상의 범위

배상의 범위는 가해행위와 상당한 인과관계에 있는 모든 손해의 배상이다. 따라서 적극적 손해뿐 아니라 소극적 손해까지 포함시켜야 한다.

4. 배상청구권의 양도·압류금지

생명·신체의 침해로 인한 국가배상을 받을 권리는 이를 양도하거나 압류하지 못한다(국가배상법 제4조).

경찰 관련 배상

1. 도로 방치 트랙터로 인한 사고와 경찰관의 위험발생방지조치 미흡

경찰관이 시위 후 도로에 방치된 트랙터에 대해 위험발생방지조치를 취하지 않고 철수하여 발생한 사고에 대해 국가배상책임을 인정(대판 1998.8.25. 98다16890)

2. 윤락녀 감금 방치와 경찰의 직무상 의무 위반

경찰관이 윤락업소의 감금 및 윤락강요행위를 방치하고 업주로부터 뇌물을 수수한 행위는 직무상 의무 위반으로, 국가는 이에 따른 정신적 손해에 대한 위자료를 지급할 책임이 있다(대판 2004.9.23. 2003다49009).

3. 폭행사고 현장에서의 경찰조치 미흡으로 인한 후속 살인사건

경찰관이 폭행현장에서 가해자 격리 및 흉기 확인 등 조치를 하지 않아 발생한 후속 살인사건에 대해 국가는 손해배상책임이 있다(대판 2010.8.26. 2010다37479).

4. 대간첩작전 중 경찰의 미출동으로 인한 주민 사망

대간첩작전 중 주민이 무장간첩과 격투하는 상황에서 경찰이 출동하지 않아 주민이 사망한 경우, 경찰권 발동은 재량사항이 아니며 국가는 손해배상책임을 진다(대판 1971.4.6. 71다124).

5. 교통신호기 고장으로 인한 교통사고와 국가 및 지방자치단체의 책임

신호기 고장으로 발생한 교통사고에 대해 지방자치단체와 국가 모두 국가배상법 제6조 제1항에 따라 배상책임을 진다(대판 1999.6.25. 99다11120).

6. 유치장 수용자에 대한 알몸 신체검사의 위법성

체포된 여성 피의자에 대해 은닉물품 소지 가능성이 낮았음에도 불구하고, 옷을 전부 벗긴 상태에서 앉았다 일어서기를 반복하게 한 신체검사는 허용 범위를 일탈한 위법한 행위로 판단하였다(대판 2001.10.26. 2001다51466).

7. 가변차로 신호등 오작동과 영조물의 하자

가변차로 신호등의 모순되는 신호가 기술적 한계로 발생한 고장이라 하더라도, 손해발생의 예견가능성과 회피가능성을 완전히 부정할 수 없어 영조물의 하자를 인정할 여지가 있다고 판시하였다(대판 2001.7.27. 2000다56822).

8. 도주차량 추적 중 제3자 손해발생과 경찰관의 직무행위

경찰이 도주차량을 추적하는 과정에서 제3자가 손해를 입더라도, 추적이 직무 목적상 불필요하거나 위험성을 예측할 수 있는 특별한 사정이 없는 한 추적행위 자체를 위법하다고 보기 어렵다(대판 2000.11.10. 2000다26807·26814).

9. 교차로 신호기의 적색신호 소등과 관리상 하자 불인정

교차로 신호기의 적색신호가 소등된 결함이 있었더라도, 이로 인해 신호기 설치 및 관리상의 하자가 있다고 단정할 수 없다고 판시하였다(대판 2000.2.25. 99다54004).

10. 음주운전 단속 시 채혈 지연의 적법성

음주운전 단속 시 호흡측정 후 1시간 12분이 지나 채혈을 진행한 행위는 법령 위배나 운전자의 권익 침해로 보기는 어렵다고 판단하였다(대판 2008.4.24. 2006다32132).

판례정리

검사 관련 국가배상

1. 검사의 공소제기에 대한 손해배상책임 원칙

형사재판에서 무죄판결이 확정되더라도, 증거 부족으로 무죄가 선고된 사정만으로 검사의 구속 및 공소제기가 위법하다고 할 수 없으며, 구속 및 공소제기가 당시의 자료를 기준으로 경험칙이나 논리칙상 합리성을 인정할 수 없는 경우에만 검사의 위법성이 인정된다(대판 2002.2.22. 2001다23447).

2. 검사가 무죄 입증 증거를 제출하지 않은 경우의 손해배상책임

검사가 피고인의 무죄를 입증할 수 있는 결정적인 증거를 발견하고도 이를 법원에 제출하지 않고 은폐한 경우, 이는 검사의 직무상 의무를 위반한 위법행위로 국가배상책임이 인정된다. 예컨대, 강도강간 사건에서 유전자검사결과가 피고인의 무죄를 입증할 수 있었음에도 불구하고 이를 법원에 제출하지 않은 경우 국가배상책임이 인정된다(대판 2002.2.22. 2001다23447).

3. 검사의 수사서류 열람·등사 거부에 대한 배상책임

법원이 수사서류의 열람·등사를 허용하도록 명령한 경우, 검사는 법원의 결정에 따라야 하며, 이를 거부하는 것은 법적 의무를 위반한 것으로 판단된다. 따라서 검사의 열람·등사 거부행위는 국가배상법 제2조 제1항에 따른 과실로 인정되어 국가배상책임이 성립한다(대판 2012.11.15. 2011다48452).

4. 구속 피의자에 대한 변호인 참여 불허에 대한 배상책임 부정

구속된 피의자가 피의자신문시 변호인의 참여를 요구할 권리를 갖더라도, 검사에게 해당 권리의 제한이 위법하다고 인정된 사안에서 검사의 행위가 국가배상법 제2조 제1항에서 정한 과실로 보기 어렵다는 판결이 내려졌다(대판 2010.6.24. 2006다58738).

비교 변호인 접견교통권 침해에 대한 배상책임 인정: 북한 출신 화교가 중앙합동신문센터에 수용된 상태에서 변호인의 접견 신청이 거부된 경우, 국가정보원장과 수사관의 행위는 변호인의 접견교통권을 위법하게 침해한 것으로 판단되어, 국가는 이로 인한 정신적 손해를 배상할 책임이 있다(대판 2018.12.27. 2016다266736).

07 군인·군무원의 보상 외 배상금지

> **헌법 제29조【공무원의 불법행위와 배상책임】**② 군인·군무원·경찰공무원 기타 법률이 정하는 자가 전투·훈련 등 직무집행과 관련하여 받은 손해에 대하여는 법률이 정하는 보상 외에 국가 또는 공공단체에 공무원의 직무상 불법행위로 인한 배상은 청구할 수 없다.
>
> **국가배상법 제2조【배상책임】**① … 다만, 군인·군무원·경찰공무원 또는 예비군대원이 전투·훈련 등 직무집행과 관련하여 전사·순직하거나 공상을 입은 경우에 본인이나 그 유족이 다른 법령에 따라 재해보상금·유족연금·상이연금 등의 보상을 지급받을 수 있을 때에는 이 법 및 민법에 따른 손해배상을 청구할 수 없다.

1. 헌법 제29조 제2항의 위헌심사대상 여부

헌법 제29조 제2항이 위헌심사의 대상이 되는지 여부에 대하여 학설이 대립하나 헌법재판소는 헌법 제29조 제2항은 위헌법률심판, 헌법재판소법 제68조 제1항의 헌법소원, 헌법재판소법 제68조 제2항의 헌법소원의 대상이 되지 않는다고 한다.

2. 요건

(1) 군인 · 군무원 · 경찰공무원 · 예비군대원

판례상 **전투경찰순경**은 경찰공무원에 해당하나 **공익근무요원과 경비교도대원**은 군인 · 군무원 · 경찰공무원 등에 해당하지 않아 손해를 받은 경우 배상을 청구할 수 있다.

📖 **판례정리**

이중배상금지 대상자

1. 향토예비군 대원의 국가배상청구권 제한

국가배상법 제2조 제1항 단서의 향토예비군대원 배상청구권 제한은 헌법 제29조 제2항의 명시적인 위임에 따른 것으로, 국가배상청구권 침해가 아니다(헌재 1996.6.13. 94헌바20).

2. '경찰공무원'의 범위와 전투경찰순경

국가배상법 제2조 제1항 단서 중 '경찰공무원'은 경찰공무원법상의 경찰공무원만을 의미하지 않고, 경찰조직의 구성원 전체를 포함하며, 전투경찰순경도 이에 해당한다(헌재 1996.6.13. 94헌마118).

3. 공익근무요원의 배상청구권

공익근무요원은 군에 복무하지 않는 한 군인에 해당하지 않으므로 국가배상법 손해배상청구가 제한되는 군인 · 군무원, 경찰공무원 또는 향토예비군대원에 포함되지 않는다(대판 1997.3.28. 97다4036).

4. 경비교도로 전입된 현역병의 신분

현역병으로 입영한 후 경비교도로 전입된 자는 군인의 신분을 상실하였으므로 국가배상법 제2조 제1항 단서에서 말하는 군인 등에 해당하지 않는다(대판 1998.2.10. 97다45914).

(2) 전투 · 훈련 등 직무집행과 관련하여 받은 손해일 것

소집되어 **훈련 중에 있던 향토예비군 대원**이 군인의 불법행위로 손해를 받은 경우 법률이 정하는 보상 외에 배상을 청구할 수 없다.

📖 **판례정리**

전투 · 훈련 등 직무집행과 관련하여 받은 손해인지 여부

1. 훈련 후 복귀 과정에서의 사고

전투경찰대원이 진압훈련을 마치고 복귀하던 중 발생한 사고는 경찰서 소속 대형버스와의 충돌로 사망한 경우로, 복귀 과정이 진압훈련 과정의 일부로 간주되지 않으므로 국가배상법 제2조 제1항 단서의 '전투, 훈련 기타 직무집행과 관련하여' 사망한 것으로 단정할 수 없다(대판 1989.4.11. 88다카4222).

2. 숙직실 연탄가스 사망

경찰관이 숙직 중 연탄가스로 인해 사망한 경우, 숙직실이 전투훈련에 관련된 시설로 볼 수 없으므로 공무원 연금법에 따른 순직연금 외에도 손해배상청구가 가능하다(대판 1979.1.30. 77다2389).

3. 낙석사고로 인한 사망

경찰공무원이 낙석사고 현장에서 교통정리를 위해 이동 중 대형 낙석에 의해 사망한 사건에서, 국가배상법 제2조 제1항 단서는 전투 · 훈련뿐 아니라 일반 직무집행에 대해서도 배상책임을 제한한다고 해석되며, 이에 따라 지방자치단체의 면책 주장이 정당하다고 판단하였다(대판 2011.3.10. 2010다85942).

(3) 법률에 따라 보상을 받을 수 있을 것

법률에서 손해를 받은 군인 등에 대하여 보상금 등 보훈급여금을 지급받을 수 있을 때에는 국가를 상대로 국가배상을 청구할 수 없으나 법률이 정하는 보상이 없는 경우에는 배상을 청구할 수 있다. 그러나 배상을 받은 후 보상금 지급을 신청한 경우 거부할 수 없다(대판 2017.2.3. 2015두60075).

📖 쟁점정리

군인과 민간인의 공동불법행위에 있어 국가에 대한 구상

사건: 오토바이 운전자와 자가용 운전자의 공동불법행위로 오토바이 승객의 중상해가 발생했다. 자가용운전자인 민간인이 손해액 전부에 대해 전액배상을 하고 군인의 부담부분에 대해 국가에게 구상금 청구를 하였다.

1. 헌법재판소 판례 (헌재 1994.12.29. 93헌바21)

(1) 헌법 제29조 제2항의 해석

헌법 제29조 제2항은 국가배상청구권을 제한하는 규정으로, 그 적용범위는 엄격하게 제한적으로 해석해야 한다. 이는 군인 등의 손해배상청구권을 제한하여 이중배상을 금지함으로써 국가의 재정적 부담을 줄이기 위함이다. 그러나 이로 인해 일반국민에게 경제적 부담이 전가되어서는 안 된다.

(2) 구상권 행사 금지의 위헌성

국가배상법 제2조 제1항 단서를 구상권 행사를 금지하는 것으로 해석하면, 이는 국가가 군인의 불법행위로 인한 손해를 일반국민에게 전가시키는 결과가 되어 헌법 제11조(평등권)와 제29조(국가배상청구권)에 위반된다.

(3) 헌법재판소의 한정위헌 결정

국가배상법 제2조 제1항 단서 중 군인 등의 직무집행 관련 손해배상청구권 제한 조항은, 일반국민이 공동불법행위자인 군인의 부담부분에 대해 국가에 구상권을 행사하지 못하도록 해석하는 경우 헌법에 위반된다고 판단하였다.

2. 결론

일반국민이 군인의 직무상 불법행위로 인한 손해를 배상한 경우, 군인의 부담 부분에 대한 국가에 대한 구상권 행사는 허용된다.

* 공동불법행위자인 민간인은 자신의 귀책부분에 한해 배상을 하면 된다. 그러나 전액을 배상했다고 하더라도 국가에 구상권을 행사할 수 없다(대판 전합체 2001.2.15. 96다42420).

> **참고** 공동불법행위자인 민간인은 자신의 귀책부분에 한해 배상을 하면 된다. 그러나 전액을 배상했다고 하더라도 국가에 구상권을 행사할 수 없다(대판 전합체 2001.2.15. 96다42420).

제5절 범죄피해자구조청구권

> 헌법 제30조【범죄행위로 인한 피해구조】 타인의 범죄행위로 인하여 생명·신체에 대한 피해를 받은 국민은 법률이 정하는 바에 의하여 국가로부터 구조를 받을 수 있다.

01 범죄피해자구조청구권의 의의

1. 개념

범죄피해자구조청구권이라 함은 타인의 범죄행위로 말미암아 생명을 잃거나 신체상의 피해를 입은 국민이나 그 유족이 가해자로부터 충분한 피해배상을 받지 못한 경우에 국가에 대하여 일정한 보상을 청구할 수 있는 권리이며, 그 법적 성격은 생존권적 기본권으로서의 성격을 가지는 청구권적 기본권이라고 할 것이다(헌재 2011.12.29. 2009헌마354).

2. 연혁

제9차 개정헌법인 현행헌법에서 최초로 명문화하였다.

02 범죄피해자구조청구권의 주체

국민은 주체가 되나 법인가 될 수 없다. 다만, **외국인은 상호주의 원칙에 따라 주체가 될 수 있다**(범죄피해자 보호법 제23조).

03 범죄피해자구조청구권의 요건과 내용

1. 요건

타인의 범죄행위로 인한 생명·신체에 대한 피해를 입었을 것(범죄피해자 보호법 제3조)을 요건으로 한다.

(1) 장소

대한민국영역 안 또는 대한민국영역 밖에 있는 대한민국 선박 또는 항공기에서 발생한 범죄여야 한다. 따라서 미국 뉴욕에서 한국인 간에 발생한 범죄피해에 대해서는 구조청구권을 행사할 수 없다.

📖 판례정리

범죄피해자구조청구권의 대상이 되는 범죄피해의 범위에 관하여 해외에서 발생한 범죄피해는 포함하고 있지 아니한 것 (헌재 2011.12.29. 2009헌마354)

1. 이 사건 법률조항들은 헌법에서 특별히 평등을 요구하고 있는 경우이거나 차별적 취급으로 인하여 관련 기본권에 대한 중대한 제한을 초래하게 되는 경우가 아니므로, 차별을 정당화하는 합리적인 이유가 있는지를 심사하는 자의금지원칙심사를 적용하여야 할 것이다.

2. 범죄피해자구조청구권을 인정하는 이유는 크게 국가의 범죄방지책임 또는 범죄로부터 국민을 보호할 국가의 보호의무를 다하지 못하였다는 것과 그 범죄피해자들에 대한 최소한의 구제가 필요하다는 데 있다. 범죄피해자구조청구권의 대상이 되는 범죄피해에 해외에서 발생한 범죄피해의 경우를 포함하고 있지 아니한 것이 현저하게 불합리한 자의적인 차별이라고 볼 수 없어 평등원칙에 위배되지 아니한다.

(2) 생명·신체를 해하는 범죄피해

① **범죄피해자**: 헌법 제30조는 생명, 신체에 대한 피해를 입은 경우에 적용되는 것으로서 재산상 피해를 입는 경우에는 위 헌법조항은 적용될 수 없다(헌재 2009.7.30. 2008헌바). 따라서 신체에 대한 피해가 아닌 재산이나 인격에 대한 피해를 받은 자는 구조청구권을 행사할 수 없다. 헌법 제27조 제5항의 재판절차진술권의 주체인 형사피해자는 모든 범죄피해를 받은 자이므로 헌법 제30조의 범죄피해자보다 헌법 제27조 제5항의 형사피해자의 범위가 넓다.

② **범죄**: 형법 제9조(형사미성년자), 제10조 제1항(심신상실자), 제22조 제1항(긴급피난)의 규정에 의하여 처벌되지 아니한 행위를 포함하며, 동법 제20조(정당행위)와 제21조(정당방위)에 의하여 처벌되지 아니하는 행위, 과실에 의한 행위는 포함하지 않는다.

(3) 정당한 배상을 받지 못한 경우

국가는 피해의 전부 또는 일부를 배상받지 못한 경우 구조피해자 또는 그 유족에게 범죄피해구조금을 지급한다(범죄피해자 보호법 제16조).

(4) 생계유지곤란 유무 요건 폐지

구법에서는 피해자의 생계유지곤란을 구조청구권의 요건으로 하고 있었으나 현행법은 동 규정을 삭제하여 생계유지가 곤란하지 않더라도 다른 요건을 충족한 경우 구조청구권을 행사할 수 있도록 하였다.

2. 구조금을 지급하지 아니할 수 있는 경우

범죄피해자 보호법 제19조 【구조금을 지급하지 아니할 수 있는 경우】 ① 범죄행위 당시 구조피해자와 가해자 사이에 다음 각 호의 어느 하나에 해당하는 친족관계가 있는 경우에는 구조금을 지급하지 아니한다.
1. 부부(사실상의 혼인관계를 포함한다)
2. 직계혈족
3. 4촌 이내의 친족
4. 동거친족
② 범죄행위 당시 구조피해자와 가해자 사이에 제1항 각 호의 어느 하나에 해당하지 아니하는 친족관계가 있는 경우에는 구조금의 일부를 지급하지 아니한다.
③ 구조피해자가 다음 각 호의 어느 하나에 해당하는 행위를 한 때에는 구조금을 지급하지 아니한다.
1. 해당 범죄행위를 교사 또는 방조하는 행위
2. 과도한 폭행·협박 또는 중대한 모욕 등 해당 범죄행위를 유발하는 행위
3. 해당 범죄행위와 관련하여 현저하게 부정한 행위
4. 해당 범죄행위를 용인하는 행위
5. 집단적 또는 상습적으로 불법행위를 행할 우려가 있는 조직에 속하는 행위(다만, 그 조직에 속하고 있는 것이 해당 범죄피해를 당한 것과 관련이 없다고 인정되는 경우는 제외한다)
6. 범죄행위에 대한 보복으로 가해자 또는 그 친족이나 그 밖에 가해자와 밀접한 관계가 있는 사람의 생명을 해치거나 신체를 중대하게 침해하는 행위

④ 구조피해자가 다음 각 호의 어느 하나에 해당하는 행위를 한 때에는 구조금의 일부를 지급하지 아니한다.
1. 폭행·협박 또는 모욕 등 해당 범죄행위를 유발하는 행위
2. 해당 범죄피해의 발생 또는 증대에 가공(加功)한 부주의한 행위 또는 부적절한 행위

3. 구조금 지급신청

범죄피해자 보호법 제24조【범죄피해구조심의회 등】① 구조금 지급에 관한 사항을 심의·결정하기 위하여 각 지방검찰청에 범죄피해구조심의회(이하 '지구심의회'라 한다)를 두고 법무부에 범죄피해구조본부심의회를 둔다.

제25조【구조금의 지급신청】② 제1항에 따른 신청은 해당 구조대상 범죄피해의 발생을 안 날부터 3년이 지나거나 해당 구조대상 범죄피해가 발생한 날부터 10년이 지나면 할 수 없다.

4. 구조금 지급

(1) 유족구조금
피해자가 사망한 경우 유족에게 지급한다.

(2) 장해구조금, 중상해구조금
당해 피해자에게 지급한다.

5. 구조청구권의 성질

(1) 보충성
① 다른 법령에 의한 급여나 손해배상을 받은 때에는 구조금을 지급하지 아니한다(범죄피해자 보호법 제21조).
② 구조피해자나 유족이 해당 구조대상 범죄피해를 원인으로 하여 국가배상법이나 그 밖의 법령에 따른 급여 등을 받을 수 있는 경우에는 대통령령으로 정하는 바에 따라 구조금을 지급하지 아니한다.

📖 판례정리

유족구조금 (대판 2017.11.9. 2017다228083)

1. 유족구조금의 성격
범죄피해자 보호법 제17조 제2항에 따른 유족구조금은 사람의 생명 또는 신체를 해치는 범죄로 인해 사망한 피해자나 유족의 손실을 보상하는 목적으로 지급된다. 이는 불법행위로 인한 소극적 손해 배상과 동일한 성격의 금원이다.

2. 국가배상금 지급 시
국가 또는 지방자치단체가 국가배상법에 따라 사망한 피해자의 유족에게 소극적 손해에 대한 배상금을 지급한 경우, 지급한 금액만큼 유족구조금에서 공제한 잔액만 지급해야 한다.

3. 유족구조금 지급 시
유족들이 이미 지구심의회로부터 범죄피해자 보호법에 따른 유족구조금을 받은 경우, 국가나 지방자치단체는 손해배상금에서 지급된 유족구조금 상당액을 공제한 잔액만 지급하면 된다.

4. 결론

유족구조금과 국가배상금은 동일한 종류의 손해를 보전하는 금원으로, 이중 지급을 방지하기 위해 공제 원칙이 적용된다.

---

(2) 구조청구권 소멸시효

구조결정이 당해 신청인에게 송달된 때로부터 2년간 행사하지 아니하면 시효로 인하여 소멸된다(범죄피해자 보호법 제31조).

(3) 구조금 수령권의 양도·압류·담보제공금지(범죄피해자 보호법 제32조)

제10장 / 사회적 기본권

제1절 사회적 기본권의 의의

법률에 규정되어야 인정되는 추상적 권리이다. **인간다운 생활을 할 권리 내지 생존권**은 그 자체로서 권리의 성격을 갖는 드문 경우를 제외하면 그 내용은 법률에 의해 구체화되어야 비로소 구체적·현실적 권리가 된다(헌재 2006.7.27. 2004헌바20).

제2절 인간다운 생활을 할 권리

> **헌법 제34조 【사회보장 등】** ① 모든 국민은 인간다운 생활을 할 권리를 가진다.
> ② 국가는 사회보장·사회복지의 증진에 노력할 의무를 진다.
> ③ 국가는 여자의 복지와 권익의 향상을 위하여 노력하여야 한다.
> ④ 국가는 노인과 청소년의 복지향상을 위한 정책을 실시할 의무를 진다.
> ⑤ 신체장애자 및 질병·노령 기타의 사유로 생활능력이 없는 국민은 법률이 정하는 바에 의하여 국가의 보호를 받는다.
> ⑥ 국가는 재해를 예방하고 그 위험으로부터 국민을 보호하기 위하여 노력하여야 한다.

01 인간다운 생활을 할 권리의 의의

인간다운 생활을 할 권리란 인간의 존엄성에 상응하는 급부를 국가에 청구할 수 있는 권리이다.

02 인간다운 생활을 할 권리의 내용

1. 인간다운 생활을 할 권리

(1) 의의

개인의 능력으로 이를 충족시킬 수 없는 자는 국가에게 이에 필요한 급부를 청구할 권리를 가진다.

(2) 인간다운 생활을 할 권리의 법적 구속력

① **헌법 규정의 기속력**: 헌법이 규정한 "모든 국민은 인간다운 생활을 할 권리를 가지며 국가는 생활능력 없는 국민을 보호할 의무가 있다."라는 조항은 모든 국가기관을 기속하지만, 그 의미는 기관에 따라 다르게 작용한다.

② **입법부와 행정부에 대한 기속**: 국민소득, 국가 재정능력, 정책 등을 고려하여 국민이 물질적 최저생활을 넘어 인간의 존엄성에 부합하는 건강하고 문화적인 생활을 누릴 수 있도록 가능한 범위 내에서 최대한 노력해야 하는 행위규범으로 작용한다.

③ **헌법재판에 대한 기속:** 헌법재판소는 입법부나 행정부가 국민이 인간다운 생활을 영위할 수 있도록 객관적으로 필요한 최소한의 조치를 취했는지를 기준으로, 해당 행위의 합헌성을 심사하는 통제규범으로 기능한다(헌재 2004.10.28. 2002헌마328).

(3) 인간다운 생활을 할 권리의 침해가 문제된 경우 위헌심사기준
① **사법적 심사의 기준:** 국가가 최저생활보장에 관한 입법을 전혀 하지 않거나, 입법 내용이 현저히 불합리하여 헌법상 허용 가능한 재량 범위를 명백히 일탈한 경우에 한하여 헌법 위반으로 판단된다.
② **사회부조의 판단 기준:** 국가의 장애인 최저생활보장 수준은 단순히 국민기초생활보장법에 의한 생계급여만으로 판단할 수 없다. 다른 법령에 따라 지급되는 각종 급여와 세금 감면 등 혜택을 포함한 종합적 수준으로 판단해야 한다(헌재 2004.10.28. 2002헌마328).

(4) 보호범위
인간다운 생활을 할 권리는 물질적인 최저생활만을 포함한다는 견해와 문화적인 최저생활도 포함한다는 견해가 대립한다.

📖 **판례정리**

인간다운 생활을 할 권리 보호 여부

1. 구체적 권리의 도출
인간다운 생활을 할 권리는 최소한의 물질적 생활유지를 위한 급부를 요구할 수 있는 구체적 권리를 상황에 따라 도출할 수 있으나, 이는 국가의 재정형편 등을 고려하여 법률을 통해 구체화될 때 비로소 인정되는 법률적 권리이다. 따라서 입법자는 국가유공자 보호 등 사회보장의 이념을 준수하는 범위 내에서 광범위한 입법재량을 행사할 수 있다(헌재 1998.2.27. 97헌가10).

2. 기초연금법의 합헌성
기초연금법은 65세 이상 노인 중 소득인정액이 선정기준액 이하인 사람에게만 기초연금을 지급하도록 규정하여 인간다운 생활을 할 권리를 제한하고 있다. 기초연금은 헌법 제34조의 인간다운 생활을 할 권리에 근거한 사회보장적 급여로, 한정된 재원을 효율적으로 배분하기 위해 소득인정액 기준을 설정한 것이며, 이는 입법목적에 합리적인 수단이다. 국가유공자 보상금이나 무수익재산의 고려 방식도 합리성이 인정되어 헌법에 위반되지 않는다(헌재 2016.2.25. 2015헌바191).

3. 철거되는 주택의 소유자를 위한 임시수용시설 설치를 요구할 권리는 보호되지 않는다(헌재 2014.3.27. 2011헌바396).

4. 상가 임차인의 계약갱신요구권은 헌법 제34조 제1항에 의한 보호대상이 아니다(헌재 2014.8.28. 2013헌바76).

---

2. 사회보장수급권

(1) 개념
사회보장수급권이란 질병, 신체장애, 노령 등의 사회적 위험으로 인한 보호를 필요로 하는 개인이 인간다운 생활을 영위하기 위하여 국가에 일정한 내용의 적극적 급부를 요구할 수 있는 권리이다.

(2) 권리의 성격
국민의 수급권은 국가에 적극적 급부를 요구할 수 있는 권리를 주된 내용으로 하며, 그 구체적 부여 여부 및 내용은 국가의 경제적 수준, 재정능력, 재원확보 가능성에 따라 결정된다. 따라서 입법자에게 광범위한 입법재량이 인정되며, 헌법상 사회보장권은 법률에 의해 구체적인 수급요건, 수급자의 범위, 수급액 등이 규정될 때 비로소 법적 권리로 형성된다(헌재 1995.7.21. 93헌가14).

(3) 사회보험과 공공부조

① 사회보험은 국민 스스로의 기여를 기초로 생활의 위험에 대비하는 제도이다. 예를 들면, 국민연금보험이나 국민의료보험이 있다.

② 공공부조는 국가가 생활능력이 없는 자에 대해 국민의 자기기여와 관계 없이 최저생활에 필요한 급부를 제공하는 제도이다.

③ 공공부조를 구체화시킨 법률이 국민기초생활 보장법이다. 생존문제를 1차적으로 책임을 지는 자는 개인이므로 사회보험이 1차적 생존문제를 해결하는 제도이고, 공공부조는 사회보험에 대한 보충적인 제도이다.

④ **국민기초생활 보장법상 급여는** 어디까지나 보충적인 것이다(헌재 2004.10.28. 2002헌마328).

사회보험	공공부조
자기기여	국가부담
예산에서 일부지원	예산에서 전액부담
국민연금, 의료보험	생계급여, 주거급여
국민연금법	국민기초 생활 보장법
1차	보충

📖 **판례정리**

국민기초생활보장

1. 생계보호기준 위헌 확인 여부

생계보호 수준이 일반 최저생계비에 못 미치더라도, 국가가 지급하는 생계급여와 기타 부담감면 등을 종합적으로 판단할 때 헌법 위반이나 인간다운 생활을 할 권리 침해로 볼 수 없다(헌재 1997.5.29. 94헌마33).

2. 장애인가구의 최저생계비 기준

최저생계비 고시에서 장애인가구의 추가 지출을 반영하지 않았더라도 장애수당 등 지원이 이루어지고 있으므로, 이는 장애인의 인간다운 생활권이나 행복추구권을 침해하지 않는다(헌재 2004.10.28. 2002헌마328).

3. 교도소·구치소 수용자 생계급여 제외

교도소·구치소 수용자는 관련 법률에 의해 생계 및 의료적 보호를 받고 있으므로 인간다운 생활권 침해로 볼 수 없다(헌재 2011.3.31. 2009헌마617·2010헌마341).

4. 구치소 수용자의 생계급여 제한

수용자는 법률에 따라 생계 및 의료 보호를 받으므로, 생계급여와 보건권 제한은 인간다운 생활권 침해로 평가되지 않는다(헌재 2012.2.23. 2011헌마123).

5. 마약거래범죄자에 대한 북한이탈주민 보호 제한

마약거래범죄자는 보호대상자로 지정되지 않더라도 다양한 복지와 지원을 받을 수 있으며, 인간다운 생활을 위한 최소한의 보장이 이루어지고 있다고 판단된다(헌재 2014.3.27. 2012헌바192).

6. 기초연금 수급액의 이전소득 포함

기초연금 수급액이 이전소득으로 포함되어도, 국가가 노인 복지와 생계보호를 위한 다양한 제도를 운영하고 있어 재량의 범위를 명백히 일탈하지 않아 헌법에 위반되지 않는다(헌재 2019.12.27. 2017헌마1299).

📖 **판례정리**

장애인과 노인 보호의무

1. 헌법 제34조 제5항의 의무 해석

헌법 제34조 제5항은 신체장애자 등을 위한 특정 의무를 국가에 직접 부여하는 것이 아니라, 일반적인 복지 형성을 위한 국가의 노력 의무를 규정한 것으로, 신체장애자 등이 이를 근거로 기본권을 주장할 수 없다(헌재 2012.5.31. 2011헌마241).

2. 장애인을 위한 저상버스 도입 의무 여부

헌법 제34조는 장애인 복지와 관련하여 국가의 일반적인 의무를 명시할 뿐, 저상버스를 도입해야 한다는 구체적 의무를 부여하는 것은 아니다. 헌법재판소는 입법을 대신할 수 없으며, 부작위 위헌성만 확인할 수 있다 (헌재 2002.12.18. 2002헌마52).

3. 장애인 편의시설 설치에 대한 작위의무 여부

헌법상 명문 규정이나 해석에 따라, 보건복지부장관이 공공기관에 장애인 주차구역, 승강기 및 화장실 설치를 의무화할 작위의무가 도출되지 않는다(헌재 2023.7.20. 2019헌마709).

4. 장애인 고용의무 내용

공개채용시험에서 장애인을 일정 비율로 고용하도록 강제한 규정은 장애인 보호를 위한 최소한의 조치를 취한 것으로, 헌법상 의무를 다하지 못했다고 볼 수 없다(헌재 1999.12.23. 98헌바33).

5. 언어장애 후보자의 선거운동 평등성

언어장애 후보자와 비장애 후보자에게 동일한 수준에서 선거운동을 제한하는 것이 평등권을 침해한다고 볼 수 없다(헌재 2009.2.26. 2006헌마626).

6. 청각장애인을 위한 수화 및 자막방송 의무화 여부

청각장애인은 문서 및 정보통신망을 통해 선거정보를 얻을 수 있는 점 등을 고려할 때, 선거방송에서 수화 및 자막방송을 의무화하지 않았다고 해서 참정권 침해로 볼 수 없다(헌재 2009.5.28. 2006헌마285).

📖 판례정리

국민연금

1. 분할연금제도 위헌성 및 헌법불합치 결정

실질적인 혼인관계가 없는 이혼배우자에게 법률혼 기간만으로 분할연금을 인정하는 국민연금법 제64조 제1항은 노령연금 수급권자의 재산권을 침해하여 헌법불합치 결정이 내려졌다(헌재 2016.12.29. 2015헌바182). 이후, 소급적용 경과규정을 두지 않은 개정법이 평등원칙에 위배된다는 판단이 내려졌다(헌재 2024.5.30. 2019헌가29).

2. 국민연금 가입 대상자 제한(헌재 2001.4.26. 2000헌마390)

3. 국민건강보험 의무가입(헌재 2001.8.30. 2000헌마668)

4. 연금수급권 제한의 합헌성

국민연금 수급권자가 다수 급여를 받을 수 있는 경우 하나를 선택하도록 하고 나머지 지급을 정지하는 규정은 공공복리와 합리적 이유에 기반하며, 평등권을 침해하지 않는다(헌재 2000.6.1. 97헌마190).

5. 퇴직연금일시금 수령자 기초연금 제한

공무원연금법에 따라 퇴직연금일시금을 받은 사람과 배우자에게 기초연금을 지급하지 않는 것은 한정된 재원의 효율적 분배라는 기초연금법의 목적에 부합하며, 인간다운 생활을 할 권리를 침해하지 않는다(헌재 2018.8.30. 2017헌바97).

6. 유족연금 제한의 합헌성

국민연금보험료를 납부한 기간이 가입기간의 3분의 2 미만인 경우 유족연금을 제한하는 국민연금법 제85조 제2호는 성실히 납부한 가입자의 유족만을 보호하려는 합리적 입법재량에 따른 것으로, 반환일시금을 통해 유족 권익을 보장하므로 헌법에 위반되지 않는다(헌재 2020.5.27. 2018헌바129).

국민건강보험

1. **경과실의 범죄로 인한 사고**는 개념상 우연한 사고의 범위를 벗어나지 않으므로 **경과실로 인한 범죄행위에 기인하는** 보험사고에 대하여 의료보험급여를 부정하는 것(헌재 2003.12.18. 2002헌바1) ➡ 재산권 침해

2. 의료보험요양기관의 지정취소사유 등을 법률에서 직접 규정하지 아니하고 보건복지부령에 위임하고 있는 구 공무원 및 사립학교교직원 의료보험법은 단지 보험자가 **보건복지부령이 정하는 바에 따라 요양기관의 지정을 취소할 수 있다고** 규정하고 있을 뿐, 보건복지부령에 정하여질 요양기관지정취소 사유를 짐작하게 하는 어떠한 기준도 제시하고 있지 않으므로 이는 헌법상 위임입법의 한계를 일탈한 것으로서 헌법 제75조 및 제95조에 위반되고, 나아가 우리 헌법상의 기본원리인 권력분립의 원리, 법치주의의 원리, 의회입법의 원칙 등에 위배된다(헌재 2002.6.27. 2001헌가30). ***위헌결정**

3. 내국인등과 달리 보험료를 체납한 경우에는 다음 달부터 곧바로 보험급여를 제한하는 국민건강보험법(헌재 2023.9.26. 2019헌마1165) ➡ 평등권 침해

4. '요양기관이 의료법 제33조 제2항을 위반하였다는 사실을 수사기관의 수사 결과로 확인한 경우 공단으로 하여금 해당 요양기관이 청구한 요양급여비용의 지급을 보류할 수 있도록 규정한 구 국민건강보험법 제47조의2 제1항(헌재 2023.3.23. 2018헌바433) ➡ 재산권 침해

5. **지역가입자 국고지원의 합헌성**

   지역가입자(노인, 실업자, 퇴직자 등 소득이 없거나 저소득층 포함)에 대한 국고지원은 경제적 · 사회적 약자를 위한 사회국가적 의무의 이행으로, 직장가입자와의 차별은 합리적이며 평등원칙에 위배되지 않는다(헌재 2000.6.29. 99헌마289).

6. **보험료 체납 시 1월 이후 의료보험급여 정지 규정의 합헌성**

   체납 시 의료보험급여를 정지하더라도, 일정 기한 내 체납보험료 완납 시 급여를 인정하는 등의 보호조치를 규정하고 있으므로, 이는 인간다운 생활권이나 재산권을 침해하지 않는다(헌재 2020.4.23. 2017헌바244).

7. **휴직자의 직장가입자 자격 유지**

   국민건강보험법 제63조 제2항에 따라 휴직자의 직장가입자 자격 유지와 기존 보험료 부담은 휴직제도의 본질과 공단의 재정부담 등을 고려한 합리적 규정으로, 평등권이나 사회적 기본권을 침해하지 않는다(헌재 2003.6.26. 2001헌마699).

8. **의료급여수급자와 건강보험가입자의 비교집단 차이**

   의료급여수급자와 건강보험가입자는 본질적으로 동일한 비교집단이 아니므로 선택병의원제 및 비급여 항목의 차별적 규정이 평등권을 침해하지 않는다(헌재 2009.11.26. 2007헌마734).

📖 **판례정리**

국가유공자예우

1. **보상금수급권 인정시기의 합헌성**

   전몰군경 및 전공사상자의 수급권은 구체적 법률에 의해 부여되는 권리로, 급여금 수급권 발생 시기를 등록한 날이 속하는 달로 규정한 것은 입법재량의 범위에 속하며 헌법에 위반되지 않는다(헌재 1995.7.21. 93헌마14).

2. **유족부가연금 지급의 차등 지급 합헌성**

   독립유공자 본인의 서훈등급에 따라 유족에게 부가연금을 차등 지급하는 것은 합리적 이유가 있으므로, 평등권을 침해하지 않는다(헌재 1997.6.26. 94헌마52).

📖 **판례정리**

퇴직금

1. 군인연금법상 퇴역연금 수급권은 사회보장수급권과 재산권이라는 두 가지 성격이 불가분적으로 혼화되어, 전체적으로 재산권의 보호 대상이 되면서도 순수한 재산권만이 아닌 특성을 지니므로, 비록 퇴역연금 수급권이 재산권으로서의 성격을 일부 지닌다고 하더라도 사회보장법리에 강하게 영향을 받을 수밖에 없다. 입법자로서는 퇴역연금 수급권의 구체적 내용을 정할 때 재산권보다 사회보장수급권적 요소에 중점을 둘 수 있고 이 점에 관하여 입법형성의 자유가 있다. 따라서 퇴역연금 수급자에게 소득이 있는 경우 어느 범위에서 퇴역연금 수급을 제한할 것인지에 대해서는 국가의 재정능력, 국민 전체 소득 및 생활수준, 그 밖에 여러 가지 사회·경제적 여건 등을 종합하여 합리적 수준에서 결정할 수 있고, 그 결정이 현저히 자의적이거나 사회적 기본권의 최소한 내용마저 보장하지 않은 경우에 한하여 헌법에 위반된다고 할 수 있다(헌재 2015.7.30. 2014헌바371).

2. 사립학교법상 명예퇴직수당은 장려금으로, 사회보장적 급여가 아니다(헌재 2007.4.26. 2003헌마533).

3. **입법자의 재량**
   ① 공무원연금 수급권은 헌법 제34조에 근거한 사회적 기본권으로, 법률을 통해 구체화되어야 한다(헌재 2014. 6.26. 2012헌마459).
   ② 연금수급권은 사회보장수급권과 재산권이 혼재된 성격으로, 입법자는 민법상의 상속 법리에 구애받지 않고 입법 목적에 맞게 독자적으로 규율할 수 있다(헌재 1999.4.29. 97헌마333).

4. **위헌 여부**
   ① **퇴직연금 지급 정지 규정(공무원연금법 제47조 제1호)**: 공무원연금법상 퇴직연금 수급자가 사립학교 기관에서 급여를 받는 경우 연금을 정지하도록 한 규정은 헌법에 위반되지 않음(헌재 2000.6.29. 98헌바106).
   ② **중복급여 공제 규정**: 다른 법령에 따른 급여를 받을 경우 공무원연금에서 해당 금액을 공제하는 규정은 연금 재정의 안정성을 도모하기 위한 것으로 기본권을 침해하지 않는다(헌재 2013.9.26. 2011헌바272).
   ③ **퇴직연금과 유족연금 중복 감액(구 공무원연금법 제45조 제4항)**: 퇴직연금 수급자가 유족연금을 받을 경우 2분의 1을 감액하는 규정은 재정 안정과 급여의 적절성을 확보하기 위한 합리적 조치로, 기본권 침해가 아니다(헌재 2020.6.25. 2018헌마865).
   ④ **유족급여수급권자를 직계존비속으로 한정하고 형제자매를 포함하지 않은 공무원연금법**: 공무원연금과 산재보험은 사회보험이라는 공통점이 있으나, 보험 가입자, 보험관계의 성립 및 소멸, 재정조성 주체 등에서 본질적으로 차이가 있어 동일한 비교집단으로 볼 수 없다. 또한 공무원연금과 국민연금은 사회보장적 성격을 공유하지만, 도입 목적과 배경, 재원 조성 방식에서 차이가 있으며, 공무원연금은 국민연금보다 재정 건전성을 확보하여 국가 재정 부담을 줄일 필요가 크다는 점에서 차별적 취급에 합리적 이유가 있다. 따라서 해당 법률조항이 산재보험법이나 국민연금법상의 수급권자 범위와 비교하여 평등권을 침해한다고 볼 수 없다(헌재 2014.5.29. 2012헌마555).
   ⑤ 헌법 제25조의 공무담임권이 공무원의 재임 기간 동안 충실한 공무 수행을 담보하기 위하여 공무원의 퇴직급여 및 공무상 재해보상을 보장할 것까지 그 보호영역으로 하고 있다고 보기 어렵다. 지방자치단체의 장은 헌법 제7조 제2항에 따라 신분보장이 필요하고 정치적 중립성이 요구되는 공무원에 해당한다고 보기 어려우므로 헌법 제7조의 해석상 지방자치단체장을 위한 퇴직급여제도를 마련하여야 할 입법적 의무가 도출된다고 볼 수 없다(헌재 2014.6.26. 2012헌마459).

📖 **판례정리**

산업재해

1. **산재보험수급권의 법적 성격**
   산재보험수급권은 산재보험법에 의해 구체화되는 법률상의 권리로, 국가에 대한 사회보장·복지 급부청구권은 직접적으로 인정되지 않는다(헌재 2005.7.21. 2004헌바2).

2. 출퇴근 중 사고에 대한 업무상 재해 인정

사업주의 지배관리 아래 출퇴근 중 사고만 업무상 재해로 인정한 규정은 비혜택 근로자에 대한 자의적 차별로, 평등원칙에 위배된다(헌재 2016.9.29. 2014헌바254). *헌법불합치결정

3. 유족급여와 진폐유족연금의 성격

유족급여 및 진폐유족연금은 헌법 제34조에 근거한 사회보장적 성격의 보험급여로, 재해로부터 국민을 보호해야 할 국가의 의무를 구체화한 것이다(헌재 2014.2.27. 2012헌바469).

4. 업무상 재해의 상당인과관계 입증책임

업무상 재해와 관련한 인과관계의 입증책임을 근로자 측에 부담시키는 산업재해보상보험법은 사회보장수급권을 침해하지 않는다(헌재 2015.6.25. 2014헌바269).

5. 장해급여의 성격

장해급여는 손해배상적 성격이 강하며, 사회보장적 급부로서의 성격은 상대적으로 약하다. 따라서 재산권적인 보호 필요성이 크고, 다른 사회보험수급권보다 엄격한 보호가 필요하다(헌재 2009.5.28. 2005헌바20).

6. 특수형태근로종사자의 산재보험료 전액 부담과 입법부작위 (헌재 2023.10.26. 2020헌마93)

① **대통령령 제정 의무**: 산재보험료 전액을 사업주가 부담하도록 한 위임조항은 이미 예정된 제도로, 대통령령 제정에 대한 작위의무가 인정된다.

② **입법 부작위의 정당성**: 행정부는 제정 시도 과정에서 실무적 문제와 평등원칙 위반 우려로 지체되었으나, 다른 방식으로 보호를 개선해 왔으므로 입법부작위에 정당한 사유가 있다.

7.

재요양 당시 임금을 기준으로 휴업급여를 산정하도록 한 산업재해보상보험법 제56조 제1항은 최초 진단시 임금을 기준으로 삼는 것보다 휴업급여의 본질에 부합하며, 진폐 근로자의 재취업 가능성과 임금 변동을 고려한 합리적 조치로 형평성에도 어긋나지 않는다. 또한, 재요양 시 임금이 없을 경우 최저임금액으로 지급하도록 규정되어 있어 진폐 근로자의 인간다운 생활을 침해하지 않는다(헌재 2024.4.25. 2021헌바316).

8. 공무원에게 재해보상을 위하여 실시되는 급여의 종류로 휴업급여 또는 상병보상연금 규정을 두고 있지 않은 '공무원 재해보상법' 제8조가 공무원의 인간다운 생활을 할 권리를 침해하는지 여부(소극)

청구인의 인간다운 생활을 할 권리가 침해되었는지 여부는 재해보상의 실질을 가진 모든 급여를 포함하여 소득 공백이 보전되는지 여부로 판단해야 한다. 공무원이 공무상 질병이나 부상으로 인해 병가나 질병휴직을 하면 봉급이 전액 지급되고, 복귀가 불가능해 퇴직할 경우 장해급여, 요양급여, 퇴직일시금 또는 퇴직연금이 지급된다. 재해보상과 공무원연금법의 급여는 소득공백시 생계를 보장하는 사회보장적 급여로서 같은 기능을 수행하므로, 심판대상조항이 인간다운 생활을 할 권리를 침해할 정도로 현저히 불합리하지 않다(헌재 2024.2.28. 2020헌마1377).

📖 판례정리

위로금

지뢰피해자 및 유족에 대한 위로금을 사망 또는 상이 당시의 월평균임금을 기준으로 산정한 것은 한정된 국가재정, 국가배상청구권 소멸시효와의 균형, 기존 피해자와의 형평성을 고려한 합리적 조치이다. 피해시기에 따른 위로금 차이를 완화하기 위해 2천만 원을 조정 상한으로 정한 보완책도 마련되었으므로, 심판대상조항은 인간다운 생활을 할 권리를 침해하지 않는다(헌재 2019.12.27. 2018헌바236).

제3절 교육을 받을 권리

> 헌법 제31조【교육을 받을 권리·의무 등】 ① 모든 국민은 능력에 따라 균등하게 교육을 받을 권리를 가진다.
> ② 모든 국민은 그 보호하는 자녀에게 적어도 **초등교육**과 법률이 정하는 교육을 받게 할 의무를 진다.
> ③ **의무교육은 무상으로 한다.**
> ④ 교육의 자주성·전문성·정치적 중립성 및 대학의 자율성은 법률이 정하는 바에 의하여 보장된다.
> ⑤ 국가는 평생교육을 진흥하여야 한다.
> ⑥ **학교교육** 및 평생교육을 포함한 교육제도와 그 운영, 교육재정 및 **교원의 지위에 관한 기본적인 사항은 법률로 정한다.**

01 교육을 받을 권리의 의의

'교육을 받을 권리'는 국가로부터 교육에 필요한 시설의 제공을 요구할 수 있는 권리 및 각자의 능력에 따라 교육시설에 입학하여 배울 수 있는 권리를 국민의 기본권으로서 보장하면서, 한편, 국민 누구나 능력에 따라 균등한 교육을 받을 수 있게끔 노력해야 할 의무와 과제를 국가에게 부과하고 있는 것이다(헌재 2011.6.30. 2010헌마503).

02 교육을 받을 권리의 내용

1. '능력에 따라 균등하게' 교육을 받을 권리

(1) '능력에 따라 균등하게'

① **교육영역에서 자의적 차별금지:** 헌법은 제31조 제1항에서 '능력에 따라 균등하게'라고 하여 교육영역에서 평등원칙을 구체화하고 있다. 헌법 제31조 제1항은 헌법 제11조의 일반적 평등조항에 대한 특별규정으로서 교육의 영역에서 **평등원칙을 실현하고자 하는 것이다**(헌재 2008.9.25. 2008헌마456).

② **실질적인 평등교육을 받을 수 있도록 적극적 정책을 실현할 의무:** 이는 **정신적·육체적 능력 이외의 성별·종교·경제력·사회적 신분 등에 의하여** 교육을 받을 기회를 차별하지 않고, 즉 합리적 차별사유 없이 교육을 받을 권리를 제한하지 아니함과 동시에 국가가 모든 국민에게 균등한 교육을 받게 하고 특히 경제적 약자가 실질적인 평등교육을 받을 수 있도록 적극적 정책을 실현해야 한다는 것이다(헌재 1994.2.24. 93헌마192).

(2) 교육을 받을 권리에서 도출 여부

① **도출되는 것:** 교육을 받을 권리로부터 부모의 교육기회제공청구권, 학교선택권은 도출된다. 그러나 과외교습금지 판례에서는 학부모의 자녀교육권의 근거로 헌법 제10조, 제36조, 제37조 제1항을 근거로 들고 있다.

② **도출되지 않는 것:** 교육을 받을 권리로부터 교사의 수업권이 도출되는 것은 아니다. 교과서 검인정제도 사건에서 반대의견은 교육을 받을 권리로부터 교사의 수업권이 도출된다고 보았다.

교육을 받을 권리에서 도출되지 않는 것

1. 재학 중인 학교의 법적 형태를 법인이 아닌 공법상 영조물인 국립대학으로 유지해 줄 것을 요구할 권리는 학생의 교육을 받을 권리에 포함되지 않는다(헌재 2014.4.24. 2011헌마612).

2. 국민이 직접 실질적 평등교육을 위한 교육비를 청구할 권리가 도출되는 것은 아니다(헌재 1991.2.11. 90헌가27).

3. 교육을 받을 권리는 국민이 국가에 대해 직접 특정한 교육제도나 학교시설을 요구할 수 있음을 뜻하지 않으며, 자신의 교육환경을 최상 혹은 최적으로 만들기 위해 타인의 교육시설 참여기회를 제한할 것을 청구할 수 있는 기본권은 더더욱 아니다(헌재 2003.9.25. 2001헌마814).

4. 기존의 재학생들에 대한 교육환경이 상대적으로 열악해질 수 있음을 이유로 새로운 편입학 자체를 하지 말도록 요구하는 것은 교육을 받을 권리의 내용으로 포섭할 수 없다(헌재 2003.9.25. 2001헌마814).

5. 교육을 받을 권리로부터 교육조건의 개선·정비와 교육기회의 균등한 보장을 적극적으로 요구할 수 있는 권리는 인정되나, 국가 또는 지방자치단체에게 2003년도 사립유치원의 교사 인건비, 운영비 및 영양사 인건비를 예산으로 지원하여야 할 헌법상 작위의무가 도출된다고 볼 수 없다(헌재 2006.10.26. 2004헌마13).

6. 법학전문대학원의 교육과정에 대하여 규정한 '법학전문대학원 설치·운영에 관한 법률' 제20조, '법학전문대학원 설치·운영에 관한 법률 시행령' 제13조에 대한 심판청구에 기본권 침해의 가능성이 인정되는지 여부(소극)
   교육받을 권리로부터 공무원이 재직 중 법학전문대학원에서 수학할 것을 보장받을 권리가 도출된다고 할 수 없으므로 교육과정조항이 야간수업 또는 방송·정보통신 매체 등을 활용한 원격수업을 의무화하지 않았다고 하더라도 교육받을 권리가 침해될 가능성은 없다(헌재 2024.2.28. 2020헌마1377).

7. 지방자치단체 공무원이 연구기관이나 교육기관 등에서 연수하기 위한 휴직기간은 2년 이내로 한다고 규정한 지방공무원법 제64조 제7호에 대한 심판청구에 기본권 침해의 가능성이 인정되는지 여부(소극)
   교육받을 권리로부터 공무원이 휴직하여 법학전문대학원에서 수학할 것을 보장받을 권리가 도출된다고 할 수 없으므로 휴직조항으로 인하여 교육받을 권리가 침해될 가능성은 없다. 휴직조항은 공직 취임이나 공무원 신분과 관련이 없으므로 공무담임권을 제한하지 않는다(헌재 2024.2.28. 2020헌마1377).

교육을 받을 권리 제한이 아닌 것

EBS 교재 수능반영
교육을 통한 자유로운 인격발현권을 제한받는 것이지 교육을 받을 권리를 직접 제한한다고 보기는 어렵다(헌재 2018.2.22. 2017헌마691).

📖 판례정리

교육을 받을 권리 침해 여부

헌법 위반인 것

1. **검정고시 출신자 국립교대 수시모집 지원 제한 사건** (헌재 2017.12.28. 2016헌마649)
   ① **쟁점**: 이 사건의 주요 쟁점은 대학입학 자격요건의 제한이 교육을 받을 권리를 침해하는지 여부이다. 직업선택의 자유나 검정고시 출신자와 고등학교 졸업자 간 차별 주장과 중복되므로 별도 판단하지 않는다.
   ② **헌법 제31조 균등한 교육을 받을 권리**: 헌법 제31조 제1항은 교육의 기회균등을 보장하며, 대학의 자율적 학생선발권은 국민의 균등한 교육을 받을 권리를 침해할 수 없다.
   ③ **능력에 따른 균등한 교육**: 검정고시 출신자에게 수학능력을 평가받을 기회를 부여하지 않는 것은 합리적 차별로 보기 어렵다. 따라서 수시모집요강은 청구인의 균등하게 교육을 받을 권리를 침해한다.

2. 검정고시 응시자격 제한 사건

초중등교육법은 '검정고시에 합격한 자'에 대한 응시자격 제한 공고를 위임하지 않았다. 따라서 응시제한 공고는 법률유보원칙과 과잉금지원칙에 위배되어 청구인의 교육을 받을 권리를 침해한다(헌재 2012.5.31. 2010헌마139).

헌법 위반이 아닌 것

1. 모집정원 미달이라도 수학능력이 없는 자를 불합격처분한 것은 위헌이 아니다(대판 1983.6.28. 83누193).

2. 초등학교 취학연령을 6세로 정한 교육법은 균등하게 교육을 받을 권리를 침해하지 않는다(헌재 1994.2.24. 93헌마192).

3. 만 16세 미만의 자에게 고등학교 학력인정 평생교육시설 입학을 허용하지 않은 것은 중학교 졸업나이를 기준으로 한 것으로, 교육을 받을 권리 침해가 아니다(헌재 2011.6.30. 2010헌마503).

4. 고등학교 퇴학 후 6개월이 지나지 않은 자를 검정고시 응시자에서 제외한 것은 과잉금지원칙에 위배되지 않는다(헌재 2008.4.24. 2007헌마1456).

5. 대학도서관 이용 제한이 청구인의 교육을 받을 권리를 침해하지 않는다(헌재 2016.11.24. 2014헌마977).

6. 보육교사 자격 요건으로 대면 교과목 이수를 요구한 시행규칙은 교육 기회를 차별하지 않아 교육을 받을 권리를 침해하지 않는다(헌재 2016.11.24. 2016헌마299).

7. 재외국민 특별전형에서 부모의 해외체류요건을 요구한 것은 학생을 불합리하게 차별하지 않아 균등하게 교육을 받을 권리를 침해하지 않는다(헌재 2020.3.26. 2019헌마212).

8. 서울대 정시모집 교과평가 반영은 수험생의 학문 수학능력을 평가하기 위한 합리적 조치로, 청구인의 균등하게 교육을 받을 권리를 침해하지 않는다(헌재 2022.5.26. 2021헌마527).

---

(3) 교사의 수업권

교사의 수업권은 자연법으로는 학부모에게 속하는 자녀에 대한 교육권을 신탁받은 것이고 실정법상으로는 공교육의 책임이 있는 국가의 위임에 의한 것이다(헌재 1992.11.12. 89헌마88). 교사의 수업권이 헌법 제31조에서 도출된다는 것은 교과서 검인정제도 판례에서 헌법재판소 법정의견이 아니라 반대의견에서 주장되었다(헌재 1992.11.12. 89헌마88).

📖 판례정리

수업권

1. 국민의 수학권과 교사의 수업의 자유는 다같이 보호되어야 하겠지만 그중에서도 국민의 수학권이 더 우선적으로 보호되어야 한다(헌재 1992.11.12. 88헌마88).

2. **교원의 수업거부행위는 학생의 학습권과 정면으로 상충하는 것**인바, 학생의 학습권이 교원의 수업권보다 우월하므로 **교원이 고의로 수업을 거부할 자유는 어떠한 경우에도 인정되지 아니하며**, 교원은 계획된 수업을 지속적으로 성실히 이행할 의무가 있다(대판 2007.9.20. 2005다25298).

---

2. 의무교육을 받을 권리

(1) 의교육제도와 권리의 관계

의무교육제도는 교육의 자주성·전문성·정치적 중립성 등을 지도원리로 하여 국민의 교육을 받을 권리를 뒷받침하기 위한, 헌법상의 **교육기본권에 부수되는** 제도보장이라 할 것이다(헌재 1991.2.11. 90헌가27).

(2) 의무교육의 주체

권리주체는 미취학의 아동이며, 의무주체는 아동의 친권자·후견인이다.

📖 **판례정리**

의무교육과 부모의 교육권

학교제도에 관한 국가의 규율권한과 부모의 교육권이 서로 충돌하는 경우, 어떠한 법익이 우선하는가의 문제는 구체적인 경우마다 법익형량을 통하여 판단해야 하는데, 자녀가 의무교육을 받아야 할지의 여부와 그의 취학연령을 부모가 자유롭게 결정할 수 없다는 것은 부모의 교육권에 대한 과도한 제한이 아니다(헌재 2000.4.27. 98헌가16).

---

(3) 의무교육의 범위

① **초등학교 무상교육을 받을 권리**: 헌법 제31조 제2항과 제3항을 해석하면 초등학교 무상교육을 받을 권리는 헌법상 직접적 권리이다.

② **중등학교 무상교육을 받을 권리**: 헌법 제31조 제2항은 초등교육과 법률이 정하는 교육을 의무교육으로서 실시하도록 규정하였으므로 초등교육 이외에 어느 범위의 교육을 의무교육으로 할 것인가에 대한 결정은 입법자에게 위임되어 있다 할 것이다. 초등교육 이외의 의무교육은 구체적으로 법률에서 이에 관한 규정이 제정되어야 가능하고 초등교육 이외의 의무교육의 실시 범위를 정하는 것은 입법자의 형성의 자유에 속한다.

📖 **판례정리**

중등학교, 대학교 의무교육

1. 중등교육 단계에서 의무교육의 범위와 절차, 시점은 입법자의 형성 자유에 속하며, 중학교 의무교육을 단계적으로 실시함으로 인해 특정 지역 주민이 무상교육 혜택을 받지 못하더라도 이는 헌법상 권리가 침해된 것으로 볼 수 없다(헌재 1991.2.11. 90헌가27).

2. 헌법은 초등교육과 법률이 정하는 교육만을 의무교육으로 규정하고 있고(제31조 제2항), 이에 따라 교육기본법은 6년의 초등교육과 3년의 중등교육만을 의무교육으로 규정하고 있을 뿐이므로, **대학교육**은 헌법 제31조 제2항이 의미하는 의무교육에 해당하지 아니한다(헌재 2015.5.28. 2014헌바262).

3. **중학교 의무교육 실시시기를 대통령령에 위임한 교육법** (헌재 1991.2.11. 90헌가27)

① **헌법 제31조 제2항의 '법률이 정하는 교육을 받게 할 의무'**: 법률은 형식적 의미의 법률과 이에 근거한 대통령령도 포함하는 실질적 의미의 법률이므로 중등학교 의무교육의 시기와 범위를 대통령령에 위임한 교육법은 헌법 제31조 제2항에 위반되지 않는다.

② **중요사항유보설**: 중학교 의무교육의 실시 여부와 연한은 본질적 사항이므로 국회가 반드시 법률로 정해야 할 사항이나 중학교 의무교육의 실시 시기와 범위는 비본질적 사항이므로 반드시 법률로 정해야 하는 것은 아니다.

---

(4) 의무교육의 무상 여부

헌법 제31조 제3항은 직접 의무교육을 무상으로 하도록 규정하고 있다.

(5) 무상의 범위

① **의무교육 이수를 위해 필요한 비용**: 헌법 제31조 제3항에 규정된 **의무교육의 무상원칙에 있어서 의무교육 무상의 범위**는 원칙적으로 헌법상 교육의 기회균등을 실현하기 위해 필수불가결한 비용, 즉 **모든 학생이 의무교육을 받음에 있어서 경제적인 차별 없이 수학하는 데 반드시 필요한 비용**에 한한다. 따라서 수업료나 입학금의 면제, 학교와 교사 등 인적·물적 기반 및 그 기반을 유지하기 위한 인건비와 시설유지비, 신규시설투자비 등의 재원마련 및 의무교육의 실질적인 균등보장을 위해 필수불가결한 비용은 무상의 범위에 포함된다. 따라서 **학교운영지원비를 학교회계 세입항목에 포함시키도록 하는 초·중등교육법 중 중학교 학생으로부터 징수하는 것**은 의무교육의 무상성 원칙에 반한다(헌재 2012.8.23. 2010헌바220).

② **의무교육 이수를 위해 필수불가결한 비용이 아닌 비용**: 의무교육에 있어서 본질적이고 **필수불가결한 비용 이외의 비용**을 무상의 범위에 포함시킬 것인지는 국가의 재정상황과 국민의 소득수준, 학부모들의 경제적 수준 및 사회적 합의 등을 고려하여 입법자가 입법정책적으로 해결해야 할 문제이다.

📖 **판례정리**

급식비를 학부모에게 부담시키는 초등교육법 *합헌결정

학교급식은 교육적 측면이 있지만 이는 의무교육의 본질적인 부분이 아니므로, 중학생 학부모에게 급식비 일부를 부담하도록 한 학교급식법은 의무교육의 무상원칙을 위반한 것이 아니다(헌재 2012.4.24. 2010헌바164).

(6) 의무교육의 경비 부담

📖 **판례정리**

서울시 의무교육비용 부담 *기각결정

헌법 제31조 제2항·제3항으로부터 직접 의무교육 경비를 중앙정부로서의 국가가 부담하여야 한다는 결론은 도출되지 않으며 지방자치단체에게 일부 부담시킬 수 있다. 따라서 **서울시 시세총액의 100분의 10에 해당하는 금액을 교육비 회계로 전출하도록 한 것**은 지방자치단체의 재정권 침해가 아니다(헌재 2005.12.22. 2004헌라3).

📖 **판례정리**

의무교육 실시와 같은 공익 목적 내지 공적 용도로 공유재산을 무단점유한 경우 변상금 부과하는 법 *합헌결정

헌법 제31조 제3항의 의무교육 무상원칙은 사립학교법인이 부담하도록 규정된 경비까지 국가나 지방자치단체가 부담해야 한다는 취지로 해석할 수 없다. 사립학교법인의 의무교육 실시 목적과 관련된 공유재산 무단점유에 변상금을 부과하도록 한 공유재산법은 공익 목적과 사익 목적의 점유를 동일하게 취급하더라도 평등원칙에 위배되지 않는다(헌재 2017.7.27. 2016헌바374).

3. 교육의 자주성 · 전문성 · 정치적 중립성

(1) 국가교육권과 국민주권원리

국민주권 원리는 공권력 구성 · 행사 · 통제를 지배하는 기본원리로, 국가교육권과 지방자치권도 국민적 정당성을 갖추어야 한다(헌재 1999.11.25. 99헌바28).

(2) 지방교육자치제도의 헌법적 근거

지방교육자치제도의 헌법적 근거는 지방자치제 이념과 헌법 제31조 제4항의 교육의 자주성 · 전문성 · 정치적 중립성 보장에서 도출된다(헌재 2002.3.28. 2002헌마283).

(3) 지방교육자치의 헌법적 보장의 의의

지방교육자치는 국민주권 원리에 따라 정당성을 갖추어야 하며, 중앙권력에 대한 지방적 자치와 정치권력에 대한 문화적 자치를 동시에 구현하는 '이중의 자치'를 특징으로 한다. 이를 통해 민주주의 · 지방자치 · 교육자주의 헌법적 가치를 조화롭게 만족시켜야 한다(헌재 2008.6.26. 2007헌마1175).

(4) 지방교육자치와 민주주의 · 지방자치 · 교육자주

지방교육자치는 중앙권력에 대한 자치와 교육의 자주성을 실현하기 위한 문화적 자치를 동시에 지니며, 민주주의 · 지방자치 · 교육자주라는 헌법적 가치를 균형있게 반영해야 한다. 특정 가치만을 절대시하는 방식은 헌법적으로 허용되지 않는다(헌재 2000.3.30. 99헌바113).

4. 교육제도

(1) 교육제도

교육제도에 관한 기본사항을 법률로 정하는 과정에서 국가가 설립기준, 종류, 감독 수준 등을 정하는 문제는 교육의 본질을 침해하지 않는 한 입법권자의 자유에 속한다. 여기서 교육제도는 공 · 사립학교뿐만 아니라 학원 형태의 사회교육제도도 포함한다(헌재 2001.2.22. 99헌바93).

(2) 사학 운영의 자유

① **의의**: 사립학교 설립자의 자유로운 운영은 헌법 제10조의 행복추구권, 헌법 제31조 제1항의 교육을 받을 권리, 제31조 제4항의 교육의 자주성 · 전문성 · 정치적 중립성에 의해 보장되는 기본권이다(헌재 2001.1.18. 99헌바63).

② **국가의 개입과 감독 필요성**: 학교교육은 국가와 사회 발전의 원동력이므로 국 · 공립학교와 마찬가지로 사립학교에도 국가의 개입과 감독이 필요하다. 교직원, 교과과정 등에서 국 · 공립학교와 사립학교 간 본질적 차이가 없으므로 국가적 중요성과 영향력 측면에서 동일하게 취급되어야 한다(헌재 2001.1.18. 99헌바63).

📖 **판례정리**

사립학교 운영의 자유 침해 여부

1. 학교급식비용 부담에 관한 학교급식법

학교 설립경영자가 급식시설 경비를 부담하도록 한 것은 공교육의 기본시설 확보를 위한 공익 목적에 부합하며, 국가의 일부 재정지원이 이루어지고 있는 점을 감안하면 사립학교 운영의 자유를 침해하지 않는다(헌재 2010.7.29. 2009헌바40).

2. 임시이사 선임의 적법성

사학의 비정상적 운영 시 관할청의 임시이사 선임은 사학의 운영의 자유를 침해하지 않으며, 정상화 후 정식이사 선임 절차는 종전 이사의 재산권 · 경영권 침해가 아니다(헌재 2013.11.28. 2011헌바136).

3. 사립학교법의 초·중등학교장 중임회수 제한

학교장의 중임회수를 1회로 제한하고, 특정관계인의 임명을 제한한 조항은 사학의 공공성과 투명성을 높이기 위한 것으로, 사학의 자유나 직업의 자유를 침해하지 않는다(헌재 2013.11.28. 2007헌마1189).

4. 사학 재산관리에 대한 국가개입

사립학교 재산관리에 관할청의 허가를 받도록 한 사립학교법은 교육을 통한 공익 실현과 학생의 교육권 보장을 위해 필요한 조치로, 학교법인의 자율권을 침해하지 않는다(헌재 2001.1.18. 99헌바63).

5. 학원설립등록의무 부과의 합헌성

학원설립등록의무는 교육 수준 유지와 국가의 지도·감독을 목적으로 하며, 직업선택의 자유나 행복추구권을 침해하지 않는다(헌재 2001.2.22. 99헌바93).

6. 유아교습 학원의 등록 의무

유아교습 학원을 학교교과교습학원으로 분류하여 등록하도록 한 법률은 명확성원칙에 위배되지 않으며, 기본권을 침해하지 않는다(헌재 2013.5.30. 2011헌바227).

7. 학교설립인가제의 적법성

학교설립인가를 받지 않고 학교 형태로 운영하는 행위를 처벌하는 규정은 사회적 폐해를 방지하기 위한 최소한의 규제로, 사립학교 설립의 자유를 침해하지 않는다(헌재 2020.10.29. 2019헌바374).

8. 고등교육법의 학교 폐쇄 명령

정상적인 학사운영이 불가능한 학교에 대한 폐쇄명령은 공익을 위한 정당한 조치로, 과잉금지원칙에 반하지 않는다(헌재 2018.12.27. 2016헌바217).

9. 사립유치원 재무·회계 관리

사립유치원의 재무회계 관리 규정은 투명성을 제고하기 위한 것으로, 설립·경영자의 운영의 자유를 침해하지 않는다(헌재 2019.7.25. 2017헌마1038).

10. 자율형 사립고등학교 동시선발 조항

자사고 후기학교 동시선발과 중복지원을 금지한 시행령은 고교서열화 완화라는 공익적 목적을 충족하며, 신뢰보호원칙에 위배되지 않는다(헌재 2019.4.11. 2018헌마221).

📖 주제정리

학교용지부담금

1. 재정조달목적 부담금

학교용지부담금은 개발사업지역의 학교시설 확보라는 특별한 공익사업의 재정을 충당하기 위하여 특정 집단에게만 반대급부 없이 부과되는 **재정조달목적 부담금**에 해당한다(헌재 2008.9.25. 2007헌가1).

2. 재정조달목적의 부담금의 한계 (헌재 2004.7.15. 2002헌바42)

① **조세와 부담금의 예외적 성격**: 부담금은 조세와 구별되어야 하며, 일반적인 조세제도로 대체할 수 없는 경우에 한해 예외적으로 인정되어야 한다.

② **특별한 공익사업을 목적**: 부담금을 단순히 일반적 공익사업을 수행하기 위한 재원으로 사용하는 것은 헌법적으로 허용되지 않는다. 부담금은 특정한 공익사업에 대한 구체적이고 명확한 필요성에 근거하여 부과되어야 한다.

③ **납부의무자와 사업 간의 밀접한 관련성**: 부담금은 납부의무자가 일반 국민보다 특정 공익사업과 더 밀접한 관련성을 가지고 있을 때 부과될 수 있다. 이는 부담금이 해당 사업에 기여하거나 그로부터 직접적인 이익을 받는 사람에게 부과되어야 함을 뜻한다.

④ **장기적 유지와 입법적 심사**: 부담금이 장기간 유지되는 경우, 그 타당성과 적정성은 입법자에 의해 지속적으로 평가되어야 한다. 이는 제도의 경직성을 방지하고 시대적·사회적 변화에 따라 부담금 제도가 조정될 수 있도록 하기 위한 장치이다.

⑤ **결론**: 헌법재판소의 판단은 부담금 제도가 조세제도의 대체수단으로 남용되지 않도록 제한하고, 부담금의 부과와 관련된 공익적 필요성과 합리성을 강조한 것이다. 이를 통해 헌법상의 재산권 보호와 공익 간의 균형을 도모하고자 한다.

3. 의무교육에 필요한 학교시설 확보를 위하여 주택 등을 분양받은 자에게 학교용지부담금을 부과·징수할 수 있도록 한 구 학교용지확보에 관한 특례법

의무교육에 필요한 학교시설은 국가의 일반적 과제이고, 학교용지는 의무교육을 시행하기 위한 물적 기반으로서 필수조건임은 말할 필요도 없으므로 이를 달성하기 위한 비용은 국가의 일반재정으로 충당하여야 한다. 따라서 적어도 의무교육에 관한 한 일반재정이 아닌 부담금과 같은 별도의 재정수단을 동원하여 특정한 집단으로부터 그 비용을 추가로 징수하여 충당하는 것은 의무교육의 무상성을 선언한 헌법에 반한다(헌재 2005.3.31. 2003헌가20).

4. 개발사업시행자에게 학교용지 조성·개발의무를 부과한 학교용지 확보 등에 관한 특례법 (헌재 2010.4.29. 2008헌바70)

① 의무교육의 무상성에 관한 헌법상 규정은 교육을 받을 권리를 보다 실효성 있게 보장하기 위해 의무교육 비용을 학령아동 보호자의 부담으로부터 공동체 전체의 부담으로 이전하라는 명령일 뿐 의무교육의 **모든 비용을 조세로 해결해야 함을 의미하는 것은 아니므로**, 학교용지부담금의 부과대상을 수분양자가 아닌 개발사업자로 정하고 있는 이 사건 법률조항은 의무교육의 무상원칙에 위배되지 아니한다.

② 학교용지의 개발과 확보를 용이하게 함으로써 궁극적으로 교육환경을 개선하려는 이 사건 법률조항의 입법목적은 공공복리의 달성에 기여하는 것으로 정당하고, 학교신설 및 학급증설에 대한 필요성을 야기한 원인제공자인 개발사업시행자가 개발사업의 계획을 수립할 때부터 학교용지를 개발하여 시·도에 공급하도록 하는 것은 적절한 방법이다. 학교는 헌법 제31조 제1항·제2항에서 규정하고 있는 모든 국민의 교육을 받을 권리와 아동에게 의무교육을 받게 할 의무라는 큰 가치를 실현하고 도시 및 주거환경의 수준 및 국민의 삶의 질을 향상시키기 위한 필수적인 기반시설이고, 개발사업이 종료된 다음에는 학교용지를 확보하기 곤란한 경우가 있을 것이므로 개발사업의 계획단계부터 학교용지를 확보하게 할 필요성도 인정되며, 시·도가 학교용지를 공급받을 때 개발사업시행자에게 감정평가에 의한 공급가액을 대가로 지급하므로, 일반적으로 법익의 균형성도 인정된다.

5. 매도나 현금청산의 대상이 되어 제3자에게 분양됨으로써 기존에 비하여 가구 수가 증가하지 아니하는 개발사업분을 학교용지부담금 부과대상에서 제외하는 규정을 두지 아니한 특례법 *헌법불합치결정, 잠정적용 허용

매도나 현금청산의 대상이 되어 제3자에게 분양됨으로써 기존에 비하여 가구 수가 증가하지 아니하는 개발사업분을 학교용지부담금 부과 대상에서 제외하는 규정을 두지 아니한 것은 주택재건축사업의 시행자들 사이에 학교시설확보의 필요성을 유발하는 정도와 무관한 불합리한 기준으로 학교용지부담금의 납부액을 달리하는 차별을 초래하므로, 매도나 현금청산의 대상이 되어 제3자에게 분양됨으로써 기존에 비하여 가구 수가 증가하지 아니하는 개발사업분을 학교용지부담금 부과대상에서 제외하는 규정을 두지 아니한 것은 평등원칙에 위배된다(헌재 2013.7.25. 2011헌가32).

제4절 근로의 권리

> 헌법 제32조 【근로의 권리·의무 등, 국가유공자의 기회우선】① 모든 국민은 근로의 권리를 가진다. 국가는 사회적·경제적 방법으로 근로자의 고용의 증진과 적정임금의 보장에 노력하여야 하며, 법률이 정하는 바에 의하여 최저임금제를 시행하여야 한다.
> ② 모든 국민은 근로의 의무를 진다. 국가는 근로의 의무의 내용과 조건을 민주주의 원칙에 따라 법률로 정한다.
> ③ 근로조건의 기준은 인간의 존엄성을 보장하도록 법률로 정한다.
> ④ 여자의 근로는 특별한 보호를 받으며, 고용·임금 및 근로조건에 있어서 부당한 차별을 받지 아니한다.
> ⑤ 연소자의 근로는 특별한 보호를 받는다.
> ⑥ 국가유공자·상이군경 및 전몰군경의 유가족은 법률이 정하는 바에 의하여 우선적으로 근로의 기회를 부여받는다.

01 근로의 권리의 의의

근로의 권리란 근로자가 자신의 의사와 능력에 따라 직장을 선택하여 근로관계를 형성하고 국가에 대하여 근로의 기회를 요구할 수 있는 권리이다.

02 근로의 권리의 주체

1. 법인

법인은 직업의 자유의 주체가 될 수는 있으나 근로의 권리의 주체가 될 수는 없다. **헌법상의 근로의 권리**(제32조 제1항)**는 근로자 개인을 보호하기 위한 것이므로 노동조합이 그 주체가 될 수 없다**(헌재 2009.2.26. 2007헌바27).

2. 외국인

사회적·경제적 정책을 요구할 수 있는 권리는 사회권적 기본권으로서 국민에 대하여만 인정되므로 외국인은 근로의 권리 중 '일할 자리에 관한 권리'의 주체가 될 수 없다. 그러나 근로의 권리 중 자유권적 기본권의 성격을 가지는 '일할 환경에 관한 권리'의 주체는 된다(헌재 2007.8.30. 2004헌마670).

📖 **판례정리**

외국인 근로의 권리

1. 외국인이 국내 사업주와 불법적으로 근로계약을 체결했더라도, 그 계약은 유효하며 근로기준법상 보호를 받아야 한다. 출입국관리법상의 취업자격이 없더라도 사용종속관계에서 근로를 제공하고 임금을 받은 자는 근로기준법상의 근로자에 해당한다. 따라서 산업재해보상보험법상 요양급여를 받을 권리가 인정된다(대판 1995.9.15. 94누12067).

2. '일할 환경에 관한 권리'는 인간의 존엄성에 대한 침해를 방어하기 위한 권리로서 외국인에게도 인정되며, **출국만기보험금**은 퇴직금의 성질을 가지고 있어서 그 지급시기에 관한 것은 근로조건의 문제이므로 외국인인 청구인들에게도 기본권 주체성이 인정된다(헌재 2016.3.31. 2014헌마367).

외국인 근로의 권리

1. 실질적 근로자인 외국인산업연수생에 대하여 일반 근로자와 달리 근로기준법의 일부 조항의 적용을 배제하는 것은 자의적인 차별이라 아니할 수 없다(헌재 2007.8.30. 2004헌마670). ***위헌결정**

2. **외국인 사업자 이동3회 제한**

   외국인근로자의 직장 변경 횟수 제한은 근로의 권리를 침해하지 않으나 직업선택의 자유 중 직장선택의 자유를 제한한다. 이는 근로관계를 포기하거나 변경하는 데 제약을 가하지만 고용 안정과 질서 유지라는 공익 목적에 근거한다. 근로의 권리와 직업선택의 자유를 구분하여 헌법적 정당성을 판단해야 한다(헌재 2011.9.29. 2007헌마1083).

3. 외국인근로자의 효율적인 고용관리와 근로자로서의 권익을 보호하기 위한 **외국인근로자 고용허가제**는 직업수행의 자유 침해가 아니다(헌재 2009.9.24. 2006헌마1264).

03 근로의 권리의 내용

1. 보호영역

(1) 포함되는 것

① 근로의 권리는 고용증진 정책을 요구할 수 있는 사회적 기본권이며, 일자리나 생계비 지급을 직접 청구할 권리는 아니다(헌재 2002.11.28. 2001헌바50).

② 근로의 권리는 근로관계 형성과 유지, 근로기회 제공을 국가에 요구할 수 있는 권리를 포함한다(헌재 1991.7.22. 89헌가106).

③ 해고예고에 관한 권리는 근로조건의 최소 기준으로서 근로의 권리에 포함된다(헌재 2015.12.23. 2014헌바3).

④ 연차유급휴가는 합리적 근로조건으로 근로의 권리에 포함된다(헌재 2015.5.28. 2013헌마619).

(2) 포함되지 않는 것

① 최저임금 청구권은 헌법에서 직접 도출되지 않으며, 관련 법률에 따라 인정된다(헌재 2012.10.25. 2011헌마307).

② 퇴직급여 청구권은 법률에 의해 인정되는 권리이며, 근로기간 1년 미만자의 청구권은 헌법상 보장되지 않는다(헌재 2011.7.28. 2009헌마408).

③ 국가의 실업 방지 및 부당해고 보호 의무는 도출되나, 직장존속보장청구권은 헌법에 근거하지 않는다(헌재 2002.11.28. 2001헌바50).

④ 근로의 권리는 사회적 기본권으로, 일자리 청구나 생계비 지급 요구는 포함되지 않는다(헌재 2002.11.28. 2001헌바50).

⑤ 직업의 자유와 근로의 권리는 직장 상실에 대한 최소 보호를 국가에 요구하나, 이를 직접 청구할 권리는 도출되지 않는다(헌재 2013.10.24. 2010헌마219).

2. 해고의 자유의 제한

헌법 제32조가 해고의 자유를 제한하는 근거가 되는가에 대해 긍정설이 다수설이다.

근로의 권리 관련

헌법 위반인 것

1. 해고예고제도의 예외 조항 위헌

월급근로자로서 6개월 미만 근무자를 해고예고제도의 적용예외로 규정한 근로기준법은 근로의 권리를 침해하고 평등원칙에 위배된다(헌재 2015.12.23. 2014헌바3).

2. 외국인 산업연수생 차별 위헌

산업연수생에게 근로기준법의 주요사항을 적용하지 않는 것은 자의적 차별로 평등원칙에 위배된다(헌재 2007.8.30. 2004헌마670).

3. 평균임금 고시 부작위 위헌

노동부장관이 산업재해보상보험법상의 평균임금을 고시하지 않은 부작위는 법령 공백을 초래하여 헌법적 의무를 위반한 것이다(헌재 2002.7.18. 2000헌마707).

헌법 위반이 아닌 것

1. 일용근로자로서 3개월을 계속 근무하지 아니한 자를 해고예고제도의 적용제외사유로 규정하고 있는 근로기준법은 청구인의 근로의 권리를 침해한다고 볼 수 없다(헌재 2017.5.25. 2016헌마640).

2. 해고사유를 '정당한 이유'로 규정한 근로기준법은 명확성원칙에 반하지 않는다(헌재 2013.12.26. 2012헌바375).

3. 진흥원은 각 연구원에 속하였던 재산과 권리의무를 승계한다고 규정하여 **근로관계의 당연승계 조항을 두지 아니한** 한국보건산업진흥법은 근로의 권리 침해가 아니다(헌재 2002.11.28. 2001헌바50).

4. 공무원보수규정 제5조 중 [별표 13] 군인의 봉급표의 **'병'의 '월 지급액'에 관한 부분은** 근로의 권리와 재산권, 평등권을 침해한다고 할 수 없다(헌재 2012.10.25. 2011헌마307).

5. 불법체류 방지를 위해 그 지급시기를 출국과 연계시키는 것은 불가피하므로 **외국인근로자의 출국만기보험금을 출국 후 14일 이내에 지급하도록 하는 것은** 외국인근로자들의 근로의 권리를 침해한다고 보기 어렵다(헌재 2016.3.31. 2014헌마367).

6. 유급휴가 보장

중도퇴직 전 1년 미만 근로자에 대한 유급휴가 미보장은 입법재량의 범위 내로 근로의 권리를 침해하지 않음(헌재 2015.5.28. 2013헌마619).

* **소규모 사업장 보호**: 근로기준법 적용에서 소규모 사업장을 예외로 두는 것은 경제적 여건을 고려한 합리적 결정으로 권리 침해 아님(헌재 2019.4.11. 2017헌마820).

7. 퇴직급여 예외

1년 미만 근속자와 초단시간근로자를 퇴직급여 대상에서 제외하는 조항은 합리적 이유가 있어 근로의 권리를 침해하지 않음(헌재 2011.7.28. 2009헌마408 ; 헌재 2021.11.25. 2015헌바334).

8. 1주간 15시간 미만인 이른바 '초단시간근로자'에 대해 퇴직급여제도 적용대상에서 제외하는 것은 **헌법 제32조 제3항에 위배되는 것으로 볼 수 없다**[헌재 2021.11.25. 2015헌바334, 2018헌바42(병합)].

9. 업무상 재해로 휴업하여 당해 연도에 출근의무가 없는 근로자에게도 유급휴가를 주도록 되어 있는 구 근로기준법

연차 유급휴가의 성립에 출근율을 추가 요건으로 삼는 것은 연차 유급휴가 제도의 취지에 반하며, 근로기준법은 업무상 부상이나 질병으로 인한 휴업기간을 출근으로 간주하고 있어, 이로 인한 사용자의 부담 또한 시효완성과 함께 소멸하므로 과잉금지원칙에 위배되지 않고 청구인의 직업수행의 자유를 침해하지 않는다(헌재 2020.9.24. 2017헌바433).

10. 4인 이하 사업장 부당해고 적용 제외

4인 이하 사업장은 영세하여 관리능력이 부족하고 부당해고 제한 강제가 경제적 부담을 초래할 수 있다는 점에서, 입법자의 고려는 불합리하지 않다(헌재 2019.4.11. 2017헌마820).

11. 5인 이상 사업장 근로기준법 적용

근로기준법 전면적용 대상을 5인 이상 사업장으로 한정한 것은 인간의 존엄성 보장을 위한 최소한의 기준에 해당하며, 합리적 이유가 있어 헌법에 위배되지 않는다(헌재 1999.9.16. 98헌마31).

12. 축산업 근로자 근로기준법 적용 배제

축산업 근로자에게 근로기준법을 전면 적용할 경우 인건비 상승 등 경제적 부작용이 우려되므로, 최소한의 근로조건을 보장한 입법재량을 벗어나지 않아 근로권 침해로 보기 어렵다(헌재 2021.8.31. 2018헌마563).

---

3. 임금의 보장

> 헌법 제32조 ① 국가는 … 적정임금의 보장에 노력하여야 하며, 법률이 정하는 바에 의하여 최저임금제를 시행하여야 한다.
> 참고 **적정임금**: 제8차 개정헌법, **최저임금**: 제9차 개정헌법

(1) 통상임금

법원이 통상임금의 개념적 징표로 '정기성', '일률성', '고정성'이라는 비교적 일관된 판단 기준을 제시하고 있어, 법관의 보충적 해석을 통하여 무엇이 통상임금에 해당하는지에 관하여 합리적 해석 기준을 얻을 수 있으므로, 통상임금은 명확성원칙에 위반되지 않는다(헌재 2014.8.28. 2013헌바172).

(2) 최저임금을 받을 권리

헌법 제32조 제1항 후단은 "국가는 사회적·경제적 방법으로 근로자의 고용의 증진과 적정임금의 보장에 노력하여야 하며, 법률이 정하는 바에 의하여 최저임금제를 시행하여야 한다."라고 규정하고 있어서 근로자가 최저임금을 청구할 수 있는 권리도 헌법상 바로 도출되는 것이 아니라 최저임금법 등 관련 법률이 구체적으로 정하는 바에 따라 비로소 인정될 수 있다(헌재 2012.10.25. 2011헌마307).

📖 판례정리

최저임금 고시

1. 2019년 최저임금 고시

2019년 최저임금(시간당 8,350원)은 저임금 근로자의 생활 안정과 공익을 위한 유효한 수단으로, 제한되는 사익보다 중대성이 작아 계약 및 기업의 자유를 침해하지 않는다(헌재 2019.12.27. 2017헌마1366).

2. 최저임금 환산 기준

최저임금 환산 시 1주 소정근로시간과 법정 주휴시간을 합산한 시간으로 나누도록 한 시행령은 과잉금지원칙에 위배되지 않으며, 사용자의 계약 및 직업의 자유를 침해하지 않는다(헌재 2020.6.25. 2019헌마15).

3. 택시운전근로자 최저임금 산입 범위

택시운전근로자 최저임금에서 생산고에 따른 임금을 제외하도록 한 최저임금법은 계약 및 직업의 자유를 다소 제한하지만, 생활 안정과 교통안전 확보라는 공익이 더 크므로 헌법에 위배되지 않는다(헌재 2023.2.23. 2020헌바1).

---

(3) 무노동 무임금

① **무노동 무임금설**: 임금이란 노동력 제공의 대가이므로 노동력을 제공하지 않는 파업시간 또는 근로시간 중의 노조활동이나 노조전임자에 대하여는 임금을 지급하지 아니한다는 원칙이다.

② **임금이분설**: 임금이분설은 임금이 노동력을 제공한 대가를 받는 교환적 부분과 생활보장적 부분으로 구성된다는 입장으로서 파업기간 중에도 생활보장적 성격이 임금은 지급하여야 한다는 입장이다.

③ **대법원 판례**: 대법원은 임금이분설에 근거하여 쟁의행위로 인하여 사용자에게 근로를 제공하지 아니한 근로자는 근로를 제공한 데 대하여 받는 교환적 부분은 받지 못하지만 근로자로서의 지위에서 받는 생활보장적 부분은 받는다고 판시했으나 1995년 판례에서는 입장을 바꾸어 **무노동 무임금설**을 채택하였다(대판 1995.12.21. 94다26721).

📖 **판례정리**

무노동 무임금

무노동 무임금을 관철하기 위해 <u>노조전임자의 급여 수령을 금지하는</u> 근로기준법은 단체교섭권 및 단체행동권을 침해한다고 볼 수 없다(헌재 2014.5.29. 2010헌마606).

4. 근로조건 기준의 법정주의

> **헌법 제32조** ③ 근로조건의 기준은 인간의 존엄성을 보장하도록 법률로 정한다.

5. 근로영역에서의 여성차별금지

근로자퇴직급여 보장법 제3조에서 '가구 내 고용활동'에 퇴직급여 적용을 제외한 규정은 여성만이 가구 내 고용활동에 종사한다고 볼 수 없으므로, 여성에 대한 부당한 차별 금지를 규정한 헌법 제32조 제4항 위반 여부는 판단하지 않는다. 다만, 심판대상조항이 평등원칙에 위배되는지 여부를 판단 대상으로 한다(헌재 2022.10.27. 2019헌바454).

6. 국가유공자 등 근로기회 우선보장

> **헌법 제32조** ⑥ 국가유공자·상이군경 및 전몰군경의 유가족은 법률이 정하는 바에 의하여 우선적으로 근로의 기회를 부여받는다.

📖 **판례정리**

헌법 제32조 제6항의 근로기회보장

1. 헌법 제32조 제6항의 보호 대상은 문리해석에 따라 '국가유공자', '상이군경', '전몰군경의 유가족'으로 제한하며, 이를 폭넓게 해석하면 일반 응시자의 공무담임 기회를 제약하게 되므로 엄격한 해석이 필요하다(헌재 2006.2.23. 2004헌마675).

2. 고엽제후유의증환자의 가족은 헌법 제32조 제6항의 우선적 근로 기회 제공 대상에 포함되지 않으며, 이들을 교육지원 및 취업지원 대상에서 배제한다고 하여 헌법 위반이라고 할 수 없다(헌재 2011.6.30. 2008헌마715).

04 근로의 권리의 효력

근로의 권리는 대국가적 효력을 가지고, 사인 간에도 직접적으로 적용된다.

제5절 근로3권(노동3권)

> 헌법 제33조 【근로자의 단결권 등】 ① 근로자는 **근로조건의 향상**을 위하여 자주적인 단결권·단체교섭권 및 단체행동권을 가진다.
> ② 공무원인 근로자는 **법률이 정하는 자에 한하여** 단결권·단체교섭권 및 단체행동권을 가진다.
> ③ 법률이 정하는 주요방위산업체에 종사하는 **근로자의 단체행동권**은 법률이 정하는 바에 의하여 이를 제한하거나 인정하지 아니할 수 있다.

01 근로3권의 의의

1. 헌법적 의의

(1) 의의

근로3권의 헌법적 의의는 근로자단체라는 사용자에 반대되는 세력의 창출을 가능하게 함으로써 노사관계의 형성에 있어서 사회적 균형을 이루어 근로조건에 관한 협상에 있어 노사 간의 실질적 자치를 보장하려는 데 있다. 근로3권은 다른 기본권과 달리 자기 목적적이지 않고 내재적으로 '근로조건의 유지·개선과 근로자의 경제적·사회적 지위의 향상'을 목적으로 하는 기본권으로, 이러한 집단적 자치영역에 대한 국가의 부당한 침해를 배제하는 것을 목적으로 한다(헌재 2014.5.29. 2010헌마606).

(2) 근로조건의 향상을 위한 권리

근로조건의 향상을 위한 권리이므로 근로조건과 무관한 정치적 목적을 위한 집회나 결사는 근로3권에서 보호되지 않는다.

📖 판례정리

노동조합의 비과세 혜택을 받을 권리가 보장되는지 여부

노동조합이 비과세 혜택을 받을 권리는 헌법 제33조 제1항이 당연히 예상한 권리에 포함된다고 보기 어렵고, 위 헌법조항으로부터 그러한 권리가 파생된다거나 이에 상응하는 국가의 조세법규범 정비의무가 발생한다고 보기도 어렵다(헌재 2009.2.26. 2007헌바27).

2. 법적 성격

(1) 구체적 권리이다.

근로3권은 헌법 조항에 의해서 바로 인정되는 구체적 권리이다.

(2) 자유권이자 사회적 기본권

헌법재판소는 근로3권이 자유권적 성격과 사회권적 성격을 모두 지니는 기본권으로, 국가의 단결권 존중 및 부당한 침해 방지와 같은 소극적 보호뿐만 아니라, 권리 행사를 위한 실질적 조건 형성을 위한 국가의 적극적 역할도 필요하다고 판시하였다(헌재 2009.10.29. 2007헌마1359).

(3) 단결권의 법적 성격

노동3권 중 단결권은 결사의 자유가 근로의 영역에서 구체화된 것으로서, 연혁적-개념적으로 자유권으로서의 본질을 가지고 있으므로, '국가에 의한 자유'가 아니라 '국가로부터의 자유'가 보다 강조돼야 한다(대판 2020.9.3. 2016두32992).

02 근로3권의 주체

1. 근로자

(1) 개념

근로자가 노동3권의 주체가 된다. 근로자란 직업의 종류를 불문하고 임금·급료 기타 이에 준하는 수입에 의하여 생활하는 자를 말한다(노동조합 및 노동관계조정법 제2조).

(2) 자영업자

노동력을 제공하는 사람과 그 대가를 지급하는 사람이 동일인이어서는 안 된다. 따라서 개인택시업자, 소상인은 주체가 안 된다.

(3) 사용자

사용자는 근로3권의 주체가 될 수 없다. 헌법 제33조 제1항은 단결권·단체교섭권·단체행동권의 주체로서 근로자에 대해서만 규정하고 있고, 사용자에 대해서도 규정하고 있지 않다.

(4) 실업 중인 자

현실적 또는 적어도 잠재적으로 노동력을 제공하는 사람이어야 한다. 따라서 실업 중인 자라도 노동력을 제공할 의사가 있으면 노동3권을 향유할 수 있다.

(5) 해고의 효력을 다투고 있는 노동자

대법원은 해고당한 근로자가 노동위원회에서 그 해고의 효력을 다투고 있다면 노조원으로서 지위를 상실하는 것이 아니라고 판시했다(대판 1992.3.31. 91다14413).

2. 외국인

외국인근로자도 헌법 근로3권의 주체가 된다.

판례정리

출입국관리법령에 따라 취업활동을 할 수 있는 체류자격을 받지 않은 외국인이라도, 사용종속관계에서 근로를 제공하고 임금을 받는 경우 노동조합 및 노동관계조정법상 근로자에 포함된다. 이는 근로관계에서의 권리와 노동관계법상의 권리가 취업자격 유무에 따라 제한되지 않음을 의미한다(대판 전합체 2015.6.25. 2007두4995).

3. 노동조합

노동조합은 근로의 권리주체는 아니나 근로3권의 주체가 될 수 있다. 다만, 공무원노조법상 노동조합의 최소단위는 정부, 법원 등이므로 산업자원부 노동조합은 독자적으로 단결권의 주체가 될 수 없다.

03 단결권

1. 개념

근로자의 단결권이란 근로자가 근로조건의 향상을 위하여 자주적으로 단체를 조직할 수 있는 권리이다. 단결권은 목적성과 자주성을 특징으로 하나 계속성은 단결권의 필수요소가 아니다. 따라서 근로자는 노동조합과 같은 계속적인 단체뿐 아니라 임시적인 단체인 쟁의단을 조직할 수도 있다.

2. 내용

단결권은 노동조합을 구성하고 이에 가입하는 권리인 적극적 단결권이 인정된다. 소극적 단결권은 헌법 제33조가 아니라 헌법 제21조의 결사의 자유와 헌법 제10조의 행복추구권에서 보호된다(헌재 2005.11.24. 2002헌바95).

(1) 정치자금 제공 보호 여부

노동조합이 정치적 의사를 표명하거나 정치적으로 활동할 때는 단결권 보호를 받는 것이 아니라, 일반적인 기본권인 의사표현의 자유 등에 의해 보호된다(헌재 1999.11.25. 95헌마154).

(2) 사용자의 단결권

단결권은 근로자의 권리이므로 헌법 제33조에서 사용자의 단결권이 보장되는 것은 아니다. 다만, 사용자의 단결권은 결사의 자유에서 보호될 수 있다.

3. 효력

(1) 대국가적 효력

대국가적 효력으로 자유권적 측면에서 단결권에 대한 국가의 간섭을 배제하는 효력과 사회권적 측면에서 단결권의 행사가 사용자의 부당한 행위로 방해받지 않도록 국가에 보호를 요청할 수 있는 효력이 있다.

(2) 대사인적 효력

단결권은 대사인적 효력으로 사용자가 근로자의 단결권을 방해하는 부당노동행위를 못하도록 하는 효과가 있다.

📖 판례정리

단결권 침해 여부

헌법 위반인 것

1. 대학 교원 교원노조법 적용배제 (헌재 2018.8.30. 2015헌가38)

(1) 심사기준

교육공무원 아닌 대학 교원은 헌법 제33조 제1항의 단결권의 주체이므로 교원노조 가입을 금지한 교원노조법은 단결권을 제한하므로 헌법 제37조 제2항의 과잉금지원칙 위배 여부를 기준으로 심사한다. 교육공무원인 대학 교원은 헌법 제33조 제2항에 따라 법률이 정한 자에 한해서 근로3권의 주체가 되는 바, 헌법 조항만으로 근로3권의 주체가 되지 않아 기본권 제한의 한계원칙인 과잉금지원칙이 적용되지 않는다. 따라서 입법자는 근로3권의 주체가 될 공무원의 범위를 정할 입법형성의 자유를 가진다. 입법형성의 자유를 가질지라도 입법형성의 범위를 일탈해서는 안 되는 바, 교육공무원인 대학 교원에 대해서는 입법형성의 범위를 일탈하였는지 여부를 기준으로 나누어 심사하기로 한다.

* 판례를 보충해서 설명한 내용임.

(2) 교육공무원 아닌 대학 교원의 단결권 침해 여부

① **입법목적의 정당성**: 초·중등교원에게 교원노조를 인정하여 노조의 자주성과 주체성을 확보하려는 입법목적은 정당성을 인정할 수 있다. 그러나 교육공무원 아닌 대학 교원의 단결권을 전면 부정하는 측면에 대해서는 입법목적의 정당성을 인정할 수 없다.

② **수단의 적합성**: 교원노조의 자격을 초·중등교원으로 한정한 것은 입법목적을 달성하는 적합한 수단이라고 보기 어렵다.

③ **최소성원칙 위반 여부**: 대학 교원에게 단결권을 인정하면서 강한 제약을 두는 방식 등 대안이 가능함에도 이를 전면 부정한 것은 필요 최소한의 제한이라 볼 수 없다.

④ 심판대상조항은 과잉금지원칙에 위배되어 단결권을 침해한다.

(3) 교육공무원인 대학 교원의 단결권 침해 여부

교육공무원의 직무수행의 특성과 헌법 제33조 제1항 및 제2항의 정신을 종합해 볼 때, 교육공무원에게 근로3권을 일체 허용하지 않고 전면적으로 부정하는 것은 합리성을 상실한 과도한 것으로서 **입법형성권의 범위를 벗어나** 헌법에 위반된다.

2. 전교조 법외노조 통보

노동조합법 시행령 제9조 제2항은 법률이 정하고 있지 아니한 사항에 관하여, 법률의 구체적이고 명시적인 위임도 없이 헌법이 보장하는 노동3권에 대한 본질적인 제한을 규정한 것으로서 법률유보원칙에 반한다(대판 2020.9.3. 2016두32992).

헌법 위반이 아닌 것

1. 근로3권(제33조 제1항) 규정으로부터 입법자가 노동조합에 대해 사업소세 비과세 혜택을 부여하는 규정을 두어야 할 의무가 당연히 발생한다고 볼 수 없으므로 **노동조합에 사업소세를 면제하지 않은 것**은 평등원칙에 위반된다고 보기도 어렵다는 것이다(헌재 2009.2.26. 2007헌바27).

2. 통상 5급 이상의 공무원이 제반 주요정책을 결정하고 그 소속 하위직급자들을 지휘·명령하여 분장사무를 처리하는 역할을 하는 공무원의 업무수행하므로 **5급 이상 공무원의 공무원노조가입금지**는 청구인들의 단결권을 침해한다고 볼 수 없다(헌재 2008.12.26. 2005헌마971).

3. 조사관의 업무의 성격에 비추어 볼 때 **노동부 소속 근로감독관 및 조사관의 공무원 노동조합 가입을 제한한** 공노법은 입법자의 재량권을 현저히 일탈한 것이라고는 볼 수 없다(헌재 2008.12.26. 2006헌마518).

4. 소방공무원은 화재를 예방·경계하거나 진압업무의 원활한 수행을 위하여 **소방공무원 노조가입을 금지한 것**은 단결권을 침해한다고 볼 수 없다(헌재 2008.12.26. 2006헌마462).

5. 노동조합에도 헌법 제21조 제2항의 결사에 대한 허가제금지원칙이 적용된다. 그러나 **노동조합 설립신고서가 요건을 갖추지 못한 경우 반려할 수 있도록 한** 노동관계법은 허가제금지원칙에 반하지 않고 단결권 침해도 아니다(헌재 2012.3.29. 2011헌바53).

6. **노동조합은 행정관청이 요구하는 경우 결산결과와 운영상황을 보고해야 하고 보고하지 아니한 경우 과태료를 부과하는 노동조합 및 노동관계조정법**은 단결권을 침해하는 것은 아니다(헌재 2013.7.25. 2012헌바116).

7. '교원의 노동조합 설립 및 운영 등에 관한 법률'의 적용을 받는 교원의 범위를 초·중등학교에 재직 중인 교원으로 한정하여 해직된 교원을 배제하는 교원노조법 (헌재 2015.5.28. 2013헌마671)

(1) 적법성 요건
① 법외노조통보의 근거조항인 '교원의 노동조합 설립 및 운영 등에 관한 법률 시행령'은 시정요구 및 법외노조통보라는 별도의 집행행위를 예정하고 있으므로, 법외노조통보 조항에 대한 헌법소원은 기본권 침해의 직접성이 인정되지 아니한다.
② 고용노동부장관의 청구인 전국교직원노동조합에 대한 2013. 9. 23.자 시정요구는 청구인 전국교직원노동조합의 권리·의무에 변동을 일으키는 행정행위에 해당하나, 청구인 전교조는 이 사건 시정요구에 대하여 다른 불복절차를 거치지 아니하고 곧바로 헌법소원심판을 청구하였으므로, 이에 대한 헌법소원은 보충성 요건을 결하였다.

(2) 단결권 침해 여부
① **입법목적의 정당성**: 이 사건 법률조항은 교원노조의 자주성과 주체성을 확보하여 교원의 실질적 근로조건 향상을 목적으로 하고 있으며, 이는 정당한 입법목적이다.
② **수단의 적합성**: 교원노조의 조합원을 재직 중인 교원으로 한정한 것은 입법목적을 달성하기 위한 적절한 수단이다.
교원의 근로조건과 직접 관련이 없는 교원을 조합원 자격에서 배제하는 것은 단결권의 과도한 제한이라고 보기 어렵다.
③ **침해의 최소성**
㉠ 교원의 근로조건은 주로 법령이나 조례로 정해지므로, 근로조건과 직접 관련 없는 교원을 조합원 자격에서 배제하는 것은 단결권의 지나친 제한이 아니다. 교원으로 취업을 희망하는 사람들은 노동조합법에 따라 노동조합을 설립하거나 가입하는 데 제한이 없으므로, 단결권이 박탈된다고 볼 수 없다.
㉡ 교원노조 활동이 임면권자에 의해 부당하게 제한되는 것을 방지하기 위해 법률조항 단서는 교원노조 활동을 보호하려는 목적을 가진다. 해직 교원의 조합원 자격을 제한하는 것은 개인적인 해고 부당성을 노조 활동에 이용할 우려를 방지하기 위한 합리적 이유가 있다.
㉢ 교원이 아닌 사람이 교원노조에 포함되었더라도, 해당 노동조합을 법외노조로 지정할 것인지 여부는 법외노조통보 조항에 따라 판단된다. 법원은 법외노조통보 조항에 따른 행정당국의 판단이 적법한 재량의 범위 안에 있는지 충분히 심사할 수 있다. 따라서 교원노조의 법적 지위 박탈 여부는 법외노조통보 조항의 해석 및 법 집행의 운용 문제이다.
㉣ 교원이 아닌 자의 조합원 자격 제한은 교원노조의 자주성과 주체성을 보호하기 위한 것이며, 침해의 최소성 원칙에 위배되지 않는다.
④ **법익의 균형성**: 교원노조의 자주성 침해를 방지하는 이익이 교원이 아닌 자의 조합원 자격 제한으로 인해 발생하는 불이익보다 크므로, 법익의 균형성을 갖추었다.

8. 노동조합 및 노동관계조정법에 의하여 설립된 노동조합이 아니면 노동조합이라는 명칭을 사용할 수 없도록 하는 것은 노동조합의 명칭을 사용할 수 없다고 하여 헌법상 근로자들의 단결권이나 단체교섭권의 본질적인 부분이 침해된다고 볼 수 없다(헌재 2008.7.31. 2004헌바9).

9. 근로자의 날을 관공서의 공휴일에 포함시키지 않은 '관공서의 공휴일에 관한 규정' 제2조 본문(헌재 2022.8.31. 2020헌마1025)

10. 당해 사업장에 종사하는 근로자의 3분의 2 이상을 대표하는 노동조합의 경우 단체협약을 매개로 한 조직강제
노동조합이 당해 사업장에 종사하는 근로자의 3분의 2 이상을 대표하고 있을 때 **근로자가 그 노동조합의 조합원이 될 것을 고용조건으로 하는 단체협약의 체결을 인정하는** 노동조합 및 노동관계조정법은 노동조합의 집단적 단결권을 강화하기 위한 것이므로 근로자의 단결권 침해가 아니다(헌재 2005.11.24. 2002헌바95).

04 단체교섭권

1. 개념

단체교섭권이란 근로자들이 노동단체를 통해 근로조건의 향상을 위하여 사용자와 자주적으로 교섭할 수 있는 권리이다.

2. 주체

① 단체교섭권은 근로자가 개별적으로 행사하는 것이 아니라 근로자집단, 노동조합 등 단결체가 행사하는 권리이다.

② 국가의 행정관청이 사법상 근로계약을 체결한 경우 그 근로계약관계의 권리·의무는 행정주체인 국가에 귀속되므로, 국가는 그러한 근로계약관계에 있어서 노동조합 및 노동관계조정법 제2조 제2호에 정한 사업주로서 단체교섭의 당사자의 지위에 있는 사용자에 해당한다(대판 2008.9.11. 2006다40935).

3. 내용

(1) 근로조건에 한해 단체교섭

단체교섭은 근로조건의 향상을 목적으로 하므로 근로조건과 무관한 경영권, 인사권 등은 원칙적으로 단체교섭의 대상이 될 수 없다.

(2) 단체협약체결권

단체교섭권 안에는 당연히 교섭한 내용을 확정하는 체결권이 포함되어 있으므로 노조대표의 단체협약 체결권을 인정하는 노동조합법 제31조는 단체교섭권 침해는 아니다(헌재 1998.2.27. 94헌바13·26).

(3) 단체협약

> **노동조합 및 노동관계조정법 제31조【단체협약의 작성】** ① 단체협약은 서면으로 작성하여 당사자 쌍방이 서명 또는 날인하여야 한다.
> ② 단체협약의 당사자는 단체협약의 체결일부터 15일 이내에 이를 행정관청에게 신고하여야 한다.
> ③ 행정관청은 단체협약 중 위법한 내용이 있는 경우에는 노동위원회의 의결을 얻어 그 시정을 명할 수 있다.
>
> **제32조【단체협약 유효기간의 상한】** ① 단체협약의 유효기간은 3년을 초과하지 않는 범위에서 노사가 합의하여 정할 수 있다.
> ② 단체협약에 그 유효기간을 정하지 아니한 경우 또는 제1항의 기간을 초과하는 유효기간을 정한 경우에 그 유효기간은 3년으로 한다.

📖 판례정리

단체협약

1. 단체협약에 위반한 자

처벌하는 노동조합법은 그 구성요건을 단체협약에 위임하고 있어 죄형법정주의의 명확성의 원칙에 위배된다(헌재 1998.3.26. 96헌가20).

2. 행정관청이 노동위원회의 의결을 얻어 위법한 **단체협약의 시정을 명한 경우** 그 시정명령에 위반한 자를 500만원 이하의 벌금에 처하도록 한 '노동조합 및 노동관계조정법은 죄형법정주의에 위반되지 않는다(헌재 2012.8.23. 2011헌가22).

📖 판례정리

단체교섭권 침해 여부

헌법 위반인 것

1. 비상사태하에서 근로자의 단체교섭권 또는 단체행동권 (헌재 2015.3.26. 2014헌가5)
　① 비상사태하에서 근로자의 **단체교섭권 또는 단체행동권의 행사는 미리 주무관청에 조정을 신청하여야 하며, 주무관청의 조정결정에 따라야 한다**고 규정한 국가보위특별법은 모든 근로자의 단체교섭권·단체행동권을 사실상 전면적으로 부정하는 것으로서 단체교섭권과 행동권을 침해한다.
　② 국가비상사태의 선포를 규정한 특별조치법은 <u>국회에 의한 민주적 사후통제절차를 규정하고 있지 아니하며</u>, 헌법이 인정하지 아니하는 초헌법적 국가긴급권을 대통령에게 부여하는 법률로서 헌법이 요구하는 국가긴급권의 실체적 발동요건, 사후통제 절차, 시간적 한계에 위반되어 위헌이고, 이를 전제로 한 특별조치법상 그 밖의 규정들도 모두 위헌이다.

2. 근로자가 근로시간 중에 노동조합의 유지·관리업무에 따른 활동을 하는 것을 사용자가 허용함은 무방하며, 또한 근로자의 후생자금 또는 경제상의 불행 기타 재액의 방지와 구제 등을 위한 기금의 기부와 최소한의 규모의 노동조합사무소의 제공은 예외로 하고는 **노동조합의 운영비를 원조하는 행위를 금지하는** 노동조합 및 노동관계조정법은 과잉금지원칙을 위반하여 청구인의 단체교섭권을 침해하므로 헌법에 위반된다(헌재 2018.5.31. 2012헌바90).

　[참고] 노동조합 및 노동관계조정법에 위반하여 **노동조합의 운영비를 원조하는 행위를 하여 행위자를 벌하는 외에 그 법인·단체 또는 개인도 처벌하도록 한** 노동조합 및 노동관계조정법은 단순히 법인이 고용한 종업원 등이 업무에 관하여 범죄행위를 하였다는 이유만으로 법인에 대하여 형벌을 부과하도록 정하고 있는바, 이는 다른 사람의 범죄에 대하여 그 책임 유무를 묻지 않고 형사처벌하는 것이므로 헌법상 법치국가원리로부터 도출되는 책임주의 원칙에 위배된다(헌재 2019.4.11. 2017헌가30).

헌법 위반이 아닌 것

1. 체협약체결권 부여
단체교섭권에 포함된 단체협약체결권은 근로3권의 정신에 부합하며, 근로자들의 근로3권을 침해하지 않는다(헌재 1998.2.27. 94헌바13).

2. 단체교섭 거부 방지
노동조합 대표자와의 단체교섭을 정당한 이유 없이 거부하거나 해태하지 못하도록 한 법률은 헌법에 위반되지 않는다(헌재 2002.12.18. 2002헌바12).

3. 교원노조의 단체교섭 방식
개별학교법인과의 교섭을 금지하고 시·도 또는 전국단위로 교섭하도록 한 교원노조법은 사용자의 결사의 자유를 침해하지 않는다(헌재 2006.12.28. 2004헌바67).

4. 노조전임자 급여지원금지조항
급여지원금지조항은 노동조합의 자주성과 산업 평화를 도모하는 중대한 공익을 위해 필요하며, 과잉금지원칙에 위배되지 않는다(헌재 2022.5.26. 2019헌바341).

5. 단체교섭 창구 단일화

다수 노조가 있는 경우 단체교섭 창구를 단일화하고 교섭대표 노조에만 단체교섭권을 부여한 규정은 단체교섭권을 침해하지 않는다(헌재 2012.4.24. 2011헌마338).

6. 공무원노조 단체교섭 제한

근무조건과 직접 관련되지 않은 정책결정 사항을 단체교섭대상에서 제외한 공무원노조법은 명확성원칙과 단체교섭권을 침해하지 않는다(헌재 2013.6.27. 2012헌바169).

7. 국민건강보험공단 규정 승인 요구

공단의 인사 · 보수 규정에 장관 승인을 요구한 규정은 공익성에 비추어 과도한 단체교섭권 제한이 아니다(헌재 2004.8.26. 2003헌바58).

8. 하나의 사업 또는 사업장에 복수 노동조합이 존재하는 경우 '교섭대표노동조합'을 정하여 교섭을 요구하도록 하는 '노동조합 및 노동관계조정법' 제29조의2 제1항 본문과, 자율적으로 교섭창구를 단일화하지 못하거나 사용자가 단일화 절차를 거치지 아니하기로 동의하지 않은 경우 과반수 노동조합이 '교섭대표노동조합'이 되도록 하는 조항

교섭창구 단일화 제도는 사업장 단위에서 복수 노조와 사용자의 교섭 절차를 통일해 효율적이고 안정적인 교섭체계를 구축하고, 조합원 근로조건의 통일성을 보장하기 위한 것이다. 노동조합법의 개별교섭, 교섭단위 분리, 공정대표의무 규정은 교섭창구 단일화의 부작용을 보완하여 단체교섭권 침해를 최소화한다. 따라서 교섭대표노조를 정하는 규정(제29조의2 제1항 및 제4항)은 과잉금지원칙을 위반하지 않으며, 단체교섭권의 본질적 내용을 침해하지 않는다(헌재 2024.6.27. 2020헌마237).

05 단체행동권

1. 개념

단체행동권이라 함은 노동쟁의가 발생한 경우 쟁의행위를 할 수 있는 쟁의권을 의미하며, 이는 근로자가 그의 주장을 관철하기 위하여 업무의 정상적인 운영을 저해하는 행위를 할 수 있는 권리라고 할 수 있다(헌재 1998.7.16. 97헌바23).

2. 주체

단체행동권의 제1차적 주체는 근로자 개개인이다. 그러나 단체행동권의 실효성을 위해서 노동조합, 즉 단체도 단체행동권의 주체가 된다고 보아야 한다.

3. 효력

(1) 민형사책임 면책

정당한 쟁의행위는 시민형법상 범죄 구성요건에 해당하더라도 형사책임이 면제되고, 민사상 손해배상책임도 발생하지 않는다. 이는 헌법 제33조에 포함된 내용으로, 노동조합 및 노동관계조정법이 이를 명시적으로 확인한 것이다(헌재 1998.7.16. 97헌바23).

(2) 단체행동권의 내재적 한계를 넘는 행위는 업무방해죄 면책 안 됨

형법상 업무방해죄는 모든 쟁의행위에 대하여 무조건 적용되는 것이 아니라, 단체행동권의 내재적 한계를 넘어 정당성이 없다고 판단되는 쟁의행위에 대하여만 적용되는 조항임이 명백하다고 할 것이므로, 그 목적이나 방법 및 절차상 한계를 넘어 업무방해의 결과를 야기시키는 쟁의행위에 대하여만 이 사건 법률조항을 적용하여 형사처벌하는 것은 헌법상 단체행동권을 침해하였다고 볼 수 없다(헌재 2010. 4.29. 2009헌바168).

4. 한계

(1) 목적상 한계

단체행동권은 근로조건의 향상을 위한 목적으로 행사되어야 한다. 따라서 순수한 정치파업은 할 수 없다. 그러나 노동관계법령의 개폐와 같은 근로자의 지위 등에 직접 관계되는 사항을 쟁점으로 하는 산업적 정치파업은 가능하다.

(2) 절차상 한계

단체행동권은 단체교섭을 통해 목적달성이 불가능할 경우, 즉 단체교섭이 결렬된 이후에 행사되어야 한다.

📖 판례정리

단체행동권 침해 여부

헌법 위반인 것

청원경찰의 복무에 관하여 국가공무원법 제66조 제1항을 준용함으로써 노동운동을 금지하는 청원경찰법은 국가기관이나 지방자치단체 이외의 곳에서 근무하는 청원경찰인 청구인들의 근로3권을 침해한다. 군인이나 경찰과 마찬가지로 모든 청원경찰의 근로3권을 획일적으로 제한하고 있으므로 필요 이상으로 단체행동권을 제한하고 있으므로 최소성 원칙에 위반된다(헌재 2017.9.28. 2015헌마653).

헌법 위반이 아닌 것

1. 특수경비원들이 관리하는 국가 중요시설의 안전을 도모하고 방호혼란을 방지하려고 하는 것이므로 공항·항만 등 국가중요시설의 경비업무를 담당하는 **특수경비원에게 경비업무의 정상적인 운영을 저해하는 일체의 쟁의행위를 금지하는 경비업법**은 헌법 제33조 제1항에 위배되지 않는다(헌재 2009.10.29. 2007헌마1359).

2. 철도, 수도, 전기, 가스 등 필수공익사업에서 파업이 발생하게 되면 비록 그것이 일시적이라 하더라도 그 공급중단으로 커다란 사회적 혼란을 야기함은 물론 국민의 일상생활 심지어는 생명과 신체에까지 심각한 해악을 초래하게 되고 국민경제를 현저히 위태롭게 하므로 공익사업에서 쟁의가 발생한 경우 **노동위원회가 강제중재하면 15일간 쟁의행위를 할 수 없도록** 한 노동쟁의조정법 제4조 등은 근로3권 침해로 볼 수 없다(헌재 1996.12.26. 90헌바19).

3. 사람의 생명·신체의 안전보호를 위하여 **사업장의 안전보호시설에 대하여 정상적인 유지·운영을 정지·폐지 또는 방해하는 행위는 쟁의행위로서 이를 행할 수 없다고 한** 노동조합및노동관계조정법 제42조는 단체행동권 침해가 아니다(헌재 2005.6.30. 2002헌바83).

4. **'교섭대표노동조합'에 의하여 주도되지 아니한 쟁의행위를 금지하는 조항**

   교섭창구 단일화 제도 하에서 단체협약 체결의 당사자가 될 수 있는 교섭대표노동조합으로 하여금 쟁의행위를 주도하도록 하는 것은 교섭절차를 일원화하여 효율적이고 안정적인 교섭체계를 구축하고 근로조건을 통일하기 위한 것이다. '노동조합 및 노동관계조정법'은 교섭대표노동조합이 교섭창구 단일화 절차에 참여한 노동조합의 전체 조합원의 직접·비밀·무기명투표에 의한 조합원 과반수의 찬성으로 결정하지 아니하면 쟁의행위를 행할 수 없도록 함으로써(제41조 제1항), 교섭창구 단일화 절차와 관련된 노동조합의 투표 과정 참여를 통해 쟁의행위에 개입할 수 있는 장치를 마련하고 있다. 따라서 제3조항은 과잉금지원칙을 위반하여 청구인들의 단체행동권을 침해하지 아니한다(헌재 2024.6.27. 2020헌마237).

06 근로3권의 효력

사인 간에도 노동3권이 직접 적용되는가에 대하여 견해가 갈리고 있으나 직접 적용된다는 것이 다수설이다.

07 근로3권의 제한과 한계

1. 근로3권의 제한과 그 한계

헌법 제33조는 공무원과 주요방위산업체 근로자에 한해 근로3권 제한을 규정하며, 그 외 근로자의 근로3권 전면 부정은 헌법 제37조 제2항 후단에 위반된다. '국가보위에 관한 특별조치법'은 단체교섭권·단체행동권의 행사요건 및 한계를 법률로 정하지 않고 주무관청에 포괄 위임하여 형사처벌하도록 규정하고 있다. 이는 모든 근로자의 근로3권을 사실상 전면 부정하여 헌법상 근로3권의 본질적 내용을 침해하는 것이다(헌재 2015.3.26. 2014헌가5).

2. 공무원의 근로3권 제한

> 헌법 제33조 【근로자의 단결권 등】② 공무원인 근로자는 법률이 정하는 자에 한하여 단결권·단체교섭권 및 단체행동권을 가진다.
> 국가공무원법 제66조 【집단행위의 금지】① 공무원은 노동운동이나 그 밖에 공무 외의 일을 위한 집단행위를 하여서는 아니 된다. 다만, 사실상 노무에 종사하는 공무원은 예외로 한다.

(1) 공무원의 근로3권

공무원도 각종 노무의 대가로 얻는 수입에 의존하여 생활하는 사람이라는 점에서는 통상적인 의미의 근로자적인 성격을 지니고 있으므로, 헌법 제33조 제2항 역시 공무원의 근로자적 성격을 인정하는 것을 전제로 규정하고 있다(헌재 2005.10.27. 2003헌바50).

(2) 헌법 제33조 제2항의 취지

헌법 제33조 제2항은 공무원 중 법률이 정하는 자 이외의 공무원에게 노동3권의 행사 제한은 물론 금지까지도 가능하도록 규정하여 기본권 주체에 관한 제한을 두고 있으며, 이로 인해 노동3권이 인정되지 않는 공무원에게는 헌법 제37조 제2항의 과잉금지원칙이 적용되지 않는 특별한 의미를 가진다.

(3) 공무원 노동조합 설립 및 운영 등에 관한 법률(공무원노조법)

① **적용이 배제되는 공무원**: 공무원법에 따라 근로3권이 허용되는 사실상 노무에 종사하는 공무원과 교원노조법이 적용되는 교원인 공무원은 공무원노조법의 적용이 배제된다.
② **정치활동의 금지(법 제4조)**: 노동조합과 그 조합원은 정치활동을 하여서는 아니 된다.
③ **단체협약의 효력**: 체결된 단체협약의 내용 중 법령·조례 또는 예산에 의하여 규정되는 내용과 법령 또는 조례에 의하여 위임을 받아 규정되는 내용은 단체협약으로서의 효력을 가지지 아니한다.
④ **쟁의행위의 금지(법 제11조)**: 노동조합과 그 조합원은 파업, 태업 또는 그 밖에 업무의 정상적인 운영을 방해하는 어떠한 행위도 하여서는 아니 된다.

📖 판례정리

공무원 근로3권 침해 여부

헌법 위반인 것

1. 헌법 제33조 제2항은 공무원의 단체행동권을 전면적으로 제한하거나 부인하는 것이 아니라 일정 범위 내의 공무원인 근로자의 단결권, 단체교섭권, 단체행동권을 갖는 것을 전제로 하여 그 구체적 범위를 법률에 위임하고 있는 것이다. **국가·지방자치단체에 종사하는 노동자는 쟁의행위를 할 수 없도록 한** 노동쟁의조정법은 모든 공무원의 노동3권을 부인하고 있어 헌법 제33조 제2항에 저촉된다(헌재 1993.3.11. 88헌마5).

2. **사실상 노무에 종사하는 공무원의 구체적 범위를 정하지 않는 조례입법부작위**는 헌법상 의무를 위반하여 '사실상 노무에 종사하는 공무원의 범위'에 포함될 가능성이 있는 공무원들이 단체행동권을 향유할 수 있는 가능성 자체를 사전에 차단하거나 박탈하고 있다고 할 것이므로 <u>헌법에 위반된다</u>(헌재 2009.7.30. 2006헌마358).

헌법 위반이 아닌 것

1. **국가공무원법 제66조**

   대통령령 등이 정한 사실상 노무에 종사하는 공무원에 한하여 노동3권을 인정하며, 이는 헌법 제33조 제2항에 근거한 것으로 입법재량권의 범위를 벗어나지 않는다(헌재 2007.8.30. 2003헌바51).

2. **지방공무원법 제58조**

   사실상 노무에 종사하지 않는 공무원의 노동운동과 집단행위를 금지하는 규정은 근로3권을 침해하지 않는다(헌재 2005.10.27. 2003헌바50·62).

3. **지방공무원법 제58조 제2항**

   노동운동이 허용되는 공무원의 범위를 조례로 위임한 규정은 헌법에 위반되지 않으며, 형사처벌에서 제외되는 공무원의 범위에 대해 조례제정권을 부여하는 것도 헌법에 위반되지 않는다(헌재 2005.10.27. 2003헌바50·62).

---

3. 주요방위산업체에 종사하는 근로자의 단체행동권 제한

> **헌법 제33조** ③ 법률이 정하는 주요방위산업체에 종사하는 근로자의 단체행동권은 법률이 정하는 바에 의하여 이를 제한하거나 인정하지 아니할 수 있다.

주요방위산업체에 종사하는 근로자의 단체행동권을 법률로 인정하지 않을 수 있으나 단결권, 단체교섭권을 인정하지 않을 수는 없고 공익사업체 근로자의 단체행동권의 경우 제5공화국 헌법에 있었으나 삭제되었다.

📖 판례정리

방위사업체 근로자

방위산업에관한특별조치법에 의하여 지정된 방위산업체에 종사하는 근로자에 대하여 쟁의행위를 금지시키고 있는 구 노동쟁의조정법 제12조 제2항은 "주요방위산업체에 종사하는 근로자의 단체행동권은 법률이 정하는 바에 의하여 이를 제한하거나 인정하지 아니할 수 있다."라고 규정한 헌법 제33조 제3항의 명문에 반하지 아니한다(헌재 1998.2.27. 95헌바10).

---

4. 교원의 노동조합 설립 및 운영 등에 관한 법률

(1) 대상

국·공립교원과 사립교원을 그 대상으로 한다.

(2) 정치활동금지

(3) 단결권 허용

교원은 시·도단위 또는 전국단위에 한하여 노동조합을 설립할 수 있다.

(4) 단체교섭·체결권

노동조합의 대표자는 단체교섭권과 체결권을 가진다.

(5) 쟁의행위금지

제6절 환경권

> 헌법 제35조【환경권 등】① 모든 국민은 건강하고 쾌적한 환경에서 생활할 권리를 가지며, **국가와 국민은 환경보전을 위하여 노력하여야 한다.**
> ② 환경권의 내용과 행사에 관하여는 법률로 정한다.
> ③ 국가는 주택개발정책 등을 통하여 모든 국민이 쾌적한 주거생활을 할 수 있도록 노력하여야 한다.

01 환경권의 의의

1. 개념

환경권은 건강하고 쾌적한 생활을 유지하기 위한 양호한 환경을 향유할 권리로, 국민은 국가로부터 환경 향유의 자유를 침해받지 않을 자유권을 행사할 수 있으며, 특정 경우 국가에 대하여 환경 개선을 요구할 수 있는 청구권이 인정되므로, 환경권은 종합적 기본권의 성격을 가진다(헌재 2008.7.31. 2006헌마711).

2. 법적 성격

(1) 대법원 판례

환경권은 명문의 법률규정이나 관계 법령의 규정 취지 및 조리에 비추어 권리의 주체, 대상, 내용, 행사 방법 등이 구체적으로 정립될 수 있어야만 인정되는 것이므로, **사법상의 권리로서의 환경권을 인정하는 명문의 규정이 없는데도 환경권에 기하여 직접 방해배제청구권을 인정할 수 없다**(대판 1997.7.22. 96다56153).

(2) 헌법재판소 판례

환경권의 내용과 행사는 법률로 구체화되지만, 이는 환경권을 실질적으로 보장하도록 입법자가 취지를 반영해야 한다는 의미이다. 환경권 보호를 위한 입법이 없거나 현저히 부족하여 국민의 환경권이 침해된 경우 헌법재판소에서 구제를 청구할 수 있다(헌재 2019.12.27. 2018헌마730).

3. 연혁

헌법 제35조의 환경권과 환경보전의무는 제8차 개정헌법(1980년 개정헌법)에서 최초로 규정되었다.

02 환경권의 주체

(1) 외국인을 포함한 자연인은 주체가 되나, 법인이 환경권 주체가 되느냐에 대해 학설이 대립하고 있으나 환경권의 성질상 부정하는 것이 다수설이다.

(2) 미래세대가 환경권의 주체가 되는가에 대해 의견이 대립하고 있으나 주체가 된다는 것이 다수설이다.

(3) 자연 그 자체가 권리의 주체이냐에 대해 학설이 대립하나 자연은 권리주체가 아니므로 부정적이다.

(4) 자연인이 아닌 **甲수녀원은 쾌적한 환경에서 생활할 수 있는 이익을 향수할 수 있는 주체가 아니다**(대판 2012.6.28. 2010두2005).

03 환경권의 내용

1. 환경권의 대상으로서의 환경

환경권의 대상으로서 환경은 자연환경과 문화적·사회적 생활환경 모두를 포함하고, 공해는 육체적 건강을 해치는 유해물질의 배출, 폐기·방치뿐 아니라 정신적 건강을 해치는 소음, 진동, 악취, 색채 등을 포함한다.

📖 **판례정리**

확성기 소음규제를 하지 아니한 공직선거법 (헌재 2019.12.27. 2018헌마730)

1. 건강하고 쾌적한 환경에서 생활할 권리의 헌법적 보장

'건강하고 쾌적한 환경에서 생활할 권리'를 보장하는 환경권의 보호대상이 되는 환경에는 자연환경뿐만 아니라 인공적 환경과 같은 생활환경도 포함되므로, 일상생활에서 소음을 제거·방지하여 '정온한 환경에서 생활할 권리'는 환경권의 한 내용을 구성한다.

2. 건강하고 쾌적한 환경에서 생활할 권리를 보장해야 할 국가의 의무

헌법 제10조는 국가는 기본적 인권을 보장할 의무를 지며, 생명·신체 보호와 같은 중요한 기본권적 법익 침해에 대해 제3자인 사인에 의한 경우에도 적극적 보호의무를 진다고 규정한다. 환경침해는 사인에 의해 빈번히 발생하며, 이는 생명·신체의 보호와 같은 기본권적 법익 침해로 이어질 수 있으므로, 헌법 제35조 제1항에 따른 환경보전을 위한 국가의 의무를 고려할 때, 국가는 사인에 의한 환경권 침해에 대해서도 적극적인 기본권 보호조치를 취할 의무가 있다.

3. 확성기 소음규제를 하지 아니한 공직선거법의 위헌 여부 심사기준

국가는 국민의 건강하고 쾌적한 환경에서 생활할 권리를 보호할 의무를 지지만, 이 의무의 실현 방식은 권력분립과 민주주의 원칙에 따라 입법자 또는 위임받은 집행자의 책임 범위에 속한다. 헌법재판소는 입법자 또는 집행자의 보호의무 이행 여부를 제한적으로 심사할 수 있으며, 심사 기준은 국가가 최소한의 적절하고 효율적인 보호조치를 취하였는지를 판단하는 '과소보호금지원칙'의 위반 여부에 따른다.

4. 확성기 소음기준을 정하지 아니한 공직선거법

선거운동의 자유를 위해 확성장치 사용이 공익적으로 필요하더라도, 주거지역에서 출퇴근 전후 시간대에 소음 규제 기준을 마련하지 않은 것은 헌법 제35조 제3항이 부과한 국가의 환경보호 의무에 반하며, 적절한 최소한의 보호조치를 취하지 않아 국민의 건강하고 쾌적한 환경에서 생활할 권리를 침해하므로 헌법에 위반된다.

2. 공해예방청구권

자연환경 등을 훼손·파괴함으로써 공해를 유발하는 결과를 초래하지 않도록 요구할 수 있는 권리이다.

3. 공해배제청구권

환경이 오염된 상태가 수인의 한도를 초과하는 경우 그 환경오염을 제거해 주도록 요구하는 권리이다.

4. 생활환경조성권

생활환경은 자연환경보전뿐 아니라 인공환경(예 도로, 교통)과 쾌적한 주거환경을 조성하고 보전하는 것까지 포함한다. **생활환경조성권에서 환경정책의 결정에 참여할 권리가 나오는 것은 아니다.**

📖 판례정리

1. **교도소 내 화장실 창문 철망 설치행위** (헌재 2014.6.26. 2011헌마150)
   ① '일조, 조망, 채광, 통풍 등은 생활환경으로서 환경권의 내용에 포함된다고 할 것이다.
   ② **수형자**는 쾌적한 환경에서 생활할 권리의 주체가 된다.
   ③ 교도소 독거실 내 화장실 창문과 철격자 사이에 안전 철망을 설치한 행위가 청구인의 환경권, 인격권 등 기본권을 침해한다고 할 수 없다.

2. 도로구역의 결정 또는 변경에 대하여 공익사업법상의 사업인정을 의제하고 있는 구 도로법 제49조의2 제2항은 도로구역의 결정 또는 변경과 고시에 대하여 공익사업법상의 사업인정을 의제하는 조항일 뿐 도로공사 시행자가 환경을 파괴하는 것을 정당화하는 규정이 아니므로 청구인의 **환경권을 침해할 가능성도 없다**(헌재 2011.11.24. 2010헌바231).

3. **외교부 북미국장이 2017.4.20. 주한미군사령부 부사령관과 사이에 주한미군에 성주 스카이힐 골프장 부지 중 328,779㎡의 사용을 공여하는 내용으로 체결한 협정**
   이 사건 협정으로 청구인들의 건강권 및 환경권이 바로 침해된다고 보기 어렵고, 혹시 이러한 우려가 있더라도 이는 주한미군의 사드 체계 운영 과정에서 잠재적으로 나타날 수 있는 것에 불과하다(헌재 2024.3.28. 2017헌마371).

4. **학교시설에서의 유해중금속 등 유해물질의 예방 및 관리 기준을 규정한 학교보건법 시행규칙 제3조 제1항 제1호의2 [별표 2의2] 제1호, 제2호에 마사토 운동장에 대한 규정을 두지 아니한 것이 청구인의 환경권을 침해하는지 여부(소극)** (헌재 2024.4.25. 2020헌마107)
   ① **심사기준**: 국가의 기본권 보호의무 실현은 원칙적으로 입법자의 책임에 속하며, 헌법재판소는 제한적으로만 심사할 수 있다. 헌법재판소는 국가가 적절하고 효율적인 최소한의 보호조치를 취했는지 여부를 기준으로 삼아야 한다.

② **과소보호금지원칙 위반 여부:** 심판대상조항은 학교시설의 인조잔디 및 탄성포장재에 대한 기준을 규정하면서 마사토 운동장에 대한 기준은 두지 않고 있다. 그러나 학교보건법 시행규칙과 관련 고시, 토양환경보전법령, 각 지방자치단체의 조례 등을 통해 마사토 운동장에 대한 유해중금속 관리가 이루어지고 있다. 인조잔디와 마사토를 동일한 기준으로 규율해야 할 필요성도 낮다. 따라서 심판대상조항이 마사토 운동장에 대한 기준을 규정하지 않은 것이 환경권 침해에 해당하지 않는다.

04 환경권의 한계와 제한

1. 환경권의 한계 – 수인한도론

환경에 관한 피해가 일반적으로 견딜 수 있는 수인한도 내라면 적법하나, 수인한도를 벗어난 경우에는 위법하다.

2. 무과실책임

환경오염피해자는 손해배상청구권을 가지며, 환경오염 또는 환경훼손의 원인자는 배출사업자는 환경피해에 대해 무과실책임을 진다(환경정책기본법 제44조).

3. 입증책임의 전환과 당사자적격 확대

(1) 입증 책임의 전환

가해기업이 어떠한 유해한 원인물질을 배출하고 그것이 피해물건에 도달하여 손해가 발생하였다면 가해자 측에서 그것이 무해하다는 것을 입증하지 못하는 한 책임을 면할 수 없다고 보는 것이 사회형평의 관념에 적합하다고 할 것이다(대판 1997.6.27. 95다2692).

(2) 당사자적격 확대

📖 **판례정리**

환경영향평가와 원고적격 (대판 2006.3.16. 2006두330)

1. **환경영향평가지역 내 주민**은 권리 침해가 추정되어, 특별한 사정이 없는 한 사업허가의 무효를 주장할 원고적격이 인정된다.

2. **환경영향평가지역 밖 주민**은 헌법상의 환경권 또는 환경정책기본법에 근거하여 공유수면매립면허처분과 농지개량사업 시행인가처분의 무효확인을 구할 **원고적격은 없다. 다만, 사업시행으로 수인한도를 넘는 피해가 발생한다는 입증을 하면** 원고적격이 인정된다.

제7절 보건권

> 헌법 제36조【혼인과 가족생활, 모성보호, 국민보건】③ 모든 국민은 보건에 관하여 국가의 보호를 받는다.

우리 헌법은 1948년 제헌헌법에서 "가족의 건강은 국가의 특별한 보호를 받는다."라고 규정한 이래 1962년 제3공화국 헌법에서 "모든 국민은 보건에 관하여 국가의 보호를 받는다."라고 정하여 현행헌법까지 이어져 오고 있다.

판례정리

1. 국가의 보건 보호 의무

국민의 생명·신체가 질병 등으로 위협받을 경우, 국가는 위험의 원인과 정도에 따라 적절하고 효율적인 입법·행정 조치를 통해 보호해야 할 포괄적 의무를 진다(헌재 2008.12.26. 2008헌마419).

2. 치료감호에 대한 국가의 보호 의무

치료감호 청구권이 제한되더라도, 다른 제도를 통해 국민 정신건강 보호조치가 이루어지고 있으므로 국가의 보호 의무에 반하지 않는다(헌재 2021.1.28. 2019헌가24).

3. 보건권 주장 가능 여부

헌법 제36조 제3항에 따른 보건권은 의료 수혜자적 지위에 있는 국민이 주장할 수 있으며, 의료시술자는 이를 근거로 자신의 업무범위를 주장할 수 없다(헌재 1993.11.25. 92헌마87).

4. 무면허 의료행위 처벌

무면허 의료행위 금지는 국민의 생명권과 보건권을 보호하려는 것으로, 이를 제한하거나 침해하는 것이 아니다(헌재 1996.10.31. 94헌가7).

5. 치과전문의제도와 보건권 침해 여부

치과전문의제도 미시행으로 국민의 보건권이 침해되었다고 볼 수 없다(헌재 1998.7.16. 96헌마246).

6. 한약제제의 안전성 심사 면제

사용경험이 풍부한 품목에 한해 심사를 면제하더라도, 국가가 보건권 보호를 위한 최소 조치를 다하고 있어 보건권 침해로 볼 수 없다(헌재 2018.5.31. 2015헌마1181).

7. 본인부담금제와 선택병의원제

개정법령으로 의료급여 수급권의 범위가 축소되더라도, 이는 인간의 존엄과 가치를 훼손할 정도에 이르지 않아 보건권 침해에 해당하지 않는다(헌재 2009.11.26. 2007헌마734).

제11장 / 국민의 기본적 의무

제1절 국민의 일반의무

헌법상의 의무로는 국민의 납세의무(제38조), 국방의 의무(제39조), 교육을 받게 할 의무(제31조 제2항), 근로의 의무(제32조 제2항), 환경보전의 의무(제35조), 재산권 행사의 공공복리 적합성 의무(제23조 제2항)가 있다. 그러나 헌법이 규정하고 있는 의무 이외에 법률로도 국민의 기본권을 침해하지 않는 범위에서 의무를 부과할 수 있다.

제2절 국민의 기본적 의무

01 납세의 의무

> 헌법 제38조【납세의 의무】모든 국민은 법률이 정하는 바에 의하여 납세의 의무를 진다.

1. 개념

납세의 의무란 국가활동의 재정적 기초를 마련하기 위해 구체적인 반대급부 없이 국민이 조세를 납부할 의무이다.

2. 법률유보

조세는 국가나 지방자치단체가 재정수요 충족을 위해 국민에게 반대급부 없이 강제적으로 징수하는 것으로 국민의 재산권을 침해할 수 있으므로, 헌법은 국민주권주의, 권력분립주의, 법치주의에 따라 조세의 종목과 세율을 법률로 정하도록 규정하여 조세법률주의를 선언하고 있다(헌재 1996.6.26. 93헌바2).

3. 주체

납세의무의 주체는 원칙적으로 법인을 포함한 국민이다. 외국인도 국내에 재산을 가지고 있거나 과세대상이 되는 행위를 할 때에는 과세대상이 된다. 다만, 치외법권 또는 외교특권을 누리는 외국인은 납세의무가 면제된다.

4. 내용

구체적인 납세의무는 법률을 통해 확정된다.

02 국방의 의무

> 헌법 제39조 【국방의 의무】 ① 모든 국민은 법률이 정하는 바에 의하여 국방의 의무를 진다.
> ② 누구든지 병역의무의 이행으로 인하여 불이익한 처우를 받지 아니한다.

1. 의의
국방의 의무는 납세의 의무와는 달리 타인에 의한 대체적 이행이 불가능하다.

2. 주체
국방의무의 주체는 자국민임을 원칙으로 한다. 국방의 의무 중에서 직접적인 병력형성의무는 징집대상자인 대한민국 남성만이 부담하나 간접적인 병력형성의무는 모든 국민이 부담한다. 또한 방공(防空)의무는 외국인도 진다는 것이 다수설이다.

3. 내용

(1) 국방의 의무의 내용
헌법 제39조 제1항의 국방의무는 직접적인 병력형성의무만을 가리키는 것이 아니라, 민방위기본법 등에 의한 간접적인 병력형성의무도 포함하므로 전투경찰순경으로서 대간첩작전을 수행하는 것도 국방의 의무를 수행하는 것으로 볼 수 있다. 따라서 현역병으로 입영하여 복무 중인 군인을 전투경찰순경으로 전임시켜 충원한 것은 청구인의 행복추구권 및 양심의 자유 침해가 아니다(헌재 1995.12.28. 91헌마80).

(2) 국방의무이행은 일반적 희생이다.
헌법재판소는 국방의무이행은 특별한 희생이 아니라 일반적 희생이므로 국방의무 조항은 제대군인가산점제도의 근거로 볼 수 없다고 한 바 있다.

(3) 헌법 제39조 제2항의 불이익
병역의무이행으로 인한 '불이익한 처우'는 법적인 불이익을 의미하지, 사실상 경제상의 불이익을 모두 포함하는 것은 아니다(헌재 1999.12.23. 98헌마363).

(4) 헌법 제39조 제2항의 '병역의무의 이행으로 인한 불이익한 처우' 금지
헌법 제39조 제1항의 국방의무를 이행하느라 입는 불이익(예 소집 중인 예비역에 대한 군형법 적용)은 헌법상 허용될 수 있으나 병역의무이행으로 인한 불이익(예 병역의무이행으로 군법무관으로 근무한 자의 개업지 제한)은 금지된다.

📖 판례정리

1. 군법무관 개업지 제한
군법무관 출신 변호사의 개업지를 제한한 변호사법은 헌법 제39조 제2항 위반이다(헌재 1989.11.20. 89헌가102).

2. 예비역 소집과 군형법 적용
예비역 소집과 군형법 적용은 국방의 의무 수행으로 인한 불이익이지만 헌법 제39조 제2항에서 금지하는 불이익한 처우로 볼 수 없다(헌재 1999.2.25. 97헌바3).

3. 병역의무와 보상 의무

헌법 제39조 제2항은 병역의무 이행으로 인한 불이익을 금지할 뿐 보상을 강제하지 않으며, 불이익은 법적 불이익만 포함한다. 예비군훈련 보상비 지급 의무는 헌법에서 도출되지 않는다(헌재 2003.6.26. 2002헌마484).

4. 병역의무와 사법연수원 지연

병역의무로 인해 사법연수원 입소 및 수료가 지연된 사정은 헌법 제39조 제2항에서 금지하는 불이익한 처우로 볼 수 없다(헌재 2014.5.29. 2013헌마127·199).

5. 병역 이행과 장교 호봉경력 산입

병으로 복무한 기간의 8할만을 장교 호봉경력에 산입하는 규정은 병역의무 이행에 대한 혜택을 주는 것으로 헌법 제39조 제2항 위반이 아니다(헌재 2010.6.24. 2009헌마177).

6. 병역 경력과 공무원 초임호봉

병역 이행 경력을 공무원 초임호봉 산정에 포함시키는 것은 혜택을 부여하는 조치로, 헌법 제39조 제2항 위반이 아니다(헌재 2016.6.30. 2014헌마192).

7. 국정원 직원 채용 공고

병역필 또는 면제자를 대상으로 한 채용공고는 헌법 제39조 제2항 및 공무담임권을 침해하지 않는다(헌재 2007.5.31. 2006헌마627).

---

03 교육을 받게 할 의무

> 헌법 제31조 【교육을 받을 권리·의무 등】 ② 모든 국민은 그 보호하는 자녀에게 적어도 초등교육과 법률이 정하는 교육을 받게 할 의무를 진다.

1. 의의

교육을 받게 할 의무란 친권자 또는 후견인이 그 자녀로 하여금 초등교육과 법률이 정하는 교육을 받도록 취학시킬 의무를 말한다. 교육을 받게 할 의무는 윤리적 의무가 아니라 법적인 의무이다.

2. 연혁

제5차 개정헌법(1962년 개정헌법)에서 처음으로 규정되었다.

3. 주체

교육을 받게 할 의무의 주체는 취학아동을 둔 친권자 또는 후견인이다. 국가기관은 교육을 받을 권리에 대응하는 의무교육의 주체이지 교육을 받게 할 의무의 주체는 아니다(다수설). 또한 외국인은 교육을 받게 할 의무를 지지는 않는다.

04 근로의 의무

> 헌법 제32조 【근로의 권리·의무 등】 ② 모든 국민은 근로의 의무를 진다. 국가는 근로의 의무의 내용과 조건을 민주주의 원칙에 따라 법률로 정한다.

근로의무의 주체는 자연인인 국민이다.

📖 쟁점정리

심사기준의 특성

1. 일반적으로 일정한 공권력작용이 **체계정당성**에 위반한다고 해서 곧 위헌이 되는 것은 아니다. 즉, 체계정당성 위반 자체가 바로 위헌이 되는 것은 아니고 이는 비례의 원칙이나 평등원칙위반 내지 입법의 자의금지위반 등의 위헌성을 시사하는 하나의 징후일 뿐이다. 그것이 위헌이 되기 위해서는 결과적으로 비례의 원칙이나 평등의 원칙 등 일정한 헌법의 규정이나 원칙을 위반하여야 한다(헌재 2005.6.30. 2004헌바40).

2. 특정규범이 **개별사건법률**에 해당한다 하여 곧바로 위헌을 뜻하는 것은 아니며, 이러한 차별적 규율이 합리적인 이유로 정당화될 수 있는 경우에는 합헌적일 수 있다(헌재 1996.2.16. 96헌가2).

3. 헌법 제12조 제3항의 **영장주의**는 헌법 제12조 제1항의 적법절차원칙의 특별규정이므로, 헌법상 영장주의 원칙에 위배되는 이 사건 법률조항은 헌법 제12조 제1항의 적법절차원칙에도 위배된다(헌재 2012.6.27. 2011헌가36).

4. 형식적으로 **영장주의**에 위배되는 법률은 곧바로 헌법에 위반되고, 나아가 형식적으로는 영장주의를 준수하였더라도 실질적인 측면에서 입법자가 합리적인 선택범위를 일탈하는 등 그 입법형성권을 남용하였다면 그러한 법률은 자의금지원칙에 위배되어 헌법에 위반된다고 보아야 한다(헌재 2012.12.27. 2011헌가5).

5. 헌법 제21조 제2항은, **집회에 대한 허가제**는 집회에 대한 검열제와 마찬가지이므로 이를 절대적으로 금지하겠다는 헌법개정권력자인 국민들의 헌법가치적 합의이며 헌법적 결단이다. 또한 위 조항은 일반적 법률유보조항인 헌법 제37조 제2항에 앞서서, 우선적이고 제1차적인 위헌심사기준이 되어야 한다(헌재 2009.9.24. 2008헌가25).

6. 헌법 제21조 제2항의 **검열금지조항**은 절대적 금지를 의미하므로 국가안전보장·질서유지·공공복리를 위하여 필요한 경우라도 사전검열이 허용되지 않는다(헌재 1996.10.31. 94헌가6).

7. 현행헌법이 명문화하고 있는 **적법절차의 원칙**은 단순히 입법권의 유보제한이라는 한정적인 의미에 그치는 것이 아니라 모든 국가작용을 지배하는 독자적인 헌법의 기본원리로서 해석되어야 할 원칙이라는 점에서 입법권의 유보적 한계를 선언하는 **과잉입법금지**의 원칙과는 구별된다고 할 것이다(헌재 1992.12.24. 92헌가8).

📖 쟁점정리

입법형성의 자유와 위헌심사기준

1. 입법자는 **정당설립의 자유**를 최대한 보장하는 방향으로 입법하여야 하고, 헌법재판소는 정당설립의 자유를 제한하는 법률의 합헌성을 심사할 때에 헌법 제37조 제2항에 따라 엄격한 비례심사를 하여야 한다(헌재 2014.1.28. 2012헌마431 · 2012헌가19).

2. **가처분조항에 따라 정당의 활동을 정지하는 결정**을 하기 위해서는 정당해산심판제도의 취지에 비추어 헌법이 규정하고 있는 정당해산의 요건이 소명되었는지 여부 등에 관하여 신중하고 엄격한 심사가 이루어져야 한다(헌재 2014.2.27. 2014헌마7).

3. **수형자의 선거권** 제한에 대한 법률의 심사강도는 엄격해야 한다(헌재 2014.1.28. 2012헌마409).

4. **선거권과 공무담임권의 연령**을 어떻게 규정할 것인가는 입법자가 입법목적 달성을 위한 선택의 문제이고 입법자가 선택한 수단이 현저하게 불합리하고 불공정한 것이 아닌 한 재량에 속하는 것이다(헌재 1997.6.26. 96헌마89).

5. **가족생활에서의 존엄과 기본권**

미성년 가족구성원의 부양·양육·보호는 자유권적 기본권에 해당하며, 이를 제한하는 입법은 헌법 제37조 제2항의 과잉금지원칙을 준수해야 한다(헌재 2013.9.26. 2011헌가42).

6. **교육을 받을 권리**

교육받을 권리는 자유권적 성격(부당한 방해 금지)과 사회권적 성격(국가의 적극적 배려 요구)을 가지며, 검정고시 응시자격 제한은 자유권적 기본권 제한으로 과잉금지원칙에 따른 심사를 받아야 한다(헌재 2008.4.24. 2007헌마1456).

7. **근로자의 단결권 제한**

노동조합 설립요건 미충족 시 설립신고서를 반려하는 규정은 근로자의 단결권 제한으로, 헌법 제37조 제2항의 과잉금지원칙을 준수해야 한다(헌재 2003.5.15. 2001헌가31).

8. **대학 교원의 단결권 제한**

교육공무원 아닌 대학 교원의 단결권 제한은 과잉금지원칙 위배 여부를 기준으로, 교육공무원인 대학 교원의 제한은 입법형성권 범위 일탈 여부를 기준으로 심사한다(헌재 2018.8.30. 2015헌가38).

9. **공무원의 노동3권 제한**

헌법 제33조 제2항에 따라 '법률이 정하는 자' 외 공무원은 노동3권 주체가 될 수 없으므로, 이들에 대해 과잉금지원칙을 적용할 수 없다(헌재 2007.8.30. 2003헌바51 등).

10. **직업수행의 자유 제한**

직업수행의 자유는 직업선택의 자유에 비해 인격발현 침해가 적으므로, 다소 완화된 심사기준으로 과잉금지원칙을 적용한다(헌재 2007.5.31. 2003헌마579).

11. **자격제도의 형성과 입법재량**

자격제도 형성에서 입법자는 광범위한 재량을 가지며, 합리적 이유 없는 자의적 규정일 경우에만 위헌으로 인정된다. 변호사 자격 관련 조항의 위헌성 판단 시 헌법 제37조 제2항의 요구는 완화된다(헌재 2016.3.31. 2014헌마1046).

12. **공적 결사의 기본권 제한**

공적 역할을 수행하는 결사의 기본권 제한은 사적 결사에 비해 완화된 과잉금지원칙이 적용된다(헌재 2018.2.22. 2016헌바364).

13. **상업광고 규제 심사**

상업광고 규제 심사에서는 피해 최소성 원칙이 완화되어, 입법목적 달성을 위한 범위 내 제한 여부를 심사한다(헌재 2005.10.27. 2003헌가3).

14. **지식재산권 형성과 입법권**

지식재산권 형성에서 입법자는 광범위한 입법재량을 가지며, 입법형성권의 한계를 일탈했는지 여부가 위헌 판단의 기준이 된다(헌재 2018.8.30. 2016헌가12).

15. **출입국 보호 적법성 다툴 기회**

출입국 보호 대상자는 최소 1회 이상 적법성 다툴 기회를 제공받아야 하지만, 보호 및 절차 규율은 광범위한 입법재량의 영역에 있다(헌재 2014.8.28. 2012헌마686).

16. **대학의 자율과 입법재량**

대학의 자율은 헌법상 기본권이나, 교육공무원법에 따른 제한 여부는 헌법 제37조 제2항의 입법한계를 넘어 본질적 내용을 침해했는지에 따라 판단된다(헌재 2006.4.27. 2005헌마1047).

17. 재판청구권과 입법형성권

재판청구권은 제도적 보장의 성격이 강해 자유권적 기본권보다 광범위한 입법형성권이 인정되며, 합리성원칙과 자의금지원칙이 심사기준으로 적용된다(헌재 2014.2.27. 2013헌바178).

18. 재심제도와 입법재량

재심제도 형성은 입법자에게 넓은 자유가 인정되며, 재판청구권 본질을 심각히 훼손하거나 자의적일 경우에만 위헌으로 판단된다(헌재 2009.4.30. 2007헌바121).

19. 재판절차진술권과 입법재량

형사피해자의 재판절차진술권 구체화는 입법자의 재량에 속하며, 명백히 불합리한 경우에만 위헌으로 인정된다(헌재 2003.9.25. 2002헌마533).

20. 퇴직연금수급권과 입법재량

공무원연금법상 퇴직연금수급권은 사회보장적 성격으로, 입법자에게 폭넓은 재량이 인정된다(헌재 2005.6.30. 2004헌바42).

21. 산재보험수급권과 입법재량

산재보험수급권은 사회보장수급권으로, 국가의 재정부담 능력 등을 고려한 입법재량이 폭넓게 인정된다(헌재 2016.9.29. 2014헌바254).

22. 학교제도와 입법형성권

학교제도 규율은 시대적 사정과 각급 학교에 따라 달라지며, 교육의 본질을 침해하지 않는 한 입법권자의 자유에 속한다(헌재 2001.1.18. 99헌바63).

23. 해고예고제도와 입법재량

해고예고제도 형성에서 입법자에게 재량이 주어지지만, 이는 인간의 존엄성을 보장하도록 헌법 제32조 제3항의 한계를 넘어서는 안 된다(헌재 2015.12.23. 2014헌바3).

24. 연차유급휴가와 입법재량

연차유급휴가는 근로조건의 최소 기준으로 입법자가 여러 사회적·경제적 요소를 고려해 재량을 행사하며, 중도퇴직자의 유급휴가 미보장은 현저히 불합리하지 않으면 위헌이 아니다(헌재 2015.5.28. 2013헌마619).

25. 공무원 노동3권과 입법재량

헌법 제33조 제2항은 공무원의 직무 공공성을 고려해 노동3권을 제한할 수 있도록 하며, 국회는 그 인정 여부와 범위를 결정하는 광범위한 입법형성의 자유를 가진다(헌재 2008.12.26. 2005헌마971).

26. 지역농협 임원 선거와 표현의 자유 제한

지역농협 임원 선거는 공익과 관련된 자율적 단체의 내부 조직 구성에 관한 것으로, 표현의 자유를 상대적으로 폭넓게 제한할 수 있다(헌재 2013.7.25. 2012헌바112).

27. 시혜적 조치와 입법재량

시혜적 조치를 결정하는 경우, 국민의 권리를 제한하거나 새로운 의무를 부과하는 경우보다 입법자에게 더 광범위한 입법형성의 자유가 인정된다.

28. 시혜적 법의 소급입법

침익적 법에 대한 소급적용은 엄격히 심사하지만, 시혜적 법의 소급입법은 합리적 재량 범위를 벗어나 현저히 불합리하고 불공정하지 않는 한 헌법에 위반되지 않는다(헌재 1998.11.26. 97헌바67).

29. 국회의원 선거구 입법 의무

헌법 제41조 제3항은 국회의원 선거구를 법률로 정할 명시적 의무를 국회에 부과하며, 선거구는 대의민주주의의 기초이므로, 개선입법이 이루어지지 않을 경우 국회는 이를 입법할 헌법상 의무를 진다(헌재 2016.4.28. 2015헌마1177).

30. 선거운동의 자유 제한(헌재 2016.6.30. 2013헌가1), 퇴직 경찰청장 정당가입금지는 엄격한 심사를 한다(헌재 1999.12.23. 99헌마135).

31. 직업공무원제도와 지방자치제도에 관하여 입법자는 최소한 보장원칙의 한계 안에서 폭넓은 형성의 자유를 가진다(헌재 1997.4.24. 95헌바48).

32. 광범위한 재량 인정

① 출입국·체류자격 심사
② 법정형의 종류와 범위 선택
③ 연금수급권
④ 공무원인 근로자의 근로3권 제한
⑤ 공무원의 퇴직수급권은 일반재산권보다 폭넓은 재량

판례색인

2008.5.29. 2005헌라3		123
2008.5.29. 2005헌마137		213, 271
2008.5.29. 2006헌마1096		430
2008.5.29. 2006헌바5		200
2008.5.29. 2006헌바85		392
2008.5.29. 2007헌마248		316
2008.5.29. 2007헌마712		57, 344
2008.5.29. 2007헌마1105		438
2008.6.26. 2005헌라7		110
2008.6.26. 2005헌마173		356
2008.6.26. 2005헌마506		327
2008.6.26. 2005헌마1275		436
2008.6.26. 2007헌마1175		440, 506
2008.6.26. 2007헌마1366		283, 301, 303
2008.7.31. 2004헌마1010		320, 385
2008.7.31. 2004헌바9		518
2008.7.31. 2004헌바81		131, 153
2008.7.31. 2005헌바90		162
2008.7.31. 2006헌마666		350, 351
2008.7.31. 2006헌마711		525
2008.7.31. 2007헌가4		328
2008.7.31. 2007헌바90		178, 282, 379
2008.9.25. 2007헌가1		507
2008.9.25. 2007헌마1126		253
2008.9.25. 2008헌마456		501
2008.10.30. 2005헌마1156		130, 171, 203, 207
2008.10.30. 2006헌가15		350, 351
2008.10.30. 2006헌마1098		57, 387
2008.10.30. 2006헌마1401		279, 292
2008.10.30. 2006헌마1401 · 1409		266
2008.10.30. 2007헌바66		470
2008.11.13. 2006헌바112		80, 208
2008.11.27. 2005헌마161		375
2008.11.27. 2006헌마352		393
2008.11.27. 2007헌가24		225
2008.11.27. 2007헌마860		86
2008.11.27. 2007헌마1024		418
2008.11.27. 2008헌마517		11
2008.12.26. 2005헌마971		517, 535
2008.12.26. 2005헌바34		354
2008.12.26. 2006헌마462		517
2008.12.26. 2006헌마518		517
2008.12.26. 2007헌마444		355
2008.12.26. 2007헌바128		293
2008.12.26. 2008헌마419		88, 131, 153, 154, 529

2009

2009.2.26. 2005헌마764		152, 153, 190, 462, 463
2009.2.26. 2006헌마626		434, 497
2009.2.26. 2007헌마1262		377, 378, 382
2009.2.26. 2007헌마1433		459
2009.2.26. 2007헌바8		472
2009.2.26. 2007헌바27		509, 514, 517
2009.2.26. 2008헌마370		310
2009.3.24. 2009헌마118		137
2009.3.26. 2006헌마526		175
2009.3.26. 2007헌가22		428
2009.3.26. 2007헌마843		53, 115, 137
2009.3.26. 2007헌바50		217
2009.3.26. 2008헌바52 등		232
2009.4.30. 2005헌마514		207
2009.4.30. 2007헌마5891		460
2009.4.30. 2007헌바121		454, 535
2009.5.28. 2005헌바20		71, 355, 500
2009.5.28. 2006헌라6		110, 122
2009.5.28. 2006헌마285		434, 497
2009.5.28. 2006헌마618		86, 173, 178
2009.5.28. 2006헌바109		316
2009.5.28. 2007헌마369		87, 130, 171
2009.5.28. 2007헌바22		340, 342, 343
2009.5.29. 2006헌마618		170
2009.6.25. 2007헌마40		53, 440
2009.6.25. 2007헌바25		221, 248
2009.6.25. 2008헌마393		197
2009.6.25. 2008헌마413		440
2009.7.14. 2009헌마349		155
2009.7.30. 2006헌마358		524
2009.7.30. 2007헌가11		225
2009.7.30. 2007헌마732		473
2009.7.30. 2007헌마870		179, 356
2009.7.30. 2007헌마991		438
2009.7.30. 2007헌바75		53, 113
2009.7.30. 2007헌바120		225
2009.7.30. 2008헌가2		304, 393
2009.7.30. 2008헌가10		65
2009.7.30. 2008헌바1		491
2009.7.30. 2008헌바162		461
2009.9.22. 2009헌마516		48
2009.9.24. 2006헌마1264		510
2009.9.24. 2007헌마117		439
2009.9.24. 2007헌마738		179
2009.9.24. 2007헌마872		170
2009.9.24. 2007헌마1092		275, 355, 357
2009.9.24. 2007헌바17		317
2009.9.24. 2007헌바114		362
2009.9.24. 2007헌바118		62
2009.9.24. 2008헌가25		340, 341, 342, 345, 533
2009.9.24. 2008헌마265		442
2009.9.24. 2009헌바28		73, 389
2009.10.29. 2007헌마667		265, 271, 382
2009.10.29. 2007헌마992		252, 255
2009.10.29. 2007헌마1359		515, 522
2009.10.29. 2008헌마454		172, 179
2009.10.29. 2009헌마127		376, 436
2009.11.26. 2007헌마734		203, 498, 529
2009.11.26. 2008헌마114		148
2009.11.26. 2008헌마385		163

2016

2025 전면개정판

해커스공무원
황남기
헌법 기본서 | 1권

개정 3판 1쇄 발행 2025년 2월 27일

지은이	황남기 편저
펴낸곳	해커스패스
펴낸이	해커스공무원 출판팀

주소	서울특별시 강남구 강남대로 428 해커스공무원
고객센터	1588-4055
교재 관련 문의	gosi@hackerspass.com
	해커스공무원 사이트(gosi.Hackers.com) 교재 Q&A 게시판
	카카오톡 플러스 친구 [해커스공무원 노량진캠퍼스]
학원 강의 및 동영상강의	gosi.Hackers.com

ISBN	979-11-7244-843-1 (13360)
Serial Number	03-01-01

공무원 교육 1위,
해커스공무원 gosi.Hackers.com

해커스공무원

· **해커스공무원 학원 및 인강**(교재 내 인강 할인쿠폰 수록)
· 해커스 스타강사의 **공무원 헌법 무료 특강**
· 정확한 성적 분석으로 약점 극복이 가능한 **합격예측 온라인 모의고사**(교재 내 응시권 및 해설강의 수강권 수록)